आर. गुप्ता® कृत

पॉपुलर मास्टर गाइड

AF512969

मध्य प्रदेश

माध्यमिक शिक्षक पात्रता परीक्षा

(Middle School Teacher Eligibilty Test)

गणित शिक्षक

पद हेतु

● **भाग-अः** सामान्य हिन्दी; सामान्य अंग्रेजी; सामान्य ज्ञान व समसामयिक घटनाक्रम, तार्किक एवं आंकिक योग्यता; शिक्षाशास्त्र (Pedagogy) ● **भाग-बः** गणित

मध्य प्रदेश कर्मचारी चयन मण्डल, भोपाल

द्वारा आयोजित

RPH संपादक मंडल

द्वारा संपादित

रमेश पब्लिशिंग हाउस, नई दिल्ली

प्रकाशक
ओ॰पी॰ गुप्ता, **रमेश पब्लिशिंग हाउस**

प्रशासनिक कार्यालय
12-H, न्यू दरियागंज रोड, ऑफिसर्स मेस के सामने,
नई दिल्ली-110002 ✆ 23275224, 23245124

E-mail: info@rameshpublishinghouse.com
For Online Shopping: www.rameshpublishinghouse.com

विक्रय केन्द्र
• बालाजी मार्किट, नई सड़क, दिल्ली-110006 ✆ 23282525 📱 9354373464
• 4457, नई सड़क, दिल्ली-110006

© सर्वाधिकार प्रकाशकाधीन हैं।

इस पुस्तक में प्रयुक्त समस्त सामग्री के सभी व्यावसायिक अधिकार प्रकाशक के पास सुरक्षित हैं। अतः इस पुस्तक या इसके किसी भी अंश का पुनर्मुद्रण या व्यावसायिक पुनर्प्रस्तुतिकरण अवैधानिक माना जायेगा।

Indemnification Clause: This book is being sold/distributed subject to the exclusive condition that neither the author nor the publishers, individually or collectively, shall be responsible to indemnify the buyer/user/possessor of this book beyond the selling price of this book for any reason under any circumstances. If you do not agree to it, please do not buy/accept/use/possess this book.

Book Code: R-1995

ISBN: 978-93-87918-78-8

मूल्यः ₹ 390

मुद्रकः दीपक ऑफसैट, दिल्ली

अनुक्रमणिका

पिछले प्रश्न-पत्र (हल सहित), 2019 1-16

शिक्षाशास्त्र (Pedagogy)* 1-88

गणित** 1-104

सामान्य हिन्दी* 1-48

General English* 1-76

सामान्य ज्ञान, तार्किक एवं आंकिक योग्यता* 1-40

* भाग-अ के लिए

** भाग-ब के लिए

इस परीक्षा हेतु आर. गुप्ता® कृत उपयोगी पुस्तकें

Price: ₹ 210 only
Book Code: R-368

Price: ₹ 495 only
Book Code: R-1381

Price: ₹ 190 only
Book Code: R-527

Price: ₹ 190 only
Book Code: R-229

For Online Shopping: www.rameshpublishinghouse.com

RAMESH PUBLISHING HOUSE 12-H, New Daryaganj Road, Opp. Officers' Mess, New Delhi-2

परीक्षा की योजना

1. सभी प्रश्न अनिवार्य होंगे।

2. पात्रता परीक्षा हेतु 150 अंकों का एक प्रश्न-पत्र होगा। परीक्षा की अवधि 2.30 घंटे होगी।

3. पात्रता परीक्षा के सभी प्रश्न बहुविकल्पीय (MCQ—Multiple Choice Questions) प्रकार के होंगे, जिनके चार विकल्प होंगे और एक विकल्प सही होगा।

4. प्रत्येक प्रश्न 1 अंक का होगा। ऋणात्मक मूल्यांकन होगा। प्रति 4 प्रश्नों के गलत उत्तर पर 1 अंक काटा जाएगा।

5. प्रश्न-पत्र के दो भाग होंगे। भाग-अ एवं भाग-ब। भाग-अ, सभी के लिए अनिवार्य होगा। भाग-ब के अंतर्गत शामिल विषयों में से किसी एक विषय का चयन करना होगा।

6. **भाग-अ** के 4 खंड होंगे जिनमें अंकों का अधिभार निम्नानुसार होगाः

भाग	विषयवस्तु	प्रश्नों की संख्या	कुल अंक
1.	सामान्य हिन्दी	08	08
2.	सामान्य अंग्रेजी	05	05
3.	सामान्य ज्ञान व समसामयिक घटनाक्रम, तार्किक एवं आंकिक योग्यता	07	07
4.	शिक्षाशास्त्र (Pedagogy)	10	10
	कुल	**30**	**30**

7. **भाग-ब** 120 अंक का होगा एवं इस प्रश्न-पत्र में 120 बहुविकल्पीय प्रश्न पूछे जायेंगे।

विषयवस्तु	प्रश्नों की संख्या	कुल अंक
गणित	120	120

8. विषयवस्तु का स्तर

- प्रश्न-पत्र के भाग-अ में सामान्य ज्ञान व समसामयिक घटनाक्रम, तार्किक एवं आंकिक योग्यता, शिक्षाशास्त्र (Pedagogy) की विषयवस्तु का स्तर हायर सेकेण्डरी स्कूल स्तर के छात्र के मानसिक स्तर के समकक्ष होगा। हिन्दी व अंग्रेजी की विषयवस्तु का स्तर हायर सेकेण्डरी स्कूल परीक्षा के समकक्ष होगा।
- प्रश्न-पत्र के भाग-ब की विषयवस्तु का स्तर स्नातक स्तर के समकक्ष होगा। इस प्रश्न-पत्र में प्रश्न म.प्र. राज्य के कक्षा 9 एवं 10 के प्रचलित पाठ्यक्रम की विषयवस्तु पर आधारित होंगे लेकिन इनका कठिनाई स्तर एवं संबद्धता (लिंकेज) स्नातक स्तर का होगा। प्रश्न-पत्र की अवधारणा, समस्या समाधान और शिक्षाशास्त्र (Pedagogy) की समझ पर आधारित होंगे।

पिछले प्रश्न-पत्र (हल सहित)

मध्य प्रदेश–माध्यमिक स्कूल (Middle School) शिक्षक पात्रता परीक्षा, 2019*

(गणित शिक्षक पद हेतु)

बाल विकास व शिक्षाशास्त्र (Child Development & Pedagogy)

निर्देशः *निम्नलिखित प्रश्नों के उत्तर देने के लिए* ***सबसे उचित*** *विकल्प चुनिए।*

1. "व्यक्ति बिना किसी अंतर्निहित मानसिक प्रकरण के पैदा होते हैं, और इसलिए सभी ज्ञान अनुभव या धारणा से आते हैं।" इस धारणा को _______ के रूप में संदर्भित किया जाता है।

A. मासूम नोटा (तबुला नोटा)
B. मासूम मनःस्थिति (तबुला रासा)
C. मासूम पहिला (तबुला प्राइमस)
D. मासूम नोवस (तबुला नोवस)

2. सभी अधिगम सामान्यतः कुल मिलाकर सफल होते हैं जब _______ किया जाता है।

A. संसाधन संपन्न
B. शिक्षार्थियों द्वारा स्व-निर्देशित
C. प्रौद्योगिकी का नेतृत्व
D. शिक्षक का नेतृत्व

3. निम्नलिखित में से कौन-सी कक्षा प्रबंधन की तकनीक है जहाँ नकारात्मक व्यवहार प्रदर्शित करने वाला एक छात्र शेष कक्षा से अलग हो जाता है?

A. तुष्टि तकनीक
B. परिसमाप्ति तकनीक
C. शारीरिक दंड
D. समय समाप्त तकनीक

4. निम्नलिखित में से कौन शिक्षण के अभिव्यक्ति विधि के बारे में सत्य नहीं है?

A. अवधारणाओं का प्रदर्शन प्रयोगों/क्रियाकलापों पर केंद्रित होता है।
B. इसका उपयोग बहुसांस्कृतिक कक्षा के लिए किया जा सकता है।
C. शिक्षार्थियों को सम्मिलित होने का एक अवसर मिलता है।
D. इस विधि द्वारा सभी विषयों को कवर किया जा सकता है।

5. एक 20 साल की लड़की की मानसिक उम्र 12 साल है। उसकी बुद्धिलब्धि निकालिए।

A. 100
B. 125
C. 60
D. 65

6. वह स्थिति जिसमें कोई व्यक्ति जागरूकता खो देता है और अपनी स्वयं की पहचान को छोड़ देता है, ______ के रूप में जाना जाता है।

A. आघात
B. दमन
C. अभिघात
D. फ्यूग

7. जिस तरह से कोई व्यक्ति अपने मस्तिष्क में किसी भी जानकारी को प्रस्तुत करता है, यह उसके निम्न का उदाहरण है :

A. व्यक्तिगत अभिलक्षण
B. संज्ञात्मक अभिलक्षण
C. भावपूर्ण अभिलक्षण
D. शिक्षण अभिलक्षण

8. बुद्धि परीक्षणों के जनक _______ हैं।

A. फ्रांसिस गाल्टन
B. जेम्स कैटेल
C. अल्फ्रेड बिने
D. कार्ल पियर्सन

9. जीडीडी एक विकास संबंधी अक्षमता है जो _______ देखने को मिलती है।

A. 5 वर्ष से छोटे बच्चों में
B. 12-14 वर्ष की आयु में
C. 5 वर्ष से अधिक के बच्चों में
D. 18 वर्ष से ऊपर

10. यदि बच्चे की कालानुक्रमिक आयु और मानसिक आयु 15 वर्ष है तो उसे किस श्रेणी में वर्गीकृत किया जाएगा?

A. उच्च
B. सामान्य बुद्धि
C. प्रतिभाशाली
D. सामान्य बुद्धि से नीचे

11. पियाजे के अनुसार, जब एक शिशु लगभग 7-9 महीने की उम्र तक पहुँचता है, तो वे विकसित होने लगते हैं जिसे उन्होंने _______ कहा है।

A. इगोसेन्ट्रिज्म
B. व्यक्तिगत कल्पित
C. वस्तु स्थायित्व
D. आगमनात्मक तर्क

12. जीन पियाजे के अनुसार, संज्ञानात्मक विकास _______ अवस्था पर शुरू होता है।

A. मूर्त-संक्रियात्मक
B. पूर्व-संक्रियात्मक
C. औपचारिक संक्रियात्मक
D. संवेदी पेशीय (सेंसरीमोटर)

* *Exam held on 26-02-2019.*

13. जीन पियाजे के अनुसार, पूर्व-संक्रियात्मक अवस्था के बच्चे कैसे होते हैं?

A. आत्मकेंद्रित (इगोसेन्ट्रिक) B. नम्य (फ्लेक्सिबल)
C. जटिल D. सामाजिक

14. किसी व्यक्ति की मानसिक और कालानुक्रमिक आयु कौन-सी अवधारणा ध्यान में रखती है?

A. संज्ञानात्मक भागफल B. बुद्धिलब्धि
C. बौद्धिक भागफल D. कार्यात्मकता भागफल

15. किसी विशेष जातीय या धार्मिक समूह के सदस्यों के प्रति प्रतिकूल रवैये को दर्शाने के लिए किस शब्द का प्रयोग किया जाता है?

A. पक्षपात B. नस्लवाद
C. दुश्मनी D. कट्टरता

16. जटिल गणितीय समस्याओं को पूरा करने में किस प्रकार की स्मृति सम्मिलित हो सकती है?

A. प्रतिभा सम्बन्धित स्मृति (आइकॉनिक मेमोरी)
B. प्रतिध्वनि स्मृति (एकोइक मेमोरी)
C. चलन स्मृति (वर्किंग मेमोरी)
D. संवेदी स्मृति (सेंसरी मेमोरी)

17. बड़े 5 मॉडल में, व्यक्तित्व के प्रकार ______ के आधार पर विशिष्ट किए जाते हैं।

A. सांस्कृतिक व्यक्तित्व B. व्यक्तिगत विशिष्टता
C. भावुक बौद्धिकता D. सत्र आधारित

18. पियाजे के संज्ञानात्मक विकास के सिद्धांत के किस चरण में बच्चों में संरक्षण का सिद्धांत विकसित होता है?

A. मूर्त संक्रियात्मक अवस्था
B. पोस्ट-औपचारिक अवस्था
C. पूर्व-संक्रियात्मक अवस्था
D. औपचारिक संक्रियात्मक अवस्था

19. थार्नडाइक के तत्परता के नियम को इस नाम से भी जाना जाता है :

A. अभ्यास का नियम
B. प्रभाव का नियम
C. कार्य प्रवृत्ति का नियम
D. सेट या मनोवृत्ति का नियम

20. असामान्यता को परिभाषित करते समय इनमें से किसमें नाखुशी शामिल है?

A. स्वयं/अन्य के लिए घातक B. विचलन
C. विकार D. पीड़ा

21. निम्नलिखित में से कौन-सा एक व्यक्तिगत अंतर नहीं है जो अधिगम को प्रभावित करता है?

A. लिंग B. ऊँचाई
C. सामाजिक-आर्थिक स्थिति D. जाति

22. निम्नलिखित में से कौन कार्यशील स्मृति का हिस्सा नहीं है?

A. केंद्रीय कार्यकारी (सेन्ट्रल एक्सीक्यूटिव)
B. स्वर-विज्ञान संबंधी पाश (फोनोलॉजिकल लूप)
C. एपिसोडिक बफर
D. संवेदी रजिस्टर

23. बेंचमार्क आकलन को यह भी कहा जाता है :

A. योगात्मक आकलन B. निदानात्मक आकलन
C. अंतरिम आकलन D. निर्माणात्मक आकलन

24. एरिकसन के सिद्धांत में, उन पहलुओं को आमतौर पर किशोरावस्था के दौरान विकसित करने पर ध्यान केंद्रित किया जाता है और फिर युवा वयस्कता के दौरान ______ कहा जाता है।

A. पहचान, मूल विश्वास
B. पहचान, आत्मीयता
C. अंतरंगता, पहचान
D. मूल विश्वास, पहचान

25. एक बच्चे के लिए अनुकूल अधिगम वातावरण में निम्न होगा :

A. शिक्षार्थी अनुशासन B. शिक्षार्थी की स्वायत्तता
C. रैखिक अनावरण D. शिक्षक का अधिकार

26. मनोलैंगिक विकास की कौन-सी अवस्था में बंध्यकरण चिंता (केस्ट्रेशन एंजाइटी) होती है?

A. गुदा (एनल) B. मौखिक (ओरल)
C. सुषुप्ता (लैटेंसी) D. लैंगिक (फेलिक)

27. बाद के रिश्तों के लिए पूर्वाभ्यास कहा जाता है :

A. विकासात्मक समाजीकरण
B. द्वितीयक समाजीकरण
C. प्राथमिक समाजीकरण
D. प्रत्याशात्मक समाजीकरण

28. वंचित समूहों के बच्चों को अच्छा पोषण, अच्छी स्वास्थ्य देखभाल तक पहुँच और ______ के अवसरों की संभावना कम होती है।

A. खेलने B. सीखने
C. अध्ययन D. आनंद

29. एक शिक्षक अपनी प्रतिक्रिया में से 'असफलता' शब्द को प्रतिस्थापित कर सकता है :

A. बुद्धि की कमी B. अयोग्यता
C. अधिगम अक्षमता D. अधिगम में उभरना

30. एक छात्र कक्षा में नहीं सीख पा रहा है क्योंकि उसका पालतू पशु ठीक नहीं है। अधिगम को प्रभावित करने वाला सबसे संभावित कारक है :

A. अभ्यास की कमी
B. प्रतिकूल भावनात्मक स्थिति
C. नींद की कमी
D. पोषण की कमी

भाषा-I सामान्य हिन्दी (General Hindi)

निर्देश (प्रश्न संख्या 31 से 45 तक): *निम्नलिखित गद्यांश को पढ़कर प्रश्नों के उत्तर दीजिए।*

जब तुम बड़ी हो जाओगी तो तुम दुनिया और उसके आदमियों का हाल मोटी-मोटी किताबों में पढ़ोगी। उसमें तुम्हें जितना आनंद मिलेगा, उतना किसी कहानी या उपन्यास में भी न मिला होगा। यह तो तुम जानती ही हो कि यह धरती लाखों-करोड़ों वर्ष पुरानी है और बहुत दिनों तक इसमें कोई आदमी न था। आदमियों से पहले सिर्फ जानवर थे और जानवरों से पहले एक ऐसा समय था जब इस धरती पर कोई जानदार चीज न थी। आज जब यह दुनिया हर तरह के जानवरों और आदमियों से भरी हुई है, उस जमाने का खयाल करना भी मुश्किल है, जब यहाँ कुछ न था लेकिन विज्ञान जानने वालों और विद्वानों ने, जिन्होंने इस विषय को खूब सोचा और पढ़ा है, लिखा है कि एक समय ऐसा था जब यह धरती बेहद गरम थी और इस पर कोई जानदार चीज नहीं रह सकती थी और अगर हम उनकी किताबें पढ़ें और पहाड़ों और जानवरों की पुरानी हड्डियों को गौर से देखें तो हमें खुद मालूम होगा कि ऐसा समय जरूर रहा होगा।

31. आज दुनिया किन चीजों से भरी पड़ी है?
A. इनमें से कोई नहीं
B. केवल आदमियों
C. केवल जानवरों
D. आदमियों और जानवरों दोनों

32. सजीव का विलोम शब्द क्या है?
A. निर्जीव B. सलिल
C. जीव D. अजीव

33. 'गर्म' का विलोम शब्द क्या है?
A. ठंडा B. गुनगुना
C. राख D. सर्दी

34. 'पहाड़' का पर्यायवाची क्या है?
A. शशि B. हड्डियाँ
C. नीर D. गिरि

35. धरती पर आदमियों से पहले कौन था?
A. जानवर B. उपरोक्त सभी
C. हड्डियाँ D. किताबें

36. धरती कितने वर्ष पुरानी है?
A. अरबों वर्ष B. इनमें से कोई नहीं
C. हजारों वर्ष D. लाखों-करोड़ों वर्ष

37. धरती पहले कैसी थी?
A. ठंडी B. सजीव
C. शुष्क D. गर्म

38. निम्न में से कौन गद्य विधा नहीं है?
A. कहानी B. कविता
C. उपन्यास D. निबंध

39. धरती के शुरुआती जीवन के बारे में किसने सार्थक खोज की?
A. साहित्यकारों ने B. उपरोक्त सभी
C. वैज्ञानिकों ने D. शिल्पकारों ने

40. मोटी-मोटी किताबों में किसका हाल दिया हुआ है?
A. तकनीकी का B. विज्ञान का
C. जानवरों का D. दुनिया का

41. विज्ञान का अर्थ क्या है?
A. विशिष्ट ज्ञान B. विविध ज्ञान
C. विभाजित ज्ञान D. विपरीत ज्ञान

42. विज्ञान का सही संधि-विच्छेद है:
A. वि + गयान B. वी + ज्ञान
C. वी + यान D. वि + ज्ञान

43. कहानी रूपगत उपन्यास से होती है:
A. बड़ी B. बराबर
C. इनमें से कोई नहीं D. छोटी

44. जानवरों का एकवचन क्या होगा?
A. जानदार B. जानवर
C. जानवरा D. जानवरे

45. किताब का बहुवचन होगा:
A. कीताब B. किताबै
C. किताबें D. किताबा

निर्देश (प्रश्न संख्या 46 से 60 तक): *निम्नलिखित पद्यांश को पढ़कर प्रश्नों के उत्तर दीजिए।*

वह चिड़िया जो-
चोंच मार कर
दूध-भरे जुंडी के दाने
रुचि से, रस से खा लेती है
वह छोटी संतोषी चिड़िया
नीले पंखों वाली मैं हूँ
मुझे अन्न से बहुत प्यार है।
वह चिड़िया जो-
कंठ खोल कर
बूढ़े वन-बाबा के खातिर
रस उँडेल कर गा लेती है

वह छोटी मुँह बोली चिड़िया
नीले पंखों वाली मैं हूँ
मुझे विजन से बहुत प्यार है।
वह चिड़िया जो-
चोंच मार कर
चढ़ी नदी का दिल टटोल कर
जल का मोती ले जाती है
वह छोटी गरबीली चिड़िया
नीले पंखों वाली मैं हूँ
मुझे नदी से बहुत प्यार है।

46. 'छोटी मुँह बड़ी बात' के मुहावरे का अर्थ है :
A. भाग्य बदलना
B. अनुभवी होना
C. परवाह नहीं करना
D. अपनी हैसियत से बढ़कर बात करना

47. 'चढ़ी नदी का दिल टटोल कर' पंक्ति का अर्थ क्या है?
A. इनमें से कोई नहीं
B. नदी का दिल बहलाने के लिए
C. नदी के पानी से पूछकर के
D. नदी का मुआयना करके

48. चिड़िया चोंच मारकर क्या खाती है?
A. इनमें से कोई नहीं B. साबूदाने
C. रामदाने D. जुंडी के दाने

49. 'नदी' शब्द में कौन-सी संज्ञा है?
A. व्यक्तिवाचक B. भाववाचक
C. समूहवाचक D. जातिवाचक

50. 'प्यार' का समानार्थी शब्द क्या है?
A. केवल मोहब्बत
B. केवल प्रेम
C. केवल स्नेह
D. उपरोक्त सभी

51. नदी का पर्यायवाची नहीं है?
A. प्रज्वलन B. प्रवाहिनी
C. सरिता D. तटिनी

52. गरबीली से तात्पर्य है :
A. गर्दन से युक्त B. गिरेबान
C. गधा D. गर्व से युक्त

53. पंखों का रंग कैसा है?
A. नीला B. सफेद
C. पीला D. लाल

54. 'बूढ़े' का विलोम क्या है?
A. जवान B. किशोर
C. शिशु D. वृद्ध

55. प्रस्तुत कविता में चिड़िया कैसी है?
A. नीले पंखों वाली B. उपरोक्त सभी
C. गरबीली D. संतोषी

56. 'रस' का विलोम क्या होगा?
A. नीरस B. मीठा
C. अरस D. नमकीन

57. चिड़िया का पुल्लिंग क्या है?
A. चिड़ियों B. इनमें से कोई नहीं
C. चिडा D. चिड़ा

58. विजन का अर्थ है :
A. भीड़-भाड़ B. जन
C. विजित D. एकांत

59. प्रस्तुत कविता में चिड़िया को किससे प्यार है?
A. नदी B. उपरोक्त सभी
C. विजन D. अन्न

60. संतोषी से तात्पर्य है :
A. अप्रसन्न रहने वाला B. तृप्त रहने वाला
C. अतृप्त रहने वाला D. निराश रहने वाला

LANGUAGE-II: General English

Directions (Qs. 61 to 64): *Read the passage carefully and answer the questions given below:*

In 1726, a curious case of Mary Toft fooled much of Britain. Mary Toft of Godalming, near Guildford, in Surrey was a twenty-five-year-old illiterate servant, who claimed she had given birth to a litter of rabbits. According to reports that reached the court of King George I, on September 27th Mary had given birth to something resembling a liverless cat. The reports noted that Mary had lost the child she was carrying just a month earlier in August, 1726 and nevertheless had continued to appear pregnant until the baffling incident.

The story gets stranger when a Guilford doctor named John Howard visited Mary and over a period of the next month assisted and recorded the delivery of many different animal parts. She had produced a rabbit's head, the legs of a cat and in a single day, nine dead baby rabbits. England's greatest doctors, scientists and the King's secretary were informed about these supernatural occurrences. A Swiss surgeon-anatomist named Nathaniel St. Andre and secretary to the Prince of Wales named Samuel Molyneux were dispatched from the Royal court to investigate this mysterious case.

61. Who found Mary Toft's story credible?
A. Doctor John Howard from Guildford
B. England's greatest doctors and scientists
C. The King
D. Nathaniel St. Andre and Samuel Molyneux

62. Who ruled Britain in 1726?
A. Doctor John Howard B. Prince of Wales
C. Queen Victoria D. King George I

63. What was the curious case of Mary Toft?
A. It was the strange instance where Mary Toft appeared mad and fooled people
B. It was the story of Mary Toft, who had given birth to something resembling a puppy
C. It was the story of twenty-five-year-old servant who could not read or write
D. It was an elaborate prank that fooled much of Britain

64. Select the person dispatched from the Royal court to investigate the curious case of Mary Toft.
A. Doctor John Howard from Guildford
B. King's secretary
C. Prince of Wales
D. Secretary to the Prince of Wales

Directions (Qs. No. 65-68): *Read the following lines of a poem and answer the question given below it.*

Early morning, the day before yesterday,
under a slab of stone,
in a crack,
eyes glittering,
forked tongue licking and flashing,
a frog swelling his belly,
he lay there quietly:
a baby snake, two hands long,
a green snake.

65. What part of the day is the poet referring to in the given lines?
A. Evening B. Dawn
C. Afternoon D. Mid morning

66. Which of the following statements is not true about the creature?
A. It was very agitated.
B. It was resting under the slab of stone.
C. It was a very young snake.
D. It must not have been hungry.

67. The words, 'two hands long' in the last but one line refers to:
A. All of the above
B. The two hands the snake
C. The distance between the snake and the poet
D. The length of the creature

68. What is spoken about in the given lines?
A. A green baby snake B. A green snake
C. A snake D. A frog swelling snake

69. Fill in the blank with the correct option in the given sentence:

I am tall --- than the rest of my classmates.
A. ---ful B. ---tion
C. ---est D. ---er

70. Fill in the blank with the prefix in the given sentence:

Certain external policies enforced by the country tend to ---- value its currency.
A. de- B. free-
C. re- D. less-

71. Fill in the blank with the most appropriate conjunction.

________ he waited for his doctor's appointment, Rahul sat in the waiting room reading the newspaper.
A. Even if B. While
C. Besides when D. Since

72. Fill in the blank with the correct option from those given below:

The team ______ walked away with the prestigious trophy.
A. triumphant B. triumphing
C. triumphed D. triumphantly

73. Which of the following options best combines the two given sentences?

He is weak. He will pass.
A. Despite of his weakness, he will pass.
B. He is weak and he will pass.
C. He is weak, so he will pass
D. He is weak, but he will pass

74. Choose appropriate articles for the given sentence:

My aunt lived on _____ ground floor of ______ old house on _____ River Thames.
A. the, an, the
B. a, the, no article required
C. an, no article required, the
D. no article required, a, the

75. Choose the appropriate option that rewrites the given sentence in its active voice.

We are served tea at 4.30 pm in the canteen by the servers.
A. We have been served tea at 4.30 pm in the canteen by the servers.
B. We were served tea at 4.30 pm in the canteen by the servers.

C. The servers will be serving tea at 4.30 pm in the canteen.
D. The servers serve tea at 4.30 pm in the canteen.

76. Choose the appropriate synonym for the highlighted word in the given sentence.

Modern emancipated women demand equal opportunities in the workplace.

A. immortalized B. solidified
C. weakened D. liberated

77. Choose the appropriate tenses to fill in the blanks in the given sentence :

If you _____ away now, your friends _____ you.

A. went, would have missed
B. go, will miss
C. gone, missed
D. can go, can miss

78. Choose the appropriate antonym for the highlighted word in the given sentence.

Her work in the field is praiseworthy.

A. valiant B. laudable
C. creditable D. dishonorable

79. Choose the appropriate pronouns for the following sentence:

It is for _____ to take a decision whether _____ want to be with____ or not.

A. they, who, it B. he, him, they
C. who, him, them D. them, they, us

80. Choose the appropriate prepositions for the given sentence:

Charan asked Diana to come ______ his house so they could go ______ the revision papers.

A. into, from B. into, with
C. to, for D. over to, through

81. Choose the option that best explains the highlighted expression:

The orator's comment about the recession was wide of the mark.

A. not to the point B. precise
C. indirect D. very scanty

82. Choose the option that best explains the highlighted expression:

At the end of the meeting the chairman proved to be a man of straw.

A. a worthy person B. a man of no substance
C. an unreasonable person D. a flexible person

83. Choose the option that best transforms the sentence into its Indirect form:

He said, "Oh dear! I have spilt the milk again!"

A. He cried oh dear and said that he had spilt the milk again.
B. He sighed and said I had spilt the milk again.
C. He sighs and says that he has spilt the milk again.
D. He sighed and added that he had spilt the milk again.

84. Choose the option that substitutes the given phrase appropriately.

A small enclosure for cattle, sheep, poultry, etc.

A. Cellar B. Kennel
C. Stable D. Pen

85. Read the sentence carefully and choose the option that has an error in it:

The backbone of the single-humped camel is not curved upward in the middle, like many people suppose.

A. is not curved upward
B. like many people suppose.
C. The backbone of the single-humped camel
D. in the middle,

86. Change the given statement to indirect speech.

"What did you eat for breakfast today?" The doctor asked me.

A. The doctor asked me if I had eaten breakfast that day.
B. The doctor asked me if I ate breakfast that day.
C. The doctor asked me what I had eaten for breakfast that day.
D. The doctor asked me if I have eaten breakfast today.

87. Choose the right tag:

Raghu's parents ha:e roast potatoes, _____?

A. do they B. aren't they
C. haven't they D. don't they

88. Fill in the blank with the most appropriate preposition from the options given.

There is something vague _____ this contract; I will ask my lawyer to check it.

A. on B. about
C. for D. by

89. Choose the most appropriate determiner from the options given below.

Janu and Malini applied to the air force. _______ woman was appointed.

A. Neither B. Many
C. Either D. Both

90. Choose an appropriate modal for the given sentence:

You _______ borrow my new book until you return my old one.

A. could not B. would not
C. may not D. ought not

गणित (Mathematics)

निर्देशः *निम्नलिखित प्रश्नों के उत्तर देने के लिए* **सबसे उचित** *विकल्प चुनिए।*

91. यदि $xy = 1$ तो $x + y + 2$ का गुणन है :

A. $(x + 1)(y + 1)$ B. $(x + 1)(y - 1)$
C. $(x - 1)(y + 1)$ D. $(x - 1)(y - 1)$

92. निम्नलिखित का मिलान करें :

(*i*) x में 1 जोड़ना (*a*) $-5q$
(*ii*) p से 8 घटाना (*b*) $x + 1$
(*iii*) -5 को q से गुणा करना (*c*) $p - 8$

	(*i*)	(*ii*)	(*iii*)
A.	(*b*)	(*a*)	(*c*)
B.	(*b*)	(*c*)	(*a*)
C.	(*c*)	(*a*)	(*b*)
D.	(*c*)	(*b*)	(*a*)

93. एक बच्चे का सर्वांगीण विकास ______ के माध्यम से परिलक्षित होता है।

A. वृत्तांत (ऐनक्डोटल) अभिलेख
B. व्यक्तिगत अध्ययन (केस स्टडी) अभिलेख
C. संचयी अभिलेख
D. शैक्षिक अभिलेख

94. एक समकोण त्रिभुज में कर्ण का वर्ग अन्य दो भुजाओं के गुणज का दोगुना है। त्रिभुज के कोणों में से एक ज्ञात करें।

A. 15° B. 45°
C. 30° D. 60°

95. चारों में से कौन एक गैर-यूक्लिडियन नहीं है?

A. पुनर्जागरण (रिनेसन्स) B. बोल्याइ
C. लोबचेव्सकी D. एनक्लिड

96. 10 सेमी. किनारे वाले दो घन प्रत्येक सिरों से जुड़े हैं, तो परिणामी घनाभ का पृष्ठीय क्षेत्रफल ______ है।

A. 1500 वर्ग सेमी.
B. 1000 वर्ग सेमी.
C. 500 वर्ग सेमी.
D. 750 वर्ग सेमी.

97. यदि $x_1, x_2, x_3, ...$ का माध्य 4 है, तो $2x_1, 2x_2, 2x_3....$ का माध्य ____ है।

A. 2 B. 4
C. 8 D. 6

98. 11 भुजाओं वाले बहुभुज के एक शीर्ष से हम कितने विकर्ण चित्रित कर सकते हैं?

A. 8 B. 10
C. 9 D. 7

99. निम्नलिखित में से पूर्ण संख्याओं के संबंध में कौन-सा कथन सत्य नहीं है?

A. 0 एक गणना योग्य संख्या है, लेकिन एक प्राकृत संख्या नहीं है।
B. पूर्ण संख्या 0 की कोई पूर्ववर्ती संख्या नहीं होती है।
C. सभी प्राकृत संख्याओं की योगात्मक समरूपता एक पूर्ण संख्या होती है।
D. पहले दो अंकों की संख्या की पूर्ववर्ती संख्या हमेशा एक अंकीय संख्या होती है।

100. निम्नलिखित में से कौन-सा कथन पूर्णांक के संबंध में सत्य है?

A. एक ऋणात्मक पूर्णांक को एक ऋणात्मक पूर्णांक से विभाजित करने पर हमें ऋणात्मक पूर्णांक प्राप्त होता है।
B. एक धनात्मक पूर्णांक से एक ऋणात्मक पूर्णांक को घटाने पर हमें एक धनात्मक पूर्णांक प्राप्त होता है।
C. जब एक धनात्मक पूर्णांक और ऋणात्मक पूर्णांक को ज़ोड़ा जाता है तो हमें ऋणात्मक पूर्णांक प्राप्त होता है।
D. एक ऋणात्मक पूर्णांक के साथ एक धनात्मक पूर्णांक को गुणा करने पर हमें धनात्मक पूर्णांक प्राप्त होता है।

101. निम्नलिखित में से कौन-सा कथन संख्या के संबंध में सत्य है?

A. नौ एक अभाज्य संख्या है।
B. 20 से नीचे केवल 9 अभाज्य संख्याएँ हैं।
C. प्रत्येक संख्या स्वयं का एक गुणक और घटक होती है।
D. दी गई संख्या के गुणकों की संख्या सीमित होती है।

102. एक ट्रेन एक समान चाल से चलती हुई एक निश्चित दूरी तय करती है। यदि ट्रेन 5 किमी./घंटा तेज चाल से चलती है तो यह निर्धारित समय से 1 घंटा कम लेती है और यदि ट्रेन 20 किमी./घंटा धीमी गति से चलती है तो निर्धारित समय से 6 घंटे अधिक लेती है, तो ट्रेन द्वारा तय की गई दूरी है :

A. 2240 किमी. B. 2000 किमी.
C. 1050 किमी. D. 1080 किमी.

103. दी गई आकृति में, यदि $\angle C = 40°$ है, तो $\angle A$ एवं $\angle B$ हैं :

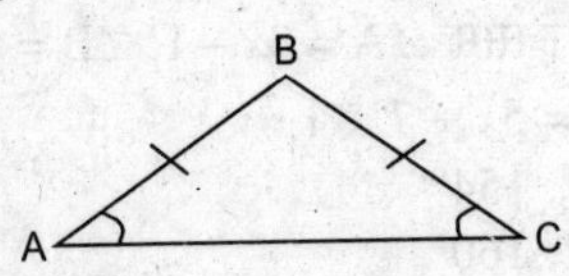

A. 50°, 90° B. 100°, 40°
C. 40°, 100° D. 90°, 50°

104. A केंद्र वाले एक वृत्त में, AB एवं AD के बीच बना कोण 80° है, जहाँ बिंदु B एवं D वृत्त पर स्थित हैं। यदि C वृत्त के बाह्य में स्थित है तथा CB और CD दो स्पर्शरेखा हैं, तो कोण BCD का मान ______ है।

A. 110° B. 100°
C. 120° D. 90°

105. ΔABC एक समद्विबाहु त्रिभुज है जिसमें $AB = AC$ है। ΔABC के अंदर एक बिंदु P इस तरह है कि ΔPBC एक समबाहु त्रिभुज है। यदि $\angle A = 30°$ है, तो $\angle ABP$ ज्ञात करें।

A. 45° B. 15°
C. 35° D. 25°

106. ΔDEF में, $\angle D = 60°$, $\angle F = 50°$ तो :

A. FE > DF > DE
B. DE = FE = FD
C. DE < DF < EF
D. DE < FE < DF

107. यदि बहुपद $6x^2 + x + k$ के शून्यकों के वर्गों का योग $\frac{25}{36}$ है, तो k का मान ______ है।

A. –2 B. $\frac{5}{2}$
C. 2 D. 3

108. जब $x - \frac{1}{x} = 2$ है, तो $x^2 + \frac{1}{x^2}$ का मान ज्ञात करें।

A. 2 B. 8
C. 6 D. 4

109. यदि एक बिंदु P से एक 'O' केंद्र वाली एक वृत्त की दो स्पर्श रेखाएँ PA तथा PB एक-दूसरे से 80° के कोण पर मिलती हैं, तो $\angle POA =$ ______।

A. 80° B. 50°
C. 25° D. 30°

110. सोमवार, मंगलवार एवं बुधवार का औसत तापमान 40°C था। मंगलवार, बुधवार एवं गुरुवार का औसत तापमान 41°C था। यदि गुरुवार को तापमान 42°C था, तो सोमवार को तापमान कितना था?

A. 41°C B. 38°C
C. 40°C D. 39°C

111. एक चक्रीय चतुर्भुज ABCD में $\angle A + \angle D$ एवं $\angle B + \angle C$ ज्ञात करें, जिसमें $\angle A = 3x - 1$, $\angle B = y - 2$, $\angle C = 2y + 6$ एवं $\angle D = 5x + 7$ है।

A. 206°, 154°
B. 200°, 160°
C. 175°, 185°
D. 168°, 192°

112. एक त्रिभुज का बाह्य कोण 135° है तथा इसके दो अंतःसम्मुख कोण समान हैं। इनमें से प्रत्येक कोण है :

A. $47\frac{1}{2}°$ B. $52\frac{1}{2}°$
C. $67\frac{1}{2}°$ D. 45°

113. दी गई आकृति में, x का मान ज्ञात करें।

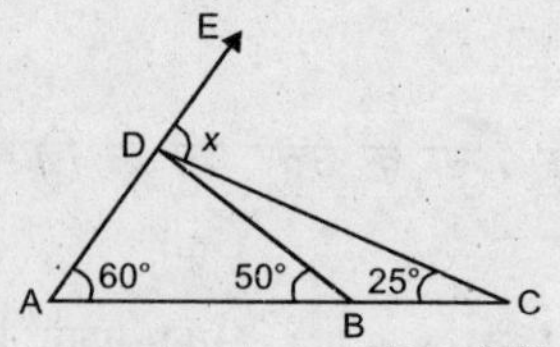

A. 130° B. 85°
C. 110° D. 90°

114. वह कौन-सा गुण है जो $\left(\frac{2}{3} \times \frac{5}{11}\right) + \left(\frac{2}{3} \times \frac{6}{11}\right) = \frac{2}{3}$ के गणना की अनुमति देता है :

A. साहचर्य गुण B. वितरण गुण
C. संवरक गुण D. क्रमविनिमेय गुण

115. ΔABC में, $\angle C = 90°$, $BC = AC = 3\sqrt{2}$, तो AB = ______.

A. 5 B. 7
C. 8 D. 6

116. एक चतुर्भुज ABCD में, $\angle A + \angle C$, $\angle B + \angle D$ का दोगुना है। यदि $\angle A = 140°$ और $\angle D = 60°$, तो $\angle C = ?$

A. 60° B. 100°
C. 80° D. 120°

117. गीता के पास ₹ 600 थे। वह नोटबुक पर अपने पैसे का $\frac{1}{3}$, लेखन सामग्री पर शेष का $\frac{1}{5}$ और प्रसाधन सामग्री पर शेष का $\frac{3}{8}$ खर्च करती है। उसके पास कितनी राशि शेष बचा है?

A. ₹ 120 B. ₹ 200
C. ₹ 300 D. ₹ 320

118. 11 से विभाजित नहीं होने वाली संख्या का चयन करें।

A. 1230321 B. 50169306
C. 902154 D. 6138165

119. एक समबाहु त्रिभुज और एक नियमित पंचभुज की परिधियों का योग ज्ञात करें, जिसकी दोनों भुजाएँ 4 सेमी. हैं।

A. 32 सेमी. B. 252 सेमी.
C. 36 सेमी. D. 62 सेमी.

120. त्रिभुज का परिमाप ज्ञात करें, जिसकी भुजाएँ 4 मीटर, 5 मीटर और 60 सेमी. हैं।

A. 69 मीटर B. 9.6 मीटर
C. 3600 मीटर D. 6.9 मीटर

121. ABCD एक समानांतर चतुर्भुज है तथा ABCD के भुजाओं के मध्यबिंदु मिलकर एक अन्य समानांतर चतुर्भुज PQRS का निर्माण करती है। यदि PQRS का क्षेत्रफल 20 सेमी.^{2} है, तो ABCD का क्षेत्रफल ______ है।

A. 80 सेमी.^{2} B. 40 सेमी.^{2}
C. 100 सेमी.^{2} D. 1600 सेमी.^{2}

122. एक संख्यांक ______ है।
A. एक अनुक्रम में एक तत्व की स्थिति
B. एक संख्या के प्रतिनिधित्व का प्रतीक
C. एक समुच्चय की प्रमुखता
D. उपरोक्त में से कोई नहीं

123. एक पैकेट में 100 कुकीज हैं। यदि पैकेटों की संख्या 'm' है, तो कुकीजों की कुल संख्या को लिखा जा सकता है :
A. $\frac{100}{m}$ B. $100\,m$
C. $100 + m$ D. $100 - m$

124. शब्द Algebra, al-gebra = al-jebr wa' almuqabala है। aljebr और wa'al muqabala के समतुल्य शब्दों का अनुवाद ______ और _____ है।
A. पुनःस्थापन, घटाव B. पुनःस्थापन, चुनौती
C. पुनःस्थापन, सिद्ध करना D. संतुलन, समाधान

125. आर्यभट्ट द्वारा प्रस्तुत 'गीतिका' ______ का एक संग्रह है।
A. कालकिया-समय और मापन पर कार्य
B. अंकगणित पर समस्याएँ
C. गोला (गेंद)
D. खगोलीय तालिकाएँ

126. सूक्ष्म अध्ययन (माइक्रो टीचिंग) तकनीक, भारत में _____ द्वारा लाई गई थी।
A. एटकिंसन B. बी.के. पासी
C. एलन D. एंडरसन

127. गणित शिक्षण के लिए इकाई योजना ______ में की जाती है।
A. पोस्ट-अनुदेशात्मक चरण B. प्री-अनुदेशात्मक चरण
C. शिक्षण-अधिगम चरण D. मूल्यांकन चरण

128. थार्नडाइक के 'तत्परता का नियम' का उपयोग _____ में किया जाता है।
A. इकाई योजना B. पाठ योजना
C. गृह कार्य D. उद्देश्यों की तैयारी

129. $2x + 3y = 10$ का :
A. कोई हल नहीं है। B. एक विशेष हल है।
C. केवल दो हल हैं। D. अनंत रूप से कई हल हैं।

130. ज्यामिती के साथ समेकित क्षेत्रमिति ने नियमित आकृतियों से रेखाचित्र बनाएँ जो बच्चों के लिए चार तरीकों से प्रस्तुत हुए :
1. सुरुचिपूर्ण 2. सन्निकटन
3. व्यापक 4. साहचर्य
इसे _____ के रूप में जाना जाता है।
A. सन्निकटन की तकनीक
B. गणितीकरण की तकनीक
C. परिमाणीकरण की तकनीक
D. विचारण की तकनीक

131. उस युग्म का चयन करें जो संयुक्त अभाज्य नहीं है।
A. (91, 93) B. (59, 61)
C. (41, 43) D. (101, 103)

132. यदि PQ और RS दो बराबर और समांतर जीवा हैं, केंद्र से PQ की दूरी 5 सेमी. है, तो PQ और RS के बीच की दूरी निम्न है :
A. 10 सेमी. B. 25 सेमी.
C. 2.5 सेमी. D. 5 सेमी.

133. निम्नलिखित में से कौन-सा सूत्र द्विघात बहुपद के शून्य को सही तरीके से परिभाषित करता है?
A. शून्य का गुणन = x का गुणांक/अचर पद
B. शून्य का गुणन = अचर पद/x का गुणांक
C. शून्य का योग = (x^2 का गुणांक)/x का गुणांक
D. शून्य का योग = (x का गुणांक)/x^2 का गुणांक

134. पाइथागोरस ने _____ नामक ऑर्डर को स्थापित किया।
A. आलंकारिक संख्या B. ब्रदरहुड
C. पाइथागोरस D. गणितीय

135. खगोल विज्ञान में वेदांग ज्योतिष को 1200 ईसा पूर्व में _____ द्वारा संकलित किया गया था।
A. आर्यभट्ट B. सुल्बाकर
C. बंदयम D. लगाधा

136. एक खंड के चाप की लंबाई 22 सेमी. और खंड का क्षेत्रफल 231 वर्ग सेमी. है, तो खंड का कोण निम्न है :
A. 60° B. 120°
C. 45° D. 90°

137. दो वृत्तों की परिधि का अनुपात 2 : 3 है, तो उनके क्षेत्रफल का अनुपात ______ है।
A. 2 : 3 B. 4 : 9
C. 3 : 2 D. 9 : 4

138. A, B, C एवं D (12, 2), (16, 4), (18, 8) एवं ($2a$, 6) पर स्थित हैं। यदि बिन्दुओं को मिलाया जाए तो एक आयत ABCD बन जाता है, तो D की स्थिति ज्ञात करें।
A. (14, 6) B. (13, 6)
C. (11, 6) D. (12, 6)

139. नीचे दिए गए उद्देश्यों में से एक मापनीय नहीं है और यह ______ है।
A. गहन चिंतन को विकसित करने के लिए
B. प्रकृति में उनकी आकृतियों की पहचान करने के लिए
C. समान समुच्चयों की व्याख्या करने के लिए
D. तर्कसंगत संख्याओं की पहचान करने के लिए

140. निम्नलिखित में से कौन एक ओपन-एंडेड प्रश्न है?
A. अनुषा के पास कुल ₹ 50 हैं। उसके पास संभावित मूल्यवर्ग क्या हो सकते हैं?
B. एक वर्ग का क्षेत्रफल 400 सेमी.^{2} है। वर्ग की भुजा के लिए संभावित मान क्या हैं?

C. सिद्ध करें कि सम संख्याओं का वर्ग सम होता है।
D. पाइथागोरस प्रमेय को बताएं।

141. निम्नलिखित में से कौन स्मरणीय विषय के अंतर्गत नहीं आता है?
A. यथार्थ मापन करना B. उपरोक्त में से कोई नहीं
C. स्मरणीय शब्द D. सूत्र पहचानना

142. 'गणित सभ्यता का दर्पण है।' इनके द्वारा कहा गया :
A. न्यूटन B. यूक्लिड
C. हॉगबेन D. प्लेटो

143. पूर्णांकों के विषय में सही कथन का चयन करें :
A. घटाव पूर्णांक के लिए विनिमेयशील होता है।
B. योग सभी पूर्णांकों के लिए सहयोगी होता है।
C. विभाजन 0 को छोड़कर सभी पूर्णांकों के लिए साहचर्य होता है।
D. पूर्ण संख्या योग और घटाव के अंतर्गत अवरुद्ध होती हैं।

144. निम्नलिखित में से कौन-सा कथन घात/घातांक के संबंध में सत्य है?
A. 10^2 में, 10 घात और 2 घातांक है
B. $(5a)^b = 5a^b$
C. 10000, 10^4 का घातांक रूप है
D. 216, 6 का तीसरा घात है

145. निम्नलिखित में से कौन-सा पूर्ण संख्याओं के समुच्चय में गुणात्मक समरूपता है?
A. 1 B. सभी पूर्ण संख्याएँ
C. 0 D. –1

146. यदि हम इन्हें आपस में गुणा करते हैं तो गुणनफल का चिह्न क्या होगा?
(*i*) 9 ऋणात्मक पूर्णांक और 4 धनात्मक पूर्णांक
(*ii*) 5 ऋणात्मक पूर्णांक और 5 धनात्मक पूर्णांक
(*iii*) 4 ऋणात्मक पूर्णांक और 7 धनात्मक पूर्णांक
(*iv*) 8 ऋणात्मक पूर्णांक और 5 धनात्मक पूर्णांक
(*v*) (–3), $2n$ बार, n एक प्राकृत संख्या है।
A. (*i*)–धनात्मक, (*ii*)–ऋणात्मक, (*iii*)–ऋणात्मक, (*iv*)–धनात्मक, (*v*)–ऋणात्मक
B. (*i*)–धनात्मक, (*ii*)–ऋणात्मक, (*iii*)–ऋणात्मक, (*iv*)–धनात्मक, (*v*)–धनात्मक
C. (*i*)–ऋणात्मक, (*ii*)–ऋणात्मक, (*iii*)–धनात्मक, (*iv*)–धनात्मक, (*v*)–धनात्मक
D. (*i*)–ऋणात्मक, (*ii*)–ऋणात्मक, (*iii*)–ऋणात्मक, (*iv*)–धनात्मक, (*v*)–धनात्मक

147. 5 के घात रूप में 15625 को व्यक्त करें।
A. 4^5 B. 5^6
C. 5^5 D. 6^5

148. यदि N सभी प्राकृत संख्याओं का एक समुच्चय है, W सभी पूर्णांकों का समुच्चय है, Z सभी वास्तविक संख्याओं का समुच्चय है, तो निम्नलिखित में से कौन-सा सत्य है?
A. $R \subset Z \subset W \subset N$ B. $W \subset N \subset R \subset Z$
C. $N \subset Z \subset W \subset R$ D. $N \subset W \subset Z \subset R$

149. A(3, 5) एवं B(–3, 5) एक वृत्त के व्यास के अंतिम बिंदु हैं। वृत्त का केंद्र ज्ञात करें।
A. (5, 0) B. (6, 5)
C. (3, 0) D. (0, 5)

150. यदि द्विघात बहुपद $x^2 + 3x + k$ का एक शून्यक 2 है, तो k का मान = ______।
A. –10 B. $\sqrt{10}$
C. 10 D. 5

उत्तरमाला

1	2	3	4	5	6	7	8	9	10
B	B	D	D	C	D	B	C	A	B
11	**12**	**13**	**14**	**15**	**16**	**17**	**18**	**19**	**20**
C	D	A	B	A	C	B	A	C	D
21	**22**	**23**	**24**	**25**	**26**	**27**	**28**	**29**	**30**
B	D	C	B	B	D	D	B	D	B
31	**32**	**33**	**34**	**35**	**36**	**37**	**38**	**39**	**40**
D	A	A	D	A	D	D	B	C	D
41	**42**	**43**	**44**	**45**	**46**	**47**	**48**	**49**	**50**
A	D	D	B	C	D	D	D	D	D
51	**52**	**53**	**54**	**55**	**56**	**57**	**58**	**59**	**60**
A	D	A	C	A	A	D	D	D	B
61	**62**	**63**	**64**	**65**	**66**	**67**	**68**	**69**	**70**
A	D	D	D	B	A	D	A	D	A
71	**72**	**73**	**74**	**75**	**76**	**77**	**78**	**79**	**80**
B	D	D	A	D	D	B	D	D	D

81	82	83	84	85	86	87	88	89	90
A	B	D	D	B	C	D	B	A	C
91	**92**	**93**	**94**	**95**	**96**	**97**	**98**	**99**	**100**
A	B	C	B	D	B	C	A	A	B
101	**102**	**103**	**104**	**105**	**106**	**107**	**108**	**109**	**110**
C	C	C	B	B	D	A	C	B	D
111	**112**	**113**	**114**	**115**	**116**	**117**	**118**	**119**	**120**
A	C	B	B	D	B	B	A	A	B
121	**122**	**123**	**124**	**125**	**126**	**127**	**128**	**129**	**130**
B	B	B	A	D	B	B	B	D	C
131	**132**	**133**	**134**	**135**	**136**	**137**	**138**	**139**	**140**
A	A	D	C	D	A	B	A	A	A
141	**142**	**143**	**144**	**145**	**146**	**147**	**148**	**149**	**150**
A	C	B	D	A	C	B	D	D	A

व्याख्यात्मक उत्तर

91. दिया है, $xy = 1$

तब, $x + y + 2 = x + 1 + y + 1$

$= x + 1 + y + xy$

$= (x + 1) + y(1 + x)$

$= 1(x + 1) + y(x + 1)$

$= (1 + y)(x + 1)$

$= (x + 1)(y + 1)$

अतः $x + y + 2$ का गुणन $(x + 1)(y + 1)$ है।

94. दिया है, एक समकोण त्रिभुज में

$h^2 = 2$ लम्ब × आधार

अर्थात्, $h^2 = 2pb$ ...(i)

हम जानते हैं, $h^2 = p^2 + b^2$ ...(ii)

[पाइथागोरस प्रमेय से]

(i) और (ii) से, हम पाते हैं

$p^2 + b^2 = 2pb$

$\Rightarrow \quad p^2 + b^2 - 2pb = 0$

$\Rightarrow \quad (p - b)^2 = 0$

$\Rightarrow \quad p - b = 0$

$\Rightarrow \quad p = b$

$\therefore \quad 90° + x + x = 180°$

$\Rightarrow \quad 90° + 2x = 180°$

$\Rightarrow \quad 2x = 90° \Rightarrow x = 45°$

अतः त्रिभुज के कोणों में से एक कोण 45° है।

96. दिया है, दो घन के प्रत्येक किनारे = 10 सेमी.

दो घन प्रत्येक सिरों से जुड़े हैं

$\therefore \quad l = 10 + 10 = 20$ सेमी.

$b = 10$ सेमी., $c = 10$ सेमी.

$\therefore$ परिणामी घनाभ का पृष्ठीय क्षेत्रफल $= 2(lb + bh + lb)$

$= 2(20 \times 10 + 10 \times 10 + 20 \times 10)$ सेमी.^{2}

$= 2(200 + 100 + 200)$ सेमी.^{2}

$= 2(500)$ सेमी.^{2} = 1000 सेमी.^{2}.

97. दिया है, $x_1, x_2, x_3, \ldots$ का माध्य 4 है

अर्थात् $\bar{x} = 4$

तब, $2x_1, 2x_2, 2x_3, \ldots$ का माध्य

$= 2(x_1, x_2, x_3, \ldots$ का माध्य)

$= 2\bar{x}$

$= 2 \times 4 = 8.$

102. माना कि अभीष्ट दूरी = x किमी./घंटा.

और चाल = y किमी./घंटा

तब, $\dfrac{x}{y} - \dfrac{x}{y+5} = 1$

$\Rightarrow \quad \dfrac{x[y+5-y]}{y(y+5)} = 1$

$\Rightarrow \quad 5x = y(y + 5)$ ...(i)

और $\dfrac{x}{y-20} - \dfrac{x}{y} = 6$

$\Rightarrow \quad \dfrac{x[y-y+20]}{(y-20)y} = 6$

$\Rightarrow \quad 20x = 6y(y - 20)$ ...(ii)

(i) को (ii) से भाग देने पर हम पाते हैं

$$\frac{5x}{20x} = \frac{y(y+5)}{6y(y-20)}$$

$\Rightarrow \quad \dfrac{1}{4} = \dfrac{y+5}{6(y-20)}$

$\Rightarrow \quad 6(y - 20) = 4(y + 5)$

$\Rightarrow \quad 6y - 120 = 4y + 20$

$\Rightarrow \quad 2y = 140 \Rightarrow y = 70$

(i) से, $\quad 5x = 70(70 + 5)$, जब, $y = 70$

$\Rightarrow \quad x = \frac{70}{5}(75)$

$= 14(75) = 1050$ किमी.

अतः ट्रेन द्वारा तय की गई अभीष्ट दूरी 1050 किमी. है।

103. दी गई आकृति में

$\angle C = 40°$ और $\angle A = ?, \angle B = ?$

चूँकि, त्रिभुज समद्विबाहु त्रिभुज है (आकृति से)

इसलिए, $\quad \angle A = \angle C$

$\therefore \quad \angle C = 40°$

$\therefore \quad \angle A = 40°$

$\because \quad \angle A + \angle B + \angle C = 180°$

$\therefore \quad 40° + \angle B + 40° = 180°$

$\therefore \quad \angle B = 180° - 80° = 100°$

अतः $\quad \angle A = 40°$ और $\angle B = 100°$.

104. A केन्द्र वाले एक वृत्त में

$\angle BAD = 80°$

CB और CD दो स्पर्श रेखाएँ हैं

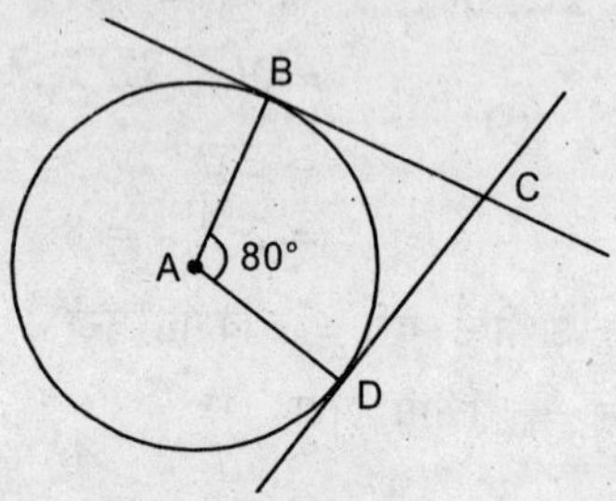

$\therefore \quad AB \perp CB, AD \perp CD$

दो स्पशरिखा प्रमेय से,

$\angle BAD + \angle BCD = 180°$

$\Rightarrow \quad 80° + \angle BCD = 180°$

$\Rightarrow \quad \angle BCD = 180° - 80° = 100°$

$\therefore \quad \angle BCD = 100°$.

105. दिया गया है, ΔABC एक समद्विबाहु त्रिभुज है

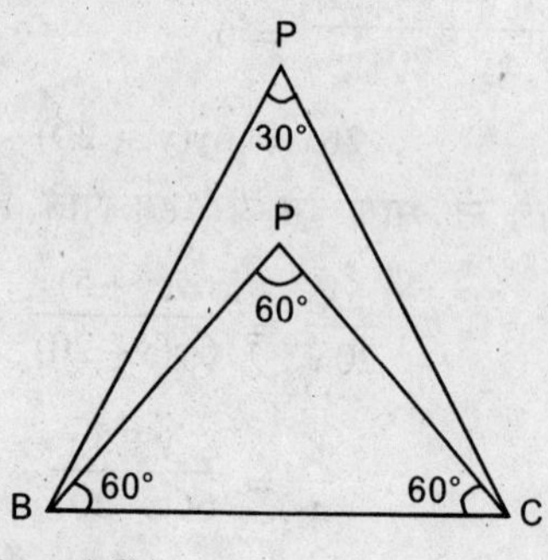

जिसमें AB = AC

और $\quad \angle A = 30°$

$\because \quad \angle ABC = \angle ACB \; (AB = AC)$

$\therefore \angle BAC + \angle ABC + \angle ACB = 180°$

$\therefore 30° + \angle ABC + \angle ABC = 180°$

$\Rightarrow \quad 2\angle ABC = 180° - 30° = 150°$

$\Rightarrow \quad \angle ABC = 75°$

प्रश्न के अनुसार,

ΔPBC एक समबाहु त्रिभुज है

$\therefore \quad \angle PBC = \angle PCB = \angle BPC = 60°$

$\therefore \quad \angle ABP = \angle ABC - \angle PBC$

$= 75° - 60° = 15°$

अतः $\quad \angle ABP = 15°$.

106. ΔDEF में, $\quad \angle D = 60°, F = \angle 50°$

$\therefore \quad \angle E = 180° - (60° + 50°)$

$= 70°$

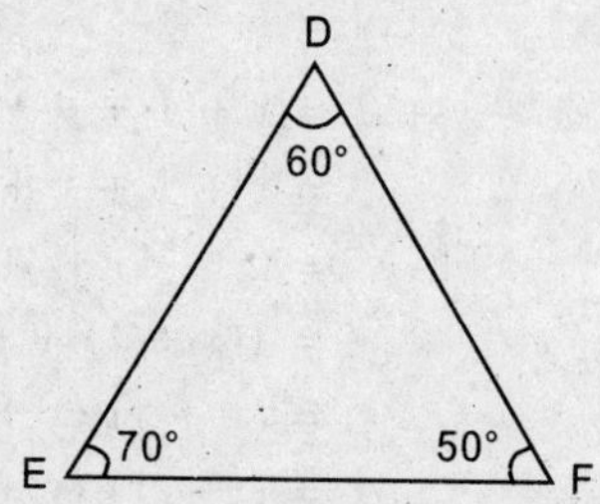

यहाँ, $\quad 50° < 60° < 70°$

अर्थात् $\quad \angle F < \angle D < \angle E$

अर्थात् $\quad DE < FE < DF$.

107. बहुपद $= 6x^2 + x + k$

माना कि शून्यांक α और β है

तब, $\quad \alpha^2 + \beta^2 = \frac{25}{36}$

$\because \quad \alpha + \beta = \frac{-b}{a} = \frac{-1}{6}$

और $\quad \alpha\beta = \frac{c}{a} = \frac{k}{6}$

$(\alpha + \beta)^2 = \alpha^2 + \beta^2 + 2\alpha\beta$

$\Rightarrow \quad \left(\frac{-1}{6}\right)^2 = \frac{25}{36} + 2 \times \frac{k}{6}$

$\Rightarrow \quad \frac{1}{36} = \frac{25}{36} + \frac{k}{3}$

$\Rightarrow \quad \frac{k}{3} = \frac{1}{36} - \frac{25}{36}$

$= \frac{1-25}{36}$

$$= \frac{-24}{36} = \frac{-2}{3}$$

$$\Rightarrow \quad \frac{k}{3} = \frac{-2}{3}$$

$$\Rightarrow \quad k = -2$$

अतः k का मान -2 है।

108. $$\left(x-\frac{1}{x}\right)^2 = x^2+\frac{1}{x^2}-2.x.\frac{1}{x}$$

$$\Rightarrow \quad (2)^2 = x^2+\frac{1}{x^2}-2;$$

जब, $$x-\frac{1}{x} = 2$$

$$\Rightarrow \quad 4 + 2 = x^2+\frac{1}{x^2}$$

$$\Rightarrow \quad x^2+\frac{1}{x^2} = 6.$$

109. दिया गया है, एक बिन्दु P से एक 'O' केन्द्र वाली एक वृत्त की दो स्पर्श रेखाएँ PA और PB हैं

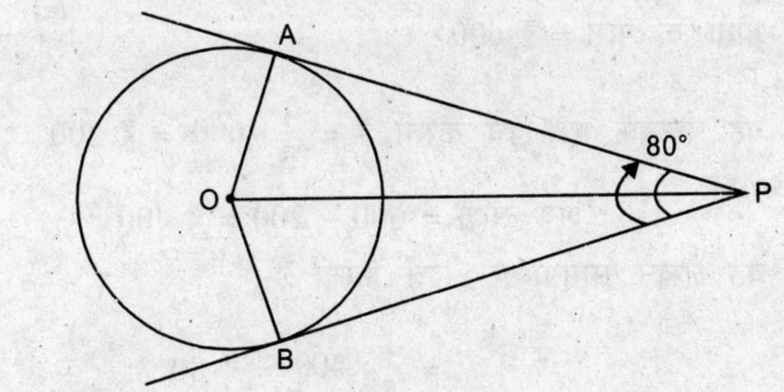

और $\angle APB = 80°$

$PA = PB$

$OA \perp PA$

$OB \perp PB$ [दो स्पर्शरेखा प्रमेय से]

$\angle APO = \angle BPO = 40°$

ΔOAP में,

$\angle OAP + \angle APO + \angle POA = 180°$

$\Rightarrow \quad 90° + 40° + \angle POA = 180°$

$\Rightarrow \quad \angle POA = 180° - 130°$

$= 50°$

$\therefore \quad \angle POA = 50°.$

110. सोमवार + मंगलवार + बुधवार का तापमान

$= 40°C \times 3 = 120°C$ ...(*i*)

तथा मंगलवार + बुधवार + बृहस्पतिवार का तापमान

$= 41°C \times 3 = 123°C$ ...(*ii*)

और बृहस्पतिवार का तापमान

$= 42°C$ ...(*iii*)

(*ii*) और (*iii*), से हम पाते हैं

मंगलवार + बुधवार + बृहस्पतिवार − बृहस्पतिवार

$= 123°C - 42°C$

$\Rightarrow$ मंगलवार + बुधवार = 81°C ...(*iv*)

(*i*) और (*iv*) से हम पाते हैं,

सोमवार + मंगलवार + बुधवार − (मंगलवार + बुधवार)

$= 120°C - 81°C$

$\Rightarrow$ सोमवार = 39°C

$\therefore$ सोमवार का तापमान = 39°C.

111. दिया है, $\angle A = 3x - 1$

$\angle B = y - 2$

$\angle C = 2y + 6$

और $\angle D = 5x + 7$

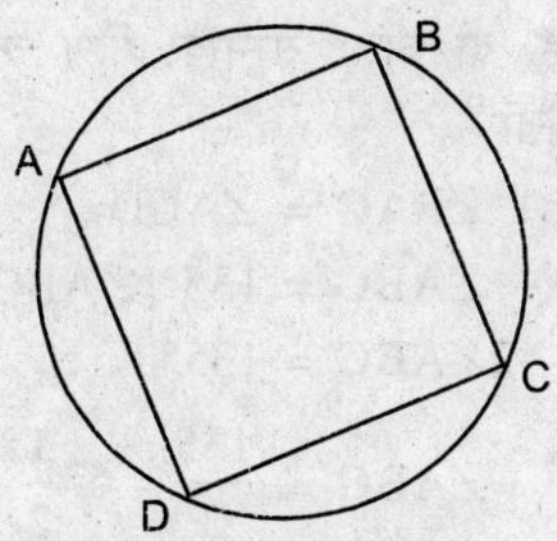

चूँकि ABCD एक चक्रीय चतर्भुज है

इसलिए, $\angle A + \angle C = 180°$

$\Rightarrow \quad 3x - 1 + 2y + 6 = 180°$

$\Rightarrow \quad 3x + 2y + 5 = 180°$

$\Rightarrow \quad 3x + 2y = 175°$ ...(*i*)

और $\angle B + \angle D = 180°$

$\Rightarrow \quad y - 2 + 5x + 7 = 180°$

$\Rightarrow \quad 5x + y + 5 = 180°$

$\Rightarrow \quad 5x + y = 175°$ ...(*ii*)

(*i*) और (*ii*) से हम पाते हैं

$3x + 2y = 5x + y$

$\Rightarrow \quad 5x - 3x = 2y - y$

$\Rightarrow \quad 2x = y$

(*ii*) से

$5x + 2x = 175°$

जब, $2x = y$

$\Rightarrow \quad 7x = 175°$

$\Rightarrow \quad x = 25°$

और $y = 175° - 5x$

$= 175° - 125°$

$= 50°$

$\therefore \quad \angle A + \angle D = 3x - 1 + 5x + 7$
$= 8x + 6$
$= 8 \times 25 + 6 = 206°$

और $\quad \angle B + \angle C = y - 2 + 2y + 6$
$= 3y + 4$
$= 3 \times 50 + 4 = 154°.$

112. एक त्रिभुज का बाह्य कोण = 135°

अर्थात् $\angle ACD = 135°$

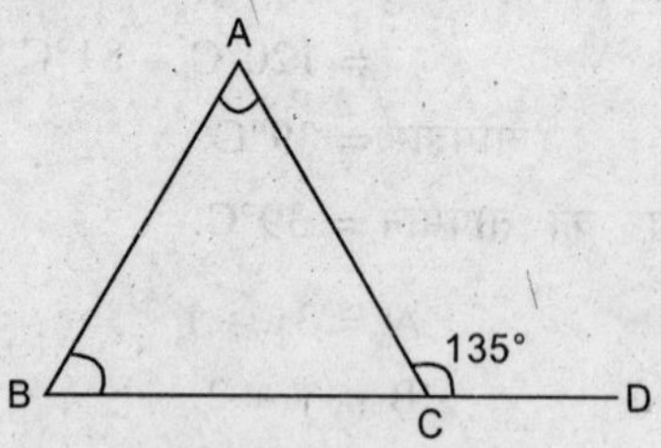

अंतः सम्मुख कोण समान है

$\angle ABC = \angle BAC$

हम जानते हैं, दो अंतः सम्मुख कोण का योग बाह्य कोण के समान होता है

i.e., $\angle ABC + \angle BAC = \angle ACD$

$\Rightarrow \angle ABC + \angle ABC = 135° [\angle ABC = \angle BAC]$

$\Rightarrow \quad 2\angle ABC = 135°$

$\Rightarrow \quad \angle ABC = \frac{135}{2} = 67\frac{1}{2}°$

अतः, प्रत्येक समान कोण = $\angle ABC = \angle BAC$

$= 67\frac{1}{2}°.$

113. हम जानते हैं,

दो अंतःसम्मुख कोणों का योग = बाह्य कोण

$\angle DAC + \angle ACD = \angle CDE$

$\Rightarrow \quad 60° + 25° = \angle CDE$

$\Rightarrow \quad 85° = x$

अतः x का मान = 85° है।

115. दिया है, ΔABC में,

$\angle C = 90°$

$BC = AC = 3\sqrt{2}$

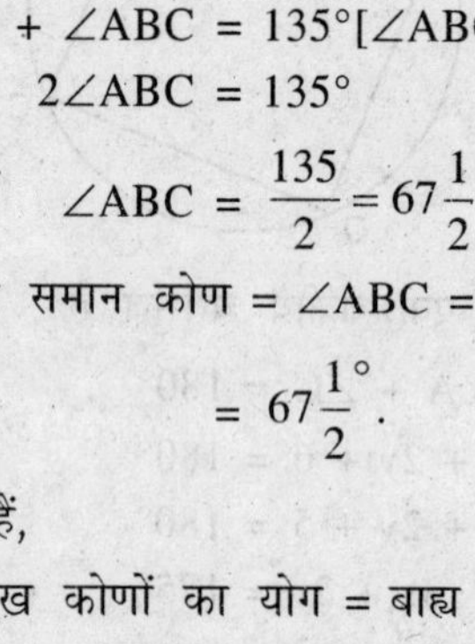

पाइथागोरस प्रमेय से,

$\because \quad AB^2 = AC^2 + BC^2$

$\Rightarrow \quad AB^2 = (3\sqrt{2})^2 + (3\sqrt{2})^2$

$\Rightarrow \quad AB^2 = 18 + 18$

$\Rightarrow \quad AB^2 = 36$

$\Rightarrow \quad AB = \sqrt{36} = 6.$

116. दिया गया है, एक चतुर्भुज ABCD में,

$\angle A + \angle C = 2(\angle B + \angle D)$

$\angle A = 140°$

$\angle D = 60°$

$\because \quad \angle A + \angle B + \angle C + \angle D = 360°$

$\therefore \quad \angle A + \angle C + \angle B + \angle D = 360°$

$\angle A + \angle C + \frac{1}{2}(\angle A + \angle C) = 360°$

$\Rightarrow \quad \frac{3}{2}(\angle A + \angle C) = 360°$

$\Rightarrow \quad \angle A + \angle C = \frac{360°}{3} \times 2 = 240°$

$\Rightarrow \quad 140° + \angle C = 240°$

$\Rightarrow \quad \angle C = 240° - 140°$
$= 100°$

अतः $\angle C = 100°.$

117. गीता के पास = ₹ 600

वह नोटबुक पर खर्च करती है = $\frac{1}{3} \times 600$ = ₹ 200

शेष राशि = 600 − 200 = ₹ 400

वह लेखन सामग्री पर खर्च करती है

$= \frac{1}{5} \times 400$ = ₹ 80

पुनः शेष राशि = 400 − 80 = ₹ 320

और वह प्रसाधन सामग्री पर खर्च करती है

$= \frac{3}{8} \times 320$

$= 3 \times 40$ = ₹ 120

शेष राशि = 320 − 120 = ₹ 200

अतः उसके पास शेष बची राशि = ₹ 200.

118. एक संख्या 11 से विभाज्य है, यदि इसके सम स्थानों के अंकों का योग और विषम स्थान (इकाई स्थान से) के अंकों के योग का अंतर 0 अथवा 11 का गुणक हो

A. 1230321

$(1 + 3 + 3 + 1) - (2 + 0 + 2) = 8 - 4 = 4$

B. 50169306

$(6 + 3 + 6 + 0) - (0 + 9 + 1 + 5) = 15 - 15 = 0$

C. 902154

$(4 + 1 + 0) - (5 + 2 + 9) = 5 - 16 = -11$

D. 6138165

$(5 + 1 + 3 + 6) - (6 + 8 + 1) = 15 - 15 = 0.$

119.

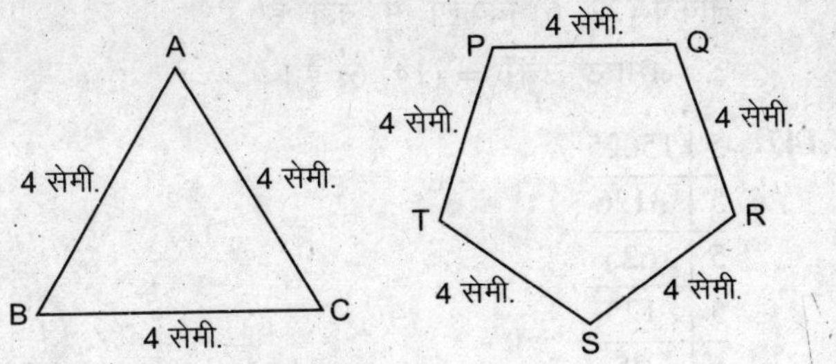

समबाहु त्रिभुज की परिधि

$= 4 + 4 + 4$

$= 12$ सेमी.

और नियमित पंचभुज की परिधि

$= 4 + 4 + 4 + 4 + 4$

$= 20$ सेमी.

$\therefore$ समबाहु त्रिभुज और नियमित पंचभुज की परिधियों का योग

$= 12$ सेमी. + 20 सेमी.

$= 32$ सेमी.

120. दिया गया है, त्रिभुज की भुजाएँ 4 मी., 5 मी. और 60 सेमी.

तब, परिमाप = भुजाओं का योगफल

= 4 मी. + 5 मी. + 60 सेमी.

$= 9$ मी. + $\frac{60}{100}$ मी.

$= 9$ मी. + 0.6 मी.

$= 9.6$ मी.

121. दिया गया है,

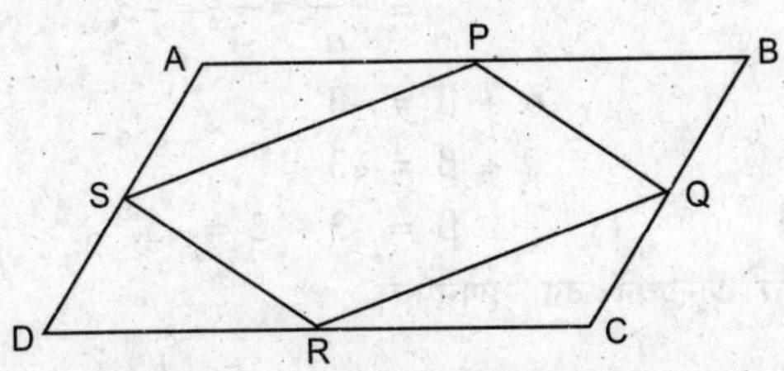

समानान्तर चतुर्भुज PQRS का क्षेत्रफल = 20 सेमी.^{2}

हम जानते हैं,

समानान्तर चतुर्भुज PQRS का क्षेत्रफल

$= \frac{1}{2} \times$ (समानान्तर चतुर्भुज ABCD का क्षेत्रफल)

$\Rightarrow$ 20 सेमी.^{2} = $\frac{1}{2} \times$ समानान्तर चतुर्भुज ABCD का क्षेत्रफल

$\therefore$ समानान्तर चतुर्भुज ABCD का क्षेत्रफल = 40 सेमी.^{2}.

123. पैकेटों की संख्या = m

और एक पैकेट में कुकीज की संख्या = 100

$\therefore$ कुल कुकीज = $100 \times m$

$= 100\,m$

129. $2x + 3y = 10$

दो चर वाले एक रैखिक समीकरण का अनंत रूप से कई हल होते हैं।

132. बराबर और समानान्तर जीवा

= PQ = RS

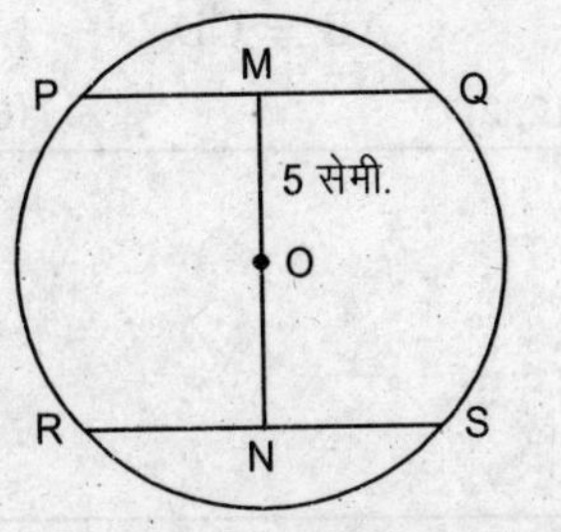

$\therefore$ OM = 5 सेमी.

और ON = 5 सेमी.

$\therefore$ PQ और RS के बीच की दूरी

= MN = MO + ON

= 5 + 5 = 10 सेमी.।

136. एक खंड के चाप की लंबाई = 22 सेमी.

$$\frac{\theta}{360} \times 2\pi r = 22 \text{ सेमी.} \quad ...(i)$$

और, खंड का क्षेत्रफल = 231 सेमी.^{2}

$$\frac{\theta}{360} \times \pi r^2 = 231 \text{ सेमी.}^2 \quad ...(ii)$$

(*ii*) को (*i*) से भाग देने पर, हम पाते हैं

$$\frac{r}{2} = \frac{231}{22}$$

$$\Rightarrow \quad \frac{r}{2} = \frac{21}{2}$$

$$\Rightarrow \quad r = 21 \text{ सेमी.}$$

(*i*) से हम पाते हैं,

$$\frac{\theta}{360} \times 2 \times \frac{22}{7} \times 21 = 22$$

$$\Rightarrow \quad \theta = \frac{22 \times 360 \times 7}{2 \times 22 \times 21}$$

$$= \frac{360 \times 1}{2 \times 3} = \frac{360}{6} = 60°$$

137. दिया गया है, $\frac{2\pi r_1}{2\pi r_2} = \frac{2}{3}$

$\Rightarrow \quad \frac{r_1}{r_2} = \frac{2}{3}$

$\therefore \quad \frac{\pi r_1^2}{\pi r_2^2} = \frac{\pi(2)^2}{\pi(3)^2} = \frac{4}{9}$

अतः उनके क्षेत्रफल का अनुपात = 4 : 9.

138. आयत ABCD में

AB = CD

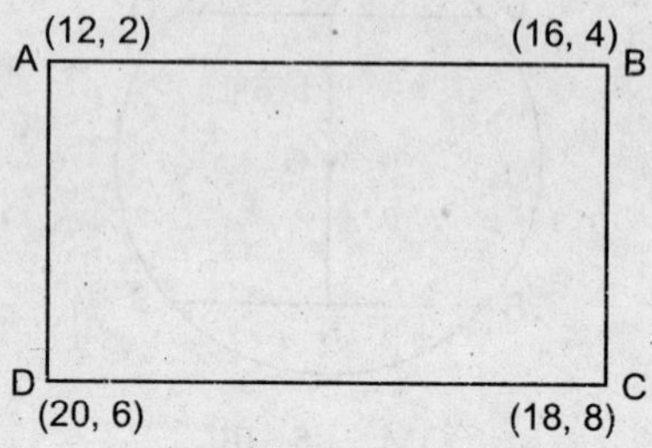

यहाँ, $AB = \sqrt{(16-12)^2 + (4-2)^2}$

$= \sqrt{16+4}$

$= \sqrt{20}$

और $CD = \sqrt{(2a-18)^2 + (6-8)^2}$

$= \sqrt{(2a-18)^2 + 4}$

$\because$ AB = CD

$\therefore \quad \sqrt{20} = \sqrt{(20-18)^2 + 4}$

दोनों ओर वर्ग करने पर, हम पाते हैं

$20 = (2a - 18)^2 + 4$

$\Rightarrow \quad 20 = 4(a - 9)^2 + 4$

$\Rightarrow \quad 4(a - 9)^2 = 16$

$\Rightarrow \quad (a - 9)^2 = 4$

$\Rightarrow \quad a^2 + 81 - 18a = 4$

$\Rightarrow \quad a^2 - 18a + 77 = 0$

$\Rightarrow \quad a^2 - 11a - 7a + 77 = 0$

$\Rightarrow a(a - 11) - 7(a - 11) = 0$

$\Rightarrow \quad (a - 7)(a - 11) = 0$

या तो, $a - 7 = 0$

या $a - 11 = 0$

$\therefore \quad a = 7$ या $a = 11$

$\therefore$ D की स्थिति = $(2a, 6)$

$= (2 \times 7, 6)$

$= (14, 6)$ और $(22, 6)$

लेकिन (22, 6) विकल्प में नहीं है

$\therefore$ अभीष्ट उत्तर = (14, 6) है।

147.

5	15625
5	3126
5	625
5	125
5	25
	5

$= 5 \times 5 \times 5 \times 5 \times 5 \times 5$

$= 5^6$.

149. AB = व्यास

A का बिन्दु = (3, 5)

B का बिन्दु = (–3, 5)

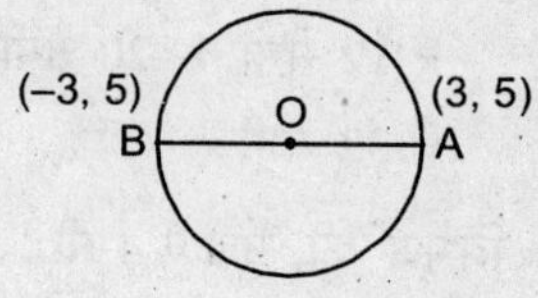

$\therefore$ वृत्त का केन्द्र $= \left(\frac{-3+3}{2}, \frac{5+5}{2}\right)$

$= (0, 5)$.

150. द्विघात बहुपद $= x^2 + 3x + k$

एक शून्यक $= 2 = \alpha$

और शून्यकों का योग $= \alpha + \beta$

$= \frac{-b}{a} = \frac{-3}{1} = -3$

$\Rightarrow \quad \alpha + \beta = -3$

$\Rightarrow \quad 2 + \beta = -3$

$\Rightarrow \quad \beta = -3 - 2 = -5.$

और शून्यकों का गुणनफल

$= \alpha\beta = \frac{c}{a} = \frac{k}{1} = k$

$\Rightarrow \quad \alpha\beta = k$

$\Rightarrow \quad 2(-5) = k$

$\Rightarrow \quad k = -10.$

बाल विकास एवं शिक्षा शास्त्र
CHILD DEVELOPMENT AND PEDAGOGY

1. विकास एवं अधिगम में अंत: संबद्धता (Child Development and Its Relation with Learning)

विकास एक निरंतर चलायमान प्रक्रिया है। इसकी प्रकृति नदी जल के अविरल प्रवाह के समान है। इसमें बालक के व्यक्तित्व का विकास–शारीरिक, क्रियात्मक, संज्ञानात्मक, भाषायी, संवेगात्मक एवं सामाजिक आदि जैसे विभिन्न कारकों के सहयोग से सम्पन्न होता है। विकास की इस प्रक्रिया में रुचि, आदत, दृष्टिकोण, जीवन-मूल्य, स्वभाव, व्यक्तित्व, व्यवहार आदि सकारात्मक प्रभाव डालते हैं।

बाल विकास के अवधारणात्मक मुद्दे (Concept of Child Development)

(*i*) बालक के गर्भ में आने के बाद निरंतर प्रगति होती रहती है। इस प्रगति का विभिन्न आयु एवं अवस्था के दौरान स्वरूप रूपांतरित होता रहता है।

(*ii*) ऐसा देखा गया है कि बालकों में पाई जानेवाली व्यक्तिगत विभिन्नताएं उसके आनुवंशिक एवं परिवेशजन्य परिस्थिति से प्रेरित होती है।

(*iii*) बालक के जीवन-मूल्य, स्वभाव, आदत, रुचि, दृष्टिकोण एवं व्यवहार आदि में जन्म के समय से ही सदैव परिवर्तन आते रहते हैं। इनका विभिन्न आयु वर्ग एवं अवस्था में स्वरूप भिन्न-भिन्न होता है। साथ ही परिवर्तन की प्रक्रिया की प्रकृति में भी भिन्नता होती है।

(*iv*) जन्म से पूर्व एवं जन्म के बाद से परिपक्व होने तक बालक में होने वाले परिवर्तन की प्रकृति में भिन्नता होती है।

(*v*) बालक में होने वाले परिवर्तन उसकी आयु के साथ घनिष्ठ रूप से जुड़े होते हैं।

(*vi*) यह बात भी बिल्कुल सत्य है कि समय-समय पर बालक में होने वाले परिवर्तन उसके व्यक्तित्व एवं व्यवहार को प्रभावित करते हैं।

(*vii*) पूर्व में घटित परिवर्तनों के आधार पर बालक के भविष्य में होने वाले परिमाणात्मक एवं गुणात्मक परिवर्तनों की भी भविष्यवाणी की जा सकती है।

(*viii*) सभी बालकों में वृद्धि एवं विकास संबंधी परिवर्तनों में एकरूपता नहीं होती बल्कि उसमें अन्तर होता है।

(*ix*) बालकों में समयानुसार एवं आयु व अवस्था अनुसार होने वाले परिवर्तनों के लिए कुछ कारक जिम्मेदार होते हैं। इन कारकों में मुख्यतः लैंगिक, परिवेशजन्य एवं अवस्था से संबद्ध होते हैं।

बाल विकास के सिद्धांत (Principles of Child Development)

बालको में होने वाले शारीरिक एवं मानसिक विकास कुछ विशेष प्रकार के सिद्धांतों पर आधारित होते हैं। ये सिद्धांत ही बाल विकास के सिद्धांत कहलाते हैं। बाल विकास से संबद्ध कुछ महत्त्वपूर्ण सिद्धांत निम्न हैं:

(*i*) **निरंतरता का सिद्धांत (Principle of Continuity):** इस सिद्धांत के अनुसार विकास एक न रुकने वाली प्रक्रिया है। यह प्रक्रिया माँ के गर्भ से शुरू होकर मृत्युपर्यंत चलती रहती है। मनुष्य का जीवन नगण्य आकार से प्रारंभ होकर व्यक्तित्व के सभी पक्षों–शारीरिक, सामाजिक एवं मानसिक आदि का संपूर्ण विकास इसी निरंतरता के गुण के कारण भली-भांति प्राप्त करता है।

(*ii*) **विकास का सामान्य से विशेष की ओर का सिद्धांत (Development Proceeds from General to Specific Responses):** विकास की प्रक्रिया में सबसे पहले सामान्य क्रियाओं के दर्शन होते हैं उसके बाद विशिष्ट क्रियाओं का स्थान आता है। उदाहरणार्थ–बालक अपने हाथों से कुछ चीज पकड़ने से पहले इधर-उधर यूं ही हाथ मारने या फैलाने की चेष्टा करता है। इसी प्रकार शुरू में एक नवजात शिशु के रोने और चिल्लाने में उसके सभी अंग-प्रत्यंग भाग लेते हैं। परंतु बाद में वृद्धि और विकास की प्रक्रिया के परिणामस्वरूप ये क्रियाएं उसकी आँखों और वाकूतंत्र तक सीमित हो जाती हैं। भाषा विकास के क्रम में बालक सबसे सामान्य शब्द ही सीखता है। पहले-पहल वह सभी व्यक्तियों को 'पापा' कहकर संबोधित करता है, इसके पश्चात ही वह अपने पिता को 'पापा' कहकर संबोधित करना सीखता है।

(*iii*) **विकास की दिशा का सिद्धांत (Principle of Developments Directions):** इस सिद्धांत के अनुसार विकास की प्रक्रिया पूर्व निश्चित दिशा में आगे बढ़ती है। विकास की प्रक्रिया की यह दिशा व्यक्ति के वंशानुगत एवं वातावरण-जन्य कारकों से प्रभावित होती है। इसके अनुसार बालक सबसे पहले अपने सिर और भुजाओं की गति पर नियंत्रण करना सीखता है और उसके बाद फिर टांगों को। इसके बाद ही वह अच्छी तरह बिना सहारे के खड़ा होना और चलना सीखता है।

(*iv*) **वैयक्तिक भिन्नता का सिद्धांत (Principle of Individual Difference):** इस सिद्धांत के अनुसार बालकों का विकास और वृद्धि उनकी अपनी वैयक्तिकता के अनुरूप होती है। वे अपनी स्वाभाविक गति से ही वृद्धि और विकास के विभिन्न क्षेत्रों में आगे बढ़ते हैं और इसी कारण उनमें पर्याप्त विभिन्नताएं देखने को मिलती हैं। कोई भी एक बालक वृद्धि एवं विकास की दृष्टि से किसी अन्य बालक के समरूप नहीं होता। विकास के इस सिद्धांत के कारण ही कोई बालक अत्यंत मेधावी, कोई बालक सामान्य तथा कोई बालक पिछड़ा या मंद होता है।

(*v*) **विकास के क्रम की समरूपता (Uniformity of Pattern):** यह सिद्धांत इस बात की ओर संकेत करता है कि विकास की गति में एक समानता न होने तथा पर्याप्त वैयक्तिक अंतर पाए जाने के बाद भी विकास के क्रम में कुछ समरूपता के दर्शन होते हैं। इस क्रम में एक ही जाति विशेष सदस्यों में कुछ एक जैसी समानताएं देखने को मिलती हैं।

(*vi*) **एकीकरण का सिद्धांत (Principle of Integration):** विकास की प्रक्रिया एकीकरण के सिद्धांत का पालन करती है। इस सिद्धांत के अनुसार बालक पहले संपूर्ण अंग को फिर अंग के भागों को चलाना सीखता है। इसके बाद वह उन भागों को एकीकृत करना सीखता है। सामान्य से विशेष की ओर बढ़ते हुए विशेष प्रतिक्रियाओं तथा चेष्टाओं को इकट्ठे रूप में प्रयोग में लाना सीखता है। उदाहरणार्थ–एक बालक पहले पूरे हाथ को, फिर अंगुलियों को एक साथ चलाना सीखता है।

(*vii*) **वृद्धि एवं विकास का सिद्धांत (Principle of Growth and Development):** इस सिद्धांत के अनुसार वृद्धि और विकास की क्रिया वंशानुक्रम और वातावरण का संयुक्त परिणाम है। अन्य शब्दों में वृद्धि और विकास की प्रक्रिया में वंशानुक्रम जहाँ आधार का कार्य करता है वहाँ वातावरण इस आधार पर बनाए जाने वाले व्यक्तित्व संबंधी भवन के लिए आवश्यक सामग्री एवं अनुकूलता जुटाने में सहयोग देता है। अतः वृद्धि और विकास की प्रक्रियाओं में इन दोनों को समान महत्व दिया जाना आवश्यक हो जाता है।

(*vii*) **वृद्धि एवं विकास की गति की दर में असमरूपता का सिद्धांत (Rate of Growth and Development is not Uniform):** विकास की प्रक्रिया जीवनपर्यंत चलती रहती है, किन्तु इस प्रक्रिया में विकास की गति सदैव एक समान नहीं होती। शैशवावस्था के शुरू के वर्षों में यह गति कुछ तीव्र होती है, परन्तु बाद के वर्षों में यह मंद पड़ जाती है। पुनः किशोरावस्था के प्रारंभ में इस गति में तेजी से वृद्धि होती है परन्तु यह अधिक समय तक नहीं बनी रहती। इस प्रकार स्पष्ट है कि वृद्धि और विकास की गति में उतार-चढ़ाव आते ही रहते हैं। किसी भी अवस्था में यह एक जैसी नहीं रह पाती।

विकास एवं वृद्धि में अंतर (Difference between Growth and Development)

विकास	वृद्धि
1. विकास का प्रयोग परिमाणात्मक एवं व्यावहारिक परिवर्तनों के लिए होता है।	1. वृद्धि का प्रयोग केवल परिमाणात्मक परिवर्तनों के लिए होता है।
2. विकास एक निरंतर चलने वाली प्रक्रिया है तथा यह बालक के परिपक्व होने के बाद भी चलती रहती है।	2. वृद्धि की प्रक्रिया आजीवन नहीं चलती और बालक के परिपक्व होने के साथ रूक जाती है।
3. विकास का व्यापक संदर्भ में प्रयोग किया जाता है तथा वृद्धि इसी का एक अंग है।	3. वृद्धि विकास की प्रक्रिया का एक चरण है तथा इसका क्षेत्र सीमित होता है।
4. बालक में विकास के लिए वृद्धि आवश्यक नहीं है।	4. बालक की शारीरिक वृद्धि हो रही है तो यह आवश्यक नहीं है कि उसका विकास भी हो रहा है।

विकास की अवस्था का वर्गीकरण (Different Stages of Human Development)

मानव जीवन विभिन्न अवस्थाओं (Stages) से होते हुए आगे बढ़ता है। यह बात बिल्कुल सत्य है कि विकास की एक अवस्था से दूसरी अवस्था के मध्य विकास के समय तथा दर के सापेक्ष व्यक्ति निश्चित रूप से भिन्न होते हैं। यह देखा जा सकता है कि कुछ व्यवहार प्रारूप तथा कुछ कौशल एक विशिष्ट अवस्था में अधिक आसानी से एवं सफलतापूर्वक सीखे जाते हैं। व्यक्ति की ये उपलब्धियां विकास की उस अवस्था के लिए एक सामाजिक अपेक्षा बन जाती है। इन्हें विकासात्मक कार्य (Development Tasks) कहते हैं।

विद्वानों ने मानव विकास की विभिन्न अवस्थाओं का वर्गीकरण प्राचीन एवं आधुनिक विचारधारा के आधार पर किया है–

प्राचीन विचारधारा

इस विचारधारा के अनुसार भारतीय मनीषियों ने मानव विकास की अवस्था को सात कालों में बांटा है–

अवस्था		काल
1. गर्भावस्था	–	गर्भ धारण करने से जन्म तक।
2. शैशवावस्था	–	जन्म से 5 वर्ष तक।
3. बाल्यावस्था	–	5 से 12 वर्ष तक।
4. किशोरावस्था	–	12 से 18 वर्ष तक।
5. युवावस्था	–	18 से 25 वर्ष तक।
6. प्रौढ़ावस्था	–	25 से 55 वर्ष तक।
7. वृद्धावस्था	–	55 वर्ष से मृत्युपर्यंत।

आधुनिक विचारधारा

इस विचारधारा के अनुसार अधिकतर विद्वानों ने मानव विकास की अवस्था को चार कालों में बांटा है–

अवस्था		काल
1. शैशवावस्था	–	जन्म से 6 वर्ष तक।
2. बाल्यावस्था	–	6 से 12 वर्ष तक।
3. किशोरावस्था	–	12 से 18 वर्ष तक।
4. वयस्कावस्था	–	18 वर्ष से मृत्युपर्यंत।

आधुनिक विचारधारा के तहत शिक्षा की दृष्टि से प्रथम तीन अवस्थाएं ही महत्वपूर्ण हैं। इसलिए शिक्षा मनोविज्ञान में इन्हीं तीन अवस्थाओं में होने वाले मानव विकास का अध्ययन किया जाता है।

शैशवावस्था (Infancy)

(*i*) जन्म से छः वर्ष तक की अवस्था को शैशवावस्था कहा जाता है। इसमें जन्म से तीन वर्ष तक बच्चों का शारीरिक व मानसिक विकास तेजी से होता है।

(*ii*) इस काल में जिज्ञासा की एवं दोहराने की तीव्र प्रवृत्ति बच्चों में पाई जाती है।

(*iii*) यह काल भाषा सीखने की सर्वोत्तम अवस्था है।

(*iv*) इस काल में बच्चों का समाजीकरण भी प्रारम्भ हो जाता है अथवा शिक्षा की दृष्टि से भी यह काल सर्वाधिक महत्वपूर्ण माना जाता है।

शैशवावस्था के विकास के विभिन्न आयाम एवं अधिगम से उनका संबंध (Various Stages of Infancy and Its Relationship with Learning)

पेशीय विकासः नवजात शिशुओं की पेशीय (शारीरिक) क्रियाएं प्रतिवर्त (reflexes) से संचालित होती है। ये आनुवंशिक रूप से प्राप्त अतिजीविता तंत्र हैं तथा बाद के पेशीय विकास के लिए ये आधारभूत इकाइयां हैं। नवजात शिशुओं को सीखने के अवसर मिलने के पहले प्रतिवर्त अनुकूल तंत्र के रूप में कार्य करते हैं। नवजात शिशुओं में पाए जाने वाले कुछ प्रतिवर्त जैसे–खांसना, पलक झपकाना तथा जम्हाई लेना, जीवनपर्यंत बने रहते हैं। कुछ दूसरे प्रतिवर्त मस्तिष्क की कार्यप्रणाली के परिपक्व होने तथा व्यवहार पर ऐच्छिक नियंत्रण के विकसित हो जाने पर विलुप्त हो जाते हैं।

संवेदी योग्यताएंः नवजात शिशु जन्म के मात्र कुछ घंटे के बाद ही अपनी मां की आवाज को पहचान सकते हैं एवं उनमें अन्य संवेदी क्षमताएं भी होती हैं। वे (नवजात शिशु) कुछ उद्दीपकों, जैसे–चेहरों को अन्य उद्दीपकों की तुलना में देखना पसंद करते हैं, यद्यपि यह पसंद जीवन के प्रथम कुछ महीनों में परिवर्तित होती है। प्रौढ़ों की तुलना में नवजात शिशुओं की दृष्टि कम आंकी गई है। छठे महीने तक इसमें सुधार होता है और लगभग एक वर्ष की उम्र तक दृष्टि लगभग प्रौढ़ों के समान हो जाती है। नवजात शिशु सामान्यतया रंग विभेदन में अपूर्ण होते हैं एवं पूर्ण रंग विभेदन दृष्टि 3 माह की आयु तक विकसित होती है।

नवजात शिशु जैसे-जैसे विकसित होते हैं उनकी ध्वनि की दिशा निर्धारण दक्षता में सुधार होता है। नवजात शिशु स्पर्श के प्रति अनुक्रिया करते हैं एवं वे पीड़ा की अनुभूति भी कर सकते हैं। घ्राण एवं स्वाद की दोनों क्षमताएं भी नवजात शिशुओं में होती हैं।

संज्ञानात्मक विकास : शैशवावस्था में संज्ञानात्मक विकास के विषय में जीन पियाजे (Jean Piaget) ने इस बात पर बल दिया है कि बच्चे संसार के बारे में अपनी समझ की रचना सक्रिय रूप से करते हैं। परिवेश से सूचनाएं उनके मन में मात्र प्रवेश ही नहीं करती हैं बल्कि जैसे-जैसे बच्चे बड़े होते हैं अतिरिक्त सूचनाएं अर्जित की जाती हैं और नए विचारों को अंतर्निहित करने के लिए वे अपने चिंतन का अनुकूलन करते हैं, क्योंकि इससे संसार के बारे में उनकी समझ में सुधार होता है। पियाजे का मानना था कि शैशवावस्था से लेकर किशोरावस्था तक बच्चों का मन विचारों की अवस्थाओं की एक श्रृंखला से गुजरता है।

शिशुओं में वाचिक संप्रेषण का आधार उपस्थित रहता है। शिशुओं में 3 से 6 माह की आयु के बीच बबलाने से स्वरीकरण का प्रारंभ होता है।

सामाजिक-संवेगात्मक विकास : शिशु जन्म से ही सामाजिक प्राणी होता है। एक शिशु परिचित चेहरों को वरीयता देना प्रारम्भ कर देता है और कूकने एवं किलकारी भरने के द्वारा माता-पिता की उपस्थिति के प्रति अनुक्रिया करता है। छः से आठ माह की आयु तक वे अधिक गतिशील हो जाते हैं एवं अपनी माता के साथ रहना पसंद करने लगते हैं, जब वे नए चेहरे को देखकर डर जाते हैं या पीड़ा की अभिव्यक्ति करते हैं। माता-पिता या देख-रेख करने वाले से पुनः मिलने पर वे मुस्कराहट या आलिंगन से अपने भाव का प्रदर्शन करते हैं। शिशु एवं उनके माता-पिता (पालनकर्ता) के बीच स्नेह का जो सांवेगिक बंधन विकसित होता है उसे आसक्ति (attachment) कहते हैं।

बाल्यावस्था (Childhood)

(*i*) छः से बारह वर्ष तक की अवस्था को बाल्यावस्था कहा जाता है।

(*ii*) इस काल में बच्चा शारीरिक रूप से विकसित होता है।

(*iii*) शैशवावस्था की तुलना में बाल्यावस्था में बच्चों में सीखने की गति मन्द हो जाती है, किन्तु उनके सीखने का क्षेत्र विस्तृत हो जाता है।

(*iv*) इस काल के बाद बच्चे पढ़ाई में रूचि लेने लगते हैं तथा उनमें चिन्तन एवं तर्क शक्तियों का विकास भी होता है।

(*v*) इस अवस्था में बच्चों की शिक्षा के लिए विभिन्न विधियों का प्रयोग करना चाहिए।

बाल्यावस्था के विकास के विभिन्न आयाम एवं अधिगम से उनका संबंध (Various Stages of Childhood and Its Relationship with Learning)

पेशीय विकासः बाल्यावस्था के प्रारम्भ के वर्षों में स्थूल पेशीय कौशलों के अंतर्गत् भुजाओं एवं पैरों का उपयोग करना तथा अधिक विश्वास तथा उद्देश्यपूर्ण ढंग से परिवेश में घूमना-फिरना सम्मिलित है। सूक्ष्म पेशीय कौशलों–उंगली निपुणता तथा नेत्र-हस्त समन्वय में पूर्व-बाल्यावस्था में अत्यधिक सुधार होता है। इस अवधि में बच्चे के बाएं अथवा दाएं हाथ के लिए वरीयता का भी विकास होता है।

संज्ञानात्मक विकास : बच्चे में वस्तु स्थायित्व के संप्रत्यय (Concept) को सीखने की योग्यता उसे वस्तुओं को निरूपित करने के लिए मानसिक प्रतीकों का उपयोग करने में सक्षम बनाती है। परन्तु इस अवस्था में बच्चों में उस योग्यता का अभाव होता है जो उन्हें शारीरिक रूप से किए गए कार्यों को मानसिक रूप से करने की सुविधा प्रदान करती है। पूर्व-बाल्यावस्था में संज्ञानात्मक विकास पियाजे के पूर्व-संक्रियात्मक विचार की अवस्था पर ध्यान केंद्रित करता है। जो वस्तु भौतिक रूप से उपस्थित नहीं है उसे मानसिक रूप से निरूपित करने की योग्यता बच्चा प्राप्त करता है।

सामाजिक-संवेगात्मक विकास : स्व, लिंग तथा नैतिक विकास बच्चों के सामाजिक-सांवेगिक विकास के महत्वपूर्ण आयाम हैं। बाल्यावस्था के प्रारम्भिक वर्षों में 'स्व' में कुछ महत्वपूर्ण विकास होते हैं। समाजीकरण के कारण बच्चा यह बोध विकसित कर लेता है कि वह कौन है और वह अपनी पहचान किसकी तरह बनाना चाहता है। विकसित हो रहे स्वतंत्रता के बोध के कारण बच्चे कार्यों को अपने तरीके से करते हैं। इसके विपरीत, यदि उन्हें यह अनुभव कराया जाता है कि उनके प्रश्न अनुपयोगी हैं तथा उनके द्वारा खेले गए खेल मूर्खतापूर्ण हैं तो सम्भव है कि बच्चों में स्वयं के द्वारा प्रारम्भ की गई क्रियाओं के प्रति दोष-भावना विकसित होगी, जो बच्चों के बाद के जीवन में भी बनी रह सकती है। पूर्व-बाल्यावस्था में आत्मबोध स्वयं की शारीरिक विशेषताओं के आधार पर परिभाषित करने तक सीमित रहता है। मध्य एवं विलंबित बाल्यावस्था में बच्चे में सम्भवतः स्वयं को अपनी आंतरिक विशेषताओं के आधार पर परिभाषित करने की सम्भावना बढ़ जाती है। स्वयं को मानसिक विशेषताओं के आधार पर परिभाषित करने के अतिरिक्त बच्चों के आत्म-विवरण के अन्तर्गत् स्व का सामाजिक पक्ष भी आता है। बच्चे सम्भवतः इसके बारे में भी सोच सकते हैं कि वे दूसरों की तुलना में क्या कर सकते हैं अथवा क्या नहीं कर सकते हैं। यह विकासात्मक परिवर्तन एक व्यक्ति के रूप में दूसरों से स्वयं की भिन्नता स्थापित करने में सहायक होता है।

नैतिक विकास : बच्चे के विकास का दूसरा महत्वपूर्ण पक्ष है मानवीय क्रियाओं के सही या गलत होने के मध्य अन्तर करना, अपराध बोध की अनुभूति करना, स्वयं को दूसरे व्यक्ति के स्थान पर रखकर देखना तथा जब दूसरे लोग कठिनाई में होते हैं तो उनकी मदद करना सीखते हैं, ये सभी नैतिक विकास के घटक हैं। बच्चे जिस प्रकार संज्ञानात्मक विकास की विभिन्न अवस्थाओं से गुजरते हैं, लॉरेंस कोहल्बर्ग (Lawrence Kohlberg) के अनुसार, वैसे ही वे नैतिक विकास की विभिन्न अवस्थाओं से गुजरते हैं। ये अवस्थाएं आयु से संबद्ध होती हैं। कोहल्बर्ग के अनुसार अलग-अलग उम्र में बच्चे सही एवं गलत के बारे में भिन्न-भिन्न प्रकार से विचार करते हैं। छोटा बच्चा अर्थात् नौ वर्ष की आयु के पहले, बाह्य एवं प्रभावी व्यक्तियों के संदर्भ में चिंतन करता है। उसके (बच्चे) अनुसार कोई कार्य गलत है क्योंकि उसके लिए वह दंडित किया जाता है। जब बच्चा बड़ा (पूर्व-किशोरावस्था) होता है, वह दूसरों द्वारा स्थापित नियमों जैसे–माता-पिता अथवा समाज के नियमों के द्वारा नैतिक तर्कशक्ति विकसित करता है। बच्चे इन नियमों को स्वयं के नियमों के रूप में स्वीकृत करते हैं। प्रवीण बनने तथा दूसरों की स्वीकृति प्राप्त करने के लिए इनको आत्मसात कर लिया जाता है। बच्चे इन नियमों को ऐसे सुनिश्चित दिशा-निर्देश के रूप में देखते हैं जिनका अनुसरण किया जाना चाहिए। इस अवस्था में नैतिक चिंतन अपेक्षाकृत अटल होते हैं। जब वे बड़े होते हैं तो वे धीरे-धीरे व्यक्तिगत नैतिक संहिता या नियमावली विकसित कर लेते हैं।

किशोरावस्था (Adolescence)

(*i*) बारह से अठारह वर्ष तक की अवस्था को किशोरावस्था कहा जाता है।

(*ii*) इस अवस्था में किशोर-किशोरियों की बुद्धि का पूर्ण विकास हो जाता है, उनकी स्मरण शक्ति बढ़ जाती है एवं उनके ध्यान केन्द्रित करने की क्षमता भी बढ़ जाती है।

(*iii*) इस अवस्था में नशा या अपराध की ओर उन्मुख होने की संभावना रहती है।

(*iv*) इस अवस्था में किशोरों की लम्बाई एवं भार दोनों में वृद्धि होती है।

(*v*) इस अवस्था में मित्र बनाने की प्रवृत्ति तीव्र होती है एवं मित्रता में प्रगाढ़ता भी इस दौरान सामान्य सी बात है।

(*vi*) यौन समस्या इस अवस्था में सबसे बड़ी समस्या होती है।

किशोरावस्था के विकास के विभिन्न आयाम एवं अधिगम से उनका संबंध (Various Stages of Adolescence and Its Relationship with Learning)

शारीरिक विकास : यौवनारंभ या लैंगिक परिपक्वता बाल्यावस्था के अंत को तथा किशोरावस्था के प्रारंभ को इंगित करती है जो संवृद्धि दर एवं लैंगिक विशेषताओं दोनों में ही आकस्मिक परिवर्तनों के द्वारा परिभाषित होती है, परन्तु यौवनारंभ अचानक उत्पन्न होने वाली घटना नहीं है बल्कि यह एक क्रमिक प्रक्रिया का अंग है। यौवनारंभ की अवस्था में स्रावित होने वाले हार्मोन के कारण मूल एवं गौण लैंगिक लक्षण विकसित होते हैं। मूल लैंगिक लक्षणों के अंतर्गत् वे लक्षण आते हैं जो प्रजनन से प्रत्यक्ष रूप से जुड़े हैं तथा गौण लैंगिक लक्षणों के अंतर्गत लैंगिक परिपक्वता को प्राप्त कर लेने के लक्ष्य या संकेत आते हैं। त्वरित संवृद्धि, चेहरों पर बालों का उगना तथा स्वर में परिवर्तन आदि से लड़कों में यौवनारंभ से संबंधित परिवर्तन प्रदर्शित होता है। लड़कियों की ऊंचाई में तीव्र संवृद्धि प्रायः मासिक धर्म प्रारंभ होने के लगभग दो वर्ष पहले शुरू होती है। लड़कों में 12 या 13 वर्ष की उम्र में तथा लड़कियों में 10 या 11 वर्ष की उम्र में शारीरिक विकास में तीव्र संवृद्धि प्रारम्भ होती है। यौवनारंभ अनुक्रम में परिवर्तन का पाया जाना एक सामान्य प्रक्रिया है। इसमें आनुवंशिकता एवं परिवेश दोनों की ही महत्वपूर्ण भूमिका हो सकती है।

किशोरावस्था में होने वाले शारीरिक विकास के साथ अनेक मानसिक परिवर्तन भी होते हैं। यौवनारंभ के आस-पास किशोर विपरीत लिंगी सदस्यों एवं यौन संबंधी मामलों में अधिक रुचि का प्रदर्शन करते हैं एवं यौन-अनुभूतियों के प्रति उनमें एक नई जागरुकता विकसित होती है। कामुकता या यौन संबंधी विषयों पर अधिक ध्यान देना अनेक कारकों के कारण होता है; जैसे–जैविक परिवर्तनों के प्रति सजगता तथा समकक्षियों, माता-पिता एवं समाज द्वारा कामुकता पर अधिक बल देना। इसके बावजूद अनेक किशोरों में काम-व्यवहार के प्रति उपयुक्त ज्ञान का अभाव होता है अथवा उनमें इसके प्रति अनेक भ्रांतियां होती हैं। यौन एक ऐसा विषय है जिस पर माता-पिता बच्चों से परिचर्या करने में कठिनाई का अनुभव करते हैं, इसलिए किशोर यौन संबंधी मामलों में गोपनीयता बरतने लगते हैं जो सूचनाओं के आदान-प्रदान तथा संप्रेषणीयता को कठिन बना देता है। एड्स एवं यौन-संक्रमित अन्य रोगों के खतरे के कारण वर्तमान समय में किशोरों में कामुकता के प्रति अधिक ध्यान दिया जा रहा है।

यौन पहचान का विकास यौन-उन्मुखता को परिभाषित करता है एवं काम-व्यवहार को निर्देशित करता है। इस रूप में यह किशोरों के लिए महत्वपूर्ण विकासात्मक कार्य बन जाता है। अपने शारीरिक परिपक्वता को स्वीकार करना किशोरावस्था में एक दूसरा महत्वपूर्ण विकासात्मक कार्य है। यह बात ध्यान रखने योग्य है कि यौवनारंभ की अवस्था में शारीरिक परिवर्तनों के साथ-साथ संज्ञानात्मक एवं सामाजिक परिवर्तन भी होते हैं।

संज्ञानात्मक विकासात्मक परिवर्तन : किशोर के विचार अधिक अमूर्त, तर्कपूर्ण एवं आदर्शवादी होते हैं। अपने तथा दूसरों के विचारों का एवं दूसरे उनके बारे में क्या सोचते हैं इसका मूल्यांकन करने में वे अधिक सक्षम हो जाते हैं। किशोरों में तर्कशक्ति की विकसित हो रही योग्यता उन्हें संज्ञानात्मक एवं सामाजिक सजगता का एक नया स्तर प्रदान करती है। किशोरावस्था के दौरान किशोर का चिंतन वास्तविक मूर्त अनुभवों के बारे में अधिक अमूर्त रूप से चिंतन एवं तर्क प्रारंभ कर देते हैं। अमूर्त होने के अतिरिक्त किशोरों के विचार आदर्शवादी भी होते हैं। किशोर स्वयं तथा दूसरों की आदर्श विशेषताओं के बारे में सोचना प्रारम्भ कर देते हैं तथा स्वयं की दूसरों से तुलना इन आदर्श मानकों के आधार पर करते हैं। विकास की प्रारंभिक अवस्था से गुजर रहे बच्चों द्वारा प्रयुक्त प्रयत्न त्रुटि उपागम के विपरीत समस्या समाधान करने में किशोरों का चिंतन अधिक व्यवस्थित होता है। वे कार्य करने के संभावित तरीकों 'कुछ चीजें वैसे ही क्यों हो रही हैं' के बारे में सोचते हैं एवं क्रमबद्ध तरीके से समाधान ढूंढते हैं। पियाजे (Piaget) ने इस प्रकार के तर्कपूर्ण चिंतन को परिकल्पनात्मक निगमनात्मक तर्कशक्ति (hypothetical deductive reasoning) कहा है।

तर्कपूर्ण विचार नैतिक तर्कशक्ति के विकास को भी प्रभावित करते हैं। सामाजिक नियमों को निरपेक्ष मानक नहीं माना जाता है एवं नैतिक चिंतन कुछ लचीलापन प्रदर्शित करता है। किशोर वैकल्पिक नैतिक संहिता को जानते हैं, विकल्पों की खोज करते हैं, और उसके बाद एक व्यक्तिगत नैतिक संहिता का निश्चय करते हैं।

एक पहचान का निर्माण करना : आप कौन हैं और आपके मूल्य, प्रतिबद्धता एवं विश्वास क्या हैं यही पहचान है। अपने माता-पिता से अलग अपनी एक पहचान स्थापित करना किशोरों का एक प्रमुख कार्य है। किशोरावस्था में विलग्नता या अनासक्ति की एक प्रक्रिया व्यक्ति को वैयक्तिक विश्वासों का एक ऐसा पुंज विकसित करने में सक्षम बनाती है जो अद्वितीय रूप से उनका अपना होता है। एक पहचान प्राप्त करने की प्रक्रिया में किशोर अपने माता-पिता के साथ तथा स्वयं अपने अंदर द्वंद्व का अनुभव कर सकते हैं। वे किशोर जो परस्पर-विरोधी पहचानों की समस्या को सुलझा सकते हैं वे एक नए आत्मबोध को विकसित कर लेते हैं। वे किशोर जो इस पहचान के संकट से उबर पाने में सक्षम नहीं होते हैं वे भ्रमित हो जाते हैं।

किशोरावस्था में पहचान का निर्माण अनेक कारकों से प्रभावित होता है। सांस्कृतिक पृष्ठभूमि, पारिवारिक तथा सामाजिक मूल्य, सजातीय पृष्ठभूमि तथा सामाजिक-आर्थिक स्तर ये सभी समाज में एक स्थान प्राप्त करने के लिए किशोरों द्वारा किए गए प्रयास पर प्रभावी रहते हैं। जब किशोर घर से बाहर अधिक समय व्यतीत करने लगते हैं तो पारिवारिक सम्बन्ध कम महत्वपूर्ण हो जाते हैं और वे समकक्षियों के सहयोग एवं स्वीकृति की प्रबल आवश्यकता विकसित कर लेते हैं। समकक्षियों के साथ अधिक अंतः क्रिया उन्हें अपने सामाजिक कौशलों को

सुधारने तथा भिन्न-भिन्न प्रकार के सामाजिक व्यवहारों को परखने का अवसर प्रदान करती है। समकक्षी तथा माता-पिता ये दो शक्तियां हैं जिनका किशोरों पर विशेष प्रभाव पड़ता है। समय-समय पर माता-पिता के साथ संघर्षपूर्ण परिस्थितियां समकक्षियों के साथ तादात्म्य स्थापित करने की प्रवृत्ति को बढ़ाती है। परन्तु सामान्यतया समकक्षी एवं माता-पिता अनुपूरक का कार्य करते हैं और किशोरों की भिन्न आवश्यकताओं की पूर्ति करते हैं। व्यावसायिक प्रतिबद्धता किशोरों की पहचान निर्माण को प्रभावित करने वाला एक दूसरा कारक है।

बाल मनोविज्ञान (Child Psychology)

बाल मनोविज्ञान "मनोविज्ञान की एक शाखा है, जिसके अन्तर्गत बालकों के व्यवहार, स्थितियों, समस्याओं तथा उन सभी कारणों का अध्ययन किया जाता है, जिनका प्रभाव बालक के व्यवहार एवं विकास पर पड़ता है।"

बाल मनोविज्ञान की परिभाषा (Definitions of Child Psychology)

क्रो एवं क्रो: "बाल मनोविज्ञान एवं वैज्ञानिक अध्ययन है, जिसमें बालक के जन्म के पूर्व काल से लेकर उसकी किशोरावस्था तक का अध्ययन किया जाता है।"

बाल मनोविज्ञान की अध्ययन विधियाँ (Approaches or Methods of Understanding Child Psychology)

(*i*) **निरीक्षण विधि (Observation Method):** निरीक्षण का अर्थ होता है अवलोकन करना। इस विधि से हम बच्चों के व्यवहार पर निगरानी रख सकते हैं एवं उनकी गतिविधियों की भी कई प्रकार से जानकारी मिल जाती है। उदाहरण–अगर कोई बालक अपनी आँखें लाल करे, मुठ्ठियाँ भींचे या दाँत किटकिटाये तो इसका अर्थ यह है कि वह क्रोधित अवस्था में है। निरीक्षण विधि हमें बालकों के व्यवहार और व्यक्तित्व के बारे में उचित निष्कर्ष निकालने में काफी मदद कर सकती है।

(*ii*) **प्रयोगात्मक विधि (Experimental Method):** प्रयोगात्मक विधि में परीक्षण और प्रयोगों के आधार पर व्यवहार एवं क्रियाओं आदि का अध्ययन किया जाता है। इस विधि में प्रयुक्त मनोवैज्ञानिक प्रयोगों के लिए कम से कम दो व्यक्तियों–प्रयोगकर्त्ता (Experimentor) तथा प्रयोज्य (Subject) की आवश्यकता पड़ती है। इस विधि में बालकों का एक वर्ग नियंत्रित रहता है एवं एक प्रयोगात्मक, दोनों वर्गों से प्राप्त परिणामों की तुलना कर निष्कर्ष निकाला जाता है।

(*iii*) **समाजमिति विधि (Sociometric Method):** इस विधि में किसी समाजमितीय परीक्षण का उपयोग किया जाता है। कौन बालक कितना अधिक सामाजिक है, समूह विशेष में उसका क्या स्थान है, समूह के सदस्यों से वह कितना अधिक या कम मेलजोल बढ़ाता है, उनके साथ काम करना, पढ़ना, खेलना-कूदना आदि पसंद करता है–इन बातों का पता लगाने के लिए मनोविज्ञान में जिस विधि का प्रयोग किया जाता है, उसे समाजमिति विधि का नाम दिया जाता है।

(*iv*) **प्रश्नावली विधि (Questionnaire Method):** इस विधि में बालकों के व्यवहार का अध्ययन करने के लिए, उनके व्यवहार सम्बन्धी कुछ प्रश्न तैयार किए जाते हैं। इन प्रश्नों के उत्तर बालक उसके माता-पिता, अभिभावक एवं शिक्षक से प्राप्त कर इसके आधार पर निष्कर्ष निकाला जाता है। इस विधि के साथ एक समस्या यह है कि बच्चे कई प्रश्नों का उत्तर ठीक से नहीं दे पाते।

(*v*) **उपचारात्मक विधि (Clinical Method):** इस विधि का प्रयोग समस्यात्मक बालकों के व्यवहार सम्बन्धी मूल कारणों का पता लगाकर उसका उचित उपचार करने के लिए किया जाता है। उपचार के लिए पहले बालक के व्यवहार का अध्ययन किया जाता है, उसके बाद इस अध्ययन के आधार पर समस्याओं को वर्गीकृत किया जाता है।

अभ्यास प्रश्न

1. सीखने की प्रक्रिया के अन्तर्गत शिक्षा मनोविज्ञान अध्ययन करता है :
A. प्रेरणा व पुनर्बलन के प्रभाव का अध्ययन
B. वंशानुक्रम व वातावरण का अध्ययन
C. ध्यान व रुचि का अध्ययन
D. वैयक्तिक भेदों का अध्ययन

2. शिक्षा मनोविज्ञान एक विज्ञान है :
A. मानव व्यवहार का
B. मानव सिद्धान्तों का
C. शैक्षिक सिद्धान्तों का
D. मानव की व्यक्तिगत विभिन्नताओं का

3. एक समूह की बनावट का अध्ययन करने में प्रयुक्त होती है :
A. प्रश्नावली विधि B. साक्षात्कार विधि
C. व्यक्ति इतिहास विधि D. समाजमिति विधि

4. शैशवावस्था में बालक में पाया जाता है :
A. अनुकरण करना B. सहयोग लेना
C. आश्रितता D. इनमें से सभी

5. बाल्यावस्था में मस्तिष्क का विकास हो जाता है?
A. 60% B. 80%
C. 90% D. 50%

6. संवेगात्मक विकास में किस अवस्था में तीव्र परिवर्तन होता है?

A. शिशु अवस्था B. युवावस्था
C. बाल्यावस्था D. किशोरावस्था

7. वृद्धि और विकास है :

A. एक-दूसरे के विरोधी
B. एक-दूसरे से समान
C. एक-दूसरे के पूरक
D. इनमें से कोई नहीं

8. शिशु का विकास प्रारम्भ होता है :

A. जन्म के पश्चात् B. किशोरावस्था में
C. बाल्यकाल में D. गर्भकाल में

9. शिक्षक का सर्वोच्च कर्त्तव्य है, वह–

A. अपने समुदाय की सेवा करे
B. प्रधानाचार्य के आदेशों का अनुसरण करें
C. छात्रों का कल्याण करें
D. शिक्षकों की मंडली में रहें

10. बालक के विकास की कौन-सी अवस्था में उचित यौन शिक्षा की आवश्यकता होती है?

A. शिशु अवस्था B. बाल्यावस्था
C. किशोरावस्था D. प्रौढ़ावस्था

11. वह कौन-सा कथन है जहाँ बच्चे के 'संज्ञानात्मक' विकास को सबसे बेहतर तरीके से परिभाषित किया जा सकता है?

A. विद्यालय एवं कक्षा पर्यावरण
B. सभागार
C. घर
D. खेल का मैदान

12. "विकास कभी न समाप्त होने वाली प्रक्रिया है।" यह विचार किससे सम्बन्धित है?

A. निरंतरता का सिद्धांत
B. एकीकरण का सिद्धांत
C. अंतःक्रिया का सिद्धांत
D. अंतःसम्बन्ध का सिद्धांत

13. बच्चों की शिक्षा प्रारम्भ होती है:

A. प्राथमिक विद्यालय से B. बालवाड़ी से
C. घर से D. समाज से

14. विकास की प्रक्रिया में .... जीवनमूल्यों, व्यक्तित्व, व्यवहार इत्यादि का विकास भी शामिल है।

(*i*) दृष्टिकोणों (*ii*) स्वभाव
(*iii*) रूचियों (*iv*) आदतों

A. (*i*) एवं (*ii*)
B. (*i*), (*ii*) एवं (*iii*)
C. (*ii*), (*iii*) एवं (*iv*)
D. ये सभी

15. प्राथमिक स्तर पर एक अच्छे शिक्षक में सबसे महत्वपूर्ण विशेषता है :

A. पढ़ाने की उत्सुकता
B. धैर्य और दृढ़ता
C. विषयों के ज्ञान में दक्षता
D. शिक्षण-पद्धतियों के ज्ञान की दक्षता

16. सभी बच्चों का स्वस्थ शारीरिक विकास सभी प्रकार के विकास की पहली शर्त है। इसके लिए किन मूल आवश्यकताओं पर ध्यान देना आवश्यक है?

(*i*) पौष्टिक आहार
(*ii*) शारीरिक व्यायाम
(*iii*) मनोवैज्ञानिक-सामाजिक जरूरतों

A. केवल (*i*) B. (*i*) एवं (*ii*)
C. (*i*) एवं (*iii*) D. ये सभी

17. मानव विकास की किस अवस्था में बच्चों के सीखने की गति सर्वाधिक होती है?

A. बाल्यावस्था B. शैशवावस्था
C. प्रौढ़ावस्था D. किशोरावस्था

18. जब किशोर में किसी वस्तु, समस्या या परिस्थिति के लिए निजी स्तर पर निर्णय लेने की क्षमता का विकास परिपक्व होने लगता है, तो इस विकास को कहते हैं?

A. भाषायी विकास
B. संज्ञानात्मक विकास
C. सामाजिक विकास
D. मनोगत्यात्मक विकास

19. मानव विकास कुछ विशेष सिद्धान्तों पर आधारित है। निम्नलिखित कौन-सा मानव विकास का सिद्धान्त नहीं है?

A. आनुक्रमिकता B. सामान्य से विशिष्ट
C. प्रतिवर्ती D. निरन्तरता

20. निचली कक्षाओं में शिक्षण की खेल-पद्धति मूलरूप से आधारित है:

A. शारीरिक शिक्षा कार्यक्रमों के सिद्धांत पर
B. शिक्षण-पद्धतियों के सिद्धांतों पर
C. विकास एवं वृद्धि के मनोवैज्ञानिक सिद्धांतों पर
D. शिक्षण के समाजशास्त्रीय सिद्धांतों पर

21. निम्नलिखित में से किसका विकास अधिक होगा?

A. शारीरिक रूप से विकलांग बालक
B. सामाजिक-आर्थिक रूप से सम्पन्न बालक
C. आर्थिक रूप से सम्पन्न बालक
D. उपरोक्त में से कोई नहीं

22. बालक के व्यक्तित्व के सर्वांगीण विकास के लिए यह आवश्यक है कि उसके .... की जानकारी शिक्षक को हो।

A. मित्रों B. व्यवहार
C. ज्ञान D. कक्षा के साथियों

23. "विकास प्राणी में प्रगतिशील परिवर्तन है, जो निश्चित लक्ष्यों की ओर निरन्तर होता रहता है।" यह कथन किसका है?

A. हरलॉक B. जीन पियाजे
C. ड्रेवर D. फ्रायड

24. मानव बुद्धि एवं विकास की समझ शिक्षक को .... योग्य बनाती है।

A. निष्पक्ष रूप से अपने शिक्षण-अभ्यास
B. शिक्षण के समय शिक्षार्थियों के संवेगों पर नियंत्रण बनाए रखने
C. विविध शिक्षार्थियों के शिक्षण के बारे में स्पष्टता
D. शिक्षार्थियों को यह बताने कि वे अपने जीवन को कैसे सुधार सकते हैं?

25. बालक के व्यवहार में परिवर्तन के लिए व्यवहार अध्ययन की किस विधि का सहारा लिया जाता है?

A. साक्षात्कार विधि B. प्रश्नावली विधि
C. उपचारात्मक विधि D. प्रयोगात्मक विधि

26. व्यक्ति में कोई आकस्मिक परिवर्तन नहीं होता है, यह किस सिद्धान्त द्वारा किया जाता है?

A. विकास क्रम का सिद्धान्त
B. विकास दिशा का सिद्धान्त
C. निरन्तर विकास का सिद्धान्त
D. परस्पर सम्बन्ध का सिद्धान्त

27. निम्नलिखित में से कौन-सा बाल-अपराध का कारण हो सकता है?

A. पारिवारिक B. सामाजिक
C. शारीरिक D. ये सभी

28. विकास के सम्बन्ध में निम्नलिखित में से कौन-सा कथन सत्य नहीं है?

A. विकास की प्रक्रिया एक निश्चित दिशा में होती है
B. वृद्धि और विकास की क्रिया वंशानुक्रम और वातावरण का संयुक्त परिणाम है
C. किसी बच्चे में वृद्धि और विकास की गति को ध्यान में रखकर उसके आगे बढ़ने की दिशा और स्वरूप के बारे में भविष्यवाणी नहीं की जा सकती है।
D. विकास हमेशा सामान्य से विशेष की ओर चलता है।

29. चरित्र का विकास होता है:

A. इच्छाशक्ति द्वारा B. बर्ताव एवं व्यवहार द्वारा
C. नैतिकता द्वारा D. इनमें से सभी

30. प्राथमिक शिक्षक के लिए बाल मनोविज्ञान का ज्ञान आवश्यक है, क्योंकि

A. यह बच्चों को अनुशासित बनाने में सहायता करता है
B. परीक्षा के परिणाम में उन्नति होती है
C. यह बच्चों को अभिप्रेरित करने के लिए सुविधाजनक तरीका बन जाता है
D. यह बच्चों के व्यवहार को समझने में शिक्षक की सहायता करता है

31. आपके विचार में शिक्षा का उद्देश्य होना चाहिए:

A. बालकों का सर्वांगीण विकास
B. शिक्षा ग्रहण करने के बाद नौकरी
C. छात्रों को साक्षर बनाना
D. छात्रों की मानसिक योग्यता का विकास

32. सार्थक अधिगम की प्रक्रिया विकास की किस अवस्था से आरम्भ होती है?

A. किशोरावस्था से B. वयस्कावस्था से
C. शैशवावस्था से D. बाल्यावस्था से

33. आपकी कक्षा का एक छात्र, नैतिक शारीरिक विकास की दृष्टि से काफी पिछड़ा हुआ है। आपको विकास के निम्नलिखित में से किस आयाम में नैतिकता के पिछड़ने की चिन्ता हो सकती है?

(*i*) संवेगात्मक विकास (*ii*) बौद्धिक विकास
(*iii*) सामाजिक विकास

A. केवल (*i*) B. केवल (*ii*)
C. (*i*) एवं (*iii*) D. ये सभी

उत्तरमाला

1	2	3	4	5	6	7	8	9	10
A	A	D	D	C	D	C	D	C	C
11	**12**	**13**	**14**	**15**	**16**	**17**	**18**	**19**	**20**
A	A	C	D	B	D	B	B	C	C
21	**22**	**23**	**24**	**25**	**26**	**27**	**28**	**29**	**30**
B	B	C	C	C	C	D	C	D	D
31	**32**	**33**							
A	C	D							

2. वंशानुक्रम एवं वातावरण का प्रभाव (Influence of Heredity and Environment)

बालक के विकास की प्रक्रिया में विभिन्न बाह्य और आंतरिक कारकों का महत्त्वपूर्ण योगदान होता है। बालक के विकास को प्रभावित करने वाले प्रमुख बाह्य कारक हैं– सामाजिक-आर्थिक स्थिति विशेषक एवं वातावरण-जन्य विशेषक आदि। जबकि बालक के विकास को प्रभावित करने वाले प्रमुख आंतरिक कारक हैं–शारीरिक विशेषक, बौद्धिक विशेषक, संवेगात्मक विशेषक, सामाजिक विशेषक, वंशानुगत विशेषक आदि।

वंशानुक्रम की परिभाषाएँ (Definitions of Heredity)

(*i*) **एच ए पेटरसन एवं वुडवर्थः** "व्यक्ति अपने माता-पिता के माध्यम से पूर्वजों की जो विशेषताएं प्राप्त करता है, उसे वंशानुक्रम कहते हैं।"

(*ii*) **बी एन झाः** "वंशानुक्रम व्यक्ति की जन्मजात विशेषताओं का पूर्ण योग है।"

(*iii*) **जेम्स ड्रेवरः** "शारीरिक तथा मानसिक विशेषताओं का माता-पिता से सन्तानों में हस्तान्तरण होना वंशानुक्रम है।"

वंशानुक्रम का प्रभाव (Effect of Heredity)

वंशानुक्रम माता-पिता से संतान को प्राप्त होने वाले गुणों का नाम है। एक व्यक्ति के वंशानुक्रम में वे सब शारीरिक बनावटें, शारीरिक विशेषताएं, क्रियाएं या क्षमताएं सम्मिलित रहती हैं जिन्हें वह माता-पिता तथा अपने पूर्वजों या प्रजाति से प्राप्त करता है।. वंशानुक्रम का बालक पर प्रभाव निम्न रूप से पड़ता है–

1. **शारीरिक विशेषक :** इसके अंतर्गत् मनुष्य का शरीर, उसके अंगों का आनुपातिक गठन, स्वास्थ्य, रूप-रंग, ज्ञानेन्द्रियों का दिखाई देने वाला रूप तथा कर्मेंद्रियों का गठन आदि सब आ जाते हैं। इनमें से अलग-अलग व्यक्ति अलग-अलग बातों को देखकर प्रभावित होते हैं। बालक के रंग-रूप, आकार, शारीरिक गठन, ऊँचाई इत्यादि के निर्धारण में उसके आनुवंशिक गुणों का महत्त्वपूर्ण हाथ होता है। बालक के आनुवंशिक गुण उसकी वृद्धि एवं विकास को भी प्रभावित करते हैं। यदि बालक के माता-पिता गोरे हैं तो उनका बच्चा गोरा ही होगा, किंतु यदि माता-पिता काले हैं तो उनके बच्चे काले ही होंगे। इसी तरह से माता-पिता के अन्य गुण भी बच्चे में आनुवंशिक रूप से पाए जाते हैं। इसके कारण कोई बच्चा अति प्रतिभाशाली एवं सुंदर हो सकता है एवं कोई अन्य बच्चा शारीरिक एवं मानसिक रूप से कमजोर।

   ऐसा भी प्रायः देखा जाता है कि जो बालक जन्म से ही दुबले-पतले, कमजोर, बीमार तथा किसी शारीरिक बाधा से पीड़ित रहते हैं, उनकी तुलना में सामान्य एवं स्वस्थ बच्चे का विकास अधिक होता है। शारीरिक कमियों का स्वास्थ्य ही नहीं वृद्धि एवं विकास पर भी प्रतिकूल प्रभाव पड़ता है। असंतुलित शरीर, मोटापा, कम ऊंचाई, शारीरिक कुरूपता इत्यादि बालक के असामान्य व्यवहार के कारण होते हैं। कई बार किसी दुर्घटना के कारण भी शरीर को क्षति पहुंचती है। इस क्षति का बालक के विकास पर प्रतिकूल प्रभाव पड़ता है।

2. **बौद्धिक विशेषक :** इसके अंतर्गत बालक की योग्यता, कल्पनाशक्ति, विचारशक्ति एवं तर्कशक्ति, किसी समस्या के समाधान हेतु निर्णयात्मक बुद्धि, बदलती हुई परिस्थितियों में समायोजनात्मक निर्णय, आदि सभी कुछ आ जाते हैं।

   बौद्धिक विशेषक को अधिगम अर्थात् सीखने की योग्यता, समायोजन योग्यता, निर्णय लेने की क्षमता आदि के रूप में परिभाषित किया जाता है। जिस बालक के सीखने की गति अधिक होती है, उसका मानसिक विकास भी तीव्र गति से होगा। बालक अपने परिवार, समाज एवं विद्यालय में अपने आपको किस तरह समायोजित करता है यह उसकी बुद्धि पर निर्भर करता है।

   गोडार्ड जैसे विचारकों का मत है कि मंद-बुद्धि माता-पिता की संतान मंद-बुद्धि और तीव्र-बुद्धि माता-पिता की संतान तीव्र-बुद्धि वाली होती है। मानसिक क्षमता के अनुकूल ही बालक में संवेगात्मक क्षमता का विकास होता है। बालक में जिस प्रकार के संवेगों का जिस रूप में विकास होगा वह उसके सामाजिक, मानसिक, नैतिक, शारीरिक तथा भाषा संबंधी विकास को पूरी तरह प्रभावित करने की क्षमता रखता है। यदि बालक अत्यधिक क्रोधित या भयभीत रहता है अथवा यदि उसमें ईर्ष्या एवं वैमनस्य की भावना अधिक होती है तो उसके विकास की प्रक्रिया पर इन सबका प्रतिकूल प्रभाव पड़ना स्वाभाविक ही है। संवेगात्मक रूप से असंतुलित बालक पढ़ाई में या किसी अन्य गंभीर कार्यों

में ध्यान नहीं दे पाते, फलस्वरूप उनका मानसिक विकास भी प्रभावित होता है। बुद्धि की श्रेष्ठता प्रजाति के कारण भी होती है।

नैतिक/चारित्रिक विशेषक

नैतिकता के अंतर्गत् वे सभी गुण आ जाते हैं, जो स्वार्थ को छोड़कर दूसरों की भलाई का भी ध्यान रखते हैं। इनमें सच बोलना, हिंसा न करना, भ्रष्टाचार से दूर रहना, व्यभिचार को बुरा समझना, दूसरों पर दया करना आदि सभी गुण आ जाते हैं। यदि गहराई से विचार किया जाए तो मनुष्य के बाह्य रूप का दूसरों पर इतना प्रभाव नहीं पड़ता है, जितना कि उसके आंतरिक गुणों का और विशेषकर उसकी नैतिक विचारधारा का।

डगडेल नामक एक मनोवैज्ञानिक ने अपने प्रयोगों के आधार पर यह बताया है कि माता-पिता के चरित्र का प्रभाव भी उसके बच्चे पर पड़ता है। व्यक्ति के चरित्र में उसके वंशानुगत कारकों का प्रभाव स्पष्ट तौर पर देखा जाता है। इसलिए बच्चे पर वंशानुगत कारकों का प्रभाव स्वाभाविक ही है।

वातावरण (Environment)

वातावरण में शामिल प्रत्येक घटक व्यक्ति के जीवन को आरंभ से ही प्रभावित करते हैं। गर्भावस्था से लेकर जीवनपर्यंत अनेक प्रकार की घटनाएं व्यक्ति के व्यक्तित्त्व एवं उसके विकास को प्रभावित करती हैं। गर्भावस्था के दौरान एक स्त्री को मानसिक एवं शारीरिक स्वास्थ्य बनाए रखने के लिए इसलिए सलाह दी जाती है कि उससे न केवल गर्भ के अंदर बालक के विकास पर असर पड़ता है बल्कि आगे के विकास की बुनियाद भी मजबूत होती है। यदि माता का स्वास्थ्य अच्छा न हो तो उसके बच्चे के अच्छे स्वास्थ्य की आशा कैसे की जा सकती है? यदि बच्चे का स्वास्थ्य अच्छा न होगा तो उसके विकास पर प्रतिकूल असर पड़ना स्वाभाविक है।

जीवन में घटने वाली प्रत्येक घटनाएं किसी न किसी रूप में बालक के जीवन को प्रभावित करती हैं। यदि बालक के साथ सहज और ठीक व्यवहार हुआ है तो उसके विकास की गति सही होती है अन्यथा उसके विकास पर प्रतिकूल प्रभाव पड़ता है। प्रायः ऐसा देखा जाता है कि जो मां अपने बच्चे को बचपन में छोड़ देती है वह बच्चा मां के प्यार के लिए तड़पता है। ऐसी स्थिति में बच्चे का सर्वांगीण विकास नहीं हो पाता है। जीवन में घटने वाली कुछ घटनाओं का भी बालक के विकास पर प्रतिकूल प्रभाव पड़ता है। बालक का जन्म किस परिवेश में हुआ, वह किस परिवेश में तथा कैसे लोगों के साथ रह रहा है, इन सब का प्रभाव बालक के विकास पर पड़ता है। परिवेश, प्रदूषण, भौतिक सुविधाओं की उपलब्धता आदि से संबद्ध बातें भी बालक के विकास को प्रभावित करती हैं।

बालक के विकास पर उसके सामाजिक एवं आर्थिक कारकों का भी प्रभाव पड़ता है। गरीब परिवार के बच्चों को विकास के लिए सीमित अवसर ही उपलब्ध हो पाते हैं। उनकी आर्थिक दुर्बलता उन्हें अच्छी शिक्षा और अच्छे परिवेश से वंचित करती हैं। ऐसे में उनका संतुलित विकास नहीं हो पाता है। दूसरी ओर सामाजिक एवं आर्थिक संसाधनों की प्रचुरता के कारण शहरी बच्चों का सर्वांगीण विकास संतुलित रूप से होता है।

वातावरण की परिभाषाएँ (Definitions of Environment)

(*i*) **वुडवर्थः** ''वातावरण में वे समस्त बाह्य तत्व आ जाते हैं जिन्होंने जीवन प्रारम्भ करने के समय से व्यक्ति को प्रभावित किया है।''

(*ii*) **जिसबर्टः** ''जो किसी एक वस्तु को चारों ओर से घेरे हुए है तथा उस पर प्रत्यक्ष प्रभाव डालता है वह वातावरण होता है।''

(*iii*) **सी सी पार्कः** ''मनुष्य एक विशेष स्थान पर विशेष समय पर जिन सम्पूर्ण परिस्थितियों से घिरा हुआ है, उसे वातावरण कहा जाता है।''

वातावरण का प्रभाव (Effect of Environment)

व्यक्ति के व्यक्तित्व के विभिन्न क्षेत्रों पर वातावरण के पड़ने वाले कुछ महत्त्वपूर्ण प्रभावों को निम्न रूप से देखा जा सकता है–

1. **शारीरिक संरचना :** व्यक्ति की शारीरिक संरचना पर वंशानुक्रम का तो प्रभाव पड़ता ही है किंतु इस पर वातावरण के प्रभाव को भी स्पष्ट रूप से देखा जा सकता है। पहाड़ी क्षेत्र के लोगों का कद प्रायः छोटा होता है जबकि मैदानी क्षेत्रों में रहने वाले लोगों का शरीर लंबा एवं गठीला होता है। इतना ही नहीं पीढ़ी दर पीढ़ी से निवास स्थलों में परिवर्तन करने वाले पहाड़ी एवं मैदानी क्षेत्र के लोगों के कद एवं रंग में अंतर भी देखने को मिलता है। यह अंतर वातावरण के प्रभाव के कारण होता है।
2. **प्रजातीय श्रेष्ठता :** कभी-कभी ऐसा देखा जाता है कि कुछ प्रजातियों में बौद्धिक श्रेष्ठता वंशानुगत न होकर वातावरण से प्रभावित होता है। ऐसा इसलिए होता है कि उनके पास श्रेष्ठ सामाजिक, शैक्षिक एवं सांस्कृतिक वातावरण उपलब्ध है। यदि किसी विद्वान एवं महान व्यक्ति के बच्चे को ऐसी जगह छोड़ दिया जाए जहां का शैक्षिक, सांस्कृतिक एवं सामाजिक वातावरण उचित न हो तो उसका अपने पिता की तरह महान बनना बहुत ही कठिन हो सकता है।
3. **व्यक्तित्त्व विकास :** किसी भी व्यक्ति के व्यक्तित्त्व निर्माण में वंशानुक्रम की अपेक्षा वातावरण का अधिक प्रभाव पड़ता है। कोई भी व्यक्ति उपयुक्त वातावरण में रहकर अपने व्यक्तित्त्व का निर्माण करके आगे बढ़ सकता है और महान बन सकता है। ऐसे अनेक उदाहरण ऐतिहासिक एवं वर्तमान जीवन में देखने को मिलते हैं जिसमें निर्धन परिवार में जन्म लिए और पले-बढ़े व्यक्तियों ने अपने परिश्रम एवं लगन से श्रेष्ठ सफलताएं प्राप्त की है।

4. **बालक का सर्वांगीण विकास :** बालक के सर्वांगीण विकास में वातावरण का बहुत योगदान होता है। बालक के शारीरिक, मानसिक, सामाजिक एवं संवेगात्मक विकास आदि पर वातावरण का सकारात्मक प्रभाव देखने को मिलता है। इस बात की पुष्टि 'एवेरॉन के जंगली बालक' के उदाहरण से होती है। इस बालक को जन्म के बाद एक भेड़िया उठा ले गया था और उसका पालन-पोषण जंगली पशुओं के बीच में हुआ था। कुछ शिकारियों ने उसे सन् 1799 ई. में पकड़ लिया। उस समय उसकी आयु ग्यारह अथवा बारह वर्ष की थी। उसकी आकृति पशुओं-सी हो गई थी। वह उनके समान ही हाथ-पैर से चलता था। वह कच्चा मांस खाता था एवं उसमें मनुष्य के समान बोलने एवं विचारने की शक्ति नहीं थी। उसको मनुष्य के समान सभ्य और शिक्षित बनाने के सभी प्रयास विफल हुए।

5. **मानसिक विकास : गोर्डन** नामक मनोवैज्ञानिक का मत है कि उचित सामाजिक और सांस्कृतिक वातावरण न मिलने पर मानसिक विकास की गति धीमी हो जाती है। उसने यह बात नदियों के किनारे रहने वाले बच्चों का अध्ययन करके सिद्ध की। इन बच्चों का वातावरण गंदा और समाज के अच्छे प्रभावों से दूर था। अध्ययन में यह बात सामने आई कि गंदे एवं समाज के अच्छे प्रभावों से दूर रहने के कारण बच्चों के मानसिक विकास पर प्रतिकूल असर पड़ा था।

वंशानुक्रम एवं वातावरण के उपर्युक्त वर्णन से स्पष्ट है कि ये एक-दूसरे के पूरक एवं सहायक हैं। जिस प्रकार स्कूटर के लिए इंजन एवं पेट्रोल का समान महत्त्व है उसी प्रकार किसी बालक के उचित विकास के लिए वंशानुक्रम एवं वातावरण का समान रूप से महत्त्व है। इस तरह दोनों एक दूसरे के सहायक एवं सहयोगी हैं। वस्तुतः बालक के संपूर्ण व्यवहार की सृष्टि, वंशानुक्रम और वातावरण की अंतःक्रिया द्वारा होती है। उपर्युक्त बातों से स्पष्ट है कि शिक्षा की किसी भी योजना में वंशानुक्रम और वातावरण को एक-दूसरे से पृथक नहीं किया जा सकता। जिस तरह आत्मा और शरीर का संबंध है, उसी तरह वंशानुक्रम और वातावरण का भी संबंध है। इस प्रकार स्पष्ट है कि बालक के सम्यक् एवं संतुलित विकास के लिए वंशानुक्रम एवं वातावरण दोनों का संयोग अनिवार्य है।

अभ्यास प्रश्न

1. वातावरण के अन्तर्गत आते हैं :
   A. हवा B. प्रकाश
   C. जल D. इनमें से सभी
2. सामाजिक स्थिति वंशानुक्रमणीय :
   A. होती है B. नहीं होती
   C. कुछ होती है D. बिल्कुल नहीं होती
3. वंश का बुद्धि पर प्रभाव देखने के लिए सैनिकों के वंशज का अध्ययन किया :
   A. स्पियरमैन ने B. गोडार्ड ने
   C. न्यूमैन ने D. शेल्डन ने
4. प्रतिभाशाली बालक जो होते हैं :
   A. जन्मजात B. बाद में
   C. आनुवंशिक D. इनमें से कोई नहीं
5. आनुवंशिकता को .... सामाजिक संरचना माना जाता है।
   A. गत्यात्मक B. स्थिर
   C. प्राथमिक D. गौण
6. गणवेश (यूनीफार्म) का विद्यालयों में प्रचलन इसलिए होता है ताकिः
   A. बालक सुन्दर दिखते हैं
   B. विद्यालय को आर्थिक लाभ होता है
   C. छात्रों के गुम होने की सम्भावना नहीं होती है
   D. छात्रों में एकात्मकता झलकती है
7. छात्रों को उनकी प्रगति के विषय में जानकारी देने से, छात्रः
   A. प्रसन्न हो जाते हैं B. अच्छा कार्य करते हैं
   C. हतोत्साहित हो जाते हैं D. नियमित हो जाते हैं
8. छात्रों के शिक्षण में नैतिक शिक्षा का क्या महत्त्व है?
   A. नैतिक शिक्षा वर्तमान-परिवेश में आवश्यक है
   B. नैतिक शिक्षा छात्रों में उत्सुकता पैदा करती है
   C. नैतिक शिक्षा चरित्र विकास के लिए आवश्यक है
   D. नैतिक शिक्षा से मनुष्य महापुरुष बनता है
9. छात्रों में नैतिकता का विकास करने हेतु आप क्या आवश्यक समझते हैं?
   A. धार्मिक प्रवचन
   B. परिवार का वातावरण
   C. पूजा-पाठ करना
   D. प्रत्येक अवसर पर उन्हें अच्छे-बुरे का अंतर बताना
10. पर्यावरण-शिक्षा को शालाओं में पाठ्यक्रम का अंग बनाना उपयुक्त है, क्योंकि–
   A. पर्यावरण से बचना मुश्किल है
   B. पर्यावरण जीवन का महत्वपूर्ण अंग है
   C. इससे पर्यावरण प्रदूषण पर प्रभाव पड़ेगा
   D. इससे शिक्षकों को रोजगार मिलेगा
11. वंशानुक्रम तथा वातावरण परस्पर है–
   (*i*) निर्भर (*ii*) पूरक
   (*iii*) सहयोगी

A. केवल (*i*) B. केवल (*iii*)
C. केवल (*ii*) D. ये सभी

12. माता-पिता से सन्तानों को प्राप्त होने वाले गुणों को कहते हैं–
A. वंश B. वातावरण
C. वंशानुक्रम D. ये सभी

13. किसी बालक का शारीरिक लक्षण प्रभावित होता है–
A. केवल माता के डीएनए से
B. केवल पिता के डीएनए से
C. माता एवं पिता दोनों के डीएनए से
D. इनमें से कोई नहीं

14. निम्नलिखित में से कौन मानव विकास को सर्वाधिक प्रभावित करते हैं–
A. वृद्धि B. कौशल
C. रोग D. वंशानुक्रम एवं वातावरण

15. व्यक्तित्व एवं बुद्धि में वंशानुक्रम की–
A. नाममात्र की भूमिका है
B. महत्वपूर्ण भूमिका है
C. अपूर्वानुमेय भूमिका है
D. आकर्षक भूमिका है

16. आपकी कक्षा की एक छात्रा बुद्धि से श्रेष्ठ है किन्तु शरीर से कमजोर है। आप उसकी माता से मिलते हैं तथा देखते हैं कि उसकी माता भी बुद्धि से तो श्रेष्ठ है लेकिन शरीर से कमजोर है। आपके अनुसार इसका कारण हो सकता है–
A. पिछले कई वर्षों की बीमारी
B. वंशानुक्रम का प्रभाव
C. पौष्टिक भोजन का अभाव
D. उपरोक्त में से कोई नहीं

17. विद्यालय में 'पर्यावरण शिक्षा' से आपका अभिप्राय है–
A. छात्रों में पर्यावरण का ज्ञान हो जाए
B. छात्रों का मनोरंजन हो
C. छात्रों पर अतिरिक्त बोझ डालना
D. पर्यावरण को दूषित होने से बचाया जा सके

18. किस मनोवैज्ञानिक के अनुसार माता-पिता के चरित्र का प्रभाव उसके बच्चे पर पड़ता है।
A. ड्रेवर B. डगडेल
C. वुडवर्थ D. जिसबर्ट

19. 'प्रत्येक छात्र स्वयं से भिन्न है'। इस तथ्य का मुख्य कारण क्या है?
(*i*) भौतिक वातावरण
(*ii*) वंशानुक्रम
(*iii*) सामाजिक वातावरण
A. केवल (*ii*) B. (*ii*) केवल (*iii*)
C. (*i*) केवल (*iii*) D. ये सभी

20. आनुवंशिकता (वंशानुक्रम) को .... सामाजिक संरचना माना जाता है।
A. गत्यात्मक B. स्थिर
C. प्राथमिक D. गौण

उत्तरमाला

1	2	3	4	5	6	7	8	9	10
B	A	B	A	B	D	B	C	D	B
11	**12**	**13**	**14**	**15**	**16**	**17**	**18**	**19**	**20**
D	C	C	D	A	B	D	B	D	B

3. समाजीकरण की प्रक्रिया एवं पियाजे, कोहलबर्ग एवं वाइगोत्सकी के सिद्धांत (Socialization Process and Principles of Piaget, Kohlberg and Vygotsky)

समाजीकरण का अर्थ (Meaning of Socialization)

समाजीकरण एक प्रक्रिया है जिसके द्वारा व्यक्ति सामाजिक प्राणी बनता है। अन्य शब्दों में, समाजीकरण एक ऐसी प्रक्रिया है जिसके द्वारा व्यक्ति को समाज अपनी परम्पराओं, मान्यताओं तथा आदर्शों के अनुसार बनाता है तथा स्वीकृति प्रदान करता है। इस प्रकार समाजीकरण का अर्थ उस प्रक्रिया से है जिसके द्वारा व्यक्ति अन्य व्यक्तियों से अन्तः प्रक्रिया करता हुआ सामाजिक आदतों, विश्वासों, रीति-रिवाजों तथा परम्पराओं एवं अभिवृत्तियों (Attitudes) को सीखता है। इस प्रक्रिया के द्वारा व्यक्ति जन-कल्याण की भावना से प्रेरित होते हुए अपने आपको अपने परिवार, पड़ोस तथा अन्य सामाजिक वर्गों के अनुकूल बनाने का प्रयास करता है जिससे वह समाज का एक श्रेष्ठ, उपयोगी तथा उत्तरदायी सदस्य बन जाये तथा उक्त सभी सामाजिक संस्थाएं तथा वर्ग उसकी प्रशंसा करते रहें।

समाजीकरण की परिभाषा (Definitions of Socialization)

विभिन्न विद्वानों द्वारा दी गयी समाजीकरण की परिभाषाएं इस प्रकार हैं–

- **वाटसन (Watson):** "समाजीकरण एक सामाजिक तथा मनोवैज्ञानिक प्रक्रिया है।"
- **सोरोकिन (Sorokin):** "समाजीकरण सांस्कृतिक तथा वैचारिक कारकों के अन्तरीकरण की प्रक्रिया है।"
- **ड्रेवर (Drever):** "समाजीकरण वह प्रक्रिया है जिसके द्वारा व्यक्ति अपने सामाजिक वातावरण से समायोजन करता है और सामाजिक मान्यता प्राप्त करके वह समाज का मान्य, सहयोगी तथा कुशल सदस्य बनता है।"
- **रॉस (Ross):** "समाजीकरण सहयोग करने वाले व्यक्तियों में सामूहिक भावना का विकास करता है और उनमें एक साथ कार्य करने की इच्छा तथा क्षमता में वृद्धि करता है।"

बालक का समाजीकरण करने वाले तत्त्व (Factors of Socialization in Children)

बालक जन्म के समय कोरा पशु होता है। जैसे-जैसे वह समाज के अन्य व्यक्तियों तथा सामाजिक संस्थाओं के सम्पर्क में आकर विभिन्न प्रकार की सामाजिक क्रियाओं में भाग लेता रहता है वैसे-वैसे वह अपनी पाश्विक प्रवृत्तियों पर नियंत्रण करते हुए सामाजिक आदर्शों तथा मूल्यों को सीखता रहता है। बालक के समाजीकरण की प्रक्रिया निरन्तर चलती ही रहती है। बालक में सामाजिकता का विकास करने या उसके समाजीकरण में उसका परिवार, पड़ोस, स्कूल, समाज, धर्म, उसके साथी बहुत महत्त्वपूर्ण भूमिका निभाते हैं

(*i*) **परिवार (Family):** बालक के समाजीकरण की प्रक्रिया का प्रारंभ परिवार में होता है। जैसे-जैसे बालक बड़ा होता है वैसे-वैसे वह अपने माता-पिता तथा अन्य सदस्यों के सम्पर्क में आते हुए प्रेम, सहानुभूति तथा सहयोग जैसे कई सामाजिक गुणों को सीखता है। साथ ही साथ, वह अपने परिवार के आदर्शों, परम्पराओं तथा मान्यताओं को भी धीरे-धीरे सीख लेता है।

(*ii*) **स्कूल (School):** परिवार के बाद स्कूल एक ऐसा स्थान है जहाँ बालक का समाजीकरण होता है। स्कूल में रहते हुए जहाँ बालक को एक ओर कई विषयों की शिक्षा द्वारा सामाजिक नियमों का ज्ञान होता है वहीं दूसरी ओर उसमें स्कूल की विभिन्न योजनाओं में भाग लेते हुए विभिन्न सामाजिक गुणों का भी विकास होता है।

(*iii*) **पड़ोस (Neighbourhood):** जिस प्रकार बालक परिवार में रहकर अपने सामाजिक गुणों का ज्ञान प्राप्त करता है, उसी प्रकार वह पड़ोस में रहने विभिन्न सदस्यों के संपर्क में रहते हुए कई सामाजिक गुणों को प्राप्त करता है। यदि पड़ोस अच्छा होगा तो बालक का सामाजिक विकास भी अच्छा होगा और यदि पड़ोस खराब होगा, तो बालक का विकास भी निश्चित तौर पर अच्छा नहीं होगा। यही कारण है कि अच्छे परिवार के लोग अच्छे पड़ोस में रहना पसन्द करते हैं।

(*iv*) **समाज (Community):** बालक के समाजीकरण में, समाज भी एक अहम् भूमिका निभाता है। प्रत्येक समाज विभिन्न साधनों के द्वारा बालक का समाजीकरण करता है, इन साधनों के अन्तर्गत राष्ट्रीय एवं जातीय परम्पराएँ, संस्कृति, कला, इतिहास इत्यादि आते हैं।

(*v*) **बालक के साथी (Colleague):** बालक के समाजीकरण में उसके साथी भी एक महत्वपूर्ण भूमिका निभाते हैं। प्रत्येक बालक अपने साथियों के साथ खेलता है, पढ़ता है। वह

खेलते या पढ़ते समय हर तरह के भेद-भाव से ऊपर उठकर दूसरे बालकों के साथ आनन्द प्राप्त करता है।

(*vi*) **धर्म (Religion):** प्रत्येक धर्म के कुछ संस्कार, परंपराएँ तथा मूल्य होते हैं। जैसे-जैसे बालक अपने धर्म तथा अन्य धर्मों के संपर्क में आता है, वैसे-वैसे वह सभी बातों को स्वाभाविक रूप से सीखता है।

समाजीकरण में परिवार एवं माता-पिता की भूमिका (Role of Family and Parents in Socialization of Children)

(*i*) बच्चा सबसे पहले परिवार में जन्म लेकर परिवार का सदस्य बनता है। उसका सबसे अधिक सम्बन्ध उसकी माँ से होता है। माँ उसकी तरह-तरह से रक्षा करती है, इससे बच्चे के मन में सुरक्षा की भावना उत्पन्न होती है, जो आगे चलकर उसके विकास में सहायता देती है।

(*ii*) परिवार में बच्चे को यह ज्ञान प्राप्त होता है कि उसे कौन-कौन से कार्य करने चाहिए और कौन से नहीं। इससे बच्चा यह सीखता है कि समाज में क्या अच्छा है, क्या बुरा।

(*iii*) परिवार में एक से अधिक सदस्य रहते हैं। प्रत्येक सदस्य के अलग व्यवहार, रूचि, भावनाएँ आदि होती हैं तथा हर एक सदस्य के साथ बच्चे को घनिष्ठ सम्बन्ध स्थापित करना होता है। इस अनुकूलन के दौरान उसमें सहनशीलता का गुण भी आ जाता है।

(*iv*) यदि परिवार में सहयोग की भावना हो, तो बालक में भी सहयोग की भावना का विकास होता है। बच्चे की यही भावना उसके बाह्य समाज से व्यवहार में भी झलकती है।

(*v*) अच्छे परिवारों के बच्चे भी सामान्यतः अच्छे ही होते हैं जबकि विभिन्न समस्याओं से ग्रसित परिवारों के बच्चे झगडालू अथवा अपने परिवार के सदस्यों की प्रकृति के अनुरूप होते हैं।

बालक के समाजीकरण में बाधक तत्त्व (Factors Effecting Socialization in Children)

मैस्लो और मिटिलमैन (Maslow and Mittleman) के अनुसार, बालक के समाजीकरण में बाधा पहुँचाने वाले तत्त्व इस प्रकार हैं–

1. **बाल्यकालीन परिस्थितियाँ**– जैसे–माता-पिता का प्यार न मिलना, माता-पिता में सदैव कलह, विधवा माँ, पक्षपात, एकाकीपन तथा अनुचित दण्ड आदि।
2. **सांस्कृतिक परिस्थितियाँ**–जैसे–जाति, वर्ग, धर्म आदि से सम्बंध रखने वाली पूर्वधारणायें आदि।
3. **तात्कालिक परिस्थितियाँ**–जैसे–निराशा, अपमान, अभ्यास, अनियमितता, कठोरता, परिहास और भाई-बहन, मित्र, पड़ोसी आदि की ईर्ष्या।
4. **अन्य परिस्थितियाँ**–जैसे–शारीरिक हीनता, निर्धनता, असफलता, शिक्षा की कमी, आत्मविश्वास का अभाव तथा आत्म-निर्भरता की कमी आदि।

समाजीकरण की प्रक्रिया में शिक्षक की भूमिका (Role of Teacher in Socialization of Children)

बालक के समाजीकरण की प्रक्रिया में परिवार के बाद स्कूल और स्कूल में विशेष रूप से शिक्षक आता है। प्रत्येक समाज के कुछ विश्वास, दृष्टिकोण, मान्यताएं, कुशलताएं और परम्पराएं होती हैं, जिनको 'संस्कृति' के नाम से पुकारा जाता है। यह संस्कृति एक पीढ़ी से दूसरी पीढ़ी को हस्तान्तरित की जाती है और समाज के लोगों के आचरण को प्रभावित करती है। शिक्षक का सर्वश्रेष्ठ कार्य है–इस संस्कृति को बालक को प्रदान करना। यदि वह यह कार्य नहीं करता है तो बालक का समाजीकरण नहीं कर सकता है। शिक्षक, माता-पिता के साथ बालक के चरित्र और व्यक्तित्त्व का विकास करने में अति महत्त्वपूर्ण कार्य करता है। फिर भी, शिक्षक और माता-पिता एक-दूसरे से दूर रहते हैं और सम्पर्क में नहीं आते। परिणाम यह होता है कि शिक्षक, बालक की रुचियों, मनोवृत्तियों आदि को नहीं समझ पाता है। इसलिए वह बालक का समाजीकरण उचित दिशा में करने में असफल होता है। इसलिए यह अति आवश्यक है कि शिक्षक और माता-पिता एक-दूसरे के घनिष्ठ सम्पर्क में रहें और एक ही प्रकार के विश्वासों और दृष्टिकोणों को अपनाकर बालक का उचित दिशा में समाजीकरण करें।

कक्षा और खेल के मैदान में, साहित्यिक और सांस्कृतिक क्रियाओं में शिक्षक सामाजिक व्यवहार के आदर्श प्रस्तुत करता है। बालक अपनी अनुकरण की मूल प्रवृत्ति के कारण शिक्षक के ढंगों, कार्यों, आदतों और रीतियों का अनुकरण करता है। अतः शिक्षक को सदैव सतर्क रहना चाहिए, उसे कोई ऐसा अनुचित कार्य या व्यवहार नहीं करना चाहिए, जिसका बालक के ऊपर गलत प्रभाव पड़े। अतः बालक के समाजीकरण की प्रक्रिया को तीव्र गति प्रदान करने के लिए शिक्षक को निम्नलिखित बातों को ध्यान में रखना चाहिए–

1. **अभिभावक-शिक्षक सहयोग**– समाजीकरण की प्रक्रिया को तीव्र गति प्रदान करने के लिए शिक्षक का सर्वप्रथम कार्य यह है कि वह बालक के माता-पिता से सम्पर्क स्थापित करके उसकी रुचियों तथा मनोवृत्तियों के विषय में ज्ञान प्राप्त करे एवं उन्हीं के अनुसार उसे विकसित होने के अवसर प्रदान करे।
2. **संस्कृति का हस्तान्तरण**– कुछ परम्परायें, रीति-रिवाज, मान्यतायें, विश्वास तथा दृष्टिकोण होते हैं जिन्हें संस्कृति की संज्ञा दी जाती है। शिक्षक का कर्त्तव्य है कि बालक को भारतीय संस्कृति का ज्ञान दे जिससे उसका उचित समाजीकरण हो जाये।
3. **सामाजिक आदर्श**– शिक्षक को चाहिये कि वह कक्षा तथा खेल के मैदानों एवं सांस्कृतिक और साहित्यिक क्रियाओं

में बालक के सामने सामाजिक आदर्शों को प्रस्तुत करे। इन आदर्शों का अनुकरण करके बालक का समाजीकरण धीरे-धीरे हो जायेगा।

4. **स्कूल की परम्परायें–** स्कूल की परम्पराओं का बालक के समाजीकरण पर गहरा प्रभाव पड़ता है। अतः शिक्षक को चाहिये कि वह बालक का स्कूल की परम्पराओं में विश्वास उत्पन्न करे तथा उसे उन्हीं के अनुसार कार्य करने के लिए प्रोत्साहित करे।
5. **सामूहिक कार्य को प्रोत्साहन–** शिक्षक को चाहिये कि वह स्कूल में विभिन्न सामाजिक योजनाओं के द्वारा बालकों को सामूहिक क्रियाओं में सक्रिय रूप से भाग लेने के अवसर प्रदान करे। इन क्रियाओं में भाग लेने से उसका समाजीकरण स्वतः ही हो जायेगा।
6. **अन्तर-सांस्कृतिक भावना का विकास–** स्कूल में विभिन्न परिवारों के बालक शिक्षा प्राप्त करने आते हैं। इन विभिन्न परिवारों से आये हुए बालकों की संस्कृतियाँ भी अलग-अलग होती हैं। शिक्षक को चाहिए कि वह बालक में अन्तर-सांस्कृतिक भावना का विकास करे जिससे वह केवल अपनी संस्कृति को ही अच्छा न समझे वरन् विभिन्न संस्कृतियों का आदर करना भी सीख जाये।
7. **स्वस्थ प्रतियोगिता की भावना–** बालक के समाजीकरण में प्रतियोगिता का महत्त्वपूर्ण स्थान होता है। पर ध्यान देने की बात है कि बालक के समाजीकरण के लिए स्वस्थ प्रतियोगिता का होना ही अच्छा है। अतः शिक्षक को बालक में स्वस्थ प्रतियोगिता की भावना विकसित करनी चाहिये।

इस प्रकार हम कह सकते हैं कि शिक्षक बालक के समाजीकरण को प्रभावित करता है। शिक्षक के स्नेह, पक्षपात, बुरे व्यवहार, दण्ड आदि का बालकों पर कुछ न कुछ प्रभाव पड़ता है और उसका सामाजिक विकास उत्तम या विकृत हो जाता है। यदि शिक्षक, मित्रता और सहयोग में विश्वास करता है तो बच्चों में भी इन गुणों का विकास होता है। यदि शिक्षक छोटी-छोटी बातों पर बच्चों को दण्ड देता है, तो उनके समाजीकरण में संकीर्णता आ जाती है। यदि शिक्षक अपने छात्रों के प्रति सहानुभूति रखता है, तो छात्रों का समाजीकरण सामान्य रूप से होता है।

प्याजे, कोहलबर्ग एवं व्यगोट्स्की (Piaget, Kohlberg and Vygotsky)

बाल विकास के वृद्धि एवं विकास का अध्ययन एवं समझ बाल शिक्षा के शिक्षण का महत्त्वपूर्ण अंग है। दो बालक एक समान नहीं होते। बाल विकास के विभिन्न प्रतिरूपों, यथा–शारीरिक, संज्ञात्मक, सामाजिक एवं संवेदनात्मक रूप से एक-दूसरे से अलग-अलग होते हैं।

विकास की विभिन्न अवस्था में बालकों में विशेष प्रकार के गुण एवं विशेषताएं देखने को मिलती है। इस संदर्भ में विभिन्न मनोवैज्ञानिकों ने विकास की विभिन्न अवस्थाओं के संबंध में अलग-अलग प्रकार के सिद्धांतों का प्रतिपादन किया है। विकास की विभिन्न अवस्थाओं से संबद्ध सिद्धांतों में जीन प्याजे (Jean Piaget), लॉरेंस कोहलबर्ग (Lawrence Kohlberg) एवं लेव व्यगोट्स्की (Lev Vygotsky) द्वारा प्रतिपादित सिद्धांत विशेष रूप से उल्लेखनीय हैं।

जीन प्याजे का विकास अवस्था से संबद्ध सिद्धांत (Principle of Jean Piaget's Stages of Development)

स्विट्ज़रलैंड निवासी जीन प्याजे ने अपने सिद्धांत के तहत मुख्यतः बालक के मानसिक विकास पर ध्यान केंद्रित किया है। उसका यह मानना है कि ज्ञानात्मक विकास की अवस्थाओं में एक क्रम होता है। हम बाद की अवस्थाओं की योग्यता समय से पूर्व प्राप्त नहीं कर सकते। उदाहरणार्थ– जैसे 5 वर्ष के बालक को M.Sc. स्तर की भौतिकी नहीं पढ़ाई जा सकती।

विकास के विभिन्न चरण/अवस्था (Different Stages of Development)

जीन प्याजे ने विकास की पांच अवस्थाओं का उल्लेख किया है, जो निम्नवत् हैं–

(i) **इन्द्रिय गामक आग्रहण की अवस्था (0-2 वर्ष):** यह अवस्था शिशु की उल्टी-सीधी हरकतों से आरंभ होती है और फिर बच्चा अभ्यास एवं संयोजन (इंद्रियजनित गामक अंगों– Sensori motor organ) द्वारा इस अवस्था तक आता है। दो वर्ष की समाप्ति पर जब बच्चा विभिन्न वस्तुओं के बीच में संयोजन करना सीख लेता है तो आरंभिक प्रत्यय का विकास होता है।

(ii) **सांकेतिक एवं पूर्व प्रत्ययी विचारों की अवस्था (2-4 वर्ष):** इस अवस्था में बच्चे के मस्तिष्क में विचार आने लगते हैं और चौथे वर्ष के अंत तक वह संकेतों का प्रयोग करने लगता है।

(iii) **स्वजनित विचारों की अवस्था (4-8 वर्ष):** इस अवधि में बालक विभिन्न प्रत्ययों को विभिन्न परिस्थितियों में प्रयोग कर सकता है अर्थात् उसके अंदर सामान्यीकरण की क्षमता आ जाती है।

(iv) **मूर्त क्रिया की अवस्था (8-12 वर्ष):** इस अवधि में बालक अपना ध्यान रूकी हुई अवस्था से हटा सकता है अर्थात् वह अपने वर्तमान अनुभवों के आधार पर अपने भविष्य को पहचान सकता है।

(v) **औपचारिक (अमूर्त) क्रिया की अवस्था (12-18 वर्ष):** इस अवस्था में बालक की चिंतन प्रक्रिया संश्लेषणात्मक तथा एकीकृत हो जाती है। बालक की चिंतन प्रक्रिया का मार्गदर्शन यथार्थ द्वारा किया जाता है। यह अवधि परिकल्पना के परीक्षण द्वारा अपने शीर्ष पर पहुंचती है।

लॉरेंस कोहलबर्ग का नैतिक विकास अवस्था से संबद्ध सिद्धांत (Lawrence Kohlberg's Theory of Moral Development)

बालक में चरित्र निर्माण या नैतिक विकास के संदर्भ में लॉरेंस कोह्लबर्ग ने अपने खोज एवं अनुसंधान के आधार पर यह निष्कर्ष निकाला है कि बालकों में नैतिकता के विकास की कुछ निश्चित एवं सार्वभौमिक अवस्थाएं पाई जाती हैं। ये अवस्थाएं हैं–

1. पूर्व-नैतिक अवस्था (Pre-moral stage)— 4 से 10 वर्ष तक।
2. परंपरागत नैतिक अवस्था (Conventional morality stage)— 10 से 13 वर्ष तक।
3. आत्म अंगीकृत नैतिक मूल्य अवस्था (Self accepted moral principles stage)—13 वर्ष से प्रौढ़ावस्था तक।

कोह्लबर्ग द्वारा प्रतिपादित उपर्युक्त वर्गीकरण को विस्तृत रूप से पांच वर्गों में रखा जा सकता है–

(*i*) **पूर्व नैतिक अवस्था (Amoral Stage) :** यह अवस्था जन्म से लेकर दो वर्ष की आयु तक विद्यमान रहती है। इस अवस्था में बालक से नैतिकता एवं चारित्रिक मूल्यों आदि से संबद्ध बातों के विषय में किसी तरह की आशा करना बेमानी है, क्योंकि इस अवस्था में यह बातें उसकी समझ से बाहर होती है। इस अवस्था में उसे अपनी इच्छाओं, भावनाओं एवं संवेगों पर नियंत्रण करना नहीं आता और परिणामस्वरूप वह अपनी मर्जी के अनुसार इच्छित व्यवहार करता है।

(*ii*) **स्वकेंद्रित अवस्था (Self-Centred Stage) :** यह अवस्था 3 से 6 वर्ष तक होती है। इस अवस्था में बालक की सभी व्यावहारिक क्रियाएं अपनी वैयक्तिक आवश्यकताओं और इच्छाओं की पूर्ति के चारों ओर केंद्रित रहती हैं। उसके लिए वही नैतिक होता है जो उसके अपने कल्याण से जुड़ा होता है।

(*iii*) **परंपराओं को धारण करने की अवस्था (Conforming Conventional Stage) :** यह अवस्था सात वर्ष से किशोरावस्था के प्रारंभिक काल तक होती है। इस अवस्था का बालक सामाजिकता के गुणों को धारण करता है। ऐसे में उसमें समाज निर्मित नियमों एवं परंपराओं के धारण करने संबंधी नैतिकता का विकास होता है। इस अवस्था में उसे अच्छाई-बुराई का ज्ञान हो जाता है तथा वह यह समझने लगता है कि किस तरह के व्यवहार से दूसरे को हानि तथा ठेस पहुंच सकती है।

(*iv*) **आधारहीन आत्म चेतनावस्था (Irrational Conscientious Stage) :** यह अवस्था किशोरावस्था से जुड़ी हुई है। इस अवस्था में बालकों का सामाजिक, शारीरिक तथा मानसिक विकास अपनी चरम पर होता है तथा उसमें आत्म-चिन्तन का प्रादुर्भाव होता है। इस अवस्था में उसमें 'मैं' भावना अर्थात् मैं ऐसा व्यवहार करता हूँ, यह मेरा आचरण है आदि की उसे अनुभूति होने लगती है। साथ ही उसमें अपने आचरण, व्यवहार एवं व्यक्तिगत गुणों-अवगुणों के प्रति आलोचनात्मक प्रवृत्ति का भी विकास होता है। पूर्णता की चाह उसमें स्वयं से असंतुष्ट रहने का मार्ग प्रशस्त करती है। यह असंतुष्टि ही उसे समाज में होने वाली गलत कार्यों के प्रति विद्रोही रूख अपनाने के लिए प्रेरित करती है।

(*v*) **आधारयुक्त आत्मचेतना अवस्था (Rational Conscientious stage) :** यह नैतिक विकास की चरम अवस्था है। इसका विकास बालक के भली-भांति परिपक्वता ग्रहण करने के बाद होता है। इस अवस्था में जिस प्रकार के नैतिक आचरण और चारित्रिक मूल्यों की बात व्यक्ति विशेष से की जाती है उसके पीछे केवल उसकी भावनाओं का प्रवाह मात्र ही नहीं होता बल्कि वह अपनी मानसिक शक्तियों का उचित प्रयोग करते हुए अच्छी तरह सोच-समझकर किसी व्यवहार या आचरण विशेष को अपने व्यक्तिगत गुणों में शामिल करता है।

लेव व्यगोट्स्की का सामाजिक विकास से संबद्ध सिद्धांत (Social Development Theory of Lev Vygotsky)

सोवियत रूस निवासी लेव व्यगोस्ट्स्की द्वारा प्रतिपादित इस सिद्धांत में यह बताया गया है कि बालक के सभी प्रकार के विकास में उसके सामाजिक परिवेश का विशेष योगदान होता है। व्यगोट्स्की ने बताया कि समाज से अंतः क्रिया के परिणामस्वरूप ही बालक में विभिन्न प्रकार का विकास होता है। समाज में उसे जिस तरह की सुविधाएं उपलब्ध होंगी उसका विकास भी उसी प्रकार का होगा। सभी प्रकार की सुविधाओं की अनुपलब्धता की स्थिति में उसके विकास पर प्रतिकूल असर पड़ेगा।

जन्म के समय शिशु का व्यवहार सामाजिकता से काफी दूर होता है। वह अत्यधिक स्वार्थी होता है। उसे केवल अपनी शारीरिक आवश्यकताओं की पूर्ति करने की चाहत होती है। वह दूसरों की आवश्यकताओं और हित चिंतन के विषय में एकदम नहीं सोचता है। उस आयु में वह निर्जीव पदार्थों, यथा– गुड्डे-गुड़ियों, खिलौनों, मूर्तियों तथा सजीव पदार्थों, यथा– पशु-पक्षी व मनुष्य आदि में अंतर नहीं समझ पाता। शिशुओं के सामाजिक संपर्क का दायरा बहुत ही सीमित होता है। अतः सामाजिक विकास के दृष्टिकोण से उनसे बहुत आशा नहीं की जा सकती। बाल्यावस्था में प्रवेश करने के साथ ही अधिकांश बालक विद्यालय जाना प्रारंभ कर देते हैं और अब उनका सामाजिक दायरा बहुत विस्तृत होता चला जाता है।

जब बालक बाल्यावस्था से किशोरावस्था में प्रवेश करता है तो उसमें लिंग संबंधी चेतना तीव्र हो जाती है। इस आयु

में अधिकतर किशोर-किशोरियां अपने वय-समूह के सक्रिय सदस्य होते हैं। किशोरों में समूह के प्रति यह भावना अब केवल टोली या गिरोह विशेष तक ही सीमित नहीं रहती बल्कि यह विद्यालय, समुदाय, प्रांत और राष्ट्र तक व्यापक बन जाती है। इस अवस्था में सहानुभूति, सहयोग, सद्भावना, परोपकार और त्याग में अच्छा सामंजस्य देखने को मिलता है। किशोरावस्था को संवेगों की अभिव्यक्ति की अवस्था कहा जाता है। इस अवस्था में विशिष्ट रुचियों और सामाजिक संपर्कों का क्षेत्र भी अत्यधिक विस्तृत होता है। वैयक्तिक विशेषताओं के अतिरिक्त संस्कृति, परिवार की सामाजिक और आर्थिक स्थिति, यौन संबंधी स्वतंत्रता और जानकारी आदि सामाजिक रुचियों और सामाजिक संबंधों को प्रभावित करती है।

अभ्यास प्रश्न

1. "बालक में सामाजिक भावना का विकास जन्मजात होता है।" क्या आप इस कथन से–

A. पूर्णतः सहमत हैं
B. सम्भवतः सहमत हैं
C. असहमत हैं
D. कुछ सीमा तक सहमत हैं

2. सामाजिक परिवर्तन का कारक (Factor) है–

A. धर्म B. शिक्षा
C. विकास D. समाज

3. विद्यालय समाजीकरण के क्षेत्र में न केवल इसका अभिकरण है (Agency) अपितु वह समाज की सांस्कृतिक प्रगति का है–

A. संरक्षक B. संशोधक
C. आलोचक D. समर्थक

4. बच्चे का समाजीकरण तब होता है जब वह समाज के व्यवहार-प्रतिमानों (Behavioural Pattern) को–

A. स्वीकार करें
B. उनसे समायोजन कर लें
C. उपरोक्त A और B
D. उपरोक्त में से कोई नहीं

5. बालक के समाजीकरण (Socialization) हेतु शिक्षा का यह कार्य है–

A. शिक्षक अभिभावक सहयोग विकसित करना
B. संस्कृति का हस्तान्तरण (Transmission of Culture) का प्रयास करना
C. वैज्ञानिक व तकनीकी प्रगति से अवगत कराना
D. उपरोक्त A और B

6. बालकों में समाजीकरण की प्रक्रिया तीव्र करने हेतु निम्नांकित उपाय प्रभावी होते हैं–

A. अनुशासनहीन बालकों को दण्ड देना
B. अनुशासनहीन बालकों का सामाजिक बहिष्कार करना
C. शिक्षक अभिभावक सहयोग
D. उपरोक्त सभी

7. "शिक्षा युवक पीढ़ी का विधिवत् समाजीकरण है।" यह परिभाषा किसने दी है?

A. बोगार्डस (Bogardus)
B. बैण्डिस (Bandis)
C. स्मिथ (Smith)
D. दुर्खीम (Durkheim)

8. वे विद्यालय बालकों के समाजीकरण में असफल रहते हैं जो–

A. धर्म विशेष के आधार पर संचालित हैं
B. जाति विशेष के आधार पर संचालित हैं
C. भाषा विशेष के शिक्षण पर जोर देते हैं
D. उपरोक्त सभी

9. बालक के समाजीकरण के विद्यालय का यह पक्ष विशेष प्रभावी होता है–

A. खेल-कूद की सुविधा
B. अनुकूल पर्यावरण (Environment)
C. शाला-भवन
D. शाला-उपकरण

10. निम्नलिखित में से कौन-सी सामाजिक संस्था बालक को मातृभाषा सिखाती है?

A. परिवार B. पड़ोस
C. विद्यालय D. सामाजिक वर्ग

11. वेश-भूषा, रहन-सहन, आहार, धर्म, भाषा, तथा रीति-रिवाज इत्यादि व्यक्तित्व के कैसे निर्धारक हैं?

A. जैविक B. सांस्कृतिक
C. सामाजिक D. मनोवैज्ञानिक

12. निम्न में से कौन-सा बच्चे की सामाजिक-मनोवैज्ञानिक आवश्यकताओं के साथ संबद्ध ***नहीं*** है?

A. संवेगात्मक सुरक्षा की आवश्यकता
B. शरीर से अपशिष्ट पदार्थों का नियमित रूप से बाहर निकलना
C. सान्निध्य (संगति) की आवश्यकता
D. सामाजिक अनुमोदन अथवा सराहना की आवश्यकता

13. सबसे अधिक गहन और जटिल समाजीकरण होता है

A. पूर्व बाल्यावस्था के दौरान
B. प्रौढ़ावस्था के दौरान
C. व्यक्ति के पूरे जीवन में
D. किशोरावस्था के दौरान

14. पियाजे के अनुसार, निम्नलिखित में से कौन-सी अवस्था में बच्चा अमूर्त संकल्पनाओं के विषय में तार्किक चिंतन करना आरंभ करता है?

A. औपचारिक-संक्रियात्मक अवस्था (11 वर्ष एवं ऊपर)
B. संवेदी-प्रेरक अवस्था (जन्म-02 वर्ष)
C. पूर्व-संक्रियात्मक अवस्था (02-07 वर्ष)
D. मूर्त-संक्रियात्मक अवस्था (07-11 वर्ष)

15. पियाजे के अनुसार बौद्धिक विकास में आत्मसात्करण (Assimilation) एवं कौन-सी अन्य प्रक्रिया महत्वपूर्ण हैं?
A. आत्म-संज्ञान (Self-cognition)
B. समंजन (Accommodation)
C. कल्पना (Imagination)
D. प्रत्यक्षीकरण (Perception)

16. छात्रों में नैतिकता का विकास करने हेतु आप क्या आवश्यक समझते हैं?
A. धार्मिक प्रवचन
B. परिवार का वातावरण
C. पूजा-पाठ करना
D. प्रत्येक अवसर पर उन्हें अच्छे-बुरे का अंतर बताना

17. पियाजे के अनुसार विकास की पहली अवस्था (जन्म से लगभग 2 वर्ष आयु) के दौरान बच्चा .... सबसे बेहतर सीखता है।
A. अमूर्त तरीके से चिंतन द्वारा
B. भाषा के नए अर्जित ज्ञान के अनुप्रयोग द्वारा
C. इंद्रियों के प्रयोग द्वारा
D. निष्क्रिय (neutral) शब्दों को समझने के द्वारा

18. समाज तभी उन्नति कर सकता है जब बालिका-शिक्षा को बालक-शिक्षा से–
A. कम महत्व दिया जाए
B. समान महत्व दिया जाए
C. अधिक महत्व दिया जाए
D. इनमें कोई सम्बन्ध नहीं है

19. शिक्षक ही समाज को उन्नति के मार्ग पर ले जा सकता है, क्योंकि वह–
A. अपनी बात कम और समाज की बात अधिक सोचता है
B. भावी नागरिकों को सही मार्ग दिखा सकता है
C. समाज के प्रति समर्पित होता है
D. भी एक सामाजिक प्राणी है

20. नैतिक मूल्य नियमावली का अर्थ है–
A. कुछ निश्चित मापदण्ड जिनका पालन व्यवस्था विशेष में कार्यरत सभी व्यक्ति करते हैं
B. आदर्शों एवं सिद्धांतों का सूची-पत्र जिसे किसी व्यवसाय के प्रत्येक सदस्य पर लागू किया जाता है
C. ऐसे निश्चित मापदण्ड जिनका अनुमोदन उच्च अधिकारी करते हैं किन्तु पालन निम्न स्तर के कर्मचारी करते हैं
D. किसी व्यावसायिक जगत की एक आवश्यक बुराई है

21. वाइगोत्सकी के सिद्धान्त का निहितार्थ है–
A. प्रारम्भिक व्याख्या के बाद कठिन सवालों को हल करने में बच्चे की सहायता न करना
B. सहयोगात्मक समस्या-समाधान
C. प्रत्येक विद्यार्थी को व्यक्तिगत रूप से दत्त कार्य देना
D. बच्चे उन बच्चों की संगति में श्रेष्ठतम रूप से सीख सकते हैं जिनका बुद्धि-लब्धांक उनके बुद्धि-लब्धांक से कम होता है।

22. वाइगोत्सकी बच्चों के सीखने में निम्नलिखित में से किस कारक की महत्वपूर्ण भूमिका पर बल देते हैं?
A. सामाजिक B. नैतिक
C. शारीरिक D. आनुवंशिक

23. "बच्चे दुनिया के बारे में अपनी समझ का सृजन करते हैं।" इस सिद्धांत का श्रेय .... को जाता है।
A. पियाजे B. स्किनर
C. पावलॉव D. कोह्लबर्ग

24. पियाजे के अनुसार, निम्नलिखित में से कौन-सी अवस्था में बच्चा अमूर्त संकल्पनाओं के विषय में तार्किक चिन्तन करना आरंभ करता है?
A. मूर्त-संक्रियात्मक अवस्था (07-11 वर्ष)
B. संवेदी-प्रेरक अवस्था (जन्म-02 वर्ष)
C. औपचारिक-संक्रियात्मक अवस्था (11 वर्ष से ऊपर)
D. पूर्व-संक्रियात्मक अवस्था (02-07 वर्ष)

25. मानसिक विकास की औपचारिक संक्रियात्मक अवस्था की मुख्य विशेषता है–
A. मूर्त चिन्तन B. अमूर्त चिन्तन
C. सामाजिक चिन्तन D. अहम्-केन्द्रित चिन्तन

26. विचार न केवल भाषा को निर्धारित करते हैं बल्कि उसे आगे भी बढ़ाते हैं। यह विचार किसके द्वारा रखा गया।
A. जीन पियाजे B. कोहलबर्ग
C. वाइगोत्सकी D. पावलॉव

27. बालक के समाजीकरण की प्रक्रिया कब प्रारंभ होती है?
A. जन्म से B. जन्म के 3 वर्ष के बाद
C. किशोरावस्था में D. वयस्क होने के बाद

28. सीबीएसई द्वारा प्रस्तावित समूह-परियोजना गतिविधि .... का एक सशक्त साधन है।
A. सामाजिक भागीदारिता को सुगम बनाने
B. शिक्षकों के भार को हल्का करने
C. रोजमर्रा के शिक्षण से होने वाले तनाव को दूर करने
D. अनेकता में एकता की संकल्पना का प्रचार-प्रसार करने

29. समाजीकरण है–
A. सामाजिक मानदण्डों में परिवर्तन
B. शिक्षक एवं पढ़ाए गए के बीच सम्बन्ध
C. समाज के आधुनिकीकरण की प्रक्रिया
D. समाज के मानदण्डों के साथ अनुकूलन

30. सबसे अधिक गहन और जटिल समाजीकरण होता है–
A. किशोरावस्था के दौरान
B. पूर्व बाल्यावस्था के दौरान
C. प्रौढ़ावस्था के दौरान
D. व्यक्ति के पूरे जीवन में

31. बच्चों के समाजीकरण में शिक्षक की भूमिका होती है–
A. उनका बौद्धिक विकास करना
B. उन्हें गृह-कार्य देना
C. उनके आर्थिक प्रयोग में सहयोग करना
D. उन्हें साम्प्रदायिक शिक्षा प्रदान करना

32. पियाजे के अनुसार, संज्ञानात्मक विकास के किस चरण पर बच्चा 'वस्तु स्थायित्व' को प्रदर्शित करता है?
A. मूर्त संक्रियात्मक चरण
B. औपचारिक संक्रियात्मक चरण
C. संवेदी-प्रेरक चरण
D. पूर्व संक्रियात्मक चरण

33. कोहलबर्ग के अनुसार, सही और गलत के प्रश्न के बारे में निर्णय लेने में शामिल चिन्तन-प्रक्रिया को कहा जाता है–
A. सहयोग की नैतिकता B. नैतिक तर्कणा
C. नैतिक यथार्थवाद D. अनैतिक यथार्थवाद

34. वह स्तर जिसमें बच्चा किसी वस्तु एवं घटना के बारे में तार्किक रूप से सोचना शुरू करता है, कहा जाता है
A. औपचारिक अवस्था B. पूर्व क्रियात्मक अवस्था
C. संवेदन प्रणोद अवस्था D. मूर्त क्रियात्मक अवस्था

35. छोटे शिक्षार्थियों को कक्षा-कक्ष में समवयस्कों के साथ अन्तः क्रिया करने के लिए प्रोत्साहित करना चाहिए, जिससे
A. वे एक-दूसरे से प्रश्नों के उत्तर सीख सके
B. वे पढ़ने के दौरान सामाजिक कौशल सीख सके
C. पाठ्यक्रम को बहुत जल्दी पूरा किया जा सके
D. शिक्षक कक्षा-कक्ष को बेहतर तरीके से नियन्त्रित कर सकें

36. समाजीकरण की प्रक्रिया में उन .... को प्राप्त किया जाता है, जिन्हें समाज में महत्व दिया जाता है।
A. मानकों B. मूल्यों
C. विश्वासों D. ये सभी

37. किसी बालक के समाजीकरण में धर्म का महत्व है–
(*i*) आदर्शों में (*ii*) अनुकरण में
(*iii*) संस्कार में
A. केवल (*i*) B. केवल (*ii*)
C. केवल (*iii*) D. ये सभी

38. शिक्षकों को यह सलाह दी जाती है कि वे अपने शिक्षार्थियों को सामूहिक गतिविधियों में शामिल करें क्योंकि सीखने को सुगम बनाने के अतिरिक्त, ये .... में सहायता करती है।
A. दुश्चिंता B. समाजीकरण
C. मूल्य द्वन्द्व D. आक्रामकता

39. किसी बच्चे में समाजीकरण का प्रथम तत्व निम्नलिखित में से कौन-सा है?
A. परिवार B. अस्पताल
C. विद्यालय D. खेल का मैदान

40. पियाजे के अनुसार, ... वर्ष से कम आयु के बालकों में संज्ञानात्मक परिपक्वता का अभाव पाया जाता है?
A. 6 B. 9
C. 10 D. 12

41. वाइगोत्सकी के अनुसार, किसी बालक के विकास में सबसे महत्वपूर्ण योगदान निम्न में से किसका होता है?
A. परिवार का B. विद्यालय का
C. धर्म का D. समाज का

42. निम्नलिखित में कौन-सी संज्ञानात्मक क्रिया की दी गई सूचना के विश्लेषण के लिए प्रयोग में लाई जाती है?
A. वर्णन करना B. पहचान करना
C. अन्तर करना D. वर्गीकृत करना

43. कृतिका अक्सर घर में ज्यादा बात नहीं करती, लेकिन विद्यालय में वह काफी बात करती है। यह दर्शाता है कि–
A. विद्यालय हर समय बच्चों को खूब बात करने का अवसर देता है
B. शिक्षकों की यह माँग होती है कि बच्चे विद्यालय में खूब बात करे
C. कृतिका को अपना घर बिल्कुल पसन्द नहीं
D. उसके विचारों को विद्यालय में मान्यता मिलती है

44. कोहलबर्ग के अनुसार सही और गलत के बारे में बच्चे .... चिन्तन नहीं करते हैं।
A. अलग आयु में अलग तरीके से
B. अलग चरणों में समान तरीके से
C. सन्दर्भ के अनुसार
D. अभिभावकों द्वारा प्रदत्त निर्देशों के अनुसार

उत्तरमाला

1	2	3	4	5	6	7	8	9	10
C	B	A	C	D	C	D	D	B	A
11	**12**	**13**	**14**	**15**	**16**	**17**	**18**	**19**	**20**
B	B	D	D	B	D	C	B	B	C
21	**22**	**23**	**24**	**25**	**26**	**27**	**28**	**29**	**30**
B	A	A	A	B	C	A	A	D	A
31	**32**	**33**	**34**	**35**	**36**	**37**	**38**	**39**	**40**
A	D	B	B	B	D	D	B	A	A
41	**42**	**43**	**44**						
D	C	D	A						

4. बालकेंद्रित एवं प्रगतिशील शिक्षा की अवधारणा (Concept of Child-centered and Progressive Education)

बालकेंद्रित शिक्षा (Child-centred Education)

बालकेंद्रित शिक्षा, शिक्षा की वह विधा है जिसमें बालक की आयु और समझ को देखते हुए बालक की शिक्षा के लिए व्यवस्था की जाती है। दूसरे शब्दों में, बालक के मनोविज्ञान को समझते हुए शिक्षा की व्यवस्था करना एवं उसकी कठिनाइयों को दूर करना ही बालकेंद्रित शिक्षा है। विभिन्न कालों में शिक्षा का स्वरूप भिन्न-भिन्न रहा है। प्राचीन काल में जहां शिक्षा का उद्देश्य बालकों के मस्तिष्क में मात्र कुछ जानकारी भरना समझा जाता था वहीं आधुनिक काल में बालक का सर्वांगीण विकास शिक्षक का परम उद्देश्य बताया गया है। इस कार्य के लिए शिक्षक को बाल मनोविज्ञान की जानकारी जरूर होनी चाहिए। शिक्षक के लिए बाल मनोविज्ञान की उपयोगिता इसलिए भी जरूरी है ताकि वह इसका प्रयोग शिक्षा संबंधी विभिन्न क्षेत्रों यथा– अनुशासन, व्यवहार, जागरूकता आदि के क्षेत्र में कर सके। इससे यह स्पष्ट होता है कि एक शिक्षक को शिक्षा तथा छात्रों के प्रति क्या अभिवृति (Attitude) होनी चाहिए।

बाल-केंद्रित शिक्षा की मुख्य विशेषताएं (Characteristics of Child-centered Education)

बाल-केंद्रित शिक्षा की प्रकृति के कुछ भिन्न होने के कारण इसकी कुछ अलग प्रकार की विशेषताएं हैं। बाल-केंद्रित शिक्षा की मुख्य विशेषताएं निम्नवत् हैं–

1. **बालकों को ठीक से समझना (Perceive to Children):** जब से मनोविज्ञान ने शिक्षा के क्षेत्र में प्रवेश किया है, शिक्षा का स्वरूप बाल-केंद्रित हो गया है। अब प्रत्येक बालक की ओर व्यक्तिगत रूप से अध्ययन-अध्यापन प्रक्रिया में ध्यान दिया जाता है। आज शिक्षा का उद्देश्य बालक के ऊपर ज्ञान थोपना नहीं वरन् उसका एकमात्र उद्देश्य बालक में निहित शक्तियों का विकास करना है। इस तरह बालक के व्यक्तित्व का सर्वांगीण विकास करना ही आज की शिक्षा का अंतिम उद्देश्य है।

   ऐसे में इस बात की आवश्यकता है कि शिक्षक को बालकों के मनोविज्ञान की जानकारी हो, अन्यथा वह उन्हें क्या सिखाएगा कहना बहुत मुश्किल है। अतः शिक्षक को बालक के व्यवहार के मूलाधारों, आवश्यकताओं, मानसिक स्तर, रुचियों, योग्यताओं, व्यक्तित्त्व आदि का विस्तृत ज्ञान होना चाहिए। व्यवहार के मूलाधारों का ज्ञान तो सबसे अधिक आवश्यक है, क्योंकि शिक्षा का उद्देश्य ही बालक के व्यवहार को परिमार्जित करना है। अतः शिक्षा बालक की प्रेरणाओं, संवेगों एवं मूल प्रवृत्तियों पर आधारित होनी चाहिए। व्यवहार के इन मूलाधारों को नई दिशा में मोड़ा जा सकता है, इनका शोधन किया जा सकता है, इनको बालक में से निकाला जा सकता है। इसलिए सफल शिक्षक उसे ही माना जाता है जो इसका शोधीकरण का प्रयास करता है। बालक जो कुछ सीखता है, उससे उसकी आवश्यकताओं का बड़ा निकट संबंध है। प्रायः ऐसा पाया गया है कि स्कूल में पिछड़े हुए समस्याग्रस्त बालकों में से अधिकतर ऐसे होते हैं, जिनकी आवश्यकताएं स्कूल में पूरी नहीं होती। इसलिए वे सड़कों पर लगे बिजली के बल्बों को फोड़ते हैं, स्कूल से भाग जाते हैं। आस-पड़ोस के लोगों को तंग करते हैं; आवारागर्दी करते हैं और मोहल्ले के बच्चों को पीटते हैं। मनोविज्ञान के ज्ञान के अभाव में शिक्षक मारपीट द्वारा बच्चों के उन दोषों को दूर करने का प्रयत्न करता है, परंतु बालकों को समझने वाला शिक्षक यह जानता है कि इन दोषों का मूल उनकी शारीरिक, सामाजिक अथवा मनोवैज्ञानिक आवश्यकताओं में ही कहीं न कहीं है।

2. **शिक्षण पद्धति (Teaching Method):** शिक्षा शास्त्र शिक्षक को यह बताता है कि बालकों को क्या पढ़ाया जाए, परंतु असली समस्या यह है कि किस प्रकार पढ़ाया जाए। इस समस्या के समाधान में बाल मनोविज्ञान ही वह माध्यम है जो शिक्षक को सहायता करता है। बाल मनोविज्ञान सीखने की प्रक्रिया, विधियों, महत्त्वपूर्ण कारकों, लाभदायक और हानिकारक दशाओं, रुकावटों सीखने का वक्र तथा प्रशिक्षण संक्रमण आदि विभिन्न तत्त्वों से परिचित कराता है। इनसे प्राप्त ज्ञान से शिक्षक बालकों को सीखने में सहायता कर सकता है। शिक्षा मनोविज्ञान शिक्षण की विधियों का भी मनोवैज्ञानिक विश्लेषण करता है और उनमें सुधार के उपाय बतलाता है। बाल-केंद्रित शिक्षा में शिक्षण विधि को प्रयोग में लाते समय बाल-मनोविज्ञान को ही आधार बनाया जाता है।

3. **मूल्यांकन एवं परीक्षण विधि (Evaluation and Test):** शिक्षण से ही शिक्षक की समस्या हल नहीं हो जाती।

उसे बालकों के ज्ञान और विकास का मूल्यांकन और परीक्षण करना होता है। मूल्यांकन से परीक्षार्थी की उन्नति का पता चलता है। शिक्षा की प्रक्रिया में शिक्षक और शिक्षार्थी बराबर यह जानना चाहते हैं कि वे कहां प्रगति कर रहे हैं और यदि उनको सफलता अथवा असफलता मिली है तो क्यों और उसमें क्या परिवर्तन किए जा सकते हैं। इस तरह के सभी प्रकार के प्रश्नों के समाधान में मूल्यांकन के साथ-साथ विभिन्न प्रकार के परीक्षणों और मापों की भी आवश्यकता पड़ती है। इस तरह स्पष्ट है कि बाल-केंद्रित शिक्षा में बालक का मूल्यांकन बाल-मनोविज्ञान के माध्यम से किया जाता है।

4. **पाठ्यक्रम की प्रकृति (Syllabus) :** समाज और व्यक्ति की आवश्यकताओं की पूर्ति को ध्यान में रखते हुए स्कूल के पाठ्यक्रम की प्रकृति व्यक्तिगत विभिन्नताओं, प्रेरणाओं, मूल्यों और सीखने के सिद्धांतों के मनोवैज्ञानिक ज्ञान पर आधारित होनी चाहिए। बालकेंद्रित शिक्षा में इस बात का विशेष ध्यान रखा जाता है कि पाठ्यक्रम की प्रकृति का विकास बालक की आवश्यकताओं उसकी आयु एवं विशेष अवस्थाओं आदि जैसे उसके विशेष गुण के अनुरूप ही हो।
5. **व्यवस्थापन एवं अनुशासन का प्रयोग (Management and Discipline) :** बालकेंद्रित शिक्षा में कक्षा एवं विद्यालय में अनुशासन एवं व्यवस्था बनाए रखने के लिए भी बाल मनोविज्ञान सहायक के रूप में कार्य करता है।
6. **प्रयोग एवं अनुसंधान (Practical and Research) :** बाल-केन्द्रित शिक्षा में बालकों को प्रयोग एवं अनुसंधान की ओर ले जाने के लिए बाल मनोविज्ञान का सहारा लिया जाता है। नई समस्याओं को सुलझाने के लिए शिक्षक को स्वयं प्रयोग करते रहना चाहिए और उससे निकले निष्कर्षों का उपयोग करना चाहिए।

प्रगतिशील शिक्षा (Progressive Education)

प्रगतिशील शिक्षा पारंपरिक शिक्षा की प्रतिक्रिया का परिणाम है। अमेरिकी मनोवैज्ञानिक **जॉन डीवी** (John Dewey) का प्रगतिशील शिक्षा के विकास में विशेष योगदान रहा है। प्रगतिशील शिक्षा का तात्पर्य शिक्षा का एकमात्र उद्देश्य बालक की शक्तियों का विकास है। वैयक्तिक विभिन्नता के अनुरूप शिक्षण प्रक्रिया में भी अंतर रखकर इस उद्देश्य को पूरा किया जा सकता है।

बालक में विभिन्न शक्तियों का विकास किस प्रकार से होगा, इसके लिए कोई सामान्य सिद्धांत निश्चित नहीं किया जा सकता, क्योंकि भिन्न-भिन्न रुचियों और योग्यताओं के बालकों में विकास भिन्न-भिन्न प्रकार से होता है। अध्यापक को बालक की योग्यताओं पर दृष्टि रखते हुए उसे निर्देश देना चाहिए। प्रगतिशील शिक्षा इस बात का बोध कराता है कि शिक्षा बालक के लिए है न कि बालक शिक्षा के लिए। अतः शिक्षा का उद्देश्य ऐसा वातावरण तैयार करना होना चाहिए ताकि प्रत्येक बालक को सामाजिक विकास का पर्याप्त अवसर मिले। प्रगतिशील-शिक्षा का मुख्य उद्देश्य लोकतंत्रीय मूल्यों की स्थापना करना है ताकि बालकों में लोकतंत्रीय मूल्यों का विकास हो सके। शिक्षा के द्वारा हम ऐसे समाज का निर्माण करना चाहते हैं जिसमें व्यक्ति-व्यक्ति में कोई भेद न हो, सभी पूर्ण स्वतंत्रता और सहयोग से काम कर सकें। प्रत्येक व्यक्ति को अपनी स्वाभाविक प्रवृत्तियों, इच्छाओं और आकांक्षाओं के अनुसार विकसित होने का अवसर मिले तथा सभी को समान अधिकार दिए जाएं। ऐसे समाज का निर्माण तभी हो सकता है जबकि व्यक्ति और समाज के हित में कोई मौलिक अंतर न माना जाए। शिक्षा के द्वारा मनुष्य में परस्पर सहयोग और सामंजस्य की स्थापना होनी चाहिए। इस तरह प्रगतिशील शिक्षा का मुख्य उद्देश्य बालक के व्यक्तित्व का विकास करना और शिक्षा के माध्यम से लोकतंत्र की स्थापना करना है।

प्रगतिशील शिक्षा में मुख्य जोर शिक्षण विधि की व्यावहारिकता पर दिया जाता है। इस शिक्षण विधि में बालक के स्वयं करके सीखने की प्रक्रिया पर जोर दिया जाता है। इस शिक्षण विधा में बालक के जीवन, क्रियाओं और विषयों में एकता स्थापित की जाती है। यह बालक के जीवन की क्रियाओं को समग्र रूप से विकसित करने पर जोर देता है।

इस शिक्षा पद्धति में बालक की रुचि को महत्त्व दिया जाता है। जॉन डीवी ने प्रगतिशील शिक्षा के तहत शिक्षा में दो तत्त्वों को विशेष रूप से महत्त्वपूर्ण माना है– **प्रथम** रुचि एवं **द्वितीय** प्रयास। शिक्षक को बालक की स्वाभाविक रुचियों को समझकर उसके लिए उपयोगी कार्यों की व्यवस्था करनी चाहिए। बालक को स्वयं कार्यक्रम बनाने का अवसर दिया जाना चाहिए ताकि वे अपनी रुचियों के अनुसार कार्यक्रम बना सकें। ऐसा करने से उनमें किसी तरह का भय या दबाव नहीं रहेगा और वे कार्यक्रम को रुचि के अनुसार बना सकेंगे। फलतः स्कूल क्रिया आत्म-क्रिया बन सकेगी। जॉन डीवी के शिक्षा संबंधी इन विचारों के आधार पर ही आगे चलकर प्रोजेक्ट-प्रणाली का जन्म हुआ। प्रोजेक्ट-प्रणाली में यह उल्लेख किया गया कि बालक को ऐसे काम दिए जाने चाहिए कि उनमें स्फूर्ति, आत्म-विश्वास, आत्म-निर्भरता और मौलिकता का विकास हो सके।

प्रगतिशील शिक्षा में शिक्षक को सम्मानजनक और महत्त्वपूर्ण स्थान दिया गया है तथा इस बात का उल्लेख किया गया है कि शिक्षक समाज का सेवक है। इस शिक्षा पद्धति में शिक्षक से यह आशा की गई है कि वह विद्यालय में ऐसे वातावरण का निर्माण करे कि उसमें पल-बढ़कर बालक का सामाजिक व्यक्तित्त्व विकसित हो सके और वह लोकतंत्र का एक सफल एवं योग्य नागरिक बन सके। जॉन डीवी ने शिक्षक की महत्ता को और ऊँचाई देते हुए उसे ईश्वर का प्रतिनिधि तक कह दिया है। विद्यालय में स्वतंत्रता और समानता के मूल्य को बनाए रखने के लिए शिक्षक को स्वयं को बालक से बड़ा नहीं समझना चाहिए। शिक्षक को कभी भी अपनी आज्ञाओं एवं उपदेशों के माध्यम से अपने विचारों और प्रवृत्तियों को बालकों पर थोपने का प्रयास नहीं करना चाहिए। उसे बालकों का भली-भांति

परीक्षण करके उनकी रुचियों, योग्यताओं एवं गतिविधियों के अनुरूप कार्यों में लगाना चाहिए। इस प्रकार विद्यालय में शिक्षा बालकों की व्यक्तिगत विभिन्नताओं को ध्यान में रखकर दी जानी चाहिए। इस विधि से अध्यापन करने से विद्यालय के संचालन में कठिनाई बहुत कम होती है।

प्रगतिशील शिक्षा में अनुशासन का भी महत्त्वपूर्ण स्थान है लेकिन अनुशासन के नाम पर बालक की स्वाभाविक प्रवृत्तियों को कुंठित करने के प्रयास को अनुचित माना गया है। सही मायने में देखा जाए तो अनुशासन केवल बालक के निजी व्यक्तित्व से संबंधित न होकर उसकी सामाजिक परिस्थितियों से भी घनिष्ठ रूप से जुड़ा हुआ है। सच्चा अनुशासन एक प्रकार से सामाजिक अनुशासन है और यह बालक के विद्यालय के सामूहिक कार्यों में भाग लेने से उत्पन्न होता है। विद्यालय में ऐसे वातावरण का निर्माण किया जाना चाहिए ताकि बालक परस्पर सहयोग से रहने का अभ्यास कर सकें। विद्यालय में एक से उद्देश्य लेकर शारीरिक, सामाजिक, बौद्धिक एवं नैतिक कार्यों में एक साथ भाग लेने से बालकों में अनुशासन का भाव उत्पन्न होता है और उनमें नियमित रूप से कार्य करने की आदत विकसित होती है। विद्यालयों में होने वाले कार्यक्रमों का बालक के चरित्र-निर्माण में महत्त्वपूर्ण योगदान है। बालक को प्रत्यक्ष रूप से उपदेश न देकर उसे सामाजिक परिवेश उपलब्ध कराया जाना चाहिए और उसके सामने ऐसे उदाहरण प्रस्तुत किए जाने चाहिए ताकि उसमें आत्मानुशासन उत्पन्न हो और वह सही अर्थों में सामाजिक प्राणी बन सके। यह बात बिल्कुल ठीक है कि विद्यालय में शांतिपूर्ण वातावरण होने से काम अधिक अच्छा होता है किंतु शांति एकमात्र साधन है, साध्य नहीं। शिक्षक को अपनी ओर से बालकों को उनकी प्रवृत्तियों के अनुसार विविध प्रकार के कार्यों में लगाए रखना चाहिए और यदि इस प्रक्रिया से कभी-कभी कुछ अशांति भी उत्पन्न हो तो उसे दूर करने के लिए बालक की क्रियाओं पर रोक-टोक करना अनुचित है। आत्मानुशासन उत्पन्न करने में उत्तरदायित्व की भावना का विशेष महत्त्व है। उत्तरदायित्व का भाव उत्पन्न करने के लिए विद्यालय का अधिकतर कार्य स्वयं विद्यार्थियों को सौंप दिया जाना चाहिए। इनमें भाग लेने से उनमें अनुशासन की भावना उत्पन्न होती है।

वर्तमान में शिक्षा को अनिवार्य और सार्वभौमिक बनाने पर जो जोर दिया जा रहा है वह मुख्यतः प्रगतिशील शिक्षा के सिद्धांतों के ही समान है। शिक्षा का लक्ष्य व्यक्तित्व का विकास है और प्रत्येक व्यक्ति को उसके व्यक्तित्व का विकास करने के लिए शिक्षा प्राप्त करने का अवसर दिया जाना चाहिए। आधुनिक शिक्षा में वैज्ञानिक और सामाजिक प्रवृत्ति के जो तत्त्व विद्यमान हैं उनमें प्रगतिशील शिक्षा का योगदान है। इसके अनुसार शिक्षा एक सामाजिक आवश्यकता है। इसका लक्ष्य व्यक्ति और समाज दोनों का विकास है। इससे व्यक्ति का बौद्धिक, नैतिक, सामाजिक और शारीरिक विकास होता है।

सर्वशिक्षा अभियान (SSA)

सर्वशिक्षा अभियान भारत सरकार द्वारा 2000-01 में प्रारंभ किया गया था। इस अभियान के अन्तर्गत 'सब पढ़ें सब बढ़ें' का नारा दिया गया है। सर्वशिक्षा अभियान के अन्तर्गत निम्नलिखित लक्ष्य निर्धारित किए गए थे–

1. वर्ष 2003 तक सभी बच्चों को विद्यालय में लाना।
2. वर्ष 2007 तक 5 वर्ष की आयु वाले सभी बच्चों की प्राथमिक शिक्षा पूरी करवाना।
3. वर्ष 2010 तक 8 वर्ष की आयु वाले सभी बच्चों की प्रारम्भिक शिक्षा पूरी करवाना।

सर्वशिक्षा अभियान की उपलब्धियाँ इस प्रकार रही–

1. स्कूल दाखिला अनुपात जो 1950-51 में 31.1 प्रतिशत था 2003-04 में बढ़कर 85 प्रतिशत हो गया।
2. प्रथम कक्षा से 8वीं कक्षा तक पढ़ने वाली सभी लड़कियाँ एवं अनुसूचित जाति के लगभग 6 करोड़ बच्चों को निःशुल्क पाठ्य-पुस्तकें वितरित की गई।
3. 2001 के बाद लगभग 2 लाख नए स्कूल खोले गए। लगभग 5 लाख नए शिक्षकों की नियुक्ति की गई।
4. यद्यपि सर्वशिक्षा अभियान के फलस्वरूप विद्यालय छोड़ने वाले बच्चों की संख्या में भारी कमी लाने में सफलता प्राप्त हुई है, किन्तु वर्ष 2010 तक यह सफलता लक्षित अनुपात तक प्राप्त नहीं हुई है।

मध्याह्न भोजन योजना (Mid Day Meal Scheme)

1. 15 अगस्त, 1995 को पोषाहार समर्थन के राष्ट्रीय कार्यक्रम मध्याह्न भोजन योजना की शुरूआत की गई।
2. इस योजना के अन्तर्गत पहली से पाँचवीं कक्षा तक के बच्चों को 80 प्रतिशत उपस्थिति पर प्रतिमाह 3 किग्रा गेहूँ अथवा चावल दिए जाने की व्यवस्था की गई थी। किन्तु इस योजना का पूर्ण लाभ छात्र को न प्राप्त होकर उसके परिवार को मिल जाता था, इसलिए 1 सितम्बर 2004 से पके-पकाए भोजन उपलब्ध कराने की योजना आरंभ कर दी गई।
3. इस योजना के अन्तर्गत विद्यालयों में मध्यावकाश में छात्र-छात्राओं को सप्ताह में 4 दिन चावल से बने भोज्य पदार्थ तथा 2 दिन गेहूँ से बने भोज्य पदार्थ दिए जाने की व्यवस्था की गई है।

अभ्यास प्रश्न

1. किसी बालक की शैक्षिक प्रगति दिन-प्रतिदिन गिरावट की ओर जा रही है। इसका निम्न में से प्रमुख कारण होगाः

A. वह धन कमाने लगा है

B. वह गलत संगत में पड़ गया है

C. अध्यापक ठीक से नहीं पढ़ाते हैं

D. बालक की पढ़ने में रुचि नहीं है

2. वर्तमान में नारी-शिक्षा के सन्दर्भ में आपका मानना है कि–

A. यह पर्याप्त तथा उपयोगी है

B. यह अपर्याप्त एवं असम्बन्धित है

C. यह अभी और थोड़ा विकास चाहती है

D. इस पर व्यय नहीं करना चाहिए

3. साक्षरता अभियान में आप किस प्रकार अपना योगदान दे सकते हैं?

A. नौकरी करके

B. स्वयं को साक्षर करके

C. साक्षरता का महत्व बताकर

D. दो निरक्षर व्यक्तियों को साक्षर करके

4. एक अच्छा अध्यापक बनने के लिए आवश्यक है :

A. समृद्ध परिवेश और ऊँची पहुँच

B. व्यक्तिगत प्रयास और उपयुक्त प्रशिक्षण

C. स्वस्थ शरीर और खानदानी संपन्नता

D. उपयुक्त शिक्षा और आर्थिक संपन्नता

5. आपकी कक्षा का एक विद्यार्थी प्रायः विद्यालय में विलम्ब से आता है ऐसी दशा में आप :

A. उसे दण्ड देकर सुधारने का प्रयास करेंगे/करेंगी

B. उसके अभिभावकों को इसकी जानकारी देंगे/देंगी

C. विलम्ब से आने का कारण जानकर उसके निराकरण का प्रयास करेंगे/करेंगी

D. प्रधानाचार्य से उसकी शिकायत करेंगे/करेंगी

6. आपके विचार से शिक्षा के स्तरोन्नयन के लिए सर्वाधिक आवश्यक है–

A. विद्यालय को पूरी सुविधा प्रदान करना

B. अध्यापक को उच्च वेतनमान देना

C. छात्र-अभिभावक-अध्यापक संबंध सुदृढ़ करना

D. शिक्षण अधिगम प्रक्रिया को प्रभावी बनाना

7. नवोदय विद्यालय प्रारम्भ किए गए हैं–

A. ग्रामीण बच्चों के लिए

B. गरीब बच्चों के लिए

C. मन्द बुद्धि बच्चों के लिए

D. प्रतिभाशाली ग्रामीण बच्चों के लिए

8. नवोदय विद्यालयों में बालकों को प्रवेश दिया जाता है–

A. कक्षा तृतीय से B. कक्षा पंचम् से

C. कक्षा षष्ठम् से D. कक्षा नवम् से

9. राष्ट्रीय शैक्षिक अनुसंधान व प्रशिक्षण परिषद् (NCERT) का मुख्यालय है–

A. इलाहाबाद B. नई दिल्ली

C. चेन्नई D. मुम्बई

10. पाठ्यक्रम निर्माण में किस बात को मुख्य रूप से ध्यान में रखा जाता है?

A. छात्रों को B. शिक्षा के उद्देश्यों को

C. पाठ्य पुस्तकों को D. शिक्षण विधियों को

11. मूल्यांकन का क्षेत्र है :

A. सीमित B. असीमित

C. संकुचित D. व्यापक

12. वस्तुनिष्ठ परीक्षण के निर्माण में समय लगता है :

A. अधिक B. कम

C. कठिन D. सरल

13. राष्ट्रीय शिक्षा नीति (1986) में ग्रामीण क्षेत्रों को अच्छी शिक्षा उपलब्ध कराने हेतु निम्नांकित विद्यालयों का प्रावधान है–

A. सैनिक विद्यालय B. नवोदय विद्यालय

C. केन्द्रीय विद्यालय D. बुनियादी शिक्षा विद्यालय

14. "ऑपरेशन ब्लैक बोर्ड" (Operation Black Board) कार्यक्रम का उद्देश्य प्राथमिक शिक्षा का निम्नांकित पक्ष सबल करना है–

A. गुणवत्ता (Quality)

B. परिमाण (Quantity)

C. शिक्षण सामग्री (Teaching Aids)

D. उपरोक्त सभी

15. "सर्वशिक्षा अभियान" का यह उद्देश्य है–

A. सार्वभौमिक शाला में नामांकन

B. नगरीय क्षेत्र में सार्वभौमिक प्राथमिक शिक्षा

C. सार्वभौमिक प्राथमिक शिक्षा

D. उपरोक्त सभी

16. प्रतिभाशाली बालकों को निम्नांकित सहायता भी दी जा सकती है–

A. विशिष्ट कक्षा या विद्यालय में शिक्षा

B. प्रभावी निर्देशन (Guidance)

C. वैयक्तिक (Individualize) शिक्षण

D. उपरोक्त सभी

17. विशेष रूप से प्राथमिक स्तर पर विद्यार्थियों की सीखने सम्बन्धी समस्याओं को संबोधित करने का सबसे बेहतर तरीका है–

A. महँगी और चमकदार सहायक सामग्री का प्रयोग करना

B. सरल और रोचक पाठ्य-पुस्तकों का प्रयोग करना

C. कहानी-कथन पद्धति का प्रयोग करना

D. अक्षमता के अनुरूप विभिन्न शिक्षण-पद्धतियों का प्रयोग करना

18. आकलन को 'उपयोगी और रोचक' प्रक्रिया बनाने के लिए .... के प्रति सचेत होना चाहिए।

A. विद्यार्थियों को बुद्धिमान या औसत शिक्षार्थी की उपाधि देना

B. शैक्षिक और सह-शैक्षिक क्षेत्रों में विद्यार्थी के सीखने के बारे में जानकारी प्राप्त करने के लिए विविध तरीकों का प्रयोग करना

C. प्रतिपुष्टि (फीडबैक) देने के लिए तकनीकी भाषा का प्रयोग करना

D. अलग-अलग विद्यार्थियों में तुलना करना

19. मूल्यांकन (assessment) का मुख्य उद्देश्य होना चाहिए

A. यह निर्णय लेना कि क्या विद्यार्थी को अगली कक्षा में प्रोन्नत किया जाना चाहिए

B. सीखने में होने वाली कमियों का निदान और उपचार करना

C. शिक्षार्थियों की त्रुटियाँ निकालना

D. शिक्षार्थियों की उपलब्धि को मापना

20. मैं चाहता हूँ प्राथमिक कक्षा में सभी विद्यार्थीः

A. अध्यापक की तरफ ध्यान दें

B. पठन अथवा लेखन करें

C. अध्यापक से अन्तर्क्रिया करें

D. शान्तिपूर्वक अपना कार्य करें

21. भारत में माध्यमिक शिक्षा का सबसे दुर्बल पक्ष है–

A. अनुपयुक्त परीक्षा प्रणाली

B. अयोग्य शिक्षकों का होना

C. राजनीतिक हस्तक्षेप

D. शिक्षा का व्यवसायोन्मुखी न होना

22. शिक्षण-प्रशिक्षण के सन्दर्भ में पी.टी.टी. (P.T.T.) का अर्थ है–

A. प्री टेस्टिंग फॉर टीचर्स ट्रेनिंग

B. प्री सर्विस टीचर्स ट्रेनिंग

C. फिजिकल ट्रेनिंग फॉर टीचर्स

D. A तथा C दोनों ही

23. नवोदय विद्यालयों के शिक्षकों का व्यय वहन किया जाता है–

A. राज्य सरकार द्वारा

B. केन्द्र सरकार द्वारा

C. A तथा B दोनों ही

D. उपर्युक्त में से किसी के भी द्वारा नहीं

24. अनौपचारिक शिक्षा की व्यवस्था की गई है–

A. 6 से 11 वर्ष के बालकों के लिए

B. 9 से 14 वर्ष के बालकों के लिए

C. 15 से 35 आयु वर्ग के लिए

D. उपरोक्त में से किसी के लिए भी नहीं

25. कक्षा 6-10 तक की शिक्षा कहलाती है–

A. उच्चतर माध्यमिक शिक्षा

B. माध्यमिक शिक्षा

C. उच्च प्राथमिक शिक्षा

D. उपरोक्त में से कोई नहीं

26. भारतीय संविधान में कितने वर्ष के बच्चों के लिए अनिवार्य और निःशुल्क शिक्षा प्रदान करने का प्रावधान है?

A. 5 से 10 वर्ष तक के

B. 6 से 12 वर्ष तक के

C. 6 से 14 वर्ष तक के

D. 8 से 14 वर्ष तक के

27. राष्ट्रीय शिक्षा नीति के अन्तर्गत अनौपचारिक शिक्षा कार्यक्रम चलाया जा रहा है–

A. उन बच्चों के लिए जिन्होंने विद्यालय जाना छोड़ दिया है

B. विद्यालय विहीन टोले के बच्चों के लिए

C. काम-काजी बच्चों के लिए

D. उपर्युक्त सभी के लिए

28. 'बाल केन्द्रित शिक्षा' के लिए निम्नलिखित में से कौन-सा कारक आधार है?

A. वैयक्तिक अन्तर

B. बाल अधिकार

C. सभी बच्चे सभी सन्दर्भों में समान होते हैं

D. बच्चों की निःशुल्क और अनिवार्य शिक्षा का अधिकार अधिनियम, 2009

29. प्राथमिक स्तर पर एक शिक्षक में निम्न में से किसे सबसे महत्वपूर्ण विशेषता मानना चाहिए?

A. पढ़ाने की उत्सुकता

B. धैर्य और दृढ़ता

C. शिक्षण-पद्धतियों और विषयों के ज्ञान में दक्षता

D. अति मानक भाषा में पढ़ाने में दक्षता

30. शिक्षण के अधिगम पर बल देने वाला परिवर्तन हो सकता है–

A. परीक्षा परिणामों पर केन्द्रित होकर

B. बाल-केन्द्रित शिक्षा-पद्धति अपनाकर

C. रटने को प्रोत्साहित करके

D. अग्र शिक्षण की तकनीक अपनाकर

31. निम्नलिखित में से कौन-सी प्रगतिशील शिक्षा की विशेषता है?

A. समय-सारणी और बैठने की व्यवस्था में लचीलापन

B. केवल प्रस्तावित पाठ्य-पुस्तकों पर आधारित अनुदेश

C. परीक्षाओं में अच्छे अंक प्राप्त करने पर बल

D. बार-बार ली जाने वाली परीक्षाएँ

32. जब बच्चा 'फेल' होता है, तो इसका तात्पर्य है कि

A. बच्चा पढ़ाई के योग्य नहीं है

B. बच्चे ने उत्तरों को सही तरीके से याद नहीं किया है

C. बच्चे को प्राइवेट ट्यूशन लेनी चाहिए थी

D. व्यवस्था फेल हुई है

33. प्रोजेक्ट प्रणाली का प्रयोग निम्नलिखित में से किस शिक्षा-पद्धति के अन्तर्गत किया जाता है?

A. पारम्परिक शिक्षा   B. प्रगतिशील शिक्षा

C. वैदिक शिक्षा   D. इनमें से कोई नहीं

34. बाल-केन्द्रित शिक्षा का समर्थन निम्नलिखित में से किस विचारक द्वारा किया गया?

A. बी एफ स्किनर   B. जॉन डीवी

C. एरिक इरिकसन   D. चार्ल्स डार्विन

35. किस शिक्षा के अन्तर्गत पिछड़े हुए और मन्दबुद्धि तथा प्रतिभाशाली बालकों के लिए शिक्षा का विशेष पाठ्यक्रम देने का प्रयास किया जाता है?

A. प्रगतिशील शिक्षा B. नवीन शिक्षा
C. बाल-केन्द्रित शिक्षा D. सर्वशिक्षा

36. जॉन् डीवी द्वारा समर्थित "लैब विद्यालय" के उदाहरण हैं–

A. फैक्ट्री विद्यालय
B. प्रगतिशील विद्यालय
C. पब्लिक विद्यालय
D. सामान्य विद्यालय

उत्तरमाला

1	2	3	4	5	6	7	8	9	10
B	B	D	B	C	C	D	C	B	B
11	**12**	**13**	**14**	**15**	**16**	**17**	**18**	**19**	**20**
A	A	D	A	C	D	D	B	D	C
21	**22**	**23**	**24**	**25**	**26**	**27**	**28**	**29**	**30**
D	D	C	B	B	C	D	D	B	B
31	**32**	**33**	**34**	**35**	**36**				
A	D	B	B	C	B				

5. बुद्धि निर्माण एवं उसके सिद्धांत (Construct of Intelligence and Its Principles)

आमतौर पर बुद्धि का प्रयोग प्रज्ञा, प्रतिभा, ज्ञान एवं समझ इत्यादि जैसे अनेक अर्थों में किया जाता है। यह वह शक्ति है, जो हमें समस्याओं का समाधान करने एवं उद्देश्यों को प्राप्त करने में सक्षम बनाती है।

बुद्धि की परिभाषा को उसके लक्षणों के आधार पर मुख्यतः पांच वर्गों में बांटा गया है–

1. सीखने की योग्यता।
2. समन्वित परिभाषा।
3. समस्या समाधान की योग्यता।
4. अमूर्त चिंतन की योग्यता।
5. समायोजन की योग्यता।

1. सीखने की योग्यता

सीखने की योग्यता के आधार पर निम्न विद्वानों ने बुद्धि की परिभाषा इस प्रकार दी है–

(*i*) **बकिंघम** के अनुसार, "सीखने की योग्यता बुद्धि है।"

(*ii*) **मैक्डूगल** के अनुसार, "बुद्धि जन्मजात प्रवृति को अतीत के अनुभव के प्रकाश में सुधारने की योग्यता है।"

(*iii*) **डियर बोर्न** के अनुसार, "बुद्धि सीखने या अनुभव का लाभ उठाने की योग्यता है।"

2. समन्वित परिभाषा

समन्वित परिभाषा के आधार पर निम्न विद्वानों ने बुद्धि की परिभाषा इस प्रकार दी है–

(*i*) **रेक्सनाइट** के अनुसार, "बुद्धि वह मानसिक योग्यता है जिसके द्वारा हम किसी उद्देश्य की पूर्ति या किसी समस्या का समाधान करने के लिए संबंधित वस्तुओं एवं विचारों को सोचते हैं।"

(*ii*) **वेक्सलर** के अनुसार, "बुद्धि व्यक्ति की संपूर्ण शक्तियों का भोग या सार्वभौमिक योग्यता है जिसके द्वारा वह उद्देश्यपूर्ण कार्य करता है, तर्कपूर्ण ढंग से सोचता है तथा प्रभावपूर्ण ढंग से वातावरण के साथ संपर्क स्थापित करता है।"

3. समस्या समाधान की योग्यता

समस्या समाधान की योग्यता के आधार पर निम्न विद्वानों ने बुद्धि की परिभाषा इस प्रकार दी है–

(*i*) **रेक्सनाइट** के अनुसार, "बुद्धि वह योग्यता है जो लक्ष्य की पूर्ति तथा समस्या समाधान के निमित्त हमारे मन में विचारों को जाग्रत करती है।"

(*ii*) **बर्ट** के अनुसार, "बुद्धि में अच्छी तरह निर्णय करने, समझने तथा तर्क करने की योग्यता है।"

4. अमूर्त चिंतन की योग्यता

अमूर्त चिंतन की योग्यता के आधार पर निम्न विद्वानों ने बुद्धि की परिभाषा इस प्रकार दी है–

(*i*) **स्पीयरमैन** के अनुसार, "बुद्धि सामवर्धिक चिंतन है।"

(*ii*) **विने** के अनुसार, "किसी समस्या को समझना, उसके विषय में तर्क करना तथा किसी निश्चित निर्णय पर पहुंचना बुद्धि की आवश्यक क्रियाएं हैं।"

(*iii*) **टरमन** के अनुसार, "एक व्यक्ति उसी अनुपात में बुद्धिमान है जिसमें वह अमूर्त चिंतन करने की योग्यता रखता है।"

5. समायोजन की योग्यता

समायोजन की योग्यता के आधार पर निम्न विद्वानों ने बुद्धि की परिभाषा इस प्रकार दी है–

(*i*) **कालविन** के अनुसार, "एक व्यक्ति उसी अनुपात में बुद्धि प्रकट करता है जिस अनुपात में वह अपने नए वातावरण में समायोजित होने की क्रिया सीख चुका है या सीख सकता है।"

(*ii*) **स्टर्न** के अनुसार, "नवीन परिस्थितियों में अपने विचारों को समायोजित करने की क्षमता बुद्धि है।"

(*iii*) **क्रूज** के अनुसार, "बुद्धि नवीन एवं विभिन्न परिस्थितियों में अच्छी तरह से समायोजन करने की योग्यता है।"

(*iv*) **बर्ट** के अनुसार, "सापेक्षतया नवीन परिस्थितियों में समायोजन करने की योग्यता को बुद्धि कहते हैं।"

विद्यालय में बुद्धि परीक्षणों के लाभ (Benefits of Intelligence in School)

1. **चुनाव हेतु :** विभिन्न विषयों, कारणों, छात्रवृत्तियों या सहगामी क्रियाओं में चयन के लिए बुद्धि-लब्धि (IQ) के आधार पर बुद्धि-परीक्षणों का चयन किया जाता है।

2. **मार्गदर्शन हेतु :** बालकों को शैक्षणिक और व्यावसायिक निर्देशन के लिए मार्गदर्शन हेतु बुद्धि परीक्षण की आवश्यकता होती है।
3. **बालकों का वर्गीकरण :** विद्यालयों में बालकों के वर्गीकरण के लिए इन परीक्षणों की उपयोगिता रहती है।

बुद्धि के सिद्धांत (Theories of Intelligence)

बुद्धि से संबद्ध विभिन्न पक्षों, यथा–बुद्धि क्या है और इसका निर्माण कैसे हुआ है? आदि प्रश्नों का उत्तर मनोवैज्ञानिक खोजने के लिए सदैव तत्पर रहे हैं। फलतः बुद्धि के उन्होंने अनेक सिद्धांत प्रतिपादित किए जो बुद्धि के स्वरूप का पर्याप्त विवरण देते हैं। इनमें से कुछ प्रमुख सिद्धांत निम्न प्रकार से हैं–

1. एक खंड का सिद्धांत।
2. दो खंड का सिद्धांत।
3. तीन खंड का सिद्धांत।
4. बहुखंड का सिद्धांत।
5. मात्रा सिद्धांत।

1. एक खंड का सिद्धांत (Uni-Factor Theory) : इस सिद्धांत के प्रतिपादक टर्मन और स्टर्न हैं। इनके अनुसार बुद्धि अखंड और अविभाज्य है। इस प्रकार इन्होंने बुद्धि को एक अखंड और अविभाज्य इकाई माना है।

2. दो खंड का सिद्धांत (Two-Factor Theory) : इस सिद्धांत के प्रतिपादक स्पीयरमैन हैं। उनके अनुसार, प्रत्येक व्यक्ति में दो तरह की बुद्धि होती है–सामान्य और विशिष्ट अर्थात् बुद्धि के दो तत्व होते हैं:

(*i*) सामान्य योग्यता।
(*ii*) विशिष्ट योग्यता।

(*i*) **सामान्य योग्यता :** स्पीयरमैन के अनुसार, "सामान्य योग्यता सब व्यक्तियों में कम या अधिक मात्रा में मिलती है।" इसकी मुख्य विशेषताएं हैं–

- यह प्रत्येक व्यक्ति में भिन्न होती है।
- यह उसके सभी मानसिक कार्यों में प्रयोग की जाती है।
- यह भाषा, विज्ञान, दर्शन आदि में सामान्य सफलता प्रदान करती है।
- यह योग्यता व्यक्ति में जन्मजात होती है।
- यह उसमें सदैव एक-सी रहती है।
- यह जिस व्यक्ति में जितनी अधिक होती है उतना ही वह अधिक सफल होता है।

(*ii*) **विशिष्ट योग्यताएं :** इन योग्यताओं का संबंध व्यक्ति के विशिष्ट कार्यों से होता है। इनकी मुख्य विशेषताएं हैं:

- ये योग्यताएं विभिन्न व्यक्तियों में विभिन्न और अलग-अलग मात्रा में होती है।
- जिस व्यक्ति में जो योग्यता अधिक होती है उसी से संबंधित कुशलता में वह विशेष अर्जित करता है।
- योग्यताएं अनेक और एक-दूसरे से स्वतंत्र होती हैं।
- ये योग्यताएं भाषा, विज्ञान, दर्शन आदि में विशेष सफलता प्रदान करती है।
- विभिन्न योग्यताओं का संबंध विभिन्न कुशल कार्यों में होता है।
- ये योग्यताएं अर्जित की जा सकती हैं।

3. तीन खंड का सिद्धांत (Tri-Factor Theory) : दो खंड का सिद्धांत प्रतिपादित करने के बाद स्पीयरमैन ने बुद्धि का एक खंड और बताया। उसने इसका नाम सामूहिक खंड या तत्त्व रखा। उसने इस खंड में ऐसी योग्यताओं को स्थान दिया जो सामान्य योग्यता से श्रेष्ठ और विशिष्ट योग्यताओं से निम्न होने के कारण उनके मध्य का स्थान ग्रहण करती हैं।

4. बहुखंड (Multi Factor) : स्पीयरमैन के बुद्धि के सिद्धांत पर आगे कार्य करके मनोवैज्ञानिकों ने 'बहुखंड का सिद्धांत' प्रतिपादित किया।

कैली ने अपनी पुस्तक में बुद्धि को निम्नलिखित खण्डों या योग्यताओं का समूह बताया है:

- शारीरिक योग्यता
- सामाजिक योग्यता
- शाब्दिक योग्यता
- संगीतात्मक योग्यता
- यांत्रिक योग्यता
- सांख्यिकीय योग्यता
- गामक योग्यता
- स्थान संबंधी विचार योग्यता
- रुचि

थर्स्टन ने अपनी पुस्तक में बुद्धि के 13 खंड या तत्त्व बताएं हैं। अन्य शब्दों में उसने बुद्धि को 13 मानसिक योग्यताओं का समूह बताया है।

5. मात्रा सिद्धांत (Theory of Quantity) : इस सिद्धांत के प्रतिपादक **थॉर्नडाइक** हैं। वह सामान्य मानसिक योग्यता के समान किसी तत्त्व को स्वीकार नहीं करते। उनके अनुसार मस्तिष्क का गुण स्नायु तंतुओं की मात्रा पर निर्भर करता है। इसका अभिप्राय है कि बुद्धि उतनी ही अच्छी होती है जितने अधिक मस्तिष्क और स्नायुमंडल के संबंध होते हैं।

आधुनिक विचारधारा को व्यक्त करने हेतु **हिवटमर** ने कहा है कि "यह कहने के बजाय कि व्यक्ति में बुद्धि है यह कहना अधिक उपयुक्त है कि वह अधिक बुद्धिमत्तापूर्ण व्यवहार करता है।"

बुद्धि के प्रकार (Types of Intelligence)

कुछ विद्वानों ने (विशेषतः थॉर्नडाइक एवं गैरिट) बुद्धि का वर्गीकरण निम्न प्रकार से किया है–

थॉर्नडाइक के अनुसार बुद्धि का वर्गीकरण

(*i*) **अमूर्त बुद्धि :** अमूर्त बुद्धि ज्ञानोपार्जन के लिए प्रयोग की जाती है। शब्दों, प्रतीकों, समस्या-समाधान आदि के रूप में अमूर्त रूप में अमूर्त बुद्धि का प्रयोग किया जाता है।

(*ii*) **सामाजिक बुद्धि :** इस बुद्धि के द्वारा व्यक्ति समाज में समायोजन करता है। विभिन्न व्यवसायों में सफलता प्राप्त करता है।

(*iii*) **मूर्त/यांत्रिक बुद्धि :** इस बुद्धि की सहायता से व्यक्ति यंत्रों तथा भौतिक वस्तुओं का परिचालन करता है। ऐसे व्यक्ति इंजीनियर, मैकेनिक, तकनीशियन आदि होते हैं।

गैरिट के अनुसार बुद्धि का वर्गीकरण

(*i*) **मूर्त/यांत्रिक बुद्धि :** इस बुद्धि का संबंध यंत्रों और मशीनों से होता है। जिस व्यक्ति में यह बुद्धि होती है वह यंत्रों और मशीनों के कार्य में विशेष रुचि लेता है। अतः इस बुद्धि के व्यक्ति अच्छे कारीगर मैकेनिक, इंजीनियर, औद्योगिक कार्यकर्त्ता आदि होते हैं।

(*ii*) **अमूर्त बुद्धि :** इस बुद्धि का संबंध पुस्तकीय ज्ञान से होता है। जिस व्यक्ति में यह बुद्धि होती है, वह ज्ञान का अर्जन करने में विशेष रुचि लेता है। अतः इस बुद्धि के व्यक्ति अच्छे वकील, डॉक्टर, दार्शनिक, चित्रकार, साहित्यकार आदि होते हैं।

(*iii*) **सामाजिक बुद्धि :** इस बुद्धि का संबंध व्यक्तिगत और सामाजिक कार्यों से होता है। जिस व्यक्ति में यह बुद्धि होती है, वह मिलनसार, सामाजिक कार्यों में रुचि लेने वाला और मानव-संबंध के ज्ञान से परिपूर्ण होता है। अतः इस बुद्धि के व्यक्ति अच्छे मंत्री, व्यवसायी, कूटनीतिज्ञ और सामाजिक कार्यकर्त्ता होते हैं।

बुद्धि की विशेषताएँ (Characteristics of Intelligence)

(*i*) बुद्धि एक जन्मजात शक्ति है।

(*ii*) बुद्धि विभिन्न योग्यताओं का समूह है।

(*iii*) बुद्धि में आत्म निरीक्षण की शक्ति होती है।

(*iv*) लिंग की भिन्नता के कारण, बुद्धि में कोई भिन्नता नहीं आती।

(*v*) किशोरावस्था के समाप्त हो जाने तक बुद्धि का विकास रूक जाता है।

(*vi*) वंश का बुद्धि पर प्रभाव पड़ता है।

बुद्धि-लब्धि (Intelligence Quotient)

बुद्धि-लब्धि से बालक या व्यक्ति की सामान्य योग्यता के विकास की गति मालूम पड़ती है।

कोल एवं **ब्रूस** के अनुसार, "बुद्धि-लब्धि से यह ज्ञात होता है कि बालक या व्यक्ति की सामान्य योग्यता के विकास की गति कैसी है।"

कोल एवं **ब्रूस** के अनुसार, "बुद्धि-लब्धि से यह ज्ञात होता है कि बालक की मानसिक योग्यता में किस गति से विकास हो रहा है।

मानसिक आयु ज्ञात करने का विचार प्रारंभ करने का श्रेय **बिने** को है। **टर्मन** ने बिने के विचार को स्वीकार कर परीक्षण किया और इस निष्कर्ष पर पहुंचा कि मानसिक आयु बालक के मानसिक विकास की बुद्धि के बारे में नहीं बता सकती। इस गति को मालूम करने के लिए टर्मन ने बुद्धि-लब्धि निकालने का सूत्र दिया :

$$\text{बुद्धि-लब्धि} = \frac{\text{मानसिक आयु}}{\text{वास्तविक आयु}} \times 100$$

उदाहरण– यदि बालक की मानसिक आयु 20 वर्ष तथा वास्तविक आयु 16 वर्ष है तो उसकी बुद्धि-लब्धि 125 होगी, जैसें–

$$\text{बुद्धि-लब्धि} = \frac{20}{16} \times 100 = 125$$

टर्मन ने बुद्धि-लब्धि का वर्गीकरण निम्नलिखित प्रकार से किया है :

बुद्धि-लब्धि	बुद्धि का प्रकार
140 से अधिक	प्रतिभाशाली
120 से 140	अति श्रेष्ठ बुद्धि
110-120	श्रेष्ठ बुद्धि
90-110	सामान्य बुद्धि
80-90	मंद बुद्धि
70-80	क्षीण-बुद्धि
70 से कम	निश्चित क्षीण बुद्धि
50-70	अल्प बुद्धि
20 या 25 से 50	मूर्ख बुद्धि
20 या 25 से कम	महामूर्ख

बुद्धि और ज्ञान में अंतर (Difference between Intelligence and Knowledge)

बुद्धि	ज्ञान
(*i*) बातों का जानकर उसका उपयोग करना, बुद्धि है।	बातों का जानना, ज्ञान है।
(*ii*) यह जन्मजात शक्ति है।	यह अर्जित शक्ति है।
(*iii*) बुद्धि से ज्ञान का विकास होता है।	अधिक ज्ञान से बुद्धि का विकास नहीं होता है।

मानसिक आयु (Mental Age)

मानसिक आयु व्यक्ति की मानसिक परिपक्वता की ओर संकेत करती है। एक व्यक्ति की मानसिक आयु जितनी अधिक होती है तो यह माना जाता है कि उसकी विभिन्न मानसिक योग्यताओं का विकास उतना ही अधिक हुआ है अथवा परिपक्व है।

उदाहरणार्थ– यदि 7 वर्ष का बच्चा 12 वर्ष के बच्चे के लिए निर्मित बुद्धि परीक्षण उतनी ही कुशलता से करता है जितना 12 वर्ष का बच्चा करता है तो 7 वर्ष के बच्चे की मानसिक आयु 12 वर्ष होगी और यदि 12 वर्ष का बच्चा 7 वर्ष के बच्चे के लिए निर्धारित परीक्षण को कर पाता है परंतु 12 वर्ष के बच्चों के लिए निर्धारित परीक्षण को नहीं कर पाता तो उसकी मानसिक आयु 7 वर्ष होगी। इस प्रकार मानसिक आयु व्यक्ति के द्वारा प्राप्त विकास की सीमा की वह अभिव्यक्ति है जो एक आयु-विशेष में प्रत्याशित उसके कार्य-निष्पादन के रूप में किया जाता है।

बुद्धि परीक्षाओं का वर्गीकरण (Classification of Intelligence Test)

बुद्धि परीक्षाओं को सामान्य रूप से दो वर्गों में विभाजित किया जाता है :

1. **वैयक्तिक बुद्धि परीक्षा :** यह परीक्षा एक समय में एक व्यक्ति की ली जाती है।
2. **सामूहिक बुद्धि परीक्षा :** यह परीक्षा एक समय में अनेक व्यक्तियों की ली जाती है।

बुद्धि परीक्षा के रूप

1. **भाषात्मक परीक्षा :** यह परीक्षा यह ज्ञात कराती है कि व्यक्ति को लिखने-पढ़ने का कितना ज्ञान है।
2. **क्रियात्मक परीक्षा :** इस परीक्षा विधि में वास्तविक वस्तुओं का प्रयोग किया जाता है तथा परीक्षार्थियों से कुछ समस्यापूर्ण कार्य करने के लिए कहा जाता है।

बुद्धि परीक्षा की उपयोगिता

1. **बालकों की क्षमता के अनुसार कार्य :** बुद्धि परीक्षाओं द्वारा बालकों की सामान्य योग्यता और मानसिक आयु को ज्ञात करके यह अनुमान लगाया जाता है कि उनमें कार्य करने की कितनी क्षमता है।
2. **बालकों की व्यावसायिक योग्यता का ज्ञान :** बुद्धि परीक्षाओं के द्वारा बालकों की व्यावसायिक योग्यताओं का अनुमान लगाया जाता है ताकि उनकी योग्यता के अनुसार व्यवसाओं का चयन करने हेतु परामर्श दिया जा सके।
3. **बालकों की विशिष्ट योग्यताओं का ज्ञान :** बालकों की विशिष्ट योग्यताओं को प्राप्त करके, उनको उचित शैक्षिक निर्देशन दिया जा सकता है।
4. **बालकों का वर्गीकरण :** बुद्धि परीक्षाओं के आधार पर कक्षा के बालकों को तेज बुद्धि, मन्द बुद्धि और साधारण बुद्धि वाले बालकों में विभाजित करके, उनको अलग-अलग शिक्षा दी जा सकती है।

बहुआयामी बुद्धि (Multi-Dimensional Intelligence)

केली एवं थर्सटन नामक मनोवैज्ञानिकों ने बताया कि बुद्धि का निर्माण प्राथमिक, मानसिक योग्यताओं के द्वारा होता है। केली के अनुसार, बुद्धि का निर्माण इन योग्यताओं से होता है–वाचिक योग्यता, गामक योग्यता, सांख्यिकी योग्यता, यांत्रिक योग्यता, सामाजिक योग्यता, संगीतात्मक योग्यता, स्थानिक संबंधों के साथ उचित ढंग से व्यवहार करने की योग्यता, रुचि और शारीरिक योग्यता। थर्सटन का मत है कि बुद्धि इन प्राथमिक मानसिक योग्यताओं का समूह होता है–प्रत्यक्षीकरण संबंधी योग्यता, तार्किक व वाचिक योग्यता, सांख्यिकी योग्यता, स्थानिक या दृश्य योग्यता, समस्या समाधान की योग्यता, स्मृति संबंधी योग्यता, आगमनात्मक योग्यता और निगमनात्मक योग्यता। वैसे तो अधिकतर मनोवैज्ञानिकों ने केली एवं थर्सटन के बुद्धि के सिद्धांतों की आलोचना की, किंतु अधिकतर मनोवैज्ञानिकों ने यह भी माना कि बुद्धि का बहुआयामी होना निश्चित तौर पर संभव है। बहुआयामी बुद्धि होने के कारण ही कुछ लोग कई प्रकार के कौशलों में निपुण होते हैं।

अभ्यास प्रश्न

1. बच्चों की वृद्धि के अनुरूप, उनकी रुचियाँ–
   A. बहुमुखी हो जाती हैं
   B. सुदृढ़ व सीमित हो जाती हैं
   C. अपेक्षाकृत अनियमित दिशा में अग्रसर होती है
   D. प्रकृति व संख्या में पहले के समान रहती है
2. क्षीण बुद्धि बच्चों की बुद्धिलब्धि (IQ) होती है–
   A. 70-80 के मध्य B. 70 से कम
   C. 50 से कम D. 80-90 के मध्य
3. एक बालक की बुद्धि-लब्धि 150 है तो वह बालक कहलायेगा :
   A. मन्दबुद्धि B. पिछड़ा
   C. प्रतिभाशाली D. असंतुलित
4. बुद्धि-लब्धि (IQ) का संबंध है :
   A. ज्ञान से B. विवेक से
   C. तर्क से D. बुद्धि से
5. बुद्धि-लब्धि (IQ) को ज्ञात करने का सूत्र किस मनोवैज्ञानिक ने दिया है?
   A. थर्स्टन B. स्टर्न
   C. स्पीयरमैन D. बिने
6. बुद्धि-लब्धि (IQ) निकालने का सही फार्मूला है :
   A. $\frac{\text{वास्तविक आयु}}{\text{मानसिक आयु}} \times 100$
   B. $\frac{\text{मानसिक आयु}}{\text{वास्तविक आयु}} \times 100$

C. $\frac{\text{मानसिक आयु}}{100} \times \text{वास्तविक आयु}$

D. $\frac{\text{वास्तविक आयु}}{\text{मानसिक आयु}}$

7. मन्द-बुद्धि बालकों के तादात्मीकरण या निदान की (Diagnosis) विधियाँ हैं–

A. उपलब्धि-परीक्षण (Achievement Tests)
B. मानकीकृत नैदानिक परीक्षण (Standardized)
C. उपरोक्त A. और B.
D. उपरोक्त में से कोई नहीं

8. सामूहिक बुद्धि-परीक्षणों का विकास 1917 में किस नाम से हुआ?

A. आर्मी बीटा (Army Bita)
B. आर्मी गामा (Army Gama)
C. आर्मी अल्फा (Army Alfa)
D. आर्मी ओमेगा (Army Omega)

9. "द्वि-तत्व सिद्धान्त" (Two Factor Theory) किससे सम्बन्धित सिद्धान्त है?

A. व्यक्तित्व B. अभिवृत्ति
C. बुद्धि D. अभिरुचि

10. ज्ञान प्राप्त करने की जो विधियाँ मानी जाती हैं, उसमें से निम्न में जो विधि नहीं है, वह है–

A. सत्ता B. व्यक्तिगत अनुभव
C. निगमन विधि D. ज्ञान

11. निम्न में से कौन-सा बुद्धिमान बच्चे का लक्षण ***नहीं*** है?

A. वह जो प्रवाहपूर्ण एवं उचित तरीके से संप्रेषण करने की क्षमता रखता है–
B. वह जो अमूर्त रूप से सोचता रहता है
C. वह जो नए परिवेश में स्वयं को समायोजित कर सकता है
D. वह जो लंबे निबंधों को बहुत जल्दी रटने की क्षमता रखता है

12. एक शिक्षक को अपने विद्यार्थियों की क्षमताओं को समझने का प्रयास करना चाहिए। निम्नलिखित में से कौन-सा क्षेत्र इस उद्देश्य के साथ संबद्ध है?

A. सामाजिक दर्शन B. मीडिया-मनोविज्ञान
C. शिक्षा-मनोविज्ञान D. शिक्षा-समाजशास्त्र

13. बच्चों के बौद्धिक विकास की चार विशिष्ट अवस्थाओं की पहचान की गई

A. एरिकसन द्वारा B. स्किनर द्वारा
C. पियाजे द्वारा D. कोहलबर्ग द्वारा

14. किसके अनुसार "बुद्धि, ज्ञान अर्जन करने की क्षमता है"?

A. वुडवर्थ B. टर्मन
C. वुडरो विल्सन D. रॉस

15. मानसिक आयु का प्रत्यय किसने दिया था?

A. बिने साइमन B. स्टर्न
C. टर्मन D. सिरिल बर्ट

16. बुद्धि का एक शक्ति सिद्धान्त किसने दिया है?

A. हैजालिट B. थार्नडाइक
C. स्पीयरमैन D. टर्मन

17. निम्नलिखित में से किन परिवारों के अध्ययन से बुद्धि आनुवांशिक मानी गई?

A. कालीकारक वंश B. फ्यूक्स परिवार
C. एडवर्ड्स वंश D. ये सभी

18. द्वि शक्ति (Two Factor) सिद्धांत के प्रतिपादक कौन थे?

A. स्पीयरमैन B. बिने
C. थार्नडाइक D. केटल

19. परिवार के वातावरण में निम्नलिखित में से किसका बौद्धिक विकास पर सबसे अधिक प्रभाव पड़ता है?

A. माता-पिता का चरित्र
B. माता-पिता और बालकों का सम्बन्ध
C. माता-पिता के परस्पर सम्बन्ध
D. परिवार का आर्थिक स्तर

20. गिलफोर्ड ने कारक विश्लेषण के आधार पर कितने कारकों का अस्तित्व प्राप्त कर लिया है?

A. 10 B. 25
C. 80 D. 50

21. मूर्त बुद्धि का अच्छा उदाहरण कौन-सा नहीं है?

A. इंजीनियर B. मैकेनिक
C. कारीगर D. दार्शनिक

22. टर्मन ने बुद्धि को क्या माना है?

A. समायोजन की योग्यता
B. अमूर्त चिन्तन की योग्यता
C. बहु-आयाम सिद्धांत
D. पदानुक्रमिक सिद्धांत

23. बुद्धि के सामूहिक परीक्षण किस प्रकार के होते हैं?

A. पेपर पेंसिल B. मौखिक
C. प्रयोगात्मक D. उपर्युक्त सभी

24. व्यक्तित्व अध्ययन की विषयगत विधि कौन-सी है?

A. हस्तरेखा अध्ययन B. समाजमिति
C. रोर्शा परीक्षण D. निर्धारणमान

25. बुद्धि लब्धि का क्या अर्थ है?

A. बुद्धि लब्धि आयु के साथ बढ़ती है।
B. बुद्धि लब्धि आयु के साथ घटती है।
C. बुद्धि लब्धि में परिवर्तन आता रहता है।
D. बुद्धि लब्धि घटती या बढ़ती नहीं है।

26. प्रतिभाशाली बालकों की बुद्धि-लब्धि प्रसार क्या है?

A. 90-100 B. 110-120
C. 80-90 D. 140 एवं ऊपर

27. बालक की मूल शक्तियों का प्रधान कारक क्या है?

A. वातावरण B. वंशानुक्रम
C. आर्थिक स्थिति D. सामाजिक स्थिति

28. निम्न में से कौन बुद्धि का प्रकार नहीं है?
A. मानसिक बुद्धि B. मूर्त बुद्धि
C. अमूर्त बुद्धि D. सामाजिक बुद्धि

29. टर्मन के अनुसार, सामान्य बुद्धि-लब्धि कितनी है?
A. 80-90 B. 90-110
C. 110-120 D. 120-140

30. बुद्धि का द्वि-तत्व सिद्धांत किसने दिया?
A. गिलफोर्ड B. स्टर्न
C. स्पीयरमैन D. बिने

31. सामूहिक बुद्धि परीक्षण का विकास 1972 में किस नाम से हुआ?
A. आर्मी बीटा B. आर्मी गामा
C. आर्मी एल्फा D. आर्मी ओमेगा

32. बुद्धि मॉडल की संरचना किसके द्वारा प्रस्तुत की गयी है?
A. स्पीयरमैन B. पियाजे
C. गिलफोर्ड D. थार्नडाइक

33. एक शिक्षक के लिए छात्र की बुद्धि-लब्धि की उपयोगिता निम्न में से किसमें है?
A. छात्र की उन्नति करने में
B. छात्र से शैक्षिक प्रत्याशा का मूल्यांकन करने में
C. छात्रों की ग्रेड प्रतिस्थापन करने में
D. पाठ्यक्रम के प्रकरणों को सुनिश्चित करने में

34. मानसिक आयु किसकी माप होती है?
A. मानसिक परिपक्वता
B. मानसिक वृद्धि दर
C. जन्मजात मानसिक शक्ति
D. उसकी आयु वर्ग के समकक्ष अन्य बालकों के बौद्धिक स्तर के समान

35. निम्नलिखित में से कौन-सा सिद्धान्त बुद्धि में अनेक कारक मानता है?
A. एक शक्ति सिद्धांत B. विशिष्ट शक्ति सिद्धांत
C. बहु-शक्ति सिद्धांत D. द्वि-शक्ति सिद्धांत

36. बुद्धि के एक शक्ति सिद्धांत के अनुसार बुद्धि की योग्यता निम्नलिखित में से कैसी है?
A. अकेली B. अनेक
C. कई D. दो

37. यदि एक 12 वर्ष के बालक की मानसिक आयु केवल 10 है, तो शिक्षक को क्या करना चाहिए?
A. छात्र को निम्न कक्षा में स्थानांतरित कर दे ताकि उसको पढ़ाई करने में कठिनाई न हो
B. छात्र में मंद गति से पढ़ने वाले बालकों के समूह में स्थानांतरित कर दें
C. जब तक कि उसका ठीक से परीक्षण न कर लें कोई भी अन्तिम निर्णय न लें।
D. प्रधानाचार्य को संस्तुति करें कि उसके लिए विशेष कक्षा का प्रबन्ध करें।

38. 16 वर्षीय बच्चा बुद्धि-लब्धि परीक्षण में 75 अंक प्राप्त करता है, उसकी मानसिक आयु .... वर्ष होगी।
A. 15 B. 12
C. 08 D. 14

39. निम्नलिखित में से कौन-सी बुद्धि की परिभाषा नहीं है?
A. बुद्धि, कार्य करने की एक विधि है
B. बुद्धि, ज्ञान अर्जन करने की क्षमता है
C. जीवन की अपेक्षाकृत नवीन परिस्थितियों से अपना सामंजस्य करने की व्यक्ति की योग्यता ही बुद्धि है
D. राजनीतिक, आर्थिक एवं सामाजिक शक्ति प्राप्त करने के लिए प्रयुक्त उक्ति बुद्धि है

40. यदि किसी बालक की मानसिक आयु 12 वर्ष एवं वास्तविक आयु 10 वर्ष हो, तो उसका बुद्धि-लब्धांक कितना होगा?
A. 120 B. 100
C. 124 D. 130

41. मनोवैज्ञानिक बिने किस देश के थे?
A. जर्मनी B. फ्रांस
C. अमेरिका D. रूस

42. अशाब्दिक बुद्धि परीक्षणों में शब्दों के स्थान पर किसका प्रयोग होता है?
A. रूप रेखाओं B. चित्रों
C. ज्यामितीय आकृतियों D. ये सभी

43. निम्नांकित में से कौन-सा सिद्धान्त गिलफोर्ड का बुद्धि सम्बन्धी है?
A. द्वि-आयाम सिद्धान्त B. त्रि-आयाम सिद्धान्त
C. बहु-आयाम सिद्धान्त D. पदानुक्रमिक सिद्धान्त

उत्तरमाला

1	2	3	4	5	6	7	8	9	10
A	C	C	D	B	B	C	C	C	D
11	**12**	**13**	**14**	**15**	**16**	**17**	**18**	**19**	**20**
D	C	C	C	D	A	D	A	B	C
21	**22**	**23**	**24**	**25**	**26**	**27**	**28**	**29**	**30**
D	B	A	A	D	D	B	A	B	C
31	**32**	**33**	**34**	**35**	**36**	**37**	**38**	**39**	**40**
C	C	A	A	B	A	C	B	D	A
41	**42**	**43**							
B	D	B							

6. भाषा और विचार (Language and Thought)

भाषा (Language)

भाषा व्यक्ति के भावों को अभिव्यक्त करने का माध्यम है। मनुष्य पशु से श्रेष्ठ इसलिए है, क्योंकि उसके पास एक भाषा है जिसे लोग समझ सकते हैं। पशु-पक्षियों की भी भाषा होती है किंतु उसे कोई समझ नहीं पाता। गूंगे-बहरे लोग भी अपने भावों को समझाने के लिए शरीर के अंगों का सहारा लेते हैं जिसे उसकी शरीर की भाषा कहा जाता है। भाषा एक ऐसा माध्यम है जिससे मनुष्य समाज में अपना एक पृथक स्थान बनाता है जो उसके व्यक्तित्त्व के निर्माण में महत्त्वपूर्ण भूमिका निभाती है। इस तरह स्पष्ट है कि भाषा जन्म के साथ उत्पन्न होती है। बच्चा जन्म के बाद रोता है जो उसकी प्रथम भाषा है। सही अर्थों में भाषा भावों के संप्रेषण का एक माध्यम है। भाषा बौद्धिक क्षमता को भी अभिव्यक्त करती हैं।

प्रायः हम लोग वाणी एवं भाषा दोनों को एक-दूसरे का पर्यायवाची समझते हैं और उसका प्रयोग करते हैं किंतु दोनों में बहुत अंतर होता है। भाषा एवं वाणी को हरलॉक ने निम्न रूप में स्पष्ट किया है–

"भाषा में संप्रेषण के वे सभी साधन आते हैं जिसमें विचारों और भावों को प्रतीकात्मक बना दिया जाता है जिससे कि अपने विचारों और भावों को एक-दूसरे से अर्थपूर्ण ढंग से कहा जा सके।"

"वाणी भाषा का एक स्वरूप है जिसमें अर्थ को दूसरों को व्यक्त करने के लिए कुछ ध्वनियों या शब्द उच्चारित किए जाते हैं।"

इस तरह कहा जा सकता है कि वाणी भाषा का एक विशिष्ट ढंग है। यह मनोक्रियात्मक कौशल है। वाणी केवल मांसपेशियों तथा वाचिक तंत्र में सहायक ही नहीं है अपितु इसका मानसिक पात है–जिसमें कुछ अर्थ जुड़ा रहता है। सभी बच्चों की आवाज वाणी नहीं है, वाणी वह होती है जिसमें पर्याप्त नियंत्रण होता है। बिना नियंत्रण और अर्थ के बोली गई वाणी को 'तोता वाणी' कह सकते हैं। वाणी अर्थयुक्त होती है तथा जिस समाज में बोली जाए उसे सभी लोग समझ सकें। इन दोनों कसौटियों का वाणी में होना आवश्यक है। भाषा व्यापक संकल्पना है। वाणी, भाषा का माध्यम है, भाषा कोई भी हो सकती है, यथा–फ्रेंच, अरबी, अंग्रेजी एवं फारसी इत्यादि। भाषा अर्थहीन भी हो सकती है जिसमें संकेत, हाव-भाव एवं अन्य बहुत-सी चीजें आती हैं। पक्षी और पशु की भी एक भाषा है, कहा जाता है कि पशु-पक्षियों के पास वाणी नहीं होती है। इन बातों का निष्कर्ष यह है कि वाणी वह मनोक्रियात्मक माध्यम है जिससे उसके समुदाय के लोग समझते हैं और प्रभावित होते हैं। **उदाहरणार्थ–**

ऐसी वाणी बोलिए मन का आपा खोय।
औरन को शीतल करे आपहु शीतल होय।।

अर्थात् वाणी में विचार, भाव, मानसिक संचेतना आदि गुण निहित होते हैं जो किसी व्यक्ति और समाज को प्रभावित कर सकते हैं। भाषा में ही वाणी सन्निहित होती है। आदिम मानव भी अपने विचारों का आदान-प्रदान करता था उसमें शरीर का संकेत, गले की आवाज, चिल्लाना अथवा विभिन्न प्रकार की आवाजें (अलग-अलग कार्यों के लिए) करना भी एक भाषा थी लेकिन धीरे-धीरे भाषा विज्ञान का विकास हुआ इसे व्यवस्थित नियम युक्त एवं संगठित किया गया।

भाषा का महत्त्व (Importance of Language)

भाषा किसी व्यक्ति के व्यक्तित्व के आईने के समान है। व्यक्ति का जैसा व्यक्तित्व होगा उसी प्रकार की उसकी भाषा होगी। भाषा से ही व्यक्ति को समाज में सम्मान और अपमान मिलता है। इस तरह भाषा में आकर्षण एवं विकर्षण दोनों गुण होते हैं। भाषा के महत्त्व को निम्न प्रकार से स्पष्ट किया जा सकता है :

1. **शैक्षिक उपलब्धि के महत्त्व :** कक्षा में जिन बालकों की भाषा एवं उच्चारण जितना अच्छा होता है उनकी शैक्षिक उपलब्धि भी उतनी ही अच्छी होती है। भाषा के माध्यम से ही एक छात्र अपनी कक्षा से संबद्ध समस्याओं को छात्रों एवं अध्यापकों के सामने स्पष्टता से रखकर उसे समझ सकता है लेकिन जिसकी भाषा कम प्रभावशाली है उस पर कोई ध्यान नहीं देता है। प्रायः देखा जाता है कि जिसकी भाषा और लिखावट कमजोर है वे कक्षा में अन्य छात्रों से कम अंक प्राप्त करते हैं। यद्यपि उनकी बौद्धिक क्षमता में उनमें कोई कमी नहीं होती है।
2. **सामाजिक मूल्यांकन में सहजता :** बालक समाज में क्या बोलता है? कैसे बोलता है? इसका मूल्यांकन समाज के लोग सामाजिक पृष्ठभूमि में करते हैं। उसकी भाषा ही उसकी योग्यता स्तर तथा यौन उपयुक्तता की मानदण्ड होती है। इससे बालक के भावों एवं विचारों का मूल्यांकन होता है।

3. **इच्छाओं और आवश्यकताओं की पूर्ति में सहायक :** भाषा व्यक्ति को अपनी आवश्यकता, इच्छा, पीड़ा अथवा मनोभाव दूसरे के समझ व्यक्त करने की क्षमता प्रदान करती है जिससे दूसरा व्यक्ति सरलता से उसकी आवश्यकता को समझ कर तत्संबंधी समाधान प्रदान करता है। उदाहरणार्थ–एक बालक यदि केवल रोता है अपने मनोभावों तथा आवश्यकताओं (भूख) को दूसरे के सामने व्यक्त नहीं कर पाता है तो माता-पिता को उसे समझने में कठिनाई होती है। लेकिन वही जब अपनी जुबान से बोल कर दूध या भोजन की मांग करता है तो तुरन्त इसकी पूर्ति हो जाती है और उसे संतुष्टि मिलती है।
4. **दूसरे के विचारों को प्रभावित करने में सहायक :** जिन बच्चों की भाषा प्रिय, मधुर एवं ओजस्वी होती है वे अपने समूह, परिवार अथवा समाज के व्यक्तियों को प्रभावित करते हैं। लोग उन्हीं को अधिक महत्त्व देते हैं जिनका व्यवहार प्रभावपूर्ण होता है।
5. **ध्यान आकर्षित करने में उपयोगी :** सभी बालक चाहते हैं कि लोग उनकी ओर ध्यान दें इसलिए वे अभिभावकों से प्रश्न पूछकर, कोई समस्या प्रस्तुत करके तथा विभिन्न तरीकों का प्रयोग कर उनका ध्यान अपनी ओर खींचते हैं। जो बच्चे चुपचाप रहते हैं या बोलते नहीं उनकी कभी-कभी उपेक्षा हो जाती है।
6. **आत्म-मूल्यांकन में महत्त्व :** बालक जब समाज में बोलता है तो उसके सुनने वालों की उसके प्रति क्या प्रतिक्रिया होती है, दूसरे लोग उसके विषय में क्या समझते हैं उनकी भाषा को सुनकर बालक स्वयं का मूल्यांकन करता है कि लोग उससे प्रभावित हैं या नहीं। समाज का दृष्टिकोण उसके प्रति किस प्रकार का है।
7. **सामाजिक संबंध के लिए महत्त्व :** वाणी से अपने भावों को बालक समाज में अभिव्यक्त करता है जिससे विचारों, भावों को लोग समझते हैं। इससे समाज के बीच आपसी ताल-मेल विकसित होता है जो बच्चे खुलकर अपने विचारों एवं भावों को दूसरों के सामने रखते हैं। उन्हें समाज में सबसे अधिक स्वीकृति मिलती है। दूसरे बालक उसी बालक के साथ उठना-बैठना, खेलना तथा मित्रता करना पसंद करते हैं जिनकी अभिव्यक्ति होती है। और जो अंतर्मुखी होते हैं उनके मित्र भी नहीं होते हैं। बालक अपनी भाषा के द्वारा ही समाज में अच्छा संबंध बनाता है। इसी के द्वारा वैयक्तित्त्व एवं सामाजिक समायोजन होता है।

भाषा के विकास के मुख्य सिद्धांत (Theory of Language Development)

मनुष्य की भाषा किस प्रकार विकसित होती है? उसकी प्रक्रिया क्या है? शब्दों का अर्थों में किस प्रकार समावेश होता है इसको जानने के लिए भाषा विकास के सिद्धांतों को समझना आवश्यक है। मनुष्य बोलने की योग्यता किस प्रकार अर्जित करता है। इस विषय पर विद्वानों ने अपने अध्ययन के आधार पर निम्न सिद्धांतों का प्रतिपादन किया है–

1. **अनुबंधन का सिद्धांत (Theory of Conditional) :** भाषा विकास में अनुबंधन या साहचर्य का बहुत योगदान है। शैशवावस्था में जब बच्चे शब्द सीखते हैं तो सीखना अमूर्त नहीं होता है। वरन किसी मूर्त वस्तु से जोड़कर उन्हें शब्दों की जानकारी दी जाती है। उदाहरण पेंसिल कहने के साथ उन्हें पेंसिल दिखाया जाता है, पानी या दूध कहने पर उन्हें पानी या दूध दिखाया जाता है, चाचा या ताऊ के संकेत के सहारे प्रत्यक्ष रूप से बताया जाता है। इससे बच्चे उस विशिष्ट वस्तु या व्यक्ति से साहचर्य स्थापित कर लेते हैं और अभ्यास हो जाने पर संबंधित वस्तु या व्यक्ति की उपस्थिति पर संबंधित शब्द से संबोधित करते हैं। उद्दीपक और प्रतिक्रिया के बीच संबंध स्थापित होने को ही अनुबंधन कहा जाता है। इसलिए छोटी कक्षाओं में लिखवाने के लिए शिक्षा उपकरणों का प्रयोग किया जाता है। स्किनर का कहना है कि अनुबंधन द्वारा भाषा विकास की प्रक्रिया को सरल बनाया जा सकता है।
2. **चोमस्की का भाषा अर्जित करने का सिद्धांत (Chomsky Theory for Language Acquire) :** चोमस्की का कहना है कि बच्चे शब्दों की निश्चित संख्या से कुछ निश्चित नियमों का अनुकरण करते हुए वाक्यों का निर्माण करना सीख जाते हैं। इन शब्दों से नए-नए वाक्यों एवं शब्दों का निर्माण होता है। इन वाक्यों का निर्माण बच्चे जिन नियमों के अंतर्गत करते हैं, उन्हें चोमस्की ने जेनेरेटिव की संज्ञा प्रदान की है।
3. **परिपक्वता का सिद्धांत (Theory of Maturity) :** परिपक्वता से तात्पर्य है भाषा अवयवों एवं स्वरों पर नियंत्रण होना। बोलने में जिह्वा, गला, तालू, होठ, दांत तथा स्वर यंत्र आदि जिम्मेदार होते हैं। इनमें किसी भी प्रकार की कमजोरी या कमी वाणी को प्रभावित करतो है। इन सभी अंगों में जब परिपक्वता होती है तो भाषा पर नियंत्रण होता है और अभिव्यक्ति अच्छी होती है। विद्वानों के मतानुसार भाषा का विकास स्वरयंत्र की परिपक्वता पर निर्भर करती है, जिनकी स्वरयंत्र में परिपक्वता नहीं होती है, वे शब्दों का उच्चारण नहीं कर पाते हैं। गूंगे व्यक्तियों में स्वर यंत्रों का विकास नहीं होता इसलिए उनमें बोलने की क्षमता नहीं होती है।
4. **अनुकरण का सिद्धांत (Theory of Imitation) :** शर्ली, कर्टी, चैपिनीज तथा वैलेन्टाइन आदि मनोवैज्ञानिकों ने अनुकरण के द्वारा भाषा सीखने का अध्ययन किया है। इनका विचार है कि बालक अपने परिवारजनों तथा साथियों की भाषा का अनुकरण करके सीखता है जैसी

भाषा जिस समाज या परिवार या समूह में बोली जाती है बच्चे उसी भाषा को सीखते हैं। यदि भाषा में किसी प्रकार का दोष है तो अनुकरण से बच्चे वह भी सीख लेते हैं। अतः इस बात का ध्यान रखना चाहिए कि बच्चे दोषपूर्ण भाषा न सीखने पाएं। बच्चे शिष्टाचार के साथ अश्लील एवं अशिष्ट शब्दों का भी अनुकरण कर लेते हैं। इसे सामाजिक अधिगम भी कहा जाता है। बालक समाज से ही विशाल शब्दों का भंडार सीखता है। साथ ही बोलने के तौर-तरीके भी वह समाज से ही सीखता है।

उपरोक्त बातों से स्पष्ट है कि बालक समाज, परिवार तथा विद्यालय से शब्दों एवं वाक्यों का संग्रह करते हैं। इन शब्दों को वे गठित एवं व्यवस्थित करते हैं। इनकी समझ पैदा करते हैं और अंत में इन्हीं शब्दों के आधार पर नवीन वाक्यों की रचना करते हैं।

भाषा के विकास की मुख्य अवस्थाएं (Important Stages of Language Development)

भाषा के विकास की अवस्थाओं को मुख्यतः दो वर्गों में बांटा गया है–

(*i*) भाषा का प्रारंभिक रूप–रोना, बलबलाना, हाव-भाव या संकेत आदि।

(*ii*) वास्तविक भाषा की अभिव्यक्ति–आकलन या बोध शक्ति, शब्द भंडार, वाक्य निर्माण, शुद्ध उच्चारण आदि।

भाषा के विकास को प्रभावित करने वाले मुख्य कारक (Effecting Factors of Language Development)

सभी बालकों में भाषायी विकास एक समान नहीं होता है। किसी में भाषायी विकास तीव्रता से तो किसी में मंदता से होता है। भाषायी विकास पर कुछ तत्त्वों का प्रभाव पड़ता है, इनमें प्रमुख तत्त्व निम्नलिखित हैं–

(*i*) **व्यक्तित्त्व :** कुछ अध्ययनों में यह पाया गया है कि जो बच्चे उत्साही होते हैं उनमें भाषायी विकास शांत स्वभाव के बच्चों से अधिक होता है। फुर्तीले, चुस्त एवं बहिर्मुखी स्वभाव वाले बच्चों का भाषा विकास तीव्र होता है।

(*ii*) **परिपक्वता :** आवश्यक परिपक्वता के अभाव में भी भाषा का विकास प्रभावित होता है। हरलॉक का कहना है कि भाषा का प्रशिक्षण देते समय इस बात का ध्यान रखना चाहिए कि बच्चों में आवश्यक परिपक्वता आ चुकी है या नहीं। भाषा विकास में फेफड़े, स्वरयंत्रों, जीभ, दांत, तालू, होठ तथा वाणी केंद्र (मस्तिष्क में स्थित होता है) का परिपक्व होना आवश्यक है। ये अंग जितने अधिक परिपक्व होते हैं भाषा विकास उतना ही अधिक होता है।

(*iii*) **सामाजिक-आर्थिक स्तर :** प्रायः ऐसा देखा जाता है कि जिन बालकों का सामाजिक-आर्थिक स्तर निम्न होता है वे देर से बोलना सीखते हैं। जरसील्ड एवं गैसिल आदि जैसे मनोवैज्ञानिकों के अध्ययन से इस बात की पुष्टि हुई कि उच्च वर्ग के शिशु जल्दी बोलना सीखते हैं, अधिक बोलते हैं तथा उनका उच्चारण भी शुद्ध होता है। डेविस, आल्सटाईन, स्कील्स आदि जैसे मनोवैज्ञानिकों ने अनाथ बच्चों के अध्ययन से पाया कि इन बच्चों में भाषायी विकास कम होता है। इनका शब्द भंडार भी कम होता है। प्रायः यह भी देखा जाता है कि ग्रामीण क्षेत्र में पढ़ने वाले बच्चों की शाब्दिक क्षमता शहरो या अन्य पब्लिक स्कूल में पढ़ने वाले बच्चों से कम होती है।

(*iv*) **स्वास्थ्य :** जिन बच्चों का स्वास्थ्य जितना अच्छा होता है उनमें भाषा विकास की गति उतनी तीव्र होती है क्योंकि सामाजिक समूहों से उन्हें अच्छी प्रेरणा मिलती है, वे बच्चे अपने समूह के साथ खेलते हैं, अंतःक्रिया करते हैं, लेकिन बीमार बच्चे समूह में खेल नहीं पाते। शारीरिक अवयवों का भी विकास बाधित होता है। स्मिथ ने बच्चों की भाषा पर बीमारी के प्रभावों का अध्ययन करके निष्कर्ष निकाला कि बीमार बच्चों में भाषायी विकास की गति धीमी होती है। इसी प्रकार का अध्ययन लॉवेल और मारकेल ने भी किया और पाया कि जो बच्चे लंबी अवधि तक बीमार रहते हैं उनमें भाषायी विकास कमजोर होता है।

(*v*) **प्रशिक्षण की विधियाँ :** अधिनायकवादी प्रशिक्षण जिसमें बच्चों की भावनाओं का ख्याल नहीं रखा जाता है एवं किसी चीज को डांट कर सिखाया जाता है तो ऐसे प्रशिक्षण में भाषा का विकास नहीं होता। जिस परिवार या विद्यालय में लोकतांत्रिक विधियों का प्रयोग होता है, बालक को स्वतंत्रता होती है, उसमें भाषा का विकास तीव्रता से होता है। भाषा सिखाने के लिए मूर्त से अमूर्त, सरल से कठिन, ज्ञात से अज्ञात की ओर चलने के सिद्धांतों का पालन करना चाहिए। उदाहरणार्थ–मातृभाषा से अंग्रेजी सिखाई जाए तो आसान होता है। एक साथ एक भाषा का प्रशिक्षण हो लेकिन यह देखा जा रहा है कि भारतवर्ष के आधुनिक पब्लिक स्कूलों में शिशुओं को एक साथ दो से अधिक भाषाएं सिखाई जाती हैं जो उचित नहीं हैं। मातृभाषा का पूर्ण ज्ञान हो जाए तो उस भाषा की सहायता से दूसरी भाषा सिखाना उचित होता है।

(*vi*) **द्वि-भाषावाद :** यदि कोई द्विभाषा-भाषी परिवार है, उदाहरणार्थ–पिता हिन्दी बोलने वाला और माता शुद्ध बांग्ला बोलने वाली हो तो ऐसे में बच्चों का भाषा विकास प्रभावित होता है क्योंकि बच्चे भ्रमित हो जाते हैं कि वे कौन-सी भाषा सीखें। वर्तमान समय में यह देखा जा रहा है कि बच्चों की भाषा क्षमता क्षीण होती

जा रही है तथा उसका बड़ा ही स्पष्ट कारण है कि हिन्दी भाषा-भाषी परिवार में उत्पन्न हुए बच्चों का 3 वर्ष की आयु में अंग्रेजी स्कूलों में प्रवेश करा दिया जाता है। इन स्कूलों में अंग्रेजी के अतिरिक्त दूसरी भाषा बोली ही नहीं जाती है और जैसे ही बालक स्कूल से घर में कदम रखता है वहां हिन्दी और भोजपुरी के अतिरिक्त अंग्रेजी की पृष्ठभूमि ही नहीं है। ऐसी स्थिति में बालक कौन-सी भाषा सीखे यह उसके सामने दुविधा होती है। अंग्रेजी भाषा का विकास हिन्दी पृष्ठभूमि में नहीं हो सकता। अतः भाषा विकास अवरुद्ध हो जाता है या इसमें अपेक्षित सफलता नहीं मिलती।

(vii) **बहुजन्मता :** किए गए एक अध्ययन में यह पाया गया है कि यदि एक साथ अधिक संतानें उत्पन्न होती हैं तो उनमें भाषायी विकास विलंब से होता है। इसका कारण है कि बच्चे एक-दूसरे का अनुकरण करते हैं और दोनों ही अपरिपक्व होते हैं। उनमें उपयुक्त प्रतिमान नहीं मिल पाता। उदाहरणार्थ–यदि एक बच्चा गलत उच्चारण करता है तो उसकी नकल करके दूसरा भी वैसा ही उच्चारण करेगा।

(viii) **लिंगीय भिन्नता :** वाणी विकास में लिंग का प्रभाव भी स्पष्ट दृष्टिगोचर होता है। इरविन और चेन ने लिंगीय भेद का अध्ययन करके निष्कर्ष निकाला कि प्रथम वर्ष में बालक एवं बालिकाओं की भाषा में अंतर नहीं होता लेकिन दूसरे वर्ष से बालिकाओं की क्षमता बालकों से अधिक हो गई। बालिकाओं का भाषा प्रवाह बालकों से अच्छा रहा। बालिकाएं जल्दी बोलना भी सीखती हैं, जहां बालक छोटे-छोटे वाक्य बोलते हैं वहीं लड़कियां बड़े वाक्यों को बोलने में सक्षम हो जाती हैं। बालिकाएं बालकों की अपेक्षा शुद्ध उच्चारण करती हैं।

(ix) **बुद्धि :** हरलॉक के अनुसार, जिन बच्चों की बुद्धि-लब्धि (I.Q.) उच्च होती है उनमें भाषा विकास अपेक्षाकृत कम बुद्धि वालों से अच्छा होता है। इरविन और स्पाईकर के मतानुसार बुद्धि-लब्धि और भाषा संबंधी योग्यता में घनिष्ठ संबंध है। टरमैन, फिशर और यम्बा का मानना है कि तीव्र बुद्धि बालकों का उच्चारण और शब्द भंडार अधिक होता है। प्रायः देखा जाता है कि प्रतिभाशाली बालक अपनी अवस्था के बालकों से पहले बोलना सीख लेते हैं, उनके शब्द भंडार की क्षमता भी सामान्य बालकों से अधिक होती है तथा वे बहुत स्पष्ट और शुद्ध उच्चारण भी करते हैं।

(x) **परिवार का आकार :** अकेला बालक या छोटे परिवार में बालक की भाषा शक्ति का विकास बड़े आकार के परिवार से अच्छा होता है क्योंकि छोटे परिवार में माता-पिता बच्चे के प्रशिक्षण उनसे वार्तालाप पर अधिक ध्यान दे पाते हैं जबकि बड़े परिवार में समय कम मिलता है।

(xi) **संवेगात्मक तनाव :** जिन बच्चों के संवेगों का कठोरता से दमन कर दिया जाता है ऐसे बच्चों में भाषा विकास देर से होता है। उदाहरणार्थ–यदि एक वर्ष के शिशु को सौतेली मां कटु या कठोर स्वभाव की मिल जाए और बात-बात पर उसे झिड़कती, डांटती, पीटती तथा उपेक्षित करती रहे तो बालक का विकास प्रभावित हो जाता है तथा वह देर में एवं अस्पष्ट बोलता है।

भाषा दोष एवं उसके प्रकार (Language Error and Its Types)

यदि बालक अपने स्वर यंत्रों पर नियंत्रण नहीं कर पाता है तो उसमें भाषा दोष उत्पन्न हो जाता है। ऐसे बालक समाज से कतराने लगते हैं। इनमें हीनता की भावना विकसित हो जाती है, ये अकेले में रहते हैं तथा किसी के सामने बोलने में झिझकते हैं। भाषा दोष का प्रभाव बालक के जीवन के अन्य क्षेत्रों पर भी पड़ता है। उनकी शैक्षिक उपलब्धि भी प्रभावित होती है। इन बालकों को पिछड़ा बालक कहा जाता है। भाषा दोष के मुख्य प्रकार निम्नवत् हैं–

1. अस्पष्ट उच्चारण,
2. ध्वनि परिवर्तन,
3. तीव्र अस्पष्ट,
4. हकलाना, और
5. तुतलाना।

चिंतन/विचार (Thought)

चिंतन विचार करने की वह मानसिक प्रक्रिया है, जो किसी समस्या के कारण आरंभ होती है और उसके अंत तक चलती रहती है। विभिन्न विद्वानों ने चिंतन की परिभाषा भिन्न-भिन्न प्रकार से दी है। कुछ विद्वानों द्वारा चिंतन की परिभाषा निम्न प्रकार से दी गई है–

रॉस के अनुसार, "चिंतन, मानसिक क्रिया का ज्ञानात्मक पहलू है या मन की बातों से संबंधित मानसिक क्रिया है।"

रायबर्न के अनुसार, "चिंतन, इच्छा-संबंधी प्रक्रिया है, जो किसी असंतोष के कारण आरंभ होती है और प्रयास एवं त्रुटि के आधार पर चलती हुई उस अंतिम स्थिति पर पहुंच जाती है, जो इच्छा को संतुष्ट करती है।"

वेलेण्टाइन के अनुसार, "चिंतन शब्द का प्रयोग उस क्रिया के लिए किया जाता है, जिसमें शृंखलाबद्ध विचार किसी लक्ष्य या उद्देश्य की ओर अविराम गति से प्रवाहित होते हैं।"

उपर्युक्त दी गई परिभाषाओं से स्पष्ट है कि चिंतन मानसिक क्रिया का ज्ञानात्मक पथ है। चिंतन की प्रक्रिया किसी विशेष उद्देश्य की ओर परिलक्षित होती है। इसमें इच्छा तथा असंतोष अत्यंत महत्त्वपूर्ण हैं क्योंकि इच्छा तथा असंतोष मनुष्य को चिंतन के लिए बाध्य करते हैं।

चिंतन के प्रकार (Types of Thought)

चिंतन के मुख्यतः चार प्रकार हैं–

1. **कल्पनात्मक चिंतन :** इस चिंतन का संबंध पूर्व-अनुभवों पर आधारित भविष्य से होता है। जब माता-पिता बाजार जाते हैं तब बालक कल्पना करता है कि वे वहां से लौटने पर उसके लिए टॉफी लाएगें। इस चिंतन में भाषा और नाम का प्रयोग नहीं किया जाता है।
2. **तार्किक चिंतन :** अमेरिकी मनोवैज्ञानिक जॉन डीवी ने तार्किक चिंतन को विचारात्मक चिंतन की संज्ञा दी है। यह सबसे उच्च प्रकार का चिंतन है। इसका संबंध किसी समस्या के समाधान से होता है।
3. **प्रत्ययात्मक चिंतन :** इस चिंतन का संबंध पूर्व-निर्मित प्रत्ययों से होता है, जिनकी सहायता से भविष्य के किसी निश्चय पर पहुंचा जाता है। कुत्ते को देखकर बालक अपने मन में प्रत्यय का निर्माण कर लेता है। अतः जब वह भविष्य में कुत्ते को फिर देखता है तब वह उसकी ओर संकेत करते हुए कहता है–'कुत्ता'। इस चिंतन में भाषा और नाम का प्रयोग किया जाता है।
4. **प्रत्यक्षात्मक चिंतन :** यह निम्न स्तरीय चिंतन है। अतः यह विशेष रूप से पशुओं और बालकों में पाया जाता है। इस चिंतन का संबंध पूर्व अनुभवों पर आधारित वर्तमान की वस्तुओं से होता है। माता-पिता के बाजार से लौटने पर यदि बालक को उनसे काफी दिनों तक टॉफी मिलती रहती है तो जब भी वे बाजार से लौटते हैं, तभी टॉफी का विचार उसके मस्तिष्क में आ जाता है और वह दौड़ता हुआ उनके पास जाता है।

चिंतन तथा भाषा (Thought and Language)

चिंतन प्रक्रिया प्रतीक और चिन्हों के आधार पर चलती है। प्रतीक और चिन्हों का आधार भाषा होती है। चिंतन के समय बालक के अंदर आंतरिक भाषण होता है। कई बार चिंतन करते समय बालक बोलने लगता है। कुछ अध्ययनों में यह देखा गया है कि जिस बालक में भाषा की योग्यता जितनी अधिक होती है उसमें चिंतन की योग्यता भी उसी रूप में उतनी अधिक होती है क्योंकि भाषा-वृद्धि के साथ-साथ बालकों में ज्ञान-वृद्धि होती है और ज्ञान-वृद्धि से चिंतन शक्ति का भी विकास होता है। भाषा के द्वारा बालक चिंतन को व्यक्त भी कर सकता है। बालक भाषा के द्वारा अपने अथवा दूसरों के चिंतन को रेकार्ड कर सकता है। इस प्रकार वह अपने चिंतन का दूसरों को लाभ दे सकता है तथा दूसरों के चिंतन का स्वयं लाभ उठा सकता है। अतः कहा जा सकता है कि चिंतन के लिए भाषा आवश्यक ही नहीं अपितु उसे व्यक्त करने का साधन भी है। भाषा के अभाव में चिंतन को व्यक्त करना कठिन है। जहां भाषा से चिंतन का विकास होता है वहां चिंतन भाषा को भी विकसित करता है। अतः कहा जा सकता है कि चिंतन और भाषा दोनों में घनिष्ठ संबंध है।

पहले ऐसा माना जाता था कि विचार प्रतिमा रहित या सहित होते हैं। परंतु आज यह माना जाता है कि विचार दोनों प्रकार के होते हैं–प्रतिमा रहित भी और प्रतिमा सहित भी। चिंतन के लिए यद्यपि भाषा बहुत आवश्यक है परंतु भाषा के बिना भी चिंतन संभव है क्योंकि व्यक्ति उन वस्तुओं के संबंध में भी चिंतन करते देखा गया है, जिनका कि वह नाम तक नहीं जानता है। कभी-कभी चिंतन को स्पष्ट करने के लिए भाषा पर्याप्त नहीं होती है, इस अवस्था में चिंतन को चित्रों और मॉडल के द्वारा व्यक्त किया जाता है।

चिंतन तथा कल्पना में अन्तर (Difference between Thought and Imagination)

चिंतन	कल्पना
1. इसकी सहायता से बालक समस्या के विभिन्न पहलुओं को समझने की कोशिश करता है, क्योंकि इन पहलुओं को समझे बिना समस्या का समाधान संभव नहीं हो सकता।	1. इसमें समस्या के समाधान की परिस्थिति को नए-नए रूपों में देखा जाता है।
2. इसमें तर्क की प्रधानता होती है। समस्या समाधान में तर्क की सहायता से सूक्ष्म पहलुओं को जाना जाता है।	2. इसमें तर्क का अभाव होता है।
3. बालक में चिंतन बहुधा समस्या की उपस्थिति पर आरंभ होता है। अर्थात् जब बालक के सामने कोई समस्या आती है तभी उसमें चिंतन की प्रक्रिया होती है, व्यर्थ में बालक चिंता नहीं करता है।	3. कल्पना के लिए परिस्थिति या समस्या की विशेष आवश्यकता नहीं होती है।
4. चिंतन में समस्या समाधान में प्रयत्न और भूल की क्रिया रहती है।	4. कल्पना में प्रयत्न और भूल का अभाव होता है।
5. यह वास्तविकता से संबंधित होता है।	5. कल्पना का संबंध वास्तविकता से भी हो सकता है और नहीं भी।

चिंतन का विकास (Development of Thought)

चिंतन का विकास भाषा के विकास के कुछ समय बाद प्रारंभ हो जाता है। लगभग एक-दो वर्ष की अवस्था में बालक में चिंतन का विकास प्रारंभ हो जाता है। बालक में सर्वप्रथम प्रत्यक्षात्मक चिंतन का विकास प्रारंभ होता है। बालक के चारो ओर जो मूर्त वस्तुएं और उत्तेजनाएं होती है, सर्वप्रथम वह उनके संबंध में चिंतन प्रारंभ करता है। उदाहरणार्थ–मेज, कुर्सी, खिलौने तथा परिवार के सदस्यों आदि के संबंध में वह सर्वप्रथम चिंतन प्रारंभ करता है। पियाजे का विचार है कि

लगभग सात वर्ष की अवस्था तक बालक की प्रवृत्ति आत्मकेंद्रित प्रकार की होती है। अतः बालक अपने स्वयं के संबंध में ही चिंतन अधिक करता है। उसमें इस अवस्था के चिंतन में तार्किकता का अभाव होता है। लगभग पांच-छः वर्ष की अवस्था से बालक में कल्पनात्मक तथा प्रत्ययात्मक चिंतन प्रारंभ हो जाती है। वुडवर्थ ने इन दोनों प्रकार के चिंतनों को विचारात्मक चिंतन कहा है। बालक में इस अवस्था में प्रतीकों के माध्यम से भी चिंतन का अभाव होता है। लगभग सात वर्ष की अवस्था से लगभग पंद्रह वर्ष की अवस्था तक चिंतन का तीव्र गति से विकास होता है। आयु बढ़ने के साथ-साथ चिंतन में तर्क की प्रधानता भी बढ़ती जाती है।

3 से 7 वर्ष की अवस्था के बालकों के चिंतन में पियाजे ने निम्नलिखित विशेषताएं बताई हैं–

(*i*) इस समय उनके चिंतन का स्तर निम्न होता है। वे अधिकतर जीवन से संबंधित बातों पर चिंतन करते हैं।

(*ii*) उनके चिंतन में तार्किक संगति का अभाव पाया जाता है। इस आयु के बालकों में कार्य-कारण संबंध नहीं दिखाई देता है।

(*iii*) एक ही घटना के आधार पर सामान्यीकरण करना। अन्य शब्दों में, इस आयु के बालक एक घटना के आधार पर ही निष्कर्ष निकालते हैं। वह पूर्ण घटनाओं-अनुभवों का लाभ नहीं उठा पाते हैं।

(*iv*) इस आयु वर्ग के बालकों के चिंतन की प्रवृत्ति आत्म-केंद्रित प्रकार की होती है। अन्य शब्दों में, उनके चिंतन का विषय स्वयं के संबंध में होता है।

(*v*) इस आयु वर्ग का बालक अपने वातावरण के चारों ओर स्थित वस्तुओं को चाहे वह सजीव हो या निर्जीव सभी को चेतनामय या सजीव समझता है। अन्य शब्दों में, उसके चिंतन में जीववाद पाया जाता है।

क्रो और **क्रो** के अनुसार, चिंतन की योग्यता सफल जीवन के लिए आवश्यक है। अतः संरक्षकों और शिक्षकों को चाहिए कि बालकों में इस योग्यता के विकास पर ध्यान दें। चिंतन की योग्यता के विकास में निम्नलिखित उपाय सहायक हैं–

(*i*) बालकों को चिंतन के लिए प्रोत्साहित और प्रेरित करना चाहिए। बालकों के भाषा ज्ञान को उच्च करने के उपाय करने चाहिए जिससे वह समय-समय पर अपने विचारों की अभिव्यक्ति कर सके।

(*ii*) बालकों की रुचियों के विकास पर ध्यान देना चाहिए। रुचियों के अभाव में चिंतन योग्यता कठिनाई से विकसित हो पाती है।

(*iii*) शिक्षक और माता-पिता को बालकों को नवीन बातों की समय-समय पर अर्थात् उनकी आयु के अनुसार जानकारी देनी चाहिए जिससे उनमें चिंतन का विकास सुचारु रूप से चल सके।

(*iv*) बालकों को उनकी आयु के अनुसार समस्या का समाधान करना भी माता-पिता और शिक्षकों को सिखलाना चाहिए क्योंकि समस्या समाधान से भी चिंतन विकसित होता है।

(*v*) तर्क एवं वाद-विवाद की भी चिंतन योग्यता के विकास में महत्त्वपूर्ण भूमिका है, इनको भी सिखाने के अवसर देने चाहिए।

(*vi*) बालकों को ऐसा प्रेरक वातावरण समय-समय पर उपलब्ध कराना चाहिए जिससे वे चिंतन के महत्त्व को समझें और योग्यता को बढ़ाने के लिए प्रदत्त वातावरण का लाभ उठा सकें।

(*vii*) बालकों को उनकी आयु के अनुसार समय-समय पर ऐसे कार्य सौंपे जाने चाहिए जिससे उनमें उत्तरदायित्व की भावना का विकास हो सके और उत्तरदायित्व के निर्वाहन हेतु चिंतन के लिए प्रेरित हो सकें।

अभ्यास प्रश्न

1. वह खेल जिसमें बालक स्वयं कुछ बनाता है :

A. रचनात्मक B. काल्पनिक
C. स्वतन्त्र D. इनमें से कोई नहीं

2. भाषा विकास के क्रम में अंतिम क्रम (सोपान) है :

A. ध्वनि पहचानना
B. ध्वनि उच्चारण
C. शब्दोच्चारण
D. भाषा विकास की पूर्णावस्था

3. सृजनात्मक चिन्तन होता है–

A. उच्च अपसारी चिन्तन
B. अभिसारी चिन्तन
C. भाषा विकास
D. मूल्यांकन

4. किसी बच्चे के चिन्तन में आयु के बढ़ने के साथ-साथ किसकी प्रधानता बढ़ती है?

A. तर्क की B. सामान्यीकरण
C. आत्मकेन्द्रीकरण D. जीववाद की

5. कई पदों के योग से बने कौन-से पदबन्ध कहलाते हैं?

A. वाक्य B. शब्द
C. मुहावरे D. वाक्यांश

6. किसी बच्चे में चिन्तन का प्रमुख कारण क्या है?

(*i*) समस्या समाधान करना
(*ii*) निर्णय लेने की भावना
(*iii*) वातावरण के प्रति चैतन्य समायोजन करने हेतु

A. केवल (*i*) B. केवल (*iii*)
C. (*i*) एवं (*ii*) D. ये सभी

7. सार्थक शब्दों का व्यवस्थित समूह जिससे अपेक्षित अर्थ प्रकट हो .... कहलाता है।

A. रूपिम B. पदबन्ध
C. स्वनिम D. वाक्य

8. चिन्तन अनिवार्य रूप से है एक

A. संज्ञानात्मक गतिविधि B. मनोगतिक प्रक्रिया
C. मनोवैज्ञानिक परिघटना D. भावात्मक व्यवहार

9. सृजनात्मकता मुख्य रूप से .... से सम्बन्धित है।

A. मॉडलिंग B. अनुकरण
C. अभिसारी D. अपसारी चिन्तन

10. एक विद्यार्थी कहता है, "उसका दादा आया है।" एक शिक्षक होने के नाते आपकी प्रतिक्रिया होनी चाहिए।

A. अच्छा, उसके दादाजी आए हैं
B. बच्चे, आप सही वाक्य नहीं बोल रहे
C. "दादा आया है" की जगह पर "दादाजी आए हैं" कहना चाहिए
D. आप अपनी भाषा पर ध्यान दीजिए

11. थ, फ, च ध्वनियाँ है

A. स्वनिम B. रूपिम
C. लेखीम D. शब्दिम

12. भाषा में अर्थ की सबसे छोटी इकाई .... है।

A. संकेत प्रयोग विज्ञान (प्रैगमैटिक्स)
B. रूपिम
C. स्वनिम
D. वाक्य

13. निम्नलिखित में से कौन-सी समस्या-समाधान की वैज्ञानिक पद्धति का पहला चरण है?

A. प्राक्कल्पना का निर्माण करना
B. प्राक्कल्पना का परीक्षण करना
C. समस्या के प्रति जागरूकता
D. प्रासंगिक जानकारी को एकत्र करना

14. चिन्तन में .... शामिल हैं।

A. प्रतिमा, कल्पना, संकल्पना, प्रतिज्ञप्ति
B. कल्पना, भाषा, संकल्पना, प्रतिज्ञप्ति
C. प्रतिमां, भाषा, संकल्पना, प्रतिज्ञप्ति
D. प्रतिमा, संकल्पना, कल्पना, प्रतिज्ञप्ति

15. चिन्तन के सूचना प्रक्रमण सिद्धान्त में निम्नलिखित चरण आते हैं–

(i) प्रतिक्रिया क्रियान्वयन *(ii)* प्रतिक्रिया चयन
(iii) पूर्व-प्रक्रमण *(iv)* श्रेणीकरण

A. *(ii)*, *(iv)*, *(iii)*, *(i)* B. *(iii)*, *(i)*, *(iv)*, *(ii)*
C. *(iv)*, *(iii)*, *(ii)*, *(i)* D. *(iii)*, *(iv)*, *(ii)*, *(i)*

16. भाषा विकास में सहयोग करने का कौन-सा तरीका गलत है?

A. बच्चे को बिना टोके प्रकरण पर बात करना
B. उसकी अपनी भाषा के प्रयोग को अमान्य करना
C. उसके प्रयोगों का समर्थन करना
D. भाषा के प्रयोग के अवसर उपलब्ध कराना

17. "मैडम चाय खाती है" वाक्य

A. वाक्य-विन्यास की दृष्टि से सही है लेकिन अर्थ-विज्ञान की दृष्टि से गलत है
B. अर्थ-विज्ञान की दृष्टि से सही है लेकिन वाक्य-विन्यास की दृष्टि से गलत है
C. अर्थ-विज्ञान एवं वाक्य-विन्यास दोनों की दृष्टि से गलत है
D. अर्थ-विज्ञान एवं वाक्य-विन्यास दोनों की दृष्टि से सही है

18. निम्नलिखित में से कौन-सी विशेषता समस्या-समाधान का विशेष चिन्ह है?

A. समस्या मौलिक होती है
B. समस्या कथन में संकेत अन्तर्निहित रूप से दिया जाता है
C. समस्या केवल एक सिद्धान्त पर आधारित होती है
D. सही उत्तर प्राप्त करने का सामान्यतः एक उपागम होता है

19. बच्चे द्वारा 'संकल्पना-निर्माण' के सम्बन्ध में निम्नलिखित में से कौन-सा कथन सही है?

A. संकल्पनाएँ संवेगात्मक रूप से सुव्यवस्थित होती हैं
B. संकल्पनाएँ विकास की एक निश्चित संरचनात्मक व्यवस्था होती है
C. संकल्पनाओं की प्रकृति पदानुक्रमिक नहीं होती
D. संकल्पनाएँ वैयक्तिक नहीं होती

20. शिक्षक .... के अलावा निम्नलिखित सभी को करते हुए समस्या समाधान को विद्यार्थियों के लिए मजेदार बना सकता है।

A. मुक्त अन्त वाली सामग्री उपलब्ध कराने
B. मुक्त खेल के लिए समय देने
C. सृजनात्मक चिन्तन के लिए असीमित अवसर उपलब्ध कराने
D. जब विद्यार्थी से कोई कार्य कराने की कोशिश कर रहे हों, तो उनसे परिपूर्णता की अपेक्षा करने

उत्तरमाला

1	2	3	4	5	6	7	8	9	10
A	D	A	A	A	D	D	A	D	A
11	**12**	**13**	**14**	**15**	**16**	**17**	**18**	**19**	**20**
A	C	C	C	D	B	A	B	B	D

7. समाज निर्माण में लिंग की भूमिका (Role of Gender in Social Construct)

व्यक्ति एवं व्यक्ति, समुदाय एवं समुदाय, जाति एवं जाति के बीच पाई जाने वाली भिन्नता एक वैश्विक घटना है। ऐसे में एक प्रश्न उठता है कि आखिर ये भेद क्यों है एवं इसके लक्षण क्या हैं? इस प्रकार के भेदों का मापन शारीरिक तथा मनोवैज्ञानिक आधार पर किस प्रकार किया जाए?

लिंग और उसकी भूमिका (Role of Gender)

जब वर्ग भेद की चर्चा की जाती है जो उसके गुण-दोष एवं लक्षण आदि की भी चर्चा जरूरी है। इस वर्ग का कुछ आधार भी हो सकता है। यथा–व्यक्तित्त्व, सामाजिक-आर्थिक स्तर, जाति, लिंग अवस्था आदि। यदि हम इन समूहों के मध्य व्याप्त वर्गीकरण अथवा भेदों को जानने की रुचि रखते हैं तो हमें दैनिक जीवन की समस्याओं को सुलझाने में सहायता मिलती है।

वर्तमान परिदृश्य में समानता की मांग सामयिक मुद्दा है। इस समानता का तात्पर्य नकारात्मक न होकर सकारात्मक है। यहां समानता का तात्पर्य समान शैक्षिक योग्यता, समान क्षमता, समान अधिकार, समान कुशलता तथा पढ़ाई एवं कार्य के समान अवसर से है। अन्य शब्दों में कहा जा सकता है कि हम स्त्री-पुरुष में वर्ग के आधार पर लिंग भेद को मान्यता नहीं देते हैं। लिंग भेद का सिद्धांत मूलतः भेद पर ही आधारित है, अर्थात् स्त्री तथा पुरुष में कुछ भेद पाए जाते हैं भले ही हम कहें कि इनके बीच सामाजिक तथा शैक्षिक आधार पर कोई भेद नहीं है। इस भेद से एक महत्त्वपूर्ण प्रश्न उत्पन्न होता है कि क्या महिलाएं शारीरिक लक्षण, कौशल, जीवन मूल्य, दक्षता के आधार पर पुरुषों से कुछ भिन्न हैं अथवा नहीं? यदि इस आधार पर इनमें कोई भिन्नता नहीं पाई जाती है तो इस बात की जांच-पड़ताल आवश्यक है कि क्यों इनके साथ कुछ क्षेत्रों में भेद-भाव किया जाता है?

लैंगिक भेद-भाव (Gender Differentiation)

मनोविज्ञान के अध्ययन के क्षेत्र में लिंग भेद पर आधारित विषय अन्य विषयों की तुलना में काफी रुचिकर विषय हैं। शिक्षा, वैवाहिक संबंधों की सफलता, रहन-सहन तथा कार्यक्षेत्र संबंधी अनेक सामाजिक समस्याओं का संबंध इनकी सफलता से संबद्ध है। अनेक शिक्षाविदों तथा शिक्षा मनोवैज्ञानिकों ने महिला तथा पुरुषों की उपलब्धि की तुलना को अपने अनुसंधान का विषय-वस्तु बनाया है। इन्होंने अपने नमूनों (samples) को दो भागों–महिला और पुरुष में बांटा है। इन शोधों से प्राप्त तथ्यों के अनुसार सामाजिक तथा शारीरिक आधार पर महिला और पुरुष में भिन्नता है। इस अनुसंधान का मुख्य लक्ष्य था महिला और पुरुष के भेद को लिंग व्यवहार के आधार पर समुचित रूप से समझना। इस अनुसंधान का आधार सामान्यतः मनोवैज्ञानिक ही था। ये तथ्य इस अवधारणा की पुष्टि करते हैं कि शारीरिक बनावट के अनुसार स्त्री-पुरुष के संवेगों में भी अंतर होता है। हालांकि इस भेद का आधार सामाजिक न होकर लक्षण विशेष पर आधारित अनुसंधान है जिसमें बाह्य कारकों तथा अन्य लक्षणों के अंतःसंबंधों के परस्पर संबंधों को भी जानने एवं समझने का प्रयत्न किया गया है।

इन वर्ग भेदों में कौन-से मुख्य हैं और कौन-से गौण यह कहना बहुत मुश्किल है। जहां तक सामान्य बुद्धि की बात है वहां महिला और पुरुष वर्गों में समानता देखने को मिलती है। इनमें भेद कुछ विशेष योग्यताओं या लक्षणों को लेकर है। सामान्यतः पुरुषों में महिलाओं की तुलना में तर्क करने, वस्तुओं में समानता संबंधी खोज करने तथा सामान्य ज्ञान के क्षेत्र में कुछ श्रेष्ठता के संकेत पाए जाते हैं। पुरुष जहां स्थानिक संबंध की दृष्टि से भेद की सूक्ष्मता को पहचानने में अधिक सक्षम है वहां शाब्दिक अभिक्षमता तथा स्मरण शक्ति के क्षेत्र में महिलाएं अधिक सक्षम हैं। अनुसंधानों से यह बात भी सामने आयी है कि छात्राओं का भाषायी विकास छात्रों की तुलना में अल्पायु से ही अधिक होता है। अनुसंधानों से इस बात की भी पुष्टि हुई है कि विद्यालयपूर्व आयु वर्ग की बालिकाओं की शब्दावली इस आयुवर्ग के बालकों की तुलना में अधिक सक्षम होती है। इतना ही नहीं छात्राओं की पठन गति भी छात्रों से अधिक होती है। सामान्यतः दोनों वर्गों की बुद्धि अथवा शैक्षिक क्षमता में इतना भेद नहीं होता है कि वे किसी प्रदत्त कार्य को न्यूनाधिक क्षमता से सम्पन्न न करें। इन तथ्यों के आधार पर यही निष्कर्ष निकलता है कि शैक्षिक कार्यक्रम तथा पाठ्यक्रम के समायोजन के समय छात्र-छात्राओं में कोई भेदभाव नहीं बरतना चाहिए। छात्र-छात्राओं की पाठ्यचर्या में अंतर जन्मजात बौद्धिक स्तर के कारण नहीं होता है। उनमें अंतर का मुख्य कारण भावी जीवन की आवश्यकताओं के अनुसार निर्धारित होता है।

शैक्षिक अभ्यास (Educational Practice)

वर्तमान सामाजिक ढांचे में भी लड़की एवं लड़के में भिन्नता देखने को मिलती है। समाज लड़की को लड़के से कमतर आंकता है तथा उसे निश्चित रूढ़िगत कामों में लगा देता है। शिक्षण के दौरान शिक्षक भी लड़कियों पर अवांछित टिप्पणी

करते हैं जो शिक्षण की नीति के प्रतिकूल है। ऐसे शिक्षकों में प्रायः यह धारणा होती है कि लड़कियों के लिए ऐसी शिक्षा व्यवस्था होनी चाहिए जो उन्हें सद्गृहिणी तथा आदर्श माता बनने के लिए प्रेरक का कार्य करे। इस प्रकार का विचार न केवल व्यक्तित्त्व की भिन्नता संबंधी गुणों की अवहेलना करता है अपितु इस तथ्य की भी उपेक्षा करता है कि बालक-बालिकाओं को कुछ समान कौशल सिखाने की भी आवश्यकता है। जैसा कि पहले भी बताया जा चुका है कि बालक तथा बालिकाएं कुछ क्षेत्रों या योग्यताओं में अवश्य भिन्न हैं और इन क्षेत्रों में ये एक-दूसरे से आगे भी निकल जाते हैं। इसी आधार पर जन्मजात योग्यताओं के अधिकतम विकास के लिए विशेष शिक्षण रीति-नीति अपनाने की आवश्यकता है तथा अभाव के क्षेत्र को भी प्रबल करने के लिए विशेष पद्धतियों का आश्रय लेने की आवश्यकता है। एक अध्यापक को अध्यापक के नाते लिंग भेद आधारित भावना के विरुद्ध साहसिक कदम उठाना चाहिए। इसके साथ-साथ लड़के-लड़कियों के बीच पाए जाने वाले वास्तविक भेदों को भी पहचानना तथा उन्हें स्वीकार करना चाहिए। साथ ही साथ अध्ययन के समय उसी प्रकार की रीति-नीति का उपयोग करना चाहिए।

आज भी लड़कियों के प्रति सामाजिक दृष्टिकोण परंपरागत ही है। इसका महत्त्वपूर्ण प्रमाण उनके प्रति अपनाए जाने वाले व्यवहार और उनकी शिक्षा-दीक्षा के संबंध में देखने को मिलता है। यद्यपि ये बातें सभी जगह लागू नहीं होती किंतु यह प्रायः देखा जाता है। इस संबंध में भी वर्ग भेद पर्याप्त रूप से देखने को मिलता है। समाज के उच्च वर्ग की अपेक्षा निम्न वर्ग से आने वाली लड़कियों के संदर्भ में इस स्तर पर और भी भेद पाया जाता है। अनुसूचित जातियों, अनुसूचित जनजातियों तथा अन्य अभावग्रस्त व सुविधाविहीन सामाजिक स्तर से आने वाली लड़कियों को कुछ अन्य टिप्पणियों से भी दो-चार होना पड़ता है, जैसे- यह कि ये अभावग्रस्त परिवारों से हैं तथा यह कि ये आर्थिक दृष्टि से पिछड़े तथा दलित हैं। ऐसे में ये बातें उन्हें शैक्षिक तथा सामाजिक दृष्टिकोण से विकसित बनने में बाधा उत्पन्न करता है। इतना ही नहीं इस समुदाय के लोग यह भी सोचते हैं कि लड़कियों की पढ़ाई पर किए जाने वाले खर्च को यदि उनके विवाह पर खर्च किया जाए तो वह अधिक लाभप्रद और उपयोगी होगा। हालांकि वर्तमान में कई राज्य सरकारों ने लड़कियों की शिक्षा के लिए अनेक कल्याणकारी योजनाओं का शुभारंभ किया है फिर भी लड़कियों की एक बड़ी आबादी अभी भी विद्यालय तक नहीं पहुंच पाई है। ऐसे में लड़कियों की शिक्षा से संबंधित विभिन्न पहलुओं, यथा–सामाजिक, शैक्षिक एवं आर्थिक पर चिंतन करना शिक्षक का महत्त्वपूर्ण दायित्व बन जाता है।

अभ्यास प्रश्न

1. वैदिक काल में स्त्री-शिक्षा के प्रमाण स्वरूप निम्नांकित विदुषी महिला के नाम उल्लेखनीय है–

A. अपाला B. गार्गी

C. घोषा D. उपरोक्त सभी

2. अभिरुचि, अभिवृत्ति, उपलब्धि तथा लैंगिक कौन-सी विभिन्नताओं के क्षेत्र हैं?

A. व्यक्ति की आंतरिक विभिन्नताएँ

B. सामाजिक विभिन्नताएँ

C. वैयक्तिक विभिन्नताएँ

D. चारित्रिक विभिन्नताएँ

3. 'पुरुष स्त्रियों की अपेक्षा ज्यादा बुद्धिमान् होते हैं।' यह कथन

A. लैंगिक पूर्वाग्रह को प्रदर्शित करता है

B. बुद्धि के भिन्न पक्षों के लिए सही है

C. सही है

D. सही हो सकता है

4. लड़कियों को घर के काम-काज में अधिक ध्यान देने के लिए कहना किस को दर्शाता है?

A. रूढ़िबद्धता B. प्रगतिशील चिन्तन

C. मनोवैज्ञानिक चिन्तन D. मनोवैज्ञानिक प्रकृति

5. छात्र एवं छात्राओं के बीच लैंगिक प्रभावों को कम करने के लिए उपयुक्त उपाय है

(*i*) छात्राओं को छात्रों के समान अधिकार देना।

(*ii*) छात्राओं को छात्रों के समान कार्य के समान अवसर उपलब्ध कराना।

(*iii*) छात्राओं को छात्रों के समान शैक्षिक योग्यता की समानता उपलब्ध करना

A. केवल (*i*) B. केवल (*iii*)

C. केवल (*ii*) D. ये सभी

6. "भारत की 2011 की जनगणना (बाल्य आयु वर्ग) में लिंग अनुपात 2001 की जनगणना के अनुसार 927 से घटकर 914 ही रह गया है।" इसका सर्वाधिक प्रमुख कारण निम्नलिखित में से क्या हो सकता है?

A. लैंगिक भेदभाव

B. स्त्री शिक्षा को बढ़ावा देना

C. स्त्री-शिक्षा में कमी

D. स्त्रियों का खराब स्वास्थ्य

7. एक अच्छी पाठ्य-पुस्तक .... से बचाती है।

A. लैंगिक पूर्वाग्रह B. लैंगिक संवेदनशीलता

C. लैंगिक समानता D. सामाजिक उत्तरदायित्व

8. कक्षा-कक्ष में शिक्षक और विद्यार्थी किस प्रकार जेण्डर को .... करते हैं? यह सीखने के वातावरण ....।

A. परिभाषित; को कम प्रभावी बनाता है

B. व्याख्यायित; पर कोई प्रभाव नहीं डालता

C. निर्मित; पर प्रभाव नहीं डालता
D. रूपान्तरित; को क्षुब्ध करता है

9. सामाजिक भूमिकाओं के कारण न कि जीव वैज्ञानिक सम्पत्ति के कारण सौंपी गई विशिष्टताएँ .... कहलाती है।
A. जेंडर भूमिका रूढ़िबद्धता
B. जेंडर भूमिका दबाव
C. जेंडर भूमिका अभिवृत्ति
D. जेंडर भूमिका नेदानिकी

10. समाजीकरण में सम्मिलित हैं–सांस्कृतिक संचरण और ....।
A. संवेगात्मक समर्थन उपलब्ध कराना
B. बच्चों को लेबलों में समायोजित करना
C. वैयक्तिक व्यक्तित्व विकास
D. विद्रोहियों को निरूत्साहित करना

11. विद्यालय में लिंग भेदभाव से बचने का सर्वोत्तम तरीका हो सकता है
A. विद्यालय में लिंग भेदभाव को दूर करने के लिए नियम बनाना और कड़ाई से उसका पालन करवाना
B. संगीत प्रतियोगिता के लिए लड़कियों की अपेक्षा लड़कों का चयन करना
C. शिक्षकों द्वारा उनके लिंग-पक्षपातपूर्ण व्यवहारों का अधिसंज्ञान
D. पुरूष एवं महिला शिक्षकों को समान संख्या में भर्ती करना

12. छात्राओं के निजी संसार पर किसका प्रभाव पड़ता है?
(*i*) सामाजिक मान्यताओं का
(*ii*) लैंगिक भेद-भाव का
(*iii*) परिवार में उनके स्थान का
A. केवल (*iii*) B. केवल (*i*)
C. (*ii*) एवं (*i*) D. ये सभी

13. विज्ञान के प्रयोगों में, सामान्यतः लड़के उपकरणों का नियंत्रण अपने हाथों में लेते हैं और लड़कियों से आँकड़ों को रिकॉर्ड करने अथवा बर्तनों को धोने के लिए कहते हैं। यह प्रकृति यह दर्शाती है कि–
A. लड़कियाँ बेहतरीन अवलोकनकर्ता होती हैं और बिना किसी गलती के आँकड़ों का रिकॉर्ड रखती हैं
B. पुरूष और स्त्री की रूढ़िबद्ध भूमिकाएँ विद्यालय में भी होती है
C. लड़के उपकरणों को ज्यादा कुशलता से सम्भाल सकते हैं क्योंकि वे इस प्रकार के कार्यों को करने में प्राकृतिक रूप से सक्षम होते हैं
D. लड़कियाँ नाजुक होने के कारण ऐसे काम करना पसन्द करती हैं, जिनमें ऊर्जा की खपत कम होती है

14. मोनिका, जो गणित की शिक्षिका है, पूजा से एक प्रश्न पूछती है। पूजा से कोई उत्तर न मिलने पर वह तुरन्त करन से दूसरा प्रश्न पूछती है। जब उसे महसूस होता है कि करन उत्तर बनाने में संघर्ष कर रहा है, तो वह अपने प्रश्न के शब्दों को बदलती है। मोनिका की यह प्रवृत्ति यह प्रदर्शित करती है कि वह
A. इस तथ्य से पूर्णतः परिचित है कि पूजा सवालों के जवाब देने के योग्य नहीं है
B. अपने सवाल के प्रति थोड़ा घबरा गई है
C. पूजा को किसी उलझनपूर्ण स्थिति में नहीं डालना चाह रही है
D. करन का पक्ष लेकर लिंग भूमिकाओं में रूढ़िबद्धता को बढ़ावा दे रही है

15. कक्षा में जेंडर रूढ़िबद्धता से बचने के लिए एक शिक्षक को
A. लड़के-लड़कियों को एकसाथ अपारम्परिक भूमिकाओं में रखना चाहिए
B. लड़कों को जोखिम उठाने और निर्भीक बनने के लिए प्रोत्साहित करना
C. कुश्ती में भाग लेने के लिए लड़कियों को निरूत्साहित करना
D. 'अच्छी लड़की', 'अच्छा लड़का' कहकर शिक्षार्थियों के अच्छे कार्य की सराहना करनी चाहिए

16. राज्य स्तर की एक एकल-गायन प्रतियोगिता के लिए विद्यार्थियों को तैयार करते समय, एक विद्यालय लड़कियों को वरीयता देता है। यह दर्शाता है–
A. प्रगतिशील चिन्तन B. लैंगिक पूर्वाग्रह
C. वैश्विक प्रवृत्तियाँ D. प्रयोजनात्मक उपागम

17. पूर्व माध्यमिक कक्षाओं में छात्राएँ, छात्रों की अपेक्षा अधिक कुशल होती हैं–
A. पठन गति में B. बुद्धि में
C. शैक्षिक अभिक्षमता में D. ये सभी

18. एक अध्यापक को अपनी शैक्षिक क्रियाओं के अभियोजन के समय जातीय भेदभाव के सन्दर्भ में अपनी शिक्षण प्रक्रिया में क्या अपनाना चाहिए?
A. कठोरता व लचीलापन दोनों
B. न कठोरता न ही लचीलापन
C. लचीलापन
D. कठोरता

19. लैंगिक भेदभाव को दूर करने के लिए शिक्षा व्यवस्था में आवश्यक उपाय है
A. छात्र-छात्राओं के लिए विशिष्ट प्रावधान
B. छात्र-छात्राओं के लिए समान प्रावधान
C. छात्र-छात्राओं के लिए असमान प्रावधान
D. उपरोक्त में से कोई नहीं

20. आदिवासी जाति की छात्राओं के शिक्षण में आने वाली प्रमुख समस्या है
A. उनका उच्च सामाजिक स्तर

B. उनका मजबूत आर्थिक स्तर
C. सुविधाओं की अपर्याप्तता
D. उपरोक्त में से कोई नहीं

21. एक अध्यापक को अपनी कक्षा में निम्न में से किस तथ्य को नकारना चाहिए?
A. छात्र-छात्राओं के व्यवहार सम्बन्धी विकारों को
B. छात्र-छात्राओं के झगड़ों से सम्बन्धित मुद्दों को
C. छात्र-छात्राओं के पठन सम्बन्धी विकारों को
D. छात्र-छात्राओं के मध्य लैंगिक भेदभाव को

22. किसी व्यक्ति की व्यक्तिगत विभिन्नता के क्षेत्र हैं
A. शारीरिक संरचना   B. मानसिक योग्यताएँ
C. लिंग भेद   D. उपरोक्त सभी

उत्तरमाला

1	2	3	4	5	6	7	8	9	10
D	C	A	A	D	A	A	C	A	C
11	**12**	**13**	**14**	**15**	**16**	**17**	**18**	**19**	**20**
C	D	B	D	A	B	A	C	B	C
21	**22**								
D	D								

8. अधिगम का मूल्यांकन (Evaluation of Learning)

चूंकि शिक्षा का संबंध बच्चे के सर्वांगीण विकास (शारीरिक, सामाजिक, बौद्धिक एवं भावनात्मक आदि) से है। इसलिए बच्चे के विकास के सभी पहलुओं को आंके जाने की आवश्यकता है। वर्तमान समय में हम बच्चे को पूरे रूप में नहीं आंकते, बल्कि विशिष्ट क्षेत्रों में केवल उसकी शैक्षिक उपलब्धियों का मूल्यांकन करते हैं। हम शिक्षार्थी का मूल्यांकन बुनियादी रूप से उसके परीक्षा परिणामों के आधार पर करते हैं। हम सीखने के लिए किए गए प्रयास, कार्य निष्पादन, अभिवृत्तियों का और जो कुछ सीखा गया है, उसका उपयोग विभिन्न स्थितियों में करने की योग्यता का मूल्यांकन नहीं करते और न ही हम उनका मूल्यांकन इस आधार पर करते हैं कि वे तकनीकें कितनी प्रभावकारी रूप से कार्य करती हैं अथवा विभिन्न सिद्धांतों का मूल्यांकन कितने विवेचनात्मक ढंग से करते हैं।

इस प्रक्रिया के स्वरूप को अधिक व्यापक बनाने के लिए महत्त्वपूर्ण है कि बच्चे की शिक्षा-प्राप्ति का निर्धारण कक्षा के अंदर और बाहर हर प्रकार की स्थितियों और वातावरण में किया जाए। यह जरूरी है कि मूल्यांकन की प्रक्रिया सूचना प्रदान करने के तरीके और उस प्रत्युत्तर (Feedback) का भाग हो कि स्कूल और अध्यापक शिक्षा के प्रत्याशित परिणाम प्राप्त करने में किस हद तक सफल हुए हैं।

विद्यालय आधारित मूल्यांकन (School Based Evaluation)

विद्यालय आधारित मूल्यांकन विद्यालय शिक्षा बोर्डों द्वारा ली जाने वाली परीक्षाओं के विपरीत, स्कूल स्तर पर किया जाता है। यह मूल्यांकन विद्यालय द्वारा विकसित अनुसूची और बोर्ड द्वारा जारी किए गए मार्ग-निर्देशों के अनुसार अध्यापकों द्वारा किया जाता है। यद्यपि यह मूल्यांकन हमेशा विद्यालय के स्तर पर किया जाता रहा है, किंतु इस प्रणाली में कुछ त्रुटियां उत्पन्न हो गई हैं। इन त्रुटियों के मुख्य कारण निम्न हो सकते हैं :

(*i*) मूल्यांकन के स्थान एवं शिक्षा की प्रक्रिया में इसके महत्त्व के बारे में अध्यापकों की गलत धारणा।

(*ii*) बाह्य परीक्षा की प्रथा का अनुकरण जो सामान्य रूप से सत्र के अंत में ली जाती है।

वर्तमान दौर में मूल्यांकन की विद्यालय-आधारित प्रणाली में, मूल्यांकन के प्रयोजन का केंद्र-बिंदु बदल गया है। अब इसमें तत्परता परीक्षण, विकास की जांच परख, संज्ञानात्मक, भावात्मक और मनो-प्रेरक क्षेत्रों में कार्य निष्पादन का बार-बार सुनियोजित और प्रभावकारी तरीके से मूल्यांकन किया जाना शामिल है।

अन्य शब्दों में, विद्यालय-आधारित मूल्यांकन बाल-केंद्रित, विद्यालय-केंद्रित और बहुआयामी मूल्यांकन होता है। यह सही मायने में शिक्षार्थी के सर्वतोमुखी विकास का सूत्रपात करता है। यह विद्यालय के अंदर और विद्यालय के बाहर दोनों जगहों पर जीवन में सभी प्रकार की शिक्षा प्राप्ति को प्रोत्साहित करता है। यह बाल-केंद्रित होता है, क्योंकि यह विकास के वैयक्तिक स्वरूप की दृष्टि से विद्यार्थी को एक अद्वितीय अस्तित्व मानता है। यह अपनी शिक्षा के पहले से निर्धारित लक्ष्यों और उद्देश्यों को प्राप्त करने के लिए शिक्षार्थी का एक अलग व्यक्तित्व के रूप में, अन्य शिक्षार्थियों की तुलना में केवल उसकी स्थिति के रूप में नहीं बल्कि प्रत्येक बच्चे की अपनी वैयक्तिक योग्यताओं, प्रगति और विकास के आधार पर निर्माण करता है।

विद्यालय आधारित मूल्यांकन की विशेषताएं (Characteristics of School Based Evaluation)

I. विद्यार्थी से संबद्ध विशेषताएं

(*i*) यह पारंपरिक प्रणाली से अधिक विस्तृत, अधिक व्यापक और सतत होता है।

(*ii*) इसका मुख्य लक्ष्य शिक्षार्थी को सुनियोजित अधिगम और विकास की ओर उन्मुख करने में सहायता देना होता है।

(*iii*) यह भविष्य के जिम्मेदार नागरिक के रूप में शिक्षार्थी की आवश्यकताओं का ध्यान रखता है।

(*iv*) यह अधिक पारदर्शी, भविष्यात्मक और शिक्षार्थियों, अध्यापकों और माता-पिता के बीच सहयोजन की अधिक गुंजाइश मुहैया कराने वाला होता है।

(*v*) यह शिक्षार्थी को अपनी क्षमता का बेहतर तरीके से उपयोग करने में सहायता देता है।

II. अध्यापक से संबद्ध विशेषताएं

विद्यालय आधारित प्रणाली में अध्यापकों को अपने विद्यार्थियों के बारे में निम्नलिखित बातें जानने का अवसर मिलता है—

(*i*) वे क्या सीखते हैं?

(*ii*) वे कैसे सीखते हैं?

(*iii*) इकट्ठा सीखने में उन्हें किस प्रकार की कठिनाइयों अथवा सीमाओं का सामना करना पड़ता है?

(*iv*) बच्चे क्या सोचते हैं?

(*v*) बच्चे क्या महसूस करते हैं?

(*vi*) उनकी रुचियां और प्रवृत्तियां क्या हैं?

(*vii*) यह अध्यापकों को ऐसे तरीकों को ढूंढने के लिए पैनी दृष्टि प्रदान करता है, जो अलग-अलग शिक्षार्थियों के लिए अपनी समस्याओं और कठिनाइयों का समाधान करने में सहायक सिद्ध हो सकते हैं।

सतत् और व्यापक मूल्यांकन (CCE)

सतत् और व्यापक मूल्यांकन का तात्पर्य विद्यार्थियों के विद्यालय आधारित मूल्यांकन की उस प्रणाली के बारे में है, जिसमें विद्यार्थियों के विकास के सभी पहलुओं की ओर ध्यान दिया जाता है।

'सतत्' शब्द का उद्देश्य इस बात पर बल देना है कि बच्चों की 'संवृद्धि और विकास' के अभिज्ञात पहलुओं का मूल्यांकन एक घटना होने के बजाए एक सतत् प्रक्रिया है, जो अध्यापन-शिक्षा-प्राप्ति की संपूर्ण प्रक्रिया के अंदर निर्मित है और शैक्षिक सत्र की समूची अवधि में फैली होती है। इसका अर्थ है निर्धारण की नियमितता, यूनिट परीक्षण की आवृत्ति, शिक्षा-प्राप्ति की कमियों का निदान, सुधारात्मक उपायों का उपयोग, पुनः परीक्षण और अध्यापकों और छात्रों के स्व-मूल्यांकन के लिए उन्हें घटनाओं के प्रमाण का फीडबैक।

'व्यापक' का अर्थ है कि यह योजना विद्यार्थियों की संवृद्धि और विकास के शैक्षिक और सह-शैक्षिक दोनों क्षेत्रों को समाहित करने का प्रयास करती है। चूंकि योग्यताएं, अभिवृत्तियां और अभिरुचियां अपने आपको लिखित शब्दों से भिन्न अन्य रूपों में प्रकट करती हैं, इसलिए इस शब्द में विभिन्न प्रकार के साधनों और तकनीकों (परीक्षण और गैर-परीक्षण) के उपयोग और शिक्षा-प्राप्ति के क्षेत्रों में शिक्षार्थियों के विकास को आंकने के लक्ष्यों का उल्लेख किया गया है, यथा–

(*i*) ज्ञान,
(*ii*) समझना/बोध,
(*iii*) अनुप्रयोग,
(*iv*) विश्लेषण,
(*v*) मूल्यांकन और
(*vi*) सृजन।

इस प्रकार स्पष्ट है कि सतत एवं व्यापक मूल्यांकन एक पाठ्यचर्या संबंधी पहल है, जिसमें परीक्षण के स्थान पर संपूर्णवादी शिक्षा प्राप्ति पर जोर दिए जाने का प्रयास किया जाता है। इसका लक्ष्य अच्छे स्वास्थ्य, उपयुक्त कौशलों और वांछनीय गुणवत्ता वाले और इसके अलावा शैक्षिक उत्कृष्टता वाले अच्छे नागरिकों का निर्माण करना है।

सतत एवं व्यापक मूल्यांकन का उद्देश्य (Objective of Continuous and Comprehensive Evaluation (CCE))

(*i*) संज्ञानात्मक, मनोप्रेरक (साइकोमोटर) और प्रभावकारी कौशलों का विकास करने में सहायता देना।

(*ii*) चिंतन की प्रक्रिया पर जोर देना और कंठस्थ करने पर बल न देना।

(*iii*) मूल्यांकन को अध्यापन-शिक्षा-प्राप्ति की प्रक्रिया का अभिन्न अंग बनाना।

(*iv*) मूल्यांकन का उपयोग नियमित निदान और उसके बाद उपचारात्मक अनुदेश के आधार पर विद्यार्थियों की उपलब्धियों और अध्यापन-शिक्षा-प्राप्ति की कार्यनीतियों में सुधार करने के लिए करना।

(*v*) कार्य-निष्पादन का वांछित स्तर बनाए रखने के लिए मूल्यांकन का उपयोग एक गुणवत्ता नियंत्रण साधन के रूप में करना।

(*vi*) किसी कार्यक्रम की सामाजिक उपयोगिता, वांछनीयता अथवा प्रभावकारिता निर्धारित करना और शिक्षार्थी, शिक्षा-प्राप्ति की प्रक्रिया और शिक्षा-प्राप्ति के वातावरण के बारे में उपर्युक्त निर्णय लेना।

(*vii*) अध्यापन और शिक्षा-प्राप्ति की प्रक्रिया को शिक्षार्थी-केंद्रित क्रियाकलाप बनाना।

अधिगम का मूल्यांकन (Learning Evaluation)

अधिगम के मूल्यांकन में उपलब्ध प्रमाणों के साथ कार्य करना शामिल है, जो स्टाफ और व्यापक मूल्यांकन समुदाय को विद्यार्थियों की प्रगति की जांच करने और इस सूचना का अनेक तरीकों से इस्तेमाल करने में समर्थ बनाता है। मूल्यांकन के दो स्तर हैं– (*i*) रचनात्मक मूल्यांकन (Formative Assessment) एवं (*ii*) सारांशात्मक मूल्यांकन (Summative Assessment)।

(*i*) रचनात्मक मूल्यांकन (Formative Assessment) : इस मूल्यांकन को सीखने/अधिगम का मूल्यांकन भी कहा जाता है। इसका उपयोग अध्यापक द्वारा विद्यार्थी की प्रगति को एक ऐसे वातावरण में मॉनीटर करने के लिए किया जाता है, जो घबड़ाहट पैदा करने वाला न हो और प्रोत्साहन देने वाला हो। इसमें विद्यार्थी को नियमित प्रत्युत्तर मुहैया कराना और उसे अपने कार्य-निष्पादन पर विचार करने, सलाह प्राप्त करने और उसमें सुधार करने का अवसर प्रदान करना शामिल है। इसमें विद्यार्थियों को स्व-मूल्यांकन करने अथवा अपने समकक्षों का मूल्यांकन करने की कसौटियां तय करने के एक आवश्यक भाग के रूप में शामिल किया जाता है। यदि इसे प्रभावकारी रूप से उपयोग में लाया जाए तो यह बच्चे के आत्म-सम्मान को बढ़ाते हुए और अध्यापक के कार्य भार को घटाकर, विद्यार्थी के कार्य निष्पादन में जबरदस्त सुधार कर सकता है।

इस प्रकार, रचनात्मक मूल्यांकन कार्य-संपादन अथवा शिक्षा प्रदान करने की प्रक्रियाओं और शिक्षा-प्राप्ति के क्रियाकलापों में उपयुक्त संशोधन करने के बारे में निर्णय लेने के लिए अध्यापकों और विद्यार्थियों दोनों को निरंतर प्रत्युत्तर (Feedback) मुहैया कराने के लिए शिक्षा की अवधि के दौरान किया जाता है।

रचनात्मक मूल्यांकन की विशेषताएं :

(*a*) यह नैदानिक एवं उपचारात्मक है।

(b) यह प्रभावकारी प्रत्युत्तर की व्यवस्था करता है।

(c) यह विद्यार्थियों को स्वयं अपनी शिक्षा प्राप्ति में सक्रिय रूप से शामिल होने के लिए मंच उपलब्ध कराता है।

(d) यह अध्यापकों को मूल्यांकन के परिणाम को ध्यान में रखते हुए उन्हें अध्यापन को समायोजित करने में समर्थ बनाता है।

(ii) **सारांशात्मक मूल्यांकन (Summative Assessment) :** यह मूल्यांकन शिक्षा पाठ्यक्रम के समाप्त होने पर किया जाता है। सारांशात्मक मूल्यांकन यह मापता अथवा जोड़ता है कि विद्यार्थी ने पाठ्यक्रम से क्या सीखा है। यह मुख्य रूप से एक श्रेणीकृत (Graded) परीक्षण होता है, अर्थात् इसमें एक पैमाने के अनुसार अथवा ग्रेडों के एक सेट के अनुसार अंक दिए जाते हैं।

वह मूल्यांकन, जो मुख्यतः सारांशात्मक प्रकृति का होगा, अपने आप में बच्चे की संवृद्धि और उसके विकास का कोई संगत एवं युक्तिसंगत पैमाना नहीं होगा। अधिक-से-अधिक यह एक समय-विशेष पर उपलब्धि के स्तर को प्रमाणित करता है। कागज-पेंसिल परीक्षण बुनियादी रूप से निर्धारण अथवा मूल्यांकन का एक-एक बार अपनाया जाने वाला तरीका है और किसी बच्चे के विकास के बारे में केवल इसका सहारा लेना न केवल अनुचित है, बल्कि अवैज्ञानिक भी है। केवल शैक्षिक पहलुओं पर ध्यान देते हुए परीक्षा में प्राप्त अंक पर बहुत जोर देने से, बच्चे यह मान लेते हैं कि मूल्यांकन (निर्धारण) शिक्षा प्राप्ति से भिन्न है, जिसका परिणाम 'सीखो और भूल जाओ' लक्षण होता है। सारांशात्मक मूल्यांकन प्रणाली पर आवश्यकता से अधिक जोर देने से अस्वास्थ्यकर प्रतियोगिता को प्रोत्साहन मिलने के अलावा शिक्षार्थियों पर बहुत अधिक दबाव पड़ता है और उनमें चिंता उत्पन्न होती है। इसी कारण से सतत् और व्यापक विद्यालय आधारित मूल्यांकन संकल्पना का प्रादुर्भाव हुआ है।

सारांशात्मक मूल्यांकन की विशेषताएं :

(a) शिक्षा-प्राप्ति का निर्धारण।

(b) सामान्य रूप से विद्यार्थियों द्वारा किसी यूनिट अथवा सेमेस्टर के समाप्त होने पर उसका सारांश प्रदर्शित करने के लिए किया जाता है, जो उन्होंने सीखा हो अथवा न सीखा हो।

(c) इस मूल्यांकन के तरीके अधिकतर विद्यार्थियों के कार्य का मूल्यांकन करने के पारंपरिक तरीके होते हैं।

अधिगम के मूल्यांकन की विशेषताएं (Characteristics of Learning Evaluation)

(i) यह मूल्यांकन शिक्षा-प्राप्ति के बाद किया जाता है।

(ii) सूचना अध्यापक द्वारा एकत्र की जाती है।

(iii) सूचना को सामान्य रूप से अंकों अथवा ग्रेडों में रूपांतरित किया जाता है।

(iv) अन्य विद्यार्थियों के कार्य-निष्पादन के साथ तुलना की जाती है।

(v) इसके पहले प्राप्त की गई शिक्षा पर नजर डालता है।

अधिगम के अच्छे मूल्यांकन के मानदंड (Norms of Good Learning Evaluation)

(i) वे युक्तिसंगत होते हैं (ठोस मानदंडों पर आधारित)।

(ii) वे विश्वसनीय होते हैं (मूल्यांकन और पद्धति का सही होना)।

(iii) वे तुलनीय होते हैं (जब उनकी तुलना अन्य विभागों अथवा विद्यालयों में की गई जांच-परख से की जाती है, तो वे ठीक पाए जाते हैं)।

अधिगम के मूल्यांकन के प्रयोजन/उद्देश्य (Objective of Learning Evaluation)

अधिगम के मूल्यांकन का सार यह है कि सारांशात्मक मूल्यांकन को किसी विशेष समय पर विषय-वस्तु के मानदंडों की तुलना में विद्यार्थी की शिक्षा को मापने का एक साधन समझा जाए।

सतत् और व्यापक मूल्यांकन की विशेषताएं (Characteristics of CCE)

(i) सतत् और व्यापक मूल्यांकन में 'सतत्' पहलू के तहत मूल्यांकन के 'सतत्' और 'आवधिक' पहलू का ध्यान रखा जाता है।

(ii) निरंतरता का अर्थ है शिक्षा के प्रारंभ में विद्यार्थियों का निर्धारण या स्थापन मूल्यांकन और शिक्षण प्रक्रिया के दौरान रचनात्मक मूल्यांकन, जो मूल्यांकन की बहुविध तकनीकों का उपयोग करके अनौपचारिक रूप से किया जाता है।

(iii) नियतकालिकता का अर्थ है कार्य-निष्पादन का मूल्यांकन जो यूनिट/अवधि के समाप्त होने पर बार-बार किया जाता है (सारांशात्मक)।

(iv) सतत् और व्यापक मूल्यांकन का 'व्यापक' संघटक बच्चे के व्यक्तित्व के सर्वतोमुखी विकास के निर्धारण का ध्यान रखता है। इसमें विद्यार्थियों के विकास के शैक्षिक और इसके अलावा सह-शैक्षिक पहलुओं का निर्धारण शामिल है।

(v) शैक्षिक पहलुओं में पाठ्यक्रम के क्षेत्र अथवा विषय-सापेक्ष क्षेत्र शामिल होते हैं, जबकि सह-शैक्षिक पहलुओं में जीवन-कौशल, सह-पाठ्यचर्या अभिवृत्तियां और मूल्य शामिल होते हैं।

(vi) शैक्षिक क्षेत्रों में निर्धारण, निरंतर और नियतकालिक रूप में मूल्यांकन की बहुविध तकनीकों का इस्तेमाल करके

अनौपचारिक और औपचारिक रूप से किया जाता है। नैदानिक मूल्यांकन यूनिट/परीक्षा के समाप्त होने पर किया जाता है। कुछ यूनिटों में घटिया कार्य निष्पादन के कारणों का पता नैदानिक परीक्षणों का उपयोग करते हुए लगाया जाता है। इसके बाद उपयुक्त रूप से हस्तक्षेप किया जाता है और कार्रवाई की जाती है और तत्पश्चात् पुनः परीक्षण किए जाते हैं।

(*vii*) सह-शैक्षिक क्षेत्रों में निर्धारण निर्धारित मानदंडों के आधार पर बहुविध तकनीकों का इस्तेमाल करते हुए किया जाता है, जब जीवन-कौशलों का मूल्यांकन, मूल्यांकन के सूचकों और जांच सूचियों के आधार पर किया जाता है।

सतत् और व्यापक मूल्यांकन : विचार एवं व्यवहार (CCE : Thought and Behaviour)

अध्यापन-शिक्षा-प्राप्ति प्रक्रिया में, मूल्यांकन से शैक्षिक और सह-शैक्षिक पहलुओं का ध्यान रखने की अपेक्षा की जाती है। यदि कोई किसी क्षेत्र में कमजोर है तो नैदानिक मूल्यांकन किया जाना चाहिए और उपचारी उपाय अपनाए जाने चाहिए। सतत् मूल्यांकन समय-समय पर बच्चे, अध्यापकों और माता-पिता को उपलब्धि के बारे में जागरूक बनाने में सहायता देता है। यदि उपलब्धि में कोई कमी हुई हो तो वे उसके संभावित कारणों की जांच कर सकते हैं और शिक्षा के उस क्षेत्र में जिसमें अधिक जोर देने की आवश्यकता हो उपचारी उपाय कर सकते हैं।

बहुत बार ऐसा होता है कि कुछ वैयक्तिक कारणों, पारिवारिक समस्याओं अथवा समायोजन की समस्याओं के कारण बच्चे अपने अध्ययन की उपेक्षा करना शुरू कर देते हैं जिसके परिणामस्वरूप उनकी उपलब्धि में अचानक गिरावट आ जाती है। यदि अध्यापक, बच्चे और माता-पिता को उपलब्धि में अचानक आई गिरावट का पता न चले तो बच्चे द्वारा अपने अध्ययन की उपेक्षा लंबे समय तक की जाती रहती है और इसके परिणामस्वरूप उपलब्धि घटिया हो जाती है और बच्चे की शिक्षा-प्राप्ति में स्थायी रूप से त्रुटि रह जाती है।

सतत् और व्यापक मूल्यांकन का मुख्य जोर विद्यार्थियों की निरंतर संवृद्धि पर और उनका बौद्धिक, भावनात्मक, शारीरिक, सांस्कृतिक और सामाजिक विकास सुनिश्चित करने पर होता है और इसलिए यह विद्यार्थी की केवल शैक्षिक उपलब्धियों को आंकने तक सीमित नहीं होगा। इस मूल्यांकन का उपयोग शिक्षार्थियों को अन्य कार्यक्रमों के लिए अभिप्रेरित करने, सूचना प्रदान करने, प्रत्युत्तर (Feedback) की व्यवस्था करने और शिक्षा-प्राप्ति में सुधार करने के लिए अनुवर्ती कार्रवाई करने और शिक्षार्थी के विवरणों की एक व्यापक तस्वीर प्रस्तुत करने के एक साधन के रूप में करता है।

सतत् और व्यापक मूल्यांकन के महत्त्वपूर्ण कार्य (Important Functions of CCE)

(*i*) यह अध्यापक को प्रभावकारी कार्यनीतियां आयोजित करने में सहायता देता है।

(*ii*) सतत् और व्यापक मूल्यांकन शिक्षार्थी की प्रगति की सीमा और मात्रा को नियमित रूप से आंकने में सहायता देता है (विशिष्ट शैक्षिक और सह-शैक्षिक क्षेत्रों के संदर्भ में योग्यता और उपलब्धि)।

(*iii*) सतत् और व्यापक मूल्यांकन कमजोरियों का निदान करने का कार्य करता है और अध्यापक को अलग-अलग शिक्षार्थियों की शक्तियों और कमजोरियों और उसकी आवश्यकताओं का पता लगाने में सहायता देता है। यह अध्यापक को तत्काल प्रत्युत्तर (Feedback) मुहैया कराता है, जो यह फैसला कर सकता है कि कोई विशेष यूनिट अथवा संकल्पना समूची कक्षा को फिर से पढ़ाए जाने की आवश्यकता है अथवा केवल कुछ शिक्षार्थियों को उपचारी शिक्षा की आवश्यकता है।

(*iv*) सतत् और व्यापक मूल्यांकन के द्वारा, बच्चे अपनी शक्तियों और कमजोरियों को जान सकते हैं। यह बच्चों को अध्ययन की अच्छी आदतें विकसित करने, गलतियों को सुधारने और क्रियाकलापों को वांछित लक्ष्य प्राप्त करने की दिशा में मोड़ने के लिए अभिप्रेरित कर सकता है। इससे शिक्षार्थी को शिक्षा के उन क्षेत्रों को निर्धारित करने में सहायता मिलती है, जिनमें अधिक जोर दिए जाने की आवश्यकता हो।

(*v*) सतत् और व्यापक मूल्यांकन अभिरुचियों और प्रवृत्ति वाले क्षेत्र अभिज्ञात करता है। यह अभिवृत्तियों और मूल्य प्रणालियों में होने वाले परिवर्तनों का पता लगाने में सहायता देता है।

(*vi*) यह विषयों, पाठ्यक्रमों और जीवनवृतियों (Carrier) के चुनाव के बारे में, भविष्य के लिए फैसला करने में सहायता देता है।

(*vii*) यह शैक्षिक और सह-शैक्षिक क्षेत्रों में विद्यार्थियों की प्रगति के बारे में सूचना/रिपोर्ट देता है और इस प्रकार शिक्षार्थी की भावी सफलताओं के बारे में पूर्वानुमान लगाने में सहायता देता है।

शिक्षार्थी के पढ़ाई स्तर के मूल्यांकन के लिए उचित प्रश्न-पत्र की आवश्यकता (Need of Right Question-paper for Evaluating the Student)

किसी भी शिक्षार्थी के पढ़ाई के स्तर की जांच में एक अच्छे प्रश्न-पत्र की महत्त्वपूर्ण भूमिका होती है। इस प्रश्न-पत्र के माध्यम से ही शिक्षक शिक्षार्थियों के विकास का मूल्यांकन करता है। एक प्रश्न-पत्र के निम्न कार्य होते हैं–

(*i*) यह उच्च उपलब्धि प्राप्त छात्रों एवं निम्न उपलब्धि प्राप्त छात्रों के बीच अंतर स्पष्ट करता है।

(*ii*) यह प्राप्तांकों के आधार पर शिक्षार्थी के वर्गीकरण में सहायक होता है।

(*iii*) यह शिक्षार्थी के शैक्षिक-प्रारूप का संपूर्णता में मूल्यांकन करने का महत्त्वपूर्ण माध्यम है।

उपर्युक्त बातों से स्पष्ट है कि प्रश्न-पत्र एक शिक्षार्थी के मूल्यांकन प्रक्रिया का महत्त्वपूर्ण अंग है। प्रश्न-पत्र निर्माण में कुछ खास बातों का ध्यान आवश्यक है, यथा– प्रश्न-पत्र अपने पूर्व निर्धारित प्रकार्यों पर खरा उतरे, प्रश्न-पत्र एक सृजनात्मक कार्य है। अतः एक निर्धारित योजना के अनुसार प्रश्नों का संकलन करना चाहिए।

परंपरागत प्रश्न-पत्र के दोष (Errors in Traditional Question Paper)

एक अच्छे प्रश्न-पत्र का निर्माण काफी श्रम-साध्य, समयबद्ध एवं सुनियोजित प्रक्रिया है। वर्तमान में अध्यापक जो प्रश्न-पत्र तैयार करते हैं वह प्रायः पारंपरिक प्रश्नों का ही अनुसरण करते हैं। इन पारंपरिक प्रश्नों में कमियां पाई जाती है। पारंपरिक प्रश्नों में निम्न प्रकार की कमियां पाई जाती हैं–

(*i*) पारंपरिक प्रश्न-पत्रों में घिसे-पिटे प्रश्नों की अधिकता रहती है। ये प्रश्न प्रायः निबंधात्मक एवं पाठ्य-पुस्तकोन्मुखी होते हैं। इस प्रकार के प्रश्न छात्रों की समस्याओं व उनकी वास्तविक क्षमताओं का मूल्यांकन करने में सक्षम साबित नहीं होते।

(*ii*) पारंपरिक प्रश्नों का प्रकार निबंधात्मक होने से प्रश्नों की संख्या कम होती है जिससे वे पाठ्यक्रम का अधिकांश भाग पूरा नहीं कर पाते।

(*iii*) कुछ प्रश्न ऐसे होते हैं जिनसे विद्यार्थियों में जानकारियों का स्मरण तथा कंठस्थ करने की प्रवृत्ति को बढ़ावा मिलता है। ऐसे प्रश्नों में पाठ्यक्रम समग्र रूप से समाहित नहीं होते। साथ ही ऐसे प्रश्न छात्रों की समझ और कौशल की जांच करने में समर्थ नहीं होते।

(*iv*) 'व्याख्या करें', 'स्पष्ट करें', 'आप क्या जानते हैं', 'संक्षिप्त टिप्पणी लिखिए', 'संक्षिप्त विवरण दें', विवेचना करें' आदि जैसे निर्देशक शब्द किसी भी प्रश्न-पत्र को अस्पष्ट बना देते हैं। ऐसे प्रश्नों में छात्र प्रायः यह निश्चित नहीं कर पाते कि क्या उत्तर देना है। परीक्षक स्वयं छात्रों से पूछे गए प्रश्नों के स्वरूप के बारे में असमंजस में रहते हैं। समान प्रकृति के प्रश्नों के लिए विभिन्न परीक्षकों द्वारा छात्रों को दिए गए अंकों में बहुत भिन्नता होती है। ऐसे में परीक्षा में छात्र का मूल्यांकन दोषपूर्ण हो जाता है।

(*v*) पारंपरिक प्रश्नों में प्रतीकों और आकृतियों के परिकलन (Calculation) और भौतिक कौशल पर अत्यधिक बल रहता है जबकि गणितीय ज्ञान और उनके अनुप्रयोग आदि से संबद्ध प्रश्नों पर एकदम ध्यान नहीं दिया जाता है।

(*vi*) पारंपरिक प्रश्नों में बहुधा विकल्प भी दिए जाते हैं और कहा जाता है कि सभी प्रश्नों के अंक समान तथा छात्र 10 या 12 प्रश्नों में से कोई 5 या 6 प्रश्न कर सकते हैं। इससे छात्रों में केवल चुने गए महत्त्वपूर्ण विषयों की तैयारी करने की प्रवृत्ति विकसित होती है तथा शेष को बिना किसी खतरे के छोड़ देने की स्वतंत्रता मिलती है।

प्रश्न-पत्रों के दोषों को दूर करने के उपाय (Solution for Removing Errors in Question Papers)

(*i*) निर्देशात्मक प्रकृति के प्रश्नों में अस्पष्टता नहीं होनी चाहिए।

(*ii*) अंक देने की प्रक्रिया वस्तुनिष्ठ होनी चाहिए। इसके लिए परीक्षकों को कुंजी (Key) तथा अंक देने की योजना भी उपलब्ध कराई जानी चाहिए।

(*iii*) प्रश्न-पत्र को इस तरह से तैयार किया जाना चाहिए कि छात्रों का विभिन्न कोणों से मूल्यांकन किया जा सके।

(*iv*) प्रश्नों को तैयार करने में उसकी भाषा की सरलता तथा स्पष्टता का विशेष ध्यान रखा जाना चाहिए ताकि विद्यार्थी को यह पता चले कि प्रश्न के उत्तर में क्या लिखना है।

(*v*) प्रश्न लघु-उत्तरीय प्रकार (Short Answer Type) और अति लघु-उत्तरीय प्रकार (Very Short Answer Type) का होना चाहिए। इससे पूरे पाठ्यक्रम से प्रश्न पूछने में सहूलियत होती है और छात्रों में समग्र अध्ययन की प्रवृत्ति का विकास होता है। कुछ निबंधात्मक प्रकार (Essay Type) के प्रश्न भी पूछे जा सकते हैं।

(*vi*) निम्नलिखित में से किन्हीं 5 या 6 प्रश्न का उत्तर दीजिए जैसे प्रकार के प्रश्न पूछने से बचना चाहिए। यदि जरूरी है तो प्रश्न के भीतर ही विकल्प देना चाहिए। ऐसा करने से छात्रों में चयनात्मक अध्ययन की प्रवृत्ति का ह्रास होता है और वे समग्र अध्ययन की ओर प्रवृत्त होते हैं।

एक अच्छे प्रश्न-पत्र की विशेषताएं/गुण (Characteristics of Good Question Paper)

(*i*) विश्वसनीयता।

(*ii*) वैधता।

(*iii*) प्रयोज्यता।

(*iv*) परिणामों की व्याख्या।

(*v*) प्रारूप।

अभ्यास प्रश्न

1. करके सीखना अधिक उपयोगी है क्योंकि–
A. यह अधिक रुचिकर है
B. कक्षा का अनुशासन बनता है
C. इससे बच्चे व्यस्त रहते हैं
D. बच्चे क्रियाशील पसन्द करते हैं

2. सीखने के मुख्य नियमों के अतिरिक्त गौण नियम भी हैं जो मुख्य नियमों को विस्तार देते हैं। गौण नियम हैं :
A. प्रयत्न व भूल का नियम
B. बहुप्रतिक्रिया नियम
C. अभ्यास का नियम
D. प्रभाव का नियम

3. निम्न में से जो अधिगम के स्थानान्तरण का सिद्धान्त नहीं है, वह है :
A. समान अंशों का सिद्धान्त
B. असमान अंशों का सिद्धान्त
C. सामान्यीकरण का सिद्धान्त
D. द्विपक्षीय सिद्धान्त

4. सीखना प्रभावित होता है :
A. मन से B. आत्मा से
C. वृद्धि से D. प्रेरणा से

5. अधिगम हेतु अभिप्रेरित करने में शिक्षार्थी की निन्दा की अपेक्षा प्रंशसा करना अधिक प्रभावी होता है क्योंकि निंदा उसे
A. भयभीत कर देती है
B. हतोत्साहित कर देती है
C. अपमानित कर देती है
D. उपरोक्त सभी

6. सीखना समृद्ध हो सकता है यदि–
A. कक्षा में अधिक-से-अधिक शिक्षण-सामग्री का प्रयोग किया जाए
B. शिक्षक विभिन्न प्रकार के व्याख्यान और स्पष्टीकरण का प्रयोग करें
C. कक्षा में आवधिक परीक्षाओं पर अपेक्षित ध्यान दिया जाए
D. वास्तविक दुनिया से उदाहरणों को कक्षा में लाया जाए जिसमें विद्यार्थी एक-दूसरे से अंतःक्रिया करें और शिक्षक उस प्रक्रिया को सुगम बनाए

7. सीखने का वह सिद्धांत जो पूर्ण रूप से और केवल '*अवलोकनीय व्यवहार*' पर आधारित है, सीखने के .... सिद्धांत से सम्बद्ध है।
A. व्यवहारवादी B. रचनावादी
C. संज्ञानवादी D. विकासवादी

8. निम्नलिखित में से किस कथन को 'सीखने' के लक्षण के रूप में ***नहीं*** माना जा सकता?
A. व्यवहार का अध्ययन सीखना है
B. अन-अधिगम (unlearning) भी सीखने का एक हिस्सा है
C. सीखना एक प्रक्रिया है जो व्यवहार में मध्यस्थता करती है
D. सीखना ऐसी चीज है जो कुछ अनुभवों के परिणामस्वरूप घटित होती है

9. निम्नलिखित में से कौन-सा कथन 'सीखने' के बारे में सही है?
A. सीखने के किसी भी चरण पर सीखना संवेगात्मक कारकों से प्रभावित नहीं होता।
B. सीखना मूल रूप से मानसिक क्रिया है।
C. बच्चों द्वारा की गई त्रुटियाँ यह संकेत करती है कि किसी तरह का सीखना नहीं हुआ।
D. सीखना उस वातावरण में प्रभावी होता है जो संवेगात्मक रूप से सकारात्मक हो और शिक्षार्थियों को संतुष्ट करने वाला हो।

10. निम्नलिखित में से कौन-सा रचनात्मक आकलन (Formative Assessment) के लिए उचित उपकरण ***नहीं*** है?
A. सत्र परीक्षा B. प्रश्नोत्तरी और खेल
C. दत्त कार्य D. मौखिक प्रश्न

11. विद्यार्थी के अधिगम का मूल्यांकन प्रमुख रूप से होना चाहिए:
A. सतत एवं व्यापक प्रक्रिया से
B. प्रत्येक सत्र के अन्त में
C. प्रत्येक पाठ के अन्त में
D. वार्षिक प्रक्रिया से

12. निबन्धात्मक प्रश्नों के स्थान पर वस्तुनिष्ठ प्रश्न विद्यालयों में क्यों पूछे जाते हैं?
A. छात्रों को समय का महत्त्व दर्शाने के लिए
B. कम समय में ज्यादा काम करने के लिए
C. ज्यादा प्रश्नों का उत्तर जानने के लिए
D. उत्तर-पुस्तिका हल करने में आसानी होती है

13. कक्षा में छात्र अगर आपके प्रश्न का उत्तर न दे सके तो–
A. शिक्षक को स्वयं उस उत्तर को बताना चाहिए
B. उसी प्रश्न को फिर अलग ढंग से पूछना चाहिए
C. उसी प्रश्न को कक्षा में बार-बार पूछना चाहिए
D. स्वयं उत्तर देकर छात्र से याद करवाना चाहिए

14. प्रयोगात्मक परीक्षाएं आयोजित करने का मुख्य उद्देश्य है–
A. विषय ज्ञान का आकलन करना
B. अवलोकन और यथार्थता की कार्यकुशलता की जाँच करना

C. तथ्यों को दोहराने की क्षमता की जाँच करना
D. फार्मूला और स्लाइड में पहचान करने की योग्यता की जाँच करना

15. सतत् और व्यापक मूल्यांकन के लिए तार्किक आधार है
A. शिक्षकों पर बोझ बढ़ाना
B. मानव व्यक्तित्व की समग्र प्रकृति
C. आकलन के अवसरों की अधिकता
D. सीखने के एक से अधिक पक्षों का आकलन

16. क्रिस्टिना अपनी कक्षा को क्षेत्र-भ्रमण पर ले जाती है और वापस आने पर अपने विद्यार्थियों के साथ भ्रमण पर चर्चा करती है। यह .... की ओर संकेत करता है।
A. आकलन का सीखना
B. सीखने के लिए आकलन
C. सीखने का आकलन
D. आकलन के लिए सीखना

17. संतत् और व्यापक मूल्यांकन की योजना में व्यापक शब्द .... के अलावा निम्नलिखित के द्वारा समर्थित किया जाता है।
A. बहुबुद्धि सिद्धान्त
B. एल एल थर्स्टन का प्राथमिक मानसिक योग्यताओं का सिद्धांत
C. सूचना प्रकमण सिद्धान्त
D. जेपी गिलफोर्ड का बुद्धि-संरचना का सिद्धांत

18. जब एक बावर्ची खाना पकाते समय खाने को चखता है, तो वह .... के समान है।
A. सीखने के लिए आकलन
B. सीखने का आकलन
C. आकलन और सीखना
D. सीखने के रूप में आकलन

19. सतत् और व्यापक मूल्यांकन .... पर बल देता है।
A. सीखने को किस प्रकार अवलोकित, रिकॉर्ड और सुधारा जाए इस प्रक्रिया
B. शिक्षण के साथ परीक्षाओं का सामंजस्य
C. सीखने को सुनिश्चित करने के लिए व्यापक स्केल पर निरन्तर परीक्षण
D. बोर्ड परीक्षाओं की अनावश्यकता

20. विद्यार्थियों के पोर्टफोलियो के लिए सामग्री का चयन करते समय .... का .... जरूर होना चाहिए।
A. विद्यार्थियों, बहिष्करण
B. अन्य शिक्षकों, समावेशन
C. विद्यार्थियों, समावेशन
D. अभिभावकों, समावेशन

21. सतत् और व्यापक मूल्यांकन .... होता है।
A. परीक्षा-आधारित B. निष्पादन-आधारित
C. विद्यार्थी-केन्द्रित D. अंक-आधारित

22. सीखने के लिए आकलन निम्नलिखित का ध्यान है सिवाय
A. विद्यार्थियों की त्रुटियाँ
B. विद्यार्थियों की आवश्यकताएँ
C. विद्यार्थियों की क्षमताएँ
D. विद्यार्थियों की अधिगम-शैलियाँ

23. एक शिक्षक प्रश्न-पत्र बनाने के बाद यह जाँच करता है कि क्या प्रश्न परीक्षण के विशिष्ट उद्देश्यों की परीक्षा ले रहे हैं। वह मुख्य रूप से प्रश्न-पत्र की/के .... बारे में चिन्तित है।
A. सम्पूर्ण विषय-वस्तु को शामिल करने
B. वैधता
C. विश्वसनीयता
D. प्रकार

24. सृजनात्मक उत्तरों के लिए आवश्यक है
A. प्रत्यक्ष शिक्षण एवं प्रत्यक्ष प्रश्न
B. विषय-वस्तु पर आधारित प्रश्न
C. एक अत्यन्त अनुशासित कक्षा
D. मुक्त-उत्तर वाले प्रश्न

25. मूल्यांकन का मुख्य उद्देश्य होना चाहिए
A. यह निर्णय लेना कि क्या विद्यार्थी को अगली कक्षा में प्रोन्नत किया जाना चाहिए
B. शिक्षार्थियों की त्रुटियाँ निकालना
C. शिक्षार्थियों की उपलब्धि को मापना
D. सीखने में होने वाली कमियों का निदान और उपचार करना

26. जब बच्चा फेल होता है, तो इसका तात्पर्य है कि
A. व्यवस्था फेल हुई है
B. बच्चे को प्राइवेट ट्यूशन लेनी चाहिए थी
C. बच्चे ने उत्तरों को सही तरीके से याद नहीं किया है
D. बच्चा पढ़ाई के लिए योग्य नहीं है

27. बच्चे के मूल्यांकन के लिए प्रश्न एक अच्छा तरीका है, किन्तु प्रश्न पूछते समय इस बात का ध्यान रखा जाना आवश्यक है कि इसमें एक अच्छे प्रश्न की अधिक विशेषताएँ अवश्य हों। एक अच्छे प्रश्न की विशेषता है–
A. प्रश्न में उत्तर की सीमा और क्षेत्र का उल्लेख किया जाना चाहिए
B. यह उद्देश्य पर आधारित होना चाहिए
C. प्रश्न परीक्षण किए जाने वाले विषय क्षेत्र से सम्बन्धित होना चाहिए
D. ये सभी

28. निम्नलिखित में से कौन-सा रचनात्मक आकलन के लिए उचित उपकरण नहीं है?
A. प्रश्नोत्तरी और खेल B. दत्त कार्य
C. मौखिक प्रश्न D. सत्र परीक्षा

29. शिक्षार्थियों को .... के लिए प्रोत्साहित नहीं करना चाहिए

A. कक्षा के अन्दर और बाहर अधिक-से-अधिक प्रश्न पूछने

B. शिक्षक जो पूछ सकते हैं उन सभी प्रश्नों के उत्तर याद करने

C. अधिक-से-अधिक पाठ्य-सहगामी क्रियाओं में हिस्सा लेने

D. समूह कार्य में दूसरे शिक्षार्थियों के साथ सक्रिय रूप से अन्तःक्रिया करने

30. विद्यार्थियों का सही मूल्यांकन करने वाले अच्छे प्रश्न-पत्र में निम्नलिखित में से कौन-सी विशेषता होनी चाहिए?

(*i*) वस्तुनिष्ठता (*ii*) व्यापकता

(*iii*) वैधता (*iv*) विश्वसनीयता

A. (*i*) एवं (*iii*) B. (*ii*) एवं (*iv*)

C. (*i*) एवं (*iv*) D. ये सभी

31. .... के अतिरिक्त निम्नलिखित सभी सीखने के रूप में आकलन को बढ़ावा देते हैं।

A. अवसर लेने हेतु शिक्षार्थियों के लिए सुरक्षित वातावरण का निर्माण करना

B. जितनी सम्भावना हो शिक्षार्थियों का लगातार परीक्षण लेना

C. शिक्षार्थियों को आन्तरिक पृष्ठपोषण लेने के लिए कहना

D. पढ़ाए गए विषय पर मनन करने के लिए शिक्षार्थियों को कहना

32. .... के अलावा निम्नलिखित घटना रिकॉर्ड की विशेषताएँ हैं।

A. यह बच्चे के व्यक्तिगत विकास अथवा सामाजिक अन्तःक्रियाओं को वर्णित करता है

B. यह घटनाओं का सही वर्णन है

C. यह व्यवहार का व्यक्तिनिष्ठ साक्ष्य है और इसलिए वह शैक्षणिक क्षेत्र के लिए प्रतिपुष्टि उपलब्ध नहीं कराता

D. यह पर्याप्त विस्तार से पूर्ण तथ्यात्मक प्रतिवेदन है

33. विद्यालय-आधारित आकलन मुख्य रूप से किस सिद्धांत पर आधारित होता है?

A. विद्यालय, बाह्य परीक्षा निकायों की अपेक्षा ज्यादा सक्षम है

B. किसी भी कीमत पर विद्यार्थियों को अच्छे ग्रेड मिलने चाहिए

C. बाह्य परीक्षकों की अपेक्षा शिक्षक अपने विद्यार्थियों की क्षमताओं को बेहतर जानते हैं

D. आकलन बहुत किफायती होना चाहिए

34. सीखने .... आकलन, आकलन और अनुदेश के बीच .... के दृढ़ीकरण द्वारा सीखने को प्रभावित करता है।

A. का, अन्तर B. का, भिन्नता

C. के लिए, सम्बन्धों D. के लिए, अन्तर

35. निम्नलिखित में कौन-सा वस्तुनिष्ठ प्रश्न है?

A. सत्य या असत्य B. निबन्धात्मक

C. अति लघु उत्तरीय D. लघु उत्तरीय

उत्तरमाला

1	2	3	4	5	6	7	8	9	10
D	B	B	D	D	D	A	A	D	A
11	**12**	**13**	**14**	**15**	**16**	**17**	**18**	**19**	**20**
D	C	D	B	D	B	D	A	A	C
21	**22**	**23**	**24**	**25**	**26**	**27**	**28**	**29**	**30**
C	B	A	D	C	A	D	D	B	D
31	**32**	**33**	**34**	**35**					
B	C	C	C	A					

9. समावेशी शिक्षा और विशेष समझ वाले बच्चों की आवश्यकताओं की अवधारणा (Concept of Inclusive Education and Understanding Children with Special Need)

समावेशी शिक्षा का अर्थ (Meaning of Inclusive Education)

असमर्थ बालकों को सामान्य बालकों के साथ-साथ विशेष सेवाएँ प्रदान करना समावेशी शिक्षा कहलाती है। समावेशी शिक्षा उस विद्यालयी शिक्षा व्यवस्था की ओर संकेत करती है, जो उनकी शारीरिक, बौद्धिक, सामाजिक या अन्य विभिन्न योग्यता स्थितियों को ध्यान में रखे बगैर सभी बच्चों को शामिल करती है। इस शिक्षा के अन्तर्गत सभी विशेष शैक्षिक आवश्यकता वाले विद्यार्थियों को विद्यालय में प्रवेश को रोकने की कोई प्रक्रिया नहीं होनी चाहिए। समावेशन की नीति को हर स्कूल और सारी शिक्षा व्यवस्था में व्यापक रूप से लागू किए जाने की आवश्यकता है। निर्धन, वंचित, अनुसूचित जाति एवं जनजाति तथा असंगठित घर से आने वाला बच्चा स्वतन्त्र अध्ययन में सबसे अधिक कठिनाई का अनुभव करता है। इसलिए इनके सफल समावेशन के लिए इस प्रकार के विशेष रूप से जरूरतमंद बच्चों की शिक्षा का प्रबन्ध दूसरे सामान्य बच्चों के साथ होना चाहिए।

अनुसूचित जाति वर्ग से संबद्ध छात्र (SC Classes Students)

भारत की सामाजिक संरचना में अनुसूचित जातियां समाज के सबसे निचले पायदान पर हैं। इन्हें परंपरागत रूप से निम्न कोटि का समझा जाता है। यह वर्ग सामाजिक एवं शैक्षिक रूप से बेहद पिछड़ा हुआ है। भारतीय संविधान में इस वर्ग के जातियों के विकास के उद्देश्य से "राज्य स्तरीय नीतियों में दिशा-निर्देशन के सिद्धांत" द्वारा सकारात्मक कार्यक्रमों के योजना तत्त्वों को प्रस्तुत किया गया है। अनुसूचित जाति, उन जातियों को कहा जाता है जिन्हें परम्परागत रूप से भारत में अछूत समझा जाता है। इस जाति के लोग निम्नस्तरीय समझे जाने वाले कार्यों, यथा– सफाई करना, झाड़ू लगाना, मृत पशुओं को उठाना, मैला साफ करना, जूता बनाने आदि का कार्य करते हैं। ये जातियां गांवों के एक किनारे निवास करती हैं। भारतीय धार्मिक ग्रंथों में इन्हें अंत्यज, पेरियार अछूत कहा गया है।

इस जाति के लोग ऐसे पेशे से संबद्ध हैं जिन्हें ऊपर की जाति के लोग घृणित समझते हैं। इन्हें कुछ दशक पहले तक सार्वजनिक जन-सुविधाओं, यथा- तालाब, कुंआ तथा मंदिर तक जाने की अनुमति नहीं थी। यद्यपि इस स्थिति में अब काफी परिवर्तन आ चुका है। फिर भी इनकी शैक्षिक स्थिति में बहुत अधिक सुधार नहीं आ पाया है। ये आज भी सामाजिक गतिशीलता से वंचित हैं। आज भी अनुसूचित जाति के लोग परंपरागत कार्यों को छोड़कर अन्य कुशल कार्य शुरू करने अथवा अपनाने में समर्थ नहीं हो पाए हैं। फलतः यह समुदाय आज भी जीवन के लगभग प्रत्येक क्षेत्र में पिछड़ा हुआ है।

भारत में 'शिक्षा' राज्य के अनेक दायित्वों में से एक है। अनुसूचित जाति के लोगों को सामाजिक गतिशीलता प्रदान करने के लिए, राज्य स्तर पर अनेक कल्याणकारी और विकासशील योजनाओं का निर्माण किया गया है। कुछ प्रमुख योजनाएं इस प्रकार हैं–

1. **विद्यार्थियों के लिए मैट्रिक के बाद छात्रवृत्ति :** इस योजना का उद्देश्य अनुसूचित जाति वर्ग के उन विद्यार्थियों को आर्थिक सहायता प्रदान करना है जो मैट्रिक के बाद या सेकेंडरी के बाद की शिक्षा के लिए अध्ययनरत हैं ताकि वह अपनी शिक्षा पूरी कर सकें। इस वित्तीय सहायता के अंतर्गत् विभिन्न श्रेणियों के पाठ्यक्रमों के लिए रखरखाव भत्ता, संस्थानों द्वारा वसूल की गई अनिवार्य अप्रति देय शुल्क का भुगतान, किताब बैंक और अन्य भत्ते शामिल हैं। यह छात्रवृत्ति केवल भारत में अध्ययन के लिए ही उपलब्ध है तथा यह आवेदकों से संबद्ध राज्यों एवं केंद्रशासित प्रदेशों के सरकारों की ओर से दी जाती है।
2. **विद्यार्थियों की योग्यता बढ़ाना :** इस कार्यक्रम का उद्देश्य आवासीय विद्यालयों में शिक्षा के माध्यम से चहुंमुखी विकास के लिए सुविधाएं उपलब्ध कराकर अनुसूचित जातियों के विद्यार्थियों की योग्यता बढ़ाना है। इसके तहत 9वीं से 12वीं कक्षाओं तक पढ़ रहे अनुसूचित जाति के विद्यार्थियों की योग्यता बढ़ाना है। इसके लिए निम्नलिखित उपायों को अमल में लाना प्रस्तावित है– (*i*) उनकी शैक्षणिक कमियों को दूर करना, (*ii*) उनकी योग्यता बढ़ाकर व्यावसायिक कोर्सों में प्रवेश करने हेतु प्रोत्साहन, (*iii*) उनमें आत्मबल एवं आत्म-निर्भरता का निर्माण करना।
3. **लक्षित समूह :** इस समूह के अंतर्गत् 9वीं कक्षा से 12वीं कक्षा में अध्ययन करने वाले अनुसूचित जातियों के विद्यार्थी आते हैं। 15,000 रुपए की आर्थिक सहायता प्रतिवर्ष प्रति विद्यार्थी को उपलब्ध करवाने के मद्देनजर राज्यों और केंद्रशासित प्रदेशों से शत-प्रतिशत

सहायता पैकेज के तौर पर मुहैया करवाई जाती है। अनुसूचित जाति के विकलांग विद्यार्थियों को कई विशेष भत्ते दिए जाते हैं, जैसे पाठक भत्ता, परिवहन भत्ता, मार्गरक्षण भत्ता इत्यादि।

4. **निःशुल्क कोचिंग व्यवस्था :** इस योजना का उद्देश्य विभिन्न प्रतियोगी परीक्षाओं में बैठने के इच्छुक अनुसूचित जाति वर्ग के छात्रों को परीक्षाओं के लिए तैयार करना है। इस निःशुल्क कोचिंग में संघ लोक सेवा आयोग की ग्रुप ए और ग्रुप बी की परीक्षाएं, कर्मचारी चयन आयोग, रेलवे भर्ती बोर्डों, राज्य लोक सेवा आयोग, बैंकों की अफसर ग्रेड परीक्षाओं, बीमा कंपनियां, पीएसयू (PSU) और निजी क्षेत्र में रोजगार हेतु नौकरी केंद्रित कोर्सों के लिए प्रशिक्षण दिए जाते हैं ताकि विद्यार्थी इन परीक्षाओं में सफलता के लिए दक्षता प्राप्त कर सकें।

   यह कार्यक्रम राज्य सरकारों/केंद्रशासित प्रदेशों के प्रशासकों द्वारा संचालित प्रसिद्ध कोचिंग संस्थानों और निजी क्षेत्र की संस्थानों द्वारा चलाया जाता है।

5. **बाबू जगजीवन राम छात्रावास योजना :** इस योजना का उद्देश्य अनुसूचित जाति के बालक और बालिकाओं को छात्रावास की सुविधा मुहैया कराना है जो माध्यमिक, उच्चतर माध्यमिक स्कूलों, कॉलेजों और विश्वविद्यालयों में पढ़ रहे हैं। इस योजना के तहत नए छात्रावासों के निर्माण तथा वर्तमान छात्रावासों के विस्तार के लिए राज्य विश्वविद्यालयों/संस्थानों को पात्रता के आधार पर केंद्रीय सहायता दी जाती है जबकि गैर-सरकारी संगठन (NGO) और निजी क्षेत्र के डीम्ड विश्वविद्यालयों की केवल मौजूदा छात्रावास सुविधाओं के विस्तार के लिए सहायता मिल सकती है।

अनुसूचित जनजाति वर्ग से संबद्ध छात्र (ST Classes Students)

भारत में अनुसूचित जनजाति उन लोगों को कहा जाता है, जो प्रायः छोटे और बिखरे हुए गांवों, ठाणियों एवं जंगलों में निवास करते हैं। इस वर्ग के लोग प्रायः सामान्य पहुँच से दूर रहते हैं जिससे इन्हें प्रतिदिन की सुविधाएं, यथा– भोजन, वस्त्र, आश्रय एवं शिक्षा आदि मुहैया होने में कठिनाई होती है।

इस वर्ग के छात्रों को पढ़ाते समय शिक्षक को कुछ विभिन्न तथ्यों यथा– उनकी भाषा और समझ एवं मानसिक स्तर का विशेष ध्यान रखना चाहिए। इस वर्ग के छात्रों के शिक्षा के खराब स्तर का कारण सामाजिक एवं आर्थिक हैं। ये कारण निम्न प्रकार से हैं–

(*i*) विद्यालय में इस वर्ग के छात्रों की कम संख्या होना।

(*ii*) इस वर्ग की शिक्षा का प्रचार-प्रसार न होना।

(*iii*) इनके शिक्षण के प्रति शिक्षकों का उदासीन रवैया।

(*iv*) इस वर्ग में व्याप्त घोर गरीबी।

(*v*) पाठ्यपुस्तकों में इस वर्ग की स्थानीय बातों एवं उदाहरणों का समावेश का न होना।

(*v*) इस वर्ग का बौद्धिक रूप से पिछड़ा होना।

इस वर्ग के शैक्षिक उत्थान के लिए सरकार द्वारा निम्न कार्यक्रम चलाए जा रहे हैं :

1. **बालक-बालिकाओं के लिए छात्रावासों की योजना :** इस योजना के तहत केंद्र सरकार इस वर्ग के लिए नए छात्रावासों के निर्माण और वर्तमान छात्रावासों के विस्तार हेतु सहायता देती है। इस योजना के तहत बालकों के छात्रावास निर्माण खर्च का वहन केंद्र एवं राज्य सरकारें 50 : 50 के अनुपात में करती हैं। जबकि बालिकाओं के छात्रावास निर्माण के लिए राज्य/केंद्रशासित प्रदेशों में संपूर्ण लागत केंद्र सरकार द्वारा वहन किया जाता है। केंद्रशासित प्रदेश एवं नक्सल प्रभावित क्षेत्रों में छात्रावास निर्माण का पूरा खर्च केंद्र सरकार वहन करती है। छात्रावास के निर्माण का उत्तरदायित्व संबद्ध राज्य/केंद्रशासित प्रदेश की है। इस प्रकार के छात्रावासों में सीटों की संख्या 100 होती हैं।

2. **आश्रम विद्यालयों की स्थापना :** इस प्रकार के विद्यालयों की स्थापना जनजातीय उपयोजना (TSP) वाले क्षेत्रों में की गई है। आश्रम विद्यालय योजना का उद्देश्य अनुसूचित जनजाति के विद्यार्थियों के लिए उनके परिचित वातावरण में आवासीय विद्यालयों की स्थापना करना है ताकि जनजातीय विद्यार्थियों में साक्षरता दर बढ़ाई जा सके और उनकी साक्षरता दर देश के अन्य लोगों की साक्षरता दर के बराबर लाई जा सके। इस योजना के तहत खर्च होने वाली धनराशि में राज्य एवं केंद्र दोनों की आधी-आधी (50 : 50) भागीदारी होती है जबकि केंद्रशासित प्रदेश में पूरा खर्च केंद्र वहन करता है।

3. **विद्यार्थियों की मेरिट का उन्नयन :** इस योजना का उद्देश्य 10वीं कक्षा और 12वीं कक्षा के अनुसूचित जनजाति के विद्यार्थियों को विशेष कोचिंग उपलब्ध कराना है जिससे वे इंजीनियरिंग और मेडिकल जैसे व्यावसायिक पाठ्यक्रमों में प्रवेश के लिए तैयारी कर सकें। राज्य/केंद्रशासित प्रदेशों में यह योजना शत-प्रतिशत केंद्रीय सहायता से मुहैया कराई जा रही है।

4. **विद्यार्थियों के लिए मैट्रिक पश्चात छात्रवृत्ति :** इस योजना का उद्देश्य अनुसूचित जनजाति के छात्रों को पंजीकृत पाठ्यक्रमों में मैट्रिक के बाद अध्ययन के लिए प्रोत्साहन देना है। इस योजना में पेशेवर, तकनीकी, गैर-पेशेवर तथा गैर-तकनीकी सभी स्तर के पाठ्यक्रमों को सम्मिलित किया गया है। इसमें दूरस्थ शिक्षा के लिए पत्राचार पाठ्यक्रम को भी सम्मिलित किया गया है। केंद्र की शत-प्रतिशत सहायता से इसका संचालन राज्यों/केंद्रशासित प्रदेशों द्वारा किया जाता है।

5. **व्यावसायिक प्रशिक्षण :** इस योजना का उद्देश्य जनजातीय युवाओं में रोजगार/स्वरोजगार के अवसर प्राप्त करने के लिए कौशल विकसित करना है। इस योजना को राज्य सरकारों, केंद्रशासित प्रदेशों के प्रशासन, संस्थाओं या संगठनों के जरिए सरकार द्वारा स्थापित स्वायत्तशासी निकाय, शैक्षिक और अन्य संस्थान जैसे स्थानीय निकाय, सहकारी समितियों और गैर-सरकारी संगठनों (NGO) द्वारा लागू किया जाता है। प्रत्येक व्यावसायिक प्रशिक्षण केंद्र की क्षमता 100 है जिसमें 50 लोगों के लिए छात्रावास की सुविधा भी शामिल है। क्षेत्र में उपलब्ध रोजगार केंद्र पांच व्यावसायिक प्रशिक्षण पाठ्यक्रम चलाता है। प्रत्येक जनजातीय बालक/बालिका को उनकी रुचि के दो कार्यों का प्रशिक्षण दिया जाता है। प्रत्येक पाठ्यक्रम की अवधि तीन महीने है। प्रशिक्षु को छह माह बाद उपनगरीय क्षेत्र के एक प्रशिक्षक शिल्पी से छह माह के लिए संबद्ध कर दिया जाता है ताकि वह प्राप्त प्रशिक्षण का व्यावहारिक प्रयोग कर सके। प्रत्येक पाठ्यक्रम के लिए यह अवधि तीन महीने की है। इसमें प्रशिक्षु को मासिक स्टाइपेंड और प्रशिक्षण सामग्री उपलब्ध कराई जाती है।

विशेष आवश्यकताओं वाले छात्र (Children with Special Need)

विशेष या असाधारण छात्रों से संबंधित शिक्षा को विशिष्ट शिक्षा भी कहा जाता है। शिक्षा के क्षेत्र में हम अनेक छात्रों अथवा बालकों को सामान्य बालकों से उच्च तथा अनेक को निम्न स्तर का पाते हैं। ऐसे दोनों प्रकार के बालक असाधारण या विशेष बालक कहे जाते हैं। शैक्षिक दृष्टि से बालक जिनके लिए सामान्य विद्यालयों की सुविधाएं पर्याप्त हो, सामान्य बालक समझे जाते हैं। बालकों अथवा छात्रों में वैयक्तिक भिन्नताएं होती हैं। जब ये वैयक्तिक भिन्नताएं इतनी गंभीर हो जाती हैं कि वे विद्यालय के सामान्य कक्षागत शिक्षण से लाभान्वित नहीं हो पाते और उनके लिए किसी विशिष्ट शिक्षा की आवश्यकता प्रतीत हो तो ऐसे छात्र या विद्यार्थी विशेष आवश्यकताओं वाले छात्र कहलाते हैं। ऐसे छात्रों को एक सामूहिक संज्ञा, शब्दों अथवा उप-वाक्य द्वारा संबोधित किया जा सकता है; जैसे–प्रतिभाशाली, विकलांग, मंदगति से सीखने वाला, बुद्धिमान आदि।

समायोजन (Adjustment)

मनुष्य जिस परिवेश में रह रहा है उसको उस परिवेश के अनुसार खुद को ढालना या अनुकूलित करना होता है। अतः किसी प्रतिकूल मनोभौतिक परिस्थितियों में स्वयं को अनुकूलित करना ही समायोजन (Adjustment) कहलाता है। यह समायोजन घर में माता-पिता तथा परिवार के अन्य सदस्यों के साथ समाज में मित्रों, सगे-संबंधियों आदि के साथ जरूरी है तो पाठशाला में शिक्षकों के साथ।

उपर्युक्त वर्णन के अनुसार समायोजन को इस तरह परिभाषित किया जा सकता है– "समायोजन एक अनवरत प्रक्रिया है जिसके द्वारा व्यक्ति स्वयं तथा अपने वातावरण के बीच अधिकाधिक सामंजस्य स्थापित करने की दृष्टि से अपने व्यवहार को परिवर्तित करता है।

समायोजन के विभिन्न रूप (Various Forms of Adjustment)

समायोजन के मुख्यतः तीन रूप होते हैं–

1. शिक्षक एवं शिक्षार्थियों के बीच।
2. शिक्षार्थियों एवं शिक्षार्थियों के बीच।
3. शिक्षार्थियों एवं शिक्षकों का वातावरण के साथ।

प्रतिभावान बालक अथवा छात्र (Talented Child Or Student)

प्रतिभावान/प्रतिभाशाली बालकों को विभिन्न मनोवैज्ञानिकों ने भिन्न-भिन्न दृष्टिकोण (Approach) से परिभाषित किया है। विभिन्न उपागमों/दृष्टिकोणों पर आधारित कुछ परिभाषाएं निम्नवत् हैं–

(i) **बुद्धि-लब्धि (I.Q.) उपागम–** इस उपागम के तहत प्रतिभाशाली बालक को बुद्धि-लब्धि की एक निश्चित क्षमता के अंतर्गत् माना जाता है। टरमैन ने प्रतिभाशाली बालकों के अध्ययन द्वारा निष्कर्ष निकाला कि ऐसे बालकों की बुद्धि-लब्धि 140 या इससे ऊपर होती है। अन्य मनोवैज्ञानिक 120 से 140 व उच्च बुद्धि-लब्धि वालों को ऐसा बालक होना मानते हैं।

(ii) **सामाजिक संभाव्यता उपागम–** इस उपागम के तहत प्रतिभावान शब्द उस बालक के लिए प्रयुक्त होता है जो अपनी आयु वर्ग में किसी एक योग्यता में श्रेष्ठ हो, जिससे वह हमारे समाज में जीवन के कल्याण व गुणवत्ता में उत्कृष्ठ योगदान करने वाला बन सके।

(iii) **सांख्यिकीय उपागम–** इस उपागम के अनुसार किसी बुद्धि परीक्षण में प्राप्त अंकों के आधार पर उच्चतम (Top most) 2 से 3 प्रतिशत बालकों को प्रतिभाशाली माना जाता है।

विशेषताएं (Characteristics)

डॉ. एस. एस. चौहान ने टरमैन (Terman) द्वारा किए गए अनुसंधान के आधार पर प्रतिभाशाली बालकों की विशेषताएं बताई है जो निम्नवत् हैं–

(i) **शारीरिक–** ऐसे बालक अपने वर्ग या समूह में औसत बुद्धि-लब्धि (I.Q.) वाले बालकों की अपेक्षा अच्छी शारीरिक विशेषता रखते हैं व उनका स्वास्थ्य अच्छा होता है।

(ii) **मानसिक–** प्रतिभाशाली बालक पठन, भाषा, गणितीय तर्क, विज्ञान, साहित्य व कला में उत्कृष्टता प्रदर्शित करते हैं। उनमें तर्क सामान्यीकरण व बोध की क्षमता अधिक होती है।

(*iii*) **अभिरुचियां–** ऐसे बालकों की विविध अभिरुचियां होती है। वे अच्छी पुस्तकों का अधिक मात्रा में सरलता से अध्ययन करना सीख लेते हैं तथा अमूर्त विषयों में रुचि लेते हैं।

(*iv*) **सामाजिक–** ऐसे बालकों में अहंकार की भावना कम होती है। साथ ही वे विश्वसनीय व कर्त्तव्यनिष्ठ अधिक होते हैं। उनमें सामाजिक अभिवृत्तियां व चारित्रिक गुण व्यापक होता है। वे संवेगात्मक परीक्षणों में अधिक अंक प्राप्त करते हैं।

(*v*) **अन्य विशेषताएं–** प्रतिभावान बालक सामान्य बालकों की तुलना में अच्छा प्रदर्शन करते हैं। शोध अध्ययनों से इस बात की पुष्टि निम्न रूप में हुई है–

(*a*) उच्च श्रेणी प्राप्त करना।
(*b*) अधिक सकारात्मक अभिवृत्तियां रखना।
(*c*) अधिकाधिक पाठ्यक्रम एवं सहभागी क्रियाकलापों में भाग लेना।
(*d*) अमूर्त विचारों में अधिक रुचि लेना।
(*e*) खेल-कूदों में उत्कृष्टता दिखाना।
(*f*) सुसमायोजित होना।
(*g*) अपने साथी मित्रों से अच्छे संबंध होना।
(*h*) अधिक आत्मविश्वासी होना।
(*i*) अधिक अंहशक्ति (Ego-Strength)।
(*j*) अधिक पठन योग्यता।
(*k*) अधिक वैयक्तिक स्वतंत्रता की भावना।
(*l*) बाह्य पर्यावरण के प्रति परिपक्व अनुक्रिया करना

किसी विशेष शैक्षिक क्षेत्र में उच्च स्तरीय योग्यता वाले बालक (Skilled Student in Special Field of Education)

कुछ बालक जो बौद्धिक व शैक्षिक रूप से तो सामान्य बालकों के समान होते हैं किंतु वे अन्य किसी विशिष्ट क्षेत्र में, यथा–कला, संगीत, यांत्रिकी आदि में विशिष्ट योग्यता रखते हैं। ऐसे प्रतिभासंपन्न बालकों की पहचान अभिभावक, शिक्षक, खेल-अनुदेशक, निर्देशन विशेषज्ञ आदि निम्न विधियों से कर सकते हैं–

(*i*) विद्यालय प्रगति अभिलेख
(*ii*) शिक्षकों के अभिमत
(*iii*) कक्षागत व्यवहार का अवलोकन
(*iv*) शिक्षकों द्वारा मूल्यांकन
(*v*) बुद्धि परीक्षण
(*vi*) पुस्तकालयाध्यक्ष का अभिमत
(*vii*) साक्षात्कार
(*viii*) अभिरुचि/अभिक्षमता परीक्षण

शैक्षिक कार्यक्रम (Educational Programme)

प्रतिभावान बालकों के लिए निम्न शैक्षिक कार्यक्रम अपनाया जाना चाहिए–

(*i*) **गतिवर्द्धन–** गतिवर्द्धन का अर्थ शैक्षिक कार्यक्रमों के द्वारा बालकों को दी जाने वाली ऐसी प्रगति से है जो उसे औसत से कम आयु में प्राप्त होती है। समान आयु के बालकों के साथ कक्षा में बैठाए जाने पर यह प्रतिभाशाली बालक शिक्षक द्वारा दिए गए कार्य को आसानी व शीघ्रता से पूरा कर लेते हैं। अतः इनके स्तर का कार्य देने के लिए आवश्यक हो जाता है कि उन्हें उस कक्षा में रखा जाए जिसका कार्य वह औसत प्रतिभा वाले बालकों के समान ही पूरा कर सकें। गतिवर्द्धन का औचित्य इस बात से भी प्रकट होता है कि प्रतिभाशाली बालकों को उनकी योग्यता को अधिकतम विकास तथा चुनौतीपूर्ण कार्य करने का अवसर मिलता है। साथ ही अभिभावकों के समय, शक्ति व धन की बचत होती है। इस तरह गतिवर्द्धन द्वारा विद्यार्थियों को निम्न क्षेत्र में लाभ पहुंचाया जा सकता है–

(*a*) निर्धारित आयु से पूर्व विद्यालय में प्रवेश।
(*b*) उसकी बौद्धिक व शैक्षिक योग्यताओं के आधार पर एक ही वर्ष में दो या दो से अधिक कक्षाओं के पाठ्यक्रम का अध्ययन।
(*c*) सामान्य से कम समय एवं आयु में किसी पाठ्यक्रम को उत्तीर्ण कर सकने की अनुमति।

(*ii*) **संवर्धित पाठ्यक्रम–**कोलेनिक्स के शब्दों में–"संवर्धन का तात्पर्य बालक को अधिक उच्च स्तर के अत्यंत विविधतापूर्ण अनुभव तथा कार्यों को करने का अवसर दिया जाए।" प्रतिभाशाली बालकों को पाठ्यक्रम में आवश्यक परिवर्तन कर उच्च कठिनाई के कार्य नियोजित किए जाएं। संवर्धन दो प्रकार से किया जा सकता है–(*a*) व्यक्तिगत तथा (*b*) समूहोन्मुख।

(*iii*) **विशेष कक्षाएं तथा विद्यालय–** प्रतिभाशाली बालकों को शिक्षण से लाभान्वित करने के लिए उन्हें विशेष कक्षाओं तथा विद्यालयों में पृथक से शिक्षा देना वांछनीय है। इसके लिए विस्तृत पाठ्यक्रम, अतिरिक्त क्रियाकलाप, प्रायोगिक कार्य आदि की व्यवस्था की जाती है।

(*iv*) **अन्य कार्यक्रम–** उपरोक्त सहायता के अतिरिक्त भारतीय परिस्थितियों के अनुकूल प्रतिभाशाली बालकों को निम्न प्रकार की सहायता भी दी जा सकती है–

(*a*) प्रभावी निर्देशन कार्यक्रम।
(*b*) विद्यालय कार्यक्रमों को वैयक्तिक व नमनीय बनाना।
(*c*) योग्यता के आधार पर वर्गीकरण।
(*d*) अतिरिक्त पाठ्यक्रम को बनाकर।
(*e*) विशिष्ट विषयों के विशेष पाठ्यक्रम बनाकर।
(*f*) प्रतिभाशाली बालकों हेतु ग्रीष्मावकाश काल में विद्यालय चलाकर।
(*g*) वैकल्पिक विषयों में नमनीयता लाकर।
(*h*) ऐसे छात्रों हेतु विशिष्ट अतिरिक्त कक्षाएं आयोजित कर।

सृजनात्मक बालक अथवा छात्र (Creative Child or Student)

सृजनात्मकता की संकल्पना एवं अर्थ को विभिन्न विद्वानों ने भिन्न-भिन्न प्रकार से परिभाषित किया है। कुछ प्रमुख विद्वानों की परिभाषाएं निम्नवत् हैं–

स्टेन (Sten)– जब किसी कार्य का परिणाम उत्तम हो जो किसी निश्चित समय पर उचित या उपयोगी या संतोषप्रद स्वीकार किया जाए, वह सृजनात्मक कार्य कहलाता है।

बैरन (Baron)– पूर्व में विद्यमान पदार्थों या तत्त्वों को मिलाकर नया योग बनाने की क्षमता ही सृजनशीलता है।

जेम्स ड्रेवर (James Drever)– सृजनशीलता मूलतः नई वस्तु की रचना की योग्यता है, कल्पना के प्रयोग की योग्यता है जबकि विचारों व बिम्बो के नूतन मिश्रण से कोई रचना आत्मप्रेरित करनी हो तथा विचार संश्लेषण की योग्यता भी है जबकि मानसिक कार्य केवल विचारों का योगमात्र न हो।

गिलफोर्ड (J.P Guilford)– सृजनात्मकता, कभी सृजन की योग्यता की, कभी सृजनात्मक उत्पादन की और कभी सृजनात्मक उत्पादनशीलता का द्योतक है।

विशेषताएं (Characteristics)

विभिन्न विद्वानों ने सृजनात्मक बालकों की अलग-अलग विशेषताएं बताई हैं। इनमें से कुछ चुने हुए विद्वानों द्वारा दी गई विशेषताएं निम्नवत् हैं–

बैरन (Baron) के अनुसार ये विशेषताएं निम्न हैं–

(*i*) सृजनात्मक बालक किसी समस्या का निर्णय स्वयं एवं स्वतंत्र रूप से करता है।
(*ii*) एक ही समय अनेक विचारों पर केंद्रित रखने की योग्यता
(*iii*) जटिल घटनाओं को प्राथमिकता।
(*iv*) ऐसे बालक स्वयं की बात पर आग्रह अधिक करते हैं
(*v*) विभिन्न तत्त्वों के एकीकरण की योग्यता द्वारा उसमें समायोजन करने की क्षमता होती है।
(*vi*) ऐसे बालकों में उच्च मानसिक शक्ति स्तर पाया जाता है।
(*vii*) ये अवरोधों का अभाव तथा कल्पना की स्वतंत्रता प्रदर्शित करते हैं।

टोरेंस (Torrance) ने बैरन के (*ii*) एवं (*iv*) के अतिरिक्त अन्य विशेषताएं बताई हैं–

(*i*) मौलिकता
(*ii*) विनोद प्रियता
(*iii*) जिज्ञासा
(*iv*) संवेदनशीलता

गिलफोर्ड (Guilford) ने निम्न विशेषताएं बताई हैं–

(*i*) दूरदर्शिता
(*ii*) समस्या से संबद्ध तथ्यों को पुनः परिभाषित करने की योग्यता
(*iii*) दूसरों को प्रभावित करने की योग्यता
(*iv*) समन्वय करने की क्षमता

डॉ. एस. एस. चौहान ने निम्न विशेषताएं बताई हैं–

(*i*) दृढ़ विश्वास का साहस
(*ii*) अंतर्दृष्टिवान
(*iii*) काल्पनिक
(*iv*) खतरा उठाने को उत्सुक
(*v*) कार्य में निष्ठा

शैक्षिक कार्यक्रम (Educational Programme)

सृजनात्मक बालकों के लिए निम्न शैक्षिक कार्यक्रम अपनाया जाना चाहिए–

(*i*) **कक्षा-कक्ष प्रक्रिया**– बालकों में सृजनात्मक चिंतन का विकास करने हेतु और सृजनात्मक बालकों के शिक्षण हेतु कक्षा-कक्ष प्रक्रिया की ओर विशेष ध्यान देना चाहिए। शिक्षक विश्वकोश (Educator's Encyclopaedia) में स्मिथ ने निम्न कक्षा-कक्ष क्रियाओं पर जोर दिया है–
(*a*) अध्यापक का कम प्रभाव,
(*b*) व्यक्ति भिन्नता को पहचानना,
(*c*) बालकों को अपनी सीमाओं के अंतर्गत् अपनी गति के अनुसार विकास करने देना,
(*d*) विद्यार्थियों की सहभागिता को प्रोत्साहन देना,
(*e*) असफलता के लिए दण्ड का भय दूर करना।

(*ii*) **पाठ्यक्रम**– बालकों में सृजनात्मकता को प्रोत्साहित करने हेतु पाठ्यक्रम को विशिष्ट बनाना जरूरी है। आजकल प्रचलित पाठ्यक्रम सामान्य बालकों को ध्यान में रखकर बनाया जाता है। सृजनात्मकता को ध्यान में रखकर उक्त पाठ्यक्रम में परिवर्तन करना चाहिए। पाठ्यक्रम ऐसा होना चाहिए जिससे मौलिक विचारों, धारा प्रवाहिता, लोच और अत्यधिक स्पष्टीकरण को बढ़ावा मिले। अधिक-से-अधिक सूचनाओं को पाठ्यक्रम के माध्यम से देना चाहिए, क्योंकि सूचनाओं के आधार पर ही विचार जन्म लेते हैं।

(*iii*) **अवरोधक तत्त्वों को दूर करना**– सृजनात्मक बालकों के शिक्षण और सृजनात्मकता के विकास के लिए अवरोधक तत्त्वों को दूर करना और शिक्षण की यथोचित विधियों और तकनीकों का प्रयोग करना उचित होगा। इन अवरोधक तत्त्वों में प्रमुख हैं–
(*a*) सामाजिक-आर्थिक
(*b*) मनोवैज्ञानिक
(*c*) चारित्रिक।

(*iv*) **सहायक तत्त्वों को बढ़ावा**– आलमशाह ने सृजनात्मकता को बढ़ावा देने अथवा सहायक के रूप में कार्य करने वाले निम्न चार प्रमुख तत्त्व बताएं हैं– (*a*) प्रेरणा (*b*) ग्रहणशीलता (*c*) योग्यता, (*d*) चयनात्मकता।

(*v*) **शैक्षिक साधन और सामग्री**– बालकों में सृजनात्मकता का विकास करने के लिए कुछ विशेष शैक्षिक साधन और सामग्री होनी चाहिए। इन शैक्षिक साधन और सामग्री में

कार्य पुस्तकें, निर्देशन पुस्तकें तथा विचार पुस्तकें उल्लेखनीय हैं। इसके अतिरिक्त दृश्य-श्रव्य सामग्री भी इसके लिए विकसित की जा सकती है।

विशेष रूप से अक्षम छात्र (Special Cases of Incapable Student)

ऐसे छात्रों को निम्न श्रेणियों में बांटा जा सकता है :

1. मानसिक रूप से विकलांग छात्र
2. दृष्टि बाधित छात्र
3. दृष्टिहीन छात्र
4. बधिर छात्र
5. शारीरिक रूप से विकलांग छात्र

1. मानसिक रूप से विकलांग छात्र (Mentally Disabled Children/Student)

सामान्यतः मानसिक विकलांगता वो विकलांगता है जो औसत से निम्न मानसिक कार्यक्षमता का उल्लेख करती है। इसका आरंभ बालक के विकास की अवधि में होता है और यह निम्न में से एक या अधिक से अनुकूल व्यवहार की कमी द्वारा संबंधित रहती है–

(*i*) परिपक्वता, (*ii*) अधिगम, (*iii*) सामाजिक समायोजन।

स्किनर ने मानसिक रूप से विकलांगों को अनेक नाम दिए हैं, यथा–अल्पबुद्धि (Mentally Deficient), विकल बुद्धि (Mentally Handicapped), धीमी गति से सीखने वाले (Slow Learners), पिछड़े हुए (Backward) और मूढ़ (Dull)।

क्रो और क्रो के अनुसार : "जिन बालकों की बुद्धि-लब्धि (I.Q) 70 से कम होती है, उन्हें मंदबुद्धि कहते हैं।"

स्किनर के अनुसार : "प्रत्येक कक्षा के छात्रों को एक वर्ष में शिक्षा का एक निश्चित कार्यक्रम पूरा करना पड़ता है। जो छात्र उसे पूरा कर लेते हैं उनको 'सामान्य छात्र' कहा जाता है। जो छात्र उसे पूरा नहीं कर पाते उनको 'मंदबुद्धि छात्र' की संज्ञा दी जाती है। विद्यालयों में यह धारणा बहुत लंबे समय से चली आ रही है और अब भी है।"

पोलक व पोलक के अनुसार : "मंदबुद्धि बालक को अब क्षीण बुद्धि बालकों के समूह में नहीं रखा जाता है, जिनके लिए कुछ भी नहीं किया जा सकता। अब हम यह स्वीकार करते हैं कि उनके व्यक्तित्व के उतने ही विभिन्न पहलू होते हैं, जितने सामान्य बालकों के व्यक्तित्त्व के होते हैं।"

मानसिक रूप से पिछड़े बालकों की पहचान (Identifying the Mental Backwardness of Children)

मानसिक रूप से पिछड़े बालकों की पहचान के निम्न लक्षण हैं–

(*i*) वे प्रायः शारीरिक रूप से अयोग्य होते हैं।
(*ii*) वे संवेगात्मक रूप से अस्थिर होते हैं।
(*iii*) इनकी शैक्षिक निष्पत्ति निम्न होती है।
(*iv*) इनकी पहचान व्यक्तित्व अध्ययन से भी हो जाती है।
(*v*) इनकी पहचान निम्न बुद्धि-लब्धि (Below I.Q) द्वारा की जा सकती है।
(*vi*) निम्न शैक्षिक तथा शारीरिक आलेख भी इनकी पहचान में सहायक होते हैं।

मानसिक पिछड़ेपन के आधार (Basis of Mental Backwardness)

मानसिक पिछड़ेपन के मुख्यतः तीन आधार हैं–शैक्षिक, सामाजिक और व्यावहारिक।

शैक्षिक

(*i*) ऐसे बालक सूक्ष्म चिंतन के योग्य नहीं होते हैं।
(*ii*) शैक्षिक क्षमता में वह अपने आयु समूह से बहुत नीचे होते हैं।

सामाजिक

(*i*) सामाजिक व्यवहार में कुशल नहीं होते हैं।
(*ii*) व्यक्तिगत व सामाजिक उत्तरदायित्वों को वहन नहीं कर पाते हैं।

व्यावहारिक

(*i*) अधिगम की क्षमता कम होती है।
(*ii*) संवेदनात्मक दोष होते हैं।

विशेषताएं (Characteristics)

विभिन्न विद्वानों ने मंदबुद्धि बालकों की भिन्न-भिन्न विशेषताओं का उल्लेख किया है–

(1) **क्रो एवं क्रो** के अनुसारः

(*i*) संवेगात्मक और सामाजिक असमायोजन।
(*ii*) विद्यालय में असफलताओं के कारण निराशा।
(*iii*) दूसरों को मित्र बनाने की अधिक इच्छा।
(*iv*) दूसरों के द्वारा मित्र बनाए जाने की कम इच्छा।

(2) **फ्रैड्रसन** के अनुसारः

(*i*) आत्मविश्वास का अभाव
(*ii*) 50 से 70 या 75 तक बुद्धि-लब्धि (I.Q.)।
(*iii*) बहुधा भावावेशपूर्ण व्यवहार।
(*iv*) विभिन्न अवसरों, यथा–प्रेम, भय, मौन, चिंता, विरोध, पृथकता या आक्रमण पर विभिन्न प्रकार का व्यवहार।

(3) **स्किनर** के अनुसार :

(*i*) सीखी हुई बात को नई परिस्थितियों में प्रयोग करने में कठिनाई।
(*ii*) व्यक्ति और घटनाओं के प्रति ठोस और विशिष्ट प्रतिक्रियाएं।
(*iii*) मान्यताओं के संबंध में अटल विश्वास।
(*iv*) दूसरों की चिंता न करके केवल अपनी चिंता।

(*v*) किसी बात का निर्णय करने में परिस्थितियों की अवहेलना।

(*vi*) कार्य और कारण के संबंध में असंगत धारणाएं।

शिक्षण की पद्धतियां (Methods of Teaching)

मंदबुद्धि बालक की शिक्षा का वही स्वरूप होना चाहिए, जो पिछड़े बालक की शिक्षा का है। इनकी शिक्षा के लिए निम्न व्यवस्था होनी चाहिए–

(*i*) छोटे समूहों में शिक्षा

(*ii*) अध्ययन के विषय

(*iii*) हस्तशिल्पों की शिक्षा

(*iv*) अच्छे शिक्षकों की नियुक्ति

(*v*) सांस्कृतिक विषयों की शिक्षा

(*vi*) विशिष्ट विद्यालयों की स्थापना

(*vii*) विशिष्ट कक्षाओं की स्थापना

(*viii*) विशिष्ट विद्यालयों का संगठन

(*ix*) विशेष शिक्षण विधियों का प्रयोग

(*x*) विशेष पाठ्यक्रम का निर्माण

इनके माध्यम से मंदबुद्धि बालकों की शिक्षा को व्यावहारिक रूप प्रदान कर सकते हैं जो उनको किसी कार्य में दक्ष करके जीवनयापन करने के योग्य बनाती है।

संवर्द्धन कार्यक्रम (Development Programme)

जब बालक सामान्य स्कूल पाठ्यक्रम से किसी भी प्रकार से लाभान्वित नहीं होता तो उसे आवासीय स्कूल में भेजा जाता है जहाँ एक भली प्रकार बनाई गई निर्देशन योजना उनके सामाजिक सामंजस्य को प्रभावित करती है। इस प्रकार के बालकों के लिए शैक्षिक पाठ्यक्रम उतने ही सतर्क रूप से तैयार करना चाहिए जितना कि उन बालकों के लिए जो विशेष कक्षाओं में रखे जाते हैं।

मानसिक रूप से पिछड़े बालकों के लिए शैक्षिक व्यवस्था स्पष्ट, प्रबंधित तथा भली प्रकार निर्देशित होनी चाहिए। वहां पढ़ाई का हर सामान उपस्थित होना चाहिए तथा साथ ही कक्षाओं का प्रबंध होना चाहिए।

उपचारी कार्यक्रम (Remedial Programme)

मानसिक रूप से पिछड़े बालकों की आवश्यकताएं अधिकतर कानून द्वारा ऐसे अध्यापकों, मनोवैज्ञानिकों, मनोचिकित्सकों तथा व्यावसायिक सेवाओं द्वारा पूरी की जा रही है जो इस क्षेत्र में शिक्षित हैं। प्रायः सभी राज्यों ने ऐसे कानून बनाए हैं जो कि मानसिक अक्षम बालक के सुधार, उपचार तथा शिक्षा में सहायक हैं।

पिछले लगभग 50 वर्षों में मानसिक रूप से पिछड़े बालकों की उन्नति के लिए कानून, मेडिकल अनुसंधान, मनोविज्ञान तथा शैक्षिक क्षेत्र में बहुत उन्नति हुई है। इस क्षेत्र में किए गए कार्यों का वर्णन निम्नवत् है–

(*i*) **मनोविज्ञान–** मानसिक पिछड़ेपन पर महत्वपूर्ण मनोवैज्ञानिक अनुसंधान हुए हैं। कुछ अनुसंधान बालकों की प्रमुख तथा गौण विशेषताओं से संबंधित हैं। बालकों की मानसिक उन्नति पर वातावरण के प्रभाव का भी अध्ययन हो रहा है। इनमें से कुछ अध्ययन फ्रीमैन, सीलस तथा शैमिट द्वारा हुए हैं।

(*ii*) **कानून–** कानून द्वारा संस्थाओं को आर्थिक सहायता दी जाती है। कानूनों द्वारा विशेष स्कूलों की व्यवस्था, उनमें भर्ती, अध्यापकों का प्रशिक्षण आदि की सुविधा रहती है।

(*iii*) **मेडिकल अनुसंधान–**इस क्षेत्र में हो रहे अनुसंधान मानसिक स्तर की उन्नति की ओर संकेत करते हैं। इस प्रकार के अध्ययन दो बातों से संबंधित हैं–(*a*) मनोवेगात्मक पिछड़ेपन पर बेनजीड्राइन उपचार (*b*) मानसिक पिछड़ेपन पर गुलूटामी एसिड का प्रभाव। मेडिकल क्षेत्र के ये दोनों अनुसंधान शैक्षिक तथा मनोवैज्ञानिक दृष्टि से बहुत महत्त्वपूर्ण हैं।

(*iv*) **शैक्षिक समस्याएं–** न्यूयॉर्क का विशेष शिक्षा विभाग 1940 से पाठ्यक्रम तथा विधियों पर अनुसंधान कर रहा है। इन अनुसंधानों के परिणामों को मानसिक रूप से पिछड़े बालकों के शैक्षिक कार्यक्रम में सुझाव के रूप में लेना चाहिए।

2. दृष्टि बाधित छात्र (Visually Impaired Students)

दृष्टि बाधित बालक सामान्य से कम, निम्न या शून्य दृष्टि वाले होते हैं। इन बालकों की समस्या यह होती है कि वे कक्षा में श्याम-पट्ट (Black Board) पर अंकित लेख या दृश्य सहायक सामग्री को तथा अपनी पुस्तक पठन में कठिनाई का अनुभव करते हैं। ऐसे बालकों के लिए निम्न सावधानियां रखनी चाहिए–

(*i*) उन्हें कंजरवेशन (Conservation) कक्षाओं में पढ़ाना चाहिए जहां बड़े छापे की पुस्तकें व बड़े आकार की दृश्य सामग्री का प्रयोग किया जाता है।

(*ii*) ऐसे छात्रों को कक्षा में श्याम-पट्ट (Black Board) के निकट बैठना चाहिए।

(*iii*) उनकी दृष्टि की जांच कर उन्हें चश्मा लगाने की सलाह देनी चाहिए।

(*iv*) चिकित्सक से उनका उपचार कराना चाहिए।

(*v*) उनमें उचित रूप से पढ़ने-लिखने की विधि विकसित करनी चाहिए।

विशेषताएं (Characteristics)

(*i*) ऐसे बालक जो औसत दृष्टि वाले बालकों से भिन्न हैं, परन्तु जिनका मेडिकल रूप से इलाज हो सकता है, सामान्य बालकों के साथ पढ़ सकते हैं।

(*ii*) ऐसे बालक जिनमें कि अत्यंत गंभीर दृष्टि दोष है इनका उपचार मेडिकल सहायता तथा चश्मे से करने पर भी वे सामान्य बालकों के साथ पढ़कर यथोचित लाभ नहीं उठा सकते। फिर भी उनके पास इतनी दृष्टि है कि वे उन साधनों से उचित लाभ उठा सकते हैं जो कि अन्धे बालकों को दिए जाते हैं।

(*iii*) ऐसे बालक, जो कि मेडिकल इलाज तथा चश्में की सहायता मिलने पर भी शैक्षिक तथा व्यावसायिक रूप से दृष्टिहीन हैं।

बाधित की मात्रा

दृष्टि बाधा की मात्रा के लिहाज से बहुत कम देखने वाले बालकों को चार वर्गों में बांटा गया है–

(*i*) ऐसे बालक, जिनकी दृष्टि एक्यूटी (Visual Acuity) 20/70 तथा 20/200 के बीच है।

(*ii*) ऐसे बालक जो गंभीर तथा बढ़ने वाली दृष्टि संबंधी कठिनाइयों से पीड़ित हैं।

(*iii*) ऐसे बालक जो नेत्र संबंधी रोगों से पीड़ित हैं या ऐसे रोगों से जो दृष्टि को प्रभावित करते हैं।

(*iv*) ऐसे बालक, जो कि उपरोक्त बालकों में सम्मिलित नहीं हैं और जिनके पास औसत मस्तिष्क है तथा जो डॉक्टरों तथा शिक्षाशास्त्रियों के अनुसार कम देखने वाले बालकों को दिए गए साधनों तथा सामान द्वारा अधिक लाभान्वित हो सकते हैं।

शैक्षिक कार्यक्रम (Educational Programme)

(*i*) **विशेष कक्षाओं का आयोजन–** कम देखने वाले बालकों (दृष्टि बाधित) को शिक्षा देने का सबसे अच्छा तरीका विशेष कक्षाओं का आयोजन है। एक विद्यालय में ऐसे बालकों की संख्या 1 से 500 तक होती है। अध्यापक इस बात का निर्णय करे कि क्या उनके लिए विशेष कक्षा का आयोजन किया जाए तथा कौन-कौन सी सुविधाएं प्रदान की जाए। इस कक्षा में विभिन्न श्रेणियों के बालक हो सकते हैं। गांवों में भी आंशिक रूप से देखने वाले बालकों के लिए विशेष कक्षा का प्रबंध होना चाहिए।

(*ii*) **सहकारिता योजना–** पृथकीकरण अब आधुनिक शैक्षिक सिद्धांतों के अनुरूप नहीं है। अतः एक सहकारिता योजना का विकास किया गया है जिसके द्वारा कम देखने वाले बालक अपने कार्य एक विशेष सामान से युक्त एक योग्य शिक्षक के अंतर्गत करते हैं। अन्य कार्यक्रमों के लिए वे अन्य औसत बालकों के साथ मिल जाते हैं।

(*iii*) **पाठ्यक्रम–** कम देखने वाले और औसत बालकों का पाठ्यक्रम एक-सा होता है। अध्यापकों को इस ओर ध्यान देना चाहिए कि ऐसा कोई भी कार्य अधिक न करवाया जाए जिससे आंखों पर अधिक जोर पड़े।

(*iv*) **शैक्षिक माध्यम–** एक औसत बालक के लिए किताब 10 या 12 पॉइण्ट (Point) टाइप में होती है, पर आंशिक देखने वाले बालकों के लिए किताब 18 या 24 पॉइण्ट (Point) टाइप में होती है। प्रिंट साफ तथा विस्तृत होना चाहिए। दो शब्दों के बीच जगह होनी चाहिए। सफेद कागज पर काली स्याही से लिखा होना चाहिए। हाशिया तथा चित्र एवं मानचित्र पर काली स्याही से लिखा होना चाहिए। आर्ट तथा क्राफ्ट के लिए ऐसा सामान प्रयुक्त होना चाहिए कि आंखों पर अधिक जोर न पड़े। मशीनी तरीके, जैसे–टाइपराइटर, रेडियो आदि का प्रयोग होना चाहिए। साथ ही ऐसे बालकों को टाइपराइटर के छूने की विधि बतानी चाहिए।

(*v*) **रोशनी–** प्राकृतिक तथा बनावटी दोनों प्रकार की रोशनी सभी बालकों के लिए महत्व रखती है। कम देखने वाले बालकों के लिए यह और भी अधिक महत्व रखती है। ऐसे बालकों का कमरा हर स्थान से पूर्णरूप से रोशनीयुक्त होना चाहिए तथा उनमें चमक नहीं होनी चाहिए। भूरे तथा हरे बोर्ड में प्रत्यावर्तन अधिक होता है। अतः उनका प्रयोग करना चाहिए।

(*vi*) **फर्नीचर :** एक स्थान से दूसरे स्थान तक ले जा सकने वाले फर्नीचर से बालक उसे किसी भी स्थान पर ले जाकर पढ़ सकते हैं। फर्नीचर का रंग हल्का होना चाहिए।

3. दृष्टिहीन छात्र (Blind Students)

वे बालक जिनकी दृष्टि एक्यूटी 20/200 होती है तो उन्हें शैक्षिक कार्य के लिए नेत्रहीन समझा जाता है। इससे कम होने पर अथवा इसी प्रकार की कोई अन्य अक्षमता होने पर बालक दृष्टिहीन समझे जाते हैं। दृष्टिहीन बालक को अपनी अन्य इन्द्रियों पर निर्भर रहना पड़ता है। जिन बालकों में बहुत कम दृष्टि होती है वे रंगों का भेद कर सकते हैं। एक बालक को तभी दृष्टिहीन मानना चाहिए जबकि डॉक्टर ने उसकी ऐसी स्थिति बतायी हो। डाक्टर द्वारा बताए गए चश्में को पहनने से इनकी दृष्टि में सुधार हो सकता है समय-समय पर आंखों की परीक्षा लेना भी जरूरी है। अध्यापक को देखना चाहिए कि बालक ने चश्मा पहना है अथवा नहीं, चश्मा ठीक दशा में है अथवा नहीं। चूंकि दृष्टिहीन बालक हमेशा अपनी अन्य इंद्रियों पर निर्भर रहता है, उसकी अन्य इंद्रियों के स्वास्थ्य की परवाह करनी चाहिए।

दृष्टिहीन बालकों की समस्या अधिक विकट होती है। वे सामान्य विद्यालय व सामान्य कक्षाओं में शिक्षित होने में अधिक असुविधा का सामना करते हैं। उन्हें विद्यालय में आने-जाने, लिखने-पढ़ने जैसी क्रियाओं में दूसरों की सहायता लेनी पड़ती है। वे दूसरे व्यक्तियों के उपहास के पात्र बनते हैं जिससे उनमें हीन भावना का उदय होता है। ऐसे बालकों की शिक्षा में निम्न बिंदु उल्लेखनीय है–

(*i*) ऐसे बालकों के लिए पृथक एवं विशिष्ट विद्यालय होने चाहिए।

(ii) इन्हें ब्रेल (Braille) पद्धति से शिक्षित करना चाहिए, जिनमें एक मोटे कागज पर कुछ बिन्दु उभार कर उनके स्पर्श द्वारा दृष्टिहीन बालकों को अक्षर व लिपि का ज्ञान कराया जाता है।

(iii) उन्हें संगीत या हस्तकला में प्रशिक्षण दिया जाना चाहिए।

(iv) उन्हें टंकण (Typing) का प्रशिक्षण भी दिया जा सकता है।

(v) उन्हें समुचित सहानुभूति की अपेक्षा होती है।

दृष्टिहीन छात्रों के लिए शैक्षिक सुविधाएं (Educational Facilities for Blind Students)

(i) **सामान्य विद्यालय**– एक सामान्य दृष्टिहीन बालक सामान्य स्कूल में प्रवेश कर सकता है। इस अवस्था में उसे इस योग्य होना चाहिए कि वह कपड़े आदि स्वयं पहन सके। उसे नहाना और अपनी शारीरिक आवश्यकताओं की पूर्ति करना आना चाहिए। उसे जाने पहचाने वातावरण में चलने की आदत होनी चाहिए। उसे अपने आयु-वर्ग के बालकों से बोलना और उन्हें दोस्त बनाने आना चाहिए। इस संबंध में बालकों को किण्डरगार्टन में भेजने से अच्छे परिणाम निकलने चाहिए।

(ii) **ब्रेल कक्षाएं**– दृष्टिहीन बालकों के लिए स्कूल जाने से तात्पर्य अंधों के स्कूल जाने से है। वहाँ ऐसे बालकों को विशेष कक्षाओं में पढ़ाया जाता है। इन्हें ब्रेल कक्षा (Braille Class) कहते हैं। ब्रेल कक्षाओं तथा दृष्टिहीन बालकों के लिए स्कूल की व्यवस्था इसलिए की जाती है ताकि वे सामाजिक वातावरण से समायोजन कर सकें। आवासीय स्कूल भी बालकों की कक्षा से दूसरी कक्षा के लिए शिक्षा देता है। ब्रेल कक्षाएं ऐसी सहायता देती हैं जिनसे सामान्य कक्षा की पढ़ाई को समझ सकें। ये दोनों ही प्रकार की पढ़ाई अपनी उद्देश्य पूर्ति में सफल हो सकती हैं। ब्रेल कक्षाओं में एक कुशल अध्यापक 10 या 12 विद्यार्थियों को वह विषय पढ़ाता है जो वे अन्य बालकों के साथ नहीं पढ़ सकते। अन्य कार्यों के लिए वे सामान्य बालकों के साथ मिल जाते हैं। उन्हें हाथ में कार्य, शारीरिक शिक्षा तथा संगीत की शिक्षा भी दी जाती है। ब्रेल कक्षाओं के लिए ब्रेल पुस्तकों की आवश्यकता होती है। अमेरिका में ये ब्रेल कक्षाएं American Printing House for the Blind से पुस्तकें प्राप्त करती हैं।

(iii) **विशेष विधियां**– दृष्टिहीन बालक की शिक्षा के समय यह ध्यान में रखना चाहिए कि वह एक सामान्य बालक है। अधिकतर मामलों में उसका बढ़ता हुआ ज्ञान, वृद्धि, संवेग तथा इच्छाएं अन्य बालकों की तरह है। दृष्टि दोष प्रत्येक बालक में भिन्न होता है। यदि बालक में थोड़ी दृष्टि है और अध्यापक उसे दृष्टिहीन समझता है तो इसका बालक पर प्रतिकूल प्रभाव पड़ेगा। दृष्टि एक्यूटी (Visual Acuity) सदा दृष्टि क्षमता को नहीं बताती। अक्सर कम दृष्टि वाले बालक अपनी दृष्टि का अच्छा उपयोग करते हैं। घर के वातावरण, सीखने की तत्परता एवं सीखने की क्षमता का इस पर प्रभाव पड़ता है। एक अंधे बालक की शिक्षा के लिए दो चीजों–(i) विशेष सामान तथा माध्यम और (ii) पढ़ाने के विशेष सिद्धांतों का प्रयोग आवश्यक है।

4. बधिर-छात्र (Deaf Students)

कानों के द्वारा सुनने में बाधा से उत्पन्न अयोग्यता व्यक्ति विशेष को श्रवण विकलांग बनाती है। यह विकलांगता ऐसे बालकों की श्रवण शक्ति दोषयुक्त होने से उन्हें शाब्दिक या बोलकर अभिव्यक्त करने में असमर्थ बनाती है। यही कारण है कि बहरे लोग गूंगे (Dumb) भी होते हैं। अतः सामान्य स्कूलों में शैक्षिक शिक्षण की अपेक्षा श्रवण विकलांगों की शिक्षा हेतु पृथक गूंगे-बहरों के विशिष्ट विद्यालयों की व्यवस्था की जाती है। जहां प्रशिक्षित अध्यापक विशिष्ट उपकरणों की सहायता से उनका विशिष्ट शिक्षण करते हैं।

प्रकार– बहरेपन अथवा श्रवण बाधिता को प्रायः दो प्रकारों में बांटा जाता है–

(i) बधिर या बहरे (Deaf), (ii) ऊंचा सुनने वाले (Hard of Hearing)। इन दोनों प्रकारों में भाषा को सीखने की योग्यता भिन्न-भिन्न होती है। ऊंचा सुनने वालों को श्रवण सहायक यंत्रों (Hearing Aids) की सहायता से शिक्षित किया जा सकता है किन्तु बधिरों की जिन्होंने कभी वाणी या भाषा सुनी ही नहीं, शिक्षा व्यवस्था विशिष्ट प्रकार की होती है।

विशेषताएं (Characteristics)

(i) बधिर या कम सुनने वाले श्रवण क्षतियुक्त बालक वे हैं जिन्होंने बोलने से पहले ही श्रवण शक्ति खो दी है। इस प्रकार के छात्रों के लिए विशेष प्रकार के शिक्षण की आवश्यकता होती है।

(ii) विद्यालय में कुछ बालक ऐसे होते हैं जिन्हें किसी न किसी प्रकार का और किसी न किसी स्तर का श्रवण दोष होता है।

(iii) श्रवण शक्ति बालक को अध्यापक द्वारा कही गई बातें सुनाई देती है। श्रवण शक्ति मौखिक संदेशवहन, अधिगम, मानसिक विकास और भाषा विकास का सबसे सशक्त साधन है। श्रवण बाधित बालक इन साधनों से लाभ नहीं उठा पाता।

(iv) कक्षा में बैठे श्रवण क्षतियुक्त बालकों को प्रभावशाली ढंग से उन विधियों से शिक्षा दी जा सकती है जिनसे सामान्य श्रवण योग्यता वाले बालक को देते हैं।

(v) बधिर बालकों की पहचान उनसे बोलने पर हो सकती है। परन्तु उनकी पहचान श्रवण यंत्रों के द्वारा करना उचित होगा।

(vi) श्रवण क्षतियुक्त बालकों की पहचान श्रवण यंत्रों, यथा श्रवणमापक तथा अन्य तकनीकों से की जाती है।

(*vii*) विद्यालय में श्रवण क्षतियुक्त बालक कई दिनों तक अध्यापक की दृष्टि में नहीं आता। अध्यापक को उसका पता तभी होगा जब वह बालक से अधिकतम अंतःक्रिया (Interaction) करेगा। जबकि अधिक संख्या वाली कक्षा में ऐसा होना संभव नहीं है। अतः बालकों के प्रवेश के समय ही उनका परीक्षण करवा लेना उचित है।

(*viii*) माता-पिता को बालक के जन्म के तीन महीने पश्चात् चिकित्सक द्वारा अपने बालक की श्रवण शक्ति की जांच अवश्य करा लेनी चाहिए। विद्यालय में प्रवेश दिलाते समय उन्हें अध्यापक को बालक की श्रवण स्थिति से अवगत करा देना चाहिए।

शैक्षिक कार्यक्रम (Educational Programme)

श्रवण बाधितों के शैक्षिक कार्यक्रमों को चार वर्गों– (1) संप्रेषण तकनीकें, (2) शिक्षण तकनीकें, (3) शैक्षिक सुविधाएं तथा (4) औपचारिक सुविधाएं में बांटा गया है।

(1) **संप्रेषण तकनीकें–** श्रवण क्षतियुक्त बालक के संबंध में सबसे बड़ी कठिनाई संप्रेषण के संबंध में है। अतः उसे भली प्रकार शिक्षित करने के लिए निम्न विशेष संप्रेषण तकनीकें अपनाई जानी चाहिए–

(*i*) **चिन्ह भाषा–** बधिर और अत्यधिक ऊंचा सुनने वाले बालकों के लिए चिन्ह भाषाओं का प्रचलन है, यथा–A. चिह्नित अंग्रेजी, (*b*) अमेरिकन चिह्न भाषा, (*c*) अंगुली वर्णमाला। ये चिन्ह भाषाएं एक-दूसरे से भिन्न होती हैं।

(*ii*) **ओष्ठ पठन–** ओष्ठ पठन में बालकों को ओठों के हिलाने और गति के आधार पर वर्णों और शब्दों को पढ़ने की शिक्षा दी जाती है।

(*iii*) **संकेत भाषा–** संकेत भाषा में ओठों को पढ़ने के साथ हाथ से मुंह के पास ही संकेत दिए जाते हैं। संकेत उसी भाषा के होते हैं जिसमें कि बोला जाता है। संकेत भाषा के लाभ निम्नवत् हैं–

(*a*) इसमें उसी व्याकरण का प्रयोग होता है जो बोली जाती है।

(*b*) इससे बालक सुनने वाले लोगों के साथ आसानी से संप्रेषण कर सकता है।

(*iv*) **स्पर्श विधि–** इसमें स्पर्श द्वारा कही गई बात को समझने का प्रावधान होता है।

(*v*) **गतिविधि–** इसमें शरीर से विभिन्न गतियां करवाकर बधिर बालकों के संप्रेषण में सहायता दी जाती है।

(*vi*) **प्रवर्धक प्रयोग–** ध्वनि प्रवर्धक यंत्रों का प्रयोग उन बालकों के लिए उपयोगी हो सकता है जो सामान्य से थोड़ा ऊंचा सुनते हैं।

(2) **शिक्षण तकनीकें–** श्रवण क्षतियुक्त बालकों के लिए निम्न शिक्षण तकनीकें अपनाई जानी चाहिए–

(*i*) शिक्षण विषय-वस्तु को सहायक सामग्री की सहायता से पढ़ाया जाना चाहिए। आकृतियां, चित्र, संकेत, शब्द, इशारे इत्यादि सहायक सामग्री प्रयोग की जा सकती है।

(*ii*) शिक्षक को बीच-बीच में प्रश्न पूछना अनिवार्य है। इससे यह पता लग सकता है कि बालक पढ़ाई गई बात को कितना समझ रहा है।

(*iii*) विलसन के अनुसार श्रवण क्षतियुक्त बालक को एक नोट लेने वाला व्यक्ति (Note-taker) प्रदान किया जाना चाहिए।

(*iv*) श्रवण क्षतियुक्त बालकों के लिए एक विशेष अध्यापक नियुक्त किया जाना चाहिए जो प्रशिक्षण प्राप्त हो।

(*v*) श्रवण क्षतियुक्त बालकों की अधिगम कमियों की ओर विशेष ध्यान दिया जाना चाहिए ताकि यह पता चले कि वे शब्दों को ठीक लिखते और बोलते हैं अथवा नहीं।

(*vi*) श्रवण क्षतियुक्त बालकों के लिए तकनीकी कार्यक्रम बनाने चाहिए। रोचेस्टर तकनीक विज्ञान संस्थान में इस तरह के प्रोग्राम उपलब्ध हैं।

(3) **श्रवण क्षतियुक्त बालकों की शैक्षिक सुविधाएं–** श्रवण क्षतियुक्त बालकों को दिन-प्रतिदिन के क्रियाकलाप में भली प्रकार से सहायता देने के लिए निम्न सुविधाएं दी जानी चाहिए–

(*i*) दृश्य-श्रव्य (Audio-Visual) संकेत सामग्री श्रवण क्षतियुक्त बालक के लिए अत्यंत लाभदायक सिद्ध हो सकती है। टेलीफोन में ध्वनि प्रवर्धक (Sound Amplifier) लगाने से बालक टेलीफोन पर बातचीत कर सकते हैं। आजकल बालकों के लिए टेलीफोन, टाइपराइटर और कंप्यूटर यंत्र बनाया गया है। इसमें टेलीफोन पर वार्ता टाइप होकर स्क्रीन में दिख जाती है। इससे बधिर बालक टेलीफोन पर वार्ता कर सकते हैं। यदि इसी प्रकार के अन्य यंत्र भी विद्यालयों में उपलब्ध कराएं जा सकें तो वे श्रवण क्षतियुक्त बालकों के लिए लाभप्रद होंगे।

(*ii*) वीडियो टेप्स का प्रयोग लाभकारी सिद्ध होता है।

(*iii*) फिल्म का प्रयोग किया जाना चाहिए।

(*iv*) उन सभी बालकों को कक्षा-कक्ष (Class-room) में समूह श्रवण सहायक (Group Hearing Aids) प्रदान किए जाने चाहिए जो किसी भी प्रकार की श्रवण क्षतियुक्तता से पीड़ित हैं।

(*v*) अध्यापक द्वारा ओवरहेड प्रोजेक्टर का प्रयोग अत्यंत अच्छा है।

(*vi*) श्रवण क्षतियुक्त बालकों को अजायबघर, ऐतिहासिक इमारतों, प्रसिद्ध स्थानों आदि जैसे सूचनाप्रद स्थलों पर भ्रमण के लिए ले जाना चाहिए।

5. शारीरिक रूप से विकलांग छात्र (Physically Disabled Students)

जब तक शरीर स्वस्थ नहीं होगा तब तक मनुष्य सामान्य रूप से कार्य नहीं कर सकता। शारीरिक स्वास्थ्य उसके कार्य व विकास को प्रभावित करता है। शारीरिक अक्षम अथवा अपंग बालक शारीरिक रूप से विकलांग कहलाते हैं। अपंग बालक चिरकालिक बीमार बालकों से संख्या में कहीं अधिक होते हैं। ऐसे बालक निरंतर असफल होते हैं और अंत में विद्यालय आना छोड़ देते हैं। अपंग और बीमार दोनों ही प्रकार के बालक विशिष्ट बालकों की श्रेणी में आते हैं। अतः वे विशेष शिक्षा के अधिकारी हैं।

विकलांगता का अर्थ व परिभाषा (Meaning or Definition of Disabled)

महेश भार्गव एवं भावना लवनिया के शब्दों में – "शैक्षिक दृष्टि से विकलांगता किसी भी प्रकार की निर्योग्यता हो सकती है जो बालक विशेष को औसत बालकों की भांति शिक्षा ग्रहण करने में असमर्थ बनाती है। ऐसे बालक सामान्य शिक्षा पद्धति से लाभान्वित नहीं हो पाते। उनके लिए अतिरिक्त सहायता विशिष्ट शिक्षण की आवश्यकता होती है।"

बाल गोविंद तिवारी के शब्दों में – "विकलांगता एक ऐसी स्थिति है जो किसी भी व्यक्ति को किसी भी अवस्था में उसके सामान्य व्यवहार, कार्य शक्ति, विचार एवं नियमित कृत्य को न्यूनाधिक प्रभावित कर आंगिक, मानसिक, सामाजिक व भावात्मक असंतुलन उत्पन्न कर देती है।"

विकलांगता के प्रकार (Types of Disabled)

(*i*) मेरुदण्ड का वक्र,
(*ii*) मेरुदण्डीय द्विशाखी,
(*iii*) मांसपेशीय डायसट्रॉफी,
(*iv*) लूले-लंगड़े, हथकटे,
(*v*) एक या इससे अधिक अंगों का लकवा,
(*vi*) पांवफिरा,
(*vii*) प्रमस्तिष्कीय पक्षाघात,
(*viii*) विकृत नितंब।

विशेषता (Characteristics)

एक बीमार बालक वह है जो काफी लंबे समय से बीमार है कुछ बालक काफी लंबे समय तक बीमार से ग्रस्त रहते हैं। इन बीमारियों में कुछ प्रमुख हैं–(*i*) दमा, (*ii*) मिर्गी, (*iii*) हृदय रोग, (*iv*) सूखा रोग, (*v*) तपेदिक, (*vi*) रक्त-अल्पता, (*vii*) श्वेत रक्तता (*viii*) धवल रोग, (*ix*) कैंसर, (*x*) मधुमेह, (*xi*) आमवातिक ज्वर, (*xii*) कृमिकोषीय तंतुशोच, (*xiii*) हंसिया-कोशिका खून की कमी।

कुछ बीमारियों के सामान्य लक्षण (Symptoms of Some Disease)

बालकों में विभिन्न प्रकार की बीमारियों के लक्षण भिन्न-भिन्न होते हैं। इनमें से कुछ सामान्य लक्षण निम्नवत् हैं–

(*i*) शरीर का पीला पड़ जाना।
(*ii*) थका-थका सा रहना।
(*iii*) अधिकतर समय थकान का अनुभव होना।
(*iv*) सांस लेने में कठिनाई का अनुभव होना।
(*v*) शैक्षिक उपलब्धि का निम्न होना।
(*vi*) स्वभाव में चिड़चिड़ापन होना।

शैक्षिक कार्यक्रम (Educational Programme)

शारीरिक विकलांग बालक, सामान्य बालक से अधिगम की सामर्थ्य की दृष्टि से कम होता है। अतः ऐसे बालकों की शिक्षा व्यवस्था भी विशिष्ट प्रकार की होनी चाहिए। इनमें से कुछ बालक तो सामान्य विद्यालयों की सामान्य कक्षाओं में शिक्षा प्राप्त करने में कठिनाई का अनुभव नहीं करते जबकि गंभीर रूप से शारीरिक विकलांग बालकों के लिए पृथक विशिष्ट कक्षाओं तथा विशिष्ट आवासीय विद्यालयों (Residential Schools) की व्यवस्था किया जाना आवश्यक होता है। शारीरिक विकलांग बालकों की शिक्षा हेतु निम्न उपाए अपनाए जाने चाहिए–

(*i*) **उपचार सुविधा–** अपंग तथा बीमार बालकों के उपचार के लिए समुचित व्यवस्था की जानी चाहिए। समय-समय पर उन्हें योग्य व कुशल चिकित्सक को दिखाना चाहिए। ऐसे बालकों के उपचार के लिए यदि अलग से कोष (Fund) की व्यवस्था की जाए तो और भी अच्छा होगा क्योंकि ऐसे बालकों को समय-समय पर चिकित्सालय में भर्ती करने की भी आवश्यकता पड़ सकती है। ऐसी स्थिति में उन्हें विद्यालय से समय-समय पर अनुपस्थित होना पड़ सकता है। अतः उपस्थिति संबंधी छूट दी जानी चाहिए। इस अनुपस्थिति का नकारात्मक प्रभाव उनके शैक्षिक ज्ञान और उपलब्धि पर पड़ सकता है। अतः ऐसे बालकों के लिए सफलता के मापदंड सामान्य बालक के समान नहीं बनाने चाहिए। ऐसे में इन बालकों के समुचित सामाजिक और संवेगात्मक विकास की ओर ध्यान देना शिक्षक का कर्त्तव्य है।

(*ii*) **विशिष्ट भ्रमणशील अध्यापक–** भ्रमणशील अध्यापकों (Visiting Teachers) में मनोविज्ञानशास्त्री, उच्चारण सुधारक, समाजसेवी, चिकित्सक आदि की सेवाएं शारीरिक विकलांगों को विद्यालयों में परामर्श व निर्देशन देने हेतु ली जानी चाहिए जो समय-समय पर इन विद्यालयों में भ्रमण कर सके।

(*iii*) **विशिष्ट कक्षाएं–** सामान्य विद्यालयों में कम विकलांग बालक/बालिकाओं हेतु पृथक कक्षा में विशिष्ट शिक्षण (Social Teaching) की व्यवस्था होनी चाहिए जिससे उनका उपचारात्मक शिक्षण (Remedial Teaching) हो सके। उन्हें विशिष्ट सहायक यंत्रों के उपयोग व प्रयोग का प्रशिक्षण भी दिया जाना चाहिए।

(*iv*) **विकलांग विद्यालय**– गंभीर रूप से विकलांग बालक-बालिकाओं हेतु पृथक विद्यालयों की व्यवस्था वांछनीय व अपरिहार्य है। ऐसे विद्यालयों में वैज्ञानिक विधि से शिक्षण, प्रशिक्षित अध्यापक, आवासीय व्यवस्था, खेल व मनोरंजन व्यवस्था, आजीविकोपयोगी उद्योगों का प्रशिक्षण, पुनर्वास, रुचिकार्य आदि का प्रावधान किया जाना चाहिए।

(*v*) **विशिष्ट पाठ्यक्रम**– विकलांग बालक/बालिकाओं की विकलांगता, सामर्थ्य, अभिरुचि व स्तर के अनुकूल विशिष्ट पाठ्यक्रम निर्मित कर उसे प्रभावी किया जाना चाहिए।

(*vi*) **अतिरिक्त कक्षा**– अतिरिक्त कक्षा उन अपंग तथा रोगी बालकों के लिए आयोजित की जा सकती है जो नियमित कक्षाओं से पूर्णतया लाभान्वित नहीं हो पाते। अतः विकलांग बालकों तथा रोगी बालकों के लिए स्कूल के उपरांत अथवा छुट्टियों के दिन भी थोड़े समय के लिए कक्षाओं का आयोजन करना चाहिए। इस प्रकार अध्यापक बालकों की व्यक्तिगत, सामाजिक तथा संवेगात्मक समस्याओं को समझा कर उन्हें हल कर सकेगा।

(*vii*) **जनमानस में अभिवृत्ति परिवर्तन**– प्रायः विकलांग बालकों को लोग हेयदृष्टि से देखते हैं। उन्हें दया योग्य, दान योग्य, भार तथा मजाक का पात्र समझा जाता है। यह भी समझा जाता है कि वे हर प्रकार के तिरस्कार को सह लेंगे। इस प्रकार की भावना विकलांग तथा रोगी बालकों में हीन भावना व निराशा भर देती है। अतः यह आवश्यक है कि जनमानस में व्याप्त इस अभिवृत्ति में परिवर्तन लाया जाए।

(*viii*) **समाजीकरण**– विकलांग और रोगी बालकों के समाजीकरण के लिए उन्हें ऐसे अवसर प्रदान किए जाने चाहिए जिससे वे अपने हम उम्र तथा अन्य लोगों से हिल-मिल सकें। यह कार्य पाठ्येत्तर क्रियाओं द्वारा संभव हो सकता है। उनसे विभिन्न प्रकार की मनोरंजक क्रियाएं करवायी जानी चाहिए। विकलांग व रोगी बालकों के मनोरंजन के लिए कुछ विशेष कार्यक्रम, यथा–सम्मेलन, गोष्ठी, सांस्कृतिक गायन आदि आयोजित किए जा सकते हैं। इस क्षेत्र में गैर-सरकारी संगठनों (NGOs) को भी प्रयास करना चाहिए। इसके लिए शिक्षक को इन संगठनों को प्रोत्साहित करना चाहिए।

अभ्यास प्रश्न

1. बालक के व्यक्तिगत अध्ययन की मनोवैज्ञानिक विधि है :

A. रेटिंग स्केल B. प्रश्नावली विधि
C. क़ेस स्टेडी D. प्रायोगिक विधि

2. सृजनशील बालकों का लक्षण है :

A. समस्याओं के प्रति सजगता का अभाव
B. गतिशील चिन्तन का अभाव
C. अनमनीयता
D. जिज्ञासा

3. दृष्टिहीन बालकों को शिक्षण दिया जाता है :

A. दृश्य-श्रव्य सामग्री द्वारा B. टंकण द्वारा
C. ब्रेल पद्धति द्वारा D. गाने-बजाने द्वारा

4. वंचित वर्ग के बालकों के अन्तर्गत आते हैं :

A. दृष्टिहीन व अपंग बालक
B. मन्दबुद्धि व हकलाने वाले बालक
C. पूर्ण बधिर या आंशिक बधिर बालक
D. उपर्युक्त सभी

5. विकलांग बालकों के अन्तर्गत आते हैं :

A. नेत्रहीन बालक
B. शारीरिक विकलांग बालक
C. गूंगे तथा बहरे बालक
D. इनमें से सभी

6. प्रतिभाशाली बालक जो होते हैं :

A. जन्मजात B. बाद में
C. आनुवंशिक D. इनमें से कोई नहीं

7. मानसिक रूप से पिछड़े बालकों की विशेषता होती है :

A. संवेगात्मक रूप से अस्थिर
B. सीमित रुचि वाले
C. निरन्तर अव्यवस्था का होना
D. उपर्युक्त सभी

8. अच्छी शिक्षा-प्रणाली में निम्नांकित अनुशासन श्रेष्ठ होता है–

A. कठोर अनुशासन
B. आत्मानुशासन
C. स्वतंत्र अनुशासन
D. उपरोक्त में से कोई नहीं

9. विकलांगों (Handicapped) को शिक्षा के समान अवसर देने हेतु निम्नांकित उपयोगी है–

A. सामान्य शिक्षा प्रणाली में विशेष प्रयास किया जाये
B. विशिष्ट विद्यालयों में उन्हें पृथक शिक्षा दी जाये
C. उपरोक्त A और B
D. उपरोक्त में से कोई नहीं

10. समुदाय शिक्षा का इस प्रकार का अभिकरण होता है–

A. अनौपचारिक B. औपचारिक
C. निरोपचारिक D. इनमें से कोई नहीं

11. शिक्षा के वैयक्तिक एवं सामाजिक उद्देश्यों में यह होना वांछनीय है–

A. प्रतिद्वंद्विता B. प्रतियोगिता
C. समन्वय D. उपरोक्त सभी

12. समायोजन द्वारा निम्नांकित से उत्पन्न (Tension) तनाव कम होता है–
A. कुंठा B. द्वन्द्व
C. विरोध D. उपरोक्त सभी

13. निम्न में से कौन-सा शिक्षार्थियों में सृजनात्मकता का पोषण करता है?
A. प्रत्येक शिक्षार्थी की अंतर्जात प्रतिभाओं का पोषण करने एवं प्रश्न करने के अवसर उपलब्ध कराना
B. विद्यालयी जीवन के प्रारंभ से उपलब्धि के लक्ष्यों पर बल देना
C. परीक्षा में अच्छे अंकों के लिए विद्यार्थियों की कोचिंग करना
D. अच्छी शिक्षा के व्यावहारिक मूल्यों के लिए विद्यार्थियों का शिक्षण

14. पाँचवीं कक्षा के 'दृष्टिबाधित' विद्यार्थी–
A. के माता-पिता और मित्रों द्वारा उसे दैनिक कार्यों को करने में सहायता की जानी चाहिए
B. के साथ कक्षा में सामान्य रूप से व्यवहार किया जाना चाहिए और श्रव्य सी.डी. के माध्यम से सहायता उपलब्ध कराई जानी चाहिए
C. के साथ कक्षा में विशेष व्यवहार किया जाना चाहिए
D. को निचले स्तर के कार्य करने की छूट मिलनी चाहिए

15. विशेष आवश्यकता वाले बच्चों को शिक्षा उपलब्ध कराई जानी चाहिए
A. विशेष विद्यालयों में विशेष बच्चों के लिए विकसित पद्धतियों द्वारा
B. विशेष विद्यालयों में
C. विशेष विद्यालयों में विशेष शिक्षकों द्वारा
D. अन्य सामान्य बच्चों के साथ

16. 'डिस्लेक्सिया' किससे सम्बन्धित है?
A. गणितीय विकार B. पठन विकार
C. व्यवहार-सम्बन्धी विकार D. मानसिक विकार

17. सृजनात्मक शिक्षार्थी वह है जो
A. परीक्षा में हर बार अच्छे अंक प्राप्त करने के योग्य है
B. पार्श्व (लेट्रल) चिंतन और समस्या-समाधान में अच्छा है
C. ड्राइंग और पेंटिंग में बहुत विलक्षण है
D. बहुत बुद्धिमान् है

18. निःशक्त बच्चों के लिए समेकित शिक्षा की केंद्रीय प्रायोजित योजना का उद्देश्य है .... में निःशक्त बच्चों को शैक्षिक अवसर उपलब्ध कराना।
A. मुक्त विद्यालयों
B. 'ब्लाइंड रिलीफ एसोसिएशन' के विद्यालयों
C. नियमित विद्यालयों
D. विशेष विद्यालयों

19. सृजनात्मक उत्तरों के लिए आवश्यक है
A. मुक्त-उत्तर वाले प्रश्न
B. एक अत्यंत अनुशासित कक्षा
C. प्रत्यक्ष शिक्षण एवं प्रत्यक्ष प्रश्न
D. विषय-वस्तु आधारित प्रश्न

20. विद्यालय में छात्रों के लिए शैक्षिक भ्रमण क्यों आवश्यक है?
A. छात्रों का घूमने में मन लगता है
B. छात्रों पर पढ़ाई का बोझ न पड़े
C. छात्रों को प्रत्यक्ष संपर्क से स्थाई ज्ञान होता है
D. छात्र का मनोरंजन होता है

21. अनुसूचित जाति के बालकों की प्रमुख समस्या है–
A. जन सुविधाओं का उपयोग करने का पूर्ण अधिकार
B. समाज में इनका उच्च स्थान
C. ऊँची जाति के लोगों का इनसे घृणा करना
D. ये सभी

22. अनुसूचित जनजाति के बालकों की प्रमुख समस्या है–
A. अधिकतर परिवारों का गरीब होना
B. उनकी जाति में शिक्षा का प्रचार-प्रसार कम होना
C. विद्यालय में उनकी जाति के छात्रों की संख्या का कम होना
D. उपरोक्त सभी

23. एक अध्यापक को महत्त्व देना चाहिए
A. सभी को समान रूप से
B. अनुसूचित जनजाति के छात्रों को
C. अनुसूचित जाति के छात्रों को
D. पिछड़ी पृष्ठभूमि के छात्रों को

24. दृष्टि दोष वाले छात्रों में निम्न में से कौन-सा विकार नहीं पाया जाता है?
A. आँखों को बार-बार मलना
B. सिरदर्द की शिकायत रहना
C. आँखों के बहुत निकट लाकर पुस्तक को पढ़ना
D. शरीर के अंगों में अवांछित हलचल रहना

25. एक शारीरिक विकलांग बालक के लिए विद्यालय में निम्नलिखित में से क्या आवश्यक रूप से होना चाहिए?
A. बालक के लिए आवास का प्रबन्ध
B. बालक के लिए निःशुल्क शिक्षा का प्रबन्ध
C. बालक के लिए भोजन का प्रबन्ध
D. बालक के लिए कक्षा-कक्ष में प्रवेश की उचित सुविधा का प्रबन्ध

26. आपकी कक्षा की एक छात्रा मोनिका, जो मानसिक तौर पर एक पिछड़ी हुई बालिका है। आप उसको निम्न में से किस प्रकृति में रखेंगे?
A. निष्ठावान B. संवदेनशील
C. शक्तिशाली D. अनुशासनहीन

27. निम्न में से क्या प्रतिभाशाली बालक का संकेत है?
A. अभिव्यक्ति में नवीनता
B. जिज्ञासा
C. सृजनात्मक विचार
D. ये सभी

28. एक शिक्षक होने के नाते पिछड़े बालकों के प्रति आपका दृष्टिकोण होना चाहिए–
A. सहानुभूतिपूर्ण B. उपेक्षापूर्ण
C. कठोर D. इनमें से कोई नहीं

29. प्रतिभाशाली बालक की इन्द्रियाँ होती हैं
A. तीव्र B. उदात्त
C. सामान्य D. इनमें से कोई नहीं

30. वे बालक जो सामाजिक, भावात्मक, शैक्षिक आदि पक्षों में सामान्य बालकों से भिन्न होते हैं। उन्हें कहा जा सकता है–
A. क्रोधी बालक B. विशिष्ट बालक
C. अपराधी बालक D. विकलांग बालक

31. किसी समस्यात्मक बालक की विशेषता नहीं है–
A. चोरी करना B. झूठ बोलना
C. क्रोध करना D. आज्ञा का पालन करना

32. समायोजन का लक्षण निम्न में से कौन-सा नहीं है?
A. सामाजिकता B. अनुकूल वातावरण
C. असन्तुलन D. सन्तुष्टि

33. वंचित वर्ग के बालकों के अन्तर्गत कैसे बालक आते हैं?
A. मन्द-बुद्धि व हकलाने वाले बालक
B. पूर्ण बधिर या आंशिक बधिर
C. अन्ध व अपंग बालक
D. ये सभी

34. बहरे बच्चे को पढ़ाने की विधि कौन-सी है?
A. अंगुलिवाचन B. मौनवाचन
C. आत्मीकरण D. ये सभी

35. मन्द बुद्धि बालकों की विशेषता निम्न में कौन-सी नहीं हैं?
A. शारीरिक दोष
B. मौलिकता
C. सीखने की मन्द गति
D. अमूर्त चिन्तन का अभाव

36. व्यक्ति की पहचान करने में निम्न में से क्या सहायक हैं?
A. बाह्य विभिन्नताएँ
B. व्यक्ति की शिक्षा
C. व्यक्ति का मानसिक स्वास्थ्य
D. ये सभी

37. निम्न में से क्या बोलने के दोष से संबंधित नहीं है–
A. अशुद्ध उच्चारण
B. आवाज की समस्या
C. तेज बोलने वाले
D. हकलाना व तुतलाना

38. ब्रेल लिपि का प्रयोग किसके लिए किया जाता है?
A. श्रवण दोष युक्त बालकों के लिए
B. अन्धे बालकों के लिए
C. विकलांग बालकों के लिए
D. इनमें से कोई नहीं

39. श्रवण क्षतियुक्त बालकों की शिक्षा निम्न में से किसके द्वारा नहीं दी जा सकती?
A. ओष्ठ पाठन B. संकेत भाषा
C. चिन्ह भाषा D. संगीत भाषा

40. बालकों के समस्यात्मक व्यवहार के उपचार हेतु कौन-कौन सी विधियों का प्रयोग किया जा सकता है?
A. परिवार उपचार विधि
B. विद्यालय उपचार विधि
C. सरकार उपचार विधि
D. ये सभी

उत्तरमाला

1	2	3	4	5	6	7	8	9	10
C	D	C	D	A	D	D	B	C	A
11	**12**	**13**	**14**	**15**	**16**	**17**	**18**	**19**	**20**
C	D	A	B	D	B	B	C	A	C
21	**22**	**23**	**24**	**25**	**26**	**27**	**28**	**29**	**30**
C	D	A	D	D	B	D	D	A	B
31	**32**	**33**	**34**	**35**	**36**	**37**	**38**	**39**	**40**
D	C	D	C	B	A	C	B	D	B

10. अधिगम और शिक्षाशास्त्र (Learning and Pedagogy)

बच्चों का स्कूल में प्रदर्शन (Performance of Children in School)

ऐसा अक्सर सुनने, पढ़ने एवं देखने में आता है कि विद्यालय में बहुत से बच्चे पढ़ने के लिए प्रवेश तो ले लेते हैं परन्तु उनमें से कुछ बच्चों के लिए शिक्षण प्रक्रिया की मांग को पूरा कर पाना बहुत कठिन होता है। परिणामतः इनका स्कूलों में प्रदर्शन अच्छा नहीं हो पाता और ये बीच में ही पढ़ाई छोड़ देते हैं। बच्चों के अपने स्कूलों में अच्छा प्रदर्शन न कर पाने के लिए अनेक कारक जिम्मेवार हो सकते हैं; जैसे परिवार की गरीबी, सांस्कृतिक विश्वास और मानक, पर्यावरणीय प्रभाव एवं स्वास्थ्य आदि। उपर्युक्त कारकों में से कुछ बालक के स्वयं के व्यक्तित्व से जुड़े होते हैं तो कुछ का संबंध सामाजिक और शैक्षिक परिवेश से होता है। उन कारकों में से कुछ प्रमुख निम्नवत हैं–

(i) **तत्परता की कमी :** कोई भी कार्य बिना इच्छा के संभव नहीं है। ठीक यही स्थिति अधिगम के साथ है। इस तरह स्पष्ट है कि सीखने की चाह ही वास्तव में तत्परता है। स्कूली स्तर पर छात्रों में तत्परता की कमी पाई जाती है। यही कारण है कि बच्चे स्कूल में अच्छा प्रदर्शन नहीं कर पाते।

(ii) **अभ्यास की कमी :** एक बात सर्वदा सत्य है कि अभ्यास व्यक्ति को निपुण एवं कुशल बनाता है। यह बात एक लोक प्रचलित दोहे से स्पष्ट है– **"करत-करत अभ्यास के जड़मति होत सुजान। रसरी आवत-जात ते शिल पर परत निशान।"** अर्थात् निरंतर अभ्यास करने से जड़ अर्थात् मूर्ख आदमी भी सुजान (ज्ञानी) हो जाता है ठीक उसी तरह जिस तरह कि शिल (पत्थर) पर रस्सी के निरंतर आने-जाने से उस पर निशान बन जाता है।

उपर्युक्त दोहा इस बात की ओर संकेत करता है कि यदि सीखी गई चीजों का बार-बार अभ्यास किया जाए तो सीखने वालों की स्मृति उस चीज के विषय में स्थाई हो जाती है। स्कूल में बच्चे दिए गए कार्यों का बार-बार दुहराव या पुनरावृत्ति या पुनरावलोकन नहीं करते। परिणामतः वे कुछ समय के बाद उसे भूल जाते हैं जिसके कारण स्कूल में उनका प्रदर्शन गिर जाता है।

(iii) **शारीरिक तथा मानसिक स्वास्थ्य :** स्कूल में अच्छे प्रदर्शन के लिए छात्रों का शारीरिक तथा मानसिक रूप से स्वस्थ होना अत्यंत आवश्यक होता है। यदि कोई छात्र शारीरिक या मानसिक रूप से पूर्ण स्वस्थ नहीं है, तो उसके स्कूली-प्रदर्शन में गिरावट आ जाती है।

(iv) **परिवेश की उपयुक्तता :** स्कूल में बच्चों के मानसिक व शारीरिक विकास के लिए अनुकूल परिवेश एक आवश्यक एवं अत्यंत महत्त्वपूर्ण कारक है। छात्रों से अच्छा प्रदर्शन तभी लिया जा सकता है जब उन्हें स्कूल में एक अच्छा परिवेश दिया जाए। यदि स्कूल में अच्छा तथा छात्रों के अनुकूल परिवेश नहीं होगा, तो उनके प्रदर्शन में गिरावट आ जाएगी।

(v) **शिक्षण की विधि :** अध्यापक की शिक्षण विधि का भी छात्रों पर सीधा एवं सकारात्मक प्रभाव पड़ता है। स्कूल स्तर पर शिक्षक को छात्रों को सिखाने में सरल तथा प्रयोग सिद्ध विधियों का प्रयोग करने के साथ प्रदर्शन विधि को अपनाना चाहिए जिससे कि छात्रों की स्मृति में उसका प्रभाव लंबे समय तक रह सके। यदि अध्यापक शिक्षण विधि को छात्र नहीं समझ पाते, तो वह स्कूली स्तर पर असफल हो जाते हैं तथा उनका प्रदर्शन गिर जाता है।

शिक्षण एवं अधिगम की आधारभूत प्रक्रियाएं (Teaching and Learning Process)

शिक्षण की प्रक्रिया (Teaching Process)

शिक्षण एक उद्देश्यपूर्ण प्रक्रिया है। उसका सीखने से घनिष्ठ संबंध है। यही कारण है कि आधुनिक युग में शिक्षण व सीखना (Teaching and Learning) को एक ही संकल्पना माना जाता है। किसी भी पाठ्यवस्तु को शिक्षक विचारहीन (Thoughtless) स्थिति से लेकर विचारपूर्ण (Thoughtful) स्थिति तक तीन स्तरों पर प्रस्तुत करता है–

1. स्मृति स्तर (Memory Level)
2. बोध स्तर (Understanding Level)
3. चिंतन स्तर (Reflective Level)

1. स्मृति स्तर (Memory Level)

स्मृति एक विचारहीन स्थिति है। यह शिक्षण की प्रारंभिक अवस्था है। स्मृति एक मानसिक प्रक्रिया है जो प्रत्येक प्राणी में किसी न किसी मात्रा में पाई जाती है। जब व्यक्ति किसी

वस्तु, पदार्थ अथवा स्थान को देखता है तो उसे वस्तु, पदार्थ अथवा स्थान की प्रतिमा अथवा चित्र उसके दिमाग में बन जाते हैं। इन संचित चिन्हों अथवा पूर्व समय में सीखीं हुई बातों को याद करना ही स्मृति कहलाती है।

स्मृति के विभिन्न सोपान (Various Steps of Memory)

(*i*) **अधिगम :** स्मृति अधिगम अथवा अनुभवों के अंकित होने पर आधारित होती है। अतः स्मृति की पहली अवस्था किसी वस्तु अथवा तथ्य के सीखने की है। सीखने का कार्य चेतन मन करता है। इसी अवस्था में जीवन के अनुभव मानसिक संस्कारों के रूप में मस्तिष्क में अंकित हो जाते हैं और आवश्यकता पड़ने पर पुनः वर्तमान चेतना में आ जाते हैं।

(*ii*) **पुनः स्मरण :** सीखे हुए अनुभवों को चेतना में लाना पुनःस्मरण कहलाता है। व्यक्ति की स्मृति का अच्छा अथवा बुरा होना उसके भूतकालीन अनुभवों को पुनःस्मरण करने पर ही निर्भर करता है कि उसने कितनी ही अच्छी तरह क्यों न सीखा हो यदि आवश्यकता पड़ने पर उसे कुछ याद नहीं आता तो वह व्यर्थ है। सीखी हुई बातों को चेतना में लाने के लिए मनोवैज्ञानिकों ने कुछ नियमों के पालन को आवश्यक बताया है, ये नियम हैं–

(*a*) समानता का नियम।

(*b*) सहचारिता का नियम।

(*c*) विरोध का नियम।

(*d*) लगातार रुचि का नियम।

(*e*) प्राथमिकता का नियम।

(*f*) नवीनता का नियम।

(*g*) प्रबलता का नियम।

(*h*) पुनरावृति का नियम।

(*iii*) **पहचान :** किसी वस्तु अथवा व्यक्ति को देखकर यह बता देना कि हमने उसे पहले भी कभी देखा है पहचान कहलाती है। पहचान एक मानसिक प्रक्रिया है जिसके द्वारा हम किसी वस्तु अथवा व्यक्ति के संपर्क में आकर यह बता देते हैं कि क्या वस्तु है अथवा कौन व्यक्ति है तथा उससे हमारा परिचय कब हुआ। पहचान और पुनःस्मरण का वही संबंध है जो मस्तिष्क का शरीर से है।

(*iv*) **धारण :** सीखे हुए पाठ्यक्रम अथवा संस्कारों को मस्तिष्क में स्थाई रूप से बनाए रखना धारण कहलाता है। धारण करने की शक्ति प्रत्येक व्यक्ति में अलग-अलग मात्रा में पाई जाती है। जो व्यक्ति किसी बात को जितने अधिक समय तक अपने मस्तिष्क में धारण करता है उसकी स्मृति उतनी ही अच्छी कहलाती है। प्रौढ़ व्यक्तियों की अपेक्षा किशोरों तथा किशोरियों की धारण शक्ति अधिक होती है। धारण शक्ति चार बातों पर निर्भर करती है–

(*a*) स्वास्थ्य, (*b*) मस्तिष्क,

(*c*) रुचि तथा (*d*) चिंतन।

अच्छी स्मृति की विशेषताएं
(Characteristics of Good Memory)

(*i*) **शीघ्र अधिगम**–एक अच्छी स्मृति की विशेषता यह है कि कोई भी तथ्य सरलतापूर्वक तथा शीघ्रता से याद हो जाए। अतः केवल उन विद्यार्थियों की स्मृति को अच्छा कहा जाता है जो किसी तथ्य को शीघ्रता से सीख लेते हैं।

(*ii*) **पुनःस्मरण में शीघ्रता**–जो विद्यार्थी किसी बात को याद करके उसे पुनःस्मरण करते समय अपनी चेतना में उसे आसानी से और शीघ्रता से ज्यों का त्यों ले आते हों, जैसा कि उन्होंने सीखा था, वे अच्छी स्मृति वाले विद्यार्थी माने जाते हैं।

(*iii*) **धारण का स्थायित्व**–जिन विद्यार्थियों को सीखी हुई बातें अधिक देर तक याद रहती हैं। उनकी स्मृति अच्छी कही जाती है। इसके विपरीत ऐसे विद्यार्थियों की स्मृति को अच्छा नहीं कहा जा सकता जो किसी बात को याद तो जल्दी कर लेते हों परंतु उसे मस्तिष्क में अधिक देर तक धारण करने में असमर्थ हों।

(*iv*) **उपयोगिता**–कुछ विद्यार्थी ऐसे होते हैं जिन्हें बहुत कुछ याद होता है परंतु अवसर पड़ने पर उन्हें अप्रासंगिक सामग्री याद आती रहती है। केवल उन विद्यार्थियों की स्मृति अच्छी मानी जाती है जिन्हें अवसर के अनुसार उचित सामग्री याद आ जाती है अथवा जो आवश्यकतानुसार अनुभवों तथा प्रतिभाओं को तुरंत पहचान लेते हैं।

(*v*) **व्यर्थ की बातों को भूलना**–अच्छी स्मृति होने के लिए व्यर्थ की बातों को भूलना परम आवश्यक है। परीक्षा के समय व्यर्थ की बातों के याद आने से विद्यार्थियों को लाभ नहीं होता।

2. बोध स्तर (Understanding Level)

बोध स्तर एक विचारपूर्ण स्थिति है। यह स्मृति स्तर के शिक्षण से आगे की अवस्था है। बोध स्तर के शिक्षण के लिए यह आवश्यक है कि शिक्षण पहले स्मृति स्तर पर हो चुका हो। बोध स्तर के शिक्षण में शिक्षक यह प्रयास करता है कि विद्यार्थियों के बौद्धिक व्यवहारों को विकसित करने के लिए अधिक-से-अधिक अवसर प्रदान किए जाएं। इससे उनमें सामान्यीकरण, सूझ-बूझ तथा समस्याओं को सुलझाने के लिए आवश्यक क्षमताएं विकसित हो जाती हैं। बोध स्तर का शिक्षण करते समय शिक्षक तथा विद्यार्थी दोनों ही पाठ के विकास में सक्रिय रूप से भाग लेते हैं।

बोध स्तर के शिक्षण का सोपान
(Educational Steps of Understanding Level)

बोध स्तर के शिक्षण सोपान का प्रतिपादन मौरीसन (Morrison) ने किया। अतः इसे मौरीसन के शिक्षण प्रतिमान की संज्ञा दी जाती है। मौरीसन ने इस सोपान के प्रारूप का वर्णन निम्न चार पक्षों में किया है–

(*i*) उद्देश्य (*ii*) संरचना

(*iii*) सामाजिक प्रणाली (*iv*) मूल्यांकन प्रणाली।

(*i*) **उद्देश्य**–मौरीसन के अनुसार बोध स्तर के शिक्षण का उद्देश्य यह है कि विद्यार्थी प्रत्यय (Concept) का स्वामित्व प्राप्त कर ले। बोध स्तर के शिक्षण में शिक्षक पाठ्यवस्तु के स्वामित्व पर बल देता है जिससे विद्यार्थियों के व्यक्तित्व में वांछित परिवर्तन हो जाए।

(*ii*) **संरचना**–मौरीसन ने बोध स्तर के शिक्षण की व्यवस्था को पांच सोपानों में विभाजित किया जिनका अनुसरण करते हुए शिक्षक बोध स्तर के लिए शिक्षण तथा अधिगम की परिस्थितियां उत्पन्न कर सकता है। इस प्रतिमान के पांच सोपानों का क्रम है–

(*a*) अन्वेषण। (*b*) प्रस्तुतीकरण। (*c*) परिपाक।
(*d*) व्यवस्था। (*e*) वर्णन।

(*iii*) **सामाजिक प्रणाली**–बोध स्तर के शिक्षण में सामाजिक प्रणाली विभिन्न सोपानों में बदलती रहती है। प्रस्तुतीकरण सोपान में शिक्षक अधिक क्रियाशील रहते हुए विद्यार्थियों के व्यवहार को स्मृति स्तर की भांति नियंत्रित करता है तथा आवश्यक प्रेरणा भी देता है। परिपाक कालांश में शिक्षक और विद्यार्थी दोनों क्रियाशील रहते हैं। शिक्षक विद्यार्थियों को आवश्यक निर्देश देता है तथा विद्यार्थी स्वतः प्रेरित होते हुए तन्मयता के साथ कार्य करते हैं। इस प्रकार बोध स्तर के शिक्षण में बाह्य तथा आंतरिक दोनों प्रकार की प्रेरणा का प्रयोग किया जाता है।

(*iv*) **मूल्यांकन प्रणाली**–बोध स्तर के शिक्षण में सामाजिक प्रणाली बदलती रहती है। अभ्यास में प्रयोग करने के लिए विद्यार्थियों को प्रस्तुतीकरण की परीक्षा पास करनी पड़ती है। व्यवस्था तथा वर्णन में प्रवेश करने के लिए उन्हें अभ्यास परीक्षा पास करनी होती है। इस प्रकार बोध स्तर के शिक्षण के विभिन्न सोपानों में मौखिक तथा लिखित दोनों प्रकार की परीक्षाएं होती हैं।

बोध स्तर के शिक्षण की सीमाएं (Limitations of Understanding Level in Education)

(*i*) इसमें पाठ्यवस्तु के स्वामित्व पर बल दिया जाता है, मानवीय व्यवहार को ध्यान में नहीं रखा जाता है।

(*ii*) पाठ्यवस्तु के स्वामित्व से विद्यार्थियों के भावात्मक तथा क्रियात्मक पक्षों का विकास न होकर ज्ञानात्मक पक्ष का ही विकास हो सकता है।

(*iii*) शिक्षण के इस प्रतिमान द्वारा विद्यार्थियों को पाठ्यवस्तु का गहनता के साथ बोध कराया जा सकता है। अतः इस प्रतिमान द्वारा शुद्ध अधिगम प्राप्त होता है।

(*iv*) मौरीसन द्वारा दिया हुआ शिक्षण का यह प्रतिमान मनोवैज्ञानिक तथा व्यावहारिक दृष्टि से प्रभावात्मक प्रतिमान माना जाता है।

बोध स्तर के शिक्षण को प्रभावशाली बनाने के लिए सुझाव

(*i*) बोध स्तर के प्रत्येक सोपान का अनुसरण क्रमबद्ध रूप में समुचित ढंग से किया जाना चाहिए।

(*ii*) बोध स्तर के शिक्षण की समस्याओं पर विचार करते हुए शिक्षक को उनके समाधान हेतु उचित प्रयास करना चाहिए।

(*iii*) पाठ्य-वस्तु में तल्लीन होते हुए शिक्षक को समय-समय पर मनोवैज्ञानिक प्रेरणा भी देनी चाहिए।

(*iv*) बोध स्तर के शिक्षण में विद्यार्थियों को उस समय प्रवेश दिया जाए जब वे पहले स्मृति स्तर के शिक्षण की परीक्षा पास कर लें।

3. चिंतन स्तर (Reflective Level)

शिक्षण का अंतिम स्तर चिंतन स्तर है। इसमें स्मृति तथा बोध दोनों सम्मिलित हैं। चिंतन स्तर के शिक्षण के लिए यह आवश्यक है कि व्यवस्था स्मृति तथा बोध दोनों स्तर पर हो चुकी हो। चिंतन स्तर के शिक्षण का तात्पर्य 'समस्या केन्द्रित' शिक्षण से है। इसमें कक्षा का वातावरण खुला हुआ होता है। शिक्षक विद्यार्थियों के सामने ऐसी समस्या उत्पन्न करता है कि विद्यार्थियों में काफी मानसिक तनाव पैदा हो जाता है जिससे वे स्वयं प्रेरित होते हुए सक्रिय होकर समस्या को सुलझाने के लिए अपनी संकल्पनाएं बनाकर इसका परीक्षण करना प्रारंभ कर देते हैं। अंत में एक समय ऐसा आता है कि समस्या सुलझ जाती है। संक्षेप में चिंतन स्तर का शिक्षण विद्यार्थियों के बौद्धिक व्यवहार को विकसित करने के अवसर प्रदान करते हुए उनमें सृजनात्मक क्षमताएं विकसित करने में सहयोग प्रदान करता है।

चिंतन स्तर के शिक्षण को स्पष्ट करते हुए बिग्गी महोदय ने ठीक ही लिखा है– "चिंतन स्तर पर कक्षा में अधिक सजीव, प्रेरणादायी, सक्रिय, आत्मलोचनात्मक तथा संवेदनशील वातावरण उत्पन्न किया जाता है। यह वातावरण नवीन तथा मौलिक चिंतन को खुला अवसर प्रदान करता है। इस प्रकार का शिक्षण बोध स्तर के शिक्षण की अपेक्षा अधिक उत्पादक होता है।"

चिंतन स्तर के शिक्षण का सोपान (Educational Steps of Reflective Level)

चिंतन स्तर के शिक्षण सोपान को प्रतिपादित करने का श्रेय हण्ट (Hunt) को है। इसलिए इस शिक्षण सोपान को 'हण्ट का शिक्षण सोपान' (Hunt's Model of Teaching) की संज्ञा दी जाती है। हण्ट के चिंतन स्तर के प्रतिमान के प्रारूप का वर्णन निम्न सोपान के तहत किया जा सकता है–

(*i*) उद्देश्य
(*ii*) संरचना
(*iii*) सामाजिक प्रणाली
(*iv*) मूल्यांकन प्रणाली।

(*i*) **उद्देश्य**– चिंतन स्तर के शिक्षण के निम्न तीन उद्देश्य हैं–

(*a*) विद्यार्थियों की स्वतंत्र तथा मौलिक चिंतन शक्ति को विकसित करना।

(*b*) विद्यार्थियों में समस्या समाधान की क्षमता विकसित करना।

(*c*) विद्यार्थियों में आलोचनात्मक तथा सृजनात्मक चिंतन विकसित करना।

(*ii*) **संरचना–** चिंतन स्तर के शिक्षण की संरचना का प्रारूप का वर्गीकरण व्यक्तिगत तथा सामाजिक दोनों प्रकार की प्रकृति को ध्यान में रखते हुए निम्नवत चार सोपानों में की जाती है–

(*a*) पहले में शिक्षक विद्यार्थियों के सामने समस्यात्मक परिस्थिति उत्पन्न करता है।

(*b*) दूसरे में विद्यार्थी समाधान हेतु उपकल्पना बनाते हैं। स्मरण रहे कि एक समस्या के समाधान हेतु एक से अधिक उपकल्पनाएं भी बनाई जा सकती है।

(*c*) तीसरे में विद्यार्थी उपकल्पनाओं की पुष्टि के लिए आवश्यक प्रदत्तों का संकलन करते हैं। इन प्रदत्तों के आधार पर यह निर्णय किया जाता है कि बनाई हुई उपकल्पना समस्या के समाधान में सहायता कर सकती है अथवा नहीं!

(*d*) चौथे में उपकल्पना का परीक्षण किया जाता है। इस परीक्षा के आधार पर निर्णय निकाले जाते हैं, जो विद्यार्थियों के मौलिक विचार होते हैं।

(*iii*) **सामाजिक प्रणाली–** चिंतन स्तर के शिक्षण में कक्षा का वातावरण पूर्ण रूप में स्वतंत्र और खुला हुआ होता है। ऐसे वातावरण में शिक्षक का स्थान गौण होता है तथा विद्यार्थी का मुख्य। इस स्तर पर शिक्षक के तीन प्रमुख कार्य होते हैं–

(*a*) विद्यार्थियों के सामने समस्या उत्पन्न करना।

(*b*) शिक्षण के समय वाद-विवाद तथा सेमीनार आदि का प्रयोग करना, तथा

(*c*) विद्यार्थियों के आकांक्षा स्तर को ऊंचा उठाना।

(*iv*) **मूल्यांकन प्रणाली :** चिंतन स्तर के शिक्षण की निष्पत्तियों के लिए वस्तुनिष्ठ परीक्षा उपयोगी नहीं होती। विद्यार्थियों की क्षमताओं का उचित मूल्यांकन केवल निबंधात्मक परीक्षाओं के द्वारा ठीक प्रकार से किया जा सकता है। चिंतन स्तर की परीक्षा लेते समय मुख्यतः निम्न बातों का ध्यान रखा जाना चाहिए–

(*a*) विद्यार्थियों की अभिवृत्तियों तथा विश्वासों का मूल्यांकन करना चाहिए।

(*b*) उनकी अधिगम की क्रियाओं में तल्लीनता की जांच करनी चाहिए।

(*c*) इस बात का भी मूल्यांकन करना चाहिए कि विद्यार्थियों की आलोचनात्मक तथा सृजनात्मक क्षमताओं का विकास कितना हुआ है।

हण्ट के चिंतन स्तर के शिक्षण सोपान की सीमाएं (Hunt's Limitation of Reflective Level in Education)

(*i*) इस स्तर पर शिक्षण समस्या केन्द्रित होता है।

(*ii*) इस स्तर के शिक्षण में केवल सामूहिक वाद-विवाद को ही प्रभावशाली युक्ति समझा जाता है।

(*iii*) इस स्तर का शिक्षण केवल पाठ्यक्रम, पाठ्यवस्तु तथा पाठ्य पुस्तक तक ही सीमित नहीं किया जा सकता।

(*iv*) इस स्तर के शिक्षण में विद्यार्थी अपने शिक्षक की खुलकर आलोचना कर सकते हैं।

(*v*) स्मृति तथा बोध स्तरों की भांति चिंतन स्तर में किसी निश्चित कार्यक्रम का अनुसरण नहीं किया जा सकता।

(*vi*) इस स्तर के शिक्षण की व्यवस्था केवल उच्च कक्षा के विद्यार्थियों के लिए ही की जा सकती है क्योंकि चिंतन स्तर के शिक्षण में आयु तथा परिपक्वता का विशेष महत्त्व होता है।

चिंतन स्तर के शिक्षण को प्रभावशाली बनाने हेतु हण्ट के सुझाव

(*i*) शिक्षक को विद्यार्थियों के सामने ऐसी समस्यात्मक परिस्थितियां उत्पन्न करनी चाहिए कि सभी विद्यार्थियों में मौलिक तथा सृजनात्मक चिंतन विकसित हो जाए।

(*ii*) शिक्षण के समय विद्यार्थियों के सामने ऐसा स्वतंत्र तथा खुला हुआ वातावरण होना चाहिए कि वे वाद-विवाद में सक्रिय रूप से भाग लेकर समस्या को सुलझा सकें।

(*iii*) शिक्षक को विद्यार्थियों के सामने समस्या को इस प्रकार से उत्पन्न करना चाहिए कि वे इसकी अनुभूति करके आवश्यक उपकल्पनाएं बना सकें।

(*iv*) शिक्षक को चाहिए कि वह विद्यार्थियों का आकांक्षा स्तर (Level of Aspiration) को ऊंचा उठाए।

(*v*) शिक्षक को चाहिए कि वह विद्यार्थियों को चिंतन के शिक्षण स्तर में प्रवेश उसी समय दें जब वे स्मृति तथा बोध स्तर की परीक्षाओं में सफल हो चुके हों।

(*vi*) शिक्षक को इस स्तर के चारों सोपानों का अनुसरण सतर्कता के साथ करना चाहिए।

अधिगम की प्रक्रिया (Learning Process)

क्रिया-प्रतिक्रिया निर्देशित सभी व्यवहार प्राणी में परिवर्तन तथा संशोधन लाते रहते हैं। इस तरह का व्यवहार परिवर्तन, अधिगम कहलाता है।

अधिगम में दो पूरक प्रक्रियाएं—विभेदीकरण व विशिष्टीकरण सम्मिलित होती हैं। विभेदीकरण पूर्ण को इसके खंडों या घटकों में बांटने की प्रक्रिया है तथा विशिष्टीकरण जो घटकों को संयुक्त कर समष्टि अथवा अखंड बनाने की प्रक्रिया है। उदाहरणार्थ– यदि एक सीखने वाले बालक को खिलौना दिया जाता है तो वह खिलौना के पुर्जे को खोलकर विखंडित कर देता है। इस कार्य से बच्चा खिलौना के अलग-अलग टुकड़े करके ढांचे अथवा उसकी कार्यविधियों को समझने का प्रयत्न करता है। इसके बाद बच्चा सभी टुकड़े को पुनः वापस में जोड़कर खिलौना बनाने का प्रयत्न कर सकता है।

अधिगम की मुख्य विशेषताएं (Characteristics of Learning)

(*i*) **अधिगम की प्रकृति का व्यक्तिगत होना :** प्राय ऐसा देखा जाता है कि कुछ बच्चे बहुत शीघ्रता से सीख जाते हैं तथा कुछ धीरे-धीरे सीखते हैं। वास्तव में, सीखने की गति प्रत्येक व्यक्ति में भिन्न-भिन्न होती है।

एक कक्षा में प्रत्येक छात्र स्वयं में अद्वितीय होते हैं तथा प्रत्येक छात्र की अपनी-अपनी समस्याएं, आवश्यकताएं, लक्ष्य, आकांक्षाएं, रुचियां, पसंद-नापसंद होती हैं। व्यक्तित्व के गुणों में इन अंतरों के कारण विद्यार्थियों की सीखने की गति व मात्रा में भिन्नता होती है। अधिगम व्यक्ति की उसकी संपूर्ण परिस्थिति के साथ परस्पर संक्रिया का फल है। कोई छात्र किसी एकाकी उद्दीपन के संदर्भ की अपेक्षा संपूर्ण अधिगम परिस्थिति के प्रति अनुक्रिया द्वारा सीखता है। इसके अतिरिक्त अधिगम अवस्था में अधिगमकर्ता के व्यक्तित्व के सभी तीनों पक्षों– शारीरिक पक्ष, मानसिक पक्ष व संवेगात्मक पक्ष प्रभावित होते हैं। अतः एक अधिगम परिस्थिति का सावधानी से निर्माण करते समय एक अच्छा प्राध्यापक जहां एक ओर पर्यावरण का ध्यान रखता है वहीं दूसरी ओर उन सभी अभिप्रेरणात्मक कारकों का ध्यान रखता है जो अधिगमकर्त्ता को प्रभावित कर सकते हैं।

(ii) **अधिगम एक निरंतर एवं सक्रिय प्रक्रिया के रूप में :** मान लिया जाए कि एक अध्यापक अपनी कक्षा के बालकों से यह अपेक्षा करता है कि वे गणित की दो से गुणा करने की प्रक्रिया सीखने के लिए दस तक का पहाड़ा (Table) याद करें। जहां तक इस अवस्था के अधिगम के उद्देश्य का प्रश्न है हम इसे सही एवं स्पष्ट रूप से समझते हैं। ऐसी अवस्था में उद्देश्य की प्राप्ति विचारणीय मुद्दा है। संभवतः अध्यापक को एक-एक करके क्रमशः सभी पहाड़ों को बोलना चाहिए और विद्यार्थियों को उन्हें दोहराने के लिए कहना चाहिए। इस प्रक्रिया को निरंतर दुहराने से कुछ समय बाद बच्चे इन 'पहाड़ों' को कण्ठस्थ कर लेंगे। बच्चे इस प्रक्रिया में जितना अधिक प्रयत्न करेंगे उतनी ही अच्छी प्रकार से उन्हें पहाड़े याद होंगे। अर्थात् पहाड़े याद करना बच्चे के प्रयत्न पर निर्भर करता है। इस प्रकार हम पाते हैं कि अधिगम एक सक्रिय तथा निरंतर चलने वाली प्रक्रिया है।

(iii) **अधिगम का लक्ष्य एवं प्रयोजन केंद्रित होना :** प्रत्येक व्यक्ति अपने जीवन में किसी न किसी लक्ष्य की प्राप्ति का इच्छुक होता है। ये लक्ष्य ऐसे भी हो सकते हैं कि जो तुरंत प्राप्य हों अथवा ऐसे जो कुछ समय पश्चात् प्राप्त हो सकें। इनको हम क्रमशः अल्पावधिक लक्ष्य तथा दीर्घकालीन लक्ष्य कहते हैं। यदि इन लक्ष्यों का स्पष्ट और निश्चित रूप में कथन कर दिया जाए तो अधिगमकर्ता के लिए अधिगम अर्थपूर्ण तथा सप्रयोजन होगा।

(iv) **अधिगम का स्वरूप समीक्षात्मक अथवा सृजनात्मक होना :** अधिगम पूर्व प्राप्त अनुभवों का योगमात्र नहीं है अपितु यह अधिगमकर्त्ता को ज्ञान व अनुभवों का एक सृजनात्मक संश्लेषण है। इस अर्थ में अधिगम कार्य करने की एक नई विधि है और इसका उद्देश्य है उच्च स्तर का चिंतन करना जिसे सृजनात्मक अथवा समीक्षात्मक चिंतन कह सकते हैं। यहां सृजनात्मक चिंतन का प्रयोग पूर्ण तकनीकी रूप में न होकर मानसिक प्रक्रिया से संबद्ध है।

अधिगम के संबंध में **क्रो** एवं **क्रो** (Crow and Crow) ने भी मानसिक प्रक्रियाओं की ओर संकेत दिया है। उनके अनुसार समीक्षात्मक चिंतन में निम्नलिखित प्रक्रियाएं शामिल हैं–

(i) **दिशा :** इस प्रक्रिया में अधिगमार्थी की रुचि व उसका ध्यान एक लक्ष्य की ओर होता है।

(ii) **चयन :** यह वह प्रक्रिया है जिसमें अधिगमार्थी उन पूर्व अनुभूतियों का अनुस्मरण तथा चयन करता है जो उसके लिए नई अधिगम परिस्थिति को समझने में सार्थक होती है।

(iii) **व्याख्या :** इस प्रक्रिया के अन्तर्गत् अधिगमार्थी विभिन्न प्रकार की उपलब्ध सूचनाओं के मध्य संबंध देखने का प्रयत्न करता है।

(iv) **अंतर्दृष्टि :** इस प्रक्रिया के दौरान सीखने वाला अपनी नई अनुभूतियों के मध्य संबंधों की पहचान करता है।

(v) **समालोचना :** यह वह प्रक्रिया है जिसके अंतर्गत् नए मानसिक प्रारूपों का निर्माण या समीक्षा कर ढूंढे गए समाधान का मूल्यांकन किया जाता है।

(vi) **सृजन :** इसके अंतर्गत् नई मानसिक संरचनाओं का निर्माण होता है।

अधिगम को प्रभावित करने वाले बालकों से संबद्ध कारक (Factors Affecting Learning Related to Children)

अधिगम एक व्यापक प्रक्रिया है। बालक जब प्रथम बार विद्यालय में प्रवेश करता है तो उस पर घर का वातावरण छाया रहता है। विद्यालय प्रांगण में आने पर उसके मन में अनेक जिज्ञासाएं उठती हैं जिनको वह शांत करना चाहता है। उसे नवीन वातावरण में समायोजन करना होता है। ऐसी स्थिति में अधिगम क्रिया अनेक कारकों से प्रभावित होती है जो निम्नवत् हैं–

(i) **बालक :** किसी भी क्रिया को सीखने का एक केंद्र बिंदु होता है। शिक्षा का उद्देश्य बालक का सर्वांगीण विकास करना है। इस दृष्टि से बालकों की रुचि, योग्यता, क्षमता, व्यक्तिगत भेद, बुद्धि आदि के आधार पर संपन्न की गई क्रिया प्रभावशाली सिद्ध हो सकती है। बालक शिक्षण-प्रक्रिया का आधार है इसलिए उसके अभाव में अधिगम की कल्पना भी नहीं की जा सकती।

(ii) **शैक्षिक पृष्ठभूमि :** अधिगम पर इस बात का बहुत प्रभाव पड़ता है कि सीखने वाले की शैक्षिक योग्यता क्या है? यदि छात्र किसी विषय में पिछड़ा है तो उस विषय से संबंधित नवीन ज्ञान सीखने में उसे कठिनाई

का सामना करना पड़ेगा। यदि किसी छात्र की एक विषय में शैक्षिक योग्यता सामान्य से अधिक है तो छात्र उस विषय में नया ज्ञान सुगमता से सीख लेता है।

(iii) **सीखने की इच्छा :** बालकों को नया ज्ञान देने से पूर्व यह नितांत आवश्यक है कि उनमें सीखने के प्रति जिज्ञासा उत्पन्न की जाए क्योंकि ऐसा होने पर विद्यार्थी प्रतिकूल परिस्थितियों में भी किसी बात को सीखने में सफल हो जाता है। सीखने की इच्छा के अतिरिक्त छात्रों का आकांक्षा स्तर भी उच्च कोटि का होना चाहिए जिससे बालक कठिन तथ्यों को भी आसानी से समझ सके।

(iv) **अधिगम प्रक्रिया :** किसी क्रिया को किस प्रकार से संपादित किया जाता है, इससे भी अधिगम प्रभावित होता है। यद्यपि मनोवैज्ञानिक अधिगम की प्रक्रिया के संपादन पर एक मत नहीं हैं, फिर भी यह बात अपनी जगह सत्य है कि बालक किसी भी क्रिया को अपने ही ढंग से ग्रहण करता है, चाहे अधिगम की प्रक्रिया किसी भी ढंग से क्यों न संपादित की जाए।

(v) **परिपक्वता :** अधिगम की प्रक्रिया को बालक की शारीरिक एवं मानसिक परिपक्वता अधिक प्रभावी बनाती है। छोटी कक्षाओं में बालक की मांसपेशियों को मजबूत बनाने की ओर ध्यान दिया जाता है ताकि वे पेन, किताब आदि को पकड़ना सीख जाए। उन्हें व्याकरण एवं पहाड़े आदि का ज्ञान भी इसी दृष्टि से बाद में कराया जाता है। बहुत-सी चीजें बालक तभी सीख पाता है जब उसमें परिपक्वता आ जाती है चाहे हम उसे कितना भी प्रशिक्षण क्यों न दें।

(vi) **बुद्धि :** तीव्र बुद्धि वाला छात्र किसी भी ज्ञान को शीघ्रता एवं सरलता से सीख लेता है तथा मंदबुद्धि वाले छात्र को सामान्य बुद्धि वाले छात्र के साथ भी सीखने में बाधा रहती है। बुद्धि-लब्धि (I.Q.) शैक्षिक लब्धि में उच्च सकारात्मक सह-संबंध होता है। अधिगम प्रक्रिया का बुद्धि सबसे महत्त्वपूर्ण घटक है।

(vii) **सीखने वाले की मनोवृत्ति :** यदि किसी विषय के प्रति छात्र की नकारात्मक मनोवृत्ति है तो शिक्षक चाहे जितना परिश्रम करे छात्र के अधिगम में उन्नति होने की संभावना नहीं होती है। इसके विपरीत यदि सीखने वाले की किसी विषय के प्रति सकारात्मक मनोवृत्ति है तो वह सरलता से उस विषय को सीख जाता है। किसी विषय के प्रति सीखने वाले का रुझान बहुत महत्त्वपूर्ण होता है।

(viii) **सीखने का समय तथा अवधि :** यदि छात्र अधिक देर तक किसी क्रिया को करता रहता है तो वह थकान का अनुभव करने लगता है और थकान अनुभव होने से उसके अधिगम की प्रक्रिया में शिथिलता उत्पन्न हो जाती है। विद्यालयों में समय-सारणी (Time Table) बनाते समय इस बात का ध्यान रखा जाता है कि पहले कठिन विषय तथा बाद में सरल विषय पढ़ाया जाए। मध्यावकाश की व्यवस्था इसी उद्देश्य से की जाती है

(ix) **अभिप्रेरणा :** सीखने की प्रक्रिया में अभिप्रेरणा (Motivation) का महत्त्वपूर्ण योगदान है। यदि बालक को किसी नवीनतम ज्ञान अथवा कार्य सीखने के लिए प्रेरित नहीं किया जाता है तो वह उस प्रक्रिया में रुचि नहीं लेगा। अभिप्रेरणा से सीखने की इच्छा प्रबल हो जाती है। अभिप्रेरणा उत्पन्न करने के लिए यह आवश्यक है कि बालक को उसका लक्ष्य स्पष्ट कर दिया जाए।

(x) **शारीरिक व मानसिक स्वास्थ्य :** सीखने से पहले बालक का शारीरिक एवं मानसिक रूप से स्वस्थ रहना भी नितांत आवश्यक है, क्योंकि बालक के ध्यान, रुचि व एकाग्रता पर उसका प्रभाव पड़ता है। किसी भी प्रकार की मानसिक विकृति, शारीरिक रुग्णता तथा मानसिक तनाव का प्रत्यक्ष प्रभाव बालकों के अधिगम पर प्रतिकूल रूप से पड़ता है। शारीरिक एवं मानसिक रूप से अस्वस्थ बालक शीघ्र ही थक जाते हैं।

अधिगम को प्रभावित करने वाले शिक्षकों से संबद्ध कारक (Factors Affecting Learning Related to Teachers)

अधिगम को प्रभावित करने वाले विभिन्न प्रकार के कारकों में से शिक्षकों से संबद्ध कारक भी महत्वपूर्ण हैं, ये कारक निम्नवत् हैं–

(i) **विषय की जानकारी :** अध्यापक का किसी विषय से संबंधित ज्ञान अनुभव एवं योग्यता आदि छात्रों के अधिगम को प्रत्यक्ष रूप से प्रभावित करते हैं। यदि अध्यापक को अपने विषय की जानकारी नहीं है तो वह छात्रों को बहुत कुछ जानकारी नहीं दे सकता। इसके विपरीत, यदि अध्यापक को अपने विषय का सटीक ज्ञान है तो वह आत्मविश्वास के साथ छात्रों को नवीन ज्ञान देने में सक्षम होगा तथा उसका शिक्षण प्रभावी होगा।

(ii) **शिक्षण विधि :** शिक्षण विधि का सीधा संबंध अधिगम प्रक्रिया से होता है। साथ ही प्रत्येक शिक्षक का पढ़ाने का तरीका भी भिन्न होता है तथा सभी छात्र एक ही विधि से नहीं सीख पाते। शिक्षण की विधि जितनी अधिक वैज्ञानिक एवं प्रभावशाली होगी उतनी ही सीखने की प्रक्रिया सरल एवं लाभप्रद होगी। बच्चों के संदर्भ में खेल विधि द्वारा सिखाना, करके सिखाना, निरीक्षण द्वारा सिखाना, योजना विधि द्वारा सिखाना, खोज विधि द्वारा सिखाना आदि का अपना अलग-अलग महत्व है।

(iii) **शिक्षक का व्यवहार :** शिक्षक का व्यवहार छात्रों के सीखने को प्रत्यक्ष रूप से प्रभावित करता है। शिक्षक में एक आदर्श शिक्षक के सभी गुण होने चाहिए। उसके व्यवहार में सहानुभूति, सहयोग, समानता, शिक्षण कला

में निपुणता, मृदुभाषी, संयत आदि गुण निहित हैं तो छात्र कक्षा वातावरण में सहज रूप से सब कुछ सीख सकेंगे। लेकिन यदि शिक्षक का व्यवहार अत्यंत कठोर है तो छात्र उसके कक्षा से अनुपस्थित रहते हैं। साथ ही अध्यापक को सभी छात्रों से एक जैसा ही व्यवहार करना चाहिए ताकि छात्रों के मन में उसके प्रति दुर्भावना पैदा न हो।

(*iv*) **व्यक्तित्व :** शिक्षक का व्यक्तित्व सफल शिक्षण का आधार होता है। इस दृष्टि से शिक्षक का व्यक्तित्व आकर्षक एवं अत्यंत प्रभावशाली होना चाहिए। उसे अपने कार्यों एवं व्यवहार में संतुलन बनाए रखते हुए छात्रों पर एक अनूठी छाप छोड़नी चाहिए। छात्र जाने-अनजाने शिक्षक के व्यवहार से बहुत-सी बातें स्वयं ही सीख लेते हैं। कहा भी गया है कि शिक्षक छात्रों के लिए श्रेष्ठ प्रेरणा का काम करता है। इस दृष्टि से एक अध्यापक को आत्मविश्वासी दृढ़ इच्छाशक्ति वाला, कर्त्तव्यनिष्ठ, निरोगी, श्रेष्ठ रुचियों एवं अभिरुचियों वाला होना चाहिए।

(*v*) **व्यक्तिगत भेदों की जानकारी :** प्रत्येक छात्र की बुद्धि, रुचि, योग्यता, क्षमता, अभिवृत्ति आदि अलग-अलग होती है। इन्हीं विशेषताओं के कारण कुछ छात्र अध्यापक द्वारा प्रदत्त ज्ञान को आसानी से आत्मसात कर लेते हैं और कुछ देर से करते हैं या बिल्कुल ही नहीं कर पाते। सामान्यतः एक कक्षा में अध्यापक को तीन प्रकार के छात्रों का सामना करना होता है–मेधावी, सामान्य तथा पिछड़े हुए बालक और इन्हीं के अनुरूप उसे अपने शिक्षण की व्यवस्था करनी होती है। व्यक्तिगत भेद अध्यापक को छात्र के समझने में पूरा-पूरा सहयोग देते हैं।

(*vi*) **मनोविज्ञान की जानकारी :** ऐसा कहा जाता है कि एक अध्यापक को मनोविज्ञान का ज्ञान अनिवार्य है। इस संदर्भ में यह बात बिल्कुल स्पष्ट हो जाती है कि जब तक एक अध्यापक को मनोविज्ञान के सिद्धांतों का ज्ञान नहीं होता तब तक वह इन सिद्धांतों का शिक्षा में प्रयोग कर उसे प्रभावी नहीं बना सकता। उसे बाल विकास प्रक्रिया, वंशानुक्रम, व्यक्तिगत विभेद, प्रेरणा, सीखने के सिद्धांत आदि का ज्ञान होना चाहिए। निःसंदेह आधुनिक शिक्षा के मनोविज्ञान ने एक नई दिशा प्रदान की है।

(*vii*) **अनुशासन :** शिक्षा मनोविज्ञान के सिद्धांतों के प्रचलन के कारण आज यह धारणा गलत साबित हो गई है कि 'डण्डा हाथ से छूटा और बालक बिगड़ा'। अब यह अनुभव किया जाने लगा है कि डण्डे, मारपीट, भय एवं आतंक के बल पर कक्षा में स्थायी अनुशासन की स्थापना नहीं की जा सकती। यह हो सकता है कि छात्र तुरंत कुछ समय के लिए अनुशासित हो जाएं लेकिन कुछ समय बाद वह अपनी पुरानी प्रवृत्तियों पर पुनः लौट जाएंगे। मनोवैज्ञानिक परीक्षणों ने यह सिद्ध कर दिया है कि छात्र अपराध करने पर दण्ड से डरते नहीं। लेकिन इसका अर्थ यह नहीं कि छात्र को मनमानी करने दी जाए। उसे उसके अपराध के अनुकूल दण्ड अवश्य दिया जाना चाहिए।

(*viii*) **पाठ्य-सहगामी क्रियाएं :** शिक्षा के क्षेत्र में मनोविज्ञान के योगदान के रूप में आज पाठ्यक्रम में अनेक महत्त्वपूर्ण सहगामी क्रियाओं को यथोचित स्थान दिया जाता है। पहले यह समझा जाता था कि पढ़ाई के अतिरिक्त क्रियाओं का आयोजन करने से छात्र अपना बहुमूल्य समय नष्ट करते हैं। लेकिन, अब यह विचार बदल गया है। परिणामतः वाद-विवाद प्रतियोगिता, निबंध-लेखन, कहानी, कविता, अन्त्याक्षरी प्रतियोगिता, बालचर शिक्षा, भ्रमण, छात्र-संघ, खेल-कूद, अभिनय तथा नाटक, संगीत आदि इसी प्रकार की अन्य क्रियाओं को पाठ्यक्रम में स्थान देने के कारण बालकों के सर्वांगीण विकास में बहुत सहयोग मिलता है।

(*ix*) **बालक केंद्रित शिक्षा :** बाल मनोविज्ञान ने आज शिक्षा की धारा एवं संकल्पना को पूरी तरह से बदल दिया है। प्राचीन काल में शिक्षा का केंद्र बालक न होकर अध्यापक था। बालक की आवश्यकताओं, रुचियों, अभिरुचियों एवं दृष्टिकोणों की परवाह किए बिना ही शिक्षण का केंद्र बिंदु बालक हो गया। अतः शिक्षक के लिए यह आवश्यक है कि वह जो भी ज्ञान छात्रों को प्रदान करे वह उनकी रुचियों, क्षमताओं एवं स्तर के अनुकूल होना चाहिए।

(*x*) **समय-सारणी :** शिक्षा मनोविज्ञान के कारण ही विद्यालयों में समय-सारणी बनाते समय ध्यान रखा जाता है कि कौन-सा विषय पहले लिया जाए और कौन-सा बाद में। पहले बालकों की थकान, विश्राम एवं अवधान पर कोई ध्यान नहीं रखा जाता था लेकिन अब इन सभी पहलुओं पर विशेष ध्यान दिया गया है। खेल के समय तथा दूसरी विविध क्रियाओं के आयोजन की भी व्यवस्था समय-चक्र में सूक्ष्म रूप से कर ली जाती है। साथ ही समय-सारणी बनाते समय मौसम, बालकों की योग्यता, रुचि एवं व्यक्तिगत विभेदों आदि पर भी ध्यान दिया जाना चाहिए।

उपरोक्त बातों से स्पष्ट है कि जब तक शिक्षक यह नहीं जानेंगे कि पढ़ाना क्या है तथा छात्र यह नहीं जानेगा कि सीखना क्या है तब तक अधिगम प्रक्रिया को चलाना असंभव है। इन दो प्रश्नों के उत्तर में विषय-वस्तु या पाठ्यक्रम का उल्लेख अपेक्षित है। क्रिया-कलाप, उद्देश्य तथा पाठ्यक्रम का व्यवस्थापन अथवा संगठन अधिगम-प्रक्रिया की प्रकृति के निर्धारक हैं। यद्यपि कक्षा में अधिगम परिस्थितियों को व्यवस्थित करने संबंधी निर्देश शिक्षक को पाठ्यक्रम द्वारा उपलब्ध करा दिए जाते हैं, परंतु यह तो शिक्षक के चातुर्य

अथवा उपाय कौशल पर निर्भर करता है कि शिक्षक उसका कितनी बुद्धिमत्ता से उपयोग करते हैं। इस तरह शिक्षक की उपाय कुशलता एक और महत्त्वपूर्ण घटक है जो शिक्षक के विद्यार्थियों के अधिगम को प्रभावित करती है।

अधिगम/सीखने के प्रमुख तरीके (Important Ways of Learning)

सीखना मानव के व्यवहार में परिवर्तन है और यह परिवर्तन विभिन्न नियमों के माध्यम से संभव हो पाता है। सीखने की प्रक्रिया में सामाजिक वातावरण एवं वंशानुक्रमण अपनी महत्त्वपूर्ण भूमिका निभाते हैं। सीखने के प्रमुख तरीके निम्नवत् हैं–

(i) **अनुकरण के माध्यम से सीखना :** प्रायः सभी बालकों में अनुकरण की प्रवृत्ति पाई जाती है और यह अनुकरण की प्रवृत्ति उसे सीखने की ओर प्रेरित करती है। विद्वानों का मानना है कि अनुकरण द्वारा सीखना भूल एवं प्रयास द्वारा सीखने की तुलना में उच्च कोटि का सीखना है। इस नियम द्वारा सीखने में वह दूसरों के अनुभवों का लाभ उठाता है। इस नियम द्वारा सीखने के लिए बुद्धि की आवश्यकता अधिक होती है।

हेगाटी ने अनुकरण द्वारा सीखने के विषय में एक प्रयोग किया। उसने लोहे की एक खोखली नली में केला डाल दिया और भूखे बंदर को कमरे में बंद करके उसे उस केले वाली खोखली को कमरे में डाल दिया। बंदर उस नली को बार-बार जमीन पर पटक कर उस केले को निकालने का प्रयास करने लगा किंतु उसे कामयाबी नहीं मिली। तभी बंदर ने देखा कि उसके पास एक छोटा-सा डंडा पड़ा हुआ है। उसने उस डंडे को उठाया और नली के अंदर डाल कर केला बाहर निकाल लिया और उसे खा गया। पहले बंदर द्वारा किए जा रहे प्रयास को एक दूसरे बंदर को भी दूर से दिखाया जा रहा था। थोड़ी देर बाद इसी प्रकार की नली में केला डालकर दूसरे बंदर के सामने डाला गया। दूसरे बंदर ने तुरंत ही डंडे की मदद से उस केले को बाहर निकाल कर खा लिया। इस परीक्षण से स्पष्ट हो जाता है कि पहले बंदर ने भूल एवं प्रयास के माध्यम से लक्ष्य तक पहुंचने में सफलता पाई जबकि दूसरे बंदर ने पहले बंदर का अनुकरण कर तुरंत लक्ष्य तक पहुंचने में सफलता पा ली। इस प्रकार **हेगाटी** ने स्पष्ट किया कि अनुकरण द्वारा सीखना, सीखने की एक महत्त्वपूर्ण विधि है।

(ii) **भूल एवं प्रयास के माध्यम से सीखना :** भूल एवं प्रयास के नियम का प्रतिपादक **थॉर्नडाइक** को माना जाता है। उन्होंने चूहों और बिल्लियों पर अनेक परीक्षण करने के पश्चात् यह पाया कि मानव और पशु दोनों ही भूल एवं प्रयास के तरीके से सीखते हैं। किसी कार्य को करने के लिए पहले प्रयास किया जाता है और यह आवश्यक नहीं है कि प्रथम प्रयास में ही वह कार्य पूरा हो जाए। क्योंकि उसमें कोई न कोई भूल हो जाने की संभावना रहती है और कार्य में सफलता नहीं मिलती। अब इसे दोहराया जाता है और दोबारा करते समय पहली भूल को ध्यान में रखते हुए प्रयास किया जाता है। जैसे-जैसे प्रयास किया जाता है पुरानी भूलों में कमी आती जाती है और कार्य संपन्न हो जाता है। इस प्रकार बार-बार प्रयास करने पर सीखने की प्रक्रिया पूर्ण हो जाती है और यह कार्य ठीक प्रकार से होने लगता है। प्रयास एवं भूल में मानव प्रेरणायुक्त होता है और अपने निश्चित लक्ष्य तक पहुंचने की ओर अग्रसर होता है। यद्यपि प्राणी का लक्ष्य अस्पष्ट होता वह अपने इस अस्पष्ट लक्ष्य को प्राप्त करने के लिए बार-बार प्रयास करता है। असफलता मिलने पर पुनः प्रयास करता है और अंत में अपने लक्ष्य तक पहुंच जाता है। सही लक्ष्य तक पहुंच जाना ही सीखने की प्रक्रिया को पूर्ण करता है। उदाहरणार्थ–मनुष्य का टाइप सीखना, गणित के सवाल निकालना, साइकिल चलाना सीखना आदि भूल एवं प्रयास द्वारा सीखने के कुछ ऐसे ही उदाहरण हैं।

(iii) **सूझ-बूझ के माध्यम से सीखना :** सूझ-बूझ के माध्यम से सीखने के सिद्धांत का प्रतिपादक **कोहलर** था। इस सिद्धांत के अनुसार मानव पहले परिस्थितियों का पूर्ण अवलोकन करता है। उसके बारे में सोचता है और फिर क्रियाओं के माध्यम से उसे सीखने का प्रयास करता है। कोई भी प्राणी जब किसी नवीन वातावरण में आता है तो उसका संबंध विभिन्न तत्वों के साथ स्थापित होता है। वह वातावरण को भलीभांति समझता है और फिर उसी के अनुरूप प्रतिक्रिया करता है। वातावरण को जानना एवं समझना उसकी सूझ-बूझ पर पर निर्भर करता है। सूझ-बूझ का यह सिद्धांत पशुओं की तुलना में मानवों पर अधिक लागू होता है। इस सिद्धांत को सिद्ध करने के लिए **कोहलर** ने चिम्पैंजियों पर परीक्षण किया। उसने एक चिम्पैंजी को पिंजड़े में बंद कर दिया और कुछ दूरी पर पिंजड़े से बाहर केले टांग दिए। पिंजड़े में दो बांस भी डाल दिए। केले पिंजड़े से इतनी दूरी पर थे कि चिम्पैंजी के हाथ वहां तक नहीं पहुंच पा रहे थे। चिम्पैंजी ने जब देखा कि उसके हाथ केले तक नहीं पहुंच पा रहे हैं तो उसने एक डंडे के सहारे केलों तक पहुंचने का प्रयास किया। लेकिन चिम्पैंजी को जब उसमें भी सफलता नहीं मिली तो वह कुछ सोचता रहा और कुछ देर के बाद उसने दोनों डंडों को आपस में जोड़ा और उनकी सहायता से उसने केलों को पिंजड़े में खींच कर खा लिया। इस तरह स्पष्ट है कि सूझ-बूझ के सिद्धांत में बुद्धि का होना आवश्यक है। यह परीक्षण चिम्पैंजी पर इसलिए

किया गया क्योंकि चिम्पैंजी में थोड़ी-बहुत बुद्धि होती है। उसने अपनी सूझ-बूझ का इस्तेमाल कर केलों को खाने में सफलता प्राप्त की।

(iv) **आंशिक एवं पूर्ण तरीकों द्वारा सीखना :** इस विधि से छात्रों को समस्या का पूर्ण ज्ञान कराया जाता है, जिससे प्रथम बार में छात्रों को उस समस्या के बारे में कुछ न कुछ ज्ञान हो जाता है।

(v) **सामूहिक तरीके के माध्यम से सीखना :** मानव एक सामाजिक प्राणी है। समाज से बाहर उसका कोई अस्तित्व नहीं है। अतः वह समाज में रहते हुए समूह में बहुत कुछ सीखता है। समूहों में रहते हुए उसका ज्ञान प्राप्त करना ही सामूहिक सीखना कहलाता है। प्रोजेक्ट डाल्टन तथा बेसिक विधि, वर्कशॉप विधि, वाद-विवाद, सेमीनार विधि आदि सीखने की सामूहिक विधियों के अच्छे उदाहरण हैं।

अभ्यास प्रश्न

1. अधिगम में शिक्षार्थी को उसके परिणामों से अवगत कराने से उसे इसके द्वारा अभिप्रेरण (Motivation) मिलता है–
A. असफलता की सूचना
B. सफलता की सूचना
C. प्रतिपुष्टि (Feedback) द्वारा पुनर्बलन (Reinforcement)
D. निंदा व प्रशंसा

2. अधिगम के सिद्धान्तों (Theory of Learning) में निम्नांकित प्रमुख है–
A. साहचर्यवाद (Association)
B. शास्त्रीय अनुबन्ध (Classical Conditioning)
C. क्रियाप्रसूत अनुबन्ध (Operant Conditioning)
D. उपरोक्त सभी

3. व्यक्तित्व के निर्माण का फ्रायड (Freud) के अनुसार कौन सा सिद्धान्त है–
A. मनोविश्लेषण सिद्धान्त (Psychoanalytic Theory)
B. प्रारूप सिद्धान्त (Type Theory)
C. विशेषक सिद्धान्त (Trait Theory)
D. उपरोक्त सभी

4. "व्यक्तित्व, व्यक्ति के व्यवहार का समग्र गुण है।" व्यक्तित्व (Personality) की यह परिभाषा निम्नांकित ने दी है–
A. वुडवर्थ (Woodworth)
B. वैलेन्टिन (Valentine)
C. बोरिंग (Boring)
D. वारेन (Warran)

5. निम्न में से कौन-से कथन को सीखने की प्रक्रिया की विशेषता ***नहीं*** मानना चाहिए?
A. सीखना एक व्यापक प्रक्रिया है
B. सीखना लक्ष्योन्मुखी होता है
C. अन-अधिगम भी सीखने की प्रक्रिया है
D. शैक्षिक संस्थान ही एकमात्र स्थान है जहाँ अधिगम प्राप्त होता है

6. व्यक्तिगत शिक्षार्थी एक-दूसरे से ...... में भिन्न होते हैं
A. विकास-क्रम
B. विकास की सामान्य क्षमता
C. वृद्धि एवं विकास के सिद्धांतों
D. विकास की दर

7. विद्यार्थियों के सीखने में जो रिक्तियाँ रह जाती हैं उनके निदान के बाद .... होना चाहिए।
A. सभी पाठों को व्यवस्थित रूप से दोहराना
B. शिक्षार्थियों और अभिभावकों को उपलब्धि के बारे में बताना
C. समुचित उपचारात्मक कार्य
D. सघन अभ्यास कार्य

8. एक छात्र की शिक्षण-अधिगम में सक्रिय भागीदारी होती है यदि वहः
A. सम्बन्धित प्रश्न पूछता है
B. शिक्षक के प्रश्नों के उत्तर देता है
C. दूसरों के विचारों पर प्रतिक्रिया व्यक्त करता है
D. उपर्युक्त सभी करता है

9. उत्तम अधिगम के लिए आवश्यक है–
A. शिक्षक व्याख्यानों तथा अधिगम परीक्षणों की
B. छात्रों द्वारा अप्रत्यक्ष रूप से अधिगमित सांस्कृतिक प्रतिमानों की
C. छात्रों द्वारा शैक्षिक सांस्कृतिक पक्षों के व्यवहारिक प्रशिक्षण की
D. छात्रों को अपनी पाठ्य-पुस्तकों की सामग्री को दैनिक रूप से रटने की

10. स्मृति की सर्वश्रेष्ठ प्रणाली कौन-सी है?
A. पहचानना B. पुनर्स्मरण करवाना
C. पुनर्संरचना D. पुनः याद करना

11. स्मृति मापने हेतु सरलतम प्रणाली प्रयुक्त की गई।
A. आकृति B. पुनः याद करना
C. अभ्यास D. पहचान

12. स्मृति का हस्तक्षेप सिद्धांत प्रतिपादित किया था–
A. मिलर ने B. बैटलटालट ने
C. एबिनगास ने D. मेकगोक ने

13. ''सीखने के पश्चात् उस बात को याद रखना या उसे पुनः प्रस्तुत करना स्मृति कहलाता है''–यह कथन किसका है?

A. फ्रायड B. मिलर
C. स्टाऊट D. वुडवर्थ

14. स्मृति का पहला अंग कौन-सा है?

A. पुनः स्मरण B. सीखना
C. पहचान D. धारणा

15. सामाजिक अधिगम का सिद्धांत इनमें से किसने दिया–

A. बंडूरा B. थार्नडाइक
C. पॉवलाव D. स्कीनर

16. लिखना उदाहरण है–

A. मौखिक अधिगम
B. प्रेरक एवं संवेदी अधिगम
C. प्रेरक अधिगम
D. संवेदी अधिगम

17. शिक्षण-अधिगम की प्रक्रिया में बच्चों के ज्ञानार्जन का मुख्य तरीका है–

A. अनुकरण द्वारा अधिगम
B. करके सीखना
C. अनुभव द्वारा अधिगम
D. उपरोक्त सभी

18. एक शिक्षक को बच्चों को सिखाते समय ध्यान देना चाहिए–

A. शिक्षण पद्धति एवं निर्देशन पर
B. बालकों के वर्गीकरण पर
C. कक्षा के आकार पर
D. उपरोक्त सभी

19. 'अनुकरण द्वारा अधिगम' का नियम किसके द्वारा प्रतिपादित किया गया?

A. स्कीनर B. थॉर्नडाइक
C. हेंगाटी D. कोहलर

20. किसी कक्षा कक्ष में सीखने को प्रभावित करने वाला महत्वपूर्ण घटक है–

A. कक्षा-कक्ष का प्रशासनिक वातावरण
B. कक्षा-कक्ष का आर्थिक वातावरण
C. कक्षा-कक्ष का सामाजिक वातावरण
D. कक्षा-कक्ष का मनोवैज्ञानिक वातावरण

21. शिक्षण अधिगम के अन्तर्गत शिक्षक का प्रमुख कार्य है–

A. बालक को पढ़ाना
B. बालक का ज्ञानवर्धन करना
C. बालक को सीखने के लिए अभिप्रेरित करना
D. बालक को अच्छे संस्कारों में डालना

22. निम्नलिखित में से सीखना किस प्रकार की गतिविधि है?

A. सामाजिक B. व्यक्तिगत
C. व्यवहारिक D. उपरोक्त सभी

23. आपकी कक्षा में बच्चों का प्रदर्शन निरन्तर गिरता जा रहा है, इसका प्रमुख कारण हो सकता है

A. अभ्यास की कमी B. तत्परता
C. अनुकूल वातावरण D. इनमें से कोई नहीं

24. बच्चों में सीखने के लिए आवश्यक नियम है–

A. रटने का नियम
B. तत्परता का नियम
C. व्यवस्थित अधिगम प्रक्रिया नियम
D. बहुप्रतिक्रिया नियम

उत्तरमाला

1	2	3	4	5	6	7	8	9	10
C	D	A	A	D	D	C	D	C	A
11	**12**	**13**	**14**	**15**	**16**	**17**	**18**	**19**	**20**
B	D	D	B	A	B	D	D	C	D
21	**22**	**23**	**24**						
C	A	A	B						

11. बच्चा एक समस्या समाधानकर्त्ता तथा वैज्ञानिक अन्वेषक के रूप में (Child as a Problem-solver and a Scientific Investigator)

समस्या समाधान का अर्थ (Meaning of Problem Solving)

समस्या समाधान का अर्थ है कठिनाइयों पर विजय प्राप्त करके लक्ष्य को प्राप्त करना। यदि हम किसी निश्चित लक्ष्य पर पहुँचना चाहते हैं, पर किसी कारणवश नहीं पहुँच पाते, तब हमारे सामने एक समस्या खड़ी हो जाती है। यदि हम इस कठिनाई पर विजय प्राप्त करके अपने लक्ष्य पर पहुँच जाते हैं, तो हम अपनी समस्या का समाधान कर लेते हैं। कुछ समस्याओं का हल करने में कम समय लगता है और कुछ में अधिक। किसी समस्या का समाधान करने के लिए यदि समुचित साधन उपलब्ध नहीं होते तो समाधान का विकल्प देखना पड़ता है।

बच्चा एक समस्या समाधानकर्त्ता के रूप में (Child as a Problem Solver)

विद्यालय शिक्षा के दौरान एक बच्चे के समक्ष अनेक समस्याएं आती हैं तथा उसका समाधान भी उसे ही ढूँढना होता। ऐसे में बच्चों को इस स्तर के योग्य बनाने के लिए आवश्यक है कि उनके व्यक्तित्व का विकास इस प्रकार से किया जाए कि वह सभी प्रकार की परिस्थितियों का सही ढंग से सामना कर सकें। व्यक्तित्व का विकास निम्नलिखित तरीकों के माध्यम से किया जा सकता है–

(i) **आत्म पहचान का गुण विकसित करके :** इस तरीके के तहत बच्चों को ऐसे काम दिए जाने चाहिए जिनमें सफलता निश्चित हो। इन कामों को करने से बच्चे में आत्म-विश्वास बढ़ता है जो जिन्दगी में प्रसन्नता व सहयोग की भावना को बढ़ाता है। बच्चे का जन्मदिन मनाना चाहिए। इससे बच्चे की आत्म-अनुमोदन तथा सामाजिक अनुमोदन की भावना को संतुष्टि मिलती है समय-समय पर बच्चे के काम की प्रशंसा करनी चाहिए तथा छोटी-छोटी बातों पर भी उन्हें पुरस्कृत करना चाहिए जिससे कि वह भविष्य में अपनी समस्याओं का समाधान स्वयं कर सकें।

(ii) **स्वयं की कमियों को स्वीकार करना और सिखाकर दूर करना :** बच्चों में यह भावना पैदा करनी चाहिए कि कोई भी व्यक्ति संपूर्ण नहीं है। इसीलिए अपनी कमियों को मुस्कुराते हुए स्वीकार करना चाहिए तथा उन्हें दूर करने का प्रयत्न करना चाहिए। इसके लिए बच्चे को इससे संबंधित कहानियां सुनानी चाहिए। इसके अतिरिक्त कुछ रचनात्मक कार्यक्रम का भी आयोजन किया जाना चाहिए। उदाहरणार्थ–नाटक दिखाना एवं कठपुतली नृत्य आदि। बच्चे के गुणों की खुलकर प्रशंसा करनी चाहिए ताकि बच्चा अपनी कमियों को भूलकर अपनी प्रतिभा को निखार सके।

(iii) **स्वावलंबी बनने के लिए प्रेरित करके :** बच्चे को आत्मनिर्भर बनाने के लिए हमेशा प्रेरित करते रहना चाहिए। इसके लिए बच्चे को कहानियां सुनानी चाहिए, नाटक दिखाने चाहिए, लड़कियों को गुड़िया को कपड़े पहनाने, सफाई करने, कंघी करने जैसे काम करने देने चाहिए इससे बच्चों में आत्मनिर्भरता बढ़ती है। बच्चों को चुनौतीपूर्ण व उत्तरदायित्व वाले काम सौंपने चाहिए जिससे कि वह समस्याओं के समाधानों का हल सही दिशा में निकालने के लिए सक्षम हो सकें।

बच्चा एक वैज्ञानिक अन्वेषक के रूप में (Child as a Scientific Investigator)

किसी भी छात्र की समझ की सही जांच तब होती है जब वह समाज में रहकर सीखता है तथा अपने स्वयं के ज्ञान को एक अन्वेषक के रूप में प्रयोग करता है। एक बच्चे को वैज्ञानिक अन्वेषक के रूप में निम्नलिखित प्रकार से विकसित किया जा सकता है–

(i) किसी बच्चे को दैनिक जीवन में आने वाले व्यक्तियों के व्यवसाय के बारे में समझाने का प्रयास करना चाहिए। यथा–डॉक्टर, डाकिया, वकील, बढ़ई व सुनार आदि।

(ii) बच्चों को अलग-अलग जगहों पर भ्रमण के लिए ले जाना चाहिए ताकि वे भ्रमण के माध्यम से कुछ नए प्रकार के चीजों के संबंध में सोच सकें।

(iii) बच्चों को दुकान-दुकान आदि का खेल खेलना चाहिए ताकि वे खेल-खेल में दुकानदारी आदि के व्यवसाय आदि के बारे में जान सकें।

(iv) ऐसा उपाय करना चाहिए ताकि बच्चे वैज्ञानिक यंत्रों, धातुओं, वायु संचार आदि के बारे में स्वयं जानकारी प्राप्त कर सकें। ऐसा करने से उनमें (बच्चों में) एक वैज्ञानिक सोच के साथ-साथ अलग-अलग विषयों का अन्वेषण करने का गुण भी उत्पन्न होने लगता है।

अभ्यास प्रश्न

1. .... के अतिरिक्त निम्नलिखित समस्या समाधान की प्रक्रिया के चरण हैं–
A. सम्भावित युक्तियों को खोजना
B. समस्या को छोटे हिस्सों में बाँटना
C. समस्या की पहचान
D. परिणामों की आशा करना

2. बच्चों की सीखने की प्रक्रिया में माता-पिता को ...... भूमिका निभानी चाहिए।
A. अग्रोन्मुखी B. नकारात्मक
C. तटस्थ D. सहानुभूतिपूर्ण

3. चिन्तन तथा तर्क का उद्देश्य है–
A. संवेग को समाप्त करना
B. समस्या को जटिल बनाना
C. संज्ञान का अन्त करना
D. समस्या का समाधान करना

4. अधिगमकर्ता का स्व-नियमन का क्या अर्थ है?
A. विद्यार्थियों के व्यवहार के लिए विनियमों का निर्माण करना
B. विद्यार्थी निकाय द्वारा बनाए गए नियम एवं विनियम
C. अपने सीखने का स्वयं अनुवीक्षण करने की योग्यता
D. स्व-अनुशासन और नियन्त्रण

5. शिक्षार्थियों का 'आत्म नियमन' .... की ओर संकेत करता है।
A. स्व-अनुशासन और नियंत्रण
B. विद्यार्थियों के व्यवहार के लिए विनियम बनाना
C. अपने सीखने का स्वयं पर्यवेक्षण करने की उनकी योग्यता
D. विद्यार्थी-निकाय द्वारा बनाए गए नियम-विनियम

6. विद्यार्थियों के सीखने में जो रिक्तियाँ रह जाती हैं उनके निदान के बाद .... होना चाहिए।
A. समुचित उपचारात्मक कार्य
B. शिक्षार्थियों और अभिभावकों को उपलब्धि के बारे में बताना
C. सभी पाठों को व्यवस्थित रूप में दोहराना
D. सघन अभ्यास कार्य

7. सीमा ने हाथ से दाल और चावल खाना सीख लिया है। जब उसे दाल और चावल दिए जाते हैं तो वह दाल-चावल मिलाकर खाने लगती है। उसने चीजों को करने के लिए अपने स्कीम में दाल और चावल खाने को .... कर लिया है।
A. समुचितता B. अनुकूलित
C. समायोजित D. अंगीकार

8. शिक्षकों को अपने विद्यार्थियों की त्रुटियों का अध्ययन करना चाहिए क्योंकि वे प्रायः .... की ओर संकेत करते हैं।
A. भिन्न प्रकार की पाठ्यचर्या की आवश्यकता
B. योग्यताओं के अनुसार समूह बनाने हेतु दिशा-निर्देश
C. आवश्यक उपचारात्मक युक्तियों
D. उनके ज्ञान की सीमा

9. ''समस्या-समाधान किसी लक्ष्य की प्राप्ति में बाधा डालती प्रतीत होती कठिनाइयों पर विजय पाने की प्रक्रिया है।'' निम्न में से यह कथन किसका है?
A. स्टेनले B. स्किनर
C. पियाजे D. पावलॉव

10. बच्चों द्वारा की जाने वाली त्रुटियों के सम्बन्ध में निम्नलिखित में से कौन-सा कथन सत्य है?
A. यदि एक शिक्षक कक्षा-कक्ष में सभी बच्चों की त्रुटियों को सुधारने योग्य नहीं है तो यह संकेत करता है कि शिक्षक-शिक्षा की व्यवस्था असफल है।
B. स्वयं बच्चों द्वारा त्रुटियों को सुधारा जा सकता है इसलिए शिक्षक को उन्हें तुरन्त ही नहीं सुधारना चाहिए।
C. प्रत्येक त्रुटि को सुधारने में बहुत अधिक समय लगेगा तथा एक शिक्षक के लिए थकान वाला होगा
D. एक शिक्षक को प्रत्येक त्रुटि पर ध्यान नहीं देना चाहिए अन्यथा पाठ्यक्रम पूरा नहीं होगा।

11. एक शिक्षिका अपने शिक्षार्थियों को सदैव इस रूप में सहायता करती है कि वे एक विषय-क्षेत्र से प्राप्त ज्ञान को दूसरे विषय-क्षेत्रों के ज्ञान के साथ जोड़ सकें। इससे .... को बढ़ावा मिलता है।
A. वैयक्तिक भिन्नताओं
B. शिक्षार्थी-स्वायत्तता
C. ज्ञान के सह-सम्बन्ध एवं अन्तरण
D. पुनर्बलन

12. इरफान खिलौनों को तोड़ता है और उसके पुर्जों को देखने के लिए उन्हें अलग-अलग कर देता है। आप क्या करेंगे?
A. उसके जिज्ञासु स्वभाव को प्रोत्साहित करेंगे और उसकी ऊर्जा को सही दिशा में संचारित करेंगे
B. उसे समझाएँगे कि खिलौनों को तोड़ना नहीं चाहिए
C. इरफान को खिलौनों से कभी भी नहीं खेलने देंगे
D. उस पर हमेशा नजर रखेंगे

उत्तरमाला

1	2	3	4	5	6	7	8	9	10
B	A	D	C	C	A	B	C	B	A
11	**12**								
C	A								

12. संवेग और अभिप्रेरण (Emotion and Motivation)

संवेग (Emotion)

जब हम किसी विषय के बारे में बार-बार सोचते हैं तो हमारी राग-द्वेषात्मक मनोवृत्ति और प्रबल हो उठती है। बार-बार सोचे गए विषय को या तो हम प्रेम की दृष्टि से अथवा घृणा की दृष्टि से देखने लगते हैं। हमारी यह राग-द्वेषात्मक मनोवृत्ति और प्रबल हो उठती है। बार-बार सोचे गए विषय को या तो प्रेम की दृष्टि से अथवा घृणा की दृष्टि से देखने लगते हैं। हमारी यह राग-द्वेषात्मक मनोवृत्ति संवेग (Emotion) के कारण बनती है। संवेग भावों से उत्पन्न होता है। जब तक किसी विषय के संबंध में हमारे भाव सामान्य रहते हैं, संवेगों की उत्पत्ति नहीं होती है। जब उस विषय के भाव प्रबल हो जाते हैं, तब संवेग की उत्पत्ति होती है। भाव हमारे मन पर धीरे-धीरे प्रभाव डालता है। परंतु किसी प्रकार के संवेग के उत्पन्न होने पर हमारे मन में भारी उथल-पुथल हो जाती है।

संवेग की कुछ परिभाषाएं (Definitions of Emotion)

जरशील्ड के अनुसार, "संवेग शब्द किसी भी प्रकार के आवेश में आने से भड़क उठने अथवा उत्तेजित होने की दशा को सूचित करता है।"

मैक्डूगल के अनुसार, "संवेग एक प्रकार का अनुभव है जो किसी न किसी मूल प्रवृत्तीय क्रिया से संबद्ध होता है।"

क्रो एवं क्रो के अनुसार, "संवेग, व्यक्ति के आंतरिक समायोजन, मानसिक एवं शारीरिक-भौतिक अवस्थाओं से प्रभावित होकर उसके बाहृय व्यवहार में दिखाई देने वाला प्रभावशाली अनुभव है।"

वुडवर्थ के अनुसार, "संवेग जीव की उत्तेजनायुक्त अवस्था है।

निष्कर्ष (Result)

(*i*) प्रत्येक संवेग किसी न किसी मूल प्रवृत्ति या भावना से अवश्य ही संबद्ध होता है।

(*ii*) संवेग मानव की परिवर्तित आंतरिक भावना का बाहृय रूप होता है।

(*iii*) प्रत्येक संवेग किसी न किसी क्रिया से किसी रूप में अवश्य ही संबद्ध होता है।

उपर्युक्त निष्कर्ष के आधार पर हम कह सकते हैं कि "किसी ज्ञात (प्रमुखतः) या अज्ञात (कभी-कभी) कारण से हमारी मनोदशा को प्रभावित करने वाले अस्थायी भाव, संवेग कहलाते हैं।"

संवेग की विशेषताएं/लक्षण (Characteristics of Emotion)

(*i*) प्रत्येक संवेग का संबंध किसी न किसी मूल प्रवृत्ति से होता है।

(*ii*) संवेगों का उभार सकारण होता है।

(*iii*) संवेग क्षणिक एवं अस्थायी होते हैं।

(*iv*) संवेग परिवर्तनशील होते हैं।

(*v*) संवेग सार्वभौमिक होते हैं।

(*vi*) संवेगों की तीव्रता वैयक्तिक अधिक होती है।

(*vii*) संवेगों की उत्पत्ति का कारण बाहृय जगत् से संबद्ध होता है।

(*viii*) संवेग मानव के व्यवहार को प्रभावित करते हैं।

संवेगों को प्रभावित करने वाले कारक (Factors Affecting Emotion)

निम्न कारक किसी न किसी रूप में संवेगों को प्रभावित करते हैं–

(*i*) वातावरण, (*ii*) मानसिक सक्रियता, (*iii*) शारीरिक स्वास्थ्य, (*iv*) वैयक्तिक रुचियां, (*v*) अभिवृत्तियां एवं मूल्य।

संवेगों से प्रभावित होने वाले कारक (Factors Affected by Emotion)

जिस प्रकार कुछ कारक संवेगों को प्रभावित करते हैं ठीक उसी प्रकार संवेग भी कुछ कारकों से प्रभावित होते हैं। ये कारक हैं–(*i*) शारीरिक स्वास्थ्य, (*ii*) मानसिक स्वास्थ्य, (*iii*) वाणी, (*iv*) सामाजिकता एवं अधिगम।

संवेग के विभिन्न प्रकार (Types of Emotion)

संवेगों का संबंध मूल प्रवृत्तियों से होता है। चौदह मूल-प्रवृत्तियों के चौदह संवेग हैं, जो इस प्रकार हैं–

1. भय, 2. घृणा, 3. करुणा एवं दुःख, 4. आश्चर्य, 5. आत्माभिमान, 6. भूख, 7. कृतिभाव, 8. क्रोध, 9. वात्सल्य, 10. कामुकता, 11. आत्महीनता, 12. एकाकीपन, 13. अधिकार भावना, 14. आमोद।

संवेग एवं शिक्षा में इसका महत्व (Importance of Emotion in Education)

शिक्षक, बालकों के संवेगों के प्रति ध्यान देकर उनका किस प्रकार हित कर सकते हैं, यह निम्नलिखित बातों से स्पष्ट हो जाता है–

(*i*) शिक्षक, बालकों की मानसिक शक्तियों के मार्ग को प्रशस्त करके, उन्हें अपने अध्ययन में अधिक क्रियाशील बनाने की प्रेरणा प्रदान कर सकता है।

(*ii*) शिक्षक, बालकों के संवेगों को परिष्कृत करके उनको समाज के अनुकूल व्यवहार करने की क्षमता प्रदान कर सकता है।

(*iii*) शिक्षक, बालकों के संवेगों का विकास करके, उनमें उत्तम विचारों, आदर्शों, गुणों और रुचियों का निर्माण कर सकता है।

(*iv*) शिक्षक, बालकों को अपने संवेगों पर नियंत्रण करने की विधियां बताकर उनको शिष्ट और सभ्य बना सकता है।

(*v*) शिक्षक, बालकों के संवेगों को जाग्रत करके, पाठ में उनकी रुचि उत्पन्न कर सकता है।

(*vi*) शिक्षक, बालकों के संवेगों का ज्ञान प्राप्त करके, उपयुक्त पाठ्यक्रम का निर्माण करने में सफलता प्राप्त कर सकता है।

(*vii*) शिक्षक, बालकों में उपयुक्त संवेगों को जाग्रत करके, उनको महान कार्यों को करने की प्रेरणा दे सकता है।

अभिप्रेरण (Motivation)

अभिप्रेरण में वे सब आंतरिक अवस्थाएं आ जाती है जो किसी क्रिया को छोड़ती है या उसको बनाए रखती है। प्रेरक (Motive) उद्दीपन (Stimulus) से भिन्न होता है, क्योंकि वह उत्तेजना के प्रकट होने के पहले से ही उपस्थित होता है। यदि आंतरिक अभिप्रेरणा न हो तो बाह्य उद्दीपन कितना भी तीव्र होने पर अनुक्रिया उत्पन्न नहीं कर सकता है।

अभिप्रेरणा एक प्रकार की शक्ति है जो छात्रों को अध्ययन तथा अन्य कार्यों को करने का जोश तथा रुचि उत्पन्न करती है। व्यक्ति जो भी कार्य करता है उसमें किसी न किसी प्रकार की अभिप्रेरणा की भूमिका आवश्यक होती है। अध्यापक के समक्ष यह बहुत बड़ी समस्या होती है कि छात्रों को किस प्रकार अधिक-से-अधिक अभिप्रेरित किया जाए। अध्यापक इसके लिए अनेक उपाय करता है। अभिप्रेरणा अधिगम के लिए कोई आवश्यक शर्त नहीं है परंतु फिर भी यह अधिगम प्रक्रिया को गतिशीलता प्रदान करती है। इसे "सीखने का हृदय" (Heart of Learning), "सीखने का स्वर्ण पथ" (Golden Road of Learning), तथा "सीखने का मुख्य कारक" (Important Factor of Learning) कहा गया है।

अभिप्रेरणा की कुछ परिभाषाएं (Definitions of Motivation)

स्किनर के अनुसार, "अभिप्रेरणा, अधिगम का सर्वोच्च राजमार्ग है।"

बर्नार्ड के अनुसार, "उत्प्रेरणा, शिक्षा में मनोविज्ञान की मूलभूत समस्या है।"

कैले के अनुसार, "अधिगम की कुशल कला में उत्प्रेरणा केंद्रीय कारक है।"

निष्कर्ष (Result)

(*i*) उत्प्रेरणा और अधिगम का सीधा संबंध है।

(*ii*) उत्प्रेरणा किसी आंतरिक शक्ति का उभार है।

(*iii*) प्राणी या मनुष्य के अंदर निहित वे सभी तत्व जो उसके बाह्य व्यवहार को प्रभावित करते हैं, आंतरिक तत्व या आंतरिक शक्तियां कहलाती हैं। इनमें मूल प्रवृत्तियां, मन, बुद्धि, चित्त एवं अहंकार सभी आंतरिक शक्तियां हैं।

प्रेरणा के भेद (Types of Motivation)

प्रेरणा के दो भेद हैं–

(*i*) **सकारात्मक प्रेरणा (Positive Motivation):** इस प्रेरणा में बालक किसी कार्य को अपनी स्वयं की इच्छा से करता है। इस कार्य को करने से उसे सुख और संतोष प्राप्त होता है। इस प्रेरणा को आंतरिक प्रेरणा भी कहते हैं।

(*ii*) **नकारात्मक प्रेरणा (Negative Motivation):** इस प्रेरणा में बालक किसी कार्य को अपनी स्वयं की इच्छा से न करके, किसी दूसरे की इच्छा या बाह्य प्रभाव के कारण करता है। इस कार्य को करने से उसे किसी वांछनीय या निश्चित लक्ष्य की प्राप्ति होती है। इस प्रेरणा को बाह्य प्रेरणा भी कहते हैं।

प्रेरणा की प्रमुख विधियां (Main Process of Motivation)

मरसेल ने लिखा है कि प्रेरणा यह निश्चित करती है कि लोग कितनी अच्छी तरह से सीख सकते हैं और कितनी देर तक सीख सकते हैं। अतः उनको प्रेरणा प्रदान की जानी आवश्यक है। ऐसा निम्नांकित विधियों का प्रयोग करके किया जा सकता है–

(*i*) **रुचि (Interest):** प्रेरणा प्रदान करने की पहली विधि है बालकों की पाठ में रुचि उत्पन्न करना। अतः अध्यापक को पढ़ाए जाने वाले पाठ को बालक की रुचियों से संबंधित करना चाहिए। इस संबंध में प्रेसी, रॉबिन्स व हॉरक्स का कहना है कि "रुचि, छात्रों का ध्यान आकर्षित करने का प्रथम उपाय है।"

(*ii*) **सफलता (Success):** सफलता के संबंध में फ्रेंडसन का विचार है कि सीखने के सफल अनुभव अधिक सीखने की प्रेरणा देते हैं।

(*iii*) **सामूहिक कार्य (Collective Work):** प्रेरणा प्रदान करने की इस विधि में बालकों को सामूहिक कार्यों में भाग लेने के लिए प्रोत्साहित किया जाता है।

(*iv*) **आवश्यकता का ज्ञान (Required Knowledge):** इस विधि के अंतर्गत् यह माना जाता है कि बालकों की मुख्य आवश्यकताएं उसके सीखने में उद्दीपन का कार्य करती हैं।

(*v*) **प्रशंसा (Admiration):** उचित समय और स्थान पर प्रयोग किए जाने पर प्रशंसा, प्रेरणा का एक महत्त्वपूर्ण कारक है।

(*vi*) **कक्षा का वातावरण (Environment of Class):** अच्छा शिक्षक प्रभावशाली प्रेरणा के लिए शिक्षण-सामग्री से संपन्न अर्थपूर्ण और निरंतर परिवर्तनशील कक्षा-कक्ष के वातावरण पर निर्भर रहता है।

(*vii*) **सामाजिक वर्गों में भाग (Participate in Social Group):** यह बालकों और युवकों को प्रेरणा देने की साधारणतया सबसे प्रभावशाली विधि है। यह बालकों को उन अर्थपूर्ण सामाजिक कार्यक्रमों में रचनात्मक कार्य करने का अवसर देता है जिनको व्यक्ति और समाज दोनों महत्त्वपूर्ण समझते हैं।

(*viii*) **प्रतिद्वन्द्विता (Competitor):** इसके अनुसार शिक्षाशास्त्र के संपूर्ण इतिहास में प्रतिद्वन्द्विता को प्रेरणा प्रदान करने के लिए प्रयोग किया गया है।

(*ix*) **खेल-विधि का प्रयोग (Use of Playing Method):** इस विधि के अनुसार बालकों को शिक्षा देने के लिए खेल-विधि का प्रयोग किया जाता है। अतः शिक्षक को खेल-विधि का प्रयोग करके बालकों को शिक्षा देनी चाहिए।

(*x*) **परिणाम का ज्ञान (Knowledge of Result):** इस विधि के अनुसार यह माना जाता है कि प्रेरणा, परिणामों के तात्कालिक ज्ञान से प्राप्त होती है।

प्रेरणा में योगदान देने वाले मुख्य कारक
(Factors Contributing to Motivation)

(*i*) **प्रोत्साहन (Encouragement):** प्रोत्साहन लक्ष्य तक पहुंचने के साधन होते हैं। इनका स्वरूप पुरस्कार के रूप में भी हो सकता है और संकेत के रूप में भी। जब ये किसी ऐसे उद्दीपक से जुड़ जाते हैं, जो इनकी उपस्थिति बताता है तो ये प्राणी को उत्तेजित कर देते हैं अर्थात् व्यक्ति के व्यवहार को उभारते हैं और उसे गति प्रदान करते हैं। हल एवं स्पेन्स मानते हैं कि यूँ तो प्राणी का व्यवहार मूलतः चालक द्वारा संचालित होता है लेकिन वे ये भी मानते हैं कि कभी-कभी आत्म-प्रोत्साहन प्रेरणा का कार्य करता है। स्कीनर कहते हैं कि पुनर्बलन ही प्रोत्साहन है, अर्थात् धनात्मक तथा ऋणात्मक पुनर्बलन ही प्रोत्साहन का काम करते हैं। धनात्मक पुनर्बलन धनात्मक पुरस्कार होता है तथा ऋणात्मक पुनर्बलन ऋणात्मक पुरस्कार होता है।

(*ii*) **दण्ड (Punishment):** दण्ड एक उद्दीपन के समान है, जिससे व्यक्ति बचने का प्रयास करता है अथवा उससे दूर भागना चाहता है। दण्ड के संबंध में विचार व्यक्त करते हुए बोम्पस स्मिथ कहते हैं कि "विद्यालयी दण्ड प्रतिशोध नहीं होता है। इसका उद्देश्य प्रशिक्षण है। सर्वप्रथम अपराधी का प्रशिक्षण। दूसरे, उसके अवलोकन से अन्य बालकों का प्रशिक्षण। साथ ही उसे तथा दूसरों को पुनः अपराध करने से बचाना है।"

(*iii*) **उत्तेजना (Excitement):** यह किसी प्राणी की उत्तेजित होने की सामान्य अवस्था है। इस संबंध में डोनाल्ड हैब ने विचार व्यक्त करते हुए कहा है कि "उत्तेजना अथवा जागरूकता शक्ति प्रदान करती है लेकिन दिशा-निर्देश प्रदान नहीं करती। यह इंजन के समान है लेकिन उसका मार्ग परिवर्तित करने वाला साधन नहीं।"

उत्तेजना व्यक्ति की सक्रियता का आवश्यक कारक माना गया है। इसके तीन स्तर हैं–उच्च, मध्य एवं निम्न। व्यक्ति को यह उत्तेजना दो स्रोतों (बाह्य एवं आंतरिक) से मिलती है।

(*iv*) **आकांक्षा (Ambition):** आकांक्षा का उत्तेजना स्तर से सीधा संबंध है। हम उस स्थिति में उत्तेजित हो उठते हैं जब हम देखते कुछ और हैं और देखना कुछ चाहते हैं। जो हम देख रहे होते हैं वह Perception है और जो हम देखना चाहते हैं वह Expectancy है। जब इन दोनों के मध्य अंतर (Discrepancy) हो जाता है तो हम उत्तेजित हो उठते हैं।

मैक्लेलैंड ने अपना विचार प्रकट करते हुए कहा है कि P तथा E में अंतर अधिक होने पर हमें दुःख होता है एवं अंतर कम होने पर सुख प्राप्त होता है। इसलिए अंतर (Discrepancy) का एक निश्चित स्तर घटना तथा आशाओं के बीच रखना चाहिए। पूर्व अनुमानित संतोष को हम Valance कहते हैं तथा वास्तविक संतोष को Valuel। इस प्रकार कोई व्यक्ति जिस बल से कार्य करता है वह Expectancy और Valance का गुणनफल होता है।

अर्थात् $F = E \times V$.

अभ्यास प्रश्न

1. मोटीवेशन शब्द की उत्पत्ति हुई है, लैटिन भाषा के :
A. मी धातु से
B. मोट धातु से
C. मोटम धातु से
D. मोम धातु से

2. अभिप्रेरणा को प्रभावित करने वाले कारक हैं :
A. आवश्यकताएं
B. आकांक्षा स्तर एवं रुचि
C. संवेगात्मक स्थिति
D. इनमें से सभी

3. अभिप्रेरणा (Motivation) का स्रोत निम्नांकित होता है–
A. पर्यावरणीय (Environmental)
B. आंतरिक (Intrinsic)
C. बाह्य (Extrinsic)
D. उपरोक्त B और C

4. निम्नलिखित में से किस मनोवैज्ञानिक ने प्रेरणा का मनोविश्लेषण सिद्धान्त प्रस्तुत किया?
A. एल्फ्रेड एडलर
B. सिगमंड फ्रायड
C. सी. जी. युंग
D. विलियम मैक्डुगल

5. ....को एक अभिप्रेरित शिक्षण का संकेतक माना जाता है।
A. शिक्षक द्वारा दिया गया उपचारात्मक कार्य–
B. विद्यार्थियों द्वारा प्रश्न पूछना
C. कक्षा में एकदम खामोशी
D. कक्षा में अधिकतम उपस्थिति

6. सीखने की प्रक्रिया में, अभिप्रेरणा–
A. पिछले सीखे हुए को नए अधिगम से अलग करती है
B. शिक्षार्थियों को एक दिशा में सोचने के योग्य बनाती है
C. शिक्षार्थियों में सीखने के प्रति रुचि का विकास करती है
D. शिक्षार्थियों की स्मरण-शक्ति को पैना बनाती है

7. 'संवेगात्मक विरेचन' का अर्थ है–
A. संवेगात्मक दमन को सहन करने की योग्यता को बढ़ाना
B. संवेगात्मक दमन से बाहर निकालना
C. बहुत अधिक अवसादग्रस्त महसूस करना
D. संवेगों को दबाना

8. निम्न में से कौन-सा बच्चे की सामाजिक-मनोवैज्ञानिक आवश्यकताओं के साथ सम्बद्ध नहीं है?
A. सान्निध्य (संगीत) की आवश्यकता
B. शरीर से अपशिष्ट पदार्थों का नियमित रूप से बाहर निकलना
C. संवेगात्मक सुरक्षा की आवश्यकता
D. सामाजिक अनुमोदन अथवा सराहना की आवश्यकता

9. व्यवहार का 'करना' पक्ष .... में आता है।
A. सीखने के भावात्मक क्षेत्र
B. सीखने के संज्ञानात्मक क्षेत्र
C. सीखने के मनोवैज्ञानिक क्षेत्र
D. सीखने के गतिक (कोनेटिव) क्षेत्र

10. निम्नलिखित में से कौन-सी विशेषता आन्तरिक रूप से अभिप्रेरित बच्चों के लिए सही नहीं है?
A. वे कार्य करते समय उच्च स्तर की ऊर्जा प्रदर्शित करते हैं
B. उन्हें कार्य करने में आनन्द आता है
C. ये हमेशा सफल होते हैं
D. वे चुनौती भरे कार्यों को पसन्द करते हैं

11. एक विद्यार्थी मेडिकल कॉलेज में दाखिला लेने के लिए कठिन परिश्रम करता है ताकि वह प्रवेश परीक्षा में उत्तीर्ण हो सके। यह विद्यार्थी .... रूप में अभिप्रेरित है।
A. बाह्य
B. आन्तरिक
C. आनुभविक
D. वैयक्तिक

12. आन्तरिक रूप से अभिप्रेरित विद्यार्थी–
A. के लिए औपचारिक शिक्षा की आवश्यकता नहीं है
B. का बाह्य रूप से अभिप्रेरित विद्यार्थी की तुलना में अभिप्रेरणा स्तर कम होता है
C. के लिए बाह्य पुरस्कार उसकी अभिप्रेरणा को बनाए रखने के लिए पर्याप्त नहीं है
D. के लिए पुरस्कार की बिल्कुल भी आवश्यकता नहीं है

13. ब्लूम की टेक्सोनॉमी .... की पदानुक्रमिक व्यवस्था है।
A. संज्ञानात्मक उद्देश्यों
B. पठन कौशल
C. पाठ्यचर्या सम्बन्धी घोषणाओं
D. उपलब्धि लक्ष्यों

14. किशोरों के सन्दर्भ में निम्नलिखित में से कौन-सा कथन सर्वाधिक उचित है?
A. चिन्तन का मूर्त क्रियाओं में प्रदर्शित होना
B. बुद्धि लब्धांक में अकस्मात् वृद्धि
C. संवेगात्मक प्रोत्थान की घटना बढ़ जाती है
D. पढ़ाई के प्रति लापरवाह रवैया

15. "संवेग जीव की उत्तेजनायुक्त अवस्था है।" यह कथन किसका है।
A. पियाजे
B. वुडवर्थ
C. ड्रेवर
D. स्किनर

16. अभिप्रेरणा के सिद्धान्तों के अनुसार, एक शिक्षक ...... के द्वारा सीखने को संवर्द्धित कर सकता है।
A. विद्यार्थियों से बहुत उच्च अपेक्षाएँ रखने
B. विद्यार्थियों से किसी प्रकार की अपेक्षाएँ न रखने
C. अपेक्षाओं का एक रूप स्तर रखने
D. विद्यार्थियों से वास्तविक अपेक्षाएँ रखने

17. निम्नलिखित में से कौन-सा सीखने के लिए अधिकतम रूप से अभिप्रेरित करता है?

A. असफलता से बचने के लिए अभिप्रेरण
B. बाह्य कारक
C. लक्ष्यों को प्राप्त करने में व्यक्तिगत सन्तुष्टि
D. बहुत सरल या कठिन लक्ष्यों का चयन करने की प्रवृत्ति

18. निम्नलिखित में से कौन-सा अधिगम को अधिकतम करने के लिए सर्वाधिक उचित है?

A. समान सांस्कृतिक पृष्ठभूमि वाले शिक्षार्थियों को एक कक्षा में रखना चाहिए ताकि मत वैभिन्न से बचा जा सके
B. शिक्षार्थियों में वैयक्तिक भिन्नता को सहज बनाने के लिए समान शिक्षार्थियों के जोड़ बनाए जा सकते हैं
C. शिक्षिका को अपनी संज्ञानात्मक शैली के साथ-साथ अपने शिक्षार्थियों की संज्ञानात्मक शैली की पहचान करनी चाहिए
D. अधिकतम परिणाम लाने के लिए शिक्षक केवल एक अधिगम शैली पर ध्यान केन्द्रित करता है

19. .... के अतिरिक्त निम्नलिखित सभी तथ्य संकेत करते हैं कि बच्चा कक्षा में संवेगात्मक और सामाजिक रूप से समायोजित है।

A. हम उम्र साथियों के साथ प्रतियोगिता पर दृढ़तापूर्वक ध्यान केन्द्रित करना
B. क्रोध तथा हर्ष दोनों को प्रभावी रूप से प्रबन्धित करना
C. चुनौतीपूर्ण कार्यों पर ध्यान केन्द्रित करना और उन्हें दृढ़तापूर्वक करते रहना
D. हमउम्र साथियों के साथ मधुर सम्बन्धों का विकास

20. गौरव को बच्चों को पढ़ाना अच्छा लगता है इसलिए वह बी.एड. की प्रवेश परीक्षा के लिए खूब मेहनत करता है। वह .... अभिप्रेरित है।

A. सक्रिय रूप से
B. बौद्धिक रूप से
C. बाह्य रूप से
D. आन्तरिक रूप से

21. उपलब्धि अभिप्रेरणा है–

A. असफलता से बचने की प्रवृत्ति
B. बिना विचारे, जल्दबाजी में कार्य करने की प्रवृत्ति
C. सफलता व असफलता को समान रूप से स्वीकार करने की तत्परता
D. चुनौतीपूर्ण कार्य करने में डटे रहने की प्रवृत्ति

22. जब बच्चे की दादी उसे उसकी माँ की गोद से लेती है, तो बच्चा रोने लगता है। बच्चा .... के कारण रोता है।

A. अजनबी दुश्चिंता
B. संवेगात्मक दुश्चिंता
C. सामाजिक दुश्चिंता
D. वियोग दुश्चिंता

23. निम्नलिखित में से कौन-सा कथन 'सीखने' के बारे में सही है?

A. सीखने के किसी भी चरण पर सीखना संवेगात्मक कारकों से प्रभावित नहीं होता
B. बच्चों द्वारा की गई त्रुटियाँ यह संकेत करती है कि किसी तरह का सीखना नहीं हुआ
C. सीखना उस वातावरण में प्रभावी होता है जो संवेगात्मक रूप से सकारात्मक हो और शिक्षार्थियों को सन्तुष्ट करने वाला हो
D. सीखना मूल रूप से मानसिक क्रिया है

24. अधिगम के प्रक्रम में अभिप्रेरण

A. नए सीखने वालों में अधिगम के लिए
B. एकदिशीय रूप से सोचने में सीखने वालों को प्रस्तुत करता है
C. पुराने अधिगम से नए अधिगम को विभेदित करता है
D. सीखने वालों की स्मृति को तेज बनाता है

25. "उत्प्रेरणा, शिक्षा में मनोविज्ञान की मूलभूत समस्या है।" यह कथन किसका है–

A. स्किनर
B. कैले
C. बर्नार्ड
D. क्रो एवं क्रो

26. विद्यालय में विद्यार्थियों को कैसे अभिप्रेरित करना उचित है?

A. चुने हुए अध्ययन द्वारा
B. प्रासंगिक अध्ययन द्वारा
C. गहन अध्ययन द्वारा
D. सस्वर अधिगम द्वारा

27. प्रेरणा का मुख्य कारक नहीं है–

A. प्रोत्साहन
B. आकांक्षा
C. आत्माभिमान
D. उत्तेजना

28. मानव की ऐसी अवस्था को क्या कहेंगे जो व्यवहार को लक्ष्य की ओर निर्देशित करती है?

A. संवेग
B. अभिप्रेरणा
C. स्मृति
D. इनमें से कोई नहीं

उत्तरमाला

1	2	3	4	5	6	7	8	9	10
C	D	D	C	B	C	A	B	B	C
11	12	13	14	15	16	17	18	19	20
B	C	A	C	B	A	C	C	A	D
21	22	23	24	25	26	27	28		
D	B	C	A	C	C	C	B		

13. अधिगम में योगदान करने वाले कारक (Factors Contributing to Learning)

अधिगम में योगदान करने वाले कारकों को मुख्यतः दो वर्गों में रखा गया है–I. व्यक्तिगत कारक एवं II. वातावरणीय कारक।

I. व्यक्तिगत कारक (Individual Factors)

(*i*) **व्यक्तिगत रुचियां (Individual Interest):** व्यक्तिगत रुचियां भी अधिगम प्रक्रिया में योगदान करने वाला एक महत्त्वपूर्ण कारक है। यदि किसी क्रियाकलाप में छात्र की रुचि उत्पन्न हो जाए तो शिक्षक उस दिशा में अधिक प्रयास कर सकते हैं। प्रयास किए बिना सीखना संभव नहीं है। यदि विद्यार्थी शिक्षक के शिक्षण एवं कक्षा के क्रियाकलापों में रुचि लेते हैं तो वे कभी भी अवरोध, थकान तथा ऊब महसूस नहीं करते। प्रायः ऐसा देखा गया है कि वास्तव में थकान अधिगम क्रियाओं में रुचि की कमी से पैदा होती है। अधिक मात्रा में तथा अच्छी गुणवत्ता से अधिगम की प्राप्ति हेतु विद्यालयों में रुचि का सहारा लेना आवश्यक है।

(*ii*) **शारीरिक क्रियाशील (Physical Work):** थकान मानसिक या शारीरिक होती है और थकान का अभ्यास करने वाला छात्र अधिगम की प्रक्रिया को कम कर देता है दूसरी शारीरिक क्रियाशीलता अधिगम प्रक्रिया में सहायक होती है तथा इसकी गति को तीव्र कर देती है।

(*iii*) **व्यक्तिगत अभिप्रेरणा (Individual Motivation):** अभिप्रेरणा अधिगम प्रक्रिया का मुख्य केंद्र है तथा अधिगम प्रक्रिया का एक महत्त्वपूर्ण कारक है। यह किसी व्यक्ति में किसी कार्य को करने की इच्छा जाग्रत करती है। पर्याप्त व्यक्तिगत अभिप्रेरणा विद्यार्थी को केवल किसी ऐसी क्रिया में व्यस्त ही नहीं रखती, जिसकी परिणति अधिगम में हो, बल्कि अधिगम को स्थायी बनाने तथा उसकी दिशा निर्दिष्ट करने का कार्य भी करती है। प्रायः दो प्रकार की व्यक्तिगत अभिप्रेरणाएं होती हैं–आंतरिक और बाह्य अभिप्रेरणाएं।

(*iv*) **संवेदीकरण तथा प्रत्यक्षीकरण (Sensible and Perceptuality):** विद्यार्थी के सामान्य स्वास्थ्य के अतिरिक्त संवेदना तथा प्रत्यक्षीकरण ऐसे मनोवैज्ञानिक कारक हैं जो अधिगम में सहायता करते हैं। संवेदना प्रत्यक्षीकरण के केंद्र में होती है। प्राणी में पांच संवेदी अंग होते हैं, यथा–त्वचा, कान, जिह्वा, आंखें तथा नाक। ये संवेदी अंग (ज्ञानेन्द्रियां) ज्ञान के द्वार होते हैं और वातावरण में स्थित विभिन्न उद्दीपनों के प्रत्यक्षीकरण में सहायक होते हैं। इनमें से किसी भी संवेदी अंग में किसी भी प्रकार का दोष हो जाने पर अधिगम का प्रभाव पड़ता है और अंततोगत्वा उससे ज्ञानार्जन भी प्रभावित होता है। उदाहरणार्थ–दृष्टि में दोष; जैसे मायोपिया (दूरदृष्टि दोष), हाइपरमैट्रोपिया (निकट दृष्टि दोष), स्टीकमेटिज्म (भेंगापन) इत्यादि के कारण सिर दर्द, चक्कर आना तथा अध्ययन में सामान्य रूप से अरुचि होना आदि।

(*v*) **अभिवृत्ति (Attitude):** अधिगम की प्रक्रिया विद्यार्थी की अभिवृत्ति से ही प्रभावित होती है। यदि वह पढ़ाई जाने वाली वस्तु के प्रति सजग हो तथा उसके प्रति रुचि रखता हो तो वह निश्चित रूप से इसके प्रति उचित अभिवृत्ति (Attitude) रखेगा। ऐसी अभिवृत्ति उसे अधिगम परिस्थितियों को जल्दी प्रसन्नतापूर्वक कम समय में तथा प्रभावी ढंग से सीखने में सहायता करता है। इसके विपरीत यदि वह पढ़ाई जाने वाली वस्तु में ध्यान नहीं देता या रुचि नहीं लेता तो इसकी अभिवृत्ति नकारात्मक हो जाती है। यह सामान्य अधिगम की प्रक्रिया में अवांछनीय दबाव तथा तनाव उत्पन्न करके सहज अधिगम में बाधा डालता है।

(*vi*) **आवश्यकताएं (Necessity):** विद्यार्थियों की जब तक शारीरिक आवश्यकताएं संतुष्ट न हो जाएं तब तक विद्यालयों में उनसे किसी भी प्रकार के बौद्धिक चिंतन की अपेक्षा नहीं की जा सकती है। एक गरीब विद्यार्थी जो कक्षा में भूखा है उसका ध्यान अध्ययन की अपेक्षा खाने की ओर अधिक केंद्रित होगा। इसी प्रकार कक्षा में बहुत ठंडा या गर्मी या कुर्सियों पर बैठने वाले विद्यार्थियों की संख्या अधिक होने पर अच्छे अधिगम की आशा नहीं की जा सकती है। इसी तरह से सुरक्षा और सम्मान की आवश्यकताएं अधिगम परिस्थितियों में शक्तिशाली प्रेरक के रूप में कार्य करती है। यदि एक विद्यार्थी अपने शिक्षक से डरता है या विद्यालयों में अधिक पिटाई किए जाने के कारण असुरक्षित महसूस

करता है या किसी अन्य प्रकार के दण्ड से भयभीत है तो वह सीख नहीं पाता। इसी तरह यदि उसे उत्साही संवर्धन तथा स्नेह की आवश्यकता बहुत उत्तेजक होती है तो बच्चे का अधिगम प्रभावी होता है।

(*vii*) **आयु तथा परिपक्वता (Age and Maturity):** अधिगम प्रत्यक्ष रूप से आयु तथा परिपक्वता पर निर्भर करता है। जब तक व्यक्ति सीखने के प्रति पर्याप्त रूप से परिपक्व नहीं होता तब तक अधिगम निष्पन्न नहीं होता। कुछ विद्यार्थी छोटी उम्र में ही अधिक सीख लेते हैं जबकि कुछ विद्यार्थी उसी पाठ्य-वस्तु को सीखने में अधिक देर लगाते हैं।

वास्तविक आयु के साथ-साथ मानसिक आयु भी बढ़ती जाती है और लगभग 16 वर्ष की आयु में यह वृद्धि रुक जाती है। आयु में वृद्धि का अभिप्राय बौद्धिक परिपक्वता से होता है। जिसके द्वारा कठिन समस्याओं का समाधान करने में सहायता मिलती है। परिपक्वन का नियम हमें इस बात की चेतावनी देता है कि विद्यार्थियों को जबरदस्ती तब तक अधिगम नहीं करवाना चाहिए जब तक कि वह विशिष्ट कौशलों के सीखने लायक परिपक्व न हो जाए। अध्यापकों को यह सिद्धांत उन अभिभावकों को भी समझाना चाहिए जो अपने बच्चों को बहुत ही जल्दी विद्यालय भेजने में अत्यधिक महत्वाकांक्षी तथा अत्यधिक उत्साही होते हैं।

(*viii*) **बुद्धि (Intelligence):** अधिगम प्रक्रिया में बुद्धि एक महत्वपूर्ण कारक है। बुद्धि जो बुद्धि-परीक्षा के आधार पर I.Q. के रूप में निदर्शित की गई है, सीखने से संबंधित होती है। प्रायः वे विद्यार्थी जिनका I.Q. अधिक होता है वे जल्दी सीखते हैं लेकिन विद्यार्थी का उच्च I.Q. होने मात्र से यह गारंटी नहीं होती कि उसका सीखना भी तेजी से होगा, बल्कि विद्यार्थी की आवश्यकताएं, रुचियां, अभिप्रेरणाएं तथा सिखाई जाने वाली विधियां भी महत्त्वपूर्ण होती हैं।

II. वातावरणीय कारक (Environmental Factors)

वातावरण के लिए 'पर्यावरण' शब्द का भी प्रयोग किया जाता है। पर्यावरण दो शब्दों से मिलकर बना है–'परि' + 'आवरण'। 'परि' का अर्थ है चारों ओर एवं 'आवरण' का अर्थ है 'ढकने वाला'। इस प्रकार पर्यावरण या वातावरण का अर्थ चारों ओर से ढके या घेरे हुए है। अतः हम कह सकते हैं कि व्यक्ति के चारों ओर जो कुछ है, वह उसका वातावरण है। इसमें वे सब तत्व सम्मिलित किए जा सकते हैं जो व्यक्ति के जीवन और व्यवहार को प्रभावित करते हैं।

वातावरण की कुछ परिभाषाएं (Definitions of Environment)

बोरिंग, लैंगफील्ड व वेल्ड के अनुसार, "जीन्स के अलावा व्यक्ति को प्रभावित करने वाली वस्तु वातावरण है।"

वुडवर्थ के अनुसार, "वातावरण में वे सब बाह्य तत्व आ जाते हैं जिन्होंने व्यक्ति को जीवन आरंभ करने के समय से प्रभावित किया है।"

डगलस व हॉलैंड के अनुसार, "वातावरण शब्द का प्रयोग उन सब बाह्य शक्तियों, प्रभावों और दशाओं का सामूहिक रूप से वर्णन करने के लिए किया जाता है, जो जीवित प्राणियों के जीवन स्वभाव, व्यवहार, बुद्धि विकास एवं परिपक्वता पर प्रभाव डालते हैं।"

रॉस के अनुसार, "वातावरण वह बाहरी शक्ति है जो हमें प्रभावित करती है।"

जिस्बर्ट के अनुसार, "वातावरण वह हर वस्तु है जो किसी अन्य वस्तु को घेरे हुए है और उस पर सीधे अपना प्रभाव डालती है।"

निष्कर्ष (Result)

(*i*) वातावरण किसी एक तत्व का नहीं अपितु एक समूह तत्व का नाम है।

(*ii*) यह वह हर वस्तु है जो व्यक्ति को प्रभावित करती है।

(*iii*) इसमें बाह्य तत्व आते हैं।

(*iv*) वातावरण व्यक्ति को प्रभावित करने वाला तत्व है।

उपरोक्त बातों से स्पष्ट है कि अधिगम की प्रक्रिया में विभिन्न प्रकार के वातावरण संबंधी कारकों का योगदान होता है। गर्भकाल के समय से ही बच्चे पर वातावरण का प्रभाव पड़ता है। मां की शारीरिक, मानसिक, संवेगात्मक दशाएं मां के गर्भ में पल रहे भ्रूण के विकास को प्रभावित करती हैं। बच्चे के जन्म के बाद से बाह्य वातावरण प्रारंभ होता है। बाह्य वातावरण घर, विद्यालय तथा पास-पड़ोस के चारों ओर के वातावरण से संबंधित होता है। इन स्थानों में बच्चा परिवार के सदस्यों, अध्यापकों, साथियों सहपाठियों, पड़ोसियों के साथ अंतःक्रिया करता है तथा उनके साथ संबंध स्थापित करता है। समाज के सदस्य तथा अपने चारों ओर के सदस्यों के साथ के संबंधों का बच्चे के विकास तथा सीखने के ढंग पर प्रभाव पड़ता है। अधिगम की प्रक्रिया में वातावरण में योगदान करने वाले महत्त्वपूर्ण कारक निम्नवत् हैं–

(*i*) **नजदीकी वातावरण (Close Environment):** अधिगम की प्रक्रिया में आस-पास का वातावरण बहुत महत्त्वपूर्ण योगदान देता है। वातावरण को मुख्यतः तीन रूपों प्राकृतिक, सामाजिक एवं सांस्कृतिक में बांटा गया है–

(*a*) **प्राकृतिक वातावरण (Natural Environment):** इसके अंतर्गत जलवायु तथा वायुमंडलीय दशाएं आती हैं। ये दशाएं अधिगम को प्रत्यक्ष रूप से प्रभावित करती हैं। यह पाया गया है कि अधिक ताप तथा आर्द्रता मानसिक क्षमता को कम करते हैं जिससे अधिगम प्रक्रिया रुक जाती है। दूसरी ओर गर्म स्थानों में रहने वाले व्यक्तियों की

बौद्धिक निष्पत्ति तथा सृजनात्मकता बहुत कम होती है इस तरह सुबह का समय हमेशा ही जटिल कार्यों को करने के लिए उचित माना जाता है। आर्द्रता तथा तापमान के बढ़ने के कारण मानसिक क्षमता कम हो जाती है। अतः हम कह सकते हैं कि अधिगम प्रक्रिया में प्राकृतिक वातावरण एक महत्त्वपूर्ण कारक है।

(*b*) **सामाजिक वातावरण (Social Environment):** घर, विद्यालय तथा बच्चे के आवासीय वातावरण से संबंधित होता है। घर की भौतिक दशाएं, यथा–बड़ा परिवार, छोटा परिवार, अपर्याप्त रोशनदान, अनुपयुक्त प्रकाश, अधिक या कम तापमान, रेडियो तथा टेलीविजन के प्रयोग के कारण शोरगुल वाला घर, शोरगुल वाला पड़ोस लगातार संबंधियों तथा मित्रों का आगमन विद्यार्थी के बौद्धिक अधिगम को प्रभावित करता है।

(*c*) **सांस्कृतिक वातावरण (Cultural Environment):** संस्कृति का प्रभाव सामाजिक तथा शैक्षिक संस्थाओं में सहज रूप से प्रतिबिंबित होता है। इसलिए बच्चे का सीखना संस्कृति की मांग तथा अपेक्षाओं के ऊपर बहुत कुछ निर्भर करता है। उदाहरणार्थ–एक कृषि आधारित समुदाय की शैक्षिक प्रक्रियाएं उन कौशलों के विकास पर केंद्रित होती हैं जो कृषि समुदाय के लिए आवश्यक होती है।

(*ii*) **अध्यापक के साथ संबंध (Relation with Teacher):** अधिगम प्रक्रिया में शिक्षक एक महत्त्वपूर्ण घटक है। वह विद्यार्थी के व्यवहार निर्माण में महत्त्वपूर्ण भूमिका अदा करता है। वह जिस तरह पढ़ाता है तथा कक्षा में विद्यार्थियों की व्यवस्था जिस प्रकार करता है उसका उनके अधिगम पर प्रभाव पड़ता है। अतः यदि एक विद्यार्थी के संबंध शिक्षक से अच्छे होंगे तो इस प्रकार का वातावरण अधिगम में सहायक होगा।

(*iii*) **संचार माध्यम (Communication Medium):** सूचनाओं के आदान-प्रदान के एक घटक के रूप में संचार माध्यम का महत्वपूर्ण स्थान है। ये अधिगम प्रक्रिया के तहत अच्छे वातावरण को तैयार करने में अपना विशेष योगदान दे सकते हैं। संचार माध्यमों से अधिगम को सुगम बनाया जा सकता है। संचार माध्यम मुख्यतः दो प्रकार के होते हैं–मुद्रित संचार माध्यम तथा अमुद्रित संचार माध्यम। मुद्रित संचार माध्यम कम खर्चीले होते हैं तथा एक अच्छे शैक्षिक वातावरण को तैयार करने में इनका योगदान प्रारंभ से लिया जा रहा है। दूसरी ओर अमुद्रित संचार माध्यम महंगे होते हैं। लेकिन अधिगम प्रक्रिया को सहज बनाने में इन्होंने काफी योगदान दिया है। उदाहरण के लिए फिल्म तथा उद्दीपनों का प्रयोग प्रायः विद्यार्थियों को वास्तविक जीवन या प्रयोगशाला जैसी अधिगम परिस्थितियां प्रस्तुत करने के लिए किया जाता है।

(*iv*) **अभिभावकों के साथ संबंध (Relation with Guardian):** विद्यार्थी की अधिगम प्रक्रियाओं में माता-पिता के साथ सम्बन्ध भी महत्वपूर्ण भूमिका अदा करता है। यदि बच्चे तथा माता-पिता के संबंध आपसी सम्मान और विश्वास पर आधारित होते हैं तो वह बच्चों को अच्छा स्वस्थ वातावरण प्रदान करते हैं, जिसके फलस्वरूप बच्चा अधिक सीखता है। दूसरी ओर विघटित तथा अस्वस्थ वातावरण विद्यार्थी के अधिगम में विपरीत प्रभाव डालता है। विद्यार्थी के सीखने में ऊर्ध्वगामी गतिशीलता सीखने में प्रतिरोध उत्पन्न करती है। ऐसे परिवारों में बच्चे अपने आपको असमायोजित महसूस करते हैं। अतः अभिभावकों के साथ अच्छा संबंध एक ऐसा वातावरण तैयार करता है जो अधिगम प्रक्रिया में सहायक होता है।

(*v*) **साथियों के साथ संबंध (Relation with Friends):** मित्रों के साथ स्वस्थ संबंध भी अधिगम में एक अच्छे वातावरण के निर्माण हेतु महत्वपूर्ण भूमिका अदा करते हैं। कक्षा, विद्यालय तथा समाज में विद्यार्थी-विद्यार्थी के बीच संबंध एक विशेष प्रकार के संवेगात्मक वातावरण का निर्माण करते हैं। यह वातावरण उनके आपसी संबंधों पर निर्भर करता है। अच्छे सौहार्दपूर्ण आपसी संबंध कक्षा में अधिक सीखने तथा अधिक प्रतिस्पर्धा करने में तनावमुक्त वातावरण का निर्माण करते हैं।

वातावरण का महत्व
(Importance of Environment)

(*i*) बालक अपने परिवार, पड़ोस, मुहल्ले और खेल के मैदान में अपना पर्याप्त समय व्यतीत करता है और इससे प्रभावित होता है। शिक्षक इन स्थानों के वातावरण को ध्यान में रखकर ही बालक का उचित पथ-प्रदर्शन करता है।

(*ii*) अनुकूल वातावरण में जीवन का विकास होता है और व्यक्ति उत्कर्ष की ओर बढ़ता है। इस बात को समझने वाला शिक्षक अपने छात्रों की रुचियों, प्रवृत्तियों और क्षमताओं के अनुकूल वातावरण प्रदान करके उनको उत्कर्ष की ओर बढ़ने में सहायता दे सकता है।

(*iii*) वातावरण बालक के विकास की दशा निश्चित करता है। वातावरण ही निश्चित करता है कि बालक बड़ा होकर अच्छा या बुरा, चरित्रवान, संयमी या व्यभिचारी, व्यापारी या साहित्यकार, देशप्रेमी या देशद्रोही बनेगा। इस तथ्य पर मनन करने वाला शिक्षक अपने छात्रों के लिए ऐसे वातावरण का सृजन कर सकता है जिससे उनका विकास उचित दिशा में हो सके।

(*iv*) वातावरण के महत्व को समझने वाला शिक्षक, विद्यालय में बालकों के लिए ऐसा वातावरण उपस्थित कर सकता है, जिससे उनमें विचारों की उचित अभिव्यक्ति, शिष्ट

सामाजिक व्यवहार, कर्त्तव्यों और अधिकारों का ज्ञान, स्वाभाविक प्रवृत्तियों पर नियंत्रण आदि गुणों का अधिकतम विकास हो।

(*v*) **रुथ बैंडिक्ट के अनुसार,** व्यक्ति जन्म से ही एक निश्चित सांस्कृतिक वातावरण में रहता है और उसके आदर्शों के अनुरूप ही आचरण करता है। इस तथ्य को जानने वाला शिक्षक बालक को अपना सांस्कृतिक विकास करने में योगदान दे सकता है।

(*vi*) **सोरेन्सन के अनुसार,** शिक्षक का उत्तम वातावरण बालकों की बुद्धि और ज्ञान की वृद्धि में प्रशंसनीय योग देता है। इस बात की जानकारी रखने वाला शिक्षक अपने छात्रों के लिए उत्तम शैक्षिक वातावरण प्रदान करने की चेष्टा कर सकता है।

(*vii*) प्रत्येक समाज का एक विशिष्ट वातावरण होता है। बालक को इसी समाज के वातावरण से अपना अनुकूलन करना पड़ता है। इस बात से भलीभांति परिचित होने वाला शिक्षक, विद्यालय को लघु समाज का रूप प्रदान करके बालकों को अपने वृहत् समाज के वातावरण से अनुकूलन करने की शिक्षा दे सकता है।

(*viii*) यूनेस्को (UNESCO) के कुछ विशेषज्ञों का कथन है कि वातावरण का बालकों की भावनाओं पर व्यापक प्रभाव पड़ता है और इससे उनके चरित्र का निर्माण भी होता है। इस कथन में विश्वास करके शिक्षक बालकों के लिए ऐसे वातावरण का निर्माण कर सकता है, जिससे न केवल उनकी भावनाओं का संतुलित विकास हो, बल्कि उनके चरित्र का भी निर्माण हो।

अभ्यास प्रश्न

1. व्यक्तिगत शिक्षण (Individual Teaching) क्यों आवश्यक होता है?

A. व्यक्तिगत भेदों के कारण
B. वंशानुक्रम के कारण
C. पर्यावरण के कारण
D. उपरोक्त सभी

2. एक शिक्षक अपने लोकतांत्रिक स्वभाव के कारण विद्यार्थियों को पूरी कक्षा में कहीं भी बैठने की अनुमति देता है। कुछ शिक्षार्थी एक-साथ बैठते हैं और चर्चा करते हैं या सामूहिक पठन करते हैं। कुछ चुपचाप बैठकर अपने-आप पढ़ते हैं। एक अभिभावक को यह पसंद नहीं आता। इस स्थिति से निबटने का निम्न में से कौन-सा तरीका सबसे बेहतर हो सकता है?

A. अभिभावकों को प्रधानाचार्य से अनुरोध करना चाहिए कि वे उनके बच्चे का अनुभाग बदल दें
B. अभिभावकों को शिक्षक पर विश्वास व्यक्त करना चाहिए और शिक्षक के साथ समस्या पर चर्चा करनी चाहिए
C. अभिभावकों को उस विद्यालय से अपने बच्चे को निकाल लेना चाहिए
D. अभिभावकों को प्रधानाचार्य से शिक्षक की शिकायत करनी चाहिए

3. भारतीय समाज की बहुभाषिक विशेषता को .... देखा जाना चाहिए।

A. विद्यार्थियों को सीखने के लिए अभिप्रेरित करने हेतु शिक्षक-योग्यता की चुनौती के रूप में
B. शिक्षार्थियों के लिए विद्यालयी जीवन को एक जटिल अनुभव के रूप में बनाने के एक कारक के रूप में
C. शिक्षण-अधिगम प्रक्रिया में बाधा के रूप में
D. विद्यालयी जीवन को समृद्ध बनाने के संसाधन के रूप में

4. पर्यावरण-शिक्षा को शालाओं में पाठ्यक्रम का अंग बनाना उपयुक्त है, क्योंकि–

A. पर्यावरण से बचना मुश्किल है
B. पर्यावरण जीवन का महत्वपूर्ण अंग है
C. इससे पर्यावरण प्रदूषण पर प्रभाव पड़ेगा
D. इससे शिक्षकों को रोजगार मिलेगा

5. "वातावरण वह बाहरी शक्ति है जो हमें प्रभावित करती है।" यह कथन किसका है

A. जिस्बर्ट   B. वुडवर्थ
C. स्किनर   D. रॉस

6. शिक्षार्थी जो पहले सीख चुके हैं उसकी पुनरावृत्ति और प्रत्यास्मरण में शिक्षार्थियों की मदद करना महत्वपूर्ण है क्योंकि

A. पूर्व पाठों को दोहराने का यह एक प्रभावी तरीका है
B. यह शिक्षार्थियों की स्मृति को बढ़ाता है जिससे सीखना सुदृढ़ होता है
C. यह किसी भी कक्षा-अनुदेशन के लिए सुविधाजनक शुरुआत है
D. नई जानकारी को पूर्व जानकारी से जोड़ना सीखने को समृद्ध बनाता है

7. एक शिक्षिका अपनी कक्षा को शैक्षिक भ्रमण पर ले जाती है–

A. छात्रों को मनोरंजन कराने के लिए
B. छात्रों के माता-पिता को संतुष्ट करने के लिए
C. प्रत्यक्ष अवलोकन हेतु बच्चों को अवसर उपलब्ध कराने के लिए

D. विद्यालय में रोजाना शिक्षण से अवकाश उपलब्ध कराने के लिए

8. बालकों में अधिगम की प्रक्रिया में योगदान करने वाला महत्वपूर्ण कारक है–

A. अभिप्रेरणा

B. बालक की आयु

C. वातावरण

D. उपर्युक्त सभी

9. कौन-सा कारक बच्चों में अधिकतम अधिगम प्रचार हेतु आवश्यक है?

A. कक्षा-कक्ष में अधिकाधिक कार्य

B. लेखन-कार्य की अधिकता

C. गृह-कार्य की अधिकता

D. अध्ययन के प्रति उनकी वैयक्तिक रुचि

10. वह कौन-सा स्थान है जहाँ बच्चे के संज्ञानात्मक विकास को सबसे बेहतर तरीके से परिभाषित किया जा सकता है?

A. घर

B. खेल का मैदान

C. विद्यालय एवं कक्षा पर्यावरण

D. सभागार

11. कौन-सा मिलान उचित है?

A. संवेगात्मक विकास – परिपक्वता

B. सामाजिक विकास – वातावरण

C. शारीरिक विकास – वातावरण

D. संज्ञानात्मक विकास – परिपक्वता

12. आपकी कक्षा का एक छात्र गुटका खाकर आता है। आप किसे उसकी इस हरकत का जिम्मेदार मानेंगे?

A. कक्षा में स्वयं को सबसे अलग दिखाने का उसका तरीका

B. उसकी अन्तः इच्छा

C. उसका सामाजिक वातावरण

D. उसका आपके प्रति द्वेष

13. बच्चों में अधिगम की प्रक्रिया में योगदान देने वाला कारक है–

A. बालक की आयु B. वातावरण

C. अभिप्रेरणा D. उपर्युक्त सभी

14. अच्छा अध्यापक वह है जो–

A. सादा जीवन व्यतीत करता हो

B. अपने विद्यार्थियों से सच्ची लगन रखता हो

C. अपने विषय में प्रवीण हो

D. मेधावी व परिश्रमी हो

15. छोटी उम्र के बच्चों को अधिक योग्य बनाने के लिए आपको किस तरह का व्यवहार करना चाहिए?

A. उन्हें अच्छे वातावरण में रखना चाहिए

B. उन्हें दूसरों की नकल करने से बचाना चाहिए

C. उन्हें अधिक प्यार करना चाहिए

D. उन्हें कड़ी मेहनत के लिए कहना चाहिए

16. कक्षा में शांत वातावरण तभी रह सकता है, जब–

A. मनोरंजक कहानियाँ सुनाई जाए

B. केवल छात्रों का सहयोग हो

C. अध्यापक और छात्रों में परस्पर सहयोग हो

D. कठोर अनुशासन हो

उत्तरमाला

1	2	3	4	5	6	7	8	9	10
A	B	D	B	D	D	C	D	A	C
11	**12**	**13**	**14**	**15**	**16**				
B	C	D	B	A	C				

गणित

SECTION a

गणित

संख्या पद्धति

अपनी संख्याओं की जानकारी

वस्तुओं की गणना हमारे दैनिक जीवन में एक सामान्य सी बात है और अब यह हमारे लिए आसान भी है। जब हम किसी वस्तु को गिनते हैं और अपनी गणना को एक खास नाम या संकेत देते हैं तो उसे संख्या के रूप में जाना जाता है।

हम संख्या का प्रयोग करते हैं और इसके बारे में बहुत सारी बातों की जानकारी प्राप्त करते हैं। संख्या हमें मूर्त्त (Concrete) वस्तुओं की गणना में मदद करता है। संख्या हमें यह निर्धारित करने में भी मदद करता है कि वस्तुओं का कौन सा समूह छोटा और कौन सा समूह बड़ा है। इतना ही नहीं यह वस्तुओं का क्रम भी निर्धारित करता है जैसे : प्रथम, द्वितीय, तृतीय.........

संख्या का प्रयोग विभिन्न संदर्भों में कई तरीकों से किया जाता है। संख्याएँ 0, 1, 2, 3, 4, 5, 6, 7, 8 एवं 9 जैसे संकेतों का प्रयोग करके लिखी जाती है।

इन संकेतों को अंक कहते हैं। एक या एक से अधिक अंकों को एक साथ लिखने से संख्या बनती है। इस प्रकार एक संख्या हमें बताती है कि दी हुई मात्रा में कितनी इकाइयाँ हैं। अतः संख्या, एक या एक से अधिक इकाइयों को या एक ही प्रकार की एक या अधिक भिन्न वस्तुओं को प्रकट करती है। जैसेः पाँच कलम, आठ दवात, बीस किताब, तीस रुपये आदि।

संख्याओं को व्यक्त करने की दो पद्धतियाँ चलन में हैं

***(i)* भारतीय स्थानीय मान प्रणाली**– संख्या 789345126 को इस प्रणाली में ऐसे व्यक्त किया जा सकता है।

दस करोड़	करोड़	दस लाख	लाख	दस हजार	हजार	सैकड़ा	दहाई	इकाई
10^8	10^7	10^6	10^5	10^4	10^3	10^2	10^1	10^0
7	8	9	3	4	5	1	2	6

इस संख्या को शब्दों में इस प्रकार लिखा/पढ़ा जा सकता है "अठहत्तर करोड़ तिरानवे लाख, पैंतालीस हजार, एक सौ, छब्बीस।" उपरोक्त प्रणाली को भारतीय/हिन्दी अरबी पद्धति भी कहते हैं।

***(ii)* अंतर्राष्ट्रीय स्थानीय मान प्रणाली** यह प्रणाली संसार में प्रायः हरेक जगह प्रयोग की जाती है। इस पद्धति में संख्या 562, 785, 326 को निम्न प्रकार से व्यक्त किया जाता है

सौ मिलियन	दस मिलियन	मिलियन	सौ हजार	दस हजार	हजार	सैकड़ा	दहाई	इकाई
10^8	10^7	10^6	10^5	10^4	10^3	10^2	10^1	10^0
5	6	2	7	8	5	3	2	6

उपरोक्त संख्या को अंतर्राष्ट्रीय प्रणाली में शब्दों में इस प्रकार लिखा जाता है "पाँच सौ बासठ मिलियन, सात सौ पचासी हजार, तीन सौ छब्बीस।"

संख्याओं के प्रकार

1. **प्राकृतिक या धन पूर्णांक संख्याएँ** (Natural Number or Positive Integers): जिन संख्याओं से वस्तुओं की गणना की जाती है उन्हें **"प्राकृतिक या धन पूर्णांक संख्याएँ"** कहते हैं। जैसेः 1, 2, 3, 4, ... इत्यादि परन्तु 0, कोई भी ऋणात्मक संख्या जैसेः –10, –8, –25, ... इत्यादि या भिन्नात्मक संख्या जैसेः $\frac{5}{9}, \frac{3}{4}, \frac{20}{17}$,.... इत्यादि **प्राकृतिक या धन पूर्णांक** संख्या नहीं है।
2. **पूर्ण संख्याएँ** (Whole Numbers): यदि प्राकृतिक या धन पूर्णांक संख्याओं में '0' को भी सम्मिलित कर लिया जाये तो प्राप्त संख्याएँ **'पूर्ण संख्याएँ'** कहलाती हैं। जैसेः 0, 1, 2, 3, ... इत्यादि परन्तु, –10, –15, –12, ... या $\frac{1}{5}, \frac{2}{9}, \frac{4}{5}$,.... आदि पूर्ण संख्याएँ नहीं हैं।
3. **पूर्णांक** (Integers): वे पूर्ण संख्याएँ चाहे वे धनात्मक हों या ऋणात्मक, 'पूर्णांक' (Integers) हैं। शून्य न तो ऋणात्मक और न ही धनात्मक पूर्णांक है।

   इस प्रकार पूर्णांकों में तीन प्रकार की संख्याएँ सम्मिलित है

   (*i*) धन पूर्णांकः + 1, + 2, + 3, + 4, + 5, + 6, ... आदि

   (*ii*) शून्य : 0

   (*iii*) ऋण पूर्णांक : –1, –2, –3, –4, –5, –6, ... आदि।
4. **परिमेय संख्या (Rational Numbers):** वे संख्याएँ जिन्हें $\frac{p}{q}$ के रूप में लिखा जा सके 'परिमेय संख्याएँ' कहलाती हैं। जहाँ p और q दोनों पूर्णांक हों परन्तु q कभी शून्य न हो जैसेः $8, -\frac{7}{5}, -\frac{3}{4}, \frac{1}{7}, 0$ आदि 'परिमेय संख्याएँ' कहलाती हैं।
5. **अपरिमेय संख्याएँ (Irrational Numbers):** वे संख्याएँ जिन्हें $\frac{p}{q}$ के रूप में न लिखा जा सके 'अपरिमेय संख्याएँ' कहलाती हैं। जहाँ p और q दोनों पूर्णांक हो परन्तु q कभी शून्य न हो जैसेः $\sqrt{5}, \sqrt{11}, \sqrt{15}, 3+\sqrt{5}$ आदि 'अपरिमेय संख्याएँ' कहलाती हैं।
6. **वास्तविक संख्याएँ (Real Numbers):** वे संख्याएँ जो या तो परिमेय हैं या अपरिमेय 'वास्तविक संख्याएँ' कहलाती हैं। जैसेः $\frac{11}{17}, \frac{19}{21}, -\frac{7}{8}, \sqrt{7}, 8+\sqrt{3}$ आदि 'वास्तविक संख्याएँ,' कहलाती हैं।
7. **सम संख्याएँ (Even Numbers):** वे संख्याएँ जो 2 से पूर्णतः विभाजित होती हैं **'सम संख्याएँ'** कहलाती हैं। जैसेः 2, 8, 14, 28, 52 आदि 'सम संख्याएँ' हैं।
8. **विषम संख्याएँ (Odd Numbers):** वे संख्याएँ जो 2 से पूर्णतः विभाजित नहीं होती **'विषम संख्याएँ'** कहलाती हैं। जैसेः 1, 3, 5, 7, 9, 19 आदि। 'विषम संख्याएँ' हैं।
9. **भाज्य संख्याएँ (Composite Numbers):** वे संख्याएँ जो स्वयं और 1 के अतिरिक्त किसी अन्य संख्याओं से पूरी-पूरी विभाजित होती हों, वे **'भाज्य संख्याएँ'** कहलाती हैं। जैसेः 4, 9, 15, 18, 27, ... आदि 'भाज्य संख्याएँ हैं।
10. **अभाज्य संख्याएँ (Prime Numbers):** वे संख्याएँ जो स्वयं और 1 के अतिरिक्त किसी अन्य संख्याओं से विभाजित न होती हों, वे **'अभाज्य संख्याएँ'** कहलाती हैं। जैसेः 2, 5, 11, 19, 23, 31, ... आदि 'अभाज्य संख्याएँ हैं।
11. **सह-अभाज्य संख्याएँ (Co-primes):** ऐसी भाज्य संख्याओं के जोड़े जिनके गुणनखण्डों में 1 के अतिरिक्त अन्य कोई भी उभयनिष्ठ गुणनखण्ड न हो उन्हें 'सह-अभाज्य संख्याएँ' कहते हैं। जैसेः $8 = 1 \times 2 \times 2 \times 2$, $15 = 1 \times 3 \times 5$ अतः 8, 15 में 1 के अतिरिक्त कोई अन्य उभयनिष्ठ गुणनखण्ड नहीं है। इसलिए 8, 15 'सह-अभाज्य संख्याएँ हैं।
12. **युग्म अभाज्य संख्याएँ (Twin Primes):** ऐसी अभाज्य संख्याओं के जोड़े जिनके बीच का अन्तर 2 होता है। 'युग्म अभाज्य संख्याएँ' कहलाती हैं। जैसेः 11, 13, या 71, 73
13. **वितत संख्याएँ (Consecutive Numbers):** वे संख्याएँ वितत संख्याएँ कहलाती हैं जिनमें एक संख्या दूसरे की परवर्ती होती है। जैसेः 3, 4, 5, 6 तथा 7 वितत संख्याएँ हैं परन्तु 3, 5, 6 तथा 7 वितत संख्याएँ नहीं हैं। 4, 6, 8, 10 वितत सम संख्याएँ तथा 9, 11, 13, 15 वितत विषम संख्याएँ हैं।

संख्याओं की तुलना करना

संख्याओं की तुलना करके हम जान सकते हैं कि कौन-सी संख्या बड़ी और कौन-सी छोटी है। इस प्रक्रिया द्वारा हम इन्हें आरोही (बढ़ते हुए) क्रम में अथवा अवरोही (घटते हुए) क्रम में सजा सकते हैं।

संख्याओं की तुलना करने के लिए सर्वप्रथम हम इनके अंकों की संख्या पर ध्यान देते हैं यदि दो संख्याओं में से किसी एक संख्या के अंकों की संख्या दूसरे संख्या के अंकों की संख्या से ज्यादा होगी तो स्पष्टतः ज्यादा अंकों वाली संख्या बड़ी होगी।

यदि दो संख्याओं में अंकों की संख्या समान हो तो संख्याओं के सबसे बायीं ओर के अंकों की तुलना करते हैं। जिस संख्या के बायीं ओर का अंक बड़ा होगा वह संख्या बड़ी होगी। पुनः यदि सबसे बायीं ओर का अंक भी समान हो तो उसके दायीं ओर के अंकों की क्रमशः तुलना करते हैं इसी प्रकार पूरी संख्या की तुलना की जाती है। जैसे यदि 4873, 5607, 926 एवं 5825 की तुलना करनी हो तो इनमें सबसे बड़ी संख्या 5825 एवं सबसे छोटी संख्या 926 होगी।

आरोही क्रम (Ascending Order): बाईं ओर से दाईं ओर लिखने पर प्राकृतिक संख्याएँ मान के अनुसार बढ़ते हुए क्रम में हों तो इस क्रम को "आरोही क्रम" कहते हैं। जैसेः 25, 30, 41, 50 आदि संख्यायें आरोही क्रम में होंगी।

अवरोही क्रम (Descending Order): बाईं ओर से दाईं ओर लिखने पर प्राकृतिक संख्याएँ मान के अनुसार घटते हुए क्रम में हों, तो इस क्रम को "अवरोही क्रम" कहते हैं। जैसेः 50, 41, 30, 25 आदि संख्याएँ अवरोही क्रम में होंगी।

स्थानीय मानः किसी भी संख्या में किसी अंक (Number) का जो मान (Value) उसके स्थान के कारण होता है उसे उस अंक का स्थानीय मान कहते हैं। जैसेः 56 में इकाई के स्थान पर 6 तथा दहाई के स्थान पर 5 है। अतः 6 का स्थानीय मान $= 6 \times 1 = 6$ तथा 5 का स्थानीय मान $= 5 \times 10 = 50$ होगा।

जातीय (वास्तविक) मानः किसी भी संख्या में किसी अंक का जातीय (वास्तविक) मान वही अंक होता है। जैसेः 42 में अंक 2 का जातीय मान = 2 तथा 4 का जातीय मान = 4 होगा।

अंकों के स्थान बदलने से संख्या का मान बदलनाः यदि किसी संख्या के अंकों का स्थान बदल जाय या बदल दिया जाय तो संख्या का मान भी बदल जाता है। जैसेः संख्या 712 में यदि 2 एवं 7 का स्थान परस्पर बदल दिया जाय तो संख्या 'सात सौ बारह' के स्थान पर 'दो सौ सत्रह' हो जाएगी।

संख्या का विस्तारित रूपः किसी भी संख्या को उसके स्थानीय मान के आधार पर विस्तारित किया जा सकता है। जैसेः 8562 को निम्न प्रकार से विस्तारित किया जा सकता हैः

$$8562 = 8000 + 500 + 60 + 2$$

दिए गए अंकों से संख्या बनानाः यदि कुछ विभिन्न अंक दिए गए हों तो उनसे विभिन्न संख्याएँ बनाई जा सकती हैं। जैसेः 3, 7 और 5 से 375, 357, 573, 537, 753 एवं 735 बनाई जा सकती हैं।

आकलन

जब कोई संख्या सही-सही नहीं लिखी जाती बल्कि यह किसी वस्तु की कच्ची गिनती (Rough counting) होती है तो इसे अनुमान (estimate) कहते हैं और इस अनुमान लगाने की प्रक्रिया को आकलन (estimation) कहते हैं।

इस विधि का प्रयोग हम वहाँ करते हैं जहाँ या तो सही-सही संख्या लिखा जाना संभव नहीं है या सही-सही संख्या लिखने की जरूरत नहीं है। जैसे तारों की कुल संख्या, सूर्य से पृथ्वी के बीच दूरी, समुद्र में पानी की मात्रा आदि।

सन्निकटन द्वारा दहाई तक के आकलन के लिए हम यह देखते हैं कि दी गई संख्या के निकट कौन-सी दहाई संख्या है और वही सबसे निकट वाली दहाई संख्या दी गई संख्या के सन्निकट होती है। जैसे यदि हमें 256 का सन्निकटन द्वारा दहाई तक का आकलन करना हो तो हम यह देखते है कि 256 के सबसे निकट कौन-सी दहाई संख्या है 250 या 260? स्पष्टतः 260, 256 के ज्यादा निकट है अतः इसका सन्निकट 260 ही होगा।

सैंकड़ा, हजार या उससे आगे का सन्निकटन भी इसी विधि द्वारा किया जाता है।

किसी संख्या के निष्कर्षों के आकलन का कोई ठोस नियम नहीं है। इसके सन्निकटन की विधि इस बात पर निर्भर करती है कि संख्या के परिशुद्धि का स्तर क्या हो और कितनी जल्दी आकलन की जरूरत है? गुणनफल के आकलन के लिए गुण्य और गुणक के अधिकतम स्थानों तक का सन्निकट मान लेते हैं फिर उसका गुणा करते हैं। उदाहरणस्वरूप 53 और 469 के गुणनफल के आकलन के लिए 53 के सन्निकट मान अर्थात् 50 तथा 469 के सन्निकट मान अर्थात् 500 को गुणा करते हैं।

अतः अनुमानित गुणनफल $= 50 \times 500 = 25{,}000$

रोमन संख्यांक

हम प्रायः हिन्दू/अरबी संख्यांक पद्धति का प्रयोग करते हैं। किन्तु ऐसा नहीं है कि यही एक मात्र संख्यांक पद्धति अस्तित्व में है। प्राचीन संख्यांक पद्धतियों में से एक रोमन संख्यांक पद्धति भी है। इसका प्रयोग अभी भी बहुत स्थानों पर किया जाता है। जैसे घड़ियों में, सूची क्रम लिखने में आदि।

इस पद्धति के नियम इस प्रकार हैंः

(क) यदि किसी संकेत की पुनरावृत्ति होती है, तो जितनी बार वह आता है उसका मान उतनी ही बार जोड़ दिया जाता है। अर्थात् II बराबर 2 है, XX बराबर 20 है, और XXX बराबर 30 है।

(ख) कोई संकेत तीन से अधिक बार नहीं आता है। परंतु संकेतों V, L और D की कभी पुनरावृत्ति नहीं होती है।

(ग) यदि छोटे मान वाला कोई संकेत एक बड़े मान वाले संकेत के दाईं ओर जाता है, तो बड़े मान में छोटे मान को जोड़ दिया जाता है। जैसेः

VI = 5 + 1 = 6　　XII = 10 + 2 = 12

LXV = 50 + 10 + 5 = 65

(घ) यदि छोटे मान वाला कोई संकेत बड़े मान वाले किसी संकेत के बाईं ओर आता है, तो बड़े मान में से छोटे मान को घटा दिया जाता है। जैसेः

IV = 5 – 1 = 4　　IX = 10 – 1 = 9

XL = 50 – 10 = 40　　XC = 100 – 10 = 90

(ङ) संकेतों V, L और D को कभी भी वड़े मान वाले संकेत के बाईं ओर नहीं लिखा जाता है। अर्थात् V, L और D के मानों को कभी भी घटाया नहीं जाता है।

संकेत I को केवल V और X में से घटाया जा सकता है। संकेत X को केवल L, M और C में से ही घटाया जा सकता है।

इन नियमों का पालन करने से, हमें प्राप्त होता है:

1 = I	20 = XX
2 = II	30 = XXX
3 = III	40 = XL
4 = IV	50 = L
5 = V	60 = LX
6 = VI	70 = LXX
7 = VII	80 = LXXX
8 = VIII	90 = XC
9 = IX	100 = C
10 = X	

संख्याओं के साथ खेलना

खेलना बच्चों का स्वभाव है। वे खेल में अधिक खुशी का अनुभव करते हैं। यदि हम गणित में खेल या खेल में गणित का प्रयोग करें तो बच्चे खुशी के साथ ही गणित की जानकारी भी प्राप्त कर सकेंगे। इसके लिए गणित शिक्षक को सजग रहना चाहिए और गणित के विभिन्न प्रकरणों के शिक्षण के लिए उपयुक्त खेल की रचना करनी चाहिए।

अपवर्त्तक (गुणनखंड) एवं अपवर्त्य (गुणज)

किसी संख्या का अपवर्त्तक (गुणनखण्ड) उस संख्या का सही-सही विभाजक (divisor) होता है। जैसे 1, 2, 3, 4, 5, 6, 8, 10, 12, 24, 30, 40, 60 एवं 120 संख्या 120 को पूर्णतः विभाजित करती है अतः ये सभी 120 के अपवर्त्तक हैं।

यदि '*m*' कोई संख्या है जो '*n*' द्वारा विभाजित होती है तो '*m*' को '*n*' का गुणज (अपवर्त्य) कहा जाएगा। अतः 6, 12, 18, 24, ... आदि 6 के गुणज हैं।

महत्त्वपूर्ण तथ्य

- एक संख्या अपने प्रत्येक गुणनखंड का एक गुणज होती है।
- 1 प्रत्येक संख्या का एक गुणनखंड होता है।
- प्रत्येक संख्या स्वयं अपना एक गुणनखंड होती है।
- एक संख्या का प्रत्येक गुणनखंड उस संख्या का एक पूर्ण विभाजक होता है।
- एक दी हुई संख्या का प्रत्येक गुणनखंड उस संख्या से छोटा या उसके बराबर होता है।
- एक दी हुई संख्या के गुणनखंडों की संख्या परिमित (finite) होती है।
- एक संख्या का प्रत्येक गुणज उस संख्या से बड़ा या उसके बराबर होता है।
- एक दी हुई संख्या के गुणजों की संख्या अपरिमित (infinite) है।
- प्रत्येक संख्या स्वयं का एक गुणज है।
- वह संख्या जिसके सभी गुणनखंडों का योग उस संख्या का दोगुना हो, एक संपूर्ण संख्या (perfect number) कहलाती है। 6 और 28 संपूर्ण संख्याएँ हैं।

अभाज्य गुणखण्डन

जब कोई संख्या अपने अपवर्त्तकों के गुणनफल के रूप में व्यक्त की जाती है तो इस प्रक्रिया को गुणनखण्डन कहते हैं और यदि इस प्रक्रिया में केवल अभाज्य संख्याओं का प्रयोग किया जाय तब यह अभाज्य गुणनखण्डन के रूप में जाना जाता है। जैसे

126 का गुणनखण्डन $= 2 \times 3 \times 3 \times 7$

चूँकि सभी गुणनखण्ड अभाज्य संख्याएँ हैं। अतः यह 126 का अभाज्य गुणनखण्डन है। अभाज्य गुणनखण्डन का प्रयोग लघुत्तम समापवर्त्य एवं महत्तम समापवर्त्तक प्राप्त करने में किया जाता है।

महत्तम समापवर्त्तक (म.स.)

दो या अधिक दी हुई संख्याओं के सार्व गुणनखंडों में सबसे बड़ा सार्व गुणनखंड इन दी हुई संख्याओं का महत्तम समापवर्तक (highest common factor) कहलाता है। महत्तम समापवर्तक को संक्षेप में म.स. (या HCF) भी लिखते हैं। इसे महत्तम सार्व भाजक (Greatest Common Divisor) या (GCD) भी कहा जाता है।

उदाहरणस्वरूप, 15, 24 और 42 के सार्व गुणनखण्ड 1 और 3 हैं। अतः 15, 24 एवं 42 का म.स. 3 होगा।

लघुत्तम समापवर्त्य (ल.स.)

दो या अधिक दी हुई संख्याओं का लघुतम समापवर्त्य इन संख्याओं के सार्व गुणजों में से सबसे छोटा गुणज होता है। संक्षेप में, इसे ल.स. (LCM) भी लिखा जाता है।

उदाहरणस्वरूप, 3, 5 एवं 8 के सार्वगुणज 120, 240, 360.... हैं। अतः 3, 5 एवं 8 का ल.स. 120 होगा।

दो संख्याओं और उसके ल.स. एवं म.स. के बीच संबंध

दो संख्याओं के ल.स. और म.स. का गुणनफल उन दोनों संख्याओं के गुणनफल के बराबर होता है।

अर्थात्, ल.स. × म.स. = पहली संख्या × दूसरी संख्या

पूर्ण संख्याएँ

हम जानते हैं कि प्राकृत संख्या में 1 की कोई पूर्ववर्ती संख्या नहीं होती। यदि प्राकृत संख्याओं के समूह के साथ शून्य (0) को भी शामिल कर लिया जाय तो संख्याओं का नया संग्रह पूर्ण संख्याएँ कहलाती हैं। दूसरे शब्दों में शून्य के साथ मिलकर प्राकृत संख्याओं का समूह पूर्ण संख्याओं का समूह बनाती है।

इस प्रकार, पूर्ण संख्याएँ 0, 1, 2, 3, 4, 5...... हैं।

पूर्ण संख्याओं के गुण

- ❑ सभी प्राकृत संख्याएँ पूर्ण संख्याएँ है।
- ❑ शून्य को छोड़कर सभी पूर्ण संख्याएं प्राकृत संख्याएँ हैं।

- ❑ सबसे छोटी पूर्ण संख्या शून्य है।
- ❑ सबसे बड़ी पूर्ण संख्या निर्धारित नहीं की जा सकती क्योंकि किसी भी पूर्ण संख्या में 1 जोड़ कर उससे बड़ी पूर्ण संख्या प्राप्त की जा सकती है।
- ❑ पूर्ण संख्याओं का योगफल हमेशा पूर्ण संख्या ही होती है। यह पूर्ण संख्याओं के लिए योग का संवृत गुण (Closer Property) कहलाता है।
- ❑ पूर्ण संख्याओं का गुणनफल भी हमेशा पूर्ण संख्या ही होती है। यह पूर्ण संख्याओं के लिए गुणा का संवृत गुण (Closer Property) कहलाता है।
- ❑ घटाव एवं भाग संवृत गुण नहीं दिखाता अर्थात् दो पूर्ण संख्याओं का अन्तर और पूर्ण संख्या से पूर्ण संख्या में भाग देने पर प्राप्त भागफल एक पूर्ण संख्या हो भी सकता है और नहीं भी हो सकता।
- ❑ शून्य में पूर्ण संख्या से भाग देने पर प्राप्त फल शून्य होगा।
- ❑ पूर्ण संख्या में शून्य से भाग देने पर प्राप्त फल परिभाषित नहीं है।
- ❑ **जोड़ का क्रम विनिमेय गुण**–दो पूर्ण संख्याओं को किसी भी क्रम में जोड़ने पर समान योग प्राप्त होता है। जैसे $5 + 7 = 7 + 5$
- ❑ **गुणा का क्रम विनिमेय गुण**–दो पूर्ण संख्याओं को किसी भी क्रम में गुणा करने पर समान गुणनफल प्राप्त होता है। जैसे $8 \times 3 = 3 \times 8$
- ❑ **जोड़ का साहचर्य गुण**–जोड़ने में सुविधा के लिए पूर्ण संख्याओं को किसी भी प्रकार से समूह बाँटकर जोड़ने पर योगफल समान होता है। जैसे $4 + (7 + 8) = (4 + 7) + 8$
- ❑ **गुणा का साहचर्य गुण**–गुणा करने में सुविधा के लिए पूर्ण संख्याओं को किसी भी प्रकार से समूह में बाँटकर गुणा करने पर गुणनफल समान होता है। जैसे $15 \times (7 \times 4) = (15 \times 7) \times 4$
- ❑ **बंटन गुण**–गुणा करने में सुविधा के लिए गुणक को बाँट कर गुणा करने पर भी गुणनफल समान होता है। जैसे $189 \times 48 = 100 \times 48 + 80 \times 48 + 9 \times 48$
$= 4800 + 3840 + 432 = 9072$

ऋणात्मक संख्याएँ एवं पूर्णांक

ऋणात्मक संख्याएँ

वे संख्याएँ जिसका मान शून्य से कम है ऋणात्मक संख्याएं कहलाती है। ऋणात्मक संख्याओं को प्रदर्शित करने के लिए घटाव का चिह्न (–) प्रयोग किया जाता है। ऋणात्मक संख्याएँ पूर्णांक संख्याओं का हिस्सा हैं जो संख्याा रेखा पर शून्य के बायी ओर स्थित होता है।

ऋणात्मक संख्याओं के गुण

- ❑ दो ऋणात्मक संख्याओं का गुणनफल हमेशा धनात्मक होता है। जैसे $(-5) \times (-7) = 35$
- ❑ गुणा की एक क्रिया में यदि ऋणात्मक संख्याओं की संख्या विषम हो तो गुणनफल हमेशा ऋणात्मक किन्तु यदि ऋणात्मक संख्याओं की संख्या सम हो तो गुणनफल हमेशा धनात्मक होता है। जैसे $(-2) \times (-8) \times (-5) \times (-4) \times (-6) = -19200$
- ❑ दो ऋणात्मक संख्याओं का योग ऋणात्मक संख्याओं के ऋणात्मक योग के बराबर होता है। अर्थात् दो ऋणात्मक संख्याओं को जोड़ने के लिए क्रिया योग का होता है किन्तु योगफल के आगे घटाव का चिह्न लगता है। जैसे $(-12) + (-8) = -20$
- ❑ दो समान ऋणात्मक संख्याओं का अन्तर हमेशा शून्य होता है। जैसे $(-24) - (-24) = 0$
- ❑ दो ऋणात्मक संख्याओं का भागफल हमेशा धनात्मक होता है। जैसे $(-48) \div (-8) = 6$

पूर्णांक

सबसे पहले ज्ञात की गईं संख्याएँ प्राकृत संख्याएँ, अर्थात् 1, 2, 3, 4,... हैं। यदि हम प्राकृत संख्याओं के संग्रह में शून्य को सम्मिलित कर लेते हैं, तो हमें संख्याओं का एक नया संग्रह प्राप्त होता है। इन संख्याओं को पूर्ण संख्याएँ कहते हैं। इस प्रकार 0, 1, 2, 3, 4,... पूर्ण संख्याएँ हैं। हमें पहले से मालूम है कि ऋणात्मक संख्याएँ जैसे 1, –2, –3, – 4, –5, ... भी होती हैं। यदि हम पूर्ण संख्याओं और इन ऋणात्मक संख्याओं को मिला लें, तो हमें संख्याओं का एक नया संग्रह प्राप्त होगा, जो, 1, 2, 3, ..., –1, –2, –3, – 4, ... है। संख्याओं के इस संग्रह को पूर्णांकों (Integers) का संग्रह कहते हैं।

इस संग्रह में 1, 2, 3, ... धनात्मक पूर्णांक और – 1, – 2, – 3, ... ऋणात्मक पूर्णांक कहलाते हैं।

संख्या रेखा पर पूर्णांकों का निरूपण

सर्वप्रथम हम एक रेखा खींचते हैं और उस पर समान दूरी पर कुछ बिन्दु अंकित करते हैं। इनमें बीच के किसी बिन्दु को शून्य अंकित करते हैं। फिर शून्य के बायीं ओर ऋणात्मक पूर्णांक जैसे –1, –2, –3, ... एवं शून्य के दायीं ओर धनात्मक पूर्णांक जैसे 1, 2, 3, ... अंकित करते हैं।

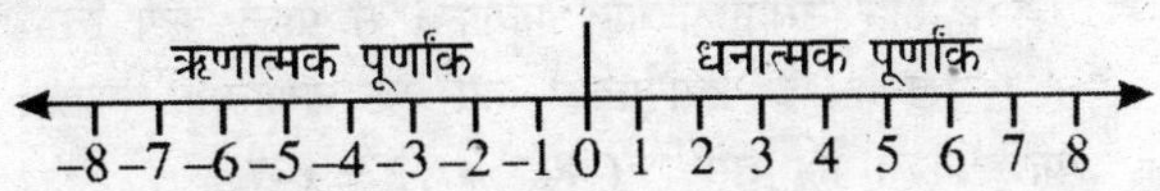

पूर्णांकों के गुण

- ❑ **जोड़ का संवृत गुण**—यदि दो पूर्णांक a और b हो तो $a + b$ भी एक पूर्णांक होगा। जैसे
$(-7) + (-8) = -15$ या, $(-8) + 20 = 12$
- ❑ **घटाव का संवृत गुण**—यदि दो पूर्णांक a और b हो तो $a - b$ भी एक पूर्णांक होगा। जैसे
$(-12) + 7 = -5$ या, $(-28) - 7 = -35$
- ❑ **जोड़ का क्रमविनिमेय गुण**—दो पूर्णांकों को किसी भी क्रम में जोड़ने पर योगफल समान होता है। जैसे
$(-7) + 22 = 22 + (-7)$

- यदि दो पूर्णांक a और b हो तो $a - b \neq b - a$
- **जोड़ का साहचर्य गुण**—जोड़ने में सुविधा के लिए हम पूर्णांकों को किसी भी तरह समूह में बाँटकर जोड़ने पर योगफल समान होता है। जैसे— $\{(-3) + 7\} + (-4) = (-3) + \{7 + (-4)\}$
- **जोड़ का तत्समक गुण**—किसी पूर्णांक में यदि शून्य जोड़ा जाय तो वही पूर्णांक प्राप्त होता है। जैसे — $(-54) + 0 = -54$ या $12 + 0 = 12$
- **योग्य प्रतिलोम**—दो समान पूर्णांकों का योगफल यदि शून्य हो तो दोनों परस्पर योग्य प्रतिलोम कहलाते हैं। जैसे 5 एवं (–5) परस्पर योग्य प्रतिलोम हैं।
- **गुणा का संवृत गुण**—यदि दो पूर्णांक a और b हो तो $a \times b$ भी एक पूर्णांक होगा। जैसे — $(-8) \times 4 = -32$ या, $(-7) \times (-3) = 21$
- **गुणा का क्रम विनिमेय गुण**—दो पूर्णांकों को किसी भी क्रम में गुणा करने पर गुणनफल समान होता है। जैसे — $(-8) \times (+7) = (+7) \times (-8)$
- **गुणा का साहचर्य गुण**—गुणा करने में सुविधा हेतु पूर्णांकों को किसी भी प्रकार से समूह में बाँटकर गुणा करने पर गुणनफल समान होता है। जैसे—$\{(-11) \times 4\} \times (-5) = (-11) \times \{4 \times (-5)\}$
- **बंटन गुण**—गुणा करने में सुविधा हेतु पूर्णांक को बाँटकर गुणा करने पर भी गुणनफल समान होता है। जैसे —

$$\begin{aligned}-372 \times 18 &= (-300 \times 18) + (-70) \times 18 + (-2) \times 18\\ &= (-5400) + (-1260) + (-36)\\ &= -6696\end{aligned}$$

- किसी पूर्णांक में शून्य से गुणा करने पर शून्य प्राप्त होता है। अर्थात् $(-12) \times 0 = 0$ या, $27 \times 0 = 0$
- **गुणा का तत्समक गुण**—किसी पूर्णांक में 1 से गुणा करने पर वही पूर्णांक प्राप्त होता है। अर्थात्

$$41 \times 1 = 41$$

- जब हम एक ऋणात्मक पूर्णांक को धनात्मक पूर्णांक से भाग देते हैं, तो हम उन्हें पूर्ण संख्याओं के रूप में भाग देते हैं और उसके पश्चात् भागफल से पहले ऋण चिह्न (–) रख देते हैं। इस प्रकार, हम एक ऋणात्मक पूर्णांक प्राप्त करते हैं। जैसे $(-84) \div 12 = (-7)$
- जब हम एक धनात्मक पूर्णांक को एक ऋणात्मक पूर्णांक से भाग देते हैं, तो सर्वप्रथम हम उन्हें पूर्ण संख्याओं के रूप में भाग देते हैं और उसके पश्चात् भागफल के सामने ऋण चिह्न (–) रख देते हैं। इस प्रकार, हमें एक ऋणात्मक पूर्णांक प्राप्त होता है। व्यापक रूप में किन्ही दो धन पूर्णांकों a एवं b के लिए

$a \div (-b) = (-a) \div b$ जहाँ $b \neq 0$

- जब हम एक ऋणात्मक पूर्णांक को एक ऋणात्मक पूर्णांक से भाग देते हैं, तो सर्वप्रथम हम उन्हें पूर्ण संख्याओं के रूप में भाग देते हैं और उसके पश्चात् भागफल से पहले धनात्मक चिह्न (+) रख देते हैं, अर्थात् हमें एक धनात्मक पूर्णांक प्राप्त होता है। व्यापक रूप में, किन्हीं दो ऋणात्मक पूर्णांकों a तथा b के लिए

$(-a) \div (-b) = a \div b$, जहाँ $b \neq 0$ है।

- पूर्ण संख्या की तरह पूर्णांक के लिए भी भाग में क्रम विनिमेय गुण नहीं होता। अर्थात् $a \div b \neq b \div a$
- पूर्ण संख्याओं की तरह, किसी भी पूर्णांक को शून्य से भाग करना अर्थ हीन है और शून्येतर पूर्णांक से शून्य को भाग देने पर शून्य प्राप्त होता है, अर्थात् किसी भी पूर्णांक a के लिए $a \div 0$ परिभाषित नहीं है। परन्तु $0 \div a = 0, a \neq 0$ के लिए है।
- ऋणात्मक पूर्णांक को 1 से भाग देने पर वही ऋणात्मक पूर्णांक प्राप्त होता है। अतः किसी भी पूर्णांक को 1 से भाग देने पर वही पूर्णांक प्राप्त होता है। व्यापक रूप में, किसी भी पूर्णांक a के लिए $a \div 1 = a$

भिन्न

भिन्न एक संख्या है जो दो पूर्ण संख्याओं के अनुपात या भाग को निरूपित करता है। यह $\frac{p}{q}$ के रूप में व्यक्त किया जाता है जहाँ $q \neq 0$ तथा p एवं q पूर्णांक हैं। जैसे $\frac{3}{5}, \frac{4}{15}, \frac{7}{10}$ आदि। भिन्न के ऊपर वाली संख्या को 'अंश' (Numerator) एवं नीचे वाली संख्या को 'हर' (Denominator) कहते हैं। भिन्न का हर यह बताता है कि कुल का कितना बराबर हिस्सा किया गया है जबकि अंश यह बताता है कि इन बराबर हिस्सों की कितनी संख्या ली गई है।

भिन्नों का संख्या रेखा पर निरूपण

पूर्ण संख्याओं अर्थात् 0, 1, 2, 3.... का संख्या रेखा पर निरूपण हम पहले जान चुके हैं उसी प्रकार भिन्नों को भी हम संख्या रेखा पर निरूपित कर सकते हैं। माना कि $\frac{3}{4}$ को संख्या रेखा पर दिखाना है तो सबसे पहले हमें संख्या रेखा पर 0 से 1 के मध्य लम्बाई को चार बराबर भागों में बाँटना होगा और निम्न से प्रदर्शित करना होगा

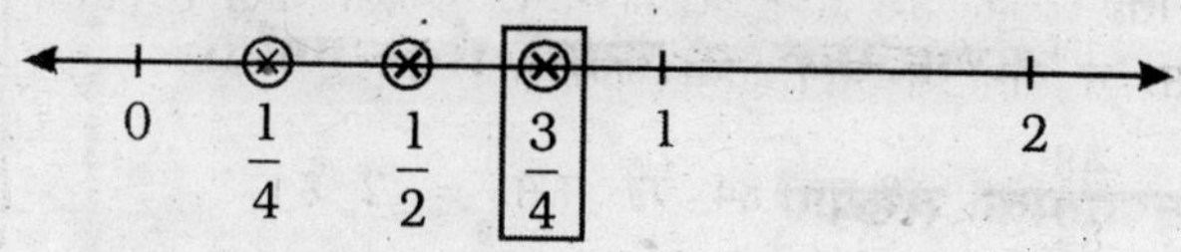

भिन्नों के प्रकार

- **समान भिन्न**—वे भिन्न जिनके हर समान होते हैं समान भिन्न कहलाते हैं। जैसे (i) $\frac{1}{4}, \frac{3}{4}, \frac{2}{4}$ (ii) $\frac{5}{6}, \frac{1}{6}, \frac{4}{6}$ आदि
- **असमान भिन्न**—वे भिन्न जिनके हर समान नहीं हों असमान भिन्न कहलाते हैं। जैसे— $\frac{2}{7}, \frac{3}{4}, \frac{5}{6}$ आदि।

- **उचित या सम भिन्न**—वैसा भिन्न जिसका अंश हर से छोटा होता है उचित या सम भिन्न कहलता है। जैसे– $\frac{1}{5}, \frac{2}{3}, \frac{3}{4}$ आदि।
- **अनुचित या विषम भिन्न**—वैसा भिन्न जिसका अंश, हर से बड़ा या हर के बराबर हो अनुचित या विषम भिन्न कहलाता है। जैसे– $\frac{8}{5}, \frac{7}{4}, \frac{15}{4}, \frac{13}{9}$ आदि।
- **इकाई भिन्न**—जिस भिन्न का अंश 1 हो उसे इकाई भिन्न कहते हैं। जैसे– $\frac{1}{3}, \frac{1}{4}, \frac{1}{5}, \frac{1}{7}$ आदि।
- **मिश्रित भिन्न**—वह विषम भिन्न जिस पूर्ण संख्या व सम भिन्न के संयोग से लिखा जाए उसे मिश्रित भिन्न कहते हैं। जैसे– $5\frac{2}{3} = 5 + \frac{2}{3} = \frac{15+2}{3} = \frac{17}{3}$ (विषम भिन्न)
- **प्रतिलोम भिन्न**—दो भिन्नों में यदि एक का अंश दूसरे का हर एवं एक का हर दूसरे का अंश हो तो दोनों भिन्न परस्पर प्रतिलोम कहलाता है। जैसे– $\frac{4}{5}$ एवं $\frac{5}{4}$ परस्पर प्रतिलोम भिन्न है। प्रतिलोम भिन्न को ही गुण्य प्रतिलोम भी कहा जाता है।

तुल्य भिन्न

जब किसी भिन्न के अंश एवं हर में एक ही संख्या से गुणा किया जाता है या भाग दिया जाता है तो प्राप्त नया भिन्न तुल्य भिन्न कहलाता है। जैसे– $\frac{5}{6} = \frac{5\times3}{6\times3} = \frac{15}{18}$ यहाँ $\frac{15}{18}, \frac{5}{6}$ के तुल्य भिन्न है। इस प्रकार किसी खास भिन्न के कई तुल्य भिन्न प्राप्त लिए जा सकते हैं।

भिन्नों का सरलतम रूप

यदि किसी भिन्न के अंश एवं हर में 1 को छोड़कर कोई समान अपवर्तक (गुणनखण्ड) नहीं हो तो इसे सरलतम या न्यूनतम रूप में माना जाता है। भिन्न को उसे सरलतम रूप में पाने के लिए उसके अंश तथा हर का म.म. निकाला जाता है फिर म.स. से दोनों में भाग दिया जाता है। जैसेः

$\frac{48}{84}$ में 48 एवं 84 का म.स. = 12 है।

अतः $\frac{48}{84} = \frac{48\div12}{84\div12} = \frac{4}{7}$ इस प्रकार $\frac{4}{7}, \frac{48}{84}$ का सरलतम रूप है।

भिन्नों की तुलना

यदि भिन्नों के अंश समान हों तो छोटा हर वाला भिन्न बड़ा होता है। जैसेः $\frac{5}{8}$ एवं $\frac{5}{6}$ में $\frac{5}{6}$ बड़ा होगा।

यदि भिन्नों के हर समान हों तो बड़ा अंश वाला भिन्न बड़ा होता है। जैसेः $\frac{5}{8}, \frac{3}{8}$ में $\frac{5}{8}$ बड़ा होगा।

यदि भिन्नों के अंश एवं हर दोनों असमान हों तो पहले हम उसे समान हर वाले तुल्य भिन्न में बदल लेते हैं। उसके बाद उसकी तुलना करते हैं। जैसेः

$\frac{4}{5}$ एवं $\frac{7}{8}$ में $\frac{4}{5} = \frac{4\times8}{5\times8} = \frac{32}{40}$

तथा $\frac{7}{8} = \frac{7\times5}{8\times5} = \frac{35}{40}$

चूँकि तुल्य भिन्नों में $\frac{35}{40}$ बड़ा है अतः इसका संगत भिन्न $\frac{7}{8}$ बड़ा होगा।

भिन्नों का जोड़

यदि भिन्नों के हर समान हों तो अंशों के योगफल को अंश के रूप में लिखकर हर के रूप में समान हर को लिखा जाता है इस प्रकार प्राप्त नया भिन्न दिए गए भिन्नों का योगफल होता है। जैसेः यदि $\frac{5}{12}$ एवं $\frac{1}{12}$ को जोड़ना हो तोः

$$\frac{5}{12} + \frac{1}{12} = \frac{5+1}{12} = \frac{6}{12}$$

यदि भिन्नों के हर समान नहीं हों तोः

$\frac{4}{5} + \frac{5}{6} + \frac{7}{10}$ में, 5, 6, 10 का ल.स. = 30

$$\frac{4}{5} = \frac{4\times6}{5\times6} = \frac{24}{30}, \frac{5}{6} = \frac{5\times5}{6\times5} = \frac{25}{30}, \frac{7}{10} = \frac{7\times3}{10\times3} = \frac{21}{30}$$

अतः $\frac{4}{5} + \frac{5}{6} + \frac{7}{10} = \frac{24}{30} + \frac{25}{30} + \frac{21}{30} = \frac{70}{30}$

दूसरा तरीका,

$$\frac{4}{5} + \frac{5}{6} + \frac{7}{10} = \frac{24+25+21}{30} = \frac{70}{30}$$

भिन्नों का घटाव

यदि भिन्नों के हर समान हों तो अंशों के अन्तर को अंश के रूप में एवं समान हर को हर के रूप में लिखा जाता है। इस प्रकार प्राप्त भिन्न दिए गए भिन्नों का अन्तर होता है। जैसेः

$$\frac{8}{15} - \frac{4}{15} = \frac{8-4}{15} = \frac{4}{15}$$

किन्तु यदि भिन्नों के हर असमान हो तोः

$\frac{5}{12} - \frac{3}{10}$ में, 12, 10 का ल.स. = 60

$$\frac{5}{12} = \frac{5\times5}{12\times5} = \frac{25}{60}, \frac{3}{10} = \frac{3\times6}{10\times6} = \frac{18}{60}$$

अतः $\frac{5}{12}-\frac{3}{10}=\frac{25}{60}-\frac{18}{60}=\frac{25-18}{60}=\frac{7}{60}$

दूसरा तरीका,

$\frac{5}{12}-\frac{3}{10}=\frac{25-18}{60}=\frac{7}{60}$

भिन्नों का गुणा

भिन्नों के गुणा के लिए इनके अंशों के गुणनफल को अंश के रूप में एवं हरों के गुणनफल को हर के रूप में लिखा जाता है। इस प्रकार प्राप्त नया भिन्न दिए गए भिन्नों का गुणनफल होता है। जैसे:

$\frac{5}{11}\times\frac{9}{10}=\frac{45}{110}=\frac{9}{22}$

भिन्नों का भाग

भिन्नों के भाग के लिए हम भाग के चिह्न के बांयी ओर के भिन्नों को यथावत् रखते हुए उसमें भाग के चिह्न के दांयी ओर के भिन्न के प्रतिलोम से गुणा कर देते हैं।

जैसे: $\frac{15}{28}\div\frac{10}{14}=\frac{15}{28}\times\frac{14}{10}=\frac{3}{4}$

साधित प्रश्न

उदाहरण 1 : भाग के एक प्रश्न में भाजक 9, भागफल 114 तथा शेष 5 है, तो बताइये भाज्य कितना होगा?

हल : $\because$ **भाज्य** = भाजक × भागफल + शेष

$\therefore$ भाज्य = 9 × 114 + 5 = 1026 + 5 = 1031

अतः भाज्य = 1031 होगा।

उदाहरण 2 : पांच अंकों की वह छोटी–से–छोटी संख्या क्या होगी जो 23 से पूर्णतः विभाजित हो जाए?

हल : चूंकि पांच अंकों की छोटी–से–छोटी संख्या = 10000

$\because$ 10000 को 23 से भाग देने पर शेष = 18

अतः 23 से पूर्णतः विभाजित होने वाली पांच अंकों की छोटी–से–छोटी संख्या

= 10000 + (23 – 18)

= 10000 + 5 = 10005 होगी।

उदाहरण 3 : $\frac{5}{6}, \frac{6}{7}$ तथा $\frac{7}{8}$ में कौन–सी भिन्न सबसे बड़ी होगी?

हल : उपरोक्त दी गई प्रत्येक भिन्नों के अंश और हर में 1 का अन्तर है। तथा सबसे बड़ा अंश 7 है। $\therefore$ सबसे बड़ी भिन्न = $\frac{7}{8}$ होगी।

उदाहरण 4 : $\frac{11}{27}, \frac{13}{29}, \frac{22}{38}$ में कौन-सी भिन्न सबसे छोटी होगी ?

हल : उपरोक्त दी हुई प्रत्येक भिन्नों के अंश और हर में 16 का अन्तर है। तथा सबसे छोटा अंश 11 है।

इसलिए सबसे छोटी भिन्न = $\frac{11}{27}$ होगी।

उदाहरण 5 : $\frac{3}{7}$ का योज्य प्रतिलोम क्या होगा?

हल : $\frac{3}{7}$ का योज्य प्रतिलोम $\left(-\frac{3}{7}\right)$ होगा क्योंकि $\frac{3}{7}+\left(-\frac{3}{7}\right)=0$, अर्थात् दोनों संख्याओं को जोड़ने पर योग्यफल शून्य है।

उदाहरण 6 : $-\frac{7}{8}$ का गुणनात्मक प्रतिलोम कितना होगा?

हल : $\because -\frac{7}{8}$ का गुणनात्मक प्रतिलोम $\left(-\frac{8}{7}\right)$ होगा क्योंकि $-\frac{7}{8}\times\left(-\frac{8}{7}\right)=1$, अर्थात् दोनों संख्याओं का गुणनफल 1 है।

उदाहरण 7 : दो संख्याओं का म.स. तथा ल.स. क्रमशः 18 व 252 है। यदि पहली संख्या 126 है तो दूसरी संख्या का मान कितना होगा?

हल : $\because$ पहली संख्या × दूसरी संख्या = म.स. × ल.स.

$\therefore$ 126 × दूसरी संख्या = 18 × 252

$\therefore$ दूसरी संख्या = $\frac{18\times252}{126}=36$

अतः दूसरी संख्या का मान = 36 होगा।

उदाहरण 8 : चार घण्टियाँ 6, 8, 12 तथा 18 सेकेण्ड के अन्तर पर बजती हैं। वे 12 बजे एक साथ बजना प्रारम्भ करती हैं तो बताइये फिर वे एक साथ कब बजेंगी। यह भी बताइये कि 6 मिनट में वे एक साथ कितनी बार बजेंगी?

हल :

2	6,	8,	12,	18
2	3,	4,	6,	9
3	1,	2	1,	3
	1,	2,	1,	3

$\therefore$ ल.स. = 2 × 2 × 3 × 2 × 2 × 3 = 72 से.

= 1 मि. 12 से.

अतः वे पहली बार 12 बजकर 1 मि. 12 से. बाद एक साथ बजेंगी।

$\because$ 6 मिनट = 6 × 60 = 360 से.

$\because$ 6 मिनट में एक साथ घण्टियाँ बजने की संख्या

$=\frac{360}{72}=5$ बार।

बहुवैकल्पिक प्रश्न

1. 1 से 100 के बीच अभाज्य संख्याएं होंगी :

A. 20 B. 30
C. 22 D. 25

2. ऐसी संख्या जो अभाज्य भी है और सम भी :

A. 1 B. 2
C. 98 D. 79

3. निम्न में से कौन-सी संख्या अभाज्य संख्या होगी?

A. 149 B. 159
C. 117 D. 147

4. 81752 में 2 का स्थानीय मान और जातीय मान में अन्तर होगा :

A. 2 B. 0
C. 1 D. 20

5. संख्या 3125 में से क्या घटाया जाए ताकि शेष संख्या 13 से पूर्णतः विभाजित हो सके ?

A. 5 B. 8
C. 10 D. 12

6. निम्नलिखित में से कौन-सी संख्या 3 से पूर्णतः विभाजित होगी ?

A. 491 B. 371
C. 591 D. 571

7. भाग के प्रश्न में भाजक 16, भागफल 9 तथा शेष 1 हो, तो भाज्य कितना होगा ?

A. 145 B. 136
C. 144 D. 152

8. 1 से 50 तक पूर्णांकों का योग कितना होगा ?

A. 1275 B. 1375
C. 1225 D. 1365

9. संख्या 30, 70, 584 में अंक 7 का स्थानीय मान है :

A. 700 B. 7000
C. 70,000 D. 700,000

10. 3589 में क्या जोड़े कि पांच अंकों की सबसे छोटी संख्या बन जाएं ?

A. 6413 B. 6412
C. 6411 D. 6311

11. 2756 और तीन अंकों की सबसे बड़ी संख्या का योगफल होगा :

A. 3655 B. 3755
C. 3756 D. 3656

12. पांच अंकों की सबसे बड़ी और छः अंकों की सबसे छोटी संख्याओं का अन्तर होगा :

A. 1 B. 3
C. 3 D. 4

13. संख्या 36795 में अंक 6 के स्थान पर 9 तथा 9 के स्थान पर 6 बदल देने से इन संख्याओं के मान में कितना अन्तर हो जाएगा ?

A. 2970 B. 3071
C. 2971 D. 3071

14. चार अंकों की बड़ी से बड़ी व छोटी से छोटी संख्याओं का योग होगा :

A. 10990 B. 11999
C. 10909 D. 10999

15. 1 और 20 के बीच में कितनी अभाज्य संख्याएं हैं?

A. 8 B. 9
C. 7 D. 6

16. दो अंकों की कितनी ऐसी संख्याएं हैं जो 13 से पूर्णतः विभाजित हो जाती हैं?

A. 6 B. 7
C. 8 D. 5

17. 0, 2, 3, 6 और 7 अंकों से बनने वाली 5 अंकों की बड़ी से बड़ी और छोटी से छोटी संख्या का अन्तर क्या है?

A. 55955 B. 55954
C. 55853 D. 55953

18. 34 * 7 में पुष्पांकित स्थान पर क्या अंक होना चाहिए जिससे यह संख्या 11 से पूर्णतः विभाजित हो जाए?

A. 6 B. 7
C. 8 D. 9

19. एक घंटे के $\frac{5}{6}$ भाग का मान है :

A. आधा घण्टा B. 40 मिनट
C. 50 मिनट D. 55 मिनट

20. एक वायुयान 1250 कि.मी. यात्रा में 2/5 भाग ईंधन खपत करता है। शेष ईंधन में यात्रा पूरी करेगा :

A. 1875 कि.मी. B. 2125 कि.मी.
C. 250 कि.मी. D. 475 कि.मी.

21. यदि किसी संख्या तथा उसके $\frac{1}{5}$ भाग में अन्तर 20 है तो वह संख्या क्या है?

A. 23 B. 25
C. 24 D. 26

22. एक मनुष्य के पास एक मकान का $\frac{3}{5}$ भाग था। अपने भाग का $\frac{1}{3}$ भाग उसने 250 रुपए का बेचा तो उस मकान का क्या मूल्य था?

A. 1150 रु॰ B. 1250 रु॰
C. 1205 रु॰ D. 1105 रु॰

23. एक धनराशि का सातवां भाग उनके नौवें भाग से 192 रुपए अधिक है तो वह धनराशि होगी :

A. 4860 रु. B. 6050 रु.
C. 6048 रु. D. 5060 रु.

24. एक मनुष्य ने अपनी जायदाद को तीन बच्चों में इस प्रकार बांटा कि पहले को कुल जायदाद का $\frac{2}{5}$ भाग मिला, दूसरे को शेष का $\frac{1}{3}$ भाग मिला और शेष तीसरे को मिला। यदि तीसरे को, दूसरे से 750 रुपए अधिक मिले हो तो कुल जायदाद मूल्य क्या था?

A. 3720 रु. B. 3760 रु.
C. 3740 रु. D. 3750 रु.

25. किसी धन को अ, ब और स में इस प्रकार बांटा गया कि अ को धन का $\frac{5}{16}$ भाग और ब को धन का $\frac{7}{12}$ भाग मिला। स का भाग होगा :

A. $\frac{6}{48}$ B. $\frac{5}{48}$
C. $\frac{5}{12}$ D. $\frac{7}{16}$

26. एक बांस का $\frac{1}{5}$ भाग हरा, $\frac{1}{4}$ भाग लाल तथा $\frac{1}{3}$ भाग पीला रंग है। यदि शेष भाग 65 सेमी. है, बिना रंगा है तो बांस की लम्बाई क्या है?

A. 4 मी. B. 2 मी.
C. 3 मी. D. 5 मी.

27. दो संख्याओं का अनुपात 11 : 15 है। यदि उनका म.स.प. 13 हो, तो वे संख्याएं क्रमशः क्या होगी?

A. 143 व 195 B. 195 व 143
C. 110 व 150 D. 121 व 165

28. वह छोटी-से-छोटी पूर्ण वर्ग संख्या क्या होगी जो 56, 21 तथा 36 से पूर्णतः विभाजित हो सके?

A. 7056 B. 8056
C. 7040 D. 8100

29. वह बड़ी-से-बड़ी संख्या क्या होगी, जिससे यदि 27, 33 तथा 39 को भाग दें तो क्रमशः 2, 3 तथा 4 शेष बचे?

A. 4 B. 5
C. 3 D. 7

30. चार अंकों की वह बड़ी-से-बड़ी संख्या क्या है जो 2, 3, 4, 5, 6 और 7 से पूरी-पूरी विभाजित हो जाती है?

A. 9729 B. 9760
C. 9579 D. 9660

31. दो संख्याओं का गुणनफल 54 है। उनका महत्तम समापवर्तक 3 है, तो उनका लघुत्तम समापवर्त्य क्या होगा?

A. 18 B. 21
C. 9 D. 24

32. वह संख्या जो न तो भाज्य है और न ही अभाज्य, निम्न में कौन-सी होगी?

A. 21 B. 9
C. 1 D. 15

33. 1 से 100 के बीच अभाज्य संख्याओं की गिनती कितनी होगी?

A. 22 B. 18
C. 25 D. 24

34. निम्नलिखित में से कौन-सा जोड़ा सह-अभाज्य (Co-prime) संख्याओं का होगा?

A. 9, 16 B. 8, 18
C. 9, 12 D. 15, 25

35. निम्नलिखित में से कौन-सा जोड़ा युग्म अभाज्य (Twin-Primes) संख्याओं का होगा?

A. 19, 21 B. 21, 23
C. 11, 13 D. 31, 33

36. निम्न में से कौन पूर्ण वर्ग संख्या के इकाई स्थान का अंक नहीं हो सकता है?

A. 1 B. 9
C. 8 D. 0

37. दो विषम संख्याओं का योग होता है:

A. सदैव विषम संख्या B. अभाज्य संख्या
C. सदैव सम संख्या D. कोई संख्या

38. संख्या 9075 में 9 के अंक के स्थानीय तथा जातीय मानों के बीच कितना अन्तर होगा?

A. 8891 B. 9891
C. 8991 D. 8981

39. बड़े-से-बड़ा ऋण पूर्णांक होगा:

A. – 5 B. – 10
C. – 1 D. – 20

40. $169 \times 52 \times 453 \times 67$ के गुणनफल में इकाई का अंक कितना होगा?

A. 1 B. 7
C. 6 D. 8

41. 200 से 300 तक सम संख्याओं का योग क्या होगा?

A. 12699 B. 13699
C. 12599 D. 13660

42. 0, 1, 2 व 3 अंकों से बनने वाली चार अंकों की छोटी-से-छोटी संख्या कौन-सी होगी?

A. 0123 B. 1023
C. 1203 D. 1230

43. यदि किसी सम-संख्या के अंकों का योग 9 से पूरा-पूरा विभाजित हो तो वह संख्या निम्नलिखित में से कौन-सी संख्या से विभाजित होगी?

A. 27 B. 18
C. 16 D. 24

44. 420, 315 और 462 का म.स. क्या है?

A. 24 B. 28
C. 27 D. 21

45. निम्नलिखित में से वह छोटी-से-छोटी संख्या क्या होगी जो 3, 4, 6 तथा 8 से पूर्णतः विभाजित हो जाए?

A. 26 B. 24
C. 25 D. 28

46. वह छोटी-से-छोटी संख्या जिसमें यदि 3 जोड़ दिया जाये तो योगफल 36, 45 तथा 50 से अलग-अलग पूर्णतः विभाजित हो जाये? तो बताइये वह संख्या क्या होगी?

A. 987 B. 798
C. 986 D. 897

47. वह छोटी-से-छोओी पूर्ण वर्ग संख्या क्या होगी जो 10, 20, 30 तथा 40 से अलग-अलग पूर्णतः विभाजित हो?

A. 4800 B. 3600
C. 4400 D. 2500

48. दो संख्याओं का गुणनफल 2160 है और उनका म.स.प. 12 है। तो बताइये ऐसी दो संख्याओं के कितने जोड़े संभव हैं?

A. 3 B. 1
C. 2 D. कोई नहीं

49. वह बड़ी-से-बड़ी संख्या क्या होगी जिससे 366, 513 तथा 324 में भाग देने पर प्रत्येक स्थिति में समान शेष बचता हो?

A. 21 B. 18
C. 27 D. 42

50. यदि दो संख्याओं का योग 216 तथा उनका म.स.प. 27 हो, तो वे संख्यायें क्रमशः क्या होंगी?

A. 60, 90 B. 81, 135
C. 64, 128 D. 30, 84

51. चार अंकों की बड़ी-से-बड़ी उस संख्या का मान क्या होगा जो 2, 3, 4 तथा 5 से पूर्णतः विभाजित हो?

A. 9960 B. 9690
C. 8990 D. 9980

52. तीन घण्टे क्रमशः 15, 20 तथा 24 सेकेण्ड के अन्तर से बजते हैं। यदि वे 12 मिनट तक लगातार बजते रहते हैं तो इस अवधि के बीच वे कितनी बार एक साथ बजेंगे?

A. 2 बार B. 6 बार
C. 5 बार D. 3 बार

53. यदि a और c विषय संख्याएं तथा b एक सम संख्या हो तो तीनों का योगफल होगाः

A. विषय संख्या B. सम संख्या
C. अभाज्य संख्या D. इनमें से कोई नहीं

54. दो अभाज्य संख्याओं का गुणनफल हमेशा होता हैः

A. एक अभाज्य संख्या B. एक सम संख्या
C. एक विषय संख्या D. एक यौगिक संख्या

55. यदि दो संख्याओं x और y का योगफल प्रथम संख्या का दूना है तो दूसरी संख्या y हैः

A. $> x$ B. $< x$
C. $= x$ D. ऋणात्मक संख्या

56. यदि संख्या $(10^n - 1)$, 11 से विभाज्य है तो n हैः

A. विषय संख्या B. सम संख्या
C. 11 का गुणज D. इनमें से कोई नहीं

57. तीन लगातार संख्याओं का गुणनफल हमेशा विभाजित होता है।

A. 4 से B. 6 से
C. 8 से D. इनमें से कोई नहीं

58. शून्य है एकः

A. धनात्मक संख्या
B. ऋणात्मक संख्या
C. न तो धनात्मक न ही ऋणात्मक
D. इनमें से कोई नहीं

59. सबसे छोटी पूर्णांकः

A. निर्धारित नहीं की जा सकती
B. – 1
C. 0
D. इनमें से कोई नहीं

60. यदि एक अभाज्य संख्या को शून्य से विभाजित किया जाय तो भागफल होगाः

A. 0 B. 1
C. वही अभाज्य संख्या D. अपरिभाषित

61. यदि शून्य को किसी पूर्णांक से विभाजित किया जाय तो भागफल होगाः

A. 0 B. 1
C. वही पूर्णांक D. अपरिभाषित

62. निम्न में से कौन पूर्ण संख्या के लिए संवृत गुण प्रदर्शित नहीं करता?

A. घटाव B. भाग
C. A एवं B दोनों D. जोड़

63. ऋणात्मक पूर्णांक को ऋणात्मक पूर्णांक से भाग देने पर प्राप्त होता हैः

A. ऋणात्मक पूर्णांक B. शून्य
C. 1 D. घनात्मक पूर्णांक

64. निम्न में से कौन पूर्ण संख्या के लिए गुणा के साहचर्य गुण को सही-सही प्रदर्शित करता है?

A. $(a + b) + c = a + (b + c)$
B. $(a \times b) \times c = a \times (b \times c)$
C. $(a + b) \times c = a + c \times b + c$
D. $(a + b) \times c = a \times c + b \times c$

65. पूर्णांक संग्रह हैः

A. सम एवं विषय संख्याओं का
B. धनात्मक एवं ऋणात्मक संख्याओं का
C. अभाज्य एवं यौगिक (भाज्य) संख्याओं का
D. इनमें से कोई नहीं

उत्तरमाला

1	2	3	4	5	6	7	8	9	10
D	B	A	B	A	C	A	A	C	C
11	**12**	**13**	**14**	**15**	**16**	**17**	**18**	**19**	**20**
B	A	A	D	A	B	D	C	C	A
21	**22**	**23**	**24**	**25**	**26**	**27**	**28**	**29**	**30**
B	B	C	D	B	C	A	A	B	D
31	**32**	**33**	**34**	**35**	**36**	**37**	**38**	**39**	**40**
A	C	C	A	C	C	D	C	C	D
41	**42**	**43**	**44**	**45**	**46**	**47**	**48**	**49**	**50**
A	B	B	D	B	D	B	C	A	B
51	**52**	**53**	**54**	**55**	**56**	**57**	**58**	**59**	**60**
A	B	B	D	C	B	B	C	A	D
61	**62**	**63**	**64**	**65**					
A	C	D	B	B					

कुछ चुने हुए प्रश्नों के व्याख्यात्मक उत्तर

1. चूंकि 1 से 100 के बीच अभाज्य संख्याएं क्रमशः 2, 3, 5, 7, 11, 13, 17, 19, 23, 29, 31, 37, 41, 43, 47, 53, 59, 61, 67, 71, 73, 79, 83, 89 तथा 97 होंगी। अतः स्पष्ट है कि 1 से 100 तक के बीच अभाज्य संख्याओं की गिनती = 25 हैं।

2. ऐसी संख्या जो अभाज्य भी है सम भी केवल 2 है।

3. दिये गये विकल्प A. में 149 एक अभाज्य है, क्योंकि यह किसी अन्य संख्या से पूर्णतः विभाजित नहीं है।

4. $\because$ संख्या 81752 में 2 का अंक इकाई के स्थान पर है। $\therefore$ संख्या में 2 का स्थानीय मान $= 2 \times 1 = 2$ तथा संख्या में 2 का जातीय मान = 2 होगा। 2 के स्थानीय मान तथा जातीय मान के बीच अन्तर $= 2 - 2 = 0$ होगा।

5. चूंकि संख्या 3125 में 13 से भाग देने पर शेष 5 बचता है। $\therefore$ संख्या 3125 को 13 से पूर्णतः विभाजित होने के लिए इसमें से 5 घटाया जाये।

6. विकल्प C. में दी गई संख्या 591, 3 से पूर्णतः विभाजित होगी, क्योंकि संख्या के अंकों का योग 3 से विभाजित हैं।

7. $\because$ भाज्य = भाजक $\times$ भागफल + शेष
$= 16 \times 9 + 1 = 144 + 1 = 145.$

8. 1 से 50 तक के पूर्णांकों का योग

$= \frac{n(n+1)}{2}$ जहां n पदों की संख्या हैं।

$$= \frac{50(50+1)}{2} = \frac{50 \times 51}{2} = 1275$$

9. संख्या 3070584 में
अंक 7 का स्थानीय मान = 7 दस हजार = 70,000

14. चार अंकों की सबसे बड़ी संख्या = 9999
चार अंकों की सबसे छोटी संख्या = 1000
$\therefore$ अभीष्ट योग $= 9999 + 1000 = 10999$

15. 1 और 20 के बीच अभाज्य संख्याएं 2, 3, 5, 7, 11, 13, 17 और 19 हैं।

16. 13 से विभाजित होनेवाली दो अंकों की संख्याएं = 13, 26, 39, 52, 65, 78 तथा 91 है।

17. 0, 2, 3, 6 और 7 अंकों से बनने वाली पांच अंकों की बड़ी से बड़ी संख्या = 76320 तथा 0, 2, 3, 6 और 7 अंकों से बनने वाली पांच अंकों की छोटी से छोटी संख्या = 20367
$\therefore$ अन्तर $= 76320 - 20367 = 55953$

18. दी हुई संख्या 11 से पूर्णतः विभाजित होने के लिए यह आवश्यक है कि 7 और 4 का योग वही होना चाहिए जो 3 व छूटे हुए अंक का योग है। अतः छूटा हुआ अंक 8 होना चाहिए।

19. 1 घण्टे का $\frac{5}{6}$ भाग $= \frac{5}{6} \times 60$ मिनट = 50 मिनट।

20. शेष ईंधन $= 1 - \frac{2}{5} = \frac{5-2}{5} = \frac{3}{5}$

$\frac{2}{5}$ ईंधन में तय की गई दूरी = 1250 कि.मी.

पूरे ईंधन में तय की गई दूरी $= \frac{1250}{2/5} = \frac{1250 \times 5}{2}$ कि.मी.

$\frac{3}{5}$ ईंधन में तय की गई दूरी

$= \frac{1250\times5}{2}\times\frac{3}{5}=1875$ कि.मी.

26. बांस का बिना रंगा भाग $= 1-\left(\frac{1}{5}+\frac{1}{4}+\frac{1}{3}\right) = \frac{13}{60}$

∴ बिना रंगे भाग की लम्बाई = 65 सेमी.

∴ पूरे बांस की लम्बाई $= 65\div\frac{13}{60} = \frac{65\times60}{13}$

= 300 सेमी. = 3 मीटर

27. माना कि वे संख्याएं क्रमशः $11x$ व $15x$ हैं।

प्रश्नानुसार, दोनों संख्याओं का म॰स॰ = 13 (दिया हुआ है) अतः स्पष्ट होता है कि x के स्थान पर मान 13 होगा, क्योंकि 11 × 13 तथा 15 × 13 का म॰स॰ 13 है। अतः वे संख्याएं क्रमशः 11 × 13 = 143 तथा 15 × 13 = 195 होंगी।

29. इस प्रकार के प्रश्नों में पहले शेषफल को संख्याओं में से घटाया जाता है फिर उन संख्याओं का म॰स॰ ज्ञात किया जाता है।

∴ 27 – 2 = 25, 33 – 3 = 30 तथा 39 – 4 = 35

अतः 25, 30 तथा 35 का म॰स॰ ज्ञात करना है।

∵ 25 = 5 × 5, 30 = 2 × 3 × 5 तथा 35 = 5 × 7

∴ अभीष्ट म॰स॰ = 5

∴ वह बड़ी से बड़ी संख्या = 5 होगी।

30. 2, 3, 4, 5, 6 और 7 का लघुत्तम समापवर्त्य

= 2 × 2 × 3 × 5 × 7 = 420

चार अंकों की सबसे बड़ी संख्या = 9999

9999 को 420 से विभाजित करें तो शेष = 339

∴ अभीष्ट संख्या = 9999 – 339 = 9660

31. उनका लघुत्तम समापवर्त्य

$= \frac{\text{दोनों संख्याओं का गुणनफल}}{\text{उनका महत्तम समापवर्तक}} = \frac{54}{3} = 18$

32. ऐसी संख्या जो न तो भाज्य है और नही अभाज्य केवल 1 है। अतः सही उत्तर विकल्प (B) होगा।

34. चूँकि दिये गये विकल्पों में 'सह-अभाज्य (Co-primes) संख्याओं का जोड़ा केवल विकल्प (A) में है। क्योंकि 9 तथा 16 के अभाज्य गुणनखण्डों में 1 के अतिरिक्त अन्य कोई भी खण्ड उभयनिष्ठ खण्ड नहीं है। अतः सही उत्तर विकल्प (A) होगा।

35. चूँकि दिये गये विकल्पों में 'युग्म-अभाज्य' (Twin-primes) संख्याओं का जोड़ा केवल विकल्प (C) में है। क्योंकि दोनों अभाज्य संख्याओं के जोड़े के बीच 2 का अन्तर है। अतः सही उत्तर विकल्प (C) होगा।

37. दो विषम संख्याओं का योग सदैव एक सम संख्या होगी। अतः सही उत्तर विकल्प (D) होगा।

39. ∴ बड़े-से-बड़ा ऋण पूर्णांक का मान (–1) होता है। अतः आपका उत्तर विकल्प (C) होगा।

40. चूँकि दी हुई संख्याओं के इकाई के अंक क्रमशः 9, 2, 3 व 7 हैं। इकाई अंकों का गुणनफल = 9 × 2 × 3 × 7 = 378,

∴ इकाई अंकों के गुणनफल में इकाई का अंक 8 है।

∴ 169 × 52 × 453 × 67 के गुणनफल में इकाई का अंक 8 होगा।

अतः सही उत्तर विकल्प (D) है।

42. किसी भी संख्या के सबसे बाईं ओर 0 लिखने पर संख्या का मान नहीं बदलता अर्थात 3 इस स्थिति में 0 महत्त्वहीन होता है। ∴ 0, 1, 2 व 3 अंकों से बनने वाली चार अंकों की छोटी-से-छोटी संख्या 1023 होगी। अतः सही उत्तर विकल्प (B) है।

43. चूँकि सम संख्या के अंकों का योग 9 से पूर्णतः विभाजित होगी।

∴ वह संख्या 9 से भी पूर्णतः विभाजित होगी। तथा समसंख्या 9 से भी पूर्णतः विभाजित होगी।

अतः स्पष्ट होता है कि वह संख्या 18 से भी पूर्णतः विभाजित होगी। अतः सही उत्तर विकल्प (B) है।

46. प्रश्न से स्पष्ट होता है कि वह छोटी-से-छोटी अभीष्ट संख्या 36, 45 व 50 की ल.स. से 3 कम होगी।

सबसे पहले 36, 45 व 50 का ल.स. ज्ञात करना है।

36 = 2 × 2 × 3 × 3

45 = 3 × 3 × 5

50 = 2 × 5 × 5

∴ ल.स. = 2 × 2 × 3 × 3 × 5 × 5 = 900

∴ अभीष्ट संख्या = 900 – 3 = 897.

47.

2	10,	20,	30,	40
2	5,	10,	15,	20
5	5,	5,	15,	10
	1,	1,	3,	2

∴ ल.स. = 2 × 2 × 5 × 3 × 2

प्रश्नानुसार, संख्या पूर्ण वर्ग होनी चाहिए

∴ अभीष्ट संख्या = $\underline{2 \times 2} \times \underline{5 \times 5} \times \underline{3 \times 3} \times \underline{2 \times 2}$ = 3600.

संख्याओं का महत्तम समापवर्तक व लघुत्तम समापवर्त्य।

48. $\because$ दो संख्याओं का गुणनफल = ल.स. × म.स.

$\therefore$ 2160 = ल.स. × 2

$\therefore$ ल.स. $= \frac{2160}{16} = 180$

अतः ऐसी दो संख्याओं के जोड़े जिनका गुणनफल 2160 तथा म.स. 12 हो केवल 12 × 180, व 36 × 60 होंगे अर्थात् ऐसे जोड़े की संख्या 2 होगी।

50. माना कि वे संख्यायें क्रमशः x व y हैं

$\therefore x + y = 216 = 27 \times 8$

चूँकि दोनों संख्याओं का म.स. 27 होने के लिए जरूरी है कि दोनों संख्याओं में उभयनिष्ठ गुणनफल 27 होना चाहिए। अतः वे संख्यायें क्रमशः 27 × 1 व 27 × 7 या 27 × 3 व 27 × 5 के रूप में हों अतः दिये गये विकल्प के अनुसार वे संख्याएं क्रमशः 27 × 3 = 81 तथा 27 × 5 = 135 होंगी।

◆◆◆◆◆◆

बीजगणित

बीजगणित का परिचय

बीजगणित गणित का एक भाग है जिसमें हम अक्षरों व संकेतों की गणना का अध्ययन करते हैं। यह संक्रियाओं के सामान्य सिद्धान्तों एवं मान्यताओं का पालन करता है अर्थात् यह गणितीय संकल्पनाओं का सामान्यीकरण करता है। विभिन्न परिस्थितियों में हम बीजगणित द्वारा मूल्यों, आकारों एवं परिमाणों का निरूपण कर सकते हैं। चर, जो कि अक्षरों के द्वारा निरूपित किए जाते हैं इसका कोई निश्चित संख्यात्मक मान नहीं होता बल्कि इसके अलग-अलग परिस्थितियों में अलग-अलग मान हो सकते हैं। बीजगणित भी अंकगणित की तरह एक विज्ञान है किन्तु इसमें केवल एक अन्तर है कि यह एक नये भाषा एवं संकेत का उपयोग करता है। यह विशिष्ट समस्याओं के साधन के अपेक्षा क्रियाओं का सतर्कतापूर्वक मूल्यांकन एवं उसके अध्ययन से ज्यादा संबंधित है।

बीजगणित शिक्षण के उद्देश्य

(*i*) छात्रों में विश्लेषण की क्षमता विकसित करना।

(*ii*) छात्रों में तथ्यों के विधिवत् सामान्यीकरण करने की क्षमता विकसित करना।

(*iii*) छात्रों में सामान्य सूत्रों को विशिष्ट परिस्थितियों में प्रयोग करने की क्षमता विकसित करना।

(*iv*) छात्रों में अंकगणितीय सिद्धान्तों को सतर्कतापूर्वक स्थापित करना एवं उसकी अभिवृद्धि करना।

(*v*) नई शब्दावली एवं नये प्रतीकों के उपयोग द्वारा सूक्ष्म गणितीय सम्बन्धों का अध्ययन करना आदि।

चर– चर एक संकेत या एक अक्षर है जिसका एक निश्चित मान नहीं होता। जैसे– 15 या अन्य कोई संख्या का एक निश्चित मान होता है किन्तु $6x$ का कोई निश्चित मान नहीं होता क्योंकि x का मान 0, 1, 2,... या फिर –1, –2, –3... कुछ भी हो सकता है।

स्पष्टतः चर विभिन्न मान ग्रहण कर सकता है किन्तु चर एक संख्या है अतः इस स्थिति में इसकी मौलिक क्रियाएँ अर्थात् योग, व्यकलन (घटाव), गुणा एवं भाग की जा सकती है।

व्यंजक– चिह्नों का समूह जो किसी विचार या मात्रा को व्यक्त करता है, व्यंजक कहलाता है। जैसे– $9p + 5$, $7x + 5$, $4x^2 + 2x + 3$, आदि।

पद– चिह्नों या चिह्नों का समूह जिसे व्यंजक के निर्माण के लिए एक साथ जोड़ा जाता है, पद कहलाता है। जैसे– व्यंजक $5p^2 + 6q - 4p$ में $5p^2$, $6q$ एवं $-4p$ पद हैं

गुणनखंड– किसी पद के चर एवं अचर को उस पद का गुणनखंड कहते हैं। जैसे– $8x^2yz$ का गुणनखंड 8, x^2, y और z होगा।

गुणांक– किसी पद के संख्यात्मक गुणनखण्ड को उस पद का संख्यात्मक गुणांक या गुणांक कहते हैं। जैसे– $6pqr$ का संख्यात्मक गुणांक 6 होगा।

एकपदी– वह बीजीय व्यंजक जिसमें केवल एक पद हो, **एकपदी** (monomial) कहलाता है, जैसे– $4pq$, $7xy$, $-5m$, $3z^2$, 7 इत्यादि

द्विपद– एक व्यंजक जिसमें केवल दो पद हों और वे असमान पद हों वह **द्विपद** (binomial) कहलाता है, जैसे– $2p + q$, $m - 5$, $mn + 4m$, $a^2 - b^2$ आदि।

त्रिपद– एक व्यंजक जिसमें तीन पद हों, एक **त्रिपद** (trinomial) कहलाता है, जैसे– $7x + 6y + 7$, $ab + 2a + b$, $3x^2 - 5x + 2$, $7m + n + 10$ आदि।

बहुपद– व्यापक रूप में, एक या, अधिक पदों वाला व्यंजक **एक बहुपद** (Polynomial) कहलाता है। इस प्रकार, एकपदी, द्विपदी और त्रिपदी भी बहुपद हैं।

समान एवं असमान पद

जब पदों के बीजीय गुणनखंड एक जैसे ही हों, तो वे पद **समान पद** (like terms) कहलाते हैं। जब पदों के बीजीय गुणनखंड भिन्न-भिन्न हों, तो वे **असमान पद** (unlike terms) कहलाते हैं। जैसे– $2xy - 3x + 5xy - 4$, व्यंजक में $2xy$ और $5xy$ के गुणनखंड एक ही हैं और इसीलिए ये **समान पद** हैं। इसके विपरीत, पदों $2xy$ और $-3x$ में भिन्न-भिन्न बीजीय गुणनखंड हैं। ये असमान पद हैं।

दो या अधिक समान पदों का योग एक समान पद होता है, जिसका संख्यात्मक गुणांक सभी समान पदों के गुणांकों के योग के बराबर होता है।

दो समान पदों का अंतर एक समान पद होता है, जिसका संख्यात्मक गुणांक दोनों समान पदों के संख्यात्मक गुणांकों के अंतर के बराबर होता है।

जिस प्रकार दो समान पदों को जोड़ या घटा लिया जाता है उस प्रकार दो असमान पदों को जोड़ा या घटाया नहीं जा सकता।

व्यंजकों का मान निकालना– किसी व्यंजक का मान उस व्यंजक का निर्माण करने वाले चरों पर निर्भर करता है। व्यंजक का मान प्राप्त करने के लिए चरों का दिया गया मान रखकर उसकी गणना करते हैं।

बीजगणितीय व्यंजकों का जोड़ एवं घटाव– सर्वप्रथम हम दिए गए व्यंजकों को अलग-अलग पंक्ति में लिखते हैं। ऐसा करते समय हम समान पदों को एक के नीचे दूसरा रखते हैं तब उसे जोड़ते अथवा घटाते हैं। किन्तु घटाव की क्रिया में नीचे की पंक्ति के पदों का चिह्न यदि ऋणात्मक हो तो धनात्मक और यदि धनात्मक हो तो ऋणात्मक कर देते हैं और उसी के अनुसार क्रिया करते हैं। जैसे–

(*i*) $5xy + 7yz - 3xz,\ 4yz + 10\,xz - 9y,\ -6xz + 9x - 4xy$

तीनों व्यंजकों को अलग-अलग पंक्ति में लिखते हुए हम समान पदों को एक के नीचे दूसरा रखते हैं।

$$\begin{array}{l} \quad 5xy+7yz-3xz \\ + \qquad\quad 4yz+10xz-9y \\ + \ -4xy \qquad -6xz+9x \\ \hline xy+11yz+xz+9x-9y \end{array}$$

(*ii*) $9x^2 - 5xy + 6y - 5$ from $11x^2 - 6xy + 8y^2 + 8x - 7y$

$$\begin{array}{l} 11x^2-6xy+8y^2+8x-7y \\ 9x^2-5xy \qquad\quad +6y-5 \\ (-) \quad (+) \qquad\qquad (-) \ (+) \\ \hline 2x^2-xy+8y^2+8x-13y+5 \end{array}$$

बीजीय व्यंजकों का गुणा– बंटन नियम का प्रयोग कर हम पदों से पदों को गुणा करते हैं। जैसे–

(*i*) $3a\ (6a^2 + 5b + 9)$
$= 3a \times 6a^2 + 3a \times 5b + 3a \times 9)$
$= 18a^3 + 15ab + 27a$

(*ii*) $(4p + 5q) \times (7p - 4q)$
$= 4p\ (7p - 4q) + 5q\ (7p - 4q)$
$= 4p \times 7p - 4p \times 4q + 5q \times 7p - 5q \times 4q$
$= 28p^2 - 16pq + 35pq - 20q^2$
$= 28p^2 + 19pq - 20q^2$

समीकरण– एक समीकरण चर पर एक प्रतिबंध होता है। जो चर के केवल एक निश्चित मान के लिए ही संतुष्ट होता है। जैसे– $7x + 11 = 32$ एक समीकरण है जो केवल $x = 3$ के लिए संतुष्ट होता है।

एक समीकरण के दोनों पक्षों के बीच में समता (समिका) चिह्न (=) होता है। समीकरण बताता है कि बाएँ पक्ष (वाम पक्ष) (LHS) का मान दाएँ पक्ष (दक्षिण पक्ष) (RHS) के मान के बराबर है। यदि बायाँ पक्ष दाएँ पक्ष के बराबर न हो, तो हमें समीकरण प्राप्त नहीं होता।

समीकरण में चर का वह मान जो समीकरण को संतुष्ट करता है, उस समीकरण का एक हल (solution) कहलाता है।

सर्वसमिका– ऐसी समिका जो चर के सभी मानों के लिए सत्य होती है, सर्वसमिका कहलाती है। जैसे–

$(a + 1)\ (a + 2) = a^2 + 3a + 2$

एक समीकरण अपने चर के केवल कुछ निश्चित मानों के लिए ही सत्य होता है, यह चर के सभी मानों के लिए सत्य नहीं होता है।

समीकरण और सर्वसमिका में यही अन्तर है।

कुछ मानक सर्वसमिकाएँ

(*i*) $(a + b)^2 = a^2 + 2ab + b^2$

(*ii*) $(a - b)^2 = a^2 - 2ab + b^2$

(*iii*) $a^2 - b^2 = (a + b)\ (a - b)$

(*iv*) $(a + b)^2 + (a - b)^2 = 2(a^2 + b^2)$

(*v*) $(a + b)^2 - (a - b)^2 = 4ab$

(*vi*) $(a + b)^2 = (a - b)^2 + 4ab$

(*vii*) $(a - b)^2 = (a + b)^2 - 4ab$

(*viii*) $(a + b + c)^2 = a^2 + b^2 + c^2 + 2ab + 2bc + 2ca$

(*ix*) $(a + b)^3 = a^3 + b^3 + 3ab\ (a + b)$

(*x*) $(a - b)^3 = a^3 - b^3 - 3ab\ (a - b)$

(*xi*) $a^3 + b^3 = (a + b)\ (a^2 - ab + b^2) = (a + b)^3 - 3ab\ (a + b)$

(*xii*) $a^3 - b^3 = (a - b)\ (a^2 + ab + b^2) = (a - b)^3 + 3ab\ (a - b)$

(*xiii*) $a^3 + b^3 + c^3 - 3abc = (a + b + c)\ (a^2 + b^2 + c^2 - ab - bc - ca)$

(*xiv*) If, $a + b + c = 0$, then, $a^3 + b^3 + c^3 = 3abc$

एक चर वाले रैखिक समीकरण

एक समीकरण जो एक ऐसे व्यंजक द्वारा निर्मित हो जिसमें एक ही प्रकार के चर हो तथा चर का घात भी 1 हो, इस प्रकार का समीकरण एक चर वाले रैखिक समीकरण के रूप में जाना जाता है। जैसे $3x + 5 = 14$, $6p - 9 = 9$ इत्यादि।

(*a*) एक बीजीय समीकरण में चरों को प्रयोग करते हुए एक समता होती है। इसमें एक समता का चिह्न होता है। इस समता के बाईं ओर वाला व्यंजक बायाँ पक्ष (LHS) और दाईं ओर वाला व्यंजक दायाँ पक्ष (RHS) कहलाता है।

(*b*) एक समीकरण में बाएँ पक्ष में व्यंजक का मान, दाएँ पक्ष में व्यंजक के मान के बराबर होता है। ऐसा, चर के कुछ मानों के लिए ही संभव होता है और चर के ऐसे मानों को ही चर के हल कहते हैं।

(*c*) किसी समीकरण का हल ज्ञात करने के लिए हम मानते हैं कि समीकरण के दोनों पक्ष, तुला के पलड़ों की तरह संतुलन में हैं। अतः हम समीकरण के दोनों

पक्षों पर एक जैसी ही गणितीय संक्रियाएँ करते हैं जिससे समीकरण का संतुलन भी बना रहे और समीकरण सरल, अधिक सरल होता जाए। इस प्रकार कुछ चरणों के बाद समीकरण का हल प्राप्त हो जाता है।

जैसे– (*i*) $6x - 5 = 13$

हल– दोनों तरफ 5 जोड़ने पर,

$6x - 5 + 5 = 13 + 5$ या, $6x = 18$

दोनों तरफ 6 से भाग देने पर,

$\frac{6x}{6} = \frac{18}{6}$ या, $x = 3$

(*ii*) $3x - 13 = 7x - 21$

हल– दोनों तरफ 3*x* घटाने पर,

$4x - 21 = -13$

दोनों तरफ 21 जोड़ने पर,

$4x = 8$

दोनों तरफ 4 से भाग देने पर,

$\frac{4x}{4} = \frac{8}{4}$ या, $x = 2$

गुणनखण्डन

जब हम किसी बीजीय व्यंजक के गुणनखंड करते हैं, तो हम उसे गुणनखंडों के गुणनफल के रूप में लिखते हैं। ये गुणनखंड, संख्याएँ, बीजीय चर या बीजीय व्यंजक हो सकते हैं। $3xy$, $5x^2y$, $2x(y + 2)$, $5(y + 1)(x + 2)$ जैसे व्यंजक पहले से ही गुणनखंड रूप में हैं।

इसके विपरीत $2x + 4$, $3x + 3y$, $x^2 + 5x$, $x^2 + 5x + 6$ जैसे व्यंजकों में यह स्पष्ट नहीं है कि इनके गुणनखंड क्या हैं। इस प्रकार के व्यंजकों के गुणनखंड करने के लिए, हमें क्रमबद्ध विधियों का प्रयोग करते हैं।

सार्वगुणनखण्ड विधि

$6x^2y + 9xy^2$ का गुणनखण्ड करना।

$$6x^2y = 2 \times \boxed{3} \times \boxed{x} \times x \times \boxed{y}$$
$$9xy^2 = 3 \times \boxed{3} \times \boxed{x} \times y \times \boxed{y}$$

यहाँ सार्व गुणनखण्ड 3, *x* एवं *y* हैं।

अतः
$$\begin{aligned} 6x^2y + 9xy^2 &= 2 \times 3 \times x \times x \times y \\ &\quad + 3 \times 3 \times x \times y \times y \\ &= 3 \times x \times y\,[(2 \times x) + (3 \times y)] \\ &= 3xy\,(2x + 3y) \end{aligned}$$

पदों के पुनः समूहन द्वारा गुणनखण्डन

$15xy - 6x + 5y - 2$ का गुणनखण्ड करना।

दिया है,
$$\begin{aligned} 15xy - 6x + 5y - 2 &= 15xy + 5y - 6x - 2 \\ &= 5y(3x + 1) - 2(3x + 1) \\ &= (5x - 2)(3x + 1) \end{aligned}$$

सर्वसमिकाओं के प्रयोग द्वारा गुणनखण्डन

$36x^2 - 49$ का गुणनखण्ड करना।

दिए गए व्यंजक में दो पद हैं; दोनों वर्ग हैं और दूसरा पद ऋणात्मक है। व्यंजक $(a^2 - b^2)$ के रूप में है।

$$36x^2 - 49 = (6x)^2 - (7)^2 = (6x + 7)(6x - 7)$$

(सर्वसमिका $a^2 - b^2 = (a + b)(a - b)$ के प्रयोग द्वारा)

$(x + a)(x + b)$ के रूप के गुणनखण्डन

$p^2 + 3p - 18$ का गुणनखण्ड करना।

दिया है,
$$\begin{aligned} p^2 + 3p - 18 &= p^2 + 6p - 3p - 18 \\ &= p(p + 6) - 3(p + 6) \\ &= (p - 3)(p + 6) \end{aligned}$$

बीजगणितीय व्यंजकों का भाग

(*i*) बहुपद को एकपदी द्वारा

$27x^6 - 24x^2 + 3x^5$ को $3x^2$ से भाग करना।

$$\frac{27x^6 + 3x^5 - 24x^2}{3x^2} = \frac{3x^2(9x^4 + x^3 - 8)}{3x^2}$$
$$= 9x^4 + x^3 - 8$$

(*ii*) बहुपद को बहुपद द्वारा

$2x^2 + 6x - 36$ को $(x - 3)$ से भाग करना।

$$\frac{2x^2 + 6x - 36}{(x-3)} = \frac{2(x^2 + 3x - 18)}{(x-3)}$$
$$= \frac{2(x-3)(x+6)}{(x-3)} = 2(x + 6)$$

अनुपात एवं समानुपात

अनुपात

अनुपात सदैव दो सजातीय राशियों में होता है। एक राशि का, दूसरी सजातीय राशि में भाग देने पर अनुपात ज्ञात होता है या जब हम एक ही प्रकार की दो वस्तुओं की तुलना करते हैं और यह देखते हैं कि एक वस्तु, दूसरी वस्तु का कौन-सा भाग है तो उन दोनों के बीच पारस्परिक संबंध को अनुपात कहते हैं। इसका कोई भाजक नहीं है। जैसे 8 और 4 की तुलना करने पर हम देखते हैं कि 8, 4 से दुगना है। इसे अनुपात के रूप में निम्न प्रकार से प्रदर्शित करते हैं :

$8 \div 4$ या $\frac{8}{4}$ अतः $8 : 4$ अनुपात दो संख्याओं का वह अनुपात है जो भिन्न के द्वारा भी प्रकट किया जाता है। इसे भिन्न के रूप में प्रकट करते समय पहली संख्या को अंश तथा दूसरी संख्या को हर बनाया जाता है। इस प्रकार $8 : 4$ को $\frac{8}{4}$ भी लिखते हैं। जब किसी अनुपात के दोनों पद अभाज्य संख्याएँ हों तो इसे साधारण अनुपात भी कहा जाता है।

यदि किसी अनुपात के दोनों पदों को किसी अन्य एक संख्या से गुणा और भाग किया जाए तो उस अनुपात में कोई परिवर्तन नहीं होता।

समानुपात

जब दो अनुपात बराबर होते हैं तो उनकी बराबरी को समानुपात कहते हैं। जैसे– $a : b = c : d$ हो तो इसका अर्थ यह है कि $\frac{a}{b}$ समानुपात में है $\frac{c}{d}$ के और इसे हम निम्न प्रकार से लिखते हैं।

$$\boxed{a : b :: c : d}$$

अतः $a : b : : c : d$ में a, b, c तथा d को क्रमशः प्रथम अनुपाती, द्वितीय अनुपाती, तृतीय अनुपाती तथा चतुर्थ अनुपाती कहते हैं। इस प्रकार समानुपात में चार पद होते हैं। जैसे 3 : 4 : : 6 : 8 में चार पद क्रमशः 3, 4, 6 और 8 हैं। इनमें पहले और अन्तिम पद को अर्थात् 3 और 8 को छोर या सिरे वाले पद या बाहरी पद या पदांत कहते हैं। तथा दूसरे और तीसरे पद को अर्थात् 4 और 6 को मध्य पद या बीच वाले पद कहते हैं।

कुछ महत्त्वपूर्ण तथ्य एवं सूत्र

1. यदि a एवं b दो अलग-अलग राशियाँ हों तब,
   - a एवं b का मध्यानुपाती $= \sqrt{ab}$
   - a एवं b का तृतीयानुपाती $= \frac{b^2}{a}$
   - $a : b$ का द्विगुणानुपाती $= a^2 : b^2$
   - $a : b$ का उप-द्विगुणानुपाती $= \sqrt{a} : \sqrt{b}$
   - $a : b$ का त्रिगुणानुपाती $= a^3 : b^3$
   - $a : b$ का उप-त्रिगुणानुपाती $= \sqrt[3]{a} : \sqrt[3]{b}$
   - $a : b$ का प्रतिलोमानुपाती $= \frac{1}{a} : \frac{1}{b}$
2. यदि a, b एवं c तीन विभिन्न राशियाँ हो तब,
   - a, b एवं c का चतुर्थानुपाती $= \frac{bc}{a}$
3. यदि किसी राशि x को $a : b$ में बाँटना हो तो,

   पहला भाग $= \left(\frac{a}{a+b}\right) \times x$, दूसरा भाग $= \left(\frac{b}{a+b}\right) \times x$
4. यदि किसी राशि x को $a : b : c$ में बाँटना हो तो,

   पहला भाग $= \left(\frac{a}{a+b+c}\right) \times x$ दूसरा भाग $= \left(\frac{b}{a+b+c}\right) \times x$ तीसरा भाग $= \left(\frac{c}{a+b+c}\right) \times x$
5. यदि $A : B = x : y$ और $B : C = p : q$ तब,
   - $A : C = \frac{x \times p}{y \times q}$
   - $A : B : C = px : py : qy$
6. दो प्रकार की वस्तुओं जिसमें एक x रु. प्रति किलो और दूसरा y रु. प्रति किलो है, को किस अनुपात में मिलाया जाए कि मिश्रण का मूल्य z रु. प्रति किलो हो जाय?

   अभीष्ट अनुपात $= \frac{z-y}{x-z}$
7. एक शिकारी कुत्ता जितने समय में X_1 छलांग लगाता है एक खरगोश उतने समय में X_2 छलांग लगा लेता है किन्तु यदि शिकारी कुत्ते का Y_1 छलांग तथा खरगोश के Y_2 छलांग के बराबर हो तो दोनों के चालों का अनुपात क्या होगा?

   अभीष्ट अनुपात $= \frac{X_2 \times Y_1}{X_1 \times Y_2}$
8. यदि दो व्यक्तियों के आय का अनुपात $a : b$ और व्यय का अनुपात $x : y$ हो तथा दोनों का समान बचत p रु. हो तो दोनों की क्रमशः आय $= \frac{ap(y-x)}{ay-bx}$ तथा $\frac{bp(y-x)}{ay-bx}$
9. दूध और पानी के z लीटर के एक मिश्रण में दूध और पानी का अनुपात $x : y$ है। यदि p लीटर पानी और मिलाया जाये तो दूध और पानी का अनुपात $= \frac{xz}{yz + p(x+y)}$
10. दूध और पानी के एक मिश्रण में दूध और पानी का अनुपात $a : b$ है। मिश्रण में यदि k लीटर पानी मिलाया जाये तो दूध और पानी का नया अनुपात $a : m$ हो जाता है तो मूल मिश्रण में दूध की मात्रा $= \frac{ak}{m-b}$

    एवं पानी की मात्रा $= \frac{bk}{m-b}$
11. यदि चार संख्याएँ a, b, c एवं d हो तो,
    - प्रत्येक संख्या में कौन-सी संख्या जोड़ी जाये कि नयी संख्याएँ समानुपाती हो जाये?

      अभीष्ट संख्या $= \frac{ad-bc}{(b+c)-(a+d)}$
    - प्रत्येक संख्या में से कौन सी संख्या घटायी जाये ताकि नयी संख्याएँ समानुपाती हो जाये?

      अभीष्ट संख्या $= \frac{ad-bc}{(a+d)-(b+c)}$

ऐकिक नियम

वह विधि जिसमें पहले हम एक इकाई का मान निकालते हैं फिर इकाइयों के अभीष्ट संख्या का मान प्राप्त करते हैं, को ऐकिक नियम के रूप में जाना जाता है। उदाहरणस्वरूप, यदि

दिया है कि 25 कप का मूल्य 300 रु. हो तो 48 कप का मूल्य क्या होगा? तो 48 कप का मूल्य जानने के लिए पहले हम 25 कप के मूल्य के आधार पर 1 कप का मूल्य प्राप्त करते हैं फिर प्राप्त राशि में 48 से गुणा कर 48 कप का मूल्य प्राप्त करते हैं। अर्थात्

25 कप का मूल्य = 300 रु.

$\therefore$ 1 कप का मूल्य = $\frac{300}{25}$ रु.

$\therefore$ 48 कप का मूल्य = $\frac{300}{25} \times 48 = 576$ रु.

प्रतिशतता

'प्रतिशतत' शब्द का अर्थ प्रति सैकड़ा होता है। दूसरे शब्दों में यह प्रति सौ का दर बताता है। यह % द्वारा व्यक्त किया जाता है। उदाहरणस्वरूप, 5% का अर्थ होता है प्रति एक सौ में 5 या $\frac{5}{100}$

स्मरणीय

- **प्रतिशत भिन्न को साधारण भिन्न में बदलनाः** यदि किसी प्रतिशत भिन्न को साधारण भिन्न में बंदलना हो तब उस प्रतिशत भिन्न में 100 से भाग कर, प्रतिशत चिह्न (%) को हटा दिया जाता है।
- **साधारण भिन्न को प्रतिशत भिन्न में बदलनाः** यदि किसी साधारण भिन्न को प्रतिशत भिन्न में बदलना हो, तब उस भिन्न में 100% से गुणा कर देते हैं।
- **प्रतिशत भिन्न को दशमलव भिन्न में बदलनाः** प्रतिशत भिन्न को दशमलव भिन्न में बदलने के लिए प्रतिशत चिह्न (%) को हटा कर, दशमलव बिन्दु को दो स्थान बाईं ओर सरकाया जाता है।
- एक दी गयी राशि x को दूसरी दी गयी राशि y के सापेक्ष प्रतिशत में बदलने के लिए, $\frac{ग}{ल} \times 100$
- दशमलव को प्रतिशत में बदलने के लिए पहले दशमलव को भिन्न में बदलकर 100 से गुणा कर प्रतिशत (%) का चिह्न लगाया जाता है।
- किसी संख्या की प्रतिशत राशि प्राप्त करने के लिए प्रतिशत को भिन्न में बदलकर उस संख्या से गुणा किया जाता है।
- अनुपात से प्रतिशत प्राप्त करने के लिए जिस भाग का प्रतिशत प्राप्त हो उसे अंश के रूप में एवं अनुपात के दोनों भागों के योग को हर के रूप में लिख कर प्राप्त भिन्न में 100 से गुणा करते हैं।
- प्रतिशत की कोई इकाई नहीं होती।
- यदि पहली संख्या, दूसरी संख्या से $x\%$ अधिक है तो दूसरी संख्या, पहली संख्या से $\left(\frac{100 \times x}{100 + x}\right)\%$ कम होगी।
- यदि पहली संख्या, दूसरी संख्या से $x\%$ कम है तो दूसरी संख्या, पहली संख्या से $\left(\frac{100 \times x}{100 - x}\right)\%$ अधिक होगी।
- यदि पहली संख्या व दूसरी संख्या किसी तीसरी संख्या से क्रमशः $x\%$ व $y\%$ अधिक है तो पहली संख्या दूसरी संख्या का $\left(\frac{100 + x}{100 + y} \times 100\right)\%$ होगी।
- यदि पहली संख्या व दूसरी संख्या किसी तीसरी संख्या से क्रमशः $x\%$ व $y\%$ कम है तो पहली संख्या, दूसरी संख्या का $\left(\frac{100 - x}{100 - y} \times 100\right)\%$ होगी।
- यदि किसी संख्या या राशि में $x\%$ की वृद्धि या बढ़ोतरी कर दी जाये तो उसे मूल स्थिति में लाने के लिए उस संख्या या राशि में $\left(\frac{100 \times x}{100 + x}\right)\%$ की कमी करनी पड़ेगी।
- यदि किसी संख्या या राशि में $x\%$ की कमी या छूट कर दी जाये तो उसे मूल स्थिति में लाने के लिए उस संख्या या राशि में $\left(\frac{100 \times x}{100 - x}\right)\%$ की वृद्धि करनी पड़ेगी।
- यदि किसी संख्या या राशि पर दो क्रमागत बढ़ोतरी क्रमशः $x\%$ व $y\%$ हो, तो उस संख्या या राशि पर एक समतुल्य बढ़ोत्तरी $\left(x + y + \frac{xy}{100}\right)\%$ होगी।
- यदि किसी संख्या या राशि पर दो क्रमागत छूट क्रमशः $x\%$ व $y\%$ हो, तो उस संख्या या राशि पर एक समतुल्य छूट $\left(x + y - \frac{xy}{100}\right)\%$ होगी।
- यदि किसी संख्या या राशि पर तीन क्रमागत बढ़ोतरी क्रमशः $x\%$, $y\%$ व $z\%$ हो, तो उस संख्या या राशि पर एक समतुल्य बढ़ोतरी
$$\left((x + y + z) + \left(\frac{xy + yz + zx}{100}\right) + \frac{(xyz)}{10000}\right)\%$$
के बराबर होगी।
- यदि किसी संख्या या राशि पर तीन क्रमागत छूट क्रमशः $x\%$, $y\%$ व $z\%$ हो, तो उस संख्या या राशि पर एक समतुल्य छूट $\left(x + y + z + \frac{(xy + yz + zx)}{100} + \frac{xyz}{10000}\right)\%$ के बराबर होगी।
- यदि किसी संख्या या राशि में $x\%$ की वृद्धि हो जाए फिर उसमें $x\%$ की कमी हो जाए तो उस स्थिति में,

उस संख्या या राशि में $\left(\frac{x^2}{100}\right)$ प्रतिशत की कमी हो जाएगी।

- यदि किसी संख्या या राशि में $x\%$ की कमी हो जाए फिर उसमें $x\%$ की वृद्धि हो जाए तो उस स्थिति में, उस संख्या या राशि में $\left(\frac{x^2}{100}\right)$ प्रतिशत की कमी हो जाएगी।
- यदि किसी वस्तु के मूल्य में $x\%$ की वृद्धि के कारण वस्तु की खपत में $y\%$ की कमी हो जाए तो उस स्थिति में वस्तु की बिक्री से प्राप्त धनराशि में $\left(x-y-\frac{xy}{100}\right)\%$ की वृद्धि या कमी होगी जबकि $x > y$ तथा $\left(y-x+\frac{xy}{100}\right)$ की कमी होगी जबकि $y > x$ अर्थात् प्रतिशत कमी, प्रतिशत वृद्धि से अधिक होगी।
- किसी परीक्षा में पास अंक $x\%$ हैं। यदि परीक्षार्थी, परीक्षा में y अंक प्राप्त करता है तथा z अंकों से फेल हो जाता है, तो उस परीक्षा के अधिकतम अंक $\frac{100\times(y+z)}{x}$ होंगे।
- यदि किसी परीक्षा में, $x\%$ विद्यार्थी अंग्रेजी में, $y\%$ विद्यार्थी गणित में, फेल हो तथा $z\%$ विद्यार्थी दोनों विषयों में फेल हों, तो दोनों विषयों में सफल विद्यार्थियों की प्रतिशतता $(100 - (x + y - z))\%$ होगी।

लाभ व हानि

एक ग्राहक कुछ सामान खरीदने बाजार जाता है। वहाँ सामान खरीदने वाला 'क्रेता' (Customer) और दुकानदार जो सामान बेचता है, वह 'खुदरा विक्रेता' (Retailer) कहलाता है। खुदरा विक्रेता अधिक मात्रा में सामान थोक विक्रेता से खरीदता है। थोक विक्रेता के पास सामान बड़ी मात्रा में उपलब्ध होता है। यहाँ खुदरा विक्रेता ग्राहक होता है।

1. कोई वस्तु जिस मूल्य पर खरीदी जाती है उसे उस वस्तु का **लागत मूल्य** या **क्रय मूल्य** (Cost Price) कहते हैं। इसे क्र. मू. (C.P.) द्वारा भी निर्दिष्ट किया जाता है।
2. कोई वस्तु जिस मूल्य पर बेची जाती है, उसे उस वस्तु का **विक्रय मूल्य** (Salling Price) कहते हैं। इसे वि. मू. (S.P.) द्वारा भी निर्दिष्ट किया जाता है।
3. यदि वस्तु का क्रय मूल्य (Cost Price), वस्तु के विक्रय मूल्य (Salling Price) से अधिक हो तो उस वस्तु पर हमेशा **हानि** होगी। अर्थात्
   हानि = क्रय मूल्य – विक्रय मूल्य
   $$\text{हानि}\% = \frac{\text{हानि}\times100}{\text{क्रय मूल्य}}$$
4. यदि किसी वस्तु का विक्रय मूल्य (Salling Price) वस्तु के क्रय मूल्य (Cost Price) से अधिक हो तो उस वस्तु पर हमेशा **लाभ** होगा। अर्थात्
   लाभ = विक्रय मूल्य – क्रय मूल्य
   $$\text{लाभ}\% = \frac{\text{लाभ}\times100}{\text{क्रय मूल्य}}$$
5. जब किसी वस्तु का क्रय-मूल्य और प्रतिशत लाभ दिया हो तब,
   $$\text{विक्रय-मूल्य} = \text{क्रय-मूल्य}\left(\frac{100+\text{लाभ}\%}{100}\right)$$
6. जब किसी वस्तु का क्रय-मूल्य और प्रतिशत हानि दी हो तब,
   $$\text{विक्रय-मूल्य} = \text{क्रय-मूल्य}\left(\frac{100+\text{हानि}\%}{100}\right)$$
7. जब किसी वस्तु का विक्रय-मूल्य और प्रतिशत लाभ दिया गया हो तब
   $$\text{क्रय-मूल्य} = \text{विक्रय-मूल्य}\left(\frac{100}{100+\text{लाभ}\%}\right)$$
8. जब किसी वस्तु का विक्रय-मूल्य और प्रतिशत हानि दी गई हो तब
   $$\text{क्रय-मूल्य} = \text{विक्रय-मूल्य}\left(\frac{100}{100-\text{हानि}\%}\right)$$
9. जब दो वस्तुएँ एक ही मूल्य पर बेची जाएँ, एक वस्तु पर निश्चित प्रतिशत लाभ तथा हानि दूसरी वस्तु पर उतने ही प्रतिशत हानि हो तो उस स्थिति में हमेशा हानि होगी।
   $$\text{अर्थात प्रतिशत हानि} = \left(\frac{\text{हानि}\%\times\text{लाभ}\%}{100}\right)$$

नोट : लाभ अथवा हानि हमेशा क्रय-मूल्य पर ज्ञात किये जाते हैं।

- यदि x वस्तुओं का क्रय मूल्य, y वस्तुओं के विक्रय मूल्य के बराबर हो तब उस स्थिति में % लाभ $=\left(\frac{x-y}{y}\times100\right)\%$ होगा।
- यदि कोई दुकानदार किसी वस्तु के ऊपर $x\%$ मूल्य बढ़ाकर मूल्य अंकित करे तथा उस अंकित मूल्य पर $y\%$ की छूट दे तब उस स्थिति में वस्तु पर % लाभ या % हानि $=\left(x-y-\frac{xy}{100}\right)\%$ होगी।
- यदि किसी वस्तु पर दो क्रमागत छूट क्रमशः $x\%$ व $y\%$ है तो उस वस्तु पर दो क्रमागत छूट के बराबर, एक अकेली छूट $=\left(x+y-\frac{xy}{100}\right)\%$ होगी।

- यदि किसी वस्तु पर तीन क्रमागत छूट क्रमशः $x\%$, $y\%$ व $z\%$ है तो उस वस्तु पर लगातार तीन क्रमागत छूट के बराबर, एक अकेली छूट $\left(x+y+z-\frac{(xy+yz+zx)}{100}+\frac{xyz}{100}\right)\%$ होगी।
- यदि किसी वस्तु पर दो क्रमागत बढ़ोतरी क्रमशः $x\%$ व $y\%$ है तो उस वस्तु पर दो क्रमागत बढ़ोतरी के बराबर, एक अकेली बढ़ोतरी $=\left(x+y+\frac{xy}{100}\right)\%$ होगी।
- एक वस्तु $x\%$ लाभ पर बेचा जाता है यदि यह a रु. ज्यादा में बेचा जाता तो $y\%$ लाभ होता तो वस्तु का

$$\text{क्रय मूल्य} = \frac{\text{ज्यादा लाभ} \times 100}{\text{प्रतिशत लाभ में अन्तर}}$$

- एक बेईमान दुकानदार लागत मूल्य पर ही सामान बेचने का वादा करता है किन्तु वह 1 किलो की जगह x ग्राम बाट का प्रयोग करता है तो लाभ% =

$$\frac{\text{सही वजन} - \text{गलत वजन}}{\text{गलत वजन}} \times 100$$

साधारण ब्याज

ब्याज वह राशि है जो हमें दूसरों का धन प्रयोग करने के बदले में देनी पड़ती है। यदि यह वार्षिक देनी पड़े तो दर प्रतिशत वार्षिक कहते हैं। इस प्रकार 6% वार्षिक का अर्थ है कि 100 रु० पर 1 वर्ष में 6 रु० ब्याज है। जो धन उधार लिया जाता है उसे मूलधन कहते हैं। मूलधन और ब्याज के योग को समस्त धन (मिश्रधन) कहते हैं।

साधारण ब्याज के प्रश्नों के सूत्र:

साधारण ब्याज

$$= \frac{\text{मूलधन} \times \text{दर\%} \times \text{समय (वर्षों में)}}{100}$$

समस्त धन = मूलधन + ब्याज

जब समय, दर % और ब्याज दिए गए हों तो,

$$\text{मूलधन} = \frac{\text{ब्याज} \times 100}{\text{दर} \times \text{समय}}$$

जब मूलधन, ब्याज और समय दिया गया हो तो,

$$\text{दर} = \frac{\text{ब्याज} \times 100}{\text{मूलधन} \times \text{समय}}$$

जब मूलधन, ब्याज और दर दी गई हो तो,

$$\text{समय} = \frac{\text{ब्याज} \times 100}{\text{मूलधन} \times \text{दर}}$$

कुछ संक्षिप्त विधियाँ

1. यदि कोई धन t वर्ष में साधारण ब्याज की दर से n गुना हो जाए तो :

$$\text{ब्याज की दर} = \frac{(n-1)\times 100}{t}\%$$

2. यदि कोई धन $r\%$ साधारण ब्याज की t समय में n गुना हो जाता है तो

$$\text{समय} = \frac{(n-1)\times 100}{r} \text{ वर्ष}$$

3. t वर्षों में साधारण ब्याज को मूलधन का n गुना होने पर ब्याज की दर $= \frac{n\times 100}{t}\%$

4. किसी धन के साधारण ब्याज को $r\%$ वार्षिक ब्याज की दर से मूलधन का n गुना होने में लगा

$$\text{समय} = \frac{n\times 100}{r} \text{ वर्ष}$$

5. यदि कोई धन साधारण ब्याज की दर से t वर्षों में n_1 गुना हो जाए तो उसी दर से n_2 गुना होने में लगा

$$\text{समय} = \frac{n_2-1}{n_1-1}\times t \text{ वर्ष}$$

6. यदि कोई धन $r\%$ साधारण ब्याज की दर से कुछ समय में n_1 गुना हो जाता है तो उतने ही समय में n_2 गुना होने के लिए ब्याज की दर $= \frac{n_2-1}{n_1-1}\times r\%$

चक्रवृद्धि ब्याज

यदि ब्याज एक निश्चित अवधि के बाद मूलधन में जोड़ दिया जाये और इस योगफल को आगे की अवधि के लिए मूलधन मान कर ब्याज लगाया जाये तथा यह प्रक्रिया एक निश्चित समय के लिए अपनायी जाये तो ब्याज को चक्रवृद्धि ब्याज कहा जाता है।

महत्त्वपूर्ण सूत्र

1. चक्रवृद्धि मिश्रधन = मूलधन $\left(1+\frac{\text{दर}}{100}\right)^{\text{समय}}$

$$A = P\left(1+\frac{r}{100}\right)^n$$

जहां A = मिश्रधन, P = मूलधन, n = समय तथा r = वार्षिक ब्याज की दर है।

2. यदि ब्याज छमाही देय हो तो, दर $= \frac{r}{2}\%$ तथा

समय $= 2n$

$$A = P\left(1+\frac{(r/2)}{100}\right)^{2n}$$

3. यदि ब्याज तिमाही देय हो तो दर $= \frac{r}{4}\%$ तथा समय $= 4n$

$$\therefore A = P\left(1+\frac{r/4}{100}\right)^{4n}$$

4. यदि ब्याज की दर पहले n_1 वर्षों के लिए r_1 तथा दूसरे n_2 वर्षों के लिए r_2 हो तो $(n_1 + n_2)$ वर्ष बाद चक्रवृद्धि

$$\text{मिश्रधन } (A) = P\left(1+\frac{r_1}{100}\right)^{n_1}\left(1+\frac{r_2}{100}\right)^{n_2}$$

5. चक्रवृद्धि ब्याज = चक्रवृद्धि मिश्रधन – मूलधन

$$= P\left(1+\frac{r}{100}\right)^{n} - P = P\left[\left(1+\frac{r}{100}\right)^{n} - 1\right]$$

6. जब समय पूर्णांक नहीं हो जैसे $n = 2\frac{1}{5}$ वर्ष

$$\text{तो चक्रवृद्धि मिश्रधन } = P\left(1+\frac{r}{100}\right)^{2}\left(1+\frac{\frac{1}{5}r}{100}\right)$$

7. यदि दो वर्षों के लिए चक्रवृद्धि ब्याज तथा साधारण ब्याज का अन्तर 'D' दिया हो तो उनका

$$\text{मूलधन } (P) = D\left(\frac{100}{r}\right)^{2}$$

जहां r = ब्याज की वार्षिक दर

साधित प्रश्न

उदाहरण 1 : निम्नलिखित व्यंजकों से चरों को चुन कर उसका संख्यात्मक गुणांक लिखें।

$6xy + 4,\ 3 - y^2,\ 12 - y,\ 12 - y + 3y^2,\ 4ab^2 - 3ab + 5$

हल :

व्यंजक	चर	संख्यात्मक गुणांक
$6xy+4$	$6xy$	6
$3-y^2$	$-y^2$	–1
$12-y+3y^2$	$-y, 3y^2$	–1, 3
$4ab^2-3ab+5$	$4ab^2, -3ab$	4, –3

उदाहरण 2 : सरल करें $12x^2 - 9x + 5x - 4x^2 - 7x + 10$

हल : पदों को पुनर्व्यवस्थित करने पर,

$12x^2 - 4x^2 + 5x - 9x - 7x + 10$

$= (12 - 4)x^2 + (5 - 9 - 7)x + 10$

$= 8x^2 + (-11)x + 10 = 8x^2 - 11x + 10$

उदाहरण 3 : व्यंजक $5a^2 + 5a - 2$ का मान निकालें यदि $a = -2$

हल : व्यंजक $5a^2 + 5a - 2$ में a का मान रखने पर,

$= 5 \times (-2)^2 + 5 \times (-2) - 2$

$= 5 \times 4 + (-10) - 2 = 20 - 10 - 2 = 8$

उदाहरण 4 : हल करें : $2y + \frac{5}{3} = \frac{26}{3} - y$

हल : दिया है कि $2y + \frac{5}{3} = \frac{26}{3} - y$

या, $2y + y = \frac{26}{3} - \frac{5}{3}$ or, $3y = \frac{21}{3}$

या, $3y = 7 \therefore y = \frac{7}{3}$

उदाहरण 5 : यदि $x + \frac{1}{x} = 4$ हो, तो $x - \frac{1}{x}$ का मान कितना होगा?

हल : चूंकि $\left(x - \frac{1}{x}\right)^2 = \left(x + \frac{1}{x}\right)^2 - 4\left(x.\frac{1}{x}\right)$

$= (4)^2 - 4 \times 1 = 16 - 4 = 12$

$\therefore \left(x - \frac{1}{x}\right) = \sqrt{12} = \pm 2\sqrt{3}$.

उदाहरण 6 : यदि $x + y = 1$ हो, तो $x^3 + y^3 + 3xy$ का मान क्या होगा?

हल : चूंकि $(x + y)^3 = x^3 + y^3 + 3xy\,(x + y)$

$\therefore (1)^3 = x^3 + y^3 + 3xy \times 1\ [\because x + y = 1]$

$\therefore x^3 + y^3 + 3xy = 1.$

उदाहरण 7 : यदि $5 : 3 :: 9 : x$ हो, तो x का मान क्या होगा?

हल : ∴ समानुपात में दोनों बाहरी संख्याओं का गुणनफल मध्य की दोनों संख्याओं के गुणनफल के बराबर होता है।

$5 \times x = 3 \times 9$

$x = \frac{3 \times 9}{5} = \frac{27}{5} = 5\frac{2}{5}$

उदाहरण 8 : एक कैम्प में 600 आदमियों के लिए 35 दिन का राशन था। 100 आदमी कैम्प में और आ जाते हैं, तो वह राशन कुल कितने दिन चलेगा?

हल : ∵ 600 आदमियों के लिए राशन = 35 दिन का

∴ 1 आदमी के लिए राशन = 600 × 35 दिन का

∴ 700 (600 + 100) आदमियों के लिए राशन

$= \frac{600 \times 35}{700} = 30$ दिनों का

उदाहरण 9 : 40 रु॰ का 30% कितना है?

हल : 100 पर 30

$\therefore$ 1 पर $\frac{30}{100}$

$\therefore$ 40 पर $\frac{40 \times 30}{100} = 12$ रु.

उदाहरण 10 : 80 रु. के 10% तथा 5% का योग कितना होगा?

हल : *(i)* 80 रु. का 10% = $\frac{1}{100} \times 80 = 8$ रु.

(ii) 80 रु. का 5% = $\frac{5}{100} \times 80 = 4$ रु.

अभीष्ट योग = 8 + 4 = 12 रु.

उदाहरण 11 : तीन वर्ष पहले कोई राशि साधारण ब्याज द्वारा 12% वार्षिक दर से बैंक में जमा कराई गई थी। अब बैंक ने उसका भुगतान 6800 रु. किया है। बताओ कितनी राशि जमा कराई गई थी?

हल : 3 वर्ष का ब्याज = मूलधन का 36% (3 × 12)

3 वर्ष बाद समस्त धन = 100 + 36 = मूलधन का 136% = 6800 रु.

$\therefore$ मूलधन = $\frac{6800 \times 100}{136} = 5000$ रु.

उदाहरण 12 : 600 रुपये का 5% वार्षिक ब्याज की दर से 2 वर्ष का चक्रवृद्धि ब्याज क्या होगा?

हल : चक्रवृद्धि ब्याज = मूलधन $\left[\left(1+\frac{\text{दर}}{100}\right) -1\right]$

$$= 600\left[\left(1+\frac{5}{100}\right)^2 -1\right] = 600\left[\left(\frac{21}{20}\times\frac{21}{20}\right)-1\right]$$

$$= 600 \times \frac{41}{400} = \frac{123}{2} = 61.50 \text{ रु.}$$

बहुवैकल्पिक प्रश्न

1. $\frac{x}{y}$ में क्या जोड़ा जाए ताकि योगफल $\frac{y}{x}$ हो जाए?

A. $\frac{x^2 - y^2}{xy}$ B. $\frac{y^2 - x^2}{xy}$

C. $\frac{2xy}{x^2 - y^2}$ D. $\frac{y^2 - x^2}{2xy}$

2. यदि $\left(x+\frac{1}{x}\right)^2 = 0$ हो, तो $\left(x^2+\frac{1}{x^2}\right)$ का मान होगा?

A. 1 B. –1

C. 2 D. –2

3. यदि $x = 17$, $y = 15$ तथा $z = 13$ हो, तो $x^2 + y^2 + z^2 - 2xy - 2xz - 2yz$ का मान होगा?

A. 111 B. 109

C. 121 D. 120

4. यदि $x + y = 1$ हो, तो $x^3 + y^3 + 3xy$ का मान होगा?

A. 1 B. 4

C. 3 D. 7

5. $\frac{4x^2 + 12xy + 9y^2}{2x + 3y}$ का मान है—

A. $3x + 2y$ B. $3x - 2y$

C. $2x + 3y$ D. $2x - 3y$

6. $x^3 - 2x^2 + 5x + 10$ में $x - 2$ से भाग देने पर भागफल तथा शेषफल होगा—

A. $x^2 + 4, 20$ B. $x^2 + 5, 20$

C. $x^2 + 5, 20$ D. $x^2 + 5, 0$

7. यदि $x+\frac{x}{2}+\frac{x}{3}+\frac{x}{4}=\frac{25}{4}$ तो x का मान होगा—

A. 3 B. 2

C. 1 D. 4

8. एक आयत की लंबाई तथा चौड़ाई का अनुपात 3 : 2 है तथा उसकी परिमाप 50 मीटर है तो आयत का क्षेत्रफल होगा—

A. 50 वर्गमीटर B. 100 वर्गमीटर

C. 150 वर्गमीटर D. इनमें से कोई नहीं

9. दो संख्याओं का योग 25 है तथा उनका अनुपात 2 : 3 है, तो संख्या ज्ञात करें?

A. 15, 10 B. 10, 15

C. 12, 13 D. उपरोक्त में से कोई नहीं

10. किसी संख्या के तीन गुने से 11 घटाने पर परिणाम 100 आता है तो वह संख्या होगी:

A. 36 B. 38

C. 37 D. 35

11. यदि दो संख्याओं का अंतर 11 हो तथा उनके योग का 1/5 वां भाग 9 हों, तो संख्याएं क्या होंगी?

A. 17, 28 B. 18, 29

C. 11, 22 D. 21, 32

12. किसी छात्र ने गलती से किसी संख्या को 9/5 बनाने के बदले 5/9 बना दिया, इस तरह उसका यह उत्तर सही उत्तर से 112 कम था, तो वह संख्या कितनी थी?

A. 85 B. 86

C. 89 D. 90

13. $a^2b^3 + a^3b^2$ का गुणनखण्ड क्या होगा?

A. $a^2b^2 (b + a)$ B. $ab (ab + ab)$

C. $ab (b + a)$ D. $ab (a + b)$

14. $x + 2y + z$ में कितना जोड़ने से z योगफल हो जाएगा?
A. $x + 2y$ B. $-(x + 2y)$
C. $x - 2y$ D. $-x + 2y$

15. $(6 - x - x^2)$ के गुणनखण्ड हैं :
A. $(3 - x)(2 - x)$ B. $-(3 + x)(x + 12)$
C. $(3 + x)(2 - x)$ D. $(2 + x)(1 - x)$

16. यदि $x = 5, y = 3$ तथा $z = 2$ हो, तो $x^2 + y^2 + z^2 - 2xy + 2yz - 2zx$ का मान है :
A. 125 B. 0
C. –25 D. 10

17. $(x^2 - x + 2) \times (x^2 + x + 2)$ का मान क्या होगा?
A. $x^4 + 3x^2 - 4$ B. $x^4 + 3x^2 + 4$
C. $x^4 - 3x^2 + 4$ D. $x^4 - 3x^2 - 4$

18. $7xy^2$ में गुणांक है :
A. x B. y^2
C. 2 D. 7

19. $4x^2yz$ के गुणनखंड है :
A. 4, x^2, y और z
B. x, y और z
C. 4 और 2
D. निर्धारित नहीं किया जा सकता

20. $5xy + 2z + 5$ है एक :
A. एकपदी B. त्रिपद
C. द्विपदी D. इनमें से कोई नहीं

21. $(3m^2 - 17m + 10) \div (3m - 2)$ बराबर है :
A. $5 - m$ B. $m + 5$
C. $m - 5$ D. $m + 4$

22. $(2x - 7)(3x + 4)$; $(2x - 7)^2(4x + 3)$ और $(2x - 7)^4(3x - 4)$ का म.स. है :
A. $(2x - 7)(3x + 4)$
B. $(2x - 7)(3x - 4)$
C. $(3x + 4)$
D. $(2x - 7)$

23. $(m + 3)^2(m - 2)(m + 1)^2$; $(m + 1)^3$ और $(m + 3)(m + 4)$ का ल.स. है :
A. $(m + 3)^2(m + 1)^3$
B. $(m + 1)^2(m + 3)$
C. $(m + 3)^2(m + 1)^3(m - 2)(m + 4)$
D. इनमें से कोई नहीं

24. $(3m + n)^2$ बराबर है :
A. $9m^2 + n^2 + 3n$ B. $9m^2 + n^2$
C. $9m^2 + n^2 + 6mn$ D. इनमें से कोई नहीं

25. यदि $x = -3$ एवं $y = 2$ तो
$4x - 3xy + 3y - 2x + y^2$ का मान होगा :
A. 49 B. 94
C. 90 D. इनमें से कोई नहीं

26. $9a^2c + 7b^2a$ है :
A. द्विपद B. एकपदी
C. त्रिपद D. इनमें से कोई नहीं

27. $-3x^2y^2z^2$ का गुणांक है :
A. –2 B. 2
C. –3 D. 3

28. $-5a^2bc$ के समान पद हैं :
A. $5abc$ B. abc
C. a^2bc D. इनमें से कोई नहीं

29. $9a - 2b + 5c$ और $-3a + 6b - 12c$ का योगफल होगा :
A. $6a + 4b + 3c$ B. $6a - 4b + 3c$
C. $6a + 4b - 7c$ D. इनमें से कोई नहीं

30. $(-14x^4y^3z) \div (-7x^2yz)$ बराबर होगा :
A. $2x^2y^2$ B. $-2x^2y^2$
C. $2x^2y^2z$ D. $3xyz$

31. $(p^2 - p + 2)(p^2 + p + 2)$ बराबर होगा :
A. $p^4 + 3p^2 - 4$ B. $p^4 - 3p^2 + 4$
C. $p^4 + 3p^2 + 4$ D. इनमें से कोई नहीं

32. $a^4 - 6b^2c + 3c^2 + 5ac$ का सही मान क्या होगा यदि $a = 2, b = -2$ और $c = 3$?
A. 0 B. – 1
C. 2 D. 1

33. $5x + 3y - 2z$ और $-6x - 9z + 2y$ का योगफल होगा :
A. $11x + 5y - 11z$ B. $-x + 5y - 11z$
C. $x - 5x + 11z$ D. इनमें से कोई नहीं

34. $9x - 2y + 4z$ एवं $-x - 6y + 4z$ का अन्तर है :
A. $8x - 4y$ B. $10x + 4y$
C. $10x - 4y$ D. $8x + 4y$

35. यदि $x = 5, y = 3$ और $z = 2$ तो $x^2 + y^2 + z^2 + 2xy + 2yz + 2zx$ का सही मान है :
A. – 25 B. 10
C. 0 D. 125

36. बीजगणित में हम किनकी गणनाओं का अध्ययन करते हैं?
A. अंकों की B. संख्याओं की
C. अक्षरों व चिह्नों की D. इनमें से कोई नहीं

37. एक अक्षर या चिह्न जिसका निश्चित मान नहीं होता, कहलाता है :
A. बीजगणित B. चर
C. पद D. इनमें से कोई नहीं

38. चिह्नों का समूह जो एक विचार या राशि को निरूपित करता है वह है :
A. एक पद B. एक गुणनखण्ड
C. एक व्यंजक D. इनमें से कोई नहीं

39. यदि $x : y = 4 : 5$ तथा $y : z = 10 : 11$ हो, तो $x : z$ है:

A. 1 : 3 B. 3 : 2
C. 4 : 11 D. 8 : 11

40. यदि $(a + b) : (b + c) : (c + a) = 6 : 7 : 8$ तथा $a + b + c = 14$ हो, तो c का मान है:

A. 6 B. 7
C. 8 D. 14

41. 12 तथा 30 के तृतीयानुपाती तथा 9 व 25 के मध्यानुपाती का अनुपात है :

A. 2 : 1 B. 5 : 1
C. 7 : 15 D. 9 : 14

42. 15 : 19 के प्रत्येक पद में से क्या घटाया जाए कि नई संख्याएँ 3 : 4 के अनुपात में बन जाएँ?

A. 3 B. 5
C. 6 D. 9

43. 0.12, 0.21, 8 का चतुर्थानुपाती क्या है?

A. 8.9 B. 56
C. 14 D. 17

44. *A, B* और *C* की आय 7 : 9 : 12 के अनुपात में है तथा उनके व्यय 8 : 9 : 15 के अनुपात में है। यदि *A* अपनी आय का 1/4 भाग बचाता है, तो *A, B* तथा *C* की बचत का अनुपात है :

A. 56 : 99 : 69 B. 69 : 56 : 99
C. 99 : 56 : 69 D. 99 : 69 : 56

45. किसी मिश्रित धातु में ताँबे और जस्ते का अनुपात 5 : 2 है। यदि इस मिश्रित धातु के 17 किग्रा 500 ग्राम में 1.250 किग्रा जस्ता मिला दिया जाए, तो ताँबे और जस्ते का अनुपात होगा :

A. 2 : 1 B. 2 : 3
C. 3 : 2 D. 1 : 2

46. यदि 378 सिक्के ₹ 1, 50 पैसे तथा 25 पैसे के सिक्कों के रूप में हैं तथा इनके मान 13 : 11 : 7 के अनुपात में हैं, तो 50 पैसे के सिक्कों की संख्या होगी :

A. 132 B. 128
C. 136 D. 133

47. यदि $3 : 8 = 9 : x$, तो x का मान कितना होगा?

A. 20 B. 27
C. 24 D. 25

48. यदि A : B = 3 : 4 तथा B : C = 5 : 6, तो A : B : C में क्या अनुपात होगा?

A. 20 : 15 : 24 B. 15 : 20 : 24
C. 15 : 24 : 20 D. 20 : 24 : 15

49. यदि $18 : x = x : 8$ हो, तो x किसके बराबर होगा?

A. 11 B. 10
C. 16 D. 12

50. 8 : 12 : 10 : : ? है तो प्रश्न चिह्न (?) के स्थान पर क्या मान होगा?

A. 14 B. 15
C. 16 D. 18

51. 5 और 125 का मध्य समानुपात कितना है?

A. 20 B. 25
C. 28 D. 27

52. 3, 4 और 15 का चौथा अनुपात होगा :

A. 16 B. 18
C. 20 D. 15

53. 12 और 30 का त तीय समानुपात कितना होगा?

A. 75 B. 125
C. 60 D. 70

54. दो संख्याओं का अनुपात 3 : 4 है। यदि दोनों संख्याओं का योग 490 हो तो वे संख्याएं क्रमशः क्या होंगी?

A. 220, 270 B. 210, 280
C. 120, 160 D. 180, 290

55. यदि एक त्रिभुज के कोणों में 1 : 2 : 3 का अनुपात हो तो उस त्रिभुज के सबसे बड़े कोण का मान होगा :

A. 90° B. 70°
C. 105° D. 110°

56. यदि किसी अनुपात का दूसरा पद 15 तथा अनुपात का मान $\frac{3}{5}$ हो तो उस अनुपात का पहला पद क्या होगा?

A. 8 B. 14
C. 9 D. 12

57. तीन संख्याओं का योग 16 है। दूसरी और तीसरी संख्याओं का अनुपात 9 : 16 है तथा प्रथम और तीसरी संख्याओं का अनुपात 1 : 4 है। दूसरी संख्या ज्ञात करें।

A. 38 B. 36
C. 40 D. 34

58. 1530 रुपये A, B, C में इस प्रकार वितरित किया गया कि यदि तीनों के हिस्सों में से क्रमशः 5, 10 और 15 कम कर दिए जाएं तो शेष भागों में 3 : 4 : 5 का अनुपात होगा। B का हिस्सा ज्ञात करें।

A. 505 रु॰ B. 500 रु॰
C. 515 रु॰ D. 510 रु॰

59. यदि A के पास B से 20% कम रुपये और B के पास C से 25% अधिक रुपये हों तो तीनों के धन का अनुपात ज्ञात करें।

A. 4 : 5 : 5 B. 4 : 5 : 4
C. 5 : 4 : 4 D. 4 : 4 : 5

60. एक थैली में एक रुपये, पचास पैसे और पच्चीस पैसे के सिक्के 2 : 3 : 4 के अनुपात में हैं। यदि थैली में कुल 45 रुपये हैं तो सिक्कों की कुल संख्या ज्ञात करें।

A. 90 B. 80
C. 85 D. 100

61. दूध और पानी के 20 लीटर मिश्रण में दूध और पानी का अनुपात 3 : 1 है। इस मिश्रण में कितना दूध और मिलाया जाए कि दूध और पानी का अनुपात 4 : 1 हो जाए?

A. 6 लीटर B. 7 लीटर
C. 5 लीटर D. 4 लीटर

62. यदि A का 20%, B का 25% और C का 40%, 2 : 3 : 6 के अनुपात में हो तो A : B : C का मान क्या होगा?

A. 15 : 10 : 12 B. 10 : 15 : 12
C. 12 : 10 : 15 D. 10 : 12 : 15

63. 3 पेन और 5 पैन्सिलों का मूल्य 14 रु. है। 12 पेन और 20 पेन्सिलों का क्या मूल्य होगा?

A. 42 रु. B. 56 रु.
C. 20 रु. D. 112 रु.

64. यदि 75 संतरों की एक पेटी का मूल्य 60 रु. है तो 50 संतरों का मूल्य होगाः

A. 30 रु. B. 40 रु.
C. 50 रु. D. 60 रु.

65. यदि 210 रुपए में 6 बाल्टियां खरीदी जा सकती है तो 140 रुपए में कितनी बाल्टियां खरीदी जा सकेंगी?

A. 4 B. 3
C. 5 D. 6

66. गणित की 14 पुस्तकों का मूल्य 105 रुपए है तो बताइए ऐसी ही 24 पुस्तकों के लिए क्या मूल्य देना होगा?

A. 170 रु. B. 175 रु.
C. 180 रु. D. 185 रु.

67. यदि 3000 रुपए में 12 रेडियो सैट खरीदे जा सकते हों, तो 3750 रुपए में कितने रेडियो सैट खरीदे जा सकेंगे?

A. 12 B. 15
C. 10 D. 17

68. किसी परिवार के 6 सदस्यों के लिए 20 दिन की भोजन सामग्री है, तो 4 सदस्यों वाले परिवार के लिए यही भोजन सामग्री कितने दिनों के लिए पर्याप्त होगी?

A. 25 दिन B. 35 दिन
C. 20 दिन D. 30 दिन

69. एक छावनी में 220 सिपाहियों के लिए 45 ग्राम प्रतिदिन की दर से 16 सप्ताह का भोजन है। कितने सिपाही उसमें से चले जाएं ताकि 33 ग्राम प्रतिदिन की दर से वही भोजन 24 सप्ताह के लिए पर्याप्त हो जाए?

A. 20 B. 25
C. 30 D. 35

70. $x : 75 : : 15 : 45$ तो x का मान बताएँ।

A. 24 B. 25
C. 30 D. 20

71. एक बस की चाल 80 किमी प्रति घण्टा है तथा ट्रक की चाल 60 किमी/घण्टा है तो इनकी चालों का अनुपात ज्ञात कीजिए।

A. 1 : 2 B. 3 : 4
C. 4 : 3 D. 5 : 4

72. 8 : 21 : : 13 : 31 में क्या जोड़ा जाए कि योगफल समानुपाती हो जाए?

A. 3 B. 5
C. 7 D. 12

73. एक रेलगाड़ी में चढ़ने के लिए स्टेशन पर प्रथम, द्वितीय तथा तृतीय श्रेणी के यात्री क्रमशः $\frac{1}{21}:\frac{1}{7}:\frac{1}{3}$ के अनुपात में हैं। यदि कुल यात्रियों की संख्या 385 हो तो प्रथम श्रेणी में चढ़ने वाले यात्रियों की संख्या बताओ :

A. 45 B. 35
C. 37 D. 22

74. एक शहर में पुरुष, स्त्री और बच्चों की संख्या का अनुपात 4 : 5 : 11 है। यदि बच्चों की संख्या 176 हो तो पुरुष तथा स्त्रियों की संख्या बताओ :

A. 64 पुरुष, 80 स्त्री B. 32 पुरुष, 180 स्त्री
C. 38 पुरुष, 91 स्त्री D. 80 पुरुष, 64 स्त्री

75. $7\frac{1}{2}:x::12:20$ में x का मान है :

A. 10 B. 12
C. 7.5 D. 12.5

76. 729 मिली मिश्रण में दूध और पानी का अनुपात 7 : 2 है। इसमें कितना पानी और डाला जाए कि नए मिश्रण में दूध और पानी का अनुपात 7 : 3 हो जाए?

A. 79 मिली B. 72 मिली
C. 81 मिली D. 91 मिली

77. 36% का मान दशमलव भिन्न में होगा :

A. .36 B. .036
C. 3.6 D. .0036

78. $\frac{4}{5}$ को प्रतिशत भिन्न में बदलने पर मान होगा :

A. 80% B. 70%
C. 60% D. 40%

79. 26 का 18% = ?

A. 4.88 B. 4.65
C. 3.68 D. 4.68

80. 10% का 10% कितने % होगा?

A. 7 B. 6
C. 1 D. 5

81. किसी शहर की जनसंख्या 50,000 से बढ़कर 52,000 हो जाती हो, तो बताइये कितने प्रतिशत की वद्धि होगी :

A. 3% B. 6%
C. 4% D. 5%

82. एक आदमी अपने वेतन का 75% खर्च करता है और 150 रु. मासिक बचाता है तो उसका मासिक वेतन है :

A. 750 रु. B. 600 रु.
C. 400 रु. D. 300 रु.

83. किसी विद्यालय में 97% विद्यार्थी उपस्थित थे और 18 विद्यार्थी अनुपस्थित थे। विद्यालय में कुल विद्यार्थियों की संख्या है:

A. 400 B. 450
C. 500 D. 600

84. यदि किसी संख्या का 80%, 20 हो, तो उस संख्या का 20% कितना होगा?

A. 4 B. 3
C. 2 D. 5

85. एक विद्यार्थी को पास होने के लिए 40% अंक चाहिए। यदि वह 178 अंक प्राप्त करता है तो 22 अंकों से फेल हो जाता है तो बताइये परीक्षा के कुल अंक कितने होंगे?

A. 500 B. 400
C. 300 D. 600

86. यदि A का 12%, B के 6% के बराबर हो, तो A का 18%, B के कितने प्रतिशत के बराबर होगा?

A. B का 8% B. B का 5%
C. B का 9% D. B का $7\frac{1}{2}\%$

87. एक परिवार अपनी आय का 45% भोजन पर, 15% कपड़ों पर तथा शेष का 40% वाहन आदि पर खर्च करने के पश्चात् 1200 रु. मासिक बचाता है। उस परिवार की मासिक आय कितनी होगी?

A. 4000 रु. B. 5000 रु.
C. 6000 रु. D. 8000 रु.

88. A की आय, B की आय से 25% कम है, B की आय C की आय से 10% कम है। यदि C की आय 720 रु. है तो A की आय कितनी होगी?

A. 585 रु. B. 486 रु.
C. 485 रु. D. 540 रु.

89. दो संख्याएँ एक तीसरी संख्या से क्रमशः 20% तथा 50% अधिक हैं। तो बताइये पहली संख्या, दूसरी संख्या का कितने प्रतिशत होगी?

A. 90% B. 80%
C. 70% D. 60%

90. यदि किसी वस्तु को 21 रु. में बेचने पर 12% का लाभ होता हो तो बताइये उस वस्तु का क्रय मूल्य कितना होगा?

A. 15.50 रु. B. 20.15 रु.
C. 18.75 रु. D. 17.50 रु.

91. यदि किसी वस्तु को 2040 रु. में बेचने पर 15% की हानि होती हो तो बताइये उस वस्तु का क्रय मूल्य कितना होगा?

A. 2300 रु. B. 2400 रु.
C. 2475 रु. D. 2800 रु.

92. एक वस्तु का क्रय मूल्य 150 रु. है। यदि इसे 13% लाभ पर बेचा जाए तो बताइये वस्तु का विक्रय मूल्य कितना होगा?

A. 170.75 रु. B. 169.50 रु.
C. 160.50 रु. D. 174.75 रु.

93. एक वस्तु को 38 रु. में बेचने पर 5% हानि होती है। यदि इसे 42 रु. में बेचा जाए तो कितने प्रतिशत लाभ या हानि होगी?

A. 6% लाभ B. 5% लाभ
C. 8% हानि D. 4% हानि

94. राम ने एक टी.वी. 2475 रु. में खरीद कर उसे 3090 रु. में बेच दिया हो तो उसे कितने प्रतिशत लाभ हुआ?

A. 23.8% B. 34.5%
C. 37.6% D. 24.8%

95. एक आदमी ने एक फ्रिज 8000 रुपये में खरीदकर 450 रुपये लाभ पर बेच दिया यदि उसने वह फ्रिज 9000 रुपये में बेचा होता तो उसे और कितना लाभ होता?

A. 550 रु. B. 525 रु.
C. 500 रु. D. 575 रु.

96. 40 वस्तुओं का क्रय मूल्य 35 वस्तुओं के विक्रय मूल्य के समान है। लाभ प्रतिशत ज्ञात करें।

A. $14\frac{2}{7}\%$ B. 14%
C. $15\frac{2}{7}\%$ D. 15%

97. राधेश्याम को एक घड़ी 765 रु. में बेचने पर 10% की हानि होती है, तो बताइये वह घड़ी को कितने रुपये में बेचे ताकि उसे 10% का लाभ हो?

A. 935 रु. B. 940 रु.
C. 965 रु. D. 880 रु.

98. किसी वस्तु को 81 रु. में बेचने पर उतनी ही हानि होती है जितना कि वस्तु को 10% लाभ पर बेचने पर लाभ होता है। तो बताइये वस्तु का क्रय मूल्य कितना है?

A. 84 रु. B. 90 रु.
C. 100 रु. D. 92 रु.

99. किसी वस्तु को 5% हानि पर बेचने की बजाए उसे 5% लाभ पर बेचने पर 67.50 रु. अधिक प्राप्त होते हैं तो बताइये वस्तु का क्रय मूल्य कितना होगा?

A. 670 रु. B. 575 रु.
C. 675 रु. D. 560 रु.

100. एक रुपये की 30 गोलियां बेचकर एक व्यक्ति 20% हानि उठाता है। तो बताइये उसे 1 रु. की कितनी गोलियां बेचनी चाहिए ताकि वह 20% लाभ कमा सके?

A. 18 B. 20
C. 25 D. 24

101. एक बेईमान दुकानदार कहता है कि वह हर वस्तु लागत मूल्य पर ही बेचता है। परन्तु वह 1 किग्रा. के बाट के स्थान पर 800 ग्राम का बाट इस्तेमाल करता है। तो बताइये वह कितने प्रतिशत लाभ कमाता है?

A. 20% B. 10%
C. 25% D. $16\frac{2}{3}\%$

102. एक आदमी 33 केले बेचकर 11 केलों के विक्रय मूल्य के बराबर लाभ कमाता है, तो बताइये उसका लाभ प्रतिशत क्या है?

A. 30% B. 28%
C. 50% D. $33\frac{1}{3}\%$

103. घनश्याम ने 2000 रुपये अपने मित्र से 5% सालाना ब्याज पर लिए और उसने पूरा पैसा 8 माह बाद चुका दिया। बताइये उसने कुल कितना धन चुकाया?

A. 2060.66 रु॰ B. 2066.66 रु॰
C. 2066 रु॰ D. 2060 रु॰

104. एक व्यक्ति अपने मित्र से 1000 रुपये 5% वार्षिक ब्याज की दर से उधार लेता है तीन वर्ष बाद वह उसे 500 रुपये नकद व एक रेडियो सैट लौटाता है तो रेडियो सेट की कीमत बताइये।

A. 675 रु॰ B. 600 रु॰
C. 650 रु॰ D. 625 रु॰

105. यदि 450 रुपये की एक राशि 3 वर्ष में साधारण ब्याज पर 504 रुपये हो जाती है तो ब्याज की दर ज्ञात कीजिए।

A. $4\frac{1}{2}\%$ B. $3\frac{1}{2}\%$
C. 5% D. 4%

106. यदि कोई धनराशि 20 वर्षों में दो गुनी हो जाती है तो वह धनराशि कितने समय में तीन गुनी हो जाएगी?

A. 30 वर्षों में B. 50 वर्षों में
C. 40 वर्षों में D. 45 वर्षों में

107. यदि किसी धनराशि का 2 वर्ष में मिश्रधन 1760 रु. तथा 5 वर्ष में मिश्रधन 2000 रु. हो तो वह धनराशि कितनी होगी?

A. 1650 रु. B. 1500 रु.
C. 1580 रु. D. 1600 रु.

108. यदि कोई राशि साधारण ब्याज की दर से उधार देने पर 3 वर्ष में बढ़कर 368 रु. तथा पुनः 2 वर्ष में बढ़कर 400 रु. हो जाती है तो वह राशि कितनी होगी?

A. 300 रु. B. 320 रु.
C. 290 रु. D. 325 रु.

109. 400 रु. की राशि पर 5% प्रतिवर्ष की दर से 2 वर्ष का चक्रवृद्धि ब्याज कितना होगा?

A. 40 रु. B. 41 रु.
C. 42 रु. D. 43 रु.
E इनमें से कोई नहीं

110. वह धनराशि ज्ञात करें, जिसका 5% ब्याज की दर से 2 वर्ष का चक्रवृद्धि ब्याज तथा साधारण ब्याज का अन्तर 3 रु. हो?

A. 1400 रु. B. 1500 रु.
C. 1350 रु. D. 1200 रु.
E. इनमें से कोई नहीं

111. 2000 रु. का 2 वर्ष में किस चक्रवृद्धि ब्याज की दर से मिश्रधन 2205 रु. हो जायेगा?

A. 3% B. 4%
C. 5% D. 6%

112. किसी राशि पर 2 वर्ष का साधारण ब्याज 100 रु. तथा चक्रवृद्धि ब्याज 103 रु. है। तो उस राशि पर ब्याज की वर्षिक दर कितने प्रतिशत होगी?

A. 2% B. 8%
C. 6% D. 10%
E. इनमें से कोई नहीं

113. 500 रु. 10% ब्याज की दर से 2 वर्ष का साधारण ब्याज तथा चक्रवृद्धि ब्याज का अन्तर कितना होगा?

A. 10 रु. B. 5 रु.
C. 8 रु. D. 6 रु.
E. इनमें से कोई नहीं

114. एक शहर की वर्तमान जनसंख्या 1,20,000 है। यदि जनसंख्या 5% प्रतिवर्ष की दर से बढ़ रही हो, तो 3 साल बाद शहर की जनसंख्या क्या होगी?

A. 1,38,910 B. 1,28,915
C. 1,38,915 D. 1,38,900
E. इनमें से कोई नहीं

उत्तरमाला

1	2	3	4	5	6	7	8	9	10
B	D	C	A	B	C	A	C	B	C
11	**12**	**13**	**14**	**15**	**16**	**17**	**18**	**19**	**20**
A	D	A	B	C	B	D	D	A	B
21	**22**	**23**	**24**	**25**	**26**	**27**	**28**	**29**	**30**
C	D	C	C	B	A	C	C	C	A
31	**32**	**33**	**34**	**35**	**36**	**37**	**38**	**39**	**40**
B	D	B	C	C	C	B	C	D	A
41	**42**	**43**	**44**	**45**	**46**	**47**	**48**	**49**	**50**
B	A	C	A	A	A	C	B	D	B
51	**52**	**53**	**54**	**55**	**56**	**57**	**58**	**59**	**60**
B	C	A	B	A	C	B	D	B	A
61	**62**	**63**	**64**	**65**	**66**	**67**	**68**	**69**	**70**
C	D	B	B	A	C	B	D	A	B
71	**72**	**73**	**74**	**75**	**76**	**77**	**78**	**79**	**80**
C	B	B	A	D	C	A	A	D	C
81	**82**	**83**	**84**	**85**	**86**	**87**	**88**	**89**	**90**
C	B	D	D	A	C	B	B	B	C
91	**92**	**93**	**94**	**95**	**96**	**97**	**98**	**99**	**100**
B	B	B	D	A	A	A	B	C	B
101	**102**	**103**	**104**	**105**	**106**	**107**	**108**	**109**	**110**
C	C	B	C	D	C	D	B	B	D
111	**112**	**113**	**114**						
C	C	B	C						

कुछ चुने हुए प्रश्नों के व्याख्यात्मक उत्तर

1. माना कि $\frac{x}{y}$ में A जोड़ा जाये

$\therefore$ प्रश्नानुसार,

$$\frac{x}{y}+A = \frac{y}{x} \Rightarrow A = \frac{y}{x}-\frac{x}{y} = \frac{y^2-x^2}{xy}$$

अत: $\frac{x}{y}$ में $\frac{y^2-x^2}{xy}$ जोड़ने पर योगफल $\frac{y}{x}$ हो जायेगा।

2. $$\left(x+\frac{1}{x}\right)^2 = 0 \Rightarrow x^2+\frac{1}{x^2}+2x.\frac{1}{x} = 0$$

$$\Rightarrow x^2+\frac{1}{x^2} = -2.$$

3. चूंकि दिया हुआ समी. $(x-y-z)^2$ के बराबर होगा

$$\because (x-y-z)^2 = (17-15-13)^2 = (-11)^2 = 121.$$

4. $\because (x+y)^3 = x^3+y^3+3xy(x+y)$

$\therefore \quad (1)^3 = x^3+y^3+3xy \times 1$

$\therefore \quad 1 = x^3+y^3+3xy.$

6.

$$\begin{array}{r|l} x-2 & x^3-2x^2+5x+10 \;(x^2+5 \\ & \underline{x^3-2x^2} \\ & \quad - \quad + \\ & \quad 5x+10 \\ & \quad \underline{5x-10} \\ & \quad\; - \quad + \\ & \qquad +20 \end{array}$$

भागफल $= x^2+5$

शेषफल $= 20$

9. माना कि, संख्या $2x$ तथा $3x$ है, तो

प्रश्न से,

$$2x+3x = 25$$

या, $\quad 5x = 25$

$\therefore \quad x = \frac{25}{5} = 5$

अब, संख्या, $2x = 2 \times 5 = 10$

$3x = 3 \times 5 = 15$

10. माना कि, संख्या x है, तो

प्रश्न से,

$$3x-11 = 100$$

या, $\quad 3x = 100+11$

$\therefore \quad x = \frac{111}{3} = 37$

11. माना कि एक संख्या x है तो दूसरी $x + 11$ होगी, तो प्रश्न से,

$$\frac{1}{5}(x+x+11) = 9$$

या, $2x + 11 = 9 \times 5$

या, $2x = 45 - 11$

या, $x = \frac{34}{2} = 17$

संख्याएं, $x = 17$

$x + 11 = 17 + 11 = 28$

13. $a^2b^3 + a^3b^2 = a^2b^2.b + a.a^2b^2$

$= a^2b^2 (b + a)$

14. माना $P(x)$ जोड़ने पर योगफल z हो जाएगा।

$(x + 2y + z) + P(x) = z$

$P(x) = z - (x + 2y + z)$

$= z - x - 2y - z$

$= - x - 2y$

$= - (x + 2y)$

अतः $- (x + 2y)$ जोड़ने पर z प्राप्त हो जाएगा।

15. $6 - x - x^2 = 6 - (3x - 2x) - x^2$

$= 6 - 3x + 2x - x^2$

$= 3 (2 - x) + x (2 - x)$

$= (3 + x) (2 - x)$

22. $(2x - 7) (3x + 4)$ का गुणनखंड $= (2x - 7), (3x + 4)$

$(2x - 7)^2 (4x + 3)$ का गुणनखंड $= (2x - 7), (4x + 3)$

$(2x - 7)^4 (3x - 4)$ का गुणनखंड $= (2x - 7), (3x - 4)$

अतः म.स. $= (2x - 7)$.

24. $(3m + n)^2 = 9m^2 + n^2 + 6mn$

$(\because (a + b)^2 = a^2 + b^2 + 2ab)$.

29.
$$\begin{array}{r} 9a-2b+5c \\ -3a+6b-12c \\ \hline 6a+4b-7c \\ \hline \end{array}$$

30. $(-14x^4y^3z) \div (-7x^2yz)$

$= \frac{-14}{-7} x^{4-2}y^{3-1}z^{1-1}$

$= 2x^2y^2$

32. दिए गए व्यंजक में a, b एवं c का मान रखने पर,

$2^4 - 6 \times (-2)^2 \times 3 + 3 \times 3^2 + 5 \times 2 \times 3$

$= 16 - 72 + 27 + 30 = 73 - 72 = 1.$

33.
$$\begin{array}{r} 5x+3y-2z \\ -6x+2y-9z \\ \hline -x+5y-11z \\ \hline \end{array}$$

34.
$$\begin{array}{r} 9x-2y+4z \\ -x-6y+4z \\ + \quad + \quad - \\ \hline 10+4y \\ \hline \end{array}$$

35. $x^2 + y^2 + z^2 - 2xy + 2yz - 2xz$

$= (x - y - z)^2$

अब, x, y एवं z का मान रखने पर,

$= (5 - 3 - 2)^2 = 0.$

39. $\frac{x}{y} = \frac{4}{5}$ तथा $\frac{y}{z} = \frac{10}{11}$

$\therefore \frac{x}{z} = \frac{x}{y} \times \frac{y}{z} = \frac{4}{5} \times \frac{10}{11} = \frac{8}{11} \quad \therefore x : z = 8 : 11$

41. 12 व 30 के तृतीयानुपाती $= \frac{30 \times 30}{12} = 75$

तथा 9 व 25 के मध्यानुपाती $= \sqrt{9 \times 25} = 15$

$\therefore$ अभीष्ट अनुपात $= \frac{75}{15} = \frac{5}{1} = 5:1$

42. प्रश्नानुसार, $\frac{15 - x}{19 - x} = \frac{3}{4} \Rightarrow 60 - 4x = 57 - 3x$

$\Rightarrow \quad x = 3$

43. माना 0.12, 0.21, 8 का चतुर्थानुपाती x है।

$\therefore \quad \frac{0.12}{0.21} = \frac{8}{x}$

$\Rightarrow \quad x = \frac{8 \times 21}{12} = 14$

45. कुल मिश्रित धातु = 17 किग्रा 500 ग्राम

ताँबे तथा जस्ते का अनुपात 5 : 2

$\therefore$ ताँबा $= \frac{5}{7} \times 17.5 = 12$ किग्रा 500 ग्राम

जस्ता $= \frac{2}{7} \times 17.5 = 5$ किग्रा

1.250 किग्रा जस्ता मिलाने पर जस्ते की कुल मात्रा

= 6.250 किग्रा

$\therefore$ ताँबे और जस्ते का अनुपात $= \frac{12.5}{6.250} = \frac{2}{1}$

46. ₹ 1, 50 पैसे तथा 25 पैसे के सिक्कों के मान का अनुपात = 13 : 11 : 7

माना ₹ 1 के सिक्कों का मान $= 13x$

50 पैसे के सिक्कों का मान $= 11x$

तथा 25 पैसे के सिक्कों का मान $= 7x$

अतः ₹ 1 के सिक्कों की संख्या $= 13x$

50 पैसे के सिक्कों की संख्या $= 22x$

तथा 25 पैसे के सिक्कों की संख्या $= 28x$

प्रश्नानुसार, $13x + 22x + 28x = 378$

$\Rightarrow \quad 63x = 378$

$\Rightarrow \quad x = 6$

$\therefore$ 50 पैसे के सिक्कों की संख्या $= 22 \times 6 = 132$

47. $\because \; 3 : 8 = 9 : x$

$\Rightarrow \quad \frac{3}{8} = \frac{9}{x}$

$\Rightarrow \quad x = \frac{8 \times 9}{3} = 24$

अतः x का मान $= 24$ होगा।

48. $\because$ दिया हुआ है : $A : B = 3 : 4$

तथा $\quad B : C = 5 : 6$

दोनों अनुपातों में B को बराबर करने के लिए पहले अनुपात में 5 से तथा दूसरे अनुपात में 4 से गुणा करने पर,

$\therefore \quad A : B = 3 : 4 = 3 \times 5 : 4 \times 5 = 15 : 20$

तथा $B : C = 5 : 6 = 5 \times 4 : 6 \times 4 = 20 : 24$

$\therefore \quad A : B : C = 15 : 20 : 24$

49. $\because \quad 18 : x = x : 8 \quad \Rightarrow \frac{18}{x} = \frac{x}{8}$

$\Rightarrow \quad x \times x = 18 \times 8 \;\Rightarrow x^2 = 144$

$\Rightarrow \quad x = \sqrt{144} = 12$

अतः x, 12 के बराबर होगा।

50. चूंकि समानुपात में दोनों बाहरी संख्याओं का गुणनफल, मध्य की दोनों संख्याओं के गुणनफल के बराबर होता है।

$\because \; 8 : 12 : : 10 : ?$

$\therefore \quad 8 \times ? = 12 \times 10 \Rightarrow ? = \frac{12 \times 10}{8} = 15$

अतः प्रश्न चिह्न (?) के स्थान पर मान = 15 होगा।

51. माना कि 5 और 125 का मध्य समानुपात $= x$ है

$\therefore \quad 5 : x : : x : 125$

$\therefore \quad x \times x = 5 \times 125$

$\Rightarrow \quad x^2 = 625$

$\Rightarrow \quad x = \sqrt{625} = 25$

अतः 5 और 125 का मध्य समानुपात = 25 है।

52. माना कि 3, 4 और 15 का चौथा अनुपात $= x$

$\therefore \quad 3 : 4 = 15 : x$

$\therefore \quad x \times 3 = 4 \times 15$

$\therefore \quad x = \frac{4 \times 15}{3} = 20$

अतः 3, 4 और 15 का चौथा अनुपात = 20 होगा।

53. माना कि 12 और 30 का त तीय अनुपात $= x$

$\therefore \; 12 : 30 = 30 : x$

$\therefore \quad 12 \times x = 30 \times 30 \Rightarrow x = \frac{30 \times 30}{12} = 75$

अतः 12 और 30 का त तीय अनुपात = 75 होगा।

54. माना कि वे संख्याएं क्रमशः $3x$ व $4x$ हैं।

प्रश्नानुसार, $3x + 4x = 490 \Rightarrow 7x = 490$

$\Rightarrow \quad x = \frac{490}{7} = 70$

अतः वे संख्याएं क्रमशः $(3 \times 70 = 210)$ व $(4 \times 70 = 280)$ होंगी।

55. चूंकि त्रिभुज के कोणों में अनुपात $= 1 : 2 : 3$

$\therefore$ अनुपात संख्याओं का योग $= 1 + 2 + 3 = 6$

परन्तु त्रिभुज के तीनों कोणों का योग $= 180°$

$\therefore$ सबसे बड़े कोण का मान $= \frac{3}{6} \times 180° = 90°$

56. माना कि अनुपात का पहला पद $= x$

प्रश्नानुसार, $x : 15 = \frac{3}{5} = 3 : 5$

या, $\quad \frac{x}{15} = \frac{3}{5}$

$\therefore \; x \times 5 = 15 \times 3 \Rightarrow x = \frac{15 \times 3}{5} = 9$

अतः अनुपात का पहला पद = 9 होगा।

57. $\because$ दूसरी संख्या : तीसरी संख्या = 9 : 16 ....(1)

और प्रथम संख्या : तीसरी संख्या = 1 : 4 ....(2)

(1) तथा (2) में तीसरी संख्या उभयनिष्ठ है अतः उसके मान को समान करने के लिए अनुपात (2) को 4 से गुणा करने पर,

प्रथम संख्या : तीसरी संख्या = 4 : 16

अतः प्रथम संख्या : दूसरी संख्या : तीसरी संख्या

= 4 : 9 : 16

अनुपातों का योग $= 4 + 9 + 16 = 29$

$\therefore \quad$ दूसरी संख्या $= \frac{116}{29} \times 9 = 36$

58. कुल धन = 1530 रुपये

तीनों के भागों में से कुल कम की गई राशि $5 + 10 + 15 = 30$ रुपये

$\therefore \quad$ शेष राशि $= 1530 - 30 = 1500$ रुपये

दिया गया अनुपात = 3 : 4 : 5

अनुपातों का योग $= 3 + 4 + 5 = 12$

शेष राशि में B का हिस्सा $= \frac{1500}{12} \times 4 = 500$ रुपये

$\therefore$ 1530 रुपये में B का हिस्सा

$= 500 + 10 = 510$ रुपये

59. $\because$ A के पास B से 20% कम रुपये हैं

$\therefore$ A : B = 80 : 100 = 4 : 5 ....(1)

और B के पास C से 25% अधिक रुपये हैं,

$\therefore$ B : C = 125 : 100 = 5 : 4 ...(2)

$\therefore$ A : B : C = 4 : 5 : 4

नोट—यदि प्रश्न में कुल राशि दी गई होती तो उसे भी उक्त प्रक्रिया में बांटा जा सकता था।

61. $\because$ 20 लीटर मिश्रण में दूध $= \frac{3}{4} \times 20 = 15$ लीटर

और पानी =20 − 15 = 5 लीटर

माना, x लीटर दूध और मिलाया जाए, तो प्रश्नानुसार,

$(15 + x) : 5 = 4 : 1$

या $\frac{15+x}{5} = \frac{4}{1}$ या $15 + x = 20$

या $x = 20 - 15 = 5$

अत: 5 लीटर दूध और मिलाया जाए।

62. A का 20% : B का 25% : C का 40% = 2 : 3 : 6

या $A \times \frac{20}{100} : B \times \frac{25}{100} : C \times \frac{40}{100} = 2 : 3 : 6$

$A : B : C = 2 \times \frac{100}{20} : 3 \times \frac{100}{25} : 6 \times \frac{100}{40}$

= 10 : 12 : 15

63. $\because$ 3 पेन तथा 5 पेन्सिलों का मूल्य = 14 रु॰

$\therefore$ 1 पेन तथा 1 पेन्सिल का मूल्य

$$= \frac{14}{\text{3 पेन तथा 5 पेन्सिल}}$$

$\therefore$ 4 × (3 पेन तथा 5 पेन्सिलों) का मूल्य

$$= \frac{14 \times 4 \times (\text{3 पेन तथा 5 पेंसिल})}{\text{3 पेन तथा 5 पेंसिल}} = 56 \text{ रुपये}$$

64. $\because$ 75 संतरों का मूल्य = 60 रु॰

$\because$ 1 संतरे का मूल्य $= \frac{60}{75}$

$\therefore$ 50 संतरों का मूल्य $= \frac{60}{75} \times 50 = 40$ रु॰

68.

सदस्य	दिन
6	20
4	?

$\because$ 6 सदस्यों के लिए भोजन सामग्री है = 20 दिनों के लिए

$\therefore$ 1 सदस्य के लिए भोजन सामग्री है = 20 × 6 दिनों के लिए

$\therefore$ 4 सदस्यों के लिए भोजन सामग्री है $= \frac{20 \times 6}{4}$ दिनों के लिए = 30 दिन के लिए

अत: 4 सदस्यों वाले परिवार के लिए यही भोजन सामग्री 30 दिन के लिए पर्याप्त होगी।

69. $\because$ 45 ग्राम प्रतिदिन प्रति सिपाही की दर से 16 सप्ताह तक खाते हैं = 220 सिपाही

$\therefore$ 1 ग्राम प्रतिदिन प्रति सिपाही की दर से 1 सप्ताह तक खाते हैं

= 220 × 45 × 16 सिपाही

$\therefore$ 33 ग्राम प्रतिदिन प्रति सिपाही की दर से 24 सप्ताह तक खाते हैं

$$= \frac{220 \times 45 \times 16}{33 \times 24} = 200 \text{ सिपाही}$$

$\therefore$ जाने वाले सिपाहियों की संख्या

= 220 − 200 = 20

70. $x : 75 : : 15 : 45$

तो $\frac{x}{75} = \frac{15}{45}$ $\therefore x = \frac{15 \times 75}{45} = 25$

72. माना x जोड़ा जाए

अतः $(8 + x) : (21 + x) : : (13 + x) : (31 + x)$

या $\frac{(8+x)}{(21+x)} = \frac{(13+x)}{(31+x)}$

या $(8 + x)(31 + x) = (13 + x)(21 + x)$

या $248 + 39x + x^2 = 273 + 34x + x^2$

या $5x = 25$ $\therefore x = 5$

संख्याओं में 5 जोड़ने पर उनका योगफल समानुपाती हो जाएगा।

73. प्रथम, द्वितीय तथा तृतीय श्रेणी के यात्रियों का अनुपात

$$= \frac{1}{21} : \frac{1}{7} : \frac{1}{3}$$

= 1 : 3 : 7

अनुपातीय योग = 1 + 3 + 7 = 11

कुल यात्रियों की संख्या = 385

$\therefore$ प्रथम श्रेणी में चढ़ने वाले यात्रियों की संख्या

$$= \frac{1}{11} \times 385 = 35$$

77. $\because$ $36\% = \frac{36}{100} = .36$

$\therefore$ 36% का मान दशमलव भिन्न में .36 होगा।

78. चूंकि किसी भी साधारण या दशमलव भिन्न को प्रतिशत भिन्न में बदलने के लिए उसमें 100% से गुणा करना होता है अर्थात् $\frac{4}{5} = \frac{4}{5} \times 100\% = 80\%$

अतः $\frac{4}{5}$ का प्रतिशत भिन्न में मान = 80% होगा।

79. $\because$ 26 का 18% $= 26 \times \frac{18}{100} = 4.68$

$\therefore$ (?) चिन्ह् के स्थान पर 4.68 होना चाहिए।

80. $\because$ 10% का 10% $= \frac{10}{100} \times \frac{10}{100} = \frac{1}{100} = 1\%$

अतः 10% का 10%, 1% के बराबर होगा।

81. प्रश्नानुसार, शहर की प्रारम्भिक जनसंख्या = 50,000

तथा शहर की वर्तमान जनसंख्या = 52,000

$\therefore$ जनसंख्या में वृद्धि = 52,000 – 50,000 = 2,000

$\therefore$ प्रतिशत वृद्धि $= \frac{2000}{50000} \times 100 = 4\%$

82. बचत = 100% – 75% = 25% = 150 रु॰

कुल वेतन $= \frac{100}{25} \times 150 = 600$ रु॰

83. अनुपस्थित विद्यार्थी = 100% – 97% = 3% = 18

माना कि कुल विद्यर्थियों की संख्या = x

तो, $x \times \frac{3}{100} = 18 \quad \therefore x = \frac{1800}{3} = 600$

84. $\because$ संख्या का 80% = 20 $\Rightarrow$ संख्या $= \frac{20}{80} \times 100 = 25$

प्रश्नानुसार, संख्या का 20% = 25 का 20%

$= 25 \times \frac{20}{100} = 5$

85. $\because$ परीक्षा के कुल अंक का 40% = 178 + 22 = 200

$\therefore$ परीक्षा के कुल अंक $= \frac{200}{40} \times 100 = 500$

86. $\because$ A का 12% = B का 6%

$\therefore$ A का 2% = B का 1%

$\Rightarrow$ A का $(9 \times 2)\%$ = B का $(9 \times 1)\%$

$\Rightarrow$ A का 18% = B का 9 %

अतः A का 18%, B के 9% बराबर होगा।

88. प्रश्नानुसार,

$\because$ B की आय = 720 रु. – 720 रु. का 10%

= 720 – 72 = 648 रु.

(फ C की आय = 720 रु.)

$\therefore$ A की आय = 648 – 162 = 486 रु.

अतः A की आय 486 रु. होगी।

90. $\because$ वस्तु का विक्रय मूल्य = 21 रु॰ तथा लाभ % = 12%

$\therefore$ क्रय मूल्य = विक्रय मूल्य $\left(\frac{100}{100 + \text{लाभ\%}}\right)$

$= 21\left(\frac{100}{100+12}\right) = \frac{21 \times 100}{112} = 18.75$ रु॰

91. $\because$ वस्तु का विक्रय मूल्य = 2040 रु॰ तथा

हानि % = 15%

$\therefore$ क्रय मूल्य = विक्रय मूल्य $\left(\frac{100}{100 - \text{\%हानि}}\right)$

$= 2040 \left(\frac{100}{100-15}\right) = \frac{2040 \times 100}{85} = 2400$ रु॰

92. $\because$ वस्तु का क्रय मूल्य = 150 रु॰ तथा

लाभ % = 13%

$\therefore$ वस्तु का विक्रय मूल्य

= क्रय मूल्य $\left(\frac{100 + \text{लाभ\%}}{100}\right)$

$= 150 \times \left(\frac{100+13}{100}\right)$

$= \frac{150 \times 113}{100} = 169.50$ रु॰

94. $\because$ टी॰वी॰ का खरीद मूल्य या क्रय मूल्य = 2475 रु॰

तथा विक्रय मूल्य= 3090 रु॰

लाभ = विक्रय मूल्य – क्रय मूल्य

= 3090 – 2475 = 615 रु॰

प्रतिशत लाभ $= \frac{\text{हानि} \times 100}{\text{क्रय मूल्य}}$

$= \frac{615 \times 100}{2475}$

= 24.8%

95. 9000 रुपये में बेचने पर उसका लाभ

= 9000 – 8000 = 1000 रु.

इस सौदे में उसका अतिरिक्त लाभ

= 1000 – 450 = 550 रुपये

97. **पहली दशा में,** विक्रय मूल्य = 765 रु. हानि = 10%

$\therefore$ क्रय मूल्य $= 765 \times \frac{100}{90} = 850$ रु.

दूसरी दशा में, क्रय मूल्य = 850 रु. लाभ = 10%

$\therefore$ विक्रय मूल्य $= 850 \times \frac{110}{100} = 935$ रु.

अतः राधेश्याम को घड़ी 935 रु. में बेचनी चाहिए।

98. माना कि वस्तु को 81 रु. में बेचने पर x रु. की हानि होती है

$\therefore$ वस्तु का क्रय मूल्य = $(81 + x)$ रु. होगा

$\therefore$ वस्तु को 10% लाभ पर बेचने पर लाभ = $(81 + x)$ का 10% = $\left(\frac{81+x}{10}\right)$ रु.

प्रश्नानुसार, हानि = वस्तु का लाभ

$\therefore x = \frac{81+x}{10} \Rightarrow 10x = 81 + x \Rightarrow 9x = 81 \Rightarrow x = \frac{81}{9} = 9$

$\therefore$ वस्तु का क्रय मूल्य = 81 + 9 = 90 रु. होगा।

102. $\because$ 33 केलों का विक्रय मूल्य = 33 केलों का क्रय मूल्य + 11 केलों का विक्रय मूल्य

$\therefore$ 22 केलों का विक्रय मूल्य = 33 केलों का क्रय मूल्य

a यहाँ $x = 33, y = 22$

$\therefore$ %लाभ = $\left(\frac{x-y}{y}\times 100\right)\% = \left(\frac{33-22}{22}\times 100\right)\%$

$= \frac{11}{22}\times 100\% = 50\%$

104. 1000 रुपये का 5% दर से 3 वर्ष का ब्याज

$= \frac{1000\times 5\times 3}{100} = 150$ रुपये

मिश्रधन = मूलधन + ब्याज = 1000 + 150 = 1150 रुपये, अर्थात् उसको 1150 रुपये लौटाने चाहिए।

रेडियो सेट की क़ीमत = 1150 – 500 = 650 रुपये

106. **पहली स्थिति में,** मूलधन = x रु. $\therefore$ मिश्रधन = $2x$ रु., समय = 20 वर्ष $\therefore$ सा. ब्याज = मिश्रधन – मूलधन = $2x - x$ रु.

$\therefore$ दर = $\frac{x\times 100}{x\times 20} = 5\%$

दूसरी स्थिति में, मूलधन = x रु. $\therefore$ मिश्रधन = $3x$ रु., दर = 5%

$\therefore$ सा. ब्याज = $3x - x = 2x$ रु.

$\therefore$ समय = $\frac{2x\times 100}{x\times 5} = 40$ वर्ष

अतः वह धनराशि 40 वर्षों बाद तीन गुनी हो जाएगी।

108. $\because$ 3 वर्ष का मिश्रधन = 368 रु.

तथा (3 + 2) = 5 वर्ष का मिश्रधन = 400 रु.

$\therefore$ 2 वर्ष का सा. ब्याज = 400 – 368 = 32 रु.

$\therefore$ 1 वर्ष का सा. ब्याज = $\frac{32}{2}$ = 16 रु.

$\therefore$ 3 वर्ष का सा. ब्याज = 16 × 3 = 48 रु.

$\therefore$ राशि (मूलधन) = 3 वर्ष का मिश्रधन – 3 वर्ष का सा. ब्याज

= 368 – 48 = 320 रु.

अतः वह राशि 320 रु. होगी।

109. मूलधन = 400 रु., दर = 5%, समय = 2 वर्ष

$\therefore$ चक्रवृद्धि ब्याज = मूलधन $\left[\left(1+\frac{\text{दर}}{100}\right)^{\text{समय}} - 1\right]$

$\therefore$ चक्रवृद्धि ब्याज = $400\left[\left(1+\frac{5}{100}\right)^2 - 1\right]$

$= 400\left[\left(\frac{21}{20}\right)^2 - 1\right] = 400\left[\frac{21}{20}\times\frac{21}{20} - 1\right]$.

$= 400\times\frac{41}{400} = 41$ रु.

111. $2205 = 2000\left(1+\frac{\text{दर}}{100}\right)^2$

या $\frac{2205}{2000} = \left(1+\frac{\text{दर}}{100}\right)^2$ या $\frac{441}{400} = \left(1+\frac{\text{दर}}{100}\right)^2$

या $\left(\frac{21}{20}\right)^2 = \left(1+\frac{\text{दर}}{100}\right)^2$ या $\frac{21}{20} = 1+\frac{\text{दर}}{100}$

$\frac{\text{दर}}{100} = \frac{21}{20} - 1 = \frac{1}{20}$ या दर = $\frac{100}{20} = 5\%$

112. माना किसी राशि पर ब्याज की दर $x\%$ है

$\therefore$ 2 वर्ष की साधारण ब्याज = 100 रु.

$\therefore$ 1 वर्ष का साधारण ब्याज = 50 रु.

चूंकि पहले वर्ष का साधारण ब्याज तथा चक्रवृद्धि ब्याज बराबर होता है

$\therefore$ पहले वर्ष का चक्रवृद्धि ब्याज = 50 रु.

$\therefore$ दूसरे वर्ष का चक्रवृद्धि ब्याज = 103 – 50 = 53 रु.

$\therefore$ दूसरे वर्ष का चक्रवृद्धि ब्याज = पहले वर्ष का ब्याज + पहले वर्ष के ब्याज पर ब्याज

या 53 = 50 + 50 रु. का $x\%$

या $3 = \frac{50 \times x}{100}$ या $3 = \frac{x}{2}$

$\therefore x = 6$

अत: ब्याज की दर = 6% होगी

113. साधारण ब्याज $= \frac{500 \times 10 \times 2}{100} = 100$ रु.

तथा चक्रवृद्धि ब्याज $= 500 \left[\left(1 + \frac{10}{100}\right)^2 - 1\right]$

$= 500 \left[\frac{11}{10} \times \frac{11}{10} - 1\right] = \frac{500 \times 21}{100} = 105$ रु.

$\therefore$ अन्तर = 105 − 100 = 5 रु.

114. 3 वर्ष बाद जनसंख्या $= 1,20,000 \left(1 + \frac{5}{100}\right)^3$

$= 1,20,000 \times \frac{21}{20} \times \frac{21}{20} \times \frac{21}{20} = 1,38,915$

◆◆◆◆◆◆

ज्यामिति

आधारभूत ज्यामितीय अवधारणाएँ

'ज्यामिति' (Geometry) यूनानी शब्द जिओमीट्रोन (Geometron) का अंग्रेजी तुल्य है। जिया (Geo) का अर्थ है 'भूमि' और मीट्रोन (Metron) का अर्थ है 'मापना'। इतिहासकारों के अनुसार, प्रचीन समय में ज्यामितीय अवधारणाएँ संभवतः कला, वास्तु-कला या शिल्प-कला (Architecture) और भूमि मापन की आवश्यकताओं के कारण विकसित हुईं। वैभवपूर्ण राजभवनों, मंदिरों, झीलों, बाँधों, और नगरों के निर्माणों, कला और वास्तुकला (या शिल्प) ने इन ज्यामितीय अवधारणाओं को और उजागर किया। आजकल भी कला, मापन, वास्तुकला, इंजीनियरिंग (engineering), कपड़ों के डिजाइन इत्यादि के सभी रूपों में ज्यामितीय अवधारणाओं का प्रभाव देखा जा सकता है। हम विभिन्न प्रकार की वस्तुओं जैसे–बक्सा, मेज, पुस्तक, खाने के डिब्बे, गेंद आदि को देखते हैं और उनका प्रयोग भी करते हैं।

(i) **बिन्दु :** एक सूक्ष्म ज्यामितीय आकृति जो केवल स्थान का निर्धारण करता है बिन्दु कहलाता है। बिन्दु एक बहुत छोटी सी बिन्दी है जिसमें लम्बाई अथवा चौड़ाई नहीं होती।

उदाहरण : परकार (compass) का नोक, सूई का अग्रसिरा, आदि।

(ii) **रेखा-खण्ड :** एक ज्यामितीय आकृति जिसमें लम्बाई होता है किन्तु चौड़ाई नहीं। इसके दो अन्तिम बिन्दु होते हैं। रेखा-खण्ड एक रेखा का भाग होता है। यह बिन्दुओं के बीच सबसे छोटी दूरी है। यदि किसी रेखाखण्ड में दो अन्त बिन्दु X और Y हों तो इसे $\overline{XY}$ या $\overline{YX}$ से सूचित करते हैं।

उदाहरण : बक्सा का किनारा, किताब का किनारा, पैंसिल आदि।

(iii) **रेखा :** यदि एक रेखाखण्ड को दोनों दिशाओं में अनन्त तक बढ़ाया जाय तो इसे रेखा कहते हैं। हम न तो एक पूरी रेखा खींच सकते हैं और न ही इसकी लम्बाई निर्धारित कर सकते हैं। क्योंकि दोनों दिशाओं में इसका कोई अन्त बिन्दु नहीं होता। अतः इसकी अनन्तता को प्रदर्शित करने के लिए हम दोनों ओर तीर का निशान लगा देते हैं।

जैसेः 

रेखा को निर्धारित करने के लिए हम कम से कम दो बिन्दु किसी रेखा पर रखते हैं और रेखा को $\overleftrightarrow{AB}$ या $\overleftrightarrow{BA}$ के रूप में प्रदर्शित करते हैं।

(iv) **किरण :** किरण रेखा का एक भाग है। इसकी केवल एक अन्त बिन्दु होती है। यह एक बिन्दु से प्रारम्भ होकर दूसरी दिशा में अनन्त तक जाती है। किरण की लम्बाई भी निर्धारित नहीं की जा सकती। किरण इस प्रकार 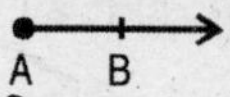

खींचा जाता है और $\overrightarrow{AB}$ के रूप में व्यक्त किया जाता है।

उदाहरण : सूर्य की किरण, टॉर्च से निकलती रौशनी, आदि।

(v) **प्रतिच्छेदी :** जब दो रेखाओं में एक उभयनिष्ठ बिन्दु हो तो दोनों परस्पर प्रतिच्छेदी रेखाएँ कहलाती हैं।

उदाहरण : 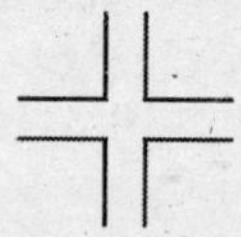 × (अंग्रेजी वर्णमाला का अक्षर, गुणा का चिह्न, रोड-क्रॉसिंग आदि।

(vi) **समान्तर रेखाएँ :** यदि दो रेखाएँ अपने अनन्त बिन्दु तक एक-दूसरे को प्रतिच्छेदित नहीं करती तो दोनों परस्पर समान्तर कही जाती हैं। दूसरे शब्दों में, ऐसी दो रेखाएँ जो कभी एक-दूसरे से नहीं मिलती समान्तर कहलाती हैं।
उदाहरण : रेलवे की पटरी, स्केल के विपरीत किनारे, मेज के विपरीत किनारे आदि।

(vii) **वक्र रेखाएँ:** यदि कोई रेखा अपनी दिशा बदलती है तो उसे वक्र रेखा कहते हैं। यदि हम बिना रूलर का प्रयोग किए और कागज पर से बिना पेंसिल हटाए कोई रेखा खींचते हैं तो ये वक्र रेखाएं होती हैं।

A. **सामान्य वक्र:** यदि कोई वक्र स्वयं को नहीं काटती तो यह सामान्य वक्र या खुला वक्र कहलाती है।

B. **बन्द वक्र:** यदि कोई वक्र खुद को काटती है और इस प्रकार कुछ स्थान को घेर लेती है तो उसे बन्द वक्र कहते हैं।

(viii) **संगामी रेखाएँ:** जब तीन या तीन से अधिक रेखाएं एक ही बिन्दु पर कटती है तो वे सभी रेखाएँ संगामी कहलाती है।

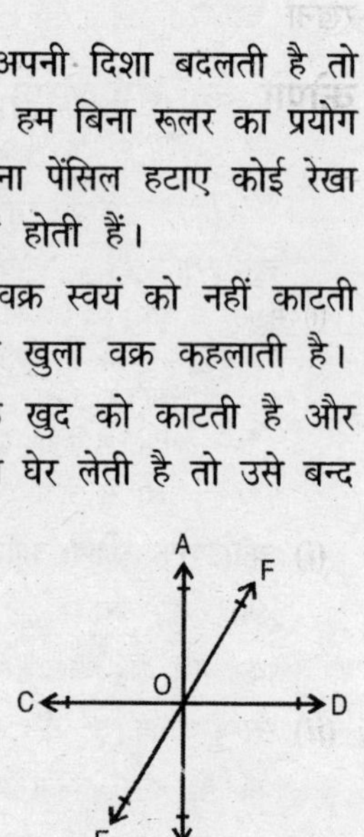

(ix) **कोणः** एक ज्यामितीय आकृति जिसमें एक ही आरम्भ बिन्दु से दो किरणें निकलती है कोण कहलाता है।

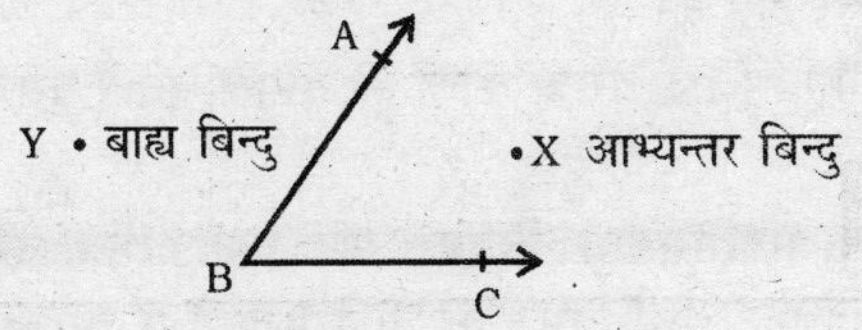

त्रिभुजः तीन भुजाओं से घिरा वह समतल क्षेत्र जिसमें तीन शीर्ष और तीन कोण होते हैं, त्रिभुज कहलाता है।

चतुर्भुजः एक ज्यामितीय आकृति जो चार असरेख बिन्दुओं के मिलने से बनता है अथवा एक आकृति जो चार भुजाओं, चार कोणों और चार शीर्षों से बना हो चतुर्भुज कहते हैं। चतुर्भुज के चारों कोणों का योग 360° होता है।

वृत्तः वृत किसी समतल पर बिन्दुओं का एक समुच्चय है जो किसी निश्चित बिन्दु से समान दूरी पर होते हैं।

प्रारंभिक आंकड़ों को समझना

हमारे चारों ओर की आकृतियाँ सरल एवं वक्र रेखाओं से बनी होती हैं। किनारे, समतल, कोने, खुले वक्र एवं बन्द वक्र प्रायः हमारे चारों ओर पाया जाता है इन्हें हम रेखाखण्डों, कोणों, त्रिभुजों, बहुभुजों एवं वृत्तों में संगठित करते हैं। इनके विभिन्न माप व आकार हो सकते हैं।

रेखाखण्डों को मापना

दो या दो से अधिक रेखाखण्डों की तुलना हम निरीक्षण द्वारा अक्स कागज, रूलर एवं डिवाइडर से कर सकते हैं। किन्तु रेखाखण्डों को मापने का उपयुक्त उपकरण रूलर है।

रेखाखण्डों को मापते समय हमें मापन त्रुटियों के प्रति सजग रहना चाहिए। ये मापन त्रुटियाँ रूलर की मोटाई और मापन के दौरान आँख की गलत स्थिति के कारण होती है। मापने के दौरान आँख को रूलर पर बने चिह्न के ठीक ऊपर रखना चाहिए।

कोणों का वर्गीकरण

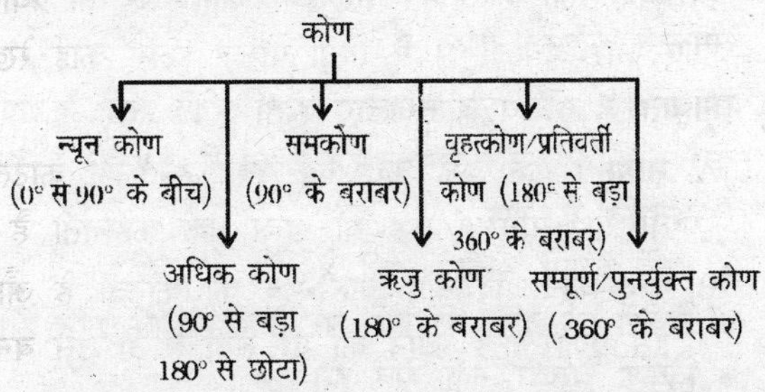

(i) **कोटिपूरक कोणः** कोटिपूरक कोणः जब दो कोणों का योग 90° के बराबर हों तो दोनों कोण परस्पर कोटिपूरक कहलाते हैं। जैसेः θ का कोटिपूरक = (90° – θ)

(ii) **सम्पूरक कोणः** जब दो कोणों का योग 180° के बराबर हों तो दोनों कोण परस्पर सम्पूरक कहलाते हैं। जैसेः θ का सम्पूरक = (180° – θ)

(iii) **आसन्न कोणः** यदि दो कोणों के शीर्ष उभयनिष्ठ हों तो वे आसन्नकोण कहे जाते हैं।

(iv) **रैखिक युग्मः** यदि आसन्न कोणों का युग्म परस्पर सम्पूरक भी हों तो दोनों रैखिक युग्म कहलाते हैं।

अतः, दोनों कोण रैखिक युग्म हैं।

(v) **शीर्षाभिमुख कोणः** यदि दो रेखाएँ एक ही बिन्दु पर परस्पर प्रतिच्छेद करती है तो बिन्दु के गिर्द एकान्तर कोणों का युग्म शीर्षाभिमुख कोण कहलाता है। शीर्षाभिमुख कोणों का युग्म हमेशा परस्पर समान होता है।

(vi) **समान्तर रेखाओं पर कोणः**

अनुप्रस्थ या प्रतिछेदी रेखाः जब एक सीधी रेखा दो या दो से अधिक समान्तर रेखाओं को प्रतिच्छेदित करती है तो इसे प्रतिच्छेदी या अनुप्रस्थ रेखा कहते हैं। जब एक प्रतिच्छेदी रेखा दो समान्तर रेखाओं को काटती है तो यह आठ कोण बनाती है।

A. **संगत कोणः** माना कि AB तथा CD दो समान्तर रेखाएं हैं और l प्रतिच्छेदी रेखा है तब, संगत कोणों के युग्म बराबर होते हैं।

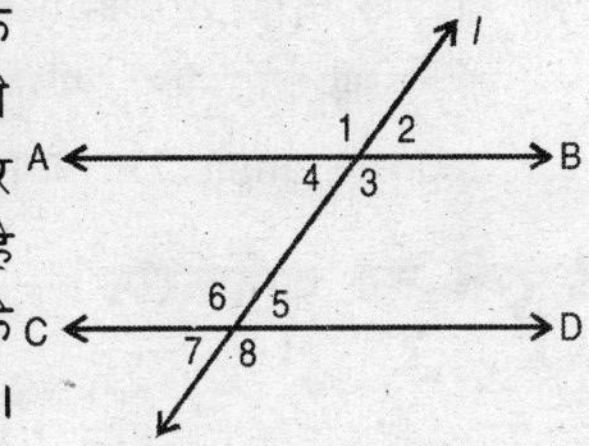

अर्थात्

$\angle 1 = \angle 6$ $\angle 3 = \angle 8$

$\angle 2 = \angle 5$ $\angle 4 = \angle 7$

B. **एकान्तर अन्तः कोणः** ऊपर के चित्र में $\angle 4$ एवं $\angle 5$ तथा $\angle 3$ एवं $\angle 6$ एकान्तर अन्तः कोणों के युग्म हैं। एकान्तर अन्तः कोणों के युग्म परस्पर समान होते हैं।

अतः $\angle 4 = \angle 5$ एवं $\angle 3 = \angle 6$

* **प्रतिच्छेदी रेखा के एक ही ओर के अन्त कोणों का योग हमेशा 180° होता है।**

अर्थात्, $\angle 3 + \angle 5 = 180°$ तथा $\angle 4 + \angle 6 = 180°$.

रेखाओं और कोणों पर आधारित अभिगृहित एवं प्रमेय

अभिगृहीत

1. यदि एक किरण एक रेखा पर खड़ी हो, तो इस प्रकार बने दोनों आसन्न कोणों का योग 180° होता है।
2. यदि दो आसन्न कोणों का योग 180° है, तो उनकी उभयनिष्ठ भुजाएँ एक रेखा बनाती हैं।
3. यदि एक तिर्यक रेखा दो समांतर रेखाओं को प्रतिच्छेद करे, तो संगत कोणों का प्रत्येक युग्म बराबर होता है।
4. यदि एक तिर्यक रेखा दो रेखाओं को इस प्रकार प्रतिच्छेद करे कि संगत कोणों का एक युग्म बराबर है, तो दोनों रेखाएँ परस्पर समांतर होती हैं।

प्रमेय

1. यदि दो रेखाएँ परस्पर प्रतिच्छेद करती हैं, तो शीर्षाभिमुख कोण बराबर होते हैं।

2. यदि एक तिर्यक रेखा दो समांतर रेखाओं को प्रतिच्छेद करे, तो एकांतर अंतः कोणों का प्रत्येक युग्म बराबर होता है।
3. यदि एक तिर्यक रेखा दो रेखाओं को इस प्रकार प्रतिच्छेद करे कि एकांतर अंतः कोणों का एक युग्म बराबर हो, तो दोनों रेखाएँ परस्पर समांतर होती हैं।
4. यदि एक तिर्यक रेखा दो समांतर रेखाओं को प्रतिच्छेद करे, तो तिर्यक रेखा के एक ही ओर के अंतः कोणों का प्रत्येक युग्म संपूरक होता है।
5. यदि एक तिर्यक रेखा दो रेखाओं को इस प्रकार प्रतिच्छेद करे कि तिर्यक रेखा के एक ही ओर के अंतः कोणों का एक युग्म संपूरक हो, तो दोनों रेखाएँ परस्पर समांतर होती हैं।
6. वे रेखाएँ जो एक ही रेखा के समांतर हों, परस्पर समांतर होती हैं।
7. किसी त्रिभुज के तीनों कोणों का योग 180° होता है।
8. यदि एक त्रिभुज की एक भुजा बढ़ाई जाए, तो इस प्रकार बना बहिष्कोण दोनों अंतः अभिमुख (विपरीत) कोणों (interior opposite angles) के योग के बराबर होता है।

त्रिभुजों का वर्गीकरण

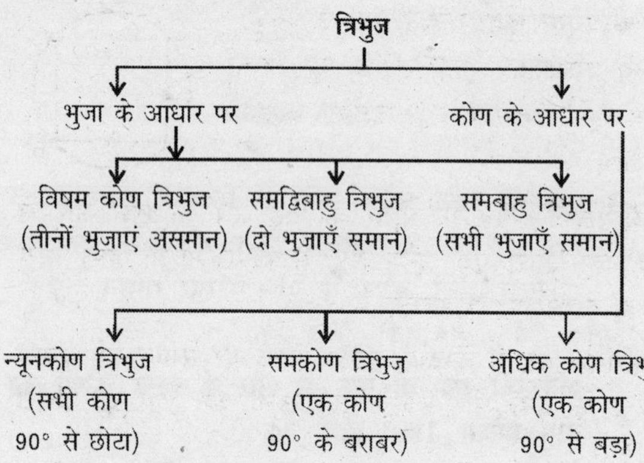

पाइथागोरस प्रमेय: एक समकोण त्रिभुज में कर्ण का वर्ग अन्य दो भुजाओं के वर्ग के बराबर होता है।

अर्थात् $AC^2 = AB^2 + BC^2$

$\Rightarrow \quad b^2 = c^2 + a^2$

$= a^2 + c^2$

माध्यिका– त्रिभुज के एक शीर्ष से उसके सम्मुख भुजा के मध्य-बिन्दु को मिलाने वाले रेखाखण्ड को माध्यिका कहते हैं।

त्रिभुजों पर आधारित अभिगृहित एवं प्रमेय

अभिगृहीत

(SAS सर्वांगसमता नियम): दो त्रिभुज सर्वांगसम होते हैं, यदि एक त्रिभुज की दो भुजाएँ और उनके अंतर्गत कोण दूसरे त्रिभुज की दो भुजाओं और उनके अंतर्गत कोण के बराबर हों।

प्रमेय

1. **(ASA सर्वांगसमता नियम):** दो त्रिभुज सर्वांगसम होते हैं, यदि एक त्रिभुज के दो कोण और उनकी अंतर्गत भुजा दूसरे त्रिभुज के दो कोणों और उनकी अंतर्गत भुजा के बराबर हों।
2. एक समद्विबाहु त्रिभुज की बराबर भुजाओं के सम्मुख कोण बराबर होते हैं।
3. किसी त्रिभुज के बराबर कोणों की सम्मुख भुजाएँ बराबर होती हैं।
4. **(SSS सर्वांगसमता नियम):** यदि एक त्रिभुज की तीनों भुजाएँ एक अन्य त्रिभुज की तीनों भुजाओं के बराबर हों, तो दोनों त्रिभुज सर्वांगसम होते हैं।
5. **(RHS सर्वांगसमता नियम):** यदि दो समकोण त्रिभुजों में, एक त्रिभुज का कर्ण और एक भुजा क्रमशः दूसरे त्रिभुज के कर्ण और एक भुजा के बराबर हों, तो दोनों त्रिभुज सर्वांगसम होते हैं।
6. यदि किसी त्रिभुज की दो भुजाएँ असमान हों, तो लम्बी भुजा का सम्मुख कोण बड़ा होता है।
7. किसी त्रिभुज में, बड़े कोण की सम्मुख भुजा बड़ी (लम्बी) होती है।
8. त्रिभुज की किन्हीं दो भुजाओं का योग तीसरी भुजा से बड़ा होता है।

चतुर्भुजों का वर्गीकरण

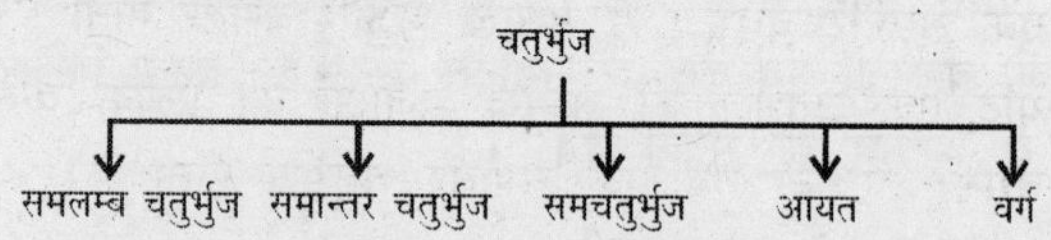

(i) **समान्तर चतुर्भुज:** यदि किसी चतुर्भुज के आमने सामने का कोण बराबर हो तथा आमने-सामने की भुजाएँ परस्पर समान्तर और बराबर हो तो इसे समान्तर चतुर्भुज कहते हैं।

समान्तर चतुर्भुज के गुण

- सम्मुख भुजाएँ बराबर होती हैं।
- सम्मुख कोण बराबर होते हैं।
- विकर्ण एक-दूसरे को समद्विभाजित करते हैं।
- विकर्ण बराबर नहीं होते हैं।

(ii) **समलम्ब चतुर्भुज:** यदि किसी चतुर्भुज के आमने-सामने की भुजाओं का एक युग्म (जोड़ा) समान्तर हो तो इसे समलम्ब चतुर्भुज कहते हैं।

(iii) **समचतुर्भुज:** यदि एक समान्तर चतुर्भुज की सभी भुजाएं बराबर हो तो उसे समचतुर्भुज कहते हैं।

समचतुर्भुज के गुण

- चारों भुजाएँ बराबर होती हैं।
- विकर्ण एक-दूसरे को 90° पर समद्विभाजित करते हैं।
- विकर्ण बराबर नहीं होते हैं।
- भुजाओं के वर्गों का योग विकर्णों के वर्गों के योग के बराबर होता है

अर्थात् $AB^2 + BC^2 + CD^2 + DA^2 = AC^2 + BD^2$

(iv) **आयत:** यदि किसी समान्तर चतुर्भुज के सभी कोण समकोण व आमने सामने की भुजा बराबर हो तो उसे आयत कहते हैं।

आयत के गुण

- सम्मुख भुजाएँ बराबर होती हैं।
- प्रत्येक अन्तःकोण बराबर होता है।
- विकर्ण बराबर होते हैं।
- विकर्ण एक-दूसरे को समद्विभाजित करते हैं।

(*v*) **वर्गः** यदि किसी समान्तर चतुर्भुज के सभी कोण समकोण व सभी भुजाएँ बराबर हो तो इसे वर्ग कहते हैं।

वर्ग के गुण

- चारों भुजाएँ बराबर होती हैं।
- प्रत्येक अन्तःकोण समकोण होता है।
- विकर्ण बराबर होते हैं।
- विकर्ण एक-दूसरे को 90° पर समद्विभाजित करते हैं।
- विकार्ण एक-दूसरे पर लम्बवत् होते हैं।

पतंग

एक चतुर्भुज जिसकी आसन्न भुजाओं के दो युग्म एवं बीच के सम्मुख कोणों का एक युग्म बराबर हों, पतंग कहलाते हैं।

चतुर्भुजों पर आधारित प्रमेय

1. किसी समांतर चतुर्भुज का एक विकर्ण उसे दो सर्वांगसम त्रिभुजों में विभाजित करता है।
2. एक समांतर चतुर्भुज में सम्मुख भुजाएँ बराबर होती हैं।
3. यदि एक चतुर्भुज की सम्मुख भुजाओं का प्रत्येक युग्म बराबर हो, तो वह एक समांतर चतुर्भुज होता है।
4. एक समांतर चतुर्भुज में सम्मुख कोण बराबर होते हैं।
5. यदि एक चतुर्भुज में सम्मुख कोणों का प्रत्येक युग्म बराबर हो, तो वह एक समांतर चतुर्भुज होता है।
6. समांतर चतुर्भुज के विकर्ण एक दूसरे को (परस्पर) समद्विभाजित करते हैं।
7. यदि एक चतुर्भुज के विकर्ण एक दूसरे को समद्विभाजित करें, तो वह एक समांतर चतुर्भुज होता है।
8. कोई चतुर्भुज एक समांतर चतुर्भुज होता है, यदि उसकी सम्मुख भुजाओं का एक युग्म बराबर और समांतर हो।
9. किसी त्रिभुज की किन्हीं दो भुजाओं के मध्य-बिंदुओं को मिलाने वाला रेखाखंड तीसरी भुजा के समांतर होता है।
10. किसी त्रिभुज की एक भुजा के मध्य-बिंदु से दूसरी भुजा के समांतर खींची गई रेखा तीसरी भुजा को समद्विभाजित करती है।

समान्तर चतुर्भुजों एवं त्रिभुजों के क्षेत्रफल पर आधारित प्रमेय

प्रमेय

1. एक ही आधार और एक ही समांतर रेखाओं के बीच स्थित समांतर चतुर्भुज क्षेत्रफल में बराबर होते हैं।
2. एक ही आधार (या बराबर आधारों) और एक ही समांतर रेखाओं के बीच स्थित त्रिभुज क्षेत्रफल में बराबर होते हैं।
3. एक ही आधार (या बराबर आधारों) वाले और बराबर क्षेत्रफलों वाले त्रिभुज एक ही समांतर रेखाओं के बीच स्थित होते हैं।

वृत्त के अवयव

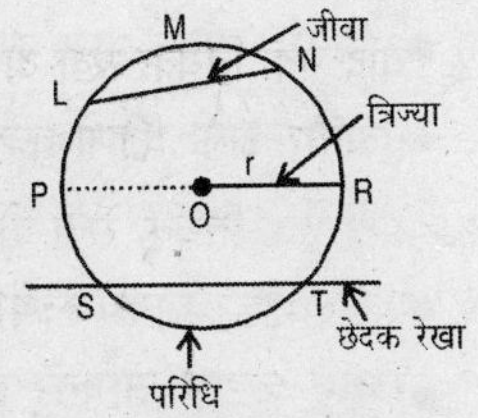

यहाँ, निश्चित बिन्दु O है जो केन्द्र कहलाता है। समान दूरी त्रिज्या कहलाती है। PR वृत्त का व्यास है। व्यास त्रिज्या का दोगुना होता है।

चापः वृत्त की परिधि का एक हिस्सा चाप कहलाता है। यह परिधि पर स्थिति कम-से-कम तीन बिन्दुओं से व्यक्त किया जाता है। जैसे ऊपर के चित्र में LMN वृत्त का एक चाप है।

छेदक रेखाः एक रेखा जो वृत्त को दो बिन्दुओं पर काटती है।

चापकर्ण/जीवाः वृत्त के परिधि के किसी बिंदुओं को मिलाने वाला रेखा-खण्ड।

वृत्तखण्डः एक जीवा वृत्त को दो भागों में बाँटती है, प्रत्येक भाग वृत्तखण्ड कहलाता है।

अर्द्धवृत्तः व्यास वृत्त को दो बराबर भागों में बाँटती है, प्रत्येक भाग अर्द्धवृत्त कहलाता है।

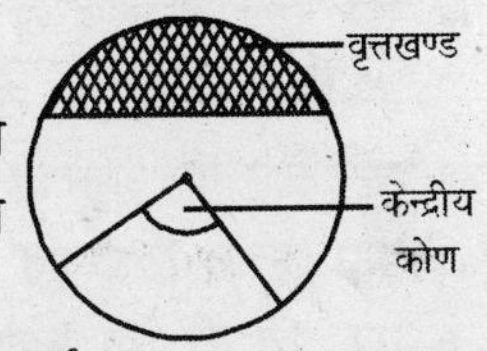

केन्द्रीय कोणः एक कोण जिसका शीर्ष वृत्त का केन्द्र हो केन्द्रीय कोण कहलाता है।

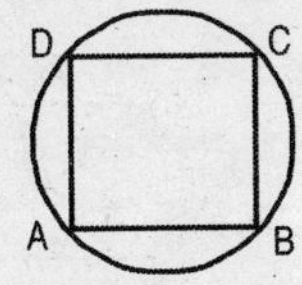

चक्रीय चतुर्भुजः यदि किसी चतुर्भुज के सभी शीर्ष वृत्त की परिधि पर स्थित हों तो ऐसे चतुर्भुज को चक्रीय चतुर्भुज कहते हैं।

त्रिज्यखण्ड– वृत्त के भीतर का वह क्षेत्र जो एक ओर से वृत्त के चाप द्वारा एवं अन्य ओर से दो त्रिज्याओं द्वारा घिरा रहता है त्रिज्यखण्ड कहलाता है।

परिधि– वृत्त में केन्द्र से प्रत्येक बिन्दु पर समान दूरी बनाते हुए केन्द्र के चारों ओर गुजरने वाली बन्द वक्र रेखा को परिधि कहते हैं।

वृत्त से सम्बन्धित महत्त्वपूर्ण तथ्य

- किसी जीवा पर केन्द्र से डाला गया लम्ब जीवा को दो बराबर भागों में बाँटता है।
- जीवा के मध्य बिन्दु से केन्द्र को मिलाने वाली रेखा जीवा पर लम्ब होती है।
- दो सर्वांगसम वृत्त की समान जीवाएँ अपने केन्द्र से समान दूरी पर स्थित होती है।
- सर्वांगसम वृत्त की जीवाएं यदि संगत केन्द्र से समान दूरी पर हो तो जीवाएं समान लम्बाई की होगी।
- एक ही वृत्त की समान जीवाएं केन्द्र से समान दूरी पर स्थित होती है।
- एक वृत्त की समान जीवाएं केन्द्र पर समान कोण अंतरित करती है।
- एक वृत्त के चाप द्वारा केन्द्र पर अन्तरित कोण, इसी चाप द्वारा शेष वृत्त के अन्य बिन्दु पर अन्तरित कोण का दुगुना होता है।

- किसी समान वृत्त खण्ड के कोण समान होते हैं।
- यदि किसी चतुर्भुज के आमने-सामने के कोणों के युग्म का योग 180° हो तो वह चतुर्भुज चक्रीय हो सकता है।
- अर्द्धवृत्त के कोण हमेशा समकोण होते हैं।
- वृत्त के किसी चाप द्वारा इसके एकान्तर खण्ड में किसी बिन्दु पर यदि समकोण बनाया जाय तो यह अर्द्धवृत्त होता है।

वृत्त पर आधारित प्रमेय

1. वृत्त की बराबर जीवाएँ केन्द्र पर बराबर कोण अंतरित करती हैं।
2. यदि एक वृत्त की जीवाओं द्वारा केन्द्र पर अंतरित कोण बराबर हों, तो वे जीवाएँ बराबर होती हैं।
3. एक वृत्त के केन्द्र से एक जीवा पर डाला गया लम्ब जीवा को समद्विभाजित करता है।
4. एक वृत्त के केन्द्र से एक जीवा को समद्विभाजित करने के लिए खींची गई रेखा जीवा पर लंब होती है।
5. तीन दिए गए असरेखी बिन्दुओं द्वारा होकर जाने वाला एक और केवल एक वृत्त है।
6. एक वृत्त की (या सर्वांगसम वृत्तों की) बराबर जीवाएँ केन्द्र से (या केन्द्रों से) समान दूरी पर होती हैं।
7. एक वृत्त के केन्द्र से समदूरस्थ जीवाएँ लम्बाई में समान होती हैं।
8. एक चाप द्वारा केन्द्र पर अंतरित कोण वृत्त के शेष भाग के किसी बिन्दु पर अन्तरित कोण का दुगुना होता है।
9. एक ही वृत्तखंड के कोण बराबर होते हैं।
10. यदि दो बिन्दुओं को मिलाने वाला रेखाखण्ड उसको अन्तर्विष्ट करने वाले रेखा के एक ही ओर स्थित दो अन्य बिन्दुओं पर संमान कोण अंतरित करे तो चारों बिन्दु एक ही वृत्त पर स्थित होते हैं।
11. चक्रीय चतुर्भुज के सम्मुख कोणों के प्रत्येक युग्म का योग 180° होता है।
12. यदि किसी चतुर्भुज के सम्मुख कोणों के एक युग्म का योग 180° हो, तो चतुर्भुज चक्रीय होता है।

त्रिविमीय आकृति

गोला– एक पूरी तरह गोल ठोस आकृति जिसके केन्द्र से सतह के प्रत्येक बिन्दु की दूरी बराबर हो गोला कहलाता है। जैसे– गेंद, कंचा, ग्लोब आदि।

शंकु– एक ठोस या खोखली वस्तु जिसका आधार गोल समतल हो तथा उसका पार्श्व भाग एक बिन्दु तक ढ़ाल के रूप में हो, शंकु कहलाती है। जैसे– आइसक्रीम कोन, लट्टू, यातायात शंकु आदि।

घनाभ– एक ठोस आकृति जिसके छः आयताकार सतह हों और प्रत्येक आसन्न सतह समकोण पर जुड़े हों जैसे– ईंट, बक्सा, दियासलाई आदि।

घन– एक ठोस आकृति जिसके छः वर्गाकार सतह हों और प्रत्येक आसन्न सतह समकोण पर जुड़े हों घन कहलाता है। जैसे– पासा।

बेलन– एक ठोस या खोखली आकृति जिसका दोनों किनारा वृत्तीय समतल हो और बीच का हिस्सा सीधा हो बेलन कहलाती है। जैसे– गिलास, बोतल, इत्यादि।

पिरामिड– एक ठोस आकृति जिसका आधार वर्गाकार या त्रिभुजाकार हो उसका ढालनुमा पार्श्व शीर्ष पर बिन्दु के रूप में मिल जाये, पिरामिड कहलाता है। जैसे– मिस्र के पिरामिड।

सतह– किसी ठोस समतल का बहुभुजीय क्षेत्र सतह या फलक कहलाता है।

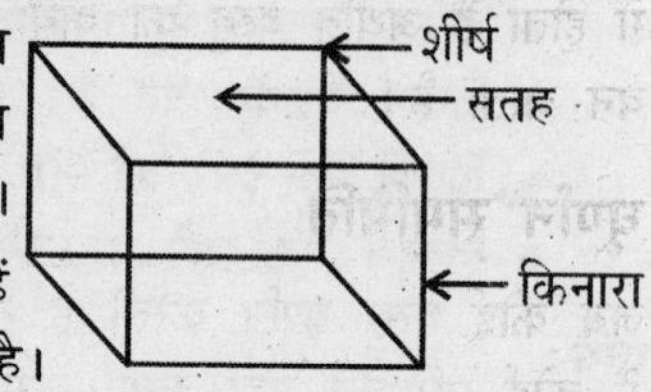

किनारा– जहाँ दो सतहें मिलती हैं वह किनारा कहलाता है।

शीर्ष– जहाँ दो या दो से अधिक किनारे मिलते हैं वह बिन्दु शीर्ष कहलाता है।

सममिति

सममिति हमारे दैनिक जीवन में प्रयोग होने वाला एक आम शब्द है। जब हम ऐसे आकृति या आकृतियों को देखते हैं जो बराबर संतुलित अनुपात में हों तब हम कहते हैं, "ये आकृतियाँ सममित आकृतियाँ हैं।"

यदि हम एक आकृति को आधे से इस तरह मोड़ें कि उसका आधा बायाँ भाग तथा आधा दायाँ भाग एक-दूसरे से पूर्णतया मिलता-जुलता हो तब हम कहेंगे कि आकृति में सममित रेखा उपस्थित है। हम देख सकते हैं कि दोनों आधे भाग एक-दूसरे के (दर्पण) प्रतिबिंब हैं। यदि हम आकृति के मोड़ने वाले स्थान पर एक दर्पण को रख देते हैं, तो आकृति के एक भाग का प्रतिबिंब दूसरे भाग को पूर्णतया ढक लेगा। ऐसा जब भी घटित होता है, तो इस तह या मोड़ (को जो वास्तविक या काल्पनिक हो सकता है को दर्पण रेखा कहते हैं और यही रेखा), आकृति की सममिति रेखा (या सममित अक्ष) कहलाती है।

एक सममित रेखा वाली आकृति– पतंग, केकड़ा, ताला, तितली, घड़ा, कैंची, पान का पत्ता, आदि।

दो या दो से अधिक सममित रेखाओं वाली आकृति– आयत, कोच-स्नोफलेक, वर्ग, समबाहु त्रिभुज, समबहुभुज, आदि।

दैनिक जीवन में सममिति–यातायात संकेतक, केंकड़ा, कछुआ, स्टार-फिश, ताश, कैंची, स्वास्तिक, फूल, तितली, ताले, आदि।

सममिति दर्शाने वाली कुछ वस्तुएँ– सजावट के सामान, एलबम, कैलाइडोस्कोप आदि।

प्रतिबिम्ब और सममिति

सममिति रेखा और दर्पण प्रतिबिंब एक-दूसरे से प्राकृतिक तौर पर संबंधित हैं।

वस्तु और उसका प्रतिबिंब दर्पण रेखा के संदर्भ में सममित है। जब एक पेपर को मोड़ा जाता है तो दर्पण रेखा, सममित रेखा बन जाती है। तब हम कहते हैं कि छाया, दर्पण रेखा में वस्तु का प्रतिबिंब है। यह भी देखा जा सकता है कि जब वस्तु परावर्तित होती है, तो उसकी लंबाई और कोणों में बिल्कुल भी परिवर्तन नहीं होता है, अर्थात् वस्तु की लंबाई और कोण तथा छाया की संगत लंबाई और कोण समान होते हैं। यद्यपि एक तरह से परिवर्तन भी होता है अर्थात् एक वस्तु तथा उसकी छाया में अंतर होता है। यह अन्तर उसके पक्ष में होता है अर्थात् वस्तु का बायां पक्ष प्रतिबिम्ब में दायां पक्ष बन जाता है।

घूर्णन सममिति

जब कोई वस्तु घूर्णन करती है तो उसके आकार और माप में कोई परिवर्तन नहीं होता। इस प्रकार की सममिति घूर्णन सममिति कहलाता है। जैसे– हवाई चकरी, नींबू की अनुप्रस्थ काट, यातायात संकेतक, चक्की, पहिया आदि।

घूर्णन में वस्तु एक निश्चित बिन्दु के चारों ओर चक्कर लगाता है। उस बिन्दु को **घूर्णन बिन्दु** कहते हैं तथा घूर्णन के दौरान घूमे गए कोण को **'घूर्णन कोण'** कहते हैं।

रचना

जैसा कि हम जानते हैं कि आज भी ज्यामितीय संकल्पनाएँ कला, मापन, गृहनिर्माण, प्रौद्योगिकी, वस्त्र निर्माण (डिजाइनिंग) एवं अन्य कई कौशलों मे प्रतिबिम्बित होती हैं। हम कई आकृतियाँ देखते हैं और उससे परिचित भी होते हैं। हम जो तस्वीर बनाते हैं उसमें भी विभिन्न आकृतियां सम्मिलित होती हैं। उनमें से कई को हम जान रहे होते हैं किन्तु इन आकृतियों को केवल जान लेना ही पर्याप्त नहीं है। हमें यह भी जानना आवश्यक है कि ये आकृतियां कैसे बनायी जाती हैं और इसे बनाने में किस उपकरण का उपयोग किया जाता है? आकृतियों को बनाने की प्रक्रिया क्या है और कैसे इसका उपयोग किया जाता है?

उपकरण और उसके प्रयोग

क्र.सं.	नाम	विवरण	प्रयोग
1.	रूलर अथवा सीधा किनारा	सैद्धांतिक रूप में एक रूलर में कोई चिह्न नहीं होते हैं। परन्तु ज्यामिति बक्स की रूलर में एक किनारे के अनुदिश सेंटीमीटर में चिह्न होते हैं (और कभी-कभी दूसरे किनारे पर इंचों में चिह्न होते हैं)	रेखाखंडों को खींचना और उनकी लंबाइयाँ मापना
2.	परकार	इसके दो सिरे होते हैं एक सिरा नुकीला होता है और दूसरे सिरे पर पेंसिल रखने का स्थान होता है।	बराबर लंबाइयाँ अंकित करने के लिए, परन्तु उन्हें मापने के लिए नहीं। चाप और वृत्त खींचने के लिए।
3.	डिवाइडर	इसके दो नुकीले सिरे होते हैं।	लंबाइयों की तुलना करने के लिए
4.	सेट स्क्वेयर	दो त्रिभुजाकार यंत्र हैं– एक में शीर्षों पर कोण 45°, 45°, 90° हैं और दूसरे में यह कोण 30°, 60°, 90° होते हैं।	लंब रेखाओं और समांतर रेखाओं को खींचना
5.	चाँदा (कोण मापक)	एक अर्धवृत्ताकार यंत्र जिस पर 180 (degree) भाग चिह्नित होते हैं। यह मापन दाईं ओर से 0° से प्रारंभ होकर बाईं ओर 180° पर समाप्त होता है और ऐसा ही बाईं ओर से 0° प्रारंभ होकर दाईं ओर 180° पर समाप्त होता है।	कोणों को खींचना और मापना

दी गयी रेखा से बाहर स्थित बिन्दु से रेखा के समान्तर रेखा खींचना

इस रचना को केवल पैमाना (रूलर) और परकार का प्रयोग करके कर सकते हैं।

चरण 1 : एक रेखा 'l' और उसके बाहर स्थित कोई बिंदु 'A' लिया जाता है।

चरण 2 : रेखा l और कोई बिंदु B लेकर A को B से मिलाया जाता है।

चरण 3 : बिंदु B को केंद्र मान कर और कोई सुविधाजनक त्रिज्या लेकर, l को C पर और BA को D पर प्रतिच्छेद करता (काटता) हुआ एक चाप खींचा जाता है।

चरण 4 : अब, A बिंदु को केंद्र मान कर और चरण

3 वाली ही त्रिज्या लेकर, AB को G पर काटता हुआ एक चाप EF खींचा जाता है।

चरण 5 : परकार के नुकीले सिरे को C पर रखकर और इसे खोल कर इस प्रकार समायोजित किया जाता है कि पेंसिल की नोक D पर रहे।

चरण 6 : G को केंद्र मानकर और परकार का खुलाव (opening) चरण 5 वाला ही रखते हुए, एक चाप खींचा जाता है। जो चाप EF को H पर काटे।

चरण 7 : अब AH को मिलाकर रेखा *m* खींची जाती है।

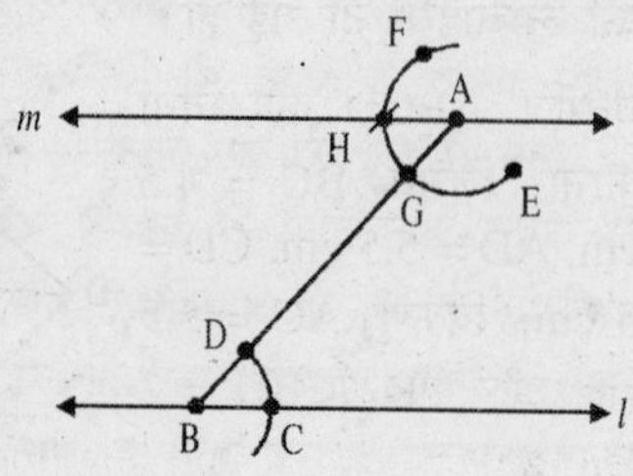

जैसा कि हम जानते हैं कि ∠ABC और ∠BAH एकांतर अंतःकोण हैं, जो परस्पर बराबर हैं। इसलिए $m \parallel l$ है।

त्रिभुज की रचना करना जब उसकी तीनों भुजाओं की लम्बाइयाँ दी गयी हों। (SSS कसौटी)

एक त्रिभुज ABC की रचना करना, जबकि AB = 6 cm, BC = 7 cm और AC = 9 cm दिया है।

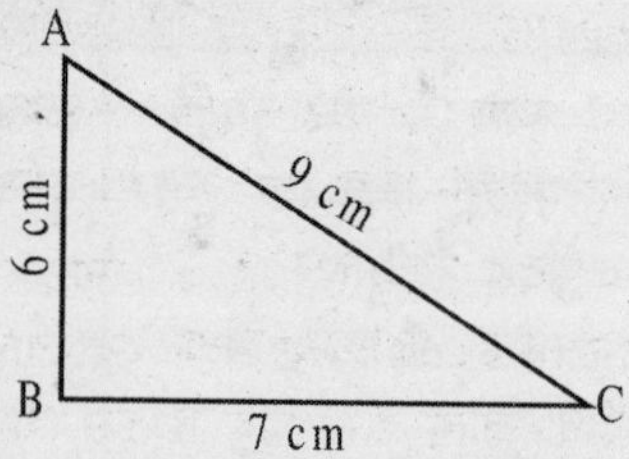

चरण 1 : पहले दी हुई मापों की एक रफ आकृति खींची जाती है। (इससे आगे बढ़ने में सहायता मिलती है)।

चरण 2 : 7 cm लंबाई का रेखाखंड BC खींचा जाता है।

चरण 3 : बिंदु B से, बिंदु A. 6 cm की दूरी पर है। अतः, B को केंद्र मान कर और 6 cm त्रिज्या लेकर एक चाप खींची जाती है। (अब A इस चाप पर कहीं स्थित एक बिंदु है। हमें यह ज्ञात करना है कि A बिल्कुल ठीक इस चाप पर कहाँ है)

चरण 4 : C से, बिंदु A, 9 cm की दूरी पर है। अतः C को केंद्र मान कर और 9 cm त्रिज्या लेकर एक चाप खींचा जाता है। (A इस चाप पर कहीं स्थित होगा। हमें इसका पता लगाना है)

चरण 5 : A को खींचे गए इन दोनों चापों पर स्थित होना चाहिए। अतः यह इन दोनों चापों का प्रतिच्छेद बिंदु है। इन चापों के प्रतिच्छेद बिंदु को A से अंकित किया जाता है। AB और AC को जोड़ा जाता है। इस प्रकार अभीष्ट त्रिभुज की रचना की जाती है।

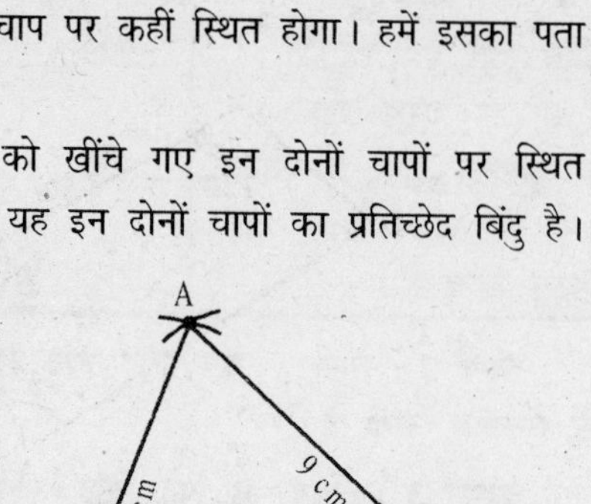

त्रिभुज की रचना करना जब दो भुजाओं की लम्बाइयाँ एवं उसके बीच के कोण की माप दी गई हो। (SAS कसौटी)

एक त्रिभुज PQR की रचना करना, जब दिया है कि PQ = 4 cm, QR = 6 cm और ∠PQR = 60° है।

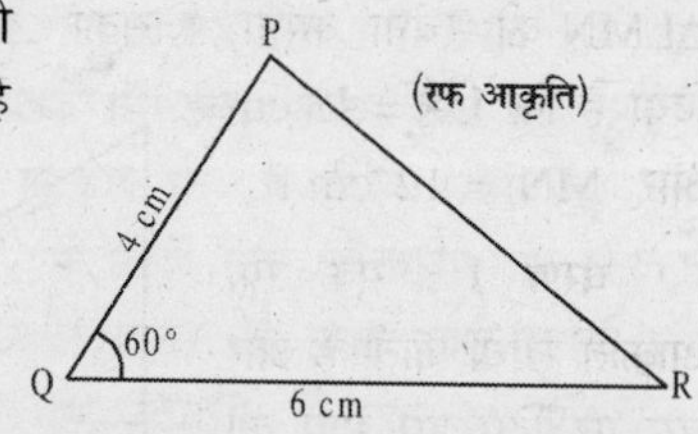

चरण 1 : पहले दी हुई मापों के अनुसार, एक रफ आकृति खींचा जाता है। (इससे रचना की प्रक्रिया निर्धारित करने में सहायता मिलती है)।

चरण 2 : 6 cm लंबाई का एक रेखाखंड QR खींचा जाता है।

चरण 3 : Q पर किरण QX जो QR के साथ 60° का कोण बनाया जाता है। (बिंदु P कोण की इसी किरण पर कहीं स्थित होगा)

चरण 4 : (P को निश्चित करने के लिए, दूरी QP दी हुई है।) Q को केंद्र मान कर 4 cm त्रिज्या वाला एक चाप खींचा जाता है। यह QX को बिंदु P पर काटता है।

चरण 5 : PR को जोड़ा जाता है। इस प्रकार, अभीष्ट त्रिभुज की रचना की जाती है।

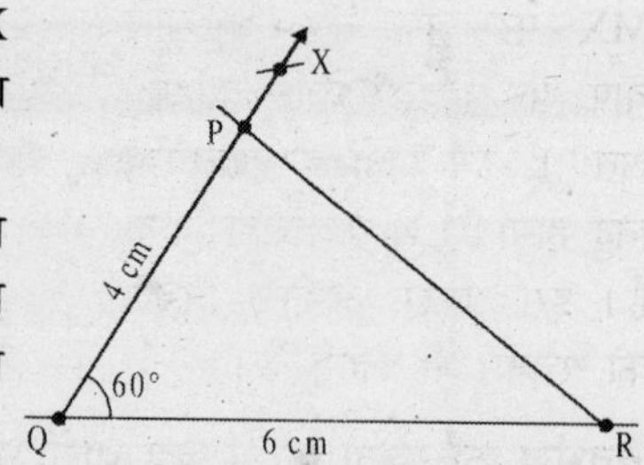

त्रिभुज की रचना करना जब दो कोणों के माप और उनके बीच की भुजा की लम्बाई दी गई हो। (ASA कसौटी)

ΔXYZ की रचना करना यदि, XY = 5 cm, m∠ZXY = 30° और m∠XYZ = 100° है।

चरण 1 : वास्तविक रचना से पहले, इस पर अंकित मापों के अनुसार एक रफ आकृति खींची जाती है। (इससे कुछ अनुमान लग जाता है कि कैसे रचना की जाए)

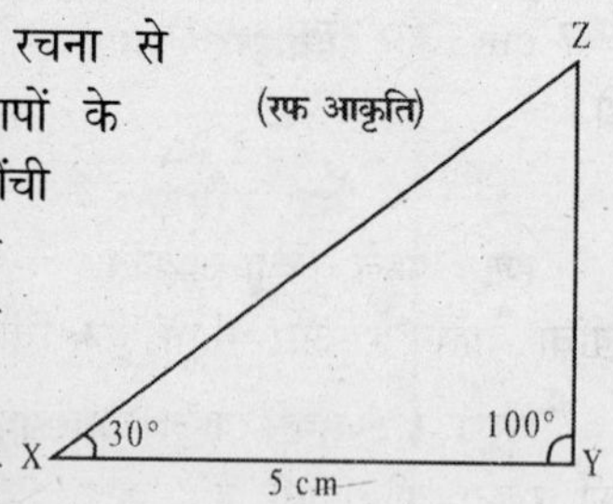

चरण 2 : 5 cm लंबाई का रेखाखण्ड XY खींचा जाता है।

चरण 3 : X पर एक किरण XP खींची जाती है जो XY से 30° का कोण बनाए।

चरण 4 : Y पर एक किरण YQ खींची जाती है, जो YX से 100° का कोण बनाए।

चरण 5 : Z को दोनों किरणों XP और YQ पर स्थित होना चाहिए। अतः इन दोनों किरणों का प्रतिच्छेद बिंदु ही Z है। इस प्रकार अभीष्ट त्रिभुज की रचना की जाती है।

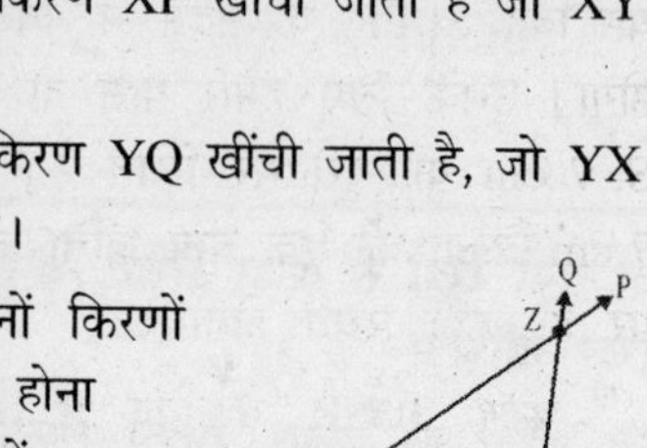

समकोण त्रिभुज की रचना करना जब उसकी एक भुजा और कर्ण की लम्बाई दी गई हो। (RHS कसौटी)

ΔLMN की रचना करना, जिसका $\angle LMN$ समकोण है तथा दिया है कि LN = 13 cm और MN = 12 cm।

(रफ आकृति)

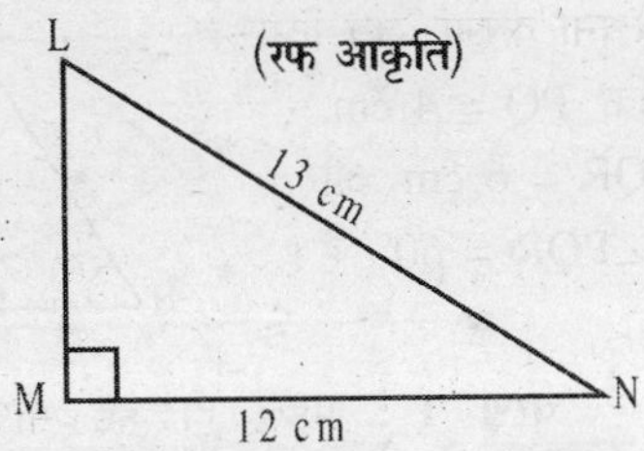

चरण 1 : एक रफ आकृति खींची जाती है और उस पर दिए हुए माप को अंकित किया जाता है।

चरण 2 : 12 cm लंबाई का रेखाखंड MN खींचा जाता है।

चरण 3 : M पर $MX \perp MN$ खींचा जाता है। (L इसी लंब पर कहीं स्थित होना चाहिए)

चरण 4 : N को केंद्र मानकर, 13 cm त्रिज्या का एक चाप खींचा जाता है। (L इसी चाप पर स्थित होना चाहिए, क्योंकि यह N से 13 cm की दूरी पर है)

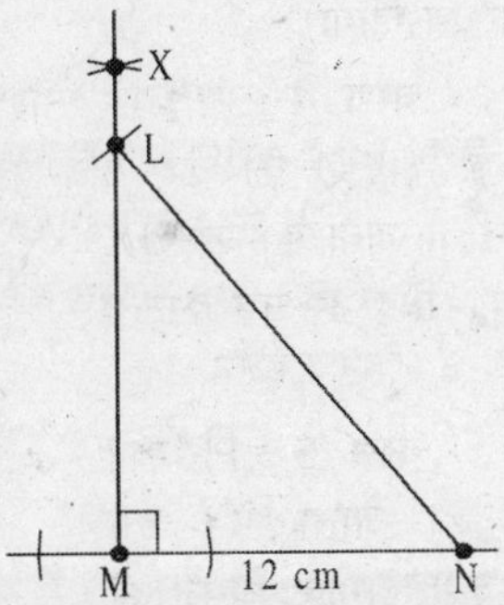

चरण 5 : L को लंब रेखा MX पर और केंद्र N वाले चाप पर स्थित होना चाहिए। अतः L इन दोनों का प्रतिच्छेद बिंदु होगा। LN को जोड़ा जाता है। इस प्रकार अभीष्ट त्रिभुज की रचना की जाती है।

चतुर्भुज की रचना करना जब चारों भुजाएँ और एक विकर्ण की लम्बाई दी गई हो।

चतुर्भुज PQRS की रचना करना जिसमें PQ = 5 cm, QR = 8 cm, RS = 6 cm, PS = 7 cm और PR = 9 cm हो।

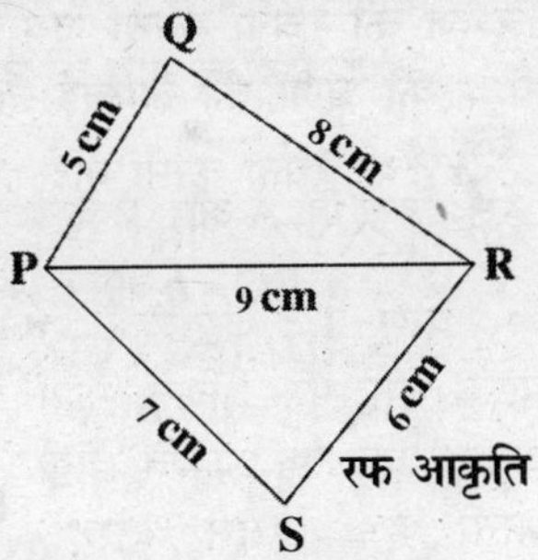

रफ आकृति

हल : पहले कच्ची आकृति खींचा जाता है और मापों को चिह्नित किया जाता है।

चरण 1 : सबसे पहले दिए गए माप के अनुसार ΔPQR की रचना की जाती है।

चरण 2 : अब हमें चौथे बिंदु 'S' का पता लगाना है। यह बिंदु S, PR के संदर्भ में, बिंदु Q के विपरीत दिशा में होगा। उसके लिए हमारे पास दो माप हैं। बिंदु P से, बिंदु S, 7 cm की दूरी पर स्थित है। अतः P को केंद्र मानकर 7 cm त्रिज्या की एक चाप खींचा जाता है। (बिंदु S इस चाप पर ही कहीं स्थित होगा)

चरण 3 : R से बिंदु S, 6 cm दूरी पर है। अतः R को केंद्र मानकर और 6 cm त्रिज्या लेकर एक चाप खींचा जाता है। बिन्दु 'S' इस चाप पर कहीं स्थित होगा।)

चरण 4 : बिंदु S को खींचे गए दोनों चापों पर स्थित होना चाहिए। अतः यह इन दोनों चापों का प्रतिच्छेद बिंदु है। इस बिंदु को 'S' से अंकित किया जाता है और PQRS को पूरा किया जाता है। इस प्रकार अभीष्ट चतुर्भुज की रचना की जाती है।

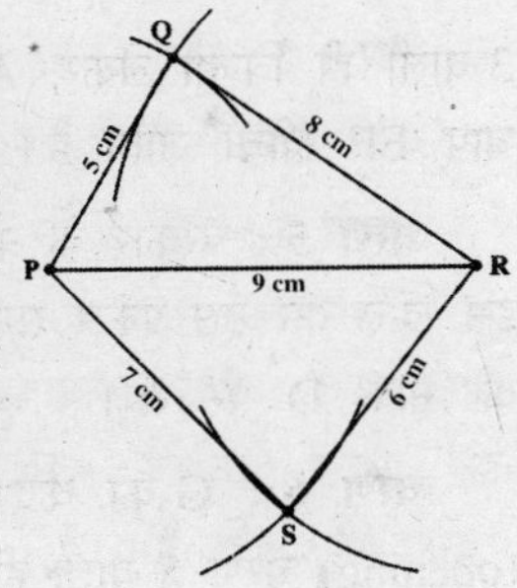

चतुर्भुज की रचना करना जब दो विकर्ण और तीन भुजाओं की लम्बाईयाँ दी गई हों।

चतुर्भुज ABCD की रचना करना, जिसमें BC = 4.5 cm, AD = 5.5 cm, CD = 5 cm, विकर्ण AC = 5.5 cm और विकर्ण BD = 7 cm है।

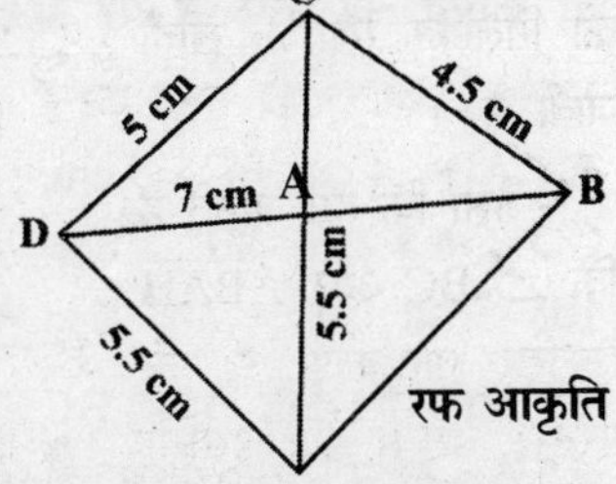

रफ आकृति

चरण 1 : SSS कसौटी का उपयोग करके ΔACD की रचना की जाती है। (अब हमें बिंदु B का पता लगाने की आवश्यकता है जो बिंदु C से 4.5 cm तथा बिंदु D से 7 cm दूरी पर स्थित है)।

चरण 2 : D को केंद्र मानकर, 7 cm त्रिज्या वाली एक चाप खींचा जाता है। (बिंदु B इस चाप पर कहीं स्थित होगा)।

चरण 3 : C को केंद्र मानकर और 4.5 cm त्रिज्या लेकर एक चाप खींचा जाता है। (बिंदु B इस चाप पर कहीं स्थित होगा)।

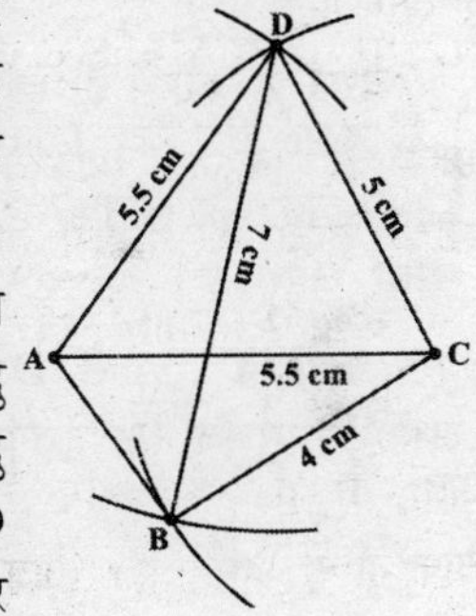

चरण 4 : क्योंकि बिंदु B इन दोनों चापों पर स्थित है। अतः बिंदु B इन दोनों चापों का प्रतिच्छेद बिंदु है। बिंदु B को अंकित कर ABCD को पूरा किया जाता है। इस प्रकार अभीष्ट चतुर्भुज की रचना की जाती है।

चतुर्भुज की रचना करना जब दो आसन्न भुजाएँ और तीन कोणों की माप दी गई हो।

चतुर्भुज ABCD की रचना करना, जहाँ AB = 3.5 cm, BC = 6.5 cm, $\angle A = 75°$, $\angle B = 105°$ और $\angle C = 120°$ है।

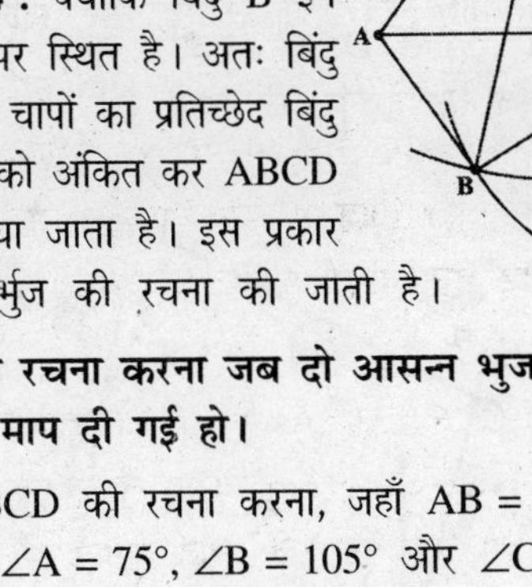

रफ आकृति

चरण 1 : एक रेखाखण्ड AB = 3.5 cm खींचा जाता है फिर बिन्दु B पर $\angle ABX = 105°$ बनाया जाता है और BX में से BC = 6.5 cm काट लिया जाता है।

चरण 2 : बिंदु C पर $\angle BCY = 120°$ बनाया जाता है।

चरण 3 : बिंदु A पर $\angle BAZ = 75°$ बनाया जाता है। प्रतिच्छेद बिन्दु पर D अंकित किया जाता है। इस प्रकार चतुर्भुज ABCD की रचना की जाती है।

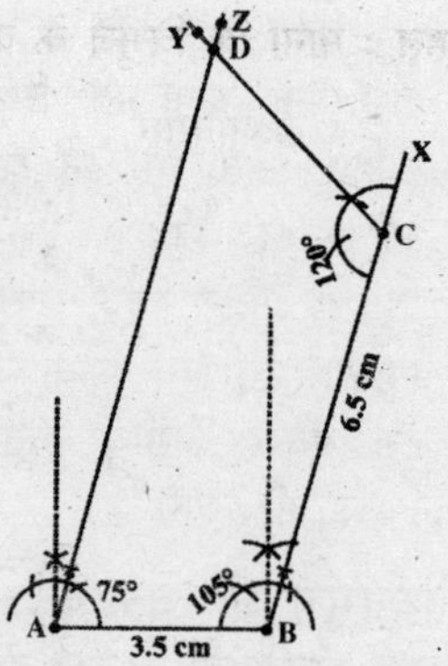

चतुर्भुज की रचना करना जब तीन भुजाएँ एवं उनके बीच के दो कोणों की माप दी गई हो।

चतुर्भुज ABCD की रचना करना जहाँ AB = 4 cm, BC = 5 cm, CD = 6.5 cm और $\angle B = 105°$ तथा $\angle C = 80°$ है।

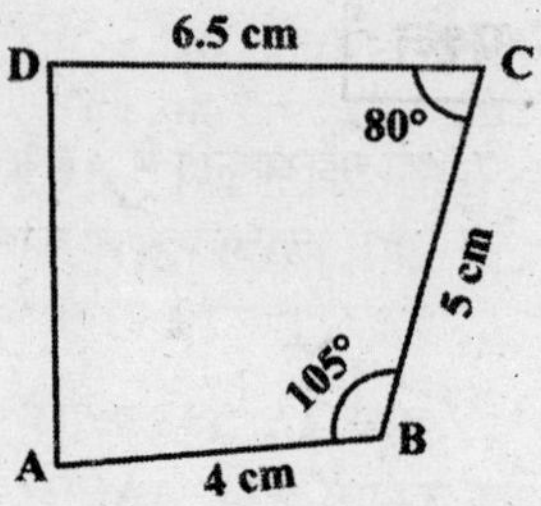

चरण 1 : बिंदु B पर BC = 5 cm लेकर रचना प्रारंभ की जाती है। BX के अनुदिश 105° का कोण बनाया जाता है। इससे 4 cm की दूरी पर बिंदु A को अंकित किया जाता है जिससे बिंदु B, C और A प्राप्त हो जाते हैं।

चरण 2 : चतुर्थ बिंदु D, CY पर कहीं स्थित है जो भुजा BC के साथ 80° का कोण बनाता है। BC पर स्थित बिंदु C पर $\angle BCY = 80°$ बनाया जाता है।

चरण 3 : बिंदु D, CY पर 6.5 cm की दूरी पर स्थित है। C को केंद्र मानकर और 6.5 cm त्रिज्या लेकर एक चाप खींचा जाता है। यह CY को D पर प्रतिच्छेद करती है।

चरण 4 : A से D को मिलाया जाता है। इस प्रकार अभीष्ट चतुर्भुज की रचना की जाती है।

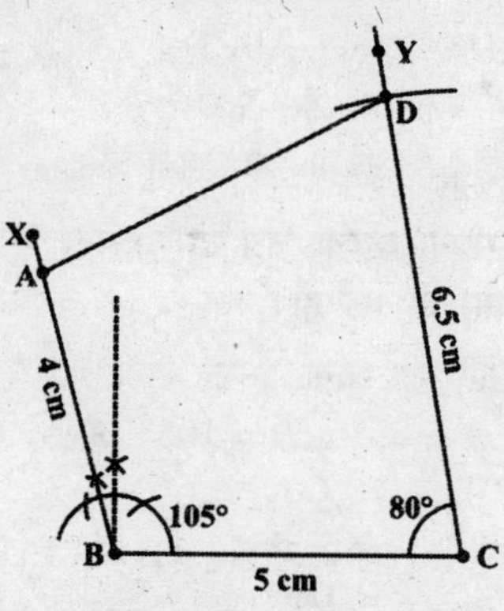

साधित प्रश्न

उदाहरण 1 : दिए गए चित्र में यदि AB ∥ CD तो $\angle a$ का मान ज्ञात कीजिये?

हल : बिन्दु O से एक रेखा l खींचियें जो AB तथा CD दोनों के समान्तर हो।

स्पष्टतः $\angle a = \angle 1 + \angle 2$ ....(*i*)

अब, $\angle 1 = 55°$ [एकान्तर कोण]

तथा $\angle 2 = 38°$ [एकान्तर कोण]

$\therefore \angle a = 55° + 38°$ [(*i*) से]

$\Rightarrow \angle a = 93°$

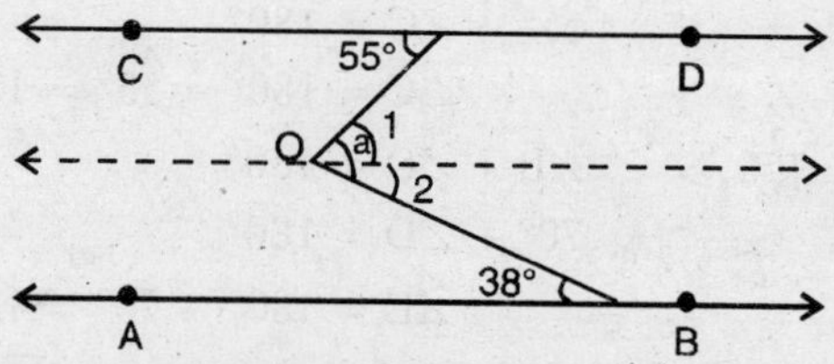

उदाहरण 2 : यदि आकृति में वृत्त का केन्द्र O है तथा $m\angle CBD = 30°$ हो तो $m\angle BAC$ का मान क्या होगा?

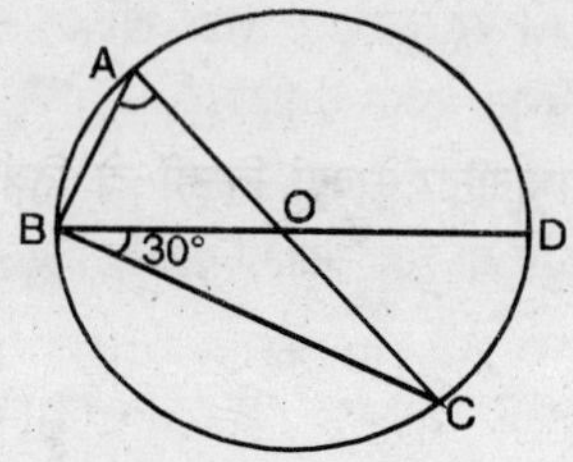

हल : $m\angle ABC = 90°$ तथा $m\angle OBC = 30°$

$\therefore m\angle ABO = 90° - 30° = 60°$

OB = OA = वृत्त की त्रिज्या है, अतः ΔOAB समद्विबाहु त्रिभुज होगा

$\therefore m\angle OAB = \angle OBA = 60°$

$m\angle BAC = 60°$

उदाहरण 3 : दो वृत्त ऐसे हैं जो एक-दूसरे को काटते नहीं हैं तथा एक वृत्त दूसरे के अन्दर हैं, बड़े तथा छोटे वृत्तों की त्रिज्याएं क्रमशः a तथा b हैं एवं उनके परिधियों में न्यूनतम दूरी c हो तो उनके केन्द्रों के बीच की दूरी क्या होगी?

हल :

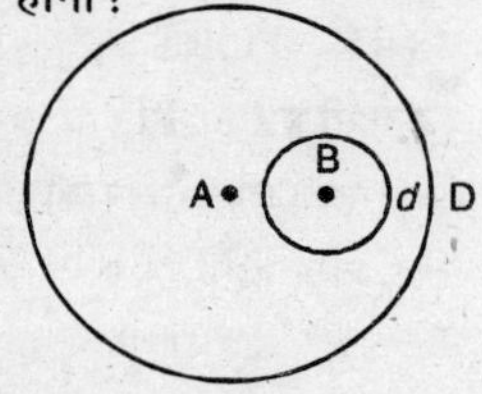

मान लिया कि A और B केन्द्र हैं।

$\therefore AD = a, BC = b$ और $CD = c$

$\therefore AB = AD - (BC + CD)$

$= a - (b + c) = a - b - c$

उदाहरण 4 : दिए गए चित्र में AB = BC, $\angle B = x$ एवं $\angle A = (2x - 20°)$ तो $\angle B$ का मान ज्ञात करें।

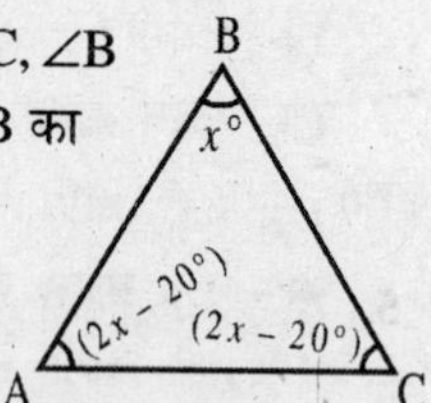

हल : ΔABC में, AB = BC

$\therefore \angle A = \angle C = x°$

$\because$ त्रिभुज के कोणों का योग = 180°

$$\angle A + \angle B + \angle C = 180°$$

$$(2x - 20°) + x + (2x - 20°) = 180°$$

$$5x - 40° = 180°$$

$$5x = 180° + 40°$$

$$x = \frac{220°}{5} = 44°$$

उदाहरण 5 : दिए गए चित्र में, ABCD एक समलम्ब चतुर्भुज है जिसमें AB ∥ DC है। यदि $\angle A = 55°$ एवं $\angle B = 70°$ तो

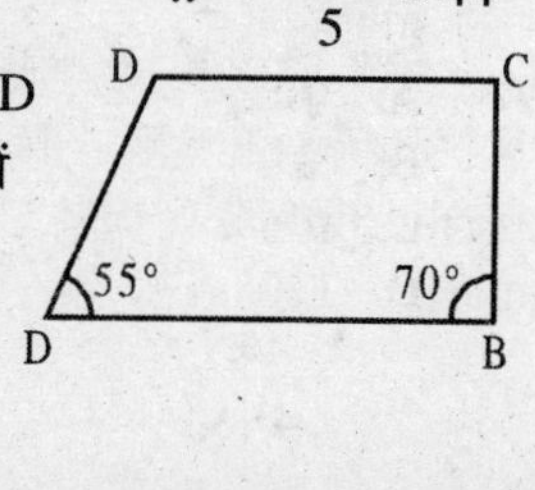

∠C एवं ∠D का मान निकालें।

हल : समलम्ब चर्तुभुज ABCD में, AB ∥ DC

$\therefore \quad \angle A + \angle C = 180°$

$55° + \angle C = 180°$

$\therefore \quad \angle C = 180° - 55° = 125°$

एवं $\quad \angle B + \angle D = 180°$

$70° + \angle D = 180°$

$\angle D = 180° - 70° = 110°$

उदाहरण 6 : यदि किसी त्रिभुज के तीनों कोण 1 : 2 : 3 के अनुपात में हो तो सबसे बड़े कोण की माप क्या होगी?

हल : माना कि त्रिभुज के कोण x, $2x$ एवं $3x$, हैं

प्रश्नानुसार,

$1x + 2x + 3x = 180°$

$\Rightarrow \quad 6x = 180°$

$\therefore \quad x = \frac{180°}{6} = 30°$

$\therefore \quad 1x = 1 \times 30° = 30°$

$2x = 2 \times 30° = 60°$

या $\quad 3x = 3 \times 30° = 90°$

बहुवैकल्पिक प्रश्न

1. यदि दो समानान्तर रेखाएं किन्हीं दो तिर्यक रेखाओं द्वारा काटी जाती हैं तो चार रेखाओं द्वारा बना हुआ चतुर्भुज सदैव होता है—

A. समानान्तर चतुर्भुज B. समचतुर्भुज
C. वर्ग D. समलम्ब चतुर्भुज

2. यदि किन्ही दो समानान्तर रेखाओं को कोई तिर्यक रेखा काटे तो तिर्यक रेखा के एक ही ओर के दोनों अंत: कोणों का योग होगा—

A. 360° B. 270°
C. 180° D. 90°

3. Δ ABC के आधार BC के समानान्तर XY एक रेखा खींची गयी है जो AB को X तथा AB को Y पर काटती है। यदि AB = 4BX और YC = 2 सेमी हो, तो AY होगी—

A. 2 सेमी B. 4 सेमी
C. 6 सेमी D. 8 सेमी

4. दी हुई आकृति में AB ∥CD, AB = 4 सेमी, AC = 3 सेमी तथा CD = 6 सेमी हो तो EC की लंबाई क्या होगी?

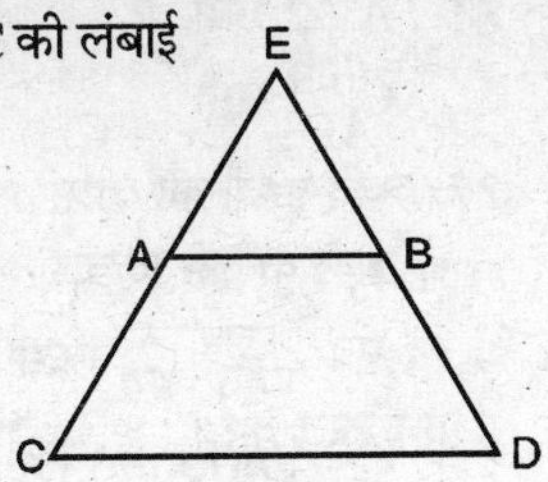

A. 4 सेमी
B. 9 सेमी
C. 3 सेमी
D. 4.5 सेमी

5. दी हुई आकृति में AC ∥ XR, OP ∥ AB और ∠CAX = 65° तो ∠OPR का मान कितना होगा?

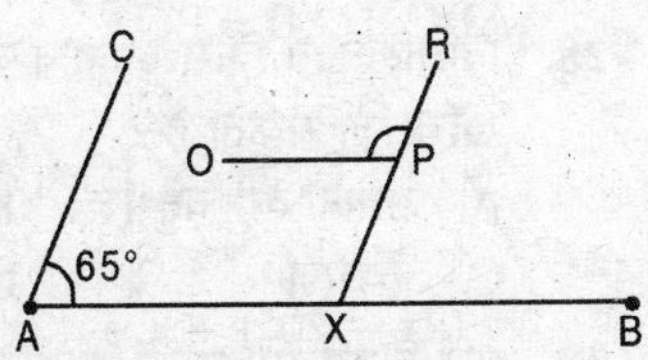

A. 120° B. 125°
C. 115° D. 110°

6. दी हुई आकृति में x का मान कितना होगा?

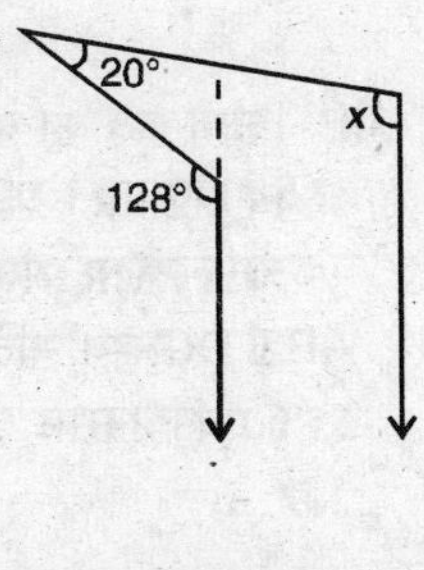

A. 108°
B. 110°
C. 105°
D. 120°

7. दी गई आकृति में AB ∥ DE ∥ FG ∥ HI हो तो इस आकृति में समलम्ब चतुर्भजों की संख्या कितनी होगी?

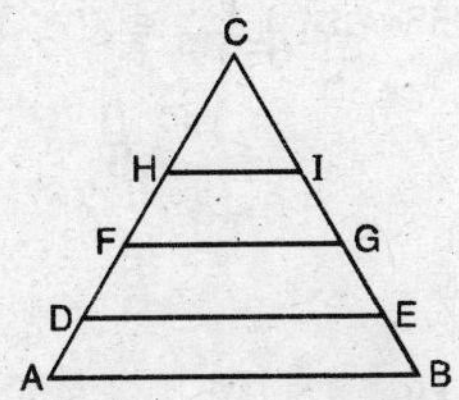

A. 7
B. 6
C. 5
D. 4

8. दी गई आकृति में समलम्ब चतुर्भुजों की संख्या कितनी होगी?

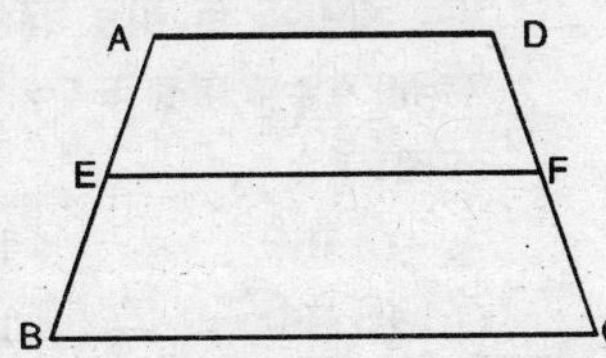

A. 4
B. 3
C. 2
D. 1

9. यदि उपर्युक्त आकृति में ∠QPR = 67°, ∠SPR = 72° तथा वृत्त का व्यास RP है तो ∠QRS बराबर है:

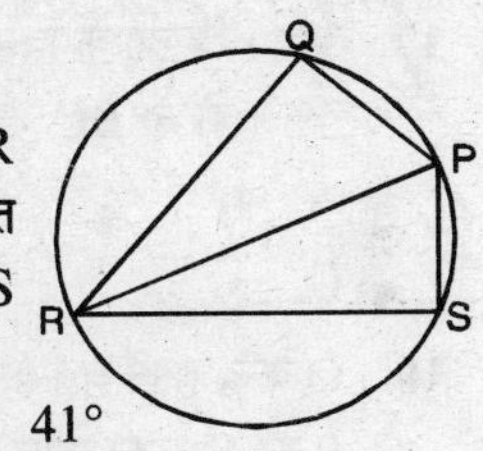

A. 18° B. 41°
C. 23° D. 57°

10. 20 सेमी और 37 सेमी त्रिज्या वाले दो वृत्त एक दूसरे को A और B पर प्रतिच्छेद करते हैं, यदि उनके केन्द्र O_1 तथा O_2 हों और AB = 24 सेमी हो तो $O_1 O_2$ बराबर हैं।

A. 45 सेमी B. 51 सेमी
C. $40\frac{1}{2}$ सेमी D. 44 सेमी

11. यदि किसी वृत्त की दो जीवाएं AB और CD एक दूसरे को वृत्त के बाहर P बिन्दु पर काटती हैं तथा AP = 12 सेमी, CD = 7 सेमी और PC = 15 सेमी हों तो AB बराबर हैं:

A. 4 सेमी B. 8 सेमी
C. 10 सेमी D. 2 सेमी

12. यदि कोई वृत्त, चतुर्भुज ABCD की भुजाओं AB, BC, CD, और DA को स्पर्श करता है तो निम्नलिखित में से कौन-सा निष्कर्ष सदैव **सत्य** होता है?

A. AB = AD
B. AD ∥ CD

C. AB + CD = AD + BC
D. ABCD एक चक्रीय चतुर्भुज है

13. यदि किसी वृत्त के चाप द्वारा केन्द्र पर अन्तरित कोण 62° का हो तो उसी चाप द्वारा वृत्त के शेष भाग पर अन्तरित कोण होगा:

A. 30° B. 32°
C. 31° D. 33°

14. 17 सेमी त्रिज्या वाले वृत्त के व्यास के दोनों ओर दो समान्तर जीवाएं खींची गई है तथा जीवाओं के बीच की दूरी 23 सेमी है यदि उन जीवाओं में से एक की लम्बाई 16 सेमी हो तो दूसरी जीवा की लम्बाई क्या होगी?

A. 23 सेमी B. 30 सेमी
C. 34 सेमी D. 15 सेमी

15. यदि एक वृत्त में जिसका केन्द्र O है, AB और CD दो परस्पर लम्ब व्यास हैं तो जीवा AC की लम्बाई निम्नलिखित में से क्या है?

A. $\frac{1}{\sqrt{2}}AB$ B. AB
C. $\sqrt{2}AB$ D. 2 AB

16. एक वृत्त में दो समान्तर जीवाएं 6 सेमी व 8 सेमी लम्बी हैं, यदि जीवाओं के बीच की दूरी 1 सेमी हो तथा वे दोनों जीवाएं वृत्त के केन्द्र के एक ही ओर हों तो वृत्त के व्यास की लम्बाई है :

A. 12 सेमी B. 5 सेमी
C. 10 सेमी D. 6 सेमी

17. यदि r त्रिज्या के किसी वृत्त में AB और CD दो परस्पर लम्ब व्यास हों तो BC जीवा की लम्बाई है :

A. $4r$ B. $\sqrt{2}r$
C. $2\sqrt{2}r$ D. r

18. O केन्द्र वाले वृत्त के सापेक्ष किसी बिन्दु P का सम्पर्क जीवा, P पर 50° का कोण बनाता है, सम्पर्क जीवा द्वारा O पर बना हुआ कोण होगा :

A. 90° B. 100°
C. 120° D. 130°

19. AB इस वृत्त का व्यास है जिसका केन्द्र O है, CD, AB को E पर इस प्रकार काटती है कि DE = EB यदि CE = 6 सेमी तथा ED = 2 सेमी हो तो वृत्त की त्रिज्या है :

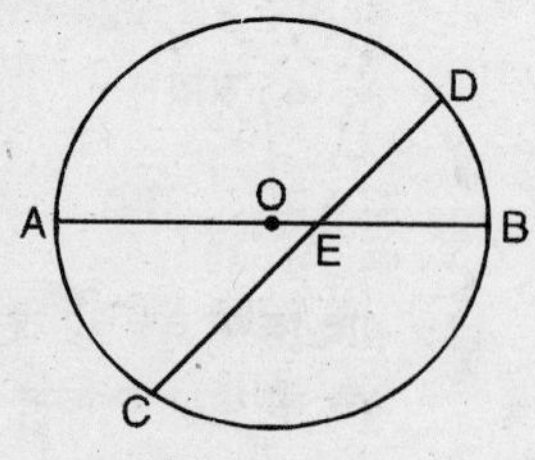

A. $4\sqrt{3}$ सेमी B. 8 सेमी
C. 4 सेमी D. 6 सेमी

20. दो जीवाएं AB व CD एक दूसरे को E बिन्दु पर इस प्रकार काटती हैं कि AE = 2.4 सेमी, BE = 3.2 सेमी और CE = 1.6 सेमी है तो DE बराबर है :

A. 4.8 सेमी B. 3.2 सेमी
C. 1.6 सेमी D. 6.4 सेमी

21. आकृति में वृत्त के बिन्दु T पर TP एक स्पर्श रेखा है, यदि ∠ PTB = 63° हो तो ∠DAB बराबर है :

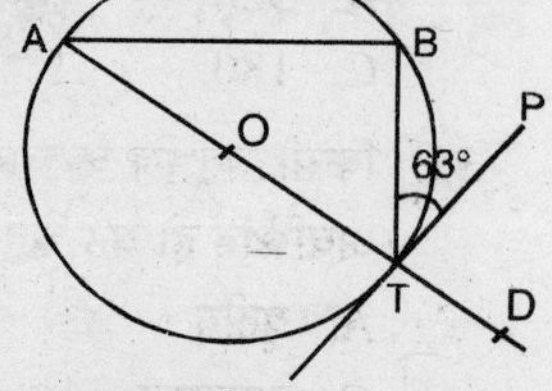

A. 48°
B. 69°
C. 63°
D. 79°

22. कोई चार बिन्दुओं P, Q, R, S से संभव है :

A. कम से कम एक वृत्त B. केवल एक वृत्त
C. केवल दो वृत्त D. केवल तीन वृत्त

23. चित्र में एक बड़े वृत्त में एक छोटा वृत्त इस प्रकार खींचा गया है कि यह उसके केन्द्र O को स्पर्श करता है यदि छोटे वृत्त का क्षेत्रफल 200 वर्ग सेमी हो तो बड़े वृत्त का क्षेत्रफल वर्ग सेमी में होगा :

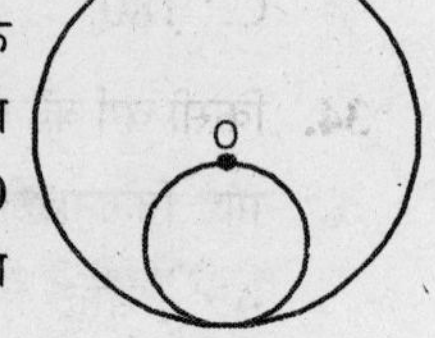

A. 400 B. 600
C. 800 D. 1000

24. यदि किसी वृत्त की दो समान्तर जीवाओं की लम्बाई, जिनकी परस्पर दूरी 1 सेमी है, क्रमश: 6 सेमी तथा 8 सेमी है तो वृत्त के केन्द्र से अपेक्षाकृत लम्बी जीवा की दूरी क्या होगी?

A. 4 सेमी B. 12 सेमी
C. 7 सेमी D. 3 सेमी

25. यदि O केन्द्र वाले किसी वृत्त की जीवा AB का मध्य बिन्दु D हो तो $m\angle ODA$ है :

A. 60° B. 90°
C. 120° D. 30°

26. यदि किसी वृत्त के अन्तर्गत एक वर्ग ABCD हो तथा AB = 4 सेमी हो तो वृत्त की त्रिज्या होगी :

A. 2 सेमी B. $2\sqrt{2}$ सेमी
C. 4 सेमी D. $4\sqrt{2}$ सेमी

27. यदि पृथ्वी का व्यास a किमी हो तो h किमी ऊंचाई पर उड़ने वाले यान से दिखाई देने वाली क्षैतिज दूरी होगी—

A. $\sqrt{h^2+ah}$ किमी B. $\sqrt{1+ah}$ किमी
C. $\sqrt{h(1+ah)}$ किमी D. इनमें से कोई नहीं

28. निम्नलिखित किस आकृति के अन्दर सदैव एक अन्त: वृत्त खींचा जा सकता है?

A. समानान्तर चतुर्भुज B. वर्ग
C. पंचभुज D. चतुर्भुज

29. यदि किसी समतल में दो समान वृत्त हों तो उनकी उभयनिष्ठ स्पर्श रेखाओं की संख्या अधिक से अधिक क्या होगी?

A. 1 B. 2
C. 4 D. 3

30. किसी वृत्त का केन्द्र O है, यदि वृत्त में दो असमान जीवाएं PQ तथा RS एक दूसरे को M बिन्दु पर प्रतिच्छेद करती हैं तो Δ PMR और Δ QMS है—

A. असम्बन्धित B. समक्षेत्रीय
C. सर्वांगसम D. सजातीय

31. किसी चतुर्भुज के चारों अंतः कोणों का योग कितना होता है ?
A. 360° B. 270°
C. 180° D. इनमें से कोई नहीं

32. किसी चतुर्भुज के चारों शीर्ष कोण किसी वृत्त के परिधि पर अवस्थित हो वह चतुर्भुज कहलाता है:
A. वृतीय B. चक्रीय
C. समलम्ब D. समान्तर

33. किसी चक्रीय चतुर्भुज के सम्मुख कोणों का योग का मान कितना है ?
A. 90° B. 120°
C. 180° D. इनमें से कोई नहीं

34. किसी वर्ग की एक भुजा $2\sqrt{2}$ सेमी है तो उसके विकर्ण का माप कितना होगा ?
A. 3 सेमी B. $2\sqrt{2}$ सेमी
C. 4 सेमी D. इनमें से कोई नहीं

35. किसी आयत की लंबाई 8 सेमी तथा चौड़ाई 6 सेमी है तो उसके विकर्ण का माप कितना होगा ?
A. 10 सेमी. B. 9 सेमी
C. 8 सेमी D. इनमें से कोई नहीं

36. किसी चतुर्भुज के तीन कोण क्रमशः 30°, 150°, 60° हो तो चौथे कोण का मान कितना होगा ?
A. 110° B. 120°
C. 100° D. इनमें से कोई नहीं

37. किसी चतुर्भुज की रचना के लिए उसके कितने भागों की जानकारी आवश्यक है :
A. 3 B. 4
C. 5 D. इनमें से कोई नहीं

38. समचतुर्भुज के विकर्ण एक-दूसरे को
A. समद्विभाजित करते हैं
B. लम्ब समद्विभाजित करते हैं
C. काटते नहीं हैं
D. कुछ कहा नहीं जा सकता,

39. 45° का सम्पूरक होगा :
A. 135° B. 45°
C. 125° D. 115°

40. एक समद्विबाहु त्रिभुज के कोणों की माप हो सकती है :
A. 90°, 45°, 45° B. 90°, 35°, 35°
C. 90°, 45°, 30° D. 90°, 60°, 60°

41. दिए गए चित्र में x का मान होगा :

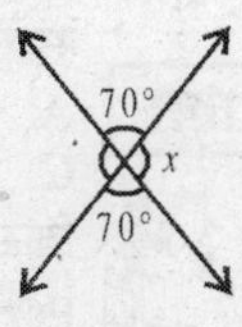

A. 170°
B. 120°
C. 110°
D. 70°

42. एक त्रिभुज में समकोणों की अधिकतम हो सकती हैं :
A. 0 B. 2
C. 1 D. 3

43. दिए गए चित्र में A का मान होगा :

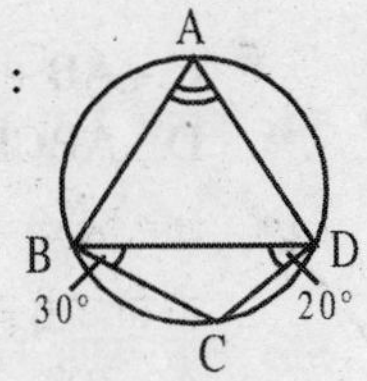

A. 70°
B. 40°
C. 50°
D. 100°

44. दी गई आकृति में O वृत्त का केन्द्र है। यदि ∠BOC = 100° तो ∠BAC बराबर होगा :

A. 50° B. 100°
C. 40° D. 70°

45. दिए गए चित्र में, ∠BOA = 124° तो ∠BCA बराबर होगा :

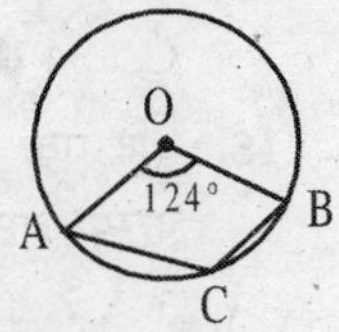

A. 140°
B. 100°
C. 120°
D. 118°

46. एक आयत में सममिति रेखाओं की संख्या होती है :
A. 1 B. 2
C. 3 D. 4

47. वर्ग में सममिति रेखाओं की संख्या कितनी होगी?
A. 1 B. 2
C. 4 D. 3

48. दिए गए चित्र में x का मान होगा :

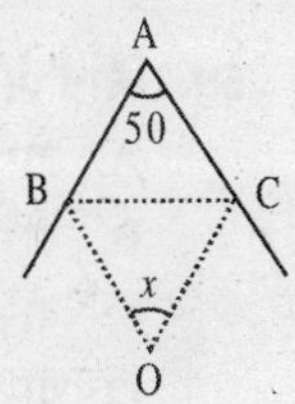

A. 55
B. 58
C. 60
D. 65

49. त्रिभुज के बहिष्कोणों का योग होगा :
A. 180 B. 270
C. 360 D. 420

50. एक वर्ग की रचना के लिए कितने अवयव चाहिए?
A. 1 B. 2
C. 3 D. 4

51. दिए गए चित्र में ∠BAC का मान होगाः

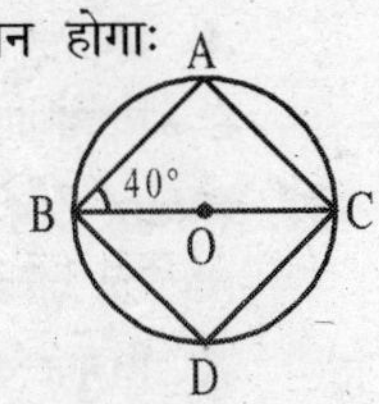

A. 90
B. 45
C. 50
D. 60

52. दिए गए चित्र में ∠QPR बराबर है :

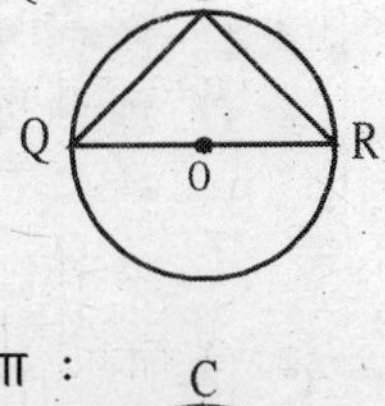

A. 60°
B. 70°
C. 90°
D. 80°

53. दिए गए चित्र में x का मान होगा :

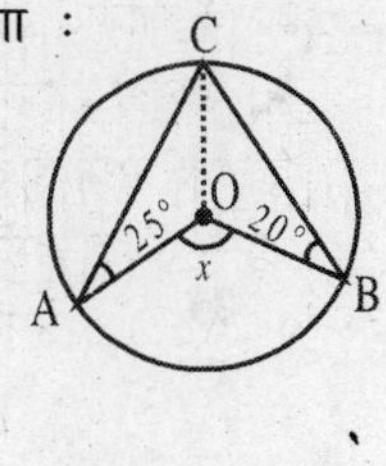

A. 98°
B. 45°
C. 90°
D. 48°

54. किसी रेखा में बिन्दुओं की कुल संख्या होती है :
A. 0 B. 2
C. असंख्य D. इनमें से कोई नहीं

55. एक कोण जिसकी माप 90° से बड़ा व 180° से छोटा है, वह है :
A. अधिक कोण B. न्यून कोण
C. समकोण D. इनमें से कोई नहीं

56. यदि किसी त्रिभुज की दो भुजाएँ परस्पर लम्ब हो तो निम्न में से किस कसौटी को संतुष्ट करेगा
A. RHS B. ASA
C. SSA D. SSS

57. यदि दो सरल रेखाओं के बीच का कोण न्यून कोण है तो उन दोनों के ऊपर बने लम्बों के बीच का कोण होगा :
A. न्यून कोण
B. अधिक कोण
C. समकोण
D. निर्धारित नहीं किया जा सकता

58. यदि किसी त्रिभुज के भीतर स्थित एक बिन्दु त्रिभुज के तीनों भुजाओं से समान दूरी पर हो तो वह बिन्दु है :
A. लम्बकेन्द्र B. अन्तःकेन्द्र
C. केन्द्रक D. परिकेन्द्र

59. निम्न में से कौन कथन सत्य है?
A. दो त्रिभुज हमेशा समरूप होते हैं।
B. दो समान्तर चतुर्भुज हमेशा समरूप होते हैं।
C. दो समचतुर्भुज हमेशा समरूप होते हैं।
D. दो वर्ग हमेशा समरूप होते हैं।

60. दो वृत्त कितने बिन्दुओं पर परस्पर कटती है?
A. 2 B. 3
C. 1 D. 0

61. यदि किसी त्रिभुज के आधार का मध्य बिन्दु भुजाओं से समान दूरी पर हो तो वह त्रिभुज होगा :
A. समबाहु B. समद्विबाहु
C. विषमबाहु D. समकोण

62. समबाहु त्रिभुज के भीतर किसी बिन्दु से उसकी भुजाओं तक की लम्बाइयों का योग होगा :
A. त्रिभुज की भुजा के बराबर
B. त्रिभुज की भुजा का एक तिहाई
C. त्रिभुज की भुजा का आधा
D. त्रिभुज की परिभिति के बराबर

63. एक ही आधार और समान्तर रेखाओं के युग्म के मध्य स्थित त्रिभुजों में से किसी की परिमिति यदि न्यूनतम हो तो वह त्रिभुज होगा :
A. समद्विबाहु B. समकोण
C. समबाहु D. अधिक कोण

64. यदि किसी त्रिभुज की भुजाएँ 4 : 6 : 7 के अनुपात में हो तो वह त्रिभुज होगा :
A. न्यून कोण B. अधिक कोण
C. समकोण D. इनमें से कोई नहीं

65. यदि किसी समान्तर चतुर्भुज की सभी भुजाएँ उसके भीतर स्थित वृत्त को स्पर्श करती हैं तो वह समान्तर चतुर्भुज होगा :
A. वर्ग B. समचतुर्भुज
C. आयत D. इनमें से कोई नहीं

66. कोई चक्रीय समान्तर चतुर्भुज होता है :
A. समचतुर्भुज B. वर्ग
C. आयत D. समलम्ब चतुर्भुज

67. यदि किसी समबहुभुज का प्रत्येक बहिष्कोण अन्तःकोण का एक तिहाई हो तो भुजाओं की संख्या होगी :
A. 4 B. 6
C. 10 D. 8

68. एक चतुर्भुज खींचा जा सकता है यदि कम से कम :
A. चारों भुजाएँ दी गई हों
B. चार भुजाएँ व एक कोण दिया गया हो
C. तीन भुजाएँ एवं एक विकर्ण दिया गया हो
D. इनमें से कोई नहीं

69. किसी अधिक कोण त्रिभुज का लम्बकेन्द्र स्थित होता है :
A. त्रिभुज के बाहर
B. त्रिभुज के भीतर
C. सबसे छोटी भुजा पर
D. इनमें से कोई नहीं

70. यदि किसी समकोण त्रिभुज ΔABC में, कर्ण BC पर लम्ब AD हो तो, AD^2 बराबर होगा :
A. $AC \times CD$
B. $AC \times BA$
C. $DC \times BD$
D. इनमें से कोई नहीं

उत्तरमाला

1	2	3	4	5	6	7	8	9	10
D	C	C	B	C	A	B	B	B	B
11	**12**	**13**	**14**	**15**	**16**	**17**	**18**	**19**	**20**
D	C	C	B	A	C	B	D	C	A
21	**22**	**23**	**24**	**25**	**26**	**27**	**28**	**29**	**30**
C	B	C	D	B	B	A	B	C	D

31	32	33	34	35	36	37	38	39	40
A	B	C	C	A	B	C	B	A	A
41	**42**	**43**	**44**	**45**	**46**	**47**	**48**	**49**	**50**
C	C	C	A	D	B	C	D	C	A
51	**52**	**53**	**54**	**55**	**56**	**57**	**58**	**59**	**60**
A	C	C	C	A	A	B	B	D	A
61	**62**	**63**	**64**	**65**	**66**	**67**	**68**	**69**	**70**
B	A	A	A	A	C	D	C	A	C

कुछ चुने हुए प्रश्नों के व्याख्यात्मक उत्तर

4. चित्र से,

AB = 4 सेमी, CD = 6 सेमी, AC = 3 सेमी,

EC = ?

यहां Δ EAB तथा Δ ECD समान कोणिक हैं, जिससे,

$$\frac{AB}{CD} = \frac{EA}{EC}, \frac{4}{6} = \frac{x}{x+3}$$

(यहां EA = x तो EC = EA + AC = x + 3 होगा)

$2x + 6 = 3x \quad \therefore x = 6$ सेमी

EC = 3 + 6 = 9 सेमी

5. यहां

$\angle AXP = 180° - \angle CAX = 180° - 65° = 115°$

$\angle OPR = \angle AXP = 115°$ (संगत कोण)

6. यहां, $x + 20° = 128°$

$\therefore x = 108°$

7. आकृति में बनने वाली समलम्ब चतुर्भुओं की संख्या—

1. समलम्ब चतुर्भुज FGIH
2. समलम्ब चतुर्भुज DEGF
3. समलम्ब चतुर्भुज ABED
4. समलम्ब चतुर्भुज DEIH
5. समलम्ब चतुर्भुज ABGF
6. समलम्ब चतुर्भुज ABIH

11. सूत्र, PA × PB = PC × PD

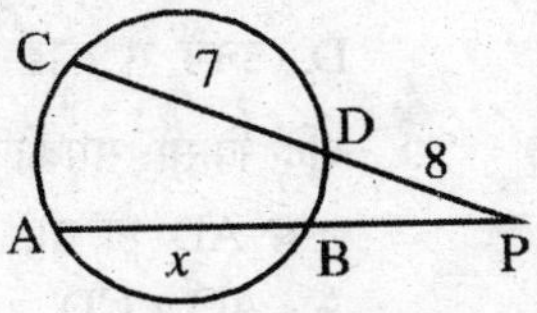

$\therefore$ 12(12 – x) = 15 × 8

या, 144 – 12 x = 120

या, 12x = 24

$\therefore \quad x = 2$

अतः AB = 2 cm.

13. प्रश्न से,

$\angle AOB = 62°$

$\therefore \angle APB = \frac{62°}{2} = 31°$

17. प्रश्न से,

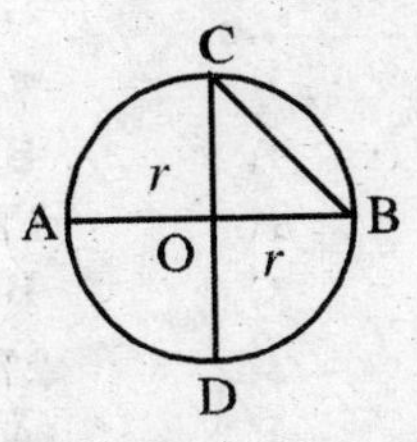

त्रिज्या AB = OC = r

$\therefore \quad BC = \sqrt{r^2 + r^2} = \sqrt{2}r$

21. चित्रानुसार,

$\angle BTA = 90° - 63° = 27°$

($\because$ स्पर्श रेखा पर त्रिज्या लम्ब होती है।)

$\therefore \angle DAB = 90° - 27° = 63°$

($\because$ अर्द्धवृत्त के कोण समकोण होते हैं)

23. यदि छोटे वृत्त की त्रिज्या r है तो $\pi r^2 = 200$

या, $r^2 = \frac{200}{\pi}$

$\therefore$ बड़े वृत्त की त्रिज्या = छोटे वृत्त का व्यास = $2r$

$\therefore$ बड़े वृत्त का क्षेत्रफल = $\pi (2r)^2$

$$= 4\pi \times \frac{200}{\pi} = 800 \text{ वर्ग सेमी.}$$

26. वृत्त के अन्दर के वर्ग के विकर्ण की लम्बाई

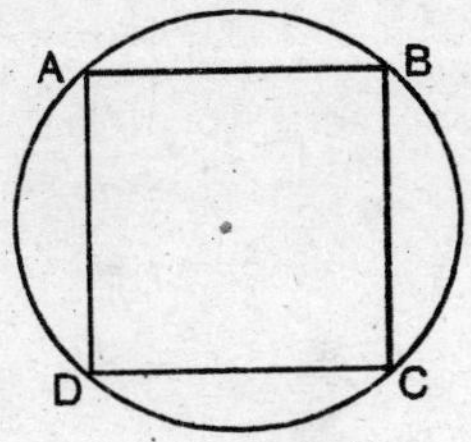

$= \sqrt{4^2 + 4^2}$

$= \sqrt{16 + 16}$

$= \sqrt{32} = 4\sqrt{2}$ सेमी

$\therefore$ वृत्त की त्रिज्या $= \frac{1}{2} \times$ वर्ग के विकर्ण की लम्बाई

$$= \frac{1}{2} \times 4\sqrt{2} = 2\sqrt{2}$$

27. बिन्दु P से खींची जाने वाली स्पर्श रेखा PQ की लम्बाई ही वह क्षैतिज दूरी होगी जो वायुयान से देखी जा सकती है।

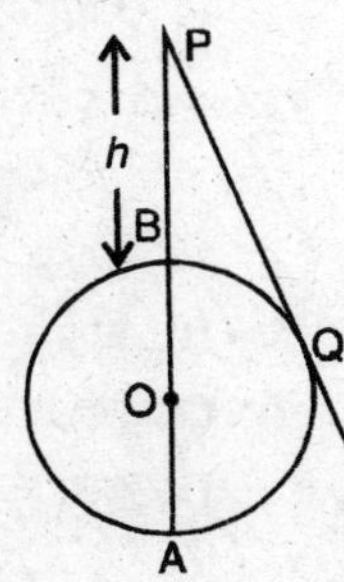

$\therefore$ AP = $(a+h)$ किमी.

तथा BP = h किमी.

$\therefore PQ^2 = (a+h)\,h$

$\therefore PQ = \sqrt{h^2 + ah}$ किमी.

34. वर्ग का विकर्ण = $\sqrt{2}$ × एक भुजा की लंबाई

$= \sqrt{2} \times 2\sqrt{2} = 4$ सेमी

35. आयत का विकर्ण = $\sqrt{8^2 + 6^2} = \sqrt{64 + 36}$

$= \sqrt{100} = 10$ सेमी

36. चतुर्भुज का चौथा कोण

$$= 360° - (30° + 150° + 60°)$$
$$= 360° - 240°$$
$$= 120°$$

43. प्रश्न से,

$\angle ABC + \angle ADC = 180°$

$\therefore \angle ABD + \angle ADB$

$= 180° - (30° + 20°)$

$= 130°$

$\therefore \quad \angle BAD = 180° - 130° = 50°$

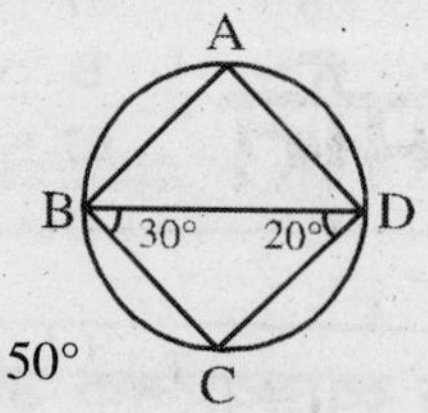

45. प्रश्न से,

$\angle AOB$ (लघुचाप) $= 124°$

$\therefore \angle AOB$ (दीर्घचाप)

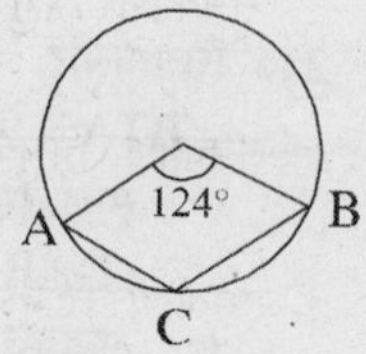

$= 360° - 124° = 236°$

$\therefore \quad \angle ACB = \dfrac{236°}{2} = 118°$

48. सूत्र–

यदि किसी त्रिभुज ABC के दो बाह्य कोणों के अर्द्धक O पर मिलते हैं तो इस प्रकार बने $\angle BOC$

$= 90° - \dfrac{1}{2} \angle BAC = 90° - 25 = 65°$

51. अर्द्धवृत्त के कोण समकोण होते हैं।

52. $\angle QPR = 90°$ O (अर्द्धवृत्त का कोण)

53. $\angle ACB = \angle CAO + \angle CBO$

$= 45°$

$\therefore x = \angle AOB = 45° \times 2 = 90°$

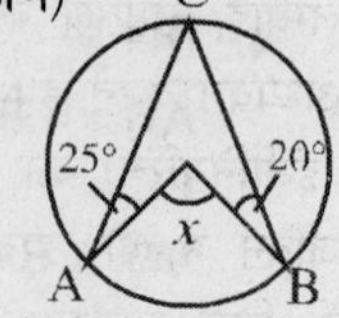

◆◆◆◆◆◆

क्षेत्रमिति

क्षेत्रमिति गणित की एक शाखा है जिसमें हम रेखाओं की लम्बाई, समतल के क्षेत्रफल एवं ठोस के आयतन के बारे में अध्ययन करते हैं। यह गृह निर्माण (वास्तु कला) एवं प्रौद्योगिकी (इंजीनियरिंग) का आधार है। इसके अलावे यह हमारे दैनिक जीवन में भी उपयोगी है। टंकी का आयतन जानने, एक घर के लिए आवश्यक ईंटों की संख्या जानने, एवं मैदान या खेत का क्षेत्रफल जानने में हम प्रायः क्षेत्रमिति का प्रयोग करते हैं। गणित शिक्षण में क्षेत्रमिति का मुख्य उद्देश्य निम्नलिखित हैं:

(*i*) छात्रों को परिमिति, क्षेत्रफल एवं आयतन की संकल्पनाओं से अवगत कराना।

(*ii*) छात्रों में विभिन्न इकाइयों को रूपान्तरित करने के कौशल का विकास करना।

(*iii*) छात्रों को क्षेत्रमिति के सूत्रों द्वारा रेखागणितीय आकृति के परिमिति, क्षेत्रफल एवं आयतन निकालने की जानकारी प्रदान करना।

(*iv*) छात्रों को कुछ सूत्रों में समानता की पहचान कराने हेतु सक्षम बनाना।

परिमिति (परिमाप) : एक बन्द आकृति के चारों ओर उसकी सीमा पर एक चक्कर लगाने में तय की गई दूरी को परिमिति कहते हैं।

क्षेत्रफल : एक बन्द आकृति द्वारा घेरी गई सतह की कुल राशि को क्षेत्रफल कहते हैं।

आयतन : एक त्रिविमीय वस्तु द्वारा घेरी गई अंतरिक्ष की कुल राशि को वस्तु का आयतन कहते हैं।

समतल की परिमिति और क्षेत्रफल

त्रिभुज

त्रिभुज का क्षेत्रफल $= \frac{1}{2} \times$ आधार $\times$ ऊँचाई

त्रिभुज का क्षेत्रफल $= \sqrt{s(s-a)(s-b)(s-c)}$,

जहाँ $s = \frac{a+b+c}{2}$

त्रिभुज की परिमाप $= a + b + c$

समकोण त्रिभुज : समकोण त्रिभुज का क्षेत्रफल $= \frac{1}{2} \times$ आधार $\times$ लम्ब

समकोण त्रिभुज की परिमाप = लम्ब + आधार + कर्ण

समकोण त्रिभुज का कर्ण $= \sqrt{(\text{लम्ब})^2 + (\text{आधार})^2}$

समकोण त्रिभुज का लम्ब $= \sqrt{(\text{कर्ण})^2 - (\text{आधार})^2}$

समकोण त्रिभुज का आधार $= \sqrt{(\text{कर्ण})^2 - (\text{लम्ब})^2}$

समबाहु त्रिभुज : समबाहु त्रिभुज का क्षेत्रफल $= \frac{\sqrt{3}}{4} \times \text{भुजा}^2$

समबाहु त्रिभुज का परिमाप $= 3 \times$ भुजा

शीर्ष बिन्दु से डाले गए लम्ब की लम्बाई $= \frac{\sqrt{3}}{4} \times$ भुजा

समद्विबाहु त्रिभुज : समद्विबाहु त्रिभुज का क्षेत्रफल

$$= \frac{1}{4} a\sqrt{4b^2 - a^2}$$

समद्विबाहु त्रिभुज की परिमाप

$$= a + b + c \text{ या } a + 2b$$

शीर्ष बिन्दु A से डाले गए लम्ब की लम्बाई $= \frac{\sqrt{4b^2 - a^2}}{2}$

जहाँ a त्रिभुज का आधार एवं b व c दो समान भुजाएं हैं।

वृत्त

वृत्त का व्यास $= 2 \times$ त्रिज्या

वृत्त की परिधि $= 2\pi \times$ त्रिज्या

वृत्त की परिधि $= \pi \times$ व्यास

वृत्त का क्षेत्रफल $= \pi \times \text{त्रिज्या}^2$

वृत्त की त्रिज्या $= \frac{\text{वृत्त की परिधि}}{2\pi}$

या वृत्त की त्रिज्या $= \sqrt{\frac{\text{वृत्त का क्षेत्रफल}}{\pi}}$

अर्द्धवृत्त की परिमिति $= (\pi + 2)\, r$

अर्द्धवृत्त का क्षेत्रफल $= \frac{1}{2}\pi r^2$

त्रिज्यखण्ड का क्षेत्रफल $= \frac{\theta^\circ}{360^\circ} \times$ वृत्त का क्षेत्रफल

त्रिज्यखण्ड की परिमिति $= \left(2 + \frac{\pi\theta}{180^\circ}\right) r$

वृत्तखण्ड का क्षेत्रफल $= \left(\frac{\pi\theta}{360} - \frac{1}{2}\sin\theta\right) r^2$

वृत्तखण्ड की परिमिति $= l + \frac{\pi r\theta}{180^\circ}$

जहाँ l = जीवा की लम्बाई

चाप की लम्बाई $= \frac{\theta^\circ}{360^\circ} \times$ वृत्त की परिधि

चतुर्भुज

समान्तर चतुर्भुजः समान्तर चतुर्भुज का क्षेत्रफल = आधार × ऊँचाई

समान्तर चतुर्भुज की परिमाप = भुजाओं का योग

आयतः आयत का क्षेत्रफल = लम्बाई × चौड़ाई

आयत की परिमिति = 2 (लम्बाई + चौड़ाई)

आयत का विकर्ण $= \sqrt{(\text{लम्बाई})^2 + (\text{चौड़ाई})^2}$

विषमकोण समचतुर्भुजः विषमकोण समचतुर्भुज का क्षेत्रफल

$= \frac{1}{2} \times$ दोनों विकर्णों का गुणनफल

विषमकोण समचतुर्भुज की परिमाप = 4 × एक भुजा

वर्गः वर्ग का क्षेत्रफल = (एक भुजा)^2

या वर्ग का क्षेत्रफल $= \frac{1}{2} \times$ (विकर्ण)^2

वर्ग की परिमिति = 4 × एक भुजा

वर्ग का विकर्ण = एक भुजा $\times \sqrt{2}$

या वर्ग का विकर्ण $= \sqrt{2 \times \text{वर्ग का क्षेत्रफल}}$

समलम्ब चतुर्भुजः समलम्ब चतुर्भुज का क्षेत्रफल

$= \frac{1}{2} \times$ ऊँचाई × समान्तर भुजाओं का योग

बहुभुज

अंतःकोण + बाह्य कोण = 180°

प्रत्येक अन्तःकोण $= \left(\frac{2n-4}{n}\right) \times 90^\circ$

जहाँ n = भुजाओं की संख्या

बाह्यकोणों का योग = 360°

परिमिति = भुजाओं की संख्या × भुजा की लम्बाई

समबाहु त्रिभुज की भुजा a के लिए:

(*a*) अन्तःवृत्त की त्रिज्या $= \frac{a}{2\sqrt{3}}$

त्रिभुज की भुजा $= 23\sqrt{r}$

(*b*) परिवृत्त की त्रिज्या $= \frac{a}{\sqrt{3}}$

समबहुभुज का क्षेत्रफल $= \frac{1}{2}$ (भुजाओं की संख्या) (अन्तःवृत्त की त्रिज्या)

समषट्भुज का क्षेत्रफल $= \frac{3\sqrt{3}}{2}$ (भुजा)$^2 = 2.598 \times$ (भुजा)^2

समअष्टभुज का क्षेत्रफल $= 2(\sqrt{2}+1) \times$ भुजा^{2}

$= 4.828 \times$ (भुजा)^2

चतुर्भुज का क्षेत्रफल $= \sqrt{s(s-a)(s-b)(s-c)(s-d)}$

जहाँ $s = \frac{a+b+c+d}{2}$

ठोस का आयतन एवं पृष्ठ क्षेत्रफल

घनाभ

आयतन = लम्बाई × चौड़ाई × ऊँचाई

सम्पूर्ण पृष्ठ का क्षेत्र = 2(लम्बाई × चौड़ाई + चौड़ाई × ऊँचाई + ऊँचाई × लम्बाई)

विकर्ण $= \sqrt{(\text{लम्बाई})^2 + (\text{चौड़ाई})^2 + (\text{ऊँचाई})^2}$

कमरे के चारों दीवारों का

क्षेत्रफल = 2 × ऊँचाई (लम्बाई + चौड़ाई)

घन

आयतन = (लम्बाई)^3

लम्बाई $= \sqrt[3]{\text{आयतन}}$

सम्पूर्ण पृष्ठ का क्षेत्रफल = 6 × (लम्बाई)^2

विकर्ण = लम्बाई × $\sqrt{3}$

पार्श्व सतह का क्षेत्रफल = 4 × (लम्बाई)^2

बेलन

आयतन $= \pi r^2 h$

वक्र पृष्ठ का क्षेत्रफल $= 2\pi rh$

सम्पूर्ण पृष्ठ का क्षेत्रफल $= 2\pi r(r+h)$

जहाँ r = त्रिज्या, h = ऊँचाई

गोला

आयतन $= \frac{4}{3}\pi r^3$

सम्पूर्ण पृष्ठ का क्षेत्रफल $= 4\pi r^2$

खोखला गोला

आयतन $= \frac{4}{3}\pi(R^3 - r^3)$

सम्पूर्ण पृष्ठ का क्षेत्रफल $= 4\pi(R^2 - r^2)$

जहाँ R = बाह्य त्रिज्या एवं r = आंतरिक त्रिज्या

अर्द्धगोला

आयतन $= \frac{2}{3}\pi r^3$

वक्र पृष्ठ का क्षेत्रफल $= 2\pi r^2$

सम्पूर्ण पृष्ठ का क्षेत्रफल $= 3\pi r^2$

शंकु

$$\text{तिरछी ऊँचाई } (l) = \sqrt{r^2+h^2}$$

$$\text{आयतन} = \frac{1}{3}\pi r^2 h$$

$$\text{वक्र पृष्ठ का क्षेत्रफल} = \pi rl$$

$$\text{सम्पूर्ण पृष्ठ का क्षेत्रफल} = \pi r(l+r)$$

छिन्नक

$$\text{तिरछी ऊँचाई} = \sqrt{k^2+(r_1-r_2)^2}$$

$$\text{वक्र पृष्ठ का क्षेत्रफल} = \pi(r_1+r_2)\,l$$

$$\text{आयतन} = \frac{\pi k}{3}\left(r_1^2+r_1r_2+r_2^2\right)$$

जहाँ k = छिन्नक की गहराई, r_1 तथा r_2 दोनों छोर की त्रिज्याएँ हैं।

साधित प्रश्न

उदाहरण 1 : किसी समबाहु त्रिभुज का क्षेत्रफल $8\sqrt{3}$ वर्ग सेमी है। इसकी एक भुजा की लम्बाई क्या होगी?

हल : समबाहु त्रिभुज का क्षेत्रफल $= \frac{\sqrt{3}}{4}\times \text{भुजा}^2$

या $\quad 8\sqrt{3} = \frac{\sqrt{3}}{4}\times \text{भुजा}^2$

या $\quad \text{भुजा}^2 = \frac{8\sqrt{3}\times 4}{\sqrt{3}} = 32$

$\therefore \quad$ एक भुजा $= \sqrt{32} = \sqrt{4\times 4\times 2}$

$= 4\sqrt{2}$ सेमी

उदाहरण 2 : एक समकोण त्रिभुज का कर्ण 13 सेमी तथा आधार 5 सेमी है, तो उसका लम्ब कितना होगा?

हल : लम्ब $= \sqrt{(\text{कर्ण})^2-(\text{आधार})^2} = \sqrt{13^2-5^2}$

$= \sqrt{169-25} = \sqrt{144} = 12$ सेमी

उदाहरण 3 : उस त्रिभुज का क्षेत्रफल बताएँ, जिसकी भुजाएँ 5 सेमी, 12 सेमी तथा 13 सेमी हैं?

हल : त्रिभुज का क्षेत्रफल $= \sqrt{s(s-a)(s-b)(s-c)}$

जहाँ $\quad s = \frac{a+b+c}{2} = \frac{5+12+13}{2}$

$= \frac{30}{2} = 15$

क्षेत्रफल $= \sqrt{15(15-5)(15-12)(15-13)}$

$= \sqrt{15\times 10\times 3\times 2} = \sqrt{900} = 30$ वर्ग सेमी.

उदाहरण 4 : एक समलम्ब चतुर्भुज की समानान्तर भुजाएँ 10 मी और 15 मी हैं तथा ऊँचाई 12 मी है, तो इसका क्षेत्रफल ज्ञात करें?

हल : समलम्ब चतुर्भुज का क्षेत्रफल $= \frac{1}{2}\times$ ऊँचाई $\times$ (समानान्तर भुजाओं का योग)

$= \frac{1}{2}\times 12(10+15) = \frac{1}{2}\times 12\times 25 = 150$ वर्ग मी

उदाहरण 5 : एक 10 सेमी. व्यास वाले काँच के गोले को पिघलाकर छोटे-छोटे समान आकार के आठ गोले बनाये जाते हैं। छोटे गोले का व्यास कितना होगा?

हल : माना कि छोटे गोले की त्रिज्या = r सेमी.

$\therefore$ कांच के बड़े गोले का व्यास = 10 सेमी.

$\therefore$ कांच के बड़े गोले की त्रिज्या $= \frac{10}{2} = 5$ सेमी.

चूंकि कांच के बड़े गोले का आयतन = 8 × छोटे गोले का आयतन

$\therefore \quad \frac{4}{3}\pi(5)^3 = 8\times\frac{4}{3}\pi r^3$

या $\quad \frac{5^3}{8} = \frac{4}{3}\pi r^3.\frac{3}{4\pi} = r^3 \Rightarrow r^3 = \left(\frac{5}{2}\right)^3 \Rightarrow r = \frac{5}{2}$

अत: छोटे-छोटे समान आकार के गोलों का व्यास

$= 2\times 2.5 = 5$ सेमी. होगा।

उदाहरण 6 : एक घनाभ की लं., चौ., ऊँ. क्रमशः 5 सेमी., 3 सेमी. तथा 2 सेमी. है। तो बताइये इसके तलों का क्षेत्रफल कितना होगा?

हल : चूंकि घनाभ के तलों का क्षेत्रफल या वक्र पृष्ठ क्षेत्रफल

= 2 (लं. × चौ. + चौ. × ऊँ. + ऊँ. × लं.)

$= 2(5\times 3+3\times 2+2\times 5)$

$= 2(15+6+10) = 2\times 31 = 62$ वर्ग सेमी.

उदाहरण 7 : किसी घन के पृष्ठ भाग का क्षेत्रफल 600 वर्ग सेमी. है तो उसके विकर्ण की लम्बाई क्या होगा?

हल : चूंकि घन के पृष्ठ भाग का क्षेत्रफल या वक्र पृष्ठ

$= 6\times(\text{भुजा})^2$

$\therefore\ 6\times(\text{भुजा})^2 = 600 \Rightarrow (\text{भुजा})^2 = 100$

$\Rightarrow$ भुजा $= \sqrt{100} = 10$ सेमी.

$\therefore$ घन के विकर्ण की लम्बाई $= \sqrt{3}\times$ भुजा

$= \sqrt{3}\times 10 = 10\sqrt{3}$ सेमी.।

उदाहरण 8 : किसी गोले की त्रिज्या r है। एक गोलाकार बेलन के आधार की त्रिज्या और उसकी ऊंचाई भी r है। उस गोले के आयतन और बेलन के आयतन के बीच अनुपात क्या होगा?

हल : $\because$ गोले का आयतन $= \frac{4}{3}\pi r^3$ घन सेमी इकाई

तथा बेलन का आयतन $= \pi r^2.r = \pi r^3$ घन इकाई

$\therefore$ गोले तथा बेलन के आयतनों में अनुपात

$= \frac{4}{3}\pi r^3 : \pi r^3 = \frac{4}{3} : 1 = 4:3.$

बहुवैकल्पिक प्रश्न

1. एक घनाभ की कोरें क्रमशः 4 सेमी. तथा 2 सेमी. हैं, तो उस घनाभ का आयतन कितना होगा?
A. 20 घन सेमी. B. 22 घन सेमी.
C. 28 घन सेमी. D. 24 घन सेमी.

2. एक टंकी 3 मी. लम्बी, 2 मी. चौड़ी तथा 1 मी. गहरी है। उसकी क्षमता (ली. में) क्या होगी?
A. 8000 ली. B. 10000 ली.
C. 6500 ली. D. 6000 ली.

3. एक घन का पृष्ठ क्षेत्रफल 1014 वर्ग सेमी. है। इसका आयतन कितना होगा?
A. 2197 घन सेमी. B. 2297 घन सेमी.
C. 2179 घन सेमी. D. 2117 घन सेमी.

4. यदि दो घनाकृतियों के आयतन में 8 : 1 का अनुपात हो तो उनकी कोरों में क्या अनुपात होगा?
A. 1 : 2 B. 2 : 1
C. 4 : 1 D. 2 : 3

5. दो गोलों के पृष्ठ क्षेत्रफल में 9 : 16 का अनुपात है, तो बताइये उनके आयतनों में क्या अनुपात होगा?
A. 64 : 27 B. 27 : 64
C. 16 : 27 D. 11 : 27

6. एक कमरे की लं., चौ. व ऊँ. क्रमशः 12 मी. 9 मी. तथा 8 मी. है, तो बताइये उस छड़ की अधिक-से-अधिक लम्बाई क्या होगी जो कमरे में ठीक प्रकार रखी जा सके?
A. 17 मी. B. 18 मी.
C. 25 मी. D. 16 मी.

7. किसी लम्बवृत्तीय शंकु की त्रिज्या तथा ऊंचाई में 3 : 5 का अनुपात है। यदि शंकु का आयतन 120π घन मी. हो तो उसकी तिरछी ऊँचाई कितनी होगी?
A. $3\sqrt{34}$ मी. B. $2\sqrt{28}$ मी.
C. $2\sqrt{44}$ मी. D. $2\sqrt{34}$ मी.

8. यदि किसी बेलन के आधार की परिधि 88 सेमी. तथा ऊंचाई 42 सेमी. हो तो उस बेलन का आयतन कितना होगा?
A. 25872 घन सेमी. B. 28572 घन सेमी.
C. 25870 घन सेमी. D. 22584 घन सेमी.

9. 10 सेमी. भुजा के दो घनों को आपस में सटाकर रखने से प्राप्त घनाभ का पृष्ठ क्या होगा?
A. 1200 वर्ग सेमी. B. 5000 वर्ग सेमी.
C. 1000 वर्ग सेमी. D. 1250 वर्ग सेमी.

10. एक आयताकार कागज के टुकडे की लम्बाई व चौड़ाई क्रमशः 30 सेमी. तथा 20 सेमी. है। यदि कागज को मोड़कर एक बेलन का वक्रपृष्ठ बनाया जाये तो बेलन कितने तरीके से बनाया जा सकता है?
A. तीन तरीके से B. दो तरीके से
C. एक तरीके से D. चार तरीके से

11. उपरोक्त प्रश्न में बने बेलनों के आयतनों में अनुपात क्या होगा।
A. 2 : 3 B. 3 : 1
C. 3 : 2 D. 2 : 1

12. यदि 3 सेमी. त्रिज्या के एक ठोस गोले को पिघलाकर उसी त्रिज्या के आधार पर एक शंकु बनाया जाये तो शंकु की ऊंचाई कितनी होगी?
A. 8 सेमी. B. 12 सेमी.
C. 6 सेमी. D. 5 सेमी.

13. किसी रोलर का व्यास 2.4 मी. तथा लम्बाई 1.68 मी. है। यदि किसी मैदान को समतल करने में रोलर को 1000 पूर्ण चक्कर लगाने पड़े तो उस मैदान का क्षेत्रफल क्या होगा?
A. 12672 वर्ग मी. B. 12671 वर्ग मी.
C. 12762 वर्ग मी. D. 11768 वर्ग मी.

14. एक घन के किनारे की लम्बाई में 10% वृद्धि करने से घन के धरातल के क्षेत्रफल में कितने प्रतिशत वृद्धि हो जाएगी?
A. 21% B. 18%
C. 15% D. 20%

15. 14 मी. लम्बे तथा 4 मी. त्रिज्या वाले एक ठोस बेलन को पिघलाकर शंकु बनाया जाता है। यदि शंकु की त्रिज्या बेलन की त्रिज्या के बराबर हो तो शंकु की ऊंचाई कितनी होगी?
A. 21 मी. B. 42 मी.
C. 48 मी. D. 54 मी.

16. एक घनाकार कमरे की भुजा 10 मी है। यदि एक विद्यार्थी 5 घन मी. की जगह घेरता हो तो कमरे में कितने विद्यार्थी बैठ सकते हैं?
A. 100 B. 175
C. 200 D. 225

17. तीन घन, जिनके किनारे क्रमशः 2 सेमी. 3 सेमी. तथा 4 सेमी. हैं, को पिघलाकर एक नया घन बनाया जाता है। उस नए घन का किनारा कितना होगा?
A. $\sqrt{99}$ सेमी. B. $3\sqrt{99}$ सेमी.
C. $\sqrt[3]{99}$ सेमी. D. 99 सेमी.

18. किसी घन के पृष्ठ भाग का क्षेत्रफल 600 वर्ग सेमी. है, तो उसके विकर्ण की लम्बाई क्या होगी?
A. $10\sqrt{3}$ सेमी. B. $5\sqrt{3}$ सेमी.
C. $4\sqrt{2}$ सेमी. D. $10\sqrt{2}$ सेमी.

19. एक शंक्वाकार मकबरे का व्यास तथा उसकी ढलवां ऊँचाई क्रमशः 28 मी. तथा 50 मी. है, तो बताइये 80 पैसे प्रति वर्ग मी. की दर से उसकी गोलाकर सतह पर सफेदी कराने का खर्च क्या होगा?
A. 1860 रु. B. 1760 रु.
C. 1950 रु. D. 1875 रु.

20. किसी घनाभ (Cuboid) की लम्बाई व चौड़ाई में क्रमशः 8 : 7 का अनुपात है। यदि घनाभ का आयतन 1120 घन सेमी तथा ऊंचाई 5 सेमी. हो तो घनाभ की चौड़ाई उसकी लम्बाई से कितनी कम होगी?

A. 4 सेमी. B. 2 सेमी.
C. 7 सेमी. D. 5 सेमी.

21. एक 8.0 मी. लम्बी 3.6 मी. ऊँची तथा 0.8 मी. मोटी दीवार को बनाने में 20 सेमी × 12 सेमी. × 5.6 सेमी. माप वाली कितनी ईटों की आवश्यकता होगी, यदि गारा इत्यादि प्रत्येक ईट के आयतन को उसके आयतन का 1/7भाग बढ़ा देता हो?

A. 15000 B. 17000
C. 14000 D. 13000

22. एक बेलन के पार्श्वपृष्ठ का क्षेत्रफल 528 वर्ग सेमी. तथा उसकी ऊंचाई 8 सेमी. है। बेलन का आयतन कितना होगा?

A. 2882 घन सेमी. B. 2772 घन सेमी.
C. 3772 घन सेमी. D. 2782 घन सेमी.

23. दो बेलनाकार मर्तबानों (जारो) के व्यासों के बीच 3 : 1 का अनुपात तथा उनकी ऊँचाइयों के बीच 2 : 1 का अनुपात है। तो बताइये उनके आयतनों के बीच क्या अनुपात होगा?

A. 18 : 1 B. 14 : 3
C. 3 : 5 D. 1 : 18

24. एक शंकु (Cone) तथा एक गोले (Sphere) की त्रिज्या व आयतन बराबर-बराबर हैं। तो बताइए गोले के व्यास व शंकु की ऊँचाई के बीच क्या अनुपात होगा?

A. 1 : 3 B. 3 : 2
C. 1 : 2 D. 2 : 3

25. तीन गोलाकार धात्विक गेंदें जिनकी त्रिज्या क्रमशः 6 सेमी. 8 सेमी. तथा x सेमी. हैं। इन्हें पिघलाकर एक 12 सेमी. त्रिज्या वाला गोला बनाया जाता है तो x का मान कितना होगा?

A. 8 सेमी. B. 10 सेमी.
C. 15 सेमी. D. 12 सेमी.

26. एक टंकी 3 मीटर लम्बा, 2 मीटर चौड़ा और 1 मीटर गहरा है तो इसकी धारिता होगी:

A. 8000 लीटर B. 10000 लीटर
C. 6500 लीटर D. 6000 लीटर

27. एक घन का पृष्ठीय क्षेत्रफल 1014 वर्ग से.मी. है तो इसका आयतन होगा:

A. 2197 घन से.मी. B. 2297 घन से.मी.
C. 2179 घन से.मी. D. 2117 घन से.मी.

28. दो घनाकार पिण्ड के आयतनों का अनुपात 8 : 1 है तो उसके किनारों का अनुपात होगा:

A. 1 : 2 B. 2 : 1
C. 4 : 1 D. 2 : 3

29. दो गोले के पृष्ठीय क्षेत्रफल का अनुपात 9 : 16 है तो उसके आयतन का अनुपात होगा:

A. 64 : 27 B. 27 : 64
C. 16 : 27 D. 11 : 27

30. 12 मीटर लम्बे 9 मीटर चौड़े व 8 मीटर ऊँचे कमरे में रखे जा सकने वाले बृहत्तम छड़ की लम्बाई होगी:

A. 17 मीटर B. 18 मीटर
C. 25 मीटर D. 16 मीटर

31. 10 से.मी. भुजा वाले दो घनों को सटाकर रखा गया है तब इस प्रकार बने घनाभ का पृष्ठीय क्षेत्रफल होगा:

A. 1200 वर्ग से.मी. B. 5000 वर्ग से.मी.
C. 1000 वर्ग से.मी. D. 1250 वर्ग से.मी.

32. किसी बेलन का आयतन 120 घन सेमी है, तो उसकी आधार और उसी ऊँचाई के शंकु का आयतन होगा

A. 12 घन सेमी B. 240 घन सेमी
C. 60 घन सेमी D. 40 घन सेमी

33. एक शंकु की ऊंचाई 6 सेमी तथा अधार की त्रिज्या 12 सेमी है। यदि इस शंकु का आयतन एक गोले के आयतन के बराबर हो, तो गोले की त्रिज्या होगी

A. 6 सेमी B. 8 सेमी
C. 7.2 सेमी D. 2.5 सेमी

34. एक कमरा घनाकार है जिसकी भुजा 10 मीटर है। यदि रूई की एक गठरी 5 वर्ग मीटर स्थान घेरता हो तो कमरे में रूई की कितनी गठरी रखी जा सकेगी?

A. 100 B. 175
C. 200 D. 225

35. एक घन का पृष्ठीय क्षेत्रफल 600 वर्ग मीटर है तो इसका विकर्ण होगा:

A. $10\sqrt{3}$ से.मी. B. $5\sqrt{3}$ से.मी.
C. $4\sqrt{2}$ से.मी. D. $10\sqrt{2}$ से.मी.

36. यदि किसी गोले को एक ऐसे घन में रखा जाय कि गोला घन में सटीक समा सके तो घन के आयतन व गोले के आयतन का अनुपात होगा:

A. 7 : 12 B. 22 : 21
C. 21 : 11 D. 20 : 7

37. एक शंकु और एक गोले की त्रिज्या व आयतन समान है तो गोले का व्यास और शंकु के ऊँचाई का अनुपात होगा:

A. 1 : 3 B. 3 : 2
C. 1 : 2 D. 2 : 3

38. दो बेलनों के त्रिज्याओं का अनुपात 2 : 3 और ऊँचाइयों का अनुपात 5 : 3 है तो इनके आयतनों का अनुपात होगा:

A. 4 : 9 B. 9 : 4
C. 20 : 27 D. 27 : 20

39. घनाभ के आकार के एक टंकी की लम्बाई 7.2 मी. एव चौड़ाई 2.5 मीटर है इसको भरने के लिए लगे पाइप जिसका अनुप्रस्थ माप 5 से.मी. × 3 से.मी. है। जिसमें पानी का बहाव 10 मी./से. है। यदि टंकी 40 मिनट में भरता है तो टंकी की ऊंचाई है:

A. 1 मीटर B. 2 मीटर
C. 3 मीटर D. 4 मीटर

40. एक कुँआ का आन्तरिक व्यास 7 मीटर है और इसे 22.5 मीटर गहरा खोदा गया है। इससे निकाली गई मिट्टी को कुँए के चारों ओर 10.5 मीटर की चौड़ाई में फैलाया गया है। किनारे की ऊँचाई निकालें।

A. 1 मीटर B. 1.5 मीटर

C. 2 मीटर D. 2.5 मीटर

41. एक समबाहु त्रिभुज का क्षेत्रफल $24\sqrt{3}$ वर्ग मी हो तो मैदान का क्षेत्रफल होगाः

A. $12\sqrt{6}$ मी. B. $6\sqrt{2}$

C. 96 मी D. इनमें से कोई नहीं

42. एक समकोण त्रिभुजाकार खेत का क्षेत्रफल 30 वर्ग मीटर है। यदि उसकी लम्बाई आधार से 7 मीटर अधिक है तो आधार की भुजा होगीः

A. 7 मीटर B. 5 मीटर

C. 12 मीटर D. 3 मीटर

43. एक आयताकार फर्श का क्षेत्रफल 120 वर्ग मीटर है तथा परिमाप 46 मीटर है तो इसका विकर्ण ज्ञात कीजिएः

A. 15 मीटर B. 17 मीटर

C. 19 मीटर D. 22 मीटर

44. एक त्रिभुजाकार खेत की भुजाएं क्रमशः 26 मीटर, 28 मीटर तथा 30 मीटर हैं तो खेत का क्षेत्रफल हैः

A. 335 वर्गमीटर B. 336 वर्गमीटर

C. 256 वर्गमीटर D. इनमें से कोई नहीं

45. एक आयत की लम्बाई में 10% की वृद्धि करने पर चौड़ाई में कितनी कमी करनी होगी कि क्षेत्रफल में कोई परिवर्तन न हो?

A. 10% B. 11%

C. $9\frac{1}{11}\%$ D. $11\frac{1}{9}\%$

46. एक आयत की लम्बाई तीन गुनी तथा चौड़ाई आधी कर दी जाए तो परिणामी आयत तथा नए आयत के क्षेत्रफल का अनुपात होगाः

A. 1 : 2 B. 1 : 3

C. 2 : 3 D. 3 : 2

47. एक वृत्ताकार मैदान की परिधि 616 मीटर है तो उसका क्षेत्रफल होगाः

A. 30, 184 वर्ग मीटर

B. 28,126 वर्ग मीटर

C. 34,184 वर्ग मीटर

D. 37,628 वर्ग मीटर

48. एक वृत्ताकार मैदान का क्षेत्रफल 154 वर्गमीटर है। मैदान के 15 चक्कर लगाने में कितनी दूरी तय करनी पड़ेगी?

A. 665 मीटर B. 560 मीटर

C. 660 मीटर D. 676 मीटर

49. एक वृत्ताकार मैदान की त्रिज्या 12 मीटर है, मैदान के अन्दर की ओर 2 मीटर चौड़ा एक रास्ता है तो रास्ते का क्षेत्रफल होगाः

A. 130.85 वर्गमीटर B. 385.79 वर्गमीटर

C. 138.29 वर्गमीटर D. 326.27 वर्गमीटर

50. एक साइकिल के पहिए का व्यास 77 सेमी है। 2.42 किलोमीटर चलने में कितने चक्कर लगाएगा?

A. 10 चक्कर B. 50 चक्कर

C. 1,000 चक्कर D. 200 चक्कर

51. एक घनाकार टंकी में 64 लीटर पानी आता है तो टंकी की ऊंचाई होगीः

A. 40 सेमी B. 22 सेमी

C. 30 सेमी D. 20 सेमी

52. एक घन का सम्पूर्ण पृष्ठ 1,350 वर्ग मी है तो घन का आयतन होगाः

A. 3,725 घन मी B. 2,375 घन मी

C. 1,375 घन मी D. 3,375 घन मी

53. एक घन का सम्पूर्ण पृष्ठ 600 वर्ग सेमी है, तो इसके विकर्ण की लम्बाई कितनी हैः

A. $\frac{10}{\sqrt{3}}$ सेमी B. $\frac{10}{\sqrt{2}}$ सेमी

C. $10\sqrt{3}$ सेमी D. $10\sqrt{2}$ सेमी

54. 4 मीटर लम्बी, 3 मीटर ऊंची तथा 13 सेमी चौड़ी दीवार बनाने के लिए 20 सेमी लम्बी, 12 सेमी चौड़ी तथा 6.5 सेमी ऊंची कितनी ईंटों की आवश्यकता होगी?

A. 500 B. 1,000

C. 1,500 D. 2,000

55. एक समबाहु त्रिभुज की प्रत्येक भुजा $4\sqrt{3}$ सेमी है। इसकी ऊँचाई हैः

A. 3 सेमी B. $\sqrt{3}$ सेमी

C. 6 सेमी D. $\frac{\sqrt{3}}{4}$ सेमी

56. एक त्रिभुज का परिमाप 180 सेमी तथा भुजाएँ 5 : 6 : 7 के अनुपात में है। त्रिभुज का क्षेत्रफल है :

A. $600\sqrt{6}$ वर्ग सेमी B. 1500 वर्ग सेमी

C. 3000 वर्ग सेमी D. $5000\sqrt{7}$ वर्ग सेमी

57. एक समकोण त्रिभुज का कर्ण 10 सेमी तथा परिमाप 24 सेमी है, तो त्रिभुज का क्षेत्रफल होगाः

A. 24 वर्ग सेमी B. 35 वर्ग सेमी

C. 54 वर्ग सेमी D. 74 वर्ग सेमी

58. यदि किसी त्रिभुज का क्षेत्रफल 1687.5 सेमी^{2} है। आधार और सम्बन्धित ऊँचाई का अनुपात 3 : 5 है। त्रिभुज की ऊँचाई होगी :

A. 42 सेमी B. 52 सेमी

C. 54 सेमी D. 75 सेमी

59. $2\sqrt{3}$ सेमी भुजा वाले समषट्भुज का क्षेत्रफल होगा :

A. $18\sqrt{3}$ वर्ग सेमी B. $12\sqrt{3}$ वर्ग सेमी

C. $36\sqrt{3}$ वर्ग सेमी D. $27\sqrt{3}$ वर्ग सेमी

60. 28 सेमी की भुजा वाले वर्ग के भीतर बनाए जा सकने वाले सबसे बड़े वृत्त का क्षेत्रफल क्या होगा?

A. 17248 वर्ग सेमी B. 784 वर्ग सेमी

C. 8624 वर्ग सेमी D. 616 वर्ग सेमी

उत्तरमाला

1	2	3	4	5	6	7	8	9	10
D	D	A	B	B	A	D	A	C	B
11	**12**	**13**	**14**	**15**	**16**	**17**	**18**	**19**	**20**
C	B	A	A	B	C	C	A	B	B
21	**22**	**23**	**24**	**25**	**26**	**27**	**28**	**29**	**30**
A	B	A	C	B	D	A	B	B	A
31	**32**	**33**	**34**	**35**	**36**	**37**	**38**	**39**	**40**
C	D	A	C	A	C	C	C	B	B
41	**42**	**43**	**44**	**45**	**46**	**47**	**48**	**49**	**50**
A	B	B	B	C	D	A	C	C	C
51	**52**	**53**	**54**	**55**	**56**	**57**	**58**	**59**	**60**
A	D	C	B	C	A	A	D	A	D

कुछ चुने हुए प्रश्नों के व्याख्यात्मक उत्तर

1. $\because$ घनाभ का आयतन = लं. × चौ. × ऊं.

$= 4 \times 3 \times 2 = 24$ घन सेमी.

2. टंकी का आयतन = लं. × चौ. × ऊं. $= 3 \times 2 \times 1 = 6$ घन मी.

($\because$ 1 घन मी. = 1000 ली.)

$\therefore$ टंकी की क्षमता $= 6 \times 1000 = 6000$ ली.।

4. माना दो घनों की भुजा क्रमशः a_1 व a_2 है।

$\therefore$ दोनों घनों का आयतन क्रमशः a_1^3 व a_2^3 होगा

प्रश्नानुसार, $a_1^3 : a_2^3 = 8 : 1$

$$\therefore \frac{a_1^3}{a_2^3} = \frac{8}{1}$$

$$\therefore \left(\frac{a_1}{a_2}\right)^3 = \left(\frac{2}{1}\right)^3 \Rightarrow a_1 : a_2 = 2 : 1$$

अतः उनकी कोरों में 2 : 1 का अनुपात होगा।

5. माना कि दो गोलों की त्रिज्या क्रमशः r_1 व r_2 है

दोनों गोलों का पृष्ठ क्षेत्रफल क्रमशः $4\pi r_1^2$ व $4\pi r_2^2$

प्रश्नानुसार, $4\pi r_1^2 : 4\pi r_2^2 = 9 : 16 \Rightarrow r_1^2 : r_2^2 = 9 : 16$

$$\Rightarrow \frac{r_1^2}{r_2^2} = \frac{9}{16} \Rightarrow \left(\frac{r_1}{r_2}\right)^2 = \left(\frac{3}{4}\right)^2 \Rightarrow r_1 : r_2 = 3 : 4$$

$$\Rightarrow \left(\frac{r_1}{r_2}\right)^3 = \left(\frac{3}{4}\right)^3 \Rightarrow \frac{r_1^3}{r_2^3} = \frac{27}{64}$$

$\Rightarrow r_1^3 : r_2^3 = 27 : 64$

$\because$ उनके आयतनों अनुपात $= \frac{4}{3}\pi r_1^3 : \frac{4}{3}\pi r_2^3$

$\Rightarrow r_1^3 : r_2^3 = 27 : 64$

7. माना कि लम्बवृत्तीय शंकु की त्रिज्या व ऊंचाई क्रमशः $3x$ मी. व $5x$ मी. है

$\therefore$ शंकु का आयतन $= \frac{1}{3}\pi r^2 h = \frac{1}{3}\pi \times (3x)^2 \times 5x$ घन मी.

प्रश्नानुसार, शंकु का आयतन = 120π घन मी. (दिया है)

$$\therefore \frac{1}{3}\pi \times 9x^2 \times 5x = 120\pi \Rightarrow x^3 = \frac{120 \times 3}{9 \times 5}$$

$\Rightarrow x^3 = 8 \Rightarrow x^3 = (2)^3 \Rightarrow x = 2$ मी.

$\therefore$ लम्बवृत्तीय शंकु की त्रिज्या व ऊंचाई क्रमशः $3 \times 2 = 6$ मी. तथा $5 \times 2 = 10$ मी. होगी।

$\therefore$ तिर्यक ऊंचाई $= \sqrt{(\text{त्रिज्या})^2 (\text{ऊंचाई})^2}$

$= \sqrt{(6)^2 + (10)^2}$

$= \sqrt{36 + 100} = \sqrt{136} = 2\sqrt{34}$ मी.।

8. माना कि बेलन के आधार की त्रिज्या = r सेमी.

$\therefore$ बेलन के आधार की परिधि $= 2\pi r$ सेमी.

प्रश्नानुसार, $2\pi r = 88$

$$\Rightarrow r = \frac{88}{2\pi} = \frac{88}{2 \times \frac{22}{7}} = \frac{88 \times 7}{2 \times 22} = 14 \text{ सेमी.}$$

$\therefore$ बेलन का आयतन $= \pi r^2 h = \frac{22}{7} \times (14)^2 \times 42$

$= 22 \times 2 \times 14 \times 42 = 25872$ घन सेमी.।

12. $\because$ 3 सेमी. त्रिज्या वाले गोले का आयतन

$$= \frac{4}{3}\pi \times (3)^3 = \frac{4}{3}\pi \times 27 \text{ घन सेमी.}$$

गणित

माना कि शंकु की ऊंचाई h सेमी. है

$\therefore$ उसी त्रिज्या के आधार पर शंकु का आयतन

$$= \frac{1}{3}\pi(3)^2 \times h \text{ घन सेमी.}$$

चूंकि शंकु का आयतन = गोले का आयतन

$$\therefore \frac{1}{3}\pi \times (3)^2 \times h = \frac{4}{3}\pi \times 27 \Rightarrow h = 12 \text{ सेमी.}$$

अत: शंकु की ऊंचाई 12 सेमी होगी।

13. $\because$ रोलर का व्यास = 2.4 मी. $\therefore$ रोलर की त्रिज्या = 1.2 सेमी. तथा रोलर की लम्बाई (ऊंचाई) = 1.68 मी.

$$\therefore \text{ रोलर की वक्रपृष्ठ} = 2\pi rh = 2 \times \frac{22}{7} \times 1.2 \times 1.68$$

$$= 12.672 \text{ वर्ग मी.}$$

$\therefore$ 1 चक्कर में रोलर मैदान पर चला = 12.672 वर्ग मी.

$\therefore$ 1000 चक्कर में मैदान पर चलेगा = 12.672 × 1000 = 12672 वर्ग मी.

अर्थात् मैदान का क्षेत्रफल = 12672 वर्ग मी. होगा।

14. $\because$ घन के धरातल के क्षेत्रफल दो कोरों में 10% की वृद्धि होती है। अर्थात् $x\% = y\% = 10\%$ तथा प्रतिशत वृद्धि की स्थिति में x, y के मान (+) धनात्मक होंगे।

$\therefore$ घन के धरातल के क्षेत्रफल में प्रतिशत वृद्धि

$$= \left(x + y + \frac{xy}{100}\right)\%$$

$$= \left(10 + 10 + \frac{10 \times 10}{100}\right)\% = 21\%$$

15. $\because$ ठोस बेलन का आयतन = $\pi r^2 h = \pi r^2 \times 14$ घन मी.

प्रश्नानुसार, शंकु की त्रिज्या = बेलन की त्रिज्या r मी = 4 मी.

चूंकि शंकु का आयतन = बेलन का आयतन

$$\therefore \frac{1}{3}\pi r^2 \times \text{ऊंचाई} = \pi r^2 \times 14$$

$\therefore$ ऊंचाई = 14 × 3 = 42 मी.

अत: शंकु की ऊंचाई 42 मी. होगा।

16. $\because$ घनाकार कमरे का आयतन = $(10)^3$ = 1000 घन मी.

कमरे में बैठने वाले विद्यार्थियों की संख्या

$$= \frac{\text{कमरे का आयतन}}{\text{एक विद्यार्थी का आयतन}}$$

$$= \frac{1000}{5} = 200.$$

17. $\because$ तीन घन के किनारे क्रमश: 2 सेमी., 3 सेमी. तथा 4 सेमी. है।

$\therefore$ तीनों घनों के आयतन क्रमश: $(2)^3 = 8$ घन सेमी., $(3)^3 = 27$ घन सेमी.

तथा $(4)^3 = 64$ घन सेमी. होगी।

$\therefore$ नए घन का आयतन = तीनों घनों का आयतन

$\therefore$ नए घन का आयतन = 8 + 27 + 64 = 99 घन सेमी.

$\therefore$ नए घन का किनारा = $\sqrt[3]{99}$ सेमी.।

18. $\because$ घन के पृष्ठ भाग का क्षेत्रफल = $6 \times (\text{भुजा})^2$

$\therefore$ $6 \times (\text{भुजा})^2 = 600 \Rightarrow (\text{भुजा})^2 = 100$

$\Rightarrow$ भुजा = 10 सेमी.

$\therefore$ घन के विकर्ण की लम्बाई = $\sqrt{3}$ × भुजा = $\sqrt{3} \times 10$

$= 10\sqrt{3}$ सेमी.

19. $\because$ शंकु के वक्रतल का क्षेत्रफल = πrl

(जहां r = शंकु की त्रिज्या l = शंकु की ढलवां ऊंचाई)

$$\therefore \text{वक्रतल का क्षेत्रफल} = \frac{22}{7} \times \frac{28}{2} \times 50 = 2200 \text{ वर्ग मी.}$$

$\therefore$ 80 पैसे प्रति वर्ग मी. की दर से सफेदी कराने का खर्च

$$= 2200 \times \frac{80}{100} = 1760 \text{ रु. होगा।}$$

21. चूंकि दीवार का आयतन = 8 × 3.6 × .8

= 23.04 घन मी. = 23040000 घन सेमी.

तथा ईंट का आयतन = 20 × 12 × 5.6 = 1344 घन सेमी.

प्रश्नानुसार, गारा इत्यादि सहित ईंट का आयतन = 1344 + 1344 का $\frac{1}{7}$ = 1344 + 192 = 1536 घन सेमी.

$$\therefore \text{ईंटों की संख्या} = \frac{\text{दीवार का आयतन}}{\text{गारा इत्यादि सहित ईंट का आयतन}}$$

$$= \frac{23040000}{1536} = 15000.$$

22. $\because$ बेलन की पार्श्वपृष्ठ का क्षेत्रफल = $2\pi rh$

$\because$ $2\pi rh = 528$

$$\therefore r = \frac{528}{2\pi h} = \frac{528}{2 \times \frac{22}{7} \times 8} = \frac{528 \times 7}{2 \times 22 \times 8}$$

= 10.5 सेमी.

$$\therefore \text{ बेलन का आयतन} = \pi r^2 h = \frac{22}{7} \times (10.5)^2 \times 8$$

= 2772 घन सेमी.।

23. माना कि दो बेलनाकार मर्तबानों के व्यास क्रमश: $6x$ व $2x$ हैं

$\therefore$ उनकी त्रिज्या = $\frac{6x}{2} = 3x$ व $\frac{2x}{2} = x$ होगी तथा ऊंचाई क्रमश: $2h$ व h है

$\therefore$ उनके आयतन क्रमश: $\pi(3x)^2 \times 2h$ व $\pi \times (x)^2 \times h$ होगे।

$\therefore$ आयतनों में अनुपात = $\pi \times 9x^2 \times 2h : \pi x^2 h$

= 18 : 1

24. माना कि शंकु की त्रिज्या व ऊंचाई क्रमश: r व h है

$\therefore$ गोले की त्रिज्या = r होगी

प्रश्नानुसार, शंकु का आयतन = गोले का आयतन

$$\therefore \frac{1}{3}\pi r^2 h = \frac{4}{3}\pi r^3 \Rightarrow h = 4r$$

$\therefore$ गोले व शंकु के क्रमशः व्यास व ऊंचाई में अनुपात $= 2r : h = 2r : 4r = 1 : 2$.

26. टंकी का आयतन $= l \times b \times h = 3 \times 2 \times 1$
$= 6$ घन मीटर
($\because$ 1 घन मीटर = 1000 लीटर)
$\therefore$ टंकी की क्षमता $= 6 \times 1000$
$= 6000$ लीटर

28. यहाँ $a_1^3 : a_2^3 = 8 : 1$

$$\therefore \left(\frac{a_1}{a_2}\right)^3 = \left(\frac{2}{1}\right)^3 \Rightarrow a_1 : a_2 = 2 : 1$$

अतः उनके किनारों का अनुपात = 2 : 1

29. यहाँ $4\pi r_1^2 : 4\pi r_2^2 = 9 : 16 \Rightarrow r_1^2 : r_2^2 = 9 : 16$

$$\Rightarrow \left(\frac{r_1}{r_2}\right)^2 = \left(\frac{3}{4}\right)^2 \Rightarrow r_1 : r_2 = 3 : 4$$

$$\Rightarrow \frac{r_1^3}{r_2^3} = \frac{27}{64} \quad \Rightarrow r_1^3 : r_2^3 = 27 : 64.$$

अतः उनके आयतनों का अनुपात

$$= \frac{4}{3}\pi r_1^3 : \frac{4}{3}\pi r_2^3 = r_1^3 : r_2^3 = 27 : 64$$

30. बृहत्तम छड़ जो घनाभाकार कमरे में रखी जा सकती है = कमरे के विकर्ण की लम्बाई

$$= \sqrt{l^2 + b^2 + h^2} = \sqrt{(12)^2 + (9)^2 + (8)^2}$$

$$= \sqrt{144 + 81 + 64} = \sqrt{289} = 17 \text{ मीटर}$$

31. यहाँ, घनाभ की लम्बाई = प्रथम घन का किनारा + दूसरे घन का किनारा = 10 + 10 = 20 से.मी.
$\therefore$ घनाभ का पृष्ठीय क्षेत्रफल
$= 2(20 \times 10 + 10 \times 10 + 10 \times 20)$
$= 2(200 + 100 + 200)$
$= 2 \times 500 = 1000$ वर्गसेमी.

34. घनाकार कमरे का आयतन $= (10)^3 = 1000$ घन मीटर
गठरी की कुल संख्या जो कमरे में रखा जा सके

$$= \frac{\text{कमरे का आयतन}}{\text{गठरी का आयतन}} = \frac{1000}{5} = 200.$$

35. यहाँ, $6 \times (\text{भुजा})^2 = 600$
$\Rightarrow$ भुजा$^2 = 100$
$\Rightarrow$ भुजा $= \sqrt{100} = 10$ से.मी.
$\therefore$ घन का विकर्ण
$= \sqrt{3} \times \text{भुजा} = \sqrt{3} \times 10 = 10\sqrt{3}$ से.मी.

37. यहाँ, $4/3\pi r^3 = \frac{1}{3}\pi r^2 h \quad \Rightarrow 4r = h$

$$\Rightarrow \quad 2d = h \quad \therefore \frac{d}{h} = \frac{1}{2}$$

अतः, अभीष्ट अनुपात = 1 : 2

38. यहाँ $\frac{V_1}{V_2} = \frac{\pi \times 2^2 \times 5}{\pi \times 3^2 \times 3} = \frac{20}{27}$

अतः, अभीष्ट अनुपात = 20 : 27.

39. यहाँ, 40 मिनट में जल स्तम्भ की लम्बाई $= 10 \times 40 \times 60$ मीटर

$$\text{चूँकि, } 7.2 \times 2.5 \times h = \frac{5}{100} \times \frac{3}{100} \times 10 \times 40 \times 60$$

$$\Rightarrow \quad h = \frac{36 \times 100}{72 \times 25} = 2 \text{ मीटर}$$

40. यहाँ, $\pi\left[(10.5 + 3.5)^2 - (3.5)^2\right]h = \pi(3.5)^2 \times 22.5$

$\Rightarrow (196 - 12.25)h = 12.25 \times 22.5$

$$\therefore h = \frac{12.25 \times 22.5}{183.75} = 1.5 \text{ मीटर}$$

41. समबाहु Δ का क्षेत्रफल $= \frac{\sqrt{3}}{4}$ (भुजा)^2

$$24\sqrt{3} = \frac{\sqrt{3}}{4} (\text{भुजा})^2$$

$\therefore$ भुजा $= \sqrt{24 \times 4} = 4\sqrt{6}$ सेमी

अतः परिमाप $= 3 \times 4\sqrt{6}$
$= 12\sqrt{6}$ सेमी

45. माना चौड़ाई में $x\%$ की कमी या वृद्धि होती है।

$$\text{क्षेत्रफल में \% वृद्धि, } 0 = 10 + x + \frac{10x}{100}$$

$$\text{या} \quad -10 = \frac{110x}{100} \quad \therefore x = -\frac{100}{11} = -9\frac{1}{11}\%.$$

47. वृत्त का क्षेत्रफल = वृत्त की परिधि $\times$ (त्रिज्या का आधार)

$$= 616 \times \frac{98}{2} = 30{,}184 \text{ वर्गमीटर।}$$

51. $l^3 = 64 \times 1000$ घन समी
$l = 3\sqrt{64 \times 1000} = 40$ घन सेमी

52. $6l^2 = 1350$

$$l^2 = \frac{1350}{6} = 225$$

$l = 15$ मी.
आयतन $= l^3 = 15 \times 15 \times 15 = 3375$ घन मी.

53. माना घन की भुजा a सेमी है।

प्रश्नानुसार, $6a^2 = 600$ या $a^2 = 100$ या $a = 10$

अतः घन के विकर्ण की लम्बाई $= \sqrt{3}a = 10\sqrt{3}$ सेमी

56. माना $a = 5x, b = 6x$ तथा $c = 7x$

$\therefore \quad 180 = 5x + 6x + 7x$

$\Rightarrow \quad x = 10$

अतः $\quad a = 50, b = 60, c = 70$

$$s = \frac{50+60+70}{2} = 90$$

$\therefore$ त्रिभुज का क्षेत्रफल $= \sqrt{s(s-a)(s-b)(s-c)}$

$$= \sqrt{90 \times 40 \times 30 \times 20}$$

$$= 600\sqrt{6} \text{ वर्ग सेमी}$$

59. समषट्भुज का क्षेत्रफल $= 6 \times \frac{\sqrt{3}}{4} \times \left(2\sqrt{3}\right)^2$

$$= 6 \times \frac{\sqrt{3}}{4} \times 4 \times 3 = 18\sqrt{3} \text{ वर्ग सेमी}$$

60. अभीष्ट क्षेत्रफल $= \frac{\pi \times (28)^2}{4}$

$$= \frac{22}{7} \times \frac{28 \times 28}{4} = 616 \text{ वर्ग सेमी}$$

◆◆◆◆◆◆

आंकड़ों का प्रबन्धन

हमें आंकड़ों का कुशलतापूर्वक उपयोग कर उसके प्रवृत्तियों, महत्त्वपूर्ण विभिन्नताओं एवं विशिश्ट परिणामों को समझने की जरूरत होती है। ये आंकड़े किसी भी रूप में हो सकते हैं। उसके बाद इन प्रवृत्तियों, विभिन्नताओं एवं परिणामों के आधार पर हम या तो कुछ प्रश्नों के उत्तर देते हैं या कुछ कथनों को सत्यापित करते हैं।

आँकड़ों का प्रबन्धन दिए गए सूचना को विभिन्न तरह के संकेतों का प्रयोग कर उसे व्यक्त करने या प्रदर्शित करने का साधन है। हम अपने दैनिक जीवन में कई प्रकार की सूचनाओं से रू-ब-रू होते हैं जैसेः

(*i*) हवाई जहाज द्वारा 7 घंटे में तय की गई दूरी।

(*ii*) प्रत्येक महीने राशन की खपत।

(*iii*) टीम इंडिया द्वारा वर्ष 2010 में खेले गए मैंचों की संख्या आदि।

इस तरह की हरेक स्थिति में संग्रह की गई सूचनाओं को 'आँकड़े' कहते हैं। दूसरे शब्दों में "आँकड़े संख्याओं का संग्रह है जिस कुछ सूचनाएँ देने के लिए इकट्ठा किया जाता है। यह प्रायः उन परिस्थितियों के संदर्भ में संचित किया जाता है जिनका हम अध्ययन करना चाहते हैं। यह क्या प्रदर्शित करता है इसका एक स्पष्ट विचार देने के लिए आँकड़ों को ग्राफीय रूप में प्रदर्शित किया जाता है।

आँकड़ों का संगठन

आँकड़े प्रायः असंगठित या कच्चे रूप में दिए जाते हैं। हम इसका अर्थपूर्ण निष्कर्ष प्राप्त करने के लिए इसे क्रमबद्ध रूप में संगठित करते हैं। जैसेः एक शहर के 30 दिनों का तापमान दिया गया हैः 30°, 25°, 29°, 28°, 25°, 30°, 30°, 26°, 29°, 28°, 30°, 30°, 28°, 26°, 30°, 28°, 22°, 29°, 28°, 30°, 26°, 28°, 30°, 27°, 30°, 25°, 28°, 29°, 30° और 29 तो कितने दिन शहर ने अधिकतम तापमान का सामना किया? दिए गए अव्यवस्थित तापमानों को देखकर प्रश्न का उत्तर देना आसान नहीं है। अतः सर्वप्रथम हम मिलान चिह्नों (tally mark) का प्रयोग कर उसे व्यवस्थित करते हैं फिर आसानी से प्रश्नों का उत्तर दे पाते हैं।

तापमान	मिलान चिह्न	दिनों की संख्या
25°	|||	3
26°	|||	3
27°			1
28°	~~||||~~ |||	8
29°	~~||||~~	5
30°	~~||||~~ ~~||||~~	10
		N = 30

इस प्रकार हम आसानी से तय कर सकते हैं कि शहर ने अधिकतम तापमान 30° का 10 दिनों तक सामना किया।

आँकड़ों का समूहन

ऊपर के उदाहरण में हमने देखा कि तापमान के कुछ माप (डिग्री) बार-बार आते हैं जैसेः 30° दस बार, 28° आठ बार 29° पाँच बार आदि। इन सूचनाओं को हम ग्राफीय विधि से भी प्रदर्शित कर सकते हैं।

अपने दैनिक जीवन में हम इस तरह के अनेक आँकड़ों से रू-ब-रू होते हैं। इनमें से कुछ आँकड़े छोटे तो कुछ बड़े होते हैं। उदाहरणस्वरूप–अप्रैल महीने में एक कार्यालय के कर्मचारियों की दैनिक उपस्थिति निम्नलिखित है– 14, 16, 46, 24, 22, 43, 25, 24, 32, 43, 14, 30, 27, 31, 32, 28, 18, 19, 30, 27, 16, 25, 11, 12, 31, 30, 17, 48, 19, 23.

उपरोक्त आँकड़ों का बारम्बारता वितरण बहुत लम्बा होगा। अतः इन आँकड़ों का समूह बनाकर बारंबारता वितरण तैयार करना आसान होगा। जैसे– 0-10, 10-20, 20-30 इत्यादि। समूह बनाने के पश्चात् हम आँकड़ों के समूह की बारम्बारता मिलान चिह्न का उपयोग कर प्राप्त करते हैं।

समूह	मिलान चिह्न	बारम्बारता
10-20	~~||||~~ ~~||||~~	10
20-30	~~||||~~ ||||	9
30-40	~~||||~~ ||	7
40-50	||||	4
		N = 30

इस प्रकार से संगठित आँकड़ों को **वर्गीकृत आँकड़ा** और इस प्रकार से संगठित वितरण को वर्गीकृत बारम्बारता वितरण कहते हैं। अब हम इस वितरण से कई अर्थपूर्ण निष्कर्ष निकाल सकते हैं, जैसेः

(*i*) अधिकांश दिन उपस्थिति कम थी।

(*ii*) केवल चार दिन उपस्थिति सर्वाधिक थी। आदि।

महत्त्वपूर्ण परिभाषाएँ

- **विचर (Variate) :** उस राशि को जिसे हम अलग-अलग प्रेक्षणों में मापते हैं, विचर (variate) कहते हैं।
- **वर्ग-अंतराल (Class Interval) :** हम आंकड़ों के प्रस्तुतीकरण को अधिक सरल बनाने की दृष्टि से उन्हें प्राय: वर्गों में रखते हैं जिसके लिए कुछ अंतराल का प्रयोग किया जाता है जिसे वर्ग-अतंराल कहते हैं। उदाहरण : 0-5, 5-10, 10-15, आदि।
- **वर्ग आमाप (Class-size) :** किसी वर्ग अंतराल की वास्तविक उपरि सीमा और वास्तविक निम्न सीमा के अंतर को उस वर्ग अंतराल का आमाप (size) कहते हैं उदाहरण : वर्ग अंतराल 0-5 का वर्ग आमाप 5 है।
- **मध्य मान (Mid-value) :** किसी वर्ग की निम्न और उपरि सीमा के बीच के चर मान को उस वर्ग का मध्य मान कहते हैं, उदाहरण : वर्ग अंतराल 0-5 का मध्य मान $0+\frac{5}{2}=2.5$ है।
- **बारंबारता (Frequency) :** किसी विशिष्ट वर्ग के संगत प्रेक्षणों की संख्या को उस वर्ग की बारंबारता कहते हैं। उदाहरण : वर्ग अंतराल 5-10 की बारंबारता 6 हो, तो इसका अर्थ है कि 6 व्यक्तियों को 5 या अधिक किंतु 10 से कम चीजें प्राप्त हुईं।
- **संचयी बारंबारता (Cumulative Frequency) :** किसी वर्ग विशेष की बारंबारता और उससे पूर्व के सभी वर्गों की बारंबारता के योगफल को उस वर्ग-विशेष की संचयी बारंबारता कहते हैं। संचयी बारंबारता बंटन सारणी में अंतिम वर्ग की संचयी बारंबारता बारंबारताओं की कुल संख्या होती है।
- **वर्ग सीमाएं (Class Limits) :** प्रत्येक वर्ग-अंतराल की दो सीमाएं होती हैं। अंतराल की निचली संख्या को निम्न सीमा (lower limit) और उपरि संख्या को उपरि सीमा (upper limit) कहते हैं। उदाहरण के लिए, वर्ग अंतराल 0-5 में, 0 निम्न सीमा है जबकि 5 वर्ग-अंतराल की उपरि सीमा है।
- **परिसर (Range):** सबसे बड़े व सबसे छोटे प्रेक्षणों के अन्तर को प्रसार या परिसर कहते हैं।

आँकड़ों का आरेखीय निरूपण

(a) एक विमीय आरेख–(i) दण्डालेख (Bar-diagram) (ii) उपविभाजित दण्डालेख (Sub-divided Bar-diagram) (iii) बहुदण्डालेख (Multiple Bar-diagram)

(b) द्विविमीय आरेख–(i) वर्ग (ii) वृत्त (iii) वृत्तचार्ट

(c) त्रिविमीय आरेख–(i) घन (ii) बेलन (iii) गोला

(d) चित्रालेख (Pictogram)

(e) मानारेखा (Cartogram)

आँकड़ों का ग्राफीय निरूपण

(*i*) चित्रालेख (Pictograph)

(*ii*) दण्डालेख (Bar Graph)

(*iii*) आयत चित्र (Histogram)

(*iv*) पाईचार्ट/वृत्तालेख (Pie Chart)

(*v*) बारम्बारता बहुभुज (Frequency Polygon)

(*vi*) संचयी बारम्बारता वक्र/तारेण (Cumulative Frequency Curve/Ogive)

1. चित्रालेखः एक सांख्यिकीय आलेख जिसमें आंकड़ों को चित्रों, वस्तुओं या वस्तु के भागों के रूप में निरूपित किया जाता है चित्रालेख कहलाता है। इसको केवल देखकर ही आंकड़ों से सम्बन्धित प्रश्नों के उत्तर दिए जा सकते हैं। अतः आंकड़ों के प्रदर्शन या इनको समझने का यह सबसे आसान तरीका है। इस विधि द्वारा एक कम पढ़ा-लिखा या निरक्षर व्यक्ति भी आंकड़ों को समझ सकता है। चित्रालेखों को खींचना एक रोचक कार्य है। इसमें संकेतों को इकाइयों के गुणज के रूप में प्रयोग किया जाता है। किन्तु यदि आंकड़ा पूर्ण गुणज के रूप में न हो तो संकतों को आंशिक रूप में दिखाया जाता है। जैसेः

किसी वर्ष के प्रथम चार महीनों में, एक विद्यालय के लिए खरीदे गए बिजली के बल्बों की संख्या निम्नलिखित हैः

महीना	बल्बों की संख्या
जनवरी	20
फरवरी	26
मार्च	30
अप्रैल	34

इन आँकड़ों को चित्रालेख द्वारा निम्न प्रकार से प्रदर्शित किया जा सकता है।

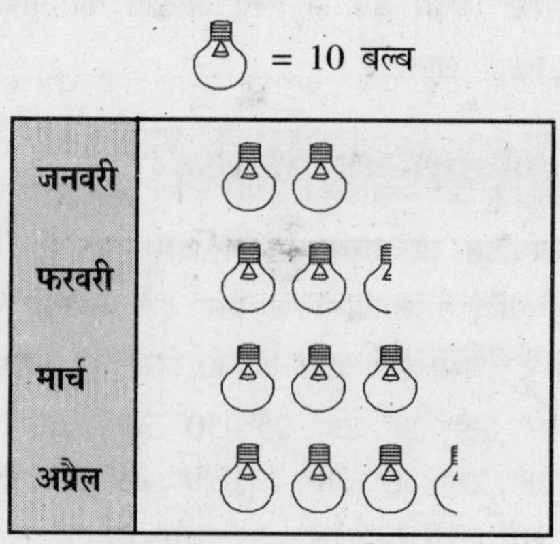

2. दण्डालेखः एक आलेख जिसमें दण्ड होते हैं, जिसकी लम्बाई-आँकड़ों के समूह की मात्रा के समानुपाती होता है। इसका उपयोग तब होता है, जब एक अक्ष पर संख्यात्मक पैमाने नहीं होते हैं। जैसेः यह दिखाना कि मिश्रित बीजों के एक पैकेट से विभिन्न रगों के फूल के कितने पौधे उगते हैं।

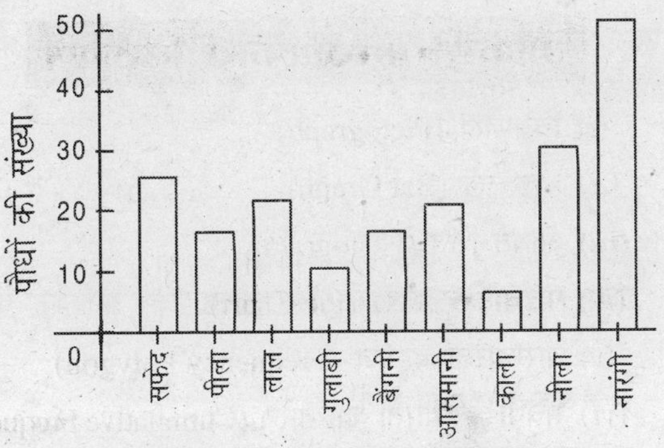

3. आयत चित्र : एक सांख्यिकी आलेख जो आँकड़ों को आयताकार स्तम्भ की ऊँचाई द्वारा प्रदर्शित करता है। इसके स्तम्भों की संख्या वर्ग-अन्तराल की संख्या के बराबर होती है। जैसे– निम्नलिखित सारणी एक शहर के वयस्क लोगों के विभिन्न उम्र-वर्गों की संख्या को प्रदर्शित करता है।

आयु वर्ग	लोगों की संख्या	आयु वर्ग	लोगों की संख्या
15-20	200	35-40	750
20-25	350	40-45	900
25-30	475	45-50	100
30-35	600		

उपरोक्त आँकड़ों का आयत-चित्र निम्नलिखित है।

आयतचित्र

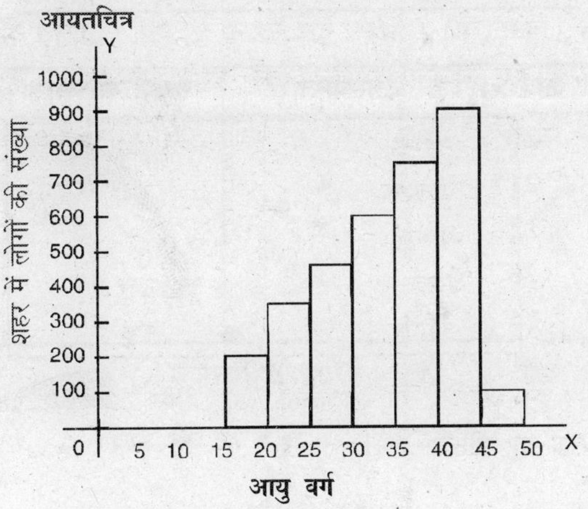

4. पाई चार्ट/वृत्त चार्टः एक आलेख जिसमें अंश वृत्त खण्डों में प्रदर्शित किए जाते हैं। वृत्तखण्डों के क्षेत्रफल सम्बन्धित विभिन्न अंशों का प्रदर्शित करते हैं। जैसेः 100 सेना के जवानों में से 25 जवान टैंक, 30 जवान युद्धपोत, 40 जवान हवाई जहाज और शेष राइफल का प्रयोग करते हैं तो उक्त आँकड़ों का वृत्त चार्ट निम्नलिखित हैं।

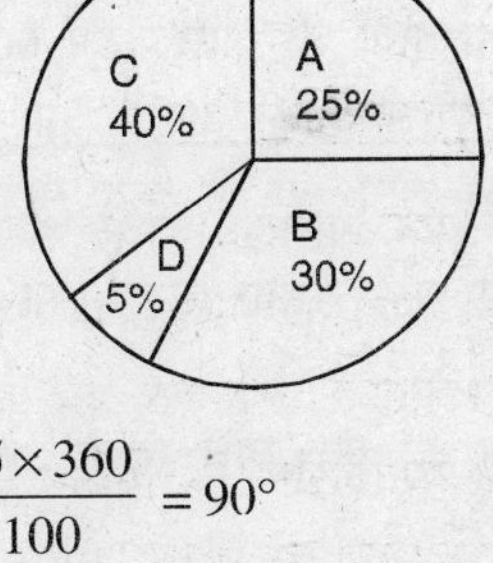

A टैंक $= \frac{25 \times 360}{100} = 90°$

B युद्धपोत $= \frac{30 \times 360}{100} = 108°$

C हवाई जहाज $= \frac{40 \times 360}{100} = 144°$

D राइफल $= \frac{5 \times 360}{100} = 18°$

5. बारम्बारता बहुभुजः जब आयत चित्र के प्रत्येक आयताकार स्तम्भ के शीर्ष रेखाओं के मध्य-बिन्दुओं को रेखा-खण्डों द्वारा मिलाया जाता है तो प्राप्त आकृति का बारम्बारता बहुभुज या आवृत्ति बहुभुज कहते हैं। बहुभुज का क्षेत्रफल आयताकार दण्डों के कुल क्षेत्रफल के बराबर होता है। बारम्बारता बहुभुज की रचना वर्ग अन्तराल के मध्य बिन्दुओं और उससे सम्बन्धित बारम्बारताओं के उभनिष्ठ बिन्दुओं (common points) को रेखाखण्डों द्वारा मिलाने पर भी होता है। जैसे, उपरोक्त आँकड़ों का बारम्बारता बहुभुज नीचे दी गई है।

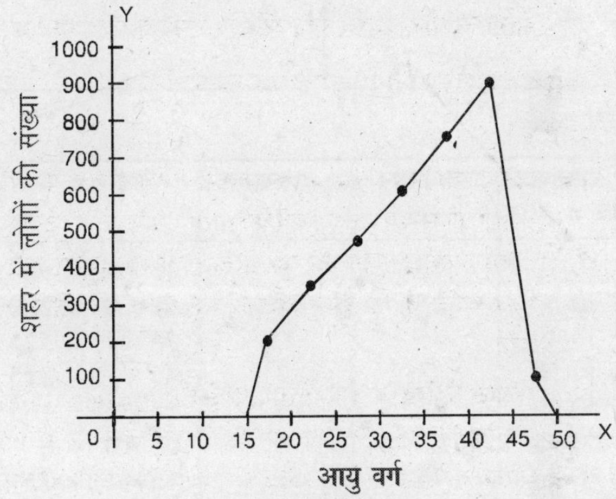

माध्य

समान्तर माध्य (Arithmetic Mean) (अवर्गीकृत आंकड़े) समान्तर माध्य सामान्यतः औसत के रूप में प्रयोग किए जाते हैं। हम सभी 'आँकड़ों का औसत' पद से परिचित हैं। समान्तर माध्य इकाइयों के मानों को जोड़कर और उसमें इकाइयों की संख्या से भाग देकर प्राप्त किया जाता है।

उदाहरण : 10 छात्रों द्वारा प्राप्त अंक निम्नलिखित हैंः 22, 35, 37, 38, 29, 27, 34, 36, 28, 34 तो अंकों का माध्य क्या होगा?

हल : छात्रों की संख्या = 10

माध्य $(\bar{x}) = \frac{22+35+37+38+29+27+34+36+28+34}{10}$

$= \frac{320}{10} = 32$ अंक।

समान्तर माध्यम (वर्गीकृत आंकड़े): यदि आंकड़े बिना वर्ग अन्तराल के वर्गीकृत हो और साथ में उनका भार दिया गया हो तो, भारित माध्य

$$\bar{x} = \frac{\sum_{i=1}^{n} f_i x_i}{\sum_{i=1}^{n} f_i}$$

पुनः यदि आंकड़े वर्ग-अन्तराल के साथ वर्गीकृत हो और साथ में उनकी बारम्बारता दी गई हो तो,

$$\text{माध्य} = \frac{\Sigma fx}{N}$$

जहाँ f = बारंबारता, x = मध्यमान (mid-value),

उदाहरणः निम्नलिखित वितरण के माध्य की गणना करें:

प्राप्तांक	बारम्बारता
10-20	6
20-30	8
30-40	15
40-50	7
50-60	3
60-70	0
70-80	1

हल :

प्राप्तांक	मध्य-मान (x)	बारम्बारता (f)	$f \times x$
10-20	15	6	$15 \times 6 = 90$
20-30	25	8	$25 \times 8 = 200$
30-40	35	15	$35 \times 15 = 525$
40-50	45	7	$45 \times 7 = 315$
50-60	55	3	$55 \times 3 = 165$
60-70	65	0	$65 \times 0 = 0$
70-80	75	1	$75 \times 1 = 75$
		$\sum f = 40$	$\sum fx = 1370$

$$\text{माध्य } \bar{x} = \frac{\sum fx}{\sum f} = \frac{1370}{40} = 34.25$$

माध्यिका

यह किन्ही इकाइयों के व्यवस्थित शृंखला के इकाई मान के रूप में परिभाषित किया जाता है जो सम्पूर्ण शृंखला को दो समान खण्डों में विभाजित करता है। इस व्यवस्था का मध्य पद माध्यिका कहलाती है।

उदाहरणस्वरूप आँकड़े 3, 5, 9, 13, 15, 21, 22, 25, 29 की माध्यिका 15 है।

जब आँकड़े अवर्गीकृत हैं और इकाइयों की संख्या विषम है तो माध्यिका $\left(\frac{n+1}{2}\right)$ वीं इकाई होगी।

यदि इकाइयों की संख्या सम है तो ऐसी अवस्था में दो केन्द्रीय इकाई होंगे जैसे $\left(\frac{n}{2}\right)$ वीं इकाई एवं $\left(\frac{n}{2}+1\right)$ वीं इकाई इस स्थिति में माध्यिका इन दोनों इकाइयों का औसत मान होगा। यदि आँकड़े वर्गीकृत हों तो माध्यिका

$$= l + \frac{\frac{N}{2} - C}{f} \times i$$

जहाँ, l = वर्ग अन्तराल की निम्न सीमा जिसमें माध्यिका पड़ती है।

N = बारम्बारता का योग

i = वर्ग सीमा का अन्तर (वर्ग आमाप)

f = माध्यिका वर्ग की बारम्बारता

c = माध्यिका वर्ग से एक वर्ग पूर्व की संचयी बारम्बारता

उदाहरण : 1. प्राप्तांक 25, 28, 20, 8, 10, 15 की माध्यिका क्या होगी?

हल : प्राप्तांकों का आरोही क्रम = 8, 10, 15, 20, 25, 28

$$\therefore \text{माध्यिका} = \frac{15+20}{2} = \frac{35}{2} = 17.5$$

उदाहरण : 2. निम्नलिखित आंकड़ों के माध्यिका की गणना करें।

आय (रुपये) :	20	21	22	23	24
लोगों की संख्या :	2	4	4	3	6

हल :

आय (x)	बारम्बारता (f)	संचयी बारम्बारता (c)
20	2	2
21	4	6
22	4	10
23	3	13
24	6	19

यहाँ N = 19 जो कि विषम है।

$\therefore$ माध्यिका = $\left(\frac{n+1}{2}\right)$ वें पद की आय

= $\left(\frac{19+1}{2}\right)$ वें पद की आय

= 10 वें पद की आय = 22 रु.

बहुलक

बहुलक किसी शृंखला के उस इकाई के रूप में जाना जाता है जो सवाधिक बार आता है। एक बारम्बारता वितरण में बहुलक वह चर है जिसकी सवाधिक बारम्बारता है। जब हम यह कहते हैं कि भारतीयों की औसत उम्र 60 वर्ष है तो इसका अर्थ है कि भारत में लोगों की आदर्श उम्र 60 वर्ष है, अर्थात् भारत में अधिकांश लोग 60 के बाद मरते हैं।

उदाहरण 1 : दिए गए संख्या समूह का बहुलक निकालें: 2, 2, 3, 5, 4, 3, 2, 3, 3, 3, 5

हल : समान संख्या को एक साथ रखकर व्यवस्थित करने पर, 2, 2, 2, 3, 3, 3, 3, 4, 5, 5

इस आँकड़े का बहुलक 3 है क्योंकि यह अन्य पदों के अपेक्षा ज्यादा बार आया है। वर्गीकृत आकड़े की स्थिति में,

$$\text{बहुलक} = l + \frac{f - f_1}{2f - (f_1 + f_2)} \times i$$

जहाँ, l = वर्ग अन्तराल की निम्न सीमा जिमसें बहुलक पड़ता है।

f = बहुलक वर्ग की बारम्बारता

f_1 = बहुलक वर्ग से पूर्व वर्ग की बारम्बारता

f_2 = बहुलक वर्ग के बाद वाले वर्ग की बारम्बारता

i = वर्ग सीमा का अन्तर (वर्ग आमाप)

उदाहरण 2 : निम्नलिखित बारम्बारता बंटन का बहुलक ज्ञात करें।

वर्ग अन्तराल	बारम्बारता
24.5-29.5	1
29.5-34.5	1
34.5-39.5	3
39.5-44.5	4
44.5-49.5	7
49.5-54.5	9
54.5-59.5	3
59.5-64.5	8
64.5-69.5	4

हल : बहुलक $= l + \frac{f - f_1}{2f - (f_1 + f_2)} \times i$

$$= 49.5 + \frac{9 - 7}{2 \times 9 - 7 - 3} \times 5$$

$$= 49.5 + 1.2 = 50.7$$

प्रायिकताः पूर्व घटित घटनाओं के गणितीय अध्ययन के आधार पर भविष्य में घटने वाली घटनाओं की प्रागुक्ति (Prediction) को प्रायिकता कहते हैं।

अनेक स्थितियों में 'प्रायिकता' की सहायता से 'संभवतः' आदि जैसी अनिश्चितता का संख्यात्मक रूप से मापन किया जा सकता है। प्रायिकता का व्यापक प्रयोग भौतिक विज्ञान, वाणिज्य, जीव विज्ञान, आयुर्विज्ञान, मौसमपूर्वानुमान आदि क्षेत्रों में होता है। जबकि दैनिक जीवन में भी इसका प्रयोग सिक्का उछालने, पासे का खेल खेलने, वर्षा या धूप के पूर्वानुमान में, एक्जिट पोल आदि में किया जाता है।

यादृच्छिक प्रयोगः वह प्रयोग जिसमें परिणामों की ठीक-ठीक प्रागुक्ति (भविष्यवाणी) नहीं की जा सकती यादृच्छिक प्रयोग कहते हैं।

समप्रायिक/सम संभावितः वह परिणाम जिसके आने का संयोग बराबर हो समप्रायिक कहलाता है।

घटनाः किसी प्रयोग के एक या एक से अधिक परिणामों से घटना बनती है।

घटना की प्रायिकता =

$$\frac{\text{घटना को बनाने वाले परिणामों की संख्या}}{\text{प्रयागे के परिणामों की कुल सख्या}}$$

जब परिणाम समप्रायिक हैं।

साधित प्रश्न

उदाहरण 1. यदि किसी विद्यालय के सात छात्रों का वजन क्रमशः 40, 42, 38, 50, 62, 54 तथा 50 किग्रा. हो तो इनका समान्तर माध्य क्या होगा?

हलः $\because$ समान्तर माध्य $= \frac{\Sigma x}{n}$

$$= \frac{40+42+38+50+62+54+50}{7} = \frac{336}{7} = 48 \text{ किग्रा.}$$

उदाहरण 2. किसी कक्षा के 9 छात्रों के अंग्रेजी विषय में प्राप्तांक निम्नलिखित हैं।

45, 65, 60, 70, 55, 69, 80, 54, 84

प्राप्तांको की माध्यिका ज्ञात कीजिए।

हलः छात्रों के प्राप्तांकों को आरोही क्रम में रखने पर प्राप्ताकों की बनी श्रेणी निम्नलिखित होगी—

45, 54, 55, 60, 65, 69, 70, 80, 84

चूंकि श्रेणी में पदों की संख्या $n = 9$ आर्थात् पदों की संख्या विषम (odd) है।

$\therefore$ माध्यिका $= \left(\frac{n+1}{2}\right)$ वें पद का मान

$= \left(\frac{9+1}{2}\right)$ वें पद का मान = 5 वें पद का मान = 65.

उदाहरण 3. 50 छात्रों के गणित में प्राप्तांक निम्नलिखित सारणी में दिये गये हैं। माध्यिका ज्ञात किजिए।

प्राप्तांक	25	28	30	32	35	40
छात्रों की संख्या	7	8	18	9	5	3

हलः उपर्युक्त बारंबारता सारणी की संचयी बारंबारता सारणी निम्नलिखित होगी—

प्राप्तांक	छात्रों की संख्या (बारंबारता)	संचयी बारंबारता
25	7	7
28	8	15
[30]	18	[33]
32	9	42
35	5	47
40	3	50
योग	50	

$\therefore$ यहां $n = 50$ अर्थात् पदों की संख्या सम (even) है

$$\therefore \text{माध्यिका} = \frac{\frac{n}{2}\text{वें पद का मान} + \left(\frac{n}{2}+1\right)\text{वें पद का मान}}{2}$$

$$= \frac{\frac{50}{2}\text{वें पद का मान} + \left(\frac{50}{2}+1\right)\text{वें पद का मान}}{2}$$

$$= \frac{25\text{वें पद का मान} + 26\text{वें पद का मान}}{2}$$

$= \frac{30+30}{2}$ [$\because$ दोनों पद 22 संचयी बारंबारता के अन्तर्गत आते हैं]

$= \frac{60}{2} = 30.$

उदाहरण 4. एक परीक्षा केन्द्र में 10 विद्यार्थियों को अंगेजी में अंक निम्न प्रकार मिले–

31, 02, 28,98, 13, 19, 35, 32, 63 व 47 हो, तो इनका परिसर क्या है?

हल : चूंकि परिसर = चर राशि का अधिकतम मान – चर राशि का न्यूनतम मान = 98 – 02 = 96

उदाहरण 5. निम्नलिखित बारंबारता बंटन का बहुलक ज्ञात कीजिए

पद	10	15	23	27	29
बारंबारता	8	12	7	6	3

हल : चूंकि उपरोक्त बारंबारता बंटन के अनुसार 15 की बारंबारता सबसे अधिक 12 है तथा अन्य किसी भी पद की बारंबारता 12 या 12 से अधिक नहीं है।

$\therefore$ अभीष्ट बहुलक 15 होगा।

उदाहरण 6 : निम्नलिखित बारम्बारता बंटन का बहुलक ज्ञात करें।

वर्ग अन्तराल	बारम्बारता
24.5-29.5	1
29.5-34.5	1
34.5-39.5	3
39.5-44.5	4
44.5-49.5	7
49.5-54.5	9
54.5-59.5	3
59.5-64.5	8
64.5-69.5	4

हल: बहुलक $= l + \frac{f - f_1}{2f - (f_1 + f_2)} \times i$

$= 49.5 + \frac{9-7}{2\times 9 - 7 - 3} \times 5$

$= 49.5 + 1.2 = 50.7$

उदाहरण 7: ताश की किसी गड्डी से 2 पत्ता यदृच्छाया निकाला जाता है तो इसके बादशाह होने की प्रायिकता ज्ञात करें।

हल: $n(S) = {}^{52}C_2 = \frac{52\times 51}{2!} = 26\times 51 = 1326$

यदि E = दो बादशाह आने की घटना।

तब $n(E) = {}^{4}C_2 = \frac{4\times 3}{2} = 6$

अतः $P(E) = \frac{n(E)}{n(S)} = \frac{6}{1326} = \frac{1}{221}$

बहुवैकल्पिक प्रश्न

1. निम्नलिखित बंटन में 3 की बारंबारता कितनी होगी?
3, 7, 0, 5, 3, 2, 3, 4, 3, 2, 7, 8, 3 व 3.
A. 6 B. 3
C. 2 D. 5

2. यदि किसी बंटन में एक वर्ग का मध्यमान 47 तथा वर्ग अन्तराल 5 हो तो उस वर्ग की निम्नतम सीमा क्या होगी?
A. 44.5 B. 47.5
C. 52.5 D. 42.5

3. एक विद्यालय के 12 छात्रों ने गणित में 50 अंको में से क्रमश: 25, 32, 35, 19, 23, 30, 16, 20, 22, 15, 13, तथा 27 अंक प्राप्त किए हों, तो प्राप्तांको की माध्यिका कितनी होगी?
A. 17.5 B. 22.5
C. 21 D. 23

4. 3, 2, 3, 4, 5, 3, 3, 2, 1, 1 का बहुलक कितना होगा?
A. 4 B. 2
C. 3 D. 1

5. हम आँकड़ों का संग्रह करते हैं:
A. अपना शौक पूरा करने के लिए
B. क्योंकि ऐसा कहा गया है
C. एक अर्थपूर्ण निष्कर्ष प्राप्त करने के लिए
D. इनमें से कोई नहीं

6. आँकड़ों के व्यवस्थित संग्रह के लिए हम प्रयोग करते हैं:
A. मिलान चिह्न (Tally mark)
B. माध्य (Mean)
C. मध्यमान (Mid-value)
D. इनमें से कोई नहीं

7. उच्च सीमा और निम्न सीमा के मध्य अन्तर को कहा जाता है:
A. वर्ग अन्तराल Class-interval
B. वर्ग-आमाप (Class-size)
C. मध्य-मान (Mid-value)
D. वर्ग-सीमा (Class-limit)

8. 1 से 20 तक की धन पूर्णाक संख्याओं का समान्तर माध्य कितना होगा?
A. 10.5 B. 12.5
C. 18.6 D. 11.5

9. यदि 10, 12, x, 8, 20 का समान्तर माध्य 11 हो, तो x का मान कितना होगा?

A. 4 B. 8
C. 12 D. 5

10. एक परीक्षा में 8 छात्रों को गणित विषय में क्रमशः 40, 52, 65, 35, 36, 79, 81 व 39 अंक मिले हों, तो इसका परिसर क्या होगा?

A. 36 B. 46
C. 41 D. 49

11. पांच संख्याओं का स. मा. 21 है। यदि छठवीं संख्या 33 भी उसमें सम्मिलित कर ली जाए तो समस्त संख्याओं का नया स. मा. क्या होगा?

A. 23 B. 21
C. 18 D. 32

12. निम्नलिखित बारंबारता बंटन की माध्यिका कितनी होगी?

पद	3	5	7	9	11	13	15
बारंबारता	3	2	8	4	12	10	4

A. 9 B. 13
C. 11 D. 15

13. 30 दिन का तापमान (डिग्री में) नीचे दिया गया है:

38, 36, 26, 42, 38, 27, 40, 30, 36, 35, 28, 25, 42, 40, 28, 38, 41, 28, 25, 32, 38, 36, 26, 30, 38, 30, 36, 40, 32.

तो माध्य तापमान (डिग्री में) होगा:

A. 33.366 B. 33.663
C. 33.633 D. इनमें से कोई नहीं

14. किसी विशिष्ट वर्ग के संगत प्रेक्षणों की संख्या कहलाती है:

A. वर्ग-अन्तराल B. वर्ग सीमा
C. वर्ग आमाप D. बारम्बारता

15. 7, 11, 23, 36, 42, 50, 61, 73, 110 एवं 120 की माध्यिका है:

A. 54.5 B. 5.55
C. 55.5 D. इनमें से कोई नहीं

16. 14, 11, 16, 22, 14, 23, 17, 14, 26, 28, 11, 14 एवं 26 का बहुलक है:

A. 0.14 B. 1.4
C. 14.0 D. 140

17. एक बारम्बारता बंटन में किसी पद की बारम्बारता सर्वाधिक हो तो उस पद को कहते हैं:

A. माध्य B. आयतचित्र
C. मध्यमान D. बहुलक

निर्देश (18-21) : निम्नांकित तालिका किसी देश का विभिन्न वर्षों में बिस्कुटों का निर्यात प्रदर्शित करती है। तालिका का अध्ययन करके नीचे दिये प्रश्नों के उत्तर दीजिए।

किसी देश का बिस्कुटों का कुछ वर्षों के लिए निर्यात

वर्ष	मात्रा (लाख टिनों में)	मूल्य (करोड़ रु. मे)
2003	100	150
2004	75	150
2005	150	330
2006	160	400
2007	200	500

18. किस वर्ष टिन निर्यात मूल्य न्यूनतम था?

A. 2006 B. 2005
C. 2004 D. 2003

19. किन वर्षो में प्रति टिन मूल्य समान था?

A. 2003 और 2005 B. 2005 और 2006
C. 2006 और 2007 D. 2005 और 2007

20. 2003 से 2007 में निर्यात मूल्य में कितने प्रतिशत वृद्धि हुई?

A. 100 B. $116\frac{2}{3}$
C. $233\frac{1}{3}$ D. 350

21. 2006 से 2007 में निर्यात किये गये बिस्कुट टिनों की संख्या में कितना अन्तर था?

A. 40 B. 40,000
C. 4,00,000 D. 40,00,000

निर्देश (22-24): *दिये गये वृत्त चार्ट में एक देश में विभिन्न खेलों पद किसी वर्ष किए गए खर्च को दिखाया गया है। वृत्त चार्ट का सावधानीपूर्वक अध्ययन करें और निम्नलिखित प्रश्नों के उत्तर दें।*

किसी वर्ष विभिन्न खेलों पर किया गया प्रतिशत खर्च

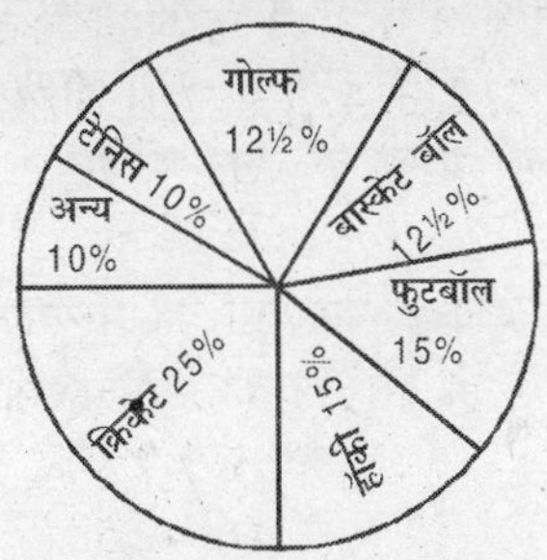

22. ग्राफ दिखाता है कि देश का सर्वाधिक जनप्रिय खेल है:

A. फुटबॉल B. हॉकी
C. क्रिकेट D. टेनिस

23. नीचे दिए खेलों के जोड़ों में से किसमें देश बराबर राशि खर्च करता है

A. हॉकी एवं क्रिकेट B. हॉकी एवं फुटबॉल
C. हॉकी एवं गोल्फ D. टेनिस एवं गोल्फ

24. फुटबॉल पर किए गए कुल खर्च एवं हॉकी पर किए गए कुल खर्च का अनुपात है:

A. 2 : 1 B. 1 : 1
C. 1 : 2 D. 3 : 2

निर्देश (25-28) : निम्नांकित ग्राफ विभिन्न वर्षों में अनाज की उपज दर्शाता है। ग्राफ का सावधानीपूर्वक अध्ययन करके नीचे दिये गये प्रश्नों के उत्तर दीजिए।

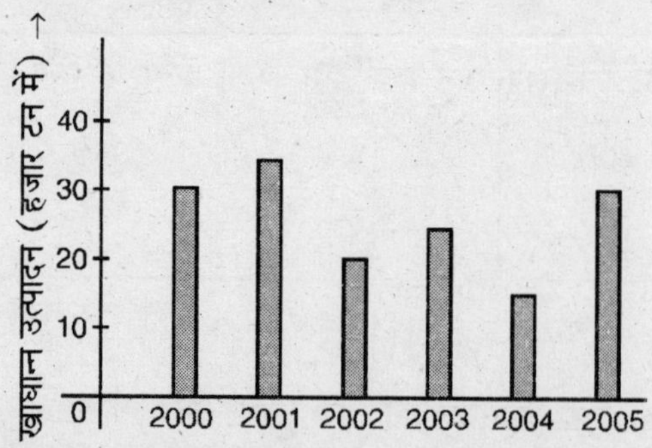

25. 2002 तथा 2004 वर्ष की उपज का योग निम्नलिखित किस वर्ष का उपज के मूल्य है?

A. 2004 B. 2001
C. 2003 D. 2005

26. 2001 तथा 2005 की उपजों में अन्तर है—

A. 500 B. 1,000
C. 5,000 D. 10,000

27. 2004 से 2005 में उपज की प्रतिशत वृद्धि है—

A. 15 B. 30
C. 50 D. 100

28. निम्नलिखित में से किन दो क्रमागत वर्षों की उपज परिवर्तन की दर न्यूनतम है?

A. 2000 और 2001 B. 2002 और 2003
C. 2004 और 2006 D. 2003 और 2004

निर्देश (29-32): *निम्नलिखित ग्राफ के अनुसार दिये गये वर्षों में किसी कम्पनी द्वारा उत्पादित यंत्रों की संख्या (हजार में) तथा यंत्रों की कुल कीमत (करोड़ रुपये में) प्रदर्शित की गयी है। इसके आधार पर दिये गये प्रश्नों के उत्तर दीजिए:*

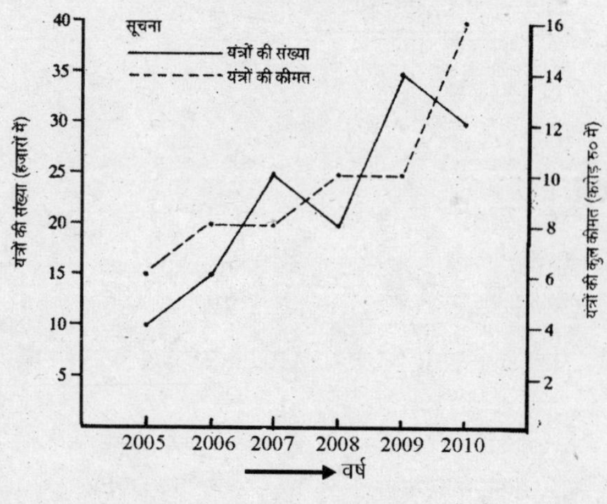

29. 2007 की अपेक्षा 2008 में यंत्रों के उत्पादन में कितने प्रतिशत कमी हुई?

A. 20 B. 18
C. 22 D. 30

30. 2008 तथा 2010 में यंत्रों की बिक्री से प्राप्त राजस्व में अन्तर कितना था?

A. 99 लाख रु. B. 5 करोड़ रु.
C. 6 करोड़ रु. D. 8 करोड़ रु.

31. 2007 तथा 2008 में प्रत्येक यंत्र के मूल्य में कितना अन्तर था?

A. 4800 रु. B. 3200 रु.
C. 3100 रु. D. इनमें से कोई नहीं

32. यदि 2009 में प्रत्येक यंत्र की कीमत 25 प्रतिशत बढ़ाई जाती, तो उस वर्ष उत्पादित यंत्रों की कुल कीमत क्या होती?

A. 12.5 करोड़ रु. B. 15 करोड़ रु.
C. 22.5 करोड़ रु. D. 10 करोड़ रु.
E. इनमें से कोई नहीं

निर्देश (33-36): *निम्नलिखित पाई चार्ट किसी परिवार के विभिन्न मदों पर खर्च को प्रदर्शित करता है। इस पाई-चार्ट का सावधानीपूर्वक अध्ययन करके इससे सम्बन्धित नीचे दिये गये प्रश्नों के उत्तर दीजिए।*

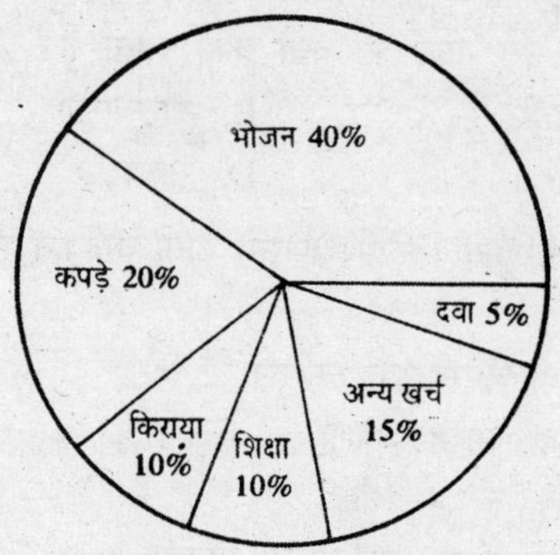

33. यदि शिक्षा पर 375 रु. खर्च होते हों, तो उतने ही रुपये निम्नलिखित में से किस पर खर्च होंगे?

A. दवा B. अन्य खर्च
C. किराया D. कपड़े

34. यदि भोजन पर खर्च 750 रु. प्रति माहवार हो, तो शिक्षा पर वार्षिक व्यय कितने रुपये होगा?

A. 2150 रु. B. 1022.50 रु.
C. 2250 रु. D. 1400 रु.

35. इस चार्ट में अन्य खर्च पर व्यय द्वारा केन्द्रीय कोण कितना होगा?

A. 64° B. 54°
C. 36° D. 15°

36. किराये तथा कपड़े पर मिलाकर खर्च तथा दवा एवं अन्य खर्च पर मिलाकर खर्चों का क्या अनुपात है?

A. 2 : 3 B. 3 : 4
C. 3 : 5 D. 3 : 2

37. बारम्बारता सारणी एक ऐसी सारणी है जो एक विधि को प्रदर्शित करती है। इनमें से किसमें बारम्बारता बँटी होती है?

A. एक वर्ग में B. दस वर्गों में
C. कई वर्गों में D. वर्ग अन्तराल में

38. एक खास वर्ग की बारम्बारता एवं पहले के सभी वर्गों के बारम्बारताओं का योग उस खास वर्ग की कहलाती है?

A. बारम्बारता
B. संचयी बारम्बारता
C. वितरण सारणी
D. इनमें से कोई नहीं

39. $\frac{\text{उच्च वर्ग सीमा + निम्न वर्ग सीमा}}{2}$ बराबर है:

A. मध्यमान B. वास्तविक वर्ग सीमा
C. बारम्बारता मान D. वर्ग आमाप

40. वर्ग आमाप किन दो के वर्ग चिह्नों का अन्तर है?

A. वर्गों B. एकान्तर वर्गों
C. आसन्न वर्गों D. प्रथम एवं अन्तिम वर्गों

41. यदि एक अंक एक वितरण में n बार दुहराया जाता है तो n उस अंक का क्या कहा जाता है?

A. विचार B. बारम्बारता
C. चर D. माध्य

42. एक सारणीय निरूपण जिसमें अंक वर्गीकृत होते हैं, कहा जाता है:

A. एक बारम्बारता वितरण
B. एक असतत् श्रेणी
C. एक सतत् श्रेणी
D. एक संचयी बारम्बारता वितरण

43. किसी व्यक्ति या समूह द्वारा कुछ अध्ययन करने के लिए एकत्र की गई सूचना कहलाती है:

A. सांख्यिकी B. आँकड़े
C. सांख्यिकीय आंकड़े D. अनुसंधान

44. एक अनुसंधान कर्त्ता द्वारा निजी अध्ययन के लिए एकत्रित की गई सूचना कहलाती है:

A. प्राथमिक आंकड़े B. द्वितीयक आंकड़े
C. सूची मूल्य D. संग्रह

45. एक अनुसंधान-कर्त्ता द्वारा किसी अन्य के लिए संकलित आंकड़े कहलाती है:

A. प्राथमिक आंकड़े
B. द्वितीयक आंकड़े
C. बारम्बारता वितरण
D. एक सतत् वितरण

46. एक अनुसंधानकर्त्ता का सबसे अच्छा कार्य है:

A. आंकड़ों का संग्रह
B. योजना निर्माण
C. आंकड़ों का वर्गीकरण
D. आकड़ों का सारणीयन

47. उच्च अंक एवं निम्न अंक के बीच का अन्तर कहलाता है:

A. वर्ग अन्तराल B. आंकड़े
C. परिसर D. वर्ग अन्तराल की लम्बाई

48. जब आंकड़े सममित रूप से एक केन्द्र बिन्दु के गिर्द वितरित हो तब केन्द्रीय प्रवृत्ति के माप का सर्वोत्तम साधन होता है:

A. गुणोत्तर माध्य B. माध्यिका
C. बहुलक D. माध्य

49. जब वितरण का सटीक मध्य बिन्दु अपेक्षित हो तब केन्द्रीय प्रवृत्ति के माप का सर्वोत्तम साधन होता है:

A. गुणोत्तर माध्य B. माध्यिका
C. बहुलक D. माध्य

50. जब केन्द्रीय प्रवृत्ति की त्वरित एवं सन्निकट (approximate) माप अपेक्षित हो तो सर्वोत्तम साधन है:

A. गुणोत्तर माध्य B. माध्यिका
C. बहुलक D. माध्य

उत्तरमाला

1	2	3	4	5	6	7	8	9	10
D	A	B	C	C	A	B	A	D	B
11	**12**	**13**	**14**	**15**	**16**	**17**	**18**	**19**	**20**
A	C	C	D	C	C	D	D	C	C
21	**22**	**23**	**24**	**25**	**26**	**27**	**28**	**29**	**30**
D	C	B	B	B	C	D	A	A	C
31	**32**	**33**	**34**	**35**	**36**	**37**	**38**	**39**	**40**
D	A	C	C	B	D	C	B	A	C
41	**42**	**43**	**44**	**45**	**46**	**47**	**48**	**49**	**50**
B	A	C	A	B	B	C	D	B	C

कुछ चुने हुए प्रश्नों के व्याख्यात्मक उत्तर

1. चूंकि दिए गये बंटन में 3 सबसे अधिक 5 बार आया है
$\therefore$ 3 की बारंबारता = 5 होगी

3. $\therefore$ दिये गये प्राप्तांकों को आरोही क्रम में लिखने पर
13, 15, 16, 19, 20, 22, 23, 25, 27, 30, 32, व 35
चूंकि इसमें 22 तथा 23 दो मध्य पद हैं

$\therefore$ माध्यिका $= \frac{22+23}{2} = \frac{45}{2} = 22.5$

4. $\therefore$ दिये गए आंकड़ों में 3 सबसे अधिक 4 बार आया है
$\therefore$ अभीष्ट बहुलक = 3 होगा।

8. $\therefore$ 1से 20 तक की धन पूर्णाक संख्याए क्रमशः 1, 2, 3, 4, 5, ... 20 तक होगी

$\therefore$ स. मा. $= \frac{1+2+3+...+20}{20} = \frac{20\times 21}{20\times 2} = 10.5$

[$\because 1+2+3+ ...... +n$ पदों का योग $= \frac{n(n+1)}{2}$

9. प्रश्नानुसार, समान्तर माध्य $= \frac{10+12+x+8+20}{5}$

$\therefore\ 11 = \frac{50+x}{5} \Rightarrow x = 55 - 50 = 5.$

10. परिसर = चर राशि का अधिकतम मान – चर राशि का न्यूनतम मान = 81 – 35 = 46.

11. $\therefore$ छ संख्याओं का नया स.मा.

$= \frac{21\times 5+33}{6} = \frac{105+33}{6} = \frac{138}{6} = 23$ होगा।

13. ताप मान का माध्य

$$= \frac{25\times 2+26\times 2+27\times 1+28\times 4 +30\times 3+32\times 2+35\times 1+36\times 4 +38\times 5+40\times 3+41\times 1+42\times 2}{2+2+1+4+3+2+1+4+5+3+1+2}$$

$= \frac{1009}{30} = 33.633$ डिग्री।

15. प्रेक्षणों की संख्या (n) = 10

माध्यिका $= \frac{1}{2}$ (5वाँ प्रेक्षण + 6वाँ प्रेक्षण)

$= \frac{1}{2}\times(50+61) = \frac{111}{2} = 55.5$

16. प्रेक्षण 14 सर्वाधिक (4) बार आया है अतः बहुलक = 14

19. उपरोक्त प्रश्न से स्पष्ट है कि 2006 तथा 2007 में प्रति टिन निर्यात मूल्य समान था।

20. 2003 व 2007 में निर्यात मूल्य में प्रतिशत वृद्धि

$= \frac{(500-150)}{150}\times 100 = 233\frac{1}{3}\%$

21. अभीष्ट अन्तर = 200 – 160 = 40 लाख टिन या 40,00,000 टिन।

22. ग्राफ के अनुसार, क्रिकेट पर खर्च सर्वाधिक है अतः क्रिकेट सर्वाधिक जनप्रिय खेल है।

23. ग्राफ के अनुसार, हॉकी और फुटबॉल पर बराबर राशि खर्च किया जाता है।

24. फुटबॉल पर खर्च = कुल खर्च का 15%
हॉकी पर खर्च = 15%

अतः दोनों खेलों पर खर्चों का अनुपात = 1 : 1.

25. 2002 तथा 2004 वर्ष की उपज का योग = 20 + 15 = 35 हजार टन तथा यह उपज 2001 की उपज के बराबर है।

26. 2001 तथा 2005 की उपजों के अन्तर
= 35 – 30 = 5 हजार टन।

27. उपज में प्रतिशत वृद्धि $= \frac{(30-15)}{15}\times 100 = 100\%.$

29. 2007 की अपेक्षा 2008 में यंत्रों के उत्पादन में प्रतिशत कमी

$= \frac{(25-20)}{25}\times 100 = 20\%$

30. 2008 तथा 2010 में यंत्रों की बिक्री से प्राप्त राजस्व में
अन्तर = 16 – 10 = 6 करोड़ रु.

31. 2009 में प्रत्येक यंत्र का मूल्य $= \frac{80000000}{25000} = 3200$ रु.

तथा 2008 में प्रत्येक यंत्र का मूल्य

$= \frac{100000000}{20000} = 5000$ रु.

$\therefore$ अभीष्ट अन्तर = 5000 – 3200 = 1800 रु.

32. 2009 में 25% कीमत बढ़ाने पर उत्पादित यंत्रों की कुल कीमत

$= \frac{10\times 125}{100} = 12.50$ करोड़ रु.

33. $\because$ केन्द्रीय कोण 36° शिक्षा तथा किराए के लिए एक ही है, अतः इन दोनों मदों पर खर्च बराबर होगा। अर्थात् 375 रु. किराए पर खर्च होंगे।

34. $\because$ भोजन पर खर्च = 750 रु.

$\therefore$ कुल खर्च $= \frac{100 \times 750}{40} = 1875$ रु.

$\therefore$ शिक्षा पर खर्च = 10%

$\therefore$ शिक्षा पर खर्च धनराशि

$= 1875 \times \frac{10}{100} = 187.50$ रु.

$\therefore$ शिक्षा पर वार्षिक खर्च

$= 187.50 \times 12 = 2250.00$ रु.

35. 15% के लिए केन्द्रीय कोण $= \frac{15}{100} \times 360^\circ = 54^\circ$

36. किराए व कपड़े पर खर्च = 10% + 20% = 30%

तथा दवा व अन्य मद का खर्च = 5% + 15% = 20%

$\therefore$ दोनों के बीच अनुपात = 30% : 20% = 3 : 2

◆◆◆◆◆◆

SECTION b

शिक्षाशास्त्रीय मुद्दे (PEDAGOGICAL ISSUES)

गणित की प्रकृति

एक सुव्यवस्थित लक्ष्य जिसे रेखांकित करने की एवं सम्पूर्ण व्यवस्था में स्थित होने की जरूरत है वह है सार्वभौमिक समावेश (Inclusion)। इसका अर्थ है सामाजिक भेदभाव के रूपों को पूरी तरह शिक्षा के संदर्भ में जानना, साथ ही उसमें सुधार के लिए साधनों को लगाना। उदाहरणस्वरूप, लैंगिक मनोवृत्ति जिसमें यह समझा जाता है कि गणित लड़कियों के लिए महत्त्वपूर्ण नहीं है। इस मनोवृत्ति को सुव्यवस्थित रूप से विद्यालयों में चुनौती देना होगा। भारत में; जाति आधारित भेद-भाव भी स्पष्ट दिखता है एवं व्यवस्था ऐसे मनोवृत्ति वाले व्यवहार को सहन नहीं कर सकता।

अंतर्वेशन (inclusion) एक मौलिक सिद्धान्त है। विशिष्ट बालकों खासकर शारीरिक व मानसिक अशक्तता वाले बच्चों को भी गणित सीखने का उतना ही हक है जितना एक अन्य बच्चे को, एवं उसकी आवश्यकताओं (शिक्षाशास्त्र एवं अधिगम सामग्री इत्यादि के रूप में) से संबंधित समस्याओं को भी गम्भीरतापूर्वक हल करने की जरूरत है गणित की संकल्पनात्मक दुनिया इन बच्चों के लिए महान खुशियां ला सकती है और यह हमारी जिम्मेदारी है कि हम उन्हें इन खुशियों से वंचित न करें।

गणित क्या है?

गणित मापन एवं गणनाओं का विज्ञान है। यह तार्किक समझ युक्त, क्रमबद्ध, व्यवस्थित एवं विज्ञान की यथार्थ शाखा है।

गणित की विशालता के कारण इसकी कोई सार्वभौमिक परिभाषा नहीं दी जा सकती। बहुत से गणितज्ञों ने अपने तरीकों से गणित को परिभाषित किया है। किन्तु, वे गणित के सभी पहलुओं को छू भी नहीं पाये हैं।

जैसेः—

"गणित मापन, मात्रा और विस्तार का विज्ञान है।"
—ऑक्सफोर्ड शब्दकोश

"गणित को एक ऐसे विषय के रूप में परिभाषित किया जा सकता है जिसमें हम कभी नहीं जानते कि हम किस विषय पर बात कर रहे हैं और न यह जानते हैं कि वह सत्य है भी या नहीं।"
—बट्रेण्ड रसेल

"गणित एक भाषा है जिसमें ईश्वर ने ब्रह्माण्ड की रचना की है।"
—गैलेलियो

"गणित गूढ़ तत्वों से बने गूढ़ तंत्र का अध्ययन है। ये तत्व मूर्त रूप में वर्णित नहीं है।"
—मार्शल एच. स्टोन

"गणित बच्चों के मस्तिष्क में तार्किक आदत को व्यवस्थित करने का तरीका है।
—लॉक

"गणित एक विज्ञान है जो आवश्यक निष्कर्षों को प्राप्त करती है।"
—बेंजामिन पियर्स

"गणित के नियम जितना ज्यादा वास्तविकता से सम्बन्ध रखते हैं उतना ही निश्चित नहीं होते और जितना ज्यादा निश्चित होते हैं उतना ही वास्तविकता से सम्बन्ध नहीं रखते।"
—अल्बर्ट आइंस्टीन

उपरोक्त परिभाषाओं के अनुसार हम निम्न निष्कर्ष प्राप्त कर सकते हैं—

(*i*) गणित एक ऐसा विज्ञान है जो आवश्यक निष्कर्षों को प्राप्त कर सकता है।
(*ii*) यह क्रमबद्ध, व्यवस्थित और विज्ञान की यथार्थ शाखा है।
(*iii*) यह तार्किक आदतों को मस्तिष्क में व्यवस्थित करता है।
(*iv*) यह तार्किक समझ का विज्ञान है।
(*v*) यह संख्या और गणना का भी विज्ञान है।
(*vi*) गणित अंतरिक्ष, मापन, विस्तार व मात्रा का विज्ञान है।

(*vii*) यह मात्रात्मक तथ्यों एवं उसके बीच के सम्बन्धों का अध्ययन करता है।

(*viii*) गणित एक अमूर्त (गूढ़), प्रयोगात्मक और आगमनात्मक विज्ञान है।

गणित का महत्त्व

आधुनिक समाज में गणितीय सोच कार्यस्थल, व्यवसाय और वाणिज्य एवं व्यक्तिगत निर्णय लेने में तथा मानसिक अवस्था के रूप में एक सार्थक पहलू है। राष्ट्र की समृद्धि के लिए गणित अति आवश्यक है। यह विज्ञान, प्रौद्योगिकी, तकनीकी एवं अन्य सम्बन्धित विषयों के लिए साधन प्रदान करता है। यह सार्वजनिक निर्णय लेने एवं ज्ञानार्जन की जटिलता में बहुत महत्त्वपूर्ण साधन है। गणित छात्रों को संसार का वर्णन करने, विश्लेषण करने एवं परिवर्तित करने हेतु सशक्त तरीका प्रदान करता है। इसके पास खुशी व आश्चर्य के क्षणों की रचना करने की शक्ति है। जब छात्र किसी समस्या का पहली बार समाधान करता है, एक बेहतर समाधान ढूँढ़ता है या किसी छिपे हुए सम्बन्धों का अन्वेषण करता है तब उन्हें ये क्षण प्राप्त होते हैं। यदि कोई छात्र गणित में बहुत अच्छा है और तेज सोच सकने में सक्षम है तो वह प्रायोगिक व काल्पनिक दोनों तरीकों से स्वतंत्र रूप से सोचने में सक्षम होता है और वह समस्या का कारण जान सकता है, समाधान कर सकता है तथा खतरे का अनुमान लगा सकता है। सच्चाई यह है कि शिक्षा हमेशा गणित से ही शुरू होनी चाहिए क्योंकि यह अच्छे मस्तिष्क की रचना करता है जो सही समझ के योग्य होता है। यह भी सिद्ध किया जा चुका है कि जिसने बचपन से ही गणित पढ़ा है उसने ठोस आधार प्राप्त कर लिया है।

गणित केवल एक विषय नहीं है जो छात्रों को उच्च शैक्षणिक योग्यता या भविष्य में काम पाने के लिए तैयार करता है। यह केवल बीजगणित, सांख्यिकी और प्रतीक गणित की गणना अभ्यास के लिए भी नहीं है। यह कार्य तो कम्प्यूटर भी करने में सक्षम है। बल्कि यह मानव मस्तिष्क को समस्याओं, सिद्धान्तों और समाधान के तरीकों को सूत्रबद्ध करने को बाध्य करता है। यह बच्चों को उन सामान्य से लेकर अत्यधिक जटिल चुनौतियों का सामना करने के लिए तैयार करता है, जिन चुनौतियों का प्रत्येक व्यक्ति दैनिक जीवन में सामना करता है। जीवन में अपने महत्त्व का ख्याल किए बिना यदि आपकी दक्षता प्रारंभिक है फिर भी आप गणित का अनुप्रयोग करते हैं अर्थात् कर सकते हैं। इन दैनिक क्रियाकलापों में सांसारिक वस्तुओं के साथ ही आप फोन नम्बर याद करते हैं, सब्जी खरीदने में, खाना पकाने में, बजट सन्तुलित करने में, बिल भुगतान करने में, गैस के खपत का अनुमान लगाने में, दूरी मापने में एवं अपने समय प्रबंधन में भी आप गणित का इस्तेमाल करते हैं।

विविध प्रकार के कारखाने जो आपके आस-पास अस्तित्व में हैं के साथ ही व्यवसाय व अर्थशास्त्र के क्षेत्र में भी प्रारंभिक से लेकर जटिल गणितीय सक्रियाएँ निर्णायक होती हैं।

संसार में कहीं भी, विभिन्न क्षेत्रों जैसे आयुर्विज्ञान, प्रौद्योगिकी, प्राकृतिक विज्ञान, सामाजिक विज्ञान, शारीरिक विज्ञान, तकनीकी शास्त्र, व्यवसाय व वाणिज्य इत्यादि में गणित मूल उपकरण की तरह व्यवहृत होता है। अध्ययन और कार्य के प्रत्येक क्षेत्र में गणितीय ज्ञान का उपयोग नए विषय की खोज व उन्नति का सृजन करता है। संसार के सभी अभिनव परिवर्तन और तकनीकी के सभी उत्पाद जिनसे मनुष्य आनन्द प्राप्त करते हैं, ये सभी विज्ञान और गणित के सह उत्पाद हैं। कम्प्यूटर, स्वचालित मशीनें, वायुयान, पारिवारिक एवं व्यक्तिगत सामान जैसे आराम और सुविधा की वस्तुएँ जिनका आज लोग उपयोग करते हैं कभी संभव नहीं होता यदि इनमें तकनीकी साधनों का उपयोग न होता।

विभिन्न प्रकार के भविष्य निर्माण में गणित के विभिन्न विभागों का अलग-अलग उपयोग है। प्रतिरूप विश्लेषण, तार्किक सोच, समस्या समाधान व सम्बन्ध निर्णय जैसे गणित के अभ्यास से प्राप्त दक्षता आपको अपना भविष्य चुनने में मदद करता है। यह संसार में कहीं भी पसंदीदा और उच्च वेतन वाले कार्य को प्राप्त करने योग्य बनाता है। चाहे आपने गणित से संबंधित विषय-वस्तु नहीं भी लिया है किन्तु यदि आपके पास मजबूत गणितीय पृष्ठभूमि है तो अन्य उम्मीदवार के अपेक्षा नौकरी पाने की प्रतियोगिता में ज्यादा कुशल होंगे। चूँकि गणित मानव जीवन के सभी पहलुओं को समाहित करता है, यह शिक्षा के क्षेत्र में निस्संदेह महत्त्वपूर्ण है। यह न केवल छात्रों को बल्कि सभी लोगों को जिन्दगी के हरेक कदम पर मदद करता है। गणित दैनिक कार्यों के दक्षतापूर्वक सम्पादन में एवं उसे उत्पादक बनाने मे महत्त्वपूर्ण भूमिका निभाता है।

गणित की प्रकृति

छात्रों को उन विषयों का लक्ष्य एवं उद्देश्य अवश्य समझना चाहिए जो पाठ्यक्रम में शामिल है। क्योंकि यह विषय की प्रकृति को निर्धारित करता है। गणित का पाठ्यक्रम में अन्य विषयों की तुलना में अटूट और मजबूत स्थान है। यह अन्य विषयों जो विद्यालय के पाठ्यक्रम में पढ़ाए जाते हैं, के अपेक्षा ज्यादा स्थाई व महत्त्वपूर्ण है। यह वे पहलू है जो किसी विषय की संरचना, सत्यता, संभावना और विश्वसनीयता को निर्धारित करती है।

गणित तर्क और रचनात्मकता दोनों पर निर्भर है। यह विविध प्रकार के व्यावहारिक उद्देश्यों एवं इसके मूलभूत अभिरूचि की खोज में लगा रहता है। न केवल पेशेवर गणितज्ञों बल्कि आम लोगों के सौंदर्य एवं बौद्धिक चुनौतियों में गणित विद्यमान होता है। अभियंताओं वैज्ञानिकों के साथ अन्य लोगों के कार्यों में भी गणित के प्रमुख मूल्य व्यवहत होते हैं क्योंकि गणित नई संस्कृति में कुछ ऐसी भूमिका का निर्वाह करता है कि वैज्ञानिक चेतना के लिए इसके (गणित के) प्रकृति की मौलिक समझ की आवश्यकता होती है। इसे प्राप्त करने के लिए छात्रों को गणित को एक वैज्ञानिक उद्यम के एक हिस्से के रूप में समझना, गणितीय सोच की प्रकृति को समझना तथा गणितीय विचार व दक्षताओं से वाकिफ होना होता है।

गणित प्रतिरूपों और सम्बन्धों का विज्ञान है। सैद्धान्तिक नियमों की तरह गणित अमूर्तों के बीच सम्बन्धों की खोज करता

है। यह इस बात को महत्त्व नहीं देता कि इन अमूर्त चीजों का वास्तविक जीवन में दूसरा भी पक्ष है या नहीं। ये अमूर्त चीजें संख्याओं के कतार से लेकर भौगोलिक परिदृश्य या फिर समीकरणों के समूह में से कुछ भी हो सकती है। जब हम यह कहते हैं कि क्या अभाज्य संख्याओं का अन्तराल एक प्रतिरूप का निर्माण करते हैं?'' सैद्धान्तिक प्रश्नों की तरह गणित केवल प्रतिरूपों को खोजने या यह बताने में कि ऐसा नहीं है, तक दिलचस्पी रखता है। वह यह नहीं बताता कि इस प्रकार के ज्ञान का क्या उपयोग हो सकता है। उदाहरणस्वरूप यह किसी नियमित ठोस के सतह के क्षेत्रफल में परिवर्तन जिससे उसका आयतन शून्य हो जाता है, के लिए एक व्यंजन प्राप्त कर सकता है। किन्तु वास्तविक जीवन में किसी भौतिक वस्तु या भौगोलिक वस्तु में ऐसा हो सकता है कि नहीं इस बात में इसे कोई दिलचस्पी नहीं है।

सैद्धान्तिक गणित के खोज का मुख्य विषय अध्ययन के प्रत्येक क्षेत्र में मौलिक विचारों एवं नियमों के एक छोटे समूह की पहचान करना है जिससे उस क्षेत्र के अन्य सभी दिलचस्प विचारों एवं नियमों का तार्किक परिणाम निकाला जा सके। अन्य वैज्ञानिकों की तरह गणितज्ञ भी विशेषतः तब खुश होते हैं जब गणित के पूर्ववर्ती असम्बद्ध हिस्से एक दूसरे से उत्पन्न होने योग्य या कुछ और सामान्य नियमों से सम्बद्ध पाया जाता है। मजे की बात यह है कि बहुत से लोग यह महसूस कर चुके हैं कि गणित सर्वाधिक विस्तार या जटिलता पाने में नहीं बल्कि सर्वाधिक किफायत, अभिव्यक्ति की सादगी एवं प्रमाणों में निहित है। जैसे-जैसे गणित का विकास हुआ है इसके विभागों के बीच क्रमशः ज्यादा सम्बन्ध पाया गया है। उदाहरणस्वरूप, बीजगणित की सांकेतिक निरूपण एवं ज्यामिति की स्थानिक निरूपण। ये परस्पर सम्बन्ध विभिन्न विभागों में विकसित होने के लिए अन्तर्दृष्टि प्रदान करते हैं। साथ ही, वे संपूर्ण संरचना की निहित एकता और उपयुक्तता में विश्वास को मजबूत करते हैं।

गणित एक व्यावहारिक विज्ञान भी है। बहुत से गणितज्ञ अपना ध्यान समस्याओं के समाधान पर केन्द्रित करते हैं जो अनुभवों की दुनिया में उत्पन्न होता है। वे भी प्रतिरूपों और सम्बन्धों की खोज करते हैं और इस क्रम में वे तकनीकी का प्रयोग करते हैं।

यह उन तकनीकी के समान होता है जो शुद्धतः सैद्धान्तिक गणित में प्रयुक्त होता है। इसमें एक बड़ा अन्तर उद्देश्यों का है। सैद्धान्तिक गणित एवं प्रायोगिक गणित के परिणाम एक-दूसरे को प्रभावित करते हैं। सैद्धान्तिक गणितज्ञों की खोजें अभूतपूर्व प्रायोगिक मूल्य प्राप्त करने के लिए बार-बार उपस्थित होते हैं–कभी-कभी दशकों बाद। यादृच्छिक घटनाओं के गणितीय गुणों का अध्ययन उदाहरणस्वरूप, सामाजिक एवं प्राकृतिक विज्ञान में प्रयोग के स्वरूप को सुधारने में जो बाद में ज्ञान के परिणामस्वरूप संभव बनाया। विलोमतः लम्बी दूरी वाले टेलीफोन उपभोक्ता की साफ-सुथरी बिल बनाने की समस्या को हल करने की कोशिश में गणितज्ञों ने जटिल नेटवर्क की गणना के लिए मौलिक खोज की है। सैद्धान्तिक गणित दूसरे विज्ञान की तरह वास्तविक दुनिया से बँधा नहीं है। लेकिन दीर्घावधि में यह उस दुनिया की बेहतर समझ पैदा करता है।

अपनी अमूर्तता के कारण गणित इस अर्थ में सार्वभौमिक है कि मानवीय सोच के अन्य क्षेत्र सार्वभौमिक नहीं है। यह व्यापार, उद्योग, संगीत, ऐतिहासिक विद्वता, राजनीति, खेल, आयुर्विज्ञान, कृषि, प्रौद्योगिकी सामाजिक तथा प्राकृतिक विज्ञान में उपयोगी अनुप्रयोगों की खोज करता है। गणित एवं अन्य मौलिक व प्रायोगिक विज्ञान के क्षेत्र के बीच का संबंध विशेषतः मजबूत है। यह अन्य कई कारणों के अलावा निम्न कारणों से है–

- विज्ञान और गणित के बीच संबंधों का पिछले कई शताब्दियों का लम्बा इतिहास है। विज्ञान गणित के माध्यम से दिलचस्प समस्याएँ खोजने को देती है और गणित विज्ञान के साथ आँकड़ों के विश्लेषण के लिए शक्तिशाली साधन प्रदान करता है। अमूर्त प्रतिरूप जिसका प्रायः वैज्ञानिकों द्वारा अपने शर्तों पर अध्ययन किया गया या विज्ञान में उपयोगी होने के लिए बाद में उपस्थित हुआ है। विज्ञान और गणित दोनों सामान्य प्रतिरूपों व सम्बन्धों को खोजने की कोशिश कर रहे हैं और इस अर्थ में वे एक ही उद्यम के हिस्से हैं।
- गणित विज्ञान की मुख्य भाषा है। गणित की सांकेतिक भाषा वैज्ञानिक विचारों की स्पष्ट अभिव्यक्ति के लिए नितांत महत्त्वपूर्ण है। यह कथन कि $a = F/m$ केवल यह कहने का कि किसी वस्तु का त्वरण इसके द्रव्यमान पर लगाए गए बल पर निर्भर करता है, का संक्षिप्त तरीका मात्र नहीं है। बल्कि यह उन चरों के मध्य गणितीय सम्बन्धों का संक्षिप्त कथन है। उससे भी महत्त्वपूर्ण है कि गणित, विज्ञान को व्याकरण तथा वैज्ञानिक विचारों व आँकड़ों का परिशुद्धता के साथ विश्लेषण करने के लिए नियम प्रदान करता है।
- गणित और विज्ञान के बहुत से गुण समान हैं। जिसमें समझ योग्य क्रम में विश्वास, परिकल्पना और परिशुद्धता, तर्क में पारस्परिक प्रभाव, उन्मुक्तता और ईमानदारी का विचार, समकक्ष की समीक्षा का आलोचनात्मक महत्त्व, कार्यक्षेत्र में अन्तर्राष्ट्रीय होना, शक्तिशाली कम्प्यूटर के विकास में सहयोगी, अनुसंधान के नए क्षेत्र को खोलने में तकनीकी का प्रयोग के योग्य होना।
- गणित और तकनीकी ने एक-दूसरे के साथ मिलकर उपयोगी संबंधों का विकास किया है। कम्प्यूटर हार्डवेयर और प्रोग्रामिंग तकनीक के विकास में संयोजनों के गणित और तार्किक शृंखला में महान योगदान किया है। इंजिनीयरिंग में भी गणित ज्यादा उदारतापूर्वक योगदान करता है जैसे कि जटिल पद्धति के वर्णन में। इसी व्यवहार का नकल बाद में कम्प्यूटर द्वारा किया गया। इन अनुरूपणों में आदर्श अभिकल्पना प्राप्त करने हेतु साधन के रूप में अभिकल्पना के लक्षण और संचालन की शर्तें विभिन्न हो सकती है। इसके विभाग के लिए कम्प्यूटर तकनीकी ने गणित में पूरी तरह एक नया क्षेत्र खोल दिया है।

यह आवश्यक नहीं है कि सभी विषयों की समान प्रकृति हो। तुलनात्मक रूप से गणित की एक अनोखी प्रकृति है। इस प्रकार इस आधार पर हम प्रायः इसे अन्य विषयों से तुलना करते हैं। बेशक दो या दो से अधिक विषयों के तुलना का आधार उनकी प्रकृति है। निम्नलिखित लक्षणों/गुणों के आधार पर गणित की प्रकृति को समझना आसान हो सकता है:—

(i) गणित तर्क और रचनाशीलता पर निर्भर करता है।

(ii) यह विभिन्न प्रकार के व्यावहारिक उद्देश्यों और इसके आंतरिक दिलचस्पी के खोज में लगा रहता है।

(iii) गणित आधुनिक संस्कृति में मुख्य भूमिका निभाता है।

(iv) यह प्रतिरूपों और सम्बन्धों का विज्ञान है।

(v) गणित अमूर्तों (रहस्यों) के बीच एक सैद्धान्तिक विषय के रूप में सम्बन्धों की खोज करता है।

(vi) यह एक अनुप्रयुक्त विज्ञान (applied science) है।

(vii) गणित इस अर्थ में सार्वभौमिक है कि मानवीय सोच का दूसरा क्षेत्र ऐसा नहीं है।

(viii) यह व्यापार, उद्योग, संगीत, ऐतिहासिक विद्वता, राजनीति, खेल, आयुर्विज्ञान, कृषि, प्रौद्योगिकी एवं सामाजिक और प्राकृतिक विज्ञान एवं मानव जीवन के अन्य क्षेत्रों में उपयोगी अनुप्रयोगों की खोज करता है।

(ix) सैद्धान्तिक और प्रायोगिक गणित के परिणाम एक-दूसरे को प्रभावित करते हैं।

(x) गणित और मौलिक तथा प्रायोगिक विज्ञान के अन्य क्षेत्रों के बीच का सम्बन्ध विशेषतः मजबूत होता है।

(xi) गणित विज्ञान की मुख्य भाषा है।

(xii) गणित और विज्ञान के गुण/लक्षण समान हैं।

(xiii) यह अमूर्त संकल्पनाओं को निश्चित रूप देने में शामिल होता है।

(xiv) यह दिए गए आँकड़े और सूचनाओं के आधार पर संख्यात्मक अनुमान निकालता है।

(xv) गणित सिद्धान्त, नियम व सूत्र सार्वभौमिक होते हैं।

(xvi) इसकी अपनी भाषा होती है जो सुपरिभाषित, उपयोगी और स्पष्ट होती है। इस भाषा में गणितीय पद, संकल्पनाएँ, सूत्र, सिद्धान्त, नियम व संकेत होते हैं।

(xvii) यह आत्मविश्वास व आत्मनिर्भरता की आदतों का विकास करता है।

(xviii) यह संदेहरहित एवं त्रुटिरहित सिद्धान्त, नियम व संकल्पनाएँ आदि प्रदान करता है।

(xix) यह समालोचना की समझ और वैज्ञानिक मनावृत्ति के विकास में मदद करता है।

(xx) यह वैज्ञानिक विधियों का प्रशिक्षण देता है।

(xxi). यह ज्ञानेन्द्रियों पर आधारित सटीक एवं विश्वसनीय ज्ञान प्रदान करता है।

अब हम गणित की प्रकृति को समझ सकते हैं और निष्कर्ष प्राप्त कर सकते हैं कि वास्तव में गणित की संरचना ही इसकी प्रकृति का आधार है। यह अन्य विषयों के अपेक्षा मजबूत है। रोजर बेकन ने भी कहा है कि गणित सभी विज्ञानों का मुख्य रास्ता और चाबी है।

तार्किक चिंतन

तार्किक चिन्तन एक प्रक्रिया है जिसमें किसी निष्कर्ष पर पहुंचने के लिए एक व्यक्ति अनुकूल तार्किक शक्ति का प्रयोग करता है। समस्याएँ या परिस्थितियाँ जो तार्किक सोच को जटिल बनाता है, संरचनाओं, तथ्यों के बीच सम्बन्धों, और तार्किक शक्ति की शृंखला जो समझ विकसित करता है, के लिए आवश्यक है।

डा. कार्ल अल्ब्रेट के अनुसार, शृंखलाबद्ध सोच सभी तार्किक चिन्तन का आधार है। यह प्रक्रिया महत्त्वपूर्ण विचारों तथ्यों एवं ऐसे निष्कर्षों को शामिल करती है जो स्वयं को शृंखलाबद्ध श्रेणी में व्यवस्थित करते हुए समस्या में शामिल है और एक अर्थ ग्रहण करता है। विभिन्न चरणों में सोचना ही तार्किक रूप से सोचना है।

यह सिद्ध किया जा चुका है कि तार्किक सोच-प्रक्रिया में विशेष लोगों को अपेक्षाकृत ज्यादा चतुर या हाजिर-जवाब बना सकता है।

तार्किक सोच बच्चे को त्वरित उत्तर जैसे कि 'मैं नहीं जानता' या 'यह बहुत मुश्किल है।' को नकारने की प्रवृत्ति देता है। इसके लिए यह प्रश्नों की गहन खोज करने, सोच की प्रक्रिया और विधि को बेहतर समझने और समाधान तक पहुँचने की शक्ति प्रदान करता है।

तार्किक सोच गणित की एक महत्त्वपूर्ण मौलिक कौशल भी है। गणित सीखना एक उच्चस्तरीय शृंखलाबद्ध प्रक्रिया है। यदि आप किसी संकल्पना, तथ्य या प्रक्रिया को नहीं समझते, तो आप इस पर आधारित बाद में आने वाली चीजों को समझने की उम्मीद नहीं कर सकते। उदाहरणस्वरूप : भिन्न को समझने के लिए आपको पहले भाग समझना होगा। बीज गणित में सामान्य समीकरण को समझने के लिए यह आवश्यक है कि आप पहले भिन्न को समझें। शाब्दिक समस्या का समाधान इस बात पर निर्भर करता है कि समीकरण को कैसे संगठित किया जाता है और कैसे उससे काम निकाला जा सकता है, आदि।

तार्किक सोच कोई जादुई प्रक्रिया या आनुवंशिक प्रतिभा की बात नहीं है यह एक पांडित्यपूर्ण मानसिक प्रक्रिया है।

गणित के विभिन्न उद्देश्यों में एक यह भी है कि बच्चे को तार्किक रूप से सोचने को सिखाया जाये। तार्किक सोच को अभ्यास का सावधानीपूर्वक श्रेणीकरण किया जाता है। उदाहरणस्वरूप, तार्किक सोच अभ्यास के पहले उदाहरण में एक बच्चे को रंगीन खण्ड की शृंखला को उनके सामने बायें से दायें व्यवस्थित करने को कहा जा सकता है।

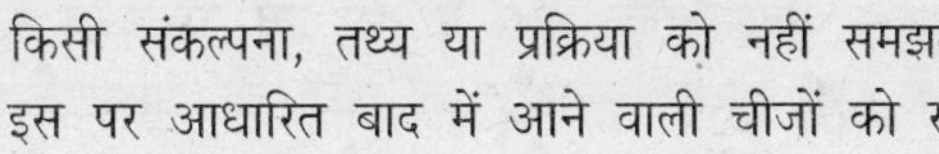

तब कोई बच्चे से पूछे – "यदि तुम्हें ऊपर की शृंखला के अनुसार एक और खण्ड जोड़ने को कहा जाये तो कौन-सा रंग चुनोगे?" बेशक, उत्तर गहरा काला होगा।

◆◆◆◆◆◆

पाठ्यक्रम में गणित का स्थान

"विज्ञान व गणित को सामान्य शिक्षा के अन्तर्गत सभी विद्यालयों के लिए पहली कक्षा से लेकर दसवीं कक्षा तक अनिवार्य विषय बना देना चाहिए।"

–कोठारी आयोग (1964-66)

"गणित की प्रगति राष्ट्र की समृद्धि से जुड़ा हुआ है।"

–नेपालियन

"गणित सभी शास्त्रों की रानी है जिसका कोई राजा नहीं है।"

–अज्ञात

गणित पाठ्यक्रम में सबसे महत्वपूर्ण विषय है। वास्तव में मातृभाषा को छोड़कर ऐसा कोई विषय नहीं है जो इस हद तक हमारे दैनिक जीवन से जुड़ा हो जितना कि गणित जुड़ा है। आजकल पाठ्यक्रम में इसे महत्वपूर्ण स्थान मिल रहा है, क्योंकि इसका केवल हमारे दैनिक जीवन में उपयोग ही नहीं है बल्कि इसका सामाजिक व सांस्कृतिक महत्व भी है। यह हमारे अंतः अनुशासन को विकसित करने में मदद करता है। गणित का अपना अनुशासनिक मूल्य है और इसे पाठ्यक्रम में जगह पाने के लिए विशेष मूल्यांकन या जाँच की आवश्यकता नहीं है। जब कोई व्यक्ति अपने बच्चे को विद्यालय भेजता है तो वह प्रायः उम्मीद करता/करती है कि बच्चा ज्ञान, कौशल, व्यवहार एवं विचार प्राप्त कर पाएगा। बच्चों के माता-पिता यह उम्मीद करते हैं कि बच्चा बौद्धिक आचरण और विभिन्न प्रकार की शक्तियाँ जैसे–अनुशासन, मूल्य, नैतिकता आदि अर्जित कर लेगा। निस्सन्देह गणित बच्चों को उपरोक्त गुण हासिल करने में मदद करता है। इसके अलावे, गणित को उचित महत्व देने और अनिवार्य विषय बनाने के बहुत फायदे हैं।

पाठ्यक्रम से अपेक्षाएँ

प्रत्येक पाठ्यक्रम के लिए अपेक्षाओं की पहचान की गई है जो उस पाठ्यक्रम के ज्ञान एवं कौशल का वर्णन करती है। छात्र इन ज्ञान एवं कौशल को प्राप्त करना, उसका प्रदर्शन करना एवं अपनी कक्षा, परीक्षा तथा उन सभी क्रियाकलापों में उसका उपयोग करना चाहता है जिसमें उनकी उपलब्धियों का आकलन व मूल्यांकन किया जाता है।

प्रत्येक पाठ्यक्रम के प्रत्येक स्थिति या क्षेत्र के लिए अपेक्षाओं के दो समूह दिए गए हैं।

- सामान्य अर्थो में समग्र अपेक्षाएँ ज्ञान एवं कौशल की है जिसे छात्र प्रत्येक पाठ्यक्रम के अन्त में प्रदर्शित करना चाहता है।
- विशिष्ट अपेक्षाएँ विस्तृत ज्ञान एवं कौशल की है। ये विशिष्ट अपेक्षाएँ वांछित ज्ञान एवं कौशल के खास पहलुओं को उजागर करते हैं और ये शिक्षकों को तब मार्गदर्शन दे सकते हैं जब वे छात्रों के लिए अधिगम क्रिया-कलापों की योजना बना रहे हों।

पाठ्यक्रम में गणित का स्थान

प्रत्येक व्यक्ति को गणित के कुछ ज्ञान की आवश्यकता होती है लेकिन एक सामान्य जन की दृष्टि में यह अनुभव किया जाता है कि प्राथमिक व मध्य विद्यालय में अर्जित ज्ञान ही पर्याप्त होगा। परिणामस्वरूप विद्यालय के पाठ्यक्रम में गणित के स्थान पर कुछ विवाद है।

कुछ लोगों की दृष्टि में गणित अत्यन्त मुश्किल विषय है अर्थात् इसके अध्ययन के लिए विशेष योग्यता और बुद्धि की जरूरत होती है। यह अनुभव किया जाता है कि हरेक व्यक्ति इसे सफलतापूर्वक सीखने के योग्य नहीं होता। अतः हरेक व्यक्ति पर इसके अध्ययन का बोझ नहीं डाला जाना चाहिए। इसके संदर्भ में यह भी तर्क दिया जाता है कि इस विषय में अनुत्तीर्ण छात्रों की संख्या ज्यादा व उत्तीर्ण छात्रों की संख्या कम होती है। यह न्यून परिणाम भी इस दृष्टिकोण का समर्थन करता है कि गणित को एक वैकल्पिक विषय बना देना चाहिए।

गणित को उच्च विद्यालय स्तर पर ऐच्छिक विषय बनाने के दृष्टिकोण का औचित्य दिखता है चूँकि गणित तो अनुशासनिक मूल्य और मानसिक अनुशासन के लिए प्रारंभ में ही पढ़ा दिया जाता है अतः मध्य विद्यालय स्तर के बाद गणित पढ़ाने की कोई जरूरत नहीं है।

यह भी सत्य है कि गणित विभिन्न विज्ञानों एवं व्यवसायों के लिए अपरिहार्य है किन्तु हरेक व्यक्ति एक इंजीनियर या सांख्यिकी विशेषज्ञ तो नहीं बनने जा रहा है। केवल वही जिसे इस पेशे में जाना है, इसका अध्ययन जारी रख सकता है। औसत बुद्धि वाले छात्रों पर इस विषय के अध्ययन का बोझ डालने की आवश्यकता नहीं है विशेषकर तब जबकि एक औसत नागरिक गणित के बिना किसी विशेष ज्ञान के इसके साधारण ज्ञान से ही सफल जीवन जी सकता है।

यदि हम परिस्थिति का विस्तृत दृष्टिकोण लें तो यह निष्कर्ष निकाल सकते हैं कि इसकी आलोचना में विश्वास रखने वाले भ्रम में है। जहाँ तक गणित सीखने में विशेष योग्यता के जरूरत का प्रश्न है तो प्रयोगों से यह स्थापित हो चुका

है कि गणित में विशेष योग्यता से ज्यादा सामान्य बुद्धि की जरूरत है।

ज्यादातर पेशे और विशिष्ट पाठ्यक्रम के लिए गणित एक उपयोगी विषय है। यद्यपि विद्यालय में पढ़ने वाला प्रत्येक व्यक्ति एक इंजीनियर या वैज्ञानिक नहीं बनने जा रहा लेकिन एकदम आरंभिक स्तर पर यह भी तय करना मुश्किल है कि कौन इस प्रकार के पेशों से जुड़ने जा रहा है। अतः विद्यालय का यह कर्तव्य है कि वह एक व्यापक दृष्टिकोण प्रदान करे जो छात्रों को भविष्य में कुछ प्राप्त करने योग्य बना सके। उच्च विद्यालय के स्तर पर बच्चे को इस विषय के ज्ञान से वंचित करने का अर्थ है उसके लिए अर्द्ध पेशागत पाठ्यक्रम, प्रारंभिक पाठ्यक्रम एवं पेशों के विकल्प को सीमित करना। गणित की अनभिज्ञता उसके भविष्य की पढ़ाई या कार्य की खोज के राह में बड़ी बाधा होगी।

शिक्षा विशेषज्ञों ने यह अनुभव करना शुरू दिया है कि आज नागरिकों को मध्य विद्यालय स्तर तक की गणित शिक्षा पर्याप्त नहीं है। अनिवार्य गणित शिक्षा को मध्य विद्यालय स्तर से उच्च विद्यालय स्तर तक बढ़ाने की जरूरत है। अनिवार्य गणित शिक्षा के आठ से दस या ग्यारह वर्ष की अवधि के विस्तार के बाद गणित को कई वर्षों तक अनिवार्य विषय बनाए रखना होगा।

भारत में उच्च विद्यालय स्तर पर छात्र ज्यादा ही छोटा व अपरिपक्व होता है कि वह खुद से अपना पेशा या कार्यक्षेत्र चुन सके। उनके माता-पिता ज्यादातर अशिक्षित होते हैं और इस अवस्था में नहीं होते कि वे अपने बच्चों के भविष्य की पढ़ाई एवं पेशे के चुनाव में अंतिम निर्णय दे सकें।

गणित को अनिवार्य रखने से दोनों तरह के छात्रों की दिलचस्पी बनी रहेगी। अतः इस प्रकार के विषयों की विषयवस्तु ऐसी होनी चाहिए कि जो छात्र उच्च विद्यालय स्तर के बाद अपनी शिक्षा समाप्त कर सामान्य जिन्दगी जीना चाहते हों उसके लिए भी उपयोगी बनी रहे। इसमें इस तरह का ज्ञान जैसे गणितीय सिद्धान्तों का स्पष्टीकरण और प्रक्रिया आदि भी समाहित रहना चाहिए ताकि जो छात्र बाद में विश्वविद्यालय की शिक्षा पाना चाहते हों वे पाठ्यक्रम स्तर के अचानक ऊपर उठ जाने से खुद को कमजोर महसूस न करें।

फिर भी उच्च माध्यमिक स्तर के अंतिम दर्जे में इसके विविधता और विशिष्टता की आवश्यकता के संबंध में दो राय नहीं हो सकता। यहाँ अन्य विषयों की तरह गणित को भी ऐच्छिक या विशिष्ट विषय के रूप में प्रयोग किया जाना चाहिए।

आज संसार में अभूतपूर्व परिवर्तन हो रहे हैं जो आज के छात्रों के भविष्य पर भी प्रभाव डालेंगे। संसार जहाँ ये रहते हैं की मांग को देखते हुए छात्रों को इन परिवर्तनों के अनुकूल खुद को ढालना होगा और स्वतंत्र रूप से अध्ययन करना होगा। उन्हें तकनीकी के उपयोग की योग्यता एवं बड़ी मात्रा में सांख्यिकीय सूचनाओं के प्रसरण (processing) की दक्षता की जरूरत होगी। आज के गणित का पाठ्यक्रम छात्रों को भविष्य में समाज में उसकी भूमिका को ध्यान में रखकर तैयार करना चाहिए। इसे गणित के आवश्यक ज्ञान व दक्षता के साथ-साथ तार्किक योग्यता, समस्या समाधान और संचार से भी सुसज्जित किया जाना चाहिए। इससे भी ज्यादा महत्वपूर्ण यह कि वह योग्यता व प्रोत्साहन के साथ खुद के बल पर अध्ययन जारी रखे। यह पाठ्यक्रम इन लक्ष्यों के प्राप्ति की रूपरेखा प्रदान करती है।

गणितीय ज्ञान का विकास एक क्रमिक प्रक्रिया है। गणित में निहित सिद्धान्तों या बड़े परिणाम को पाने में छात्रों की मदद के लिए एक सुसंगत एवं सतत् कार्यक्रम की आवश्यकता है। यह पाठ्यक्रम इस विश्वास को प्रतिबिम्बित करती है कि जब छात्रों को प्रारंभ में स्वतंत्रतापूर्वक किसी विचार या सिद्धान्त आदि को खोजने का मौका दिया जाता है और तब उसमें निहित अमूर्त (गूढ़) गणित को समझने में मार्गदर्शन किया जाता है तो वह गणित को प्रभावशाली तरीके से सीख पाता है।

माध्यमिक स्तर पर गणित का सन्तुलित कार्यक्रम बीजगणितीय दक्षता में विकास कराता है। पाठ्यक्रम का निर्माण इस तरह से किया जाना चाहिए कि छात्र बीजगणितीय दक्षता से सुसज्जित हो सके साथ ही समस्याओं के अर्थपूर्ण समाधान हेतु गणित के जिन पहलुओं का वे अध्ययन कर रहे हैं उन्हें समझ सकें। साथ ही, अगर वे भविष्य में गणित का अध्ययन जारी रखते हैं तो उसमें सफलता पाते रहें।

गणित का पाठ्यक्रम में स्थान क्यों?

किसी खास विषय को पढ़ाने से पूर्व यह जानना आवश्यक है कि हम इस विषय को क्यों पढ़ाने जा रहे हैं। लक्ष्यहीनता किसी कार्य को नीरस बना देता है और यह समय, ऊर्जा एवं अन्य संसाधनों की बर्बादी है। अतः सर्वप्रथम हमें किसी कार्य का लक्ष्य और उद्देश्य तय करना चाहिए। इस प्रकार, गणित शिक्षण के भी कुछ लक्ष्य और उद्देश्य हैं। क्योंकि गणित की लक्ष्यहीन पढ़ाई भी शिक्षकों व छात्रों के लिए नीरस, समय, ऊर्जा व अन्य संसाधनों की बर्बादी हो जाएगी। गणित शिक्षण के कुछ लक्ष्य निम्नलिखित हैं–

(*i*) बौद्धिक शक्ति व अनुशासन का विकास करना।

(*ii*) बच्चों के दैनिक जीवन में गणित के उपयोग के योग्य बनाना।

(*iii*) छात्रों को सामाजिक व नैतिक मूल्यों को पाने में मदद करना।

(*iv*) अन्य विषयों एवं भविष्य में गणित के अध्ययन में मदद करना।

(*v*) गणित के विभिन्न शाखाओं एवं प्रकरणों के बीच सम्बन्धों को पहचानने के लिए अन्तर्दृष्टि देना।

(*vi*) बच्चों के विभिन्न अभिरुचियों को पूरा करना, उसके सौन्दर्य विषयक योग्यता का विकास करना एवं उसके खाली समय के उपयोग करने की शक्ति का विकास करना।

(*vii*) गणित की समस्याओं एवं नए प्रकरणों पर अधिकार पाने हेतु आत्मविश्वास विकसित करने में छात्रों की मदद करना।

(*viii*) सभ्यता एवं संस्कृति के विकास में गणित के योगदान को समझाना।

(*ix*) भविष्य के पेशा या व्यवसाय के लिए छात्रों को तैयार करना।

सभी शिक्षाविदों यथा-पेस्टालॉजी, दिनाकरन, हर्बर्ट, फिशर आदि ने भी गणित को मानव विकास का आधार मानते हुए पाठ्यक्रम में सर्वाधिक महत्व देने की वकालत की है। गणित को पाठ्यक्रम में क्यों स्थान दिया जाए इसके निम्न आधार हो सकते हैं।

(*i*) गणित का मानव जीवन में घनिष्ठ सम्बन्ध है।

(*ii*) गणित बच्चों में तार्किक दृष्टिकोण पैदा करता है।

(*iii*) गणित एक विशेष प्रकार से सोचने का दृष्टिकोण प्रदान करता है।

(*iv*) गणित मानसिक शक्तियों को विकसित करने का अवसर प्रदान करता है।

(*v*) बच्चों में अनुशासन सम्बन्धी गुण या विशेषता का विकास होता है।

(*vi*) गणित का ज्ञान चरित्र निर्माण एवं नैतिकता के विकास में सहायक है।

(*vii*) गणित की भाषा सार्वभौमिक होती है।

(*viii*) यह विज्ञान विषयों का आधार है।

(*ix*) गणित का ज्ञान अन्य विषयों के अध्ययन के सहायक होता है।

(*x*) प्रत्येक विषय के अध्ययन में गणित के ज्ञान की प्रत्यक्ष तथा अप्रत्यक्ष रूप से आवश्यकता पड़ती है क्योंकि गणित को सभी विज्ञानों का विज्ञान तथा समस्त कलाओं की कला माना जाता है।

(*xi*) गणित के अध्ययन से ही छात्रों में नियमित तथा क्रमबद्ध रूप से ज्ञान ग्रहण करने की आदतों का विकास होता है।

(*xii*) गणित ही एक ऐसा विषय है जिसमें बच्चों को अपनी तर्क-शक्ति, विचार-शक्ति, अनुशासन, आत्म-विश्वास तथा भावनाओं पर नियन्त्रण रखने का प्रशिक्षण मिलता है।

(*xiii*) गणित का ज्ञानार्जन करने के लिए गणित सम्बन्धी ऐसी कोई जन्म-जात विशेष योग्यता एवं कुशलता नहीं होती, जोकि दूसरे विषयों के अध्ययन की योग्यता से अलग हो।

(*xiv*) यदि गणित विषय को पाठ्यक्रम में उचित स्थान न दिया गया तो बच्चों को मानसिक प्रशिक्षण के अवसर नहीं मिल सकेंगे जिसके अभाव में उनका बौद्धिक विकास प्रभावित हो सकता है।

उपरोक्त विवरण के आधारण पर निर्विवाद रूप से यह कहा जा सकता है कि गणित की आवश्यकता मंत्री से लेकर संतरी तक एवं इंजीनियर से लेकर मिस्त्री तक सबको पड़ती है। अतः यदि पाठ्यक्रम के निर्माण में केवल रोजी-रोटी का ही ध्यान रखा जाए तब भी गणित का स्थान पाठ्यक्रम में सबसे ऊपर ही होना चाहिए और इसे कम से कम दसवीं कक्षा तक अनिवार्य विषय अवश्य बनाया जाना चाहिए।

◆◆◆◆◆◆

गणित की भाषा

भाषा क्या है?

''वाक्यों का एक समुच्चय (सीमित या असीमित), जिसमें प्रत्येक वाक्य की लम्बाई सीमित हो और तत्वों के सीमित समुच्चय से निर्मित हो।'' –नोम चोम्स्की

''एक कूट जिसका हम खुद को व्यक्त करने में एवं दूसरों से संवाद करने में उपयोग करते हैं।''

–स्पीच एण्ड लैंग्वेज थैरेपी ग्लोसरी ऑफ टर्म्स

''ध्वनि एवं पारम्परिक संकेतों के उपयोग द्वारा संवाद का एक सुव्यवस्थित साधन भाषा कहलाती है।'' –नेट वर्ल्ड

उपरोक्त परिभाषाएं भाषा के निम्नलिखित अवयवों की व्याख्या करती है–

- संकेतों या शब्दों का संग्रह
- एक व्याकरण जिसमें नियम दिया गया है और यह भी कि इन संकेत का प्रयोग कैसे किए जा सकते है।
- लोगों का एक समुदाय जो इन संकेतों का प्रयोग करता है व समझता है।
- इन संकेतों द्वारा प्रसारित अर्थों का एक क्षेत्र।

ये सभी अवयव गणित की भाषा में पाये जाते हैं। गणितीय भाषा गणितज्ञों के बीच गणितीय विचारों को संचारित करने की एक प्रणाली है। इस भाषा में कुछ भाषाओं (जैसे-अंग्रेजी) का तत्व पाया जाता है। इसमें जो तकनीकी शब्द और व्याकरणीय परिपाटी का प्रयोग किये गये हैं, वे गणितीय प्रबन्ध के लिए अनूठे हैं। गणितीय सूत्र के लिए इसमें अतिविशिष्ट सांकेतिक अंकन पद्धति का उपयोग किया जाता है।

गणितीय शब्दावली

गणितीय अंकनपद्धति में कई वर्णमालाओं व टंकन आकृतियों से संकेतों को अपनाया गया है। इसमें वैसे संकेत भी शामिल हैं जो खासकर गणित के ही हैं। जैसे–$\forall \exists \nabla \wedge \infty$ आदि।

गणितीय अंकन पद्धति आधुनिक गणित की केन्द्रीय शक्ति है। यद्यपि अल-ख्वरिज़्मी का बीजगणित ऐसे संकेतों का प्रयोग नहीं किया है। इसने कई ऐसे नियमों के मदद से समीकरण को हल किया है जिसका उपयोग आज सांकेतिक अंकन पद्धति में होता है और इस कार्य में उसे बहुत मुश्किलें आयी हैं। कभी-कभी सूत्र बिना लिखित या मौखिक रूप में ही पर्याप्त होते हैं। कभी-कभी उसे बोलकर पढ़ना मुश्किल होता है या शब्द का अनुवाद करने पर सूचनाएं गुम हो जाती हैं, जैसे कि जब निक्षिप्त (कोष्टक में स्थित) तथ्य शामिल होते हैं या जब जटिल संरचना जैसे कि आव्यूह (Matrix) से कम लिया जाता है।

अन्य विषयों की भांति गणित के तकनीकी शब्दों की भी अपनी पहचान है, कुछ स्थितियों में सामान्य प्रयोग के शब्दों का गणित से खास अर्थ होता है। जैसे–वर्ग या समूह (group), वलय या चक्र (ring), क्षेत्र (field), वर्ग (category), पद (term), और अपवर्तक (factor) इत्यादि।

अन्य स्थिति में विशिष्ट पद दिए जा रहे हैं जो गणित के बाहर नहीं पाये जाते। उदाहरणस्वरूप–तानिका (Tensor), फ्रेक्टल (fractal) [वक्र रेखा या प्रतिरूप जिसके साथ उससे छोटी किन्तु ठीक वैसी आकृति होती है।] फंक्टर (functor) [गणितीय क्रियाओं के चिह्न जैसे +, –, × आदि] गणितीय कथनों का अपने तरह का जटिल वर्गीकरण होता है। ये अभिगृहित (axioms), अनुमान (conjectures), प्रमेय (theoresms), प्रमेयिका (lemmas) एवं उपप्रमेय (corollaries) में बँटे होते हैं।

साथ ही गणित में बहुत से मुहावरे हैं जो विशिष्ट अर्थों के साथ प्रयुक्त होते हैं जैसे–''यदि और केवल यदि'' (if and only if) ''आवश्यक व पर्याप्त'' (necessary and sufficient) ''व्यापकता के लोप के बिना'' (without loss of generatlity) इस प्रकार के मुहावरे गणित की विशिष्ट शब्दावली (mathematical jargon) कहलाता है।

गणितीय शब्दावली में दृश्य तत्व भी होते हैं। श्याम पट्ट (Black board) पर अनौपचारिक रूप से आरेख का प्रयोग किया जाता है या फिर प्रकाशन कार्यों में ज्यादा औपचारिक रूप से आरेख का प्रयोग होता है। जब आरेख का प्रयोग उचित ढंग से होता है तब विच्छेदकारी (schematic) सूचनाएँ यह बड़ी आसानी से प्रदर्शित करता है। आरेख दृश्य रूप में भी मदद करता है और सहजानभूत (intuitive) गणना में मदद करता है।

कभी-कभी साध्य (proposition) के लिए आरेख दृश्य-साक्ष्य के रूप में पूर्ण औचित्य की तरह कार्य करता है। आरेख परिपाटी का एक निकाय गणितीय अंकन पद्धति में विकसित हो सकता है।

गणित का व्याकरण

गणितीय निबन्ध के लिए प्रयुक्त व्याकरण आवश्यक रूप से प्राकृतिक भाषा का व्याकरण है जिसका प्रयोग आधार की तरह

किन्तु गणित की कई खास विचित्रताओं के साथ किया जाता है।

सबसे ज्यादा ध्यान देने की बात है कि सूत्रों के लिए प्रयुक्त गणितीय अंकन पद्धति का अपना व्याकरण होता है। यह किसी खास प्राकृतिक भाषा पर निर्भर नहीं होता किन्तु अन्तर्राष्ट्रीय स्तर पर गणितज्ञों द्वारा अपनी मातृभाषा की परवाह किए बिना प्रयोग किया जाता है।

यह इस परिपाटी को जोड़ता है कि ज्यादातर सूत्र बांये से दांये लिखा जाता है एवं जब बुनियादी भाषा की लेखन-शैली दांये से बांये है तथा यह कि सामान्य चरों एवं मानदण्डों के लिए प्रायः लैटिन वर्णमाला का प्रयोग होता है। एक सूत्र जैसे कि $\sin x + a \cos 2x \geq 0$ चीनी एवं इजराइली गणितज्ञों द्वारा समान रूप से समझा जाता है।

ऐसे गणितीय सूत्र प्राकृतिक भाषा के मुहावरे या कथन के अंश हो सकते हैं। या फिर इन्हें सम्पूर्ण वाक्य माना जा सकता है। जैसे ऊपर के सूत्र में एक समीकरण को एक वाक्य या वाक्य संबंधी मुहावरा माना जा सकता है, जिसमें 'से बड़ा है या बराबर है' का संकेत क्रिया की भूमिका निभाता है। एक सावधानीपूर्वक बोले गए कथन में '≥' को 'से बड़ा है या बराबर है' के रूप में उच्चारण द्वारा स्पष्ट किया जा सकता है। किन्तु अनौपचारिक संदर्भ में गणितज्ञ इसे 'बड़ा या बराबर' के रूप में छोटा कर सकते हैं और फिर भी इसका प्रयोग व्याकरणिक दृष्टिकोण से क्रिया की तरह ही होता है।

गणित सूत्र का बोलकर उच्चारण किया जा सकता है। सूत्र के लिए यह उच्चारण पद्धति सीखना पड़ता है और यह प्राकृतिक भाषा पर निर्भर करता है। उदाहरण स्वरूप, अंग्रेजी का प्रयोग कर व्यंजक "$f(x)$" का पारम्परिक रूप से 'एक ऑफ एक्स' उच्चारण किया जाता है। यहाँ अंकन पद्धति द्वारा योजक 'ऑफ' को शामिल नहीं किया जाता।

दूसरी ओर व्यंजक "$\frac{dy}{dx}$" का उच्चारण "डी-वाई-डी-एक्स" के रूप में किया जाता है जिसमें भिन्न की रेखा का पूर्णतः लोप हो गया है। दूसरे सन्दर्भ में प्रायः 'ओवर' का उच्चारण किया जाता है

गणित का भाषा समुदाय

गणित गणितज्ञों द्वारा प्रयोग किए जाते हैं जो कई भाषाएं बोलने वालों का एक वैश्विक समुदाय का निर्माण करते हैं। इसका प्रयोग गणित के छात्रों द्वारा भी किया जाता है। प्राथमिक शिक्षा के एक अंग के रूप में लगभग सभी देशों के लगभग सभी शिक्षित लोगों का गणित शिक्षा के सैद्धान्तिक क्षेत्र में कुछ योगदान है। यह जानना काफी दिलचस्प है कि आधुनिक गणित में सांस्कृतिक निर्भरता या रुकावट काफी कम है। गणित की कुछ अन्तर्राष्ट्रीय प्रतियोगिता है जैसे–अन्तर्राष्ट्रीय गणितीय ओलम्पियाड (International Mathematical Olympaid) एवं आम स्थानों पर व्यावसायिक गणितज्ञों के बीच सहयोग।

गणित एक भाषा

"मेरे विचार में, जिसे मैं अपने कई सहकर्मियों से साझा करता हूँ, यह सामान्य बात है कि गणित एक भाषा है। अंग्रेजी, लैटिन या चीनी भाषा की तरह गणित में भी निश्चित संकल्पनाएँ हैं। यह उसके लिए है जिसके द्वारा गणित विशेष रूप से अच्छी तरह पढ़ा गया है। प्यार की कविता लिखने की तरह अंग्रेजी भाषा का प्रयोग कर बीजगणित का मौलिक प्रमेय लिखने की कोशिश मूर्खता ही होगी।" –आर.एल. स्वार्जेनबर्गर (2000)

एक प्राकृतिक भाषा की तरह गणित अर्थ के एक विस्तृत क्षेत्र का संचार कर सकता है। यहाँ इनकी विस्तृत कोटि है–

- **गणित वास्तविक संसार की व्याख्या करता है**–खेतों की माप (ज्यामिति) से लेकर सेब के गिरने (कलकुलस) और जुआ खेलने (प्रायिकता) से लेकर पृथ्वी की गति (गति विज्ञान) जानने जैसे विश्व परिदृश्य का वर्णन करने और उसकी समस्याओं के समाधान की कोशिश सभी गणित से जुड़ा होता है। गणित का भौतिकी एवं प्रौद्योगिकी में बड़े पैमाने पर प्रयोग होता है। यह हमारे चारों ओर ब्रह्माण्ड के विस्तार से लेकर क्वाण्टम जैसे छोटे चीजों को समझने में बहुत ही सफल सिद्ध हो रहा है। वास्तव में गणित की सबसे बड़ी सफलता इस अर्थ में है कि यह आज भी दार्शनिकों के लिए उलझन है।
- **गणित अमूर्त संरचना का वर्णन करता है**–दूसरी ओर सैद्धान्तिक गणित का क्षेत्र है जो अमूर्त संरचना से सम्बन्धित है। जिसमें भौतिकी प्रतिरूप का कोई ज्ञान नहीं है फिर भी यहाँ उस कोटि का कोई उदाहरण देना मुश्किल है। सबसे गूढ़ संरचना को भौतिकी की कुछ शाखाओं में मॉडल के रूप में सहयोजित (co-opted) किया जा सकता है।
- गणित खुद गणित का वर्णन करता है–गणित को खुद इसके वर्णन के लिए प्रयोग किया जा सकता है। यह भी गणित का ही एक क्षेत्र है जिसे परागणित (Metamathematics) कहते हैं।

भाषा के रूप में गणित के अपने संकेत, शब्द और वाक्य के नियम हैं। जो मान्यताओं के एक निश्चित और सुसंगत समूह पर आधारित है और ये मान्यताएँ नियमों व तर्कों से बने हैं। इस प्रकार के तर्क गणितीय सोच के विकास के लिए आवश्यक है। इसकी समझ और अनुप्रयोग सामान्य भाषा के विकास के स्तर पर निर्भर करता है। जैसे–"सभी आयत एक समान्तर चतुर्भुज है किन्तु सभी समान्तर चतुर्भुज एक आयत नहीं है।" यहां केवल योजकों (conjunctions) अर्थात्, अतः, चूँकि, या, एवं, इत्यादि के प्रयोग के विकास के बाद साधारण भाषा जो गणित में भी प्रयोग किए जाते हैं, के लिए तैयार होते हैं। किन्तु इन शब्दों का एक सटीक गणितीय अर्थ होता है। जैसे–कुल (योग), अन्तर, जोड़, घात, गुणा, भाग, घटाव आदि।

गणित की भाषा

गणित की भाषा की रूपरेखा तैयार की गई थी अतः हम निम्न बिन्दुओं पर विचार कर सकते हैं। (1) संख्या, समुच्चय, फलन आदि जैसी चीजें। (2) इन चीजों के साथ जो क्रिया की जाती है जैसेः जोड़, घटाव, गुणा, भाग आदि।

संकेतः गणित अक्षरों के बदले संकेतों का प्रयोग करता हैः

- दस अंकः 0, 1, 2 ....., 9.
- संक्रिया के चिह्न : +, –, ×
- संकेत जो किसी मान का स्थान लेता हैः *x, y*, ...
- कई विशेष संकेतः =, < ≤, >, ...

अक्षर परिपाटीः प्रायः (हमेशा नहीं) अक्षरों का विशेष प्रयोग होता है। जैसेः

उदाहरणः प्रायः अर्थ होता हैः

वर्णमाला की शुरुआत	*a, b, c*	अचर (निशिचित मान)
i से *n* तक	*i, j, k* .... *n*	धनात्मक पूर्णांक गिनती के लिए)
वर्णमाला का अन्त	.... *x, y, z*	चर (अज्ञात मान)

ये कोई नियम नहीं हैं किन्तु प्रायः इस प्रकार से प्रयोग किया जाता है। जैसेः $y = ax + b$.

लोग यह मानते हैं कि a एवं b का निश्चित मान होता है तथा यह भी कि x का मान बदलता है जिस कारण y का मान भी बदल जाता है।

संज्ञा, क्रिया एवं वाक्यः यद्यपि गणित में हम संज्ञा, क्रिया या सर्वनाम का वास्तव में प्रयोग नहीं करते किन्तु यह हमें गणित को अंग्रेजी के समान समझने में मदद कर सकता है।

संज्ञाः संज्ञा निश्चित चीजें हो सकतीं हैं जैसेः 15, $2\left(3-\frac{1}{2}\right)$, 4^2 आदि।

क्रियाः क्रिया बराबर का चिह्न (=) या असमिका का चिह्न (< या >) हो सकता है।

सर्वनामः अंग्रेजी में सर्वनाम उसे कहते हैं जो संज्ञा के बदले प्रयुक्त होता है। गणित में ये चर (x या y आदि) हो सकते हैं: $5x - 7$, xy^2, $-3/x$.

वाक्यः उपरोक्त चीजों को एक वाक्य के रूप में एक साथ रखा जा सकता है, जैसेः $3x + 7 = 22$.

वैकल्पिक दृष्टिकोण

भाषाओं की कुछ परिभाषाएँ उसके वाचक प्रकृति पर जोड़ देते हैं। इस परिभाषा के अन्तर्गत गणित एक भाषा नहीं सिद्ध होती। जबकि प्रारंभिक तौर पर लिखित संवाद के रूप में यह भाषा है। जबकि ये परिभाषाएं सांकेतिक भाषाओं को भी अयोग्य ठहराती है जो कि अब वाचक भाषा से अलग अपनी तरह की एक भाषा के रूप में जानी जाती है।

अन्य भाषाविद् मानते हैं कि भाषा और गणित में कोई विधिगत तुलना ही नहीं की जा सकती क्योंकि दोनों सामान्यतः काफी अलग-अलग हैं।

◆◆◆◆◆◆

मूल्यांकन

शिक्षा लोगों को अर्थपूर्ण, सृजनात्मक व उत्पादक जीवन हेतु तैयार करने से संबंधित है और मूल्यांकन, प्रतिपुष्टि प्रदान करने का एक विश्वसनीय तरीका होना चाहिए कि हमने कितनी सफलतापूर्वक ऐसी शिक्षा प्रदान कर सके हैं। इस दृष्टिकोण से देखने पर मूल्यांकन की वर्तमान प्रक्रिया जो योग्यताओं का बहुत सीमित क्षेत्र में मापन व आकलन करती है, बहुत ही अपर्याप्त है तथा शिक्षा के उद्देश्यों को पूरा करने की दिशा में व्यक्ति की योग्यता और प्रगति का संपूर्ण चित्र नहीं प्रस्तुत करती है।

किन्तु मूल्यांकन के विद्यालयी एवं शैक्षणिक विकास की प्रतिपुष्टि प्रदान करने के सीमित उद्देश्यों के बावजूद यदि शिक्षक शिक्षण पाठ्यक्रम प्रारंभ होने से पूर्व न केवल आकलन की तकनीक से सुसज्जित होकर बल्कि मूल्यांकन के मापदण्ड एवं विभिन्न उपकरण जिसका उपयोग किया जायेगा, के साथ तैयार हो तो वास्तविक एवं सम्पूर्ण उद्देश्यों को पाया जा सकता है। इसके साथ ही, छात्रों की सफलता के गुणों की पहचान के लिए, एक शिक्षक को उनके प्रदर्शनों को संग्रह करने उसका विश्लेषण व व्याख्या करने की जरूरत पड़ती है। शिक्षकों को छात्रों के प्रदर्शनों को आकलन के विभिन्न मापदण्डों के अनुसार विभिन्न क्षेत्रों में उनकी अधिगम की प्रकृति एवं सीमाओं की भी समझ बनानती पड़ती है। आकलन का उद्देश्य आवश्यक रूप से शिक्षण-अधिगम प्रक्रिया एवं अधिगम-सामग्री में सुधार करना एवं उन उद्देश्यों के पुनरःवलोकन के योग्य होना है, जिसकी पहचान विभिन्न विद्यालयी अवस्थाओं के लिए छात्रों द्वारा विकसित की जा रही है, अभिक्षमता द्वारा होती है। कहने की जरूरत नहीं कि इसका यह अर्थ नहीं है कि जाँच एवं परीक्षाएँ बार-बार होनी चाहिए। इसके विपरीत अधिगम के आकलन के लिए समयबद्ध क्रियाकलाप, अभ्यास, प्रभावपूर्ण तरीके से प्रयोग में लाया जा सकता है।

मूल्यांकन क्या है?

मूल्यांकन कक्षा में दिये गये अधिगम अनुभवों के प्रभाव को निर्धारित करने वाली सुव्यवस्थित एवं सतत् प्रक्रिया है।
—राष्ट्रीय शैक्षिक अनुसंधान एवं प्रशिक्षण परिषद्

''मूल्यांकन एक सतत् प्रक्रिया है; यह शिक्षा के सम्पूर्ण तंत्र के समग्र भाग का निर्माण करती है और यह शैक्षिक उद्देश्यों से सघन रूप से जुड़ा है। इसका प्रयोग बच्चों के अध्ययन सम्बन्धी आदतों और शिक्षकों के शिक्षण विधि पर अच्छा प्रभाव डालता है। इस प्रकार यह न केवल शैक्षणिक उपलब्धियों के मापन में बल्कि इसके सुधार में भी मदद करता है। मूल्यांकन की तकनीक वांछित दिशा में छात्रों के विकास के बारे में साक्ष्य संग्रह के साधन हैं।''
—कोठारी आयोग

''मूल्यांकन, मापन की व्यापक अवधारणा को स्पष्ट करने हेतु प्रस्तुत किया गया अपेक्षाकृत एक नया तकनीकी शब्द है, जो अनौपचारिक जाँच और परीक्षाओं में प्रयुक्त होता है।''
—इनसाइक्लोपिडिया ऑफ एजुकेशन रिसर्च

जो शैक्षिक उद्देश्य बच्चों द्वारा प्राप्त की जाती है; मूल्यांकन को उसके सीमा निर्धारण की सुव्यवस्थित प्रक्रिया के रूप में परिभाषित किया जा सकता है। —दाण्डेकर

मूल्यांकन एक समग्र अवधारणा है जिसमें वांछित उपलब्धियों के गुणों, मूल्यों व प्रभावों का पता लगाने के लिए सभी तरह के साधनों को निर्दिष्ट करता है। यह वस्तुनिष्ठ प्रमाण एवं वस्तुनिष्ठ निरीक्षण का मिश्रण है। यह कुल एवं अंतिम आंकलन है। यह नीतियों के संशोधन एवं अन्य कार्यों का बहुमूल्य एवं अपरिहार्य मार्गदर्शन है। —वेस्ले

उपरोक्त कथनों के आधार पर कहा जा सकता है कि मूल्यांकन एक ऐसी प्रक्रिया है जिसके द्वारा एक शिक्षक यह जानने की कोशिश करता है कि कक्षा में शिक्षण द्वारा शिक्षण उद्देश्यों की प्राप्ति किस सीमा तक हुई है। शिक्षक यह जानना चाहता है कि उसके छात्रों ने प्राप्त ज्ञान को किस सीमा तक स्वांगीकृत किया है। उनकी रुचि, व्यवहार आदि में किस हद तक परिवर्तन हुआ है। विषय के प्रति उनकी अभिरुचि कितनी है, समझ का स्तर क्या है आदि। मूल्यांकन में ये सारी प्रक्रिया सम्मिलित होती है। निष्कर्षतः शिक्षा में मूल्यांकन का अभिप्राय उस प्रक्रिया से है जिसमें एक शिक्षक अपने छात्र की शैक्षिक उपलब्धियों का पता लगाता है।

हालाँकि मूल्यांकन और परीक्षा को प्रायः समान माना जाता है किन्तु वास्तव में परीक्षा मूल्यांकन का एक अंग मात्र है। मूल्यांकन के लिए शिक्षक को परीक्षा व अन्य विधियों द्वारा मापन करना होता है। अंकन (scoring) मापन का अंतिम चरण होता है। इन अंकों को सांख्यिकी द्वारा विभिन्न रूपों में जोड़े-तोड़े जाते हैं। परन्तु मूल्यांकन में यह प्रक्रिया आगे भी जारी रहती है। इसमें मापन द्वारा प्राप्तांकों के आधार पर मूल्यात्मक निर्णय (value judgement) भी लिया जाता है। सारांशतः मूल्यांकन में मापन एवं मूल्यात्मक निर्णय सम्मिलित है। मूल्यांकन एक गुणात्मक निर्णय लेने की प्रक्रिया है जबकि मापन का रूप आंकिक है। मापन मूल्यांकन का अनिवार्य अंग है।

उद्देश्य, अधिगम अनुभव एवं मूल्यांकन के बीच संबंध

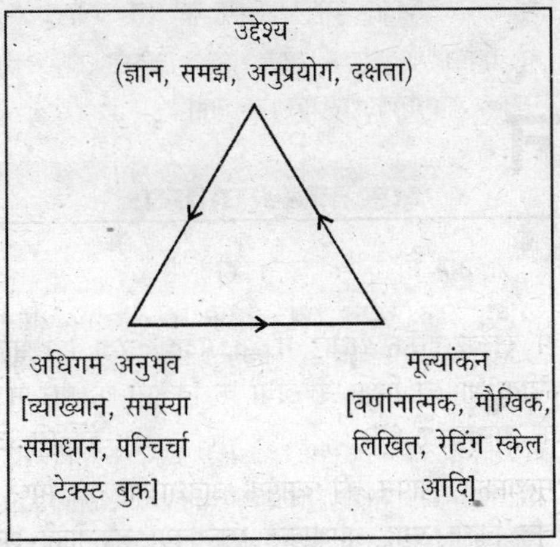

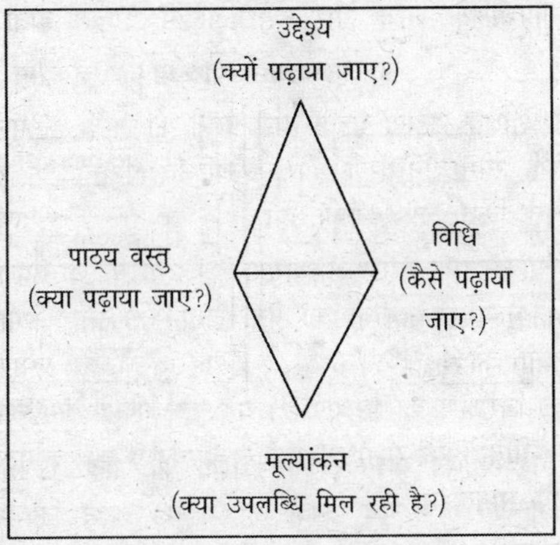

उद्देश्य, अधिगम अनुभव और मूल्यांकन सभी एक-दूसरे से सम्बंधित हैं। मूल्यांकन शिक्षण उद्देश्य और अधिगम अनुभव पर आधारित है और यह उसी समय उद्देश्यों का भी मूल्यांकन करता है। इस प्रकार, कक्षा-शिक्षण में शिक्षक छात्रों के व्यवहार में वांछित परिवर्तन के प्रोत्साहन के क्रम में उपयुक्त शिक्षण-अधिगम क्रिया-कलाप की व्यवस्था करता है। यह जाँच और परीक्षा से ज्यादा व्यापक पद है। यह केवल छात्रों के आकलन के साथ नहीं जुड़ा है बल्कि शिक्षा की सम्पूर्ण प्रक्रिया से संबंधित है। यह कि क्या पढ़ाया जाए? (पाठ्यवस्तु), कैसे पढ़ाया जाए? (शिक्षण विधि) और क्यों पढ़ाया जाए? (शिक्षण उद्देश्य) तय करने के बाद यह प्रश्न उठता है कि उपलब्धि क्या हो रही है? इस प्रकार मूल्यांकन इस प्रश्न का उत्तर देने में मदद करता है कि छात्रों की उपलब्धि क्या है? इस प्रकार, मूल्यांकन एक प्रक्रिया है जिसके द्वारा शिक्षण कार्यक्रम का आकलन, उपलब्धि और प्रभावशीलता निर्धारित की जाती है।

मूल्यांकन के उद्देश्य एवं कार्य

1. **अभिप्रेरण** : बच्चों को बेहतर अधिगम के लिए प्रेरित करना।
2. **बच्चों की वर्तमान स्थिति** : मूल्यांकन शिक्षण-अधिगम प्रक्रिया में बच्चों की वर्तमान स्थिति को निर्धारित करने में मदद करता है।
3. **मार्गदर्शन एवं सलाह** : मूल्यांकन बच्चों में व्यक्तिगत अन्तर की पहचान कर उसके मार्गदर्शन एवं सलाह के लिए आधार प्रदान करता है।
4. **समस्याओं की पहचान करना** : मूल्यांकन प्रक्रिया बच्चों की कमी को जानने और आगे के शिक्षण हेतु उसकी कमजोरी एवं ताकत का पता लगाने में शिक्षक की मदद करता है।
5. **परीक्षा व्यवस्था का मापन** : मूल्यांकन शिक्षकों को परीक्षा व्यवस्था के मापन में भी मदद करता है अर्थात् यह इस बात की भी जानकारी देता है कि कक्षा में सर्वश्रेष्ठ या असफल छात्र कौन है। आदि।
6. **बच्चों में प्रगति की दर** : मूल्यांकन बच्चों में प्रगति की दर को निर्धारित करने में मदद करता है। अर्थात् किसी छात्र ने प्रथम आवधिक (Terminal) परीक्षा में एवं अंतिम परीक्षा में कितने अंक प्राप्त किए। आदि।
7. **छात्रों का वर्गीकरण** : मूल्यांकन बच्चों को विभिन्न श्रेणियों में वर्गीकरण में मदद करता है जैसे–विशिष्ट, पिछड़े या औसत छात्र।
8. **चुनाव का आधार** : विभिन्न अभियोग्यता व अभिरुचि जाँच की मदद से विभिन्न पाठ्यक्रमों हेतु चयन, नियोजन (placement) आदि में मूल्यांकन महत्वपूर्ण भूमिका अदा करता है।
9. **नवप्रवर्तनकारी** (Innovative) **एवं प्रभावी शिक्षण विधि की खोज** : मूल्यांकन द्वारा बच्चों की कमजोरी एवं ताकत (दक्षता) का अनुमान लगाने से नवप्रवर्तनकारी एवं प्रभावी शिक्षण विधि की खोज में मदद मिलती है।
10. **पाठ्यक्रम में सुधार** : मूल्यांकन द्वारा शिक्षक पाठ्यक्रम में सुधार के लिए साक्ष्य जुटाते हैं।
11. **शिक्षण में सफलता** : मूल्यांकन द्वारा शिक्षक अपने शिक्षण की सफलता का आकलन करते हैं।
12. **शिक्षण-अधिगम प्रक्रिया में सुधार** : मूल्यांकन शिक्षकों को बच्चों की कमजोरी जानने में मदद करता है और इस आधार पर वे अपनी शिक्षण अधिगम प्रक्रिया में सुधार लाते हैं।
13. **छात्रों का श्रेणीकरण** : मूल्यांकन छात्रों के त्रैमासिक, अर्द्धवार्षिक व वार्षिक परीक्षाओं के आधार पर उसकी श्रेणीकरण (grading) में मदद करता है। इस प्रकार, कक्षा में छात्रों का श्रेणी-क्रम जाना जाता है।
14. **बच्चों में व्यावहारिक परिवर्तन** : मूल्यांकन द्वारा बच्चों में व्यावहारिक परिवर्तनों यथा–उसकी रुचि, शारीरिक, भावनात्मक, नैतिक एवं सामाजिक विकास आदि के बारे में भी जानकारी मिलती है।
15. **क्रियात्मक खोज** (Action Research) **हेतु शिक्षकों को प्रोत्साहन** : मूल्यांकन के आधार पर शिक्षक क्रियात्मक खोज की नई रणनीति अपनाते हैं।
16. **शिक्षक एवं छात्रों को प्रतिपुष्टि** (feedback) : मूल्यांकन शिक्षक व छात्र दोनों को अभिप्रेरण (Reinforcement) और प्रतिपुष्टि (feedback) देने में मदद करता है।

17. उपचारात्मक कार्य हेतु : मूल्यांकन छात्रों को उसके समस्याओं के समाधान ढूँढने में मदद करता है ताकि बेहतर परिणाम प्राप्त किया जा सके।

18. शिक्षा के उद्देश्यों का स्पष्टीकरण : मूल्यांकन उद्देश्यों पर आधारित है। शिक्षक प्रत्येक विषय-वस्तु का शिक्षा में उसकी उपयोगिता के दृष्टिकोण से उद्देश्य समझने की कोशिश करता है।

19. प्रवेश का आधार : छात्रों की प्रगति का मूल्यांकन विविध पद्धतियों यथा–जाँच, वार्षिक परीक्षा आदि द्वारा किया जाता है और इसी के आधार पर छात्रों को अगली कक्षा में प्रवेश दिया जाता है।

20. छात्रवृत्ति देने में : मूल्यांकन छात्रों की प्रगति के निर्णय में मदद करता है और इस आधार पर उसे छात्रवृत्ति दी जाती है।

मूल्यांकन की महत्वपूर्ण विशेषताएं

1. इसका प्रयोग पाठ्यक्रम, शिक्षण-विधि और परीक्षा में सुधार के लिए किया जा सकता है।
2. यह नैदानिक (diagnostic) है ताकि वह उपचारात्मक शिक्षण के लिए आधार प्रदान कर सके।
3. यह दिशा एवं व्यापक व्यावहारिक परिवर्तन का मापन करता है।
4. मूल्यांकन सम्पूर्ण शैक्षिक तंत्र की प्रतिपुष्टि (feedback) देता है।
5. यह छात्र केन्द्रित और क्रियाकलाप पर आधारित कार्यक्रम है।
6. यह शिक्षण प्रक्रिया से सीधे जुड़ा हुआ है।
7. यह एक सतत् प्रक्रिया है।
8. यह बच्चों की अंतःशक्ति (कार्य क्षमता) और उसकी रुचि का पता लगाने में मदद करता है।
9. यह न केवल छात्रों के शैक्षिक उपलब्धि को मापता है बल्कि उसके प्रगति में भी सहायता करता है।
10. शैक्षिक उद्देश्यों, शिक्षण-प्रक्रिया व मूल्यांकन में परस्पर घनिष्ठ संबंध है।
11. यह बच्चों के कठिनाइयों का पता लगाने में शिक्षकों की मदद करता है।
12. यह शिक्षण-अधिगम प्रक्रिया को गतिशील (Dynamic) और नवप्रवर्तनकारी (innovative) बनाता है।
13. यह जाँच परीक्षा और मापन से विस्तृत संकल्पना है।
14. बच्चों के प्रतिदिन के रिकार्ड से उसके वर्तमान स्थिति के बारे में जानना आसान हो जाता है।
15. मूल्यांकन एक सम्पूर्ण प्रक्रिया है जिसमें उन सभी चीजों को शामिल किया जाता है जिसका मूल्यांकन किया जा सकता है।
16. मूल्यांकन सुव्यवस्थित एवं वैज्ञानिक प्रक्रिया है।
17. मूल्यांकन में परिमाणात्मक और गुणात्मक दोनों पहलू शामिल हैं।
18. यह एक निर्णय देने वाली प्रक्रिया है।
19. मूल्यांकन शिक्षा को प्रयोजन केन्द्रित बनाता है।
20. मूल्यांकन बच्चों के वृद्धि और विकास से संबंधित है उसके सामूहिक स्थिति से नहीं।

मूल्यांकन प्रक्रिया

मूल्यांकन प्रक्रिया में निम्न चरण होते हैं–

1. उद्देश्यों का चयन एवं प्रतिपादन (formulation)
2. व्यावहारिक परिवर्तन के दृष्टिकोण से उद्देश्य की परिभाषित करना।
3. मूल्यांकन के उपकरणों (tools) एवं तकनीकों का चुनाव
4. परिणामों की व्याख्या एवं सामान्यीकरण (Generalisation)
5. शिक्षण-अधिगम प्रक्रिया में सुधार हेतु परिणामों की प्रतिपुष्टि

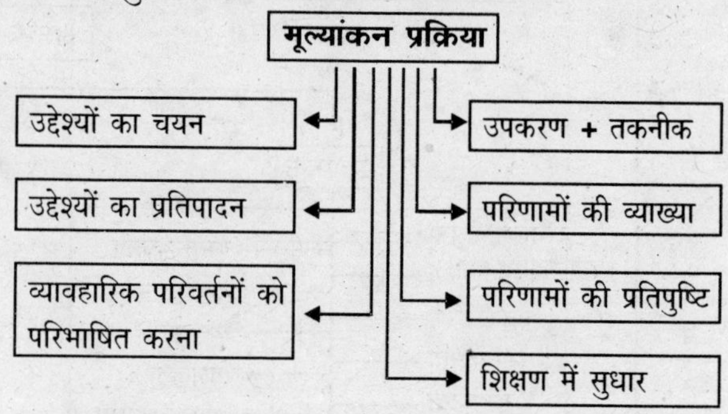

1. उद्देश्यों का चयन : जिन चीजों की जाँच की जानी है मूल्यांकन से पूर्व उनके उद्देश्यों का चयन किया जाता है। अतः शिक्षकों को निर्देशों के प्रति बहुत सावधान चाहिए। क्योंकि निर्देशों में मामूली परिवर्तन मूल्यांकन के उद्देश्यों को प्रभावित कर सकता है।

2. उद्देश्यों का प्रतिपादन : एक शिक्षक को विभिन्न कक्षाओं के शिक्षण-उद्देश्यों के प्रति बहुत सावधान रहना पड़ता है। इसी आधार पर विभिन्न कक्षाओं के लिए विशिष्ट उद्देश्यों वाले जाँच की वस्तु तैयार किए जाते हैं।

3. व्यावहारिक दृष्टि से उद्देश्यों को परिभाषित करना : जिन चीजों की जाँच की जानी है उसके उद्देश्यों के चयन एवं प्रतिपादन के बाद शिक्षकों को छात्रों के व्यवहार में अपेक्षित परिवर्तन की दृष्टि में रखकर उसके उद्देश्यों को स्पष्टतः परिभाषित करना चाहिए। ये अपेक्षित बिन्दु निम्न हो सकते हैं– (*i*) ज्ञान, (*ii*) समझ, (*iii*) अनुप्रयोग, (*iv*) दक्षता।

4. मूल्यांकन के उपकरण एवं तकनीकी का चुनाव : उपयुक्त उपकरण एवं तकनीकी का चुनाव अपेक्षित प्रमाणों के प्रकार पर निर्भर करता है। उपकरण व तकनीक को संबंधित शिक्षण-उद्देश्यों को अवश्य प्रमाण प्रस्तुत करना चाहिए। उन्हें अच्छे मापन एवं अच्छे मूल्यांकन के मापदण्डों को अवश्य संतुष्ट करना चाहिए।

5. **उपकरणों एवं तकनीकों का उपयोग एवं परिणाम निर्धारण :** उपकरणों के चयन एवं विकास के पश्चात् शिक्षक उनका प्रयोग जाँच स्थितियों में करता है। वह व्यावहारिक परिवर्तनों से संबंधित अन्य प्रमाणों को भी एकत्र करता है। एकत्रित प्रमाणों एवं सूचनाओं के आधार पर निष्कर्ष निकाले जाते हैं।

6. **परिणामों की व्याख्या एवं सामान्यीकरण :** जब तक कि परिणामों की सही व्याख्या न की जाए, मूल्यांकन के विभिन्न उपकरणों व तकनीकों से प्राप्त प्रमाणों का छात्रों, शिक्षकों या फिर अभिभावकों के लिए कोई अर्थ नहीं रहता। तब कक्षा में किसी छात्र के तुलनात्मक प्रदर्शन के परिणामों की व्याख्या प्रगति के दर के उद्देश्यों के रूप में की जाती है। ये संग्रहित आँकड़े प्रत्येक कक्षा या छात्र विशेष आदि के उपलब्धि स्तर के सामान्यीकरण में मदद करते हैं।

7. **परिणामों में प्रतिपुष्टि :** जाँच के परिणामों के विश्लेषण या अंकित प्रमाणों के आधार पर छात्रों की प्रगति रिपोर्ट बनाई जाती है और अभिभावकों को दिखाई जाती है। माता-पिता के लिए यह आवश्यक है कि वे बच्चों के स्वमूल्यांकन शक्तियों (दक्षता) एवं कमजोरियों को उचित निदान हेतु बच्चों की प्रगति की जानकारी लें।

8. **शिक्षण-अधिगम प्रक्रिया में सुधार :** परिणामों के प्रतिपुष्टि के आधार पर एवं नैदानिक मापक के बाद पुनर्शिक्षण एवं उपचारात्मक शिक्षण की व्यवस्था की जाती है तथा शिक्षक छात्रों के प्रगति में बेहतर उपलब्धि के लिए शिक्षण-अधिगम प्रक्रिया में कुछ नए रणनीतियों को अपनाते हैं।

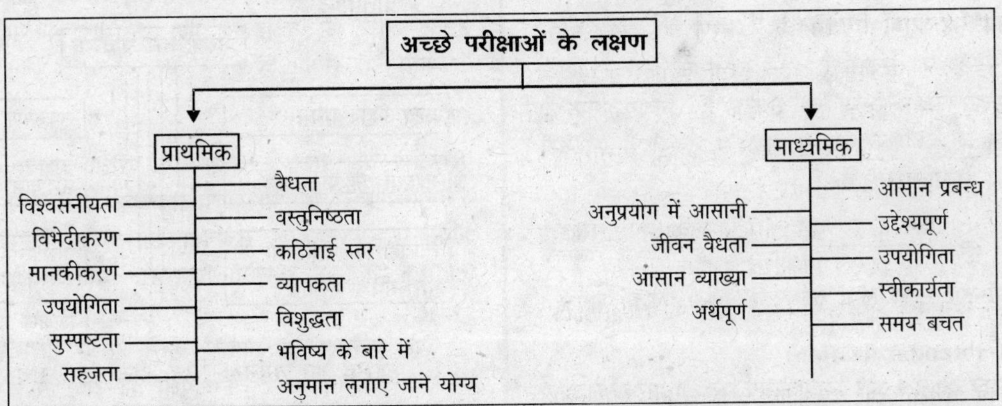

वैधता (Validity)

"वैधता उस मात्रा की एक अभिव्यक्ति का नाम है जहाँ तक एक परीक्षा उन गुणों, योग्यताओं, कौशलों तथा सूचनाओं को मापती है, जिन्हें मापने के लिये वह वांछित होती है।" –ग्रीन

यदि कोई परीक्षण वही मापन करता है जिसके मापन के लिए इसका निर्माण हुआ है तो वह परीक्षण वैध (Valid Test) कहलाता है। इस प्रकार वैधता गुणांक (Validity Index) यह सूचित करता है कि किसी परीक्षण ने वस्तुतः उसी विशेषता (Trait) का मापन किस सीमा तक किया है जिसका मापन करने के लिए वह दावा करता है। जैसे गणित की परीक्षा को वैध तभी कहेंगे जबकि उसके द्वारा हम गणित की योग्यता का ही मापन करें, इसके अतिरिक्त भाषा की योग्यता, स्वच्छता अथवा सामान्य बुद्धि का नहीं।

विश्वसनीयता (Reliability)

"विश्वसनीयता उस विश्वास (Faith) को प्रकट करती है जो कि एक परीक्षा में स्थपित की जा सकती है।" –रिजलैण्ड

यदि किसी परीक्षा के परिणाम समान परिस्थितियों में एक समान बने रहते हैं तो उस परीक्षा को विश्वसनीय (Reliable) माना जाता है। इस प्रकार किसी परीक्षा की विश्वसनीयता परीक्षा में प्रतिदर्श की मात्रा (Sample Size) तथा अंकों की वस्तुनिष्ठता (Objectivity in Scoring) पर निर्भर करती है। अर्थात् विश्वसनीयता = प्रतिदर्श की मात्रा + अंकों की वस्तुनिष्ठता।

कोई प्रश्न तभी विश्वसनीय माना जाएगा जब उसके उत्तर विद्यार्थी की सही उपलब्धि अथवा स्तर का ज्ञान कराए अर्थात् परिणामी अंक त्रुटियों की सम्भावना से मुक्त हों। त्रुटियों की सम्भावना प्रायः निर्देशों की अस्पष्टता के कारण होती है। यह दो स्तरों पर ही हो सकती है–प्रथम, जब विद्यार्थी प्रश्न का उत्तर दे रहा हो और दूसरा, जब परीक्षक उत्तर का मूल्यांकन कर रहा हो।

वस्तुनिष्ठता (Objectivity)

जो परीक्षा परीक्षक के व्यक्तिगत प्रभाव से मुक्त हो वह वस्तुनिष्ठ कहलाती है और परीक्षा का यह गुण वस्तुनिष्ठता कहलाती है। वस्तुनिष्ठता परीक्षा का एक आवश्यक गुण है क्योंकि इसका विश्वसनीयता व वैधता पर बहुत ही गहरा प्रभाव पड़ता है। इसकी सबसे बड़ी कसौटी यह कि एक बार जब प्राप्तांक कुंजी (Scorning key) बन जाए तो यह प्रश्न ही नहीं उठना चाहिए कि प्रश्न अस्पष्ट तो नहीं है या उसके उत्तर के बारे में सटीक निर्णय नहीं लिया जा सकता। फिर मूल्यांकन कोई भी करे छात्र को उतना ही अंक मिलना चाहिए, यही वस्तुनिष्ठता कहलाती है। निबन्धात्मक या व्याख्यात्मक प्रश्नों में परीक्षक का व्यक्तिगत निर्णय अधिक महत्व रखता है। यही कारण है कि नवीन परीक्षा प्रणाली में वस्तुनिष्ठ प्रश्नों को ज्यादा महत्व दिया जाता है।

विभेदीकरण (Discrimination)

विभेदीकरण से तात्पर्य परीक्षण के उस गुण से है जिसके द्वारा पढ़ने में तेज, सामान्य एवं पिछड़े छात्रों के मध्य काफी सीमा तक भेद किया जा सके। इसके द्वारा यह जाना जा सकता है कि पूरे परीक्षण पर प्राप्तांकों के आधार पर अधिकतम अंक (Maximum Score) एवं न्यूनतम अंक (Minimum Score) पाने वाले छात्रों को अलग करने में प्रत्येक प्रश्न का क्या योगदान रहा। परीक्षण मदों की विभेदीकरण क्षमता ज्ञात करने के लिए प्रत्येक प्रश्न का विश्लेषण किया जाता है, जिसे मद विश्लेषण प्रक्रिया (Item Analysis) कहते हैं। इससे प्रत्येक प्रश्न के कठिनाई स्तर का पता चल जाता है।

कठिनाई स्तर (Difficulty level)

कठिनाई स्तर का अभिप्राय सही प्रश्न हल करने वाले छात्रों की प्रतिशतता है। यह परीक्षा का बहुत महत्वपूर्ण लक्षण है। सम्पूर्ण प्रश्न पत्र में दिए गए अंकों के वितरण को इसी आधार पर निर्धारित किया जा सकता है। उन प्रश्नों में जिसका अंकन शुद्ध या अशुद्ध रूप में किया जा सकता है। निबन्धात्मक व लघुत्तरीय प्रश्न जो आंशिक रूप से शुद्ध हो सकते हैं कठिनाई स्तर का सूत्र निम्नलिखित है–

$$\text{कठिनाई स्तर} = \frac{\text{प्रश्न में उस वर्ग द्वारा प्राप्ताकों का औसत}}{\text{निर्धारित पूर्णांक}}$$

प्रश्न ज्यों-ज्यों सरल होगा कठिनता सूचक बढ़ता जाएगा।

मानकीकरण (Standardization)

मानकीकरण भी परीक्षा का एक अपरिहार्य लक्षण है। इसके अन्तर्गत प्रश्न ऐसे होने चाहिए जिसका उत्तर सभी छात्रों व परीक्षकों के लिए समान हो। अर्थात् पूछे गए प्रश्नों के उद्देश्यों में स्पष्टता हो और छात्र तथा परीक्षकों का प्रश्न पर समान दृष्टिकोण हो।

व्यापकता (Comprehensiveness)

व्यापकता के अन्तर्गत परीक्षण का वह प्रारूप आ जाता है जिसके द्वारा परीक्षण उस योग्यता (Trait) के विभिन्न पक्षों का मापन करने में समर्थ हो सकता है जिसके मापन हेतु उसको निर्मित किया गया है। परीक्षण की व्यापकता के बारे में निर्णय करना स्वयं एक निर्माता की सूझ-बूझ एवं क्षमता पर निर्भर करता है।

उपयोगिता (Utility)

यह परीक्षण का वह गुण है जिसमें प्रश्न ऐसे होने चाहिए जिसका छात्रों के जीवन में उपयोग हो। उदाहरणस्वरूप गणित के प्रश्न ऐसे होने चाहिए कि छात्र उसका उपयोग अपने जीवन में कर सके। यही कारण है कि नवीन परीक्षा पद्धति में व्यावहारिक प्रश्नों का प्रमुखता से स्थान दिया जाता है।

विशुद्धता (Accuracy)

इस गुण के अन्तर्गत प्रश्न शुद्ध होने चाहिए जिससे छात्र प्रश्नों को पढ़कर उसके पूछे जाने के उद्देश्यों एवं दृष्टिकोणों को सही ढंग से समझ सके और प्रश्न का सटीक उत्तर दे सके। प्रश्नों में वर्तनी संबंधी या व्याकरणिक दोष नहीं होने चाहिए जिससे छात्र प्रश्नों को पढ़कर भ्रमित या असमंजस की स्थिति में हो जाए और उसका यथेष्ट उत्तर न दे सके।

सुस्पष्टता (Unambiguity)

परीक्षण में प्रश्नों के निहितार्थ स्पष्ट होने चाहिए जिससे उसके पूछे जाने का उद्देश्य समझा जा सके। ऐसा न हो कि प्रश्नों के दो अलग-अलग अर्थ हों। परिणामस्वरूप छात्र किसी एक अर्थ को समझकर उत्तर दे और परीक्षक दूसरे अर्थ को समझकर मूल्यांकन करे। ऐसे में छात्र का सही मूल्यांकन नहीं हो पाएगा।

भविष्य के बारे में अनुमान लगाए जाने योग्य (Predictability)

परीक्षण में प्रश्न ऐसे होने चाहिए जिससे छात्रों का उत्तर पढ़कर उसकी रुचि, दक्षता, समझ आदि का भी मूल्यांकन किया जा सके जिससे उसके भविष्य के बारे में सोचना आसान हो और उसके आगे की पढ़ाई व पेशे के बारे में सही दृष्टिकोण अपनाया जा सके।

सहजता (Usability)

"सहजता वह मात्रा है, जिस तक परीक्षा अथवा अन्य साधन को, अध्यापकों तथा पाठशाला प्रबन्धकों द्वारा बिना समय तथा शक्ति के अपव्यय के सफलतापूर्वक प्रयुक्त किया जा सकता है। एक शब्द में सहजता का अर्थ व्यावहारिकता है।"

– सी.सी. रॉस

वह परीक्षण जो निर्माण करने, छात्रों द्वारा उसका उत्तर देने एवं अंकदान करने, तीनों पक्षों की दृष्टि से सरल हो, एक अच्छा परीक्षण कहलाता है। अर्थात्, वह परीक्षण जिसके निर्माण में कठिनाई न हो, छात्रों को भी उसके उत्तर देने में सहजता हो तथा अंकन की प्रक्रिया में भी किसी प्रकार की जटिलता न आए, सहजता के गुण वाला परीक्षण कहलाता है।

मूल्यांकन के आधारभूत सिद्धान्त

किसी इमारत की नींव या आधार काफी मजबूत होना चाहिए। यदि इमारत काफी सुन्दर है लेकिन उसकी नींव या आधार कमजोर है तो इमारत निश्चित रूप से नष्ट हो जाएगी। इसी प्रकार, यदि मूल्यांकन निश्चित आधारभूत सिद्धान्तों पर आधारित नहीं हो तो मूल्यांकन पद्धति को प्रभावशाली नहीं कहा जा सकता और शिक्षण उद्देश्यों को प्राप्त नहीं किया जा सकता। मूल्यांकन के कुछ आधारभूत सिद्धान्त निम्न हैं–

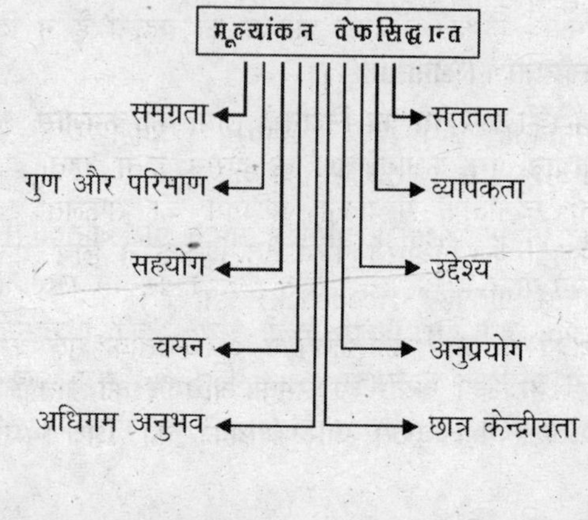

मूल्यांकन के प्रकार

1. नैदानिक मूल्यांकन (Diagnostic Evaluation)
2. पूर्वानुमान मूल्यांकन (Prognosis Evaluation)
3. रचनात्मक मूल्यांकन (Formative Evaluation)
4. संकलनात्मक मूल्यांकन (Summative Evaluation)
5. व्यापक मूल्यांकन (Comprehensive Evaluation)
6. सतत् मूल्यांकन (Continuous Evaluation)

रचनात्मक मूल्यांकन

जब कोई शिक्षक किसी अध्याय का एक हिस्सा या कुछ प्रकरण (topic) या अंश या कोई संकल्पना पढ़ा चुका होता है तो वह छात्रों का निष्कर्ष जानना चाहता है। इसी प्रकार, छात्र भी यह जानना चाहता है कि वह उस हिस्से या प्रकरण या संकल्पना को कितना समझ सका है। रचनात्मक मूल्यांकन शिक्षक एवं छात्र दोनों के लिए इस अर्थ में मददगार है कि यह दोनों को उसकी शिक्षण और अधिगम की शक्ति व कमजोरी के बारे में सूचना देता है।

रचनात्मक शब्द का अर्थ शिक्षण कार्यक्रम के क्रम में छात्रों की उपलब्धियों का लगातार या सुव्यवस्थित आकलन है। रचनात्मक मूल्यांकन रचनात्मक अवस्था में होता है जब शिक्षण-अधिगम प्रक्रिया चल रही होती है पूर्ण नहीं हो जाती।

नई शिक्षा नीति (1986) के अनुसार रचनात्मक मूल्यांकन शिक्षण-अधिगम प्रक्रिया का एक अनिवार्य अंग है। रचनात्मक मूल्यांकन रचनात्मक अवस्था में पाठ्यक्रम के निर्माण में भी सहायक होता है।

रचनात्मक मूल्यांकन औपचारिक (जैसे–प्रश्नोत्तर, गृहकार्य, जाँच, प्रश्नोत्तरी (quiz), लेखकार्य आदि) एवं अनौपचारिक (जैसे–संवाद, छात्रों की प्रतिक्रिया, निरीक्षण आदि) दोनों में कार्यान्वित होता है।

रचनात्मक मूल्यांकन के गुण/ महत्व/आवश्यकता

1. **अधिगम का निम्नतम स्तर :** रचनात्मक मूल्यांकन का शिक्षकों द्वारा यह तय करने के लिए प्रयोग किया जा सकता है कि कक्षा में सभी छात्रों द्वारा अधिगम का निम्नतम स्तर प्राप्त किया गया है कि नहीं।
2. **शिक्षण प्रक्रिया का अनुश्रवण करना** (Monitor) **:** रचनात्मक मूल्यांकन का उद्देश्य शिक्षण प्रक्रिया का यह जानने हेतु अनुश्रवण करना है कि अधिगम की प्रक्रिया पूरी हो रही है या नहीं।
3. **शिक्षण-अधिगम प्रक्रिया को बढ़ाना :** इसका मुख्य अभिप्राय शिक्षण-अधिगम प्रक्रिया को बढ़ाना है न कि अंतिम निर्णय देना।
4. **छात्रों की कमजोरी का निदान :** छात्रों की कमजोरी का समाधान पूरी कक्षा-शिक्षण के दौरान होता रहता है। अतः रचनात्मक मूल्यांकन अधिगम की सफलता या विफलता को निर्धारित करने हेतु शिक्षक व छात्र दोनों लगातार प्रतिपुष्टि (feedback) देता है।
5. **शिक्षकों व छात्रों को प्रतिपुष्टि :** रचनात्मक मूल्यांकन एक ओर जहां बच्चों को उसके अधिगम की प्रतिपुष्टि देता है। वहीं दूसरी ओर शिक्षकों को शिक्षण की प्रतिपुष्टि देता है और शिक्षक उसी के अनुसार अपने शिक्षण प्रक्रिया को सुधार सकता है।
6. **छात्रों के अधिगम प्रक्रिया का अनुश्रवण** (Monitoring) **:** यह छात्रों के सीखने की प्रक्रिया में मददगार होता है। छात्र रचनात्मक मूल्यांकन द्वारा यह जान पाता है कि पढ़ाए गए किस अंश में किस हद तक वह तथ्यों को आत्मसात् कर चुका है और आगे उस दिशा में कितना प्रयास किया जाना चाहिए।
7. **स्मरण बढ़ाने में सहायक :** यह छात्रों के स्मरण को बढ़ाने एवं पढ़ाए गए इकाई या प्रकरण (topic) के अधिगम के हस्तांतरण को सुगम बनाने में मदद करता है।
8. **स्वमूल्यांकन :** रचनात्मक मूल्यांकन स्वमूल्यांकन के रूप में भी प्रयुक्त हो सकता है। इसका उपयोग बच्चों द्वारा स्वमूल्यांकन के रूप में भी किया जा सकता है।
9. **अधिगम में कमी को सुधारना :** यह छात्रों के अधिगम अपूर्णता (learning deficiency) एवं कमजोरी में सुधार में भी मदद करता है।
10. **छात्रों को सजग रखना :** रचनात्मक या निर्माणात्मक मूल्यांकन छात्रों को सजग बनाये रखता है। छात्र लगातार प्राप्त किए गए प्रतिपुष्टि द्वारा अपनी स्थिति से अवगत होता रहता है और अपने अधिगम के प्रति सजग बना रहता है।
11. **शीघ्र निर्णय करना :** छात्र जिन परिस्थितियों में होता है उसके विरुद्ध शीघ्र निर्णय लेने में भी निर्माणात्मक मूल्यांकन सर्वाधिक उपयोगी सिद्ध होता है।
12. **विभिन्न तकनीकों का प्रयोग :** यह शिक्षण का सतत् व अनिवार्य अंग है जहाँ कोई विभिन्न प्रकार के तकनीक का प्रयोग करता है अर्थात् अभियोग्यता, अभिरुचि, तालिका (inventories), चेकलिस्ट, रेटिंग स्केल आदि तथा सजग श्रोता व छात्र पढ़ाए जा रहे प्रकरणों से अवगत होता है।
13. **विभिन्न अवधारणाओं का स्वांगीकरण** (assimilation) **:** निर्माणात्मक मूल्यांकन यह निर्धारित करता है कि छात्रों ने विभिन्न संकल्पनाओं, दक्षताओं एवं व्यावहारिक परिवर्तनों को कितने अच्छे तरह से आत्मसात् (assimilate) किया है।
14. **शैक्षिक व्यवहार के सुधार में मदद :** निर्माणात्मक मूल्यांकन विकास की अवस्था में शैक्षिक व्यवहार के सुधार में मदद करता है। बल्कि कार्यक्रम की समाप्ति के बाद इसकी असफलता के कारण कठिनाई में होने पर भी मदद करता है।
15. **असफलता का कोई कारण नहीं :** जब छात्रों का रचनात्मक मूल्यांकन द्वारा लगातार मूल्यांकन होता है, उसका मार्गदर्शन किया जाता है तो फिर अंतिम परीक्षा में उनके असफलता का कोई कारण ही नहीं हो सकता।

संकलनात्मक मूल्यांकन

जब छात्र सम्पूर्ण पाठ्यक्रम से भली-भांति परिचित हो जाता है तब संकलनात्मक मूल्यांकन संचालित किया जाता है। इस प्रकार,

संकलनात्मक (Summative) मूल्यांकन सत्र के अंत में होता है। इसके आधार पर छात्र का परीक्षा परिणाम अर्थात् उत्तीर्ण या अनुत्तीर्ण निर्धारित किया जाता है और इसी आधार पर उसे नई कक्षा में प्रोन्नति दी जाती है।

संकलनात्मक (Summative) शब्द का अर्थ है–शिक्षण कार्यक्रम के एक सत्र के अन्त में छात्रों को एक श्रेणी (grade) में बाँटना। इस प्रकार के मूल्यांकन पाठ या इकाई के अन्त में कार्यान्वित किया जाता है। यह छात्रों के शिक्षण के प्रगति के परिणाम के रूप में उसके द्वारा की गई उन्नति की अंतिम जाँच या माप को प्रदर्शित करता है।

इस प्रकार, जहाँ रचनात्मक मूल्यांकन अपने अंतिम चरण में पहुंच जाता है वहाँ संकलनात्मक मूल्यांकन की तत्काल आवश्यकता होती है। यह सत्र या अवधि के अन्त में होता है जो छात्रों की सफलता का मापन करता है और यह पता करता है कि छात्रों द्वारा क्या उपलब्धि पाई गई। संकलनात्मक मूल्यांकन हेतु दोनों तरह की मूल्यांकन तकनीक यथा–औपचारिक और अनौपचारिक दोनों प्रयुक्त की जा सकती है। औपचारिक तकनीक में मानकीकृत (Standardised) जाँच जैसे–शिक्षक निर्मित जाँच, प्रश्नावली, साक्षात्कार, प्रदत्त कार्य (assignments), रेटिंग स्केल आदि आते हैं। अनौपचारिक तकनीक में निरीक्षण, बातचीत, प्रतिक्रिया एवं छात्रों द्वारा दी गई प्रतिपुष्टि आते हैं।

संकलनात्मक मूल्यांकन के गुण/ महत्व/आवश्यकता

1. **अंतिम प्रगति :** यह छात्रों के पाठ्यक्रम की समाप्ति के बाद परिणाम के रूप में अंतिम प्रगति के बारे में बताता है।
2. **प्रतिपुष्टि में कमी :** संरचनात्मक मूल्यांकन की अपेक्षा इसमें शिक्षक-छात्रों के बीच संवाद बहुत सीमित होता है और प्रतिपुष्टि बहुत ही कम मिलता है।
3. **शैक्षिक वर्ष का अन्त :** यह सत्र के शैक्षिक वर्ष के अन्त में होता है।
4. **उत्तीर्ण या अनुत्तीर्ण की घोषणा :** संकलनात्मक मूल्यांकन के आधार पर छात्रों के उत्तीर्ण या अनुत्तीर्ण होने की घोषणा की जाती है और इस आधार पर वे अगली कक्षा में प्रोन्नति पाते हैं।
5. **परीक्षा का आयोजन :** यह वार्षिक परीक्षा, आवधिक (terminal) परीक्षा, बाहरी (external) परीक्षा (जैसे CBSE की परीक्षा) आदि के रूप में होती है।
6. **छात्रों की प्रोन्नति :** यह छात्रों के श्रेणी में वर्गीकरण और प्रोन्नति में मदद करता है। जिससे छात्रों को अपने ज्ञान स्तर का भी पता चलता है और इसी आधार पर इनकी अगली कक्षा में प्रोन्नति भी मिलती है।
7. **पाठ्यक्रम की समाप्ति :** इसे पाठ्यक्रम गतिविधि की समाप्ति के रूप में व्यवहृत किया जाता है अर्थात् संकलनात्मक मूल्यांकन के पूर्व यह मान लिया जाता है कि पाठ्यक्रम गतिविधि का एक सत्र समाप्त हो गया है।
8. **परिणाम जीविका की तलाश में मदद करता है :** छात्रों का परीक्षा परिणाम, उसकी जीविका (career) के चुनाव, नियोजन (placement) और भविष्य की सफलता के पूर्वानुमान में मदद करता है।

उपरोक्त विवरणों के आधार पर यह स्पष्ट है कि औपचारिक एवं अनौपचारिक विधि एक तकनीक है जो रचनात्मक एवं संकलनात्मक दोनों ही मूल्यांकन में समान रूप से प्रयोग किए जाते हैं किन्तु दो मूल्यांकनों में तकनीकी का उद्देश्य भिन्न होता है।

मूल्यांकन क्यों?

प्रभावशाली शिक्षक यह निर्धारित करने के लिए कि उनके छात्र कितनी मात्रा में और कितने अच्छे ढंग से अधिगम कर रहे हैं, विभिन्न प्रकार के साधन जैसे कुछ औपचारिक एवं अन्य अनौपचारिक साधनों का प्रयोग करते हैं। उदाहरणस्वरूप, ज्यादातर शिक्षक छात्रों के अधिगम का औपचारिक मूल्यांकन हेतु प्रश्नोत्तरी (quizes), जाँच, परीक्षा, गृहकार्य, टर्न पेपर, लैब रिपोर्ट आदि का प्रयोग करते हैं। ये औपचारिक तकनीक शिक्षकों को छात्रों के उपलब्धि मूल्यांकन करने एवं उन्हें श्रेणी (grade) प्रदान करने में मदद करते हैं।

कक्षा अधिगम के अनौपचारिक मूल्यांकन हेतु भी शिक्षक कई प्रकार के तकनीकों का इस्तेमाल करते हैं। उदाहरणस्वरूप शिक्षक प्रश्न प्रस्तुत करता है फिर छात्रों के उत्तर और प्रतिक्रिया को सुनता है और चेहरे के भाव व शारीरिक भाषा को अनुश्रवण करता है। अनौपचारिक मूल्यांकन प्रायः अप्रत्यक्ष होता है जो शिक्षकों को उसके शिक्षण में समन्वय (adjustment) की अनुमति देता है। यह गतिविधि की गति को कम करने या प्रश्नों, उलझनों एवं भ्रम पर प्रतिक्रिया देने में पाठ्य-वस्तुओं के पुनरावलोकन की भी अनुमति देता है या जब छात्र का प्रदर्शन उम्मीद से हो वैसी स्थिति में आगे बढ़ने की भी अनुमति देता है।

परम्परागत कक्षा शिक्षण के मुकाबले सुदूर शिक्षा में शिक्षकों को कई प्रकार के चुनौतियों का सामना करना पड़ता है। उदाहरणतः शिक्षक के पास निम्न चीजें नहीं होती–

- ☆ एक परम्परागत परिचित कक्षा
- ☆ अपेक्षाकृत एक जैसे छात्रों का समूह
- ☆ कक्षा के दौरान आमने-सामने की प्रतिपुष्टि (जैसे–छात्रों से प्रश्न पूछना, प्रतिक्रिया, शारीरिक भंगिमा एवं चेहरे का भाव)
- ☆ सुदूर हस्तांतरण व्यवस्था पर पूर्ण नियंत्रण
- ☆ छात्रों से व्यक्तिगत संवाद का सुविधाजनक अवसर

इन कारणों से सुदूर शिक्षक (Distance educators) न केवल छात्रों को जाँच एवं गृहकार्य द्वारा औपचारिक रूप से मूल्यांकन में उपयोगी पा सकते हैं बल्कि आँकड़ों के संग्रह में अनौपचारिक उपायों का भी प्रयोग कर सकते हैं।

◆◆◆◆◆◆

नैदानिक परीक्षण एवं उपचारात्मक शिक्षण

नैदानिक परीक्षण

नैदानिक परीक्षण का अर्थ समझने से पूर्व हम 'नैदानिक' शब्द का अर्थ जानें।

जिस प्रकार एक डॉक्टर मरीज को दवा देने से पूर्व उसके रोग की प्रकृति, प्रकार एवं गहनता की जाँच करता है ठीक उसी प्रकार शिक्षण छात्रों की विशिष्ट योग्यता या कमजोरी की पहचान के लिए नैदानिक परीक्षण का प्रयोग करता है।

नैदानिक परीक्षण का मुख्य उद्देश्य विशिष्ट कमजोरी एवं सामान्य समस्या का पता लगाना होता हैः

(i) सामान्य समस्या/कठिनाई का पता लगाना

(ii) विशिष्ट समस्या/कठिनाई का पता लगाना

नैदानिक परीक्षण न केवल छात्रों की समस्या का पता लगाने में मदद करता है बल्कि यह उनके लिए समाधान ढूँढ़ने में भी मदद करता है। यदि कोई छात्र समस्या समाधान में कमजोर है तो उसके लिए उपचारात्मक शिक्षण की व्यवस्था की जा सकती है। नैदानिक परीक्षण का मुख्य उद्देश्य विशिष्ट अधिगम की खोज करना, शैक्षणिक कठिनाइयों का पता लगाना और यदि संभव हो तो इनके कारणों की खोज करना है।

एक शिक्षक के रूप में हमारी भूमिका बच्चों में गुणात्मक अधिगम को प्रोत्साहित करना है। यह तभी सम्भव है जब हम मार्गदर्शक की भूमिका निभाएं और छात्र अधिगम प्रक्रिया में सक्रिय रूप से हिस्सा लें। शिक्षण-अधिगम प्रक्रिया में हमें उन क्षेत्रों की पहचान एवं निर्धारण करना होगा जहां छात्र गलतियाँ करते हैं। यह शिक्षण-अधिगम प्रक्रिया की निर्णायक अवस्था है जहाँ हमें अधिगम के वांछित गुणों को सुनिश्चित करने के हेतु उपचारात्मक शिक्षण के लिए शैक्षणिक विषय-वस्तु की पहचान करनी होगी एवं उसका निर्माण भी करना होगा।

इस अवस्था में शिक्षक की भूमिका एक चिकित्सक (Doctor) की होती है। जो रोग को पहचानने के लिए विभिन्न परीक्षणों द्वारा सभी आवश्यक कदम उठाते हैं। तब पहचान किए गए रोगों के लिए दवा की सलाह देते हैं।

शिक्षा के मामले में नैदानिक परीक्षण की क्रिया रोगों की पहचान तथा उपचारात्मक शिक्षण इसके समाधान हेतु सलाह है। अतः नैदानिक परीक्षण एवं उपचारात्मक शिक्षण प्रभावशाली अधिगम सुनिश्चित करने एवं शिक्षा की गुणवत्ता को सुधारने हेतु बहुत आवश्यक है।

नैदानिक परीक्षण के उपाय

- शैक्षणिक (Education)
- शारीरिक रोग विषयक (Physical/Clinical)

नैदानिक परीक्षण के उद्देश्य

- ☆ नैदानिक परीक्षण का अर्थ व महत्त्व समझने के लिए।
- ☆ नैदानिक परीक्षण की प्रकृति व उसका अभिप्राय समझने के लिए।
- ☆ कक्षा में शिक्षण-अधिगम प्रक्रिया में नैदानिक परीक्षण के चरणों एवं उनकी अवस्थाओं के अनुसरण के लिए।
- ☆ कक्षा की अवस्थानुसार गणित में उपचारात्मक शिक्षण संचालन के लिए।

नैदानिक परीक्षण के गुण

- ☆ शिक्षकों के लिए यह एक प्रभावशाली उपकरण है जिसकी मदद से शिक्षक उपचारात्मक शिक्षण का आयोजन करता है।
- ☆ यह विषय-वस्तु के अधिगम में छात्रों की कमी और कमजोरी का पता लगाता है।
- ☆ यह शैक्षिक समूह के निर्माण का आधार है, इस प्रकार यह कमजोर छात्रों को उसकी कमी को दूर कर उसके कार्य प्रदर्शन को सुधारने में मदद करता है।
- ☆ यह एक गुणात्मक परीक्षण है, मात्रात्मक नहीं।
- ☆ इन परीक्षणों में सही प्रश्नों के लिए अंक निर्धारित नहीं किए जाते बल्कि पाठ्य-वस्तु के शिक्षण के दौरान गलत उत्तर या प्रतिक्रिया पर ही नजर रखा जाता है।
- ☆ इसमें केवल वस्तुनिष्ठ प्रश्न ही होते हैं।
- ☆ इस परीक्षण में गलत उत्तरों के कारण जानने के लिए कुशल एवं विशेषज्ञ व्यक्ति की जरूरत होती है।
- ☆ यह सभी अधिगम एवं शिक्षण बिन्दुओं पर पूरा जोर देते हैं।
- ☆ इसमें बातों को सुनने के क्रम में अपने भीतर संजोया जाता है अतः अधिगम अवस्था में परिवर्तन लाकर बातों को समझाने में मदद किया जा सकता है।

नैदानिक परीक्षण के कार्य

- वर्गीकरण
  - (i) अभियोग्यता स्तर (Aptitude level)
  - (ii) व्यावसायिक स्तर (Vocational level)
  - (iii) बौद्धिक स्तर (Intellectual level)
- निम्न बिन्दुओं के संदर्भ में विशिष्ट योग्यताओं का आकलन
  - (i) असामान्यता का स्तर (Level of Abnormality)
  - (ii) समायोजन का स्तर (Level of Adjustment)
  - (iii) दबाव एवं चिंता का स्तर (Level of Depression and Anxiety)
- उपचार
  - (i) विकलांगों के लिए विशेष शिक्षा
  - (ii) मानसिक रोग के लिए परामर्श
  - (iii) अधिगम में कमजोर के लिए उपचारात्मक शिक्षण
  - (iv) शारीरिक रोग के लिए रोग-विषयक (Clinical) उपचार
- रोग के कारणों का वैज्ञानिक अध्ययन
  - (i) रोग के कारणों का अध्ययन

नैदानिक परीक्षणः अर्थ एवं महत्त्व

सामान्यतः एक खास अध्याय की समाप्ति के बाद छात्रों की उपलब्धि के आकलन के लिए हम एक परीक्षण (जांच) की व्यवस्था करते हैं। मूल्यांकन के पश्चात् हम कुछ निष्कर्ष निकालते हैं और हम पाते हैं कि कुछ छात्रों ने बहुत अच्छा प्रदर्शन किया है और छात्रों के एक खास समूह ने हमारे उम्मीद से बहुत कम उपलब्धि प्राप्त की है। अब हमें इस निम्न उपलब्धि एवं धीमे अधिगम का कारण जानना है। इस निम्न परिलब्धि का एक निश्चित कारण हो सकता है। अब यह पता लगाना बहुत आवश्यक है कि छात्रों को किस क्षेत्र में कठिनाई है या कौन सी वह खास संकल्पना है जहां छात्र गलतियाँ करते हैं। अधिगम में कठिनाई के इस क्षेत्र को पहचानने एवं निर्धारित करने की जरूरत हमें नैदानिक परीक्षण को प्रेरित करता है।

त्रुटि वाले क्षेत्रों की पहचान के बाद हमें उन कारणों का पता लगाना होगा जिसके कारण किसी खास बच्चे/बच्चों के समूह ने अच्छी तरह जवाब नहीं दिया। इस अवस्था में हमें चिकित्सक (Doctor) की भूमिका निभानी होगी। जब कोई रोगी किसी डॉक्टर के क्लीनिक में जाता है तो उसके रोग के लक्षणों का निरीक्षण कर उससे संबंधित विभिन्न प्रकार परीक्षण (जांच) करवाने की सलाह देता है। परीक्षणों की रिपोर्ट पाने के बाद वह रोग की पहचान कर पाता है और तब इसके वह दवा लेने की सलाह देता है।

इसी तरह, एक शिक्षक के रूप में हमें उस क्षेत्र की पहचान करनी होगी जहां त्रुटियां पायी जाती हैं। शिक्षण अवस्था में इस प्रक्रिया को अपनाएं जाने को ही नैदानिक परीक्षण के रूप में जाना जाता है। हम कह सकते हैं कि नैदानिक परीक्षण में अधिगम समस्याओं का विस्तृत अध्ययन अंतर्निहित होता है।

नैदानिक परीक्षण के दौरान निम्नलिखित बिन्दुओं पर अवश्य ध्यान रखना चाहिए:

(*i*) कौन छात्र है जिसे मदद की जरूरत है?

(*ii*) त्रुटियाँ कहाँ हुई है?

(*iii*) त्रुटियाँ क्यों हुई है?

माना कि हमने दो अंकों वाली संख्या के घटाव की साधारण विधि को पढ़ाया और एक परीक्षण का आयोजन किया जिसमें एक छात्र द्वारा निम्नलिखित हल प्रस्तुत किया गयाः

98	77	85	81	97
– 62	– 52	– 35	– 40	– 67
36	25	55	41	37

परीक्षण के बाद हम पूरे समूह के आकलन की स्थिति में हैं। यह आकलन एक विश्लेषण के बाद का है। अर्थात् हमें प्रत्येक व्यक्ति के उन क्षेत्रों का पता लगाना है जहाँ छात्रों ने गलती की है। उदाहरणस्वरूप, 'अंशु' ने दो अंकों वाली संख्या के घटाव (बिना उधारवाली) के सभी प्रश्नों को सही-सही हल किया है किन्तु जहां किसी अंक में से समान अंक को घटाना था वहां उसने त्रुटि की है। जैसे–5 – 5 = 5 एवं 7 – 7 = 7। अब हम उस संकल्पना की पहचान कर सकते हैं जिसे 'अंशु' नहीं समझ सकी। यही नैदानिक परीक्षण कहलाता है।

नैदानिक परीक्षण के दौरान किसी खास प्रकरण या इकाई में छात्रों द्वारा किए गए प्रगति की सही प्रकृति का विश्लेषण करना हमारा विशेष लक्ष्य होता है। साथ ही हमें त्रुटि/कमजोरी के विशिष्ट क्षेत्रों को जानना होता है जिसके लिए सावधानीपूर्वक एवं श्रेणीबद्ध परीक्षणों के एक श्रृंखला की विश्लेषण करना होता है, आकलन करना नहीं। यह निम्न उदाहरण से ज्यादा स्पष्ट होगाः

छात्र का नाम–आशीष

370	590	860	870
– 210	– 230	– 330	– 353
160	360	530	520

513	654	845
– 206	– 352	– 203
307	202	602

असावधानी के कारण त्रुटि

260	280	370
– 109	– 140	– 143
100	240	230

घटाव के निष्पादन की दक्षता का विश्लेषण

हमने कक्षा में घटाव में दक्षता के आकलन हेतु एक परीक्षण का संचालन किया। इस आकलन के बाद हमें यह पता लगाना

है कि कितने छात्र इस दक्षता को नहीं हासिल कर सके और वे कौन हैं। वह संकल्पना जो छात्रों के लिए स्पष्ट नहीं है या वह खास चरण जहाँ बच्चे गलतियाँ करते हैं, का पता लगाने के लिए हमें खास समूह के छात्रों की सूची बनानी होगी। उदाहरणस्वरूप, आशीष के मामले में हमने पाया है कि घटाव (उधार वाले) के प्रश्न में जब शून्य में से किसी संख्या को या किसी संख्या में से शून्य को घटाना होता है तभी वह गलतियाँ करता है। आशीष शून्य में से शून्य को घटाना जानता है। इस विश्लेषण से हम निष्कर्ष निकाल सकते हैं कि आशीष केवल तभी गलती करता है जब घटाव में शून्य और एक संख्या एक साथ आती है। अधिगम समस्या के इन क्षेत्रों की पहचान और शामिल प्रक्रिया तथा समस्याओं का परीक्षण नैदानिक परीक्षण कहलाती है।

नैदानिक परीक्षण का निर्माण

- ☆ उद्देश्यों या पाठ्य-वस्तु की रूपरेखा को सूत्रबद्ध करना।
- ☆ पाठ्य-वस्तुओं एवं अवयवों का उपप्रकरण के संदर्भ में विश्लेषण करना।
- ☆ उपप्रकरण (Subtopic) के क्रम में समस्याओं की पहचान करना।
- ☆ मदों का विश्लेषण करना एवं उसे रूपान्तरित करना।
- ☆ परीक्षण का अंतिम प्रारूप तैयार करना।
- ☆ परीक्षण की नियमावली तैयार करना।
- ☆ उपचारात्मक उपाय एवं साधन

नैदानिक परीक्षण का उद्देश्य एवं प्रकृति

यदि हम गुणात्मक एवं मात्रात्मक दोनों दृष्टिकोण से अंकगणितीय उपलब्धि पर विचार करें तो इन्हें चार मुख्य बिन्दुओं में विभाजित कर सकते हैं–(*i*) यथार्थता या परिशुद्धता (Accuracy), (*ii*) लिखने की गति (*iii*) काम करने का तरीका और (*iv*) गणितीय विधि का विस्तार जिसमें दक्षता मिल गई हो।

यह स्पष्ट है कि हम उपरोक्त चार निर्देशों के आधार पर वर्ग-कार्य, साप्ताहिक या मासिक परीक्षा जो छात्रों की योग्यता को रेखांकित करते हैं, द्वारा प्रतिपुष्टि प्राप्त करने की कोशिश करेंगे। किन्तु यह खासकर मन्दबुद्धि छात्रों के शिक्षक के लिए पर्याप्त नहीं है। इस समूह के छात्रों के उपलब्धि का हमें ज्यादा विश्लेषणात्मक आकलन प्राप्त करने की जरूरत है। इसके लिए हम निम्नलिखित उदाहरण ले सकते हैं:

छात्रों के एक समूह को गणित की मौलिक क्रिया (जोड़, घटाव, गुणा एवं भाग) पढ़ाने के बाद हम 10 मदों (Items) की एक परीक्षा संचालित करते हैं जिसका परिणाम संक्षिप्त रूप में निम्नलिखित हैं:

मद	त्रुटि	मद	त्रुटि
1	2	6	10
2	1	7	8
3	3	8	9
4	2	9	32
5	3	10	32

ऊपर के आँकड़ों से जाँच मदों का विश्लेषण संभव है। यह स्पष्ट है कि मद संख्या 9 एवं 10 में ज्यादातर छात्रों ने गलती की है। इस स्थिति में हमें मद संख्या 9 एवं 10 में बदलाव पर पुनर्विचार करना होगा। यही वह अवस्था है जहां हमने समस्याओं की पहचान तथा इनका निर्धारण किया है और इसलिए यह छात्रों द्वारा की गई त्रुटि का पहचान किया क्षेत्र है। इसी प्रकार मद संख्या 6, 7 एवं 8 के लिए हम पुनर्विचार करेंगे और अधिगम में गुणात्मक सुधार हेतु शिक्षण-सामग्री तैयार करेंगे। उपरोक्त उदाहरण में गुणात्मक सुधार हेतु शिक्षण-सामग्री तैयार करेंगे। उपरोक्त उदाहरण हमें बता देते हैं कि नैदानिक परीक्षण की प्रकृति विश्लेषणात्मक है जहां शिक्षक को परीक्षण के दौरान छात्रों का प्रदर्शन देखना होता है। उन्हें यह जानना होता है कि क्यों छात्र किसी खास संकल्पना को नहीं सीख पाया या उसकी दक्षता नहीं हासिल कर पाया। व्यक्तिगत रूप से प्रत्येक छात्रों के लिए जिस तरह की त्रुटि वह करता है उसके संदर्भ में शिक्षकों को एक दृष्टिकोण बनाना पड़ता है। यह विश्लेषण शिक्षकों के सामान्य विचार पर नहीं बल्कि प्रदर्शन की तारीख पर निर्भर करता है। इसकी व्याख्या प्रत्येक छात्र के संबंध में, छात्रों के समूह के संबंध में प्रत्येक संकल्पना/सामर्थ्य (competency) के संबंध में एवं प्रत्येक प्रश्न के लिए हो सकती है।

आखिर शिक्षकों को छात्रों के प्रदर्शन में इस प्रकार की तहकिकात की जिम्मेदारी लेने की जरूरत क्यों पड़ती है। इसका स्पष्ट उत्तर है कि वे अधिगम की गुणवत्ता को कायम रखना चाहते हैं तथा यह जानने के प्रति उत्सुक रहते हैं कि वांछित परिणाम प्राप्त करने के लिए कौन से विशिष्ट कदम उठाये जाएँ। इस प्रकार नैदानिक-परीक्षण का मुख्य उद्देश्य उपचारात्मक शिक्षण के संबंध में सुधारात्मक उपाय विकसित करने के लिए छात्रों के कठिनाई को चिह्नित करना है।

नैदानिक परीक्षण में विभिन्न चरण एवं अवस्थाएँ

शैक्षिक निरूपण (diagnosis) में आवश्यक चरण है:

(*i*) उन छात्रों की पहचान करना जिन्हें समस्या है और मदद की जरूरत है।

(ii) त्रुटियों एवं अधिगम की समस्याओं की खोज करना।

(iii) मन्द अधिगम के कारण-सम्बन्धी पहलुओं की खोज करना।

***(i)* उन छात्रों की पहचान करना जिन्हें समस्या है और मदद की जरूरत है:** सर्वप्रथम, उन छात्रों के बारे में जानना चाहिए जिन्हें मदद चाहिए। इसके लिए हम पहले पढ़ाए गए पाठों पर आधारित सामान्य उपलब्धि परीक्षण का आयोजन कर सकते हैं। मूल्यांकन के पश्चात् हम औसत से नीचे, औसत एवं औसत से ऊपर के छात्रों की सूची बना सकते हैं। उनके बाद छात्रों की कठिनाइयों में गहरी अन्तर्दृष्टि रखते हुए उन क्षेत्रों को चिह्नित कर सकते हैं जहाँ गलतियाँ हुई हैं।

***(ii)* त्रुटियों एवं अधिगम की समस्याओं की खोज करना:** जिन छात्रों को मदद की जरूरत है उसकी पहचान एवं अधिगम में

गुणात्मक सुधार हेतु अतिरिक्त शिक्षण सामग्री की आवश्यकता की कल्पना के बाद हमारी मुख्य भूमिका यह पता करने में है कि बच्चे कहाँ गलती करते हैं या किस क्षेत्र में अधिगम की समस्या है। उदाहरण के तौर पर हम छात्रों के उत्तर का निम्न प्रकार परीक्षण करते हैं।

(*i*) $\frac{3}{4}+\frac{5}{4}=\frac{8}{4}$ (*ii*) $\frac{7}{12}+\frac{4}{12}=\frac{11}{12}$

(*iii*) $1+\frac{3}{4}=\frac{\textcircled{4}}{4}$ (*iv*) $5+\frac{1}{7}=\frac{\textcircled{7}}{7}$

(*v*) $\frac{1}{2}+\frac{1}{3}=\frac{\textcircled{2}}{\textcircled{5}}$ (*vi*) $\frac{3}{7}+\frac{4}{5}=\frac{\textcircled{7}}{\textcircled{12}}$

ऊपर के उदाहरण से हम मानते हैं कि छात्रों को समान हर (denominator) वाले भिन्न के जोड़ का ज्ञान है जबकि विभिन्न हरों वाले भिन्न के जोड़ की समझ स्पष्ट नहीं है। इस प्रकार हमने उस क्षेत्र की पहचान कर ली जहाँ अधिगम की समस्या है।

***(iii)* मन्द अधिगम के कारण-सम्बन्धी पहलुओं की खोज करनाः** अधिगम में कठिनाई के कुछ मामलों में कारण-सम्बन्धी पहलू अपेक्षाकृत सामान्य होते हैं। एक छात्र शिक्षण अधिगम के दौरान असावधान (inattentive) हो सकता है या हो सकता है कि वह अपर्याप्त अभ्यास के कारण या फिर अनियमित उपस्थिति के कारण गलतियाँ करता हो।

कभी-कभी गलतियाँ छात्रों के खराब स्वास्थ्य या काम के दोषपूर्ण आदतों की वजह से भी होती हैं। कई बार ऐसा भी देखा जाता है कि निम्न उपलब्धि छात्रों का असहाय महसूस करने या विषय वस्तु की जटिलता जो छात्रों के समझ स्तर से काफी ऊपर होता है, के कारण भी होता है।

नीचे का शृंखलाबद्ध प्रदर्शन दिखाता है कि कैसे नैदानिक परीक्षण अधिगम के गुणात्मक सुधार को प्रोत्साहित करता है।

शिक्षण अधिगम ⟶ मूल्यांकन ⟶ छात्रों का असंतोष-जनक प्रदर्शन

↓

उन छात्रों की पहचान जिन्हें मदद की जरूरत है। ⟵ एक सामान्य उपलब्धि परीक्षण का आयोजन या पूर्व परीक्षण के आंकड़ों का उपयोग करना ⟵ समस्या पहचान का मामला

↓

कठिनाई के क्षेत्रों की पहचान करना ⟶ कारण-संबंधी पहलुओं की पहचान करना ⟶ उपचारात्मक साधन उपलब्ध कराना

↓

अधिगम का उन्नत गुण

उपचारात्मक शिक्षण

जबकि समस्या निरूपण (diagnosis) छात्रों के कठिनाइयों की खोज करने की प्रक्रिया है। इसके बाद वे कार्य किए जाते हैं जो बच्चों को उनकी कमी को पूरी करने में मदद करता है। इसे उपचारात्मक शिक्षण (Remedial Teaching) नाम दिया गया है। अतः हमें इस प्रकार की सामग्री तैयार करने या व्यवस्थित करने में कुशलता रखनी होगी जिसका सुधारात्मक शिक्षण में उपयोग किया जा सके और इस प्रकार अधिगम की गुणवत्ता को बढ़ाया जा सके।

1. अध्यापकों को भी निदानात्मक परीक्षणों (Diagnostic tests) के निर्माण में दक्ष (Expert) होना चाहिए।
2. अध्यापक एवं छात्र में निकट सम्बन्ध (Rapport) स्थापित किया जाए।
3. कार्यानुभव (Work-Experience) हमारे उपचारात्मक शिक्षण का एक अनिवार्य अंग होना चाहिए।
4. उपचार की सम्पूर्ण व्यवस्था की योजना स्पष्ट रूप से बना लेनी चाहिए एवं उसके कार्यान्वयन (Execution) में सावधानी से काम लेना चाहिए।
5. प्रक्रिया के दौरान विद्यार्थी को अधिक से अधिक सक्रिय (Active) रखा जाए।
6. अध्यापक अपने अनुभवों के आधार पर विस्तृत दृष्टिकोण अपनाए।
7. उपचार विधि की यह विशेषता होनी चाहिए कि उससे विद्यार्थी को अपनी सफलता के सम्बन्ध में शीघ्र परिणाम मिल सकें।
8. उपचारात्मक शिक्षण का प्रत्येक पहलू बालकों की आयु, रुचि, योग्यता एवं अनुभवों के अनुकूल हो।
9. उपचारात्मक शिक्षण के दौरान बालकों की रुचि को बनाए रखने के लिए उन्हें पर्याप्त प्रोत्साहन देते रहना चाहिए।

सामग्री का चयनः उपचारात्मक शिक्षण के लिए उपयुक्त शिक्षण सामग्री के चुनाव के समय निम्न बातों को ध्यान में रखा जाना चाहिए:

(*i*) सुधारात्मक सामग्री का निर्माण इस उद्देश्य से किया जाना चाहिए कि वह छात्रों के व्यक्तिगत कठिनाई को सुधार सके।

(*ii*) हमें निरीक्षण, साक्षात्कार एवं नैदानिक परीक्षण द्वारा मन्द बुद्धि के छात्रों के कार्यों का विश्लेषण करना होगा। इन तीनों पर सावधानीपूर्वक विचार करने पर यह तय करने में मदद मिलेगा कि किस प्रकार की सुधारात्मक सामग्री तैयार किया जाय और क्या उक्त सामग्री छात्रों के विशिष्ट कठिनाइयों को सुधारने के लिए प्रर्याप्त है?

(*iii*) सुधारात्मक सामग्री श्रेणीकृत और स्व निर्देशित होनी चाहिए तथा छात्रों को स्वतंत्रतापूर्वक कार्य करने देना चाहिए। लिखित निर्देश जो सामग्री के साथ दिया होता

है छात्रों के लिए आसानी से पढ़ने व समझने योग्य होना चाहिए।

(*iv*) व्यक्ति को उसकी स्वाभाविक गति के अनुसार सुधारात्मक सामग्री से प्रगति करने देना चाहिए।

(*v*) सुधारात्मक सामग्री द्वारा छात्रों के प्रगति के प्रमाण के सुव्यवस्थित रिकार्ड को प्रोत्साहन मिलना चाहिए।

प्रतिभाशाली बालकों के लिये उपचारात्मक शिक्षण

1. प्रतिभाशाली छात्र गणित की खोजों में अत्यधिक-रुचि लेते हैं। अतः उन्हें गणित सम्बन्धी नवीन आविष्कारों को सीखने एवं जानने के पर्याप्त अवसर देने चाहिए।
2. ऐसे छात्रों के लिये मानसिक एवं मौखिक गणित की अपेक्षा लिखित गणित पर अधिक ध्यान देना चाहिए।
3. इन छात्रों के सम्मुख स्थूल या प्रत्यक्ष वस्तुओं के स्थान पर गूढ़ (Abstract) प्रत्यय सीधे ही प्रस्तुत किए जा सकते हैं।
4. प्रतिभाशाली छात्रों को सुनियोजित कार्यक्रम के माध्यम से व्यवस्थित ढंग से कार्यरत रखा जाना चाहिए।
5. प्रतिभाशाली छात्रों को एक ही समस्या को विभिन्न तरीकों से हल करने को प्रोत्साहन देना चाहिए।
6. ऐसे छात्रों को कभी-कभी कक्षा पढ़ाने का कार्य भी सौंपा जाना चाहिए। ऐसा करने से उनमें आत्म-विश्वास की वृद्धि होगी।
7. इनको आधुनिक गणित (Modern Mathematics), की विभिन्न शाखाओं में समन्वय स्थापित करके (Integrated Approach) पढ़ाना चाहिए।
8. ऐसे छात्रों से अध्यापक को गणित शिक्षण सम्बन्धी आकर्षक सहायक सामग्री बनवानी चाहिए।
9. इन छात्रों को व्यवस्थित सामग्री (Programmed Material) के माध्यम से पढ़ाना चाहिए।
10. इन छात्रों के मूल्यांकन हेतु विशेष परीक्षाओं (Tests) का आयोजन किया जाना चाहिए।
11. इन छात्रों के शिक्षण में निगमन, संश्लेषण, प्रयोगशाला, ह्यूरिस्टिक एवं प्रोजेक्ट विधियों का प्रयोग करना चाहिए।
12. शिक्षक को चाहिए कि वह ऐसे छात्रों को गणित के पाठ्य-क्रम के अतिरिक्त गणित सम्बन्धी इतिहास, गणित का विकास, पत्रिकाएँ (Journals) तथा सम्बन्धित साहित्य को पढ़ने के लिए प्रोत्साहित करें।

पिछड़े छात्रों के लिए उपचारात्मक शिक्षण

1. अंकगणित तथा बीजगणित के आधारभूत उप-विषयों को पढ़ाते समय पूरी सावधानी बरती जाए। दशमलव, प्रतिशत, अनुपात, ऐकिक नियम, समीकरण, लेखाचित्र आदि गणित के आधारभूत उप-विषय हैं जिनका व्यापक प्रयोग समस्याओं को हल करने में किया जाता है। इन उप-विषयों को अत्यन्त सावधानी से पढ़ाया जाए।
2. कक्षा में उदाहरणों का चयन विषय-वस्तु के विस्तार एवं कठिनाई के स्तर को ध्यान में रखकर किया जाए।
3. श्यामपट्ट पर लिखी हुई सामग्री व्यवस्थित, स्पष्ट एवं उपयोगी होनी चाहिए। श्यामपट्ट-कार्य का विकास छात्रों के सक्रिय सहयोग से किया जाए।
4. छात्रों में शुद्ध तथा बड़ा लिखने की आदत डाली जाए जिसमें उन्हें गणना करते समय सुविधा रहे।
5. कक्षा में छात्रों को जागरूक रखने के लिये प्रभावी प्रश्नोत्तर प्रविधि का प्रयोग किया जाए।
6. कमजोर छात्रों को कक्षा में आगे बैठाना चाहिए।
7. समस्याओं को हल करने से पहले छात्रों को यह स्पष्ट कर दिया जाए कि 'क्या ज्ञात करना है' तथा 'अभीष्ट उत्तर' कैसे ज्ञात किया जाना चाहिए? समस्याओं की भाषा सरल एवं स्पष्ट हो।
9. छात्रों को कक्षा में सोचने तथा तर्क करने के पर्याप्त अवसर मिलने चाहिए।
10. छात्रों को कक्षा में तथा कक्षा के बाद आवश्यकतानुसार व्यक्तिगत परामर्श देकर गणित के सीखने में सहायता की जानी चाहिए।
11. प्रत्येक उप-विषय के अभ्यास प्रश्न छात्र स्वयं करें तथा विभिन्न प्रत्ययों, प्रक्रियाओं, सिद्धान्तों आदि का विवेचन कर याद करें, जिससे उनमें आत्म-विश्वास की भावना का विकास हो।
12. कमजोर छात्रों के लिए मॉडल, चार्ट आदि का प्रयोग कर प्रत्ययों को स्पष्ट किया जाए।
13. कमजोर छात्रों को मौखिक तथा मानसिक गणना करने का पर्याप्त अभ्यास कक्षा में देना चाहिए।
14. कक्षा में गणित की समस्याओं को हल करते समय छात्रों का ध्यान विशेष रूप में उन प्रत्ययों, सिद्धान्तों, प्रक्रियाओं आदि की ओर खींचा जाए जिनमें छात्र त्रुटियाँ करते हैं।
15. ऐसे छात्रों को हतोत्साहित नहीं करना चाहिए।

◆◆◆◆◆◆

गणित शिक्षण की समस्याएँ

विद्यालीय गणित का दृष्टिकोण

- बच्चे डर के बदले आनन्द के लिए गणित सीखते हैं।
- बच्चे महत्त्वपूर्ण गणित सीखते हैं।
- गणित सूत्रों एवं यांत्रिक प्रक्रिया से भी ज्यादा कुछ है।
- बच्चे गणित को किसी चीज के बारे में बात करने, किसी चीज के द्वारा संवाद करने, आपस में चर्चा करने और एक साथ मिलकर काम करने के रूप में देखते हैं।
- बच्चे प्रश्न उपस्थित करते हैं और उसका अर्थपूर्ण समाधान भी प्रस्तुत करते हैं।
- बच्चे संबंधों को समझने, संरचनाओं को देखने, कारणों का पता लगाने, कथनों की सत्यता एवं असत्यता पर तर्क प्रस्तुत करने में अमूर्त (कल्पनाशक्ति) का प्रयोग करते हैं।
- बच्चे गणित की आधारभूत संरचना को समझते हैं: अंकगणित, बीजगणित, ज्यामिति, त्रिकोणमिति ये सभी गणित के विस्तार क्षेत्र हैं। गणित अमूर्त (कल्पना), संरचना, एवं समान्यीकरण सबके लिए कार्य प्रणाली (Mathodology) प्रदान करता है।
- शिक्षक प्रत्येक बच्चों को दृढ़ विश्वास के साथ कक्षा में संलग्न रखता है ताकि प्रत्येक बच्चा गणित सीख सके।

शिक्षण समस्याएँ

हमारे विद्यालय में गणित शिक्षा का प्रत्येक विश्लेषण जटिल मुद्दों की एक श्रृंखला की पहचान करता है। हम निम्नलिखित चार समस्याओं जिन्हें हम संबंधित क्षेत्र का केन्द्र समझते हैं के इर्द-गिर्द मुद्दों की समझ बनाते हैं:

(1) ज्यादातर बच्चों में गणित के प्रति असफलता एवं भय का भाव

(2) पाठ्यक्रम जो अल्पसंख्यक प्रतिभावान छात्रों के साथ ही बहु-संख्यक ऐसे छात्र जो गणित की कक्षा में भाग नहीं लेते, दोनों को एक साथ निराश करता है।

(3) आकलन की अपरिष्कृत विधि जो गणित को एक यांत्रिक संगणना (Mechanical Computation) के रूप में बोध को बढ़ाता है।

(4) शिक्षकों की तैयारी एवं गणित शिक्षण में मदद का अभाव इनमें से प्रत्येक को विस्तारित किया जा सकता है और विस्तारित करने की जरूरत भी है। चूँकि वे पाठ्यक्रम की रूपरेखा से आवश्यक रूप से जुड़े हैं।

भय एवं असफलता

यदि अध्ययन का कोई विषय-क्षेत्र विस्तृत भावनात्मक प्रतिक्रिया का आह्वान करता है तो वह गणित है। जबकि तमिल में शिक्षित कोई व्यक्ति (बिना शर्मिंदगी के) यह स्वीकार नहीं करेगा कि वह किसी तिरूक्कुरल को नहीं जानता। सगर्व यह घोषणा करना कि वह कभी भी गणित नहीं सीख सका, यह किसी व्यक्ति का मुक्त सामाजिक मानदण्ड है। जबकि ये वयस्कों की मनोवृत्ति हो सकती है, बच्चों में हमेशा गणित को लेकर भय और चिन्ता होती है। प्रसिद्ध साहित्य में इसके लिए 'गणित की चिंता' (Mathematics anxiety) एवं 'गणित का भय' (Math-phobia) नाम दिया गया है।

भारतीय परिप्रेक्ष्य में इस प्रकार की चिन्ता का खास आयाम है। प्राथमिक शिक्षा के वैश्वीकरण के बाद इसे राष्ट्रीय प्राथमिकता एवं कानूनी अधिकार बना दिया गया है। इस ऐतिहासिक परिस्थिति में प्रत्येक पहलुओं की जांच के लिए एक गंभीर प्रयास अवश्य किया जाना चाहिए जो बच्चों को इससे विमुख करता है और गणित की कक्षा में भाग न लेने में महत्वपूर्ण भूमिका निभाता है। यहाँ तक कि उसे व्यवस्था से अलग कर देता है। यदि कोई विषय जो विद्यालय में पढ़ाया जाता है, बच्चे को कक्षा से विमुख करने में भूमिका निभाता है और विद्यालय आने से रोकने का कारण है तो वह निश्चय ही गणित है। जो भय को इतना ज्यादा बल देता है कि दोष का एक बड़ा हिस्सा ले लेता है।

इस प्रकार का भय असफलता के भाव से काफी नजदीकी से जुड़ा है। तीसरी या चौथी कक्षा से ही बहुत बच्चे गणित की जरूरतों का सामना करने से खुद को अयोग्य देखना प्रारंभ कर देते हैं। उच्च विद्यालय में जो बच्चे वर्षान्त परीक्षा में एक या दो विषयों में अनुत्तीर्ण हो जाते हैं और इसलिए उसी कक्षा में रोक लिए जाते हैं उनमें से अधिकतर बच्चे गणित में ही अनुत्तीर्ण होते हैं। यह आंकड़ा दसवीं कक्षा तक हमारा पीछा करता है जब शिक्षा बोर्ड किसी छात्र के लिए प्रमाण पत्र जारी करता है। बोर्ड परीक्षा में बड़ी संख्या में छात्र गणित में ही अनुत्तीर्ण होते हैं।

बहुत से अध्ययन और विश्लेषण विद्यालयों में गणित के भय का कारण हैं। उनमें से एक गणित की संचयी प्रकृति है। यदि आप दशमलव से आगे बढ़ेंगे तो प्रतिशत से आगे बढ़ेंगे; यदि प्रतिशत से आगे बढ़ेंगे तो बीज गणित से आगे बढ़ेंगे इसी प्रकार क्रमिक रूप से गणित के अन्य प्रकरणों तक पहुँच

सकेंगे। गणित के भय का दूसरा मुख्य कारण सांकेतिक भाषाओं का आधिपत्य माना जाता है। जब संकेतों का बिना समझ के उपयोग किया जाता है तो एक सीमा के बाद बच्चों के ऊपर उब (boredom) और घबराहट (bewilderment) छा जाता है और इससे विषय के प्रति अलगाव (disassociation) पैदा होता है।

एक खास बात की चर्चा अवश्य की जानी चाहिए जो खासकर प्राथमिक स्तर पर समस्या पैदा करती है, वह है पाठ्य-पुस्तकों में प्रयुक्त भाषा। देश के अधिकांश बच्चों के लिए विद्यालय में सिखाई गई गणित की भाषा उसके प्रतिदिन बोले जाने वाले भाषाओं से काफी भिन्न और भयंकर है।

निराशाजनक पाठ्यक्रम

गणित का कोई पाठ्यक्रम जो इसकी क्रिया-विधि एवं सूत्रों के समझ व ज्ञान पर बल देता है वह चिन्ता को बढ़ाता है। विद्यालय में गणित का प्रचलित अभ्यास इसे प्रोत्साहन देता है। दूसरी ओर यह बड़े पैमाने पर माना जाता है कि एक से ज्यादा किसी अन्य अध्ययन के विषयों में गणित एक ऐसा विषय है जिसमें प्रारंभिक स्तर पर बहुत कम बच्चों में बहुत ज्यादा अभिप्रेरणा (motivation) एवं प्रतिभा देखी जाती है। ये वे बच्चे हैं जो संख्या पद्धति एवं बीजगणित को बहुत सहजता से लेते हैं और बहुत आसानी से हल करते हैं।

पाठ्यक्रम जो कुछ देते हैं वह इस प्रकार के बच्चों के लिए भी अधिक निराशाजनक है। पाठ्यक्रम न तो संकल्पनात्मक गम्भीरता देता है, न ही चुनौती देता है, बल्कि बच्चों के अभिप्रेरण के न्यूनतम उपयोग को भी स्वीकार कर लेता है। उनके लिए अधिगम प्रक्रिया आसान हो सकती है किन्तु तार्किक शक्ति के लिए उनकी समझ और क्षमता अभ्यास के अन्तर्गत ही रहती है।

अपरिष्कृत आकलन

हम गणित के भय और असफलता पर बात कर चुके हैं। क्या होता है जबकि बच्चे कक्षा से विमुख होते हैं? कक्षा से विमुख होना परीक्षा की तरह भय उत्पन्न नहीं करता। ऊपर चिह्नित ज्यादातर समस्याएँ विद्यालय में पढ़ाये जाने वाले गणित के सूत्रों को याद करने और व्यवहार में लाने के जुल्म से संबंधित है। अर्थात् छोटे बच्चों को विद्यालय में गणित के सूत्र याद कराना एवं उसका अनुप्रयोग कराना उसके प्रति अत्याचार है। साथ ही क्रियाविधि के आधिपत्य का मुख्य कारण आकलन और मूल्यांकन की प्रकृति है। प्रश्नपत्र केवल छात्रों के क्रिया-विधि के ज्ञान एवं तथ्यों तथा सूत्रों के स्मरण के आकलन के लिए तैयार किए जाते हैं। प्रश्न-पत्र निर्माण परीक्षा में प्रदर्शन को ध्यान में रखकर किया जाता है। संकल्पना के अधिगम का स्थान क्रिया-विधि के स्मरण ने ले लिया है। वे बच्चे जो इस प्रकार का परिवर्तन सफलतापूर्वक नहीं कर सकते वे भय का अनुभव करते हैं और असफल हो जाते हैं।

जबकि गणित विद्यालय में औपचारिक समस्या के समाधान का बड़ा आधार है। यह बच्चों का एक मात्र रंगस्थली भी है जहाँ ये प्रश्नों का उत्तर देकर खेलने की थोड़ी सी जगह देखते हैं। गणित में ऐसा दिखता है कि प्रश्न का एक अनूठा उत्तर होता है उसे या तो आप जानते हैं या नहीं। भाषा में, सामाजिक अध्ययन में यहां तक कि विज्ञान में भी आप आंशिक ज्ञान का उपयोग एवं प्रदर्शन कर सकते हैं किन्तु गणित में ऐसा करने की कोई गुंजाइश नहीं है। स्पष्टतः इस स्तर का बोध (perception) चिन्ता को और बढ़ाता है।

आश्चर्यजनक तो यह है कि गणित की शिक्षा पर बड़ी मात्रा में अनुसंधान हो रहे हैं और इनमें से कुछ गणित के पाठ्यक्रम एवं शिक्षण विधि में परिवर्तन की बात करते हैं किन्तु सौ वर्ष या उससे भी ज्यादा समय के बाद भी हमारे विद्यालय में गणित के मूल्यांकन पद्धति में कुछ ज्यादा बदलाव नहीं आया है। यह सातवीं कक्षा की त्रैमासिक परीक्षा दसवीं के बोर्ड परीक्षा से ज्यादा अलग नहीं है और पाठ्यक्रम में अध्याय की समाप्ति के बाद के अभ्यास प्रश्न भी समान पद्धति पर आधारित है। यह प्रासंगिक नहीं है। अध्याय में दी गई जानकारी आंशिक है और कुछ खास सवालों को हल करने के लिए दिया उद्धरण (text) परम्परागत हैं। यदि इस संबंध में मौलिक परिवर्तन किया जाना हो तो आकलन के इस प्रकार के पुराने एवं अपरिष्कृत (rude) तरीके को पूरी तरह बदलना होगा।

शिक्षकों की अपर्याप्त तैयारी

गणित की शिक्षा पाठ्यवस्तु की नियमावली एवं उसकी तैयारियों पर बहुत ज्यादा निर्भर होता है। शिक्षकों को गणित की प्रकृति एवं उसके शिक्षण तकनीक की अपनी समझ होनी चाहिए। पाठ्यक्रम केन्द्रित शिक्षण विधि शिक्षक के अपने गणितीय गतिविधि को कुंठित करता है। इस सम्पूर्ण शृंखला के दोनों ओर गणित शिक्षण के सामने खास समस्याएँ हैं। प्राथमिक स्तर पर ज्यादातर शिक्षक यह मानते हैं कि वे सभी गणितीय जरूरतों को जानते हैं और खास शैक्षणिक विधि के प्रशिक्षण के अभाव में प्रायः उन तकनीकों का प्रयोग करते हैं जिनका अनुभव उन्होंने खुद विद्यालय में पढ़ने के दौरान पाया है। प्रायः यह समस्या को समय और स्थान के परे स्थाई और अप्रत्यशित स्थिति में पहुँचा देता है।

माध्यमिक एवं उच्चतर माध्यिमिक स्तर पर कुछ शिक्षक अलग प्रकार के परिस्थितियों का सामना करते हैं। उनके विद्यालय में पढ़ाई के दिनों के अपेक्षा आज का पाठ्यक्रम काफी बदला हुआ होता है। शिक्षक के लिए सुव्यवस्थित एवं सतत् शिक्षा कार्यक्रम के अभाव में कई संकल्पनाओं के क्षेत्र में उनका मौलिक ज्ञान मजबूत नहीं होता। यह बच्चों को अत्यल्प ज्ञान देने वाले बाजारू नोट्स पर निर्भरता को बढ़ावा देता है।

शिक्षकों की अपर्याप्त तैयारी एवं सहयोग विद्यालय में गणित शिक्षण पर नकारात्मक प्रभाव डालता है। प्राथमिक स्तर पर इसके मुख्य परिणाम हैं कि गणित शिक्षण विधि बच्चों के शिक्षण विधि के अनुसंधान से प्राप्त निष्कर्ष के साथ अनुकूलता का अनुभव करता है। उच्च प्राथमिक स्तर पर जब कल्पना की भाषा बीजगणित में औपचारिक रूप लेती है तब शिक्षकों

की अपर्याप्त तैयारी प्रायोगिक अधिगम का औपचारिक गणित के साथ जोड़ने की अयोग्यता के रूप में प्रतिबिम्बित होती है। अर्थात् शिक्षक पर्याप्त तैयारी के अभाव में प्रायोगिक अधिगम को औपचारिक गणित के साथ जोड़ने में नाकाम होते हैं। इसके बाद यह गणित या विषय के बाहर के क्षेत्र का विज्ञान में अनुप्रयोग के साथ संबंध बनाने में अक्षम दिखता है। इस प्रकार, यह छात्रों को महत्वपूर्ण अभिप्रेरणा एवं रसास्वादन से वंचित करता है।

अन्य समस्याएँ

हम कुछ व्यवस्थाजन्य समस्याओं की संक्षिप्त में चर्चा करना चाहते हैं। एक बड़ी समस्या श्रेणीकरण की है। प्राथमिक विद्यालयों एवं उच्च विद्यालयों के गणित-शिक्षकों के बीच बकायदा संवाद बहुत कम है। इसी प्रकार कॉलेज के गणित शिक्षकों का उच्च विद्यालय के गणित शिक्षकों के बीच संवाद नहीं है। ज्यादातर विद्यालय-शिक्षक शोधकर्ता गणितज्ञों से बातचीत नहीं की है, सम्पर्क नहीं किया है यहाँ तक कि देखा भी नहीं है। जो शिक्षकों की शिक्षा से जुड़े हैं वे भी एक तरह से कॉलेज और गणित के शोध से बाहर ही हैं।

दूसरी महत्वपूर्ण समस्या पाठ्यक्रम की गत्यात्मकता है। एक पीढ़ी पूर्व कॉलेज में छात्रों को सबसे पहले 'कलन' (Calculus) से सामना होता था। उससे भी एक पीढ़ी पूर्व विश्लेषणात्मक ज्यामिति को कॉलेज का गणित माना जाता था। किन्तु अब ये सभी विद्यालय पाठ्यक्रम का हिस्सा है।

जबकि हमने लिंग-भेद को व्यवस्थागत मुद्दे के रूप में चर्चा की है किन्तु इस समस्या को विस्तृत रूप से समझने की जरूरत है। गणित को 'पुरुष केन्द्रित' माना जा रहा है। यह समझ गणित के पाठ्यक्रम में या फिर गणित के शोध के क्षेत्र में महिलाओं की अनुपस्थिति के कारण पैदा हुई है। वर्ग कक्ष के शोध भी लड़कियों का स्पष्टतः व्यवस्थागत अवमूल्यन करता है कि लड़कियाँ गणित पर पकड़ बनाने में अक्षम है जबकि वे मौखिक एवं संज्ञानात्मक दोनों ही कार्यों में गणित में उल्लेखनीय रूप से अच्छा प्रदर्शन कर रही है। यह देखा जाता है कि शिक्षक लड़कियों के अपेक्षा लड़कों को ज्यादा सम्बोधित करते हैं, जो पुरुष के रूप में आदर्श गणित शिक्षार्थी के निर्माण का पोषण करता हैं। अध्ययन यह दिखाता है कि शिक्षकों का ज्यादा झुकाव छात्रों की गणितीय सफलता को उसकी 'योग्यता' मानने में तथा लड़कियों की गणितीय सफलता को उसका 'प्रयास' मानने में होता है। इस प्रकार कक्षा का माहौल भी गणित को पुरुष केन्द्रित बनाये रखने में मदद करता है।

इसके अलावा भी गणित शिक्षण की कई समस्याएँ हैं जो प्रत्यक्षतः या परोक्षतः गणितीय ज्ञान के प्रसार में बाधा डालती है। यथा–

1. **शिक्षक का दोषपूर्ण व्यवहारः** शिक्षक का व्यवहार छात्रों के सीखने को प्रत्यक्ष रूप से प्रभावित करता है। शिक्षक में एक आदर्श शिक्षक के सभी गुण होने चाहिए। उसके व्यवहार में सहानुभूति, सहयोग, समानता शिक्षण कला में निपुणता, मृदुभाषी, संयम आदि गुण हैं तो छात्र कक्षा वातावरण में सहज रूप से सब कुछ सीख सकेंगे। लेकिन यदि शिक्षक का व्यवहार अत्यन्त कठोर है तो छात्र उसकी कक्षा से पलायन करने लगते हैं, जो शिक्षण के दौरान एक प्रमुख समस्या है।
2. **दोषपूर्ण शिक्षण विधिः** शिक्षण विधि का सीधा सम्बन्ध अधिगम प्रक्रिया से होता है। साथ ही, प्रत्येक शिक्षक के पढ़ाने का तरीका भी भिन्न होता है तथा सभी छात्र एक ही विधि से नहीं सीख पाते। शिक्षण की विधि जितनी अधिक वैज्ञानिक एवं प्रभावशाली होगी उतनी ही सीखने की प्रक्रिया सरल एवं लाभप्रद होगी। बच्चों के सन्दर्भ में खेल विधि द्वारा सीखना, करके सीखना, निरीक्षण द्वारा सीखना, योजना विधि द्वारा सीखना, खोज द्वारा सीखना आदि का अपना अलग-अलग महत्त्व है। लेकिन शिक्षक छात्रों की रुचि के अनुरूप उन्हें शिक्षा न देकर पुरानी विधियों पर ही निर्भर रहते हैं।
3. **अध्यापक को विषय का यथेष्ठ ज्ञान न होनाः** अध्यापक का किसी विषय से सम्बन्धित ज्ञान, अनुभव एवं योग्यता आदि छात्रों को प्रत्यक्ष रूप से प्रभावित करते हैं। यदि अध्यापक को अपने विषय की गहन जानकारी नहीं है तो वह छात्रों को बहुत कुछ नहीं दे पाएगा। इसके विपरीत, यदि अध्यापक को अपने विषय का पूर्ण ज्ञान है तो आत्मविश्वास के साथ छात्रों को नवीन ज्ञान देने में सक्षम होगा तथा उसका शिक्षण प्रभावी होगा। आजकल गणित शिक्षण से जुड़ी यह एक प्रमुख समस्या है।
4. **छात्रों में व्यक्तिगत भेदः** प्रत्येक छात्र की बुद्धि रुचि, योग्यता, क्षमता, अभिवृत्ति आदि अलग-अलग होती है तथा यही विशेषता शिक्षण की एक समस्या बन जाती है। इन्हीं विशेषताओं के कारण कुछ छात्र तो अध्यापक द्वारा प्रदत्त ज्ञान को आसानी से आत्मसात् कर लेते हैं और कुछ देर से कर पाते हैं या बिल्कुल ही नहीं कर पाते। सामान्यतः एक कक्षा में अध्यापक को तीन प्रकार के छात्रों का सामना करना होता है–मेधावी, सामान्य तथा पिछड़े हुए छात्र। इसी समस्या को व्यक्तिगत भेद की समस्या की संज्ञा दी जाती है।

   आजकल शिक्षक अपने शिक्षण की व्यवस्था इनके अनुरूप सुचारु रूप से व्यवस्थित करने में असफल हो रहे हैं।
5. **समय-चक्र में गणित का गलत स्थानः** यदि छात्र अधिक देर तक किसी क्रिया को करता रहता है तो वह थकान का अनुभव करने लगता है और थकान अनुभव होने से सीखने की प्रक्रिया में शिथिलता उत्पन्न हो जाती है। विद्यालयों में समय-चक्र बनाते

समय इस बात का ध्यान रखा जाना चाहिए कि गणित जैसे कठिन विषयों को पहले तथा सरल विषयों को समय-चक्र में बाद में पढ़ाने की व्यवस्था बनाई जाए साथ ही मध्यान्तर की व्यवस्था भी आवश्यक रूप से की जानी चाहिए। समय चक्र में इस बात का भी ध्यान रखा जाना चाहिए कि एक कक्षा की समय अवधि कितनी है।

6. **अभ्यास की उचित व्यवस्था न होनाः** अभ्यास, गणित शिक्षण का एक महत्त्वपूर्ण अंग है। गणित शिक्षण में अभ्यास का उचित विभाजन नहीं है, गणित शिक्षण में अभ्यास का मापदण्ड आवश्यक है। अभ्यास उतना होना चाहिए जितना कि छात्र उसे बिना थकावट का अनुभव कर, कर सके तथा यह प्रक्रिया निरन्तर होनी चाहिए। माध्यमिक स्तर पर गणित शिक्षण में अभ्यास की प्रक्रिया का स्वरूप एक समान नहीं है जो गणित शिक्षण में एक प्रमुख समस्या है। आवश्यकता से अधिक अभ्यास कराने से सीखने की क्षमता का ह्रास होता है।

7. **छात्रों का शारीरिक एवं मानसिक स्वास्थ्यः** गणित शिक्षण के अन्तर्गत छात्रों का शारीरिक तथा मानसिक रूप से स्वस्थ होना नितान्त आवश्यक है। क्योंकि बालक के ध्यान, रुचि व एकाग्रता पर इसका प्रभाव पड़ता है। किसी भी प्रकार की मानसिक विकृति, शारीरिक रुग्णता तथा मानसिक तनाव का प्रत्यक्ष प्रभाव बालकों के शिक्षण पर प्रतिकूल पड़ता है। शारीरिक एवं मानसिक रूप से अस्वस्थ बालक शीघ्र ही थक जाते हैं।

8. **पाठ्यक्रम की दोषपूर्ण संरचनाः** गणित शिक्षण में पाठ्यक्रम की संरचना का बड़ा महत्त्व है। पाठ्यक्रम सरल से कठिन की ओर 'बाल केन्द्रित' तथा 'जीवनोन्मुखी' सिद्धान्तों पर आधारित होना चाहिए। लेकिन माध्यमिक स्तर पर पाठ्यक्रम की संरचना का व्यवस्थित ना होना भी गणित शिक्षण की एक प्रमुख समस्या है।

9. **प्राथमिक स्तर पर छात्रों का कमजोर गणितीय आधारः** माध्यमिक स्तर पर गणित शिक्षण की एक प्रमुख समस्या यह भी है कि छात्रों का प्राथमिक स्तर पर गणित शिक्षण बहुत कमजोर रूप में होता है। जिस कारण माध्यमिक स्तर पर छात्र गणित को ठीक से नहीं समझ पाते तथा इसी कारण से गणित शिक्षण के प्रति उनकी रुचि कम हो जाती है। जिस कारण माध्यमिक स्तर पर गणित शिक्षण का कार्य सुचारु रूप से नहीं हो पाता। जो माध्यमिक स्तर पर गणित की एक प्रमुख समस्या बन जाती है।

10. **गणित शिक्षण के लिए उचित वातावरण का अभावः** विद्यालयों में गणित शिक्षण के लिए उचित वातावरण की समस्या आज गणित शिक्षण की एक प्रमुख समस्या बन गई है। गणित शिक्षण में गणित कक्ष, गणित, प्रयोगशालाओं, पुस्तकालय, कक्षा कक्ष में प्रकाश व वायु की व्यवस्था आदि का उत्तम प्रबन्ध न होना प्रमुख है।

विशेष टिप्पणी

जबकि समस्याओं और चुनौतियों की एक लम्बी शृंखला उपरोक्त दृष्टिकोण के लक्ष्य तक जहां तक में जाने की जरूरत है के बीच की दूरी को बढ़ाता है बल्कि यह हमें एक उम्मीद भी देता है यह इशारा करके कि हमें कहां और किधर जाने की जरूरत है तथा कौन सा उपाय किया जाना चाहिए। हम संक्षिप्त रूप में उन केन्द्रीय दिशा-निर्देशों को प्रस्तुत करते हैं जो निर्धारित दृष्टिकोण को कार्यान्वित करने के लिए उपयोगी हो सकते हैं। इन्हें हम पुनः चार केन्द्रीय प्रकरणों में बाँटते हैं:

(i) संकीर्ण लक्ष्य की प्राप्ति से उच्च लक्ष्य की प्राप्ति के रूप में गणित शिक्षा के केन्द्र बिन्दु में परिवर्तन

(ii) प्रत्येक छात्र को सफलता बोध के साथ गणित कक्षा में शामिल करना वहीं दूसरी ओर उभरते गणितज्ञों को अवधारणात्मक चुनौती प्रस्तुत करना।

(iii) क्रिया-विधि ज्ञान के बदले छात्रों की गणितीय ज्ञान को जांचने के लिए आकलन विधि में परिवर्तन करना।

(iv) विभिन्न प्रकार के गणितीय संसाधनों शिक्षक को उपलब्ध कराना।

◆◆◆◆◆◆

बहुवैकल्पिक प्रश्न

1. "गणित बच्चों के मस्तिष्क में तार्किक आदत को व्यवस्थित करने का तरीका है।" यह कथन किसका है?
   A. लॉक B. गैलिलियो
   C. बट्रेण्ड रसेल D. बेंजामिन पियर्स
2. प्रयोगशाला विधि की बड़ी कमी है:
   A. यह छात्रों को वैज्ञानिक बनाने पर बल नहीं देता।
   B. यह छात्रों को एक छोटे वैज्ञानिक के रूप में देखता है।
   C. यह छात्रों को बेवकूफ बनाता है।
   D. यह छात्रों का मानसिक शोषण करता है।
3. ज्यामिति संबंधित है:
   A. संस्था से B. अंकों से
   C. संकेतों से D. प्रसार व विस्तार से
4. निम्न में से श्रव्य सामग्री में शामिल है:
   A. टेलीविजन B. ग्रामोफोन
   C. ब्लैक बोर्ड D. खिलौने
5. गणित की प्राचीनतम शाखा है:
   A. ज्यामिति B. बीजगणित
   C. अंकगणित D. इनमें से कोई नहीं
6. शिक्षकों को प्रश्न-पूछना चाहिए:
   A. बच्चों के बीच खड़े होकर
   B. जोर से बोलकर
   C. विविधता के सिद्धान्त का अनुसरण कर
   D. उपरोक्त सभी
7. निम्न में से कौन शिक्षण तकनीक नहीं है?
   A. सेमिनार B. विचार-गोष्ठी
   C. फिल्म एवं चार्ट D. साक्षात्कार
8. प्राथमिक स्तर पर लिखना सिखाने में कौन-सी विधि उपयोगी होगी?
   A. फ्रेंच विधि B. किंडरगार्टेन
   C. प्ले वे विधि D. इनमें से सभी
9. प्राथमिक स्तर के लिए निम्न में से कौन सी विधि उपयुक्त नहीं है?
   A. विचार-गोष्ठी B. व्याख्या
   C. अभ्यास D. प्रश्न पूछना
10. गणित प्रशिक्षण देता है:
    A. शिक्षण हेतु B. वैज्ञानिक विधियों हेतु
    C. समस्या समाधान हेतु D. इनमें से कोई नहीं
11. प्राथमिक स्तर पर पढ़ना सिखाने के लिए कौन-सी सामग्री प्रयोग की जा सकती है?
    A. फ्लानेल बोर्ड
    B. निपुण व्यक्तियों के व्याख्यान
    C. फ्लेश कार्ड
    D. उपरोक्त सभी
12. वस्तुनिष्ठ प्रश्न में होती है:
    A. विश्वसनीयता B. वैधता
    C. विस्तार D. उपरोक्त सभी
13. निम्न में से कौन प्रभावी ज्ञान-क्षेत्र से सम्बन्धित नहीं है?
    A. ज्ञान
    B. चरित्र-चित्रण
    C. किसी व्यक्ति या वस्तु को मूल्य देना
    D. विशेष प्रकार की प्रतिक्रिया
14. निम्न में से कौन शिक्षण तकनीक है?
    A. साक्षात्कार B. नोट्स बनाना
    C. पुनरावृत्ति D. उपरोक्त सभी
15. शिक्षण विधि को ज्यादा प्रभावी बनाने वाला साधन कहलाता है:
    A. शिक्षण के सिद्धान्त B. शिक्षण तकनीक
    C. शिक्षण विधि D. इनमें से कोई नहीं
16. एक गणित शिक्षक के रूप में हम छात्रों के प्रदर्शनों का मूल्यांकन करते हैं:
    A. छात्रों के स्तर को उन्नत करने के लिए
    B. छात्रों को अभिप्रेरित करने के लिए
    C. शिक्षकों के प्रदर्शनों के आकलन के लिए
    D. उपरोक्त सभी
17. प्रारंभिक प्रश्न होने चाहिए:
    A. छात्रों के पूर्व ज्ञान पर आधारित
    B. आसान किन्तु मुश्किल नहीं
    C. सहलग्नता
    D. उपरोक्त सभी
18. गणित की अच्छी किताब के आन्तरिक गुण हैं:
    A. अच्छी छपाई
    B. विषय-वस्तु का मनोवैज्ञानिक प्रदर्शन
    C. छपाई के अक्षरों का उपयुक्त आकार
    D. उपरोक्त सभी

19. निम्न में से कौन शिक्षण का सिद्धान्त नहीं है?
A. प्रदर्शन (exposure)
B. वर्गीकरण (gradation)
C. पुनरावलोकन (revlew)
D. स्वर विज्ञान (phonology)

20. तार्किक चिन्तन बच्चों को अनुमति देता है:
A. त्वरित उत्तरों को अस्वीकार करने की
B. त्वरित उत्तर देने की
C. सर्वोत्तम समाधान देने की
D. इनमें से कोई नहीं

21. तार्किक चिंतन है:
A. एक सामान्य शिक्षण प्रक्रिया
B. एक विशिष्ट शिक्षण प्रक्रिया
C. अधिगमित विधि की प्रक्रिया
D. इनमें से कोई नहीं

22. प्रश्नों के उत्तर देने में गलती इन कारणों से होती है:
A. पाठ्य पुस्तक का अभाव
B. लिखने के अभ्यास का अभाव
C. दोषपूर्ण उच्चारण
D. उपरोक्त सभी

23. निम्न में से कौन गणित शिक्षण की विधि है?
A. व्याकरण B. अनुवाद
C. सरल विधि D. प्रश्न पूछने की विधि

24. छात्रों को अभ्यास कार्य (assignment) देना एक
A. तकनीक है
B. दृश्य-श्रव्य साधन है
C. शिक्षण सिद्धान्त है
D. शिक्षण का सूत्र वाक्य (maxim) है

25. रचनात्मक व संकलनात्मक आकलन के उभयनिष्ठ बिन्दु है:
A. उद्देश्य
B. जाँच
C. सामान्यीकरण का स्तर
D. उपरोक्त सभी

26. बच्चों की सोच को समझना शिक्षक को मदद करता है:
A. शिक्षण योजना में उनके ज्ञान का प्रयोग करने में
B. छात्रों के शरारत का पूर्वानुमान लगाने में
C. बच्चों के समस्याओं को जानने में
D. इनमें से कोई नहीं

27. गणित को पाठ्यक्रम में शामिल करने के संदर्भ में निम्न में से कौन गलत है?
A. यह ज्ञान को दैनिक जीवन में प्रयोग करने की योग्यता देता है।
B. यह छात्रों को भविष्य के पेशा या वृत्तियों के लिए तैयार करता
C. यह छात्रों के बौद्धिक शक्ति एवं अनुशासन को विकसित करता है।
D. इनमें से कोई नहीं

28. निबन्धात्मक प्रश्नों की मुख्य कमी है कि:
A. वे केवल सैद्धान्तिक पहलुओं का मूल्यांकन करते हैं।
B. वे ज्यादा विश्वसनीय नहीं हैं
C. वे ज्यादा वैध नहीं हैं
D. उपरोक्त सभी

29. प्राथमिक स्तर पर पढ़ना सिखाने के लिए हमें प्रयोग करना चाहिए:
A. कथा विधि B. वाक्य विधि
C. ध्वनि विज्ञान विधि D. उपरोक्त सभी

30. मूल्यांकन हेतु शिक्षकों को उपयोग करना चाहिए:
A. निबन्धात्मक प्रश्न B. मौखिक जाँच
C. वैकल्पिक प्रश्न D. उपरोक्त सभी

31. शिक्षण इकाइयों के उपयोग में शामिल है:
A. परिचय B. प्रदर्शन
C. मूल्यांकन D. उपरोक्त सभी

32. एक आदर्श पाठ योजना है:
A. उद्देश्य पर आधारित
B. पूर्वज्ञान पर आधारित
C. शिक्षण स्तर पर आधारित
D. पूर्वोक्त सभी

33. अच्छे प्रश्न की विशेषताएँ है:
A. उद्देश्यों की प्राप्ति B. विचारोत्तेजक
C. संक्षिप्त एवं स्पष्ट D. उपरोक्त सभी

34. शिक्षण विधि का आधार है:
A. वस्तुनिष्ठता B. संतुष्टि
C. A एवं B दोनों D. इनमें से कोई नहीं

35. सबसे ज्यादा प्रभावी सहायक शिक्षण सामग्री है:
A. अप्रक्षेपित B. सीधा अनुभव
C. प्रक्षेपित D. इनमें से कोई नहीं

36. शैक्षिक निदान-क्रिया में उपयोगी होता है:
A. साक्षात्कार B. नैदानिक परीक्षण
C. निरीक्षण D. उपरोक्त सभी

37. पाठ योजना मदद करता है:
A. कक्षा में सैद्धान्तिक ज्ञान के उपयोग में
B. शिक्षण-अधिगम के प्रबंधन की अवधारणा को व्यावहारिक रूप देने में
C. A एवं B दोनों
D. इनमें से कोई नहीं

38. प्रदर्शन की जाँच है:
A. निबन्धात्मक जाँच B. वैकल्पिक जाँच
C. दक्षता की जाँच D. इनमें से कोई नहीं

39. बहुवैकल्पिक जाँच में सोचने की जरूरत होती है:
A. गलत विकल्पों पर B. सही विकल्पों पर
C. A एवं B दोनों D. इनमें से कोई नहीं

40. ''यदि और केवल यदि'' को जाना जाता है:
A. गणितीय पद B. गणितीय मुहावरा
C. गणितीय संकल्पना D. इनमें से कोई नहीं

41. गणित एक भाषा है क्योंकि:
A. यह अर्थों की एक शृंखला को प्रसारित करती है।
B. इसके अपने संकेत, शब्द एवं वाक्यों के नियम हैं।
C. यह विज्ञान की अवधारणाओं की व्याख्या करती है।
D. उपरोक्त सभी

42. 'कैसे पढ़ाना है?'' सम्बन्धित है:
A. शिक्षण विधि B. मूल्यांकन से
C. उद्देश्यों से D. विषय-वस्तु से

43. पाठ्यक्रम का अर्थ है:
A. अध्ययन का क्षेत्र B. दौड़ का क्षेत्र
C. पाठ्य वस्तु D. शैक्षिक कार्यक्रम

44. हमारे शिक्षा में जिस प्रकार के पाठ्यक्रम का उपयोग होता है वह है:
A. छात्र केन्द्रित B. शिक्षक केन्द्रित
C. उद्देश्य केन्द्रित D. विषय वस्तु केन्द्रित

45. पाठ्यक्रम निम्न में से किस दृष्टिकोण से विकसित किया जाता है?
A. शैक्षिक उद्देश्यों B. बाल विकास
C. राष्ट्रीय विकास D. उपरोक्त सभी

46. मूल्यांकन प्रक्रिया है:
A. गुणात्मक B. मात्रात्मक
C. A एवं B दोनों D. इनमें से कोई नहीं

47. गणित विज्ञान है:
A. अंतरिक्ष का B. संख्याओं का
C. गणनाओं का D. उपरोक्त सभी

48. ''गणित एक विज्ञान है जो आवश्यक निष्कर्षों को प्राप्त करती है'' किसका कथन है?
A. हॉगबेन B. लॉक
C. बेंजामिन पियर्स D. इनमें से कोई नहीं

49. मूल्यांकन किस प्रश्न का उत्तर देने में मदद करती है?
A. क्या पढ़ाया जाना चाहिए?
B. कैसे पढ़ाया जाना चाहिए?
C. क्या प्राप्ति हो रही है?
D. इनमें से कोई नहीं

50. ज्ञान, समझ, अनुप्रयोग एवं कौशल अवयव हैं:
A. मूल्यांकन के B. विधि के
C. उद्देश्यों के D. विषयवस्तु के

51. निबन्धात्मक परीक्षा की विशेषता है:
A. वैधता B. विश्वसनीयता
C. वस्तुनिष्ठता D. याद्दाश्त पर निर्भरता

52. उपचारात्मक शिक्षण की मुख्य रणनीति कौन सी है?
A. शिक्षकीय (Tutorial) B. निरीक्षित (Supervised)
C. A एवं B दोनों D. इनमें से कोई नहीं

53. सबसे ज्यादा व्यापक योजना है:
A. संसाधन योजना B. इकाई योजना
C. पाठ योजना D. उपरोक्त सभी

54. एक इकाई योजना:
A. सुनम्य (flexible) होनी चाहिए
B. विभिन्नता प्रदान करती है।
C. में परिचित प्रकरण (topics) होते हैं।
D. उपरोक्त सभी

55. मूल्यांकन का/के उद्देश्य है/हैं:
A. अभिप्रेरण B. चयन (Selection)
C. उपचारात्मक कार्य D. उपरोक्त सभी

56. मूल्यांकन प्रतिपुष्टि प्रदान करता है:
A. शिक्षकों को
B. छात्रों को
C. सम्पूर्ण शैक्षिक व्यवस्था को
D. इनमें से कोई नहीं

57. मूल्यांकन का प्रयोग किया जा सकता है:
A. परीक्षा में सुधार हेतु
B. पाठ्यक्रम में सुधार हेतु
C. शिक्षण विधि में सुधार हेतु
D. उपरोक्त सभी

58. दैनिक पाठ्य योजना निर्माण में शामिल होता है:
A. उद्देश्यों का निर्धारण
B. पाठ्य वस्तु का चुनाव
C. शिक्षण विधियों का निर्धारण
D. उपरोक्त सभी

59. उपलब्धि परीक्षण होता है:
A. शिक्षक निर्मित B. मानकीकृत
C. A एवं B दोनों D. इनमें से कोई नहीं

60. मूल्यांकन शिक्षकों की मदद करता है:
A. छात्रों की कठिनाइयों का पता लगाने में
B. शिक्षण अधिगम प्रक्रिया को गतिशील एवं नवप्रवर्तनकारी बनाने में
C. बेहतर अधिगम हेतु बच्चों को प्रेरित करने में
D. उपरोक्त सभी

61. निम्न में से कौन मूल्यांकन की प्रक्रिया नहीं है?
A. परिणामों की व्याख्या एवं सामान्यीकरण
B. उपकरणों एवं तकनीकी का चुनाव
C. छात्रों के सोच को समझना
D. शिक्षण अधिगम प्रक्रिया में सुधार हेतु परिणामों की प्रतिपुष्टि

62. उपचारात्मक शिक्षण का आधार है :

A. नैदानिक परीक्षण B. छात्रों की कमजोरी
C. वैयक्तिक असमानता D. उपरोक्त सभी

63. मापन का कार्य है :

A. पूर्वानुमान B. निदान
C. अनुसंधान D. उपरोक्त सभी

64. निम्न में से कौन अच्छी परीक्षा की विशेषता नहीं है?

A. वैधता B. विभेदीकरण
C. आत्मविश्वास D. उपयोगिता

65. रचनात्मक मूल्यांकन होता है :

A. सत्र के अन्त में
B. शिक्षण-अधिगम प्रक्रिया के दौरान
C. वर्ष के अन्त में
D. अपने घर में

66. गणित में सर्वाधिक महत्त्वपूर्ण सहायक शिक्षण सामग्री है :

A. दृश्य सामग्री B. श्रव्य सामग्री
C. दृश्य-श्रव्य सामग्री D. इनमें से कोई नहीं

67. सहायक शिक्षण सामग्री का सर्वाधिक उपयोग होता है?

A. अंकगणित में B. बीजगणित में
C. विज्ञान में D. त्रिकोणमिति में

68. एक अच्छा शिक्षण उद्देश्य होना चाहिए :

A. शिक्षक से संबंधित B. जाँचने योग्य
C. छोटा D. आकर्षक

69. संकलनात्मक मूल्यांकन :

1. छात्रों के अन्तिम परिणाम को बताता है।
2. छात्रों के श्रेणीकरण एवं उन्नयन में मदद करता है।
3. छात्रों के वृत्ति एवं पेशे के चुनाव में मदद करता है।
4. शिक्षण प्रक्रिया के अनुश्रवण (monitoring) में मदद करता है।
5. शिक्षकों एवं छात्रों को प्रतिपुष्टि प्रदान करता है

A. 2, 3 एवं 4 B. 3, 4 एवं 5
C. 1, 2 एवं 3 D. 1, 2 एवं 4

70. निम्न में से कौन गणित शिक्षण की समस्या नहीं है?

A. लिंग भेद
B. उपखण्डन (compartmentalisation)
C. छात्रों में जिज्ञासा का अभाव
D. अपरिष्कृत मूल्यांकन

71. पाठ्यक्रम के इकाई अभिगम (unit approach) की विशेषता है :

A. छात्र केन्द्रित B. विषय वस्तु केन्द्रित
C. उद्देश्य केन्द्रित D. शिक्षक केन्द्रित

72. सामूहिक शिक्षण (Team teaching) एक विधि है :

A. खेल खेलने की B. शिक्षण की
C. शारीरिक अभ्यास की D. इनमें से कोई नहीं

73. छात्र किन कारणों से गणित में गलतियाँ करते हैं?

A. अवधान में कमी (Poor attention)
B. असावधानी
C. ज्ञान का अभाव
D. उपरोक्त सभी

74. सामूहिक शिक्षण में प्रतिभागी शिक्षक तय करते हैं, अपना :

A. उद्देश्य B. क्रिया-कलाप
C. विचार D. उपरोक्त सभी

75. मूल्यांकन त्रुटि है :

A. व्यक्तिगत त्रुटि
B. स्थिर त्रुटि
C. चर (परिवर्तनशील) त्रुटि
D. उपरोक्त सभी

76. मूल्यांकनकर्ता के कारण उत्पन्न त्रुटि को खत्म किया जा सकता है :

A. उपयुक्त उपकरण एवं विधि निर्माण द्वारा
B. मापन एवं मूल्यांकन के दौरान तटस्थ रहकर
C. वस्तुनिष्ठ प्रश्नों का निर्माण कर
D. इनमें से कोई नहीं

77. उपचारात्मक शिक्षण के दौरान किसे ध्यान में नहीं रखना चाहिए?

A. छात्रों की मदद कौन करने जा रहा है?
B. त्रुटि कहाँ पायी गई?
C. त्रुटि क्यों हुई?
D. किसे मदद की जरूरत है?

78. निम्न में से कौन नैदानिक परीक्षण के गुण नहीं है?

A. यह एक मात्रात्मक परीक्षण है।
B. यह केवल वस्तुनिष्ठ प्रश्न ही स्वीकार करता है।
C. यह शिक्षकों के लिए एक प्रभावी उपकरण है जो उपचारात्मक शिक्षण की योजना बनाने एवं उसका संगठन करने में मदद करता है।
D. इनमें से कोई नहीं

79. गणित की प्रकृति है :

A. अलंकारी (Ornamental)
B. तार्किक
C. मुश्किल
D. सामान्य लोगों के लिए नहीं

80. कौन सा कार्य एक शिक्षक से संबंधित नहीं है?

A. योजना बनाना B. शिक्षण
C. मार्गदर्शन D. बजट निर्माण

81. प्रारंभिक प्रश्न पूछे जाते हैं :

A. पाठ के प्रारंभ में B. पाठ के मध्य में
C. पाठ के अन्त में D. पाठ के प्रत्येक चरण में

82. याद्दाश्त का उपयोग जाँचने में होता है :

A. छात्रों का पूर्वज्ञान B. छात्रों का वर्तमान ज्ञान
C. छात्रों की रूचि D. अनुशासन

83. प्रश्न पूछने का उद्देश्य है :
A. छात्रों को अभिप्रेरित करना
B. रूचि एवं जिज्ञासा पैदा करना
C. पूर्व ज्ञान की जाँच करना
D. उपरोक्त सभी

84. उपलब्धि परीक्षण की जाती है :
A. न्यूनतमक प्रदर्शन जांचने हेतु
B. अधिकतम प्रदर्शन जांचने हेतु
C. प्राकृतिक प्रदर्शन जांचने हेतु
D. प्रदर्शन की जांच हेतु

85. सूक्ष्म-शिक्षण मदद करता है :
A. अनुशासनहीनता रोकने में
B. अनुशासनहीनता बढ़ाने में
C. A एवं B दोनों
D. इनमें से कोई नहीं

86. निम्न में से कौन शिक्षक-केन्द्रित विधि है?
A. स्त्रोत विधि
B. व्याख्यान विधि
C. परियोजना विधि
D. समाजीकृत पृपठन (Socialised Recitation)

87. पाठ्यक्रम के कारण कक्षा की समस्या है :
A. सफाई
B. अनुशासनहीनता
C. शिक्षण
D. अनुशासन

88. मूल्यांकन के औपचारिक तकनीक हैं :
1. शिक्षक निर्मित परीक्षा
2. प्रश्नावली
3. निरीक्षण
4. साक्षात्कार
5. प्रतिक्रिया
A. 1, 2 एवं 3
B. 1, 2 एवं 4
C. 1, 2 एवं 5
D. 1 एवं 2

89. निम्न में से कौन मूल्यांकन का प्रकार नहीं है :
A. व्यापक मूल्यांकन
B. पूर्वानुमान मूल्यांकन
C. अनियमित (Spasmodic) मूल्यांकन
D. संकलनात्मक मूल्यांकन

90. दूरस्थ शिक्षा में शिक्षक के पास नहीं होता :
A. बच्चों से संवाद के अवसर
B. कक्षा के दौरान आमने सामने की प्रतिपुष्टि
C. एक पारस्परिक व परिचित कक्षा
D. उपरोक्त सभी

उत्तरमाला

1	2	3	4	5	6	7	8	9	10
A	B	D	B	C	D	C	D	A	B
11	**12**	**13**	**14**	**15**	**16**	**17**	**18**	**19**	**20**
C	D	A	D	B	D	D	D	C	A
21	**22**	**23**	**24**	**25**	**26**	**27**	**28**	**29**	**30**
C	D	D	A	D	A	D	A	B	D
31	**32**	**33**	**34**	**35**	**36**	**37**	**38**	**39**	**40**
D	D	D	B	A	D	C	C	B	B
41	**42**	**43**	**44**	**45**	**46**	**47**	**48**	**49**	**50**
D	A	A	C	C	C	D	C	C	A
51	**52**	**53**	**54**	**55**	**56**	**57**	**58**	**59**	**60**
D	C	C	D	C	C	D	D	C	D
61	**62**	**63**	**64**	**65**	**66**	**67**	**68**	**69**	**70**
C	D	D	C	B	A	C	B	C	C
71	**72**	**73**	**74**	**75**	**76**	**77**	**78**	**79**	**80**
B	D	D	B	D	B	A	A	B	D
81	**82**	**83**	**84**	**85**	**86**	**87**	**88**	**89**	**90**
A	A	D	D	A	B	B	B	C	D

◆◆◆◆◆◆

हिन्दी

SECTION a भाषा बोध : गद्यांश

परिचय

भाषा बोध के द्वारा व्यक्ति की समग्र अवबोधन क्षमता का मूल्यांकन किया जाता है। इससे अभ्यर्थी की समझ क्षमता एवं दिए गए अवतरण में छुपे गूढ़ विचारों को ग्रहण करने की क्षमता आंकी जाती है। इसके द्वारा अभ्यर्थी के निर्णय लेने की क्षमता की भी जांच की जाती है। ऐसा दिए गए प्रतिपाद्य के हृदयंगम द्वारा ही संभव है। इस प्रकार भाषा बोध व्यक्तित्व के बहुआयामी पहलुओं के परीक्षण की पद्धति है। इसके द्वारा भाषा-ज्ञान, निहितार्थ की समझ एवं अवबोधन क्षमता, निर्णय क्षमता एवं सही निष्कर्ष तक पहुंचने की क्षमता की जांच एक साथ की जाती है। जाहिर है, इतने सारे परीक्षणों के द्वारा व्यक्तित्व का समग्र उभार एवं निखार प्रकट हो जाता है। ऐसे में भाषा बोध के प्रश्नों को हल करने में अतिरिक्त सावधानी एवं सचेतता आवश्यक है। इस प्रकार के प्रश्नों के सही उत्तर देने के लिए निरंतर अभ्यास की आवश्यकता होती है।

उद्धरण को पढ़कर उसके मूलभाव या निहितार्थ को समझने की कोशिश करनी चाहिए। एक बार पढ़कर मूलभाव को समझने में कठिनाई हो तो उसे एक से अधिक बार पढ़ें। जबतक निहितार्थ समझ में न आए उसे दुबारा एवं तिबारा पढ़ें। निहितार्थ समझ लेने पर प्रश्नों का उत्तर देना आसान हो जाता है।

उद्धरण को पढ़ते समय महत्वपूर्ण बिंदुओं को रेखांकित करते चलें। ऐसे में मूल बिंदुओं को शीघ्रता से दुहरा सकते हैं। हो सकता है समयाभाव के कारण मूल अवतरण को बार-बार पढ़ना संभव न हो।

प्रश्नों के उत्तर दिए गए अवतरण पर ही आधारित हों। अपनी पूर्व की जानकारी के आधार पर निष्कर्ष न निकालें। यह संभव है कि अवतरण में दी गई जानकारी आपकी पूर्व की जानकारी या राय से भिन्न हो। ऐसे में अपनी जानकारी को अवतरण में दी गई सूचना के साथ घालमेल न करें। ऐसा करना आत्मघाती कदम हो सकता है।

कभी-कभी अवतरण में किसी शब्द के समानार्थक या विपरीतार्थक शब्द पूछे जाते हैं। ऐसे प्रश्नों के उत्तर देने में जल्दबाजी न करें। जाहिर है किसी एक शब्द के कई समानार्थक एवं विपरीतार्थक शब्द हो सकते हैं। ऐसे में उपयुक्त शब्द का चुनाव आवश्यक है। इसके लिए लेखक के मूल कथ्य और विचार को समझना आवश्यक है।

दिए गए अवतरण के लिए उपयुक्त शीर्षक लिखना एक चुनौतीपूर्ण कार्य होता है। यह प्रश्न काफी आसान भी है और कठिन भी। आसान इसलिए कि इनका उत्तर दिए अवतरण के आधार पर ही देना होता है और कठिन इसलिए कि अवतरण के मूल भाव को समझे बिना विषयांतर हो जाने की संभावना अक्सर बनी रहती है।

और, सबसे जरूरी चीज है-अभ्यास! अभ्यास के बिना आसान प्रश्न भी कठिन लगने लगते हैं। भाषा-बोध के प्रश्नों को हल करने के लिए भाषा में अभिरुचि एवं समझ विकसित करनी चाहिए।

गद्यांश-1

समकालीन भारत की अर्थव्यवस्था एक बड़ा विरोधाभास है। वह उत्कृष्ट उपलब्धियों और गंभीर विफलताओं का विचित्र संयोग है। स्वतंत्रता के बाद से भारत ने अपने आर्थिक पिछड़ेपन से ऊपर उठने में उल्लेखनीय प्रगति की है। वह जो 1950 के दशक में एक अत्यंत निर्धन देश था और 1960 के दशक के मध्य में सहायतार्थी देश था, वही आज विश्व की चौथी सबसे बड़ी अर्थव्यवस्था (क्रय-शक्ति क्षमता के आधार पर) के रूप में उभरा है। हमारी अर्थव्यवस्था विश्व की सबसे तेजी से संवर्द्धित होने वाली अर्थव्यवस्थाओं में आ गई है। अब यह देश विश्व ज्ञान अर्थव्यवस्था में एक अग्रणी खिलाड़ी बन गया है, जिसके पास अपार बौद्धिक पूंजी और तेजी से बढ़ने वाली सॉफ्टवेयर और सूचना प्रौद्योगिकी सेवाएं हैं। यद्यपि हमारा देश

विश्व के पांच सबसे अधिक तेजी से संवर्धित होने वाली अर्थव्यवस्थाओं के समूह में शामिल हो गया है फिर भी हम मानव विकास सूचकांक (ह्युमन डेवलपमेंट इंडेक्स) की दृष्टि से सबसे निचले 20 देशों में हैं। यद्यपि देश अपनी संवृद्धि दर और प्रौद्योगिकीय करामातों का जश्न मना रहा है, फिर भी वह सामाजिक विरोधाभासों तथा विकास के विरोधाभास और विडंबनाओं से गुजर रहा है। इस प्रकार समकालीन भारत में 'दो भारत' हैं।

1. भारतीय अर्थव्यवस्था को 'एक बड़ा विरोधाभास' क्यों माना जाता है?
   A. वह साक्षरता का निम्न स्तर होने के बावजूद सूचना प्रौद्योगिकी सेवाओं में एक अग्रणी खिलाड़ी है।
   B. कृषि जन्य उत्पादन की विपुलता के बीच गरीबी है।
   C. यह निम्न मानव विकास वाली एक सबसे बड़ी अर्थव्यवस्था है।
   D. सामाजिक विरोधाभासों के साथ ही उसकी वैज्ञानिक उपलब्धियाँ हैं।

2. भारत को विश्व ज्ञान अर्थव्यवस्था में एक अग्रणी खिलाड़ी क्यों कहा जा रहा है?
   A. विज्ञान और प्रौद्योगिकी में भारत के ज्ञान का आधार विश्व के सर्वोत्तम में से है।
   B. भारत के पास मानव बौद्धिक पूंजियों और सूचना प्रौद्योगिकी सेवाओं के विशाल भंडार हैं।
   C. भारत विश्व की पांच सबसे तेजी से संवर्द्धित होने वाली अर्थव्यवस्थाओं तथा प्रौद्योगिक भंडारों में से एक है।
   D. भारत के पास मानव पूँजी और वैज्ञानिक ज्ञान निर्यात संभाव्यता का विशाल भंडार है।

3. लेखक का 'दो भारत' से क्या तात्पर्य है?
   A. एक भारत है जिसके पास अपार बौद्धिक पूंजी है जबकि एक दूसरा है जो मुख्यतया निरक्षर है।
   B. एक भारत है जहाँ संवृद्धि में उछाल है तो वहीं व्यापक अभाव और विपन्नता वाला भारत भी है।
   C. एक प्रगतिशील मानसिकता वाला भारत है तो वहीं वह भारत भी है जो सामाजिक तौर पर दकियानूसी है।
   D. एक ऐसा भारत है जिसमें विशिष्ट उपलब्धियों के साथ ही विशाल विफलताएं हैं।

गद्यांश-2

भारतीय गणतंत्र में कानून एवं व्यवस्था राज्यों का विषय है इसीलिए मुख्यमंत्रियों को केंद्रीय दृष्टिकोण से लैस करने के क्लास को जरूरी समझा जाता है। विकास की दिशा में असमानता को दूर करने की कोई कारगर योजना भले ही नहीं दिखती हो लेकिन नक्सलियों से निपटने के लिए विशेष पुलिस फोर्स का गठन जरूरी बताया गया है। अब तक नक्सल प्रभावित क्षेत्रों के बारे में सरकारी कार्रवाईयों का अनुभव भी यही रहा है कि यहां पुलिस एक्शन तो बड़े पैमाने पर शुरू हो जाते हैं लेकिन नक्सली गतिविधियों की जड़ों में जो आर्थिक, राजनैतिक, सामाजिक असमानता के कारण को सत्ता जिम्मेदार मानती है, उसे दूर नहीं कर पाती है। भारत में यह खास तौर से देखा जाना चाहिए कि नक्सलियों की गतिविधियां उन्हीं राज्यों में हैं जहां दूसरी हथियारबंद शक्तियां नहीं हैं और जहां क्षेत्र विशेष की चरित्र वाली संसदीय शक्तियां अपनी पहचान खो चुकी हैं। इस तरह देश में किसी न किसी रूप में हथियारबंद समूहों की मौजूदगी की स्थितियां लगातार न केवल बनी हुई हैं बल्कि अंग्रेजों के जाने के बाद से विकसित हुई हैं। इस समय आंतरिक सुरक्षा और आदिवासी को खासतौर से जोड़कर देखा जा रहा है।

1. भारत में नक्सलवाद
   A. कानून एवं व्यवस्था की समस्या है।
   B. राज्यों की समस्या है।
   C. आर्थिक पिछड़ेपन एवं सामाजिक असमानता से उपजी समस्या है।
   D. हथियारबंद समूहों की समस्या है।

2. उपर्युक्त उद्धरण के आधार पर सही कथन का चयन कीजिए।
   A. नक्सलवाद से निपटने के लिए राज्य सरकारों के पास कोई स्वतंत्र कार्य योजना नहीं है।
   B. आर्थिक विकास की तुलना में विशेष पुलिस फोर्स पर अधिक निर्भरता की सरकारी नीति।
   C. नक्सलवाद की समस्या अंग्रेजों की फूट डालो और राज करो की नीति का ही परिणाम है।
   D. A एवं B दोनों।

3. निम्न में से कौन नक्सलवाद के उदय का कारण है?
   A. आर्थिक पिछड़ापन
   B. सामाजिक असमानता
   C. क्षेत्र विशेष की चरित्र वाली संसदीय शक्तियों का पहचान खोना
   D. उपरोक्त सभी।

गद्यांश-3

भारत के पूर्वी एशिया से गहरे ऐतिहासिक और सांस्कृतिक संबंध रहे हैं। प्राचीन काल में कई भारतीय सम्राटों ने दक्षिण पूर्व एशियाई देशों में भारत की संस्कृति का प्रचार किया। बौद्ध धर्म भी सम्पर्क का एक माध्यम बना। ये संबंध अठारहवीं शताब्दी तक रहे, लेकिन ब्रिटेन के आधिपत्य में आने के बाद अंतर्राष्ट्रीय जगत् में भारत एक स्वतंत्र खिलाड़ी नहीं रहा।

आजादी के बाद भारत ने फिर से पूरब की ओर देखने का प्रयास किया और नई दिल्ली में अप्रैल 1947 में 'एशियाई

बंधुत्व' कायम करने की इन आरम्भिक कोशिशों की परिणति 'हिन्दी चीनी भाई-भाई' जैसे नारों और बांडुंग सम्मेलन व गुटनिरपेक्ष आंदोलन के रूप में सामने आई, लेकिन चीन के साथ 1962 के युद्ध और शीतयुद्ध कालीन घटनाओं ने भारत को एक बार फिर पूरब से दूर कर दिया। पिछली शताब्दी में कई भारतीय इतिहासकारों ने नये साक्ष्यों के आधार पर दक्षिण-पूर्वी एशियाई देशों को भारत के 'सांस्कृतिक उपनिवेश' के रूप में पेश करके उन देशों में गलत संदेश दिया, क्योंकि कुछ ही समय पहले औपनिवेशिक गुलामी से आजाद हुए इन देशों में राष्ट्रवादी भावनाएं उफान पर थीं। भारत की पूर्वोन्मुखी नीति का वर्तमान स्वरूप 1992 में सामने आया जब शीतयुद्ध की समाप्ति हो चुकी थी और भारत आर्थिक उदारीकरण का मार्ग अपना चुका था। इस बार व्यापार और वाणिज्य संबंध का मुख्य आधार बने।

1. प्राचीन काल में भारत के पूर्व एशियाई देशों के साथ संबंध का मुख्य आधार क्या था?

A. व्यापार   B. राजनीतिक संबंध

C. धर्म   D. A एवं C दोनों

2. उपरोक्त उद्धरण के आधार पर निम्न में से कौन-सा कथन सही है?

A. प्राचीन काल में भारत के पूर्वी एशियाई देशों के साथ घनिष्ठ व्यापारिक संबंध थे।

B. मुसलमानों के आगमन के बाद भारत अंतर्राष्ट्रीय जगत में अलग-थलग पड़ गया।

C. गुट निरपेक्ष आंदोलन द्वारा एशियाई बंधुत्व को बढ़ावा दिया गया।

D. भारत की पूर्वोन्मुखी नीति का वर्तमान स्वरूप 1980 के दशक में सामने आया।

3. सांस्कृतिक उपनिवेश से लेखक का क्या अभिप्राय है?

A. सांस्कृतिक तौर पर समान होना

B. दूसरे की संस्कृति से प्रभावित होना

C. सांस्कृतिक विसंक्रमण

D. सांस्कृतिक आच्छादन

4. एशियाई देशों के साथ भारत के संबंध में सबसे बड़ी बाधा रही है–

A. राजनीतिक प्रतिस्पर्धा

B. सीमित व्यापार

C. इतिहास की गलत व्याख्या

D. उपरोक्त सभी

गद्यांश-4

अंतर्राष्ट्रीय मुद्राकोष के एक अध्ययन के मुताबिक भारत में रेमिटेंस इसलिए बढ़ा है, क्योंकि भारत से ऑस्ट्रेलिया, कनाडा और अमेरिका जाने वाले भारतीय प्रवासियों की संख्या तेजी से बढ़ी है। इन प्रवासियों में कुशल पेशेवरों की संख्या काफी है, जिन्हें वहां ऊंचा वेतन हासिल होता है। इससे भारतीय प्रवासियों की औसत आय बढ़ी है, लिहाजा भारत में रेमिटेंस ज्यादा आने लगा है। इन दिनों दुनिया के विकसित देशों के आर्थिक विकास की जो रिपोर्टें प्रकाशित हो रही है, उनमें बताया जा रहा है कि प्रवासी भारतीय विकसित देशों के सबसे महत्त्वपूर्ण विकास सहभागी बन गये हैं। कारण यह है कि दुनिया के विकसित देश प्रवासी भारतीयों को अधिक सम्मान देते हुए उन्हें अपने देश में रोकने के लिए हरसंभव प्रयास कर रहे हैं। आर्थिक सहयोग और विकास संगठन (ओईसीडी) के द्वारा जारी की गयी प्रवासी रिपोर्ट में भारतीयों को दुनिया का सबसे योग्य प्रवासी बताया गया है। रिपोर्ट में कहा गया है कि विकसित देशों में जाने वाले विभिन्न देशों के प्रवासियों में सेवा भावना, परिश्रम और ईमानदारी के परिप्रेक्ष्य में सबसे ज्यादा योग्य समुदाय भारतीय समुदाय ही है। उच्च कौशल सम्पन्न लोगों में सबसे ज्यादा (40 प्रतिशत से भी ज्यादा) संख्या भारतीयों की है।

1. विकसित देशों में भारतीय प्रवासियों को सम्मान की दृष्टि से देखा जाता है, क्यों?

A. प्रवासी भारतीय इन देशों की विकास प्रक्रिया में सहभागी हैं।

B. प्रवासी भारतीय इन देशों में भारतीय संस्कृति एवं मूल्यों का प्रसार कर रहे हैं।

C. A एवं B दोनों

D. दोनों में से कोई भी नहीं।

2. उपरोक्त उद्धरण के आधार पर निम्न में से कौन-सा कथन सही है?

A. विकसित देश प्रवासी भारतीयों को अपने यहां रोकने का हर संभव प्रयास करते हैं।

B. अन्य देशों की तुलना में भारतीय प्रवासी उच्च कौशल से संपन्न हैं।

C. विदेशों में भारतीयों के साथ भेदभाव किया जाता है।

D. A एवं B सही हैं।

3. लेखक के अनुसार भारत में रेमिटेंस बढ़ने का मुख्य कारण है–

A. भारत में सेवा क्षेत्र का विकास

B. प्रवासी भारतीयों द्वारा देश में भेजा जाने वाला धन

C. भारत में विदेशी निवेश में वृद्धि

D. उपरोक्त सभी

4. भारतीयों को दुनिया का सबसे योग्य प्रवासी माना जाता है, क्यों?

A. ये उच्च कौशल संपन्न हैं।

B. ये परिश्रमी एवं ईमानदार हैं।

C. इनमें सेवा भावना अधिक दिखती है।

D. उपरोक्त सभी

गद्यांश-5

आतंकवाद और तोड़फोड़ की तमाम घटनाएं, जिन्हें देश की संप्रभुता और स्थायित्व के दुश्मनों द्वारा अंजाम दिया जाता है, आंतरिक सुरक्षा की समस्या पैदा करती हैं। व्यापक पैमाने पर

हिंदी

हिंसा, जैसे मजहबी या जातीय दंगे, लोक व्यवस्था की परिधि में एक व्यक्ति या व्यक्तियों के एक समूह द्वारा किये जा रहे अपराध आते हैं। इन दोनों वर्गों के अपराधों की जांच-पड़ताल अलग-अलग तरीके से की जाती है। सबसे पहले कानून एवं व्यवस्था के मुद्दे को लेते हैं। यह निराशाजनक है कि आपराधिक मामलों की संख्या और उनके घटित होने की आशंका बढ़ती जा रही है, लेकिन न तो जांच-पड़ताल और कानूनी कार्रवाई के तौर-तरीके में बदलाव आ पा रहा है और न ही पुलिस बल का आचार-व्यवहार बेहतर हुआ है।

देश में बहुत बड़ी संख्या में मामले दर्ज नहीं कराए जाते या फिर पुलिस दर्ज नहीं करती। भारत में हर मिनट भारतीय दंड संहिता से संबद्ध औसतन तीन अपराध और विशेष व स्थानीय कानूनों से संबंधित छह अपराध होते हैं। महिलाओं के साथ होने वाले अपराधों की स्थिति तो विचलित कर देने वाली है। हर 15 मिनट में एक महिला के साथ छेड़छाड़, हर 29 मिनट में एक दुष्कर्म की घटना और हर 77 मिनट में दहेज हत्या होती है। इनमें भी केवल 30 फीसदी दर्ज मामलों पर ही अदालती कार्रवाई होती है।

1. निम्न में से कौन-सी समस्या आंतरिक सुरक्षा के लिए खतरा है?
A. आतंकवादी घटनाएं B. मजहबी हिंसा
C. जातीय दंगे D. उपरोक्त सभी

2. उपरोक्त उद्धरण के आधार पर निम्न में से कौन-सा कथन सही नहीं है?
A. देश में आपराधिक मामलों की संख्या में वृद्धि हुई है।
B. पिछले कुछ वर्षों में कानूनी कार्रवाई के तौर तरीकों में बदलाव हुआ है।
C. पुलिस का नजरिया भी इन वर्षों में बदला है।
D. B एवं C दोनों

3. महिलाओं के साथ होने वाले अपराध मुख्य रूप से किस श्रेणी में आते हैं?
A. राजनीतिक अपराध B. कानूनी अपराध
C. सामाजिक अपराध D. B एवं C दोनों

4. देश में बढ़ते अपराध का मुख्य कारण है–
A. कानून एवं व्यवस्था की खामियां
B. अपराधियों का राजनीतिक संरक्षण
C. सामाजिक जागरूकता का अभाव
D. उपरोक्त सभी

गद्यांश-6

एडम स्मिथ को मुक्त बाजार की अवधारणा का प्रतिपादक माना जाता है। उनकी मान्यता थी कि यदि आर्थिक प्रक्रिया में राज्य कोई हस्तक्षेप न करे तो उत्पादन में विकास होता जायेगा और एक 'अदृश्य हाथ' उसके लाभों को निम्नतम स्तर तक पहुंचा देगा। आजकल जिस उदारीकरण की नीति का बोलबाला है, उसका अर्थशास्त्रीय तात्त्विक आधार एडम स्मिथ ने अपने प्रसिद्ध ग्रंथ 'वेल्थ ऑफ नेशंस' में 1776 में प्रस्तुत किया था। भूमंडलीकरण इस उदारीकरण का ही स्वाभाविक अनुज, बल्कि उदारीकरण का अंतर्राष्ट्रीय अवतार है। इसका सीधा तात्पर्य यह है कि आर्थिक प्रक्रिया एक स्वायत्त प्रक्रिया है और उसमें हस्तक्षेप विकास को बाधित करता है।

अर्थशास्त्रीय दृष्टि से भी मुक्त बाजार की प्रतिस्पर्धा कीमतों को कम रखने और आर्थिक सेवाओं को अधिक कुशल बनाने में सहायक होगी, जिसका स्वाभाविक परिणाम होगा उपभोक्ता अर्थात् समाज को कम कीमत में अधिक कुशल उत्पाद या सेवा मिलना। बाजार में प्रतिस्पर्धा की कमी एकाधिकारवादी आर्थिक प्रक्रिया का रास्ता सुगम करती है और इसके चलते वह उपभोक्ता के बजाय उत्पादक के लिए अधिक लाभकारी हो जाती है। आदर्श बाजार वह है जिसमें ग्राहक और उत्पादक दोनों पक्षों को मोलतोल करने की पूरी स्वतंत्रता और शक्ति हो और ऐसा केवल मुक्त बाजार की अर्थव्यवस्था में ही संभव है।

1. मुक्त बाजार की अवधारणा का क्या अभिप्राय है?
A. बाजार की गतिविधियों में सरकार का हस्तक्षेप न होना
B. बाजार की अंतःक्रिया में मांग एवं पूर्ति का हस्तक्षेप न होना
C. बाजार का बाह्य आर्थिक प्रभावों से मुक्त होना
D. A एवं C दोनों

2. उपरोक्त उद्धरण के आधार पर सही कथन का चयन कीजिए।
A. मुक्त बाजार की अवधारणा का प्रतिपादक एडम स्मिथ था।
B. वेल्थ ऑफ नेशंस का प्रकाशन 1876 में हुआ।
C. भूमंडलीकरण बाजार की गतिविधियों से स्वतंत्र आर्थिक क्रिया का समर्थक है।
D. A एवं C दोनों

3. आधुनिक आर्थिक तंत्र के बारे में निम्न में से कौन-सा कथन सही है?
A. बाजार प्रतिस्पर्धा के कारण कीमतों में कमी आती है।
B. भूमंडलीकरण के कारण बाजार की प्रतिस्पर्धा में कमी आई है, क्योंकि बड़ी कंपनियों ने बाजार पर अपना आधिपत्य कायम कर लिया है।
C. भूमंडलीकरण के कारण आर्थिक सेवाओं में अधिक कुशलता आई है।
D. A एवं C दोनों

4. एकाधिकारवादी आर्थिक क्रिया के लिए उत्तरदायी कारण है–
A. बाजार में प्रतिस्पर्धा की कमी
B. राज्य का आर्थिक क्रियाओं में हस्तक्षेप
C. बाह्य बाजार का हस्तक्षेप
D. A एवं C दोनों

गद्यांश-7

तिब्बत पर पूरी तरह शिकंजा कसने के लिए चीन सभी हथकंडे अपना चुका है। चीन ने बड़ी संख्या में हान वंशी चीनियों को तिब्बत में बसाया है। इससे वहां की जनांकिकी चीन के पक्ष में जाने का खतरा है। चीन जानबूझकर तिब्बत में हान वंशियों की वास्तविक संख्या नहीं बताता। यही सिलसिला चलता रहा तो वह दिन दूर नहीं जब तिब्बती बौद्ध अपने ही देश में अल्पसंख्यक बन कर रह जाएंगे। चीन ने 2006 में तिब्बत को चीन से जोड़ने वाले रेलमार्ग की शुरूआत की जिसका स्थानीय बौद्ध लोग काफी विरोध कर रहे हैं। उनका आरोप है कि नए रेलमार्ग से चीन को तिब्बत पर शिकंजा कसने में न केवल आसानी होगी, बल्कि तिब्बतवासी सांस्कृतिक और आर्थिक रूप से और अधिक हाशिये पर आ जाएंगे।

तिब्बतियों पर जिस तरह के कहर ढाये जा रहे हैं- उससे बहुत ज्यादा आश्चर्य नहीं करना चाहिए, क्योंकि साम्यवादी चीन को दमन के अलावा कोई दूसरा तरीका नहीं आता। चीन किसी भी लोकतांत्रिक आंदोलन को सख्ती से निपटाने में विश्वास करता है। दूसरी ओर भारत, बहुभाषी, बहुधर्मी और बहुसांस्कृतिक देश होने के कारण यह जानता है कि लोकतांत्रिक ढांचे के बिना स्थायी शांति संभव नहीं है। किसी आंदोलन को सैन्य शक्ति के सहारे दबाया तो जा सकता है, लेकिन उसे पूरी तरह खत्म नहीं किया जा सकता। चीन द्वारा तिब्बत पर अर्द्धशताब्दी से ज्यादा तक जबरन कब्जा करने के बावजूद तिब्बतियों के दिल में आजादी की ज्वाला अभी तक जल रही है और दलाई लामा के जीवित रहते हुए तो चीन अपनी साम्राज्यवादी मंशाओं को पूरा नहीं कर सकता।

1. तिब्बत पर अपना प्रभाव बढ़ाने के लिए चीन ने कौन-सा कदम उठाया है?
- A. तिब्बत में बड़ी संख्या में हानवंशी चीनियों को बसाया जा रहा है।
- B. तिब्बत के चीन में विलय का प्रस्ताव पारित कर दिया है।
- C. तिब्बत को चीन का स्वायत प्रदेश घोषित कर दिया है।
- D. उपरोक्त सभी

2. तिब्बत में चीन द्वारा निर्मित रेलमार्ग का विरोध किया जा रहा है, क्यों?
- A. इससे तिब्बत पर चीन के प्रभाव में वृद्धि होगी।
- B. तिब्बतवासी सांस्कृतिक एवं आर्थिक रूप से अधिक हाशिये पर चले जाएंगे।
- C. भारत के साथ तिब्बतियों का संबंध टूट जाएगा।
- D. A एवं B दोनों

3. तिब्बत में स्थायी शांति कैसे कायम हो सकती है?
- A. चीन के प्रभाव में कमी लाकर
- B. उसे चीनी प्रभाव से मुक्त स्वायत प्रदेश का दर्जा देकर
- C. लोकतांत्रिक ढांचे की स्थापना द्वारा
- D. B एवं C दोनों द्वारा

4. उपरोक्त उद्धरण के आधार पर सही कथन का चयन कीजिए।
- A. चीन तिब्बत में अपने सांस्कृतिक प्रभाव का विस्तार करना चाहता है।
- B. चीन ने तिब्बत में बड़ी संख्या में चीनियों को बसाना शुरू किया है।
- C. चीन अपने प्रभाव क्षेत्र में किसी भी प्रकार के लोकतांत्रिक आंदोलन का विरोधी है।
- D. उपरोक्त सभी

गद्यांश-8

आज की सियासत की सबसे बड़ी सच्चाई यह है कि हम गठबंधन यानी अलायंस के जमाने में चल रहे हैं। कोई नहीं जानता कि यह दौर कब खत्म होगा। ऐसे समय में गठबंधन धर्म को सबसे बड़े मंत्र की तरह दोहराया जाता है। गठबंधन बनाने और चलाने के चैलेंज का अहसास सबको है, लेकिन क्या वजह है कि इसके बावजूद हमारे देश में पॉलिटिकल अलायंस का कल्चर उस तरह से मजबूत नहीं हो पा रहा जैसा यूरोप के कई देशों में है। हमारे यहां अलायंस हमेशा कमजोर रहते हैं। उनका वजूद अक्सर खतरे में पड़ता दिखता है, जैसा हाल में दिखा। साझेदारी को लेकर तनाव पैदा होते रहते हैं और समर्थन के नाम पर सियासी ब्लैकमेलिंग का बोलबाला है। हमारे अलायंस रजामंदी का खेल नहीं मजबूरी का सौदा लगते हैं।

हमें यह नहीं भूलना चाहिए कि केंद्र में गठबंधन सरकारें कई कारकों का मिलाजुला नतीजा होती हैं। अगर कांग्रेस का कमजोर होना एक कारक है, तो बीजेपी को भी कुछ क्षेत्रों के अलावा पूरे देश में स्वीकार नहीं किया जाना गठबंधन सरकार को एक प्रभावी तंत्र के रूप में स्थापित करने वाला कारक है। इन दोनों विषयकों के अलावा अपने-अपने राज्यों में मजबूत जनाधार वाले क्षेत्रीय दलों का उभरना भी इन्हीं कारकों में शामिल है। यूपी में समाजवादी पार्टी, बहुजन समाज पार्टी, बिहार में जनता दल (एकीकृत), उड़ीसा में बीजू जनता दल, पंजाब में अकाली दल, आंध्र प्रदेश में तेलुगू देशम पार्टी, तमिलनाडु में एआईएडीएमके और डीएमके कुछ ऐसे क्षेत्रीय दलों के उदाहरण हैं जो क्षेत्रीय के साथ-साथ राष्ट्रीय राजनीति में भी अपनी महत्त्वपूर्ण भूमिका निभाते हैं। 2009 के लोकसभा चुनावों में क्षेत्रीय दलों का महत्व कुछ कम हुआ है और कांग्रेस पार्टी का विस्तार हुआ है। यह देश के लिए बहुत शुभ लक्षण है।

1. भारत में राजनीतिक गठबंधन की सबसे बड़ी कमी क्या है?
- A. इनमें बड़े और छोटे दल एक साथ शामिल होते हैं।
- B. हमारे यहाँ राजनीतिक गठबंधन वैचारिक समानता के आधार पर नहीं बनते बल्कि मजबूरी का सौदा होते हैं।

C. A एवं B दोनों।
D. दोनों में से कोई भी नहीं।

2. हाल ही में भारत में कई गठबंधन सरकारें बनी हैं। इसके लिए कौन-सा कारण उत्तरदायी है?
A. कांग्रेस का सिमटता जनाधार
B. कांग्रेस के प्रभावी विकल्प के रूप में किसी अन्य पार्टी का न उभर पाना
C. क्षेत्रीय पार्टियों का उभरना
D. उपरोक्त सभी

3. यूरोपीय देशों की तुलना में भारत में गठबंधन की संस्कृति कमजोर रही है, क्यों?
A. भारत में राजनीतिक दलों की बहुलता।
B. राजनीतिक दलों के बीच वैचारिक मतभेद।
C. संकीर्ण राजनीतिक हित एवं मानसिकता।
D. उपरोक्त सभी।

4. उपरोक्त उद्धरण के आधार पर सही कथन का चयन कीजिए।
A. 2009 के लोकसभा चुनाव में क्षेत्रीय दलों का महत्व कुछ कम हुआ है।
B. इस चुनाव में बिहार एवं बंगाल में कांग्रेस जनाधार का विस्तार हुआ है।
C. क्षेत्रीय पार्टियों को करारी हार का सामना करना पड़ा।
D. उपरोक्त सभी।

गद्यांश-9

कर्त्तव्य एक नैतिक बंधन है। यह एक तरह से ऋणी होने के समान है, जिस सामाजिक प्राणी के साथ हम रह रहे होते हैं। हमें अपने साथ रहने वालों के लिए इसकी अनुमति मिलनी चाहिए। हमारे जीवनवृत्ति का अधिकार संकेत देता है कि यह हमारा कर्त्तव्य है कि हम उन साथ रहने वाले प्राणियों को भी अपने समान ही जीवन की परिस्थितियां उपलब्ध कराएं। वास्तव में अधिकार और कर्त्तव्य परस्पर संबद्ध हैं। किसी एक के संबंध में अधिकार दूसरे का कर्त्तव्य हो सकता है। अधिकार और कर्त्तव्य एक सिक्के के दो पहलू हैं। हमें दूसरे के ओहदों का हमेशा ख्याल रखना चाहिए। नैतिक कर्त्तव्य, वैद्यानिक अधिकार की अपेक्षा ज्यादा प्रभावी होते हैं। नैतिक कर्त्तव्य वह कर्त्तव्य है जो लोगों को नैतिक स्तर पर बांध कर रखती है। यह हमारा नैतिक कर्त्तव्य है कि हम गरीबों की मदद करें क्योंकि वह एक प्राणी और समाज का अंग है।

हमें उन परिस्थितियों के निर्माण के लिए हमेशा प्रयास करना चाहिए जिनसे मानवता का कल्याण हो सके। यह हमारा अनुकरणीय कर्त्तव्य है कि हम अपने माता-पिता की आज्ञा मानें और उन्हें सम्मान दें। यह कर्त्तव्य जिम्मेवारी की चेतना से पैदा होता है जो कि प्रत्यक्षतः हमारे अंतःकरण से संबंधित है। इस प्रकार से यह एक नैतिक कर्त्तव्य है जिसमें कोई व्यक्ति बिना वैधानिक बंधन के ही ऋणी है।

कर्त्तव्य की चेतना, सही तरीके से सभ्यता के विकास की सर्वश्रेष्ठता है। पाखंड कर्त्तव्य की चेतना के एकदम विपरीत है। पाखंड में जहां दुरात्मा का समावेश है, वहीं कर्त्तव्य में यथार्थता और विश्वस्तता का समावेश है।

1. गद्यांश के अनुसार वैधानिक कर्त्तव्य है:
A. नैतिक कर्त्तव्य की अपेक्षा अधिक महत्त्वपूर्ण
B. नैतिक कर्त्तव्य की अपेक्षा कम महत्त्वपूर्ण
C. नैतिक कर्त्तव्य की अपेक्षा अधिक प्रभावी
D. नैतिक कर्त्तव्य की अपेक्षा कम प्रभावी

2. निम्न में से कौन-सा वाक्य गद्यांश के अनुसार सही नहीं है?
A. पाखंड में दुष्टता का समावेश
B. पाखंड का कर्त्तव्य के विपरीत होना
C. कर्त्तव्य में यथार्थता का समावेश
D. कर्त्तव्य की चेतना का सभ्यता के विकास के लिए महत्त्वपूर्ण न होना

3. निम्न में से किन नैतिक कर्त्तव्यों का उल्लेख गद्यांश में नहीं किया गया है?
A. नैतिक कर्त्तव्य हमारी मातृभूमि से बढ़कर है
B. नैतिक कर्त्तव्य हमारे माता-पिता से बढ़कर है
C. नैतिक कर्त्तव्य गरीब से बढ़कर है
D. नैतिक कर्त्तव्य मानव-कल्याण में योगदान है

4. निम्न में से कौन नैतिक कर्त्तव्य से संबंधित नहीं है?
A. जिम्मेवारी की चेतना
B. सद्विचार
C. पाखंड
D. यथार्थता

5. हमें माता-पिता के प्रति आज्ञाकारी और सम्मानपूर्ण होना चाहिए, क्योंकिः
A. यह जिम्मेवारी की चेतना है
B. यह वैधानिक बाध्यता है
C. यह सभ्यता है
D. यह पाखंड है

गद्यांश-10

ऐसे महान् चिन्तकों को जिनकी शिक्षाएँ वैश्विक हैं, अपने समय के संदर्भ से ही समझा जा सकता है। बुद्ध को व्यापक रुप में गलत समझा गया है। व्यवहारवादियों, अज्ञेयवादियों, निरीश्वरवादियों तथा नैतिक मानवतावादियों ने उन्हें अपने दर्शन का प्रचार करने वाला माना है। बुद्ध की शिक्षाओं को भारत की ईसा-पूर्व छठी शताब्दी को समझकर ही ठीक प्रकार से समझा जा सकता है क्योंकि उनका आविर्भाव उसी शताब्दी में हुआ था किन्तु ऐसा करना अपेक्षाकृत कठिन कार्य है।

ईसा-पूर्व छठी शताब्दी के भारत में बहुत प्रकार की विचारधाराएँ और सम्प्रदाय थे तथापि सभी सम्प्रदाय आत्मा के पुनर्जन्म, कर्म के दर्शन एवं मानव के चरम लक्ष्य निर्वाण के

विषय में सहमत थे। बुद्ध ने इन सिद्धान्तों को स्वीकार किया है, यद्यपि उन्होंने धार्मिक सिद्धान्तवाद को अस्वीकार किया है, किन्तु उनका योगदान नैतिकता तथा सदाचार की उत्कृष्टता को महत्वपूर्ण मानने में था। उन्होंने हृदय को शान्ति प्रदान करने की आवश्यकता तथा नैतिकता के नियमों के अनुसरण पर विशेष बल दिया। दुःखों का अन्त शरीर की भूख को शान्त करने तथा हमारे संवेगों पर दृढ़ता से नियंत्रण करने से हो सकता है।

बुद्ध की रुचि ईश्वर में नहीं थी बल्कि मनुष्य और मानव-प्रयासों में थी। अपनी साधना और अपने प्रयत्नों से मानव अपने आपको देवत्व की ऊँचाई तक उठा सकता है, यद्यपि भक्ति-सम्बन्धी तत्त्वों के बिना भी बुद्ध की शिक्षाएँ मुख्य रूप से धार्मिक हैं। बुद्ध के अन्दर आध्यात्मिक गहराई, नैतिक दृढ़ता तथा बौद्धिक स्पष्टता का भण्डार समाहित है। समय के व्यतीत होने के साथ-साथ उनके द्वारा की गई मानवता की सेवा का विश्वव्यापी समादर हो रहा है। उनका संदेश सभी काल के लिए सार्थक है।

1. बुद्ध ने अधिक महत्व प्रदान किया
A. ईश्वर को न कि मनुष्य को
B. मनुष्य तथा ईश्वर दोनों को
C. न ईश्वर को और न मनुष्य को
D. मनुष्य-मात्र को न कि ईश्वर को

2. महान विचारकों को ठीक से किसके द्वारा समझा जा सकता है?
A. ई. पू. छठी शताब्दी के भारत को समझने से
B. जिस काल में वे रहे हैं उस काल की सापेक्षता में उन्हें समझने से
C. बुद्ध की शिक्षाओं का ठीक-ठीक समादर करने से
D. उनके विचारों और दर्शन का अध्ययन करने तथा समझने से

3. बुद्ध ने किस पर जोर दिया?
A. ईश्वर की भक्ति पर
B. कर्मकाण्ड पर
C. प्रार्थना पर
D. आचारशास्त्र तथा नैतिक नियमों पर

4. परिच्छेद के अनुसार बुद्ध की शिक्षाएँ मुख्य रूप से धर्मसम्बन्धी हैं,
A. आध्यात्मिक गहराई के कारण
B. नैतिक दृढ़ता के कारण
C. क्योंकि विशुद्ध रूप से बौद्धिक नहीं हैं
D. उपर्युक्त सभी के कारण

गद्यांश-11

मनुष्य का सुखी जीवन संतुलित प्राकृतिक पर्यावरण पर निर्भर करता है। मानव की बढ़ती जनसंख्या और तज्जन्य आवश्यकताएँ प्रकृति के संतुलन को बिगाड़ रही हैं। पर्यावरण में दूषित तत्त्वों की मात्रा आवश्यकता से अधिक बढ़ जाती है तो पर्यावरण का यह असन्तुलन प्रदूषण का रूप ले लेता है। मानव की आवासीय, औद्योगिक नगरीकरण, कृषि उत्पादन में वृद्धि करने की समस्याओं ने प्रकृति के संतुलन को बिगाड़कर प्रदूषण को बढ़ाया है। यातायात-साधनों की वृद्धि, वृक्षों की अंधाधुंध कटाई से वातावरण में ऑक्सीजन की कमी और कार्बन डाइ-आक्साइड की वृद्धि हो गई है। पॉप संगीत और रॉक संगीत तथा हॉर्न बजाने से ध्वनि प्रदूषण बढ़ रहा है। वातावरण को प्रदूषित कर हम अपनी मृत्यु को स्वयं ही निमंत्रण दे रहे हैं। प्रदूषण की वृद्धि के लिए मानव ही उत्तरदायी है। अतः इसके निवारण के लिए सर्वप्रथम अपने मानसिक प्रदूषण को दूर करना होगा। वृक्षारोपण, पेयजल-शुद्धीकरण, रासायनिक विस्फोटों पर नियंत्रण, कर्णभेदी ध्वनि विस्तारक यंत्रों, वाहनों और संगीत को रोकने के उपायों से मानव जीवन को प्रदूषण मुक्त बनाना होगा, तभी मानव जीवन सुखमय हो सकता है।

1. 'अपनी मृत्यु को स्वयं निमंत्रण देने' का अभिप्राय क्या है?
A. आत्महत्या करना
B. जीने की इच्छा छोड़ देना
C. हताश हो जाना
D. वातावरण को प्रदूषित करना

2. मानव जीवन को सुखी कैसे बनाया जा सकता है?
A. औद्योगीकरण से
B. जनसंख्या नियंत्रण से
C. संतुलित पर्यावरण से
D. यातायात साधनों की वृद्धि से

3. कर्णभेदी संगीत से किस प्रकार का प्रदूषण होता है?
A. वायु प्रदूषण B. ध्वनि प्रदूषण
C. पर्यावरण प्रदूषण D. मानसिक प्रदूषण

4. 'वृक्षारोपण' से प्रमुख लाभ क्या है?
A. मृदा संरक्षण
B. जड़ी-बूटियों, औषधियों की पूर्ति
C. वातावरण में वायुशुद्धि
D. रेगिस्तान वृद्धि की रोकथाम

5. पर्यावरण असन्तुलन के लिए कौन उत्तरदायी है?
A. मानसिक प्रदूषण
B. ध्वनि प्रदूषण
C. वृक्षों की अंधाधुंध कटाई
D. प्राकृतिक प्रकोप

गद्यांश-12

विकसित देशों के लोगों की अपेक्षा अविकसित देशों के लोगों की सोच ग्राम्यता के उत्प्रेरकों के सम्बन्ध में एकदम भिन्न है। वहाँ यह एक प्रकार से मानव के जीवित रहने की क्रिया के लिए केवल भौतिक आवश्यकता है। तीसरी दुनिया के देशों में, जो मुख्य रूप से ग्रामीण हैं, उनका एकमात्र आधार ग्रामीण

विकास ही है, जिसके द्वारा मानव जीवन को इसके वर्तमान अवमानव स्तर से ऊपर उठाया जा सकता है। उन देशों में शताब्दियों से ग्रामीण जीवन जहाँ का तहाँ खड़ा अवरोधित है। उस ग्रामीण जनसंख्या की दशाओं को सुधारने के लिए कुछ नहीं किया गया जो अन्य चार पैर वाले प्रतिरूपों की तुलना में मामूली ढंग से भिन्न है। अविकसित एवं अर्द्धविकसित देशों में अज्ञान, कुस्वास्थ्य तथा गरीबी ग्रामीण जीवन के पर्याय बन गये हैं। लेकिन सबसे दुःखद स्थिति यह है कि इस प्रकार की मानव जनसंख्या ने ऐसा स्वीकार कर लिया है कि यह दुरवस्था अपरिवर्तनीय है। यह एक ऐसी स्थिति है जिसकी कोई दवा नहीं है। उनके जीवन से आशा की सभी किरणें दूर हो गयी हैं। इस प्रकार के देशों में, ग्रामीण विकास किसी प्रकार की भौतिक अथवा अभौतिक विकास के लिए अपरिहार्य शर्त है। इसलिए इन सभी देशों का प्रबुद्ध वर्ग ग्रामीण विकास के प्रश्न पर निरन्तर बढ़-चढ़कर रुचि ले रहा है।

उनके स्वतंत्रता संघर्ष की विरासत का यह एक अंग भी था। भारत जैसे देश में, इस बात को सभी जानते हैं कि स्वतंत्रता आन्दोलन में ग्रामीण विकास की कोशिश एक अविभाज्य अंग था। गाँधीजी जैसे नेताओं को भली-भाँति यह एहसास था कि वास्तविक भारत अवरोधग्रस्त ग्रामों में निवास करता है। शहर जो ज्यादातर पश्चिमी उपनिवेशवाद की उपज हैं, केवल दिखावटी दर्शनीय वस्तुएँ हैं। तब भी दो प्रकार की दुनिया थी – वह जहाँ तड़क-भड़क के जीवन वाले जो शाही रुचियों के सुविधासम्पन्न कुछ गिने-चुने सम्भ्रान्त क्षेत्रवासी रहते थे। वे क्षेत्र छोटे-छोटे टापू जैसे थे जिनको धूल-मिट्टी और गंदगी के विशाल समुद्र ने घेर रखा है और बहुसंख्यक लोग उन स्थानों का प्रतिनिधित्व करते थे।

भारत नगरों से किसी भी तरह अपरिचित नहीं रहा। प्राचीन भारत में, नगर देश के अंगभूत भाग थे जो मूलरूप से शेष सारे देश और समग्र समाज से सम्बन्धित थे। वे संस्कृति के सुमन की भाँति तथा राष्ट्र की कलात्मक उत्कृष्टता के परिचायक थे। आधुनिक नगर केवल दूसरों के शिकार करने वाले परजीवीमात्र हैं जो देश को कमजोर बना रहे हैं।

इसीलिए गाँधीजी ने 'गाँवों की ओर लौट चलो' यह ग्राम आन्दोलन प्रारम्भ किया था। उनके मतानुसार यह आन्दोलन ही भारत को स्वतंत्रता दिलवा सकता था और स्वतंत्रता को सुरक्षित रख सकता था। राष्ट्र की स्वतंत्रता के लिए अपनायी गयी उनकी रणनीति में ग्रामीण विकास गर्व का स्थान रखता था। इस प्रकार ग्रामीण विकास का उद्‌गम स्वतंत्रता संग्राम के मूल में सन्निहित है।

1. इस परिच्छेद के सन्दर्भ में निम्नलिखित में से कौन-सा कथन सत्य नहीं है?
- A. तीसरी दुनिया के देशों की ग्रामीण जनता की यह सोच है कि उनकी अवमानवीय स्थिति सुधर नहीं सकती।
- B. तीसरी दुनिया के देशों के लोगों का जीवन-स्तर केवल ग्रामीण विकास द्वारा उठाया जा सकता है।
- C. आधुनिक नगरों में रहने वाले अधिकांश धनाढ्य लोग वास्तव में ग्रामीण विकास के सम्बन्ध में चिन्तित हैं।
- D. किसी भी प्रकार की अन्य उन्नति और विकास के लिए ग्रामीण विकास सर्वप्रथम आवश्यक है।

2. लोग ग्रामीण विकास में अत्यधिक रुचि ले रहे हैं क्योंकि–
- A. उन्हें इसकी अपरिहार्यता का अनुभव हो चुका है
- B. वे घोर स्वास्थ्य-समस्याओं से दुःखी हैं
- C. निकट भविष्य में कुछ भी सार्थक करना सम्भव नहीं है
- D. अब वे इसके सम्बन्ध में आशावादी हो गए हैं

3. ग्रामीण विकास को भारत के स्वातंत्र्य आन्दोलन का एक अंग समझा गया था, क्योंकि–
- A. केवल ग्रामों में ही शाही रुचि निवास करती थी
- B. देश मुख्य रूप से ग्रामों से बना था
- C. गाँधीजी पश्चिमी उपनिवेशवाद के विरुद्ध थे
- D. उस समय वास्तविक भारत ब्रिटिश हुकूमत के मातहत था

4. परिच्छेद के सन्दर्भ में निम्नलिखित में से कौन-सा कथन सत्य है?
- A. तीसरी दुनिया के अधिकांश देशों का त्वरित गति से नगरीकरण हो रहा है।
- B. भारत का स्वतंत्रता आन्दोलन ग्रामीण विकास का अंगभूत समझा जाता है।
- C. ग्रामीण जनता अपनी दशा सुधारने के बारे में बहुत आशावादी है।
- D. वर्तमान सन्दर्भ में अज्ञान, निर्धनता तथा रुग्ण-स्वास्थ्य ग्रामीण जीवन के अविभाज्य अंग हैं।

5. निम्नलिखित में कौन-सा कथन आधुनिक नगरों वाली दो विपरीत दुनिया का सबसे उपयुक्त वर्णन करता है?
- A. कुछ धनी लोग और अधिक गरीब लोग
- B. चमक-दमक का क्षेत्र और धनाढ्य लोग
- C. वाणिज्यिक तथा औद्योगिक शोषण
- D. पश्चिमी उत्पादों के संरक्षक तथा शाही रुचियों के पोषक

गद्यांश-13

शिष्टजनों द्वारा अनुष्ठित आचरण मात्र कल्पना-उद्‌भूत सामाजिक शिष्टाचार नहीं है अपितु गंभीर वैज्ञानिक रहस्यों से ओत-प्रोत ऐसा संस्कार है जो मानव जीवन में गुणाधान प्रक्रिया को प्रशस्त करता है। भारतीय संस्कृति में शिष्टाचार का श्रीगणेश सामाजिक व्यवहार के सिंहद्वार – अभिवादन से होता है। ईश्वराभिवादन, पूज्यजनों को प्रणाम, नमस्कार, प्राञ्जलि, अञ्जलिपुट, प्रणिपात, नामोच्चारणपूर्वक नमन, प्रदक्षिणापूर्वक सम्मान तथा साष्टांग प्रणाम पर्यायभेद से अभिवादन के ही विविध रूप हैं। प्रतिदिन

या विशिष्ट अवसरों पर कर्म में सफलता और दीर्घायुष्य-प्राप्ति हेतु माता-पिता तथा गुरुजनों को अभिवादन करना केवल भारतीय संस्कृति में ही विद्यमान है। अध्यात्म-विज्ञान की मान्यता है कि किसी वरेण्य व्यक्ति के आगमन पर प्राणस्पन्दन की गति ऊर्ध्वमुखी होकर ऊर्जस्वित हो जाती है। उनका आशीर्वाद प्राप्त कर प्राण ऊर्जावान् बन जाते हैं। आज अन्य क्षेत्रों की भाँति शिष्टाचार के विधि-विधान में प्रदूषण और अवमूल्यन निर्बाध गति से हो रहा है। 'हाय', 'ही', 'हेलो' करने वालों को भला हाथ जोड़कर मस्तक झुकाना कैसे रास आ सकता है? त्याग-वैराग्यसम्पन्न अल्पवयस्क या वयोवृद्धों को अभिवादन करना हमारी पुरातन आचार-पद्धति है।

1. शिष्टाचार का प्रथम सोपान क्या है?

A. कुशलक्षेम पूछना B. मुस्कराते हुए बात करना
C. अभिवादन करना D. भेंट देना

2. गुरुजनों को अभिवादन करने का कौनसा कृत्य विधिसम्मत नहीं है?

A. चरण स्पर्श करना
B. हाथ जोड़कर सिर झुकाना
C. साष्टांग प्रणाम करना
D. हाथ मिलाना

3. आशीर्वाद ग्रहण करने का वैज्ञानिक रहस्य क्या है?

A. मन प्रसन्न हो जाता है
B. प्राण ऊर्जस्वित हो जाते हैं
C. असम्भव कार्य सम्भव हो जाता है।
D. हमारा आत्मविश्वास बढ़ता है

4. सामाजिक कुशलता प्राप्त करने का सिंहद्वार क्या है?

A. श्रीगणेश का पूजन
B. सहभोज का आयोजन
C. प्रत्येक व्यक्ति को अपना गुरु मानना
D. विधिपूर्वक यथायोग्य अभिवादन

5. 'सबहिं मानप्रद आप अमानी' का अभिप्राय है–

A. स्वयं सम्मान की चाह न कर सबको सम्मान देना
B. सबके मान की परवाह करने से पहले अपनी चिन्ता करना
C. मान पाकर आपा न खोना
D. अपने सम्मान के समान दूसरों का भी सम्मान करना

गद्यांश-14

शैक्षिक योजना का उद्देश्य सभी उम्र के वर्ग समूहों की कुल जनसंख्या की शैक्षिक आवश्यकताओं की पूर्ति करना होना चाहिए। निस्संदेह प्राथमिक स्तर से विश्वविद्यालयी स्तर तक शिक्षा का तीन स्तरीय पदानुक्रम परम्परागत शिक्षा की संरचना का सार भाग है तथापित हमें परिधीय शिक्षा जो उतनी ही महत्त्वपूर्ण है, की अवहेलना नहीं करनी चाहिए। आधुनिक अवस्थाओं के अंतर्गत, कार्यकर्त्ताओं को अपने उत्साह को तरोताजा करने की आवश्यकता है अथवा उन्हें एक नई दिशा में बढ़ने या अपने कौशलों को विश्वविद्यालयी प्रोफेसर के स्तर तक बढ़ाने की आवश्यकता है। सेवानिवृत और वृद्धों की भी अपनी आवश्यकताएँ होती हैं। शैक्षिक योजना ऐसी होनी चाहिए जिसमें प्रत्येक की आवश्यकताओं को ध्यान में रखा जाए। शिक्षा की हमारी संरचना इस मान्यता पर आधारित है कि शिक्षा का एक सीमावर्ती बिन्दु होता है। आजकल यह मूलभूत त्रुटि और अधिक हानिकारक बन गई है। एडगर फौरे तथा अन्य सदस्यों द्वारा रचित युनेस्को का 'लर्निंग टू बी' नामक प्रतिवेदन, जो 1973 में प्रकाशित हुआ, यह दावा करता है कि बच्चों की शिक्षा द्वारा स्व-अधिगम के विभिन्न रूपों के लिए भावी प्रौढ़ तैयार होने चाहिएँ। एक व्यवहार्य भावी शिक्षा पद्धति में ऐसे मोड्यूल होने चाहिए जिसमें विभिन्न प्रकार के प्रकार्य सम्मिलित हों और वह विविध सामाजिक अवयवों के लिए उपयोगी हों। और प्रमाण-पत्रों का आधार अध्ययन अवधि न होकर निष्पादन होना चाहिए। इसकी इबारत पहले से ही दीवार पर लिखी हुई है।

इस बात या तथ्य को ध्यान में रखते हुए कि जीवन-पर्यन्त अधिगम या आजन्म शिक्षा के प्रति प्रतिबद्धता के महत्त्व को आजकल शैक्षिक रूप से विकसित देशों में भी विवेचित किया जा रहा है, परंतु इस बात की सम्भाव्यता कि यह विचार शैक्षिक चिंतन का अभिन्न अंग बन जाए बहुत दूर की बात है। क्योंकि इस दिशा में आगे बढ़ने का अर्थ है वर्तमान शैक्षिक संगठनों की पुनर्व्यवस्था से कुछ अधिक करना। कम-से-कम विभिन्न वर्गों के वयस्क अध्येताओं के लिए मुक्त विश्वविद्यालयी प्रोग्राम विकसित करके और परम्परागत महाविद्यालयों और विद्यालयों में प्रसार-सेवाएँ आरंभ करके इसका शुभारंभ किया जा सकता है। साथ ही इन संस्थाओं को चाहिए कि असंख्य सामुदायिक संगठनों, जैसे पुस्तकालय, संग्रहालय, म्युनिसिपल मनोरंजन कार्यक्रम, स्वास्थ्य सेवाएँ आदि, के साथ सहयोग करते रहें।

1. परिच्छेद के अनुसार, वर्तमान शैक्षिक संरचनाएँ निम्नलिखित में से किसको मान्यता देती हैं?

A. सभी व्यक्तियों को उनकी आवश्यकताओं के अनुसार शिक्षित किया जा सकता है
B. वर्तमान में शैक्षिक योजना बहुत अधिक व्यवहार्य है
C. शिक्षा एक निश्चित समय में पूर्ण होने वाली प्रक्रिया है
D. जीवन-पर्यन्त शिक्षा (अधिगम) पर चर्चाएँ चलती रहनी चाहिए

2. दिए गए परिच्छेद के संदर्भ में निम्नलिखित में से कौन-सा सही नहीं है?

A. जीवन-पर्यन्त शिक्षा एक आधुनिक अवधारणा है
B. कर्मियों का ज्ञान तथा उनके कौशलों का निरंतर रूप से अद्यतन होते रहना चाहिए
C. 'लर्निंग टू बी' नामक ग्रंथ इस बात का समर्थन करता है कि शिक्षा का एक सीमांत बिन्दु होता है
D. विद्यालयों तथा महाविद्यालयों में भी विस्तार सेवाएँ आरंभ की जानी चाहिए

हिन्दी

3. जीवन-पर्यन्त शिक्षा को शैक्षिक संरचना के साथ समेकित करने का अभिप्रेत होगा–
   A. परम्परागत विद्यालयों और महाविद्यालयों को बंद कर देना
   B. सभी औपचारिक पाठ्यक्रमों के लिए अधिक समयावधि
   C. वर्तमान शैक्षिक संगठनों का सामान्य पुनर्व्यवस्थापन
   D. इनमें से कोई नहीं
4. लेखक का मुख्य बल किस बात पर है?
   A. परम्परागत पद्धतियों को सुदृढ़ किया जाना चाहिए।
   B. औपचारिक शिक्षा, गैर-औपचारिक शिक्षा से अधिक महत्त्वपूर्ण है
   C. व्यक्ति को सीखना कभी बंद नहीं करना चाहिए
   D. मुक्त शिक्षा प्रणाली का कोई विकल्प नहीं है
5. लेखक के अनुसार, 'जीवन-पर्यन्त शिक्षा' की अवधारणा है
   A. इतनी पुरानी जितनी परम्परागत शिक्षा होती है
   B. जो अभी भी निर्माण अवस्था में हो
   C. जो विकसित देशों में प्रचलित है
   D. जो व्यवहार्य अथवा वांछनीय न हो

गद्यांश-15

मानव-जीवन के सौ वर्षों को चार भागों में बाँटा गया है। वास्तव में सम्पूर्ण जीवन सतत प्रयत्न करते हुए व्यक्तित्व का विकास करने के लिए है। व्यक्तित्व के विकास की दिशा अवस्था के अनुसार बदलती है। विशेष प्रकार की योग्यताओं को विकसित करने के लिए अनुकूल वातावरण की आवश्यकता पड़ती है। आश्रम-व्यवस्था के अनुसार जीवन-भार श्रम करते हुए मानव अधिकाधिक सफलता प्राप्त कर सकता है। जीवन का प्रथम आश्रम ब्रह्मचर्य अधिक से अधिक ज्ञान करने के लिए था। ब्रह्मचर्याश्रम में जो ज्ञान प्राप्त किया जाता है उसी की मात्रा के अनुरूप जीवन की सफलता होती है। इसी के बल पर गृहस्थाश्रम में वह अधिक से अधिक धन कमा कर लोक-कल्याण कर सकता है। मनुष्य की आध्यात्मिक प्रवृत्तियाँ स्वान्तः सुखाय होती हैं। इनके द्वारा वह वानप्रस्थ और संन्यास में शान्ति प्राप्त करता है।

1. वास्तव में सम्पूर्ण जीवन किसलिए है?
   A. सतत प्रयत्न करते हुए व्यक्तित्व के विकास के लिए
   B. श्रम करते हुए सफलता प्राप्त करने के लिए
   C. अधिक से अधिक धन कमाने के लिए
   D. अधिक से अधिक ज्ञान प्राप्त करने के लिए
2. व्यक्तित्व के विकास की दिशा कैसे बदलती है?
   A. योग्यताओं के विकास के अनुसार
   B. अनुकूल वातावरण के अनुसार
   C. अवस्था के अनुसार
   D. सतत प्रयत्नों के अनुसार
3. प्राप्त ज्ञान की मात्रा के अनुरूप क्या होता है?
   A. जीवन की सफलता B. सुख की प्राप्ति
   C. धन की प्राप्ति D. शान्ति की प्राप्ति
4. लोक-कल्याण कब अधिक किया जा सकता है?
   A. ब्रह्मचर्याश्रम में B. वानप्रस्थ में
   C. गृहस्थाश्रम में D. संन्यास में
5. मनुष्य शान्ति किसके द्वारा प्राप्त करता है?
   A. ज्ञान के द्वारा
   B. धन के द्वारा
   C. लोक-कल्याण के द्वारा
   D. आध्यात्मिक प्रवृत्तियों के द्वारा

गद्यांश-16

इन्द्र यह सुनकर स्वयं महर्षि दधीचि के आश्रम में गए और उन्हें मजबूरी कह सुनायी। ऋषि जग-कल्याण के लिए सहर्ष अपना शरीर त्यागने के लिए तैयार हो गए। उनकी हड्डियों से त्वष्ठा ने वज्र बनाया। इस वज्र को हाथ में लेकर इन्द्र दुगुने उत्साह से वृत्रासुर के सम्मुख गए। उनके मेघरूपी रथ के गर्जन से एक बार वृत्रासुर का कलेजा काँप गया। उनके साथ चलते हुए मरुत जोर-जोर से उनकी जयजयकार कर रहे थे। इन्द्र ने सबसे पहले अपने वज्र से वृत्रासुर की माया को काट दिया। फिर भी वह दैत्य बड़ा शक्तिशाली था। अपनी माया से विछिन्न होकर भी वह बहुत देर तक इन्द्र से जूझता रहा। लेकिन अन्त में इन्द्र ने वज्र के प्रहार से वृत्रासुर का सिर काट दिया। वृत्रासुर के मरते ही रुका हुआ जल बह निकला, नदी-नाले फिर से भर उठे और देखते-ही-देखते खेत लहलहा उठे।

1. महर्षि दधीचि एक ऐसे ऋषि थे जिन्होंने :
   A. देवताओं की रक्षा के लिए अपने शरीर का त्याग किया था
   B. योग बल से अपने शरीर को त्याग कर वृत्रासुर के वध हेतु वज्र बनाने के लिए इन्द्र को अपनी अस्थियाँ सुलभ करा दी थीं
   C. वृत्रासुर के वध में इन्द्र की सहायता की थी
   D. वृत्रासुर का वध किया था
2. हमें इस अवतरण से यह प्रेरणा मिलती है कि परोपकार के लिए आवश्यकता पड़ने पर :
   A. अपने शरीर भी दे देना चाहिए
   B. अपना सर्वस्व दे देना चाहिए
   C. अपनी अस्थियाँ दे देनी चाहिए
   D. अपनी सम्पत्ति दे देनी चाहिए
3. इस गद्यांश का उपयुक्त शीर्षक हो सकता है :
   A. दधीचि का आत्मदान
   B. दधीचि का सर्वस्व दान
   C. वृत्रासुर वध
   D. इन्द्र का कोप
4. निम्नलिखित में से सही कथन पर निशान लगाइए :
   A. वृत्रासुर इन्द्र का प्रतिद्वन्द्वी था
   B. वृत्रासुर एक आततायी राक्षस था

C. वृत्रासुर एक महाप्रतापी राक्षस था, जिसने जलावरोध कर रखा था

D. वृत्रासुर उपर्युक्त में से कोई नहीं था

इस उद्धरण में प्रयुक्त निम्नलिखित शब्दों के सही अर्थों पर निशान लगाइए :

5. महर्षि

A. मुनि

B. ऋषि जो ब्राह्मण न हो

C. ऋषि जो ब्राह्मण हो

D. ऋषियों का एक पद विशेष

6. जगकल्याण :

A. संसार का हित

B. संसार की भलाई

C. संसार को सुख देना

D. संसार के लिए आनन्द की व्यवस्था करना

7. वज्र :

A. एक प्रकार का बाजा

B. एक प्रकार का शस्त्र

C. एक प्रकार का आघात

D. पत्थर गिरना या बिजली गिरना

गद्यांश-17

आचार्य शुक्ल जी के गंभीर निबंध 'चिंतामणि' में संग्रहीत हैं। उनमें दो प्रकार के निबंध हैं, एक तो भावों के विश्लेषण से सम्बन्ध रखने वाले निबंध जो भाव-विषयक होते हुए भी आवश्यक नहीं हैं वरन् उच्चकोटि के विचारात्मक हैं, दूसरे साहित्यिक जिनमें कुछ सैद्धांतिक आलोचना से संबंध रखते हैं, जैसे—'साधारणीकरण और व्यक्ति वैचित्र्यवाद' और कुछ व्यावहारिक आलोचनाओं के हैं, जैसे 'भारतेन्दु हरिश्चन्द्र'। आचार्य शुक्ल जी के मनोवैज्ञानिक निबंधों की भी अन्विति उनकी आलोचनाओं से की जा सकती है, वे भारतीय रस सिद्धान्त पर अवलम्बित हैं और उनका सम्बन्ध जीवन सागर के निजी अवगाहन से है। इन निबंधों के भावों का विश्लेषण पर्याप्त मात्रा में हुआ है किन्तु जीवन से चुने हुए उपयुक्त उदाहरणों के कारण यह विश्लेषण दुरूह नहीं होने पाया है। 'लज्जा और ग्लानि' का आधार भारत की आत्मग्लानि है, 'लोभ और प्रीति' का अन्तर समझ लेने पर जायसी के 'रत्नसेन' के प्रेम की आलोचना भली प्रकार समझी जा सकती है।

—काव्य के रूप, डॉ. गुलाब राय

1. उक्त गद्यांश का सम्यक् अनुशीलन करने से पता चलता है कि लेखक ने :

A. शुक्ल जी को समझने में काफी प्रयास किया था

B. शुक्ल जी के साहित्य का सम्यक् अध्ययन किया था

C. शुक्ल जी से दिशाबोध ग्रहण किया था

D. शुक्ल जी को समीप से देखा था

2. डॉ. गुलाब राय की शैली थी :

A. कथा शैली

B. भावना प्रवण शैली

C. विवेचना प्रधान शैली

D. विश्लेषणात्मक शैली

3. डॉ. गुलाब राय ने आचार्य शुक्ल की शैलियों का जो वर्गीकरण किया है वह :

A. अत्यन्त वैज्ञानिक है B. शोधपूर्ण है

C. सर्वांगीण है D. यथातथ्य है

4. उक्त गद्यांश के लिए उचित शीर्षक होगा :

A. आचार्य शुक्ल की निबंध-शैली

B. शुक्ल जी की निबंध-कला

C. निबंध कला और शुक्ल जी

D. हिन्दी के श्रेष्ठ निबंधकार शुक्ल जी

5. अन्विति का अर्थ है :

A. अनुरक्ति B. तालमेल

C. आलोचना D. अर्चना

गद्यांश-18

चीन में न तो वर्ण व्यवस्था थी न जाति-पाँति का भेदभाव। परम्परा के अनुसार सम्मान के मुख्य पात्र क्रमशः विद्वान्, राज्य पदाधिकारी, योद्धा और अध्यापक थे। साधारण लोगों में नौ श्रेणियाँ थीं। अन्न उत्पन्न करने वाले, माली, लकड़हारे, पशु-पक्षी पालने वाले, बुनकर, नौकर-चाकर, कारीगर, व्यापारी और फुटकर काम करने वाले। कुलीनों तथा साधारण लोगों में अथवा श्रेणियों और व्यवसायों में ऊँच-नीच का भेद कायम था। पर यह विभेद नगण्य-सा था। अपनी योग्यता के अनुसार मनुष्य का स्थान घटता-बढ़ता था। लोग आपस में विवाह आदि बिना किसी बाधा के करते थे। चीनियों में विद्वान् और सेनापति विशेष आदर के पात्र समझे जाते थे। हिजड़े, भाँड, गुलाम, हरकारे, वेश्याएँ नीचे के स्तर के लोग थे। चीन में गुलामों की दशा उतनी खराब नहीं थी जितनी रोम तथा यूरोप के देशों के मध्य युग में थी। गुलामों से घरेलू काम कराये जाते थे। उनकी विशेष जाति नहीं थी। उन्हें यद्यपि खरीदा-बेचा जा सकता था तथापि उनसे न तो नीच काम कराए जाते थे और न उन्हें सताया जाता था।

—विश्व इतिहास, डॉ. रामप्रसाद त्रिपाठी

1. उक्त उद्धरण के अध्ययन से पता चलता है कि मध्यकालीन चीन में :

A. जाति प्रथा प्रचलित थी

B. सामाजिक जीवन काफी समुन्नत था

C. सामाजिक जीवन वैभवपूर्ण था

D. वर्ण-व्यवस्था से रहित था

2. उक्त उद्धरण का उपयुक्त शीर्षक हो सकता है :

A. मध्यकालीन चीन का सामाजिक जीवन

B. मध्यकालीन चीन में सामाजिक व्यवस्था

C. चीनी समाज में विविधता

D. चीनी समाज में गिरावट

3. उक्त गद्य खण्ड का सारांश एक पंक्ति में इस प्रकार व्यक्त किया जा सकता है :

A. अन्य तत्कालीन समाजों की तुलना में मध्यकाल में चीन का सामाजिक जीवन समुन्नत था

B. चीन का मध्यकालीन समाज विकास के शिखर पर था

C. चीन मध्यकालीन राज्यों में अग्रणी था

D. मध्यकालीन चीन का सामाजिक जीवन विकासोन्मुख था

4. चीन के सामाजिक इतिहास का अनुशीलन करने से पता चलता है कि चीन में :

A. सामाजिक भेदभाव अवश्य था भले ही वहाँ वर्ण-व्यवस्था नहीं थी

B. समाज के सभी सदस्य एक-सा जीवन नहीं जीते थे

C. चीनी समाज गुलामों को उत्पीड़ित करता था

D. मध्यकालीन चीन में नागरिक सुविधाओं का अभाव था

5. चीन में विशेष आदर के पात्र समझे जाते थे :

A. हिजड़े और भाँड B. विद्वान् और वेश्याएँ

C. विद्वान् और सेनापति D. कारीगर और व्यापारी

गद्यांश-19

आज से सप्तदशक पूर्व सम्पादकाचार्य पराड़करजी ने कहा था—हम सब सम्पादक पत्रों की उन्नति चाहते हैं। पर हमें स्मरण रखना चाहिए कि इस उन्नति के साथ-साथ हमारी स्वातंत्र्य-हानि अवश्यम्भावी है। उन्नति व्यापारी ढंग से ही हो सकती है; इसके लिए पूँजीपति और संचालक व्यवसाय की आवश्यकता है। इनके कथनानुसार और भी पत्र का सम्पादन करना असम्भव हो जाता है। इंग्लैण्ड और अमेरिका के पत्रों में स्पष्ट देखा जाता है कि इनके समाचार स्तम्भ, मनोरंजन स्तम्भ जितने ही अच्छे हो रहे हैं, उनके सम्पादकीय स्तम्भ उतने ही निकम्मे बनते जा रहे हैं। लन्दन के 'टाइम्स' जैसे दो-तीन पत्र इसके अपवाद हैं। पर साधारण नियम वही है जो बताया जा चुका है। एडिटर की अपेक्षा मैनेजिंग एडिटर का प्रभाव और गौरव अधिक बढ़ गया है। भावी हिन्दी समाचार-पत्रों में ऐसा ही होगा। पत्र निकालकर सफलतापूर्वक चलाना बड़े-बड़े धनियों अथवा सुसंघटित कम्पनियों के लिए संभव होगा। पत्र सर्वांगसुन्दर होंगे। आकार बड़े होंगे, छपाई अच्छी होगी, मनोहर, मनोरंजक और ज्ञानवर्द्धक चित्रों से सुसज्जित होंगे, लेखों में विविधता होगी, कल्पकता होगी, गम्भीर गवेषणा की झलक होगी और मनोहारिणी शक्ति भी होगी, ग्राहकों की संख्या लाखों में गिनी जाएगी। यह सब कुछ होगा पर पत्र प्राणहीन होंगे। पत्रों की नीति देशभक्त, धर्मभक्त अथवा मानवता के उपासक महाप्राण सम्पादकों की नीति न होगी—इन गुणों से सम्पन्न लेखक विकृत मस्तिष्क समझे जाएँगे, सम्पादक की कुर्सी तक उनकी पहुँच भी न होगी। वेतनभोगी सम्पादक मालिक का काम करेंगे और बड़ी खूबी के साथ करेंगे। वे हम लोगों से अच्छे होंगे। पर आज भी हमें जो स्वतन्त्रता प्राप्त है वह उन्हें न होगी। वस्तुत: पत्रों के जीवन में यही समय बहुमूल्य है। इंग्लैण्ड और अमेरिका के पत्रों ने उन्हीं दिनों सच्चा काम किया था जब उनके आकार छोटे थे, समाचार कम होते थे, ग्राहक थोड़े होते थे पर सम्पादक की लेखनी में ओज था और प्राण था। उन देशों की इस उन्नति के बहुत कुछ कारण वे ही सम्पादक थे जिनसे धनी घृणा करते थे, शासक क्रुद्ध रहा करते थे और जो हमारे ही जैसे, एक पैर जेल में रखकर धर्मबुद्धि से पत्र सम्पादन किया करते थे। उनके परिश्रम से और कष्ट से पत्रों की उन्नति हुई पर उनके वंश का लोप हो गया। अब संचालक और व्यवस्थापक सर्वेसर्वा हैं, सम्पादक कुछ नहीं है।

(ध्रुवतारा, अप्रैल-जून, 1996 के सौजन्य से)

1. नीचे लिखे विकल्पों में से कौन-सा उपर्युक्त गद्यांश की विषयवस्तु का सही प्रतिपादन करता है?

A. समाचार-पत्र B. समाचार-पत्र के स्वामी

C. सम्पादक का महत्त्व D. लेखक

2. इंग्लैण्ड और अमेरिका के समाचार-पत्रों की क्या विशेषता है?

A. मनोरंजन स्तम्भ अच्छे हैं

B. सम्पादक स्तम्भ अच्छे हैं

C. रंग-बिरंगे हैं

D. सस्ते हैं

3. 'सर्वांगसुन्दर' का क्या तात्पर्य है?

A. सभी गुणों का होना

B. समाचार-पत्र हर प्रकार से अच्छा हो

C. सबसे श्रेष्ठ

D. सबको लुभाने वाला

4. समाचार-पत्रों की उन्नति कैसे हो सकती है?

A. अच्छी मशीन लगाने से

B. व्यापारी ढंग से

C. सम्पादक के कारण

D. पूँजी लगाने से

5. स्वातन्त्र्य-हानि का क्या अर्थ है?

A. स्वतन्त्रता का नाश

B. पराधीनता

C. मनमानी करने पर रोक

D. कृपा

गद्यांश-20

हम विज्ञान युग में जी रहे हैं। हमसे ये आशा नहीं की जाती कि हम अविश्वसनीय मतों अथवा एकांतिक दैवी-संदेशों को सोचे-समझे बगैर आसानी से स्वीकार कर लेंगे। आज के युग में विज्ञान और प्रौद्योगिकी के नित-नूतन आविष्कार हो रहे हैं। प्रकृति के रहस्यों पर से आवरण क्रमश: हटता जा रहा है। यह युग मानववाद का भी है, जिसमें वे धर्म जो मानवीय बुराइयों तथा सामाजिक अपराधों के प्रति संवेदनशील नहीं हैं, आधुनिक व्यक्ति के गले नहीं उतरते। वे धर्म जो विभेद, वैमनस्य और अनैतिकता को बढ़ावा देते हैं तथा एकता, सद्भावना और सामंजस्य को प्रोत्साहित नहीं करते, वे मनुष्य को मनुष्य से लड़ाकर धर्मद्रोहियों के हाथ में अस्त्र बन जाते हैं। विज्ञान की प्रकृति कभी धर्म-विरोधी नहीं

रही है। धार्मिक मतों के पक्ष में मुख्य तर्क प्रायः ब्रह्मांड संबंधी वस्तुपरक विचारों पर आधारित होते हैं। प्राकृतिक धर्म कभी भी किन्हीं आप्त स्रोतों, इल्हामों या परंपराओं पर निर्भर नहीं करता, वह तो अनुभूत अनुभव सिद्ध प्रत्यक्ष तथ्यों के अध्ययन और व्यावहारिकता पर अवलंबित होता है। वैज्ञानिक विधि का अनुसरण करते हुए, प्राकृतिक तथ्यों का सर्वेक्षण करके, युक्तियुक्त तर्क देकर परमसत्ता-विषयक सिद्धान्त का प्रतिपादन किया जाता है। वैज्ञानिक धर्म में ब्रह्मांड को समझने की जिज्ञासा पर बल दिया जाता है। प्राकृतिक ऊर्जा व पदार्थों के जन्म तथा विनाश को समझ सकने की इच्छा होती है। विकास का क्रम ऊर्ध्वमुखी रहा है : यह अप्राण से सप्राण तक; सप्राण से संवेदनशील तक; संवेदनशील से सज्ञान जीवन तक विकसित होता है। सज्ञान प्राणी को आध्यात्मिक प्राणी के रूप में आत्मविकास करना पड़ता है। आध्यात्मिक प्राणी–विशुद्ध ज्ञानी या विचारवान् प्राणी से उतना ऊँचा होता है जितना ज्ञानवान प्राणी संवेदनशील प्राणी से उन्नत होता है। विज्ञान की चेतना में कहीं यह संकेत नहीं मिलता कि पदार्थ से ही सृष्टि का आरंभ हुआ था। परमाणु को विखंडित करने वाले मनुष्य का मन निश्चय ही परमाणु से कहीं अधिक श्रेष्ठ है। प्रकृत की व्यवस्था और प्रगति के अवलोकन से स्पष्ट हो जाता है कि अगणित क्रमबद्ध प्रणालियों का संचालन, किसी सर्वद्रष्टा परम-आत्मा द्वारा किया जा रहा है।

—(ध्रुवतारा—जनवरी, मार्च, 1996 के सौजन्य से)

1. वर्तमान युग का मनुष्य कैसे धर्म को सही समझ सकता है?
A. जो भय पैदा करे
B. वैज्ञानिक व सद्भावना पैदा करने वाला हो
C. जो वैमनस्य और अनैतिक को बढ़ावा दे
D. जो परंपरा पर आधारित हो

2. 'संवेदनशील' का सही अर्थ चुन कर बताएँ।
A. दूसरे को दुःख देने वाला
B. दूसरे का कष्ट महसूस करने वाला
C. दूसरे का संदेश देने वाला
D. दूसरों की भलाई सोचने वाला

3. 'आशा', 'अविश्वसनीय', 'प्रोत्साहित' तथा 'यह' शब्दों को क्रिया, विशेषण, सर्वनाम तथा संज्ञा के क्रम में व्यवस्थित करिए।
A. आशा, अविश्वसनीय, प्रोत्साहित, यह
B. यह, आशा, अविश्वसनीय, प्रोत्साहित
C. अविश्वसनीय, प्रोत्साहित, यह, आशा
D. प्रोत्साहित, अविश्वसनीय, यह, आशा

4. 'सामंजस्य' शब्द का सही अर्थ चयन करें :
A. सामना करना
B. आलस्य दूर करना
C. भेद-भाव हटाकर एक करना
D. अपना पक्ष प्रबल करना

5. उपर्युक्त गद्यांश में से 'प्राचीन' शब्द का विलोम चुनिए।
A. आधुनिक B. नित-नूतन
C. पारंपरिक D. ऊर्ध्वमुखी

गद्यांश-21

शान्ति और विश्वकल्याण की इसी उदात भावना के कारण युगों-युगों से विश्व हमारी संस्कृति हमारे साहित्य और हमारे विश्वबंधुत्व की ओर आकर्षित रहा है। इसी से प्रेरित होकर लोग भारत से सम्पर्क बढ़ाने के लिए हमारी राष्ट्रभाषा को सीखते-पढ़ते रहे हैं। उसी का सुफल है कि सोवियत संघ से लेकर अमेरिका तक, दक्षिण अफ्रीका से लेकर एशिया तक, यूरोप से लेकर कनाडा तक लाखों-लाखों विदेशी भारत प्रेमी लोग आज हिन्दी पढ़-लिख रहे हैं। इसलिए नहीं कि हिन्दी विश्व की तीसरी सबसे बड़ी भाषा है, इसलिए भी नहीं कि भारत विश्व का सबसे बड़ा लोकतंत्रीय देश है, इसलिए भी अधिक नहीं वह निर्गुट राष्ट्रों का एक मुखिया देश है, बल्कि सबसे अधिक इसलिए कि भारत के प्रति समीपता से उन्हें आत्मिक शान्ति प्राप्त होती है। वे भौतिकता से आध्यात्मिकता की ओर उन्मुख होते हैं। वे मनोविकारों से ऊपर उठकर स्वस्थ चिंतन में प्रवृत्त होते हैं और सबसे अधिक इसलिए कि भौतिकवाद की जिस कुन्ठा ने उन्हें ग्रसित कर रखा है उससे त्राण पाने का मार्ग उन्हें भारतीय संस्कृति और भारत की वाणी से सहज में ही सुलभ हो जाता है। क्योंकि हिन्दी आक्रान्ताओं की नहीं, आक्रमणों से मुक्ति पाने का सन्देश है। वह विश्व के साम्राज्यवादियों की भाषा नहीं, उनके द्वारा शोषित, सताए, लूटे और दलित बनाए जाने वाले लोगों की आत्मा की अदमनीय अनुगूंज है। वह समता का सन्देश देती है। वह सहअस्तित्व का पाठ पढ़ाती है। विश्व को युद्धों की विभीषिका से बचाकर उन्हें शांति का कर्त्तव्य बोध कराती है।

विश्व के लोगों के लिए हिन्दी वह भाषा है जो उन्हें वही देती है जिसकी वे तलाश में हैं। इसीलिए हम हिन्दी को भाषा नहीं विचार कहते हैं, संस्कृति कहते हैं और हम उसे मानवता का शांतिपाठ मानते हैं क्योंकि हिन्दी तलवार के बल पर नहीं, संतों के वचनामृत से फैली है। उसने द्वेष और छल से राष्ट्रों और व्यक्तियों का शोषण नहीं किया है। उसके साहित्य की पंक्ति-पंक्ति में प्रेम का सन्देश बिखरा हुआ है। वह प्रेम जो मनुष्य को मनुष्य से जोड़ता है और आत्मा को परमात्मा से जोड़ता है। इसलिए हिन्दी को हम जोड़ने वाली कड़ी कहते हैं, तोड़ने वाली हथौड़ी या छैनी नहीं। पढ़िए सूर को, तुलसी को, गाइए मीरा को और गुनगुनाइए कबीरा को, सुनिए मैथिलीशरण गुप्त को, प्रसाद को, महादेवी या निराला को। इन सभी महात्मा कवियों में आपको मानवीय संवेदना और प्रेम का एक ऐसा मधुर संगीत सुनाई देगा जो आपकी आत्मा को रसविभोर कर देगा। हिन्दी के उदात्त साहित्य में रस है, कामुकता नहीं, बौद्धिकता है, परन्तु जड़ शुष्कता नहीं, आनन्द की अनुभूति है, विरह के आँसू हैं, लेकिन जीवन की दुखान्त परिणति और कलुषित आक्रोश नहीं।

हिन्दी अपने इन्हीं गुणों के कारण विश्वमंच पर आज आदर से प्रतिष्ठित है। स्वार्थ और स्वामित्व की कुटिल विश्वनीति कितनी ही उसके मार्ग में बाधाएं उपस्थित करे, उनका कुहासा हिन्दी के दिव्य प्रकाश को फैलने से नहीं रोक सकता। क्योंकि हिन्दी के पीछे अन्य साम्राज्यवादी भाषाओं की तरह परपीड़न और शोषण का इतिहास नहीं है। उसने उपनिवेशों का शोषण करके अपने देश

और अपनी भाषा को ज्ञान-विज्ञान के मारक अस्त्र प्रदान नहीं किए। साम्राज्यवादी भाषाओं ने औपनिवेशिक देशों को जनता को ही नहीं वहां की संस्कृति, कला और साहित्य को भी दबाया है तथा उनके उत्कर्ष और विकास की खिल्ली उड़ाई है। उनके बुद्धिजीवियों और रचनाधर्मियों को सदैव अपने से हीन समझा है। जहां-जहां ये साम्राज्यवादी गए वहां-वहां अपनी संस्कृति और भाषा को थोपते रहे। जब वहां से हटे तो ऐसा कुचक्र रच गए कि वहां के शासक, श्रीमंत और बुद्धिजीवी इस तरह मानसिक दासता के चक्र में फंस गए कि उन्हें अपनी भाषा, कला, साहित्य-संस्कृति सब दीन-हीन लगने लगे। लेकिन भारत और अन्य देशों के साम्राज्यशाही चुंगल से छूटने के बाद शनैः-शनैः यह व्यामोह छूटने लगा है। राष्ट्रों में स्वाभिमान और स्वावलम्बन की प्रवृत्तियां उभर रही हैं। यह प्रक्रिया भाषा के क्षेत्र में भी प्रारंभ हुई है। राष्ट्रों में अपनी-अपनी भाषाएं अपना स्थान बना रही हैं और सम्पर्क सूत्र के रूप में अब अंग्रेजी ही नहीं अनेक देशों में विशेषकर तीसरी दुनिया के देशों में हिन्दी की भी छवि निखर कर ऊपर आने लगी है।

1. विदेशी आज हिन्दी सीख-पढ़ रहे हैं, क्योंकि :
A. हिन्दी विश्व की तीसरी सबसे बड़ी भाषा है
B. विदेशी हमसे सम्पर्क बढ़ाना चाहते हैं
C. भारत विश्व का सबसे बड़ा लोकतंत्रीय देश है
D. भारत निर्गुट राष्ट्रों का एक मुखिया देश है

2. विश्व हमारी संस्कृति की ओर आकर्षित हुआ :
A. शान्ति और विश्वकल्याण की उदात्त भावना के कारण
B. हमारी परमाणु शक्ति के विकास के कारण
C. अन्तर्राष्ट्रीय व्यापार मेलों के आयोजन के कारण
D. अनेक धार्मिक स्थलों के संरक्षण के कारण

3. हिन्दी मनुष्य को वही देती है :
A. जिसे वह नहीं चाहता है
B. जिसकी उसे चाह नहीं है
C. जिसकी उसे तलाश है
D. जिसे वह चाहती है

4. हिन्दी भाषा नहीं विचार है क्योंकि :
A. वह विश्व को सह-अस्तित्व का पाठ पढ़ाती है
B. वह विश्व को संत बनने का उपदेश देती है
C. वह विश्व को असंत बनाती है
D. वह विश्व को शान्ति का कर्तव्य-बोध कराती है

5. हिन्दी का मुख्य सन्देश है :
A. आक्रान्ताओं से मुक्ति पाने का सन्देश
B. कुन्ठा से ग्रसित होने का सन्देश
C. आक्रमणों से मुक्ति पाने का सन्देश
D. अकर्मण्यता का सन्देश

गद्यांश-22

अभिप्रेरण की संकल्पना अत्यंत जटिल है। इसका संबंध अनेक अभिलाषाओं, इच्छाओं, आवश्यकताओं एवं अनुभूतियों से है। वस्तुतः अभिप्रेरण की पूरी संकल्पना इन्हीं बलों पर आधारित है। यदि अभिप्रेरणा के विविध पक्षों का गंभीर अध्ययन करें तो यह सहज ही स्पष्ट हो जाता है कि यह वस्तुतः एक प्रकार की वैयक्तिक एवं आंतरिक भावना है या व्यक्ति विशेष के अंतःकरण में उत्पन्न होने वाला एक तरह का मनोवैज्ञानिक क्रम है। यह एक व्यावहारिक संकल्पना है जिससे मनुष्य का व्यवहार किसी निश्चित लक्ष्य की ओर निर्देशित और अग्रसर होगा। यह एक निरंतर चलती रहने वाली प्रक्रिया है। पर यदि एक ओर यह सकारात्मक हो सकती है तो दूसरी ओर नकारात्मक भी हो सकती है। प्रेरणा से व्यक्ति का व्यवहार प्रभावित होता है। प्रेरणा अभिप्रेरण के मूल में है। दूसरे शब्दों में यह अभिप्रेरण का मूलतत्व है। प्रेरणा के कारण व्यक्ति को कार्य करने की दिशा मिलती है। अतः किसी लक्ष्य या पुरस्कार की प्राप्ति के लिए ऊर्जा बढ़ाने की चाहत ही अभिप्रेरण है। यह एक ऐसी शक्ति है जिससे सुप्त ऊर्जा सक्रिय हो जाती है और व्यक्ति कार्य के प्रति उत्साहित एवं उन्मुख हो उठता है। मस्तिष्क किस प्रकार कार्य करता है इसे पूरी तरह समझ पाना अब संभव नहीं हो पाया है।

किंतु यह अवश्य ही सत्य है कि किसी भी व्यवस्था/तंत्र में मानवीय अंतःक्रिया की गुणवत्ता से ही संतोषजनक परिणाम मिल पाना संभव होता है। यह किसी ऐसे प्रतिफल की मांग द्वारा निर्धारित नहीं होती जिसे समाज में अनिवार्यतः हमेशा महत्व दिया जाता है बल्कि इसके मूल में एक ऐसे प्रतिफल की मांग होती है जो किसी खास संदर्भ में आवश्यक होता है। अतः यह समझना अपरिहार्य है कि अभिप्रेरण की वास्तविक दिशा क्या है? इसके लिए विभिन्न प्रकार की पद्धतियां अपनाई जाती हैं जिन्हें सामूहिक रूप से अभिप्रेरण-निर्देश की संज्ञा दी जाती है। इनमें से सबसे महत्वपूर्ण निर्देश वह है जिसके द्वारा यह ज्ञात करने की चेष्टा की जाती है कि अभिप्रेरित व्यक्ति या व्यक्ति समूह दायित्व से दूर भाग रहा है अथवा दायित्व के प्रति अभिमुखन दर्शा रहा है।

इस प्रकार के निर्देशों की दूसरी कोटि वह है जिनके जरिए यह निर्धारित करने का प्रयास किया जाता है कि अभिपेरण का मूलभाव स्वःअंतर्मुखी है अथवा अन्य-बहिर्मुखी है। तात्पर्य यह है कि अभिप्रेरित व्यक्ति स्वकेन्द्रित, आत्मसंतुष्टि पर आधारित प्रयोजनों के लिए अभिप्रेरित होता है या दूसरे व्यक्ति अथवा व्यक्तियों के लिए अभिप्रेरित होता है। तीसरे अभिप्रेरण निर्देश का आधार समानता और अंतर तथा चौथे निर्देश का आधार समग्र विवरण है।

1. अभिप्रेरण एक व्यावहारिक संकल्पना है जिससे मनुष्य का व्यवहार किसी निश्चित लक्ष्य की ओर निर्देशित और :
A. आधारित होता है B. अग्रसर होता है
C. निर्धारित होता है D. रूपायित होता है

2. अभिप्रेरण का संबंध अनेक अभिलाषाओं, इच्छाओं, आवश्यकताओं एवं :
A. अनुभूतियों से है B. भावनाओं से है
C. प्रकृति से है D. उत्थान से है

3. प्रेरणा के कारण व्यक्ति को कार्य करने :
A. का आधार मिलता है B. की शक्ति मिलती है
C. की दिशा मिलती है D. की दृष्टि मिलती है

4. दूसरे अभिप्रेरण-निर्देश के मूल में है :
A. व्यक्ति का अभिमुखन
B. व्यक्ति का दृष्टिकोण
C. व्यक्ति का लक्ष्य
D. व्यक्ति की लक्ष्य चेतना

5. अभिप्रेरण निर्धारित होता है :
A. प्रतिकार की मांग से
B. प्रतिकृति की मांग से
C. आवश्यक प्रतिफल की मांग से
D. प्रतिवाद से

गद्यांश-23

शस्त्र की परंपरा आगे बढ़ती जाती है। मानव की मूल प्रकृति में असुरक्षा का भय समाया रहता है। इसी भय से शस्त्र और सेना का जन्म होता है। प्रत्येक मानव किसी देश का निवासी है। देश रक्षा उसका प्रमुख कर्त्तव्य है। वह जन-जीवन, आत्म सम्मान और अपने धर्म की रक्षा करना, सर्वोपरि मानता है। युद्ध एक आवेश और मजबूरी है। युद्ध दीर्घकालीन जीवन शैली नहीं होता। युद्ध द्वारा आवेश की उत्तेजना का विरेचन हो जाता है। युद्ध केवल राष्ट्र के लिए खतरे में ही प्रासंगिक होता है, युद्ध की हिंसा में विनाश है शांति की अहिंसा में ही विकास है। युद्ध के बिना सारे विश्व जीवन का कार्य संभव है पर शांति के बिना असंभव। जब तक शस्त्रों का अस्तित्व है तो उसकी परंपरा अनिवार्यत: बढ़ती जाएगी। पूर्व प्रस्तर एवं प्रस्तर युगों में पत्थर के चाकू, कुल्हाड़ी और गदा जैसे शस्त्र थे। कालांतर में तीरकमान, भाले, तलवार, बंदूक, तोप, बारूद व विस्फोटक बम एवं परमाणु बम की परंपरा चलती गई। सभी देश एक-दूसरे से भयभीत होकर, शस्त्र निर्माण पर, देश की संपत्ति लुटाते जा रहे हैं। हिंसा से भय और भय से हिंसा का अन्तहीन, गतिमान अधोगामी चक्र चलता रहता है। मौलिक शस्त्र तो हमारा मन है, जो वाणी और कर्म द्वारा शस्त्रों की परंपरा को चलाता है, क्रिया-प्रतिक्रिया की मानसिक चेतना ही शस्त्र और अशस्त्र होती है। डार्विन के विकासवाद की आधारशिला संघर्ष और आक्रामकता है। डार्विन 'अस्तित्व के लिए संघर्ष और श्रेष्ठ का कायम रहना' विकास की प्रक्रिया मानते हैं। इस विचारधारा को खंडित सत्य ही मानना होगा। संसार के अनेक धर्म, आत्मा, को जड़-द्रव्य की कारा से विमुक्ति के लिए, सतत संघर्षरत मानते हैं। जड़-द्रव्य के आवरणों का निरंतर विरल होते जाना ही चेतना का अंत: प्रकाशन है। यही मानव का सच्चा विकास है। सामाजिक चेतना की मूल प्रेरणा का स्रोत प्रेम और सहयोग में निहित है। शस्त्र द्वारा तो हम भयजनित तनावयुक्त संतुलन को अस्थायी आधार पर कायम रखने का प्रयास करते हैं। तनाव अपनी सीमा पार करके स्वयं अशांति व मरणेच्छा में बदल जाता है। यह मन का बांध टूटते ही विनाश जन्म ले लेता है। मन से भय भगाकर ही हम सचमुच नि:शस्त्र हो सकते हैं। मन के अभय होने पर सच्ची शांति प्राप्त होती है।

1. नीचे दिए विकल्पों में से कौन-सा उपयुक्त गद्यांश की विषय वस्तु का प्रतिपादन करता है?
A. शस्त्र परम्परा B. वास्तविक विकास
C. नि:शस्त्रीकरण D. शस्त्र और शांति

2. 'प्रासंगिक शब्द का सही अर्थ चुनकर बताएं।
A. तराजू की डंडी से संबंधित
B. दरबान
C. मामले से जुडा हुआ
D. साथ निभाने वाला

3. शस्त्र व सेना के जन्म का मूल कारण है :
A. असुरक्षा
B. शक्ति प्रदर्शन
C. वैभव एवं समपन्नता
D. साम्राज्यवादी महत्वाकांक्षाएं

4. शस्त्रों की परंपरा चलाने वाला वास्तविक शस्त्र क्या है?
A. ज्ञान B. बल
C. उत्साह D. मन

5. उपर्युक्त गद्यांश में से 'चेतन' का विलोम चुनिए।
A. विरेचन B. गतिमान
C. जड़ D. जन्म

गद्यांश-24

भारत की सांस्कृतिक शक्ति लोगों को आकर्षित करती है। सिकन्दर पूरब की ओर आया, तो उसने राज कायम कर लौटने का रास्ता पकड़ा। बाबर आया, तो वह भी लौटने की तैयारी में था। फिर भी उसे भारत ने आकर्षित किया। भारत में पश्चिम के लोग अपने लिए बेहद शांतिप्रिय बसेरा पाते हैं। निकोलोई-श्वेतास्लाव रोरिख, नारा रिचर्ड, एल्फ्रेड बुर्फल ऐसे अनेक नामी गिरामी लोगों ने, जो बीसवीं शताब्दी में ऊँचाइयों पर पहुँचे, बिना किसी संकोच के भारत को अपना घर बनाया। सरला बहन और मीरा बहन गांधी जी की दो शिष्याएं थीं। मीरा बहन ने पक्षी कुंज में अपना निवास बनाया था, जहां से वह हर समय हिमालय की बर्फ से लदी चोटियां देखती थी। मुंबई शहर को एक जर्मन विद्वान लाइफर ने आवास चुना।

भारतीय संस्कृति अपनी शक्ति उस वैविध्य से पाती है, जिसे मोटे तौर पर हम बहुलतावाद के रूप में देखते हैं। तथापि वैविध्य में गुणसूत्रों में जो लोकव्यापी होने का सामर्थ्य रहता है, वही तत्व संस्कृति का जीवनदायी तत्व निर्धारित हो जाता है। यानी भारतीय संस्कृति को सजीव और सक्रिय रखने की प्रक्रिया के भीतर गुणों को आत्मसात कर अपना बनाने की जो प्रवृत्ति है, यही वह मूल बिंदु है, जिसका बोध कर हम आसानी से कह सकते हैं कि भारतीय संस्कृति वैश्वीकरण, विश्व बाजार या नयी प्रौद्योगिकी से जन्मे कल-पुर्जों के अति उपयोगकर्ता सभ्यता के हमले भी झेल लेगी।

1. पश्चिमी दुनिया के लोगों के भारत की ओर आकर्षित होने का मुख्य कारण क्या है?
A. भारत की संपदा
B. भारत की आकर्षक जलवायु
C. भारत की बहुलतावादी संस्कृति
D. उपरोक्त सभी

2. निम्न में से किसने मुम्बई को अपना आवास स्थल बनाया?

A. लाइफर B. सरला बहन

C. एल्फ्रेड बुर्फल D. उपरोक्त सभी

3. भारतीय संस्कृति को जीवनदायी तत्त्व मिलते हैं–

A. लोक जीवन से

B. सांस्कृतिक आदान-प्रदान से

C. सांस्कृतिक विक्षेप से

D. B एवं C दोनों से

4. उपरोक्त उद्धरण के आधार पर निम्न में से कौन-सा कथन सही है?

A. भारत की संस्कृति ने सर्वदा ही विदेशियों को अपनी ओर आकर्षित किया है।

B. भारत की संस्कृति अन्य संस्कृतियों से श्रेष्ठ है।

C. भारत की संस्कृति एक बंद संस्कृति रही है।

D. A एवं B दोनों

गद्यांश-25

अफ्रीका में चीन के बढ़ते हुए प्रभाव से अमेरिका को एक और चिंता ने घेर लिया है। इराक, ईरान और उत्तरी कोरिया के बारे में तो अमेरिकी शासक खुलकर बात करते आये हैं, किंतु चीन से मुचैटा लेने के मामले में वे भारी सावधानी बरतते हैं। आखिर वे चीन के भारी कर्जदार तो हैं ही और शायद ये भुलाना भी आसान नहीं है कि किस प्रकार दशकों तक चीन से शत्रुता रखने के बाद उन्हें शीतयुद्ध जीतने के लिए पाकिस्तान की मध्यस्थता के माध्यम से, चीन की ओर मित्रता का हाथ बढ़ाना पड़ा था। चीन जैसी बड़ी ताकत से अपने रिश्तों में विश्व की सोल-सुपरपावर भी वो रुख नहीं अपना सकती, जो वह इराक जैसे बरसों से पिटे-पिटाए देश के साथ अपना सका था, यह बात समझना कठिन नहीं है।

लेकिन फिर भी अगर खतरा बढ़ने लगे, प्रतिस्पर्धा से कतराना संभव न रहे और वामपंथियों का दबाव बढ़ता चला जाये तो आखिर कब तक उनका राष्ट्रपति हाथों पर हाथ रखकर बैठा रह सकता है? इसीलिए तमाम उलझनों के बावजूद पूर्व राष्ट्रपति बुश को चीन की चुनौती की ओर ध्यान देने के लिए विवश होना पड़ा।

1. अमेरिका के लिए सबसे बड़ी चुनौती क्या है?

A. चीन का बढ़ता आर्थिक प्रभाव

B. शीत युद्ध के बाद सुपर पावर बने रहने की चिंता

C. दक्षिण पंथ का विस्तार

D. उपरोक्त सभी

2. चीन से मुचैटा लेने में अमेरिका अक्सर सावधानी बरतता है, क्यों?

A. चीन की बड़ी पूँजी अमेरिका के बाजार में लगी हुई है।

B. अमेरिका चीन के साथ बेहतर संबंध बनाना चाहता है।

C. चीन शीत युद्ध के दौरान तटस्थ रहा था।

D. A एवं C दोनों

3. निम्न में कौन-सा कथन सही है?

A. चीन एशिया एवं अफ्रीका में अपने प्रभाव क्षेत्र का विस्तार कर रहा है।

B. अमेरिका चीन के साथ संबंध खराब न हो जाए, इसलिए उत्तरी कोरिया के खिलाफ खुलकर कुछ नहीं कहता।

C. शीत युद्ध के दौरान अमेरिका ने चीन की ओर मित्रता का हाथ बढ़ाया था।

D. अमेरिका को वास्तविक खतरा विश्व आतंकवाद से है।

4. अमेरिकी राष्ट्रपति बुश को चीन की चुनौती की ओर क्यों ध्यान देना पड़ा?

A. चीन के बढ़ते आर्थिक प्रभाव के कारण

B. चीन द्वारा पाकिस्तान को मिलने वाले समर्थन के कारण

C. उत्तरी कोरिया का चीन द्वारा समर्थन के कारण

D. वामपंथ के बढ़ते दबाव के कारण

गद्यांश-26

समकालीन विश्व राजनीति में पश्चिम एशिया एक ऐसे क्षेत्र के तौर पर कुख्यात हो चुका है जहां केवल आतंक, अशांति और अराजकता का बोलबाला है। दूसरे विश्व युद्ध के बाद से ही मिडिल ईस्ट या पश्चिम एशिया कई छोटे-बड़े युद्ध और अनगिनत हिंसक झगड़े झेल चुका है। हाल ही में फतह और हमास द्वारा फिलिस्तीन के अलग-अलग इलाकों पर कब्जा करने के बाद तो पश्चिम एशिया का सामरिक वातावरण और उलझ गया है। अगर आतंक के खिलाफ विश्वव्यापी जंग की बात करें तो वर्तमान हालात यही इशारा कर रहे हैं कि अगर अमेरिका यह जंग हार नहीं रहा तो जीत भी उससे कोसों दूर है। पूरा पश्चिम एशिया समस्याग्रस्त है और अमेरिकी विदेश नीति के पास इन समस्याओं से जूझने के लिए कोई ठोस रणनीति नहीं है।

फिलहाल सबसे विकट समस्या इराक को लेकर है। इराक पर हुए अमेरिकी हमलों के कई साल गुजर चुके हैं। लेकिन वहाँ अभी तक शांति कायम नहीं की जा सकी है। रोजमर्रा के शिया-सुन्नी झगड़ों और अमेरिकी आधिपत्य के खिलाफ जिहादी हिंसा ने इराक को जर्जर बना दिया है। दोनों प्रमुख सम्प्रदायों को समान रूप से स्वीकार्य एक राजनीतिक व्यवस्था अभी नहीं पनप पाई है। दरअसल इराक को शिया, सुन्नी और कुर्द इलाकों में बाँटने की केवल औपचारिक घोषणा होना ही शेष है। अमेरिका के लिए गले की फांस बन चुका इराक दुनिया भर में जिहादियों के लिए प्रशिक्षण केंद्र में तब्दील हो चुका है। सितम्बर 2010 में अमेरिकी राष्ट्रपति बराक ओबामा ने ऑपरेशन 'इराकी फ्रीडम' खत्म होने की घोषणा की है। अब वहाँ स्थिति और बिगड़ सकती है। आत्मघाती हमलों में बेगुनाह

इराकियों का मरना जारी है। अलकायदा दिन-प्रतिदिन अपनी ताकत में इजाफा कर रहा है। कट्टरपंथियों की फौज खड़ी हो रही है।

1. इराक में अमेरिका के लिए सबसे बड़ी चुनौती क्या है?
   A. इराक में एक प्रतिनिधि सरकार स्थापित करना
   B. इराक में शांति कायम करना
   C. इराक में गठबंधन सेना के बीच समन्वय स्थापित करना
   D. उपरोक्त सभी

2. उपरोक्त उद्धरण के आधार पर सही कथन का चयन कीजिए।
   A. फतह एवं हमास गुट की सक्रियता के कारण पश्चिम एशिया की समस्या और भी उलझ गई है।
   B. इराक में अमेरिका विरोधी जिहादी गुट लगातार सक्रिय हैं।
   C. इराक पर अमेरिकी हमले के बाद वैश्विक आतंकवाद में कमी आई है।
   D. A एवं B दोनों

3. इराक में शांति स्थापना में सबसे बड़ी बाधा क्या है?
   A. अल कायदा की इस क्षेत्र में बढ़ती गतिविधियाँ
   B. शिया-सुन्नी झगड़े
   C. जिहादी हिंसा
   D. A एवं C दोनों

4. पश्चिमी एशिया की पहचान निम्न में से किसके कारण है?
   A. अरब-इजराइल युद्ध के कारण
   B. इराक युद्ध के कारण
   C. सीरिया में होने वाली शांति प्रक्रिया के कारण
   D. उपरोक्त सभी के कारण

गद्यांश-27

किसी भी लोकतांत्रिक समाज का भविष्य, उसकी प्रगतिशीलता, वैज्ञानिकता और संवेदनशीलता पर निर्भर करता है। लोकतंत्र में मताधिकार योग्य व्यक्ति के चयन की कारगर व्यवस्था नहीं है। मतदाता की बौद्धिकता, वैज्ञानिकता और संवेदनशीलता ही सही निर्णय लेने में सहायक हो सकती है वरना चुनाव में तमाम हत्यारे, अपराधी और गुंडे चुने जा सकते हैं। हमारे देश के ज्यादातर मतदाताओं में इन गुणों का अभाव है। वह मोबाइल युग में परम अवैज्ञानिक है। हम मतदाताओं की बौद्धिकता का अंदाज ऐसे लोगों को देखकर आसानी से लगा सकते हैं जो ओझा-तांत्रिक और नीम-हकीमों के चक्कर में फंसकर तिल-तिल मरने को मजबूर हैं। वह यह समझ पाने की स्थिति में नहीं है कि ओझा-तांत्रिक, नीम- हकीम वगैरह उनकी अज्ञानता का लाभ उठाकर, शोषण कर रहें हैं।

हम वर्तमान शिक्षा व्यवस्था में पनपे उस गरीब समाज को देखकर बौद्धिकता की असलियत जान सकते हैं, जो अपनी औलादों की बलि देकर कल्याण ढूंढ़ता है। जो पढ़ने-पढ़ाने का हक मांगने के बजाय, उन्हें 'मिड-डे-मिल' खाना खिलाकर धन्य हो रहा है। बौद्धिकता की असलियत समाज के उन वयस्क मतदाताओं से जानी जा सकती है, जो असामाजिक तत्वों, अपराधियों के गले में माला डालकर उनकी जय-जयकार करते हैं। ये मतदाता वैज्ञानिकों या समाजशास्त्रियों को चुनने के बजाय फूलनदेवी, मलखान सिंह, मुख्तार अंसारी या शहाबुद्दीन जैसे लोगों को चुनते हैं।

1. उपरोक्त उद्धरण के आधार पर सही कथन का चयन कीजिए।
   A. भारतीय मतदाता पिछड़ी सोच वाला और अवैज्ञानिक है।
   B. भारतीय लोकतंत्र में मताधिकार, योग्य व्यक्ति के चयन की कारगर व्यवस्था नहीं है।
   C. भारतीय मतदाता अशिक्षित है।
   D. उपरोक्त सभी।

2. लोकतंत्र का भविष्य किस पर निर्भर करता है?
   A. समाज की प्रगतिशीलता पर
   B. सामाजिक संवेदनशीलता पर
   C. A एवं B दोनों पर
   D. सामाजिक सुव्यवस्था पर

3. भारतीय लोकतांत्रिक व्यवस्था का सबसे बड़ा अंतर्विरोध क्या है?
   A. भारत में गरीबी एवं असमानता व्याप्त है।
   B. समाज में भूखमरी एवं अज्ञानता है।
   C. बौद्धिकता के युग में ज्यादातर मतदाता घोर अवैज्ञानिक हैं।
   D. उपरोक्त सभी।

4. चुनाव में अपराधी किस्म के लोगों का चुना जाना किस बात का संकेत है?
   A. जनता की तटस्थता का
   B. जनता की अबौद्धिक निर्णय क्षमता का
   C. जनता की सक्रिय भागीदारी का
   D. प्रशासनिक विफलता का

गद्यांश-28

देह-प्रदर्शन स्वेच्छा से किया जाए या सामाजिक दबाव के कारण, लेकिन उसके दुष्प्रभावों को नजरअंदाज नहीं किया जा सकता है। नारियों से छेड़छाड़, अश्लील हरकतें, बलात्कार, यौन अपराध, देह व्यापार आदि बुराइयों की जड़ देह प्रदर्शन है। यदि पुरुषों से यह पूछा जाए कि क्या नारी के देह-प्रदर्शन से तुम को लज्जा महसूस नहीं होती है तो उनका तर्क होता है कि जब नारी को देह-प्रदर्शन करने में लज्जा नहीं आती है तो हमको देखने में लज्जा क्यों आएगी? देह-प्रदर्शन करने वाली नारी को समाज में हेय दृष्टि से देखा जाता है। ऐसी नारी को सिर्फ देह मानकर उसे इस्तेमाल किया जा रहा है।

आजकल माता-पिता के लिए लड़की की परवरिश करना चुनौतीपूर्ण होता जा रहा है क्योंकि यौन अपराधों की संख्या में वृद्धि होती जा रही है। माता-पिता सोचते हैं कि यदि हम

बेटी की इज्जत की रक्षा न कर पाए तो बेटी को जन्म देने का क्या फायदा होगा? माता-पिता की यह सोच कन्या भ्रूण-हत्या का महत्त्वपूर्ण कारण है। जो नारी आर्थिक लाभ के लिए अंग प्रदर्शन करती है उसका यौवन व आकर्षण समाप्त हो जाने पर वह कुंठित हो जाती है। विषादग्रस्त होकर वह आत्महत्या भी कर सकती है। नारी देह के प्रति पुरुषों का आकर्षण यौवनावस्था में होता है, इसमें स्थायित्व नहीं होता है। ऐसी नारियाँ आकर्षणहीन हो जाने पर स्वयं को एकाकी महसूस करती हैं तथा कई प्रकार के मानसिक रोगों से ग्रस्त हो जाती हैं।

1. नारी देह-प्रदर्शन का स्वाभाविक परिणाम है–
   A. उनके साथ छेड़छाड़
   B. अश्लील हरकतें
   C. यौन अपराध
   D. उपरोक्त सभी

2. नारी देह-प्रदर्शन की बढ़ती प्रवृत्ति का मुख्य कारण है–
   A. नारी की स्व इच्छा
   B. सामाजिक दबाव एवं लोलुपता
   C. शिक्षा का माहौल
   D. A एवं B दोनों

3. लेखक के अनुसार कन्या भ्रूण-हत्या का महत्वपूर्ण कारण क्या है?
   A. महिलाओं के साथ होनेवाला यौन शोषण
   B. बच्चियों का उचित परवरिश न हो पाना
   C. सामाजिक असुरक्षा की भावना
   D. उपरोक्त सभी

4. उपरोक्त उद्धरण के आधार पर सही कथन का चयन कीजिए।
   A. आर्थिक लाभ के कारण नारी में शरीर-प्रदर्शन की प्रवृत्ति बढ़ती जा रही है।
   B. नारी के देह-प्रदर्शन्न के पीछे सामाजिक दबाव एक मुख्य कारण है।
   C. अंग-प्रदर्शन करनेवाली नारियों को यौवन का आकर्षण समाप्त हो जाने पर कुंठा का सामना करना पड़ता है।
   D. उपरोक्त सभी।

गद्यांश-29

'वर्तमान इतिहास में दो प्रवृत्तियां दिखाई देती हैं। एक प्रवृत्ति की दिशा वर्चस्व (हेजीमनी) की ओर है जो मानव-अस्तित्व (सरवाइवल) के लिए खतरा बन कर पागलपन के सैद्धांतिक चौखटे में तर्कपूर्ण ढंग से काम कर रही है। दूसरी प्रवृत्ति इस विश्वास को समर्पित है कि 'एक नयी दुनिया संभव है', जिन शब्दों से विश्व सामाजिक मंच प्रेरित हैं, जो शासक विचारात्मक प्रणालियों को चुनौती दे रहा है और जो विचार, कर्म और संस्थाओं का नया सृजनात्मक विकल्प बनाना चाहता है। इनमें कौन-सी प्रवृत्ति जीतेगी, कोई इसकी भविष्यवाणी नहीं कर सकता है। यह प्रक्रिया समूचे इतिहास में दिखाई देती है।'

चोमस्की का कहना है कि अस्सी के दशक में मुख्यधारा के अमेरिका, खासकर मध्य अमेरिका से संबंधित जो मानव एकता आंदोलन चले उन्होंने साम्राज्यवाद के इतिहास में नयी जमीन जोड़ी। इससे पहले कभी भी शासक समाज के लोग बड़ी संख्या में दुष्टतापूर्ण हमले के शिकार लोगों के साथ रहने और उन्हें कुछ मात्रा में सुरक्षा प्रदान करने नहीं गये थे। वैसे आम जनता में मानव अधिकारों की यह जागरूकता 1960 के दशक में तेज हुई थी और कई क्षेत्रों में जन-सक्रियता ने अपना सभ्यताकारी प्रभाव डाला। इससे अल्पसंख्यक समूहों, स्त्रियों, भावी पीढ़ियों के अधिकारों के आंदोलन और फिर पर्यावरण सुरक्षा के आंदोलन विकसित हुए थे।

1. वर्तमान इतिहास की दो महत्वपूर्ण प्रवृत्तियाँ कौन-सी हैं?
   A. आशा एवं निराशा की।
   B. हिंसा एवं सभ्यता की।
   C. विश्व वर्चस्व की एवं एक नई दुनिया बसाने की।
   D. साम्राज्यवाद एवं उदारवाद की।

2. आज मानव अस्तित्व के लिए सबसे बड़ा खतरा क्या है?
   A. वर्चस्व की प्रवृत्ति
   B. हिंसा की प्रवृत्ति
   C. अधीनस्थता की प्रवृत्ति
   D. उपरोक्त सभी

3. मानव एकता आंदोलन ने किस रूप में सकारात्मक भूमिका निभाई?
   A. इसने शासक वर्ग की मानसिकता में बदलाव लाया।
   B. इसने साम्राज्यवाद के इतिहास में एक नई जमीन जोड़ी।
   C. इसने मानव अधिकारों को और भी सशक्त बनाया।
   D. उपरोक्त सभी।

4. उपरोक्त उद्धरण के आधार पर सही कथन का चयन कीजिए।
   A. हेजीमनी मानव अस्तित्व को बनाए रखने में सहायक है।
   B. 'एक नई दुनिया संभव है' का विचार शासक विचारात्मक प्रणाली के लिए खतरा है।
   C. मानव एकता आंदोलन का आरंभ दक्षिण अमेरिका से हुआ।
   D. उपरोक्त सभी।

गद्यांश-30

इंडिया के लिए कॉमनवेल्थ गेम्स की सफलता ने एक साथ कई काम किए हैं। गेम्स शुरू होने से पहले दुनिया भर में बनी देश की नेगेटिव छवि धुलकर पॉजिटिव हो गई। इंडिया में निवेश करने वाले इन्वेस्टर्स अब शायद बेधड़क यहां पैसा लगाएंगे। ऑस्ट्रेलियाई और अंग्रेज अब शायद एक हिंदुस्तानी को नीचे नजर से न देख पाएं। इस सफलता ने भविष्य में ओलंपिक गेम्स जैसे बड़े आयोजन को लेकर भारत की दावेदारी को भी पुख्ता किया है। भारतीय खिलाड़ियों ने 71 देशों में

दूसरा स्थान हासिल कर देश के युवाओं को दिखाया है कि कैसे खेल भी उसके लिए नाम और रुतबे का जरिया बन सकते हैं। खेलों के आयोजन में हजारों करोड़ रुपये खर्च जरूर हुए मगर इससे देश की दो पीढ़ियों के करोड़ों लोगों में खेलों के प्रति नया जज्बा भी पैदा हुआ है। इन खेलों ने हमारे कई खिलाड़ियों को गुमनामी से निकाल कर रोशनी के घेरे में खड़ा कर दिया। दीपिका कुमारी, कृष्णा पूनिया, सुरंजय, ओंकार सिंह, जिन्हें मुट्ठी भर लोग ही जानते थे, अब नेशनल हीरो बन गए हैं। इनमें कई खिलाड़ी ऐसे हैं जिन्होंने अपने माता-पिता की सुरक्षित और बेहतर करियर अपनाने की नसीहतों के खिलाफ जाकर खेलों को अपनाया। गेम्स ने देश को उनकी कामयाबी दिखाई, उन्हें अपने देशवासियों के सामने अपनी मेहनत और अपनी जिद का उत्सव मनाने का मौका दिया।

देश की गरीब जनता की जरूरतों को भुलाकर एक सर्कस शो पर करोड़ों रुपये फूंकने की दलील देने वाले गेम्स के आलोचक आगे की बजाय पीछे देखते हुए ऐसा कह रहे हैं। वे यह नहीं समझ रहे कि भारत का एक बड़ी ताकत बनने का दावा सिर्फ आंकड़ों में कैद नहीं रहना चाहिए, तमाम क्षेत्रों में दिखना चाहिए। गेम्स की कामयाबी ने यही किया है। उसने इंडिया के फ्यूचर की तस्वीर पेश की है–आत्मविश्वास से भरा, बुनियादी सुविधाओं से लैस, सफलता का जश्न मनाता हुआ इंडिया।

1. कॉमन वेल्थ गेम्स की सफलता का सबसे बड़ा लाभ क्या हुआ है?

A. भारतीय खिलाड़ियों ने अंतर्राष्ट्रीय स्तर की खेल प्रतिभा का प्रदर्शन किया।

B. खेल के आयोजन में करोड़ों रुपये का घोटाला हुआ।

C. गेम्स के दौरान खिलाड़ियों को स्तरहीन सुविधाएँ उपलब्ध कराई गईं।

D. भविष्य में ओलंपिक खेल जैसे बड़े आयोजन को लेकर भारत की दावेदारी पुख्ता हुई है।

2. आलोचकों की नजर में कॉमनवेल्थ गेम्स एक सर्कस शो क्यों था?

A. क्योंकि इसमें सर्कस की तरह तमाशे हुए।

B. आयोजन की तैयारी पूरी न हो पाने के कारण गेम्स एक तमाशा बनकर रह गया।

C. इसमें देश की गरीब जनता की जरूरतों को भुलाकर अनावश्यक खर्च किए गए।

D. उपरोक्त सभी

3. 'गुमनामी से निकालकर रोशनी के घेरे में खड़ा कर दिया' पदबंध का अर्थ बताइए–

A. अचानक प्रसिद्धि मिलना

B. अचानक बड़ी धनराशि मिलना

C. रोशनी से चकाचौंध होना

D. ऊँचा पद प्राप्त होना

4. उपरोक्त उद्धरण के आधार पर सही कथन का चयन कीजिए।

A. कॉमनवेल्थ गेम्स से दुनिया भर में देश की अच्छी छवि बनी है।

B. इससे दुनिया भर के निवेशक भारत में निवेश के लिए प्रोत्साहित होंगे।

C. इससे युवाओं में एक नई स्फूर्ति पैदा हुई है।

D. उपरोक्त सभी।

गद्यांश-31

देश में खाद्यान्न भंडारण की समस्या ने विकराल रूप धारण कर लिया है। इसकी भयावहता का अंदाजा इसी बात से लगाया जा सकता है कि एफसीआई के गोदामों में 67,542 टन अनाज नष्ट हो गया। इसकी कीमत 60 हजार करोड़ रुपए बताई गई है। सुप्रीम कोर्ट ने इसमें दखल देते हुए कहा है कि गोदामों में अनाज सड़ाने की जगह इसे गरीबों में बाँट देना चाहिए। सुप्रीम कोर्ट ने 12 अगस्त, 2010 को केन्द्र सरकार को आदेश देते हुए कहा कि वह फूड कॉरपोशन ऑफ इंडिया के गोदामों में अनाज सड़ाने की जगह गरीबों को मुफ्त बाँट दें।

जस्टिस दलवीर भंडारी और जस्टिस दीपक वर्मा की बेंच ने कहा कि और अनाज न सड़ने पाए, इसके लिए सरकार तुरंत कदम उठाए। वह उतने ही अनाज की खरीदारी करे, जितने को संभाल सकती है। साथ ही कोर्ट ने केन्द्र से प्रत्येक राज्य में एक बड़ा गोदाम और अलग-अलग जिलों व संभागों में विभिन्न गोदाम बनाने की व्यवस्था करने को कहा। इसके अलावा सरकार से यह सुनिश्चित करने को भी कहा कि उचित मूल्य की दुकानें पूरे महीने खुली रहें। कोर्ट ने सरकार को निर्देश दिया है कि वह 2010 के आंकड़ों के आधार पर बीपीएल (गरीबी रेखा से नीचे), एबीपीएल (गरीबी रेखा से ऊपर), एएवाई (अंत्योदय अन्न योजना) परिवारों का नए सिरे से सर्वे कराए। अधिकारी फायदे बांटने के लिए एक दशक पुराने आंकड़े पर भरोसा नहीं कर सकते।

बेंच ने अपना पहले का आदेश दोहराया कि एबीपीएल परिवार सब्सिडी वाला अनाज न हासिल करने पाएं। अगर सरकार उन्हें लाभ देना ही चाहती है तो उन परिवारों को दे, जिनकी सालाना आय 3 लाख रुपये से कम हो।

सुप्रसिद्ध अर्थशास्त्री डॉ. अमर्त्य सेन द्वारा 1981 में लिखी गई 'पावर्टी एंड फैमीन एंड एस्से ऑन इनटाइटिलमेंट एंड डिप्राइवेशन' (गरीबी और अकाल और पात्रता और वंचना पर निबंध) कृति में तर्क दिया गया कि अधिकांश मामलों में भूख और अकाल अनाज की उपलब्धता की कमी के कारण नहीं पड़ते, बल्कि उनका कारण असमानता और वितरण व्यवस्था की कमी होती है। उन्होंने जो बात 1981 में कही थी, संभवतः वह 2010 में भी सही है। हालांकि स्वतंत्रता प्राप्ति के बाद विगत तिरसठ वर्षों में भूख और वंचना से लड़ने के क्रम में हमने काफी अनुभव प्राप्त किया है।

1. अनाजों के भंडारण को लेकर सर्वोच्च न्यायालय ने कौन-से आदेश दिए हैं?

A. सरकार भंडारण के बराबर क्षमता के अनाज का ही क्रय करे।

B. सरकार अलग-अलग जिलों एवं संभागों में गोदाम बनाने की व्यवस्था करे।
C. उचित मूल्य की दुकानें महीने भर खुली रहें।
D. उपरोक्त सभी

2. देश में खाद्यान्न भंडारण की समस्या का मुख्य कारण क्या है?
A. खाद्यान्न भंडारण की सीमित क्षमता
B. अत्यधिक खाद्यान्नों की खरीद
C. समय पर खाद्यान्नों का वितरण न हो पाना
D. उपरोक्त सभी

3. प्रसिद्ध अर्थशास्त्री अमर्त्य सेन के अनुसार भूख एवं अकाल का कारण है–
A. राष्ट्रीय कृषि उपज में कमी
B. कृषि निर्यात की असमानता
C. अनाजों के उपयुक्त वितरण की समस्याएं
D. A एवं C

4. कोर्ट ने किस आधार पर बीपीएल, एबीपीएल एवं एएवाई परिवारों का सर्वे कराने को कहा है?
A. 2011 की जनगणना के आधार पर
B. 2005 के आंकड़ों के आधार पर
C. 2007 के योजना आयोग के आंकड़ों के आधार पर
D. 2010 के आंकड़ों के आधार पर

गद्यांश-32

वैश्वीकरण की दौड़ में क्षेत्रीय संगठनों का महत्व बढ़ा है। आज विश्व की स्थिति यह है कि राष्ट्र अपने आपसी मतभेदों को भुलाकर व्यापार एवं आर्थिक क्षेत्रों में एक-दूसरे को सहयोग कर रहे हैं। राष्ट्रों की पारस्परिक निर्भरता पहले की अपेक्षा काफी बढ़ी है। सार्क विश्व की 22 प्रतिशत आबादी को अपने दामन में रखने वाला विश्व का सबसे बड़ा क्षेत्रीय संगठन है। भारत विश्व की उभरती हुई आर्थिक शक्ति है। सार्क के सदस्य देश आपस में एक-दूसरे का आर्थिक सहयोग करें तो इस क्षेत्र से गरीबी, भुखमरी, अशिक्षा को सदा के लिए समाप्त किया जा सकता है। आज यूरोपियन संघ एवं आसियान जैसे क्षेत्रीय संगठनों ने जो आर्थिक सफलता पायी है। उससे सार्क के नेताओं को प्रेरणा लेनी चाहिए। इन क्षेत्रीय संगठनों ने आर्थिक एकजुटता के बल पर काफी उपलब्धियाँ हासिल की हैं। अब यह स्थिति स्पष्ट हो चुकी है कि आर्थिक विकास में क्षेत्रीय वैश्वीकरण की भूमिका अतिमहत्वपूर्ण है।

जनवरी 2009 में इस्लामाबाद में हुए सम्मेलन में इस तरह की स्पष्ट अभिव्यक्ति सामने आई। इस सम्मेलन में सार्क देशों ने 2012 तक दक्षिण एशियाई स्वतंत्र व्यापार क्षेत्र (साफ्टा) बनाने की इच्छा व्यक्त की है, लेकिन इस दिशा में अभी तक कोई ठोस कार्य नहीं हुआ है। साफ्टा के बारे में छोटे-छोटे देशों को यह भ्रम पैदा हो गया कि इससे भारत को ही अधिक लाभ होगा, जबकि सच्चाई यह नहीं है। उदाहरणस्वरूप अभी हम भारत, श्रीलंका के मुक्त व्यापार को देखें। दोनों देशों के बीच मुक्त व्यापार पिछले तीन वर्ष से चल रहा है। श्रीलंका का भारत को निर्यात 135 प्रतिशत सालाना की दर से बढ़ा है। इस तुलना में भारत का श्रीलंका को निर्यात 32 प्रतिशत की दर से बढ़ा है। अपितु मुक्त व्यापार के होने से श्रीलंका भारत की अपेक्षा अधिक लाभ की स्थिति में है। यही बात नेपाल एवं भूटान के साथ हैं। पाकिस्तान एवं बांग्लादेश के साथ भारत का व्यापार उतना नहीं बढ़ा है जितना बढ़ना चाहिए। इन देशों के असहयोग के कारण भी साफ्टा को लागू करने में कठिनाई है।

1. वैश्वीकरण के कारण क्षेत्रीय संगठनों का महत्व बढ़ा है–
A. क्योंकि वैश्वीकरण के दौरान विभिन्न देशों के बीच व्यापार बढ़ा है।
B. राष्ट्र अपने आपसी मतभेद को भूलाकर आर्थिक क्षेत्र में एक-दूसरे को सहयोग कर रहे हैं।
C. सभी राष्ट्रों ने व्यापार को सीमाकर मुक्त कर दिया है।
D. अंतर्राष्ट्रीय बाजार में डॉलर का मूल्य घटा है।

2. उपरोक्त उद्धरण के आधार पर सही कथन का चयन कीजिए।
A. हाल के वर्षों में राष्ट्रों के बीच पारस्परिक निर्भरता बढ़ी है।
B. सार्क दुनिया का सबसे बड़ा क्षेत्रीय संगठन है।
C. सार्क देशों में दुनिया की लगभग 1/4 आबादी रहती है।
D. उपरोक्त सभी।

3. सार्क देशों के बीच आपसी व्यापार में पर्याप्त वृद्धि नहीं हुई है, इसका क्या कारण है?
A. सार्क देशों के बीच व्यापार प्रतिबंध
B. आपसी सहयोग का अभाव
C. पश्चिमी देशों पर अत्यधिक निर्भरता
D. व्यापारिक निवेश का अभाव

4. साफ्टा को लेकर सार्क देशों में कौन-सा भ्रम फैला हुआ है?
A. इससे भारत को अधिक लाभ होगा।
B. भारत एक आर्थिक महाशक्ति बन जाएगा।
C. भारत का प्रभाव दुनिया के अन्य देशों में बढ़ जाएगा।
D. भारतीय रुपया और भी मजबूत होगा।

गद्यांश-33

महामशीन के महाप्रयोग का उद्देश्य परमाणु कणों की आपसी टक्कर को देखना है, जिनसे नए कण बन सकते हैं। उनका वेग और ऊर्जा मापकर मालूम हो सकता है कि आखिर शुरू में ब्रह्माण्ड कैसे बना और बाद में कैसे उसकी उत्पत्ति हुई। एलएचसी के इस प्रयोग में परमाणु कणों की बहुत अधिक वेग से अब तक की सबसे अधिक ऊर्जा से टक्कर हुई। आशा की जा रही है कि अब वैज्ञानिक भौतिकी की अनेक गुत्थियों को सुलझा लेंगे।

50,000 करोड़ रुपए की लागत से बना लार्ज हैड्रॉन कोलाइडर (LHC) 2008 में असफल हो गया था। उस समय इस सबसे बड़े एटम स्मैशर में दो शक्तिशाली चुम्बकों के बीच विद्युत कनेक्शन फ्यूज हो गया था। इन चुम्बक प्रोटॉनों को स्टीआर कहते हैं। इस खराबी से सुरंग में बड़े जोर का विस्फोट हुआ था, लेकिन इस बार का प्रयोग सफल रहा। एलएचसी प्रसिद्ध ईश्वरीय कण 'हिग्स बोसोन' के चिह्न की भी पहचान करेगा। बताया जाता है कि इसी कण के कारण ब्रह्माण्ड की सभी चीजों को पिण्ड भार मिलता है। इसके अलावा रहस्यमयी 'ब्लैक होल' की भी पहचान की जाएगी, जिससे काफी हद तक ब्रह्माण्ड बना है, लेकिन इसमें अंधेरा होने के कारण अब तक इसके दर्शन नहीं हुए हैं। वैज्ञानिकों का कहना है कि एलएचसी में जब कणों की टक्कर हुई, तब अनेक ऐसे मिनी बिग बैंग बने, जैसे आज से 13 अरब, 70 करोड़ वर्ष पहले बने थे।

इन असाधारण खोजों के अतिरिक्त मशीन बिग बैंग के पहले और बाद के कणों की नकल करेगी। गुरुत्वाकर्षण के रहस्य भी जानने के प्रयत्न किए जाएंगे। इस अनुसंधान में लगे वैज्ञानिकों का कहना है कि जब कणों की बीमों की टक्कर हुई तब सभी डिटेक्टरों ने अपने परमाणु कणों के बहुरंगी मार्गों की पहचान की। ये कण प्रत्येक दिशा में कार्यशील थे। भौतिकविद् का कहना है कि जब उप परमाणु कण बड़े वेग से आपस में टकराते हैं तो वे टूटकर नए तत्व बनाते हैं। आशा की जा रही है कि इसमें से एक तत्व हिग्स बोसोन होगा जिससे हमारे ब्रह्माण्ड बनने की गुत्थी सुलझेगी। वैज्ञानिकों का कहना है कि प्रयोग में उत्सर्जित ऊर्जा फील्ड को यदि ऊष्मा में बदल दिया जाए तो यह सूर्य की सतह से भी ज्यादा गर्म होगा।

1. महामशीन ब्रह्माण्ड की उत्पत्ति की जाँच किस आधार पर करेगा?
- A. परमाणु कणों की आपसी टक्कर से उत्पन्न वेग के आधार पर
- B. परमाणु कणों के बीच आपसी आकर्षण के आधार पर
- C. परमाणु कणों की आपसी टक्कर से उत्पन्न वेग एवं ऊर्जा के आधार पर
- D. परमाणु कणों के गुरुत्वाकर्षण के आधार पर

2. लार्ज हैड्रॉन कोलाइडर की पिछली असफलता का क्या कारण था?
- A. चुम्बकीय विद्युत कनेक्शन का फ्यूज होना
- B. हिग्स बोसोन कण का रिसाव
- C. परमाणु कणों के बीच तीव्र विकर्षण
- D. परमाणु कणों का विस्फोट

3. ब्रह्मांड के पिंडों का पिंड भार किस पर निर्भर करता है?
- A. पिंड के द्रव्यमान पर
- B. पिंड के घनत्व पर
- C. हिग्स बोसोन कण पर
- D. A एवं B दोनों पर

4. हिग्स बोसोन कण का निर्माण होता है–
- A. जब उप परमाणु कण तीव्र वेग से आपस में टकराते हैं।
- B. परमाणु कणों के बीच तीव्र आकर्षण बल के कारण।
- C. परमाणु कणों के बीमों के साथ टक्कर से।
- D. A एवं B दोनों

गद्यांश-34

विज्ञान शब्द की परिभाषा तथा इसके विस्तार, और प्रौद्योगिकी से इसके भेद को भी स्पष्ट रूप से समझ लेना जरूरी है। मानव जाति के भविष्य की कुंजी जिन कुछ शक्तिशाली ताकतों के हाथ में है, उनमें से विज्ञान संभवतः एकमात्र ऐसी ताकत है, जिसे एक अनूठा स्थान प्राप्त है क्योंकि वस्तुतः निरपवाद रूप से इसे सभी स्वीकार करते हैं। उन गिने-चुने व्यक्तियों के मामले में भी, जो विज्ञान के प्रति नफरत रखने वाले दिखाई देते हैं, उनके साथ भी एक बार बातचीत करने पर यह तथ्य उभरकर सामने आएगा कि वे वास्तव में विज्ञान के विरुद्ध नहीं हैं, बल्कि प्रौद्योगिकी के विरुद्ध हैं, जिसका सम्बन्ध मानव की विविध जरूरतों को पूरा करने के लिए विज्ञान के निष्कर्षों के अनुप्रयोगों से है।

वर्तमान समय में विज्ञान से हमारा अभिप्राय है हमारे विश्व तथा इसके परिवेश का मौलिक ज्ञान, उस ज्ञान का इसके सभी पहलुओं में, नियंत्रित तथा निरन्तर अनुसरण करना, इसके लिये जरूरी नहीं कि उसका प्रयोग सार्वजनिक प्रयोजनों के लिए किया जाए। प्रौद्योगिकी से हमारा आशय विज्ञान को मानव सेवा में लगाने के विभिन्न तरीकों से है, उन तरीकों का संकेन्द्रित अध्ययन जिनमें चीजों को मानव-प्रयोजन के लिए रचा या बदला जा सकता है। दोनों में स्पष्ट अन्तर करने के लिए इस समय आण्विक विज्ञान तथा टेक्नोलॉजी के सर्वाधिक लोकप्रिय क्षेत्रों से उदाहरण दिए जा सकते हैं। जब भारी धात्विक तत्व यूरेनियम के केन्द्रक का विखंडन या विस्फोटन होता है तब उससे निःसृत होने वाले कणों की संख्या तथा प्रकृति का मापन विज्ञान द्वारा ही किया जाता है। लेकिन, जब इस वैज्ञानिक ज्ञान का प्रयोग विद्युत उत्पादन के लिये परमाणु बिजली घर डिजाइन करने तथा बनाने अथवा एक परमाणु बम डिजाइन करने और बनाने के लिए किया जाता है तो यह प्रौद्योगिकी होती है। इस प्रकार, यह प्रौद्योगिकी ही होती है जो नैतिक रंग ले लेती है और इसे नैतिक या अनैतिक कहा जा सकता है। विज्ञान तटस्थ या नैतिकता से परे होता है और वह नैतिक-आचार या मानव कल्याण के विरुद्ध नहीं होता, हालांकि एक वैज्ञानिक एक मनुष्य तथा टेक्नोलाजिस्ट होने के नाते इसके विरुद्ध हो सकता है।

1. लेखक
- A. विज्ञान के प्रति बेहतर रवैया अपनाये जाने के लिए वकालत करने की कोशिश कर रहा है
- B. यह सुझाव देने की कोशिश कर रहा है कि हम विज्ञान का सार्वजनिक हित के लिए प्रयोग करें
- C. भौतिक विज्ञान के बजाय नैतिक विज्ञान का अध्ययन करने की कोशिश कर रहा है

हिन्दी

D. विज्ञान तथा प्रौद्योगिकी (टेक्नोलाजी) के बीच भेद करने की कोशिश कर रहा है

2. लेखक के अनुसार, विज्ञान
A. एकमात्र ऐसी ताकत है, जो मानवजाति के भविष्य का निर्धारण करती है
B. मानव की नियति को निर्धारित करने वाली चन्द एक ताकतों में से एक है
C. भविष्य में मानवजाति की एकमात्र चिन्ता होगी
D. उन अनेक बाधाओं में से एक है जो मनुष्य की प्रगति में रुकावट डालती है

3. यह अवतरण
A. आलंकारिक है B. वर्णनात्मक है
C. वृत्तात्मक है D. व्याख्यात्मक है

4. यूरेनियम केन्द्रक के विस्फोट के अध्ययन को
A. आधुनिक प्रौद्योगिकी (टेक्नोलाजी) का एक उदाहरण कहा जा सकता है
B. विद्युत-सिद्धांतों का एक अनुप्रयोग कहा जा सकता है
C. ऐसा अध्ययन कहा जा सकता है जिसके कोई भौतिक निहितार्थ नहीं हैं
D. समूची मानवजाति के कल्याण के लिए महत्त्वपूर्ण कहा जा सकता है

गद्यांश-35

बच्चे किसी देश के सामाजिक तथा राजनीतिक दर्शन का अंग होते हैं। उनके प्रति जो रवैये अपनाये जाते हैं वे इस बात का निर्धारण करने में महत्त्वपूर्ण कारक होते हैं कि क्या उनकी जरूरतें पूरी होंगी तथा उनके अधिकार उन्हें मिलेंगे। भविष्योन्मुख कोई भी समाज इस बात का ध्यान रखेगा कि विपदा के समय बच्चों का ख्याल रखा जाये। इस समय विश्व के अनेक भागों में बच्चों को शांति तथा भाई-चारे की भावना के साथ पाले-पोसे जाने का कोई अवसर प्राप्त नहीं है। युद्ध तथा आतंकवाद के जो अत्यधिक भयावह रिकार्ड मिलते हैं वे हमेशा अपने घरों के खण्डहरों तथा अपने परिवारों के शवों के पास रोने के लिए बचे हुए शिशुओं या छोटे बच्चों की (या इतने सहमे हुए बच्चों की जो रो भी नहीं पाते) तस्वीरें होती हैं। ऐसे देशों में जहां लड़ाई-झगड़ा चल रहा हो या ऐसे समाजों में जहां ऐसी कार्यवाहियों को मनमोहक ढंग से पेश किया जाता हो, वहां बच्चों का निर्बाध रूप से खेलना जीवन की घटनाओं तथा/या ऐसी घटनाओं की सामाजिक स्वीकृति को परिलक्षित करेगा, जो हम सभी को यह सोचने पर मजबूर कर देगा कि क्या इस प्रकार के राष्ट्रीय दर्शनों से प्रभावित करोड़ों बच्चों को शांति की भावना के साथ बड़े होने के उनके अधिकार मिलने की कोई संभावना है। और निश्चय ही, "जाति, रंग, लिंग, राष्ट्रीय या सामाजिक मूल के धर्म" पर अकेले या कुछेक के मेल पर आधारित भेदभाव करोड़ों बच्चों को, जरूरतों की सार्वत्रिकता के बावजूद, जिन पर अधिकार आधारित होते हैं, इन अधिकारों से वंचित रखता है।

1. निम्नलिखित में से कौन-सा कथन बच्चों में शांति तथा भाई-चारे की भावना के विकास के लिए सहायक नहीं है?
A. जब वयोवृद्ध बच्चों को युद्ध के संत्रासों का अनुभव करने के लिए छोड़ देते हैं
B. जब प्रौढ़ लोग जातीय भेद-भाव का व्यवहार करते हैं
C. जब किसी देश का राजनीतिक दर्शन विश्वव्यापी भाई-चारे की वकालत करता है
D. जब समाज युद्ध के कार्यकलापों को मनमोहक ढंग से पेश करता है

2. प्रौढ़ों का बच्चों के प्रति एक कर्त्तव्य है। किसी समाज विशेष में बच्चों की देखभाल कितनी अच्छी तरह से होती है इसका पता इस बात से चल सकता है कि
A. विपदा के समय उनके लिए क्या किया जाता है
B. वे प्रौढ़ों का कितना ख्याल रखते हैं
C. प्रौढ़ उनके अधिकारों के प्रति कितने संवेदनशील हैं
D. समाज कितना समृद्ध है

3. लेखक की धारणा है कि
A. युद्धों के बावजूद बच्चे शान्तिपूर्वक रहने के अपने अधिकारों को प्राप्त कर लेते हैं
B. बच्चों के अधिकार सामाजिक दशाओं पर निर्भर होने चाहिए
C. बच्चों को शांति की भावना के साथ बड़ा होने का अधिकार है
D. राष्ट्रीय दर्शन बच्चों के अधिकारों का समर्थन करते हैं

4. युद्ध सम्बन्धी कार्यकलापों
A. का समाजों द्वारा परिहार किया जाता है
B. को समाजों द्वारा परिलक्षित किया जाता है
C. की समाजों द्वारा निन्दा की जाती है
D. को समाजों द्वारा स्वीकार किया जाता है

गद्यांश-36

हम सभी चिकित्सा विज्ञान के क्षेत्र में हुई कतिपय उल्लेखनीय खोजों से परिचित हैं। मिसाल के तौर पर, हम वेक्सीनों की खोज के बारे में जानते हैं। हम चेचक तथा पोलियो जैसे रोगों की रोकथाम को समझ सकते हैं। हम अनेक साधारण एंटीबायोटिक्स के बारे में भी जानते हैं। यह जानकारी कि हम उपदंश रोग पर पेनिसिलीन और तपेदिक पर आइसोनाइजिड से काबू पा सकते हैं, कुछ हद तक आश्वासनदायक है। हम इस विश्वास के आधार पर निश्चय ही अपने आपको झूठी तसल्ली दे सकते हैं कि संक्रामक रोग अब कोई खतरा नहीं रहे हैं। लेकिन यह सत्य नहीं है और समाचारों तथा मेडिकल जर्नलों में हाल में छपे समाचार हमें संक्रामक रोगों के विभिन्न तथा कभी-कभी 'नए' खतरों की याद दिलाते हैं।

ऐसे समाचारों में अपेक्षाकृत अधिक यथार्थवादी दृष्टिकोण को स्वीकार किया गया है। इस दृष्टिकोण का निहितार्थ यह

है कि संक्रामक रोग बने रहेंगे और यह कि उनके अन्दर कुछ ऐसी क्षमताएं हैं कि वे उन्हें खत्म कर देने की हमारी कोशिशों के खिलाफ लड़ सकते हैं। कतिपय मानव-व्याधियों, जैसे सुजाक रोग, तत्त्व-गुण (Strains) विकसित हो गए हैं जिन पर कतिपय एंटीबायोटिक्स का कोई असर नहीं होता।

1. चेचक तथा पोलियो जैसे रोगों की रोकथाम किसकी खोज के कारण संभव हो सकी है?
A. पेनिसिलीन B. आइसोनाइजिड
C. वेक्सीन D. एंटीबायोटिक्स

2. चिकित्सा विज्ञान के क्षेत्र में खोजों के द्वारा अब तक क्या संभव नहीं हो पाया है?
A. चेचक तथा पोलियो की रोकथाम
B. पेनिसिलीन की सहायता से उपदंश रोग के फैलाव पर नियंत्रण करने की संभावना
C. संक्रामक रोगों का उन्मूलन
D. आइसोनाइजिड की सहायता से तपेदिक के फैलाव पर नियंत्रण करने की संभावना

3. कुछ संक्रामक रोग उन्हें खत्म कर देने के हमारे प्रयासों के खिलाफ कैसे लड़ते हैं?
A. अन्य क्षेत्रों में अंतरित होकर
B. वेक्सीनों को प्रभावहीन बनाने की शक्ति विकसित करके
C. पहले की तरह भ्रांतिजनक बने रहकर
D. मानव-तंत्रिका में गहरे पैठ कर

4. यह अवतरण
A. सूचना देने वाला है B. वृत्तात्मक है
C. नाटकीय है D. प्रोत्साहक है

गद्यांश-37

प्रत्येक व्यवसाय अथवा व्यापार, कला और विज्ञान की अपनी तकनीकी शब्दावली होती है, जिसका कार्य अंशतः उन प्रक्रियाओं और वस्तुओं को दर्शाना होता है जिनके नाम सामान्य अंग्रेजी में नहीं मिलते और अंशतः पारिभाषिक शब्दावली में पूर्ण यथार्थता प्राप्त करना होता है। किसी भी प्रकार की तकनीकी बातचीत में ऐसी विशिष्ट भाषिका अथवा शब्दजाल की आवश्यकता होती है। विज्ञान अथवा कला विशेष के अध्येताओं के लिए सर्वविदित होने के साथ-साथ गणितीय सूत्र जैसी सूक्ष्मता रखते हैं। साथ ही, वे समय बचाते हैं, किसी प्रक्रिया का वर्णन करने की अपेक्षा उसका नाम लेना अधिक किफायती है। ऐंसे हजारों पारिभाषिक शब्द बहुत अच्छी तरह इन शब्दकोशों में संकलित किए गए हैं, फिर भी, कुल मिलाकर, वे अंग्रेजी भाषा की मूल शब्दावली के बजाय उसके आस-पास ही ठहरते हैं। फिर भी विभिन्न व्यवसाय अपनी विशिष्ट शब्दावली की दृष्टि से पर्याप्त भिन्नता लिए हुए हैं। व्यापार, हस्तकला, कृषि और मछलीपालन जैसे अन्य व्यवसायों में जहाँ लम्बे समय से भारी संख्या में लोग लगे हैं, तकनीकी शब्दावली बहुत पुरानी है। इसमें अधिकतर स्थानीय शब्द मिलते हैं अथवा ऐसे आयातित शब्द हैं जो हमारी भाषा में घुल-मिल गए हैं। अतः अनेक रूपों में पूर्णतः तकनीकी होते हुए भी ये शब्दावलियां बोलने में अधिक परिचित-सी हैं और अन्य अधिकांश तकनीकीय तुलना में अधिक सहजता से समझी जाती हैं।

कानून, औषधि, धर्मविज्ञान और दर्शन की विशिष्ट भाषिका भी अपने प्राचीन रूप में परिष्कृत व्यक्तियों में पर्याप्त परिचित हो गई है, और प्रचलित शब्दावली में काफी योगदान कर चुकी है फिर भी प्रत्येक व्यवसाय आज भी ऐसी बहुत-सी तकनीकी शब्दावली लिए हुए है जो मूलतः विदेशी हैं। यह अनुपात पिछले पचास वर्षों में अधिक बढ़ा है विशेषतः यांत्रिक कलाओं, प्राकृतिक विज्ञान और राजनीति विज्ञान के विभिन्न क्षेत्रों में। यहाँ पूरी आजादी से नए शब्दों को शामिल कर लिया गया है और व्यर्थ हो जाने पर छोड़ दिया गया है। अधिकतर नए पद विशिष्ट बातचीत तक सीमित रहे हैं, कभी-कभी ही सामान्य बातचीत अथवा साहित्य जुड़ पाए हैं। पर आज कोई भी व्यवसाय, जैसा कि पहले सभी थे बंद निकाय नहीं हैं। वकील, चिकित्सक, वैज्ञानिक और पादरी अपने साथी सृजनकर्त्ताओं से जुड़ता है और ऐसा नहीं है कि मात्र व्यावसायिक रूप से ही मिलता है। बल्कि आज का प्रचलित विज्ञान प्रत्येक व्यक्ति को आधुनिक विचारों और खोजों से जोड़ता है। कोई भी महत्त्वपूर्ण प्रयोग चाहे वह दूर अथवा क्षेत्रीय प्रयोगशाला में किया गया हो, समाचार-पत्रों में तुरंत प्रकाशित हो जाता है और हर एक व्यक्ति उसके बारे में ऐसे ही बात करना शुरू कर देता है जैसे विकिरण किरणों और बेतारी तार-संचार के बारे में बात करता है। अतः हमारी सामान्य बोली सदैव नए तकनीकी शब्दों को अपना रही है और उन्हें प्रचलित कर रही है।

1. तकनीकी शब्दावली बढ़ाई जा सकती है :
A. नए शब्द बनाकर, विदेशी भाषाओं से शब्द ग्रहण करके और पुराने हुए शब्दों को निकालकर
B. नई अवधारणाओं के लिए नए शब्द गढ़कर
C. नए शब्द ढालकर और विदेशी भाषाओं से शब्द आयात करके
D. विदेशी शब्दों का अपनी भाषा में अनुवाद करके

2. प्रचलित विज्ञान, प्रत्येक व्यक्ति को परिचित कराता है
A. आधुनिक विचारों और नवीन खोजों से
B. नवीन खोजों और आविष्कारों से
C. आधुनिक विचारों, नवीन खोजों और तकनीक से
D. विज्ञान और तकनीक में नए विकास से

3. तकनीकी शब्दावली सभी की भाषा का अंग बन गई है :
A. व्यावसायिकों के प्रयासों द्वारा
B. विदेशी भाषा पढ़कर
C. प्रचलित वैज्ञानिक लेखों और समाचारपत्रों द्वारा
D. भाषा के परिवर्तनों द्वारा

4. तकनीकी शब्द हैं :
A. संक्षिप्त, किफायती और नामात्मक
B. नवीन, कठिन पर आवश्यक
C. भाषा की मूल शब्दावली से चुने हुए
D. सभी द्वारा सामान्य रूप से समझे जाने वाले

गद्यांश-38

मैं इस अंधविश्वास को जानता हूँ कि आत्म-ज्ञान जीवन की चौथी अवस्था में ही सम्भव है और वह है संन्यास। पर इस बात को सभी जानते हैं कि जो इस अमूल्य अनुभव को जीवन के अन्तिम क्षणों के लिए टालते हैं वे आत्म-ज्ञान प्राप्त नहीं करते बल्कि द्वितीय और दयनीय बचपन के समान बुढ़ापे को प्राप्त करते हैं और पृथ्वी पर एक भार की तरह जीते हैं। मुझे पूरी तरह याद है कि जब मैं 1911-12 में पढ़ाता था तब भी इसी विचार को मानता था भले ही इसी तरह की भाषा में उसे अभिव्यक्त न किया हो।

तब किस प्रकार यह आध्यात्मिक प्रशिक्षण दिया जाना था? मैंने बच्चों को भजन याद कराये और उनका अभ्यास कराया और उन्हें नैतिक शिक्षा की पुस्तकों से पढ़कर सुनाया। पर यह सब मेरे लिए संतोषजनक नहीं था। जब मैं उनके और अधिक निकट आया तो पाया कि अध्यात्म का प्रशिक्षण केवल पुस्तकों के माध्यम से नहीं कराया जा सकता। उसी प्रकार जैसे शारीरिक प्रशिक्षण व्यायाम के माध्यम से दिया जाता है और बौद्धिक अभ्यास के द्वारा, अतः अध्यात्म का प्रशिक्षण भी अध्यात्म के अभ्यास से संभव था। और अध्यात्म का प्रशिक्षण पूर्णतः अध्यापक के जीवन और चरित्र पर निर्भर करता है। अध्यापक चाहे विद्यार्थियों के बीच में है अथवा नहीं उसे सदैव अपने व्यवहार और चरित्र का ध्यान रखना है।

1. ऊपर उधृत पाठ सामग्री के लिए सर्वाधिक उपयुक्त शीर्षक है :

A. बौद्धिक अभ्यास B. अंधविश्वास

C. आध्यात्मिक विकास D. प्रशिक्षण

2. व्यापक स्तर पर आत्म-ज्ञान के बारे में लोगों के बीच अंधविश्वास है कि यह

A. अनवरत प्रक्रिया है

B. केवल संन्यास द्वारा संभव है

C. केवल आरम्भिक जीवन में संभव है

D. एक मिथक है

3. लेखक के अनुसार बच्चों का आध्यात्मिक प्रशिक्षण मुख्यतः किसके चरित्र पर निर्भर है?

A. अभिभावकों के B. अभिजात वर्ग के

C. सामाजिक नेताओं के D. अध्यापकों के

4. लेखक का बुढ़ापे के बारे में पहले विचार था कि यह

A. एक गुण है B. एक अभिशाप है

C. विचारों की स्मृति है D. संतोष है

गद्यांश-39

क्या विद्यार्थियों द्वारा प्राप्त किये गये परिणामों से अध्यापन-कार्य का मूल्यांकन किया जा सकता है? कुछ हद तक अध्यापकों को इसी प्रकार आँका जाता है, प्रायः सामूहिक रूप से, किसी संस्थान की ख्याति के रूप में। परन्तु इसमें कुछ कठिनाइयाँ हैं। विशेष रूप से उल्लेखनीय कठिनाई, जिसे स्क्राइवन (1988) ने 'हार्वर्ड फैलेसी (भ्रामकता)' के नाम से वर्णित किया है, इस प्रकार है :

...यह मान लेने की भ्रामकता कि हार्वर्ड में पढ़ाई अच्छी होती होगी क्योंकि यहां के स्नातक अपने बाद के जीवन में अच्छी तरक्की करते हैं ...इन आँकड़ों से यही परिणाम निकाला जा सकता है कि हार्वर्ड में मस्तिष्क को स्थायी हानि नहीं पहुँचाई जाती–सामान्यतया। बाकी की युक्ति केवल इतनी-सी है कि प्रतिभाशाली विद्यार्थियों का चयन कर कक्षाओं में भेजा जाए और उनके मार्ग में कोई रुकावट खड़ी न की जाए। उन्हें पुस्तकालय, प्रयोगशाला, पीयर ट्यूटरिंग और परिवार के प्रभाव या नाम के प्रति आदर का उपयोग करने दिया जाए। अध्यापकों का योगदान यदि कोई है तो वह अवशेष जो दूसरे कारणों से अलग करने के बाद बचता है जैसे कि ...'पुराने विद्यार्थियों के जाल' और नाम की मान्यता का नौकरी के लिए चयन और पदोन्नति पर प्रभाव। यद्यपि हार्वर्ड प्रमाण्यतः एक महान विश्वविद्यालय है तथापि निश्चित रूप से यह प्रमाण्यतः एक महान अध्यापन विश्वविद्यालय नहीं है बल्कि केवल एक भव्य रूप से सुसज्जित विश्वविद्यालय।

दूसरे देशों के विश्वविद्यालयों को स्पष्टतः हार्वर्ड के स्थान पर रखा जा सकता है। लेकिन फिर भी यदि एक जैसे संस्थानों के एक जैसे पाठ्यक्रमों के परिणामों की तुलना करना सम्भव हो तो भी सफलता का श्रेय दूसरे कारणों को देने की बजाय अध्यापन को देने के बारे में स्क्राइवन का तर्क विचारणीय रहेगा। किसी प्रकार के 'मूल्य-जुड़े' पैमाने से भी यह सम्भव नहीं होगा और ऐसे पैमाने या तो इतने अपक्व होंगे कि उनका कोई अर्थ ही नहीं होगा या फिर इतने जटिल होंगे कि जाँचने और आँकने के लिए पढ़ाने और सीखने की केन्द्रित गतिविधियों के मुकाबले में बहुत अधिक समय की आवश्यकता होगी। एक ही संस्थान में एक वर्ष के परिणामों की अगले वर्ष के परिणामों से तुलना करने में भी कठिनाइयाँ सामने आती हैं क्योंकि विभागों में और विद्यार्थियों में परिस्थितियाँ बदलती रहती हैं।

1. इस परिच्छेद का शीर्षक क्या हो सकता है?

A. हार्वर्ड विश्वविद्यालय में अध्यापन

B. विद्यार्थियों के परिणामों से अध्यापन-कार्य का मूल्यांकन

C. संस्थानों की प्रतिष्ठा

D. अध्यापकों के मूल्यांकन के लिए अवशिष्ट पद्धति

2. हार्वर्ड फैलेसी (भ्रामकता) का अर्थ है :

A. यह मान लेना कि प्रतिष्ठित संस्थानों में पढ़ाई अच्छी होती है

B. जो कुछ हार्वर्ड में भ्रामक रूप से किया जा रहा है

C. कि हार्वर्ड में प्रतिभाशाली विद्यार्थियों को दाखिला दिया जाता है और अच्छे परिणाम प्राप्त किये जाते हैं

D. कि हार्वर्ड में जो अध्यापन कार्य होता है उसमें बहुत-सी भ्रामकतायें हैं

3. विद्यार्थियों की उपलब्धियों में अध्यापकों के योगदान को स्क्राइवन के अनुसार किस बात से आँका जाना चाहिए?

A. स्नातकों द्वारा बाद के जीवन में अर्जित उपलब्धियों से

B. विद्यार्थियों के दाखिले के लिए संस्थानों द्वारा निर्धारित मानदण्डों से

C. बाकी सभी कारणों को निकालने के बाद बचे अवशिष्ट प्रभाव से

D. संस्थानों में उपलब्ध सुविधाओं से

4. स्क्राइवन के अनुसार हार्वर्ड की प्रतिष्ठा किस कारण से है?

A. इसका प्रचुर मात्रा में सुविधाओं से सम्पन्न होना

B. प्रतिभाशाली विद्यार्थियों को दाखिला और उनके मार्ग में रुकावट न डालना

C. इसका एक महान अध्यापन विश्वविद्यालय होना

D. इसके अपक्व और अर्थहीन तरीके जिनसे अध्यापन-कार्य की प्रभाविकता को माना जाता है

गद्यांश-40

संतान को बुढ़ापे की लाठी माना जाता है, परन्तु जब यह लाठी ही सहारा देने के बजाय मां-बाप को प्रताड़ना देने के लिए इस्तेमाल होने लगे तो संबंधों का क्या होगा? समाज और सरकार परम्पराओं को तोड़कर पैदा की जा रही विकृतियों की कब तक उपेक्षा कर सकते हैं? जाहिर है कि इन हालात में समाज व कानून के हस्तक्षेप की तैयारी पुख्ता हो जाती है। संसद द्वारा पारित द मेंटिनेन्स एंड वेलफेयर ऑफ पेरेंट्स एंड सीनियर सिटीजन बिल, 2007 एक प्रकार से ऐसा ही एक हस्तक्षेप है। बस देखना यही होगा कि इस हस्तक्षेप के लिए निर्धारित प्रावधानों का किस हद तक व कितना प्रभावी तरीके से इस्तेमाल होता है।

कानून तो बन गया है परन्तु इस पर अमल की चुनौतियां कम नहीं होंगी। कितने प्रताड़ित अभिभावक कानून के इस संरक्षण के प्रति जागरूक बन सकेंगे और कितने इस कानून के प्रावधानों के इस्तेमाल का संकल्प कर सकेंगे, उनका सचमुच इस्तेमाल कर न्याय हासिल कर सकेंगे? यहां पर समाज व सामाजिक एवं स्वयंसेवी संगठनों की भूमिका महत्त्वपूर्ण हो जाती है। उन्हें न केवल जागृति उत्पन्न करनी होगी बल्कि कानून के सदुपयोग के लिए सक्रिय भूमिका का निर्वाह भी करना होगा। यदि एक दफा इस कानून के अच्छे नतीजे सामने आने लगे तो ये मां-बाप की उपेक्षा की राह पर चलने वाली संतानों के लिए निषेधात्मक उपाय के रूप में भी प्रतिष्ठित हो सकेंगे।

1. सरकार को नया बिल संसद में क्यों लाना पड़ा?

A. इसके लिए सरकार पर दबाव डाला जा रहा था।

B. संसदीय समिति ने इस बारे में सुझाव सरकार के सामने रखे थे।

C. संतान द्वारा माता-पिता की उपेक्षा एक आम प्रचलन बनता जा रहा था।

D. A एवं C दोनों

2. नए कानून पर अमल के लिए सरकार को क्या करनी चाहिए?

A. न्यायिक प्रक्रिया में सुधार लानी चाहिए।

B. पुलिस कार्रवाई में तेजी लानी चाहिए।

C. जन-जागृति पैदा करनी चाहिए।

D. उपरोक्त सभी।

3. इस कानून को लागू करने में कौन-सी चुनौतियाँ हैं?

A. अभिभावकों को कानून के प्रति जागरूक बनाना।

B. कानून का सदुपयोग सुनिश्चित करना।

C. इससे जुड़े अपराध को रोकना।

D. A एवं B दोनों।

4. उपरोक्त उद्धरण के आधार पर सही कथन का चयन कीजिए।

A. संसद द्वारा पेरेंट्स एंड सीनियर सिटीजन बिल, 2008 में पारित किया गया।

B. यह कानून 65 वर्ष से अधिक उम्र के माता-पिता पर लागू होता है।

C. माता एवं पिता में से कोई भी इस कानून के तहत् अपना हक मांग सकता है।

D. इस कानून को सफल बनाने में स्वयंसेवी संगठनों को सक्रिय भूमिका निभानी होगी।

गद्यांश-41

भारत में नारी की स्तुति प्राचीनकाल से की जाती रही है ''यत्र नार्यस्तु पूज्यन्ते रमन्ते तत्र देवता,'' इत्यादि के रूप में। यहाँ तक कि असुरों पर विजय प्राप्त करने हेतु भी देवताओं को नारी की शरण में जाना पड़ा था और देवी दुर्गा ने ही असुरों का संहार किया था। विद्या की देवी महासरस्वती, धन की देवी महालक्ष्मी और दुष्टों का नाश करने वाली महाकाली की आराधना की जाती है।

आधुनिक काल में भारत की आजादी की लड़ाई में महिलाओं ने पर्दा-प्रथा का त्याग कर देश को स्वतंत्रता दिलाने हेतु बढ़-चढ़कर हिस्सा लिया। आजाद भारत में महिलाओं को वोट देने का समान अधिकार दिया गया। हम सब जानते हैं कि आज की महिला जीवन के किसी भी क्षेत्र में पुरुषों से पीछे नहीं है। सर्वत्र अपनी विजय पताका फहरा रही है। माता-पिता ने भी समयानुसार आकाश छूने की आजादी दे दी है।

यह तो है महिला की तस्वीरों का एक पहलू। अब जरा दूसरे पहलू पर भी दृष्टि डालें। आज भी महिला शोषण का शिकार हो रही है। आश्चर्य की बात तो यह है कि यह शोषण अनपढ़, गाँव की महिलाओं के साथ ही नहीं, पढ़ी लिखी, ऊँचे पदों पर प्रतिष्ठित महिलाओं के साथ भी जारी है। फिर चाहे वह यौन शोषण हो, समाज द्वारा किया गया शोषण हो, अंधविश्वास के कारण हो या पुरुषों द्वारा अपना वर्चस्व बनाए रखने के कारण हो, महिलाएँ इसे सहने को अभिशप्त हैं। वैज्ञानिक शोधों को नकारते हुए संतानहीनता का दोष उसे ही भोगना पड़ता है। विधवा नारी को दी जाने वाली प्रताड़ना भले ही पहले जैसी कठोर न हो, पर वह एक सामान्य नारी न रहकर अशुभ का सूचक बन जाती है, इसलिए शुभ कार्यों में उसकी उपस्थिति वर्जित है। हालाँकि अब इस सोच में परिवर्तन आने लगा है, पर यदि वह निःसंतान है, तो परिवार के कार्यों में हाथ बंटाने के सिवाय उसका महत्व नही आंका जाता।

1. आज समाज में किन महिलाओं को प्रताड़ना झेलनी पड़ती है?
   A. विधवा
   B. निःसंतान
   C. अशिक्षित
   D. A एवं B दोनों
2. निम्न में से कौन महिलाओं के शोषण का सर्वाधिक प्रमुख रूप है?
   A. यौन शोषण
   B. संपत्ति में हिस्सेदारी न मिलना
   C. उन्हें घर के कामों तक ही सीमित रखना
   D. A एवं C दोनों
3. आजादी के बाद महिलाओं की स्थिति में क्या बदलाव आया है?
   A. महिलाओं को वोट का अधिकार मिला।
   B. सती प्रथा का निषेध किया गया।
   C. शिक्षा एवं जीवन के अन्य क्षेत्रों में भी उन्हें समानता मिली।
   D. A एवं C दोनों
4. उपरोक्त उद्धरण के आधार पर सही कथन का चयन कीजिए।
   A. प्राचीन काल में नारी को सम्मान की दृष्टि से देखा जाता था।
   B. आजादी की लड़ाई में महिलाओं ने बढ़चढ़कर भाग लिया।
   C. आज भी महिलाएँ यौन शोषण से सर्वाधिक पीड़ित हैं।
   D. उपरोक्त सभी

गद्यांश-42

साठ के दशक में ही कनाडा के दार्शनिक मार्शल मक्लूहन ने कहा था कि संचार व्यवस्था में अभूतपूर्व प्रगति के कारण दुनिया एक 'वैश्विक गांव' में बदल जायेगी। वर्तमान भूमंडलीकरण मक्लूहन की इस भविष्यवाणी का कार्यान्वयन लगता है। उल्लेखनीय है कि भूमंडलीकरण का वर्तमान प्रयोग मूलरूप से इंटरनेट से प्रेरित है और यही इसे अतीत में भूमंडलीकरण की दिशा में किये गये अन्य प्रयोगों से भिन्न कर देता है। वर्तमान भूमंडलीकरण एक ऐसी घटना साबित हुई है, जिसे समझने के लिए दुनिया की विभिन्न भाषाओं में अब तक कुल सात हजार पुस्तकें प्रकाशित हो चुकी हैं। हालांकि अभी भी इस परिघटना के बारे में अंतिम रूप से कुछ कहना मुश्किल माना जाता है। केवल एक ही बात पर आम सहमति है कि यह एक पेचीदा और बहुआयामी विकास प्रक्रिया है।

अर्थशास्त्र के आधुनिक विद्यार्थी इसे आर्थिक संसाधनों का सबसे सुंदर और प्रभावी विनियोजन मानते हैं और दुनिया में संपन्नता की वर्तमान लहर के लिए भी जिम्मेदार मानते हैं। इतना ही नहीं, कुछ लोगों की राय में तो भूमंडलीकरण के कारण दुनिया से युद्ध के खतरे भी मिट जायेंगे, क्योंकि देशों के बीच पारस्परिक व्यापार की जड़ें गहरी होने से उनमें युद्ध के प्रति आकर्षण खत्म हो जायेगा। दुनिया में प्रतिष्ठा हासिल करने के प्रतिमान बदल रहे हैं और देशों की पहचान सैनिक उपलब्धियों के बजाए आर्थिक सफलताओं से होने लगी है। युद्ध का स्थान आर्थिक प्रतियोगिता ने ले लिया है।

लेकिन भूमंडलीकरण के विरोधी इसे यूरोपीय अमेरिकी विकास मॉडल का महज एक आरोपण मानते हैं। उनका मानना है कि भूमंडलीकरण दुनिया को पश्चिमी देशों के हितों के अनुरूप ढालने की कोशिश है। पश्चिमी देशों द्वारा प्रतिपादित यह एक नयी किस्म की बाजार विचारधारा है जो निष्ठुर, सर्वग्रासी और निरंकुश है और जिसकी इतिहास में कोई मिसाल नहीं है। यह यूरोप और अमेरिका के दुनिया के संसाधनों पर स्थायी नियंत्रण स्थापित करने की पहल है।

1. भूमंडलीकरण है–
   A. एक पेचीदा और बहुआयामी विकास प्रक्रिया।
   B. इंटरनेट आधारित व्यापार संजाल।
   C. गरीब देशों के शोषण का एक नवीन आर्थिक तंत्र।
   D. उपरोक्त में से कोई नहीं।
2. भूमंडलीकरण के कारण दुनिया में युद्ध का खतरा कम हुआ है, कैसे?
   A. सभी देश आर्थिक उन्नति में लग गए हैं।
   B. पाररपरिक व्यापार की जड़ें गहरी होने से उनमें युद्ध के प्रति आकर्षण कम हो रहा है।
   C. युद्ध के खिलाफ अंतर्राष्ट्रीय जनमत गोलबंद हो रहा है।
   D. उपरोक्त सभी
3. भूमंडलीकरण को निष्ठुर एवं सर्वग्राही व्यवस्था क्यों कहा जा रहा है?
   A. इसके अंतर्गत दुनिया को पश्चिमी देशों के हितों के अंतर्गत ढालने की कोशिश की जा रही है।
   B. इसका लाभ सिर्फ अमेरिका और पश्चिमी देशों को मिल रहा है।
   C. भूमंडलीकरण के कारण अंतर्राष्ट्रीय वित्तीय संस्थाओं की भूमिका घटी है।
   D. उपरोक्त सभी
4. निम्न में से कौन भूमंडलीकरण का प्रभाव नहीं है?
   A. आर्थिक संसाधनों का बेहतर विनियोजन
   B. आर्थिक समृद्धि
   C. प्रतियोगी अर्थव्यवस्था
   D. नियोजित अर्थव्यवस्था

गद्यांश-43

तकनीकी रूप से भारतीय करेंसी परिवर्तनीय नहीं है। वह रेवेन्यू में परिवर्तनीय है, कैपिटल में नहीं। अगर आप विदेशों में जाकर बैंकों से कहें कि आप के पास भारतीय करंसी है, उसके बदले आपको डॉलर चाहिए तो ऐसा नहीं होगा। आपको डॉलर खरीदना पड़ेगा। इसका मतलब यह हुआ कि पूंजी में भारतीय करेंसी परिवर्तनीय नहीं है। इसी तरह हमें विदेशों में बैंक खाता खोलने के लिए डॉलर या पाउंड की जरूरत होगी। हमें पहले

रुपये को डॉलर या पाउंड में उसे बदलना होगा, तब जाकर हम उसे जमा करा सकते हैं। इसी तरह से विदेशों में शॉपिंग से लेकर किसी वस्तु की खरीदारी, आप किसी भी देश में डॉलर या पाउंड में कर सकते हैं। लोग उसे स्वीकार कर लेंगे, मगर वे रुपये को स्वीकार नहीं करेंगे। मगर रुपए का सिंबल बनने के बाद रुपए की कैपिटल में पूर्ण परिवर्तनीयता जल्द हो जाएगी। जिस तरह से भारत में आज डॉलर को लेने में कोई परहेज नहीं करता, वैसे अमेरिका में रुपये को लेने में कोई परहेज नहीं करेगा।

सवाल यह उठता है कि आखिर इसकी जरूरत क्या है। एक समय ब्रिटेन का कारोबार विश्व में काफी फैला था। कारोबार ब्रिटिश मुद्रा में होता था। ब्रिटेन ने इस विशिष्टता को कायम करने के लिए उसका प्रतीक चिह्न बनाया। अमेरिका ने भी यही रणनीति अपनाई। अपनी मुद्रा डॉलर की पहचान और वर्चस्व अंतर्राष्ट्रीय बाजार में स्थापित करने के लिए उसने अपनी मुद्रा का प्रतीक चिह्न बनाया। कई अन्य देशों में डॉलर मुद्रा का प्रचलन है, जापान के बाद 1999 में यूरोपीय देशों ने अपनी नई मुद्रा यूरो का प्रचलन शुरू किया, अपने खास प्रतीक चिह्न के साथ।

यह कारोबार के वर्चस्व की लड़ाई है। जिन-जिन देशों की मुद्रा के प्रतीक चिह्न हैं, उनके साथ कारोबार की पहली शर्त यह है कि कारोबार उनकी मुद्रा में होगा। एक्सपोर्ट से लेकर इंपोर्ट सब कुछ उनकी मुद्रा में होगा। अमेरिकी डॉलर ने विदेशी मुद्रा विनिमय बाजार में अपनी धुरी इस कदर बना ली है कि अन्य देशों की मुद्राओं की कीमत डॉलर के मुकाबले ही तय होती है। हालांकि यूरोपीय देश यूरो के द्वारा इस मिथ को तोड़ने की कोशिश में हैं, मगर अन्य देशों के साथ अमेरिका का कारोबार यूरोपीय देशों की तुलना में इतना अधिक है कि डॉलर का वर्चस्व बना हुआ है।

1. भारतीय करेंसी परिवर्तनीय है–
  A. अमेरिकी डॉलर के साथ
  B. राजस्व खाते पर
  C. पूँजी खाते पर
  D. सभी पर

2. देश की अपनी करेंसी का क्या लाभ है?
  A. इससे देश का कारोबार देश की मुद्रा में ही होगा।
  B. इससे देश का निर्यात बढ़ेगा।
  C. इससे देश का आयात प्रतिस्थापित होगा।
  D. इससे राष्ट्रीय उत्पाद में वृद्धि होगी।

3. दुनिया में अमेरिकी डॉलर के वर्चस्व का क्या कारण है?
  A. अमेरिकी डॉलर अन्य देशों की मुद्रा की तुलना में अधिक महँगा है।
  B. अमेरिकी डॉलर अन्य देशों द्वारा स्वीकृत मुद्रा है।
  C. अन्य देशों के साथ अमेरिका का कारोबार अधिक है।
  D. विदेशी विनिमय बाजार में डॉलर का कोई प्रतिस्थापन नहीं है।

4. पूँजी खाते पर रुपये के परिवर्तनीय होने का क्या लाभ है?
  A. इससे भारतीय रुपये को डॉलर एवं अन्य विदेशी मुद्राओं में बदलना आसान हो जाएगा।
  B. इससे देश में निवेश को बढ़ावा मिलेगा।
  C. भारतीय निर्यात में वृद्धि से व्यापार संतुलन देश के पक्ष में होगा।
  D. उपरोक्त सभी

गद्यांश-44

'आधार' से जुड़े विचार नए नहीं हैं। अमेरिका में काफी समय पहले सामाजिक सुरक्षा कार्यक्रमों से संबंधित लोगों को 'सामाजिक सुरक्षा नंबर' देने की सोच ने आकार लिया था और वहां पचास वर्षों से भी अधिक समय से ऐसे पहचान पत्र का इस्तेमाल हो रहा है। हाल ही में वहां पर सीनेट के कुछ सदस्यों ने यह प्रस्ताव रखा कि देश में बायोमेट्रिक सामाजिक सुरक्षा कार्ड शुरू किया जाए। इस प्रस्ताव को अमेरिका के नागरिक समूहों एवं निजता संबंधी वकीलों के जबर्दस्त विरोध का सामना करना पड़ा। आज से कुछ समय पहले ब्रिटेन सरकार ने भी बायोमेट्रिक राष्ट्रीय पहचान योजना शुरू की थी, लेकिन ब्रिटेन की नई सरकार इस योजना को खत्म करने, बल्कि एकत्रित बायोमेट्रिक आंकड़ों को ध्वस्त करने की सोच रही है। वहां कहा जा रहा है कि यह पूरी कवायद निरर्थक, नौकरशाही संबंधी और निजता में हस्तक्षेप करने वाली थी।

भारत में 'आधार' को सरकारी सेवाओं के समस्त रोगों की रामबाण दवा के रूप में पेश किया जा रहा है। अपेक्षा की जा रही है कि यह पहचान पत्र शिक्षा के अधिकार के तहत दाखिले की निगरानी करेगा। यह सार्वजनिक वितरण प्रणाली की दरारों को बंद कर देगा और वित्तीय समायोजन, ग्रामीण रोजगार गारंटी योजना, प्रस्तावित खाद्य सुरक्षा कानून तथा गरीबी-उन्मूलन से जुड़ी अन्य योजनाओं को लागू कराने में भी अचूक साबित होगा। फर्जी लाभार्थियों को छांट सकने वाली अनूठी पहचान संख्या की अवधारणा यकीनन आकर्षक है, लेकिन चिंता की बात यह है कि यह नंबर गलत पहचान या योजनाओं के क्रियान्वयन के रिसाव की समस्या को हल करने में कितना कारगर होगा। एक ऐसी व्यवस्था, जिसमें सरकारी अनुदान संबंधी ज्यादातर लाभ परिवार केंद्रित हैं, बल्कि बड़ा परिवार एक नेमत-सा हो, उसमें निजी सूचनाओं पर आधारित 'आधार' कैसे लाभप्रद हो सकता है?

1. सामाजिक सुरक्षा से जुड़ी राष्ट्रीय पहचान योजना निम्न में से किस देश में लागू की जा चुकी है?
  A. भारत B. ब्रिटेन
  C. संयुक्त राज्य अमेरिका D. उपरोक्त सभी

2. अमेरिका में बायोमेट्रिक सामाजिक सुरक्षा कार्ड योजना का विरोध किया जा रहा है, क्यों?
  A. इससे अमेरिका की राष्ट्रीय सुरक्षा खतरे में पड़ सकती है।
  B. इंटरनेट आधारित योजनाओं में इसके दुरूपयोग की संभावना बढ़ सकती है।
  C. इससे व्यक्ति की निजता प्रभावित होगी।

D. इससे अमेरिका की गोपनीय खुफिया रिपोर्ट सार्वजनिक हो सकती है।

3. उपरोक्त उद्धरण के आधार पर सही कथन का चयन कीजिए?
   A. अमेरिका के कुछ सीनेटरों ने देश में बायोमेट्रिक सामाजिक सुरक्षा कार्ड का विरोध किया है।
   B. अमेरिका के नागरिक समूह सुरक्षा कार्ड योजना का समर्थन कर रहे हैं।
   C. ब्रिटेन की नई सरकार कुछ समय पहले शुरू की गई बायोमेट्रिक राष्ट्रीय पहचान योजना खत्म करने पर विचार कर रही है।
   D. भारत सरकार ने भी इस योजना के खतरे को देखते हुए इसे स्थगित करने का निर्णय हाल ही में लिया है।
4. भारत में शुरू की गई आधार योजना का मुख्य लाभ क्या है?
   A. इससे सार्वजनिक वितरण प्रणाली की खामियों को दूर करने में मदद मिलेगी।
   B. इससे सरकारी खर्च पर नियंत्रण रखा जा सकेगा।
   C. इससे रोजगार गारंटी योजना के लाभार्थियों को उचित लाभ मिल सकेगा।
   D. A एवं C

गद्यांश-45

3जी मोबाइल सेवा टेलीकॉम जगत में क्रान्ति लेकर आई है। यह सेवा इन्टरनेट टेलीविजन, वीडियो ऑन-डिमांड, आडियो-वीडियो फोन कॉल और क्रांफ्रेंसिंग के साथ ही तीव्र गति डाटा आदान-प्रदान जैसे तेज सम्पर्क और एप्लीकेशन की सुविधा प्रदान करेगी। वीडियो फोन कॉल में एक-दूसरे को देखते हुए बातचीत की जा सकती है। कम्पनियों की योजना के अनुसार, शुरुआत में वे 100 चैनलों का लाइव टीवी शुरू करेंगी, जिसमें बाद में 100 और चैनल जोड़ दिए जाएंगे। तेज गति की ऑनलाइन गेमिंग, पिक्चर इन पिक्चर और फोटो अपलोडिंग भी सम्भव हो जाएगी। मोबाइल पर ईमेल एकाउंट या किसी वेबसाइट खुलने में देरी तब बीते जमाने की बात हो जाएगी। 2जी सेवाओं में फिलहाल प्रयुक्त किए जा रहे फोन सेटों में ईमेल एकाउंट का खुलना ज्यादा आसान हो जाएगा। चूंकि 3जी युक्त मोबाइल सेटों में सेवा प्रदाता कम्पनी से प्राप्त संकेत अधिक शक्तिशाली होंगे इसलिये सभी तरह की सेवाओं की गति अधिक होगी। जबकि 2जी सेवाओं में आडियो कॉल्स के साथ एमपीथ्री, एफएम, रिंगटोन और औसत गति का जीपीआरएस और टेक्स्ट मैसेजिंग (एसएमएस) का लाभ ही मिलता था। दूरसंचार विभाग के अनुसार, फिलहाल मोबाइल सेवा में उच्च श्रेणी के ब्रॉडबैंड इंटरनेट की गति 256 केबीपीएस होती है जबकि 3जी पर ब्रॉडबैंड की शुरुआत ही होगी 384 केबीपीएस से जो वर्तमान उपलब्ध संरचना में 3.2 एमबीपीएस तक जा सकती है। भारत में फिलहाल व्यापक रूप से जिस 3जी मोबाइल प्रौद्योगिकी की प्रतीक्षा की जा रही है, वह तीसरी पीढ़ी की है। इस समय बीएसएनएल और एमटीएनएल को छोड़कर सभी निजी मोबाइल ऑपरेटर कम्पनियाँ दूसरी पीढ़ी (2जी) प्रौद्योगिकी की सेवाएं उपलब्ध करा रही हैं।

1. 3जी मोबाइल सेवा को टेलीकॉम जगत में एक क्रान्ति के रूप में क्यों देखा जा रहा है?
   A. इससे तीव्र गति से डाटा का आदान-प्रदान संभव हो पाएगा।
   B. इससे ऑन लाइन टिचिंग संभव हो पाएगा।
   C. मानसून की सटीक भविष्यवाणी की जा सकेगी।
   D. उपरोक्त सभी
2. 3जी सेवा का प्रमुख लाभ क्या है?
   A. डाटा का शीघ्र आदान-प्रदान।
   B. टी.वी. चैनल सेवाओं का विस्तार।
   C. पिक्चर इन पिक्चर एवं फोटो अपलोडिंग।
   D. उपरोक्त सभी।
3. निम्न में से कौन-सी सुविधा 2जी सेवाओं पर आधारित नहीं है?
   A. टेक्स्ट मैसेजिंग B. जीपीआरएस
   C. एमपी थ्री D. वीडियो ऑन डिमांड

गद्यांश-46

बीपीओ के क्षेत्र में भारत जैसे देश की सफलता ने विकसित देशों को चौंका दिया। अमेरिका के राष्ट्रपति चुनाव में आउटसोर्सिंग एक बड़ा मसला बना। भारत के ज्ञान के आगे अमेरिका जैसा सशक्त देश सहम गया। अमेरिकी राष्ट्रपति बराक ओबामा कई बार अपने भाषण में भारत और चीन जैसे देश की उच्च स्तरीय बौद्धिक संपदा से खौफ जता चुके हैं। बराक ओबामा ने तो अमेरिकी कंपनियों को सख्त आदेश दिए कि बाहर नौकरी देने वाली कंपनियों को किसी तरह की सरकारी रियायत नहीं दी जाएगी, लेकिन विकसित देशों का यह खौफ आउटसोर्सिंग को रोक नहीं पाया, हां इसके लिए चुनौतियां जरूर बढ़ गई हैं। खासकर वैश्विक आर्थिक मंदी के बाद भारत की ओर जा रही नौकरियों को लेकर पश्चिमी देश अपनी भौहें टेढ़ी करने लगे, लेकिन एक बार वैश्विक कारोबार में अपने पांव जमाने के बाद भारतीय श्रम शक्ति को नजरअंदाज करना आसान नहीं है। फिर भी यह सच है कि आज चुनौतियां ज्यादा बढ़ गई हैं। जरूरत है इन चुनौतियों का मुकाबला कर, वैश्विक कारोबार में अपने पांव जमाए रखने की। आज के भारतीय युवा को इस क्षेत्र से काफी उम्मीदें हैं। भारत केपीओ का भी अगुआ बन रहा है। कल के सॉफ्टवेयर कुली आज के परामर्शदाता हैं। विकसित दुनिया की एक बड़ी जरूरत बन गए हैं। इस कामयाबी को बरकरार रखने और बढ़ाने की जरूरत है। आशा की जानी चाहिए कि भारत आने वाले दिनों में दुनिया का सबसे बड़ा केपीओ बाजार बन जाएगा।

1. भारत की कौन-सी सफलता विकसित देशों को चौंकानेवाली है?
   A. एशिया में एक महत्वपूर्ण आर्थिक शक्ति के रूप में भारत का उभरना।

B. भारत द्वारा रुपये के नए चिह्न को अपनाना।
C. भारत में बीपीओ क्षेत्र की सफलता।
D. भारत का बढ़ता विदेशी मुद्रा भंडार।

2. अमेरिकी सरकार ने आउटसोर्सिंग को रोकने के लिए कौन-से कदम उठाए हैं?
A. आउटसोर्सिंग करनेवाली कंपनियों पर अतिरिक्त टैक्स
B. आउटसोर्सिंग करनेवाली कंपनियों को मिलने वाली सरकारी रियायत में कटौती
C. आउटसोर्सिंग पर पूर्ण प्रतिबंध
D. आउटसोर्सिंग रोकने के लिए यूरोपीय संघ के साथ समझौता

3. आनेवाले दिनों में भारत को दुनिया का सबसे बड़ा केपीओ बाजार बन जाने की संभावना व्यक्त की जा रही है, क्यों?
A. भारत को बीपीओ क्षेत्र की सफलता का लाभ मिलेगा।
B. भारत के पास उन्नत कोटि का मानव संसाधन उपलब्ध है।
C. केपीओ बाजार में भारत का कोई प्रतिद्वन्द्वी नहीं है।
D. उपरोक्त सभी

4. अमेरिका के राष्ट्रपति चुनाव का मुख्य मुद्दा क्या था?
A. इराक में शांति स्थापना
B. संयुक्त राष्ट्रसंघ की सुरक्षा परिषद् में सुधार
C. आउटसोर्सिंग
D. अमेरिकी राष्ट्रीय सुरक्षा

गद्यांश-47

विकास की दौड़ में देश का भीतरी संतुलन भी बहुत ही महत्वपूर्ण है। आज भारत के सन्दर्भ में परोक्ष रूप से संवैधानिक व्यवस्था के सामने समय की चुनौती है, परीक्षा है प्रजातन्त्र और गणतन्त्र की दुहाई देने वाले राजनीतिक दलों की, उनके निर्वाचित सदस्यों की और व्यवस्था का संचालन करने वाली शासकीय नौकरशाही की वे अपने कर्तव्यबोध में कितनी कर्मठता, पारदर्शिता, ईमानदारी और राष्ट्रीय भावना को तरजीह देते हैं।

हम कभी कर्ज से मुक्त और सम्पदा से युक्त एक राष्ट्र थे, हम समूचे विश्व को एक नई राह दिखाने की क्षमता वाले सक्षम राष्ट्र थे, परन्तु जो हुआ है और आज जो हो रहा है वह देश के हित में कम नेताओं के और उनके वंशजों के व पूँजीपतियों के हित में अधिक हो रहा है। देश का, जो विकास होना था वो हुआ या नहीं, न तो किसी को इसका ठीक-ठाक पता है और न ही किसी को यह सब देखने में रुचि है इतना तो अवश्य है कि नेताओं की स्वहितकारी पंचवर्षीय योजनाएं अच्छी तरह से बनती चली गई हैं और उनका भारी विकास होता चला गया है। एक अनुमान के अनुसार हमारे देश के नेताओं का एक लाख करोड़ रुपए से अधिक काला धन स्विस बैंकों में और छद्म सम्पत्तियों में रखा और निवेशित किया गया है। इतने धन से भारत की तस्वीर बदली जा सकती है, कुछ हद तक गरीबी दूर की जा सकती है, परन्तु यह धन आम जनता की गरीबी दूर करने के लिए नहीं है, बल्कि यही धन आम जनता से छीनकर उन्हें गरीब किया गया है इस देश को कर्जदार बनाया गया है और भारी विषमता की इस खाई को रचा गया है।

1. लेखक ने आम जनता की गरीबी का कारण किसे बताया है?
A. संसाधनों का सही उपयोग न हो पाने को।
B. धन के दुरूपयोग को।
C. जनता के धन के विदेशों में पलायन को।
D. उपरोक्त सभी।

2. लेखक ऐसा क्यों मानता है कि आज जो विकास हो रहा है वह देश का कम, नेताओं का ज्यादा है?
A. विकास का लाभ आम जनता को नहीं नेताओं को मिला है।
B. नेताओं ने विकास की प्रक्रिया को अपनी ओर मोड़ लिया है।
C. नेता ही विकास के सबसे बड़े नियंता हैं।
D. नेता देश का विकास नहीं चाहते।

3. भारत में विकास की सबसे बड़ी विसंगति क्या है?
A. देश में प्रजातंत्र की जड़ लगातार कमजोर हुई है।
B. संपदा से युक्त राष्ट्र आज सबसे बड़ा कर्जदार बन गया है।
C. देश का धन बड़ी मात्रा में विदेशों में भेजा जा रहा है।
D. A एवं C दोनों।

4. सवैधानिक व्यवस्था के सामने सबसे बड़ी चुनौती क्या है?
A. शासन में कर्तव्य बोध एवं पारदर्शिता का अभाव।
B. राष्ट्रीय भावना का कमजोर पड़ना।
C. नागरिकों में कर्मठता का अभाव।
D. उपरोक्त सभी।

गद्यांश-48

एक आर्थिक विचार के रूप में ब्रिक की धारणा का प्रतिपादन वर्ष 2001 में अमेरिका की वित्तीय कम्पनी गोल्डमैन सैच (Goldman Sachs) के अर्थशास्त्री जिम ओ नील (Jim O' Niel) ने किया था। नील ने इन चार देशों की उभरती अर्थव्यवस्थाओं को आगे आने वाले भविष्य के लिए महत्त्वपूर्ण माना था। इस धारणा का विधिवत् प्रतिपादन उनके द्वारा 2003 में लिखित रिपोर्ट 'Dreaming with BRICS : The path to 2050' में यह माना गया था कि इन चार देशों ने वैश्विक पूँजीवाद के आलोक में अपनी राजनीतिक व आर्थिक व्यवस्थाओं में परिवर्तन कर लिया है। इस रिपोर्ट के अनुसार वर्ष 2050 तक भारत व चीन विश्व में निर्मित वस्तुओं व सेवाओं के अग्रिम आपूर्तिकर्ता देश होंगे। इसी प्रकार रूस तथा ब्राजील

2050 तक विश्व में कच्चे माल के अग्रिम आपूर्तिकर्ता देश होंगे। इस प्रकार इन देशों की अर्थव्यवस्थाएं एक-दूसरे की पूरक होंगी। इसी प्रकार वर्ष 2005 में प्रकाशित गोल्डमैन सैच की एक अन्य रिपोर्ट में यह भविष्यवाणी की गई थी कि इन चारों देशों की अर्थव्यवस्थाएं इतनी तेजी से विकसित हो रही हैं कि वर्ष 2050 तक ये चारों अर्थव्यवस्थाएं वर्तमान विश्व के धनी देशों की अर्थव्यवस्थाओं से आगे निकल जाएंगी। लेकिन इस रिपोर्ट का तर्क यह नहीं था कि ये चारों अर्थव्यवस्थाएं एक आर्थिक सहयोग संगठन का निर्माण करेंगी।

वर्तमान में इन चारों देशों में विश्व की 40 प्रतिशत जनसंख्या निवास करती है तथा इन चारों का क्षेत्रफल विश्व के भौगोलिक क्षेत्रफल का 25 प्रतिशत है। साथ ही इन चारों का सकल राष्ट्रीय उत्पाद (GDP) 15.43 ट्रिलियन डॉलर है। इन चारों देशों में आपसी सहयोग की सम्भावना इसलिए अधिक है कि जहाँ रूस में तेल व प्राकृतिक गैस व ब्राजील में खनिज पदार्थो विशेषकर लौह अयस्क की अच्छी मात्रा है, वहीं भारत व चीन तकनीकी व निर्माण के क्षेत्र में आगे हैं।

1. लेखक ने किन अर्थव्यवस्थाओं को भविष्य के लिए महत्त्वपूर्ण माना है?
   A. ब्राजील, रूस भारत, चीन
   B. चीन, भारत, द. अफ्रीका, रूस
   C. ब्राजील, भारत, रूस, द. अफ्रीका
   D. रूस, भारत, चीन, जापान

2. 2050 तक किन देशों के निर्मित वस्तुओं एवं सेवाओं के अग्रिम आपूर्तिकर्ता होने की संभावना व्यक्त की गई है?
   A. भारत एवं ब्राजील   B. भारत एवं चीन
   C. ब्राजील एवं रूस   D. चीन एवं ब्राजील

3. निम्न में से कौन-सा कथन सही है?
   A. इस शताब्दी के अर्द्धांश तक ब्रिक राष्ट्रों की अर्थव्यवस्था विकसित देशों की अर्थव्यवस्था से आगे निकल जाएगी।
   B. ब्रिक राष्ट्रों के बीच आपसी व्यापारिक प्रतिस्पर्धा बढ़ेगी।
   C. ब्रिक राष्ट्र दुनिया के सर्वाधिक निर्यातक राष्ट्र के रूप में उभरेंगे।
   D. A एवं C दोनों

4. ब्रिक राष्ट्रों के बीच सहयोग की अधिक संभावना किस कारण से है?
   A. सभी राष्ट्र सहयोग के लिए प्रतिबद्ध हैं।
   B. इनकी अर्थव्यवस्था एक-दूसरे की पूरक है।
   C. इनकी अर्थव्यवस्था एक-दूसरे की प्रतिस्पर्धी है।
   D. सभी ने सीमा शुल्क रहित व्यापार का समर्थन किया है।

गद्यांश-49

भारत की सामाजिक संस्थाओं में जाति प्रणाली के घृणितम स्वरूप के दंश समाज के एक वर्ग ने शताब्दियों तक झेले हैं। जाति व्यवस्था से ही समाज में ऊँच-नीच की भावना पैदा हुई है। कर्म के आधार पर विकसित हुई वर्णव्यवस्था में बौद्धिक दृष्टि से श्रेष्ठतर तथा शिक्षा-दीक्षा का कार्य करने वाले लोग ब्राह्मण, समुदाय (राज्य) की रक्षा करने वाले लोग क्षत्रिय, कारोबारी लोग वैश्य तथा उत्पादन करने वाले लोग शूद्र कहलाए। यह वर्गीकरण जन्मगत न होकर कर्मगत था। कालान्तर में समाज में कर्म के ही आधार पर जातियाँ और उप-जातियाँ बनीं। बुद्धिबल, बाहुबल तथा धनबल के आधार पर कतिपय जातियों ने स्वयं को श्रेष्ठतम (ऊँचा) तथा अन्यों को निम्नतम (नीचा) मान लिया। तथाकथित नीची जातियों पर तरह-तरह की निर्योग्यताएं थोपी गईं यथा नीची जातियों के लोगों पर जूते पहनने, पगड़ी बाँधने पर प्रतिबन्ध लगा दिया गया। वे तथाकथित ऊँची जातियों के कुओं से पानी नहीं ले सकते थे; मन्दिरों में प्रवेश नहीं कर सकते थे; तथाकथित नीची जाति की महिलाएँ कमीज (ब्लाउज) नहीं पहन सकती थीं उन्हें साड़ी लपेट कर ही अपना शरीर ढंकना पड़ता था। तथाकथित नीची जातियों के लोग बराबरी के साथ चारपाई पर नहीं बैठ सकते थे। उनकी छाया तक पड़ जाने पर ब्राह्मण स्वयं को अशुद्ध मानकर स्नान करते थे। महाराष्ट्र में दलितों को सार्वजनिक स्थान, सड़क आदि पर थूकने के भी अधिकार नहीं थे। प्रताड़ना के विकृततम रूप में दलितों को अपने गले में कटोरा बाँधकर चलना पड़ता था ताकि यदि वे थूकें तो उसी कटोरे में थूकें और अपनी बस्ती में जाकर कटोरा साफ करें। कतिपय नीची जातियों के लोगों को अपनी कमर से एक झाड़ू बाँधकर चलना पड़ता था ताकि जिस रास्ते से वे चलें वह स्वतः ही साफ होता रहे। इस प्रकार की अमानवीय कुप्रथाओं तथा दलितों के सामाजिक उत्पीड़न के विरुद्ध उन्नीसवीं और बीसवीं शताब्दी में अनेक समाज सुधार आन्दोलन चले। महात्मा गांधी के अछूतोद्धार आन्दोलन तथा डॉ. बी.आर. अम्बेडकर के प्रयासों से स्वाधीनता आन्दोलन के दौरान ही जाति व्यवस्था पर कड़े प्रहार किए गए। भारतीय राष्ट्रीय कांग्रेस तथा अन्य समाज सुधारकों के प्रयास से जनगणना में जाति का उल्लेख किया जाना बन्द कर दिया गया। भारतीय जाति व्यवस्था की कुरीतियों को दास प्रथा, रंगभेद, सती प्रथा, बालिका भ्रूण हत्या के समकक्ष ही अमानवीय करार दिया गया। इन समस्त प्रयासों के चलते ही संविधान के मौलिक अधिकारों में समानता के अधिकार के तहत जाति, धर्म, लिंग, भाषा अथवा क्षेत्र के आधार पर किसी भी व्यक्ति के प्रति भेदभाव किए जाने को निषेध कर दिया गया। अस्पृश्यता को मौलिक अधिकारों के हनन की संज्ञा देते हुए एवं असवैधानिक मानते हुए एक संज्ञेय अपराध भी माना गया।

1. समाज में ऊँच-नीच की भावना का मुख्य आधार क्या है?
   A. जाति व्यवस्था   B. वर्ण व्यवस्था
   C. सांप्रदायिक विभाजन   D. उपरोक्त सभी

2. निम्न में से कौन सामाजिक श्रेष्ठता का आधार है?
   A. बुद्धि   B. बाहुबल
   C. धन   D. उपरोक्त सभी

3. भारतीय समाज में निचली जाति पर कौन-सी निर्योग्यता आरोपित नहीं की गई थी?
A. ऊँची जाति के कुओं से पानी न भरना
B. पगड़ी बाँधना
C. जूते पहनना
D. मंदिरों में प्रवेश

4. जाति-व्यवस्था को असंवैधानिक माना गया है–
A. संविधान की प्रस्तावना में।
B. मौलिक अधिकार खंड में।
C. राज्य के नीति निदेशक भाग में।
D. उपरोक्त सभी में।

गद्यांश-50

भारत में प्राचीन काल से ही उत्तम कोटि के सूती वस्त्रों का उत्पादन होता आया है। यहाँ का मलमल अपनी विशेषता के लिए विश्वविख्यात रहा है। 17वीं शताब्दी तक भारत में उत्तम कोटि के सूती वस्त्रों का बड़े पैमाने पर उत्पादन होता था। अंग्रेजी साम्राज्य ने अपने देश के प्रभुत्व को स्थापित करने के उद्देश्य से ब्रिटेन में उत्पादित वस्त्र को भारतीय बाजार में उतार कर भारतीय वस्त्र उद्योग को नष्ट कर दिया था। इसके फलस्वरूप भारत यूरोपीय देशों के कच्चे माल की पूर्ति का केन्द्रमात्र बनकर रह गया। धीरे-धीरे भारतीय ग्रामों में फैला परम्परागत वस्त्र उद्योग नष्ट होने लगा।

राष्ट्रपिता महात्मा गांधी की दृष्टि लुप्तप्राय होते जा रहे ग्रामीण उद्योगों की ओर गई। उन्होंने स्वदेशी वस्त्र उत्पादन के कार्य को पुनर्जीवित करने के उद्देश्य को ध्यान में रखते हुए वर्ष 1925 में अखिल भारत चरखा संघ की स्थापना से खादी कार्य का सूत्रपात किया। गांधीजी का लक्ष्य खादी उद्योग के माध्यम से शोषण मुक्त समाज की रचना करना था। एक बार गांधीजी ने कहा भी था, "यदि मुझे कोई हाथ-कताई से बेहतर सुविचारित व्यापक कार्यक्रम बतलाए तो मैं आज चरखा का त्याग कर दूँगा। परन्तु अभी तक न तो मैंने देखा है और न ही मुझे दिखाया गया है। यदि ऐसा कोई सुविचारित कार्यक्रम है, तो उसे जानने के लिए मैं उत्सुक हूँ।"

वर्ष 1947 तक यह उद्योग गांधीजी के मार्ग निर्देशन में रहा। स्वतंत्रता प्राप्त करने के पश्चात् सरकार ने इस उद्योग को आवश्यक संरक्षण प्रदान किया। खादी ग्रामोद्योग आयोग अधिनियम, 1946 द्वारा उद्योगों के विकास के लिए एक विशेष आयोग स्थापित किया गया। आयोग का काम खादी ग्रामोद्योग सम्बन्धी कार्यक्रमों की योजना बनाना तथा उनके कार्यान्वयन में सहायता देना है। खादी ग्रामोद्योग के क्षेत्र में काम करने वाले लोगों को प्रशिक्षण देने के अलावा आयोग ऐसी एजेंसियों के लिए वित्त की व्यवस्था करता है, जो इसकी पात्र होती हैं। उन्हें कच्चा माल जुटाता है तथा खादी ग्रामोद्योग के उत्पादों की बिक्री का प्रबन्ध करता है।

1. भारतीय वस्त्र उद्योग के नष्ट होने का मुख्य कारण क्या था?
A. भारतीय वस्त्र उद्योग की गुणवत्ता लगातार घटती जा रही थी।
B. भारतीय वस्त्रों की कीमत बाजार में लगातार बढ़ती जा रही थी।
C. भारतीय वस्त्र उद्योग को ब्रिटेन में उत्पादित सस्ते कपड़ों से मुकाबला करना पड़ रहा था।
D. B एवं C दोनों।

2. खादी उद्योग को बढ़ावा देने का गांधी का मुख्य उद्देश्य क्या था?
A. देशी उद्योग को बढ़ावा देना।
B. खादी को लोकप्रिय बनाना।
C. भारतीय उद्योग को आत्मनिर्भर बनाना।
D. शोषण मुक्त समाज की स्थापना करना।

3. 17वीं शताब्दी में भारत प्रसिद्ध था–
A. उन्नत कोटि के सूती वस्त्रों के लिए।
B. मलमल वस्त्र के लिए।
C. A एवं B दोनों के लिए।
D. रंगरेजी के लिए।

4. खादी ग्रामोद्योग आयोग का गठन किस उद्देश्य से किया गया?
A. खादी ग्रामोद्योग के विकास के लिए योजना बनाना।
B. इस उद्योग में काम करनेवाले लोगों को प्रशिक्षण देना।
C. इन उद्योगों में निर्मित वस्तुओं की विक्री के लिए।
D. उपरोक्त सभी।

उत्तरमाला

गद्यांश-1

1	2	3
D	B	A

गद्यांश-2

1	2	3
C	D	D

गद्यांश-3

1	2	3	4
C	C	D	D

गद्यांश-4

1	2	3	4
A	D	B	D

गद्यांश-5

1	2	3	4
D	D	B	A

गद्यांश-6

1	2	3	4
A	A	D	A

गद्यांश-7

1	2	3	4
A	D	D	D

गद्यांश-8

1	2	3	4
B	D	D	A

गद्यांश-9

1	2	3	4	5
D	D	A	C	A

गद्यांश-10

1	2	3	4
D	B	D	B

गद्यांश-11

1	2	3	4	5
D	C	B	C	A

गद्यांश-12

1	2	3	4	5
C	A	B	D	A

गद्यांश-13

1	2	3	4	5
C	D	B	D	A

गद्यांश-14

1	2	3	4	5
A	C	D	C	B

गद्यांश-15

1	2	3	4	5
A	C	A	C	D

गद्यांश-16

1	2	3	4	5
B	B	C	C	C
6	**7**			
A	B			

गद्यांश-17

1	2	3	4	5
B	C	D	A	B

गद्यांश-18

1	2	3	4	5
D	B	A	A	C

गद्यांश-19

1	2	3	4	5
C	A	B	B	A

गद्यांश-20

1	2	3	4	5
B	B	D	C	A

गद्यांश-21

1	2	3	4	5
B	A	C	D	C

गद्यांश-22

1	2	3	4	5
B	A	C	A	C

गद्यांश-23

1	2	3	4	5
D	C	A	D	C

गद्यांश-24

1	2	3	4
C	A	A	A

गद्यांश-25

1	2	3	4
A	D	C	D

गद्यांश-26

1	2	3	4
B	D	B	A

गद्यांश-27

1	2	3	4
D	C	C	B

गद्यांश-28

1	2	3	4
D	D	A	D

गद्यांश-29

1	2	3	4
C	A	D	B

गद्यांश-30

1	2	3	4
D	C	A	D

गद्यांश-31

1	2	3	4
D	A	C	D

गद्यांश-32

1	2	3	4
B	D	B	A

गद्यांश-33

1	2	3	4
C	A	C	A

गद्यांश-34

1	2	3	4
A	B	D	C

गद्यांश-35

1	2	3	4
B	C	C	B

गद्यांश-36

1	2	3	4
C	C	B	A

गद्यांश-37

1	2	3	4
C	A	C	A

गद्यांश-38

1	2	3	4
C	B	D	B

गद्यांश-39

1	2	3	4
B	A	C	B

गद्यांश-40

1	2	3	4
C	C	D	D

गद्यांश-41

1	2	3	4
D	D	D	D

गद्यांश-42

1	2	3	4
A	B	A	D

गद्यांश-43

1	2	3	4
B	A	C	A

गद्यांश-44

1	2	3	4
D	C	C	D

गद्यांश-45

1	2	3
A	D	D

गद्यांश-46

1	2	3	4
C	B	B	C

गद्यांश-47

1	2	3	4
C	A	B	D

गद्यांश-48

1	2	3	4
A	B	A	B

गद्यांश-49

1	2	3	4
A	D	A	B

गद्यांश-50

1	2	3	4
C	D	C	D

SECTION b भाषा बोध : काव्यांश

काव्यांश-1

चौ.–एक पिता के बिपुल कुमारा।
होहिं पृथक गुन सील अचारा।।
कोउ पंडित कोउ तापस ग्याता।
कोउ धनवंत सूर कोउ दाता।।
कोउ सर्बग्य धर्मरत कोई
सब पर पितहि प्रीति सम होई।।
कोउ पितु भगत बचन मन कर्मा।
सपनेहुँ जान न दूसर धर्मा।।
सो सुत प्रिय प्रान समाना।
जद्यपि सो सब भाँति अयाना।।
एहि बिधि जीव चराचर जेते।
त्रिजग देव नर असुर समेते।।
अखिल बिस्व यह मोर उपाया।
सब पर मोहि बराबरि दाया।।
तिन्ह महँ जो परिहरि मद माया।
भजै मोहि मन बच अरु काया।।

दिए गए काव्यांश के आधार पर निम्नलिखित प्रश्नों के उत्तर दें।

1. दिए गए पद्यांश का शीर्षक हो सकता है–
A. पितृ वत्सलता B. पुत्र के गुण
C. पुत्र का धर्म D. इनमें से कोई नहीं

2. दिए गए पद्यांश के आधार पर पिता का प्यार–
A. ज्ञानी पुत्र को प्राप्त होता है
B. धनी पुत्र को प्राप्त होता है
C. पराक्रमी पुत्र को प्राप्त होता है
D. सभी को प्राप्त होता है चाहे वह मूर्ख, निर्बल या निर्धन हो

3. 'तापस' शब्द का अर्थ होगा–
A. सूर्य की गर्मी B. तपस्वी
C. बुखार से पीड़ित D. गर्मी का मौसम

4. 'चराचर' शब्द का संधि-विच्छेद होगा–
A. चरा + चर B. चर + आचर
C. चर + अचर D. इनमें से कोई नहीं

5. 'असुर' शब्द का पर्यायवाची शब्द होगा–
A. निशाचर B. दैत्य
C. दानव D. ये सभी

काव्यांश-2

तेरा जन एक आध है कोई।
काम-क्रोध अरु लोभ विसर्जित, ये सब तेरी माया।।
राजस-तामस-सातिग तीन्यू, ये सब तेरी माया।
चौथे पद कौं जे जन चीन्हैं, तिनहिं परम पद पाया।।
असतुति-निंदा-आसा छाड़ै, तजै मान अभिमाना।
लोहा-कंचन समिकरि च्यंतामणि हरिपद रमै उदासा।
त्रिसनां अरु-अभिमान रहित है कहै कबीर सो दासा।।

दिए गए काव्यांश के आधार पर निम्नलिखित प्रश्नों के उत्तर दें।

1. प्रस्तुत पद्यांश के आधार पर ईश्वर का सच्चा भक्त वह है जो–
A. ईश्वर की रात-दिन भक्ति करता है।
B. गरीबों की सेवा करता है।
C. तृष्णा व अभिमान से रहित है।
D. इनमें से कोई नहीं

2. पद्यांश के आधार पर तीन गुण हैं–
A. सात्विक, राजसी व तामसी
B. लोभ, मोह, अहंकार
C. काम, क्रोध, लोभ
D. इनमें से कोई नहीं

3. सच्चे भक्त संसार में–
A. पर्याप्त हैं।
B. जंगलों में मिलते हैं।
C. विरले पाए जाते हैं।
D. एक मात्र कबीर थे।

4. 'कंचन' शब्द का अर्थ होगा–

A. कोयला B. हीरा
C. सोना D. काला

5. 'अभिमान' शब्द का विपरीतार्थक शब्द होगा–

A. सम्मान B. घमंड
C. विनम्रता D. दयालुता

काव्यांश-3

भा भादों दूभर अति भारी।
कैसे भरौं रैनि अँधियारी।।
मँदिर सून पिउ अनतै बसा।
सेज नागिनी फिरि-फिरि डसा।।
रहौं अकेलि गहे एक पारी।
नैन पसारि मरौं हिय फारी।।
चमक बीजु, घन गरजि तरासा।
बिरह काल होइ जीउ गरासा।।
बरसै मघा झकोरी झकोरी।
मोर दुइ नैन चुवै जस ओरी।।
धनि सखैं भरे भादौं माहाँ।
अबहुँ न आएन्हि सी चेन्हि नाहाँ।।
पुरबा लाग भूमि जल पूरी।
आक जवास भई तस झूरी।।
थल जल भरे अपूर सब, धरती गगन मिलि एक।
जनि जोबन अवगाह महँ, दे बूड़त पिउ टेक।।

दिए गए काव्यांश के आधार पर निम्नलिखित प्रश्नों के उत्तर दें।

1. पद्यांश द्वारा वर्णन किया गया है–

A. वर्षा ऋतु का
B. भादव महीने का
C. प्रकृति का
D. वियोगिनी के विरह वेदना का

2. पद्यांश के अनुसार वियोगिनी को प्रियतम की अनुपस्थिति में सेज कैसा लगता है?

A. काँटे के समान B. फूलों के समान
C. नागिन के समान D. इनमें से कोई नहीं

3. नायिका के आँखों से बहते आँसू की उपमा किससे दी गई है?

A. नदियों की धारा से
B. वर्षा की बूँदों से
C. मघा नक्षत्र में होने वाली वर्षा से
D. इनमें से कोई नहीं

4. 'घन' शब्द का अर्थ होगा–

A. बादल B. पानी
C. लोहा D. पत्थर

5. 'धरती' शब्द के पर्यायवाची हैं–

(*i*) तरनी (*ii*) अवनि
(*iii*) वसुन्धरा (*iv*) मेदिनी

A. (*i*), (*ii*) एवं (*iii*)
B. (*ii*), (*iii*) एवं (*iv*)
C. (*i*), (*iii*) एवं (*v*)
D. उपर्युक्त सभी

काव्यांश-4

अँखिया हरि-दरसन की भूखी।
कैसे रहैं रूप रसराची ये बतियाँ सुनि रूखी।।
अवधि गनत इक टक मग जोवत तव एती नहिं झूखी।
अब इन जोग-संदेस ऊधो अति अकुलानी दूखी।।
वारक वह मुख फेरि दिखाओ दुहि पय पिवत पतूखी।
सूर सिकत हरि नाव चलायो ये सरिता हैं सूखी।।

दिए गए काव्यांश के आधार पर निम्नलिखित प्रश्नों के उत्तर दें।

1. प्रस्तुत पद्यांश के आधार पर इसके रचयिता हैं–

A. तुलसीदास B. केशवदास
C. रसखान D. सूरदास

2. पद्यांश के अनुसार गोपियों की आँखें किसकी भूखी हैं?

A. प्रकृति दर्शन की B. कृष्ण के दर्शन की
C. देवताओं के दर्शन की D. इनमें से कोई नहीं

3. गोपियों की बातचीत किसके साथ हो रही है?

A. देवदूत के साथ
B. कृष्ण के साथ
C. कृष्ण सखा उद्धव के साथ
D. सूरदास के साथ

4. 'अवधि' शब्द का अर्थ होगा–

A. एक भाषा का नाम B. एक स्थान का नाम
C. समयान्तराल D. इनमें से कोई नहीं

5. 'दरसन' शब्द है–

A. तद्भव B. तत्सम
C. देशज D. विदेशज

काव्यांश-5

तपस्वी ! क्यों इतने हो क्लांत? वेदना का यह कैसा वेग?
आह ! तुम कितने अधिक हताश, बताओ यह कैसा उद्वेग!
हृदय में क्या है नहीं अधीर, लालसा जीवन की निश्शेष !
कर रहा वंचित कहीं न त्याग तुम्हें, मन में धर सुंदर वेश?
दुःख के डर से तुम अज्ञात जटिलताओं का कर अनुमान;
काम से झिझक रहे हो आज, भविष्यत् से बनकर अनजान।
कर रही लीलायम आनंद, महाचिति सजग हुई सी व्यक्त;
विश्व का उन्मीलन अभिराम इसी में सब होते अनुरक्त !

दिए गए काव्यांश के आधार पर निम्नलिखित प्रश्नों के उत्तर दें।

1. पद्यांश में किस रस की अभिव्यक्ति है?

A. वीर रस B. शृंगार रस
C. करुण रस D. वीभत्स रस

2. काव्यांश के अनुसार कौन नायक को जीवन से विमुख कर रहा है?
   A. हताशा B. वेदना
   C. लालसा D. त्याग
3. नायक काम (जीवन) की उपेक्षा क्यों कर रहा है?
   A. दुःख व जटिलताओं के भय से
   B. पीड़ा व वेदना के भय से
   C. निराशा और अधीरता के कारण
   D. मौत के भय से
4. 'अभिराम' शब्द का अर्थ होगा–
   A. राम का छोटा भाई B. सुन्दर
   C. अनन्त D. इनमें से कोई नहीं
5. 'निश्शेष' कौन-सी संधि होगी?
   A. दीर्घ स्वर संधि B. गुण स्वर संधि
   C. व्यंजन संधि D. विसर्ग संधि

काव्यांश-6

फिर मधुर दृष्टि से प्रिय कपि को खींचते हुये
बोले प्रियतर स्वर से अन्तर सींचते हुए–
"चाहिए हमें एक सौ आठ, कपि, इन्दीवर,
कम-से-कम, अधिक और हों, अधिक और सुंदर,
जाओ देवीदह, उषःकाल होते सत्वर,
तोड़ो, लाओं वे कमल, लौटकर लड़ो समर।"
अवगत हो जाम्बवान से पथ, दूरत्व, स्थान,
प्रभु - पद - रज सिर धर चले हर्ष भर हनुमान।
राघव ने विदा किया सबको जानकर समय,
सब चले सदय राम की सोचते हुए विजय !

दिए गए काव्यांश के आधार पर निम्नलिखित प्रश्नों के उत्तर दें।

1. काव्यांश में उल्लिखित पात्र हैं–
   A. राम कथा के B. कामायनी के
   C. महाभारत के D. इनमें से कोई नहीं
2. राम हनुमान को क्या लाने को कहते हैं?
   A. एक सौ आठ कपि
   B. एक सौ आठ नील कमल
   C. एक सौ आठ अनुचर
   D. इनमें से कोई नहीं
3. राम हनुमान को जाम्बवान से क्या जानने की आज्ञा देते हैं?
   A. स्थान B. रास्ता
   C. दूरी D. ये सभी
4. 'रज' शब्द का अर्थ है–
   A. पानी B. धूल
   C. गगन D. इनमें से कोई नहीं
5. 'राघव' शब्द के पर्यायवाची हैं–
   (*i*) राम (*ii*) वासुदेव
   (*iii*) मुरारी (*iv*) रघुनाथ
   A. (*i*) एवं (*ii*) B. (*ii*) एवं (*iii*)
   C. (*iii*) एवं (*iv*) D. (*i*) एवं (*iv*)

काव्यांश-7

चौ.–कहेउँ परम पुनीत इतिहासा।
सुनत श्रवन छूटहिं भव पासा।।
प्रनत कल्पतरु करुना पुंजा।
उपजई प्रीति राम पद कंजा।।
मन क्रम बचन जनित अघ जाई।
सुनहिं जे कथा श्रवन मन लाई।।
तीर्थाटन साधन समुदाई।
जोग बिराग ग्यान निपुनाई।।
कर्म धर्म द्विज गुर सेवकाई।
बिद्या बिनय बिबेक बड़ाई।।
जहँ लगि साधन बेद बखानी।
सब कर फल हरिभगति भवानी।।
सो रघुनाथ भगति श्रुति गाई।
राम कृपाँ काहूँ एक पाई।।
दो.–मुनि दुर्लभ हरि भगति नर पावहिं बिनहिं प्रयास।
जे यह कथा निरंतर सुनहिं मानि बिस्वास।।

दिए गए काव्यांश के आधार पर निम्नलिखित प्रश्नों के उत्तर दें।

1. काव्यांश के अनुसार व्यक्ति भव बंधन से कैसे मुक्त होता है?
   A. पावन राम कथा सुनकर
   B. योग, वैराग्य एवं ज्ञान द्वारा
   C. दरिद्रनारायण की सेवा कर
   D. इनमें से कोई नहीं
2. काव्यांश द्वारा बतायी गयी है–
   A. शिव भक्ति की महिमा
   B. योग वैराग्य आदि का महत्व
   C. राम भक्ति की महिमा
   D. उपरोक्त सभी
3. 'द्विज' शब्द में कौन-सा समास है?
   A. तत्पुरुष B. कर्मधारय
   C. अव्ययीभाव D. बहुब्रीही
4. 'पुनीत' शब्द का अर्थ होता है–
   A. पुराना B. पहला
   C. पवित्र D. इनमें से कोई नहीं
5. 'रघुनाथ' में शब्द भेद है–
   A. रूढ़ि B. यौगिक
   C. योगरूढ़ D. भाववाचक संज्ञा

काव्यांश-8

"मैया कबहि बढैगी चोटी।
किती बार मोहिं दूध पिवत भई, यह अजहूँ है छोटी।।
तू जो कहति बल की बैनी ज्यों, हवै हैं लांबी मोटी।
कांची दूध पिवावत पचि-पचि, देत न माखन रोटी।।"

दिए गए काव्यांश के आधार पर निम्नलिखित प्रश्नों के उत्तर दें।

1. बालक अपनी माँ से किसके बढ़ने के बारे में पूछ रहा है?
   A. पहाड़ की चोटी B. कदम्ब के पेड़ की चोटी
   C. अपने बालों की चोटी D. माँ के बालों की चोटी
2. बालक माँ से क्या पाने की इच्छा रखता है?
   A. दूध-मिस्त्री B. माखन-रोटी
   C. दुलार D. इनमें से कोई नहीं
3. 'पचि-पचि' शब्द का अर्थ होगा–
   A. बार-बार B. पचा-पचा कर
   C. पचने के बाद D. इनमें से कोई नहीं
4. 'दूध' शब्द का शब्द भेद है–
   A. तत्सम B. तद्भव
   C. देशज D. विदेशज
5. बनावट के आधार पर 'माखन' शब्द है–
   A. रूढ़ि B. यौगिक
   C. योगरूढ़ D. इनमें से कोई नहीं

काव्यांश-9

प्रकृति जोई जाके अंग परी।
स्वान-पूँछ कोटिक जा लागै सुधि न काहू करी।
जैसे काग मच्छ नहिं छांड़ै जनमत जोन धरी।
धोये रंग जात कहु कैसे ज्यों कारी कमरी?
ज्यों अहि उसत उदर नहिं पूरत ऐसी धरनी धरी।
सूर होउ सो होउ सोच नहिं तैसे है एउ री।।

दिए गए काव्यांश के आधार पर निम्नलिखित प्रश्नों के उत्तर दें।

1. काव्यांश के अनुसार व्यक्ति का स्वभाव–
   A. बदला जा सकता है
   B. अपरिवर्तनीय है
   C. अन्य व्यक्ति से प्रभावित होता है
   D. इनमें से कोई नहीं
2. कवि ने अपने कथन की पुष्टि के लिए कौन-कौन से उदाहरण दिए हैं?
   (*i*) कुत्ता (*ii*) कौआ
   (*iii*) बिल्ली (*iv*) साँप
   (*v*) कम्बल
   A. (*i*), (*ii*) एवं (*iii*) B. (*ii*), (*iii*) एवं (*iv*)
   C. (*iii*), (*iv*) एवं (*v*) D. (*i*), (*ii*), (*iv*) एवं (*v*)
3. कम्बल का स्वभाव है कि–
   A. वह काला होता है
   B. वह गर्म होता है
   C. उसका कालापन नहीं जाता
   D. इनमें से कोई नहीं
4. 'स्वान' शब्द का अर्थ होता है–
   A. मोर B. हंस
   C. बगुला D. कुत्ता
5. 'अहि' शब्द का पर्यायवाची शब्द है–
   (*i*) चक्षुश्रवा (*ii*) सर्प
   (*iii*) भुजा (*iv*) विषधर
   A. (*i*), (*ii*) एवं (*iv*) B. (*i*), (*ii*) एवं (*iii*)
   C. (*i*), (*iii*) एवं (*v*) D. उपरोक्त सभी

काव्यांश-10

हिम गिरी के उत्तुंग शिखर पर,
बैठ शिला की शीतल छाँह।
एक पुरुष भीगे नयनों से
देख रहा था प्रलय प्रवाह।।

ऊपर जल था नीचे हिम था,
एक तरल था एक सघन।
एक तत्व की ही प्रधानता,
कहो उसे जड़ या चेतन।।

दिए गए काव्यांश के आधार पर निम्नलिखित प्रश्नों के उत्तर दें।

1. काव्यांश के अनुसार हिमगिरि के ऊँचे शिखर पर कौन बैठा था?
   A. शीला नामक युवती B. एक पुरुष
   C. एक देवदूत D. इनमें से कोई नहीं
2. 'तरल' शब्द का विपरीतार्थक शब्द होगा–
   A. द्रव B. तैरता हुआ
   C. सघन D. गर्म
3. व्यक्ति की आँखें थी–
   A. भेंगी B. झुकी हुई
   C. सुन्दर D. भींगी
4. 'हिमगिरि' के पर्यायवाची शब्द हैं–
   (*i*) हिमालय (*ii*) हिमगह्वर
   (*iii*) नगाधिराज (*iv*) हिमाद्रि
   A. (*i*), (*ii*) एवं (*iii*) B. (*ii*), (*iii*) एवं (*iv*)
   C. (*i*), (*iii*) एवं (*iv*) D. (*i*), (*ii*) एवं (*iv*)
5. 'चेतन' का विपरीतार्थक शब्द होगा–
   A. जड़ B. तना
   C. सचेत D. बेहोश

काव्यांश-11

"रूद्ध कोष है क्षुब्ध तोष,
अंगना-अंग से लिपटे भी
आतंक-अंक पर काँप रहे हैं
धनी वज्र-गर्जन से बादल!
त्रस्त नयन-मुख ढाँप रहे हैं।
जीर्ण बाहु, है शीर्ण शरीर
तुझे बुलाता कृषक अधीर,
ऐ विप्लव के वीर!
चूस लिया है उसका सार,
हाड़ मात्र ही हैं आधार,
ऐ जीवन के पारावार।"

दिए गए काव्यांश के आधार पर निम्नलिखित प्रश्नों के उत्तर दें।

1. काव्यांश के अनुसार अधीर कृषक किसे बुला रहा है?
A. वीर पुरुष को B. अपने बेटे को
C. बादल को D. इनमें से कोई नहीं

2. कृषक का क्या आधार मात्र बचा है?
A. केवल खेत B. केवल हड्डी
C. केवल घर D. केवल शरीर

3. शरीर शब्द का पर्यायवाची है–
A. देह B. गात
C. तन D. ये सभी

4. 'विप्लव' का अर्थ है–
A. महाविनाश B. परिवर्तन
C. सम्पन्नता D. इनमें से कोई नहीं

5. 'वीर' शब्द का विपरीतार्थक होगा–
A. कायर B. डरपोक
C. आलसी D. साहसी

काव्यांश-12

अति खल की संगति करने से,
जग में मान नहीं रहता है।
लोहे के संग में पड़ने से,
घन की मार अनल सहता है।।
सबसे नीतिशास्त्र कहता है,
दुष्ट-संग दुख का दाता है।
जिस पय में पानी रहता है,
वही खूब औंटा जाता है।।

दिए गए काव्यांश के आधार पर निम्नलिखित प्रश्नों के उत्तर दें।

1. 'पय' शब्द का अर्थ है–
A. पानी B. बर्तन
C. दूध D. इनमें से कोई नहीं

2. खल की संगति करने से–
A. मार सहना पड़ता है।
B. सम्मान नहीं मिलता।
C. प्रताड़ित किया जाता है।
D. खूब लाभ मिलता है।

3. उपरोक्त काव्यांश का केन्द्रीय भाव है–
A. अच्छी संगति के परिणाम
B. बुरी संगति के परिणाम
C. बुरी संगति से लाभ
D. इनमें से कोई नहीं

4. 'अनल' शब्द के पर्यायवाची हैं–
(*i*) पावक (*ii*) पय
(*iii*) अग्नि (*iv*) हुताशन
A. (*i*), (*ii*) एवं (*iii*) B. (*ii*), (*iii*) एवं (*iv*)
C. (*i*), (*iii*) एवं (*iv*) D. (*i*), (*ii*) एवं (*iv*)

5. किस दूध को खूब खौलाया जाता है?
A. जिसे पहले नहीं खौलाया गया हो
B. जिस दूध के फटने की आशंका हो
C. जिस दूध से दही बनाना हो
D. जिसमें पानी मिला हो

काव्यांश-13

गन्ध-विहिन फूल हैं जैसे चन्द्र चन्द्रिका-हीन।
यों ही फीका है मनुष्य का जीवन प्रेम-विहीन।।
प्रेम स्वर्ग है, स्वर्ग प्रेम है, प्रेम अशंक अशोक।
ईश्वर का प्रतिबिम्ब प्रेम है, प्रेम हृदय-आलोक।।

दिए गए काव्यांश के आधार पर निम्नलिखित प्रश्नों के उत्तर दें।

1. काव्यांश का केन्द्रीय भाव है?
A. मनुष्य का जीवन B. स्वर्ग में प्रेम
C. ईश्वर का प्रेम D. प्रेम का महत्त्व

2. प्रेम विहीन जीवन की उपमा किससे दी गई है?
(*i*) गंधहीन फूल से (*ii*) चाँदनी रहित चन्द्रमा से
(*iii*) मनुष्य के जीवन से
A. (*i*) एवं (*ii*) B. (*ii*) एवं (*iii*)
C. (*i*) एवं (*iii*) D. (*i*), (*ii*) एवं (*iii*)

3. 'स्वर्ग' का विपरीतार्थक शब्द होगा–
A. धरती B. पाताल
C. नरक D. आकाश

4. काव्यांश के अनुसार प्रेम है–
A. स्वर्ग B. ईश्वरीय प्रतिबिम्ब
C. हृदय की रोशनी D. ये सभी

5. 'प्रतिबिम्ब' शब्द में प्रयुक्त उपसर्ग है–
A. प्र B. बिम्ब
C. प्रति D. प्रतिबि

काव्यांश-14

भड़क भुला दो भूतकाल की,
सजिये वर्तमान के साज।
फैसन फेर इंडिया भर के,
गोरे गॉड बनो ब्रजराज।।
गौर वर्ण वृषभानुसुता का,
काले-काले तन पर तोप।
नाथ उतारो मोर मुकुट को,
सिर पै सजो साहिबी टोप।।
पौडर चंदन पोंछ लपेटो,
आनन की श्री ज्योति जगाय।
अंजन अंखियों में मत आंजो,
आला ऐनक लेहु लगाय।।
रवधर कानों में लटका लो,
कुंडल काढ़ मेकराफून।

तज पीताम्बर कम्बल काला,
डालो कोट और पतलून।।

दिए गए काव्यांश के आधार पर निम्नलिखित प्रश्नों के उत्तर दें।

1. दिया गया पद्यांश है–
A. रीति-कालीन काव्यांश B. छायावाद युगीन काव्यांश
C. हास्य-व्यंग्य रचना D. इनमें से कोई नहीं

2. पद्यांश में ब्रजराज को क्या बनने की सलाह दी गई है?
A. अभिनेता B. गोरा गॉड
C. अंग्रेजी वक्ता D. इनमें से कोई नहीं

3. कविता द्वारा मजाक उड़ाया गया है–
A. विदेशी संस्कृति का
B. अपनी संस्कृति
C. पुराने विचारों का
D. विदेशियों की नकल करने वालों का

4. 'वृषभानुसुता' में समास है–
A. कर्मधारय B. द्विगु
C. बहुब्रीहि D. अव्ययीभाव

5. 'पीताम्बर' का संधि-विच्छेद है।
A. पीत + अम्बर B. पीता + म्बर
C. पीला + अम्बर D. पी + ताम्बर

काव्यांश-15

सच्चा प्रेम वही है जिसकी,
तृप्ति आत्म-बलि पर हो निर्भर।
त्याग बिना निष्प्राण प्रेम है,
करो प्रेम पर प्राण निछावर।।
देश प्रेम वह पुण्य-क्षेत्र है,
अमल असीम त्याग से विलसित।
आत्मा के विकास से जिसमें,
मनुष्यता होती है विकसित।।

दिए गए काव्यांश के आधार पर निम्नलिखित प्रश्नों के उत्तर दें।

1. पद्यांश के अनुसार सच्चा प्रेम निर्भर है–
A. आत्मोत्सर्ग पर B. सच्चे प्रेमी-प्रेमिका पर
C. अच्छे पड़ोसियों पर D. विकसित समाज पर

2. त्याग के बिना प्रेम–
A. बेकार है B. प्राण-रहित है
C. मजाक है D. इनमें से कोई नहीं

3. मनुष्यता का विकास होता है–
A. प्रेम से B. शिक्षा से
C. आत्मा के विकास से D. शौर्य से

4. पद्यांश के अनुसार प्रेम का मूल तत्व है–
A. सच्चाई B. उपहार
C. आत्मा D. त्याग

5. 'निष्प्राण' में संधि भेद होगा–
A. व्यंजन संधि
B. स्वर संधि
C. स्वर एवं व्यंजन संधि दोनों
D. विसर्ग संधि

काव्यांश-16

क्या? देख न सकती जंजीरों का गहना?
हथकड़ियां क्यों? यह ब्रिटिश राज्य का गहना,
कोल्हू का चर्रक चूं? जीवन की तान,
गिट्टी पर लिक्खे अंगुलियों ने गान?
हूं मोट खींचता लगा पेट पर जूआ,
खाली करता हूं ब्रिटिश अकड़ का कूआं।

दिए गए काव्यांश के आधार पर निम्नलिखित प्रश्नों के उत्तर दें।

1. दिए गए काव्यांश में ब्रिटिश राज्य का गहना कहा गया है–
A. कोल्हू को B. मोट को
C. हथकड़ियों को D. इनमें से कोई नहीं

2. कोल्हू की आवाज को कहा गया है–
A. जीवन का सत्य B. जीवन की तान
C. चर्रक चूं D. इनमें से कोई नहीं

3. उपरोक्त काव्यांश को पढ़ने पर मानस पटल पर किसका चित्र उभरता है?
A. भिखारी का B. कैदी का
C. अंग्रजों का D. हथकड़ियों का

4. 'गहना' का पर्यायवाची शब्द है–
A. आभूषण B. ग्रहण
C. सघन D. चमकना

5. 'अकड़' शब्द का अर्थ होगा–
A. अहंकार B. अत्याचार
C. अंधविश्वास D. हठ

काव्यांश-17

एक बार बस और नाच तू श्यामा!
सामान सभी तैयार,
कितने ही असुर, चाहिए कितने तुझको हार?
कर मेखला मुंड-मालाओं से बन-बन अभिरामा–
एक बार बस और नाच तू श्यामा!
भैरवी मेरी तेरी झंझा
तभी बजेगी मृत्यु लड़ाएगी जब तुझसे पंजा;
लेगी खड्ग और तू खप्पर,
उसमें रुधिर भरूंगा माँ
मैं अपनी अंजलि भर-भर...

दिए गए काव्यांश के आधार पर निम्नलिखित प्रश्नों के उत्तर दें।

1. 'श्यामा' शब्द का अर्थ होगा–
A. मेघ B. काली
C. धरती D. इनमें से कोई नहीं

हिन्दी

2. 'रुधिर' के पर्यायवाची शब्द हैं–
(i) दूध (ii) शोणित
(iii) रक्त (iv) अम्बुधि
A. (ii) एवं (iii) B. (ii) एवं (iv)
C. (iii) एवं (iv) D. (i) एवं (iv)

3. काव्यांश के आधार पर 'हार' शब्द का अर्थ होगा–
A. पराजय B. भय
C. माला D. इनमें से कोई नहीं

4. कवि ने किससे नाचने का आह्वान किया है?
A. नर्तकी से B. असुरों से
C. काली से D. मृत्यु से

5. कवि ने श्यामा को कैसे सुन्दर बनने को कहा है?
A. आभूषणों से B. अस्त्र-शस्त्रों से
C. पुष्पमाला से D. मुंडमाला से

काव्यांश-18

घुन खाये शहतीरों पर की बारहखड़ी विधाता बांचे,
फटी भीत है, छत चूती है, आले पर बिस्तुइया नाचे,
बरसा कर बेबस बच्चों पर मिनट-मिनट में पाँच तमाचे,
इसी तरह से दुखरन मास्टर गढ़ता है आदम के साँचे।

दिए गए काव्यांश के आधार पर निम्नलिखित प्रश्नों के उत्तर दें।

1. काव्यांश द्वारा किस व्यवस्था पर व्यंग्य किया गया है?
A. शिक्षा व्यवस्था पर B. शासन व्यवस्था पर
C. अर्थव्यवस्था पर D. इनमें से कोई नहीं

2. काव्यांश के अनुसार आदम को किस प्रकार ढाला जा रहा है?
A. अच्छी शिक्षा देकर B. दोषपूर्ण शिक्षा पद्धति द्वारा
C. उपदेश देकर D. इनमें से कोई नहीं

3. काव्यांश द्वारा विद्यालय की किस कमी को दिखाया गया है?
A. संसाधनों की कमी B. दोषपूर्ण पद्धति
C. अयोग्य शिक्षक D. उपरोक्त सभी

4. 'शहतीर' का अर्थ होता है?
A. लकड़ी का लम्बा लट्ठा जो नदी के किनारे पड़ा हो।
B. लकड़ी का लम्बा लट्ठा जो नदी में किनारे-किनारे बह रहा हो।
C. लकड़ी का लम्बा लट्ठा जिसका उपयोग गृह-निर्माण में किया जाता है।
D. इनमें से कोई नहीं

5. 'बिस्तुइया' का अर्थ होता है–
A. साँप B. छिपकली
C. मकड़ी D. चींटी

काव्यांश-19

चेहरे थे असंख्य
आँखें थीं
दर्द सभी में था
जीवन का दंश सभी ने जाना था
पर दो
केवल दो
मेरे मन में कौंध गयीं
मैं नहीं जानता किसी वे आँखें थीं
नहीं समझता फिर उनको देखूँगा
परिचय मन ही मन चाहा तो उद्यम कोई नहीं किया
किन्तु उसी को कौंध
मुझे फिर फिर दिखलाती है।
× × ×
वही परिचित दो आँखें ही
चिर माध्यम हैं
सब आँखों से सब दर्दों से
मेरे चिर परिचय का।

दिए गए काव्यांश के आधार पर निम्नलिखित प्रश्नों के उत्तर दें।

1. काव्यांश के अनुसार दर्द किसमें था?
(i) चेहरे में (ii) असंख्य आँखों में
(iii) मन में (iv) जीवन में
A. (i) एवं (ii) B. (ii) एवं (iii)
C. (iii) एवं (iv) D. (ii) एवं (iv)

2. 'आँख' का पर्यायवाची शब्द **नहीं** है–
A. चक्षु B. श्रवण
C. नयन D. लोचन

3. 'चिर' शब्द का अर्थ है–
A. कपड़ा B. चीरना
C. एक पेड़ D. पुराना

4. कवि के अनुसार दर्दों से परिचय का माध्यम है–
A. हृदय B. जीवन
C. आँखें D. ये सभी

5. काव्यांश में वर्णित वे आँखें किसकी थी?
A. कवि की
B. पाठक की
C. कवि नहीं जानता वह किसकी आँखे थी
D. इनमें से कोई नहीं

काव्यांश-20

मुझे भ्रम होता है कि प्रत्येक पत्थर में
चमकता हीरा है
हर एक छाती में आत्मा अधीरा है
प्रत्येक सुस्मित में विमल सदानीरा है
मुझे भ्रम होता है कि प्रत्येक वाणी में
महाकाव्य-पीड़ा है
पल भर में सबसे गुजरना चाहता हूँ
इस तरह खुद को दिये फिरता हूँ
अजीब है जिन्दगी :

दिए गए काव्यांश के आधार पर निम्नलिखित प्रश्नों के उत्तर दें।

1. कवि को क्या भ्रम होता है?
A. प्रत्येक पत्थर के हीरा होने का
B. प्रत्येक पत्थर में हीरा होने का
C. प्रत्येक हीरे में पत्थर होने का
D. इनमें से कोई नहीं

2. कवि के अनुसार प्रत्येक वाणी में–
A. महाकाव्य की शक्ति है
B. महाकाव्य की संभावना है
C. महाकाव्य की पीड़ा है
D. इनमें से कोई नहीं

3. कवि को हर छाती में–
A. रोग होने की आशंका है
B. अधीर आत्मा होने का भ्रम है
C. विद्रोह सुलगने का डर है
D. इनमें से कोई नहीं

4. 'पत्थर' का पर्यायवाची ***नहीं*** है–
A. पाषाण B. उपल
C. प्रस्तर D. इनमें से कोई नहीं

5. 'आत्मा' एक शब्द है–
A. स्त्रीलिंग B. पुल्लिंग
C. उभयलिंग D. नपुंसकलिंग

काव्यांश-21

***"अन्दर बाहर धींगामुश्ती। परमारथ में भारी सुस्ती।
स्वारथ में तो बेहद चुस्ती।
एक-दूसरे की जड़ काटों तकरीरों से अग-जग पाटें।
अँग्रेजी की धकापेल है।
हिन्दी-उर्दू खतम खेल है। नौजवान के लिए जेल है।
सेठों से ही दिली मेल है..."***

दिए गए काव्यांश के आधार पर निम्नलिखित प्रश्नों के उत्तर दें।

1. प्रस्तुत काव्यांश एक–
A. व्यंग्य रचना है B. यथार्थ रचना है
C. शोक गीत है D. इनमें से कोई नहीं

2. काव्यांश के अनुसार हिन्दी-उर्दू की क्या दशा है?
A. विकासशील B. पतनोन्मुख
C. स्थिर D. उन्नत

3. दी गई पंक्तियाँ आज के किस चीज का सटीक उल्लेख करती हैं?
A. राजनीति B. शिक्षा
C. धर्म D. समाज

4. 'तकरीर' शब्द का अर्थ है–
A. भाषण B. विवाद
C. लड़ाई D. इनमें से कोई नहीं

5. 'एक-दूसरे की जड़ काटना' मुहावरे का अर्थ है :
A. परस्पर निन्दा करना B. परस्पर नुकसान करना
C. परस्पर विचार करना D. इनमें से कोई नहीं

काव्यांश-22

***"मुझे कल्पवृक्ष नहीं चाहिए
नहीं चाहिए कामधेनु
इस पृथ्वी पर जिन्दा रहने के लिए
मुझे इतना ही अन्न चाहिए
जितना चींटी अपनी चोंच में ले कर चलती है
उतनी ही जमीन चाहिए कि पसर सके लौकी की लतर
और उतनी की कपास कि ढक जाये लाज।"***

दिए गए काव्यांश के आधार पर निम्नलिखित प्रश्नों के उत्तर दें।

1. काव्यांश के अनुसार कवि को क्या नहीं चाहिए?
A. कल्पवृक्ष B. अन्न
C. कपास D. जमीन

2. कवि को क्या-क्या चाहिए?
(*i*) कल्पवृक्ष (*ii*) जमीन
(*iii*) अन्न (*iv*) कपास
(*v*) कामधेनु
A. (*i*), (*ii*) एवं (*iii*) B. (*i*), (*ii*) एवं (*v*)
C. (*ii*), (*iii*) एवं (*iv*) D. (*iii*), (*iv*) एवं (*v*)

3. कवि को कपास की जरूरत है–
A. कपड़ा मिल के लिए B. लाज ढकने के लिए
C. चरखा चलाने के लिए D. इनमें से कोई नहीं

4. 'चीटीं' का पर्यायवाची शब्द है–
A. तंतुवाय B. बिस्तुइया
C. पिपीलिका D. इनमें से कोई नहीं

5. दिए गए काव्यांश का सबसे उपयुक्त शीर्षक हो सकता है–
A. अभिलाषा B. जरूरत
C. कटौती D. जीने का सामान

काव्यांश-23

***ओ भिखमंगे, अरे पराजित, ओ मजलूम, अरे चिरदोहित,
तू अखंड भंडार शक्ति का, जाग अरे निद्रा-सम्मोहित!
प्राणों को तड़पाने वाली हुंकारों से जल-थल भर दे,
अंगारों के अंबारों में अपना ज्वलित पलीता धर दे।***

दिए गए काव्यांश के आधार पर निम्नलिखित प्रश्नों के उत्तर दें।

1. दिए काव्यांश में किसको जगाने का प्रयास किया गया है?
A. भिखमंगों को B. मज़लूमों को
C. आम जनता को D. इनमें से कोई नहीं

2. अखंड शक्ति का भंडार किसके पास है?
A. नेताओं के B. अधिकारियों के
C. भिखमंगों के D. आम जनता के

हिन्दी

3. कवि ने आम लोगों के लिए किन-किन शब्दों का प्रयोग किया है?

(*i*) पराजित (*ii*) अपमानित

(*iii*) मर्यादित (*iv*) भिखमंगे

(*v*) निद्रा-सम्मोहित

A. (*i*), (*iv*), (*v*) B. (*ii*), (*iii*), (*v*)

C. (*iii*), (*iv*) एवं (*v*) D. उपरोक्त सभी

4. 'मज़लूम' शब्द है–

A. तत्सम B. फारसी

C. अरबी D. तद्भव

5. 'जल' शब्द का पर्यायवाची है–

(*i*) नीड़ (*ii*) अम्बु

(*iii*) वारि (*iv*) सलिल

A. (*i*), (*ii*) एवं (*iii*) B. (*ii*), (*iii*) एवं (*iv*)

C. (*i*), (*iii*) एवं (*iv*) D. उपरोक्त सभी

काव्यांश-24

करेंगे क्या ले कर अपवर्ग,
हमारा भारत ही सुख-स्वर्ग।
नहीं है किसी लक्ष्य पर ध्यान,
चाहिए केवल स्वत्व समान।।
इसे तज कर क्या तरु निर्मूल,
करेंगे ले कर किंशुक फूल।
प्रकृत पुरुषों का जीवन-मूल,
चाहिए केवल घर का रूल।।

दिए गए काव्यांश के आधार पर निम्नलिखित प्रश्नों के उत्तर दें।

1. काव्यांश के आधार पर कवि को क्या चाहिए?

A. स्वर्ग-सुख B. किंशुकी फूल

C. स्वराज्य D. इनमें से कोई नहीं

2. काव्यांश का केन्द्रीय भाव है–

A. स्वहित B. देश प्रेम

C. सेवा D. इनमें से कोई नहीं

3. कवि के अनुसार प्रकृत पुरुषों का जीवन मूल क्या है?

A. स्वाभिमान B. उनका लक्ष्य

C. स्वर्ग-सुख की प्राप्ति D. स्वराज्य

4. "अपवर्ग" शब्द का अर्थ है–

A. मोक्ष B. परोपकार

C. देश प्रेम D. इनमें से कोई नहीं

5. 'निर्मूल' का संधि-विच्छेद होगा :

A. नीः + मूल B. निः + मुल

C. निः + मूल D. निर्मू + ल

काव्यांश-25

"मन करता है
मैं उस अगस्त्य सा पी डालू सारे समुद्र को अंजलि से
उस अतल वितल में तब मुझको
मुर्दा भगवान दिखाई दे
उस महामृतक को ले आऊँ फिर इस तट पर
अन्त्येष्टि करूँ, लकड़ी तो बेहद मंहगी है
इस बालू में दफना दूँ
नंगा करके"

दिए गए काव्यांश के आधार पर निम्नलिखित प्रश्नों के उत्तर दें।

1. पद्यांश के अनुसार कवि की इच्छा है कि–

A. वह समुद्र की पी जाय

B. भगवान का दर्शन करे

C. संसार में उथल-पुथल मचा दे

D. इनमें से कोई नहीं

2. कवि महामृतक को बालू में क्यों दफनाना चाहता है?

A. क्योंकि कवि मृतक से नाराज है

B. क्योंकि लकड़ी समुद्र के किनारे उपलब्ध नहीं है

C. क्योंकि लकड़ी महंगी है

D. इनमें से कोई नहीं

3. पद्यांश का मूलभाव किस पीड़ा की ओर इंगित करता है?

A. परतंत्रता B. सामाजिक विषमता

C. अभाव D. इनमें से कोई नहीं

4. इनमें से 'बालू' का पर्यायवाची शब्द है–

A. वीचि B. सिकता

C. कण D. इनमें से कोई नहीं

5. 'अन्त्येष्टि' का अर्थ है–

A. अंत्य परीक्षण B. अंतिम इच्छा

C. अंतिम संस्कार D. इनमें से कोई नहीं

काव्यांश-26

"अनोखी हवा हूँ बड़ी बावली हूँ
बड़ी मस्तमौला नहीं कुछ फिकर है
बड़ी ही निडर हूँ जिधर चाहती हूँ
उधर घूमती हूँ मुसाफिर अजब हूँ
न घर बार मेरा न उद्देश्य मेरा
न इच्छा किसी की न आशा किसी की
न प्रेमी न दुश्मन
जिधर चाहती हूँ उधर घूमती हूँ
हवा हूँ हवा मैं बसंती हवा हूँ"

दिए गए काव्यांश के आधार पर निम्नलिखित प्रश्नों के उत्तर दें।

1. पद्यांश के अनुसार बसंती हवा कहाँ घूमती है?

A. खेतों में B. बागों में

C. शहरों में D. जहां उसकी इच्छा हो

2. बसंती हवा की कौन-कौन सी विशेषताएँ हैं?

A. बावला B. मस्तमौला

C. निडर D. ये सभी

3. 'प्रेमी' शब्द का विपरीतार्थक शब्द होगा–

A. आशिक B. दोस्त

C. दुश्मन D. इनमें से कोई नहीं

4. 'आशा' शब्द का पर्यायवाची है?
   A. इच्छा B. अभिलाषा
   C. चाह D. उम्मीद
5. पद्यांश का केन्द्रीय भाव है?
   A. मुक्ति की कामना B. चरित्र चित्रण
   C. हास-परिहास D. इनमें से कोई नहीं

काव्यांश-27

"एक आदमी रोटी बेलता है
एक आदमी रोटी खाता है
एक तीसरा आदमी भी है
जो न रोटी बेलता है
न रोटी खाता है
वह सिर्फ रोटी से खेलता है
मैं पूछता हूँ यह तीसरा आदमी कौन है
मेरे देश की संसद मौन है।

दिए गए काव्यांश के आधार पर निम्नलिखित प्रश्नों के उत्तर दें।

1. पद्यांश के भावार्थ के अनुसार रोटी बेलने वाला कौन हो सकता है?
   A. व्यवसायी B. रसोइया
   C. मजुदर-किसान D. इनमें से कोई नहीं
2. पद्यांश के भावार्थ के अनुसार रोटी खाने वाला कौन है?
   A. होटल का ग्राहक B. शोषक-वर्ग
   C. आम आदमी D. इनमें से कोई नहीं
3. रोटी से खेलने वाला कौन हो सकता है?
   A. शरारती बच्चे B. रसोइया
   C. स्वार्थी नेता D. ये सभी
4. देश की संसद किस मुद्दे पर मौन है?
   A. मजदूर-किसान के हितों को लेकर
   B. शोषक वर्ग पर अंकुश लगाने को लेकर
   C. रोटी से खेलने वालों को रोकने को लेकर
   D. तीसरे आदमी के पहचान को लेकर
5. पद्यांश का केन्द्रीय भाव है–
   A. सामाजिक कुव्यवस्था पर चोट
   B. रोटी के महत्त्व पर प्रकाश
   C. संसदीय व्यवस्था का वर्णन
   D. इनमें से कोई नहीं

काव्यांश-28

चौ.–रहेउ एक दिन अवधि अधारा ।
समुझत मन दुख भयउ अपारा।।
कारन कवन नाथ नहिं आयउ ।
जानि कुटिल किधौं मोहि बिसरायउ।।
अहह धन्य लछिमन बड़भागी ।
राम पदारबिंदु अनुरागी।।
कपटी कुटिल मोहि प्रभु चीन्हा ।
ताते नाथ संग नहिं लीन्हा।।
जौं करनी समुझै प्रभु मोरी ।
नहिं निस्तार कलप सत कोरी।।
जन अवगुन प्रभु मान न काऊ ।
दीनबंधु अति मृदुल सुभाऊ।।
मोरे जियँ भरोस दृढ़ सोई ।
मिलिहहिं राम सगुन सुभ होई।।
बीतें अवधि रहहिं जौं प्राना ।
अधम कवन जग मोहि समाना।।

दिए गए काव्यांश के आधार पर निम्नलिखित प्रश्नों के उत्तर दें।

1. पद्यांश के भावार्थ के अनुसार इसका उपयुक्त शीर्षक होगा–
   A. भरत का अनुताप B. राम वनगमन
   C. लक्ष्मण का सौभाग्य D. इनमें से कोई नहीं
2. भरत ने लक्ष्मण को भाग्यवान क्यों माना है?
   A. वन भ्रमण का अवसर मिलने के कारण
   B. बड़े भाई राम की सेवा का अवसर पाने के कारण
   C. लक्ष्मण की प्रशंसा करने के लिए
   D. इनमें से कोई नहीं
3. भरत ने स्वयं को क्या-क्या कहा है?
   (*i*) कपटी (*ii*) भाग्यवान
   (*iii*) अपराधी (*iv*) कुटिल
   A. (*i*) एवं (*ii*) B. (*ii*) एवं (*iii*)
   C. (*iii*) एवं (*iv*) D. (*i*) एवं (*iv*)
4. भरत ने राम के क्या-क्या गुण बताये हैं?
   (*i*) दीनबन्धु (*ii*) मृदुल स्वभाव वाला
   (*iii*) अधम
   A. (*i*) एवं (*ii*) B. (*ii*) एवं (*iii*)
   C. (*i*) एवं (*iii*) D. ये सभी
5. 'दीनबन्धु' शब्द में कौन-सा समास है?
   A. कर्मधारय B. अव्ययीभाव
   C. तत्पुरूष D. द्विगु

काव्यांश-29

"मैया मोहि दाऊ बहुत खिझायौ।
मोसो कहत मोल को लीनो, तोहि जसुमति कब जायो"
कहा कहौ एहि रिस के मारे, खेलन हों नहिं जात।
पुनि-पुनि कहत कौन है माता, को है तुम्हरे तात।।
गोरे नंद जसोदा गोरी, तुम कत स्याम शरीर।
चुटकी दै दै हँसत ग्वाल सब, सिखै देत बलबीर।"

दिए गए काव्यांश के आधार पर निम्नलिखित प्रश्नों के उत्तर दें।

1. कृष्ण को कौन खिझाता है?
   A. बड़े भैया B. गोपी
   C. गोपियाँ D. यशोदा

2. बलराम कृष्ण को क्या कहकर खिझाता है?
   A. कि उन्हें मोल खरीदा गया है, यशोदा ने उसे कब जन्म दिया?
   B. कि उनका रंग सांवला है।
   C. कि वह माखन चोर है।
   D. कि उन्हें बाँसुरी बजाना नहीं आता।
3. ग्वालों को चुटकी दे-दे कर हँसने को कौन प्रेरित करता है?
   A. एक ग्वाला B. स्वयं कृष्ण
   C. बलराम D. यशोदा
4. 'रिस' शब्द का अर्थ होगा–
   A. रिसना B. क्रोध
   C. प्यार D. डर
5. कृष्ण क्यों खेलने नहीं जाते हैं?
   A. लज्जा से
   B. भय से
   C. क्रोध से
   D. क्योंकि खेलने का उनका मन नहीं है

काव्यांश-30

हरि बिनु कोऊ, काम न आयो।
यह माया झूठी प्रपंच लगि रतन सौ जनम गँवायो।
कंचन कलस विचित्र चित्रकारि रचि पचि भवन बनायो।
तेरे संग जरौगी यह कहि त्रिया पूत धनि खायो।
चलत रहे चित्त भोरि-भोरि मुख, एक न पग पहुँचायो।
बोलि-बोलि सुत स्वजन मित्र-जन, लीनों जी जेहि भायो।
परयो काज अब अंत की बिरियाँ, तिनही आनि बँधायो।

दिए गए काव्यांश के आधार पर निम्नलिखित प्रश्नों के उत्तर दें।

1. काव्यांश का स्थायी भाव है–
   A. विरक्ति B. प्रेम
   C. क्रोध D. शोक
2. काव्यांश के अनुसार अंत समय कौन काम आता है?
   A. पुत्र B. पत्नी
   C. ईश्वर D. इनमें से कोई नहीं
3. काव्यांश के अनुसार लोग कैसा घर बनाते हैं?
   A. बहुमंजिली
   B. सोने के कलश व चित्रकारी वाला
   C. वातानुकूलित
   D. इनमें से कोई नहीं
4. व्यक्ति किसके लिए अपना बहुमूल्य जीवन गवां देता है?
   A. सत्कर्म B. समाज सेवा
   C. माया और प्रपंच D. देश प्रेम
5. 'त्रिया' शब्द के पर्यायवाची है :–
   (*i*) स्त्री (*ii*) दुहिता
   (*iii*) कामिनी (*iv*) वनिता
   A. (*i*), (*ii*) एवं (*iii*) B. (*ii*), (*iii*) एवं (*iv*)
   C. (*i*), (*ii*) एवं (*iv*) D. (*i*), (*iii*) एवं (*iv*)

उत्तरमाला

काव्यांश-1

1	2	3	4	5
A	D	B	C	D

काव्यांश-2

1	2	3	4	5
C	A	C	C	C

काव्यांश-3

1	2	3	4	5
D	C	C	A	B

काव्यांश-4

1	2	3	4	5
D	B	C	C	A

काव्यांश-5

1	2	3	4	5
C	D	A	B	D

काव्यांश-6

1	2	3	4	5
A	B	D	B	D

काव्यांश-7

1	2	3	4	5
A	C	D	C	C

काव्यांश-8

1	2	3	4	5
C	B	A	B	A

काव्यांश-9

1	2	3	4	5
B	D	C	D	A

काव्यांश-10

1	2	3	4	5
B	C	D	C	A

काव्यांश-11

1	2	3	4	5
C	B	D	A	A

काव्यांश-12

1	2	3	4	5
C	B	B	C	D

काव्यांश-13

1	2	3	4	5
D	A	C	D	C

काव्यांश-14

1	2	3	4	5
C	B	D	C	A

काव्यांश-15

1	2	3	4	5
A	B	C	D	D

काव्यांश-16

1	2	3	4	5
C	B	B	A	D

काव्यांश-17

1	2	3	4	5
B	A	C	C	D

काव्यांश-18

1	2	3	4	5
A	B	D	C	B

काव्यांश-19

1	2	3	4	5
A	B	D	C	C

काव्यांश-20

1	2	3	4	5
B	C	B	D	A

काव्यांश-21

1	2	3	4	5
A	B	A	A	B

काव्यांश-22

1	2	3	4	5
A	C	B	C	C

काव्यांश-23

1	2	3	4	5
C	D	A	C	B

काव्यांश-24

1	2	3	4	5
C	B	D	A	C

काव्यांश-25

1	2	3	4	5
A	C	B	B	C

काव्यांश-26

1	2	3	4	5
D	D	C	D	A

काव्यांश-27

1	2	3	4	5
C	B	C	D	A

काव्यांश-28

1	2	3	4	5
A	B	D	A	C

काव्यांश-29

1	2	3	4	5
A	A	C	B	C

काव्यांश-30

1	2	3	4	5
A	C	B	C	C

English

SECTION a COMPREHENSION

INTRODUCTION

Comprehension determines the ability of an examinee to grapple with abstract thoughts hidden in the text. It also judges his ability to draw conclusions from the given set of information that is in the form of running text. This test can be solved by reading the given paragraph and answering the questions that are given below it. Answers may be given either by ticking the right choices in the question paper or filling the relevant boxes (showing options) in the answer sheet with pencil. The passage can vary in length; it could be as small as a paragraph of 50 words or, it could be a type of small essay of nearly 500 words, conveniently divided into some paragraphs. Single paragraphs are also given in many a test. The topic of the paragraph generally deals with abstract subjects whereas figures or tables are generally avoided.

While treating the test from an artistic viewpoint, readers will have to develop the sense of making logical conclusions. These conclusions must be based on the text given in the passage; they cannot imagine phenomenon, conclusions or facts. They have to limit their imagination and the power to comprehend the abstract points (the "fine things" stated in the topic) to the passage only.

In order to solve this test in a scientific manner, readers will have to proceed according to the following steps:

(1) Read the passage and try to grasp the main theme of the story.

(2) Underline the important points.

(3) Read those words carefully that are in bold face letters. Try to connect them to the lines in which, they have been carefully embedded.

(4) Read the questions given below the passage and tick the relevant option in the answer sheet.

(5) Many passages have tests of antonyms and synonyms appended in the end of their questions. Do not imagine the antonym or synonym of the given word or the bold-faced word of the passage. Instead, link that word to the line in which, it is embedded. Try to find out what the author is saying in that line. Now, answer the question (antonym or synonym) keeping in mind the "true spirit" of the word in its sentence.

(6) In many tests, you may be asked to give a suitable title to the passage. Scan through the passage quickly and read the underlined phrases carefully. Give such a title to the passage as would encompass all the vital points of the passage. Do not go beyond the "real essence" of the given passage. Do not use difficult words in the title decided by you.

As an artist, you have to comprehend the fine aspects of the text that you will read. As a logician, you will be required to deduct and conclude.

PASSAGE–1

The villager has customarily been very conservative in his attitude and approach. He is reluctant to change his traditional way of thinking and doing things. His attitude, in many respects, is: "home-made is best". For instance, most cattle-farmers in the villages, prefer to feed their cows and buffaloes with a home-mix comprising local oil-cakes like mustard or cottonseed, pulses, jaggery, salt, etc. It takes numerous visits, hard-convincing, daily trials and experiments to convince the rural cattle-farmer that compound feeds, scientifically formulated, improve the yields of milk, without any incremental costs.

The age-old values and attitudes towards caste, creed, women, time and money take time to change. The villager has traditionally been a believer in the philosophy of 'Karma or fate. He has found it more convenient to blame his economic destitution, poor living conditions, and straitened social status on 'bhagya', 'Karma' or 'fate'. The security that the villagers find in the 'status quo', acts as a disincentive to change and experiment, in the short-run. Many of these antiquated attitudes, value-system and outlooks are changing, due to improved levels of awareness and education. However, the rate of change is sluggish. Attitudes that have fossilised over the centuries, do take time to change.

1. What does the phrase "home-made is best" imply?
(*a*) The best should not be discarded.
(*b*) Whatever is being practised is better than what is new.
(*c*) People should go in for the Swadeshi because it is home-made
(*d*) Change for the sake of change is no good.

2. Which one of the following is not the usual reason offered by an average Indian villager for his poverty?
(*a*) It is God's will
(*b*) It is a result of some of his bad deeds committed in this or the previous birth.
(*c*) It is because of his resistance to new ideas.
(*d*) It is his destiny

3. When will you call a person conservative in his attitude and approach?
(*a*) When he sticks to old ways of thinking and doing.
(*b*) When he would like to try out every new idea before accepting it.
(*c*) When he imputes motives to change agents.
(*d*) When he solves his problems through tried out methods.

4. Why does a villager feel secure in maintaining 'status quo'?
(*a*) Because whatever is known should be the best.
(*b*) Because change is seldom for the better.
(*c*) Because too many people go about advising him.
(*d*) Because of the imagined risk involved in trying a new approach.

5. What is the best method to convince the average Indian villager about the superiority of a new cattle-feed?
(*a*) Discussion
(*b*) Field demonstration
(*c*) Distribution of related literature.
(*d*) Home-visits.

PASSAGE-2

I do not suggest that the cultural side of education should be ignored. On the contrary, I think, it is essential to the production of the sort of adult who best fits the modern world. But I think that what is important in cultural education should be conveyed, at any rate in the early stages, by methods far more attrractive than those now usual. History and Geography should be taught at first by means of the cinema. When taught this way, they will give pleasure; attention will be spontaneous and therefore the impression will be less temporary. In spite of reforming movements, there is still among educators a feeling that what is enjoyed without effort cannot have much educational value. I would have children made aware of the manners and customs of tribes and nations utterly remote from their own. Education conducted on these lines would do more than many books to cure provincialism in space and time and to make children realise that actual human beings with actual feelings can be outwardly very different from the people among whom they live, but inwardly composed of the same human material. A Zulu would not appear strange, remote or savage but one like themselves.

1. The writer criticised traditional educators for not
(*a*) using cinema as a method of teaching.
(*b*) making learning an enjoyable activity.
(*c*) imparting information about remote tribes.
(*d*) imparting information about various cultures.

2. The writer thinks that the cultural side of education is needed to make man
(*a*) appreciate one's heritage.
(*b*) appreciate other civilisations.
(*c*) suitable for modern civilisation.
(*d*) admire his environment.

3. The expression "to cure provincialism in space and time" means to get rid of
(*a*) regional feelings (*b*) obscure ideas
(*c*) narrow views (*d*) selfish opinion

4. One of the goals of education should be to make children realise that
(*a*) human culture is diverse.
(*b*) regional cultures should not be ignored.
(*c*) They must respect values of alien culture.
(*d*) there is a unified system of human values underneath cultural diversity.

5. The response of the learners to teaching through cinema is
(*a*) absorbing. (*b*) long-lasting.
(*c*) enthusiastic. (*d*) superficial.

PASSAGE-3

In the technological systems of tomorrow — fast, fluid and self-regulating — machines will deal with the flow of physical materials; men with the flow of information and insight. Machines will increasingly perform tasks. Machines and men both, instead of being concentrated in gigantic factories and factory cities, will be scattered across the globe, linked together by amazingly sensitive, near-instantaneous communications. Human work will move out of the factory and mass office into the community and the home. Machines will be synchronised, as some already are, to the billionth of a second; men will be desynchronised. The factory whistle will vanish. Even the clock, "the key machine of the modern industrial age," as Lewis Mumford called it a generation ago, will lose some of its power over humans, as distinct from purely technological affairs. Simultaneously, the organisation needed to control technology will shift from bureaucracy to Ad-hocracy, from permanence to transience, and from a concern with the present to a focus on the future.

In such a world, the most valued attributes of the industrial age become handicaps. The technology of tomorrow requires not millions of lightly lettered men, ready to work in unison at endlessly repetitive jobs, it requires not men who take orders in unblinking fashion, aware that the price of bread is mechanical submission to authority, but men who can make critical judgments, who can weave their way through novel environment, who are quick to spot new relationships in the rapidly changing reality. It requires men who, in C.P. Snow's compelling terms, "have the future in their bones."

1. The type of society which the author has mentioned makes a plea for
   (*a*) a mind assimilative of modern scientific ideas
   (*b*) a critical mind having insight into future
   (*c*) a mind well-versed in cultural heritage
   (*d*) a mind with firm principles of life
2. The future man, according to this passage, must be
   (*a*) most adaptative and intelligent
   (*b*) most capable of dealing with the changing reality
   (*c*) more concerned with the present than the future
   (*d*) trained and obedient
3. Near-instantaneous communications' may be regarded as a symbol of
   (*a*) anachronisation
   (*b*) mischronisation
   (*c*) desynchronisation
   (*d*) synchronisation
4. If a person believes that 'the price of bread is mechanical submission to authority', he is
   (*a*) a believer in devotion to duty
   (*b*) a believer in taking things for granted
   (*c*) a believer in doing what he is told, right or wrong
   (*d*) a believer in the honesty of machines
5. The technological system of tomorrow will be marked by
   (*a*) dehumanisation (*b*) perfection
   (*c*) automation (*d*) unpredictability

PASSAGE-4

Education, particularly higher education is the obvious but crucially important instrument for nation building. As Confucious has said;

If you are thinking of one year, plant rice. If you are thinking of a decade, plant trees. If you are thinking of a century, educate the people.

When we set about the task of higher education, we should be absolutely clear in our perception of the goals of education in the specific context of our nation's development. No doubt, one of the important aims of education would be to create the required range and nature of trained manpower assessed to be needed by different sectors of national growth. The entire educational apparatus must be geared progressively to fulfill the requirements of different phases of our growth in every sector—primary, secondary and tertiary. The aim must be to ensure that our country does not experience either paucity, or a surfeit, of trained manpower in any specific segment of our economy. The requirements of our country, as a free, democratic, secular, socialist, nation, aspiring for rapid development, entail a specific recipe for our educational institutions. Today's educational institutions must therefore be developed accordingly and must regulate themselves to give the country the precise nature and quantum of trained manpower as projected by the requirements of our planned economy.

1. The author has quoted thoughts of Confucious to stress
   (*a*) importance of planting trees for human beings
   (*b*) the worthless efforts in planting rice
   (*c*) the benefits of investing in education
   (*d*) the need for assessing manpower requirement
   (*e*) None of these
2. Which statement cannot be made on the basis of the passage?
   (*a*) Higher education should keep in view the requirements of national economy
   (*b*) Higher education has not been employed for nation building

(c) All levels of education have a role to play in nation's growth
(d) In our country we need to have a specially planned educational system
(e) The educational system should be modified to suit to our country's needs

3. The writer believes that
(a) there are no problems related to higher education
(b) investment in education is of long-range
(c) higher education should be used to assess manpower needs
(d) aims of higher education in India are absolutely clear
(e) None of these

4. The author's expectations from higher education are essentially
(a) unrealistic (b) confusing
(c) critical (d) vague
(e) reasonable

5. The writer indicates that
(a) higher education did not play any role in national growth
(b) primary education did not play any role in national growth
(c) our nation experiences paucity of trained manpower in many sectors
(d) today's higher education has no precise goals to achieve
(e) None-of these

PASSAGE-5

Using infant mortality as a key indicator of the status of children, we now begin to have the broad features of a hypothesis as to the causes of higher or lower mortality rates. One aspect is the **complex** of factors involving the **access** of mothers to trained personnel and other facilities for child delivery, the nutritional status of pregnant and nursing mothers and the quality of health-care and nourishment which babies receive. The other aspect, indicated by rural-urban differentials, is the possible importance of human settlement patterns in relation to the availability of health-care and related facilities such as potable water, excreta disposal systems, etc. Thus, in a special sense it is much cheaper to make health and other basic services available to a community when it is densely settled rather than widely dispersed.

It is possible to argue, however, that both these sets of factors are closely related to a third one, namely income levels. Poorer mothers and babies have less access to health-care facilities and nourishment than those who are better-off, urban communities are on an average much better-off than rural communities. That economic conditions play a crucial role in determining the status of both mother and child is beyond dispute. But the question really is whether this is the only decisive factor or whether factors such as the availability of medical facilities, health-care programmes and nutritional programmes have an independent role. If so, then the settlement patterns which affect service delivery to the mother and child target groups become a relevant consideration. These are clearly issues of some importance for policy and programme planning.

1. Which of the following can be inferred from the passage?
(a) Infant mortality rate is higher in rural areas as compared to that of urban areas
(b) Income level alone can predict the infant mortality rate
(c) There, now, is more population in urban areas as compared to rural areas
(d) Delivery of services to the mother and child does not depend on the settlement pattern
(e) The rural areas have now become densely-populated

2. Which of the following is the issue of importance for policy?
(a) Relationship of mortality and income levels
(b) Growing rural-urban differentials
(c) Infant-mortality rate and mortality rate inter-dependence
(d) Dependence of education level of the mother and infant mortality rate
(e) Independence of factors other than income on infant mortality

3. Which, according to the passage, is the other main indicator of the status of children, besides infant mortality?
(a) Educational level
(b) Nourishment level
(c) Weight at birth
(d) Not mentioned
(e) None of these

4. What is the advantage of providing services in the urban areas, as compared to that of rural areas?
(a) The services are cheaply available
(b) Per-capita expenditure for setting up services is much less
(c) There is more awareness about availability of services
(d) The investment can be received in short duration
(e) It is much easier to set up services

5. Which of the following is the **same** in meaning as the word "**access**" as used in the passage?
(a) Passage (b) Outburst
(c) Surplus (d) Demand
(e) Reach

PASSAGE-6

To open up a field of study, draw attention to its vital elements, the lecture is invaluable. To listen to a lecture can be thrilling experience from which the student may gain ideas obtainable in no other way. But possibly to a greater degree than other forms of instruction, lecturing presumes a high order of intellectual competence on the part of learners. The purposes of the lecture are to summarize, to clarify, to stimulate and to humanize the materials of the course. It should synthesize, evaluate, criticise and compare ideas and facts with which students have come in contact through out-of-class assignments.

The effectiveness of lectures could be enhanced by introducing the lecture with a brief review of the work preceding. It should also be indicated how the day's lecture fits into the course pattern. A lecture should seldom be presented in one unbroken discourse. Unless exceptionally interesting, a long lecture **strains** the capacity for concentrated listening, causing intermittent wandering of attention and loss of continuity in thought. The lecture should therefore be organized in a few block or units. As a rule, the exposition should be concluded before the end of the class period so as to allow some time for general discussion.

For students to obtain maximum benefit from a lecture, individual participation in study both precede and follow it. On their own initiative, most students would not engage in preparatory study, hence formal assignments may be necessary. The lecture should be concluded on the assumption that the assignment has been fulfilled. It pays to explore the aids available for teaching a course particularly through lectures, since verbal exposition alone, however **lucid**, has its shortcomings.

1. Which of the following is the best suited title for the passage?
   (*a*) Methods of Teaching
   (*b*) Effective Learning
   (*c*) Contrast Programmes
   (*d*) Lecture-Method
   (*e*) Teaching Without Tears
2. Which of the following is the **same** in meaning as the word "**strains**" as used in the passage?
   (*a*) Spoils
   (*b*) Damages
   (*c*) Drains energy from
   (*d*) Requires greater effort
   (*e*) Puts premium on
3. An uninterrupted discourse type method results into..........
   (*a*) loss of attention
   (*b*) a thrilling experience
   (*c*) stimulation of interest
   (*d*) humanising the course material
   (*e*) None of these
4. Which of the following is **not true** in the context of the passage?
   (*a*) Students on their own take up assignments
   (*b*) Lecture method humanises the course content
   (*c*) There are many methods of teaching
   (*d*) Improvements can be made in the traditional lecture method of instruction
   (*e*) Various aids can be used with lecture method
5. Compared to other methods, lecturing requires ....
   (*a*) more competent trainer
   (*b*) bigger number of students
   (*c*) higher level of learner
   (*d*) a new field of study
   (*e*) better presentation of ideas

PASSAGE-7

Among the several citrus fruits, acid lime is one of the most, prolific yielder, and this crop can be profitably grown in the tropical plains and hill slopes with scant water resources. It comes up well in sandy loam rich in organic residues and endowed with adequate drainage. Good quality grafts are ideal for raising a healthy and productive lime garden. The grafts yield true-to-parent plants of high yielding potential, and are early bearers. They also bear big fruits all through the year.

However, the longevity of the grafts is less as compared with the trees developed from the seeds, according to experts. Seeds extracted from healthy fruits from proven mother plants will develop into robust plants with longer life. The main field should be thoroughly tilled, and ripe farm-yard manure should be incorporated well with the final ploughing and land levelling. Green manuring will also help in increasing the soil's organic matter content, and in improving the soil structure. A spacing of 6 m by 6 m is recommended for raising acid lime plantation. Pits of 90 cm by 90 cm are to be dug, and filled up with adequate quantities of vermin-compost, coir-pith compost and small amounts of powdered neem cake and bio-fertilizers. About 250 plants can be accommodated in a hectare.

Regular irrigation is essential in the early stages of crop establishment. Drip irrigation, pitcher irrigation and micro-sprinklers have been found to give good results, besides saving considerable quantities of water and energy. In the initial months after planting, sufficient shade should be provided to protect the tender seedlings and grafts from harsh sun. Planting Sesbania (agathi) around the young plants will be effective in ensuring the required shade, besides enriching the soil. Several annual crops such as pulses and vegetables, can be raised as intercrops in the initial years. The plants should be trained to grow vertically by discouraging the lateral shoots and other growths.

Regular pruning to get the desired dome-shape should be done when the plants are still young. The field should be kept free of weed and other unwanted vegetation. Regular manuring should be done twice annually. The nutrients, mostly organic in nature, should be incorporated at the base of the plants, and watered immediately. The plants particularly respond well to liberal application of organic amendments. The micro-nutrient deficiencies will not be noticed in acid lime plantations raised with rich organic nutrients. Plant protection is an important aspect in acid lime cultivation. The plants should be sprayed with cow's urine, vermin-wash and other botanical insecticides to ward off leaf-munching caterpillars and other sucking and chewing pests.

Need-based application after monitoring the field for pest incidence will be rewarding. Spraying should be taken up at an interval of ten days, and it will also improve the fruit setting and fruit development. The plants will establish well and start yielding from the second year of planting. Though the fruits can be had all round the year, some major flushes can be harvested in December-January and July-August seasons. A well nurtured grown-up tree can yield as high as 3000 fruits a year. The profit for the growers depends on the season and the prevailing market rate. With an average price of Rs. 0.35 a fruit, a farmer can realize about Rs. 2.5 lakhs from a hectare of a healthy and well-tended acid lime garden.

1. It can be inferred from the passage that
   I. The quality and size of fruits depend upon the longevity of the plants.
   II. The yield of grafts is less as compared to the trees developed from the seeds.
   III. There is not much of a difference between grafts and the trees developed from the seeds, except in life.

   Which of the above statements is/are true?
   (*a*) Only III (*b*) Only II
   (*c*) I and II (*d*) I, II and III
2. For a good growth of acid-lime crop, all of the following are essential *except,*
   (*a*) water-logged tropical plains
   (*b*) good irrigation with adequate drainage
   (*c*) rich residues of orgainc nutrients
   (*d*) hill slopes with poor water resources
3. The author of the passage could be
   (*a*) an agricultural activist
   (*b*) an agricultural expert
   (*c*) a farmer
   (*d*) an analyst
4. Which of the following is necessary for the nascent crop?
   (*a*) Sufficient shade
   (*b*) Regular inrrigation
   (*c*) Regular manuring and application of organic nutrients
   (*d*) Both (*a*) and (*b*)
5. The most appropriate insecticide for acid-lime crop is
   (*a*) cow's urine
   (*b*) powdered neem
   (*c*) vermi-compost
   (*d*) organic residue

PASSAGE–8

We should preserve Nature to preserve life and beauty. A beautiful landscape, full of green vegetation, will not just attract our attention but will fill us with infinite satisfaction. Unfortunately, because of modernization, much of nature is now yielding to towns, roads and industrial areas. In a few places some Natural reserves are now being carved out to avert the danger of destroying Nature completely. Man will perish without Nature, so modern man should continue this struggle to save plants, which give us oxygen, from extinction. Moreover, Nature is essential to man's health.

1. What does "Nature" in the passage mean?
   (*a*) Countryside covered with plants and trees
   (*b*) Physical power that created the world
   (*c*) Inherent things that determine character
   (*d*) Practical study of plants and animals
2. Which one of the following is the correct statement?
   According to the passage
   (*a*) Beauty is only skin-deep
   (*b*) Everything is beautiful in its natural state
   (*c*) There is beauty in Nature
   (*d*) Nature is a moral teacher
3. What does the writer suggest?
   (*a*) We should not modernize, so that Nature can be preserved
   (*b*) While modernizing we should be careful not to destroy Nature completely
   (*c*) All Nature has been destroyed by modern living
   (*d*) Carving out Natural reserves will hamper the growth of industries
4. What does "Struggle" in the passage mean?
   (*a*) Man's Struggle to exist in the world
   (*b*) Man's Struggle to save Nature
   (*c*) Man's Struggle to catch up with modern trends
   (*d*) Man's Struggle to conserve oxygen

5. Why a beautiful landscape will fill us with infinite satisfaction'?
(*a*) We love beauty
(*b*) It is full of green vegetation
(*c*) It will ensure our future existence
(*d*) It will show our command over Nature

PASSAGE–9

Finally, there arises the question as to our leadership potential. Although the entire younger generation by the very definition is a potential storehouse of leadership, I feel that our universities provide the richest reservoir from which the future leaders of this country will be forthcoming. I have had occasion to travel fairly extensively and to visit a number of university centres in the country. It is deeply encouraging to see that despite the economic and other difficulties which these young men and women have to face they are full of energy and idealism. The real question is whether we have the ability and imagination to tap this reservoir, to fan the sparks of youthful idealism into bright flames that would illumine the future of India — the India of our dreams for the building of which countless generations have struggled and sacrifed; an India socially emancipated, economically prosperous, politically integrated, militarily strong and spiritually dynamic.

1. Which one of the following is correct?
The writer believes that India is
(*a*) socially emancipated
(*b*) economically prosperous
(*c*) spiritually dynamic
(*d*) None of the above

2. What is the author's tone in the passage?
(*a*) Optimistic (*b*) Autocratic
(*c*) Pessimistic (*d*) Partisan

3. Where will the future leaders of the country mainly come from?
(*a*) The families of present political leaders
(*b*) The community of social scientists
(*c*) The universities
(*d*) The entire younger generation

4. Which one of the following is correct?
For realizing the India of our dreams,
(*a*) we should have the imagination to exploit our budding leadership potential
(*b*) we should admire the sacrifices made by several generations
(*c*) we should bring about more technological advancements
(*d*) we should provide better facilities for sports

5. Which one of the following is correct?
What is deeply encouraging about educated young men and women of India is that
(*a*) they come from the richest reservoirs of potential leaders
(*b*) they are full of energy and idealism because of quality education
(*c*) they are full of youthful idealism and imagination
(*d*) they are full of energy and idealism in spite of economic and other difficulties they face as students

PASSAGE–10

My own recollection is that I had not had any high regard for my ability. I used to be astonished whenever I won prizes and scholarships. But, I very assiduously guarded my character. The least little blemish drew tears from my eyes. When I merited, or seemed to the teacher to merit, a rebuke, it was unbearable for me. I remember having once received corporal punishment. I did not so much mind the punishment, as the fact that it was considered my desert. I wept piteously. That was when I was in the first or second standard. There was another such incident during the time when I was in the seventh standard. Dorabji Edulji Gimi was the Headmaster then. He was popular among the boys, though he was a disciplinarian. He was a man of method and a good teacher. He had made gymnastics and cricket compulsory for the boys of the upper standards. I disliked both. I never took part in any exercise, cricket or football, before they were made com-pulsory. My shyness was one of the reasons for this aloofness, which I now see as wrong. I then had the false notion that gymnastics had nothing to do with education. Today I know that physical training should have as much place in the curriculum as mental training.

1. Why did the author say that he did ***not*** have any high regard for his ability?
(*a*) He was a dunce
(*b*) He always used to miss his classes
(*c*) He never did well in studies or sports
(*d*) He was full humility

2. The author's idea that character is a treasure is revealed in which of the statements?
(*a*) "I won prizes and scholarships"
(*b*) "When I merited, or seemed to the teacher to merit, a rebuke, it was unbearable for me"
(*c*) "I very assiduously guarded my character"
(*d*) "I wept piteously"

3. Why did the author weep piteously?
(*a*) He felt insulted
(*b*) Punishment was considered his due
(*c*) He felt the physical pain
(*d*) He took the punishment to heart

ENGLISH

4. Why did the author dislike gymnastics and cricket?
(*a*) They cut into his study time
(*b*) He had to spend money in buying bats, etc.
(*c*) He felt that physical education could cause injury
(*d*) He was shy

PASSAGE-11

According to the research findings of a team of American scientists published recently, the sea waves contain as much energy as the world is consuming at present. Scientists have found that through the application of two major devices called land-based systems and offshore devices, this source of energy can provide huge amount of electricity without cooling towers and pollution.

Land-based systems include tapered channels and fixed oscillating water column (OWC) devices whereas offshore devices include floating OWC devices, buoys, etc. Through these devices the mechanical energy of ocean waves is absorbed and converted into electrical energy. The wave power potential depends on numerous factors such as the device's capability to harness long wavelengths, period of waves and depth of water where they arise.

Compared to conventional power stations which require greater space and are difficult to maintain in critical situations, wave power devices are highly modular, cost effective and easier to upgrade. As the recent findings suggest, sea wave energy has much greater potential to be used for electricity generation than the hitherto known sources of renewable energy. Moreover, most of the renewable energy systems require hundreds of square acres of useful land for their installation. But in case of wave energy devices, space crunch' can never be a serious problem.

1. Which one of the following statements is correct?
Harnessing energy from sea waves
(*a*) undermines ecological balance.
(*b*) requires huge capital.
(*c*) requires high technical expertise.
(*d*) results in saving of useful land area.

2. Which one of the following statements is correct?
Wave power devices
(*a*) convert wind energy into mechanical power.
(*b*) convert mechanical energy of ocean waves into electrical energy.
(*c*) require costly transmission mechanism
(*d*) entail risk to human life.

3. Which one of the following statements is correct?
(*a*) Fixed as well as floating oscillating water column devices are required to harness ocean wave energy.
(*b*) Fixed oscillating water column devices are required for off shore based system.
(*c*) Floating oscillating water column devices are required for land-based system.
(*d*) Electricity generated from oceans is independent of the depth of water where waves arise.

4. Which one of the following statements is correct?
The capacity of system to generate electricity from ocean waves
(*a*) can be increased only at exorbitant cost.
(*b*) can be easily upgraded.
(*c*) can be increased but it requires a great space.
(*d*) is only a few megawatts.

5. Which one of the following statements is ***not*** correct?
(*a*) Conventional power stations require cooling towers.
(*b*) Power generation from ocean waves also adds to pollution like conventional power stations.
(*c*) Ocean wave energy can meet all the present energy of the world.
(*d*) Period of waves is one of the relevant factors in power generation from ocean waves.

PASSAGE-12

The most important fact, which a leader who wishes to motivate others should bear in mind, is that an individual has an incessant and gnawing craving for importance. There is no exception to this psychological need. Barring his biological needs, practically all his actions are directed at satisfying his continuing need to feel important. According to William James, the deepest principle in human nature is the craving to be appreciated. The individual who can honestly satisfy this burning hunger for importance on the part of his fellow human beings can literally rule the world. He can motivate and influence any person, big or small, high or low, educated or uneducated, rich or poor, man or woman, provided he is capable of making the other person feel truly important. By discovering the special and particular gifts of an individual, by giving due recognition and sincere appreciation to that singular gift or talent, you can win him or her over to your side easily.

You have to create an eager want on the part of the other individual if you wish to motivate him. In other words, you have to make the horse feel thirsty if your aim is to make it drink. Fortunately for you, there is an inborn, ever-present, gnawing hunger on the part of every human being to gain recognition and appreciation. This want is already there and you don't have to create it. All you have to do is to satisfy this hunger. If you objectively analyse your own motives and needs you will find that this need for recognition is the strong driving factor behind your aspiration to become a leader. It was this urge for importance which made Alexander and Great embark on a world conquest, and made many emperors wage innumerable battles and wars. This urge has driven artists, authors, scientists, inventors and others to attain great heights in their chosen fields and produce the best results.

1. Which one of the following statements is correct?
(*a*) Many scientists and inventors have excelled because of the availability of research facilities.
(*b*) Artists and authors have made contribution to society because of their innate genius.
(*c*) Many athletes have won gold medals in the Olympics because of their coaches.
(*d*) People in different areas have been successful because of the need of recognition.

2. Which one of the following statements is ***not*** correct?
(*a*) Hunger for recognition has to be developed over the years in one's personality.
(*b*) Need to gain recognition is an inborn trait.
(*c*) Many wars have been waged to satisfy the need to get importance.
(*d*) Craving for importance is a natural psychological need of every human being.

3. Which one of the following statements is correct?
(*a*) A successful leader must be able to identify the need of importance of others.
(*b*) Need for recognition is a trait only of high professionals.
(*c*) To motivate a person, an increase of his salary is the best strategy.
(*d*) Monetary success is the driving force for a leader.

PASSAGE-13

Because goldfish can be kept easily in small ponds and aquariums, they make good pets, but like many other pets, they must have proper care and the right kind of place to live.

A two-inch fish requires a minimum of two gallons of water containing sufficient oxygen to support life. Some oxygen will make its way into the water of an aquarium from the air that touches the surface. Plants in an aquarium also help to furnish oxygen. Snails help to keep an aquarium clean. Thus, with plenty of plants and snails the water is an aquarium does not have to be changed frequently. A large lake may prove to be a quite unsuitable abode for goldfish.

It is important that goldfish not be overfed. They can be fed such things as dried insects in addition to commercially-prepared goldfish food, but they should never be fed more than once a day. Even then, they should not be given more food than can be consumed in about five minutes. This ensures prolonged life.

1. Which one of the following statements is correct?
(*a*) Snails eat up the goldfish in an aquarium
(*b*) A large lake may not be a suitable place for goldfish
(*c*) Plants provide food to the snails in an aquarium
(*d*) Goldfish come above the surface of water to get oxygen from air

2. Which one of the following statements is *not* correct?
(*a*) Goldfish can be made goods pets
(*b*) Plants in an aquarium provide oxygen to goldfish
(*c*) Goldfish must never be given too much food
(*d*) Snails make the aquarium clean by eating up goldfish

3. Which of the following helps supply goldfish with oxygen?
(*a*) Snails
(*b*) Dried insects
(*c*) Goldfish food
(*d*) Plants

4. Which one of the following statement is *not* correct?
(*a*) Water in an aquarium has to be changed frequently because of plants and snails
(*b*) Commercially-prepared goldfish is available
(*c*) The place for the goldfish should be selected with care
(*d*) Dried insects make good feed for goldfish

5. What is important to remember when feeding goldfish?
(*a*) Goldfish should be fed more than once a day at regular intervals
(*b*) Goldfish should be fed with plants and snails
(*c*) Goldfish should be fed only once a day
(*d*) Goldfish should be fed only in the evenings

PASSAGE-14

Ah ! whatever could be said was said. All held him guilty. Even his own mother who claimed to understand him the best. All had betrayed him in his hour of need. Yet, there he was, still with a sparkling hope and knew that the truth must prevail. In the cold, dark and damp cell he never for a moment lost faith in God and goodness and was waiting anxiously for an angel to come, plead non guilty for him and free him of his miseries.

1. Three of the following statements indicate that he had a sparkling hope. Which statement does not?
   (*a*) He had never lost faith in God.
   (*b*) He was sure there was goodness.
   (*c*) He could have evidence in his favour.
   (*d*) He knew that the truth must prevail.
2. Whatever others said about him, he
   (*a*) betrayed no one.
   (*b*) thought over the problem.
   (*c*) never lost faith in goodness.
   (*d*) raised his voice against injustice.
3. In the dark dungeon he always waited for
   (*a*) his mother.
   (*b*) the jailer.
   (*c*) the verdict freeing him of his miseries.
   (*d*) the angel to come and plead for him.
4. The truth must prevail means
   (*a*) he was true.
   (*b*) angel will reveal truth.
   (*c*) truth always wins in the end.
   (*d*) we must plead for the truth.

PASSAGE-15

Once while travelling by the local bus, I got a seat beside a very strange man. He seemed interested in every passenger aboard. He would stare at a person, scribble some odd mathematical notations on his long notebook and then move on to the next. Being quite interested in what he was doing I asked him what all those notations meant and then came the startling reply. He saw a man's face not as a single unit but as thousands of squares put together. He was in fact a statistical expert and a budding artist learning the art of graphics.

1. The man was scribbling down
   (*a*) the figures of co-passengers.
   (*b*) the details of thousands of squares put together.
   (*c*) some mathematical formulae and calculations.
   (*d*) some mathematical signs.
2. The man caught author's attention because
   (*a*) he was sitting next to him.
   (*b*) he was staring at every person in the bus.
   (*c*) he would stare at every person and then scribble down some mathematical notation.
   (*d*) he was a budding artist learning the art of graphics.
3. The author found that man's reply quite startling because
   (*a*) a statistical expert cannot be a budding scientist.
   (*b*) a budding artist cannot be a statistical expert.
   (*c*) graphics is still a rare art form and he was learning it while travelling in a bus.
   (*d*) the fact that "a man's face can be analysed as thousands of squares" was a strange concept.
4. From the passage we gather that
   (*a*) the author is very inquisitive.
   (*b*) the author tries to poke his nose in other people's business.
   (*c*) the author is interested in mathematical notations.
   (*d*) the author wants to talk to fellow passengers in the bus.

PASSAGE-16

With the inevitable growth of specialisation I see the universities facing two great dangers. First, it is very easy to get so involved in the technical details of education that the object of education is lost. And secondly, in an effort to condition a university to the needs of its students and to the needs of the state it may lose its power to make or mould those students into responsible men, capable of thinking for themselves and capable of expressing the results of their thoughts to others.

1. The author calls growth of specialisation 'inevitable'. Which one of the following statements is likely to be the most correct reason for this inevitability?
   (*a*) Universities give grants only to do specialised work in different disciplines.
   (*b*) The professors and researchers in universities are competent only for specialised work.
   (*c*) Specialisation helps economic growth of the nation.
   (*d*) In an age of science and technology specialisation becomes necessary.
2. Which one of the following statements most correctly suggests the central theme of the passage?
   (*a*) The aim of education is specialisation.
   (*b*) The aim of education is to mould the youth to work for the state.
   (*c*) The aim of education is to make the youth capable of independent thought and expression.
   (*d*) The aim of education is to enable the youth to earn a comfortable living.
3. Which one of the following statements most correctly suggests the warning implied in the passage?

(a) University education should not be concerned with technical details.
(b) Universities should not subordinate themselves to the interests of tile state.
(c) Universities should be concerned only with the needs of students.
(d) Universities should not go in for any specialisation.

PASSAGE-17

We shall go on to the end; we shall fight in France, we shall fight on the seas and oceans, we shall fight with growing confidence and strength in the air, we shall defend our island whatever the cost may be, we shall fight on the beaches, we shall fight on the landing grounds, we shall fight in the fields and in the streets, we shall fight in the hills. We shall never surrender, and even if this island or a large part of it were subjugated and starving, then our empire beyond the seas would carry on the struggle, untill the New World steps forth to the rescue and the liberation of the Old.

1. On the basis of the passage which of the following statements may be said to be correct?
(a) The speaker is encouraging his men for the conquest of France
(b) The speaker is aggressive and maniacal war-monger
(c) The speaker is not satisfied with the conquest of the island
(d) The speaker is a patriot urging the defence of his motherland

2. The speaker in the passage wants to go on fighting because
(a) he is a raving lunatic
(b) he is in a state of utter despair
(c) he expects help from other quarters
(d) he is the leader of a suicide squad

3. Which of the following pairs of the phrases helps best to bring out the intention of the speaker?
(a) "Go on to the end"; "shall never surrender"
(b) "Growing confidence"; "subjugated and starving"
(c) "Subjugated and starving"; "fight on the landing ground"
(d) "Fight in the streets"; "subjugated and starving"

4. The passage consists of repetitive patterns in syntax and vocabulary. The effect of this style is that it
(a) reveals the speaker's defects in giving a speech
(b) produces the impression of bad poetry
(c) conveys the speaker's helpless situation
(d) reinforces the speaker's basic intention

PASSAGE-18

It is said that once three old men set out on a Journey together. One of them was bald, the second was a philosopher and the third was a barber. At nightfall they decided that each one of them should sit for watch *turn* by turn. The *barber* was to keep watch first of all, the *philosopher* after that and the *bald* man last of all. So, the philosopher and the blad man went to sleep and the barber was on watch. For some time he kept awake but in the end, he felt tired of it and he thought of some *diversion* as otherwise it was difficult for him to *pass* time. Then he took out the razor from his box and shaved the head of the philosopher. At the fixed time he woke up the philosopher and himself went to sleep. when the philosopher got up and felt his head all over, he was startled and said in surprise, "It was my trun but this *wretched* fellow has *awakened* bald man."

1. Why did the philosopher get up?
(a) He realised that his head was being shaved off
(b) It was his turn to keep watch
(c) He was awakened by the barber
(d) he had a bad dream

2. Who went to sleep first?
(a) The philosopher and the barber
(b) The barber and the bald man
(c) The bald man and the philosopher
(d) The barber

3. Why did the barber shave off the head of the philosopher?
(a) The barber was jealous of the philosopher
(b) The barber wanted to indulge in some fun
(c) The barber wanted the philosopher to keep watch
(d) The barber was feeling drowsy

4. Which one of the following is the correct sequence decided upon the three to keep watch turn by turn?
(a) Barber – bald man – philosopher
(b) Bald man – philosopher – barber
(c) Barber – philosopher – bald man
(d) Bald man – barber – philosopher

5. Which one of the following statements is ***not*** correct?
(a) All the three men decided to keep watch one by one
(b) The barber woke up the bald man
(c) The head of the philosopher was shaved off
(d) The philosopher was startled on feeling his head all over

PASSAGE-19

There can be only two explanations why countries like UK, US, Germany and Japan are willing to spend up to 5.5 million to make the Next Generation Linear Collider (NGLC) : Intellectual snobbery or complete indifference to the problems of the real world. To plan a 20-mile-long tunnel merely to go about smashing atoms, so as to recreate the Big Bang, is a frightful waste of public money. The project has no foreseeable practical application. Already, cyber-savvy cosmologists are engaged in simulating the Big Bang, or the beginning of the universe, in the virtual world, through number crunching and reverse engineering. Thye have successfully created a black hole on the desktop. So why go in for prohibitively expensive experimentation, when the virtual world is just a mouse-click away? Scientific ingenuity, remember, is not confined to reallife experiments; many of today's break-throughs have been inspired by research conductd almost entirely in cyberspace. Moreover, virtual research is 'clean'— without such fallouts as lab accidents and chemical leakages—and costs next to nothing.

1. Countries like UK, US, Germany and Japan wish to spend lot of money.
(*a*) to attend to the problems of humanity.
(*b*) to control AIDS.
(*c*) for defence research.
(*d*) to carry out atomic research.

2. Virtual research is carried out
(*a*) on computers.
(*b*) by experimentation in the field.
(*c*) by spending up billions of dollars.
(*d*) by experimentation in space.

3. Scientific research is not prohibitively costly when conducted
(*a*) by simulation in the virtual world.
(*b*) smashing atoms in a tunnel.
(*c*) making real-life models.
(*d*) using satellites.

4. Reverse engineering
(*a*) is commonly practised in research.
(*b*) is prohibitively expensive experimentation.
(*c*) is not used by cosmologists in the virtual world.
(*d*) is independent of analysis using computers.

PASSAGE-20

Failure and success are the ways of life. Constant efforts despite initial setbacks have brought us from the chrysalis of failures into the bright opportunity of triumphs. The conquest of Everest is a fitting example. Success eluded men for nearly twenty-five years. The leader of an unsuccessful expedition started, "Everest cannot add to its height, but spirit of man heightens even under repulse." Subsequent conquest of Everest has proved the truth of this. Indeed every newborn day is in itself an opportunity teeming with splendid chances for those who are alert, wide awake and aspiring.

1. According to the writer, the conquest of Everest proves that
(*a*) the spirit of man heightens under demanding circumstances.
(*b*) man cannot attain the unattainable.
(*c*) success is always elusive.
(*d*) the nature is most potent.

2. In this passage, "chrysalis of failure" means that
(*a*) failure involves a closed situation from which one cannot escape.
(*b*) failure can be compared to the pupa of the gold-coloured butterflies.
(*c*) failure is a transitional state.
(*d*) as an insect emerges in a different shape from chrysalis, so a human being changes after every failure.

3. The very style of the prose suggests that the writer intends the last sentence of the passage to be
(*a*) poetic
(*b*) inspiring
(*c*) vague
(*d*) contradictory to the first sentence of the passage.

4. The expression "teeming with" in the passage can be replaced by
(*a*) multiplying (*b*) abounding
(*c*) fruitful (*d*) promising

5. Every new day brings fresh challenges for a person
(*a*) who is young
(*b*) whose head is teeming with bright ideas
(*c*) who has come out of the chrysalis of failure
(*d*) who is watchful and daring.

ANSWERS

PASSAGE-1

1	2	3	4	5
(*b*)	(*b*)	(*a*)	(*a*)	(*b*)

PASSAGE-2

1	2	3	4	5
(*b*)	(*a*)	(*c*)	(*d*)	(*b*)

PASSAGE-3

1	2	3	4	5
(b)	(b)	(d)	(c)	(c)

PASSAGE-4

1	2	3	4	5
(c)	(b)	(c)	(e)	(e)

PASSAGE-5

1	2	3	4	5
(a)	(b)	(b)	(b)	(e)

PASSAGE-6

1	2	3	4	5
(d)	(c)	(a)	(a)	(e)

PASSAGE-7

1	2	3	4	5
(a)	(a)	(d)	(a)	(a)

PASSAGE-8

1	2	3	4	5
(a)	(c)	(b)	(d)	(c)

PASSAGE-9

1	2	3	4	5
(d)	(a)	(c)	(a)	(d)

PASSAGE-10

1	2	3	4
(d)	(c)	(a)	(d)

PASSAGE-11

1	2	3	4	5
(d)	(b)	(a)	(b)	(b)

PASSAGE-12

1	2	3
(d)	(a)	(a)

PASSAGE-13

1	2	3	4	5
(b)	(d)	(d)	(a)	(c)

PASSAGE-14

1	2	3	4
(c)	(c)	(d)	(c)

PASSAGE-15

1	2	3	4
(a)	(c)	(d)	(a)

PASSAGE-16

1	2	3
(d)	(c)	(b)

PASSAGE-17

1	2	3	4
(d)	(c)	(a)	(d)

PASSAGE-18

1	2	3	4	5
(c)	(c)	(b)	(c)	(b)

PASSAGE-19

1	2	3	4
(d)	(a)	(a)	(a)

PASSAGE-20

1	2	3	4	5
(a)	(d)	(b)	(b)	(d)

❑❑❑

SECTION b VOCABULARY

ONE WORD SUBSTITUTION

Ambiguous : (of a statement) having more than one meaning.

Ambidextrous : (of a person) who can write with both hands equally well.

Amphibian : an animal that can live both on earth and water.

Anaemia : deficiency of red blood cells or haemoglobin.

Andocracy : a social system dominated by men.

Anonymous : (of a person) of unknown name.

Anorexia : loss of appetite for food.

Anthology : a published collection of poems (from different poets).

Anthropophagy : the eating of human flesh by human beings.

Aquarium : a transparent bank of water in which the fish are kept.

Atheist : (of a person) who does not believe in the existence of God.

Archaeology : the study of science of historical relics or monuments.

Auditorium : a big hall, built for the gathering of people (audience).

Autograph : synatuses of an important person written as a memento for an admirer.

Bibliography : a list of books representing some scholarly work for reference.

Bibliomancy : the practice of foretelling the future with the help of the Bible.

Bibliomania : a great enthusiasm for collecting books.

Biblimetrics : a subject related to statistical analysis of books.

Bibliophile : a great lover of books.

Biography : life history of a person written by someone else.

Bioluminescence : the emission of light by an organism without producing heat.

Biology : the study of living organisms.

Botany : the science that deals with the study of plant life.

Bureaucracy : a government run by officials.

Cannibal : (a person) who eats human flesh.

Carnivorous : (of an animal) feeding on other animals.

Catalogue : a systematic complete list of items.

Catastrophe : an event that occurs suddenly causing a great damage or suffering.

Cavernows : cave-like shape or atmosphere.

Cholecystectomy : surgical removal of gall bladder.

Cholecystography : X-ray examination of the gall bladder.

Congenital : (of a physical abnormality) present from birth.

Contagious : (of a disease) spread from one person or organism to the other directly or in an indirect way.

Coprophagous : (of an organism) feeding on dung or faeces

Credulous : (of a person) easily ready to believe something.

Incredulous : (of a person) not ready to believe something or somebody.

Cruciform : having the shape of a cross.

Cryptology : art of writing and solving codes.

Cryptogram : a text written in codes.

Cacophony : a great discordant noise.

Cacography : bad handwriting.

Cosmology : the science of origin and development of universe.

Democracy : a government of people.
Dendrology : the scientific study of trees.
Deltiologist : a person having the hobby of collecting postcards.
Demonolatry : the worship of demons.
Diabolism : worship of the devil.
Ectomorph : a person with lean and delicate body.
Effulgent : shining brightly.
Egocentric : thinking only of oneself.
Endogamy : the practice or custom of marrying only within a local community.
Endomorph : a person with soft round body.
Epigraphy : the study and interpretation of ancient inscriptions.
Epilogue : a section or speech at the end of a book especially for giving the conclusion to what has been written.
Eponymous (of a person) giving his name to something.
Equinox : the time or date, when the day and night are of the same length.
Effervescent : giving off bubbles.
Fermentation : the chemical breakdown of a substance by yeasts or some bacteria, etc.
Fictitious : not real.
Folicide : the killing of one's son or daughter.
Floriferous : producing many flowers.
Fratricide : the killing of one's brother.
Fatal : a disease which ends in death.
Garrulous : excessively talkative.
Geophagy : the practice of eating earth.
Gigantic : of very big size.
Gluttonous : one who eats too much.
Gregarious : living in flocks or being fond of company.
Germicide : of something that kills germs.
Haemolysis : destruction of red blood cells.
Haemostasis : the stopping of flow of blood.
Hagiolatry : the worship of saints.
Homicide : the killing of human beings.
Horticulture : the art of garden cultivation.
Homogeneous : a combination of different elements.
Herbivorous : (of an animals) feeding on herbs.
Hypertension : pressure of blood more than normal.
Hypotension : pressure of blood less than normal.
Immiscible : (of a liquid) not forming a homogenous mixture with other liquids.
Immortal : never dying.
Impecunious : having little or no money.
Incorrigible : one which cannot be corrected.
Indolent : lazy; less active.
Kleptomania : a great desire of stealing things.
Loquacious : (a person) who talks excessively.
Lithography : the art of printing or drawing on stones.
Luxurious : extremely comfortable.
Matricide : killing of one's mother.
Misanthrope : a person who hates mankind.
Misogynist : a person who hates women.
Misogamist : a person who hates marriage.
Monogamy : the practice of marrying only one wife or husband.
Meticulous : a person who is very particular about every minute details.
Nepotism : the practice of providing opportunities to their friends or relatives by those who are in power.
Narcotic : a drug which is illegally sold and which causes addiction to the regular taker.
Nephrotoxic : destructive to the kidney.
Nascent : new and lacking in maturity.
Optimist : a person who looks at the bright side of things.
Omniscient : having unlimited knowledge.
Omnipotent : all powerful.
Omnipresent : present everywhere at the same time.
Opaque : a thing that cannot be seen through.
Polygamy : the practice of having more than one wife at the same time.
Pessimist : a person who always looks at the dark side of things.
Panacea : a remedy for all diseases.
Patricide : killing of one's father.
Regicide : killing of the king.
Remuneration : money paid for a work.
Simultaneous : an incident happening at the same time.
Scrupulous : (of a person or process) diligent and extremely attentive to details.
Sequacious : (of a person) lacking originality of thoughts.
Solilogy : the act of speaking to oneself.
Teetotaller : a person who does not drink.
Theist : a person who believes in the existence of God.
Tenant : a person who stays in a house and pays rent for it.
Vociferous : (of a person) speaking loudly and vehemently.
Vivacious : (of a woman) attractive and sprightly.
Xenophobia : extreme fear from strangers.
Xylophagous (of an insect) : feeding on or boring into wood.

ENGLISH

SYNONYMS & ANTONYMS

A. SYNONYMS

Ardent	eager, avid
Arduous	difficult, troublesome, tough
Aspire	hope, wish
Astonish	amaze, confound
Authentic	genuine, actual
Awesome	astonishing, amazing, awful, fearful
Ban	bar, debar
Bare	denuded exposed
Bear	carry, bring
Beautiful	attractive, charming
Becoming	attractive, graceful
Benchmark	model, example
Benevolent	bountiful, benign
Betwitch	attract, captivate
Boisterous	noisy, clamorous
Bonny	handsome, attractive, beautiful, healthy
Brave	bold, courageous
Break	crack, separate
Brief	laconic, curt
Bright	shining, flashing
Brisk	active, lively
Broad	generous, capacious
Build	assemble, construct
Busy	brisk, active
Cajole	Coax, dupe
Call	announce, shout
Calm	peaceful, mild
Candid	fair, frank
Capacious	spacious, roomy
Care	anxiety, concern
Catchy	attractive, captivating
Charming	attractive, appealing
Chief	main, key
Clean	pure, spotless
Clever	apt, intelligent
Clumsy	burgling, awkward
Colossal	giant, enormous
Compact	dense, condensed
Conspicuous	clear, apparent
Cordial	agreeable, cheerful
Credulous	trustful, unsuspicious
Cruel	atrocious, barbarous
Dangerous	alarming, hazardous
Dazzling	glorious, radiant
Deceive	cheat, betray
Deep	profound, bottomless
Delicate	fragile, weak, tender
Delight	ecstasy, happiness
Deny	disprove, rebuf
Eager	ardent, avid
Effective	active, capable
Elegant	beautiful, artistic
Emerge	arise, appear
Encouraging	cheerful, promising
Enormous	colossal, gigantic
Faded	dim, dull
Fair	clean, honest
Fascinating	attractive, bewitching
Foolish	imprudent, senseless
Frank	candid, ingenuous
Garrulous	chattering, gossiping
Generous	liberal, benevolent
Genuine	bonafide, authentic
Gloomy	dark, sad
Glorious	magnificent, excellent
Great	colossal, enormous
Haughty	assuming, arrogant
Hefty	big, robust
Humane	benign, gentle
Humble	modest, meek
Idle	lazy, inactive
Illogical	faulty, incorrect
Immense	enormous, colossal
Impudent	bold, brazen
Indolent	lazy, sluggish
Intelligent	clever, bright
Keen	ardent, arid
Kind	benevolent, benign
Laconic	brief, curt
Leading	dominating chief
Lively	agile, active
Lucid	evident, clear
Magnificent	excellent, glorious
Morose	gloomy, sad
Neglect	disdain, ignore
Obedient	submissive, amenable
Obscure	cloudy, vague
Obstinate	stubborn, firm
Opulent	lavish, affluent
Overnight	fault, mistake
Peaceful	harmonious, friendly
Polite	humble, civil
Prolific	teeming, bountiful
Radiant	bright, glorious
Rejoicing	delight, cheer
Sad	gloomy, depressed
Select	choose, opt
Silence	calm, peace

B. ANTONYMS

Abhor	Admire, love, adore
Adore	hate, abhor
Alert	listless, careless
Annex	remove, unfasten
Apex	bottom, nadir
Ban	allow, permit
Beautiful	awful, ugly
Benign	stern, harsh
Boisterous	quiet, peaceful
Brief	lengthy, extensive
Calm	stir, agitate
Careful	careless, unconcerned
Clear	cloudy, vague
Clever	clumsy, boring
Colossal	diminutive, small
Compatible	incompatible, inapt
Courageous	cowardly, timid
Damaging	useful, advantageous
Dangerous	safe, harmless
Deceit	honesty, candour
Delicate	harsh, indelicate
Deny	admit, accept
Dim	bright, clear
Eager	impassive, lazy
Efficient	inefficient, inept
Emerge	enter, fall
Encourage	deter, depress
Engaging	repulsive, unattractive
Fair	unfair, prejudiced
Fake	genuine, bonafide
Fascinating	unattractive, disgusting
Ferocious	mild, gentle
Gallant	cowardly, fearful
Gentle	aggressive, harsh
Gigantic	tiny, puny
Glorious	dull, dim
Handy	clumsy, inept
Happy	unhappy, gloomy
Hard	soft, flexible
Honset	dishonest, unfair
Huge	minute, puny
Idle	active, busy
Illogical	logical, coherent
Incorrect	correct, accurate
Indecent	decent, modest
Innocent	cunning, dishonest
Kind	unkind, cruel
Lazy	active, diligent
Like	unlike, diverse
Lovable	hateful, abhorrent
Major	minor, unimportant
Meek	arrogant, stubborn
Merry	sad, gloomy
Morose	happy, delightful
Nadir	bottom
Nonsense	sense, wisdom
Object	admire, accept
Obscure	clear, vivid
Overbearing	humble, modest
Peaceful	agitated, disturbed
Playful	gloomy, morose
Polite	impolite, ill-mannered
Proficient	incompetent, unskilled
Promising	unpromising, discouraging
Realistic	unrealistic, fanciful
Refined	unrefined, boorish
Reject	accept, select
Robust	feeble, frail
Secure	insecure, unsafe
Sensible	senseless, stupid
Sluggish	energetic, brisk
Tempting	untempting, unattractive
Tepid	zealous, eager
Timid	arrogant, bold
True	untrue, false
Ungainly	elegant, attractive
Unmannerly	mannerly, polite
Valid	invalid, illegal
Verbose	curt, brief
Violent	calm, quiet

IDIOMS AND PHRASES

1. **ABC** (basic principles) She does not know the ABC of photography.
2. **To cut a sorry figure** (present oneself in a bad way)
   She cut a sorry figure on the stage.
3. **Cut loose** (Keep away)
   India should cut loose from bad politics.
4. **To give a red carpet reception** (to give a warm welcome)
   The PM was given a red carpet reception in America.
5. **To dance one's tune** (to follow someone submissively)
   He always dances to his brother's tune.

ENGLISH

6. **To turn a deaf ear to** (to disregard)
She turned a deaf ear to her parents' advice.
7. **To call a spade a spade** (to speak the truth)
Gandhiji always called a spade a spade.
8. **To bring to book** (to scold)
The naughty boy was brought to book by the teacher.
9. **From hand to mouth** (without any saving)
The poor factory worker is living from hand to mouth.
10. **Once in a blue moon** (seldom)
She visits her brother once in a blue moon.
11. **To cut short** (to reduce)
Smoking will cut short your life.
12. **By hook or by crook** (by any means fair or foul)
He wants to get money by hook or by crook.
13. **In the good books of** (be good in one's mind)
Jack is in the good books of his teachers.
14. **At sixes and sevens** (in disorder)
The drawing room articles were lying at sixes and sevens on the floor.
15. **To grease the palm of** (to bribe)
Rohit greased the palm of the clerk and got the file moved.
16. **Through thick and thin.** (under all circumstances)
We'll stand by you through thick and thin.
17. **At one's beck and call** (ready to obey)
He had a dozen men at his beck and call.
18. **To die by inches** (to die a painful death)
The old man died by inches.
19. **To eat one's words** (to retract one's statement)
You'll have to eat your words because you have spoken without thinking.
20. **To burn the midnight oil** (to work hard)
You'll have to burn the midnight oil if you want to get good marks.
21. **Fair and square** (clean)
One must be fair and square in one's dealing.
22. **To poke one's nose into** (to meddle with)
It is bad to poke your nose into others' affair.
23. **To fall flat** (to have no effect)
His father's advice fell flat on him.
24. **To make a clean breast of** (to confess)
He made a clean breast of his involvement in the bomb blast.
25. **To get the better of** (overcome)
Anger got the better of him.
26. **A wet blanket** (a discouraging person)
Don't allow Rakesh to accompany you to the hunting trip because he is a wet blanket.
27. **A big gun** (an important person)
Mr Smith is a big gun in our city.
28. **In black and white** (in written)
Don't give him anything in black and white.
29. **Neck and neck** (even)
There is a neck and neck fight between the two boxers.
30. **At a stone's throw** (at a short distance from)
My school is at a stone's throw from my house.
31. **Cut-throat competition** (a stiff competition)
There is a cut-throat competition among the publishers in the market.
32. **Black sheep** (a traitor)
Later on Mr XYZ proved a black sheep.
33. **By dint of** (by means of)
By dint of hard work, she earned a lot of money.
34. **A man of word** (a person who keeps his promise)
Mr Sharma is a man of word.
35. **A man of a few words** (a remarkable person)
Gandhiji was a man of a few words.
36. **In cold blood** (mercilessly)
The old woman was murdered in cold blood.
37. **At arm's length** (to keep away)
We should always keep bad boys at arm's length
38. **Keep the ball rolling** (to maintain the progress of some activity)
After the death of his father he had to take the charge of his office to keep the ball rolling.
39. **A bolt from the blue** (a sudden and unexpected event)
The news of my friend's death came to me like a bolt from the blue.
40. (i) **Break ones back** (to work hard to get something)
He broke his back to earn his livelihood.
(ii) **To break somebody's back** (to give too much work to him to do)
She broke his back by giving him so much hard work to do.
41. **Break the back of** (accomplish the hardest part of a certain job)
There is nothing to be worried about as we've already broken the back of the problem.
42. **Beat about the bush** (to go on talking on some worthless topic)
Stop this beating about the bush, come to the main task.
43. **Throw cold water on** (to discourage)
She tried to throw cold water on his plan but he was well-determined.
44. **Hard of hearing** (somewhat deaf)
She is a bit hard of hearing.
45. **Come what may** (no matter what happens)
I'll do it come what may.
46. **Beyond one's means** (beyond one's budget)
He is living beyond his means, therefore, he is sure to get ruined.

47. **A man of letters** (a scholar)
Radha Krishnan was a man of letters.

48. **Chips of the same block** (having the same taste)
They are the chips of the same block.

49. **The long and short of** (in brief)
The long and short of his lecture is that we should live like brothers.

50. **In full swing** (in full force)
The studies of the students are going on in full swing.

51. **To burn one's fingers** (to get oneself in trouble)
You have burnt your fingers by speaking against him.

52. **A hard nut to crack.** (a puzzling problem)
To get a win over American basket ball team is a hard nut to crack for India.

53. **To turn over a new leaf** (to change the course of life)
He has turned over a new leaf in his life.

54. **A yeoman's service** (service which is beneficial to the human beings)
He did yeoman's service through his life.

55. **To have one's own axe to grind** (to have vested interest)
He has his own axe to grind in this matter.

56. **To take to one's heels** (to run away)
The thief took to his heels as soon as he saw the policeman.

57. **A snake in the grass** (a hidden foe)
Beware of him because he seems to be a snake in the grass.

58. **To move heaven and earth** (to make too much effort)
The young man moved heaven and earth to find a job.

59. **To be caught red handed** (to be caught at the time of committing a crime)
The clerk was caught red handed when he was accepting bribe from Mr ABC.

60. **To receive with open arms** (to give a warm welcome)
The new president of the club was received with open arms by the members.

61. **Acid test** (hard test)
The election will be an acid test for the ruling party.

62. **A wolf in sheep's clothing** (a hypocrite)
You should not keep company with him because he is a wolf in sheep's clothing.

63. **To be born with a silver spoon in one's mouth** (to be born in a rich family)
Mr. J. L. Nehru was born with a silver spoon in his mouth.

64. **At the eleventh hour** (at the last moment)
The war was about to start but fortunately at the eleventh hour a messenger came to the PM with a message of peace.

65. **Drop someone a line** (send a letter, etc.)
Please drop me a line of your well-being.

66. **Dull the edge of** (reduce the intensity of)
Take this pill and it will dull the edge of pain.

67. **A fool of the first water** (one completely foolish)
Being a fool of the first water he could not solve even the simplest sum.

68. **To come to light** (to be known)
A new disease has recently come to light.

69. **To be the apple of one's eye** (be very dear)
He is the apple of his parent's eye.

70. **A bone of contention** (to be the cause of quarrel)
Kashmir is the bone of contention between India and Pakistan.

71. **To make fun of** (laugh at)
The children made fun of the waiter in the hotel.

72. **To let the cat out of the bag** (to divulge secret)
It was Sohan who let the cat out of the bag by telling the real matter.

73. **A great card** (an important person)
Mr Sood is a great card in the ministry of finance.

74. **To open a new chapter** (to start some habit, etc.
By drinking, you've opened a new chapter in your life.

75. **Under a cloud** (be in trouble or in a state of disgrace or suspicion)
His company seemed to be under a cloud as it had no funds to pay the wages to the workers.

76. **In a crack** (all of a sudden or rapidly)
The thief left the place in a crack.

77. **A green hand** (not very much experienced)
We shall pay a little to a green hand.

78. **To make the flesh creep** (to terrify)
The story made my flesh creep.

79. **To lose ground** (to retreat)
After fighting for some time the Pakistani army began to lose ground.

80. **All in all** (completely)
Rajesh is all in all in this office.

81. **An apple of discord** (to be the cause of)
Kashmir is an apple of discord between India and Pakistan.

82. **To bring to book** (to punish)
The student was brought to book by the teacher.

83. **A bed of roses** (a comfort)
Life is not a bed of roses.

84. **To show a clean pair of heels** (to run away)
The thief showed a clean pair of heels as soon as he saw the policeman approaching.

85. **A white elephant** (of no use)
This sort of glib talker always proves a white elephant in the end.

86. **In the twinkling of an eye** (quickly)
The monkey ate up grams in the twinkling of an eye.

87. **To gain ground** (to be established)
He gained ground in India in a few years.

88. **Slow and steady** (slowly but continually)
Slow and steady wins the race.

89. **A red letter day** (An important day)
15th August is a red letter day for the Indians.

90. **To get wind of** (to get information)
I got wind of his secret plans.

MULTIPLE CHOICE QUESTIONS

Directions (Qs. 1 to 50): *In the following questions choose the word which best expresses the meaning of the given word.*

1. INDICT
A. Condemn B. Reprimand
C. Accuse D. Allege

2. SCINTILLATING
A. Smouldering B. Gilittering
C. Touching D. Warming

3. REFECTORY
A. Restaurant B. Parlour
C. Living Room D. Dining Room

4. DISTINCTION
A. Diffusion B. Disagreement
C. Different D. Degree

5. IMPROVEMENT
A. Advancement B. Betterment
C. Promotion D. Preference

6. ADVERSITY
A. Failure B. Helplessness
C. Misfortune D. Crisis

7. TURN UP
A. Land up B. Show up
C. Crop up D. Come up

8. DEIFY
A. Flatter B. Challenge
C. Worship D. Face

9. ERROR
A. Misadventure B. Misgiving
C. Ambiguity D. Blunder

10. SHALLOW
A. Artificial B. Superficial
C. Foolish D. Worthless

11. MASSACRE
A. Murder B. Stab
C. Assissinate D. Slaughter

12. COMBAT
A. Conflict B. Quarrel
C. Feud D. Fight

13. VORACIOUS
A. Wild B. Hungry
C. Angry D. Quick

14. IMPROMPTU
A. Offhand B. Unimportant
C. Unreal D. Effective

15. RABBLE
A. Mob B. Noise
C. Roar D. Rubbish

16. TEPID
A. Hot B. Warm
C. Cold D. Boiling

17. MAYHEM
A. Jubilation B. Havoc
C. Excitement D. Defeat

18. TIMID
A. Fast B. Slow
C. Medium D. Shy

19. CANTANKEROUS
A. Quarrelsome B. Rash
C. Disrepectful D. Noisy

20. PRECARIOUS
A. Cautious B. Critical
C. Perilous D. Brittle

21. TACITURNITY
A. Dumbness B. Changeableness
C. Hesitation D. Reserve

22. INEBRIATE
A. Dreamy B. Stupefied
C. Unsteady D. Drunken

23. HARBINGER
A. Massenger B. Steward
C. Forerunner D. Pilot

24. INTIMIDATE
A. To hint B. Frighten
C. Bluff D. Harass

25. IRONIC
A. Inflexible
B. Bitter
C. Good-natured
D. Disguisedly sarcastic

26. STRINGENT
A. Tense B. Stringy
C. Strict D. Causing to shrink

27. ECSTATIC
A. Animated B. Bewildered
C. Enraptured D. Illful

28. COMMENSURATE
A. Measurable B. Proportionate
C. Beginning D. Appropriate

29. DESTITUTION
A. Humility B. Moderation
C. Poverty D. Beggary

30. ASCEND
A. Leap B. Grow
C. Deviate D. Mount

31. UNCOUTH
A. Ungraceful B. Rough
C. Slovenly D. Dirty

32. LYNCH
A. Hang B. Madden
C. Killed D. Shoot

33. LAUD
A. Lord B. Eulogy
C. Praise D. Extolled

34. CORRESPONDENCE
A. Agreements B. Contracts
C. Documents D. Letters

35. VENUE
A. Place B. Agenda
C. Time D. Duration

36. STERILE
A. Barren B. Arid
C. Childless D. Dry

37. SYNOPSIS
A. Index B. Mixture
C. Summary D. Puzzle

38. GERMANE
A. Responsible B. Logical
C. Possible D. Relevant

39. PONDER
A. Think B. Evaluate
C. Anticipate D. Increase

40. CANNY
A. Obstinate B. Handsome
C. Clever D. Stout

41. ABUNDANT
A. Ripe B. Cheap
C. Plenty D. Absent

42. CONSEQUENCES
A. Results B. Conclusions
C. Difficulties D. Applications

43. SHIVER
A. Shake B. Rock
C. Tremble D. Move

44. DILIGENT
A. Progressive B. Brilliant
C. Inventive D. Hard-working

45. DISTANT
A. Far B. Removed
C. Reserved D. Separate

46. FORAY
A. Excursion B. Contest
C. Ranger D. Intuition

47. FRUGALITY
A. Foolishness B. Extremity
C. Enthusiasm D. Economy

48. GARNISH
A. Paint B. Garner
C. Adorn D. Abuse

49. VIGOUR
A. Strength B. Boldness
C. Warmth D. Enthusiasm

50. CANDID
A. Apparent B. Explicit
C. Frank D. Bright

Directions (Qs. 51 to 100): *In the following questions choose the word which is the exact OPPOSITE of the given words.*

51. EPILOGUE
A. Dialogue B. Prelude
C. Post script D. Epigram

52. FRAUDULENT
A. Candid B. Direct
C. Forthright D. Genuine

53. LOQUCIOUS
A. Reticent B. Talkative
C. Garrulous D. Verbose

54. NIGGARDLY
A. Frugal B. Thrifty
C. Stingy D. Generous

55. PERTINENT
A. Irrational B. Irregular
C. Insistent D. Irrelevant

56. FAINT-HEARTED
A. Warm-hearted B. Full-blooded
C. Hot-blooded D. Stout-hearted

57. VIOLENT
A. Humble B. Harmless
C. Gentle D. Tame

58. STATIONARY
A. Active B. Mobile
C. Rapid D. Busy

59. HONORARY
A. Dishonourable B. Reputed
C. Paid D. Official

60. COMMON
A. Rare B. Small
C. Petty D. Poor

61. FRUGAL
A. Copious B. Extravagant
C. Generous D. Ostentatious

ENGLISH

62. MALICIOUS
A. Kind B. Boastful
C. Generous D. Indifferent

63. FAMILIAR
A. Unpleasant B. Dangerous
C. Friendly D. Strange

64. PRELIMINARY
A. Final B. First
C. Secondary D. Initial

65. DOUBTFUL
A. Famous B. Certain
C. Fixed D. Important

66. REMISS
A. Forgetful B. Watchful
C. Dutiful D. Harmful

67. INDISCREET
A. Reliable B. Honest
C. Prudent D. Stupid

68. FRESH
A. Faulty B. Sluggish
C. Disgraceful D. Stale

69. ANNOY
A. Praise B. Rejoice
C. Please D. Reward

70. TRANSPARENT
A. Semi-transparent B. Muddy
C. Opaque D. Dark

71. REVEALED
A. Denied B. Concealed
C. Ignored D. Overlooked

72. EXTRAVAGANCE
A. Luxury B. Poverty
C. Economy D. Cheapness

73. CROWDED
A. Busy B. Congested
C. Quiet D. Deserted

74. SHRINK
A. Contract B. Spoil
C. Expand D. Stretch

75. ENMITY
A. Important B. Unnecessary
C. Friendship D. Likeness

76. EXODUS
A. Influx B. Home-coming
C. Return D. Restoration

77. CULPABLE
A. Defendable B. Blameless
C. Careless D. Irresponsible

78. SUBSERVIENT
A. Aggressive B. Straightforward
C. Dignified D. Supercilious

79. AWARE
A. Uncertain B. Ignorant
C. Sure D. Doubtful

80. GRACEFUL
A. Rough B. Expert
C. Miserable D. Awkward

81. AUTONOMY
A. Slavery B. Subordination
C. Dependence D. Submissiveness

82. NADIR
A. Modernity B. Zenith
C. Liberty D. Progress

83. CONCEDE
A. Object B. Refuse
C. Grant D. Accede

84. SUPPRESS
A. Encourage B. Grow
C. Praise D. Permit

85. FAMOUS
A. Disgraced B. Notorious
C. Evil D. Popular

86. EXPAND
A. Contract B. Condense
C. Congest D. Conclude

87. ARROGANT
A. Polite B. Cowardly
C. Meek D. Gentlemanly

88. ENORMOUS
A. Soft B. Average
C. Tiny D. Weak

89. URBANE
A. Illiterate B. Backward
C. Discourteous D. Orthodox

90. HOSTILITY
A. Courtesy B. Hospitality
C. Relationship D. Friendliness

91. BELITTLE
A. Praise B. Flatter
C. Exaggerate D. Adore

92. HAPLESS
A. Cheerful B. Consistent
C. Fortunate D. Shapely

93. HAPHAZARD
A. Fortuitous B. Indifferent
C. Deliberate D. Accidental

94. GREGARIOUS
A. Antisocial B. Glorious
C. Horrendous D. Similar

95. VALUABLE
A. Invaluable B. Worthless
C. Inferior D. Lowly

96. ABSOLUTE
A. Deficient B. Faulty
C. Limited D. Scarce

97. CONFESS
A. Deny B. Refuse
C. Contest D. Contend

98. GULLIBLE
A. Incredulous B. Fickle
C. Easy D. Stylish

99. HIRSUTE
A. Scaly B. Bald
C. Erudite D. Quiet

100. HINDRANCE
A. Aid B. Persuasion
C. Cooperation D. Agreement

Directions (Qs. 101 to 150): *In questions given below out of the four alternatives choose the one which can be substituted for the given words/sentence.*

101. Something that relates to everyone in the world.
A. General B. Common
C. Usual D. Universal

102. An expression of mild disapproval.
A. Warning B. Denigration
C. Impertinence D. Reproof

103. One who is not easily pleased by anything.
A. Maiden B. Mediaeval
C. Precarious D. Fastidious

104. Murder of a king
A. Infanticide B. Matricide
C. Genocide D. Regicide

105. A remedy for all diseases.
A. Stoic B. Marvel
C. Panacea D. Recompense

106. A dramatic performance
A. Mask B. Mosque
C. Masque D. Mascot

107. Study of birds
A. Orology B. Optology
C. Ophthalmology D. Ornithology

108. Ready to believe
A. Credulous B. Credible
C. Creditable D. Incredible

109. Incapable of being seen through.
A. Ductile B. Opaque
C. Obsolete D. Potable

110. One who eats everything—
A. Omnivorous B. Omniscient
C. Irresistible D. Insolvent

111. A place where bees are kept is called
A. An apiary B. A mole
C. A hive D. A sanctuary

112. One who cannot be corrected.
A. Incurable B. Incorrigible
C. Hardened D. Invulnerable

113. One who is in charge of a museum.
A. Curator B. Supervisor
C. Caretaker D. Warden

114. Continuing fight between parties, families, clans, etc.
A. Enmity B. Feud
C. Quarrel D. Skirmish

115. A voice loud enough to be heard.
A. Audible B. Applaudable
C. Laudable D. Oral

116. A paper written by hand.
A. Handicraft B. Manuscript
C. Handiwork D. Thesis

117. Habitually silent or talking little.
A. Serville B. Unequivocal
C. Taciturn D. Synoptic

118. To slap with a flat object.
A. Chop B. Hew
C. Gnaw D. Swat

119. A person who speaks many languages.
A. Linguist B. Monolingual
C. Polyglot D. Bilingual

120. A light sailing-boat built specially for racing.
A. Canoe B. Yacht
C. Frigate D. Dinghy

121. A fixed orbit in space in relation to earth.
A. Geological B. Geo-synchronous
C. Geo-centric D. Geo-stationary

122. A style in which a writer makes a display of his knowledge.
A. Pedantic B. Verbose
C. Pompous D. Ornate

123. A religious discourse.
A. Preach B. Stanza
C. Sanctorum D. Sermon

124. A place that provides refuge.
A. Asylum B. Sanatorium
C. Shelter D. Orphanage

125. Detailed plan of a journey.
A. Travelogue B. Travelkit
C. Schedule D. Itinerary

126. A person who insists on something.
A. Disciplinarian B. Stickler
C. Instantaneous D. Boaster

127. A drawing on transparent paper
A. Red print B. Blue print
C. Negative D. Transparency

128. One who believes that all things and events in life are predetermined is a
A. Fatalist B. Puritan
C. Egoist D. Tyrant

129. A school boy who cuts classes frequently is a
A. Defeatist B. Sycophant
C. Truant D. Martinet

130. The act of violating the sanctity of the church is

ENGLISH

A. Blasphemy B. Heresy
C. Sacrilege D. Desecration

131. A place where monks live as a secluded community.
A. Cathedral B. Diocese
C. Convent D. Monastery

132. One who is fond of fighting
A. Bellicose B. Aggressive
C. Belligerent D. Militant

133. Tending to move away from the centre or axis.
A. Centrifugal B. Centripetal
C. Axiomatic D. Awry

134. Words inscribed on tomb.
A. Epitome B. Epistle
C. Epilogue D. Epitaph

135. Leave or remove from a place considered dangerous.
A. Evade B. Evacuate
C. Avoid D. Exterminate

136. Malafide case is one
A. which is undertaken in good faith
B. which is undertaken in bad faith
C. which is undertaken after a long delay
D. which is not undertaken at all

137. The *raison d'etre* of a controversy is
A. the enthusiasm with which it is kept alive
B. the finesse with which partici-pants handle it
C. the reason or justification of its existence
D. the unending hostility the parties concerned have towards each other

138. A prima facie case is such
A. as it seems at first sight
B. as it is made to seem at first sight
C. as it turns out to be at the end
D. as it seems to the court after a number of hearings

139. A person of good understanding, knowledge and reasoning power.
A. Expert B. Intellectual
C. Snob D. Literate

140. One absorbed in his own thoughts and feelings rather than in things outside.
A. Scholar B. Recluse
C. Introvert D. Intellectual

141. One who does not marry, especially as a religious obligation
A. Bachelor B. Celibate
C. Virgin D. Recluse

142. A person who tries to deceive people by claiming to be able to do wonderful things.
A. Trickster B. Impostor
C. Magician D. Mountebank

143. To take secretly in small quantities
A. Robbery B. Pilferage
C. Theft D. Defalcation

144. Policemen riding on motorcycles as guards to a VIP.
A. Outriders B. Servants
C. Commandos D. Attendants

145. The part of a government which is concerned with making of rules.
A. Court B. Tribunal
C. Bar D. Legislature

146. That which cannot be corrected-
A. Unintelligible B. Indelible
C. Illegible D. Incorrigible

147. A child born after the death of its fater-
A. Posthumous B. Orphan
C. Bastard D. Progenitor

148. Something that can be heard-
A. Auditory B. Audio-visual
C. Audible D. Audition

149. One who dabbles in fine arts for the love of it and not for monetary gains:
A. Connoisseur B. Amateur
C. Professional D. Dilettante

150. To accustom oneself to a foreign climate.
A. Adapt B. Adopt
C. Accustom D. Acclimatise

Directions (Qs. 151 to 170): *Some proverbs/idioms are given below together with their meanings. Choose the correct meaning of the proverb/idiom. If there is no correct meaning given, E i.e. 'None of these' will be the answer.*

151. To beg the question
A. To refer to
B. To take for granted
C. To raise objections
D. To be discussed
E. None of these

152. To drive home
A. To find one's roots
B. To return to place of rest
C. Back to original position
D. To emphasise
E. None of these

153. To hit the right nail on the head
A. To do the right thing
B. To destroy one's reputation
C. To announce one's fixed views
D. To teach someone a lesson
E. None of these

154. To pick holes
A. To find some reason to quarrel
B. To destory something

C. To criticise someone
D. To cut some part of an item
E. None of these

155. To smell a rat
A. To see signs of plague epidemic
B. To get bad smell of a dead rat
C. To suspect foul dealings
D. To be in a bad mood
E. None of these

156. A black sheep
A. An unlucky person
B. A negro
C. An ugly person
D. A partner who takes no share of the profits
E. None of these

157. To catch a tarter
A. To trap wanted criminal with great difficulty
B. To catch a dangerous person
C. To meet with disaster
D. To deal with a person who is more than one's watch
E. None of these

158. To be above board
A. To have a good height
B. To be honest in any business deal
C. To have no debts
D. To try to be beautiful
E. None of these

159. To keep one's temper
A. To become angry
B. To be in good mood
C. To preserve one's energy
D. To be aloof from
E. None of these

160. To have an axe to grind
A. A private end to serve
B. To fail to arouse interest
C. To have no result
D. To work for both sides
E. None of these

161. To cry wolf
A. to listen eagerly
B. to give false alarm
C. to turn pale
D. to keep off starvation
E. None of these

162. A man of straw
A. a man of no substance
B. a very active person
C. a worthy fellow
D. an unreasonable person
E. None of these

163. To make clean breast of
A. to gain prominence
B. to praise oneself
C. to confess without reserve
D. to destroy before it blooms
E. None of these

164. To end in smoke
A. to make completely understand
B. to ruin oneself
C. to excite great applause
D. to overcome someone
E. None of these

165. To leave someone in the lurch
A. to come to compromise with someone
B. constant source of annoyance to someone
C. to put someone at ease
D. to desert someone in his difficulties
E. None of these

166. To play second fiddle
A. To be happy, cheerful and healthy
B. To reduce importance of one's senior
C. To support the role and view of another person
D. To do back seat driving
E. None of these

167. To set one's face against
A. To oppose with determination
B. To judge by appearance
C. To get out of difficulty
D. To look at one steadily
E. None of these

168. To put one's hand to the plough
A. To take up agricultural farming
B. To take a difficult task
C. To get entangled into unnecessary things
D. Take interest in technical work
E. None of these

169. To join issue with
A. To cooperate with others for a cause
B. To join any voluntary organisation for good purpose
C. To resolve dispute and restore peace
D. To enter into argument over any issue
E. None of these

170. To do oneself justice
A. To dispense justice on our own
B. To treat others with due respect
C. To defend one's point of view
D. To follow the path of truth and justice
E. None of these

ANSWERS

1	2	3	4	5	6	7	8	9	10
C	B	D	C	B	C	B	C	D	B
11	12	13	14	15	16	17	18	19	20
D	D	B	A	A	B	B	D	A	B
21	22	23	24	25	26	27	28	29	30
D	D	C	B	D	C	C	B	C	D
31	32	33	34	35	36	37	38	39	40
A	C	C	D	A	A	C	D	A	C
41	42	43	44	45	46	47	48	49	50
C	A	C	D	A	A	D	C	A	C
51	52	53	54	55	56	57	58	59	60
B	D	B	D	D	D	C	B	C	A
61	62	63	64	65	66	67	68	69	70
B	C	D	A	B	C	C	D	C	C
71	72	73	74	75	76	77	78	79	80
B	C	D	D	C	A	A	C	B	A
81	82	83	84	85	86	87	88	89	90
C	B	B	B	B	B	A	C	C	D
91	92	93	94	95	96	97	98	99	100
C	C	C	A	B	C	A	A	B	A
101	102	103	104	105	106	107	108	109	110
D	D	D	D	C	C	D	A	B	A
111	112	113	114	115	116	117	118	119	120
A	B	A	B	A	B	C	D	A	B
121	122	123	124	125	126	127	128	129	130
D	A	D	A	D	B	D	A	C	C
131	132	133	134	135	136	137	138	139	140
D	A	A	D	B	B	C	A	B	C
141	142	143	144	145	146	147	148	149	150
B	A	B	A	D	D	A	C	B	D
151	152	153	154	155	156	157	158	159	160
B	D	A	C	C	E	B	B	B	A
161	162	163	164	165	166	167	168	169	170
B	A	C	E	D	C	A	B	B	E

❑❑❑

SECTION C FUNCTIONAL GRAMMAR

ARTICLES

Articles are a kind of demonstrative Adjectives. Also being determiners, they precede nouns.

Kinds of Articles

There are two kinds of articles.

(a) Indefinite Articles
(b) Definite Article

(a) Indefinite Articles (a, an)

'A' and 'an' are called indefinite articles because they point out inanimate or animate objects in general. They do not particularize objects.

(i) A cat mews. (ii) An owl hoots.

(b) Definite Article (the)

'The' is called definite article because it points out (a) particular object/objects.

(i) A cat mews. **The cat** is black in colour.
(ii) Dogs are barking. **The dogs** are running after a beggar.

A and An Distinguished

(a) 'A' is used before a noun or adjective etc. which begins with a consonant sound, *e.g.*, a lion, a book, a table, a black cat, a brown bag, a university, a year, etc.
(b) 'An' is used before a noun or adjective etc which begins with a vowel sound, *e.g.*, an honest boy, an hour, an umbrella, an egg, an elephant, an MA, an MBBS, an FDR, etc.

Uses of Indefinite and Definite Articles

Definite and Indefinite articles are used,

1. Before a countable noun: **A cow** is grazing in the field. **A rhinoceros** can run as fast as man.
2. To convey the numerical value 'one'
   (i) Once there was a lion.
   (ii) She bought an umbrella.
3. To denote a whole class
   (i) A crow caws. (Every crow caws.)
   (ii) The camel is a beast of burden. (Every camel is a beast of burden.)
4. (i) He is a boy. (general use of an article)
   (ii) He is **the boy** who met us in the circus. (A particular boy)
   (iii) **The boys** who met us at the Paul Cafe were my classmates. (Particular boys)
5. A Proper name does not take an article.
   (i) His name is Jack. (ii) I am Girish.

   But when a proper noun is used as a common noun, it takes an article.
   (i) We need **a Kapil Dev** to win the match. (a player who can play well as Kapil Dev did.)
   (ii) Sohan is **the Kalidas** of our school. (He writes the plays well as Kalidas did.)
6. An abstract noun does not take an article
   (i) Give me more oil.
   (ii) Give me a litre oil.
   (iii) Milk is essential for health.
   (iv) She drank a little water.

   But 'the' is sometimes used with abstract nouns to give a particular sense.
   (i) **The Milk** of this cow is sweet.
   (ii) **The Water** in this jug seems to be contaminated.
7. To lay emphasis
   (i) Ashoka, **the Great** was kind and wise.
   (ii) Gandhi **the** peace lover, was the foremost freedom fighter.
8. An article is not used before the name of a disease, sport, subject, etc.

ENGLISH

(i) Measles is not a fatal disease.
(ii) She died of cancer.
(iii) I like football. (sport)
(iv) He kicked the football. (an object to play)
(v) I have no taste for music/mathematics.

But sometimes an article is used before a disease to give a particular sense.

Corruption is **a** cancer in society

9. Definite Article is used before the superlatives:
   (i) He is **the** strongest boy in our class.
   (ii) Rohit is **the** tallest boy in our street.
10. The Germans usually speak in their mother tongue. (the people of Germany)
11. Sometimes an article is not used before a common noun when it is used in its widest sense.
    (i) Man is mortal.
    (ii) Woman is the creator of all mankind.

Definite Article is used in the followings manners:

1. Before the names of monuments
   (i) The Taj
   (ii) The Red Fort
2. Before the names of rivers, gulfs, mountain ranges, oceans, channels, etc.
   (i) The Himalayas (ii) The Alps
   (iii) The Ganga (iv) The Yamuna
   (v) The Bay of Bengal (vi) The Indian Ocean
   (vii) The Pacific Ocean
   (viii) The English Channel
3. Before the names of the newspapers, magazines & journals
   (i) The Hindu (ii) The Times of India
   (iii) The Sun (iv) The Sunday.
4. Before the names of the Holy Books
   (i) The Gita (ii) The Bible
   (iii) The Ramayana
5. Before the names of trains, ships, aeroplanes, missile etc.
   (i) The Rajdhani Express
   (ii) The Vikrant (iii) The MIG-22
   (iv) The Agni - II (v) The Prithvi
6. Before the names of musical instruments
   (i) The guitar (ii) The piano
   (iii) The violin (iv) The flute
7. Before the names of imaginary geographical lines and directions
   (i) The Longitude
   (ii) The Latitude
   (iii) The Tropic of Cancer
   (iv) The Tropic of Capricorn
   (v) The Equator
   (vi) The East
   (vii) The West
8. Before the names of races, political parties, movements, etc.
   (i) The Sikhs
   (ii) The Jews
   (iii) The BJP
   (iv) The Indian National Congress
   (v) The Quit India Movement
9. Before a comparative degree
   (i) The more you laugh, the more you look foolish.
   (ii) The more you work, the more you gain.

MODALS

A verb which is used to help the finite verb in a sentence is called an Auxiliary Verb.

You **should** help the poor.

In the aforesaid sentence 'help' is the finite verb whereas 'should' has been used as a helping verb so 'should' is an auxiliary.

The auxiliary verbs can be classified into two categories.

I Primary Auxiliaries

II Modal Auxiliaries

I. Primary Auxiliaries

The primary auxiliaries can be used either finite verbs or helping verbs. They are three in number.

Be = be, is, am, are, was, were, being, been

Do = do, does, did, done, doing

Have = have, has, had, having.

Be / Do / Have as helping verbs

(i) She is singing a song.
(ii) He does not know how to swim.
(iii) John has painted the pictures.

Be / Do / have as finite verbs

(i) She is an intelligent girl.
(ii) Anu will be doing her homework.
(iii) I have an exotic pen.

Modals Auxiliaries

The following are the commonly used modal auxiliaries:

Can, could, shall, should, will, would, may, might, must, mustn't, need, needn't, dare, daren't, ought to, used to, have to, had to.

Can

Can is used:

1. To express present ability
   (i) I can count upto 1000.
   (ii) I can speak French.
2. To make a request
   (i) Can I open the door?
   (ii) Can I switch on the light?
3. To give permission
   (i) You can go now.
   (ii) You can sit down now.
4. To express an impossibility
   (i) Who can defeat death?
   (ii) Who can reject God?

Could

Could is used:

1. As the past tense of 'can'.
   (i) She said that she could understand French.
   (ii) The boy said that he could solve all the sums.
2. To make polite requests
   (i) Could I use your bike?
   (ii) Could you help me?
3. To express past ability
   (i) Seema could work for ten hours a day at a stretch when she was young.
   (ii) He could read and write well when he was a student.

Shall

Shall is used:

1. To express a simple future tense with first person pronouns
   (i) I shall bring you something to eat.
   (ii) We shall buy a new house next year.
2. Used in questions indicating suggestions/offers
   (i) Shall I make you a cup of tea?
   (ii) Shall we play the piano in the evening?

Note: Shall is used with the second and third person as under:

(A) To express a strong assertion, determination, promise or intention
   (i) You shall have your will.
   (ii) He shall have his due.

(B) To express a threat
   (i) You shall be punished soon.
   (ii) He shall be taken to task by the officer.

(C) To express a legal obligation
   (i) All the candidates shall submit their resumes at time of interview.
   (ii) You shall return all your loans by the end of this year.

(D) To express a prohibition
   (i) You shall not stick bills on this wall.
   (ii) You shall not litter the room with the pieces of paper.

Should

Should is used:

1. As Past Tense of 'Shall'
   (i) She said she should not invest in that project.
   (ii) The old man said that he should try to bring round his son to his idea.
2. To express moral duty/obligation
   (i) We should love our countrymen.
   (ii) We should look after our elders.
3. To give a piece of advice or suggestion
   (i) Should you find something suspicious, phone me at once.
   (ii) Should you need something, call me without hesitation.
4. To express purpose with 'lest'
   (i) Walk fast lest you should miss the train.
   (ii) Work hard lest you should get poor marks.
5. To express assumption
   (i) It should be about I am.
   (ii) This book should be somewhere between a hundred and hundred fifty.

Will

Will is used:

1. To express plans for the future, when used with second and third persons
   (i) You will go to the station to receive the guests.
   (ii) They will join the army.
2. To express a request
   (i) Will you allow me to use your phone?
   (ii) Will you lend me some money?
3. To express determination
   (i) He will not open his mouth against you.
   (ii) She will do or die.
4. To express an invitation
   (i) Will you have some snacks?
   (ii) Will you dine at ours tonight?
5. To express a universal or habitual truth
   (i) The sun will set in the west.
   (ii) My brother will take a cup of tea after dinner.

Note: 'Will' is used with the First Person to express:

(A) A Promise

(i) I will suggest your name at today's meeting.

(ii) I will recommend your name to the manager.

(B) A threat

(i) I won't allow you to cross this road again.

(ii) I will pay you back in your own coin.

(C) A refusal

(i) I won't support you.

(ii) I won't lend you any money.

Would

Would is used:

1. as a Past Tense of 'will'
   (i) She said that she would complete her post graduation.
   (ii) He said that his uncle would start the sale and purchase of computers in America.
2. To express a wish
   (i) Would that I were rich!
   (ii) Would that I were the PM!
3. To make a polite offer
   (i) Would you take a cup of tea?
   (ii) Would you like to eat apples or oranges?
4. To express unreal condition in the past
   (i) Had you run fast you would have won the match ?
   (ii) Had she told us before, it would not have happened ?
5. To give advice
   (i) I wouldn't bicker with you if I were you.
   (ii) I wouldn't let him go if I were you.
6. To express consequence
   (i) He would be dismissed if he was caught red handed.
   (ii) He would be punished if the teacher saw him laugh.
7. To express willingness
   (i) I would leave these premises if you wish so.
   (ii) I would not come here again if you say so.

May

May is used:

1. To express wish/prayer
   (i) May you live long!
   (ii) May God help you!
2. To express possibility
   (i) It may snow today.
   (ii) It may rain today.
3. To seek permission
   (i) May I come in, sir?
   (ii) May I go now?
4. To give permission
   (i) You may go in (come in).
   (ii) You may go now.

Might

Might is used:

1. To express the past tense of 'may'
   (i) He asked me if I might help him.
   (ii) She asked him if she might lead him to the railway station.
2. To express remote possibility
   (i) It might rain today.
   (ii) It might snow tonight.

   Note: Might expresses less possibility than 'may'.
3. To seek permission
   (i) Might I come in, sir?
   (ii) Might I go now?
4. To give permission
   (i) You might come in.
   (ii) You might go now.

Note: 'Might' is a softer word than 'may' but it is less frequently used than 'may'.

Must

Must is used:

1. To express compulsion
   (i) You must learn this lesson.
   (ii) You must work hard.
2. To express obligation
   (i) You must speak the truth.
   (ii) You must obey your teachers.
3. To express strong possibility
   (i) It must rain today.
   (ii) It must snow tonight.
4. To express determination
   (i) I must win the match.
   (ii) I must stand first in the class.
5. To give advice
   (i) You must go to office in car.
   (ii) You must take a bath daily.

Ought to

'Ought to' is used:

1. To express advice
   (i) You ought to see a doctor.
   (ii) You ought to reach the station in time.
2. To express moral obligation
   (i) You ought to obey your teachers.
   (ii) You ought to pay your taxes.
3. To express guess
   (i) This food ought to be enough for three persons.

(ii) Four lakh ought to be money enough for buying a car.

Used to

'Used to' is used:

1. To depict existence of something in the past
   (i) There used to be a palace in this city.
   (ii) There used to be a zoo at that place.
2. To express some habit in the past
   (i) She used to eat some sugar after lunch.
   (ii) He used to smoke whenever he felt tense.

Note: 'used to' is always used in past tense. It does not have a present form.

Have to and Had to

'Have to' is used to express a compulsion in present time whereas 'had to' is used to express a compulsion in past time.

(i) She has to prepare a speech for the chair person.
(ii) You had to go to Shimla to meet the manager.
(iii) They have to sign the documents.
(iv) Deepak had to resign his job.

Note: A few modal auxiliaries like used to, had to, etc are always used in past tense but others may be used in present or past tense, *e.g.,*

(i) He can solve all the sums. (Present Tense)
He could solve all the sums. (Past tense)
(ii) She will sing a song. (Present Tense)
She would sing a song. (Past Tense).
(iii) I shall talk to you later on. (Future Tense)
I should talk to you later on. (Present or Past Tense).
(iv) You may go there. (Present tense)
(v) You might go there. (Present or past tense).

NOUN

A noun is the name of a person place or thing, *e.g.,*

(a) He is a boy. (Person)
(b) Let us go to the library. (Place)
(c) Where is my bag? (Thing)

All animals, insects and birds are also nouns.

Kinds of Noun

There are the following kinds of Noun:

1. Common Noun
2. Proper Noun
3. Collective Noun
4. Material Noun
5. Abstract Noun

1. Common Noun

A common noun begins with a small letter but if it is the sentence starting word then its first letter should be written capital. A common noun is the name of a person, place or thing, *e.g.,*

(i) A **crow** is black.
(ii) This **table** is expensive.

Some other common nouns:

(a) Persons: Man, woman, father, mother, cousin, postman, doctor, teacher, policeman
(b) Animals: Cow, sheep, elephant, tiger, lion, rabbit, etc.
(c) Birds: Peacock, sparrow, dove, pigeon, parrot, etc.
(d) Insects: Ant, mosquito, cockroach, wasp, etc.
(e) Sea Creatures: Dolphin, shark, starfish, octopus, snail, cod, etc.
(f) Places: School, hospital, office, bus stop, railway station, etc.

2. Proper Noun

A proper noun is the name of a particular person, place or thing. It always starts with a capital letters.

(a) **Mohit** is my classmate. (Person)
(b) **Delhi** is the capital of **India**. (Places)
(c) **Jacky**, my pet, seldom barks. (Animal)

When an article is used before a proper noun, it changes into a common noun, *e.g.*

(a) Rohit is **the Kalidas** of our class. (He writes plays as nicely as Kalidas wrote).
(b) We need a Gandhi to establish peace in the world. (A person who is as impressive as Gandhi was.)

3. A Collective Noun

A collective noun is the name of a group of persons, animals, birds, places or things taken together and regarded as one entity, *e.g.,*

(a) a bunch of grapes/keys
(b) a bouquet of flowers
(c) a fleet of ships/cars
(d) a galaxy of stars
(e) a class of students
(f) a block of birds/sheep
(g) a herd of cattle
(h) a swarm of bees/mosquitoes/flies
(i) an army of ants
(j) a band of musicians
(k) a gang of robbers
(l) a clutch of eggs
(m) a gaggle of geese
(n) an army of ants
(o) a troupe of dancers/actors/singers

4. Material Noun

The raw materials which are obtained from nature and the other things are made from them are known as material nouns, *e.g.,*

(a) **Cotton** is used to make cloth.
(b) **Honey** contains sugar and minerals.
(c) **Milk** is good for health.
(d) Woollen clothes are made of **wool**.
(e) **Wheat** is the staple food of the Punjabis.

We usually do not use an article with a material noun but when a material noun is used in a particular sense, the article 'the' is used e.g.,

(a) **Water** is essential for life.
The **water** of this well is sweet.
(b) **Milk** is a complete food.
The **milk** of this cow is full of fats.

5. An Abstract Noun

An abstract noun introduces us to some abstract idea, subject, action, state of being, etc. An abstract noun does not have a concrete shape.

(a) State of being: death, sleep, soundness, sickness, sadness, wilderness, calmness childhood, boyhood, etc.
(b) Quality: A person may either possess a good quality or, a bad one.
(i) Good qualities: bravery, gentleness, kindness, sincerity, faithfulness, etc.
(ii) Bad Qualities: laziness, cunningness, meanness,
(iii) Action: completion, objection, theft, recreation, meditation, etc.
(iv) Result of an action : excitement, punishment, etc.
(v) Ability: encourage, wisdom, intelligents, etc.
(vi) Names of various branches of science, arts, professions, etc: Physics, chemistry, zoology, botany, music, pharmacy, engineering, cooking, singing, dancing, yachting, etc

An abstract noun usually does not take an article, except sometimes when it is used before it to give a particular sense e.g.,

(a) **Love** begets love.
He is **the love** of her dreams. (A person whom she loves in the dreams.)
(b) **The love** of Laila for Majnu was immortal.
(c) She has a lack of **sensitivity**.
He has a **sensitivity** to citrus fruits.

Noun as a Subject

A noun can be used as a subject. A subject has a quality. It may be in a state of being; it may do some action or it may sometimes show an action taking place on it when the passive verb is used.

(i) Sumit plays the flute well. (Subject with an active verb.)
(ii) The boy was ill. (Subject in a state of being.)
(iii) The culprit was brought to book (Action taking place on the Subject.)

Noun as an Object of a Verb

A noun can be used as an object when the action of the subject passes over to it.

(i) He plucked flowers.
(ii) She sings a song.

Noun as an Indirect Subject (Dative Case)

Sometimes a noun is used as an Indirect Subject. Then it is said to be in the Dative Case.

(i) She gave John a purse.
(ii) She made Jack a cup of tea.
(iii) Mohit bought Ravi a bicycle.

Nouns in Apposition

When in order to explain a noun, another noun is used, the latter is said to be in apposition to the former:

(i) Mr Joshi, our neighbour, suffered a heart attack.
(ii) Sheila, my darling aunt, made me an Italian dish.

PRONOUN

The word which is used in place of a noun is known as a pronoun, *e.g.,*

(i) Rohit is my classmate. **He** is an intelligent boy.
(ii) Raveena is my neighbour. **She** sings well.

In sentence no. (i) 'He' is a pronoun because it stands for **Rohit** (a masculine noun).

In sentence no (ii) 'She' is a pronoun because it stands for **Raveena** (a feminine noun).

Kinds of Pronoun

There are following kinds of Pronoun :

I. Personal Pronouns
II. Reflexive Pronouns
III. Emphatic Pronouns
IV. Indefinite Pronouns
V. Demonstrative Pronouns
VI. Distributive Pronouns
VII. Reciprocal Pronouns
VIII. Interrogative Pronouns
IX. Relative Pronouns

I. Personal Pronouns

The personal pronouns stand for persons. Like nouns these pronouns also have their singular and plural forms and also have genders like nouns.

They can be read in the following ways:

Personal Pronoun: Subject of Sentences

The following pronouns can be used as subjects in sentences:

I, We, You, He, She, They.

Singular	Plural
(i) **I** am going to school.	(i) **We** are going to the market.
(ii) **He** is my best friend.	(ii) **You** are my best friend/friends.
(iii) (a) **He** knows how to swim.	(iii) (a) **They** know how to fly kites.
(b) **She** writes a letter.	(b) **They** sing songs.

Note: 'You' always takes a plural verb. It may stand for one person or more than one person.

I and we are known as the first person pronouns.

'I' is used by the speaker to describe himself.

'We' is used by more than one speaker to describe themselves.

'You' stands for one or more than one person close to the speaker.

'He' stands for a male singular noun usually not present at the place of speaking or who may be at a distance.

Note: 'You' is also used as object for one or more than one person close to the speaker.

Objective Case

Masculine	Feminine	Masculine	Feminine
me	me	us	us
you	you	him	her
them	them		

Personal Pronouns - Possessive Case

The following pronouns are used as possessive pronouns:

mine, ours, yours, his, hers, theirs

Singular	Plural
(i) This book is **mine**.	(i) Those shirts are **ours**.
(ii) It is **your** pen.	(ii) These pens are **yours.**
(iii) (a) The friend of **his** does not look active.	(iii) (a) Those pencils are **theirs**.
(b) This cat is **hers**.	(b) These dogs are **theirs**.

Note: 'Yours' is used to show the possession of one or more than one person.

'She' stands for a female singular noun usually not present at the place of speaking or who may be a distance.

Plural of 'He' and 'She' is 'They'.

For a small bird or animal 'It' word is used and the plural form of 'It' is 'They'.

Nominative Case

Masculine	Feminine	Masculine	Feminine
I	I	We	We
You	You	He	She
They	They		

Personal Pronouns:- Objects of Sentences

The following pronouns can be used as objects in sentences: **me, us, you, him, her, them**

Singular	Plural
(i) She is known to **me**.	(i) Don't try to cheat **us**.
(ii) I know **you**.	(ii) I know **your** parents.
(iii) (a) Somebody threw a stone at **him**.	(iii) (a) Nobody likes **them**.
(b) He promised **her** a grand birthday gift.	(b) Everybody loves **them**.

Possessive Case

Masculine	Feminine	Masculine	Feminine
mine	mine	ours	ours
yours	yours	his	hers
theirs	theirs		

II. Reflexive Pronouns

When the action of the subject reflects upon itself we have to use a reflexive pronoun, *e.g.*,

(i) I hurt myself.
(ii) She is sewing a dress for herself.
(iii) He baked a cake for himself.
(iv) They put by some money for themselves.
(v) We got a house built for ourselves.

Formation of Reflexive Pronouns

The suffix 'self' is added to some simple pronouns to make singular reflexive pronouns whereas the addition of 'selves' to some pronouns makes plural reflexive pronouns.

Reflexive Pronouns

Singular	Plural
my + self = myself	our + selves = ourselves
your + self = yourself	your + selves = yourselves
him + self = himself	them + selves = themselves
her + self = herself	them + selves = themselves

III. Emphatic Pronouns

When a reflexive pronoun is used to lay emphasis, it is known as an Emphatic Pronoun.

(i) I **myself** white washed the fence.
(ii) We **ourselves** repaired the bike.
(iii) You **yourself** wrote the poem. (one person)
(iv) You **yourselves** painted the doors of your house. (more than one person)
(v) She **herself** told the matter to her father.

Note: An Emphatic Pronoun cannot be used as the subject of a sentence.

(i) Myself oiled the old locks. (incorrect)
I myself oiled the old locks. (correct)

(ii) Himself prepared lunch. (incorrect)
He himself prepared lunch. (correct)

IV. Indefinite Pronouns

A pronoun which is not used for a particular person or thing but is instead used for a person or thing in a general way, it is called an Indefinite Pronoun, *e.g.*,

(i) **One** must obey one's parents.
(ii) **Nobody** is going to Switzerland this summer vacation.
(iii) **Somebody** told me about his bad health.
(iv) **All** are not kind to animals.
(v) **Few** know His way of working.
(vi) **Anyone** can solve this sum. It's so simple.
(vii) Look around for **anybody** who may help us.
(viii) **No one** has the right to stop him from going abroad.
(ix) **Something** is better than nothing.
(x) What do you want to eat? **Anything** will do.
(xi) **Some** have wisdom to live a good life.
(xii) **Everybody** advises him efforts.

Note: There are some indefinite pronouns which can be used as determiners when they are followed by nouns, *e.g.*,

(i) Some boys do not understand their teachers.
(ii) All people should work for mankind.

Most of the Indefinite Pronouns stand for persons. Only a few stand for things.

V. Demonstrative Pronouns

The pronouns which point out the objects are known as Demonstrative Pronouns:

This, That, These, Those.

(i) **This** is my purse.
(ii) **That** is your gun.
(iii) **These** are her shoes.
(iv) **Those** are his books.

The pronoun 'this' is used when an object close at hand is referred 'to' but for more than one object close at hand we should use 'these'.

The pronoun 'that' is used when an object at a distance is referred 'to' but for more than one object at a distance we should use 'those'.

VI. Distributive Pronouns

The following pronouns which are used to refer to persons or things are known as Distributive Pronouns:

either, neither, each, both, none, any

(i) **Either** of you can tell us a story.
(ii) **Neither** of you can be allowed to ramble over the fields.
(iii) **Each** of the girls was given a prize.
(iv) **Both** of you can come in.
(v) **None** of your schemes worked.
(vi) **Any** of you can recite this lesson.

Either and neither are used only when two persons have to be referred to. Neither is the opposite of either and is used to make a negative statement. To refer more than two persons none, or 'any' should be brought into use.

VII. Reciprocal Pronouns

These are :

each other, one another

'Each other' is used to refer to two persons/things.

'One another' is used to refer to more than two persons/things.

(i) Two boys are quarrelling with **each other**.
(ii) All the candidates began to fight with **one another**.

VIII. Interrogative Pronouns

The pronouns which are used to ask questions, are known as Interrogative Pronoun, *e.g.*, **who, whose, whom, which, what**.

Such pronouns are used to ask direct as well as indirect questions.

(i) **Who** broke the windowpane?
(ii) **Whose** is this watch?
(iii) **Whom** do you want to see?
(iv) **Which** is your dog?
(v) **What** are you looking for?

The Interrogative Pronouns can denote persons, birds, animals, and things.

Who, **whose**, and **whom** are most often used for persons.

(i) **Who** is there on the roof?
(ii) **Whose** is this bike?
(iii) **Whom** did you see walking across the road?

'**What**' is used for things.

(iv) **What** is behind the curtain?
(v) **What** is there over the fields?

'**What**' sometimes is used for birds, animals and for persons' prefession.

(i) **What** is your brother? 'He is a teacher.'
(ii) **What** is bigger than a sparrow?
(iii) **What** is stronger than an elephant?

'**Which**' is used for both persons and things.

(i) **Which** is your book?
(ii) **Which** of the boys broke the chair?
(iii) **Which** of the girls is going to join the club?

IX. Relative Pronouns

A pronoun which refers to a preceding noun is called a Relative Pronoun. It acts as both a pronoun and a conjunction which joins the two clauses.

Relative Pronoun introduces us with Relative Clauses. Important Relative Pronouns are:

Who, Whose, Whom, Which, That, What (such) as, (same) as

Relative Pronoun 'who' has three forms

Nominative case : Who

Genitive case : Whose

Accusative case : Whom

ADJECTIVES

An Adjective is a word which qualifies a noun or pronoun. It adds something to its meaning, *e.g.*,

(i) Jyoti is an **intelligent** girl.

(ii) Somesh has a **black** dog.

In sentence no. (i) the word 'intelligent' shows the quality of the girl. So, it is an adjective.

In sentence no (ii) 'black' is the quality of the dog (which is a noun). So, 'black' is an adjective.

Kinds of Adjectives

I Adjectives of Quality

II Adjectives of Quantity

III Adjectives of Number

IV Demonstrative Adjectives

V Distributive Adjectives

VI Possessive Adjectives

VII Interrogative Adjectives

VIII Exclamatory Adjectives

IX Emphatic Adjectives

I. Adjectives of Quality

The adjectives which add some qualities to nouns and pronouns are known as Adjectives of Quality. Such adjectives supply the answer to the question: of what kind?

Examples

(i) This box is **big**.

(ii) That basket is **small**.

(iii) Rakesh is a **clever** boy.

(iv) John is **tall**.

(v) Riya is **fat**.

(vi) Mohit is a **brilliant** boy.

Note: When a noun or pronoun has more than one quality of the same kind, usually the conjunction 'and' is used to join them. If these qualities are contrasting, then the conjunction 'but' is used.

(i) Rajesh is **tall** and **handsome**.

(ii) Aman is **fat** but **active**.

(iii) Renu is **rich** and **kind**.

(iv) Sohan is **intelligent** but **rude**.

II. Adjectives of Quantity

The adjectives which show the quantity of a noun are known as Adjectives of Quantity. Such adjectives answer the question: How much?

(i) There is **a little** water in the pot.

(ii) There is **much** sugar in the box.

(iii) We do not have **enough** money to buy a car.

(iv) The child drank **some** milk and walked out of the house to play.

(v) Is there **any** ink in the pot?

(vi) There isn't **any** water in the jug.

(vii) There is **little** juice in the jug.

(viii) **The little** coffee in the cup has been drunk by Seema.

(ix) **All** the boys were singing a song.

Note:

(a) 'Any' is used in interrogative sentences or negative sentences.

(b) 'Some' is used to express a positive sense.

(c) 'Little' means near about nil.

(d) 'A little' means small in quantity.

(e) 'The little' means the consumption of the whole quantity of some thing which was not much.

(f) 'Enough' refers to something in a quantity which meets the demand.

(g) 'Much' refers to something abundant or in good quantity which may be more than necessary to meet the immediate demand.

Note: Most of the Adjectives of Quantity are used as adverbs and pronouns. It is important for a student to know their uses as different parts of speech.

III. Adjectives of Number

The adjectives which show the number of persons, things etc, are known as Adjectives of number. They answer the question: How many?

(i) There are **many** cows in the field.

(ii) There were only **a few** students in the class.

(iii) **Few** persons work honestly.

(iv) **The few** eggs on the shelf have been eaten by Rohit.

(v) **Some** oranges were sour.

(vi) Are there **any** mangoes in the basket?

(vii) There are **no** birds in the nest.

Note: The adjectives which refer to the exact numbers are known as Cardinals, *e.g.*, one, two, three........

But: First, second, third ...... are known as Ordinals.

IV. Demonstrative Adjectives

The Adjectives which straight away point out the things are known as Demonstrative Adjectives, *e.g.*,

(i) **This** pen is yours.

(ii) **That** book is hers.

(iii) **These** shirts are mine.

(iv) **Those** shoes are his.

The Demonstrative Adjectives can also be used as Demonstrative Pronouns.

Demonstrative Adjectives	**Demonstrative Pronouns**
1. This pen is hers.	1. This is her pen.
2. That bike is mine.	2. That is my bike.
3. These socks are his.	3. These are his socks.
4. Those shoes are yours.	4. Those are your shoes.

Note: 1. 'This' is used to refer to one object close to the speaker and 'these' is the plural form of 'this'.

2. 'That' is used to refer to one object at a distance from the speaker and 'those' is the plural form of 'that'.

V. Distributive Adjectives

These adjectives refer to each one of a number.

(i) **Neither** boy is intelligent.

(ii) On **either** side of the road there is a bed of flowers.

(iii) **Each** boy will be given a prize.

(iv) **Every** line he quoted was incorrect.

VI. Possessive Adjectives

The Adjectives which are used to show possession are known as Possessive Adjectives.

(i) This is **my** jacket.

(ii) That is **our** house.

(iii) These are **your** shoes.

(iv) This is **her** purse.

(v) That is **his** watch.

(vi) These are **their** pants.

Note: Mine, ours, yours, his, hers, theirs are possessive pronouns. But 'his' can be used both as a Possessive Adjective and a Possessive Pronoun.

(i) This is **his** book. (Possessive Adjective).

(ii) This book is **his.** (Possessive Pronoun).

VII. Interrogative Adjectives

The Adjectives which are used to ask questions are known as Interrogative Adjectives.

(i) Which bike is yours?

(ii) What kind of machine is this ?

(iii) Whose name is Tony?

VIII. Exclamatory Adjectives

In the following sentences 'what' has been used as an exclamatory adjective.

(i) What a bird! (ii) What luck!

(iii) What folly!

IX. Emphatic Adjectives

The Adjectives which are used to lay emphasis are known as Emphatic Adjectives.

(i) This is the **very** watch. I was looking for.

(ii) I saw him with my **own** eyes.

(iii) You have **every** reason to dismiss him.

ADVERBS

An Adverb modifies the meaning of an Adjective, a Verb or some other Adverbs. e.g.

(i) She sang **sweetly**.

(ii) The horse ran **fast**.

(iii) It was **extremely** cold outside.

(iv) She lived in a **very** big house.

Kinds of Adverbs

The following are Adverbs:

I Adverbs of Time

II Adverbs of Manner

III Adverbs of Place

IV Adverbs of Frequency

V Adverbs of Degree, Extent or Quantity

VI Adverbs of Reason

VII Adverbs of Assertion

VIII Interrogative Adverbs

IX Relative Adverbs

I. Adverbs of Time

The Adverbs which answer the question 'when'

(i) She gets up **early** in the morning.

(ii) You always come to school **late**.

(iii) I have **already** read this book.

(iv) Have you met him **before**?

(v) She was ten years old **then**.

II. Adverbs of Manner

The Adverbs which answer the question 'How?' are known as Adverbs of Manner.

(i) She speaks Hindi **fluently**.
(ii) The fire spread around **rapidly**.
(iii) He hit the child **violently**.
(iv) He works **diligently**.
(v) She knocked at/on the door **gently**.

III. Adverbs of Place

The Adverbs which answer the question 'where?' are known as Adverbs of Place.

(i) Come **here**, please.
(ii) Sit **there**.
(iii) **Everywhere** you will find these birds.
(iv) A violent mind never gets peace **anywhere**.
(v) He walked **forward**.

IV. Adverbs of Frequency

The Adverbs which answer the question 'How often?' are known as Adverbs of Manner.

(i) She **never** tells lies.
(ii) He **always** speaks the truth.
(iii) Jack **often** comes here to see his brother.
(iv) They **frequently** visit the Taj.
(v) I saw him **once**.

V. Adverbs of Degree, Extent or Quantity

The Adverbs which answer the questi·· 'What degree?' are known as the Adverbs of Degree, Extent or Quantity.

(i) He was **completely** convinced.
(ii) She is rich **enough** to buy a car.
(iii) The box was **too** heavy to carry.
(iv) It was **extremely** hot outside.
(v) Gama was a **very** strong wrestler.

VI. Adverbs of Reason

The Adverbs which show the reason are known as Adverbs of Reason.

(i) He fell down **therefore** unable to win the race.
(ii) She was hence not allowed to enter the hall.

VII. Adverbs of Assertion

(i) He was **certainly** not involved in the conspiracy.
(ii) John is **actually** looking for a big deal.
(iii) I do **not** have any idea of his wherabouts.

VIII. Interrogative Adverbs

The Adverbs which are used to ask questions are known as Interrogative Adverbs.

(i) **How** many students are there in your class? (Number)
(ii) **How** long was the snake? (Degree)
(iii) **How** did you manage to escape from that house?
(iv) **Why** are you late? (Time)
(v) **When** will you visit England? (Time)
(vi) **Where** did you find a 'cow'? (Place)

IX. Relative Adverbs

The Adverbs which modify some words and also refer back to the Antecedent are known as Relative Adverbs. The Relative Adverbs may refer to the place, time and cause.

Relative Adverbs referring to Place.

(i) I do not remember the place **where** we met last year.
(ii) You may go to the place **wherever** you like.

Relative Adverbs referring to Time.

I dont know the time when the earthquake struck the place.

Relative Adverb referring the Cause.

I do not know the reason **why** he hates you.

Placement of Adverbs

The placement of the Adverbs takes place as follows:

I. Adverbs of Manner

These Adverbs more often are preceded by verbs.

(i) She knocked on/at the door **softly**.
(ii) Hema laughed **heartily**.
(iii) John looked at her **contemptuously**.
(iv) She smiled **sweetly**.

Note 1: But most often they are followed by past participles.

(i) The doctor gave the patient a **sweetly** scented syrup.
(ii) I got a **badly** written letter.
(iii) The laboratory of our school is **fully** equipped.

Note 2: Sometimes Adverbs of Manner in phrases are put at the start of the sentences as to lay emphasis.

(i) **A sweetly** scented syrup is liked by the children.
(ii) **A badly** written letter, sometimes fails to convey the real message.
(iii) **A fully** equipped laboratory is the backbone of a school.

Note 3: Sometimes they are sandwiched between the helping verb and the finite verb.

(i) I shall **happily** carry this message. (It means: willingly)
(ii) We shall **merrily** play the pianos.

Note 4: Sometimes they are used before the finite verb.

(i) He **ceremoniously** folded his hands and greeted the guests.
(ii) The car **abruptly** turned away.

II. Adverbs of Time

Most of these adverbs follow the verbs.

(i) What do you say **now**?
(ii) Who opened the door **now**?

ENGLISH

(iii) I'll inform you **then**.
(iv) He was strong **then**.

Note 1: Phrases containing adverbs of time sometimes are used to start sentences.

(i) **From now on** you won't sit in his company.
(ii) **Now then**, who wants to sit indoors?
(iii) **Just then**, a snake shot its head.

Note 2: Adverbs of time are sometimes used to start the sentence.

(i) **Now**, you should take some rest.
(ii) **Presently**, there was a knock on the door and he stood to open it. (**Presently** here shows that something happened after a short time.)

Note 3: Some phrases containing adverbs of time or those behaving as an adverb phrases follow the verbs.

(i) The firemen reached **late**. Everything was changed into ashes **by then**.
(ii) You want to see Mr Jack. He is in his dressing room. You may please stay in my room until then.
(iii) That's all **for now**.
(iv) She'll be in America **by now**.
(v) **At present** we should not tell the secret to anybody.

III. Adverbs of Place

Most often these adverbs follow the verbs.

(i) Please come **here**.
(ii) Don't go **there**.
(iii) Put this bag **here**.

Note 1: Sometimes these adverbs are used to start sentences:

(i) **Here** is the book you were looking for.
(ii) **There** lies the bag.

IV. Adverbs of Frequency

Most often these adverbs are used just after the subject when the sentence does not have any helping verb.

(i) He **always** speaks the truth.
(ii) She **sometimes** comes to see her ailing brother.
(iii) We **often** go to the municipal park in the evening.

Note 1: These adverbs are usually sandwiched between a helping verb and a finite verb.

(i) I've **always** wished you good luck.
(ii) We've **often** tried to bring him round to this view but in vain.

Note 2: End Position

(i) Try to solve puzzles more **often**.
(ii) She commits errors **sometimes**.

Note 3: Starting Position

(i) **Sometimes**, hunter misses his target.
(ii) **Rarely**, have you seen such a charming sight.

V. Adverbs of Degree or Extent

These adverbs are in fact used to lay emphasis..

Most of the adverbs of degree or extent precede an adjective.

(i) There was a **very** beautiful dress in the wardrobe.
(ii) The sum was **extremely** tough.
(iii) Their efforts are **highly** appreciable.

Note 1: Sometimes these adverbs take the end position.

The fire destroyed the crops **extensively**.

NARRATION

(Direct Speech and Indirect Speech)

The words spoken by the speaker are in Direct Speech.

The words spoken by somebody expressed by someone else with some modification are known as Indirect Speech.

(a) Rohit says to me, "You do not understand me."
(b) Rohit tells me that I do not understand him.

The sentence no. (a) shows the words spoken by Rohit. So, it is a sentence of direct speech.

The sentence no. (b) shows the words spoken by Rohit and they have been reported with certain modification. So, it is a sentence of Indirect Speech.

Important Rules Regarding the change of Direct Speech into Indirect Speech

(A) In the sentence of direct speech the verb outside the inverted commas is known as the Reporting Verb.
(B) The words inside the inverted commas are known as direct speech.
(C) When the sentence is indirect speech, it won't take a sign of exclamation or a sign of interrogation.
(D) The Reporting Verb can be given in Present, Past or Future Tense.
(E) When the Reporting Verb is in Present or Future Tense, there will be no change in the tense of direct speech while converting it into indirect speech.

(F) When the Reporting Verb is in Past Tense the tense of direct speech will be changed while converting it into Indirect Speech.

(G) The following adverbs and possessives should be changed as given:

(a) This into that

(b) These into those

(c) Here into there

(d) Now into then

(e) Today into that day

(f) Last night into the previous night

(g) Tomorrow into the next day

(h) The next day/week into the following day/week

(i) Hence into thence.

I. When the Reporting Verb is in Present or Future Tense

II. When the Reporting Verb is in Past Tense

I. When the Reporting Verb is in Present or Future Tense:

1. (a) Ajay says, "My brother lives in Australia."

(b) Ajay says that his brother lives in Australia.

2. (a) Vikas says to Amit, "We shall see a movie today."

(b) Vikas tells Amit that they shall see a movie today.

3. (a) Mohit will say, "My aunt died last night."

(b) Mohit will say that his aunt died last night.

4. (a) Sonu will say to Anu, "We have completed the first phase of the project."

(b) Sonu will tell Anu that they have completed the first phase of the project.

II. When the Reporting Verb is in Past Tense

Tensewise change. (Affirmative and Negative Sentences)

(A) When the Direct Speech is in Present Indefinite Tense it will change into Past Indefinite Tense.

1. (a) Rakesh said, "I write a letter to my friend."

(b) Rakesh said that he wrote a letter to his friend.

2. (a) Harish said to Mohan, "My brother does not take interest in studies."

(b) Harish told Mohan that his brother did not take interest in studies.

(B) When the Direct Speech is in Present Continuous Tense, it will change into Past Continuous Tense.

1. (a) Amar said to Sohan, "The dogs are barking at the stranger."

(b) Amar told Sohan that the dogs were barking at the stranger.

2. (a) Nina said to Pinki, "My father is not typing letters."

(b) Nina told Pinki that her father was not typing letters.

(C) When the Direct Speech is in Present Perfect Tense, it will change into Past Perfect Tense

1. (a) Mohit said to Krishan, "The workers have completed the construction work."

(b) Mohit told Krishan that the workers had completed the construction work.

2. (a) Gopal said, "I have not read this novel."

(b) Gopal said that he had not read that novel.

(D) When the direct speech is in Present Perfect Continuous, it will change to Past Perfect Continuous Tense.

1. (a) Meena said to Kuldeep, "It has been raining since morning."

(b) Meena told Kuldeep that it had been raining since morning.

2. (a) Hari said to Amarjeet, "The birds have not been chirping for three hours."

(b) Hari told Amarjeet that the birds had not been chirping for three hours.

(E) When the direct speech is in Past Indefinite Tense it will change into Past Perfect Tense.

1. (a) Vinod said to Deepak, "My cousin sold his old car yesterday".

(b) Vinod told Deepak that his cousin had sold his old car the previous day.

2. (a) Anil said, "I did not go to Mumbai to see my ailing aunt."

(b) Anil said that he had not gone to Mumbai to see his ailing aunt.

(F) When the direct speech is in Past Continuous Tense, it will change into Past Perfect Continuous Tense.

1. (a) Seema said to Tina, "Rita was rowing in the moonlight."

(b) Seema told Tina that Rita had been rowing in the moonlight.

2. (a) Ashok said, "My uncle was not telling a story to us."

(b) Ashok said that his uncle had not been telling a story to them.

(G) When the direct speech in Past Perfect Tense, there will be no change in its tense in Indirect Speech.

(H) When the direct speech is in Past Perfect Continuous Tense, there will be no change in its tense in Indirect Speech.

(I) When the direct speech is in, future tense, usually 'shall' and 'will' are changed into 'would'. (Sometimes 'shall' can be changed into should.)

1. (a) The officer said to Veena, "I shall grant you leave for three days."

(b) The officer told Veena that he would grant her leave for three days.

ENGLISH

2. (a) Ali said, "My aunt will be sewing a table cloth."

(b) Ali said that his aunt would be sewing a table cloth.

3. (a) Tina said, "The boys will have been flying kites for three hours."

(b) Tina said that the boys would have been flying kites for three hours.

Interrogative Sentences

(A) Starting with Modals (Primary Auxiliary)

When the Interrogative Sentences start with modals, usually ask and 'if' are brought into with use in Indirect Speech. Can is changed into could, shall into should/would, and will into would, may into might.

1. (a) The army officer said to the soldier, "Can you climb up that wall?"

(b) The army officer asked the soldier if he could climb up that wall.

2. (a) The head-clerk said to the officer, "Could I use your pen?"

(b) The head-clerk asked the officer if he could use his pen. or him.

3. (a) The student said to the teacher "May I come in, sir?"

(b) The student asked the teacher respectfully if he might go in.

4. (a) Tina said to Hema, "Does your brother have a close association with this political group?"

(b) Tina asked Hema if her brother had a close association with that political group.

5. (a) Dinesh said to Kavita, "Are you joining the evening classes?"

(b) Dinesh asked Kavita if she was joining the evening classes.

6. (a) Jaswinder said to Ravinder, "Have you applied for this vacancy?"

(b) Jaswinder asked Ravinder if he had applied for that vacancy.

7. (a) Anju said, "Has the bee been humming around the flowers for three hours?"

(b) Anju asked somebody if the bee had been humming around the flowers for three hours.

8. (a) The bank officer said to the customer, "Did you get the cash yesterday?"

(b) The bank officer asked the customers if he had got the cash the previous day.

9. (a) Priya said to Preeti, "Was the cat prowling around the building?"

(b) Priya asked Preeti if the cat had been prowling around the building.

10. (a) The shopkeeper asked the customer, "Had you purchased a mineral water bottle before going to Shimla?"

(b) The shopkeeper said to the customer if he had purchased a mineral water bottle before going to Shimla.

(B) Interrogative Sentences starting with wh-words

When an interrogative sentence in Direct speech starts with any of the follwing words: What, Which, When, Why, Who, Whose, Whom, How in Indirect speech, we should not use if or whether clause with 'ask' e.g.

1. (a) Amit said to Sumit, "What do you like to drink?"

(b) Amit asked Sumit what he liked to drink.

2. (a) Pradeep said to Surendra, "Whom are you waiting for?"

(b) Pradeep asked Surendra whom he was waiting for.

3. (a) Anita said to Kavita, "Who has mistakenly left her purse in my room?"

(b) Anita asked Kavita who had mistakenly left her purse in her room.

4. (a) Sangeeta said to Anita, "Why have you been so sad since morning?

(b) Sangeeta asked Anita why she had been so sad since morning.

5. (a) Akash said to Veena, "Why didn't you dance at the party yesterday?"

(b) Akash asked Veena why she did not dance at the party the previous day.

Imperative Sentences

(a) As we know, these sentences do not begin with any subject. The subject 'you' is understood, therefore, these sentences usually start with verbs in a Direct Speech.

These sentences most often denote request, advice, suggestion, order, command, instruction, permission, etc.

(b) In order to change these sentences into the Indirect Speeches the following words are needed to be introduced in place of "said":

Order	Request	Suggest	Beg
Prompt	Command	Warn	Forbid
Plead	Instruct	Inform	Propose
Threaten	Entreat	Pardon	Persuade

Some Examples

1. (a) The officer said to the clerk, "Read the file once again."

(b) The officer ordered the clerk to read the file once again.

2. (a) The peon said to the Principal, "Please grant me leave for two days."

(b) The peon requested the Principal to grant him leave for two days."

3. (a) The teacher said to the students, "Work hard."

(b) The teacher advised the students to work hard.

4. (a) The convict said to the judge, "Please take mercy on me."

(b) The convict begged the judge for mercy.

5. (a) The gardener said to the children, "Don't pluck flowers."

(b) The gardener forbade the children to pluck flowers.

Note: With 'forbid' the word 'not' should not be used because it itself conveys the negative sense.

6. (a) Hari said to his friend, "Let us take a cup of tea."

(b) Hari suggested that they should take a cup of tea.

or

Hari Proposed that his friend and he should have a cup of tea.

Exclamatory Sentences

(a) These sentences are used to express sudden emotions like joy, sorrow, contempt, regret, surprise, etc. These sentences take the mark of exclamation at the end.

(b) In order to convert these sentences into Indirect Speech the following expressions are most often introduced in place of said: exclaimed with, toy, exclaimed with surprise, exclaimed with contempt, exclaimed with sorrow.

The sign of exclamation is also replaced with the full stop.

Some examples

1. (a) The child said, "What a beautiful flower it is!"

(b) The girl exclaimed with joy that the flower was extremely beautiful.

2. (a) The girl said, "How wonderful these insects are!"

(b) The girl exclaimed with surprise that those insects were extremely wonderful.

3. (a) The coach said, "What a bad shot it is!"

(b) The coach exclaimed with disappointment that the shot was extremely bad.

4. (a) Hari said, "Hurrah! I have won the match!"

Hari exclaimed with joy that he had won the match.

Optative Sentences

(a) These sentences are used to express a wish, prayer, desire or a curse. These sentences take the sign of exclamation at the end.

(b) In order to convert them in Indirect Speech the following expressions are introduced in place of 'said': wished that, prayed that, cursed that, bade good night, etc.

Some examples

1. (a) The old woman said to me, "May God bless you!"

(b) The old woman wished/prayed that God might bless me.

2. (a) The old man said, "O for a glass of water!"

(b) The old man wished for a glass of water.

3. (a) I said to my mother, "Good morning, mom."

(b) I wished good morning to my mother.

Note: (a) With "good morning" and "good evening" use ..... wished good morning–evening to my mother/father, etc.

(b) With 'good night' and 'good bye' use ..... bade good night to my father/mother, etc.

(c) Some grammarians prefer to place the optative sentences in the category of exclamatory sentences.

Universal Truth, Habitual Truth, Historical Truth

In Sentences containing the idea of any universal truth, habitual truth or historical truth, the tense of the Indirect Speech remains the same as in Direct Speech.

1. (a) The teacher said to the students, "The sun rises in the east." (Universal truth).

(b) The teacher told the students that the sun rises in the east.

But when there is a general talk a change in the tense takes place in the Indirect Speech.

2. (a) Rohit said to Narender, "The sun will set soon."

(b) Rohit told Narender that the sun would set soon. (Don't use 'will)

3. (a) Sonu said to Amar, "My father daily walks five kilometres."

(b) Sonu told Amar that her father daily walks five kilometres.

(The sentence shows the daily routine of Sonu's father).

4. (a) The Principal said to the students, "India got its freedom in 1947." (Historical Truth)

(b) The Principal told the students that India got its freedom in 1947.

PREPOSITIONS

Read the following sentences:

(i) She is employed **in** a bank.

(ii) I daily get up **at** 6 o'clock.

In sentence no. (i) the word 'in' joins the noun phrase 'a bank' with the rest of the sentence.

In sentence no. (ii) the word 'at' joins '6 o'clock' with the rest of the sentence.

Both these words are prepositions.

A preposition is a word which joins a noun, a pronoun or their equivalents with the rest of the sentence.

Classification of Prepositions

The prepositions can be classified in the following ways.

I Prepositions pertaining to Place.

II Prepositions pertaining to Time.

III Prepositions expressing cause, reason, purpose, etc.

IV Prepositions expressing manner.

V Prepositions expressing method, intrumentality.

VI Prepositions expressing measure, quantity, rate.

I. *Prepositions Pertaining to Place*

The following are a few prepositions which pertain to place: In, at, on, behind, under, in front of, above, below, beneath, over, from Examples:

(i) He lives **in** Russia.

(ii) I live **at** Rampur.

(iii) There is an oak tree **in front** of my house.

(iv) The dog was lying **under** the table.

(v) She raised her hand **above** the head.

(vi) She was lying asleep **behind** a cart.

(vii) There was a red patch of mark **below** his left eye.

(viii) He hailed **from** Africa.

(ix) I saw a hawk flying **over** the hill.

Note: The preposition 'in' is used when somebody is living in a big city or a country, etc. But the preposition 'at' is used when somebody is living in a small town, village, etc.

II. *Preposition Pertaining to Time*

The following prepositions pertain to time:

at, on, in, from, by, after, before, within between. Examples

(i) She got up **at** 9 o'clock.

(ii) The train reached the station **on** time.

(iii) I reached the airport **before** time.

(iv) We'll go back home **after** the sun sets.

(v) You are **in** time.

(vi) I'll return **within** an hour.

(vii) He'll be here **by** the evening.

(viii) She lived in American **from** 1980 to 2000.

(ix) I went to England twice **between** 1980 to 1999.

Note: 'On time' means on the time which was scheduled. 'In time' means before the scheduled time. The Preposition 'from' in sentence no (viii) shows the continuity of an action whereas the preposition 'between' in sentence no (ix) shows that I visited England twice during the period given without specifying when either visit took place.

III. *Preposition Expressing Cause, Reason, Purpose, etc.:* to, with, of, from, for

(i) Drinking is injurious **to** health.

(ii) She died **of** cancer.

(iii) The boy was trembling **with** fear.

(iv) His uncle died **from** overwork.

(v) She is struggling **for** her livelihood.

IV. *Preposition Expressing Manner:* with, by

(i) The old woman was dying **by** inches.

(ii) The soldiers moved forward with great courage.

V. *Preposition Expressing Method, Instrumentality:* with, from, by, of

(i) She killed the snake **with** a rod.

(ii) I caught him **by** the collar.

(iii) I heard it **from** him.

VI. *Prepositions Expressing Measure, Rate, Quantity:* at, by

(i) This shirt is dirt cheap **at** fifty rupees.

(ii) The cloth is sold **by** metre.

TENSES

Tenses tell us the time of actions.

There are three kinds of Tenses.

I Present Tense II Past Tense

III Future Tense

I. Present Tense

The tense which shows action in the present time is known as the present tense. It is of the following kinds :

(A) Present Indefinite Tense or Simple Present Tense

(B) Present Continuous Tense

(C) Present Perfect Tense.

(D) Present Perfect Continuous Tense.

(A) *Present Indefinite Tense or Simple Present Tense*

This tense is used:

1. To show an action in the present time without referring to its finishing time

(i) I write a letter to my friend.

(ii) She helps the old man lift the bag.

Note: With I, we, you, they or Plural Noun the first form of the Verb is used. But with He, She, It, or Singular Noun, first form of the verb + s/es is used.

2. To show a habit or liking or disliking in the present time
   (i) She hates meat.
   (ii) We like singing and dancing.
   (iii) I daily go out for a walk.
   (iv) My uncle daily drinks a cup of tea after dinner.
3. To refer to a universal truth
   (i) The sun rises in the east.
   (ii) A bat flies better when it is dark around.
   (iii) The stars twinkle at night.

Negative and Interrogative Sentences

With I, we, you, they or Plural Nouns: do not + 1st form of the verb is used.

In case of interrogative sentences Do + subject + 1st form of the verb + object is used.

With He, She, It, or a Singular Noun does not + 1st form of the verb is used.

In case of interrogative sentences Does + Subject + 1st form of the verb + object is used.

(i) He does not borrow anything from anybody.
(ii) I do not advise you to do this job.
(iii) Do they know how to write business letters?
(iv) Does she understand French?

(B) ***Present Continuous Tense***

It is used to show the continuity of an action in the present time.

Affirmative Sentences

(i) I am sending a telegram to Jack.
(ii) You are admiring my opponent.
(iii) She is speaking for the manager.

Note: When 'I' is the Subject of the sentence use an + present participle.

When 'we, you, they or a Plural Noun is the Subject of sentence 'are + present participle' is used. But if 'he, she, it or a Singular Noun' is the Subject of the sentence 'is + present participle' is used.

Negative and Interrogative Sentences

(i) I am not trying to find out errors in your essay.
(ii) Am I trying to find out errors in your essay?
(iii) He is not creating any problem to the children.
(iv) Is he creating any problem to the children?
(v) They are not decorating the room.
(vi) Are they decorating the room?

(C) ***Present Perfect Tense***

The tense which shows the completion of an action in the present tense is known as the Present Perfect Tense.

Affirmative Sentence

(i) I have eaten/ taken breakfast.
(ii) She has mixed up the ingredients to bake a cake.

When the subject of the sentence is I, we, you, they or a plural noun use have + past participle.

When the subject of the sentence is 'he, she, it or a singular noun, use has + past participle.

Negative and Interrogative Sentences

(i) The officer has not granted leave to the clerk.
(ii) Has the officer granted leave to the clerk?
(iii) They have not shovelled snow on to the truck yet.
(iv) Have they shovelled snow on to the truck?

(D) ***Present Perfect Continuous Tense***

The tense shows a part of an action having been completed and another part of it still being done in the Present Tense.

(i) He has been mending the shoes since morning.
(ii) We have been flying kites for three hours.

Note: Preposition 'since' is used when the point of time is given *i.e.* since 1965, since 5 o'clock, since morning, since evening etc.

Preposition 'for' is used when the period of time is given, e.g. for two weeks, for three days, for five years, etc.

Negative and Interrogative Sentences

(i) The peon has not been ringing the bell for two hours.
(ii) Have the firemen been trying to extinguish fire since morning?

II. Past Tense

The tense which shows action in the past time is known as Past Tense. It is of the following kinds.

(A) Past Indefinite Tense or Simple Past Tense
(B) Past Continuous Tense
(C) Past Perfect Tense
(D) Past Perfect Continuous Tense

(A) ***Past Indefinite or Simple Past Tense***

It is used:

Affirmative Sentences

1. To show an action in the past time without referring to its finishing time
   (i) The scientist found the food contaminated with bacteria.
   (ii) The calves frisked in the courtyard.
   (iii) He typed three letters this morning.

Note: Subject + IInd form of verb + Object is used.

2. To show a habit in the past time
   (i) She used to go to temple daily.
   (ii) He daily prayed to God before going to office.
   (iii) They most often took a long walk in the morning.
3. To show historical truth
   (i) India got its freedom on 15 August, 1947.
   (ii) Mr. J.L. Nehru was elected the first Prime Minister of India.

Negative and Interrogative Sentences

(i) She did not attend the meeting.

(ii) We did not allow the children to play in the lawn.

(iii) Did he complain to the officer against you?

With 'did' first form of the verb is used.

With some Adverbs e.g. yesterday, ago, etc. Past Indefinite Tense is used.

(i) My father bought me a new bicycle five days ago.

(ii) A thief broke into my neighbour's last night.

(iii) We saw a movie yesterday.

(B) *Past Continuous Tense*

This tense shows the continuity of an action in the past.

Affirmative Sentences

(i) He was driving a car.

(ii) I was memorizing the lesson.

(iii) The workers were building the flyover.

Subject + was/were + Present Participle + object (if any)

Negative and Interrogative Sentences

(i) They were not planning to go to Sweden in Summer.

(ii) Was he advising his friends to help the poor?

(iii) Were the mechanics repairing the machines?

(iv) She was not any taking any interest in houshold chores.

(C) *Past Perfect Tense*

This tense shows the completion of an action in the past time.

Affirmative Sentences

(i) She had finished painting the pictures.

(ii) We had planted the saplings of mango plants.

(iii) The doctor had operated upon the patient.

Subject + had + Past Participle + Object.

Negative and Interrogative Sentences

(i) Had she applied for the past of a clerk?

(ii) He had not reserved a berth in the Rajdhani Express.

(D) *Past Perfect Continuous Tense*

This tense shows the part completion of an action/work when the other part of the action/work is still continuing in the Past Tense.

Affirmative Sentences

(i) She had been working in that office for five years.

(ii) They had been living in that house since 1968.

Negative and Interrogative Sentences

(i) Had the gardener been watering the plants since morning?

(ii) The birds had not been chirping on the branches of the tree for three hours.

III. Future Tense

The tense which used to express the actions in future time is known as the future tense. It is of the following kinds:

(A) Future Indefinite Tense or Simple Future Tense

(B) Future Continuous Tense.

(C) Future Perfect Tense.

(D) Future Perfect Continuous Tense.

(A) *Future Indefinite Tense*

It is used to indicate the actions planned for future.

Affirmative Sentences

(i) I shall write a letter to my mother.

(ii) The maid will wash the clothes after the sunrise.

(iii) They will varnish the chairs.

Subject + Will/Shall + 1st form of the verb + Object

Note: For the usage of 'shall and will' read the chapter "Modals."

Negative and Interrogative Sentences

(i) He will not associate with those boys.

(ii) We shall not walk over the slippery snowy path.

(B) *Future Continuous Tense*

It is used to show a continuous action in the future time.

Affirmative Sentences

(i) She will be planning to meet the P.M.

The policeman will be standing on guard at the check post.

Negative and Interrogative Sentences

(i) They will not be carrying coal to the city from the mine.

(ii) Will you be singing on radio the next month?

(C) *Future Perfect Tense*

It is used to show the completion of an action in the future.

Affirmative Sentences

(i) You will have got admission in the new school by then.

(ii) He will have joined the army by then.

Negative and Interrogative Sentences

(i) She will not have told you the story of a lion and a mouse.

(ii) Shall we have reserved two berths in the Janata Express by then?

(D) ***Future Perfect Continuous Tense***

It is used to show the part completion of a work/action and the continuity of the other part in the Future Tense.

Affirmative Sentences

(i) He will have been working in the office for five years.

(ii) They will have been painting the pictures since morning.

Negative and Interrogative Sentences

(i) She will not have been discussing the matter with her friends for two hours.

(ii) Will they have been begging for food since morning ?

TRANSFORMATION OF SENTENCES

By 'Transformation' we usually means the following grammatical drills.

- Removal of "too".
- Insertion of "too".
- Change of Voice.
- Change of Narration.
- Change of Degrees of Comparison.
- Interchange of Kinds of Sentence.
- Interchange of Principal and Subordinate Clauses.
- Interchange of Different Parts of Speech in Sentences.
- Expression of Condition.
- Expression of Contrast or Conversion.
- Conversion of Simple, Compound and Complex Sentences from one to the other.
- Completion of Incomplete Sentences.
- Use of Modals, Conjunctions, Preposition, Articles etc. for specific purposes.

Explanation

1. Removal of 'too'

(i) He is too weak to walk.

He is so weak that he cannot walk.

(ii) She is too proud to listen to you.

She is so proud that she will not listen to you.

(iii) He was too poor to buy a house.

He was so poor that he could not buy a house.

(iv) It is too cold outside.

It is cold outside beyond the proper limit.

Or

It is extremely cold outside.

2. Insertion of "too".

(i) She is so lazy that she will not do any work.

She is too lazy to do any work.

(ii) He is so weak that he cannot lift this box.

He is too weak to lift this box.

(iii) He ran so slowly that he could not catch the train.

He ran too slowly to catch the train.

3. Interchange of Kinds of Sentence

(i) Change of Affirmative Sentences into Negative Sentences:

(a) He is a dull boy.

He is not an intelligent boy.

(b) He told the truth.

He did not tell a lie.

(c) He runs fast.

He does not run slowly.

(ii) Change of Negative Sentences into Affirmative Sentences:

(a) The earth is not flat.

The earth is round.

(b) No sooner did the train arrive then the passengers rushed towards it.

As soon as the train arrived, passengers rushed towards it.

This glass is so hot that I cannot touch it.

This glass is so hot for me to touch it.

(iii) Change of Assertive Sentences into Interrogative Sentences:

(a) He is not lazy.

Is he lazy?

(b) Everybody wants peace.

Doesn't everybody want peace? **Or** Who does not want peace?

(iv) Change of Interrogative Sentences into Assertive Sentences:

(a) Where can peace be found?

Peace can't be found anywhere.

Or Peace can be found nowhere.

(b) What if we lose the match? **Or** What does it matters if ......?

Or Does it matter if ....?

It does not matter if ....

(v) Change of Assertive Sentences into Imperative Sentences:

(a) You are advised to Work hard.

(b) You are requested to sit down.

Sit down, please.

4. Interchange of Principal and Subordinate Clauses:

(i) I like him because he is a good person.

He is a good person for which I like him.

(ii) The bus was moving fast such that I couldn't alight from it.

I couldn't alight from the bus as it was moving fast.

(iv) As I love my country, I'm ready to die for it.

I'm ready to die for my country because I love it.

(v) If you work hard, you'll pass.

Work hard lest you should fail.

5. Interchange of Different Parts of Speech

(i) He likes to see clouds. (verb)

He has a great liking for seeing clouds. (noun).

(ii) His face expresses that he is happy. (Adj.)

There is an expression of happiness on his face. (noun).

(iii) One who is cruel can be punished.

Cruelty can lead one to punishment.

6. Conversion of Simple, Compound and Complex Sentences from one to the other.

(i) (a) In spite of working hard, he failed. (Simple)

(b) He worked hard, still or but he failed. (Compound).

(ii) (a) Unless you work hard, you cannot pass. (Complex).

(b) You should work hard and then you will pass. (Compound).

(c) You cannot pass without working hard. (Simple)

7. Completion of Incomplete Sentences:

(i) (a) .... is a happy child.

He is a happy child.

(b) **He** helped ....

He helped **me**. (by supplying subject/object).

(ii) The book ....

The book **lies on the table**. (by supplying Predicate).

(iii) She is ....

She is **happy**. (by supplying complement).

(iv) They are ....

They are **busy**. (by supplying a word).

(v) I love ....

I love **animals**. (by supplying a noun).

(vi) The stars are very ....

The stars are very **beautiful**. (by supplying an adjective).

(vii) She .... to God.

She **prays** to God. (by supplying a verb)

(viii) You .... I are friends.

You **and** I are friends. (by supplying a conjunction).

(ix) He runs ....

He runs **fast**. (by supplying adverb).

(x) He inserted .... going with me.

He inserted **on** going with me. (by supplying a preposition)

8. Interchange of non-finites in sentences:

(i) I love **writing** (books). (gerund).

(ii) The pen is to **write** with. (Infinitive).

(iii) The pen is **used** for writing purposes. (Participle).

VOICE

A sentence is said to be active when its subject does some action. e.g.

Ajay flies a kite.

The subject 'Ajay' is doing the action of flying a kite. So, it is a sentence in the active voice.

But if the subject is being acted upon then the sentence is said to be in the passive voice e.g.

A kite is flown by Ajay.

The subject 'A kite' is being acted upon by Ajay's act of flying it.

A. Tense wise (Active to Passive Voice)

I. Present Indefinite Tense

1. (a) Meena bakes a cake.

(b) A cake is baked by Meena.

2. (a) They do not invest money in business.

(b) Money is not invested in business by them.

3. (a) Does he scrape some carrots?

(b) Are carrots scraped by him?

II. Present Continuous Tense

1. (a) She is plucking vegetables.

(b) Vegetables are being plucked by her.

2. (a) They are not pricking holes in the paper.

(b) Holes in the paper are not being pricked by them.

3. (a) Is he whitewashing the fence?

(b) Is the fence being whitewashed by him?

III. Present Perfect Tense

1. (a) She has learnt her lesson.

(b) Her lesson has been learnt by her.

2. (a) The maid has not removed the dust from the sill.

(b) The dust from the sill has not been removed by the maid.

3. (a) Have you greased the bike?

(b) Has the bike been greased?

IV. Persent Perfect Continuous Tense

No Passive Voice

V. Past Indefinite Tense

1. (a) The carpenter shaved a plank.

(b) A plank was shaved by the carpenter.

2. (a) He did not read the new law book.

(b) The new law book was not read by him.

3. (a) Did they prepare an Italian sauce?

(b) Was an Italian sauce prepared by them?

VI. Past Continuous Tense

1. (a) She was consulting a physician.

(b) A physician was being consulted by her.

2. (a) The workers were not building a tower.

(b) A tower was not being built by the workers.

3. (a) Were the farmers harvesting the crops?

(b) Were the crops being harvested by the farmers?

VII. Past Perfect Tense

1. (a) He had already taken the measurements of the room.

(b) The measurements of the room had already been taken by him.

2. (a) The workers had not shovelled snow.

(b) Snow had not been shovelled by the workers.

3. (a) Had Leena admitted her mistake?

(b) Had her mistake been admitted by Leena?

VIII. Past Perfect Continuous Tense

No Passive voice

IX. Future Indefinite Tense

1 (a) The teacher will draw circles and parallel lines on the blackboard.

(b) Circles and parallel lines will be drawn on the blackboard by the teacher.

2. (a) Seema will not compile a dictionary.

(b) A dictionary will not be compiled by Seema.

3. (a) Will the police conduct a raid on his premises?

(b) Will a raid be conducted by the police on his premises?

X. Future Continuous Tense

No Passive Voice

XI. Future Perfect Tense

1. (a) Rohit will have decorated the room.

(b) The room will have been decorated by Rohit.

2. (a) We shall not have boiled the potatoes.

(b) The potatoes will not have been boiled by us.

XI. Future Perfect Continuous Tense

No Passive Voice.

B. Double Object

The sentences which have two objects can be written in passive voice in the following two ways.

1. (a) She gave me a book.

(b) I was given a book by her.

(c) A book was given to me by her.

2 (a) He did not tell a story to us.

(b) We were not told a story by him.

(c) A story was not told to us by him.

C. Infinitives

1. (a) It is time to open the gate of the museum.

(b) It is time for gate of the museum to be opened.

2. (a) She is a girl to trust.

(b) She is a girl to be trusted.

D. Imperative Sentences

1. (a) Do it.

(b) Let it be done or It should be done.

2. (a) Don't pluck flowers.

(b) You are forbidden to pluck flowers.

Or

(c) You are advised not to pluck flowers.

3. (a) Post letter at once.

(b) You are ordered to post this letter at once.

4. (a) Kindly help me.

(b) You are requested to help me.

5. (a) Let us take some rest.

(b) It is proposed that we should take some rest.

6. (a) Let him come in.

(b) You are ordered to let him come in.

E. Quasi–Passive Verbs

Intransitive verbs usually cannot be converted into passive verbs but there are some sentences (as given below) that can be written in their passive forms.

1. (a) Quinine tastes bitter

(b) Quinine is bitter when tasted.

MULTIPLE CHOICE QUESTIONS

Directions (Qs. 1 to 50): *Read each sentence to find out whether there is any grammatical error in it. The error, if any, will be in one part of the sentence. The letter of that part is the answer. If there is no error, the answer is 'D'. (Ignore the errors of punctuation, if any).*

1. (A) The brakes and steering failed/(B) and the bus ran down the hill/(C) without anyone being able to control it./(D) No error.

2. (A) The polling was marred/(B) at many a place/(C) by attempts at rigging./(D) No error.

3. (A) He wanted to work all right/(B) but we saw that he was completely worn/(C) and so we persuaded him to stop./(D) No error.

4. (A) When a whale is washed ashore by the tide,/(B) the people flock together to see it./(C) wondering how so huge an animal can swim about in the water./(D) No error.

5. (A) Few scientists changed/(B) people's ideas as much as/(C) Darwin with his Theory of Evolution./(D) No error.

6. (A) Were he/(B) to see you,/(C) he would have been surprised./(D) No error.

7. (A) The number of marks carried by each question/(B) are indicated/(C) at the end of the question./(D) No error.

8. (A) An animal/(B) can be just as unhappy in a vast area/(C) or in a small one/(D) No error.

9. (A) It is time/(B) we did something/(C) to stop road accidents./(D) No error.

10. (A) A free press is not a privilege/(B) but the organic necessity/(C) in a free society./(D) No error.

11. (A) The Indian radio./(B) which was previously controlled by the British rulers./(C) is free now from the narrow vested interests./(D) No error.

12. (A) Because of the emergency help/(B) that the patient received./(C) he would have died/(D) No error.

13. (A) At present juncture,/(B) however, the supercomputer/(C) would be a costly toy./(D) No error.

14. (A) Students should not take part/(B) in party politics and political demonstrations/(C) as they interfere in serious study./(D) No error.

15. (A) Wherever they go/(B) Indians easily adapt to/(C) local circumstances./(D) No error.

16. (A) According to the Bible/(B) it is meek and humble/(C) who shall inherit the earth./(D) No error.

17. (A) I was there/(B) many a time/(C) in the past./(D) No error.

18. (A) As much as I admire him for his sterling qualities./(B) I cannot excuse him for/(C) being unfair to his friends./(D) No error.

19. (A) Were you/(B) given a choice/(C) or you had to do it?/(D) No error.

20. (A) When he was asked what is wrong with him,/(B) he said that he was not well,/(C) and asked for leave of absence for one day./(D) No error.

21. (A) At the end of the year/(B) every student who had done adequate work/(C) was automatically promoted./(D) No error.

22. (A) Many times the news has been published/(B) in the papers that the end of the world will be certain/(C) if a nuclear war breaks out./(D) No error.

23. (A) Happily, zoos were/(B) unwilling to cooperate/(C) in a scheme that was potentially harmful to animal welfare./(D) No error.

24. (A) We discussed about the problem so thoroughly/(B) on the eve of the examination/(C) that I found it very easy to work it out./(D) No error.

25. (A) She reluctantly said that/(B) if nobody else was doing it/(C) she will do it./(D) No error.

26. (A) He will end up his work/(B) in the city/(C) by the end of the year./(D) No error.

27. (A) Though child marriage/(B) has been banned,/(C) the custom still prevailed among some groups in India./(D) No error.

28. (A) Supposing if/(B) there is no bus,/(C) how will you get there?(D) No error.

29. (A) At the moment the house/(B) was burgled the family/(C) attended a night party in the neighbourhood./(D) No error.

30. (A) On a holiday/(B) Sudha prefers reading/(C) than going out visiting friends/(D) No error.

31. (A) Neither he/(B) nor his father is interested/(C) in joining the party./(D) No error.

32. (A) A group of friends/(B) want to visit/(C) the new plant as early as possible./(D) No error.

33. (A) May I/(B) know who you want/(C) to see please/(D) No error.

34. (A) Myself and Gopal/(B) will take care of/(C) the function on Sunday./(D) No error.

35. (A) I could not put up in a hotel/(B) because the boarding and lodging charges/(C) were exorbitant./(D) No error.

36. (A) He is not coming tomorrow/(B) as he is having a pain in the chest/(C) and has to see a doctor./(D) No error.

37. (A) They have been/(B) very close friends/(C) until they quarrelled./(D) No error.

38. (A) Since India has gained Independence/(B) 49 years ago,/(C) much progress has been made in almost every field./(D) No error.

39. (A) The party chief made it a point to state that/(B) the Prime Minister and the Union Home Minister should also come/(C) and they see what his party men had seen./(D) No error.

40. (A) Due to me being a newcomer/(B) I was unable to get a house/(C) suitable for my wife and me./(D) No error.

41. (A) The reason why/(B) he was rejected/(C) was because he was too young./(D) No error.

42. (A) The scientist must follow/(B) his hunches and his data/(C) wherever it may lead./(D) No error.

43. (A) Firstly you should/(B) think over the meaning of the words/(C) and then use them./ (D) No error.

44. (A) Scarcely had/(B) I arrived than/(C) the train left./(D) No error.

45. (A) Unless you stop to make noise at once/(B) I will have no option but to/(C) bring the matter to the attention of the police./(D) No error.

46. (A) He couldn't but help/(B) shedding tears at the plight of the villagers/(C) rendered homeless by a devastating cyclone./(D) No error.

47. (A) Since it was his first election campaign, the candidate was confused;/(B) none could clearly understand/(C) either the principles he stood for or the benefits he promised./(D) No error.

48. (A) It is an established fact that the transcendental American poets and philosophers,/(B) who lived in the latter half of the nineteenth century,/(C) were more influenced by Indian philosophy, in particular by Upanishadic Philosophy./(D) No error.

49. (A) The crew were on board/(B) and they soon busied themselves/(C) in preparing to meet the storm./(D) No error.

50. (A) One of the members/(B) expressed doubt if/ (C) the Minister was an athiest./(D) No error.

Directions (Qs. 51 to 70): *Pick out the most effective word(s) from the given words to fill in the blank to make the sentence meaningfully complete.*

51. A woman came in with a baby who, she said, ... a safety pin.
A. was just swallowing
B. swallowed
C. had just swallowed
D. just swallowed

52. The telephone ..... several times before I answered it.
A. was ringing B. has rung
C. had rung D. would ring

53. An employment advertisement should ..... the number of vacancies.
A. provide B. specify
C. contain D. declare

54. A crescendo of metallic thuds arose from the market, where the iron-smiths were ..... the pieces of metals.
A. flattening B. striking
C. hammering D. thrashing

55. Ambition is one of those ..... which are never satisfied.
A. ideas B. fancies
C. passions D. needs

56. The new education policy provides a useful ..... for the planners to remove illiteracy.
A. breakup B. breakthrough
C. breakaway D. break-in

57. The family gave father a gold watch on the ..... of his fiftieth birthday.
A. time B. event
C. occasion D. celebration

58. The passengers were afraid but the captain ..... them that there was no danger.
A. promised B. assured
C. advised D. counselled

59. It's very kind of you to ..... to speak at the meeting.
A. accept B. agree
C. comply D. concur

60. I haven't seen you ..... a week.
A. within B. since
C. for D. from

61. Besides other provisions, that shopkeeper deals ..... cosmetics too.
A. with B. in
C. at D. for

62. That rule is applicable ..... everyone.
A. to B. for
C. about D. with

63. I shall take revenge ..... you.
A. from B. with
C. on D. at

64. The ruling party will have to put its own house ..... order.
A. in B. on
C. to D. into

65. ..... all intents and purposes, the manager is the master of the firm.

A. in B. upon
C. with D. to

66. Like any other country India has its ..... share of superstitions.
A. proper B. abundant
C. fair D. peculiar

67. The miser gazed ..... at the pile of gold coins in front of him.
A. avidly B. admiringly
C. thoughtfully D. earnestly

68. The pilot had been warned about the storm before he .....
A. took away B. took up
C. took over D. took off

69. On account of the dearth of grass on the arid plains the cattle became .....
A. flippant B. jubilant
C. agitated D. emaciated

70. I saw a ..... of cows in the field.
A. group B. herd
C. swarm D. flock

Directions (Qs. 71 to 100): *Find the correctly spelt word.*

71. A. Survaillance B. Surveillance
C. Survellance D. Surveilance

72. A. Sepulchral B. Sepulchrle
C. Sepalchral D. Sepalchrle

73. A. Eflorescene B. Efllorescence
C. Efflorescence D. Efflorascence

74. A. Itinarery B. Itinerary
C. Itenerary D. Itinarary

75. A. Bouquete B. Bouquette
C. Bouquet D. Boquet

76. A. Renaisance B. Renaissance
C. Rennaissance D. Rennaisance

77. A. Lckadaisicle B. Lackdaisical
C. Lackadisical D. Lackadaisical

78. A. Entrepreneur B. Entrapreneur
C. Entrepraneur D. Entreprenuer

79. A. Vetarinary B. Veteninary
C. Vetniary D. Veterinary

80. A. Gaurantee B. Guarantee
C. Garuntee D. Guaruntee

81. A. Equanimity B. Equannimity
C. Equanimmity D. Equinimity

82. A. Parallelled B. Parralleled
C. Paralleled D. Paralelled

83. A. Puerrile B. Puerille
C. Purrile D. Puerile

84. A. Velnerable B. Vulnarable
C. Vulnerable D. Valnerable

85. A. Inoculation B. Innoculation
C. Inocculation D. Inocullation

86. A. Schedule B. Schedeule
C. Schdule D. Schedule

87. A. Treachrous B. Trecherous
C. Trechearous D. Treacherous

88. A. Acommodation B. Accomodation
C. Accommodation D. Acomodation

89. A. Satelite B. Sattelite
C. Satellite D. Sattellite

90. A. Excessive B. Exccessive
C. Exccessive D. Excesive

91. A. Dammage B. Damaige
C. Dammege D. Damage

92. A. Hindrance B. Hinderrance
C. Hindrence D. Hinderence

93. A. Klaptomania B. Kleptomonia
C. Kleptemonia D. Kleptomania

94. A. Exaggerate B. Exeggerate
C. Exagerate D. Exadgerate

95. A. Simpal B. Bannar
C. Pattren D. Modern

96. A. Chancelary B. Chancellary
C. Chancelery D. Chancellery

97. A. Palete B. Palet
C. Palate D. Pelate

98. A. Indipensable B. Indipenseble
C. Indispansible D. Indispensable

99. A. Rigerous B. Rigourous
C. Regerous D. Rigorous

100. A. Occured B. Occurad
C. Ocurred D. Occurred

Directions (Qs. 101 to 120): *In each question below a sentence is broken into five or six parts. Join these parts to make a meaningful sentence. The correct order of parts is the answer.*

101. a. do b. today
c. you d. must
e. it
A. cdaeb B. bedac
C. abedc D. eacbd
E. debac

102. a. I b. help
c. not d. you
e. did
A. bdcea B. aecbd
C. debca D. dcaeb
E. ebdca

103. a. tea b. have
c. that d. some
e. before
A. dcbea B. bdcae
C. bdaec D. ebdca
E. dacbe

104. a. seen b. going
c. you d. him
e. have
A. cebad B. ceadb
C. cbead D. ceabd
E. ecabd

105. a. of b. capable
c. he d. mean
e. anything f. is
A. edfcba B. cfdbae
B. cfebad C. cdfbae
E. cfbaed

106. a. make b. others
c. weak d. fun
e. of f. people
A. fadfcb B. cbadfe
C. fdebac D. cfadeb
E. cfadbe

107. a. killed b. a
c. Jaswant d. bear
e. wild
A. cabed B. ecabd
C. bcade D. dcabe
E. aebcd

108. a. medicine b. a
c. Neeta d. given
e. was
A. eadbc B. bedca
C. aedbc D. dbeca
E. cedba

109. a. him b. the
c. to d. charge
e. handover
A. dbeca B. eacdb
C. daceb D. debca
E. ebdca

110. a. at b. it
c. take d. once
e. away
A. bcead B. adceb
C. cbead D. ecbad
E. dbcae

111. a. you b. this
c. ready d. are
e. do f. to
A. dacfeb B. adcebf
C. dcafeb D. adbcfe
E. febadc

112. a. get b. meet
c. soon d. to
e. him f. we
A. eadbfc B. cfadbe
C. cfbdea D. adbcfe
E. dbecaf

113. a. bag b. you
c. seen d. have
e. my
A. eadcb B. dceab
C. dbcea D. dbaec
E. badce

114. a. of b. we
c. heard d. him
e. had
A. dbcea B. ebcda
C. becda D. bedca
E. becad

115. a. perfection b. the
c. take d. step
e. first f. to
A. bafced B. cbedfa
C. cabedf D. fedcba
E. cfbdea

116. a. left b. the
c. house d. he
e. suddenly
A. adbce B. baced
C. deabc D. ebcda
E. bdace

117. a. not b. Hari
c. away d. run
e. did
A. acedb B. cedab
C. ebdca D. beadc
E. bacde

118. a. I b. immediately
c. salary d. my
e. want
A. dcaeb B. aedcb
C. beadc D. dbcea
E. deacb

119. a. not b. hotel
c. comfortable d. was
e. the
A. cdeba B. ecdab
C. cdaeb D. daceb
E. ebdac

120. a. was b. and
c. Satish d. kind
e. loving
A. cadbe B. ebdac
C. cdbea D. aebdc
E. abcde

Directions (Qs. 121 to 140): *Which of the phrases given below each sentence should replace the phrase printed in **bold** type to make the sentence grammatically correct? If the sentence is correct as it is, mark 'E' as the answer.*

121. The research study is an eye-opener and **attempts to acquaint** us with the problems of the poor nations.
A. attempted to acquaint
B. attempts at acquainting

C. attempt to acquaint
D. attempting to acquaint
E. No correction required

122. The man who has committed such a serious crime must **get the mostly severe** punishment.
A. be getting the mostly severely
B. get the most severe
C. have got the most severely
D. have been getting the severemost
E. No correction required

123. Acquisition of certain specific skills **can be facilitated from** general awareness, education and exposure to novel situations.
A. can be facilitated by
B. may facilitate through
C. can be felicitated with
D. may be felicitated with
E. No correction required

124. He confidently asked the crowd if they thought he was right and the crowd shouted **that they did.**
A. that he did
B. that they had
C. that he is
D. that he didn't
E. No correction required

125. If he has to spend five hours in the queue, it **was really a wastage.**
A. is a really wastage
B. is real a wastage
C. has really a wastage
D. is really a wastage
E. No correction required

126. Why **did you not threw** the bag away?
A. did you not throw
B. had you not threw
C. did you not thrown
D. you did not thrown
E. No correction required

127. They **are not beware of** all the facts
A. are not aware for
B. are not aware of
C. are not to be aware
D. must not to be aware for
E. No correction required

128. **If I would have** realised the nature of the job earlier, I would not have accepted it.
A. If I have had
B. In case I would have
C. Had I been
D. Had I
E. No correction required

129. The moment they saw me, they **were delight**
A. had delighted
B. were delighted
C. are delighted
D. have been delighted
E. No correction required

130. The small child does whatever his father **was done.**
A. has done
B. did
C. does
D. had done
E. No correction required

131. It was unanimously resolved that the parties **should unitedly undertook** launching of popular programmes–
A. should be united undertook
B. should be unitedly undertaken
C. should be unitedly undertake
D. should unitedly undertake
E. No correction required

132. One of my drawbacks is that **I do not have to** tolerance of ambiguity.
A. do not have
B. cannot have to
C. am not
D. did not have to
E. No correction required

133. They **should have calmly thought of** the advantages that would accrue to them.
A. should have been calm in thinking about
B. should be calmly thought of
C. shall have to calmly thought of
D. should have calmly think of
E. No correction required

134. Their earnings are such that they find it difficult **to make both ends to meet.**
A. to making both ends meet
B. to make both ends for meeting
C. to make both ends meet
D. for making both ends to meet
E. No correction required

135. They **were all shocked at** his failure in the competition.
A. were shocked at all
B. had all shocked at
C. had all shocked by
D. had been all shocked on
E. No correction required

136. He is too impatient **for tolerating** any delay.
A. to tolerate
B. to tolerating
C. at tolerating
D. with tolerating
E. No correction required

137. Why **should the candidates be** afraid of English Language is not clear.
A. the candidates should be

B. do the candidates be
C. should be the candidates
D. are the candidates
E. No correction required

138. Ramesh is **as tall if not,** taller than Mahesh.
A. not as tall but
B. not so tall but as
C. as tall as, if not
D. as if not
E. No correction required

139. The easiest **of the thing to do** is to ask the address to the postman.
A. of the things to do
B. among the things did
C. of the thing to be done
D. of all the things done
E. No correction required

140. The player was asked **that why he had not** attended the prayer.
A. why had he not
B. that why had he not
C. why he was not
D. is hesitated to listen to
E. No correction required

ANSWERS

1	2	3	4	5	6	7	8	9	10
C	D	B	D	A	A	B	C	D	B
11	**12**	**13**	**14**	**15**	**16**	**17**	**18**	**19**	**20**
C	A	A	C	B	B	A	A	A	A
21	**22**	**23**	**24**	**25**	**26**	**27**	**28**	**29**	**30**
D	D	C	A	C	A	C	A	A	C
31	**32**	**33**	**34**	**35**	**36**	**37**	**38**	**39**	**40**
D	B	B	A	A	C	A	A	C	A
41	**42**	**43**	**44**	**45**	**46**	**47**	**48**	**49**	**50**
C	C	A	B	A	A	D	C	C	B
51	**52**	**53**	**54**	**55**	**56**	**57**	**58**	**59**	**60**
C	C	B	C	C	B	C	B	B	C
61	**62**	**63**	**64**	**65**	**66**	**67**	**68**	**69**	**70**
B	A	C	A	D	C	A	D	D	B
71	**72**	**73**	**74**	**75**	**76**	**77**	**78**	**79**	**80**
B	A	C	B	C	B	D	A	D	B
81	**82**	**83**	**84**	**85**	**86**	**87**	**88**	**89**	**90**
A	C	D	C	A	D	D	C	C	A
91	**92**	**93**	**94**	**95**	**96**	**97**	**98**	**99**	**100**
D	A	D	A	D	B	C	D	D	D
101	**102**	**103**	**104**	**105**	**106**	**107**	**108**	**109**	**110**
A	B	C	B	E	D	A	E	E	C
111	**112**	**113**	**114**	**115**	**116**	**117**	**118**	**119**	**120**
A	B	C	E	B	C	D	B	E	A
121	**122**	**123**	**124**	**125**	**126**	**127**	**128**	**129**	**130**
B	B	A	E	D	A	B	D	B	C
131	**132**	**133**	**134**	**135**	**136**	**137**	**138**	**139**	**140**
D	A	E	C	E	A	A	C	A	D

SECTION d WRITING ABILITY

FACTUAL DESCRIPTION

EXAMPLE-1

The two great epics of ancient India—The Ramayana and the Mahabharata—probably took shape in the course of several hundred years, and even subsequently additions were made to them. They deal with the early days of the Indo-Aryans, their conquests and civil wars, when they were expanding and consolidating themselves, but they were composed and compiled later. I do not know of any books anywhere which have exercised such a continuous and pervasive influence on the mass mind as these two Dating back to a remote antiquity, they are still a living force in the life of the Indian people, not in the original Sanskrit, except for a few intellectuals, but in translations and adaptations, and in those innumerable ways in which tradition and legend spread and become a part of the texture of a people's life. They represent the typical Indian method of catering all together for various degrees of cultural development, from the highest intellectual to the simple unread and untaught villager. They make us understand somewhat the secret of the old Indians in many ways and graded in castes, in harmonizing their discords, and giving them a common background of heroic tradition and ethical living. Deliberately they tried to build up a unity of outlook among the people which was to survive and overshadow all diversity

----- J.L. Nehru

Factual Description

The Ramayana and the Mahabharata

The two great epics of ancient India are the Ramayana and the Mahabharata. Their subject matter is the Indo-Aryan exploits for conquest, expansion and consolidation, though the books were compiled later. They are the unique books written in Sanskrit which has had such a forceful influence on the Indian mass mind since antiquity. They are available in several translations and adaptations. They express the unity in diversity of the Indian culture in all its graded forms.

EXAMPLE-2

Habits of idleness once firmly fixed cannot be suddenly thrown off. The man who has wasted precious hours of life's seed–time finds that he cannot reap a harvest in life's autumn. Lost wealth may be replaced by industry, lost knowledge by study, lost health by temperance or medicine, but lost time is gone for ever. In the long list of excuses for neglect of duty, there is none which drops oftener from men's lips, which is founded on more of self-delusion than the want of leisure. People are always cheating themselves with the idea that they would do this or that desirable thing 'if only they had time'. It is thus that the lazy and the selfish excuse themselves from a thousand things which conscience dictates to be done. Remember that the men who have done the most for their own and the general good are not the wealthy, leisurely people who have abundance of time to themselves and nothing to do. They are the men, who are in ceaseless activity from January to December – men, however, pressed with business, are always found capable of doing a little more. You may rely on them in their fullest seasons with ten times more assurance than on idle men.

Factual Description

Idleness is a Curse

Habits of idleness once formed cannot be easily got rid of. Lost wealth, knowledge and health can be retrieved but not the lost time. Many people make the excuse of want of leisure to neglect their duty. It is not the lazy rich who have done any good to society, but the busy, active ones. It is the men of the latter kind who are more reliable ones.

EXAMPLE-3

There is no doubt that pollution is playing havoc with environment. Almost always man himself is responsible for this criminal act. Tonnes of slag or waste generated when the iron scrap is melted in the foundries, is dumped at random on roadsides, open grounds and drains.

Even a monument of the stature of the Taj is not spared from being polluted. Those who visit the Taj tell a story of their own. If the multi–coloured plastic bags behind the eastern walls of the great mausoleum are an eyesore, the non–biodegradable slag is bound to contaminate the soil and the already highly–polluted water of the Yamuna. Like the ash from the thermal plants, the slag is everywhere.

The problem of flash ash is being tackled in certain states, no doubt. The brick kiln owners are being asked by the state governments to use it in the moulding of bricks, so that it does not choke the rivers, canals and other water channels. But the brick kiln owners too have a point. They say that the use of fly ash in brick making is very uneconomical. It pushes up the labour cost and hence of the prices of bricks, such that the consumers are the sufferers in the long run. The owners of factories might be asked to pay for this usage so that prices of bricks have not to be raised. But will the government do so? As the matter stands today, the consumers are destined to suffer.

Factual Description

Environmental Pollution

Environmental pollution is a big problem. Wastes from factories can be seen on roadsides, open grounds and drains. Plastic bags and slag can be seen everywhere even around the Taj. Thus, the Yamuna is also getting polluted.

Similarly, there is the problem of the disposal of fly ash released by factories. It chokes the water channels. The government have ordered that it should be used in brick making. But that increases costs and the consumers are the sufferers.

EXAMPLE-4

Forest fires should be taken up with all the seriousness they deserve. Particularly, in the forest tracts where pine trees have a growth, forest fires are frequent. It has been reported that just in one state, 4500 cases of forest fires were there in four years. It is mostly in the dry season of summer when these fires take place.

It is very important to take proper precautions to prevent these fires. Many of these fires take place because of human negligence. According to the Forest Department instructions, a fire near or in a forest should not be lighted, especially during summer. This fact should be brought to the notice of those who are ignorant of it. Whenever a fire in a forest is noticed, it should be beaten down at once. The brooms used for the purpose should be made of brushwood having green leaves.

It becomes the duty of all concerned to report the matter to the nearest officials of the department whenever a forest fire is noticed. All concerned should also consider it their sacred duty to cooperate with forest officials in preventing and extinguishing forest fires. It becomes the particuler duty of those who own a piece of land on the periphery of a forest to be extremely careful in the use of fire for the disposal of the waste material on their plot. It should be borne in mind that such an action of theirs can cause a major forest fires. Particularly, when a strong wind is blowing, the lighting of fire should be avoided.

Factual Description

Preventing Forest Fires

Forest fires are frequent, particularly in areas where there is dense growth of pine trees and that mostly during summer. To a great extent, these fires can be prevented by conscious efforts. The lighting of a fire in or near a forest, especially in summer should be avoided. If still a fire is noticed, it should be beaten down immediately. If need be, it should be reported to the nearest forest authorities. Those owning land near a forest should avoid lighting a fire there especially on a windy day.

EXAMPLE-5

According to a specialist in international affairs, both global terrorism and weapons of mass destruction pose a danger to humanity. At the same time, the use of force by a super power in the garb of fighting global war against terrorism without U.N. Security Council's express authorisation is of doubtful legality. It is hard to challenge this view.

According to the said specialist, war is also strategically counter–productive. There is no denying the fact that global terrorism poses a great danger to mankind. But it has to be fought somehow. The best way to fight global terrorism for all nations of the world is to unite under the hammer of U.N. Security Council. After all, global terrorism has been making more and more countries its targets in the recent past. This is what is now being witnessed in many parts of India, in Russia, West Asia, Saudi Arabia etc.

After 9/11, the world seemed to have waken up to reality. It appeared that the world might after all unite vigorously and whole-heartedly to fight with this dangerous menace. Then the world witnessed train bombing in Madrid and certain happenings in Chechneya, Indonesia, Saudi Arabia and Nepal and even Pakistan.

Neither Afghanistan nor Iraq has so for recovered from the after-effects of war. Nobody can even claim that these countries have been ridden of the menace of terrorism. It means there is something wrong in choosing war as a means for eradicating terrorism. Some other ways and means will have to be found out to get rid of this menace.

Factual Description

Fighting Global Terrorism

Global terrorism and weapons of mass destruction pose a great danger to mankind. But meeting the challenge of terrorism is not possible through war especially when it is not authorized by the U.N. security council.

After 9/11, the world seemed to have united for eradicating this menace. But the events in several countries have belied the hopes of the international community.

Even after Afghanistan and Iraq wars, there seems to be no improvement in the situation. So, war is not the solution to this problem.

EXAMPLE-6

If someone were inclined to know what the all-time favourite drink with most Indians is, of course, one would name tea. Tea is of several varieties. It is said that tea of all varieties is beneficial to human health if taken in moderation, but green tea is said to be the best for the heart.

India is one of the largest tea producers of the world and that is good for India as well as the whole world. In the matter of exporting tea, she has to compete with countries like Sri Lanka and China mainly. In India, the Assam hill region is the largest tea producing area. The Assam tea is said to be very pungent in taste.

As far as the point of flavour of tea is concerned, the Darjeeling tea is the most famous all over the world. Tea plantations are there in the Brahmputra valley, in Himachal Pradesh, in the southern parts of the Western Ghats and in some parts of South India.

Now, tea tasting is a skill for which there are specific institutions. Each tea company employs tea tasters to obtain high standards of their product. These tea tasters can tell the kind and quality of tea just by tasting. They can tell the region to which the tea they have tasted belongs. Tea tasters are not required to have high essential educational qualification, perhaps not higher than 10 + 2, but they must have the required aptitude and inclination to acquire the skill.

It is said that slower growth of tea plants improves tea flavour. Not only tea tasting but also tea growing as well as tea plucking is now considered an art which is beyond the approach of anybody and everybody.

Factual Description

Tea As a Drink

Tea is the favourite drink with most Indians. It is a health beverage. In India, tea is planted in several regions, but the Darjeeling tea is considered to be the best in flavour.

Tea tasting is now considered an important skill which is taught in several institutions. Tea tasters are employed by all the tea companies to maintain the quality of their products. Tea tasters don't have high educational qualifications but they can tell much about the kind, quality and region of the tasted tea. Like tea tasting, tea growing and plucking are also skilful arts.

EXAMPLE-7

A giant tsunami struck South Asia after a high intensity earthquake of 9 degree magnitude on Richter scale on 26th December, 2004. The tsunami struck several countries including Indonesia, India, Maldives, Mayanmar, Thailand, Malaysia, Sri Lanka etc. Some people were killed even in Bangladesh, Kenya, Tanzania and some other countries. A total number of about 1,60,000 were said to have died in the tsunami and thousands of people were reported missing.

The maximum number of casualities took place in Indonesia where about 1,10,000 people were said to have been killed as high sea waves struck the country at an incredibly high speed. Not to speak of human beings even tall concrete buildings which were both builders' and owners' pride fell like houses of cards.

The Indonesians called it "Mata'ie" which in Indonesian means "tears". It was the Aceh province in Indonesia which was the most affected area in the entire region. According to a report published in "The Independent", "When an earthquake and tidal waves destroyed vast swaths of the Indonesian province on Boxing Day, survivors from coastal areas near Banda Aceh, the capital, fled to higher ground and found themselves in Mata' ie, in the shadow of Aceh's hills."

"The Independent" further reported, "Now 3,000 homeless and destitute people are living in a crowded camp on the outskirts of the town, where they spend their days reliving the nightmare unleashed by the tsunami and searching fruitlessly for relatives and friends."

"The camp's front fence has become a wall of despair, where hundreds of messages scrawled on fragments of cardboard beg for information on missing people. Many of them are children, washed to oblivion by the giant walls of water that swept away their flimsy homes."

It was rightly described by many as the greatest human tragedy in history. Although massive aid from various sources arrived within a few days, the loss to human life and property could never be accurately measured, much less repaired.

Factual Description

Tsunami in South Asia

On December 26, 2004, a powerful tsunami struck several countries of South Asia after a massive earthquake in the Indian Ocean. About 1,60,000 were reported dead and thousands were missing.

Indonesia bore the brunt of tsunami with about 1,10,000 casualities. In Indonesia, the province of Aceh was the most seriously hit. The Indonesians called it "Matai' ie" which in Indonesian means "tears."

"The Independent" reported the condition of 3000 homeless people in Aceh who led a miserable life in a relief camp on the outskirts of the capital. They are searching fruitlessly for their lost friends and relatives. But the total loss to life and property will ever remain inestimable.

EXAMPLE-8

In the matter of eating habits, animals can be divided into two broad kinds. Animals who eat flesh are known as carnivores. Those who eat grass, leaves of plants, etc. are called herbivores.

Carnivores usually have long canine teeth. They use these teeth for catching and tearing up their prey. These animals belong to the category of hunters among the mammals.

Basically, lions, leopards and tigers belong to the same family as the domestic pussy cat. This may seem strange but it is true. In our daily life, we frequently come across cats. They are carnivores and belong to the category of hunters. They often run after their prey such as mice, sparrows, pigeons, etc. from dawn to dusk.

It is commonly believed that cats can see in darkness. This is only partly true. It is true that their eyes are especially designed by nature to enable them to see in darkness. But even cats may not see quite well in total darkness.

Cats have an excellent way of hunting. They indulge in this activity as if they were pursuing consciously and vigorously some art. They can be seen lazily sitting at a shady place under an undergrowth or near a terrace with their eyes half-closed. But this laziness is only on the surface. They may be inwardly as alert as ever. It is their way of allowing their prey to come and sit close to them without being alarmed. They make no noise even while walking. They go close to the prey, say a sparrow, creating the least stir or disturbance. As they reach within the pouncing distance, they pounce upon the prey in one swoop and capture the prey. Often their grip is so strong that the poor prey cannot escape it. The prey flutters and writhes in their mouth but within minutes the matter is over with it. Soon, what one can find at the place is a heap of feathers and claws.

Factual Description

Cats as Hunters

Cats are among the mammals. They belong to the category of hunters. They are relentless, but cleve hunters. They hunt their prey from morning to evening. They can see in darkness, though not quite well in total darkness.

They have the art of hunting their prey. Often they sit lazily at a vantage place. They give no clue of their presence to their prey. Their unsuspecting prey comes to a place close to where a cat is sitting.

As a cat walks towards the prey, it makes no noise or disturbance. Slowly it comes very close to the prey, and pounces upon it and captures it.

ESSAY WRITING

INTRODUCTION

The term 'essay', for examination purposes, can be applied to a composition in which the writer states his knowledge of, and gives his opinions about, a certain topic. An essay, in this sense, will contain narrative and descriptive elements as well as comments and criticism representing the writer's own point of view. Thus, an essay becomes a test, not only of knowledge, but of thought and imagination. It reflects the writer's personality as well as his or her ability to weave disintegrated bits of information into a thread of unity.

Essentials of a Good Essay

1. An essay must be a unity, developing one theme with a definite purpose.
2. The essay should follow a certain ordered line of thought and come to a definite conclusion. The matter— the ideas/facts,— should be arranged into an attractive design.

3. The presentation of the matter should be clear. Language and sentence construction should be simple and lucid.
4. An essay should reveal the personal feelings and opinions of the writer.

However, idiosyncrasies had better not be expressed. Nor should extreme or dangerous opinions be expressed.

TOURISM

Tourism is a growing industry in India. Hoteliering and tourism account for major foreign revenues of our nation. The declining value of the rupee and a good image of India as an exotic tourist destination have boosted the tourism and hotel industry in India during the last decade.

It is surprising to note that small nations like Thailand, Hongkong, Malaysia, Seyshells, Mauritius, and Indonesia have been able to do very well on the tourism front. India is the ancient cultural cradle of the world. It has fascinating tourist destinations like the Taj (Agra), Khajuraho Temples (Khajuraho), Marble mountains (Jabalpur), Gateway of India (Mumbai), Red Fort and Qutab Minar (New Delhi), Amar Vilas Palace (Jaipur), Bharatpur Bird Sanctuary (Bharatpur), the city of canals (Alleppey), and many attractive hill spots in the North. We Indians are also not aware of the beauty of our nation. Our ancient cities, lakes, mountains, palaces, temples, mosques, minarets and gardens are thrilling experiences for all the visitors. Almost every foreign tourist longs for a tryst with the beauty of India and loves to visit each and every corner of this vast nation.

Goa, Khajuraho, New Delhi, Mumbai, Kolkata, north-eastern states, and Pondicherry are the most popular tourist destinations. Rajasthan is a paradise for the foreingers and this state offers a wide range of cultural and ethnic diversities to the visitors.

Foreign tourists are appalled at the state of Indian roads, hotels, motels, guide services, catering services, transportation services and environment of the Indian subcontinent. We would have to provide four-star amenities to the tourists at the prices of three-star standards. If we do not follow this norm, we would lose tourists, who would move to the USA, Europe, Japan, Hongkong, Thailand, Singapore, Mauritius, and Seychells. These nations offer good quality rooms, food, liquor, entertainment, and transportation at the most competitive prices. They follow international tourism norms in terms of hygiene, hospitality and catering. We do not follow these norms and this leads to apathetic attitudes of tourists towards India.

It is fortunate to note that tourism and hotel management have become serious subjects and vocations. The government and private institutions have launched many courses in hotel management and tourism. Tourism professionals are required by tour operators and airlines. The airlines and sea cruisers also need hospitality staff. Finally, chefs are required around the world. Hotel professionals are also in great demand. This would boost the hotel industry and hence the economy.

The services of telecommunications, sea ferries sanitation, air travel, roads, catering and tourist guides would have to be operated on professional grounds. The international agency, the IATA, is doing well to promote and regulate air travel around the world. Government of India is also doing its best. Participation of the private firms has also increased. However, a lot needs to be done in this crucial area. We can earn the much coveted foreign exchange through tourism and hotel industries. Our outlook and approach would have to be made professional, if we want to achieve concrete results in this fastest growing industry.

UNEMPLOYMENT

Unemployment is actually a global problem but it is most serious in India. We have here in our country unemployment of various kinds and varying degrees. There is white-collar and blue-collar unemployment. Many highly educated degree holders in electronics, engineering, management and other disciplines are also unemployed or only semi-employed. Nearly 5 crore educated people of our country are fully unemployed; this number is growing at a fast pace.

There are both skilled and unskilled workers who are unemployed on a large scale. There are unemployed people both in rural and urban areas. There are both agricultural and industrial unemployed workers. The more serious thing is that the problem is being aggravated day by day.

On the surface of it there seem to be many jobs available through Business Process Outsourcing (BPO) and overseas, but that are available only to a handful of highly skilled personnel and a vast majority of people remains unemployed. Jobs available through BPO, though welcome, are mostly concerned with such disciplines as financing, accounting, designing, medical transcription etc. These are not so many in number, considering the vastness of our country and the mammoth population and gigantic problem of unemployment that we are facing. These jobs touch only the tip of our problem. Our government and private sectors must try to answer the problem adequately to check the growing number of tables, which is rising among all sections of society.

Unemployment is, no doubt, a serious problem all over the world. Says an analyst:

"The worst victims of the marketisation rush have been the lower strata of the population. Competition and efficiency, the two hallmarks of the neo-capitalism, essentially mean job cuts." Europe is reeling under the anachronism of more investment, more production and more loss of employment. Upgradation of the quality of labour has been an inseparable aspect of the efficient production line. So, less intelligent ones fall by the way side.

In India, globalisation and modernisation have taken their toll. Now, few jobs are there only for the highly skilled ones and they are given to those people who have some recommendation and, better still, if they can cough up a considerable amount as hush money. The VRS has further added to vows of some people. Many, particularly the illiterate, unskilled people take recourse to the weird route of crime and not only they themselves suffer but also cause suffering to many others.

The jobless are being offered various schemes to combat the menace. The JRY was in vogue recently. In rural areas, the new employment guarantee scheme is bring implemented (read about it in this volume). The private sector does not take unskilled poorly trained personnel. Hence, job reservation in the private sector is nothing but a Utopian dream. Even the government cannot force the private sector firms to accept poorly performing people in its fold. If that is done, the efficiency and profit–making prowess of the corporate sector firms would be reduced. That is what we do not want at any cost, for the private sector is the primary growth engine of our economy now-a-days.

The situation is even worse now when with the advent of multinational giants like LG, Samsung, etc. Several Indian companies including some quite prestigious ones as Voltas, Crompton Greaves, Glaxo Pharma etc. have virtually closed shop. Lakhs of workers have been thrown in the streets. As the President CITU pointed out:

"Post-liberalisation has seen workers lose jobs on a daily basis in the textiles, coal, manufacturing and steel industry. No safety nets have been put in place, and there is a sense of desperation and fear in the homes of all the workers we visit today. There are no regular salaried jobs available in these sectors anymore."

A very dismal position was depicted by the President of the federation of 750 Maharashtra based trade, transport and small scale industries associations:

"Land in and around Mumbai has become a prised commodity. Most of the industrialist groups have sold their units at whopping profits to land sharks. They pocket all that money without giving workers any compensation. They then borrow crores of rupees from institutional lending groups at concessional rates to set up alterative industries in places like Gujarat etc, where workers are being hired at Rs. 2,000 per month. They are akin to slaves toiling in sweetshops. The government has just turned a blind eye to all these goings on."

Surely, the situation is very explosive and if some concrete steps are not taken expeditiously, there can arise some serious socio-economic and political upheaval. No doubt there are some schemes like Nehru Rozgar Yojna and others on paper. But they are not enough and are not implemented sincerely.

Most state-controlled enterprises and corporation are being privatised now-a-days. So, the number of jobs is less in the government-run departments and companies. The youth are advised to be on their own and start small enterprises, they would certainly do well in their own firms. They will be the masters of their destiny. They will earn more that way. Moreover, self-employment would also help them realise their cherished dreams. They can also export their goods.

In sum, unemployment is a major challenge for our planners and the youth alike. We must meet this challenge with zest and determination if we want to become a high-performing economy of the new century.

HUMAN RIGHTS

The concept of Human Rights lays stress on respect for the human-beings, regardless of the considerations of colour, race, sex, religion, etc. These are fundamental rights to which, every man or women is entitled merely by virtue of having been born as a human being. The preamble to the Universal Declaration of Human Rights (1948) states, "recognition of the inherent dignity and of the equal and inalienable rights of all the members of the human family is the foundation of freedom, justice and peace in the world."

Human rights are categorized as civil, political, economic, social and cultural. Sometimes, their particular components are specified as the right to live, right to liberty and security of person and so on but all sets of rights, irrespective of categorization, constitute one indivisible whole. Denial of one specific right impinges upon the fulfilment of other rights.

Most of the violations of human rights take place in the management of law and order, either by police or by armed forces. So, the State may be held responsible for violation of human rights when the State, by its acts of omission and commission, allows human rights to be violated. There may also be situations in which, breach of human rights takes place for reasons that cannot be said to originate due to actions of the State.

The terrorist activities in various parts of the world, which take innocent lives, presecution of undertrial POWs (Prisoners of War), incarceration of national leaders fighting for Independence (for example, Nelson Mandela in South Africa and Aung San Suu Kyi in Burma), use of child labour at low wages, atrocities inflicted by the police on liberal authors like Taslima Nasreen in Bangladesh are some types of human rights violations.

India is the only Asian nation in which, the Parliament passed the Human Rights Act in 1993 which had only a few amendments since March 1, 1994. The National Human Rights Commission of India is headed by retired Chief Justice K.G. Balakrishnan. The head office of the Commission is in New Delhi. The other members of the Commission are the dignitaries who had held the positions of the Judges of High Courts and who are well versed with issues related to human rights.

Thus, it is not the executive of the country but the judiciary, which controls the Human Rights Commission. In addition to a National Commission, there is a provision in the Act for the Constitution of State Human Rights Commissions. These are headed by the Judges of State High Courts or the Supreme Court. Such a person has the status of the secretary of a state. Human rights violation cover, in general, acts of unprovoked violence against a person, persecution, molestation, public insult, etc. Although these seem to overlap the Fundamentals Rights granted under Article (21), yet the Human Rights Act is specific about those acts, which ultimately culminate in the violation of human rights. The Commission has powers to investigate those acts, which have been mentioned in the Indian Criminal Procedure Code. The Commission has become popular and a large number of cases is being brought to the human rights courts. These courts try cases of police atrocities and the maltreatment of undertrial prisoners. These courts, supported by the judicial system, have been asked to deliver justice in many a case.

On the global level, human rights violation pivots on the issue of atrocities committed by terrorists. Terrorism is now prominent in a number of countries including Britain, the USA, Canada, India, Spain, Sri Lanka and many developing nations. In India, terrorism with financial and material support from abroad, seeks to decimate her secular, democratic and pluralistic civil order.

At its meeting in Geneva in March 1994 the UN finally recognized that terrorism poses a major threat to human rights. The UN Human Rights Commission unequivocally described terrorism as a heinous activity, aimed at destroying human integriy. The historic resolution called upon all the States to take all necessary and effective measures to "prevent, combat and eliminate terrorism." However, it also stipulated a controversial clause, stating that measures taken against terrorists must conform to international standards of human rights. This is viewed by many experts as a weak clause; while the terrorist outfit employs all available means of warfare, the target State will have to abide by constitutional guarantees. Thus, the militant group will use the alibi human rights to promote her nafarious designs!

However, containing of terrorism by State-sponsored acts of official terrorism would only suppress the problem and may not solve it. Freedom is man's most prized possession. The Human Rights Declaration was drafted by the Nobel Prize Laureate Rene Cassin in 1968 and is the hallmark of the civilized society, which guarantees freedom from fear to everyone. Pragmatists find such an idealist interpretation slightly irrational and demand logical thinking and pragmatic steps in this regard. Terrorist states, aided by petro-Dollars and lucrative trafficking activities in narcotics, have resources at their disposal. Thus, they can easily harm the targeted State if it has to observe human rights standards. Further, every burst of fire has to be justified in a court of law. When an emergency occurs, fundamental rights of the common citizens are suspended. Why cannot it be done in the case of regions dominated by terrorists? All these questions make the UNHRC controversial and debatable.

While a democratic government system is vital for the protection of human rights, the fact remains that human rights are essentially the rights of the people, both as individuals and as groups. Hence, persistent vigilance of people themselves, to safeguard their right has to be developed as the guiding tenet. In this connection, the roles of media and free Press are also important.

Free market forces would lead to exploitation of poor masses. The role of the national and international human rights agencies would be to protect the interests of the common man. The tasks is Herculean, but the common man cannot be left at the mercy of those who are cruel, influential, and rich beyond imagination.

SPREADING TENTACLES OF TERRORISM

The new century has taken the legacy of terrorism from the previous one. In the new century, the forces of terrorism have taken all democratic forces for a ride. Sadly, there seems to be no solution in sight and the war against terrorism is likely to be bitter in the years to come. Let us take a look at the nefarious designs of the forces of terrorism that are a threat to the peoples of most nations, law-enforcing agencies and judicial systems alike.

Aum Shinrikyo was a cult set up in 1987 in Japan. It was started by Aum Asahara. It wanted to take over Japan and later, the entire world. On March 20, 1995, the members of this cult released a chemical nerve agent (called Sarin) in many suburban trains of Tokyo. Twelve people were killed in these trains and more than 6,000 people were injured. This cult mainly operates in Japan. The name of the LTTE is well-known. It was founded in 1976. It wants to set up a separate Eelam (State) within the boundary of Sri Lanka. The LTTE cadres are ruthless to the core. Their suicide bombers are called Black Tigers. The LTTE uses bombs and human bombs to kill and terrorise people, politicians and security forces. The Late Rajiv Gandhi was the victim of a human bomb. He was killed on May 21, 1991 by a human bomb when he was addressing an election rally in Sriperambadur (Tamil Nadu). The LTTE is also responsible for killing many political leaders and heads of previous governments of Sri Lanka. It has been alleged that it has been receiving the support from some politicians of Tamil Nadu.

Another organisation to be carefully monitored is the Basque Fatherland and Liberty. It was founded in 1959. Its objective is to establish an independent homeland for those people who nurture the Marxist ideology. It operates in northern Spain and south-western France. In one major incident, this organisation killed 38 people and injured several others. The Basques are a powerful entity in Spain. The Irish Republican Army (IRA) was created in 1998. Its aim is to remove the British from Ireland. It aims to unite Ireland. This group is famous for its car bomb attacks and building explosions. On August 15, 1998, it attacked through a car bomb in Omagh and killed 29 people, injuring 220 others. In 2000 and 2001, it resumed its spate of violence. The British government is trying to chalk out a peace plan in consultation with the IRA cadres. However, the situation is not fully under control. Bobby Sands, an IRA cadre, gave his life for the cause of free Ireland when he went on hunger strike. This organisation is active in Britain and Ireland.

The National Liberation Army of Colombia is a Marxist insurgent group. It was created in 1965. The chief supporters and promotors of this group were Fidel Castro (of Cuba) and Che Guevara. It kidnaps people for getting ransom. It often targets foreign employees of large corporations. It operates in Colombia. Another organisation, the National Liberation Army of Colombia, is also an active organisation of Colombia. In February, 2003, it was responsible for killing 30 persons through a car-bomb attack in Bogota.

Further, there are many other organisations operating in Europe and South America that attack people and security personnel off and on. We have mentioned the names and activities of only important organisations in this text.

The rebels of Chechnya are hell-bent upon making Chechnya a free State. They are Muslim guerillas and have give enough tantrums to the Russians. Recently, they took over a theatre in Moscow and held several hundred people as hostages. The Russian armed forces swiftly moved in and killed 41 of these insurgents. However, 128 hostages were also killed. The problem of Chechen rebels is proving to be a great headache for Mr. Putin and his colleagues. The Russian government has imprisoned many top-line leaders of this rebel group and a few of them have died in prison. However, the Chechens are not in a mood to shed their claim. The head of Chechen rebels is Mr Mousar Basayev.

Al-Qaeda is a baby of Osama-bin-Laden. His most trusted deputy is Aimaan-al-Zawahiri. Both of them are at large and could not be traced by the forces of the UK and USA operating in Afghanistan. Osama bin Laden was a stooge of the Americans during the time when Russia had occupied Afghanistan (during the eighties). He was trained by the Americans to put up fight against the Russian forces operating in Afghanistan. Ironically, the same Osama has become a headache for the Americans. He is always elusive, thanks to his well-created and finely maintained intelligence network. Osama was responsible for the 9/11 carnage that had shaken America and the world. A war against terrorists ensured in 2001. It was won by the US-led forces. The Taliban is another organisation that was working in collusion with Al-Qaeda. The Taliban was wiped out from Afghanistan. However, we have many reasons to believe that the Taliban is down but not out. That is why, Mr Hamid Karzai and his cohorts are being incessantly protected by the forces led by the Americans. Karzai has also won the first ever democratic election held in Afghanistan. Her population is based on several tribes that operate and kill to survive in the tough terrain of the wild cold mountaions. Although Afghanistan is trying to become fully democratic, Al-Qaeda and the Taliban can strike back at any point of time. In a video released by Al Jazeera TV, Mr Laden announced that he would repeat the incident of 9/11 time and again. He was seen in perfect health which means that he is fit enough to fight and lead his cadres against Uncle Sam. Mr Barak Obama would find it difficult to contain Al-Qaeda because the latter is not in a mood to compromise. If an incident like 9/11 is repeated, the USA may retaliate with an untold vigour against Al-Qaeda. This organisation operates in Afghanistan and Pakistan, although it has supporters and deadly

ENGLISH

links in many countries. Experts aver that Osama may be hiding in Kashmir or in a border district of Pakistan. The Pakistani government denies that it has links with this organisation. However, the world refuses to accept this logic. In the past, the Pakistani army was hands in glove with the Taliban and Al-Qaeda. It cannot shift its stand in a few years. The Pakistani army has launched many campaigns to capture Al-Qaeda cadres and also succeeded in some of its campaigns. However, there may be a covert understanding between the Pakistani army (and its generals) and the cadres of Al-Qaeda. Pakistan was directly responsible for supporting and protecting many terrorist groups. The Taliban is the brainchild of the Pakistani army. In fact, the Taliban was created because the Pakistani army could not overtly fight the forces of the West. Hence, it created a pawn to unleash a wave of terror on the Afghan people and security forces. The Taliban and Al-Qaeda consider India as their opponent. This fact has brought the USA and India closer than ever.

The Indonesian *Jehadi* group is a close associate of Al-Qaeda. In October, 2002, it attacked two night clubs in Bali, killing 200 people. Most of the victims were Australians. In August, 2003, it struck again. It attacked Hotel Jakarta Marriott in Jakarta.

Finally, the latest spate of violence was observed when Chechen rebels had attacked a school near the Russian border. Several children and their teachers were killed. This bloodbath stunned the world. The total toll of the dead was 338. The school was located in Beslan, near the border of Russia. The incident took place on September 1, 2004. On September 9, 2004, a car bomb exploded near the Australian embassy in Jakarta. Eleven persons were killed in this attack while 160 persons were wounded.

In Kashmir, several terrorist organisations are operating. The Hizbul Mujahiddeen (HM) was founded by Sayyed Salahuddin. He was released by the Indian government in exchange for the hostages taken by Kashmiri militants in 1999. They had hijacked an Air India aircraft and taken it to Kandahar. The then foreign minister of India had to intervene and personally visit Kandhar to ensure a smooth exchange of hostages with the terrorists released from Indian jails. The other militant organisations of Kashmir are Dukhtaran-e-Millet and Lashkar-e-Taiyyaba. Besides, many other Kashmiri militant organisations are also operating on a small scale. They are demanding the liberation of Kashmir. Most of Kashmiri militant groups are operating from Muzaffarabad, which is located in Pak-Occupied-Kashmir (POK). India has time and again told Pakistan to demolish terrorist training camps operating on her soil but to no avail. The Kashmir imbroglio could not be resolved because of this very reason. The Kashmiri terrorist cadres cross the border from some points in POK and attack civilians and military forces in the Indian part of Kashmir. Since the eighties, this spate of violence has continued.

The logical, justified demands of every terrorist organisation should be accepted and that organisation should be allowed to join the mainstream. However, the unjustified polarised demands of any organisation must be rubbished. The PLO was once a terrorist organisation but it is a peaceful group now. Its demands and suggestions are heard by the world community. The Israelis are leaving no stone unturned to decimate the Palestinian masses and rebels. The message is clear—killing innocent people cannot help any person or group achieve his or its goals, howsoever pious they may be. Solutions can be found through across-the-table negotiations, not through car bombs, attacks on civilians and guerilla wars.

EMPOWERMENT OF WOMEN

Women are the companion of man, gifted with equal mental capabilities. She has the right to participate in every minute detail of the activites of man and she has an equal right of freedom and liberty with him. She is entitled to a supreme place in her own sphere of activity as men is in his. The Constitution of India ensures a place of dignity and honour for all women.

The last five decades have witnessed some basic changes in the status and the role of women in our society. Today this processes has been further accelerated with some women becoming increasingly self-conscious of discrimination against them in several areas of family and public life. Unlike the pre-independence period, a girl is sent to school right from the nursery class. She even studies in a boarding school and thus stays away from her parents. Even after her education is complete, she does not stay back home but looks forward for a bright career. By doing so she even helps her parents financially. She walks shoulder to shoulder with her male counterpart. She is no more illiterate, backward, ignorant or suppressed in the urban areas. But still a large section are still not literate and the government is doing its best to educate and uplift them. Inspite of all these the mentality of the parent has changed. In most countries of the world, there are approximately 105 female births for every 100 males. But in India there are less than 93 women for every 100 men in the population. The accepted reason for such disparity is the practice of female infanticide in India.

According to UNICEF, the problem is getting worse as scientific methods of detecting the sex of a baby and of performing abortions are improving.

These methods are becoming increasingly available in rural areas of India, fuelling fears that the trend towards the abortion of female foetuses is on the rise. According to a report in Asian Age, there are atleast 70,000 women sex workers in Delhi, Chennai, Kolkata, Bangalore and Hyderabad. Majority of these women are from the weaker sections of the society.

Women have played a silent, self effacing role to sustain Indian civilization down the ages. But since independence her image has changed. All our political and social leaders have always insisted on education and equal rights for women. Because of their education and advancement, women today accompany the exploration team to Antartica. Kalpana Chawla proved that women were in no way inferior to men even in space shuttle area. Today women are competing with men in each and everysphere, be it politics, armed forces, police force, management, banking or the judicial sector. Our country has seen one of the most intelligent lady–Smt. Indira Gandhi during whose Prime Ministership the country flourished. The whole world became aware of Indra's capability. Women are also excelling in sports like P.T. Usha and in beauti contests like Sushmita Sen and Aishwarya Rai.

The Constitution has not only provided for equal rights and privileges for both men and women but has also made special provisions for women. Inspite of so many laws, the female still lives under great stress and strain under the male dominated society.

With the process of industrialisation, globalisation and modernisation showing its deep import on the human society all over the world, the role and responsibility of women has attained a new dimension. The educational and occupational patterns have also changed and widened with women entering the domains, which till decade back was considered to be dominated by men. Unless women throw off shackles which ignore their talent, their skill and their spirit, women cannot be empowered. And unless they are empowered to take a decisive part in the social political and economic life of the country, the very development of the country may be adversely affected.

SECULARISM

Before Independence, Nationalist leaders of India envisaged a nation which must be democratic, socialist, republic in which all sections of the society and people of all caste, creed and region should enjoy freedom, equality and justice and shall have the equal opportunity in government jobs and private enterprises. To turn this commitment that India should be secular state, the government established a legislation in the Parliament and added the word 'secular' in the constitution through 42nd Amendment act.

India as a nation shall have no religion, however, the Constitution confers religious freedom to all and shall have no religion be given priority over others vis-a-vis state promulgamations. In fact, India shall have no state religion which means no particular religion will be given preference. The framers of our Constitutions the intellectual elite and the political stalwarts keeping in mind the diversity of the country, proposed and created a nation which has no religion.

The state considers religion as individual's private belief and faith wherein the state shall have no objection in following propagating and organising religious assemblies. No individual shall be discriminated or favoured because of his or her religion and that an Indian identity will not be a religious identity. However Indian identity is the first and fore-most identity.

Secularism has always been a subject of debate among leaders, intellectuals and clerics. Fundamentalist group and narrow-minded demagogues vehemently oppose India being called a secular state. There has been hue and cry over this issue but as a concept of a healthy nation, securlism is widely accepted principle. And the people of this country, the masses and the youths inspect of their religious affiliations are all secular by nature.

Not only this bold and wise step of making India a secular state, the great Indian leaders have placed this country on a very higher and honourable position among the democratic states in the world. Such is the superiority of secularism that a demagogue like 'Jinnah', the chief architect of the division of this country, proposed Pakistan as a secular state, though the fundamentalist could not swallow this idea.

The constitution of India provided enough security and safety to the minorities of this country secularism is the best ideal to safeguard the interest of such communities.

This is an outstanding feature of India that a nation which has the most number of religious followers and the people most religious and pious that not a single country in the world has this honour. Even though the state is under the influence of no single religion.

Here Muslims enjoy full rights of the citizens as their Hindu brothers; a Buddhist, a Jain, a Christian or a Sikh a Marxist or Heathen—all enjoy the rights provided by the constitution.

In a world full of ideological strifes and conflicts, India stands tall as it honours all religious but favours none and to be a strong nation it is a wise move to have the state free from religious narrow-mindedness. And to be the most powerful nation, the people of this country must maintain this ideal which can hold the nation in one binding code emits many discodes.

ROLE OF MEDIA IN EDUCATION

The media scenario in India has undergone spectacular changes since independence. From the era of the ubiquitous bullock cart, we have travelled to the modern age of satellite technology, Internet and digital devices. Ever since the beginning of planned development in the country, the role of the media in the process of development has been recognized. The growth of media means the development of society as a whole and of all of its economic, social and political engines. It calls for the improvement in the standards of the poor masses through an equitable distribution of resources. Education is an important weapon in the hands of poor, which can be used for reaching new heights in life.

As per 2011 census, India had a literacy rate of only 74.04 per cent for the entire population. As compared to the situation at the time of Independence, India has made rapid progress in the field of education for her citizens. But increased population and a lack of the resources and voluntary organisations during the initial periods have been the major limitations. The major initiative to eradicate illiteracy began during the 1980s. The Human Resource Development ministry was constituted to harmonize all the inputs required for proper education of Indian masses. The national Adult Education Programme was launched by many voluntary agencies, educational institutions, local bodies and government departments for adult education. In 1988 the National Literacy Mission was constituted to tackle with the challenge of achieving complete literacy, *i.e.*, this mission launched the total literacy campaign. Indian Census (2011) has shown us good percentages of literacy. Now, the government plans to make the nation fully literate by the end of Eleventh Five year Plan.

The National Educational Policy (1986) reinforced the importance of media for perpetuating and supporting educational processes. The diffused, inflexible and hackneyed structures in villages provided immense communication barriers with the outside world. Realising the problem, SITE (Satellite Instructional Television Experiment) programme was launched during 1970s. It was the most advanced technological experiment ever conducted for such a large population which utilized community television sets for teaching modern methods of production, process of fertilization and technologies, soil and water conservation methods, crop patterns, seeds, dairy development and animal husbandry. The brain behind the experiment, Dr Vikram Sarabhai, commented, "Mass media is an indispensable condition for rural development in modern times. Through the process of communication, the new ideology of equality, human dignity, social justice, etc., had to be spread across." The BJP government launched schemes like Sankhya Vahani and TRYSEM. These essentially involved the use of modern training tools and computers.

The number of journals and newspapers has multiplied since the dawn of independence. Newspapers are being brought out in 96 languages and dialects. The combined circulation of the Press is several crore per day. An educated person can go through the newspaper and inform the illiterates. Since the message is in black and white, the communicator has the option of reading in detail. However, the newspapers and other print media have the limitation, which cannot communicated directly to the illiterate masses. Most of these papers are sold in large towns and cities. However, local and vernacular papers have a great utility in rural areas.

Radio is by far the most extensive network of communication for our people. Technically, the radio signals cover almost the whole country. According to an estimate, there are about 8 crore radio sets in the country. The message is conveyed directly and in a spoken language. Radio has been broadcasting educational programmes including news-bulletins, talks, panel discussions, quiz contests, commentaries, classroom lectures, discussions and face-to-face interviews with the audience. It is a participative medium and can be used for educating and developing the masses in general and for primary education. FM channel has revolutionized the entertainment scenario. In the four metropolises, one-way information exchanges regarding traffic, national news and leisure are effected through the radio.

The relevance of media in imparting education is quite obvious. However, proper choice of the medium, framing of strategy, designing of message and effective utilization of resources are vital for success. Huge sums of money are wasted because the beneficiaries were not aware of the literary campaigns. In the field of education, it is necessary to estimate their requirements, decide the media to convey the message and implement the media strategy. Finally, media can only prepare suitable conditions and inspire people but ground realities must meet the promises and projections otherwise the credibility of the media would go down. The media will have to play an important role for achieving the coveted target.

ENGLISH

PANCHAYAT SYSTEM IN INDIA

The village Panchayat system has been an integral part of the Indian administration since times immemorial. A village is a self-contained social microcosm, a composite peasant society representing different communities and rural cultural hues. It does not have irritant elements but represents an integrated composite culture, free to a greater extent from the penetration of urban cultural patterns into village life.

The importance of village with its headman, called *Gramani*, can be traced to the Rig Vedic times; and this headman figures in later Vedic literature as one of the jewels of *Ratnas* of State administration. The decimal system of classification of villages into units of ten, twenty, hundred and thousand is well-known. According to Vinaya, the heads of villages (*Gramikas*) are stated to be meeting in an assembly of their own.

Narada supervised the appointment of five officials in each village. The State took full responsibility for rural development, particularly for constructing roads for traffic, setting up of markets, etc. References were also made village elders — *Gamma-vriddhas and Grama-mahattaras* — who were the prominent persons of a village and were associated with the village administration.

An account of the Panchayat system comparing five persons (official and non-official) in districts as well as in subdivisions is afforded by the inscriptions of the Gupta period. At the district level, the *Vishayapati* or its head had a non-official advisory council representing different interests in the locality. These included the *Nagara-sresthin*—the chief banker representing the commercial interests; the *Sarthavaha* or caravan—the chief of the leader of the trading community; the *Prathama Kulika* —the chief of the heads of the families or the community head; and the *Prathama Kayastha*— the chief scribe or the official administrator.

The assistance of the council was sought in matters of alienation of lands and other allied matters of community interest. At the subdivision (*Vithi*) and village level, there was a council of those persons who were not officials. Such a council comprised *Vithi-mahattaras* and *Kutumbins*, representing the elders and the agricultural households, respectively. The *Kulikas* represented the unofficial elements in advisory capacity.

At the village level, the *Gramika* or the headman and his council settled land disputes by fixing boundaries; they also maintained law and order. His advisory council comprised the *Mahattaras* — the village elders and the *Astha-kuladhikaranas* — the eight heads of the families and other leading men of good experience and high social status. The village elders in Southern India were known as the *Mahajanas*. They used to regulate the socio-economic activities in the village and assisted equally in administration. Their concurrence was necessary before the completion of the alienation procedure. There are evidences of reference to charters of rights and responsibilities of the *Mahajanas*.

The Panchayat system was prevalent in the urban context as well. The local body was called *Uttara-sabha*, *Goshthi*, *Panchakula* and a board of *Sauvayika*. The *Panchakula* signified a body of five persons who were appointed by the provincial head. They deliberated in the townhall, called *Mandapika*. The committee looked after proper realization of grants and rent from the endowed property. An inscription of the period from Gwalior mentions a *Sresthin* — the headman in the city with the caravan trader and other leading members of the board lof *Sauvayikas* administering the city. There are also evidences of references to the constitution of the *Sabhas* comprising both official and unofficial elements.

The election procedure of the Panchayats is recorded in the *Utaramalure* inscription of Rajaraja Chola of Tamil Nadu. In the South, the Panchayat body was known as *Sabha* or *Ur*. It functioned in the village as the most important elective body, entrusted with the task of administering the village at all the levels. The Panchayat also managed temples and other assets as well as their funds.

The local bodies constituting the Panchayats varied in nature and functions in Tamil Nadu and Karnataka. In Tamil Nadu, 20-30 members in the council were elected by people, unlike the whole of adult population in Karnataka or just a few in Maharashtra and Gujarat. There was a number of subcommittee in charge of different departments.

The popular element in the village councils was the uniform feature of all the village councils in the South. Property qualifications, academic acumen and experience were the prerequistes for membership of this body of councillors (*Variyam*) of the assembly. The election procedure, as described in the famous *Uttaramalure* inscription, is very interesting. A small boy picked up names from the basket and the election officer announced the result at the spot. The eligibility qualifications of membership further demanded that the person would have a break for a period of ten years before seeking re-election. He had to be of plus forty years of age, learned and impartial and none of his relatives was to be found guilty convicted of any crime, including robbery or involved in any case of bribery.

There are reference to 36 *Pariharas*, the types of levies which, these village bodies could impose. These included marriage tax as well. The duties and remunerations of members of the local bodies were fixed by the assembly itself, which worked in close harmony with the central administration.

The village panchayats have a long history. It was pointed out by Munro in 1815 that any attempt to restrain the Panchayat, by rules unknown to their ancient forms, would render them as redundant. Nothing can tend more strongly to raise men in their own estimation than to make them act according to it and no motives can be more poweful than the consciousness that they are not neglected by the administration and form a vital part of the same.

On May 15, 1989 the then Prime Minister Rajiv Gandhi introduced a Constitutional Amendment Bill in the Lok Sabha. This was introduced to make the Panchayati Raj in India a truly representative and effective system. For the last four decades, Panchayat elections were not being held regularly. Therefore, the neglected rural population was unable to exercise their rights. The Bill could not become a law as it was not passed by the Rajya Sabha. The Congress party had a majority in Lok Sabha and so, the Bill was cleared easily. In the Upper House, the opposition stalled the Bill. The Bill was again introduced in the new Parliament by the Narasimha Rao government.

This Bill, the Seventy-third Amendment Act, 1992 passed by Parliament, was made effective on April 24, 1993. It elaborates the Constitution of Panchayats. It also delineates the election procedure for Chairpersons of Panchayats and their powers. It stipulates proportionate reservation of seats for Scheduled Castes, Scheduled Tribes and women. The Act further outlines the financial powers, authorities of the panchayats, Constitution of Finance Commission to review and audit their financial position and terms and powers of State Election Commissioners.

Madhya Pradesh was the first state in the country to comply with the letter and spirit of the act. Elections were held to the Panchayati Raj bodies and powers and responsibilities were conferred upon them to undertake the economic and social upliftment of the area. Other state followed suit. With the exception of a couple of states, most of them constituted the laws governing the Panchayati Raj bodies. The central government used carrot and stick policy to make the state conform to the Seventy-third Amendment Act.

There are 2.20 lakh village Panchyats, 5,500 Panchayat Samitis and 375 Zila Parishads. These institutions have been granted statutory authority in many states for raising of finance through taxation, cess, land and fairs. The Ninth Five Year Plan has ambitious plans for Panchayati system reforms. These bodies would take into account local aspirations, resources and recommend programmes and methodologies to match them.

CONSUMERS' RIGHTS

It has been rightly said that today, we are living in a consumer age. Never before in man's social life, have supermarkets and business centres been so dominant with their consumer food items and durables. Some 'malls' or markets of Western countries have arrived in multi-storeyed buildings of our cities. You get everything from pins to paste, household appliances to machine parts under one roof. There could be a whole floor dedicated to different types of perfumes, books and music systems.

While the manufacturers cater to every palate and taste, the consumer finds himself inundated with so much products that his powers of discrimination are challenged. It is obvious that many manufacturers take consumers for a ride. By advertising aggressively through media such as TV, the manufacturers almost hypnotize consumers into buying their brands. The goods are presented in such an artistic style as to suggest everything a consumer wants to make his life worthwhile — economy, grace, elegance and luxury. Life seems to be miserable for a housewife unless she buys "ultra-whiteners" for her husband's clothes. For the working woman or man, fast food has arrived as a boon. "Two minute noodles" is a blessing when the mother is exhausted and all the children demand food! There lies the trap. The consumer does not take the trouble to ascertain various facts about the food he or she buys. A consumer has the following rights : *(a)* right to choose; *(b)* right to accept or reject the offer; *(c)* right to complain in an appropriate court of law for settlement of a dispute; *(d)* right to get information about the product / service; and *(e)* right to get good quality products.

Consumer awareness cells of the government have laid down guidelines to save the innocent and unwary consumer as follows:

(1) Always ask for a bill for goods, which you have bought. This should mention properly the date, the name of the product and the price paid. You can use this bill to report a case of food-poisoning or of overcharging which you could discover later.

(2) Look at the expiry date of a product marked on the tin or on the packet. Do not buy anything — drugs, foods, etc. — for which, the expiry date is almost near the date of your purchase.

(3) You must ask for the guarantee card for the consumer durables you buy. You can claim for damage or can ask for a replacement later if need be.

(4) Note the ingredients of a food item. Do they suit your health? In Western countries, it is mandatory to mention salt, sugar and fat contents on the label. Are the artificial colours used in the food item permitted? Quite often, artificial colours cause vomiting and stomach upsets. Certain types of ghee and some vegetable oils contain high contents of fats and salts which could harm heart patients.

Consumer courts all most active in the Indian subcontinent today, thanks to the efforts of the State and NGOs. Today, our consumers can go to a consumer court to seek compensation for financial losses incurred by them, if any particular product or service (purchased by them) ever led to such losses.

In the West, not only is there very strict quality check on manufactured items but, also the compensation for damage could be exorbitant. A mother of a child, who eats a chewing gum which chokes the child, can sue the gum manufacturing company and can claim heavy compensation. We are lenient in India about such incidents. If we discover a spurious item or a food that was stale, we consume it as we are short on time or we grumble a little and forget. This has encouraged unscrupulous manufacturers and sellers to work in collusion and dupe the buyers. Consumer Cells remind you to bring every such case to their notice. Even collective protests by housewives or consumers can prevent such types of crimes.

Consumer courts have been set up in almost all the towns to redress such grievances. Usually, they have senior or retired judges and listen to pros and cons of each case and penalize the guilty manufacturer. Cases at those courts are decided summarily within a one and two years. Constituted both at the state and district levels, these fora have statutory powers and legal status.

The agencies of the government like the Departments of Health, Food Agriculture, Social Welfare, etc., support consumers and protect their interests indirectly. These agencies have comparative rates of products advertized regularly in the newspapers. Consumers can read them, compare them and decide the product quality, price and the place of purchase. The print media include newspapers, magazines, handbills, pamphlets, etc., Radio and TV have a special roles to play in educating the illiterate masses. These awareness cells also build awareness about foods by pointing out age-old misconceptions about fast foods and dieting. Thus, costly foods are not necessarily the most nutritious ones. The humble sprouted gram and the soyabean are far more nutritious than costly almonds and fruits. Seasonal fruits, which are usually cheap, are the best to eat. Mother's milk is the best for the baby and it does not spoil mother's health but improves it if she suckles her baby quite often. Certain food items like betelnut and other mouth freshners are carcinogenic. Some soft drinks are habit-forming. All these facts help to make the consumer aware about the products that flood the markets and are advertized by multinationals and Indian corporate houses.

The Prevention of Food Adulteration Act (1954) makes the usage of harmful additives and preservatives a legal offence. Such additives cause chemical reactions in the foodstuffs. The cumulative effect of small doses of these additives may lead to serious debilitating diseases. There is no restriction on traditional preservatives like salt, sugar or spices but there is a restriction on the usage of sulphur dioxide which makes food toxic and may lead to vitamin deficiency. Sulphur dioxide is also the leading cause of rising number of cases of asthma. Too much of nitrites in food find their way into the bloodstream, which may prove to be fatal. Anti-oxidants like Butylated Hydroxy Toluene (BHT) in ghee and butter are banned in many countries as they lead to asthma or dermatitis. However, they are allowed in India. Such types of adulteration have serious implications for the masses on the health front. Artificial sweeteners like saccharine have lethal effects on the digestive system and cause several abnormalities. So, care has to be taken while buying processed foods. Consumer rights must be exercised in case of TVs, food items, clothes, toys, petroleum products and medicines as these products affect our lives everyday.

LETTER/APPLICATION

The following points should be borne in mind while writing a letter.

1. A letter should contain all the necessary parts which normally and formally it is required to contain.
2. It should follow the pattern according to the nature of the letter whether it is personal, impersonal, to the editor, to some official, customer, etc.
3. It should contain no irrelevant matter.
4. Normally it should indicate the date of writing.
5. In English most of the letters start in a direct way and there is not much scope for introductory words except in letters of particular nature.

Personal Letters

The following are commonly accepted parts of a personal letter:-

1. The Heading.
2. The Salutation.
3. The Body
4. The Subscription.
5. The Superscription.

Explanation

1. The Heading

It has two sub-parts.

(i) Address of the writer.

(ii) Date.

In traditional way of writing the Heading is written in the right hand top corner of the letter, but nowadays it is increasingly being written on the left hand top corner. In business and commercial letter-writing, this is generally the practice.

2. The Salutation

(i) It is written on the left hand starting from near the margin on a line or little below the Heading.

(ii) Generally, the salutation is written in the following way.....

(a) My dear Father/ Mother/Brother/Sister/ Uncle....(Relatives).

(b) My dear Umesh/Rani/Ali/Gopi, ...(Friends).

(c) Dear Sonu/Guleri/Mukherjee/Murthy ....(Acquaintances)

(d) Dear Sir/Madam,

(those not well-acquainted)

(Also to government and other officials)

(e) Sir/Madam (To Editor), Principal, Teachers, etc.)

(iii) In the traditional way of writing we put a comma after the salutation, but it is generally omitted in the modern style of letter-writing.

3. The Body

There are no hard and fast rules for the Body. Still, the following points should be borne in mind ----

(i) There should be a direct start and no beating about the bush.

(ii) The language used must be simple, interesting, idiomatic, clear and easily intelligible.

(iii) There may be one or more than one paragraph depending on the nature of message to be conveyed.

(iv) There should be no unnecessary details and digressions unless required by the nature of the letter.

(v) The language in the letter must be natural, spontaneous, sincere and logical.

(vi) Each paragraph must contain a substantial idea which leads spontaneously to the next.

4. The Subscription

In traditional letters it is written on the right hand side just below the body. However, in modern style of letter writing, it is being written increasingly on the left hand side.

In this connection, the following points should be borne in mind:

(i) Yours affectionately, (To relatives) or we may write.........

Your loving son/daughter/nephew/niece, etc.

(ii) Yours sincerely, (To friends) or we write........

Your friend, or Yours ever, etc.

(iii) Yours faithfully, (to officials or strangers)

(iv) Yours truly, or Yours faithfully, (To editors)

(v) Yours obediently, (or faithfully) (To Principal)

Note: Generally, after the subscription we write a comma, but it is being omitted increasingly in the modern style of letter writing.

5. The Superscription

It comprises the name and address of the addressee and is written on the envelope below the postage stamp.

Other Letters

Other kinds of letters are written in slightly modified form. Some other kinds of letters (including applications) are ------

1. Applications to the Principal.
2. Business Letters.
3. Letters to officials.
4. Letters to the Editor, etc.

1. Write a letter to your friend congratulating him on his grand success in the matriculation examination.

Examination Hall

x y z

6 April.....

My dear Rohit,

I have just received a letter from your father. He has written that you have got 90% marks in your matriculation examination. You stand first in your town. Please accept my heartiest congratulations.

No doubt, you have always been an intelligent student. Your father has written that this year you studied much harder than usual. It is a true saying that hard work is the key to success.

I request you to write to me at the earliest about your future plans.

Please convey my best wishes to respectable uncle and aunt.

Yours sincerely,

ABC.

2. Write a letter to your friend describing the value of sports.

Examination Hall,
PQR
14 December, ...

My dear Anurag,

It will make you happy to learn that I have just understood the real value of sports. Sports are not only for entertainment and improving health, but also for development of personality and infusing the spirit of cooperation. They teach us discipline and brotherhood. While playing a match no one is asked to tell his, caste or religion.

Playing one or the other sport regularly keeps us fit. It is a true saying that health is wealth. Only a healthy person enjoys himself in life. He can do more work than a weak person. Therefore, he can earn a lot.

What I am going to say–take it as a request or a piece of advice that you should also start to play one or the other sport.

Convey my compliments to your revered parents.

Yours sincerely,

STU.

3. Write a letter to your younger brother advising him to take part in games.

Examination Hall,
PQR City
15 October, ...

My dear Satnam,

Today I received your first House Examination Report from the Principal of your college. I am very glad to learn that you have stood first in the aggregate in your class.

One thing, however, has greatly pained me. It is that you do not take part in any game and have become very weak. It is clear from a remark given by the Principal in the "Remarks" column.

Dear Satnam, I am your elder brother. So, I can give you a piece of sound advice and I hope you will take it seriously. It is that studies are all right, but health is no less important. It is rightly said that a sound mind lives only in a sound body. If you are not physically strong, you will not be able to face the world as you grow up.

So, please start playing one or the other game right from today and write to me as you start it.

Love from father and mother.

Yours affectionately,

(Gurnam)

4. Write a letter to your uncle thanking him for the birthday gift.

Examination Hall,
TUV.
6 July, ...

My dear uncle,

I thank you very much for the watch that you have just sent as my birthday gift. It is really a beautiful watch. It keeps correct time. I will never be late for college now. My friends also like it very much.

I request you to attend my birthday party in person the next year. Don't forget to bring aunt and kids.

Your affectionate nephew

ABC.

5. Write a letter to your father requesting him to allow you to join a historical tour of your college.

Examination Hall,
ABC city
September 15, ...

My dear Father,

A historical tour of our college is going to visit historical places of north India during the first week of the next month. It is being led by our teacher of history, Mrs. Sujata Kulkarni, who is a great scholar. She will explain the real historical importance of every historical building.

The tour will go to Amritsar, Kurukshetra, Delhi, Mathura and Agra. It will include thirty students in all. One who wants to join it has to deposit Rs. 1000/- before 25th instant. This amount includes boarding, lodging and travelling expenses.

Dear father, it is a golden opportunity. So, please allow me to join this tour and send Rs. 1000/– as early as possible. Love to dear mother and naughty Kittu.

Yours affectionately,

(Sangeeta).

6. Write a letter to your younger brother advising him to give up bad company and take more interest in studies.

Examination Hall,
XYZ city
18 November, ...

My dear Deepak,

Yesterday, I received the report of your first house examination from the Principal of your college. I was shocked to read that you have failed in almost every subject.

Some of your friends have also told me that you take no interest in studies but keep moving in bad company. It is a pity to learn that you have started drinking, gambling and smoking. You frequently see movies and just loiter on roads with your friends.

Dear Deepak, if you waste your precious youth time in this manner, you will have to repent your whole life. I therefore, advise you to give up bad company right from today and start taking more interest in your studies. I wish to get a much letter report from your college Principal in future.

Love from papa and mamma.

Yours affectionately,

(Gurdip)

7. Write a letter to your mother describing the Annual Prize Distribution in your college.

Examination Hall,
XYZ city
12 February, ...

My dear Mother,

The Annual Prize Distribution function was celebrated in our college yesterday. Mrs. Triveni Goyal, the Deputy Commissiner, was the Chief Guest.

The function was held in the college hall. Preparation had started a few days earlier. The hall was well-decorated. The Chief Guest arrived at 10 am sharp. The function started soon thereafter.

At first, the President of the Managing Committee read out the welcome address. Then the cultural show started. It included songs, hymns, skits, jokes, bhangra, giddha and a fancy dress show.

Then the prizes were distributed by the Chief Guest. I got the first prize for standing first in English in the house test. The Principal read out the Annual Report. It highlighted the achievements of the college during the year. During his speech, the Chief Guest appreciated them. The President of the Students' Committee thanked the Chief Guest. Then the function was over at about 12 : 30 pm. Thereafter, the Chief Guest took tea with the members of the staff and the prize winners.

Regards to papa and love to little Dipu.

Your loving daughter,

(Simpy).

8. Write a letter to your uncle telling him what profession you want to choose after completing your studies.

Examination Hall,
XYZ
17 March, ...

My dear Uncle,

In your last letter, you asked me what I want to do after completing my studies. The completion of my studies will take a number of more years. It is because I want to do M.A. (English).

After completing my studies, I intend to become a college teacher. For this, I'll have to clear the UGC test NET. I hope I'll be able to do so. If for any reason I fail to become a college lecturer, then I shall like to become a school lecturer.

Teaching is a noble profession. Teachers are nation builders. Students are future leaders and the best service for anyone is to give proper guidance to students and that is what I want to do.

Convey my regards to dear aunt.

Your loving nephew,

(Kuldip)

9. Write a letter to your friend inviting him to the marriage of your sister.

Examination Hall,
XYZ
15 May, ...

My dear Pankaj

You will be glad to know that the marriage of my sister comes off on 5th June this year.

You are invited to attend the marriage of my sister. You should come at least a week earlier. It is because I have to seek your advice at every step.

Convey my regards to your parents.

Yours sincerely,

(Ravinder)

10. Place an order for books with a book-seller.

15, Boy's Hostel – II,
A.P. Convent School,
Mayur Vihar, Phase I, Delhi.
Date ....

To

ABC Booksellers,
44/E, Daryaganj,
New Delhi

Dear Sirs,

Please send us the following books one copy each via V.P.P. All the books must be in a good condition. Send us the books of the latest editions. We are your old customer. So, please offer us the maximum possible discount.

1. 'Treasure Island' by R.L. Stevenson.
2. 'Gulliver's Travels' by Jonathan Swift.
3. 'The Gitanjali' by R.N. Tagore
4. 'The Discovery of India' by J.L Nehru.

Thank you.

Yours faithfully

(Avinash Ghosh).

11. Write a letter to a book-seller informing him of the wrong supply of books and asking him to take back the books at his own cost and supply the correct ones.

15, Boy's Hostel II,
A. P. Convent School
Mayur Vihar Phase–I
Delhi
(Dt) ....

To

ABC Booksellers,
44/E Daryaganj,
New Delhi.

Sir,

Please refer to our order for books dated ------------------. I am sorry to bring to your kind notice that in your registered parcel dated ----------------- you have supplied wrong books.

It appears books ordered by some other customer have been wrongly despatched to me. You are requested to take back books at your own cost and supply to me the books ordered by me in my order mentioned above at an early date.

Yours faithfully,
(Avinash Ghosh).

12. Write an application for the position of manager in a hotel.

758, Gola Park,
Lawrence Road,
Amritsar
Date ....

To

The ITC Hotels
Malcha Marg
New Delhi.

Sir,

With reference to your advertisement in The Tribune of 30 January I wish to apply for the position of manager in your hotel. I did degree course in hotel management in 1980. I have been working in a reputed hotel as manager for a few years. I did my matric in 1955 with 95% marks. I am good at spoken and written English. Besides I can speak Hindi, Punjabi and French well. I have a pleasing personality and have the decision-making quality. My employers are happy with me.

If appointed, I promise to work sincerely. Wish you all the best.

Yours faithfully
(PP ARORA)
Contact Number
Phone No. 2456901
Mobile Phone : 98104/49797.

13. Write a letter to the Editor of a newspaper bringing to the notice of the public the hazards of rash driving.

To

The Editor
The Hindusthan Times
Chandigarh

Sir,

I shall feel obliged if you publish the following lines in your newspaper for the benefit of the public.

Now-a-days so many road accidents are reported daily in newspapers. These accidents in many cases result in loss of precious human life.

Most of these accidents take place because of rash driving. In many cases, the drivers are dead drunk.

It is very important that the speed limit for driving on all important roads is fixed. Those who cross this limit should be heavily fined and even imprisoned.

Yours faithfully,
(xyz)

14. Write a letter to the editor of a newspaper expressing your views against the menace of dowry system.

To

The Editor
The Indian Express
Mumbai

Sir,

Kindly publish the following lines in your newspaper to make the people aware about the menace of dowry system.

Dowry system has created a big problem for the people these days. Particularly, the poor people are at a great disadvantage. In order to arrange the marriage of their daughters, many of them have to incur heavy debts.

Most of the boys and their parents are greedy. They want a rich dowry even when the girl is beautiful and is highly educated. Sometimes, the girls who fail to bring a rich dowry are tortured and even burnt alive.

Young boys and girls in all educational institutions should be taught to reject dowry. Mass media should start a compaign against this menace.

Yours truly,
(xyz)
Date ....

15. Write a letter to the SHO of your town complaining him about the theft of your motorbike.

Examination Hall
xyz ....
Date ....

To

The SHO

Sadar Police Station

xyz

Sir,

I wish to draw your attention towards the theft of my black motorbike bearing number plate 48E 4949. Yesterday I parked it outside the Plaza Shopping Complex. I locked it properly and went inside the Plaza to make some purchases. I spent not more than fifteen minutes there and as I went outside the Plaza I found my motorbike missing. I asked many persons around if they could tell me anything about its whereabouts. But none of them seemed to have any useful information about it.

I request you to look into the matter and solve my problem at your earliest.

Yours faithfully

(PK KAPOOR)

16. Write a letter to the Post Master complaining against the Post man.

18, Krishan Nagar,

Ludhiana

Date ....

To

The Post Master,

The Main Post Office,

Ludhiana

Dear Sir,

It is a matter of deep concern that the postman of our locality is not worthy of the job he has been appointed for. Either he is absent–minded or he enjoys harassing others. He most often delivers the dak on the wrong addresses. When he is requested to mend his way of working he talks rudely.

We shall be thankful to you if you appoint a responsible person in our locality in his place.

Yours faithfully,

Arun Sharma.

17. Write a letter to the Editor of a newspaper expressing your views on the harm being done by cell phones to students.

To

The Editor,

The Tribune,

Chandigarh

Sir,

Subject: Harm being done by cell phones to the students

Kindly allow me to a ventilate through your esteemed daily my views regarding the harm being done by the cell phones to the students.

There is no denying the fact that twenty first century is an age of information technology. India has not lagged behind to ride this wave. Though it is a boon for the society, certain aspects of it are decidely harmful. Take the case of cell phones. This revolution of telecommunications has made communication very easy, but it also has harmed our society. It has taken the students community in its grip. We can see students of all ages flaunting their cell phones at every pertext. This evil has even entered the class rooms. The students do not give attention to their lectures and are often found absorbed in their cell phone talks. Even while driving they are busy in their cell phone talks. So it invites many accidents.

Excessive use of cell phones is not good for students. The parents and teachers should take quick remedial steps before it is too late.

Yours faithfully,

XYZ

Date ....

18. Write a letter to an old customer of yours explaining to him the reason for delay in executing his order and asking for extension of period for the purpose.

Zobog Plastic Agency

15, Esplanade Road

Kolkata,

Date ....

To

M/S Lovely Toy House,

89, Mukherjee Mar,

Hawrah.

Dear Sirs,

Reg.: Extension of Delivery Period for goods.

Ref: Your order for supply of goods dated ......

Please refer to your order for supply of goods mentioned above.

We are grateful to you for the said order but at the same time we regret to point out that we are not in a position to meet the dead line set by you for the execution of the order. It is because the supply of raw material to us has been unduly delayed by the supplier.

Today we have received the raw material and we are going to start the manufacturing of goods ordered by you right from today.

We shall, therefore, be thankful if you extend the delivery period of goods by seven days and inform us telegraphically in this regard.

Thank you.

Yours faithfully,

(Baldev Raj)

Manager

19. Write a circular letter to your customers asking them to make bulk purchases of some goods as you are offering a grand clearance sale at a big discount for a specified period.

Soloman Textile Manufacturers
11, Industrial Estate
Panipat
Date ....

Circular Letter

To
M/S ....
....

Dear Sirs,

Reg.: Grand Clearance Sale of Cotton Goods.

You will be glad to know that we are offering a special discount of 20% besides the usual discount on all cotton goods till the end of the current month.

You are, therefore, advised to make a bulk purchase of all such goods as the prices of such goods may be greatly enhanced during the next month.

Thank you.

Yours faithfully,
Sales Manager.

20. Application for the position of English Teacher.

62, Trilok Nath Street
Jajpur Road
Bhavnagar
(Gujarat)
(Dt.)

To
The Director
Institute for Destitute Women
Lakhya Ram Trust,
Ahmedabad

Dear Madam

With reference to your advertisement in the Times of India of ...., I hereby apply for the post of an english teacher for middle classes.

As regards my academic and other qualification, I may mention that I'm a young, energetic B.A. B.Ed. of 23 years with an experience of about one year as an English teacher in a local primary school here.

My date of birth is 15 March 1982. I passed my Matriculation examination in the first division from the local Shiv Shakti High School in 1997. Then I shifted to the local D.A.V. School from where I passed the 10 + 2 examination with English as an elective subject in 1999.

I did B.A. from the Gujarat University in 2002. I had again English as an elective subject. Then I passed B.Ed. from Sewagram National College of Education, Surat in 2004 and soon got appointment as a primary teacher in the local Purshottam Das Primary School.

At present I am getting a salary of Rs. 4000/- per month. I expect an enhancement of the least 3000/- at your end.

If appointed, I would work most diligently. I'm sure of delivering the goods as a I find my students and their parents and school authorities here fully satisfied with my work.

I'm enclosing photostat copies of my testimonials.

Yours sincerely
(Kirti Bhardwaj)

21. Application for the position of Vice Principal.

24, Sir Chhotu Ram Street
Saraswati Mohalla
Johana
(Haryana)
(Dt.)

To
The Director
Holy Angels Playway School
Mehrauli
Delhi

Respected Madam

I am writing in response to your advertisement in the Patriot of .... for the position of Vice-Principal in your school.

I am a young, energetic trained postgraduate with a pleasing personality. I'm about 26 years, my date of birth being......... .

I did my post-graduation in English in the second division in .... from Delhi University. Earlier I did graduation from the same university in first division in .... I did B.Ed. from Desh Bhagat Institute of Education, Ambala in ....

Besides B.Ed. I also did the Nursery Teacher's Training (NTT) Course from Guru Agarsen Nursery Training School, Karnal in ....

I've got about two year teaching experience as a teacher in a nursery school here. At present I'm getting a salary of Rs. 8000/- per month but expect an enhancement of an equal amount if I'm selected for the post at your end.

I'm enclosing copies of testimonials for persual.

Hoping early hearing from you.

Yours faithfully
(Rita Kulkarni)

22. Application for the position of a Company Legal Advisor.

27A, Megha Appartments
Near Darpan Photos
Hoshiarpur (Pb.)
(Dt.)

To

M/s Canda Cycle Parts Ltd.
G.T. Road, Shispur Chowk
Ludhiana (Pb.)

Dear Sirs·

With reference to your advertisement in 'The Tribune' of 22nd May, I hereby apply for the post of a 'Company Legal Advisor'. Please find enclosed a copy of my CV.

I am currently employed in a small company. I've a rich experience in the field. My employers are all praise for me.

If appointed, I promise to work sincerely.

I look forward from a hearing from you.

Yours faithfully
Jagroop Arora.

23. Application for the position of School Cashier.

43, Sutlej Avenue
Peshawari Mohalla
Noor Mahal
(Dt.)

To

The Principal
Doaba Model School
Nakodar
Jalandhar

Dear Sir

With reference to your advertisement in Tribune of .... for the position of cashier, I hereby apply for the same.

I was born at Noot Mahal in .... After passing matric and 10 + 2 from PSEB in .... and .... respectively, I joined B.Com. classes at DAV College Jalandhar. I passed B.Com. from GNDU in ....

Thereafter, I joined the famous Punjab Accountancy & Finance Institute, Capurthala, run by Punjab Technical University. I completed the Accountance & Finance course last year and got the appointment of a cashier in a local bank here on purely temporary basis. The appointment was for on year only.

So, it ended on .... I was, however, called again by the bank for the same job at few days later. But since the appointment is only on adhoc basis, I want some job where I can find stability, continuity and confirmation after the due probationary period. Since your advertisement holds a promise in this regard, I'm applying for the same.

I'm adept in all accounts matters, especially cash and financial matters. I hope I'll prove an asset to your institution.

Please find enclosed photocopies of all the relevant testimonials. Hoping to get an early response.

Yours faithfully
(Samita Trikha)

24. Application for the position of Supervisor for old age home.

12, Santosh Nagar
Ganguli Marg
Jamshedpur
(Dt.)

To

The President
Dowell Old Age Home Society
53 Gurudev Colony
Bhagalpur

Dear Sir

With reference to your advertisement in the Horizon of .... for the position of supervisor for an old age home in Bhagalpur, I hereby apply for the same.

I was born on .... at Jamshedpur. It was here that I passed matric and 10 + 2 from WB School Education Board in .... and .... respectively.

Then I joined the army and served the country for many years. I retired from service last month. I've no liability, my children having well-settled. Thus, I can look after an old age home with a spirit of dedication and service.

I'll feel satisfied with a reasonable remuneration as I will also get pension from the government.

I hope I'll given an opportunity to serve the old people for whom I have great regard and affection. Moreover, I'd find my own self in them as I'm myself fast approaching the same silver state.

Please find enclosed photocopies of my matric, 10+2 and other relevant certificates for persual.

Yours faithfully
M.T. Chatterjee

सामान्य ज्ञान, तार्किक योग्यता एवं आंकिक योग्यता

सामान्य ज्ञान

1. मोहनजोदड़ो और हड़प्पा के प्राचीन नगर अब कहाँ स्थित हैं?
A. भारत में B. पाकिस्तान में
C. बांग्लादेश में D. तिब्बत में

2. सिन्धु सभ्यता से प्राप्त मुहरें निम्नलिखित में से किससे बनी थीं?
A. लाजवर्द B. कांस्य
C. रजत D. स्टेटाइट

3. निम्नलिखित में से कौन-सा वेद गद्य एवं पद्य में रचित है?
A. ऋग्वेद B. यजुर्वेद
C. सामवेद D. अथर्ववेद

4. ऋग्वैदिककालीन आर्यों के युद्ध के देवता कौन थे?
A. मंगल B. इन्द्र
C. रुद्र D. शिव

5. महावीर स्वामी को किस स्थान पर ज्ञान प्राप्त हुआ?
A. ऋजुपालिका नदी के तट पर
B. पुनपुन नदी के तट पर
C. गंगा नदी के तट पर
D. कोसी नदी के तट पर

6. अशोक के अभिलेखों को पढ़ने का प्रथम श्रेय प्राप्त है–
A. विल्किन्स को B. विलियम जोन्स को
C. जेम्स विलियम को D. जेम्स प्रिंसेप को

7. किसने भारत में सर्वप्रथम स्वर्ण सिक्के को चलाया था?
A. कुषाण B. मौर्य
C. हिन्द यवन D. गुप्त

8. गुप्तकाल में प्रमुख गणितज्ञ एवं खगोलशास्त्री था–
A. वराहमिहिर B. आर्यभट्ट
C. रामानुजाचार्य D. उपर्युक्त सभी

9. निम्नलिखित का काल क्रम है–
1. हल्दीघाटी युद्ध 2. बैरम खाँ का पतन
3. असीरगढ़ की विजय 4. अबुल फजल की हत्या
A. 1, 2, 3, 4 B. 3, 2, 4, 1
C. 1, 4, 2, 3 D. 2, 4, 3, 1

10. विदेशी आक्रमणकारियों को ऐतिहासिक क्रम में लिखिए–
1. मुहम्मद-बिन-कासिम 2. मुहम्मद गोरी
3. महमूद गजनवी 4. चंगेज खाँ
A. 1, 3, 4, 2 B. 4, 3, 2, 1
C. 1, 3, 2, 4 D. 4, 2, 3, 1

11. किस शासक के दरबार में सर्वाधिक हिन्दू पदाधिकारी थे?
A. अकबर B. शाहजहाँ
C. जहाँगीर D. औरंगजेब

12. किस शासक ने सिंचाई कर लगाया था?
A. मुहम्मद तुगलक B. फिरोज तुगलक
C. अलाउद्दीन खिलजी D. सिकन्दर लोदी

13. कबीर की मृत्यु किस स्थान पर हुई?
A. प्रयाग B. काशी
C. मगहर D. मथुरा

14. अंग्रेजों ने सर्वप्रथम अपना व्यापारिक कारखाना लगाया था–
A. मुम्बई में B. हुगली में
C. सूरत में D. बंगलौर में

15. भारतीय राष्ट्रीय कांग्रेस के प्रथम मुस्लिम अध्यक्ष थे–
A. बदरुद्दीन तैयबजी B. मौलाना अबुल कलाम आजाद
C. सर सैयद अहमद खाँ D. मो. जिन्ना

16. ऑल इण्डिया ट्रेड यूनियन के प्रथम अध्यक्ष थे–
A. लाला लाजपत राय B. एम.एन. जोशी
C. स्वामी सदानन्द D. बाल गंगाधर तिलक

17. भारत में सर्वप्रथम टेलीग्राफ व्यवस्था प्रारम्भ हुई थी–
A. 1850 में B. 1853 में
C. 1854 में D. 1856 में

18. असहयोग आन्दोलन वापस ले लिया गया था–
A. रौलट एक्ट के बाद
B. प्रथम विश्व युद्ध के बाद
C. जलियाँवाला बाग हत्याकाण्ड के बाद
D. चौरी-चौरा घटना के बाद

19. क्रिप्स मिशन को किसने 'उत्तर तिथिय चैक' की संज्ञा दी?
A. महात्मा गांधी B. पं. जवाहर लाल नेहरू
C. राजेन्द्र प्रसाद D. मोतीलाल नेहरू

20. थियोसोफिकल सोसाइटी का अन्तर्राष्ट्रीय मुख्यालय है–
A. अड्यार B. सैनफ्रांसिस्को
C. न्यूयार्क D. जेनेवा

21. सत्यशोधक समाज की स्थापना किसने की थी?
A. गोपाल कृष्ण गोखले B. महादेव गोविन्द रानाडे
C. ज्योतिबा फूले D. गोपाल हरि देशमुख

22. तैमूर ने किसके शासनकाल में भारत पर आक्रमण किया था?
A. बलबन B. इल्तुतमिश
C. फिरोजशाह तुगलक D. नासिरुद्दीन महमूदशाह तुगलक

23. समुद्रगुप्त ने अपने दक्षिण अभियान में किस वेंगी शासक को हराया था?
A. नंदी वर्मन B. हस्ती वर्मन
C. देव वर्मन D. नीरू वर्मन

24. मुहम्मद-बिन-तुगलक द्वारा अपनाया गया सांकेतिक मुद्रा किस धातु का बना हुआ था?
A. कांसा B. पीतल और तांबा
C. चाँदी D. लोहा

25. अकबर के शासन काल में मुगल सेना का सेनापति कौन था?
A. राजा मान सिंह B. टोडरमल
C. भगवंत दास D. फकीर अजीउद्दीन

26. इनमें से दिल्ली के सिंहासन पर बैठने वाला पहला अफगान शासक कौन था?
A. सिकन्दर लोदी B. शेरशाह
C. बहलोल लोदी D. इनमें से कोई नहीं

27. महमूद गवाँ का सम्बन्ध निम्नलिखित में किस दक्षिण राज्य से था?
A. बीजापुर B. वारंगल
C. काकतीय D. बहमनी

28. राष्ट्रीय कांग्रेस ने किस वर्ष "पूर्ण स्वराज्य" का प्रस्ताव पारित किया?
A. 1929 में B. 1916 में
C. 1924 में D. 1930 में

29. कांग्रेस तथा मुस्लिम लीग के बीच लखनऊ समझौता कब हुआ था?
A. 1906 में B. 1916 में
C. 1924 में D. 1929 में

30. सुभाष चन्द्र बोस के राजनीतिक गुरु कौन थे?
A. चित्तरंजन दास B. अरविन्द घोष
C. महात्मा गांधी D. बाल गंगाधर तिलक

31. पाकिस्तान के प्रथम प्रधानमंत्री कौन थे?
A. मुहम्मद अली जिन्ना B. लियाकत अली खाँ
C. फीरोज खाँ नून D. मौलाना मुहम्मद अली

32. भारतीय स्वतंत्रता के समय ब्रिटेन का प्रधानमंत्री कौन था?
A. लॉर्ड एटली B. विंस्टन चर्चिल
C. रैम्से मैक्डोनाल्ड D. रॉबर्ट वॉलपोल

33. 15 अगस्त, 1947 से 26 जनवरी, 1950 तक भारत का राजनीतिक दर्जा क्या था?
A. ब्रिटिश उपनिवेश B. ब्रिटिश न्यास क्षेत्र
C. ब्रिटिश संरक्षण प्रदेश D. ब्रिटिश राष्ट्रमंडल का एक अधिराज्य

34. किस वायसराय ने 1878 में भारतीय भाषाओं के समाचार-पत्रों पर अंकुश लगाया था?
A. लॉर्ड रिपन B. लॉर्ड नार्थबुक
C. लॉर्ड लिटन D. लॉर्ड एलगिन

35. निम्नलिखित में से किस अधिवेशन में राष्ट्रीय कांग्रेस के नरम एवं गरम दलों का पुनः विलय हो गया?
A. लाहौर (1929) B. पुणे (1917)
C. लखनऊ (1916) D. मद्रास (1915)

36. मुस्लिम लीग द्वारा "प्रत्यक्ष कार्यवाही दिवस" कब मनाया गया था?
A. 24 मार्च, 1946 B. 30 मार्च, 1946
C. 17 जून, 1946 D. 16 अगस्त, 1946

37. सिन्धु घाटी सभ्यता के लोग किस धातु से परिचित नहीं थे?
A. लोहा B. चाँदी
C. ताँबा D. सोना

38. सिन्धु घाटी सभ्यता का वह नगर कौन-सा है जहाँ बृहत् स्नानागार (Great Bath) के अवशेष मिले हैं?
A. लोथल B. मोहनजोदड़ो
C. कालीबंगा D. हड़प्पा

39. विक्रम संवत् कब-से प्रारम्भ हुआ?
A. 38 ई.पू. B. 58 ई.पू.
C. 78 ई.पू. D. 87 ई.पू.

40. पंचमार्क सिक्के सर्वाधिक रूप से किस धातु के बने थे?
A. सोना B. चाँदी
C. ताँबा D. काँच

41. निम्नलिखित में से कौन-सा ग्रह सबसे कम समय में सूर्य का चक्कर लगाता है?
A. शुक्र B. बुध
C. पृथ्वी D. शनि

42. पृथ्वी के अलावा किस आकाशीय पिंड पर जीवन की सम्भावना है, क्योंकि वहाँ का पर्यावरण जीवन के लिए अनुकूल है–
A. बृहस्पति
B. मंगल
C. यूरोपा-बृहस्पति का चन्द्रमा
D. चन्द्रमा-पृथ्वी का चन्द्रमा

43. दो ग्रह जिनके उपग्रह नहीं हैं, वे हैं–
A. पृथ्वी एवं बृहस्पति B. बुध एवं शुक्र
C. बुध एवं शनि D. शुक्र एवं मंगल

44. मानक समय क्या होता है?
A. किसी देशान्तर का सूर्य के अनुसार समय
B. ग्रीनविच औसत का समय
C. देश के लगभग बीच से गुजरने वाले देशान्तर का स्थानीय समय
D. उपर्युक्त में से कोई नहीं

45. रात और दिन होने की प्रक्रिया में कौन-सा तथ्य सही है?
A. पृथ्वी का अक्ष का 66½° अंश का झुका होना
B. पृथ्वी का सूर्य के चारों ओर परिक्रमण
C. पृथ्वी का अपनी (अक्ष) धुरी पर घूमना
D. उपर्युक्त में से कोई नहीं

46. ओजोन परत अवस्थित है–
A. क्षोभमंडल में B. क्षोभसीमा में
C. समतापमंडल में D. प्रकाशमंडल में

47. विली-विली है–
A. एक प्रकार का वृक्ष जो शीतोष्ण कटिबंध में उगता है
B. एक प्रकार की हवा जो मरुस्थल में चलती है
C. उत्तर-पश्चिम आस्ट्रेलिया का उष्णकटिबंधीय चक्रवात
D. लक्षद्वीप समूह के निकट सामान्यतः पाई जाने वाली मछली का एक प्रकार

48. चावल की खेती के लिए आदर्श जलवायु परिस्थितियाँ हैं–
A. 100 सेमी. से ऊपर वर्षा और 25°C से ऊपर ताप
B. फसल की पूरी अवधि के लिए ठण्डी और नम जलवायु
C. 100 सेमी. से कम वर्षा व 25°C से कम ताप
D. पूरी फसल अवधि में कुछ गरम और शुष्क जलवायु

49. सदाबहार वर्षा वन पाए जाते हैं–
A. आस्ट्रेलिया में B. ब्राजील में
C. कनाडा में D. फ्रांस में

50. सूची-I तथा सूची-II को सुमेलित कीजिए तथा सूचियों के नीचे दिए गए कूट का प्रयोग कर सही उत्तर चुनिए–

सूची-I (अग्रणी उत्पादक देश)	सूची-II (पदार्थ)
(*a*) चीन	1. प्राकृतिक रबड़
(*b*) भारत	2. दूध
(*c*) सउदी अरब	3. लौह-अयस्क
(*d*) थाइलैण्ड	4. पेट्रोलियम

कूट :

	(*a*)	(*b*)	(*c*)	(*d*)
A.	1	2	3	4
B.	4	3	2	1
C.	3	2	4	1
D.	2	3	1	4

51. किस घास के मैदान में वृक्ष नहीं पाए जाते हैं?
A. लैनॉस B. पम्पास
C. सवाना D. स्टेपी

52. माओरी जनजाति का निवास स्थान है–
A. इंग्लैण्ड B. न्यूजीलैण्ड
C. ग्रीनलैण्ड D. आयरलैण्ड

53. क्षेत्रफल की दृष्टि से भारत का सबसे बड़ा राज्य है–
A. बिहार B. पंजाब
C. राजस्थान D. उत्तर प्रदेश

54. पश्चिमी घाटों के मालाबार तट पर स्थित माहे निम्नलिखित में से किसका भाग है?
A. केरल B. महाराष्ट्र
C. पुदुचेरी D. तमिलनाडु

55. निम्नलिखित में से कहाँ प्राचीन चट्टानें पाई जाती हैं?
A. अरावली B. हिमालय
C. शिवालिक D. उपर्युक्त सभी

56. भारत में 'मरुस्थल की राजधानी' किसे कहते हैं?
A. उदयपुर B. जैसलमेर
C. जयपुर D. पालामऊ

57. 'मानसून प्रस्फोट' से क्या तात्पर्य है?
A. वर्षा की कृत्रिम वैज्ञानिक प्रक्रिया
B. आकाश में बादलों का गलत सघन रूप में आच्छादित होना
C. मेघाच्छन्न मौसम, जिसमें एक लम्बे समय तक वर्षा होती रहे
D. मानसून के समय विद्युत चमकने, बादल गरजने के साथ तीव्र मूसलाधार वर्षा

58. भारत में उगाई जाने वाली अधिकतर कॉफी की किस्म है–
A. ओल्ड चिक्स B. कुर्गुस
C. अरेबिका D. केन्ट्स

59. सूची-I को सूची-II से सुमेलित कीजिए तथा सूचियों के नीचे दिए गए कूट का प्रयोग कर सही उत्तर चुनिए–

सूची-I	सूची-II
(*a*) कोयम्बटूर	1. तेलशोधन
(*b*) राउरकेला	2. रेल डिब्बा
(*c*) कपूरथला	3. लौह-इस्पात
(*d*) बरौनी	4. सूती वस्त्र

कूट :

	(*a*)	(*b*)	(*c*)	(*d*)
A.	4	3	2	1
B.	1	2	3	4
C.	2	3	4	1
D.	4	2	3	1

60. 'दचिगाम अभयारण्य' निम्न में से कहाँ स्थित है?
A. जम्मू कश्मीर B. महाराष्ट्र
C. हिमाचल प्रदेश D. उत्तराखण्ड

61. भारत में राष्ट्रीय राजमार्गों का सबसे लम्बा तंत्र किस राज्य में है?
A. पंजाब B. महाराष्ट्र
C. उत्तर प्रदेश D. बिहार

62. भारत का सुदूर दक्षिण-बिन्दु कौन है?

A. कन्याकुमारी B. लक्षद्वीप

C. रामेश्वरम् D. ग्रेट निकोबार स्थित इंदिरा प्वाइंट

63. 'हजार झीलों की भूमि' किसे कहा जाता है?

A. स्वीडन B. फिनलैण्ड

C. डेनमार्क D. फ्रांस

64. नागार्जुन सागर बाँध किस नदी पर बनाया गया है?

A. कृष्णा (आन्ध्र प्रदेश) B. गोदावरी (महाराष्ट्र)

C. कृष्णा (कर्नाटक) D. गोदावरी (गुजरात)

65. निम्नलिखित में से किस प्रदेश में काली मिट्टी वाले क्षेत्र में सबसे अधिक खेती होती है?

A. बिहार B. उत्तर प्रदेश

C. महाराष्ट्र D. गुजरात

66. भू-वैज्ञानिकों की दृष्टि में भारत में सबसे पुरानी पर्वतमालाएँ कौन-सी हैं?

A. विन्ध्य B. सतपुड़ा

C. हिमालय D. अरावली

67. निम्नलिखित में से कौन-सी नदी समुद्र में नहीं मिलती है?

A. गंगा B. यमुना

C. नर्मदा D. गोदावरी

68. मानसून निवर्तन से अधिकतम वर्षा कहाँ पर होती है?

A. मुम्बई B. चेन्नई

C. दिल्ली D. कोलकाता

69. प्राचीन भारतीयों को वर्मा (म्यांमार) किस नाम से ज्ञात था?

A. सुवर्णभूमि B. सुवर्णद्वीप

C. यवद्वीप D. मलयमण्डलम्

70. विश्व का सबसे खारापन किस झील में है?

A. चाड झील (नाइजीरिया) B. बैकाल झील (रूस)

C. वॉन झील (टर्की) D. ग्रेट बियर झील (कनाडा)

71. चाय की खेती निम्नलिखित में से किसका उदाहरण है?

A. बृहत् कृषि B. सघन कृषि

C. जीविकोपार्जन कृषि D. रोपण कृषि

72. मानचित्र में समुद्र तल से समान ऊँचाई वाले स्थानों को दर्शाने वाली रेखाओं को कहते हैं–

A. आइसोनेफ B. कंटूर रेखा

C. आइसोबार D. आइसोहेल

73. ब्राजील स्थित अमेजन बेसिन के वन कहलाते हैं–

A. पम्पास B. सेल्वास

C. कैम्पोस D. लानोस

74. किस महासागर में द्वीपों की संख्या सर्वाधिक है?

A. प्रशान्त महासागर में

B. हिन्द महासागर में

C. उत्तरी अटलाण्टिक महासागर में

D. दक्षिण अटलाण्टिक महासागर में

75. लूनी नदी किस राज्य में प्रवाहित होती है?

A. महाराष्ट्र B. बिहार

C. पंजाब D. राजस्थान

76. सम दिवारात्रि (Equinox) कब होता है?

A. 21 जून B. 22 दिसम्बर

C. 21 मार्च एवं 22 सितम्बर D. 21 जून एवं 22 दिसम्बर

77. दक्षिणी अमरीका के वृक्ष रहित घास के मैदान को क्या कहते हैं?

A. पम्पास B. डाउन्स

C. प्रेयरीज D. लानोस

78. मिट्टी का वैज्ञानिक एवं क्रमबद्ध अध्ययन कहलाता है–

A. विश्व रचना विज्ञान B. भौतिक भूगोल

C. मृत्तिका विज्ञान D. इनमें से कोई नहीं

79. गोबी रेगिस्तान कहाँ है?

A. पश्चिमी अफ्रीका में B. दक्षिणी अमरीका में

C. दक्षिणी आस्ट्रेलिया में D. मंगोलिया में

80. सौरमण्डल का सबसे बड़ा उपग्रह कौन-सा है?

A. टाइटन (बृहस्पति) B. गनिमेड (बृहस्पति)

C. मिरांडा (यूरेनस) D. ओबेरॉन (यूरेनस)

81. भारत की संविधान सभा का प्रथम अधिवेशन कब शुरू हुआ?

A. 10 जून, 1946 B. 9 दिसम्बर, 1946

C. 19 दिसम्बर, 1947 D. 30 जून, 1949

82. भारतीय संविधान सभा के किस अनुच्छेद में देवनागरी लिपि में हिन्दी को भारत की राजकीय भाषा के रूप में मान्यता दी गई है?

A. अनुच्छेद 343 B. अनुच्छेद 345

C. अनुच्छेद 348 D. अनुच्छेद 347

83. भारत के संविधान में अंतर्राष्ट्रीय शान्ति और सुरक्षा की अभिवृद्धि का उल्लेख है–

A. संविधान की उद्देशिका में

B. राज्य की नीति के निर्देशक तत्वों में

C. मूल कर्त्तव्यों में

D. नवीं अनुसूची में

84. सूची-I को सूची-II से सुमेलित कीजिए तथा सूचियों के नीचे दिए गए कूट का प्रयोग कर सही उत्तर चुनिए–

सूची-I	सूची-II
(*a*) अन्तर्राज्यीय परिषद्	1. अनुच्छेद 315
(*b*) वित्त आयोग	2. अनुच्छेद 280
(*c*) प्रशासनिक अधिकरण	3. अनुच्छेद 263
(*d*) संघ लोक सेवा आयोग	4. अनुच्छेद 323(ए)

कूट :

	(*a*)	(*b*)	(*c*)	(*d*)
A.	2	4	3	1
B.	3	2	1	4
C.	1	2	4	3
D.	3	2	4	1

85. राष्ट्रपति के उम्मीदवार के लिए क्या आवश्यक नहीं है?
A. आयु 35 वर्ष हो
B. पढ़ा-लिखा हो
C. सांसद चुने जाने की योग्यता रखता हो
D. देश का नागरिक हो

86. सर्वसम्मति से निर्वाचित भारत के राष्ट्रपति थे–
A. एस. राधाकृष्णन B. वी.वी. गिरि
C. एन. संजीवारेड्डी D. ज्ञानी जैल सिंह

87. संसद/विधान सभा के किसी सदस्य की सदस्यता तब समाप्त समझी जाती है, यदि वह बिना सदन को सूचित किए अनुपस्थित रहता है–
A. 60 दिन B. 90 दिन
C. 120 दिन D. 150 दिन

88. किस सभा का सभापति उसका सदस्य नहीं होता है?
A. राज्य सभा B. लोक सभा
C. विधान सभा D. विधान परिषद्

89. शिक्षा का विषय–
A. संघीय सूची में B. राज्य सूची में
C. समवर्ती सूची में है D. अवशिष्ट विषयों में है

90. सूची-I को सूची-II से सुमेलित कीजिए तथा सूचियों के नीचे दिए गए कूट का प्रयोग कर सही उत्तर चुनिए–

सूची-I (स्थापना वर्ष)	सूची-II (राज्य)
(*a*) 1960	1. सिक्किम
(*b*) 1962	2. गोवा
(*c*) 1975	3. महाराष्ट्र
(*d*) 1987	4. नगालैण्ड

कूट :

	(*a*)	(*b*)	(*c*)	(*d*)
A.	2	4	3	1
B.	3	4	1	2
C.	4	3	1	2
D.	3	4	2	1

91. प्रथम पंचायती राजव्यवस्था का उद्घाटन पं. जवाहर लाल नेहरू द्वारा 2 अक्टूबर, 1959 को किया गया था–
A. साबरमती में B. वर्धा में
C. नागौर में D. सीकर में

92. निम्नलिखित विधेयकों में से किसी एक का भारतीय संसद के दोनों सदनों द्वारा अलग-अलग विशेष बहुमत से पारित होना आवश्यक है?
A. साधारण विधेयक B. धन विधेयक
C. वित्त विधेयक D. संविधान संशोधन विधेयक

93. भाषा के आधार पर राज्यों के गठन हेतु राज्य पुनर्गठन आयोग की स्थापना कब की गई थी?
A. 1856 B. 1956
C. 1957 D. 1960

94. पंचायतों के निर्वाचन में चुनाव लड़ने के लिए उम्मीदवार की न्यूनतम आयु कितनी होनी चाहिए?
A. 21 वर्ष B. 18 वर्ष
C. 25 वर्ष D. 30 वर्ष

95. भारतीय संविधान के किस अनुच्छेद के तहत् जीवन रक्षा तथा व्यक्तिगत स्वतंत्रता का प्रावधान है?
A. अनुच्छेद 20 B. अनुच्छेद 21
C. अनुच्छेद 22 D. अनुच्छेद 23

96. संविधान निर्माण का कार्य पूरा करके संविधान सभा ने संविधान को कब स्वीकार किया?
A. 15 अगस्त, 1947 को B. 26 जनवरी, 1950 को
C. 26 नवम्बर, 1949 को D. 24 जनवरी, 1950 को

97. निम्नलिखित में से किस संविधान संशोधन के अनुसार राष्ट्रपति निर्वाचन के निर्वाचक मण्डल में पांडिचेरी तथा दिल्ली विधान सभा के निर्वाचित सदस्यों को भी रखा गया है?
A. 71वाँ B. 42वाँ
C. 73वाँ D. इनमें से कोई नहीं

98. भारतीय संविधान के किस भाग को उसकी 'आत्मा' की संज्ञा दी जाती है?
A. मौलिक अधिकारों को
B. राज्य के नीति-निर्देशक सिद्धान्तों को
C. संविधान की प्रस्तावना को
D. अनुसूचियों को

99. भारत की संचित निधि से धन का व्यय निम्नलिखित में से किस माध्यम से किया जा सकता है?
A. संसद की अनुमति से
B. नीति आयोग की अनुमति से
C. भारत के नियंत्रक एवं महालेखा परीक्षक की अनुमति से
D. राष्ट्रपति की अनुमति से

100. योजना आयोग की स्थापना हुई थी–
A. 26 नवम्बर, 1950 B. 15 जून, 1950
C. 15 मार्च, 1950 D. 15 जनवरी, 1950

101. भारत में संविधान के किस अनुच्छेद में अस्पृश्यता समाप्त की गई है?
A. अनुच्छेद 42 B. अनुच्छेद 15
C. अनुच्छेद 14 D. अनुच्छेद 17

102. वह रिट, जो भारत में उच्च न्यायालय अथवा सर्वोच्च न्यायालय द्वारा किसी व्यक्ति अथवा व्यक्ति समुदाय को आदेश देती है कि वह अपना कर्त्तव्य पालन करे, है–
A. बन्दी प्रत्यक्षीकरण रिट B. उत्प्रेक्षण रिट
C. परमादेश रिट D. इनमें से कोई नहीं

103. संविधान में जोड़ी गई दसवीं अनुसूची किससे सम्बन्धित है?
A. मिजोरम राज्य के लिए विशेष प्रावधानों से
B. दल-बदल के आधार पर अयोग्यता सम्बन्धी प्रावधानों से
C. सिक्किम के स्तर से सम्बन्धित शर्तों से
D. उपर्युक्त में से किसी से नहीं

104. राज्यसभा के सदस्यों की कुल संख्या .... हो सकती है।
A. 240 B. 260
C. 241 D. 250

105. सर्वोच्च न्यायालय के न्यायाधीशों की नियुक्ति के पूर्व मुख्य न्यायाधीश से विचार-विमर्श करना राष्ट्रपति के लिए–
A. बाध्यकारी है
B. बाध्यकारी नहीं है
C. विवेक का प्रश्न है
D. संविधान इस विषय पर मौन है

106. निम्नलिखित में से कौन-सा पदाधिकारी संसद के किसी भी सदन की कार्यवाही में भाग ले सकता है?
A. भारत का मुख्य न्यायाधीश
B. भारत का महान्यायवादी (एटॉर्नी जनरल)
C. भारत का रक्षा सचिव
D. भारत का गृह सचिव

107. 15वें वित्त आयोग के अध्यक्ष कौन थे?
A. वाई.वी. रेड्डी B. एन.के. सिंह
C. अरविन्द सुब्रमण्यन D. राजीव कुमार

108. भारतीय संविधान की कौन-सी विशेष व्यवस्था इंग्लैंड से ली गई है?
A. संसदीय प्रणाली B. संघीय प्रणाली
C. मूल अधिकार D. सर्वोच्च न्यायपालिका

109. संविधान के किस संशोधन द्वारा सम्पत्ति के अधिकार को मूल अधिकारों की श्रेणी से निकाल दिया गया है?
A. 42वें संशोधन B. 44वें संशोधन
C. 48वें संशोधन D. 24वें संशोधन

110. भारत के राष्ट्रपति की मर्जी तक निम्नलिखित में से कौन अपने पद पर रह सकता है?
A. सर्वोच्च न्यायालय के न्यायाधीश
B. चुनाव आयुक्त
C. राज्यपाल
D. लोकसभा अध्यक्ष

111. निम्न में से किसका उपयोग ऊँचाई नापने के लिए होता है?
A. बैरोमीटर B. प्लानोमीटर
C. अल्टीमीटर D. हाइड्रोमीटर

112. फ्लक्स घनता और चुम्बकीय क्षेत्र की क्षमता का अनुपात किसी माध्यम में होता है उसका–
A. चुम्बक की घनता B. ग्रहणशीलता
C. सम्बन्धित व्याकता D. पारगम्यता

113. ध्वनि तरंगें हैं–
A. अनुदैर्ध्य
B. अनुप्रस्थ
C. आंशिक लम्बवत्, आंशिक अनुदैर्ध्य
D. कभी-कभी अनुदैर्ध्य, कभी-कभी अनुप्रस्थ

114. कैमरे में किस प्रकार का लेन्स उपयोग में लाया जाता है?
A. उत्तल B. अवतल
C. वर्तुलाकार D. समान मोटाई का

115. एक स्वतंत्र रूप से लटका हुआ चुम्बक सदा ठहरता है (स्थिर होता है) वह दिशा है–
A. पूर्व-उत्तर B. उत्तर-पश्चिम
C. उत्तर-दक्षिण D. दक्षिण-पश्चिम

116. प्रकाश संश्लेषण में पौधे कौन-सी गैस का अवचूषण करते हैं?
A. CO_2 B. O_2
C. N_2 D. H_2

117. विद्युत मात्रा की इकाई है–
A. ऐम्पियर B. ओम
C. वोल्ट D. कूलॉम

118. 1 किग्रा. राशि का वजन है–
A. 1 न्यूटन B. 10 न्यूटन
C. 9.8 न्यूटन D. 9 न्यूटन

119. एक्स-रे के आविष्कारक थे–
A. आइन्स्टीन B. डब्ल्यू.एच. ब्रॅग
C. रॉन्जन D. हेनरी बेकरेल

120. नाड़ी गति द्वारा डॉक्टर ज्ञात करता है–
A. रक्तचाप B. साँस गति
C. हृदय की धड़कन D. उपर्युक्त में से कोई नहीं

121. निम्न में से कौन आवेश की इकाई नहीं है?
A. फैराडे B. फ्रैंकलीन
C. कुलम्ब D. एम्पीयर/सेकण्ड

122. मानव शरीर में क्रोमोसोम की संख्या होती है–
A. 46 B. 48
C. 49 D. 50

123. एक प्रकाशवर्ष इससे सर्वाधिक समीप है–
A. 10^8 मीटर B. 10^{12} मीटर
C. 10^{16} मीटर D. 10^{20} मीटर

124. हवाई जहाज के 'ब्लैक बॉक्स' का क्या रंग होता है?
A. काला B. लाल
C. बैंगनी D. नारंगी

125. निम्नांकित में से कौन एक कीट के शरीर से निकला स्राव है?
A. मोती B. मूँगा
C. लाख D. गोंद

126. निम्नांकित में से कौन-सी धातु किसी नगर की वायु को, जहाँ बहुत अधिक संख्या में मोटर कारें आदि हों, प्रदूषित करती है?
A. कैडमियम B. क्रोमियम
C. सीसा D. ताँबा

127. परमाणु के नाभिक में होते हैं–
A. इलेक्ट्रॉन तथा न्यूट्रॉन B. इलेक्ट्रॉन तथा प्रोट्रॉन
C. प्रोट्रॉन तथा न्यूट्रॉन D. प्रोट्रॉन तथा रेडान

128. निम्नांकित में कौन कठोरतम है?
A. सोना B. हीरा
C. लोहा D. टंगस्टन

129. शरीर के किस भाग में पित्त का निर्माण होता है?
A. यकृत B. तिल्ली
C. पित्ताशय की थैली D. पैन्क्रियाज

130. एन्जाइम मूलतः क्या है?
A. वसा B. शर्करा
C. प्रोटीन D. विटामिन

131. मानव शरीर में सबसे छोटी ग्रन्थि कौन है?
A. एड्रीनल B. थाइरॉइड
C. पैन्क्रियाज D. पिट्यूटरी

132. रेफ्रीजरेटर में थर्मोस्टेट का कार्य है–
A. तापमान को कम करना
B. हिमायन ताप को बढ़ाना
C. एक समान तापमान को बनाए रखना
D. गलनांक को घटाना

133. सूर्य की ऊर्जा उत्पन्न होती है–
A. आयनन द्वारा B. नाभिकीय संलयन द्वारा
C. नाभिकीय विखण्डन द्वारा D. ऑक्सीकरण द्वारा

134. द्रव क्रिस्टल प्रयुक्त होते हैं–
A. कलाई घड़ियों में B. प्रदर्शन युक्तियों में
C. पॉकेट कैलकुलेटरों में D. उपर्युक्त सभी में

135. निम्नांकित में से कौन-सा उर्वरक मृदा में सर्वाधिक अम्ल छोड़ता है?
A. यूरिया B. अमोनियम सल्फेट
C. अमोनियम नाइट्रेट D. कैल्सियम अमोनियम नाइट्रेट

136. खाद्य पदार्थों के संरक्षण हेतु निम्नांकित में से कौन-सा प्रयुक्त होता है?
A. सोडियम कार्बोनेट B. एसीटिलीन
C. बेंजोइक अम्ल D. सोडियम क्लोराइड

137. कृष्ण-छिद्र सिद्धान्त को प्रतिपादित किया था–
A. सी.वी. रमन ने B. एच.जे. भाभा ने
C. एस. चन्द्रशेखर ने D. हरगोविन्द खुराना ने

138. साइनोकोबालमिन है–
A. विटामिन सी B. विटामिन बी-2
C. विटामिन बी-6 D. विटामिन बी-12

139. निम्नांकित जोड़ों में किसका सुमेल है?
A. निमोनिया–फेफड़े B. मोतियाबिन्द–थायराइड ग्रन्थि
C. पीलिया–आँख D. मधुमेह–यकृत

140. दूध उदाहरण है–
A. एक शिलिष का B. एक पायस का
C. एक निलम्बन का D. एक फेन का

141. भारत के राष्ट्र ध्वज में केसरिया, सफेद और हरे रंग की तीन–
A. आड़ी पट्टियाँ हैं
B. खड़ी पट्टियाँ हैं
C. एक दूसरे को काटती हुई पट्टियाँ हैं
D. तिरछी पट्टियाँ हैं

142. हमारे राष्ट्र ध्वज की लम्बाई और चौड़ाई का अनुपात–
A. 2 : 3 है B. 3 : 4 है
C. 4 : 3 है D. 3 : 2 है

143. भारत के राष्ट्र ध्वज के बीच में एक गोल चक्र है; यह चक्र–
A. तीनों रंग की पट्टियों पर है
B. केसरिया रंग की पट्टी पर है
C. सफेद रंग की पट्टी पर है
D. हरे रंग की पट्टी पर है

144. किसी भाषा को किसी राज्य की राजभाषा के रूप में अंगीकार करने का अधिकार किसे है?
A. राष्ट्रपति B. संसद
C. राज्य विधान सभा D. राजभाषा आयोग

145. हमारे राष्ट्र ध्वज में तीन पट्टियाँ हैं; उनमें सबसे नीचे वाली पट्टी किस रंग की है?
A. केसरिया B. सफेद
C. हरे D. इनमें से कोई नहीं

146. हमारे राष्ट्रगान 'जन-गण-मन' में कुल कितने पद हैं?
A. तीन B. पाँच
C. चार D. दो

147. राष्ट्र गीत 'वन्देमातरम्', 'आनन्दमठ' नामक ग्रंथ से लिया गया है, जिसके लेखक हैं–
A. बंकिम चन्द्र चटर्जी B. रवीन्द्र नाथ टैगोर
C. व्योमेश चन्द्र बनर्जी D. सुरेन्द्रनाथ बनर्जी

148. हमारे राज चिह्न में ऊपर तीन सिंह बने हैं और उनके नीचे देवनागरी लिपि में 'सत्यमेव जयते' लिखा है। यह 'सत्यमेव जयते' कहाँ से उद्धृत किया गया है?
A. भगवद्‌गीता से B. मुण्डक उपनिषद से
C. ऋग्वेद से D. स्कन्द पुराण से

149. भारत का राष्ट्रीय पंचांग–
A. शक् संवत् पर आधारित है
B. हिजरी संवत् पर आधारित है
C. विक्रमी संवत् पर आधारित है
D. विक्रमांक-चालुक्य संवत् पर आधारित है

150. भारत का राष्ट्रीय पशु है–
A. गाय B. हाथी
C. अश्व D. बाघ

151. होमगार्ड का गठन कब हुआ था?
A. 1972 B. 1962
C. 1968 D. 1965

152. स्थल सेना के निम्नलिखित पदों में सबसे छोटा कौन-सा है?
A. लेफ्टीनेंट B. ब्रिगेडियर
C. कर्नल D. कैप्टन

153. प्रादेशिक सेना का गठन कब हुआ था?
A. 1949 B. 1957
C. 1962 D. 1972

154. प्रादेशिक सेना में भर्ती होने के लिए क्या आयु होनी चाहिए?
A. 21 से 30 वर्ष B. 21 से 35 वर्ष
C. 18 से 35 वर्ष D. 20 से 35 वर्ष

155. एन.सी.सी. में कितने डिवीजन हैं?
A. चार B. पांच
C. तीन D. दो

156. एयरफोर्स अकादमी कहां है?
A. बेलगाम B. कोयम्बटूर
C. हैदराबाद D. सिकन्दराबाद

157. असम राइफल्स का मुख्यालय कहाँ है?
A. इंफाल B. आइज़ोल
C. दिसपुर D. शिलांग

158. हर साल 7 दिसम्बर को भारत में मनाया जाता है–
A. वायु सेना दिवस B. झंडा दिवस
C. नौसेना दिवस D. कोस्ट गार्ड दिवस

159. भारत में नौसेना दिवस किस दिन मनाया जाता है?
A. 8 अक्टूबर B. 15 जनवरी
C. 21 दिसम्बर D. 7 दिसम्बर

160. भारत की सेना के प्रथम भारतीय सेनापति थे–
A. जनरल के.एम. करियप्पा
B. फील्ड मार्शल मानेकशा
C. जनरल राजेन्द्र सिंह
D. उपरोक्त में से कोई भी नहीं

161. वीटो का अधिकार–
A. संयुक्त राष्ट्र के सभी सदस्यों को प्राप्त है
B. सुरक्षा परिषद् के सभी सदस्यों को प्राप्त है
C. सुरक्षा परिषद् के सभी स्थायी सदस्यों को प्राप्त है
D. सुरक्षा परिषद् के सभी अस्थायी सदस्यों को प्राप्त है

162. संयुक्त राष्ट्र का मुख्यालय कहाँ है–
A. वाशिंगटन B. न्यूयार्क
C. बोस्टन D. शिकागो

163. संयुक्त राष्ट्र का ध्वज किस रंग का है?
A. हल्के नीले रंग का
B. हल्के गुलाबी रंग का
C. गहरे केसरिया रंग का
D. आधा हल्के रंग का और आधा केसरिया रंग का

164. संयुक्त राष्ट्र की बैठकों में आमतौर से काम-काज किस भाषा में होता है?
A. अंग्रेजी B. रूसी
C. फ्रेंच D. अंग्रेजी और फ्रेंच

165. अंतर्राष्ट्रीय न्यायालय का मुख्यालय कहाँ है?
A. हेग B. जेनेवा
C. रोम D. बर्न

166. राष्ट्रमंडल के सदस्य वे देश हैं, जो–
A. ब्रिटेन के अधीन हैं
B. ब्रिटेन से आर्थिक सहायता पाते हैं
C. पहले ब्रिटेन के अधीन थे किन्तु अब स्वाधीन हैं
D. ब्रिटेन से अस्त्र-शस्त्र प्राप्त करते हैं

167. सार्क (दक्षिण एशियाई सहयोग संगठन) में कितने देश सदस्य हैं?
A. पांच B. छः
C. आठ D. सात

168. निम्नलिखित देशों में से कौन-सा देश सार्क (SAARC) का सदस्य नहीं है?
A. भारत B. पाकिस्तान
C. बांग्लादेश D. म्यांमार

169. पहला गुट निरपेक्ष सम्मेलन कब शुरू हुआ था?
A. 1955 में B. 1961 में
C. 1983 में D. 1976 में

170. गुट निरपेक्ष आन्दोलन के सदस्य देश–
A. शक्तिशाली देशों के गुटों से दूर रहते हैं
B. परस्पर एक-दूसरे की रक्षा के लिए वचनबद्ध हैं
C. एक दूसरे को सैनिक सहायता देते हैं
D. एक सैनिक संधि के सदस्य हैं

171. जमनालाल बजाज पुरस्कार किस क्षेत्र में सराहनीय योगदान के लिए प्रदान किया जाता है?
A. शांति व निःशस्त्रीकरण B. कृषि
C. रचनात्मक कार्य D. साहित्य

172. भारत वर्ष में प्रथम रेमन मैग्सेसे पुरस्कार विजेता कौन था?
A. सी.डी. देशमुख B. जय प्रकाश नारायण
C. डॉ. वर्गीज कुरियन D. आचार्य विनोबा भावे

173. भारतीय ज्ञानपीठ पुरस्कार किसे प्रदान किया जाता है?
A. उत्कृष्ट हिन्दी कविता के लिए
B. भारतीय साहित्य में उत्कृष्ट योगदान के लिए
C. हिन्दी साहित्य में उत्कृष्ट योगदान के लिए
D. भारतीय दर्शन की उत्कृष्ट समीक्षा के लिए

174. अध्यापकों के लिए राष्ट्रीय पुरस्कारों की घोषणा कब की जाती है?
A. 14 नवम्बर B. 5 सितम्बर
C. 30 जनवरी D. 26 जनवरी

175. निम्नलिखित में से किस विषय पर नोबेल पुरस्कार नहीं दिया जाता है?
A. चिकित्सा B. गणित
C. अर्थशास्त्र D. रसायन शास्त्र

176. बुकर पुरस्कार किस क्षेत्र में प्रदान किया जाता है?
A. कल्पना साहित्य लेखन B. औषधि
C. साहस के कार्य D. विज्ञान

177. हर गोविन्द खुराना को नोबेल पुरस्कार किस क्षेत्र में योगदान के लिए मिला था?
A. चिकित्सा शास्त्र B. भौतिक शास्त्र
C. अर्थशास्त्र D. शांति

178. सर्वोच्च शौर्य पुरस्कार 'परमवीर चक्र' के प्रथम विजेता कौन थे?
A. मेजर ध्यान सिंह B. के. गुरुवचन सिंह
C. मेजर शैतान सिंह D. मेजर सोमनाथ शर्मा

179. धन्वन्तरि पुरस्कार किस क्षेत्र में विशिष्ट योगदान के लिए दिया जाता है?
A. संगीत B. नृत्य
C. दर्शन D. चिकित्सा

180. कलिंग पुरस्कार किस क्षेत्र में दिया जाता है?
A. साहित्य के क्षेत्र में
B. विज्ञान के क्षेत्र में
C. सामाजिक कल्याण के लिए किए गए कार्य के लिए
D. अन्तर्राष्ट्रीय शान्ति एवं सद्भावना के लिए

181. नोबेल पुरस्कार का आरम्भ कब से हुआ?
A. सन् 1901 से B. सन् 1905 से
C. सन् 1896 से D. सन् 1934 से

182. अर्थशास्त्र के लिए नोबेल पुरस्कार कब से आरम्भ हुआ?
A. सन् 1969 ई. से B. सन् 1939 ई. से
C. सन् 1901 ई. से D. सन् 1935 ई. से

183. निम्नलिखित किस अफ्रीकी नेता को भारत-रत्न से सम्मानित किया गया है?
A. होस्नी मुबारक B. जोमो केन्योटा
C. अनवर सादात D. नेल्सन मंडेला

184. विज्ञान को सर्वसुलभ व सर्वोपयोगी बनाने में सर्वाधिक योगदान देने वाले व्यक्ति को भारतीय नाम वाले किस अन्तर्राष्ट्रीय पुरस्कार से सम्मानित किया जाता है?
A. कालिंजर पुरस्कार
B. कलिंग पुरस्कार
C. मानवता पुरस्कार
D. ऐसा कोई पुरस्कार नहीं है

185. नेहरू पुरस्कार कौन-सी संस्था प्रदान करती है?
A. इंडियन कौंसिल ऑफ कल्चरल रिलेशन्स
B. इंडो-सोवियत कल्चरल सोसाइटी
C. भारतीय राष्ट्रीय कांग्रेस
D. भारतीय ज्ञानपीठ

186. वीरता का सर्वोच्च सम्मानसूचक पदक जो शत्रु के सामने असीम शौर्य और अदम्य साहस दिखाने या आत्म-बलिदान करने पर भेंट किया जाता है, उसका क्या नाम है?
A. चक्रव्यूह B. अशोक चक्र
C. महावीर चक्र D. परमवीर चक्र

187. प्रथम मरणोपरान्त 'भारत-रत्न' अलंकरण किसे प्रदान किया गया था?
A. के. कामराज नाडार B. आचार्य विनोबा भावे
C. लाल बहादुर शास्त्री D. एम.जी. रामचन्द्रन

188. निम्नलिखित में से कौन-सा पुरस्कार केवल एशियावासियों को दिया जाता है?
A. नेहरू सद्भावना पुरस्कार
B. पुलित्जर पुरस्कार
C. इन्दिरा गांधी शान्ति पुरस्कार
D. मैग्सेसे पुरस्कार

189. अर्जुन पुरस्कार कब से प्रारम्भ हुए?
A. 1961 ई. से B. 1962 ई. से
C. 1963 ई. से D. 1964 ई. से

190. ऑस्कर अवॉर्ड जीतने वाले पहले भारतीय थे–
A. नरगिस दत्त B. शशि कपूर
C. सत्यजीत रे D. भानु अथैया

191. 'अपर कट' शब्द किस खेल में प्रयोग किया जाता है?
A. टेनिस B. वॉलीबॉल
C. क्रिकेट D. बॉक्सिंग

192. निम्नलिखित में से कौन-सा कप/ट्रॉफी फुटबॉल से सम्बन्धित नहीं है?
A. मर्डेका कप B. डूरण्ड कप
C. सन्तोष ट्रॉफी D. दिलीप ट्रॉफी

193. 'फिनिस' शब्द का प्रयोग किस खेल में होता है?
A. शतरंज B. ब्रिज
C. बिलियर्ड्स D. रग्बी

194. एक दिवसीय क्रिकेट तथा टेस्ट मैंचों में सर्वाधिक रन बनाने का रिकॉर्ड किसके नाम है?
A. सौरभ गांगुली B. सचिन तेन्दुलकर
C. डॉन ब्रैडमैन D. ब्रायन लारा

195. निम्नलिखित में से कौन-सी अन्तर्राष्ट्रीय टेनिस खेल प्रतियोगिता घास के मैदान पर खेली जाती है?
A. यू.एस. ओपन B. फ्रेंच ओपन
C. विम्बलडन D. ऑस्ट्रेलियाई ओपन

196. 'विम्बलडन ट्रॉफी' का सम्बन्ध किस खेल से है?
A. पोलो (इंग्लैंड) से B. समुद्री दौड़ से
C. घुड़दौड़ से D. टेनिस से

197. निम्नलिखित में से किस पदक का सम्बन्ध हॉकी से नहीं है?
A. आगा खां कप B. वर्दवान ट्रॉफी
C. ध्यानचन्द ट्रॉफी D. बम्बई गोल्ड कप

198. 'रिवर्स स्विंग' एवं 'बीमर' नामक शब्दावलियां किस खेल से संबंधित हैं?
A. नौकायन B. क्रिकेट
C. फुटबॉल D. हॉकी

199. निम्नलिखित में से किस ट्रॉफी का सम्बन्ध हॉकी से है?
A. सिन्धिया गोल्ड कप B. संतोष ट्रॉफी
C. रोहिंगटन बेरिया ट्रॉफी D. सुब्रतो मुखर्जी ट्रॉफी

200. 'ज्यूल्स रिमेट ट्रॉफी का सम्बन्ध किस खेल से है?
A. फुटबॉल (विश्व) से B. गोल्फ से
C. हॉकी (भारत) से D. लॉन टेनिस (विश्व) से

201. 'मर्डेका' का सम्बन्ध किस खेल से है?
A. फुटबॉल (विश्व) से B. फुटबॉल (भारत) से
C. फुटबॉल (एशिया) से D. क्रिकेट (आस्ट्रेलिया-इंग्लैंड) से

202. प्रथम ओलम्पिक खेल ओलम्पिया (ग्रीस) में कब खेले गए थे?
A. 233 ई.पू. में B. 1500 ई.पू. में
C. 500 ई.पू. में D. 776 ई.पू. में

203. 394 ई. में रोम के बाद एक सम्राट ने ओलम्पिक खेलों को बंद कर दिया था। इसको पुनः किसने शुरू किया?
A. मि. स्पोर्ट्समैन ने B. बैरन पीयरे डी कोबर्टिन ने
C. जनरल फ्रेंको ने D. अब्राहम लिंकन ने

204. सर्वप्रथम आधुनिक ओलिम्पिक ध्वज कब फहराया गया?
A. 1896 में B. 1908 में
C. 1920 में D. 1924 में

205. 'ग्रैंड स्लेम' निम्नलिखित में से किस खेल से सम्बन्धित है?
A. फुटबॉल B. टेनिस
C. हॉकी D. पोलो

206. प्रथम आधुनिक ओलम्पिक खेल कब और कहां खेले गए?
A. रोम, 1894 ई. में B. मैड्रिड, 1840 ई. में
C. लिस्बन, 1800 ई. में D. एथेन्स, 1896 ई. में

207. आस्ट्रेलिया का राष्ट्रीय खेल क्या है?
A. हाराकीरी B. क्रिकेट
C. निप्पोन D. टोजो

208. भारत में खेल सम्बन्धी दो राष्ट्रीय इंस्टीट्यूट हैं। एक नेताजी सुभाष बोस के नाम से पटियाला में है, दूसरा किसके नाम से ग्वालियर में है?
A. राणा प्रताप B. पृथ्वीराज चौहान
C. शिवाजी D. रानी लक्ष्मीबाई

209. सबसे बड़े मैदान में खेला जाने वाला खेल कौन-सा है?
A. हॉकी B. क्रिकेट
C. पोलो D. कबड्डी

210. लॉन टेनिस जाल की ऊँचाई कितनी होती है?
A. 2 फुट 6 इंच B. 3 फुट 6 इंच
C. 4 फुट D. 2 फुट 2 इंच

211. 'ए सूटेबल ब्वाय' पुस्तक का लेखक कौन है?
A. खुशवंत सिंह B. अरुण शोरी
C. विक्रम सेठ D. उपरोक्त में से कोई नहीं

212. 'कैन्टरबरी टेल्स' पुस्तक का लेखक कौन है?
A. ज्योफरी चासर B. लियो टॉलस्टाय
C. गुन्नार मिर्डल D. विलियम शेक्सपियर

213. निम्नलिखित में से कौन-सी पुस्तक प्रेमचन्द द्वारा रचित नहीं है?
A. गोदान B. गबन
C. प्रेम पचीसी D. आनंदमठ

214. बांग्लादेश की लेखिका तस्लीमा नसरीन को किस पुस्तक से ख्याति मिली?
A. शर्म B. लज्जा
C. नारी स्वातंत्र्य D. अबला

215. 'पावर्टी एण्ड अन-ब्रिटिश रूल इन इण्डिया' का लेखक कौन है?
A. लाला लाजपत राय
B. लाला हरदयाल
C. विनायक दामोदर सावरकर
D. दादाभाई नौरोजी

216. 'मुद्राराक्षस' ग्रंथ का लेखक कौन है?
A. विशाखदत्त B. कालिदास
C. भारवि D. माघ

217. 'माई प्रेसिडेंशल ईयर्स' पुस्तक का लेखक कौन है?
A. ज्ञानी जैल सिंह B. वी.वी. गिरि
C. आर. बेंकटरमन D. डॉ. शंकर दयाल शर्मा

218. 'जय सोमनाथ' किसकी कृति है?
A. के.एम. मुंशी B. वृन्दावन लाल वर्मा
C. अमृत लाल नागर D. मदन मोहन मालवीय

219. वर्शिपिंग फाल्स गॉड्स पुस्तक के लेखक हैं–
A. विक्रम सेठ B. अरुण शौरी
C. सलमान रुश्दी D. खुशवन्त सिंह

220. निम्नलिखित पुस्तकों में से कौन-सी पुस्तक सलमान रुश्दी की है?
A. दि वर्ल्ड ऑफ फतवाज B. दि मूर्स लास्ट साई
C. दि अदर हॉफ D. फूल्स पैराडाइज

221. मार्ग्रेट थैचर द्वारा रचित पुस्तक है–
A. लांग वॉक टु फ्रीडम B. दि पाथ टु पावर
C. इमेज एंड इमेजिनेशन D. 10 डाउनिंग स्ट्रीट

222. 'फ्रीडम एट मिडनाइट' के लेखक कौन हैं?
A. जवाहरलाल नेहरू तथा डॉ. राजेन्द्र प्रसाद
B. एम.ओ. मथाई तथा फ्रैंक मोरेस
C. मैक्सिम गोर्की तथा दोस्तोवस्की
D. लैरी कॉलिन्स और डोमिनिक लापियर

223. 'अंकल टॉम्स केबिन' के लेखक का क्या नाम है?
A. एच.बी. स्टोव B. एडम स्मिथ
C. टॉल्स्टॉय D. थामस मूर

224. 'वार एण्ड पीस' और 'अन्ना कैरेनिना' दोनों एक ही अन्तर्राष्ट्रीय ख्याति प्राप्त लेखक की कृतियाँ हैं; उस लेखक का क्या नाम है?

A. ओलीवर गोल्डस्मिथ B. श्वेतलाना
C. लुई ब्रोमफील्ड D. लियो टाल्स्टॉय

225. बोरिस पास्तरनाक ने एक बहुत ही विवादास्पद पुस्तक लिखी थी। उस पुस्तक का क्या नाम है?

A. डॉन क्विक्जोट B. फॉस्ट
C. डॉक्टर्स डिलेमा D. डॉ. जिवागो

226. 'दास कैपिटल' के लेखक कौन हैं?

A. शेक्सपियर B. कौटिल्य
C. कर्नल जॉन हण्ट D. कार्ल मार्क्स

227. 'मदर' के लेखक का क्या नाम है?

A. मैक्सिम गोर्की B. पर्ल एस. बक
C. कैथराइन मेयो D. टी.एस. इलियट

228. 'कलम का सिपाही' में किसकी जीवनी प्रस्तुत की गई है?

A. शरतचन्द्र B. प्रेमचन्द
C. राहुल सांकृत्यायन D. जोश मलीहाबादी

229. 'झण्डा ऊँचा रहे हमारा' गीत किस कवि की रचना है?

A. श्यामलाल गुप्त 'पार्षद' B. मैथिलीशरण गुप्त
C. सोहनलाल द्विवेदी D. रामधारी सिंह 'दिनकर'

230. 'आइने अकबरी' का लेखक कौन था?

A. इब्न बतूता B. अकबर
C. अबुल फजल D. अकबर मुरादाबादी

231. कम्प्यूटर–

A. एक उपकरण है जो गणितीय और तार्किक संक्रियायें सम्पन्न करता है
B. एक उपकरण है, जो केवल गणितीय संक्रियायें सम्पन्न करता है
C. एक स्मृति उपकरण है
D. एक गणना उपकरण है

232. 'PC' का अर्थ है–

A. प्राइवेट कम्प्यूटर B. पर्सनल कल्कुलेटर
C. पर्सनल कम्प्यूटर D. प्रोफेसनल कम्प्यूटर

233. 'बाइनरी अंक प्रणाली' में अधिकतम अंक (digit) कितने होते हैं?

A. 1 B. 10
C. 2 D. 4

234. निम्नलिखित में से कौन-सा 'इनपुट' उपकरण है?

A. मॉनीटर B. प्रिंटर
C. प्लॉटर D. माउस

235. CPU का पूरा नाम है–

A. सेन्ट्रल प्रोग्रामिंग यूनिट
B. सेन्ट्रल प्रोसेसिंग यूनिट
C. सेन्ट्रल प्रोग्रामिंग अण्डरस्टैंडिंग
D. सेन्ट्रल प्रोसेसिंग अण्डरस्टैंडिंग

236. गणना हेतु प्रयोग में लाया गया पहला उपकरण था

A. ENIAC B. ABACUS
C. एनालिटिकल इंजन D. EDSAC

237. ABACUS का प्रयोग कब शुरू हुआ था?

A. 250 ई. B. 450 ई.पू.
C. 1200 ई.पू. D. 1200 ई.

238. किस अंग्रेज को 'कम्प्यूटर का जनक' कहा जाता है?

A. ब्लेज पास्कल B. लेबनिज
C. चार्ल्स बैबेज D. जे.पी. एकर्ट

239. निम्नलिखित में से कौन-सी कम्प्यूटर की सेकेण्डरी मेमोरी है?

A. RAM B. ROM
C. रजिस्टर्स D. फ्लॉपी

240. निम्नलिखित में से कौन पैकेज नहीं है?

A. BASIC B. dBASE
C. वर्ड परफेक्ट D. पेज मेकर

241. कौन-सा बेमेल है?

A. वर्ड स्टार B. वर्ड परफेक्ट
C. DOS Editor D. विण्डो

242. डाटा के समुच्चय (Set) को क्या कहते हैं?

A. फील्ड B. रेकार्ड
C. फाइल D. इनमें से कोई नहीं

243. Keyboard है?

A. इनपुट यूनिट है
B. आउटपुट यूनिट है
C. इनपुट यूनिट और आउटपुट यूनिट दोनों हैं
D. उपरोक्त में से कोई भी नहीं है

244. प्रिंटर–

A. आउटपुट यूनिट है B. इनपुट यूनिट है
C. उपरोक्त दोनों हैं D. उपरौक्त में से कोई भी नहीं है

245. फ्लॉपी–

A. इनपुट यूनिट है
B. आउटपुट यूनिट है
C. इनपुट यूनिट और आउटपुट यूनिट दोनों हैं
D. उपरोक्त में से कोई भी नहीं है

246. कम्प्यूटर की विशेषताएं हैं–

1. तेज रफ्तार 2. स्वचालन
3. कार्यशीलता 4. परिवर्तनशीलता

निम्नलिखित में से कौन-सी विशेषता सही है?

A. 1 और 2 सही हैं B. 1, 2 और 4 सही हैं
C. 1, 2 और 3 सही हैं D. उपरोक्त सभी सही हैं

247. 1 बाइट बराबर है–

A. 8 बिट B. 16 बिट
C. 36 बिट D. 64 बिट

248. असंसाधित तथ्य को क्या कहा जाता है?
A. डाटम B. डाटा
C. फाइल D. फील्ड

249. कम्प्यूटर–
A. सूचना ग्रहण करता है
B. सूचना को निर्दिष्ट प्रयोजन के लिए अनुकूल बनाता है
C. परिणाम प्रदर्शित करता है
D. उपरोक्त सभी बातें सही हैं

250. डाटा क्या है–
A. संसाधित तथ्य B. असंसाधित तथ्य
C. अंक और अक्षर D. उपरोक्त में से कोई भी नहीं

251. मध्य प्रदेश के भोपाल जिले के किस गांव को पूर्णत: सौर ऊर्जा पर आधारित बनाया गया है?
A. शाजपुर B. पिपरिया गांव
C. कस्तूरबा ग्राम D. पीथमपुर

252. निम्न में से कौन सी नदी पचमढ़ी के महादेव पर्वत से निकल कर नर्मदा नदी में मिलती है?
A. हसदो नदी B. बैनगंगा नदी
C. तवा नदी D. बनास नदी

253. बताइए निम्न में से कौन-सा युग्म असत्य है?
A. कृषि कॉम्पलैक्स – छिंदवाड़ा
B. हाई टेक कॉम्पलेक्स – ग्वालियर
C. चर्म कॉम्पलैक्स – देवास
D. इलेक्ट्रॉनिक्स कॉम्पलैक्स – इन्दौर

254. मध्य प्रदेश के किस विश्वविद्यालय का नाम बदल कर सुप्रसिद्ध क्रांतिकारी मौलाना बरकतुल्ला के नाम पर रखा गया है?
A. भोपाल विश्वविद्यालय
B. जीवाजी विश्वविद्यालय
C. देवी अहिल्या विश्वविद्यालय
D. विक्रम विश्वविद्यालय

255. निम्नलिखित में से किस क्षेत्र की खान से हीरा निकाला जाता है?
A. झिलमिली B. बिलोधी
C. मझगवाँ D. सिंगरौली

256. समारोह और उनके आयोजन स्थल का कौन-सा जोड़ा असत्य है?
A. ध्रुपद संगीत समारोह – भोपाल
B. अलाउद्दीन खां संगीत समारोह – देवास
C. कालिदास समारोह – उज्जैन
D. तानसेन समारोह – ग्वालियर

257. मध्य प्रदेश के सर्वाधिक क्षेत्र में कौन-सी मिट्टी पाई जाती है?
A. काली मिट्टी B. लाल-पीली मिट्टी
C. कछारी मिट्टी D. जलोढ़ मिट्टी

258. अमरकंटक को .... के नाम से भी जाना जाता है।
A. सतपुरा B. तीर्थराज
C. अवन्ती D. पुष्कर

259. फासिल राष्ट्रीय उद्यान मध्य प्रदेश के किस जिले में है?
A. मण्डला B. धार
C. सीधी D. सिवनी

260. 2011 की जनगणना के अनुसार मध्य प्रदेश में साक्षरता का प्रतिशत कितना है?
A. 75.32 B. 69.3
C. 78.24 D. 80.11

261. मध्य प्रदेश की उत्तरी सीमा चंबल नदी द्वारा बनती है। इस प्रदेश की दक्षिणी सीमा किस नदी से बनती है?
A. नर्मदा B. गोदावरी
C. ताप्ती D. महानदी

262. मध्य प्रदेश सरकार द्वारा राज्य के आदिवासी क्षेत्र में चलायी जा रही 'कल्पवृक्ष' नामक योजना का प्रमुख उद्देश्य क्या है?
A. अनुसूचित जाति के पुरुषों के लिए रोजगार योजना
B. अनुसूचित जाति की महिलाओं के लिए रोजगार योजना
C. अनुसूचित जनजाति के पुरुषों के लिए रोजगार योजना
D. अनुसूचित जनजाति की महिलाओं के लिए रोजगार योजना

263. मध्य प्रदेश की रेलवे लाइनें निम्न में से किसके अंतर्गत नहीं पड़ती हैं?
A. मध्य रेलवे B. पश्चिमी रेलवे
C. पूर्वी रेलवे D. दक्षिणी-पूर्वी रेलवे

264. कठोरता की दृष्टि से हीरे के बाद कोरण्डम का स्थान है। यह खनिज मध्य प्रदेश के किस जिले में सर्वाधिक मात्रा में पाया जाता है?
A. सीधी B. पन्ना
C. शहडोल D. दमोह

265. 'विन्ध्य का पठार' मध्य प्रदेश के किस प्राकृतिक प्रभाग को कहा जाता है?
A. बघेलखण्ड का पठार B. रीवा का पठार
C. बुन्देलखण्ड का पठार D. मध्य भारत का पठार

266. 'मध्य प्रदेश की जीवन-रेखा' नाम से निम्न में से कौन-सी नदी विख्यात है?
A. गोदावरी B. महानदी
C. ताप्ती D. नर्मदा

267. 'पुष्प की अभिलाषा' नामक रचना मध्य प्रदेश के किस प्रसिद्ध कवि की है?
A. गजानन माधव मुक्तिबोध
B. हरिशंकर परसाई
C. नाथूराम प्रेमी
D. माखन लाल चतुर्वेदी

268. मध्य प्रदेश द्वारा प्रदत्त कालिदास सम्मान निम्न में से किन क्षेत्रों में दिया जाता है?
(*a*) शास्त्रीय संगीत (*b*) शास्त्रीय नृत्य
(*c*) रंगकर्म (*d*) रूपंकर कला
A. (*a*) (*b*) (*c*) (*d*) B. (*b*) (*c*) (*d*)
C. (*a*) (*b*) (*c*) D. (*a*) (*b*)

269. भरोतिया और नाहर किस जनजाति की उपजातियाँ हैं?
A. बैगा B. कोरकू
C. भील D. गोंड

270. निम्न में से कौन-सा जोड़ा बेमेल है?
A. उदयगिरि की गुफाएं – विदिशा
B. जहाज महल – मांडव
C. भर्तृहरि की गुफाएं – उज्जैन
D. ज्योतिर्लिंग – अमरकंटक

271. मध्य प्रदेश उच्च न्यायालय जबलपुर में स्थित है। इसके दो खंडपीठ हैं। एक खंडपीठ इन्दौर में है, दूसरा कहां स्थित है?
A. जबलपुर B. भोपाल
C. सागर D. ग्वालियर

272. प्राकृतिक गैस पर आधारित देश का प्रथम उर्वरक संयंत्र मध्य प्रदेश के विजयपुर नामक स्थान में स्थित है। यह किस जिले में स्थित है?
A. गुना B. शाजापुर
C. राजगढ़ D. सीहोर

273. मध्य प्रदेश का राज्यवृक्ष 'बरगद' है और राज्य पक्षी 'दूधराज' है। प्रदेश का राज्य पशु कौन-सा है?
A. चीता B. बारहसिंगा
C. सांभर D. तेंदुआ

274. अमरकंटक की पहाड़ी से निम्न में से कौन-सी दो नदियां निकलती हैं?
(*a*) सोन (*b*) क्षिप्रा
(*c*) महानदी (*d*) नर्मदा
A. (*a*) (*b*) B. (*a*) (*d*)
C. (*c*) (*d*) D. (*b*) (*d*)

275. मध्य प्रदेश के किस दुर्ग (किले) को 'भारत का जिब्राल्टर' की संज्ञा प्रदान की गयी है?
A. ग्वालियर B. चन्देरी
C. मन्दसौर D. मांडू

276. 8 वीं से 12वीं शताब्दी के मध्य चंदेलों द्वारा खजुराहो में निर्मित 85 मन्दिरों में से अब कितने मन्दिर बचे हुए हैं ?
A. 29 B. 13
C. 16 D. 22

277. मध्य प्रदेश में पंचायती राज व्यवस्था का कौन-सा ढांचा अपनाया गया है?
A. एक-स्तरीय B. दो-स्तरीय
C. तीन-स्तरीय D. चार-स्तरीय

278. देश में सफेद शेर मध्य प्रदेश के किस राष्ट्रीय उद्यान में पाए जाते हैं?
A. बांधवगढ़ राष्ट्रीय उद्यान B. कांकेर राष्ट्रीय उद्यान
C. माधव राष्ट्रीय उद्यान D. पेंच राष्ट्रीय उद्यान

279. निम्न में से कौन सा जोड़ा सुमेलित नहीं है?
A. उज्जैन - क्षिप्रा B. विदिशा - बेतवा
C. पंचमढ़ी - तवा D. देवास - इन्द्रावती

280. निम्न में से कौन बेमेल है?
A. बाण सागर बांध – सोन नदी
B. बारना बांध – नर्मदा नदी
C. गांधी सगार बांध – चम्बल नदी
D. राजघाट बांध – बेतवा नदी

281. मध्य प्रदेश में विश्वविख्यात चन्देरी की साड़ियां निम्नलिखित में से कहां बनाई जाती हैं?
A. जबलपुर B. शहडोल
C. टीकमगढ़ D. देवास

282. मध्य प्रदेश के किस नगर का प्राचीन नाम अवन्ति है?
A. इन्दौर B. उज्जैन
C. विदिशा D. दतिया

283. मध्य प्रदेश के प्रसिद्ध जलप्रपातों में निम्नलिखित में से कौन-सा नहीं है?
A. चंचाई B. धुंआधार
C. टौंस जलप्रपात D. बोग्रा

284. मध्य प्रदेश के जलप्रपात व उनसे सम्बन्धित नदियों के जोड़े नीचे दिए गए हैं। इनमें से गलत जोड़ा बताइए।
A. धुंआधार – नर्मदा नदी
B. चंचाई – बीहड़ नदी
C. भालकुण्ड – बेतवा नदी
D. कपिलधारा – ताप्ती नदी

285. मध्य प्रदेश में चांदनी तापीय विद्युत केन्द्र निम्नलिखित में से किस स्थान पर स्थापित हुआ है?
A. अमरकंटक B. भोपाल
C. नेपानगर D. सीधी

286. कान्हा टाइगर रिजर्व के आधिकारिक शुभंकर का क्या नाम है?
A. भूरसिंह B. शेर खान
C. बरसिंह D. बघीरा

287. नर्मदा नदी का उद्‌गम स्थल है?
A. अमरकंटक B. इन्दौर
C. जबलपुर D. भोपाल

288. मध्य प्रदेश में जनसंख्या की दृष्टि से सबसे बड़ा नगर निम्नलिखित में से कौन-सा है?
A. ग्वालियर B. भोपाल
C. इन्दौर D. उज्जैन

289. मध्य प्रदेश के किस प्रसिद्ध व्यक्तित्व को 'बुलेट' कहा जाता है?
A. विजयाराजे सिंधिया B. आचार्य केशवदास
C. अनिल काकोडकर D. शंकर लक्ष्मण

290. सिक्यूरिटी पेपर मिल कहां है?
A. देवास B. नेपानगर
C. होशंगाबाद D. अमलाई

291. राष्ट्रीय पत्रकारिता विश्वविद्यालय संस्थान, भोपाल की स्थापना कब की गई?

A. 16 जनवरी, 1991 को B. 16 जनवरी, 1990 को
C. 17 मार्च, 1991 को D. 17 मार्च, 1990 को

292. भागोरिया नृत्य किस जिले के आदिवासियों का है ?
A. झाबुआ B. खण्डवा
C. मण्डला D. बालाघाट

293. मध्य प्रदेश के किस पुलिस महाविद्यालय में अपराध अनुसंधान का प्रशिक्षण दिया जाता है ?
A. इन्दौर B. रीवा
C. जबलपुर D. सागर

294. मध्य प्रदेश के निम्नलिखित में से किस जिले में ब्रजभाषा नहीं बोली जाती है ?
A. मुरैना B. ग्वालियर
C. दतिया D. भिण्ड

295. मध्य प्रदेश के निम्नलिखित में से किस साहित्यकार को लोकसभा में सर्वाधिक समय का अवसर मिला था ?
A. द्वारिका प्रसाद मिश्र B. बाल कवि बैरागी
C. सेठ गोविन्ददास D. माखन लाल चतुर्वेदी

296. मध्य प्रदेश सरकार द्वारा दिए जाने वाले पुरस्कारों/सम्मानों में कौन-सा सम्मिलित नहीं किया जा सकता है ?
A. कालिदास सम्मान B. तानसेन सम्मान
C. आर्यभट्ट सम्मान D. तुलसी सम्मान

297. मध्य प्रदेश की बहुप्रतीक्षित 'नर्मदा सागर' परियोजना कब प्रारम्भ हुई ?
A. 18 नवम्बर, 1987 B. 19 नवम्बर, 1987
C. 17 नवम्बर, 1987 D. 20 नवम्बर, 1987

298. 'भोपाल ट्रेजेडी' नामक पुस्तक के रचयिता हैं :
A. डेविड वियर B. एम. अरुण सुब्रह्मण्यम
C. एन.के. चोपड़ा D. खुशवंत सिंह

299. 'करमा नृत्य' किस जाति से सम्बन्धित है ?
A. भील B. गोंड
C. मारिया D. कोल

300. निम्नलिखित में से मध्य प्रदेश के किस मुख्यमंत्री का कार्यकाल सबसे कम रहा है ?
A. पं. रविशंकर शुक्ल B. वीरेन्द कुमार सकलेचा
C. गोविन्द नारायण सिंह D. राजा नरेशचन्द्र

301. मध्य प्रदेश का 'राज्य वृक्ष' क्या है ?
A. बरगद B. पीपल
C. शीशम D. बबूल

302. मध्य प्रदेश का खेल-कूद साप्ताहिक समाचार पत्र 'खेल हलचल' कहां से प्रकाशित होता है ?
A. भोपाल B. ग्वालियर
C. इन्दौर D. जबलपुर

303. मध्य प्रदेश का 52वाँ जिला कौन है?
A. जबेरा B. निवाड़ी
C. पटेरा D. अमनगंज

304. 'राष्ट्रीय रामलीला मेला' मध्य प्रदेश के किस नगर में आयोजित किया जाता है ?
A. भोपाल B. बालाघाट
C. राजगढ़ D. शिवपुरी

305. नर्मदा घाटी विकास निगम किस वर्ष गठित किया गया ?
A. 1980 में B. 1981 में
C. 1982 में D. 1983 में

306. ग्वालियर स्थित एशिया के प्रथम शारीरिक प्रशिक्षण महाविद्यालय का क्या नाम है ?
A. सिन्धिया कॉलेज ऑफ फिजिकल एजूकेशन
B. लक्ष्मीबाई कॉलेज ऑफ फिजिकल एजूकेशन
C. जवाहरलाल नेहरू कॉलेज ऑफ फिजिकल एजूकेशन
D. महात्मा गांधी कॉलेज ऑफ फिजिकल एजूकेशन

307. मध्य प्रदेश का एकमात्र यूनानी चिकित्सा महाविद्यालय कहां स्थित है ?
A. ग्वालियर B. कांकेर
C. बुरहानपुर D. होशंगाबाद

308. कर्क रेखा मध्य प्रदेश के किस भाग से गुजरती है?
A. पूर्वी भाग B. पश्चिमी भाग
C. दक्षिणी भाग D. मध्य भाग

309. डॉ. हरि सिंह गौर राज्य पुरस्कार मध्य प्रदेश सरकार द्वारा किस क्षेत्र में दिया जाता है?
A. सामाजिक विज्ञान B. इन्जीनियरिंग विज्ञान
C. आधारभूत विज्ञान D. चिकित्सा विज्ञान

310. मध्य प्रदेश सरकार लोक कलाओं के लिए निम्नलिखित में से कौन-सी फैलोशिप प्रदान करती है ?
A. अमृता शेरगिल फैलोशिप
B. चक्रधर फैलोशिप
C. श्रीकांत वर्मा फैलोशिप
D. अलाउद्दीन खां फैलोशिप

311. मध्य प्रदेश में सबसे बड़ी अनुसूचित जनजाति कौन-सी है ?
A. भील B. गोंड
C. कोल D. सहरिया

312. मध्य प्रदेश में किस जिले की जनसंख्या में अनुसूचित जनजातियों का सर्वाधिक प्रतिशत है ?
A. छिंदवाड़ा B. मण्डला
C. अलीराजपुर D. भिण्ड

313. जय विलास महल कहाँ स्थित है?
A. भोपाल B. इन्दौर
C. जबलपुर D. ग्वालियर

314. वास्तुकला की प्रमुख पुस्तक 'समरांगण सूत्र' के लेखक कौन हैं?
A. श्री हर्ष B. हेमचन्द्र
C. क्षेमेन्द्र D. राजा भोज

315. मध्य प्रदेश के किस क्षेत्र का लोक नाट्य 'काठी' है?

A. बघेलखंड B. निमाड़
C. मालवा D. बुन्देलखंड

316. 'नौरता' मध्य प्रदेश के किस क्षेत्र में अविवाहित लड़कियों द्वारा किया जाने वाला नृत्य है?

A. बघेलखंड B. चित्रकूट
C. मालवा D. बुंदेलखंड

317. निम्न में से कौन मध्य प्रदेश का मुख्यमंत्री नहीं रहा है?

A. बाबूलाल गौर B. उमा भारती
C. कमलनाथ D. सुमित्रा महाजन

318. मध्य प्रदेश में भारत की जनसंख्या का कितने प्रतिशत निवास करते हैं?

A. 6.00 B. 6.88
C. 6.35 D. 4.82

319. मध्य प्रदेश में 2011 की जनगणना के अनुसार जनसंख्या घनत्व क्या है?

A. 100 B. 236
C. 149 D. 174

320. 2011 की जनगणना के अनुसार मध्य प्रदेश का देश में जनसंख्या के दृष्टिकोण से कौन-सा स्थान है?

A. प्रथम B. द्वितीय
C. पांचवां D. आठवां

321. सतपुड़ा राष्ट्रीय उद्यान किसलिए प्रसिद्ध है?

A. कृष्णमृगों हेतु B. पक्षियों हेतु
C. शेरों हेतु D. सांप व रेंगने वाले प्राणियों हेतु

322. मकबूल फिदा हुसैन का संबंध निम्नलिखित में से किससे था?

A. संगीत B. रंगमंच
C. चित्रकला D. बाँसुरी वादन

323. भारत के प्रथम 'पर्यटन नगर' का निर्माण प्रदेश में कहां किया गया है?

A. भोपाल B. ग्वालियर
C. शिवपुरी D. खण्डवा

324. महात्मा गाँधी चित्रकूट ग्रामोदय विश्वविद्यालय किस वर्ष स्थापित किया गया?

A. 1985 B. 1991
C. 1983 D. 1989

325. इन्दौर में स्थापित किए गए भाभा परमाणु केन्द्र के प्रथम औद्योगिक केन्द्र का क्या नाम है?

A. टाइगर B. कैट
C. लाइफ D. प्रोग्रेस

326. रानी लक्ष्मीबाई की समाधि किस नगर में है?

A. ग्वालियर B. झांसी
C. इन्दौर D. शिवपुरी

327. मध्य प्रदेश के वनों में सबसे अधिक पेड़ किसके पाए जाते हैं?

A. सागौन B. शीशम
C. साल D. आम

328. कान्हा-किसली किस वर्ष राष्ट्रीय उद्यान बना था?

A. 1953 B. 1954
C. 1955 D. 1956

329. मध्य प्रदेश में सिंचाई का सबसे प्रमुख साधन क्या है?

A. नलकूप B. नहरें
C. रहट D. कुएं

330. मध्य प्रदेश में विधानसभा सीटों की कुल संख्या कितनी है?

A. 220 B. 400
C. 300 D. 230

331. मध्य प्रदेश में वह कौन सा स्थान है जहां जनश्रुतियों के अनुसार ब्रह्मा, विष्णु और महेश ने बाल अवतार लिया था?

A. अमरकंटक B. महेश्वर
C. चित्रकूट D. ओंकारेश्वर

332. मध्य प्रदेश में बाघ की गुफाएं किस स्थान के समीप हैं?

A. धार B. रायसेन
C. राजगढ़ D. विदिशा

333. मध्य प्रदेश में पर्यटकों का प्रमुख आकर्षण का केन्द्र खजुराहो के मन्दिर निम्नलिखित में से किस जिले में हैं?

A. विदिशा B. पन्ना
C. रीवा D. छतरपुर

334. मध्य प्रदेश में स्थित खजुराहो के मन्दिरों का निर्माण किस वंश के शासकों ने कराया था?

A. चोल B. पल्लव
C. चन्देल D. चालुक्य

335. निम्नलिखित का मेल कराएं :

(*a*)	तानसेन का मकबरा	1.	विदिशा
(*b*)	सांची के स्तूप	2.	ग्वालियर
(*c*)	महाकालेश्वर	3.	खण्डवा
(*d*)	ओंकारेश्वर	4.	उज्जैन

	(*a*)	(*b*)	(*c*)	(*d*)
A.	1	2	3	4
B.	4	3	2	1
C.	2	1	4	3
D.	1	4	2	3

336. निम्नलिखित में से कौन बेमेल है?

A. अजयगढ़ B. गिन्नौरगढ़
C. बांधवगढ़ D. मुक्तागिरि

337. निम्नलिखित में से कौन-सा स्थान सम्राट अशोक से सम्बन्धित है?

A. भर्तृहरि गुफाएं B. सांची
C. मोतीमहल D. बावनगजा

338. मालवा का पठार मध्य प्रदेश के किस भाग में है?

A. दक्षिणी-पूर्वी भाग B. उत्तरी-पश्चिमी भाग
C. पूर्वी-उत्तरी भाग D. मध्य भाग

339. बघेलखंड क्षेत्र के बसदेवा निम्नलिखित में से कौन-से पौराणिक पात्र/देवता के बारे में गाते हैं?

A. श्रवण कुमार B. शिव
C. कृष्ण D. अर्जुन

340. मध्य प्रदेश में पत्रकारिता विश्वविद्यालय की कहां स्थापना की गई है?

A. इन्दौर B. उज्जैन
C. भोपाल D. जबलपुर

341. 'ऑल इंडिया टाइगर एस्टीमेशन 2018' के अनुसार भारत के किस राज्य को टाइगर राज्य के रूप में मान्यता प्राप्त हुई है?

A. उत्तर प्रदेश B. मध्य प्रदेश
C. असम D. राजस्थान

342. 2011 की जनगणना के अनुसार मध्य प्रदेश में पुरुष साक्षरता का प्रतिशत क्या है?

A. 68.11 B. 78.70
C. 75.12 D. 80.21

343. 2011 की जनगणना के अनुसार 2001 की तुलना में मध्य प्रदेश के जनसंख्या घनत्व में कितनी बढ़ोत्तरी हुई है?

A. 25 B. 40
C. 35 D. 28

344. निम्नलिखित में से किस स्थान के निकट (लगभग 2 किमी. दूर) दो प्रमुख नदियों का उद्‌गम है?

A. महू B. अमरकंटक
C. ग्वालियर D. छिंदवाड़ा

345. आदिम जनजाति कोरकू मध्य प्रदेश के किस भाग में मुख्यत: पाई जाती है?

A. दक्षिणी B. उत्तर-पश्चिमी
C. पूर्वी D. उत्तर-पूर्वी

346. 2011 की जनगणना के अनुसार मध्य प्रदेश में किस जिले का जनसंख्या घनत्व सर्वाधिक था?

A. इन्दौर B. भोपाल
C. जबलपुर D. भिण्ड

347. मध्य प्रदेश की जनसंख्या में 2001-2011 के दशक में कितने प्रतिशत की वृद्धि हुई है?

A. 23.50 B. 20.30
C. 27.52 D. 36.69

348. मध्य प्रदेश में ऐशबाग स्टेडियम कहाँ स्थित है?

A. इन्दौर B. सतना
C. जबलपुर D. भोपाल

349. मध्य प्रदेश के किस स्थान पर जोगेश्वरी देवी का मेला आयोजित होता है?

A. चन्देरी (गुना) B. घोघरा (सीधी)
C. पोरसा (मुरैना) D. माण्डेर (ग्वालियर)

350. प्रसिद्ध ध्रुपद गायक कुमार गन्धर्व किस स्थान से संबंधित थे?

A. खण्डवा B. ग्वालियर
C. मैहर D. देवास

351. मध्य प्रदेश के निम्नलिखित जिलों में से किसमें बुन्देली भाषा प्रयोग नहीं की जाती है?

A. रीवा B. गुना
C. दतिया D. शिवपुरी

352. मध्य प्रदेश में किस नदी पर बोधघाट जलविद्युत परियोजना स्थित है?

A. नर्मदा नदी B. महानदी
C. बेतवा नदी D. इन्द्रावती नदी

353. मध्य प्रदेश साहित्य परिषद् द्वारा अखिल भारतीय महाराज वीरसिंह देव पुरस्कार किस विधा के लिए दिया जाता है?

A. कविता B. समाज विज्ञान
C. आलोचना D. उपन्यास

354. मध्य प्रदेश में ओरछा किस नदी के किनारे बसा हुआ है?

A. सोन B. बेतवा
C. तवा D. पार्वती

355. नर्मदा नदी के शुद्धिकरण के अंतर्गत निम्नलिखित में से कौन-सा स्थान नहीं शामिल है?

A. अमरकंटक B. होशंगाबाद
C. ओंकारेश्वर D. महेश्वर

356. नर्मदा की 41 सहायक नदियां हैं। इन सभी नदियों का जल किसमें गिरता है?

A. बंगाल की खाड़ी B. खम्भात की खाड़ी
C. कच्छ की खाड़ी D. मन्तार की खाड़ी

357. मध्य प्रदेश फिल्म विकास निगम की स्थापना कब की गई थी?

A. 1972 B. 1980
C. 1981 D. 1986

358. मध्य प्रदेश की प्रमुख अकादमियों व उनके स्थ[illegible] के युग्मों में कौन-सा गलत है?

	अकादमी	*स्थापना व[illegible]*
A.	उर्दू अकादमी	1976
B.	कालिदास अकादमी	1974
C.	संगीत अकादमी	1978
D.	सिन्धी अकादमी	1983

359. मध्य प्रदेश में स्थित 'भारत भवन' किस से सम्बन्धित है?

A. ललित कला B. प्रदर्शनकारी कला
C. साहित्य D. उपर्युक्त सभी

360. मध्य प्रदेश के भोपाल नगर में स्थित रवीन्द्र भवन क्या है?

A. विशाल संग्रहालय
B. विशाल भवन
C. विशाल सभागृह
D. उपर्युक्त में से कुछ भी नहीं

उत्तरमाला

1	**2**	**3**	**4**	**5**	**6**	**7**	**8**	**9**	**10**
B	D	B	B	A	D	C	B	A	C
11	**12**	**13**	**14**	**15**	**16**	**17**	**18**	**19**	**20**
D	B	C	C	A	A	B	D	A	A
21	**22**	**23**	**24**	**25**	**26**	**27**	**28**	**29**	**30**
C	D	B	B	C	C	D	A	B	A
31	**32**	**33**	**34**	**35**	**36**	**37**	**38**	**39**	**40**
B	A	D	C	C	D	A	B	B	B
41	**42**	**43**	**44**	**45**	**46**	**47**	**48**	**49**	**50**
B	B	B	C	C	C	C	A	B	C
51	**52**	**53**	**54**	**55**	**56**	**57**	**58**	**59**	**60**
D	B	C	C	A	B	D	C	A	A
61	**62**	**63**	**64**	**65**	**66**	**67**	**68**	**69**	**70**
B	D	B	A	C	D	B	B	A	C
71	**72**	**73**	**74**	**75**	**76**	**77**	**78**	**79**	**80**
D	B	B	A	D	C	A	C	D	B
81	**82**	**83**	**84**	**85**	**86**	**87**	**88**	**89**	**90**
B	A	B	D	B	C	A	A	C	B
91	**92**	**93**	**94**	**95**	**96**	**97**	**98**	**99**	**100**
C	D	B	A	B	C	D	C	A	C
101	**102**	**103**	**104**	**105**	**106**	**107**	**108**	**109**	**110**
D	C	B	D	A	B	B	A	B	C
111	**112**	**113**	**114**	**115**	**116**	**117**	**118**	**119**	**120**
C	B	A	A	C	A	D	C	C	C
121	**122**	**123**	**124**	**125**	**126**	**127**	**128**	**129**	**130**
D	A	C	D	C	C	C	B	A	C
131	**132**	**133**	**134**	**135**	**136**	**137**	**138**	**139**	**140**
D	C	B	D	B	C	C	D	A	B
141	**142**	**143**	**144**	**145**	**146**	**147**	**148**	**149**	**150**
A	D	C	C	C	B	A	B	A	D
151	**152**	**153**	**154**	**155**	**156**	**157**	**158**	**159**	**160**
B	A	A	C	C	C	D	B	C	A
161	**162**	**163**	**164**	**165**	**166**	**167**	**168**	**169**	**170**
C	B	A	D	A	C	C	D	B	A
171	**172**	**173**	**174**	**175**	**176**	**177**	**178**	**179**	**180**
C	D	B	B	B	A	A	D	D	B
181	**182**	**183**	**184**	**185**	**186**	**187**	**188**	**189**	**190**
A	A	D	B	A	D	C	D	A	D
191	**192**	**193**	**194**	**195**	**196**	**197**	**198**	**199**	**200**
D	D	B	B	C	D	B	B	A	A
201	**202**	**203**	**204**	**205**	**206**	**207**	**208**	**209**	**210**
C	D	B	B	B	D	B	D	C	B

211	212	213	214	215	216	217	218	219	220
C	A	D	B	D	A	C	A	B	B
221	222	223	224	225	226	227	228	229	230
B	D	A	D	D	D	A	B	A	C
231	232	233	234	235	236	237	238	239	240
A	C	C	D	B	B	A	C	D	A
241	242	243	244	245	246	247	248	249	250
D	A	A	A	C	D	A	B	D	B
251	252	253	254	255	256	257	258	259	260
C	C	B	A	C	B	B	B	A	B
261	262	263	264	265	266	267	268	269	270
B	D	C	A	C	D	D	A	A	D
271	272	273	274	275	276	277	278	279	280
D	A	B	C	A	D	C	A	D	B
281	282	283	284	285	286	287	288	289	290
C	B	D	D	C	A	A	C	D	C
291	292	293	294	295	296	297	298	299	300
A	A	D	C	C	C	A	B	B	D
301	302	303	304	305	306	307	308	309	310
A	A	B	A	B	B	C	D	A	B
311	312	313	314	315	316	317	318	319	320
B	C	D	D	C	D	D	A	B	C
321	322	323	324	325	326	327	328	329	330
A	C	C	B	B	A	C	C	D	D
331	332	333	334	335	336	337	338	339	340
C	A	D	C	C	D	B	A	A	C
341	342	343	344	345	346	347	348	349	350
B	B	B	B	A	B	B	D	A	D
351	352	353	354	355	356	357	358	359	360
A	D	D	B	A	B	C	C	D	C

तार्किक योग्यता

निर्देश (प्र.सं. 1–5) : *नीचे दी गई प्रत्येक शृंखला में अक्षरों का क्रम निर्धारित करें। तत्पश्चात् दिए गए विकल्पों में से उस विकल्प का चयन करें जिससे दी गई शृंखला में प्रश्न चिह्न प्रतिस्थापित होता हो।*

1. B Y C X D W E ?
A. S B. T
C. U D. V

2. A D C G E ?
A. G B. J
C. I D. L

3. X O I F ?
A. D B. F
C. B D. E

4. Z A A Y B B X C ?
A. W B. C
C. V D. D

5. A Z Y B X W C V U D T S E ?
A. RS B. ST
C. RQ D. QR

निर्देश (प्र.सं. 6–10) : *नीचे के प्रत्येक प्रश्न में दी गई अक्षर-शृंखला में कौन-सा अक्षर या अक्षर-समूह गलत या बेमेल है?*

6. C H M S W B
A. C B. S
C. B D. W

7. Z A W B X C
A. D B. C
C. X D. W

8. D K R Y F L
A. L B. D
C. R D. Y

9. XW, DC, CB, NM, PQ
A. NM B. CB
C. PQ D. XW

10. Z T P K H F
A. Z B. P
C. T D. F

निर्देश (प्र.सं. 11–15) : *शृंखलाओं को पूरा करने के लिए दिए गए विकल्पों में से लुप्त पद/संख्या ज्ञात करें।*

11. 1, 6, 12, 19, 27, ?
A. 38 B. 35
C. 36 D. 54

12. 2, 3, 6, 18, 108, ?
A. 1944 B. 1658
C. 648 D. 1008

13. 3, 8, 13, 24, 41, ?
A. 65 B. 75
C. 70 D. 80

14. 0, 5, 22, 57, ?, 205
A. 198 B. 116
C. 172 D. 92

15. 1, 2, 5, 12, 27, 58, 121, ?
A. 246 B. 247
C. 248 D. 249

निर्देश (प्र.सं. 16–20) : *दी गई अक्षर-शृंखलाओं को पूरा करने के लिए दिए गए अक्षर-समूहों के विकल्पों में से सही विकल्प का चयन करें।*

16. ab---b-bbaa-
A. babba B. abaab
C. abbab D. baaab

17. aa-ab--aaa-a
A. baaa B. abab
C. aaab D. aabb

18. -baa-aab-a-a
A. baab B. abab
C. aaba D. aabb

19. -a cca-ccca-acccc-aaa
A. ccaa B. acca
C. caac D. caaa

20. c-bbb--abbbb-abbb-
A. abccb B. bacbb
C. aabcb D. abacb

निर्देश (प्र.सं. 21–25): *पूछे गए प्रत्येक प्रश्न में पहले दिए गए दो शब्दों के बीच संबंध स्थापित करें। तत्पश्चात् दिए गए विकल्पों में से उस विकल्प का चयन करें जिसके शब्द और प्रश्न में दिए गए तीसरे शब्द के बीच ठीक वैसा ही संबंध या सादृश्य हो जैसा कि पहले के दो शब्दों के बीच है।*

21. जो संबंध 'उन्माद' और 'सनक' में है वही संबंध 'भय' और निम्नलिखित में से किसमें है?
A. इच्छा B. शौक
C. आवश्यकता D. डर

22. 'हकलाना' जिस प्रकार 'वाणी' से संबंधित है उसी प्रकार 'बहरापन' का संबंध निम्नलिखित में से किससे है?

A. कान
B. सुनना
C. शोर
D. चुप्पी

23. जिस प्रकार 'नेता', 'अनुयायी' से संबंधित है, उसी प्रकार .... संबंधित है सिपाही से।

A. कैप्टन
B. यूनिट
C. सेना
D. बैरक

24. जिस प्रकार 'चिल्लाहट', 'फुसफुसाहट' से संबंधित है, उसी प्रकार 'मारना' निम्नलिखित में से किससे संबंधित है?

A. थप्पड़ मारने
B. छूना
C. क्रोध
D. शोरगुल

25. जिस प्रकार 'पंजा', 'बिल्ली' से संबंधित है उसी प्रकार 'खुर' निम्नलिखित में से किससे संबंधित है?

A. घोड़ा
B. मेमना
C. हाथी
D. शेर

निर्देश (प्र.सं. 26–30): *नीचे दिए गए प्रत्येक प्रश्न में :: चिह्न की बाईं ओर दो शब्द दिए गए हैं। इन दोनों शब्दों में कुछ संबंध है। वैसा ही संबंध :: चिह्न की दाईं ओर के दो शब्दों में है जिनमें से एक शब्द के स्थान पर प्रश्नवाचक चिह्न (?) है। प्रश्नवाचक चिह्न (?) के स्थान पर दिए गए विकल्पों में से एक उपयुक्त विकल्प का चयन करें।*

26. शिकारी : बंदूक :: लेखक : ?

A. पुस्तक
B. कलम
C. कविता
D. पृष्ठ

27. भोजन : आमाशय :: ईंधन : ?

A. इंजन
B. ऑटोमोबाइल
C. रेल
D. वायुयान

28. जल : रेत :: महासागर : ?

A. द्वीप
B. नदी
C. मरुभूमि
D. तरंगें

29. वयस्क : बच्चा :: फूल : ?

A. बीज
B. कली
C. फल
D. तितली

30. मोती : कंठहार :: फूल : ?

A. पौधा
B. बगीचा
C. पँखुड़ी
D. गुलदस्ता

निर्देश (प्र.सं. 31–35): *दिए गए विकल्पों में से उस शब्द-युग्म का चयन कीजिए जिसमें युग्म के शब्दों के बीच ठीक उसी प्रकार का संबंध हो जिस प्रकार का संबंध प्रश्न में दिए गए मूल शब्द-युग्म के बीच है।*

31. राज्य : निर्वासन

A. पुलिस : गिरफ्तार
B. न्यायाधीश : अभियुक्त
C. संविधान : संशोधन
D. चर्च : धर्म-बहिष्करण

32. चंचलता : विश्वसनीयता

A. तात्कालिक : भविष्य सूचक
B. अविश्वसनीय : अमानवीय
C. दृढ़निश्चयी : व्यवहार्यता
D. स्वेच्छाचारी : सनकी

33. अनिच्छुक : बल-प्रयोग

A. घृणित : दुलारा
B. चिढ़ना : प्यार करना
C. क्रुद्ध : प्रतिरोध
D. विमुख : मान-मनोव्वल

34. शल्क : मछली

A. महिला : ड्रेस
B. पेड़ : पत्तियां
C. पक्षी : पंख
D. त्वचा : मुनष्य

35. वृक्ष : बालवृक्ष

A. झोंपड़ी : महल
B. लंबा-तगड़ा : बौना
C. घोड़ा : बछेड़ा
D. चींटी : हाथी

निर्देश (प्र.सं. 36–40): *नीचे के प्रत्येक प्रश्न में एक लुप्त पद है। प्रश्न में :: चिह्न की बायीं ओर के दो अक्षर-समूहों में जो समानता या सादृश्य है वैसी ही समानता या सादृश्य :: चिह्न की दायीं ओर के दो अक्षर समूहों में है जिनमें से एक अक्षर समूह के स्थान पर प्रश्नवाचक चिह्न (?) लगा है। प्रश्न-वाचक चिह्न (?) के स्थान पर लुप्त पद ज्ञात करें।*

36. BCF : DEG : : MNQ : ?

A. OPR
B. PQS
C. OPP
D. QRT

37. NATION : ANITNO : : HUNGRY : ?

A. HNUGRY
B. UNHGYR
C. YRNGUH
D. UHGNYR

38. ACE : FGH : : LNP : ?

A. QRS
B. PQR
C. QST
D. MOQ

39. BOQD : ERTG : : ANPC : ?

A. DQSF
B. FSHU
C. SHFU
D. DSQF

40. RUX : TRP : : BEH : ?

A. SQN
B. QON
C. QOM
D. QNL

निर्देश (प्र.सं. 41–45) : *नीचे के प्रत्येक प्रश्न में चिह्न ': :' के पहले दो संख्याएं दी गई हैं जिनमें आपस में एक संबंध है तथा ': :' चिह्न के बाद में एक तीसरी संख्या दी गई है। दिए गए विकल्पों में से उस संख्या का चयन करें जिसका तीसरी संख्या के साथ वैसा ही संबंध हो जैसा संबंध संख्याओं के पहले जोड़े के बीच है।*

41. 14 : 20 : : 16 : ?

A. 23
B. 10
C. 48
D. 32

42. 0.16 : 0.0016 : : 1.02 : ?

A. 10.20
B. 0.102
C. 0.0102
D. 1.020

43. 5 : 24 : : 8 : ?
A. 65 B. 63
C. 62 D. 64

44. 65 : 30 : : 44 : ?
A. 79 B. 62
C. 28 D. 16

45. 30 : 42 : : 56 : ?
A. 92 B. 21
C. 38 D. 72

निर्देश (प्र.सं. 46–50) : *यहां दिए गए प्रत्येक प्रश्न में तीन शब्द किसी न किसी प्रकार से समान हैं और इस कारण वे एक समूह बनाते हैं जबकि एक शब्द अन्य तीनों से भिन्न है। इस भिन्न या विजातीय शब्द को ज्ञात करें।*

46. A. अस्तबल B. बिल
C. डोंगी D. सूअर-बाड़ा

47. A. खुश B. उदास
C. प्रसन्नचित्त D. प्रसन्न

48. A. सीसा B. पारद
C. तांबा D. लोहा

49. A. अतिवृष्टि B. अनावृष्टि
C. भूस्खलन D. युद्ध

50. A. सिंहशावक B. चूजा
C. सूअर D. पिल्ला

निर्देश (प्र.सं. 51–55) : *नीचे के प्रत्येक प्रश्न में अक्षर समूहों के रूप में चार विकल्प दिए गए हैं जिनमें से तीन में किसी न किसी प्रकार की समानता है और इस कारण वे एक समूह बनाते हैं। उस अक्षर समूह का चयन करें जो समूह से संबंधित नहीं है।*

51. A. ACE B. LOR
C. GIK D. VXZ

52. A. EFLM B. KJSR
C. XWHG D. EDYX

53. A. JOPK B. BOPC
C. QOPR D. TOPS

54. A. BdfH B. FHJL
C. RTvX D. uVwX

55. A. MKGA B. PNID
C. RPLF D. VTPJ

निर्देश (प्र.सं. 56–60) : *यहां प्रत्येक प्रश्न में चार विकल्प दिए गए हैं जिनमें से तीन किसी न किसी रूप में आपस में संबंधित होते हुए एक समूह बनाते हैं, जबकि शेष एक संख्या अन्य से भिन्न है। उस भिन्न संख्या का चयन करें जो समूह से संबंधित नहीं है।*

56. A. 1948 B. 2401
C. 966 D. 1449

57. A. 182 B. 169
C. 130 D. 158

58. A. 3215 B. 9309
C. 4721 D. 2850

59. A. 1776 B. 2364
C. 1976 D. 3776

60. A. 7658 B. 1234
C. 9876 D. 6543

निर्देश (प्र.सं. 61–65) : *नीचे के प्रत्येक प्रश्न में शब्दों के उस जोड़े का चयन करें जो शेष तीन जोड़ों से भिन्न हो।*

61. A. कुर्सी-फर्नीचर B. शर्ट-वस्त्र
C. कंठहार-आभूषण D. बोगी-इंजन

62. A. चित्रांकनी-कागज B. पेंसिल-लेड
C. कलम-स्याही D. बुरुश-रंग

63. A. युद्ध-शांति B. वास्तविक-सहज
C. अग्रगण्य-प्रथम D. क्रोध-गुस्सा

64. A. दिन-रात B. चालाक-मूर्ख
C. स्पष्ट-धुंधला D. पहुंचना-आना

65. A. भतीजी-भतीजा B. भाई-बहन
C. पति-पत्नी D. पिता-माता

निर्देश (प्र.सं. 66–70) : *निम्नलिखित प्रश्नों में दिए गए शब्दों या अक्षरों के लिए इंगित कूटभाषा के शब्द या अक्षर ज्ञात करें।*

66. यदि किसी कूट भाषा में CHAIR को FKDLU के रूप में लिखा जाए तो उसी कूटभाषा में RAID शब्द को किस प्रकार लिखा जाएगा?
A. ULGD B. ULKG
C. ULDG D. UDLG

67. किसी कूटभाषा में COME को XLNV और ABLE को ZYOV लिखा जाता है। इसी कूटभाषा में MOLLY किस प्रकार लिखा जाएगा?
A. NLOBO B. NLBOO
C. LNOOB D. NLOOB

68. यदि किसी कूटभाषा में ACTION को ZXGRLM लिखा जाता हो तो उसी कूटभाषा में HEALTH को कैसे लिखा जाएगा?
A. SVZOGS B. TVZOGT
C. RUZPGR D. QVGOZQ

69. यदि PHILOSOPHY को HPLISOPOYH लिखा जाता हो तो ORNAMENTAL कैसे लिखा जाएगा?
A. ROANEMNTLA
B. ONRAMNEALT
C. ROANEMTNLA
D. ROANEMNATL

70. यदि किसी कूटभाषा में लिखे गए शब्द OPFGBCST का अर्थवाचन NEAR के रूप में किया जाता हो तो उसी कूटभाषा में कूटबद्ध IJVWHI का अर्थ निम्नलिखित में से क्या होगा?
A. HAG B. HUG
C. HUT D. KEG

निर्देश(प्र.सं. 71–75) : *प्रत्येक प्रश्न में दी गई कूटबद्ध सूचना को अच्छी तरह समझें और दिए गए विकल्पों में से सही उत्तर का चयन करें।*

71. यदि किसी कूटभाषा में 'पानी' को 'नीला', 'नीला' को 'लाल', 'लाल' को 'सफेद', 'सफेद' को 'आकाश', 'आकाश' को 'वर्षा', 'वर्षा' को 'हरा', 'हरा' को 'हवा' और 'हवा' को 'मेज' कहा जाए, तो इस कूटभाषा में दूध के रंग को क्या कहेंगे?

A. सफेद B. वर्षा
C. आकाश D. हरा

72. यदि किसी कूटभाषा में 'प्रकाश' को 'अंधकार', 'अंधकार' को 'हरा', 'हरा' को 'नीला', 'नीला' को 'लाल', 'लाल' को 'सफेद' और 'सफेद' को 'पीला' कहा जाता हो तो इस कूटभाषा में रक्त का रंग क्या कहलाएगा?

A. लाल B. अंधकार
C. सफेद D. पीला

73. यदि किसी कूटभाषा में 'आकाश' को 'समुद्र', 'समुद्र' को 'पानी', 'पानी' को 'हवा', 'हवा' को 'बादल' और 'बादल' को 'नदी' कहा जाता हो तो प्यास लगने पर इस कूटभाषा में पीने के लिए किस चीज की मांग करेंगे?

A. आकाश B. हवा
C. पानी D. समुद्र

74. यदि किसी कूटभाषा में 'पीला' का अर्थ 'लाल', 'सफेद' का अर्थ 'हरा', 'लाल' का अर्थ 'नारंगी', 'नीला' का अर्थ 'सफेद' और 'हरा' का अर्थ 'नीला' हो तो उस कूटभाषा में आकाश का रंग क्या है?

A. सफेद B. हरा
C. नीला D. पीला

75. यदि किसी कूटभाषा में 'घर' को 'झोपड़ी', 'झोपड़ी' को 'नहर', 'नहर' को 'स्कूल', 'स्कूल' को 'मैदान', 'मैदान' को 'सुराही' और 'सुराही' को 'तार' कहा जाए तो इस कूटभाषा में छात्रों के पढ़ने की जगह को क्या कहेंगे?

A. मैदान B. सुराही
C. झोपड़ी D. स्कूल

निर्देश(प्र.सं. 76–80) : *प्रत्येक प्रश्न में दी गई सूचना को अच्छी तरह समझें और दिए गए विकल्पों में से सही उत्तर का चयन करें।*

76. A, B, C, D और E पांच मित्र हैं जिनमें से A का वजन B से अधिक है, C का वजन D से कम है, B का वजन D से कम है किंतु E से अधिक है। इनमें से किसका वजन सबसे अधिक है?

A. B B. C
C. A D. कहा नहीं जा सकता

77. विपुल, हंस से लंबा है। हंस, आनंद से लंबा है। आलोक, अशोक से लंबा है। अशोक, हंस से लंबा है। इन पांचों मित्रों से कौन सबसे अधिक लंबा है?

A. विपुल B. आलोक
C. अशोक D. कहा नहीं जा सकता

78. प्रमोद, गोपाल से लंबा है। गोपाल, मधु से कम लंबा है। यह जानने के लिए कि इनमें सबसे अधिक लंबा कौन है, निम्नलिखित में से कौन-सी अतिरिक्त जानकारी आवश्यक है?

A. मधु, गोपाल से लंबी है
B. मधु, प्रमोद के भाई से कम लंबी है
C. प्रमोद, मधु से लंबा है
D. प्रमोद, मधु के भाई से लंबा है

79. विक्रम की लंबाई राजन से अधिक किंतु ऐनी से कम है। जमाल, ऐनी से अधिक लंबा है। सीता, विक्रम से अधिक लंबी है। राजन, सीता से कम लंबा है। इस समूह में सबसे कम लंबाई किसकी है?

A. सीता B. राजन
C. विक्रम D. कहा नहीं जा सकता

80. प्रमोद आयु में जयेश और सुधीर से बड़ा है। विकास, अनिल से छोटा है। इनमें किसकी आयु सब से अधिक है, यह जानने के लिए निम्नलिखित में से कौन-सी अतिरिक्त जानकारी अपेक्षित है?

A. सुधीर, जयेश से बड़ा है
B. अनिल, जयेश से बड़ा है
C. विकास, प्रमोद से बड़ा है
D. विकास, प्रमोद से छोटा है

निर्देश (प्र.सं. 81 और 82): *(A) गोपाल की लंबाई अशोक से कम किंतु केशव से अधिक है; (B) नवीन की लंबाई केशव से कम है; (C) जयेश की लंबाई नवीन से अधिक है; (D) अशोक की लंबाई जयेश से अधिक है।*

81. इनमें सबसे अधिक लंबा कौन है?

A. गोपाल B. अशोक
C. जयेश D. नवीन

82. उपर्युक्त प्रश्न का उत्तर देने के लिए निम्नलिखित में से कौन-सी सूचना आवश्यक नहीं है?

A. A B. B
C. C D. D

निर्देश (प्र.सं. 83–85): *नीचे उल्लिखित कथन को ध्यानपूर्वक पढ़ें और पूछे गए प्रश्नों के उत्तर दें:*

एक समूह में A, B, C, D और E पांच व्यक्ति हैं। इनमें से दो पुरुष हैं। केवल तीन व्यक्ति तैरना जानते हैं जिनमें एक पुरुष है। इस समूह में एक विवाहित जोड़ा भी है जिसमें पति को तैरना आता है। A, D की छोटी बहन है और B, E का पति है। C तैराकी का चैम्पियन है।

83. समूह में अविवाहित पुरुष कौन है?

A. C B. B
C. A D. D

84. निम्नलिखित में से कौन-सी दो महिलाएं तैरना जानती हैं?

A. A और C B. C और D
C. D और E D. A और E

85. निम्नलिखित में से किन दो व्यक्तियों को तैरना नहीं आता?

A. B और D B. D और E
C. A और E D. A और D

निर्देश (प्र.सं. 86–88): *निम्नलिखित प्रश्नों में व्यवस्थीकरण के पैटर्न को समझें और तत्पश्चात् दिए गए विकल्पों में से सही उत्तर का चयन करें:*

86. मिनी, रजनी के दाएं और अनंता के बाएं बैठी है। सत्या, मिनी के दाएं बैठी है किंतु वह जया के बाएं है। यदि सभी लड़कियां उत्तर दिशा की ओर मुंह किए बैठी हों तो इनमें से सबसे बाएं छोर पर कौन बैठी है ?

A. जया B. मिनी
C. रजनी D. सत्या

87. A, B, C, D और E एक दूसरे के पीछे दौड़ रहे हैं। C, E के निकट नहीं है और A, D के निकट नहीं है। B, A के पीछे है और E, D के निकट नहीं है। इनके बीच में कौन व्यक्ति है ?

A. B B. E
C. A D. कहा नहीं जा सकता

88. O, P, Q, R, S और T एक बेंच पर अपनी लंबाई के घटते क्रम में खड़े हैं। P, O से अधिक लंबा है किंतु S से उसकी लंबाई कम है। केवल S ही T से अधिक लंबा है। R, P से कम लंबा है किंतु वह Q से अधिक लंबा है। इनमें किसकी लंबाई सबसे कम है ?

A. O B. Q
C. P D. कहा नहीं जा सकता

निर्देश (प्र.सं. 89 और 90): *निम्नलिखित कथनों को सावधानी पूर्वक पढ़ें और पूछे गए प्रश्नों के उत्तर दें :*

एक शेल्फ में पांच कमीजें एक ढेर में एक के ऊपर एक रखी हुई हैं। इस ढेर में लाल कमीज नीली कमीज के ऊपर रखी गई है और हरे रंग की कमीज नारंगी रंग की कमीज के नीचे रखी गई है। नीली कमीज नारंगी रंग की कमीज के ऊपर तथा सफेद कमीज हरी कमीज के नीचे रखी गई है।

89. लाल और नारंगी रंग की कमीजों के बीच रखी कमीज किस रंग की है ?

A. सफेद रंग की B. हरे रंग की
C. नीले रंग की D. आंकड़े अपर्याप्त हैं

90. सबसे नीचे किस रंग की कमीज है ?

A. लाल B. सफेद
C. नारंगी D. कहा नहीं जा सकता

निर्देश (प्र.सं. 91–95) : *नीचे के प्रत्येक प्रश्न में सही दिशा/ दूरी दर्शाने के लिए दिए गए विकल्पों से सही उत्तर का चयन करें।*

91. एक व्यक्ति पश्चिम दिशा में अपनी गाड़ी चला रहा है। वह दक्षिण दिशा में चले इसके लिए उसे निम्नलिखित में से कौन से मोड़ मुड़ने चाहिए ?

A. बायीं ओर, दायीं ओर, दायीं ओर
B. दायीं ओर, दायीं ओर, बायीं ओर
C. बायीं ओर, बायीं ओर, बायीं ओर
D. दायीं ओर, दायीं ओर, दायीं ओर

92. ऋचा अपनी गाड़ी से दक्षिण दिशा में 8 किमी आगे चलकर बायीं ओर मुड़ जाती है और 5 किमी. आगे चलती है। वहां वह एक बार फिर से बायीं ओर मुड़कर 8 किमी. आगे चलती है। अब वह अपने शुरू के स्थान से कितनी दूरी पर है ?

A. 3 किमी. B. 5 किमी.
C. 8 किमी. D. 13 किमी.

93. देबू पहले पूर्व की ओर और तब उत्तर की ओर चलता है तथा वहां वह 45° दायें मुड़कर कुछ देर आगे चलता है और अंततः बायीं ओर मुड़ जाता है। अब वह किस दिशा में चल रहा है ?

A. उत्तर B. पूर्व
C. दक्षिण-पूर्व D. उत्तर-पश्चिम

94. मैं अपने घर से उत्तर दिशा में चला और तब बायीं ओर मुड़ गया। अब कुछ देर तक आगे चलने के बाद मैं फिर से बायीं ओर मुड़ा और तब दायीं ओर मुड़ गया। बाद में आगे चलते हुए मैं बायीं ओर और एक बार फिर से बायीं ओर मुड़ा। बताइए कि अब मैं किस दिशा में चल रहा हूँ ?

A. उत्तर B. दक्षिण
C. पूर्व D. पश्चिम

95. राज पश्चिम दिशा में चल रहा है। वह आगे चलते हुए अपने दाएं, फिर दाएं और तब बाएं, हर बार 45° के कोण पर मुड़ा। बताइए कि अब वह किस दिशा में चल रहा है ?

A. उत्तर-पूर्व B. दक्षिण-पूर्व
C. पूर्व D. पश्चिम

निर्देश (प्र.सं. 96–100) : *नीचे के प्रत्येक प्रश्न में व्यक्तियों के बीच उल्लिखित संबंधों को सावधानीपूर्वक समझें और तब दिए गए विकल्पों में से सही उत्तर का चयन करें:*

96. A, B और C का पिता है। B, A का पुत्र है किंतु C, A का पुत्र नहीं है। C का A से क्या संबंध है ?

A. पुत्री B. पुत्र
C. भतीजी D. भतीजा

97. एक महिला ने कहा, ''वहां खड़ी लड़की मेरे दादा जी के एकमात्र पुत्र की पुत्री है''। उस महिला का उस लड़की से क्या संबंध है ?

A. बहन B. मां
C. चाची D. भतीजा

98. अजय, विजय का भाई है। शुभा, अजय की बहन है। संजय, राहुल का भाई है और मेहुल विजय की पुत्री है। संजय का चाचा कौन है ?

A. राहुल B. अजय
C. मेहुल D. दी गई सूचना अपर्याप्त है

99. आदित्य, रवि का भाई है। भरत, जयंत के पिता हैं। ईला, रवि की मां है। आदित्य और जयंत आपस में भाई हैं। ईला का भरत से क्या संबंध है ?

A. बहन B. मां
C. पुत्री D. पत्नी

100. वरुण ने अरुण की ओर संकेत करते हुए कहा, ''वह मेरी बहन के एकमात्र भाई का पुत्र है।'' अरुण का वरूण से क्या संबंध है ?

A. पुत्र B. भाई
C. भतीजा D. दी गई सूचना अपर्याप्त है

निर्देश (प्र.सं. 101–103): *निम्नलिखित सूचना को ध्यानपूर्वक पढ़ें और नीचे पूछे गए प्रश्नों के उत्तर दें :*

101. यदि परसों बृहस्पतिवार था तो रविवार कब होगा?

A. कल
B. परसों
C. आज
D. आज से दो दिन बाद

102. किसी कार्यालय में बीस व्यक्ति कार्य करते हैं। इनमें से पांच व्यक्तियों का पहला समूह प्रात: 8:00 बजे से दोपहर बाद 2:00 बजे तक काम करता है। दस व्यक्तियों का दूसरा समूह प्रात: 10:00 बजे से शाम 4:00 बजे तक काम करता है तथा पांच व्यक्तियों का तीसरा समूह दोपहर 12:00 बजे से संध्या 6:00 बजे तक काम करता है। इस कार्यालय में तीन कंप्यूटर हैं जिन्हें सभी कर्मचारी बार-बार प्रयोग में लाते हैं। बताइए कि निम्नलिखित में से किस समय के दौरान कंप्यूटर पर सर्वाधिक काम होगा?

A. दोपहर बाद 1:00 बजे से 3:00 बजे के बीच
B. दोपहर 12:00 बजे से दोपहर बाद 2:00 बजे के बीच
C. दोपहर बाद 2:00 बजे से शाम 4:00 बजे के बीच
D. प्रात: 10:00 बजे से दोपहर 12:00 बजे के बीच

103. यदि किसी माह का सातवां दिन शुक्रवार से तीन दिन पहले का दिन हो तो उस माह का उन्नीसवां दिन सप्ताह का कौन-सा दिन होगा?

A. रविवार
B. सोमवार
C. बुधवार
D. शुक्रवार

निर्देश (प्र.सं. 104 और 105): *निम्नलिखित सूचना को ध्यानपूर्वक पढ़ें और नीचे पूछे गए प्रश्नों के उत्तर दें :*

(i) एक सिटी बस कंपनी M, N, O, P, Q, R और S सात बसें चलाती है जिनमें से प्रत्येक बस शहर के दर्शनीय स्थलों के टूर पर प्रतिदिन एक बार 4 घंटे के लिए रवाना होती है।

(ii) सोमवार से शुक्रवार तक पहली बस ठीक आठ बजे रवाना होती है जिसके बाद की बसें बारी-बारी से 45 मिनट, जिसके बाद 30 मिनट और फिर 45 मिनट, जिसके बाद 35 मिनट और फिर 45 मिनट और उसके बाद 40 मिनट के अंतराल पर रवाना होती हैं।

(iii) शनिवार और रविवार को पहली बस प्रात: 7:30 बजे रवाना होती है और उसके बाद की बसें बारी-बारी से एक-एक घंटे के अंतर पर रवाना होती हैं।

(iv) बस 'Q' बस 'M' के ठीक बाद रवाना होती है जिसके ठीक बाद बस 'S' रवाना होती है।

(v) बस 'O' अंतिम बस है जिसके बाद और कोई बस नहीं जाती।

(vi) बस 'R' बस 'M' से ठीक पहले रवाना होती है किंतु यह बस 'P' के ठीक बाद नहीं जाती।

104. शनिवार को बस 'M' कितने बजे रवाना होती है?

A. प्रात: 10 बजे
B. प्रात: 9:45 बजे
C. प्रात: 10:30 बजे
D. सूचना अपर्याप्त है

105. रविवार को बस 'P' द्वारा अपना टूर पूरा कर लेने के बाद निम्नलिखित में से कौन-सी बस रवाना होती है?

A. Q
B. S
C. O
D. सूचना अपर्याप्त है

निर्देश (प्र.सं. 106–110): *निम्नलिखित सूचना को ध्यानपूर्वक पढ़ें और नीचे पूछे गए प्रश्नों के उत्तर दें :*

106. पेड़ों की एक पंक्ति में कोई एक पेड़ पंक्ति के दोनों छोरों से पांचवें स्थान पर है। इस पंक्ति में कुल कितने पेड़ हैं?

A. 11
B. 8
C. 10
D. 9

107. 53 छात्रों की एक कक्षा में जया का योग्यता-क्रम में 5 वां स्थान है। कक्षा में योग्यता-क्रम में नीचे से उसका क्रम-स्थान क्या है?

A. 49 वां
B. 48 वां
C. 47 वां
D. 50 वां

108. पैंसठ छात्रों की एक कक्षा में योग्यता-क्रम में मोहन का क्रम स्थान इक्कीसवां है। यदि योग्यता-क्रम में सबसे नीचे के छात्र का क्रम-स्थान 1 माना जाए तो योग्यता-क्रम में नीचे से मोहन का क्रम-स्थान क्या होगा?

A. 44 वां
B. 45 वां
C. 46 वां
D. दी गई सूचना अपर्याप्त है

109. लड़कों की एक पंक्ति में राहुल दाहिने से 12 वें स्थान पर और बाएं से चौथे स्थान पर खड़ा है। इस पंक्ति में और कितने लड़कों को शामिल करने पर पंक्ति में लड़कों की कुल संख्या 28 हो जाएगी?

A. 12
B. 14
C. 20
D. 13

110. लड़कों की एक पंक्ति में राजन दाहिने से दसवें स्थान पर है और सूरज बाएं से दसवें स्थान पर है। यदि राजन और सूरज आपस में अपना स्थान बदल लें तो सूरज बाएं से सताइसवें स्थान पर आ जाएगा। राजन अब पंक्ति में दाहिने से कितने स्थान पर खड़ा है?

A. दसवें
B. छब्बीसवें
C. उन्तीसवें
D. सताइसवें

निर्देश (प्र.सं. 111–115): *प्रत्येक दिए गए विकल्पों से उस एक शब्द का चयन करें जिसे प्रश्न में दिए गए शब्द के अक्षरों का प्रयोग करके लिखा नहीं जा सकता।*

111. ROTATION

A. TORN
B. NOTE
C. TART
D. RAIN

112. INSUFFICIENT

A. ENTICE
B. SCENT
C. SUFFICE
D. THENCE

113. CATASTROPHE

A. TASTE
B. CHEAP
C. POUCH
D. STARE

114. MASTERPIECE

A. MINCE B. TRAMP
C. PESTER D. SPRITE

115. PROGNOSTICATION

A. RONTGEN B. SPITOON
C. ROGATION D. START

निर्देश (प्र.सं. 116–120): *यहाँ प्रत्येक प्रश्न में दिए गए विकल्पों से उस एक शब्द का चयन करें जिसे प्रश्न के आरंभ में दिए गए शब्द के अक्षरों का प्रयोग करके लिखा जा सकता है।*

116. INVESTIGATE

A. INVERT B. GLIDE
C. STING D. ACTED

117. ADVENTURE

A. AWARE B. EVENT
C. TRUCE D. DRIED

118. THANKSGIVING

A. AVENGE B. HAUNTS
C. GRAINS D. SAVING

119. BLANDISHMENT

A. BOARD B. METAL
C. SHAPE D. CRASH

120. UNDISCHARGED

A. CHANGED B. DISARMED
C. GROUNDED D. SHARPEN

निर्देश (प्र.सं. 121–125): *निम्नलिखित सूचना को ध्यानपूर्वक पढ़ें और नीचे पूछे गए प्रश्नों के उत्तर दें :*

121. यदि "+" का अर्थ "–" हो; "–" का अर्थ "×" हो; "×" का अर्थ "÷" हो और "÷" का अर्थ "+" हो, तो

$15 \times 5 \div 10 + 5 - 3 = ?$

A. 9.5 B. 0
C. – 2 D. 24

122. यदि "+" का अर्थ "–" हो; "–" का अर्थ "×" हो; "×" का अर्थ "÷" हो; और "÷" का अर्थ "+" हो, तो

$15 \times 3 \div 15 + 5 - 2 = ?$

A. 0 B. 10
C. 20 D. 6

123. यदि "+" का अर्थ "÷" हो; "×" का अर्थ "–" हो; "÷" का अर्थ "+" हो और "–" का अर्थ "×" हो, तो

$16 \div 8 \times 6 - 2 + 12 = ?$

A. 22 B. 24
C. 23 D. 20

124. यदि "+" का अर्थ "×" हो; "–" का अर्थ "÷" हो; "×" का अर्थ "–" हो और "÷" का अर्थ "+" हो, तो

$5 + 8 - 4 \times 2 \div 9 = ?$

A. 15 B. 13
C. 17 D. 11

125. यदि × का आशय जोड़ की संक्रिया से हो, ÷ का आशय घटाव की संक्रिया से हो, + का आशय गुणा की संक्रिया से हो और – का आशय भाग की संक्रिया से हो तो $(20 \times 6 \div 6 \times 4)$ निम्नलिखित में से किसके बराबर है ?

A. 5 B. 24
C. 25 D. 80

निर्देश (प्र.सं. 126–130): *नीचे दिए गए प्रत्येक प्रश्न में बताएँ कि प्रश्न चिह्न (?) के स्थान पर कौन-सी संख्या रखी जा सकती है ?*

126.

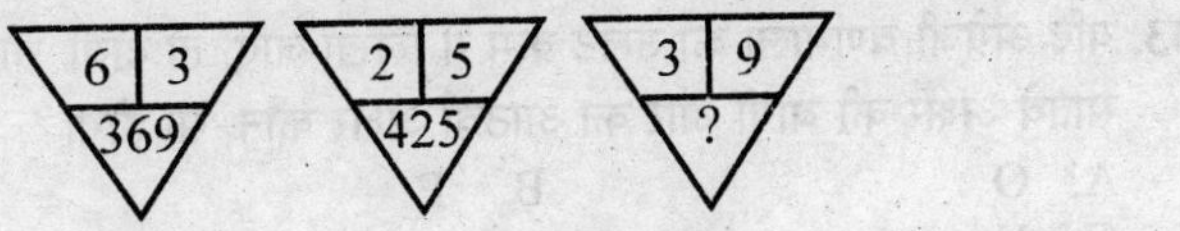

A. 693 B. 939
C. 981 D. 993

127.

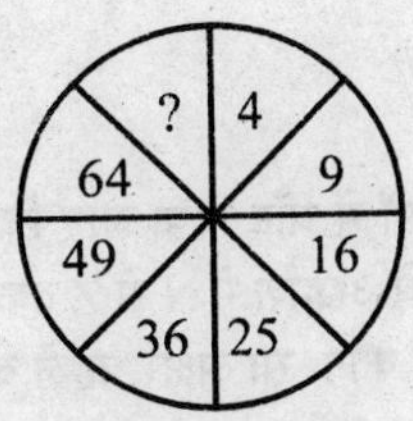

A. 68 B. 100
C. 72 D. 81

128.

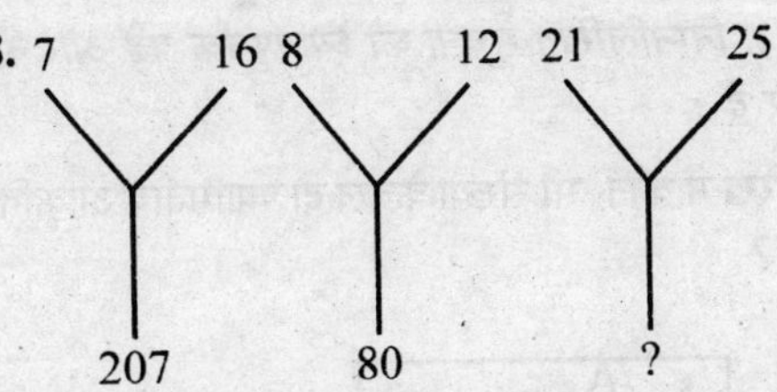

A. 425 B. 184
C. 241 D. 210

129.

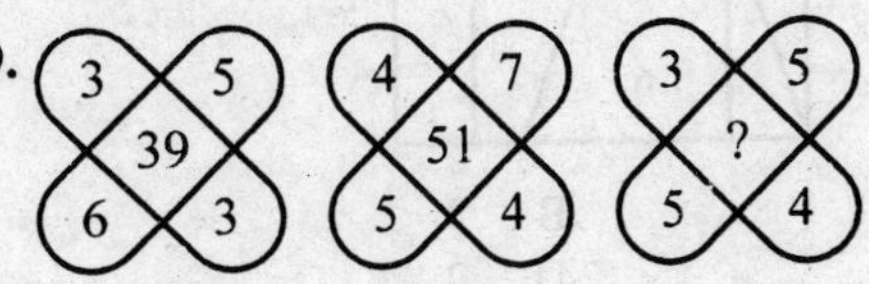

A. 35 B. 37
C. 45 D. 48

130.

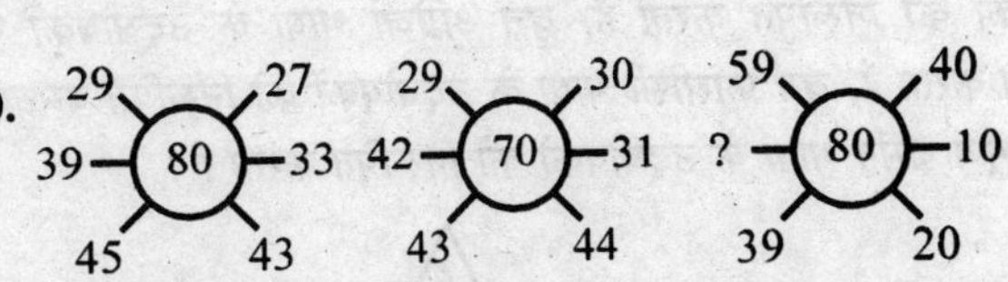

A. 69 B. 49
C. 50 D. 60

निर्देश (प्र.सं. 131–135): *निम्नलिखित प्रश्न वर्णमाला के सीधे या उलटे क्रम में लिखी गई शृंखला पर तथा दिए गए शब्द में अक्षरों के स्थान परिवर्तन पर आधारित हैं।*

131. वर्णमाला के सीधे क्रम में लिखी गई शृंखला में बाएँ छोर से छठे अक्षर के ठीक पहले कौन-सा अक्षर होता है?

A. U B. E
C. F D. V

132. यदि अंग्रेजी वर्णमाला में प्रथम अर्द्धांश के अक्षरों को उलटे क्रम में लिखा जाए तो दायीं ओर से नौवें अक्षर की बायीं ओर का नौवाँ अक्षर कौन-सा होगा?

A. I B. D
C. F D. E

133. यदि अंग्रेजी वर्णमाला को उलटे क्रम में लिखा जाए, तो दायीं और से सातवें अक्षर की बायीं ओर का आठवाँ अक्षर कौन-सा होगा?

A. O B. P
C. N D. Q

134. यदि अंग्रेजी वर्णमाला को उलटे क्रम में लिखा जाए तो P के दाएँ से छठा अक्षर कौन-सा होगा?

A. J B. W
C. K D. V

135. यदि अंग्रेजी वर्णमाला को दो बराबर हिस्सों में बाँट दिया जाए जिनमें पहले अर्द्धांश में A से M तक के और दूसरे अर्द्धांश में N से Z तक के अक्षर निहित हों, तो बाद वाले अर्द्धांश का कौन-सा अक्षर पहले वाले अर्द्धांश के J अक्षर के संगत होगा?

A. W B. Q
C. V D. R

निर्देश (प्र.सं. 136): *निम्नलिखित सूचना को ध्यानपूर्वक पढ़ें और नीचे पूछे गए प्रश्न का उत्तर दें :*

136. निम्नलिखित आरेख में कौन-सी संख्या केवल दो ज्यामितीय आकृतियों में उभयनिष्ठ है?

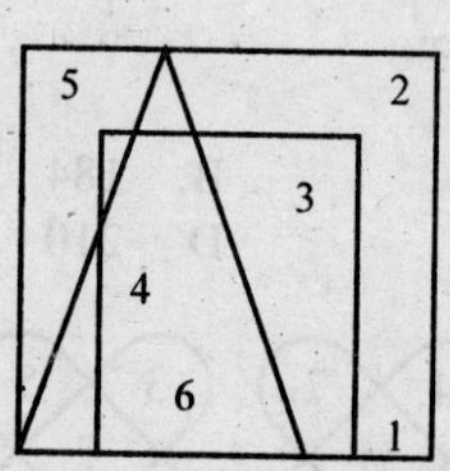

A. 4 B. 3
C. 5 D. 2

निर्देश (प्र.सं. 137 और 138) : *नीचे के आरेख में आयत हिंदी के उद्घोषकों को निरूपित करता है, वृत्त अंग्रेजी भाषा के उद्घोषकों को निरूपित करता है, वर्ग फ्रांसीसी भाषा के उद्घोषकों को निरूपित करता है और त्रिभुज जर्मन भाषा के उद्घोषकों को निरूपित करता है।*

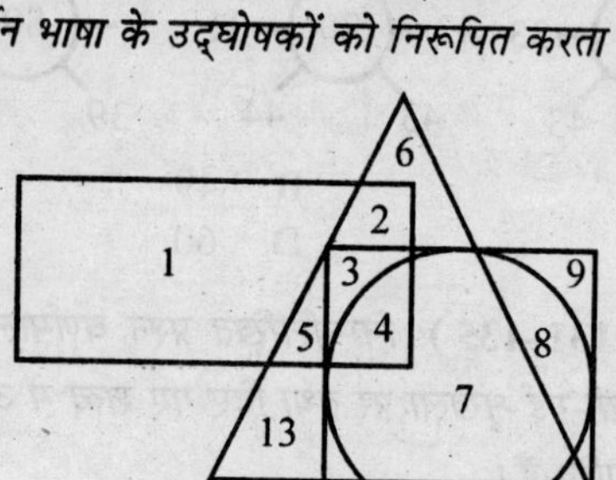

137. कौन-सा क्षेत्र उन उद्घोषकों को निरूपित करता है जो हिंदी, फ्रांसीसी और जर्मन भाषाओं में कार्यक्रम प्रस्तुत कर सकते हैं?

A. 1 B. 2
C. 3 D. 4

138. कौन-सा क्षेत्र उन उद्घोषकों को निरूपित करता है जो केवल फ्रांसीसी और अंग्रेजी भाषा में कार्यक्रम प्रस्तुत कर सकते हैं?

A. 7
B. 9
C. 11
D. 13

निर्देश (प्र.सं. 139 और 140) : *नीचे दिए गए आरेख के आधार पर प्रश्न संख्या 4 और 5 के उत्तर दें :*

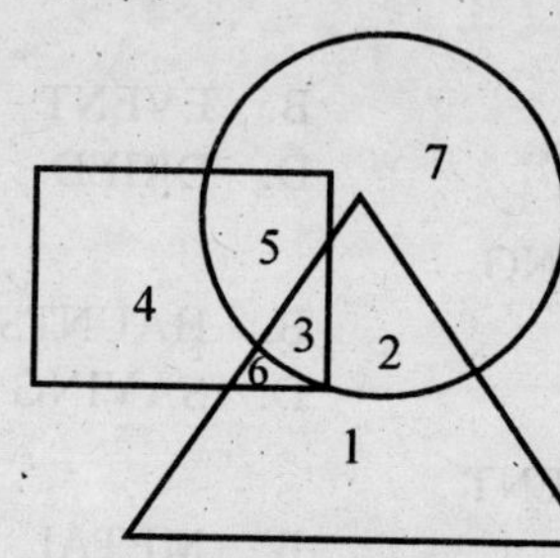

139. कौन-सी संख्या सभी ज्यामितीय आकृतियों में अंतर्निहित है?

A. 5 B. 6
C. 2 D. 3

140. संख्या 6 निम्नलिखित में से किसमें अंतर्निहित है?

A. आयत और त्रिभुज
B. वृत्त और त्रिभुज
C. आयत और वृत्त
D. केवल आयत

निर्देश (प्र.सं. 141-150) : *नीचे दिए गए पाँच तर्क आरेखों में से उस आरेख (आकृति) का चयन करें जो प्रश्न में दिए गए तीनों वर्गों के बीच संबंध को सर्वाधिक सुस्पष्ट रूप में प्रदर्शित करता है।*

A. 
B. 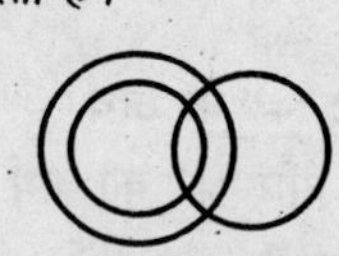
C. 
D. 
E. 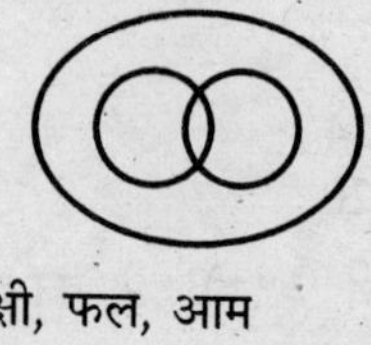

141. पक्षी, फल, आम

142. अपराधी, वकील, डकैत

143. तैराक, कुँआरा, पुरुष

144. स्मार्ट, इंजीनियर, महिला

145. सब्जियाँ, आलू, बैंगन

146. अंगूर, मीठा, फल

147. डॉक्टर, वास्तुकार, मनुष्य

148. विद्वान, व्यक्ति, भारतीय

149. बच्चे, शरारती, अध्ययनशील

150. कलम, पेंसिल, स्टेशनरी

निर्देश (प्र.सं. 151-155) : *नीचे के प्रत्येक प्रश्न में आकृतियों के दो समुच्चय दिए गए हैं जिनमें से एक समुच्चय को* ***प्रश्न आकृतियों*** *का समुच्चय और दूसरे समुच्चय को* ***उत्तर आकृतियों*** *का समुच्चय कहा गया है। प्रश्न आकृतियों के समुच्चय से किसी न किसी प्रकार से एक शृंखला बनती है। उत्तर आकृतियों के समुच्चय से उस एक आकृति का चयन करें जिससे प्रश्न आकृतियों के समुच्चय की शृंखला संतत हो जाए।*

151. प्रश्न आकृतियां

उत्तर आकृतियां

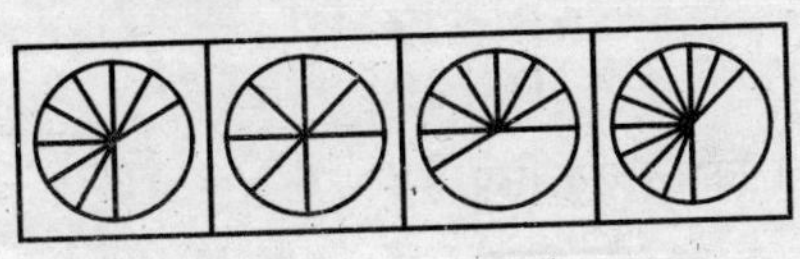

A. B. C. D.

152. प्रश्न आकृतियां

उत्तर आकृतियां

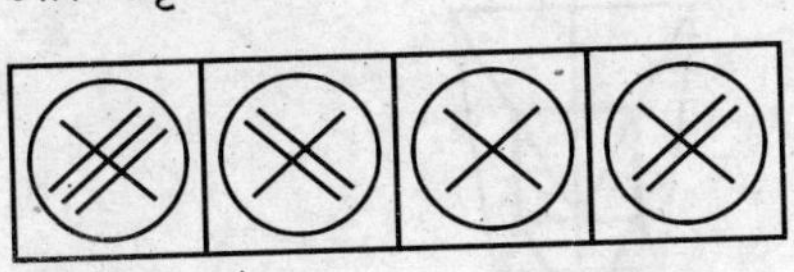

A. B. C. D.

153. प्रश्न आकृतियां

उत्तर आकृतियां

A. B. C. D.

154. प्रश्न आकृतियां

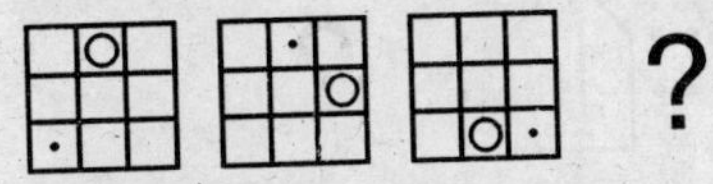

उत्तर आकृतियां

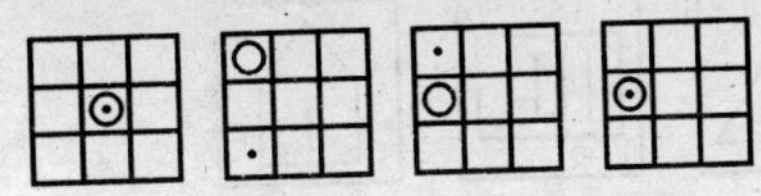

A. B. C. D.

155. प्रश्न आकृतियां

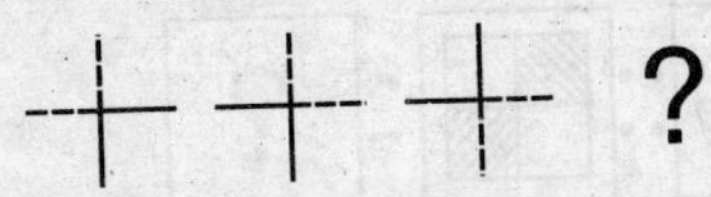

उत्तर आकृतियां

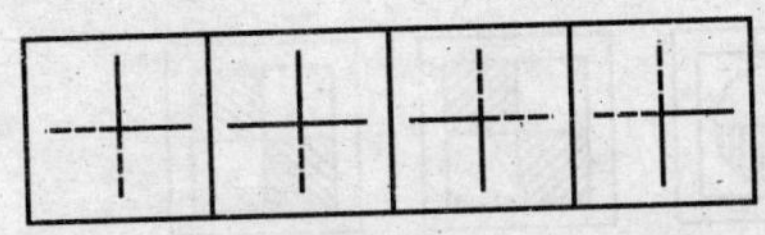

A. B. C. D.

निर्देश (प्र.सं. 156-160) : *प्रश्न आकृतियों में :: चिह्न के बाएं दी गई दो आकृतियों में से दूसरी आकृति का पहली आकृति के साथ एक विशेष संबंध है। :: चिह्न की दाईं ओर की दो आकृतियों के बीच भी ऐसा ही संबंध है। दिए गए विकल्पों से उस आकृति का चयन करें जिसे प्रश्न आकृतियों में प्रश्न चिह्न के स्थान पर रखा जा सकता है और जिसका :: चिह्न की दाईं ओर की पहली आकृति के साथ ठीक वैसा ही संबंध है जैसा कि :: चिह्न की बाईं ओर की दो आकृतियों के बीच है।*

156. प्रश्न आकृतियां

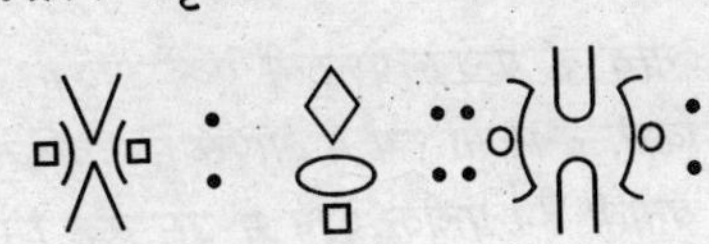

उत्तर आकृतियां

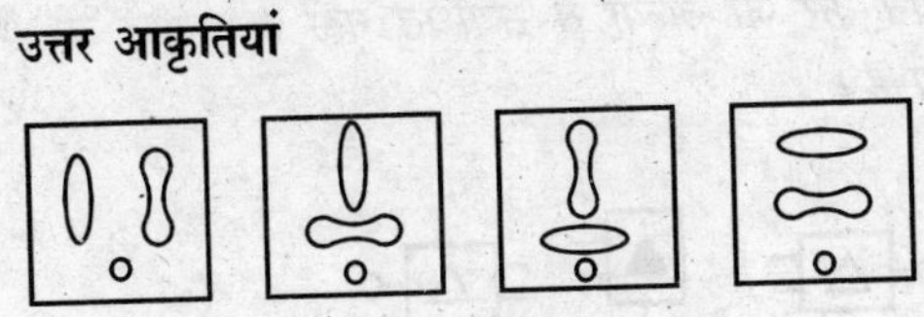

A. B. C. D.

157. प्रश्न आकृतियां

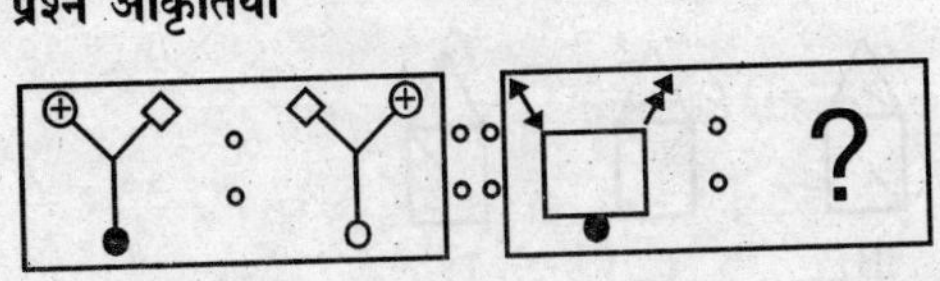

उत्तर आकृतियां

A. B. C. D.

158. प्रश्न आकृतियां

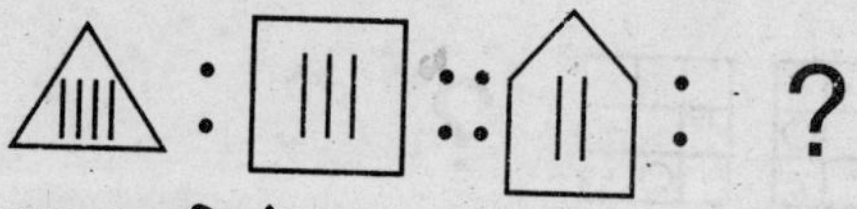

उत्तर आकृतियां

A. B. C. D.

159. प्रश्न आकृतियां

उत्तर आकृतियां

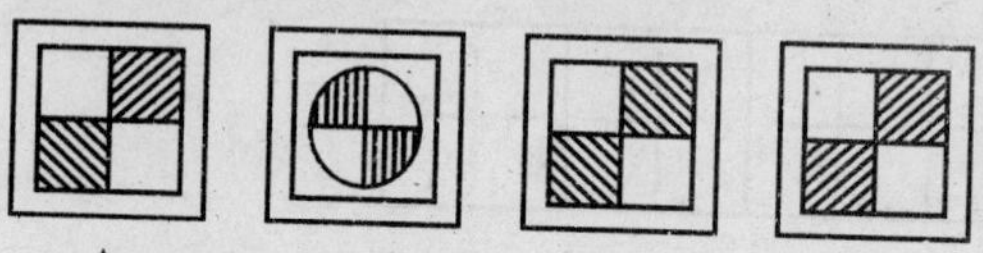

A. B. C. D.

160. प्रश्न आकृतियां

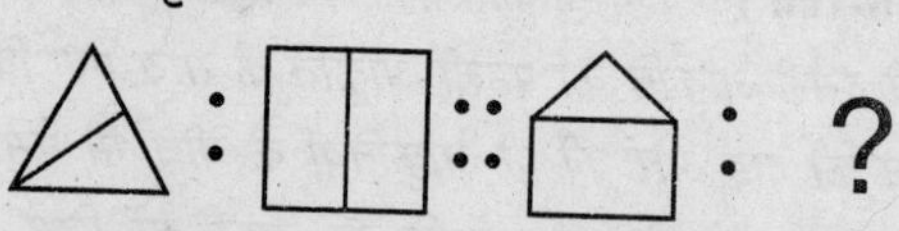

उत्तर आकृतियां

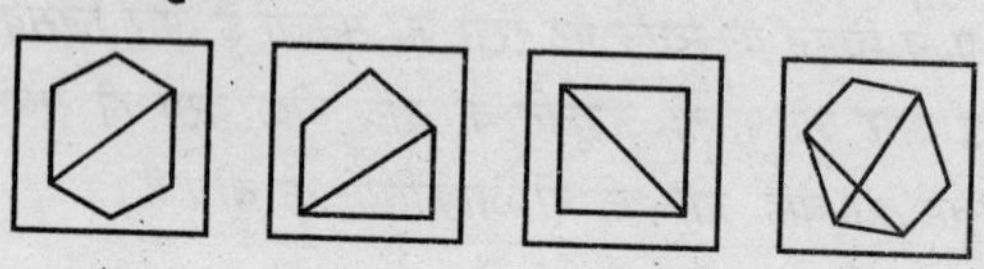

A. B. C. D.

निर्देश (प्र.सं. 161-165) : *नीचे के प्रत्येक प्रश्न में एक आकृति को छोड़कर अन्य सभी आकृतियाँ किसी-न-किसी रूप में आपस में संबंधित हैं और इस कारण वे एक समूह बनाती हैं। प्रत्येक प्रश्न में उस एक भिन्न आकृति का चयन करें जो अन्यों से संबंधित नहीं है अर्थात् जो भिन्न अथवा विजातीय है।*

161.

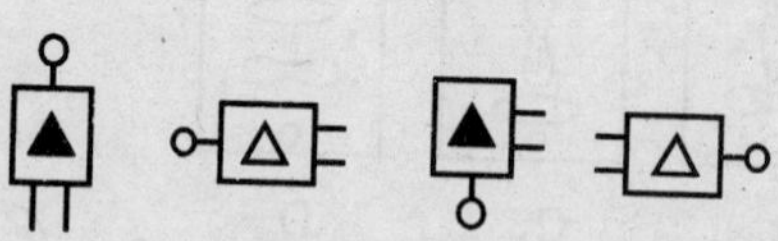

A. B. C. D.

162.

A. B. C. D.

163.

A. B. C. D.

164.

A. B. C. D.

165.

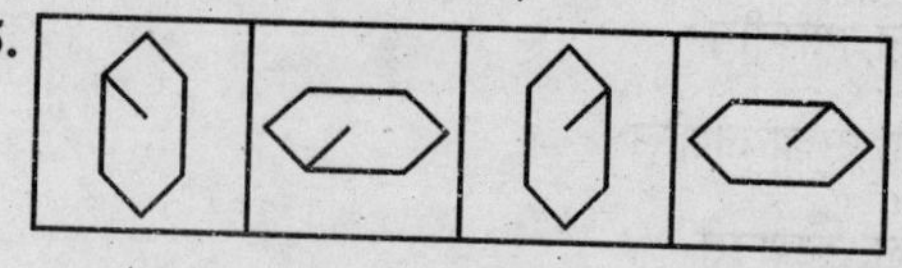

A. B. C. (*d*)

166. नीचे दी गई आकृति में कुल कितने त्रिभुज हैं?

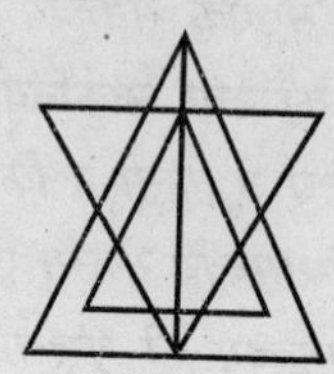

A. 24 B. 27
C. 25 D. 26

167. इस आकृति में कुल कितने त्रिभुज हैं?

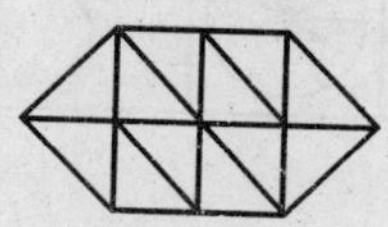

A. 16 B. 17
C. 18 D. 19

168. इस आकृति में कुल कितने वर्ग छिपे हैं?

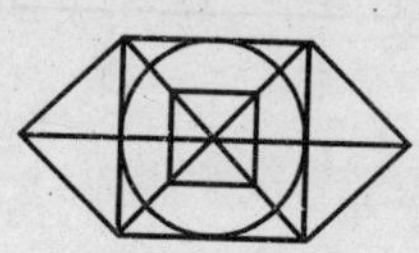

A. 7 B. 8
C. 9 D. 10

169. इस आकृति में निहित त्रिभुजों की संख्या कितनी है?

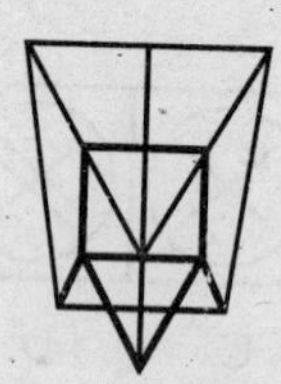

A. 19 B. 16
C. 21 D. 15

170. इस आकृति में वृत्तों की कुल कितनी संख्या है?

A. 6 B. 5
C. 2 D. 3

उत्तरमाला

1	**2**	**3**	**4**	**5**	**6**	**7**	**8**	**9**	**10**
D	B	B	B	C	B	D	A	C	B
11	**12**	**13**	**14**	**15**	**16**	**17**	**18**	**19**	**20**
C	A	C	B	C	D	C	B	D	A
21	**22**	**23**	**24**	**25**	**26**	**27**	**28**	**29**	**30**
D	B	A	B	A	B	A	C	B	D
31	**32**	**33**	**34**	**35**	**36**	**37**	**38**	**39**	**40**
D	D	D	D	C	A	D	A	A	C
41	**42**	**43**	**44**	**45**	**46**	**47**	**48**	**49**	**50**
A	C	B	D	D	C	B	B	D	C
51	**52**	**53**	**54**	**55**	**56**	**57**	**58**	**59**	**60**
B	A	D	D	B	A	D	B	B	A
61	**62**	**63**	**64**	**65**	**66**	**67**	**68**	**69**	**70**
D	A	A	D	A	D	D	A	C	B
71	**72**	**73**	**74**	**75**	**76**	**77**	**78**	**79**	**80**
C	C	B	A	A	D	D	C	B	C
81	**82**	**83**	**84**	**85**	**86**	**87**	**88**	**89**	**90**
B	C	D	A	B	C	A	D	C	B
91	**92**	**93**	**94**	**95**	**96**	**97**	**98**	**99**	**100**
D	B	D	C	A	A	A	D	D	A
101	**102**	**103**	**104**	**105**	**106**	**107**	**108**	**109**	**110**
A	B	A	C	A	D	A	B	D	D
111	**112**	**113**	**114**	**115**	**116**	**117**	**118**	**119**	**120**
B	D	C	A	A	C	B	D	B	A
121	**122**	**123**	**124**	**125**	**126**	**127**	**128**	**129**	**130**
C	B	C	C	B	C	D	B	B	A
131	**132**	**133**	**134**	**135**	**136**	**137**	**138**	**139**	**140**
B	D	A	A	A	B	C	C	D	A
141	**142**	**143**	**144**	**145**	**146**	**147**	**148**	**149**	**150**
A	A	B	C	D	B	D	E	C	D
151	**152**	**153**	**154**	**155**	**156**	**157**	**158**	**159**	**160**
C	D	D	D	A	B	B	A	A	A
161	**162**	**163**	**164**	**165**	**166**	**167**	**168**	**169**	**170**
C	C	C	D	C	B	A	D	B	A

आंकिक योग्यता

1. 1 से 100 के बीच अभाज्य संख्याएं होंगी:
A. 20 B. 30
C. 22 D. 25

2. ऐसी संख्या जो अभाज्य भी है और सम भी:
A. 1 B. 2
C. 98 D. 79

3. निम्न में से कौन-सी संख्या अभाज्य संख्या होगी?
A. 149 B. 159
C. 117 D. 147

4. चार अंकों की छोटी-से-छोटी संख्या होगी?
A. 1002 B. 1001
C. 9999 D. 1000

5. 43014 में 3 का स्थानीय मान क्या होगा?
A. 3 B. 3000
C. 300 D. 30

6. 81752 में 2 के स्थानीय मान और जातीय मान में अन्तर क्या होगा?
A. 2 B. 0
C. 1 D. 20

7. संख्या 3125 में से क्या घटाया जाए ताकि शेष संख्या 13 से पूर्णतः विभाजित हो सके?
A. 5 B. 8
C. 10 D. 12

8. निम्नलिखित में से कौन-सी संख्या 3 से पूर्णतः विभाजित होगी?
A. 491 B. 371
C. 591 D. 571

9. भाग के प्रश्न में भाजक 16, भागफल 9 तथा शेष 1 हो, तो भाज्य कितना होगा?
A. 145 B. 136
C. 144 D. 152

10. 1 से 50 तक पूर्णांकों का योग कितना होगा?
A. 1275 B. 1375
C. 1225 D. 1365

11. संख्या 30, 70, 584 में अंक 7 के स्थानीय मान लिखो।
A. 700 B. 7000
C. 70,000 D. 700,000

12. 3589 में क्या जोड़ें कि यह पांच अंकों की सबसे छोटी संख्या बन जाए?
A. 6413 B. 6412
C. 6411 D. 6311

13. 2756 और तीन अंकों की सबसे बड़ी संख्या का योगफल ज्ञात करो।
A. 3655 B. 3755
C. 3756 D. 3656

14. पांच अंकों की सबसे बड़ी और छः अंकों की सबसे छोटी संख्याओं का अन्तर ज्ञात करो।
A. 1 B. 2
C. 3 D. 4

15. संख्या 36795 में अंक 6 के स्थान पर 9 तथा 9 के स्थान पर 6 बदल देने से इन संख्याओं के मान में कितना अन्तर हो जाएगा।
A. 2970 B. 3071
C. 2971 D. 3017

16. चार अंकों की बड़ी–से–बड़ी व छोटी–से– छोटी संख्याओं का योग ज्ञात करो।
A. 10990 B. 11999
C. 10909 D. 10999

17. कौन-सी भिन्न $\frac{15}{25}$ के समान है?
A. $\frac{150}{25}$ B. $\frac{15}{250}$
C. $\frac{3}{5}$ D. $\frac{60}{75}$

18. कौन-सी भिन्न $\frac{13}{20}$ के समान नहीं है?
A. $\frac{26}{40}$ B. $\frac{130}{200}$
C. $\frac{39}{60}$ D. $\frac{52}{60}$

19. एक घंटे के $\frac{5}{6}$ भाग का मान है:
A. आधा घण्टा B. 40 मिनट
C. 50 मिनट D. 55 मिनट

20. एक वायुयान 1250 कि.मी. यात्रा में 2/5 भाग ईंधन खपत करता है। शेष ईंधन में यात्रा पूरी करेगा:
A. 1875 कि.मी. B. 2125 कि.मी.
C. 250 कि.मी. D. 475 कि.मी.

21. निम्नलिखित में से कौन-सी भिन्न सबसे बड़ी है?

A. $\frac{3}{15}$ B. $\frac{5}{20}$
C. $\frac{8}{64}$ D. $\frac{25}{1000}$

22. निम्नलिखित में से कौन-सी भिन्न सबसे छोटी है?

A. $\frac{1}{10}$ B. $\frac{1}{100}$
C. $\frac{9}{1000}$ D. $\frac{500}{10,000}$

23. $.001 \times 1000 = ?$

A. .1 B. 1
C. .01 D. 10

24. $1.01 \times .1 = ?$

A. 1.01 B. 10.1
C. .101 D. .0101

25. $\frac{20+8\times 0.5}{20-?} = 12$

A. 12 B. 4
C. 18 D. 2

26. $.01 \times 100 \div 2.5 = ?$

A. 4 B. .4
C. .04 D. 5

27. दी हुई भिन्नों $\frac{5}{8}, \frac{21}{35}, \frac{9}{16}, \frac{6}{7}$ में सबसे बड़ी और सबसे छोटी भिन्न के बीच अन्तर है?

A. $\frac{33}{112}$ B. $\frac{112}{33}$
C. $\frac{32}{112}$ D. $\frac{112}{32}$

28. यदि किसी संख्या तथा उसके $\frac{1}{5}$ भाग में अन्तर 20 है, तो वह संख्या क्या है?

A. 23 B. 25
C. 24 D. 26

29. $\frac{7}{4} - \frac{4}{7} = \frac{5}{28} + ?$

A. 2 B. $\frac{1}{7}$
C. $\frac{2}{9}$ D. 1

30. $22 \times 5 = 22$ का $?\%$

A. 4500 B. 5000
C. 500 D. 750

31. 200 का $\frac{1}{25} \div 8 = ?$

A. 1 B. 3
C. 8 D. 5

32. $\frac{40 \times 0.4 \times 0.04}{4+4\div 4} = ?$

A. .128 B. .148
C. .15 D. .248

33. $50 \div 5 \div 5 = ?$

A. 2 B. 10
C. 1/5 D. 4

34. $\frac{40\times 15+25}{26+4\div 4-2} = ?$

A. 25 B. 30
C. 31 D. 42

35. $\frac{1.4\times 3.6-1.2}{0.4\times 1.2} = ?$

A. 8 B. 2
C. 4 D. 3

36. $14 \times 3.2 - 2 \times 2.1 + 0.8 = ?$

A. 1.08 B. 2.18
C. 1.18 D. 2.08

37. $5 \div \frac{3}{4} + \frac{2}{3} \times \frac{3}{4} - \frac{2}{3}$ का $\frac{13}{7} = ?$

A. $4\frac{12}{11}$ B. $5\frac{13}{14}$
C. $5\frac{13}{17}$ D. $6\frac{13}{14}$

38. $(9+9+9) \div 9 \times 9 = ?$

A. 27 B. 24
C. 21 D. 32

39. $2-\left[3-\left\{6-\left(5-\overline{4-3}\right)\right\}\right]$ को सरल करो।

A. 1 B. 2
C. 3 D. इनमें से कोई नहीं

40. सरल करो—

$\frac{3}{11}+\frac{4}{3}\div\frac{10}{11}\times\frac{5}{11}-\frac{28}{33}$ का $1\frac{2}{7}$

A. $\frac{5}{13}$ B. $\frac{-5}{33}$
C. $\frac{5}{33}$ D. $\frac{-5}{13}$

41. $4.51 \times \frac{2}{5} + \frac{3}{5} \times 4.51 + 4.51$ को सरल करो।

A. 9.02 B. 90.2
C. 0.902 D. 902

42. $\frac{15.72\times 15.72-5.72\times 5.72}{15.72+5.72}$ को सरल करो।

A. 9 B. 10
C. 8 D. 11

43. 12, 24 व 36 का महत्तम समापवर्तक कितना होगा?

A. 16 B. 18
C. 12 D. 36

44. 70, 20 व 14 का लघुत्तम समापवर्त्य क्या है?

A. 120 B. 140
C. 280 D. 70

45. दो संख्याओं का अनुपात 11 : 15 है। यदि उनका म.स. 13 हो, तो वे संख्याएं क्रमशः क्या होंगी?

A. 143 व 195 B. 195 व 143
C. 110 व 150 D. 121 व 165

46. वह छोटी-से-छोटी पूर्ण वर्ग संख्या क्या होगी जो 56, 21 तथा 36 से पूर्णतः विभाजित हो सके?

A. 7056 B. 8056
C. 7040 D. 8100

47. वह बड़ी-से-बड़ी संख्या क्या होगी, जिससे यदि 27, 33 तथा 39 को भाग दें तो क्रमशः 2, 3 तथा 4 शेष बचे?

A. 4 B. 5
C. 3 D. 7

48. 5 अंकों की वह छोटी-से-छोटी संख्या क्या होगी जो 12, 15 तथा 18 से पूर्णतः विभाजित हो?

A. 10080 B. 10800
C. 11820 D. 12080

49. दो संख्याओं का गुणनफल 27 है। उनका महत्तम समापवर्तक 3 है, तो उनका लघुत्तम समापवर्त्य क्या होगा?

A. 81 B. 54
C. 9 D. 6

50. चार अंकों की वह बड़ी-से-बड़ी संख्या क्या है जो 2, 3, 4, 5, 6 और 7 से पूरी-पूरी विभाजित हो जाती है?

A. 9729 B. 9760
C. 9579 D. 9660

51. दो संख्याओं का गुणनफल 54 है। उनका महत्तम समापवर्तक 3 है, तो उनका लघुत्तम समापवर्त्य क्या होगा?

A. 18 B. 21
C. 9 D. 24

52. $\frac{10}{21}, \frac{25}{27}$ और $\frac{35}{24}$ का महत्तम समापवर्तक क्या है?

A. $\frac{5}{216}$ B. $\frac{5}{1080}$
C. $\frac{5}{1512}$ D. $\frac{5}{638}$

53. 27, 15, 72 का लघुत्तम ज्ञात करो।

A. 1020 B. 1080
C. 1050 D. 1060

54. 77, 88, 132 का लघुत्तम ज्ञात करो।

A. 1860 B. 1858
C. 1850 D. 1848

55. 135, 120, 90 का लघुत्तम ज्ञात करो।

A. 1050 B. 1020
C. 1080 D. 1060

56. 4, 6, 9, 12 का लघुत्तम ज्ञात करो।

A. 36 B. 38
C. 34 D. 40

57. $a^5 \times a^7$ का मान कितना होगा?

A. a^{35} B. a^2
C. a^{12} D. $a^{5/7}$

58. $(x^{2/3})^{-3/4}$ का मान कितना होगा?

A. $\frac{1}{x}$ B. $\frac{1}{\sqrt{x}}$
C. $\frac{1}{x^2}$ D. $\frac{1}{x^{-2}}$

59. 4 की घात 3 निम्न में से किस संख्या के बराबर होगी?

A. 64 B. 81
C. 12 D. 49

60. 2 की घात 3 तथा 3 की घात 2 में कितना अन्तर होगा?

A. 2 B. 5
C. 3 D. 1

61. $\left(-\frac{1}{125}\right)^{-\frac{2}{3}}$ का मान कितना होगा?

A. $\frac{1}{25}$ B. 25
C. 5 D. $\frac{1}{5}$

62. $(8)^{-(2^{-2})}$ का मान कितना होगा?

A. $2^{-1/4}$ B. $2^{-3/4}$
C. $2^{3/4}$ D. $2^{-1/2}$

63. यदि $\sqrt{2^n} = 64$ है, तो n का मान क्या होगा?

A. 8 B. 4
C. 12 D. 16

64. $(100)^0$ का मान कितना होगा?

A. 0 B. 10
C. 1 D. 100

65. यदि $10^{2/5} \times 10^{8/5} = 10^n$ है, तो n का मान क्या होगा?

A. 2 B. 3
C. 6 D. 4

66. $27^3 \times 3^4 \div 3^{10}$ का मान कितना होगा?

A. 9 B. 27
C. 81 D. $\frac{1}{27}$

67. व्यंजक $\frac{(-1)^{132}}{5^{-1}+3^{-1}}$ का मान कितना होगा?

A. $\frac{16}{9}$ B. $-\frac{15}{8}$
C. $\frac{15}{8}$ D. $\frac{17}{8}$

68. $6a^3b^3c^2 \div 2ab^2c$ का मान कितना होगा?

A. $3a^2bc$ B. $3ab^2c$
C. $3a^2b^2c^2$ D. $3a^3b^3c^3$

69. $\sqrt{\dfrac{1}{\left(\left(\dfrac{3}{4}\right)\right)^{-2}}}+\sqrt[3]{\dfrac{27}{64}}$ का मान क्या होगा?

A. $\dfrac{2}{3}$ B. $\dfrac{4}{5}$

C. $\dfrac{13}{12}$ D. $\dfrac{3}{2}$

70. $\dfrac{1}{\sqrt{3}}$ का मान दशमलव के तीन स्थानों तक होगा—

A. 0.577 B. 0.477

C. 0.673 D. 0.575

71. यदि $\sqrt{2}=1.4142$ हो, तो $\dfrac{1}{2}\left(\dfrac{\sqrt{2}-1}{\sqrt{2}+1}\right)$ का मान कितना होगा?

A. .0768 B. .0658

C. .0858 D. .0458

72. यदि $\sqrt{1936}=44$ हो, तो $\sqrt{19.36}+\sqrt{0.1936}+\sqrt{.001936}$ का मान दशमलव के तीन स्थानों तक होगा—

A. 5.679 B. 4.884

C. 9.884 D. 6.778

73. $\sqrt{\left(5+\dfrac{4}{9}\right)}$ का मान होगा?

A. $3\dfrac{1}{3}$ B. $2\dfrac{1}{6}$

C. $4\dfrac{1}{3}$ D. $2\dfrac{1}{3}$

74. $\dfrac{\sqrt{2}-1}{\sqrt{2}+1}$ का मान दशमलव के तीन स्थानों तक होगा—

A. 0.172 B. 0.158

C. 0.176 D. 0.188

75. $\sqrt[3]{8^4}$ का मान कितना होगा?

A. 15 B. 9

C. 16 D. 25

76. यदि $\sqrt{6}=2.45$, तो $\sqrt{\dfrac{2}{3}}+3\sqrt{\dfrac{3}{2}}$ का मान किसके बराबर होगा?

A. 3.942 B. 4.492

C. 4.942 D. 9.345

77. $\sqrt{72}$ का मान किसके बराबर होगा?

A. $3\sqrt{5}$ B. $6\sqrt{2}$

C. $8\sqrt{2}$ D. $7\sqrt{3}$

78. हर के परिमेयीकरण के पश्चात व्यंजक $\dfrac{\sqrt{2}}{\sqrt{2}+\sqrt{3}-\sqrt{5}}$ का रूप होगा—

A. $\dfrac{3+\sqrt{6}+\sqrt{15}}{6}$ B. $\dfrac{3-\sqrt{6}-\sqrt{5}}{6}$

C. $\dfrac{3+\sqrt{6}+\sqrt{5}}{3}$ D. $\dfrac{2+\sqrt{6}-\sqrt{15}}{6}$

79. $\left(\sqrt{80}+3\times\sqrt{245}-\sqrt{125}\right)$ का मान कितना होगा?

A. $18\sqrt{5}$ B. $20\sqrt{5}$

C. $22\sqrt{5}$ D. $28\sqrt{2}$

80. $\left(\dfrac{\sqrt{5}+\sqrt{3}}{\sqrt{5}-\sqrt{3}}\right)$ का मान कितना होगा?

A. $4+\sqrt{15}$ B. $3-\sqrt{15}$

C. $2+\sqrt{15}$ D. $4-\sqrt{15}$

81. $3^{\frac{1}{5}}, 5^{\frac{3}{5}}, 7^{\frac{4}{5}}$ को आरोही क्रम में किस प्रकार से लिखा जा सकता है?

A. $5^{\frac{3}{5}}<3^{\frac{1}{5}}<7^{\frac{4}{5}}$ B. $3^{\frac{1}{5}}<5^{\frac{3}{5}}<7^{\frac{4}{5}}$

C. $7^{\frac{4}{5}}<3^{\frac{1}{5}}<5^{\frac{3}{5}}$ D. $3^{\frac{1}{5}}<7^{\frac{4}{5}}<5^{\frac{3}{5}}$

82. 5 विद्यार्थियों की ऊँचाइयां (सेंमी में) 140, 135, 142, 138 व 140 है। उनकी औसत ऊँचाई है:

A. 136 B. 138

C. 139 D. 140

83. 10 विद्यार्थियों द्वारा प्राप्तांक 22, 35, 37, 38, 29, 27, 34, 36, 28 और 34 हैं। उनके औसत अंक हैं:

A. 30 B. 31

C. 32 D. 34

84. एक लड़का जिसकी ऊँचाई 165 सेंमी है, के स्थान पर नया लड़का आ जाने से 34 लड़कों के एक समूह की औसत ऊँचाई 1 सेंमी कम हो जाती है। नये लड़के की ऊँचाई है:

A. 132 सेंमी B. 129 सेंमी

C. 130 सेंमी D. 131 सेंमी

85. 2 से प्रारम्भ करके पांच लगातार सम संख्याओं का औसत है:

A. 4 B. 6

C. 7 D. 5

86. 5 गेंदों का भार (ग्राम में) क्रमशः 50, 54, 53, 56 और 52 है। उनका औसत भार है:

A. 53 B. 54

C. 52 D. 51

87. एक रस्सी के 5 टुकड़ों की लम्बाइयां (सेंमी में) 5, 5.2, 6.3, 7.2 और 6.3 हैं। टुकड़े की औसत लम्बाई है:

A. 5.8 B. 6.0

C. 6.1 D. 6.2

88. 7 के प्रथम पांच गुणजों (Multiples) का औसत क्या होगा?

A. 21 B. 23

C. 24 D. 28

89. चार संख्याओं का औसत 18 है। यदि उनमें से पहली तीन संख्याएं क्रमशः 16, 22 व 28 हों, तो बताइये अन्तिम संख्या क्या होगी?

A. 5 B. 8
C. 6 D. 9

90. 12 संख्याओं का औसत मान 30 है। यदि प्रत्येक संख्या में 3 से गुणा कर दिया जाये, तो बताइये नई संख्याओं का औसत मान कितना होगा?

A. 70 B. 80
C. 90 D. 100

91. एक व्यक्ति ₹ 50 प्रति पुस्तक के हिसाब से 4 पुस्तकें, ₹ 60 प्रति पुस्तक के हिसाब से 5 पुस्तकें, तथा ₹ 70 प्रति पुस्तक के हिसाब से 6 पुस्तकें खरीदता है। बताइये पुस्तक का औसत मूल्य कितना होगा?

A. ₹ 62.33 B. ₹ 41.50
C. ₹ 61.33 D. ₹ 61.75

92. 25 राशियों का औसत 15 है, उनमें से 15 राशियों का औसत 17 है, तो शेष राशियों का औसत ज्ञात करो।

A. 10 B. 13
C. 11 D. 12

93. एक कक्षा में 23 छात्रों की औसत आयु 16 वर्ष है। यदि अध्यापक की आयु भी सम्मिलित कर ली जाए, तो औसत आयु एक वर्ष बढ़ जाती है। अध्यापक की आयु क्या है?

A. 35 वर्ष B. 40 वर्ष
C. 50 वर्ष D. 30 वर्ष

94. निम्नलिखित में से 20% का मान किसके बराबर होगा?

A. $\frac{1}{4}$ B. $\frac{1}{2}$
C. $\frac{1}{5}$ D. $\frac{1}{8}$

95. 36% का मान दशमलव भिन्न में होगा–

A. .36 B. .036
C. 3.6 D. .0036

96. $\frac{4}{5}$ को प्रतिशत भिन्न में बदलने पर मान होगा–

A. 80% B. 70%
C. 60% D. 40%

97. 36 का कितने %, 24 के बराबर होगा?

A. $16\frac{2}{3}\%$ B. $66\frac{2}{3}\%$
C. $11\frac{1}{9}\%$ D. $31\frac{1}{9}\%$

98. 3 मीटर का 15%, किसके बराबर होगा?

A. 44 सेंमी B. 45 सेंमी
C. 40 सेंमी D. 38 सेंमी

99. 26 का 18% = ?

A. 4.88 B. 4.65
C. 3.68 D. 4.68

100. 10% का 10% कितने % होगा?

A. 7 B. 6
C. 1 D. 5

101. किसी शहर की जनसंख्या 50,000 से बढ़कर 52,000 हो जाती हो, तो बताइये कितने प्रतिशत की वृद्धि होगी?

A. 3% B. 6%
C. 4% D. 5%

102. एक आदमी अपने वेतन का 75% खर्च करता है और ₹ 150 मासिक बचाता है तो उसका मासिक वेतन है:

A. ₹ 750 B. ₹ 600
C. ₹ 400 D. ₹ 300

103. किसी विद्यालय में 97% विद्यार्थी उपस्थित थे और 18 विद्यार्थी अनुपस्थित थे। विद्यालय में कुल विद्यार्थियों की संख्या है:

A. 400 B. 450
C. 500 D. 600

104. किसी राशि का 7%, ₹ 35 है तो वह राशि ज्ञात कीजिए।

A. ₹ 550 B. ₹ 700
C. ₹ 600 D. ₹ 500

105. 3 किग्रा. कितने किग्रा. का 5% है:

A. 60 किग्रा. B. 50 किग्रा.
C. 65 किग्रा. D. 70 किग्रा.

106. किसी राशि का 5%, ₹ 500 के 12% के बराबर है तो राशि ज्ञात कीजिए।

A. ₹ 1100 B. ₹ 1200
C. ₹ 1150 D. ₹ 1250

107. अनिल ने अपनी पूंजी का 65% मशीनरी में तथा 20% कच्चा माल खरीदने में खर्च कर दिया। यदि उसके पास अब ₹ 1305 बचे हों, तो उसने कितना खर्च कर दिया?

A. ₹ 7395 B. ₹ 7350
C. ₹ 7390 D. ₹ 7380

108. किसी पुस्तकालय में 20% पुस्तकें अंग्रेजी भाषा में हैं तथा शेष की 50% पुस्तकें हिन्दी भाषा में हैं। यदि शेष 900 पुस्तकें अन्य क्षेत्रीय भाषा में हैं, तो पुस्तकालय में कुल कितनी पुस्तकें हैं?

A. 2300 B. 2250
C. 2290 D. 2280

109. किस धनराशि पर 4% वार्षिक ब्याज की दर से 5 वर्ष का साधारण ब्याज ₹ 64 होगा?

A. ₹ 220 B. ₹ 280
C. ₹ 320 D. ₹ 300

110. 450 रु. पर 6% वार्षिक ब्याज दर से 4 मास का ब्याज कितना होगा?

A. ₹ 9 B. ₹ 8
C. ₹ 6 D. ₹ 5

111. कितने समय में ₹ 3600 पर 6% वार्षिक दर से साधारण ब्याज ₹ 432 होगा?

A. 1 वर्ष B. 2 वर्ष

C. $1\frac{1}{2}$ वर्ष D. $2\frac{1}{4}$ वर्ष

112. किस राशि पर 3% वार्षिक ब्याज की दर से 2 वर्ष का ब्याज ₹ 36 होगा?

A. ₹ 500 B. ₹ 575

C. ₹ 590 D. ₹ 600

113. ब्याज की किस दर से कोई राशि 16 वर्षों में दोगुनी हो जाएगी?

A. $5\frac{1}{2}$% B. $6\frac{1}{4}$%

C. $4\frac{1}{3}$% D. $2\frac{1}{2}$%

114. ₹ 5000 की राशि पर 10% वार्षिक दर से 5 वर्ष का साधारण ब्याज कितना होगा?

A. ₹ 2200 B. ₹ 2500

C. ₹ 2300 D. ₹ 2600

115. किस राशि का 6% वार्षिक ब्याज दर से 10 वर्ष का साधारण ब्याज ₹ 3 होगा?

A. ₹ 4 B. ₹ 8

C. ₹ 5 D. ₹ 6

116. कितने वर्षों में कोई राशि 10% वार्षिक दर से अपने से दोगुनी हो जाएगी?

A. 10 वर्ष B. 8 वर्ष

C. 5 वर्ष D. 12 वर्ष

117. किस राशि का 5% दर से 5 वर्ष का साधारण ब्याज ₹ 80 होगा?

A. ₹ 330 B. ₹ 320

C. ₹ 340 D. ₹ 380

118. यदि ₹ 5000 पर 2 वर्ष का साधारण ब्याज ₹ 500 हो, तो समस्त धन अर्थात् मिश्रधन कितना होगा?

A. ₹ 5600 B. ₹ 5800

C. ₹ 5500 D. ₹ 6000

119. ₹ 2000 पर $6\frac{1}{2}$ प्रतिशत वार्षिक ब्याज की दर से 8 महीने का साधारण ब्याज ज्ञात कीजिए।

A. ₹ $86\frac{2}{3}$ B. ₹ $86\frac{3}{4}$

C. ₹ $86\frac{1}{3}$ D. ₹ $86\frac{1}{2}$

120. कितने समय में ₹ 450 का 8% वार्षिक ब्याज की दर से साधारण ब्याज ₹ 90 हो जाएगा?

A. 2 वर्ष B. $2\frac{3}{4}$ वर्ष

C. $2\frac{1}{2}$ वर्ष D. 3 वर्ष

121. घनश्याम ने ₹ 2000 अपने मित्र से 5% सालाना ब्याज पर लिए और उसने पूरा पैसा 8 माह बाद चुका दिया। बताइये उसने कुल कितना धन चुकाया?

A. ₹ 2060.66 B. ₹ 2066.66

C. ₹ 2066 D. ₹ 2060

122. एक आदमी ने ₹ 600, 6 प्रतिशत वार्षिक ब्याज पर उधार लिए। 5 वर्ष बाद उसने ₹ 300 कीमत की एक घड़ी व कुछ धन उसको लौटाया तो बताओ उसने कितना धन लौटाया।

A. ₹ 480 B. ₹ 485

C. ₹ 490 D. ₹ 500

123. ₹ 400 की राशि पर 5% प्रतिवर्ष की दर से 2 वर्ष का चक्रवृद्धि ब्याज कितना होगा?

A. ₹ 40 B. ₹ 41

C. ₹ 42 D. ₹ 43

124. किसी राशि पर 6% चक्रवृद्धि ब्याज की दर से पहले वर्ष का ब्याज ₹ 60 है, तो दूसरे वर्ष का ब्याज कितना होगा?

A. ₹ 120 B. ₹ 66.60

C. ₹ 63.60 D. ₹ 63

125. वह धनराशि ज्ञात करो, जिसका 5% ब्याज की दर से 2 वर्ष का चक्रवृद्धि ब्याज तथा साधारण ब्याज का अन्तर ₹ 3 हो?

A. ₹ 1400 B. ₹ 1500

C. ₹ 1350 D. ₹ 1200

126. किस धन का 10% प्रतिवर्ष चक्रवृद्धि ब्याज की दर से 3 वर्ष में मिश्रधन ₹ 1331 होगा?

A. ₹ 2000 B. ₹ 1500

C. ₹ 1000 D. ₹ 800

127. ₹ 2500 का 6% ब्याज की दर से 2 वर्ष का चक्रवृद्धि ब्याज कितना होगा?

A. ₹ 306 B. ₹ 150

C. ₹ 309 D. ₹ 300

128. कोई राशि चक्रवृद्धि ब्याज की दर से 2 वर्ष में चार गुनी हो जाती है, तो कितने वर्ष में वह राशि 8 गुनी हो जायेगी?

A. 4 वर्ष B. $2\frac{1}{2}$ वर्ष

C. 3 वर्ष D. $3\frac{1}{2}$ वर्ष

129. ₹ 2400 पर 5% प्रतिवर्ष ब्याज की दर से 2 वर्ष में साधारण ब्याज तथा चक्रवृद्धि ब्याज का अन्तर होगा?

A. ₹ 8 B. ₹ 10

C. ₹ 9 D. ₹ 6

130. ₹ 8000 की राशि पर 5% प्रतिवर्ष ब्याज की दर से 3 वर्ष का चक्रवृद्धि ब्याज कितना होगा?

A. ₹ 1361 B. ₹ 1261

C. ₹ 1141 D. ₹ 1241

131. ₹ 2000 का 2 वर्ष में किस चक्रवृद्धि ब्याज की दर से मिश्रधन ₹ 2205 हो जायेगा?

A. 3% B. 4%
C. 5% D. 6%

132. ₹ 3200 का 10% प्रतिवर्ष चक्रवृद्धि ब्याज की दर से कितने समय में चक्रवृद्धि ब्याज ₹ 672 हो जायेगा?

A. 2½वर्ष B. 1½वर्ष
C. 2 वर्ष D. 3½वर्ष

133. एक आदमी कोई वस्तु ₹ 25 में खरीदकर ₹ 30 में बेचता है। तो बताइये उसका लाभ क्या होगा?

A. ₹ 6 B. ₹ 7.50
C. ₹ 5 D. ₹ 8.10

134. यदि ₹ 15 वाली कोई वस्तु ₹ 12 में बेच दी जाए, तो कितने प्रतिशत हानि होगी?

A. 20% B. 16%
C. 22% D. 25%

135. यदि किसी वस्तु को ₹ 21 में बेचने पर 12% का लाभ होता हो, तो बताइये उस वस्तु का क्रय मूल्य कितना होगा?

A. ₹ 15.50 B. ₹ 20.15
C. ₹ 18.75 D. ₹ 17.50

136. यदि किसी वस्तु को ₹ 2040 में बेचने पर 15% की हानि होती हो, तो बताइये उस वस्तु का क्रय मूल्य कितना होगा?

A. ₹ 2300 B. ₹ 2400
C. ₹ 2475 D. ₹ 2800

137. एक वस्तु का क्रय मूल्य ₹ 150 है। यदि इसे 13% लाभ पर बेचा जाए, तो बताइये वस्तु का विक्रय मूल्य कितना होगा?

A. ₹ 170.75 B. ₹ 169.50
C. ₹ 160.50 D. ₹ 174.75

138. किसी वस्तु को ₹ 250 में खरीदकर ₹ 300 में बेच दिया गया। बताइये उस पर कितने प्रतिशत लाभ हुआ?

A. 16% B. 20%
C. 18% D. 17%

139. एक वस्तु को ₹ 38 में बेचने पर 5% हानि होती है। यदि इसे ₹ 42 में बेचा जाए, तो कितने प्रतिशत लाभ या हानि होगी?

A. 6% लाभ B. 5% लाभ
C. 8% हानि D. 4% हानि

140. यदि किसी वस्तु को 5% हानि पर बेचने पर ₹ 3990 मिले हों, तो उस वस्तु का क्रय मूल्य कितना होगा?

A. ₹ 4100 B. ₹ 4200
C. ₹ 3890 D. ₹ 4400

141. यदि 10 पेनों का क्रय मूल्य, 8 पेनों के विक्रय मूल्य के बराबर हो, तो प्रतिशत लाभ कितना होगा?

A. 20% B. 16%
C. 25% D. 30%

142. राम ने एक टी.वी. ₹ 2475 में खरीदकर उसे ₹ 3090 में बेच दिया हो, तो उसे कितने प्रतिशत लाभ हुआ?

A. 23.8% B. 34.5%
C. 37.6% D. 24.8%

143. एक फल विक्रेता ने 20 दर्जन केले ₹ 100 में खरीदकर ₹ 6 प्रति दर्जन के भाव से बेच दिए। उसका लाभ अथवा हानि ज्ञात करो।

A. ₹ 20 B. ₹ 30
C. ₹ 25 D. ₹ 35

144. एक ठेकेदार ने ₹ 7500 में एक खाली जमीन खरीदी और उस पर ₹ 2,65,000 खर्च कर मकान तैयार किया। यदि अब उस मकान को ₹ 3,25,000 में बेच दिया, तो उसका लाभ अथवा हानि ज्ञात करो।

A. ₹ 15550 हानि B. ₹ 15550 लाभ
C. ₹ 15000 हानि D. ₹ 15000 लाभ

145. यदि $3 : 8 = 9 : x$, तो x का मान कितना होगा?

A. 20 B. 27
C. 24 D. 25

146. यदि A : B = 3 : 4 तथा B : C = 5 : 6, तो A : B : C में क्या अनुपात होगा?

A. 20 : 15 : 24 B. 15 : 20 : 24
C. 15 : 24 : 20 D. 20 : 24 : 15

147. यदि $18 : x = x : 8$ हो, तो x किसके बराबर होगा?

A. 11 B. 10
C. 16 D. 12

148. 8 : 12 : 10 : : ? है, तो प्रश्न चिन्ह् (?) के स्थान पर क्या मान होगा?

A. 14 B. 15
C. 16 D. 18

149. 5 और 125 का मध्य समानुपात कितना है?

A. 20 B. 25
C. 28 D. 27

150. 3, 4 और 15 का चौथा अनुपात होगा?

A. 16 B. 18
C. 20 D. 15

151. 12 और 30 का तृतीय समानुपात कितना होगा?

A. 75 B. 125
C. 60 D. 70

152. दो संख्याओं का अनुपात 3 : 4 है। यदि दोनों संख्याओं का योग 490 हो, तो वे संख्याएं क्रमशः क्या होंगी?

A. 220, 270 B. 210, 280
C. 120, 160 D. 180, 290

153. यदि एक त्रिभुज के कोणों में 1 : 2 : 3 का अनुपात हो, तो उस त्रिभुज के सबसे बड़े कोण का मान होगा।

A. 90° B. 70°
C. 105° D. 110°

154. यदि किसी अनुपात का दूसरा पद 15 तथा अनुपात का मान $\frac{3}{5}$ हो, तो उस अनुपात का पहला पद क्या होगा?

A. 8 B. 14
C. 9 D. 12

155. ₹ 1100 को सुधा, कमला और सलमा में इस प्रकार बांटो कि उनके धन में $\frac{1}{3}:\frac{2}{5}:\frac{1}{2}$ का अनुपात हो, तो सुधा को मिलने वाला धन क्या है?

A. ₹ 300 B. ₹ 350
C. ₹ 250 D. ₹ 200

156. एक मिश्रधातु में तांबा, जस्ता और लोहा 7 : 6 : 9 के अनुपात में हैं। यदि मिश्रण में तांबे की मात्रा 560 ग्राम हो, तो मिश्रधातु का कुल भार ज्ञात करो।

A. 1 किग्रा॰ 600 ग्रा॰ B. 2 किग्रा॰ 760 ग्रा॰
C. 1 किग्रा॰ 760 ग्रा॰ D. 1 किग्रा॰ 700 ग्रा॰

157. एक गतिमान कार की चाल 36 कि॰मी॰ प्रति घंटा है। इसकी चाल मी॰/से॰ में है:

A. 10 मी॰/से॰ B. 15 मी॰/से॰
C. 20 मी॰/से॰ D. 25 मी॰/से॰

158. दो रेलगाड़ियां एक ही समय दो स्टेशनों X तथा Y से, जिनके मध्य 900 कि॰मी॰ की दूरी है, एक-दूसरे की ओर चलना शुरू करती हैं। यदि उनकी औसत चाल क्रमशः 38 तथा 22 कि॰मी॰/घं॰ हो, तो वे एक-दूसरे को कितने समय बाद मिलेंगी?

A. 12 घण्टे B. 13 घण्टे
C. 14 घण्टे D. 15 घण्टे

159. 100 मी॰ लम्बी रेलगाड़ी 60 कि॰मी॰ प्रति घंटा की चाल से जा रही है। इसे एक तार चौकी को पार करने में समय लगेगा:

A. 4 सेकेण्ड B. 5 सेकेण्ड
C. 6 सेकेण्ड D. 8 सेकेण्ड

160. 150 मी॰ लम्बी एक रेलगाड़ी 90 कि॰मी॰ प्रति घंटा की चाल से जा रही है। इसे एक पेड़ को पार करने में समय लगेगा:

A. 3 सेकेण्ड B. 4 सेकेण्ड
C. 6 सेकेण्ड D. 8 सेकेण्ड

161. 100 मी॰ लम्बी एक रेलगाड़ी 65 कि॰मी॰ प्रति घंटा की चाल से जा रही है। यह एक व्यक्ति को जो 5 कि॰मी॰/घंटा की चाल से रेलगाड़ी की दिशा में जा रहा है, कितने समय में पार करेगी?

A. 8 सेकेण्ड B. 6 सेकेण्ड
C. 4 सेकेण्ड D. 2 सेकेण्ड

162. एक व्यक्ति नदी के बहाव की दिशा में 6 कि॰मी॰ प्रति/घं॰ तथा विपरीत दिशा में 3 कि॰मी॰ प्रति/घं॰ की चाल से नाव चलाता है। स्थिर पानी में नाव की चाल है:

A. 9 कि॰मी॰/घं॰ B. 4.5 कि॰मी॰/घं॰
C. 1.5 कि॰मी॰/घं॰ D. 1.0 कि॰मी॰/घं॰

163. प्रश्न 6 में नदी के बहाव की चाल है

A. 1.5 कि॰मी॰/घं॰ B. 2.5 कि॰मी॰/घं॰
C. 4.5 कि॰मी॰/घं॰ D. 18.0 कि॰मी॰/घं॰

164. एक साइकिल सवार 3 मिनट में 1.2 किलोमीटर दूरी तय करता है, तो उसकी गति प्रति घंटा क्या होगी?

A. 24 कि॰मी॰/घंटा B. 24 मी॰/घंटा
C. 24 मी॰/से॰ D. 24 कि॰मी॰/मिनट

165. एक 100 मीटर लम्बी गाड़ी 90 कि॰मी॰/घ॰ की चाल से चल रही है। गाड़ी को पेड़ को पार करने में कितना समय लगेगा?

A. 4 से॰ B. 8 से॰
C. 11 से॰ D. 12 से॰

166. एक रेलगाड़ी जो 90 कि॰मी॰/घं॰ की गति से चली जा रही है। एक खम्भे को पार करने में 10 सेकेण्ड का समय लेती है। बताइये उस रेलगाड़ी की लम्बाई (मीटर में) कितनी होगी?

A. 250 B. 240
C. 280 D. 270

167. 18 किमी प्रति घंटा की चाल को मीटर प्रति सेकेण्ड में बदलिए।

A. 7 मी॰/से॰ B. 4 मी॰/से॰
C. 6 मी॰/से॰ D. 5 मी॰/से॰

168. 3 मीटर प्रति सेकेण्ड की चाल को किमी प्रति घण्टा में बदलिए।

A. 10 किमी॰/घंटा B. 10.8 किमी॰/घंटा
C. 8 किमी॰/घंटा D. 8.10 किमी॰/घंटा

169. 500 मीटर लम्बी रेलगाड़ी 220 मीटर लम्बे प्लेटफार्म को 36 सेकेण्ड में पार कर लेती है, तो गाड़ी की चाल किमी प्रति घण्टा ज्ञात करो

A. 60 किमी॰/घंटा B. 65 किमी॰/घंटा
C. 72 किमी॰/घंटा D. 70 किमी॰/घंटा

170. एक आदमी 5 किमी प्रति घण्टा की चाल से P से Q स्थान तक जाता है और 3 किमी प्रति घण्टा की चाल से Q से P स्थान पर वापस आ जाता है। उसकी सारी यात्रा में औसत चाल क्या रही?

A. $4\frac{3}{4}$ किमी॰/घंटा B. $3\frac{3}{4}$ किमी॰/घंटा
C. 4 किमी॰/घंटा D. 3 किमी॰/घंटा

171. A एक काम को 6 दिन में तथा B उसे 10 दिन में कर सकता है। A तथा B मिलकर उसे पूरा करेंगे।

A. 10 दिन से कम तथा 6 दिन से अधिक दिनों में
B. 10 दिन से अधिक दिनों में
C. 6 दिन से कम दिनों में
D. 2 दिन में

172. A एक मेज को 3 दिन में तथा उसका मित्र उसे 6 दिन में बना सकता है। A और उसका मित्र मिलकर उसे पूरा बनाएंगे:

A. 3 दिन में B. 2 दिन में
C. 1 दिन में D. $\frac{1}{2}$ दिन में

173. X और Y मिलकर किसी कार्य को 10 दिन में कर सकते हैं। X अकेला उसे 15 दिन में कर सकता है, तो Y उसे कितने दिन में करेगा?

A. 15 दिन B. 20 दिन
C. 25 दिन D. 30 दिन

174. 24 आदमी एक मशीन को 12 दिन में तैयार करते हैं, तो 36 आदमी उसे कितने दिनों में तैयार करेंगे?

A. 8 दिन B. 12 दिन
C. 16 दिन D. 20 दिन

175. X, Y और Z किसी काम को क्रमशः 8, 10 और 8 दिन में कर सकते हैं। तीनों मिलकर उस कार्य को कितने दिनों में कर सकेंगे?

A. $2\frac{1}{7}$ दिन B. $2\frac{3}{7}$ दिन
C. $2\frac{5}{7}$ दिन D. $2\frac{6}{7}$ दिन

176. A एक काम को 5 दिन में तथा B उसी काम को 10 दिन में पूरा करता है, तो बताइये (A + B) उस काम को कितने दिनों में पूरा करेंगे?

A. $2\frac{3}{4}$ दिन B. $3\frac{3}{4}$ दिन
C. $3\frac{1}{3}$ दिन D. $2\frac{1}{4}$ दिन

177. 3 पेन और 5 पैन्सिलों का मूल्य ₹ 14 है। 12 पेन और 20 पेन्सिलों का क्या मूल्य होगा?

A. ₹ 42 B. ₹ 56
C. ₹ 20 D. ₹ 112

178. *x*, *y* और *z* मिलकर एक कार्य को 8 दिन में पूरा कर सकते हैं। यदि *x* और *z* मिलकर उस कार्य को 12 दिन में पूरा कर सकते हों, तो बताइये *y* अकेला उस कार्य को पूरा कितने दिन में करेगा?

A. 22 दिन B. 24 दिन
C. $17\frac{1}{4}$ दिन D. 23 दिन

179. यदि 75 संतरों की एक पेटी का मूल्य ₹ 60 है, तो 50 संतरों का मूल्य होगा:

A. ₹ 30 B. ₹ 40
C. ₹ 50 D. ₹ 60

180. एक नल एक हौज को 4 घण्टे में तथा दूसरा नल उस हौज को 5 घण्टे में भर सकता है। यदि दोनों नल एक साथ खोल दिए जाएं, तो हौज को भरने में कितने घण्टे लगेंगे?

A. $3\frac{2}{9}$ घण्टे B. $2\frac{2}{9}$ घण्टे
C. $2\frac{1}{9}$ घण्टे D. $3\frac{5}{9}$ घण्टे

181. यदि ₹ 210 में 6 बाल्टियां खरीदी जा सकती हैं, तो ₹ 140 में कितनी बाल्टियां खरीदी जा सकेंगी।

A. 4 B. 3
C. 5 D. 6

182. गणित की 14 पुस्तकों का मूल्य ₹ 105 है, तो बताइए ऐसी ही 24 पुस्तकों के लिए क्या मूल्य देना होगा?

A. ₹ 170 B. ₹ 175
C. ₹ 180 D. ₹ 185

183. वैशाली सुपर फास्ट गाड़ी दिल्ली से 19:45 बजे रवाना होती है और अगले दिन 15:20 बजे मुज़फ्फरपुर पहुंचती है। बताओ यह मुज़फ्फरपुर पहुंचने में कितना समय लेती है?

A. 19 घंटा 25 मिनट B. 18 घंटा 35 मिनट
C. 19 घंटा 35 मिनट D. 18 घंटा 20 मिनट

184. मनु किसी सोमवार को रात में 9:30 पर सोया और अगले दिन 5:50 पर जागा। उसके सोने की अवधि कितनी थी?

A. 8 घंटे 20 मिनट B. 8 घंटे 10 मिनट
C. 7 घंटे 40 मिनट D. 7 घंटे 20 मिनट

185. इन्टरसिटी रेलगाड़ी रक्सौल से सुबह 9:15 पर चलती है तथा उसी दिन 11 बजे पीपरा पहुंचती है। रेलगाड़ी द्वारा यात्रा में लिया गया कुल समय है?

A. 1 घंटा 15 मिनट B. 10 घंटे 45 मिनट
C. 1 घंटा 45 मिनट D. 10 घंटे 15 मिनट

186. यदि किसी दिन सूर्य 6:20 पूर्वाह्न पर उदय हो तथा 6:57 अपराह्न पर अस्त हो, तो उस दिन की लम्बाई होगी।

A. 12 घंटे 27 मिनट B. 12 घंटे 17 मिनट
C. 12 घंटे 37 मिनट D. 12 घंटे

187. 9 घंटे 30 मिनट बराबर है।

A. 0.90 बजे B. 9:30 पूर्व. के
C. 8 घंटे 90 मिनट के D. 9:30 अप. के

188. एक बस शिमला से दिल्ली के लिए 7:20 बजे प्रातः प्रस्थान करती है और दिल्ली पहुंचने में 9 घंटे का समय लेती है। बस कितने बजे दिल्ली पहुंचती है?

A. 4:20 बजे अप. B. 3:30 बजे अप.
C. 6:30 बजे अप. D. 7:30 बजे अप.

189. एक वायुयान मुम्बई से 7:50 बजे उड़ान भरता है। यह चेन्नई 10:30 बजे हवाई हड्डे पर उतरता है। यह चेन्नई पहुंचने में कितना समय लेता है।

A. 2 घंटे 30 मिनट B. 2 घंटे
C. 3 घंटे लगभग D. 2 घंटे 40 मिनट

190. एक लड़का रात्रि 8:30 बजे सोने के लिए गया तथा प्रातः 6:15 पर जागा। वह लड़का कितनी देर तक सोया?

A. 9 घंटे 45 मिनट B. 9 घंटे 15 मिनट
C. 2 घंटे 15 मिनट D. 4 घंटे 45 मिनट

191. एक छात्र अपने घर से विद्यालय के लिए प्रातः 8:30 बजे साइकिल से चला। वह विद्यालय से पढ़ाई करने के बाद सांय 4:50 बजे घर वापस आया। वह कितने समय तक घर से बाहर रहा।

A. 7 घंटे 20 मिनट B. 8 घंटे 20 मिनट
C. 9 घंटे 20 मिनट D. 7 घंटे 90 मिनट

192. एक स्कूल की वार्षिक परीक्षा 18 मार्च, 2002 को आरम्भ हुई और 23 मार्च, 2002 को समाप्त हुई। परीक्षा कितने दिन तक चली?

A. एक सप्ताह B. 8 दिन
C. 6 दिन D. 1 महीना

193. एक आयत की लम्बाई व चौड़ाई क्रमशः 50 सेंमी. व 25 सेंमी. है, तो उसका क्षेत्रफल कितना होगा?

A. 1150 वर्ग सेंमी. B. 1250 वर्ग सेंमी.
C. 1275 वर्ग सेंमी. D. 1280 वर्ग सेंमी.

194. एक वर्गाकार मैदान का परिमाप 580 मी. है, तो बताइये उस मैदान का क्षेत्रफल कितना होगा?

A. 21025 वर्ग मी. B. 20225 वर्ग मी.
C. 30025 वर्ग मी. D. 19975 वर्ग मी.

195. एक वर्ग की प्रत्येक भुजा 20 सेंमी. है, तो इसका क्षेत्रफल कितना होगा?

A. 300 वर्ग सेंमी. B. 380 वर्ग सेंमी.
C. 360 वर्ग सेंमी. D. 400 वर्ग सेंमी.

196. एक वृत्त का क्षेत्रफल 154 वर्ग सेंमी. है। वृत्त की परिधि कितनी होगी?

A. 44 सेंमी. B. 48 सेंमी.
C. 54 सेंमी. D. 68 सेंमी.

197. यदि किसी त्रिभुज का आधार 8 सेमी तथा ऊंचाई 10 सेंमी. हो, तो उस त्रिभुज का क्षेत्रफल कितना होगा?

A. 40 वर्ग सेंमी. B. 20 वर्ग सेंमी.
C. 49 वर्ग सेंमी. D. 64 वर्ग सेंमी.

198. एक समलम्ब चतुर्भज की समान्तर भुजाएं क्रमशः 15 मी. तथा 25 मी. हैं तथा उनके बीच की दूरी 10 मी. है, तो इसका क्षेत्रफल क्या होगा?

A. 150 वर्ग मी. B. 225 वर्ग मी.
C. 200 वर्ग मी. D. 270 वर्ग मी.

199. एक आयताकार खेत का परिमाप 760 मी. है तथा उसकी लम्बाई व चौड़ाई में 11 : 8 का अनुपात है। तो बताइये आयताकार खेत का क्षेत्रफल क्या होगा?

A. 35200 वर्ग मी. B. 34700 वर्ग मी.
C. 35600 वर्ग मी. D. 45200 वर्ग मी.

200. यदि किसी वर्ग की भुजा में 50% की कमी कर दी जाये, तो उसका क्षेत्रफल कितने प्रतिशत घट जायेगा?

A. 50% B. 75%
C. 80% D. 60%

201. उस वर्ग की एक भुजा की लम्बाई क्या होगी जिसका क्षेत्रफल क्रमशः 6.4 मी. लम्बे तथा 2.5 मी. चौड़े आयत के क्षेत्रफल के बराबर हो?

A. 8 मी. B. 5.4 मी.
C. 3.8 मी. D. 4 मी.

202. यदि एक समकोण त्रिभुज का परिमाप उसकी सबसे छोटी भुजा का छः गुना हो, तो उस त्रिभुज की तीनों भुजाओं के बीच क्या अनुपात होगा?

A. 13 : 5 : 12 B. 13 : 12 : 5
C. 12 : 5 : 13 D. 13 : 5 : 10

203. एक घनाभ की कोरें क्रमशः 4 सेंमी., 3 सेंमी. तथा 2 सेंमी. हैं, तो उस घनाभ का आयतन कितना होगा?

A. 20 घन सेंमी. B. 22 घन सेंमी.
C. 28 घन सेंमी. D. 24 घन सेंमी.

204. एक टंकी 3 मी. लम्बी, 2 मी. चौड़ी तथा 1 मी. गहरी है। उसकी क्षमता (ली. में) क्या होगी?

A. 8000 ली. B. 10000 ली.
C. 6500 ली. D. 6000 ली.

205. एक घन का पृष्ठ क्षेत्रफल 1014 वर्ग सेंमी. है। इसका आयतन कितना होगा?

A. 2197 घन सेंमी. B. 2297 घन सेंमी.
C. 2179 घन सेंमी. D. 2117 घन सेंमी.

206. यदि दो घनाकृतियों के आयतन में 8 : 1 का अनुपात हो, तो उनकी कोरों में क्या अनुपात होगा?

A. 1 : 2 B. 2 : 1
C. 4 : 1 D. 2 : 3

207. दो गोलों के पृष्ठ क्षेत्रफल में 9 : 16 का अनुपात है, तो बताइये उनके आयतनों में क्या अनुपात होगा?

A. 64 : 27 B. 27 : 64
C. 16 : 27 D. 11 : 27

208. एक कमरे की लं., चौ. व ऊँ. क्रमशः 12 मी., 9 मी. तथा 8 मी. है, तो बताइये उस छड़ की अधिक-से-अधिक लम्बाई क्या होगी जो कमरे में ठीक प्रकार रखी जा सके?

A. 17 मी. B. 18 मी.
C. 25 मी. D. 16 मी.

209. किसी लम्बवृत्तीय शंकु की त्रिज्या तथा ऊंचाई में 3 : 5 का अनुपात है। यदि शंकु का आयतन 120π घन मी. हो, तो उसकी तिरछी ऊँचाई कितनी होगी?

A. $3\sqrt{34}$ मी. B. $2\sqrt{28}$ मी.
C. $2\sqrt{44}$ मी. D. $2\sqrt{34}$ मी.

210. यदि किसी बेलन के आधार की परिधि 88 सेंमी. तथा ऊंचाई 42 सेंमी. हो, तो उस बेलन का आयतन कितना होगा?

A. 25872 घन सेंमी. B. 28572 घन सेंमी.
C. 25870 घन सेंमी. D. 22584 घन सेंमी.

उत्तरमाला

1	2	3	4	5	6	7	8	9	10
D	B	A	D	B	B	A	C	A	A
11	12	13	14	15	16	17	18	19	20
C	C	B	A	A	D	C	D	C	A
21	22	23	24	25	26	27	28	29	30
B	C	B	C	C	B	A	B	D	C
31	32	33	34	35	36	37	38	39	40
A	A	A	A	A	A	B	A	A	B
41	42	43	44	45	46	47	48	49	50
A	B	C	B	A	A	B	A	C	D
51	52	53	54	55	56	57	58	59	60
A	C	B	D	C	A	C	B	A	D
61	62	63	64	65	66	67	68	69	70
B	B	C	C	A	B	C	A	D	A
71	72	73	74	75	76	77	78	79	80
C	B	D	A	C	B	B	A	B	A
81	82	83	84	85	86	87	88	89	90
B	C	C	D	B	A	B	A	C	C
91	92	93	94	95	96	97	98	99	100
C	D	B	C	A	A	B	B	D	C
101	102	103	104	105	106	107	108	109	110
C	B	D	D	A	B	A	B	C	A
111	112	113	114	115	116	117	118	119	120
B	D	B	B	C	A	B	C	A	C
121	122	123	124	125	126	127	128	129	130
B	A	B	C	D	C	C	C	D	B
131	132	133	134	135	136	137	138	139	140
C	C	C	A	C	B	B	B	B	B
141	142	143	144	145	146	147	148	149	150
C	D	A	C	C	B	D	B	B	C
151	152	153	154	155	156	157	158	159	160
A	B	A	C	A	C	A	D	C	C
161	162	163	164	165	166	167	168	169	170
B	B	A	A	A	A	D	B	C	B
171	172	173	174	175	176	177	178	179	180
C	B	D	A	D	C	B	B	B	B
181	182	183	184	185	186	187	188	189	190
A	C	C	A	C	C	B	A	D	A
191	192	193	194	195	196	197	198	199	200
B	C	B	A	D	A	A	C	A	B
201	202	203	204	205	206	207	208	209	210
D	B	D	D	A	B	B	A	D	A